荆楚文庫

# 〔光緒〕麻城縣志

〔清〕陸祐勤　朱榮椿　修

〔清〕余士珩　纂

荆楚文庫編纂出版委員會

武漢大學出版社

荆楚文庫

# 〔光緒〕麻城縣志

GUANGXU MACHENG XIANZHI

**圖書在版編目(CIP)數據**

〔光緒〕麻城縣志/〔清〕陸祐勤,朱榮椿修;〔清〕余士珩纂.
—武漢:武漢大學出版社,2019.11
ISBN 978-7-307-21008-0
Ⅰ.光…
Ⅱ.①陸… ②朱… ③余…
Ⅲ.麻城—地方志—清代
Ⅳ.K296.34
中國版本圖書館 CIP 數據核字(2019)第 132281 號

責任編輯:朱凌雲
整體設計:范漢成 曾顯惠 思 蒙
責任校對:李孟瀟
出版發行:武漢大學出版社(中國・武漢)
地址:武昌珞珈山
電話:(027)87215822 郵政編碼:430072
録排:武漢恒清圖文菲林輸出工作室
印刷:湖北新華印務有限公司
開本:787mm×1092mm 1/16
印張:49.25
版次:2019 年 11 月第 1 版 2019 年 11 月第 1 次印刷
定價:236.00 元

ISBN 978-7-307-21008-0

《荆楚文庫·方志編》編纂組

組　　長：賀定安　陽海清（執行）

副 組 長：劉傑民（執行）　王　濤　謝春枝　范志毅（執行）

參編人員（按姓氏筆畫排名）：

王　濤　李云超　宋澤宇　范志毅　柳　巍　馬盛南　陳建勛

梅　琳　張文静　張雅俐　陽海清　彭余焕　彭筱濈　賀定安

楊　萍　雷　静　劉傑民　潘　玲　謝春枝

編　　審：周　榮

顧　　問：沈乃文　李國慶　吴　格

# 出版説明

湖北乃九省通衢，北學南學交會融通之地，文明昌盛，歷代文獻豐厚。守望傳統，編纂荆楚文獻，湖北淵源有自。清同治年間設立官書局，以整理鄉邦文獻爲旨趣。光緒年間張之洞督鄂後，以崇文書局推進典籍集成，湖北鄉賢身體力行之，編纂《湖北文徵》，集元明清三代湖北先哲遺作，收兩千七百餘作者文八千餘篇，洋洋六百萬言。盧氏兄弟輯録湖北先賢之作而成《湖北先正遺書》。至當代，武漢多所大學、圖書館在鄉邦典籍整理方面亦多所用力。爲傳承和弘揚優秀傳統文化，湖北省委、省政府決定編纂大型歷史文獻叢書《荆楚文庫》。

《荆楚文庫》以「搶救、保護、整理、出版」湖北文獻爲宗旨，分三編集藏。

甲、文獻編。收録歷代鄂籍人士著述，長期寓居湖北人士著述，省外人士探究湖北著述。包括傳世文獻、出土文獻和民間文獻。

乙、方志編。收録歷代省志、府縣志等。

丙、研究編。收録今人研究評述荆楚人物、史地、風物的學術著作和工具書及圖册。

文獻編、方志編録籍以一九四九年爲下限。

研究編簡體横排，文獻編繁體横排，方志編影印或點校出版。

《荆楚文庫》編纂出版委員會

二〇一五年十一月

# 前言

《〔光緒〕麻城縣志》四十卷首一卷末一卷，清陸祐勤、朱榮椿修，清余士珩纂，清光緒八年（一八八二年）刻本。

陸祐勤，江蘇陽湖（今武進）人，貢生，官麻城知縣。朱榮椿，甘肅經川人，繼陸祐勤任。余士珩，邑人，舉人。

麻城歷史悠久，人傑地靈。春秋戰國時隸楚，秦屬南郡，漢爲「西陵轄地」，屬江夏郡。東晉咸康四年（三三八年），後趙部將麻秋奉命在今閻河古城畈築城以守，遂稱該城爲麻城，「麻城」之名始於此。隋開皇十八年（五九八年）設麻城縣，屬黄州府，唐以後歷代相襲至今。麻城縣舊志，毁於明季兵火。清康熙九年（一六七〇年），邑令屈振奇創修縣志。乾隆間，縣令黄書坤、姜廷銘相繼重修，有乾隆六十年（一七九五年）刻本。乾隆麻城志係由修志名家章學誠裁定，有志、有紀、有考，又附「文徵」、「掌故」各六卷。光緒二年（一八七六年），知縣鄭慶華重修縣志。至陸祐勤莅任，適逢「憲司檄取郡邑志書開修通志」，「而郡伯英公亦有犇志宜加改訂之命」，遂與邑中名宿同爲釐次，以士珩爲總纂，與之「朝夕論辯，補苴掇拾」，志剛脱稿，而祐勤他調，朱榮椿繼其事，「不廢犇勞，加以訂正」而成書。

《〔光緒〕麻城縣志》在乾隆縣志的基礎上，對體例重加釐訂，「稽合同異」、「博訪周咨」，尤「詳加校勘於郡志並兩舊志」，缺者補，繁者删，訛者正。因此，該志對麻城前修各志的序言都一一保留，置於卷首。全志「爲綱十，爲目五十有六」，內容涵蓋方輿志、建置志、學校志、食貨志、官師志、選舉志、耆舊志、列女志、藝文志、大事記，首列各圖，終以雜記，總約四十六萬字。各門均有序冠其首，統稱「麻城縣志叙略」，簡述該門内容及沿革變化之狀況。歷代沿革，專注一表並附考證，山川、名勝條下附載名人題詠。專立學校一門，詳記學制、學額、學宫、書院等與學校相關之内容。藝文一門，先載一邑之書目，按經、史、子、集排列，凡有關是邑之詩、文、記、叙皆入文徵、文牘二目。大事記以年編次，有關該邑之兵事均詳細記載。雜記附於大事記後，記載有關該邑之軼聞軼事。

據《中國地方志聯合目録》，是志多地有藏。湖北省圖書館有兩藏本，其一藏本版面清晰、字迹工整，整体書品較好，此次影印以该藏本为底本，其中品相不佳或殘缺需替换者有卷四葉三、卷十八葉二八B、卷三十三葉七A、卷三十三葉八四處，用另一藏本補之。兩藏本卷四建置志二後皆記麻城書院學宫田畝彙册（書院田畝册、附載回車書院麻城各紳所捐田）及叙略、學田記、麻邑公議學田條規、學田田畝册，似有悖記叙順序，亦據實影印。（彭余焕）

# 目録

卷首

光緒三年編輯

# 麻城縣志

光緒八年重訂





麻城為古光黃地山水雄秀人物瑰異遂者無論矣即有明一代列史傳者十人

國初已來名流輩出而咸同間效忠殉節沐

旌揚而著史册之士女又數百十計嗚呼盛矣顧史官所紀載縣邑



不及知私家著述復為煨燼徵文攷獻非志安歸此即未奉臺檄其修輯固不容已也此編創於署縣事楊君宗時代理潘君廉係亦甚致力而始終其事者為本任知縣鄭君慶華大抵原本乾隆舊志增已近事悉已見



聞既詳且明足資攷證第年愈久則事愈繁搜訪不無偶遺體例閒未精審識者病之歲

憲司檄取郡邑志書開修通志而郡伯英公亦有并志宜加改訂之命勤不揣固陋與邑中名宿同為釐次而總纂之余孝廉

士玠即延居衙齋朝夕論辨補苴掇拾甫經脫稿而　勤已受代行幸新任朱君不廢兼勞加之訂正尅期趣事用底於成此非徒龍人士文獻之資即司牧者攷風土而厚民生因革弛張於是乎在而修飾潤色之事又其



次焉所惜楊潘兩君有志纂修先後物故不及睹此成書為可慨耳朱君寓書於　勤以初刊底本屬加訂定自維才識弇陋學術無聞且移權省門方供億奔走之不暇尚敢高談述作從事校讐乎哉聊書數語以誌緣起云爾

光緒八年孟冬月兼署縣事陽湖陸祐勤識於江夏官廨

重修麻城縣志叙

余童時讀滕王閣序知有洪州都督者文采風流一時雅望欽之閲其姓伯璵其名麻城人也心儀者久之迫筮仕來鄂客有告於余曰麻爲古茲黃兩國地賢豪輩出代不乏人自唐以下班班可考其山川則雄而秀其土田則廣而饒其民俗則儉而勤其人文則華而實物華天寶人傑地靈宋蘇子瞻云光黃之間多異人豈其然乎余曰客何知之詳也曰有麻志在余用是心焉嚮往愈默識之不忘是年秋忝任是邦既至之數日邑孝廉余子存來謁曰邑



志成矣出書見示而閲序於余余讀之喟然曰昔人謂楓落吳江冷所見不非所聞而以余昔之所聞證諸今之所見則固若合符節乃恍然於客之告我者其言良不誣也按邑志創自前明一修於康熙壬子再修於乾隆乙卯已閲八十餘年同治間始議重修至光緒二年前縣鄭君硯香任剞劂甫竣又閲五六年今前署縣陸君彥頎與余子重加釐訂補綴改刊其間科名仕宦文苑儒林與夫忠孝節義之卓卓可傳者指不勝屈所惜咸同之際軍旅頻仍民困於兵革者幾二十年獻闕文殘零落殆盡而舊志亦絶少完書若不於此時加意討論補其闕略删其繁冗訂其訛謬將何以信今而傳後余子之積日累月重訂斯志其用心亦良苦矣顧念方志之作大凡都人士之力居多守其地者如燕雁代飛瓜期屢及或書將成而官忽去或官甫至而書旋成宦轍靡常無能爲役余往者守江夏曾聘彭子壽先生纂修縣志稾已脱矣忽以奉諱回籍今猶惜之去年春權大冶篆適其邑志付梓因督催之以速厥成蓋不勞而理焉是志也輯於諸君子之手乃遲之又久重經勘訂而獨告成於余甫下車之日緣耶偶耶殆莫之



爲而爲耶余不敏苟得弁名簡首附志以傳亦云幸已若必貪人之功以爲己力則是掠前官之美掩同事之勞淺之乎丈夫也吾無取焉光緒八年歲在元黓敦牂十二月吉日

誥授奉政大夫

欽加同知銜麻城縣知縣涇川朱榮椿督修并叙

欽加五品銜麻城縣教諭黃光濱麻城縣訓導朱騏陞用縣麻城縣丞吳保藩縣丞銜麻城縣典史金臺前署麻城城守千總舒文衡現任麻城城守把總董開泰監理

欽加特用府即補州前署麻城縣知縣陽湖陸祐勤潤色
邑人揀選知縣丙子舉人余士珩重纂
優廩生張承祜分輯
文生張玥如校勘　陳冬青繕寫



## 重修麻城縣志敘

昌黎云莫爲之前雖美而不彰莫爲之後雖盛而不傳則知天下事創始難續而成之亦復不易己巳歲余始篆麻時大府議修通志檄各屬以志呈公餘之暇進邑人士詢故實僉云麻邑志乘燬於前明
國朝康熙壬子創修乾隆乙卯重修兵燹以來存者甚尠蓋文獻闕將近百年成功固若斯之難也先是同治戊辰署篆楊君宗時下車倡議續修局設幾年緣故中止余亦因公徵調去來靡定如是者有年甲戌春復蒞茲土適黃君尊祿朱君騏司麻城鐸議及興修慨然有志遂合邑人士勗以同心簡陳篤嚴去取定規約專責成以分修總理任邑紳士蔡子駿杓熊子天均熊子思善王子大堃以經理出入任熊子天曉李子鏡蓉以參閱校對任余子雅祥郭子時湘馮子翼袁子魁陶子之樂袁子樹松黃子輝玉袁子樹楚鄒子士鉅羅子炳程子然曾子學錦至採訪籌費城鄉百有餘人計日鳩工互爲考覈其乙卯志所載者悉仍之其壬子志載而乙卯志遺者酌補之其採輯新增者刪繁撮要以類相從其有格於例者延羅邑庶常

潘君芝堂别其是否修飾而潤色之其刪閲未及者復與黄朱二公相參閲亦竊附已意粗成卷帙乙亥夏余以闈差還鄂潘君康保代篆隨時商推禆益良多至冬初余復任剞劂之工已過半矣愈相勉勵再閲寒暑厥工告竣吾因之有感焉夫事不患其難患在不知其難與徒畏其難不知其難者自矜意氣不復降心相從揆諸物理人情或多未協徒畏其難者矩步繩趨斤斤自守間以疑義相質輒緘默而不言事之所以終於難也今以百年未就之緒幸獲諸君相與有成將前之美由此而彰後之盛因此而



傳雖異乎創始之難而所爲續而成之者亦豈易易哉余既喜斯志之成且爲紬繹本末以諗其成功之自至於古今沿革山川險要閭閻殷庶習俗誠樸人物靈秀與先澤所留貽數百年豐功偉烈忠孝節義德行文章輝煌簡册者備詳於志茲不復贅

光緒二年歲次丙子仲夏月

欽加同知銜特授麻城縣知縣臨桂鄭慶華撰

## 麻城縣志修輯官紳職名

督修

同知銜麻城縣知縣丙午科舉人臨桂鄭慶華

署麻城縣事運同銜候補知縣武進楊宗時

代理麻城縣事候補知縣甲子科舉人吳縣潘康保

麻城縣儒學教諭　黄陂黄尊祿

麻城縣儒學訓導　大冶朱騏

監修

麻城縣縣丞　涂香



麻城縣縣丞　尹承綸

麻城縣城守　伍鳳翥

麻城縣虎頭司巡檢　馮汝彥

麻城縣鵞籠司巡檢　文鼎

麻城縣典史　金臺

麻城縣典史　呂文煥

總纂

翰林院庶吉士甲戌進士羅田潘頤福

分纂

候選教諭壬戌科舉人 蔡駿枃
戊午科舉人 熊天均
生員 熊思善

總校
候選教諭甲子科舉人 余雅祥
丁卯科舉人 馮翼
廩生 袁樹滋
歲貢 袁魁
歲貢 陶之樂



訓導陞用知縣 郭時湘
候選訓導 顧椿齡

分校
廩生 黃輝玉
生員 袁樹楚
生員 鄒士鉅
增貢 魯學錦
生員 程然曾
監生 羅炳

經理紳士
五品銜中書科中書 王大堃
從九 熊天曉
生員 李鏡蓉

採訪紳士
職員王大堃 廩生黃樹松 舉人馮翼
生員馮心穀 生員董朝望 生員王庭藻
同知朱運東 文童李兆筆 監生傅爲豫
廩生喻兆龍 歲貢袁魁 監生馬良駿



監生丁送興 副榜魯坪甲 貢生蔡元福
歲貢楊正楷 貢生戴光勞 附貢胡瀛
優生宋鳴瑞 歲貢陶之樂 訓導郭時湘
生員伍鳳樓 生員金振海 監生婁思正
教諭余雅祥 增貢魯學錦 童生蔡賢象
生員袁樹植 待詔傅爲琦 生員鄭和三
生員吳龍舉 訓導羅香 游擊屈文法
生員蕭芬 歲貢胡秀三 生員胡桂庭
生員程然曾 監生羅炳 廩生黃輝玉

生員庫廷蓀　生員鮑鳳池　生員周鳳岐
生員王調羹　州同毛光國　生員梅錦堂
生員童先桃　廩生詹飛楮　同知羅春和
訓導項　映　生員熊漸逵　生員王德玉
生員吳亮寅　生員鄧玉成　廩生王介沂
附貢吳彰彩　生員吳鴻舉　廩生王宗嶽
都司唐德潤　生員蕭鳳章　生員周繼昌
生員王宇熙　生員鮑　英　中書張錫田
生員喻士亨　生員張譜薰　監生彭開運



監生李紹桂　監生田先登　監生鮑四知
廩生尹國琦　州同尹國梗　縣丞李从椿
監生李占魁　廩生張錦鵬　監生鮑汲霖
舉人吳玉光　生員鄒炳照　生員程　午
貢生袁作賓　理問黃光炳　監生梅和羹
生員梅汝美　生員劉三傑　軍功張世華
軍功張正順　翰林吳兆泰　歲貢周滙川
中書吳祖鴻　生員成功炳　生員張溥悌
州同曾紹三　監生張宣樾　生員郝凌雲

童生郝昌逵　監生唐承裔　州同丁朝鎔
生員林文炳　童生林獻庭　監生蔡士明
監生江子徵　生員鄭如谷　歲貢曾述經
生員歐陽震　監生江才萬　生員金貢三

襄贊紳士

都司李克明　主簿戴廷讀　縣丞李从椿
都司鄭家駒　武舉田春魁　都司熊占元
州同丁朝鎔　州同曾紹三　軍功胡際唐
生員童先桃　廩生詹飛楮　千總方鴻輝



監生彭開運　監生張際會　監生商海堂
同知羅春和　待詔傅為琦　監生曹三義
武舉程鳳池　生員朱憲南　監生夏翹齡
都司唐德潤　游擊屈文法　監生林瑞廷
監生王朝文　武生吳鳳鳴　千總李楚雄
州同余光輔　職員洪燿東　訓導郭時湘
監生馬良駿　生員方　萼　監生方明道
監生王翰庭　監生丁瑞蘭　監生梅和羹
理問黃光炳　監生董戒三　監生晏河清

監生胡均典 監生朱福來 監生王世楚
生員婁懋修 監生李玉書 監生黃席玉
生員伍鳳樓 監生陶耀典 監生丁葆真
生員徐紹鑾 監生董秉蘭 監生劉國輔
監生丁達乾 監生胡禎祥 監生周茂珠
監生張公義 職員潘祥榮 職員金士俊
生員金貢三 監生李行儲 生員陶熙載
生員楊楚材 廩生陳國儀 監生陳光雄
監生陳鍾漢 童生盛承林 童生林學太



監生顏永茂 監生陶鳳翥 監生方金印
監生江登祥 監生吳正朗 監生江協盛
監生汪寶田 監生余懋修 監生夏義和
監生張元都 監生嚴華庭 監生江作柱
監生何澤淮 監生王光第 監生何光祖
監生高永和 監生張之杓 監生洪步鰲
監生李白華 監生淩萬煊 監生伍楚魁
監生黃光斗 監生曾謹信 生員沈少佺

## 康熙志序

知縣屈振奇上洋

國有史邑有志巨細不同其致一也於以考故實示勸誡義至重亦至著矣山川之險易民物之豐約賦役之增減風俗之醇漓一覽炯然斯考故實者徵焉筆其好修而非好修者可知也筆其貴顯而不貴顯者可知也筆其以德傳以位傳而德而不位位而不德者又可知也故示勸誡者亦備是也昔之論史者至尊其權於天雖一邑志乎對之亦埒凛然懍然者矣麻邑舊志兵燹罔存邑鄒君師可訪得燼餘數紙補綴增益之前令餘杭王君屬王茂才汝



霖者刪訂草創未就振奇待罪此邦慨文獻之久湮做大典之未舉周爰咨度勿慊于衷會邑周君遠害搜遺編數則增入周君巨公重定次第余亦少加削潤既成帙授諸梓予觀麻城之地固楚而疆豫其士大夫敦節義子衿勤絃誦壤則中上中下間稻麥外無他產蠶桑給賦之十一尠富商大賈民朴質務農桑間二三黠者好訐訟情亦隨見吏斯土者矢清慎勤以自砥勉出至誠相與終始自可免於隕越嘗上稽往令自元宋以前闕畧無考問存姓氏逮有明盛時王陳文戈劉連張宋德政口碑至今表表如

國朝王君又韓孫君伯生存心惠愛於民尚謂思不倦夫今之優劣眎乎民懷任之賢能徵於去後前之楷後之鑒至於士食舊德農服先疇沒世而名不稱子孫而恥祖考展視往牒古道照人尚亦有寤寐不釋者可反而思其故矣振奇願與諸君子永念之



## 康熙志序

汝南　宋祖法

曾子固論史曰明足以周萬事理道足以適天下之用智足以知難知之意文足以發難顯之情若是乎史學之難也余謂一邑之志與史學無異而志有倍難於史者志之視史言乎記載不及史之該備言乎體裁不及史之深微言乎文藻不及史之華贍曷云乎倍難史則承明金馬著作之庭鐘鼓漏長絲綸晝靜蘭畹之芳芬娛目木天之華典絕塵輯志之署非有承明金馬之榮也不過訟庭記室喧沸倥偬而已史則殫見洽聞爛然總至珠鱗濯錦玉漱韜霞龍綠之潤色連篇鳳藻之光輝溢目輯志之人非有殫見洽聞之助也不過令長師儒參互考訂而已史則經營纂組需以歲年遷固宏遠陳范清華終身之記述為多兩世之淵源益廣輯志之時非有經營纂組之專且久也不過惜陰程晷之敷序裁成而已況一代綱羅甚富歷世文獻不孤嚴邑咨諏鮮據為令者或有其意而無其具有其具而無其時所以國史日月有記誌而邑志則百年數十年曠軼而不輯者多矣無怪乎志之倍難於史也余讀漢書地理志禹貢荊州之域江漢朝宗于海沱潛既道

雲夢作乂厥土塗泥有曰西陵及後周始曰亭州未聞有麻城之名自石趙將麻胡秋築城始名麻城昔爲僻壤今號名區文獻軼羣甲于天下余髮未燥卽聞其衣冠風政田園物產管絃沸稷魚蝦腥市聲光雄埒震耀隣封乃光黃間之絕無而僅見者若夫四民之首人文秀出家絃戶誦科第則麟經之鄉會名魁無出其右宦績則巖廊之宫保上卿代不乏人私心向往匪朝伊夕康熙戊申仲春時値山水明秀阡陌妍麗因與屈令君有鷄黍之約策蹇尋芳入其境而問賦登耗異矣問田腴瘠異矣問戶口生息



異矣問賢科人物異矣問宦績□師異矣問流風習俗異矣問亭舍置郵異矣而其素稱爲名區者相傳如故也總因叠罹寇焰四方焦土萬井寒煙非復昔日之麻地矣于是而重修邑乘非循卓良吏豈克勝任幸漢上屈君擅騷賦之宗饒經濟之畧以賢書名魁登制科高榜守巖一介才裕十奇自戊申別後拮据三載手口卒瘏薄賦省刑養民造士𭓁堂課藝則一邑四□之彥咸歸陶冶棘闈掄才則七澤三湘之英盡收網羅□善政多端難以枚舉公餘之暇搜其遺編而纂承之凡經紳衿茂異之耳目邇人謳□之口吻無不虛懷下問如綺口筒腹之王茂才汝霖草創于前如邑紳兩周君潤色修飾于後屈君分品彙集大成寧質毋文寧經毋諸寧簡毋蔓寧藏毋濫寧默其臆測而歸諸蕩蕩平平之路則庶乎一方之龜鑑百代之典型乎屈君政成報最瓜期已及

內召在卽上膺清華之選行將天祿石渠重輝國史舉天下之山川風俗人物事類臚列于前一覽變通其勳至治將治天下猶治麻勿謂此麻志耳而淺視之也時剞劂告竣問序于余屈君乃余秦闈首拔異才素有文字之知樂



覩厥成揮毫而爲之序

# 乾隆志序

知縣　姜廷銘

麻城爲楚北名區山水秀麗人文蔚起古稱光黃間多異人卽其地也先曾祖少宰公曾宰茲邑余童時得閱麻城舊志乃前縣屈公振奇所修披圖覽勝凡山川人物風俗治績之美常往來心目間又讀先太高祖都督公忠節詩麻邑諸君子所贈也慷慨激昂與史傳相發明具見都人士好義之誠不禁心嚮往之己酉秋余筮仕羅田與麻接壤私冀公便一覩先人舊治爲幸今歲乙卯春奉檄委署麻篆周歷仙洞黿峯龍池鳳嶺諸奇如經舊遊風景猶是



欲繩祖武而愧未能也嘗見世家大族其子孫類能繼承先業炳烺事蹟卓有可傳乃自屈公後越百二十餘年中一方之典章經制　聖澤之遐周曲被土田戶口之增益以及官師俊造名賢貞淑之姓氏逮今不詳後將奚述先是粵東黃君佩之治麻五載率紳士修書院落成會逢制府畢大司馬纂修湖北通志又奉　國史館飭取各省府州縣新志以備採輯黃君乃倡議捐修衆謀僉同踴躍輸助開館具幣延浙紹章君學誠爲總修分其任者邑紳士鄒子藻胡子翹霜程子宗洛鮑子梁勷事則成子价熊子鍾鄒子占魁其體一準史法爲卷紀二攷八表三畧一列傳四忠孝節義等傳十三而詩文另爲文徵附焉期年脫稿蔚然可觀旣授梓黃君以疾去任接署諸公時未久無暇計此余幸天假之緣獲履先人舊治樂觀厥成節廉俸與經理者亟蕆乃事抑余猶有望焉攷周官小史掌邦國之志以觀其土地風俗物產貢賦之盛衰也今載筆諸君翺明究曬兢兢研削成此不苟生長茲土者撫舊觀新以追先達而敦古處風氣人心蒸蒸日上後之宰是邑者嗣而續之亦足以昭垂不朽矣詎不盛哉

乾隆志叙

知縣　黃書紳

自漢儒撰風俗地理諸書而後郡邑始各有邑志之修盖郎民風士習以驗政教之漸被方今文治昌隆仁風翔洽將以備輶軒之采則文獻不可以無徵麻城之隸於楚北也壤介光黃境聯英六其地山水清遠土風厚善其民寡求而不爭其士靜而文樸而不陋尊德樂道獨異於他邦東坡先生嘗稱之余膺簡命來宰兹邑見其農力稼穡士習詩書俗尚古風宛遊唐虞之世人皆彬雅儼然鄒魯之遺而瑰意琦行之士亦往往出乎其中盖由



列聖相承漸民以仁摩民以義致天下之太平已久矣麻特不遺一隅者耳宰於斯者可不亟為鼓勵以副

聖天子作人之至意哉顧涖仕之初所急先務者有二一則書院之久廢也一則縣志之未續也爰與邑中紳士議修書院幸衆擎易舉閱數月而功成次及修志衆亦欣然樂從顧此志之不修者已百有二十餘年矣風土猶是人物日增考獻徵文半多淪失欽奉

上諭纂修一統志徵取各州縣志如麻志之疏略何足以

上塵

御覽爰延浙紹章君為總修邑中諸君子為分修據所見聞加以採輯務舉道一風同之盛民安物阜之隆以及忠孝節義仕宦科名一一筆之越五載始脫藁付諸梓人未克告竣而余以抱病在告悵何如之惟望署篆姜君同寅踵成其事則余之寸心未慰其即寄於姜君以待慰者厚有幸矣是為叙

# 麻城志畧考

明　熊　吉　邑人

按麻城古黃國地也黃爲楚東與國齊桓公謀攘楚貫之盟黃首先歸義陘之師黃與江按兵以爲犄角之勢後楚伐黃而滅之春秋時凡見滅者非臣虜則逋逃黃獨不屈故稱滅傳曰滅者亡國之善辭上下之同力也夫始能遠權以歸義終能守正以成仁黃之君臣不可謂無人是故君子憫之後楚宣王滅邾徙其君於此又名邾城胡文定公曰楚自秭歸徙都并穀鄧及漢東下收江黃遂兼吳越傳六百年而後止雖其人謀亦地勢使然也夫齊得之則



足以制楚楚得之則足以兼吳越黃之地不誠要哉秦滅楚以郢爲南郡遂屬南郡漢爲西陵及邾縣隸江夏郡衡山王吳芮常都之三國時爲魏重鎮吳克邾城赤烏四年八月陸遜以三萬人城守之晉屬弋陽郡又析置西陽國東晉以邾城爲豫州治所陶侃鎮武昌議者以北岸有邾城宜分兵守之侃曰我所以設險禦敵正以長江耳邾城隔在江北內無所倚外接羣夷必引寇虜且吳時城此乃三萬人守之今縱有兵守何益於江南劉宋爲西陽郡蕭齊置齊安郡唐初改黃州加置總管府天寶初改置永安郡乾元初復爲黃州並治邾城宋遷州治於江濱邾城廢設險論曰地有常險則守亦有常勢孫氏時上流守南郡下流築東興皖口中以三萬勁卒戍邾城眞氏曰舒蘄黃三州之北有大山綿亘八百里俗呼西山邾城在山之東南晉時密邇羣夷所以不可置戍薛氏曰淮西山澤相半無水隔者獨邾城與白沙戍耳玉海志云白沙關西至大活關六十里在黃州西北二百四十里大活關在州北二百里穆陵唐志作木陵關在麻城西北八十八里在木陵山上陰山關北至光州陰城縣二百里通典曰邾城在黃岡縣西北



一百二十里今據邾城黃岡麻城之交俗呼舊州城元末羅田徐壽輝據之又呼新州城自春秋以來實爲重鎮至宋遷州治於江濱遂爲邱莽余常過其處見荒城野市依稀尙存城枕大河近郊多良田西北諸山綿延擁衛東南一峯峭拔端麗如屏亦奇境也今其所治東南屬黃岡西北屬麻城眞氏所謂綿亘八百里俗呼西山者白沙大活木陵陰山諸關在焉金元多由此窺鄂州豫章唐李道古阨五關之險者此也宋李韋奏復五關之險者此也元忽必烈乘五關之險者此也邾城西北四十里爲岐亭廢縣

嘉靖辛卯通判羅瑞登城掘出龍集縣碑始得其名而建革則不可考當省入麻城矣今縣治則後趙石虎使麻秋所築者梁置信陽縣及定州北西陽縣陳置定州後周改亭州又有建甯陰平定城三郡隋開皇初州郡並廢十八年改麻城縣屬永安郡而以陰山爲鎭唐復亭州又析置陽城縣而以大木山爲鎭元和初又省入黃岡縣後復置宋端平間徙治什子山僑治避狄難也元復舊治而我朝因之耳今據縣北九十里有分水嶺水北流者由淮入海南流者由江入海由此而北則平川千里是爲中原由此



而南則山川糾紛是爲楚越乃南北一大界也兩水交送一龍南翔爲飛龍山形勢峻躍雌雄並立又南翔爲鳳嶺山中峯巃嵸旁四峯以次附列儼若筆架是爲元武下此則衍爲平疇而治枕其端龍池繞於後大河經於左正巽亦有五峯森列爲龍潭山朱雀翔舞堪輿家所謂火星出在南方是也龜峯文筆東峙壁立萬仞白臯天馬南馳蟠際數里桃林河又襟帶於前與縣河合襟而南游蕩山八疊山爲第二重案龜山玉屏爲第三重案山川之秀甲於全楚壯哉邑也百八十年文章政事之臣道德節義之士聞於海內超越前古固我聖祖神宗淬厲涵養之澤而磅礴鍾毓之氣亦不可誣焉麻城遂爲昭代名邑矣然竊考諸往牒千載寂寥無一聞士豈風會區結今古爲有間與昔黃子在春秋時舉動俊偉如此是必有識權仗節之臣周章其間第僻在夷徼史志弗立姓名湮沒爲可惜也繼茲風氣漸開宜有聞者然崇山大川重關複壁天限南北三國六朝晚唐季宋是爲形勢必爭之區如滿寵之所度陸遜之所築石虎庾亮之所必爭毛寶樊峻之所効死吳少陽之所竊奪李道古之所阨隘阿海張柔之所覬覦李



皇夏貴之所防截胡氏眞氏薛氏之所經畫分合蕩析殆無甯日元氣方復瘡痍迭乘救死不贍雖有名世之英山澤之癯誰則書之是以後世無聞焉昔東坡寓黃時有陳慥者居岐亭與之往來唱和又爲之立傳嗚呼龍邱子之得聞於世者以其有東坡耳不然雖謂之無是人可也然東坡不常有也孰謂十室之邑爲無人哉此記事之書容可緩乎吉弱冠時與道峯毛子講學沙溪竊有志焉奔走場屋又二十年未暇操筆凡有所得則隨記私冊丁酉秋下第歸櫂其久則佚也乃輯而錄之以爲後來君子備先

驅云



## 麻城志畧敘

明　毛鳳韶　邑人

天下稱文獻上國莫如楚楚諸郡莫如黄黄諸邑莫如麻嗌山川淑靈之所鍾禹文聲敎之所被墳典邱索之所遺猗歟盛哉顧舊章遺軼湮没無存而俗亦因之日趨於僞嘉靖乙未蘇侯松以名進士來令嘆曰可以麻城而無志乎乃以託於鳳韶先是庠生熊子吉輯志草既而劉子子弼邱子龍雲亦與校焉傳悉備物實紀以傳信公許以息爭亦云勤矣韶因而修之定爲九志事以類從王者建邑居民必先正其疆域疆域志第一疆正則民物各止其所



民物志第二民物非官守不治官守志第三官守莫急於城社城社志第四城社資財用以守財賦志第五財賦足可與教學學校志第六學校興而人材出矣人材志第七其諸雜務亦不可不書雜務志第八八者非藝文不傳藝文志第九大書爲綱分註爲目發明爲傳不可遺者爲附錄一邑之故庶可覩矣然秀造之區文物之藪一時之得未敢謂無遺也故曰志畧以俟後之君子夫志以資治也昔孔子論庶而富富而敎萬世爲政者之律令條格也麻城地闢民聚舊稱富庶比屋有敎令不然巽稽民數歲[illegible]

之故究財用盈縮之原察士學興替之幾以施救療以起凋瘵以復全廢舍斯志其何以焉抑徵熊子不及此熊子勵志聖賢之學究心當世之務劉子邱子力於進修務其遠大此亦足徵云志既成以復於侯侯曰詳而不蕪簡而不遺其事核其文古其義備斯足爲麻城之志也夫遂刊之以傳而麻邑自是愈有聞矣侯之賜夫豈微哉因復序之以申侯經遠之志此其首事云



## 康熙志序

國朝　周維栢　邑人

麻城漢晉以前未有也春秋[illegible]黃國在今汝寧廢定城縣非今黃州也秦漢後曰西陵曰西陽者皆爲今黃州非今麻城也築城自麻胡秋始麻城名自隋開皇始稽諸往牒龜峯爲舉水所出則柏舉載筆於麟經虎頭爲險要所爭則五關扼雄於宋史麻雖下邑其可以僻壤少之哉然典章政教風土之經緯也文人碩士山川之英華也上下數千年間談經緯之宏猷則峴碑未勒擷英華之芳譽則荊箭之材麻固若是寥寥歟志方輿之詳者莫如明之一統志以予所聞漢之毛玠寓宅花橋迄今馬鬣之封士人憑弔毛氏之裔猶能覼縷其先世事而志俱載毛玠於陳留抑亦遷居以後固或失於表章歟今觀一統志所採錄者在唐唯都督闞公在宋唯眉山集中詠萬松誌桃黃傳方山子數事吾讀眉山文而知東坡表章吾麻之功爲不可泯矣夫以一坡翁將操觚於二百里外之臨皋雪堂間而麻之寥寥數千年無傳人者輒覺璀璨增色向使黃無坡翁則並此數事不傳向使麻更有坡翁又安見其所傳之僅此數事而已耶然則瞻言百里纂修邑乘是誠後此表

章者之責也烏可以不汲汲乎哉茲屈侯之來涖吾麻也甫三稔課士則尊酒論文勤政則戴星視事催科則廷無敲朴剔弊則吏杜侵漁善政班班日不暇給廼復濡毫潢水搦管篔簹縣志一書旁搜肆討裒益舊稿綴輯新編類則區爲八部帙則盈乎十卷於是近代以來政績雲蒸人文霞蔚他日有使輶軒而采國風者則我屈侯表章之功當不復令蘇髯笑人矣



## 乾隆志輯畧

麻邑縣志燬於前明其畧本於毛公鳳韶志草則原於熊公吉其時劉公子弼邱公龍雲皆與校者也 國朝康熙壬子屈公振奇創修校訂者周公維秬又參以鄒公師可王公汝霖周公逵宮薈萃成書此舊志也至乾隆乙卯重修卷帙既繁修輯之人愈衆其時裁定者章君學誠參訂者黄公書紳姜公廷銘分校者張公立誠李公本榮吳公端督刻者易公光殷朱公杏堂陳公霈霖顧公琦楊公天顔分修者鄒公蘩程公宗洛胡公翹霜鮑公梁總理者成



公价熊公鍾鄒公占魁參閱者程公琮李公華梅公英熾王公勳李公愈達校對者楊公盛齊成公憲蔡公焞熊公樓也備誌其名以垂不朽至若採輯則江曾點葉栻程璘楊瑨鮑鵬李元愨江培福裒履謙郭喬楚吳以寧李元淑程其濬甘之檢鮑槐熊紹漢蔡朝邁詹鍾普張曲江黄天定梅士椿鮑樟石占鰲詹光第方大元鮑承烈胡有光白廷錯胡奕鴻董喬英陶祖淵成家駟鄒光琠張學泮王伯槐洪福吳泰來梁錫冕江邦憲王光甲丁楚珣鮑南薰鄭文堦梅植周英鄭若瀛甘椿王道域范懷聖王文翥鄒茂

照熊錦鄒啟濂酆光燮鮑凝然梅家棫鮑和周畹蘭鄒之
煒李文璧嚴祖光張爾舉成家駒熊國珍鄒文煥嚴大模
羅其孝胡粹忠樂萬年余丸華胡炯鄒慕嶧楊易魁鮑其
倫董步元方廷榮楊太濟劉天驥陶裕甲范慕儒李光寬
曹之俊喻炯鄒元灼金萬年胡宗敬曹元禶張開蘊彭履
泰曾步瀛洪斐觀熊之翰張英鳳熊珍鄧廷熺熊紹灃劉
維治金璭李廷元施永年余國棟熊炳萬邦和周士虞甘
德全饒璣歐陽紀萬文玉熊續基熊步璜鮑其儉毛錫璜
夏鑑鄒元燮貢鈺陳希聲毛鵬翥夏銘毛秀杰朱耀祖毛



珠梅士郁王廷彩喻逢泰史朝聖陳東明施光前陳夏鼎
鮈汝朝程文漢梅在岡劉執璧李紹榮熊士全劉曾裔李
樸張宏紀王文植屈九達汪象賢郭維楚朱明玉鄭丕顯
梅天榮涂志敏周艮棟丁劾周胡應庭陳學敏鮑熊讓李
曉峰林廷彥鄒耀彩張周元余德昇余德銓張宏典方學
純汪德洋蕭元梓何光華王遐春黃棟方世泰董春余耀
廷吳世德葉永和王世華蔡廷鐸鄭步雲鄭步衢李克繩
李元增程憲茂程憲珍曾鳴烈張之柱喻登榮吳大林江
大金王思元余德全王之榛張思栻鄒應天楊開敏曾維

翰祁燿程鳳彩薛思烈陶逐萬吳同庚胡耀先吳文漢吳
世士王廷玉王維翰余元勳王學江吳世連陳天秀鮑輝
然鮑泰然陳青選周舒漢盧敏道盧元志胡書表李宗洛
阮效先王一溁郝世霖劉常卓周鏡寰諶學剛周勝權周
碧泰方其達王佐鼎江汝楫江萬年梅華陳學堯袁周元
朱承述周仍泰傅正雄吳家珣王鳴宰王道南劉國柄戴
成大蕭大美丁鳴泗辛明正陳廷明榮東洋藍必榮蘇天
爵周世珩蔡均錫吳邦俊熊楚書喻文爍毛銳朱緒祖沈
中熾熊環川鮑耀楚毛龍光盧玉堂郭淮蔡邦達劉文清



陶明元李維聖江朝海謝覺陳繼鑾林光湛余思忠施仁
萬戴浩耀周素常

# 麻城縣輿圖

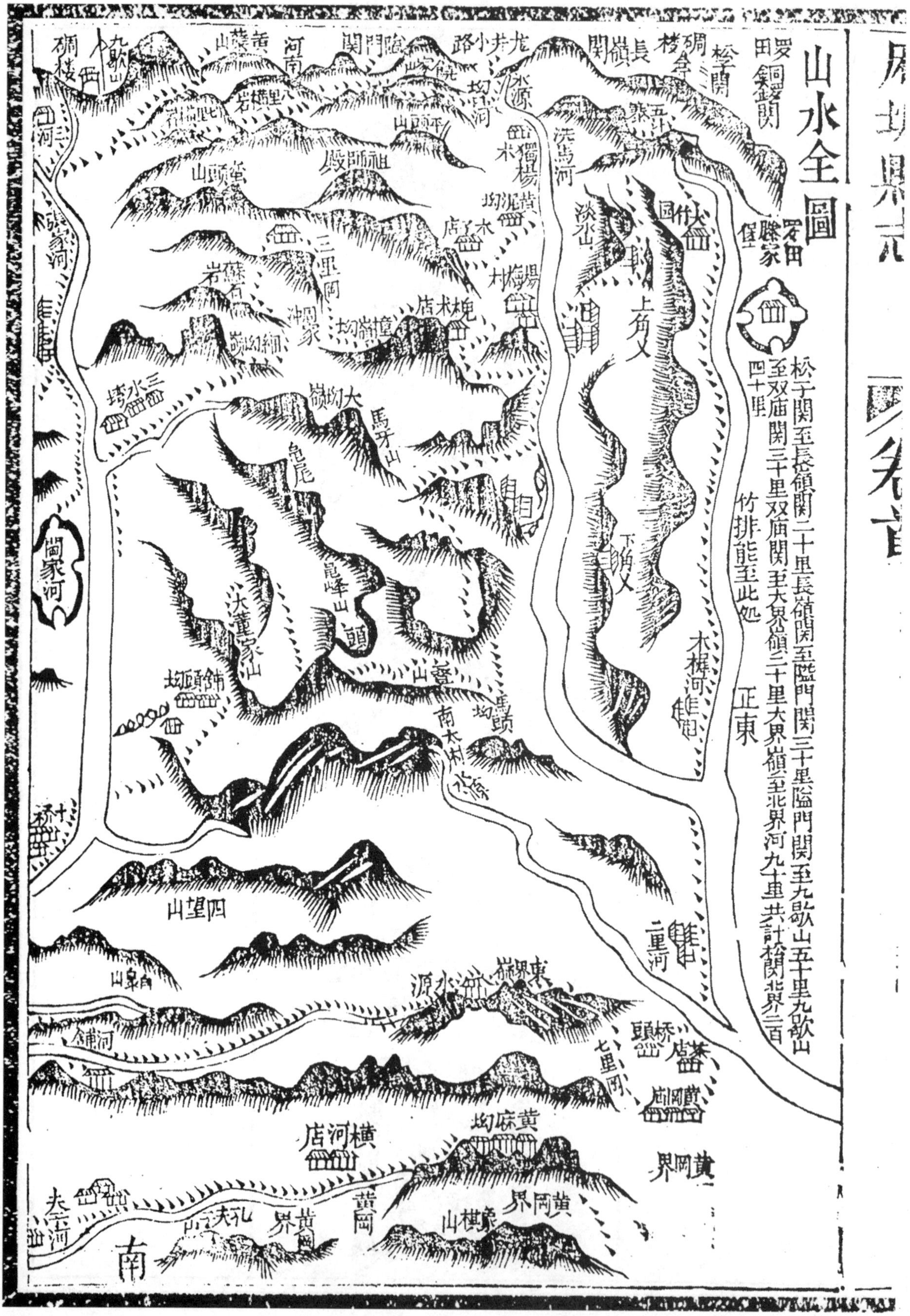
麻城縣志 卷首
山水全圖
松子關至長嶺關二十里長嶺關至臨門關三十里臨門關至九歇山五十里九歇山
至双廟關三十里双廟關至大界嶺二十里大界嶺至北界河九十里共計嶺關界三百
四十里
竹排能至此処
正東
松子關
長嶺關
臨門關
九歇山
河南
獨樓
黄泥坳
大界嶺
馬牙山
大董家山
四望山
東界嶺
黄麻坳
横河店
黄岡界
七里岡
南

麻城縣志

北
西
至河南大路
黃安明月會界
至省城大路
岐亭
清軍府
順河集
朱山寨
中館驛
閔家集
白果鎮
走馬岡
沙子岡
黃岡界
麻城界

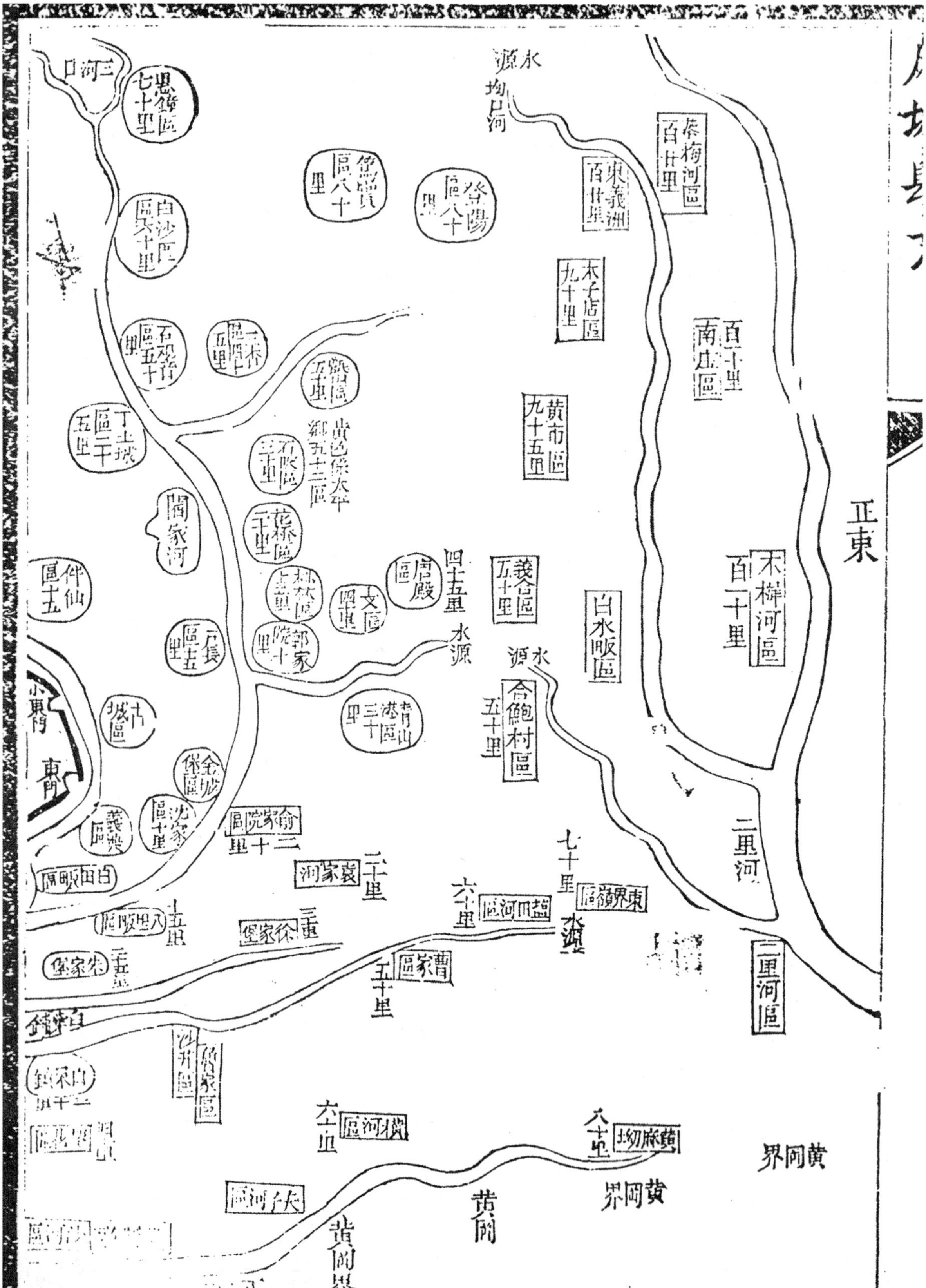
三河口
水源
秦梅河區
百廿里
東義洲
百廿里
木子店區
九十里
南山區
百十里
黄市區
九十五里
義合區
五十里
白水畈區
木樨河區
百一十里
正東
水源
合鲍村區
五十里
閻家河
二里河
二里河區
七十里
六十里
五十里
二十里
黄岡界
正南

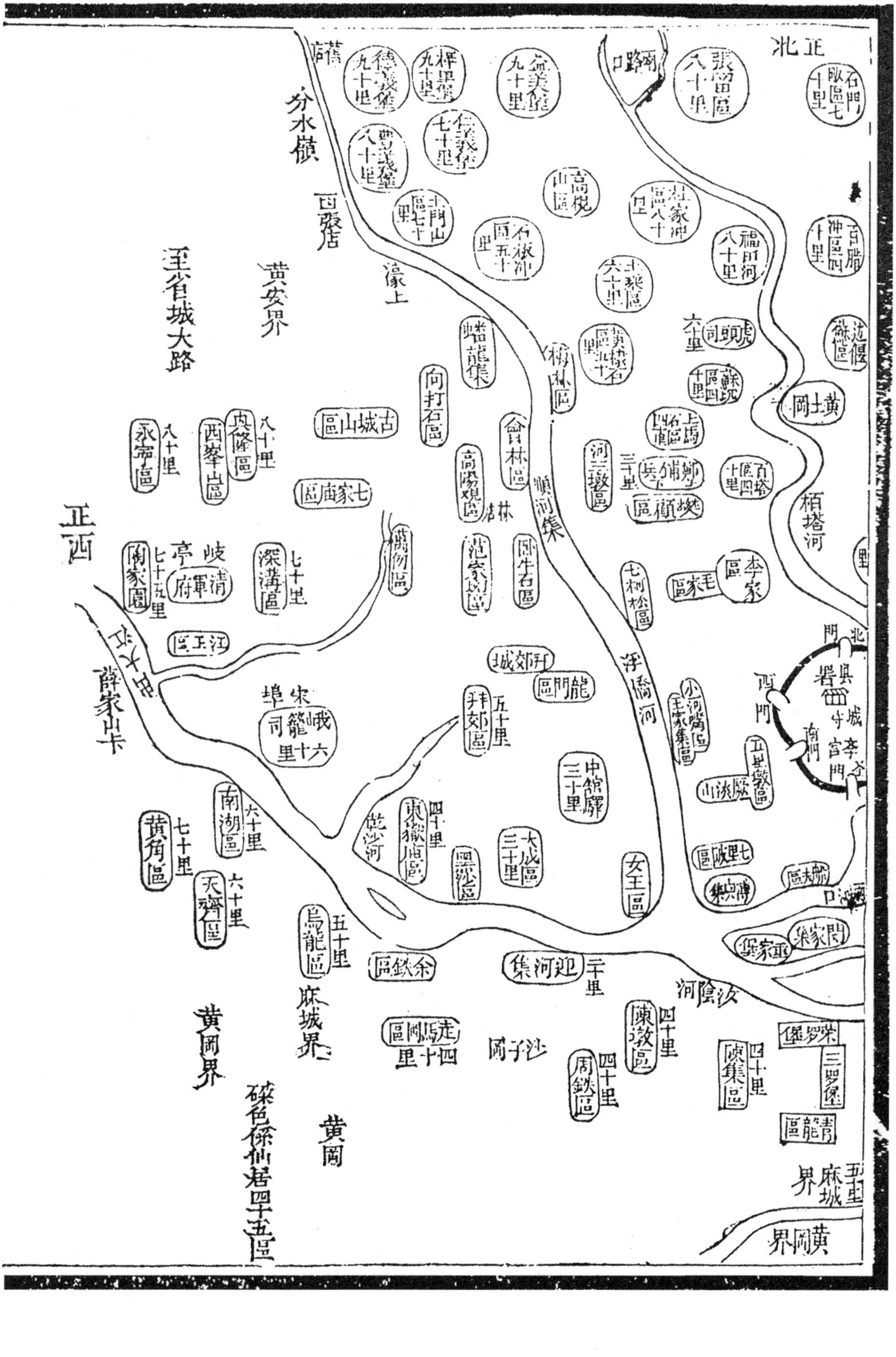
正北
正西
分水嶺
至省城大路
黃安界
黃岡界
黃岡
麻城界
黃岡界
麻城界
張留區
石門畈區七十里
高梘山區
杜家沖區八十里
福田河八十里
古城山區
七家畬區
向打石區
蟠龍集
會林區
高陽觀區
順河集
浮橋河
范家坳區
牛石區
深溝區七十里
西峯嶺區
永寧區
清軍府
亭岐
江玉區
薛家山卡
峨籠司六十里
宋埠
龍門區
南湖區六十里
黃角區七十里
天寶區六十里
烏龍區五十里
余鈸區
迎河集二十里
中館驛三十里
大成區三十里
女王區
東嶽廟區
汶陰河
走馬岡區四十里
沙子岡
陳墩區四十里
周鈸區四十里
陳集區四十里
三羅堡
青龍區
閔家集
黃土岡
栢塔河
李家區
毛家區
縣署
城守
西門
北門
南門
黃

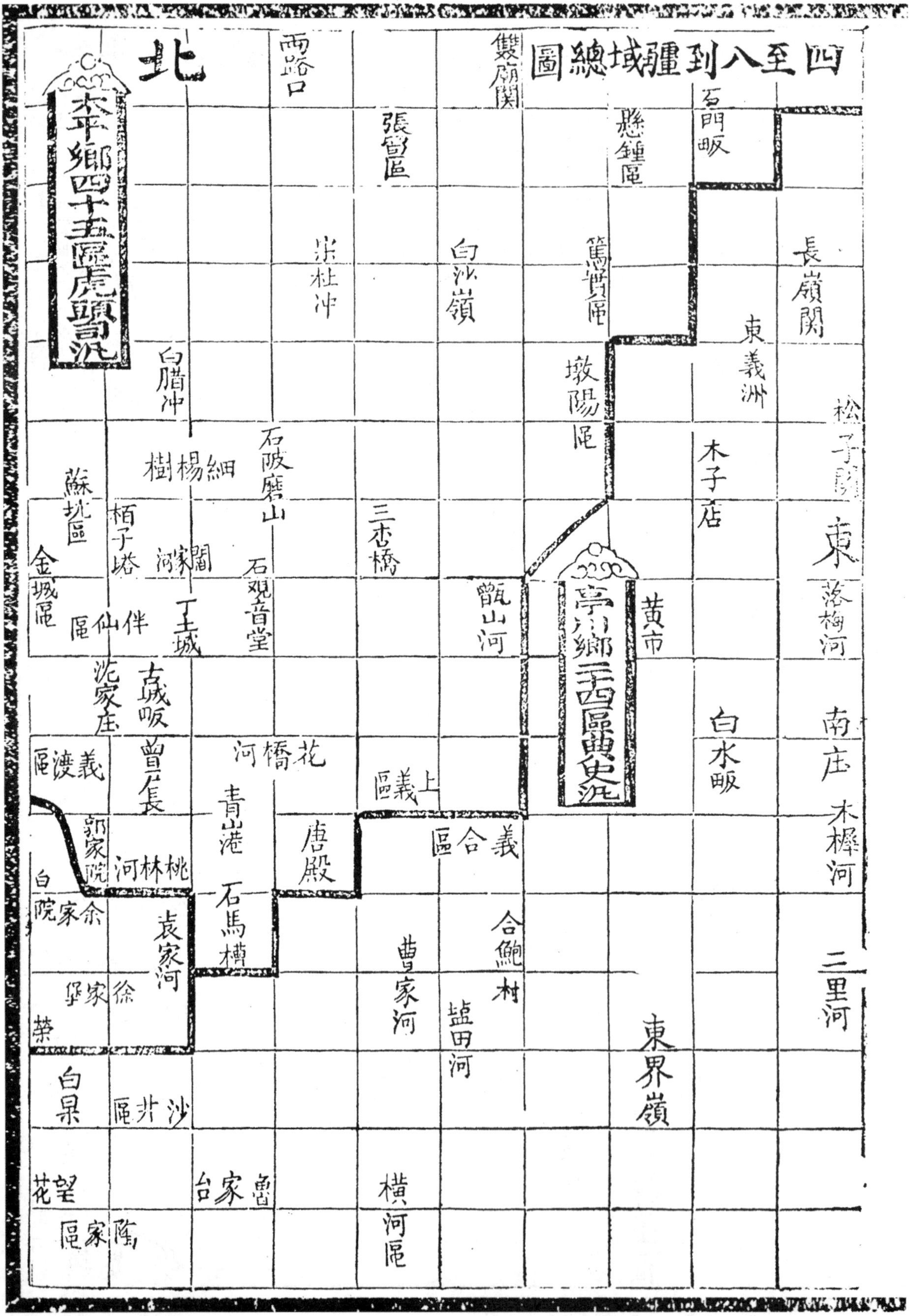
四至八到疆域總圖
北
西路口
雙廟關
石門畈
懸鍾區
張留區
長嶺關
東義洲
墩陽區
松子關
木子店
細楊樹
蘇圳區
栢子塔
閻家河
三杏橋
金城區
伴仙區
王城
石觀音堂
甑山河
黃市
東
落梅河
沈家庄
古城畈
白水畈
南庄
義渡區
花橋河
上義區
青山港
木樨河
郭家院
桃林河
唐殿
義合區
余家院
袁家河
石馬槽
曹家河
二里河
徐家堡
鹽田河
東界嶺
白泉
沙井區
望花
魯家台
橫河區
陳家區

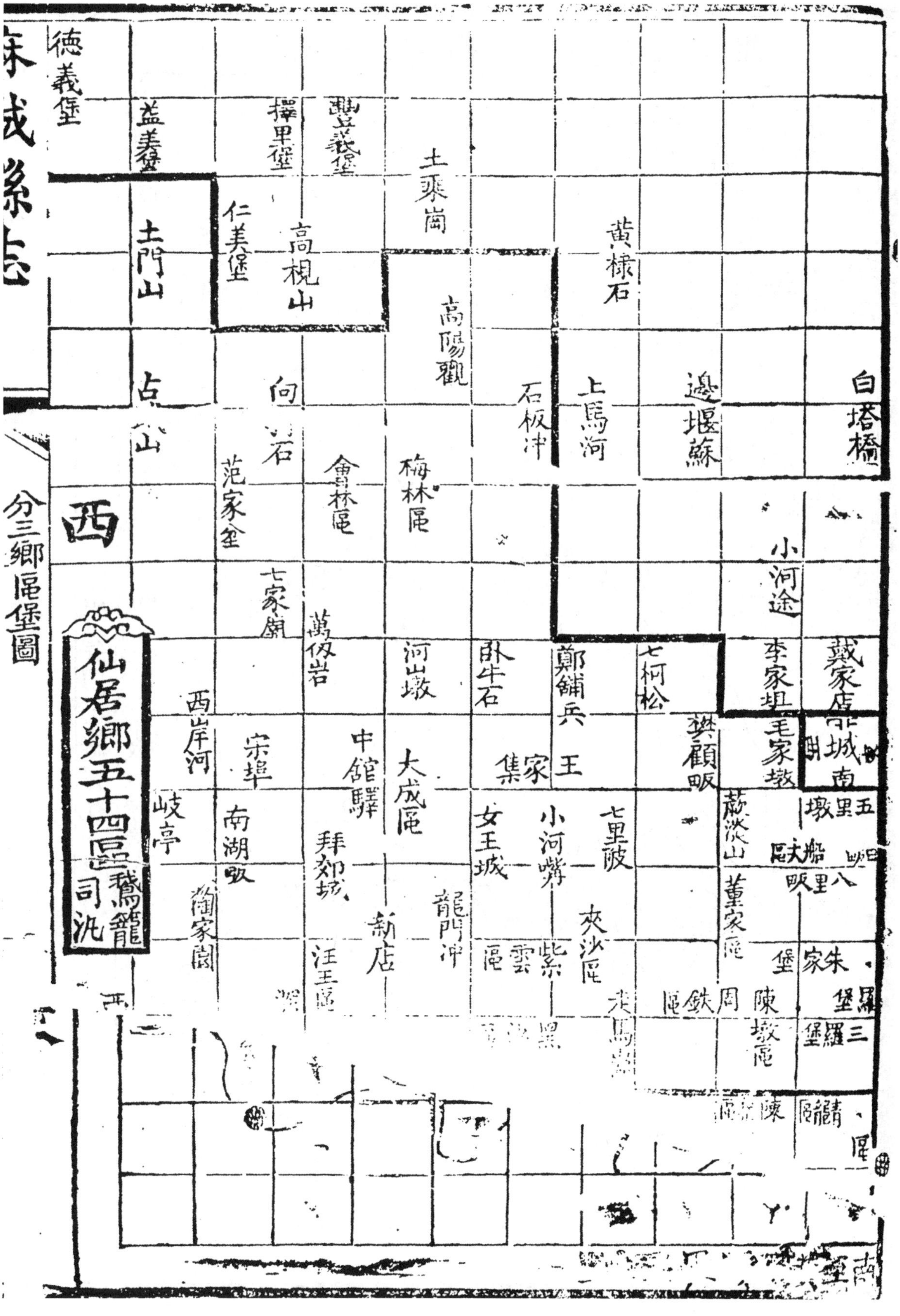
分三鄉區堡圖
西
仙居鄉五十四區
鶖籠司汎
德義堡
益美堡
仁美堡
土門山
黄㯶石
高陽觀
白塔橋
上馬河
石板沖
梅林㘭
萬仞岩
河山墩
卧牛石
七柯松
李家垻
戴家店
西岸河
宋埠
中館驛
大成㘭
王家集
毛家墩
岐亭
南湖
女王城
七里畈
新店
龍門沖
夾沙㘭
董家㘭
朱家堡

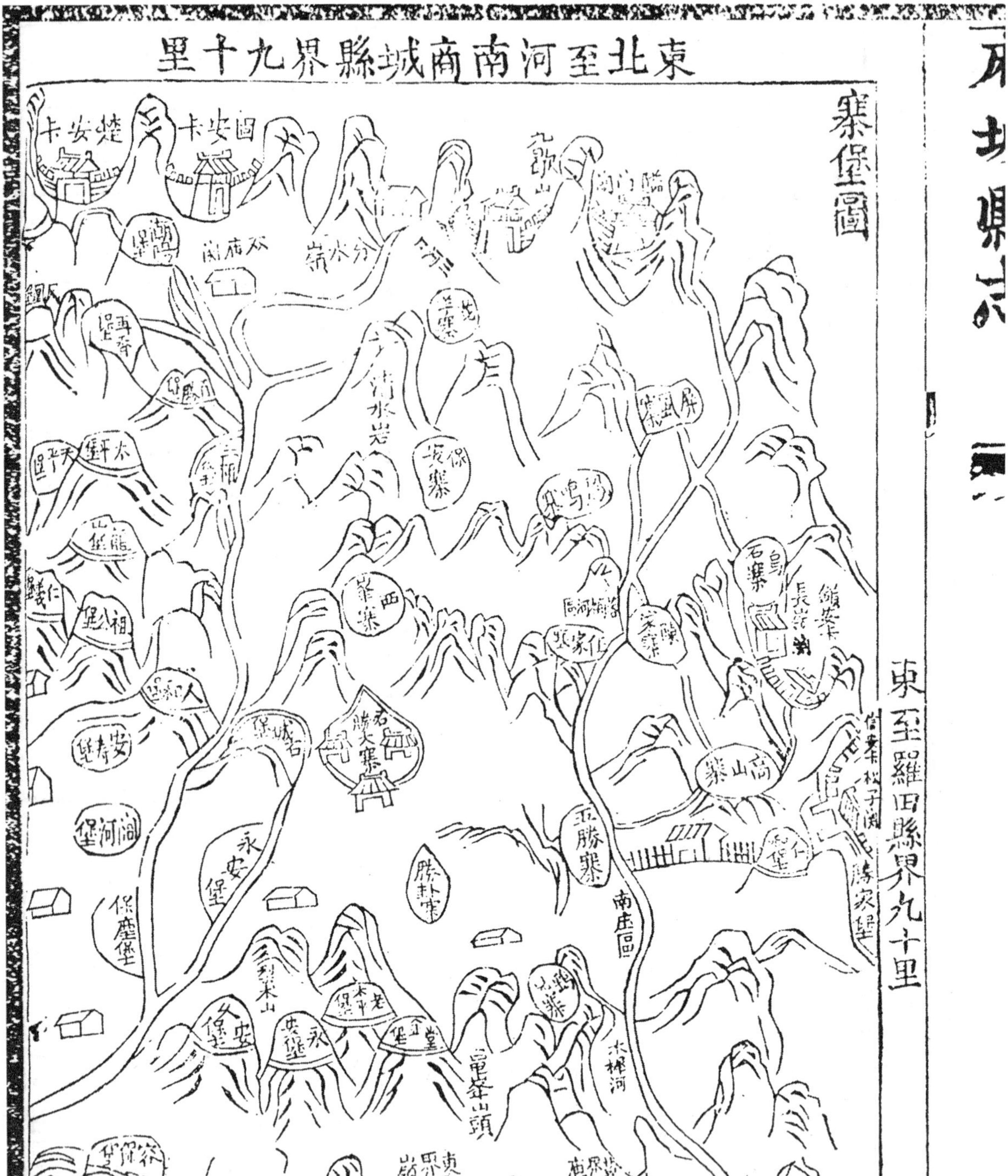
東北至河南商城縣界九十里
寨堡圖
東至羅田縣界九十里
楚安卡
固安卡
分水嶺
清水岩
保安寨
長嶺寨
商山寨
勝卦寨
五勝寨
永安堡
保塵堡
南店河
木樨河
東界嶺

麻城縣志
西北至河南光山縣界九十里
西至黃安縣界七十里
南至黃岡縣界五十里
疆安卡
路口堡
永清堡
蓮花堡
福臨堡
霧仙司
清平堡
土塞嶺
風到堡
黃土岡
公義堡
木陵關
羚羊山
冶安堡
寶珠堡
太和堡
盤龍堡
仁里堡
梅峯堡
城隍山
謝店
艾陽寺
西洋鎮
均和堡
大勝堡
朱山堡
北門
西門
城
南門
保安堡
董家堡
萬安堡
普安堡
吉安堡
萬福堡
友助堡

# 麻城縣城池圖

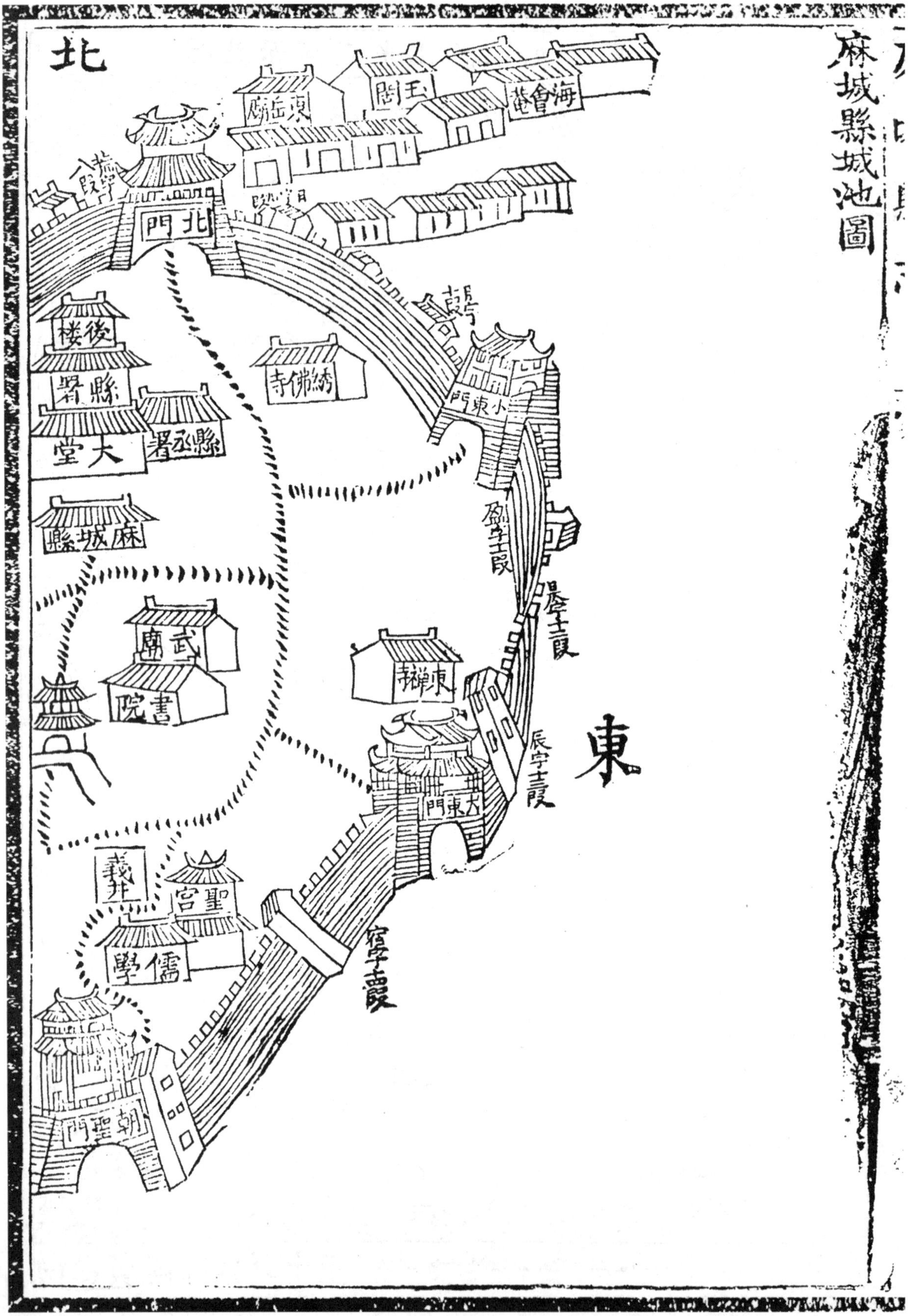

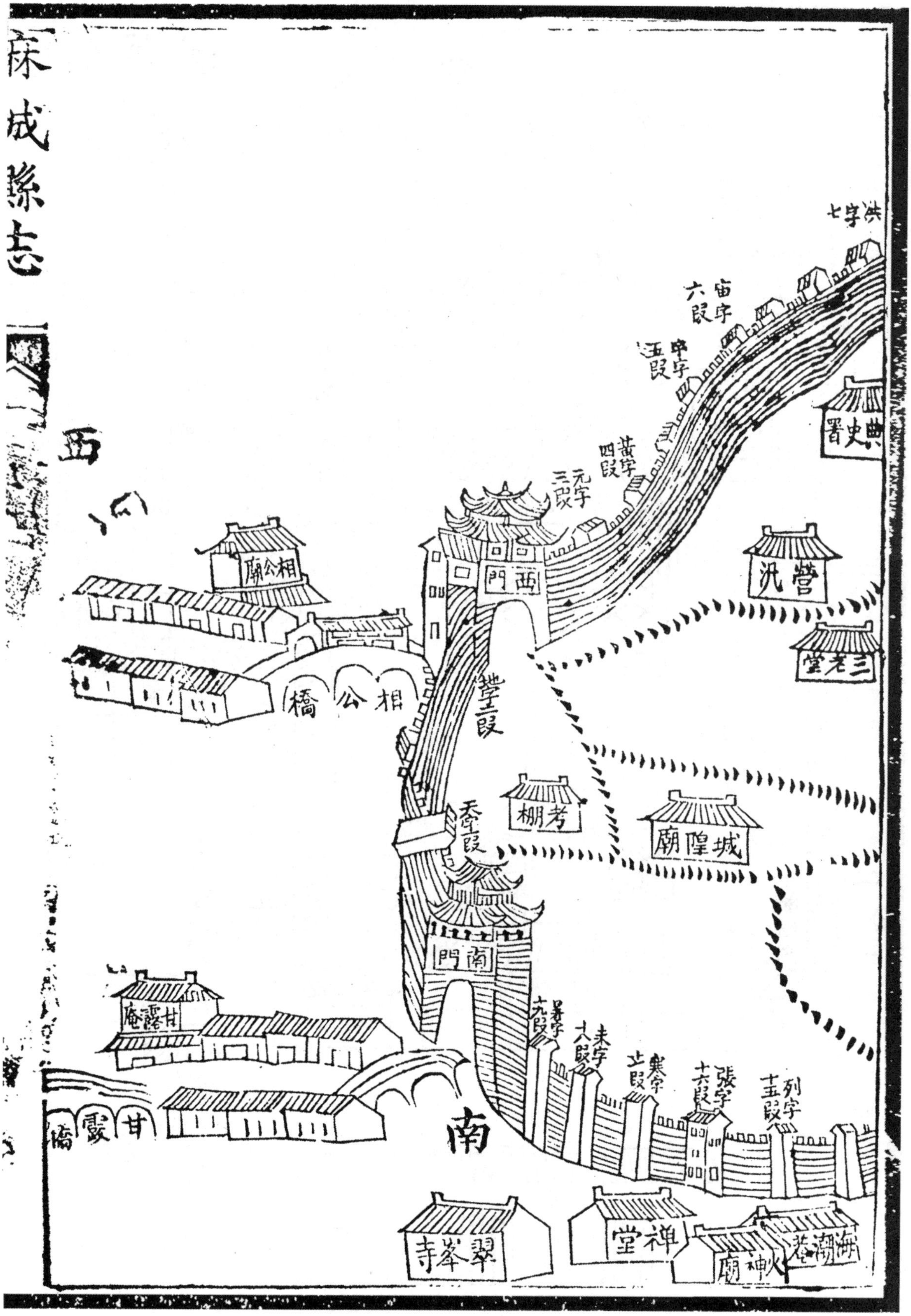
麻城縣志
西
南
西門
南門
相公廟
相公橋
甘露庵
營汛
三老堂
典史署
考棚
城隍廟
翠峯寺
火神廟
海潮菴

# 縣署圖

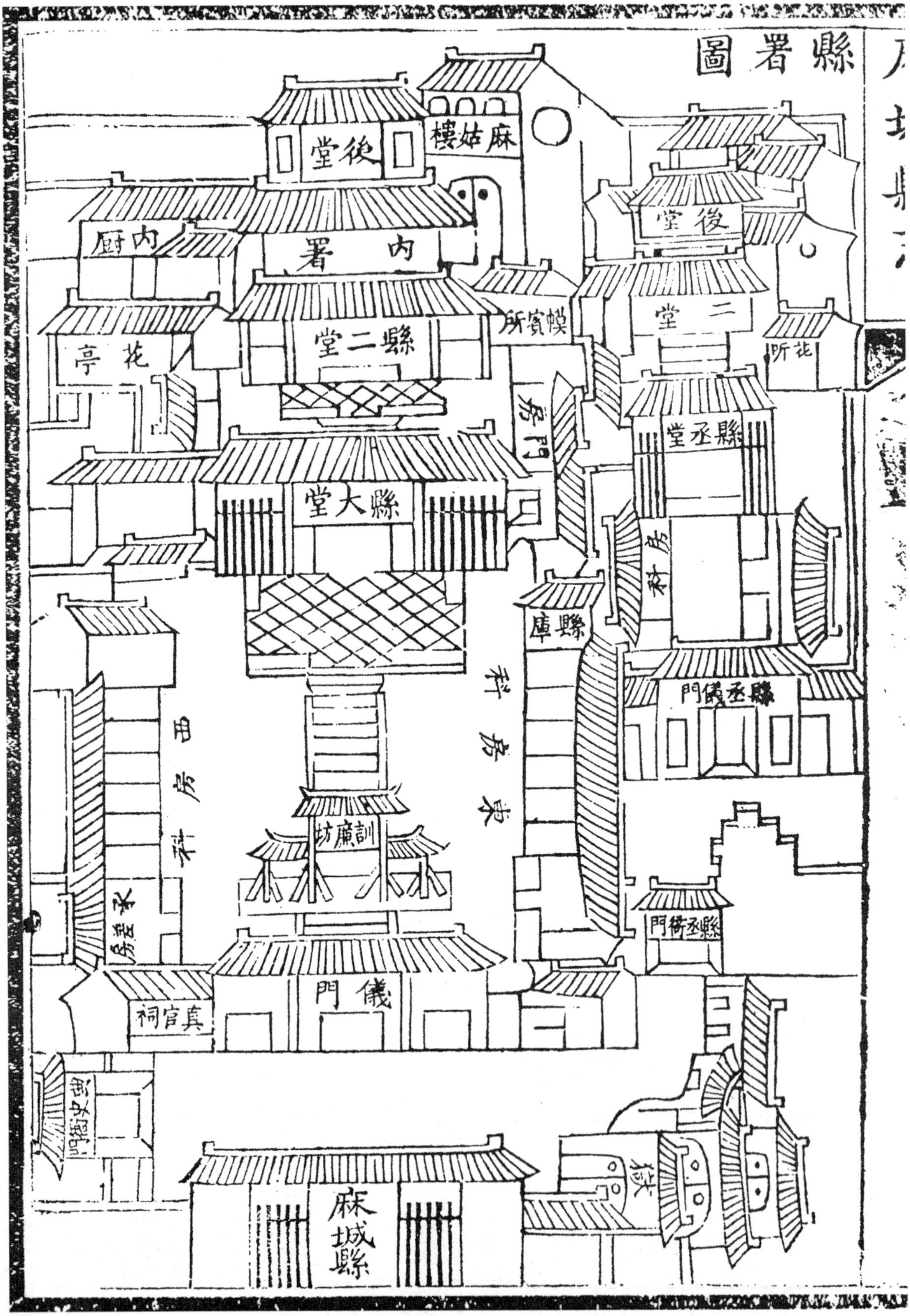

麻城縣志

縣署圖

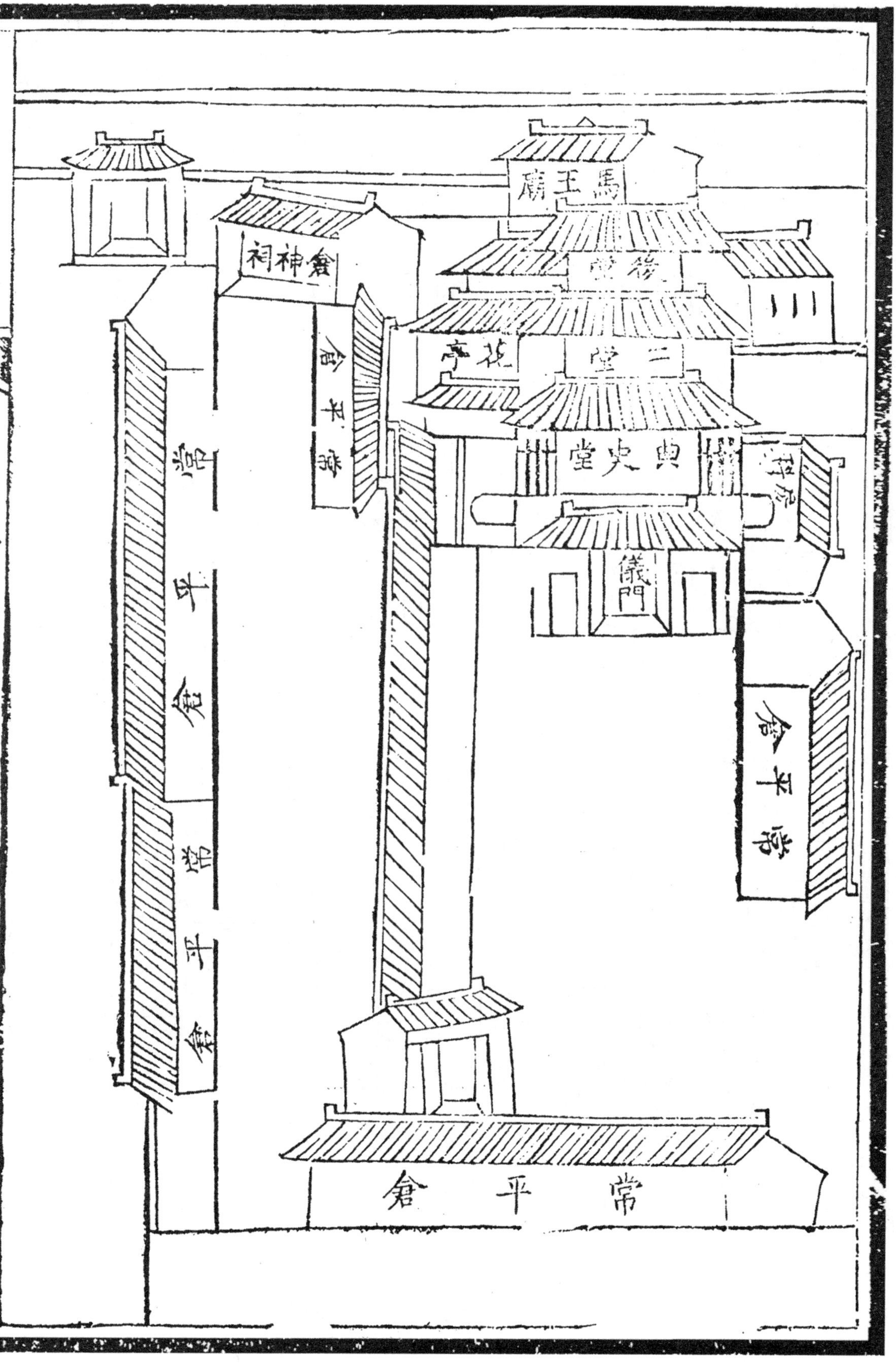

文廟儒學圖

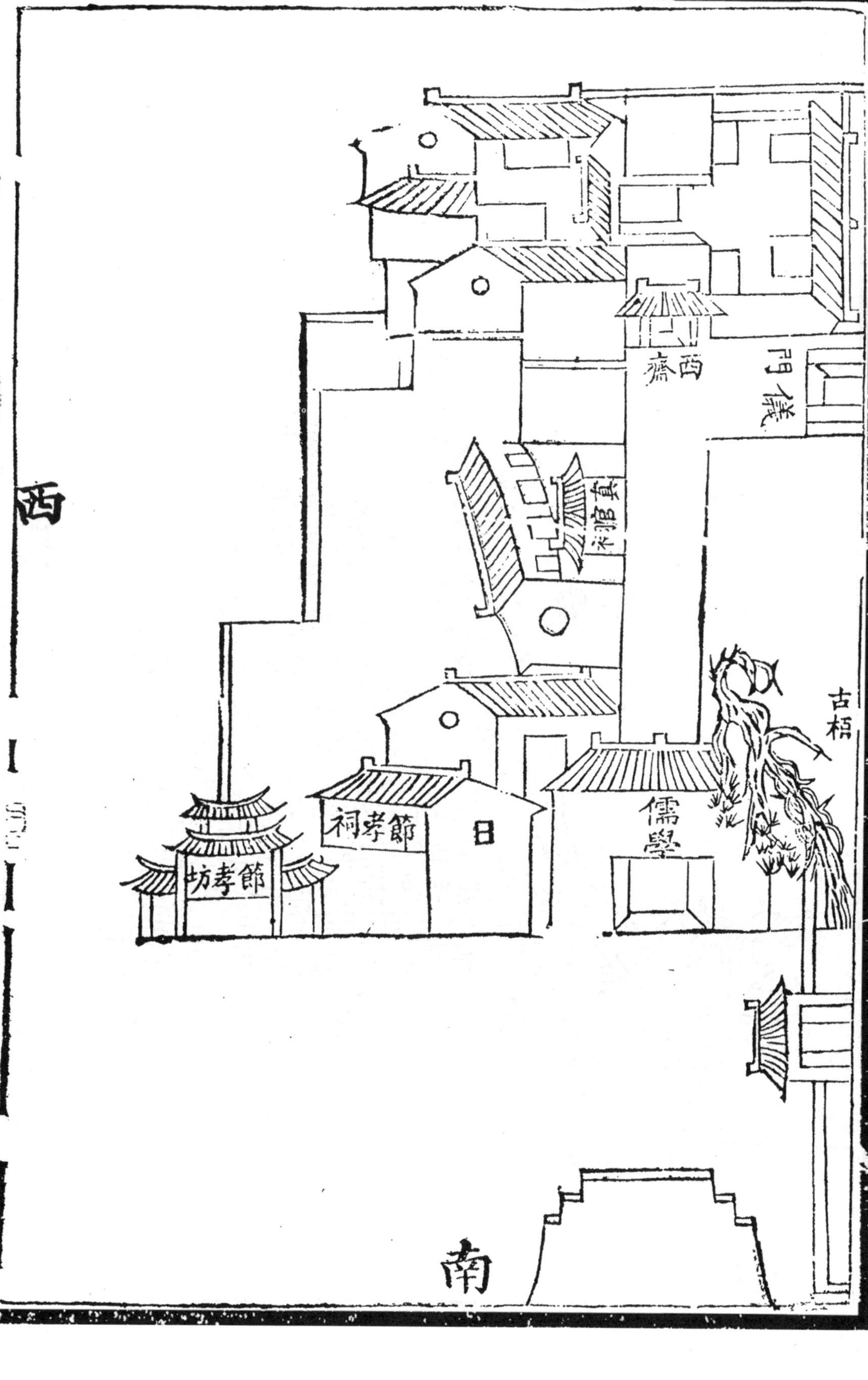
西
西齋
儀門
古柏
儒學
節孝祠
節孝坊
南

武廟書院文明樓圖

麻城縣志

# 考棚圖

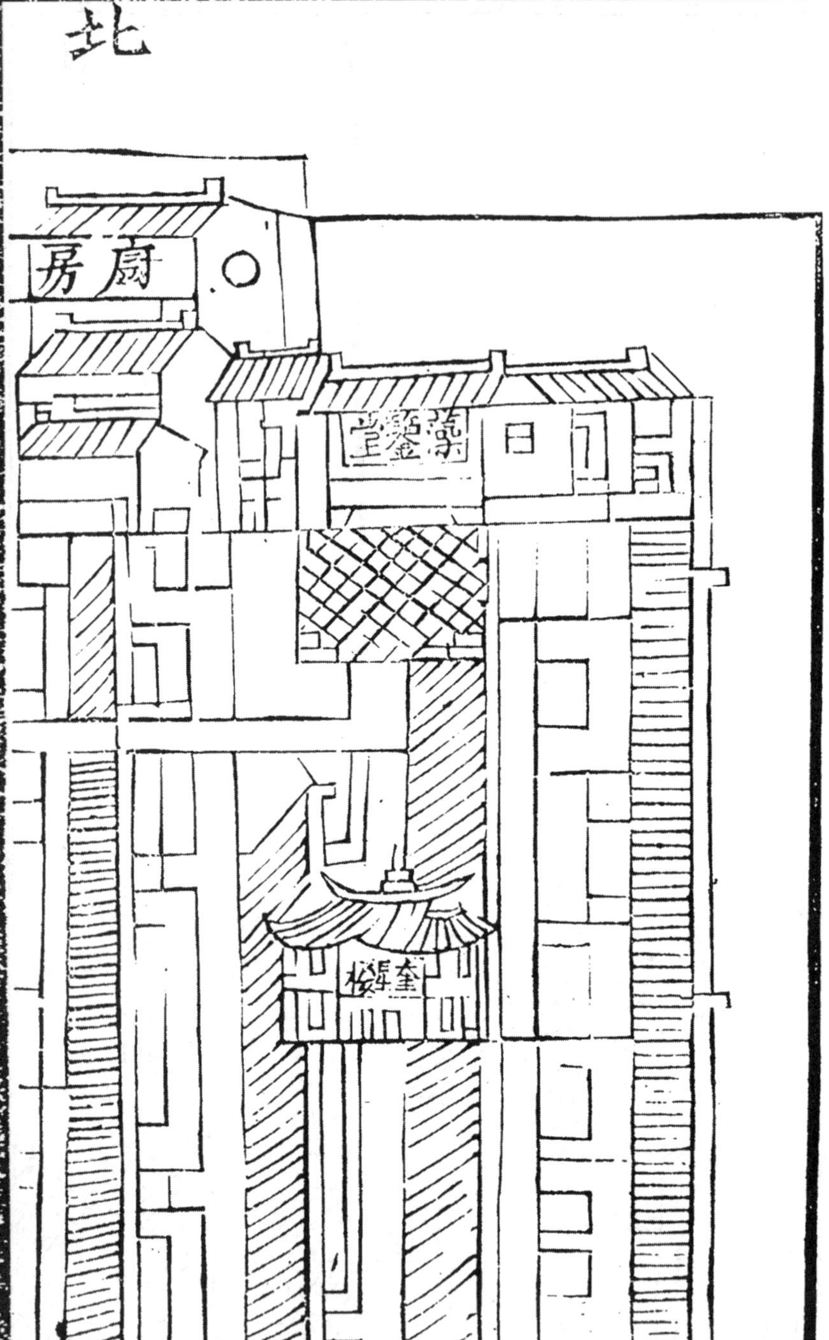

考棚圖

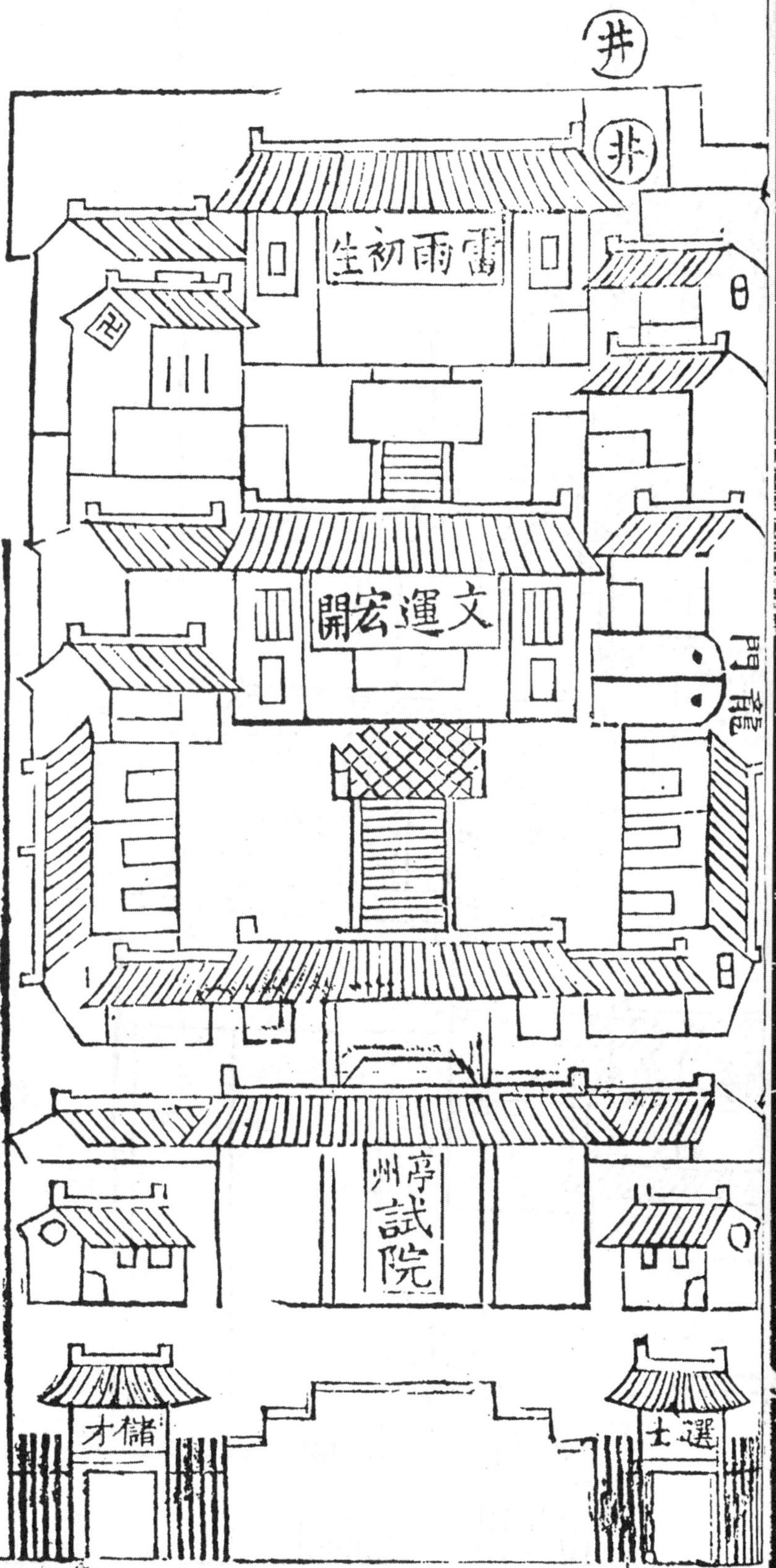

# 黄州府同知衙署圖

駐防岐亭東

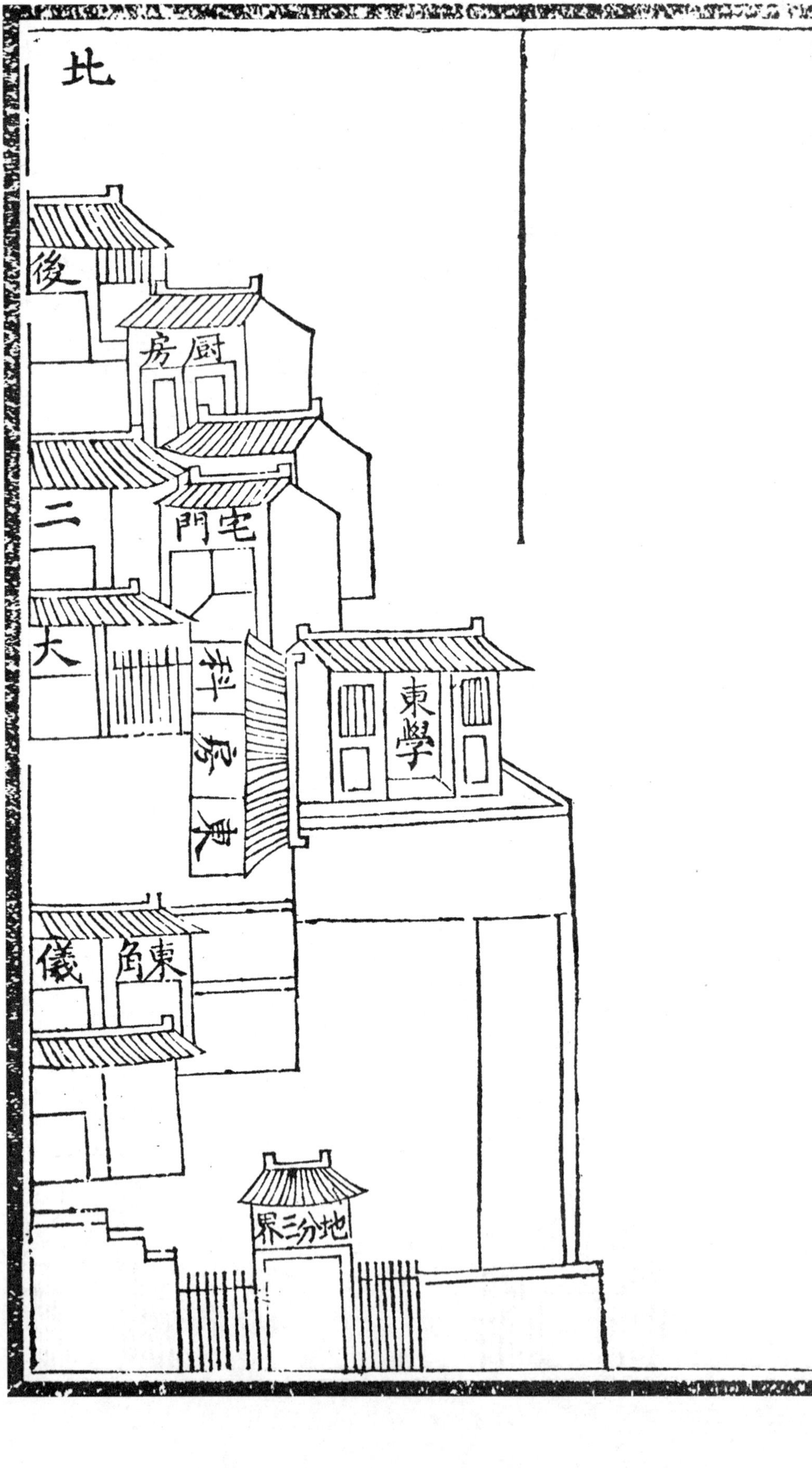

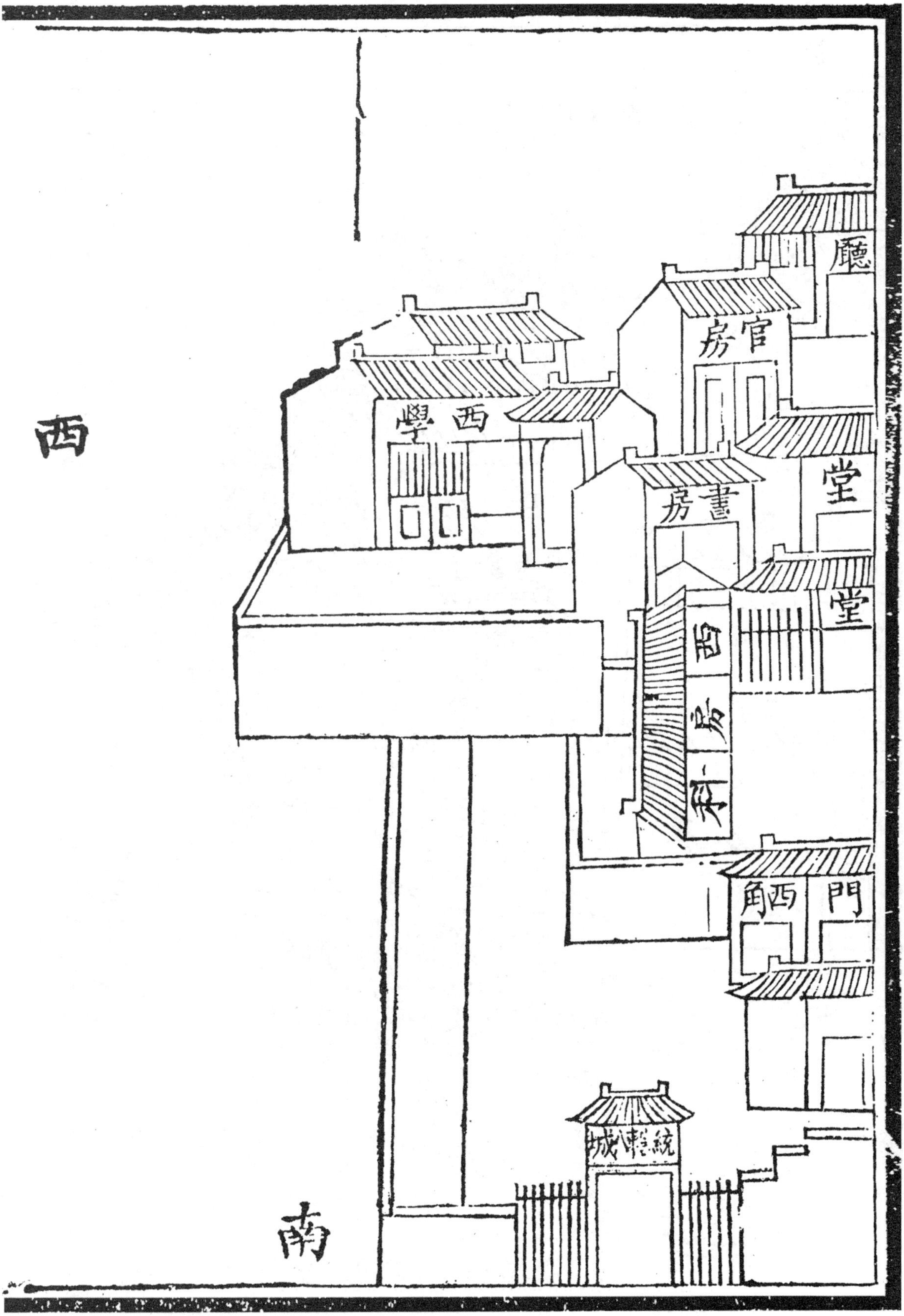
西
南
西學
官房
書房
廳
堂
堂
西角門
統轄城

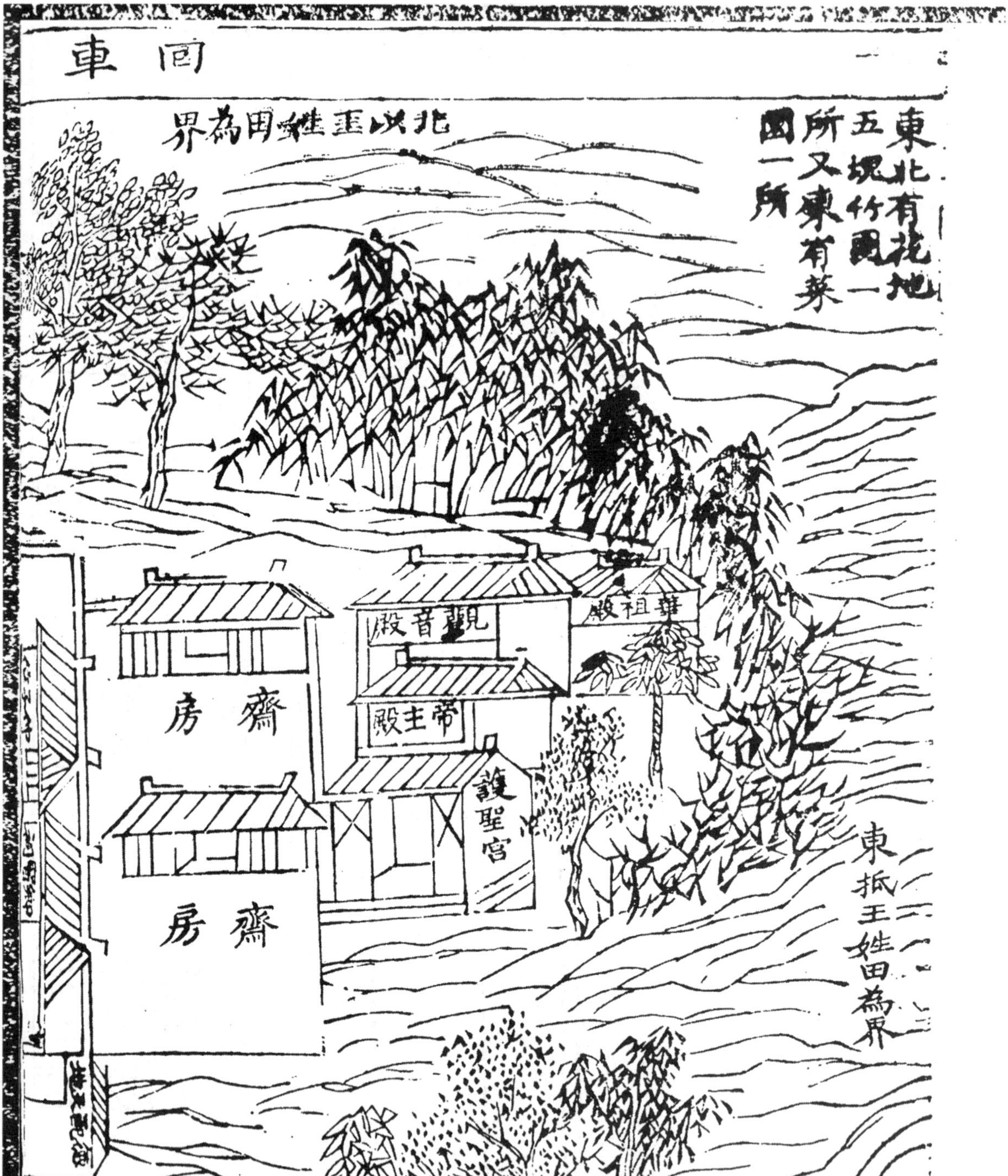
回車
北以王姓田為界
東北有花地五塊竹園一所又東有菜園一所
觀音殿
華祖殿
帝主殿
齋房
齋房
護聖宮
東抵王姓田為界

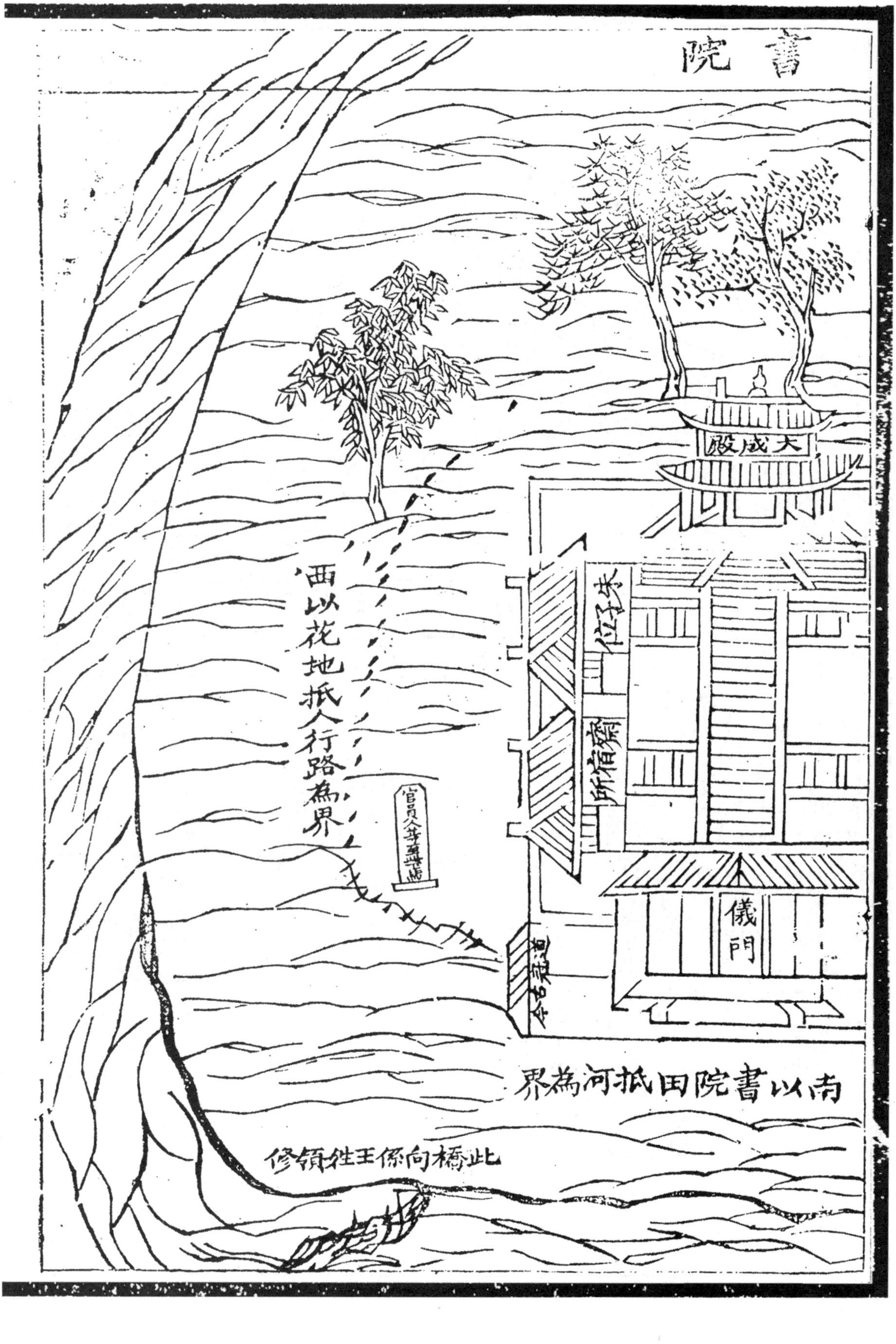
書院
大成殿
齋宿所
儀門
西以花地抵人行路為界
南以書院田抵河為界
此橋向係王姓領修

白雲臺
東
南

白雲臺圖

麻城縣志
雁臺
東

城縣志
雁臺圖
北
西
南

北
釣魚臺
東
麻城縣志

釣魚台圖

龜峯旭日
東

北
西

瀑沛飛泉
東

北
瀑布飛泉題

麻城縣志
麻姑仙洞
北
東

麻城縣志

麻姑仙洞圖

萬松古亭
北
東

西
南

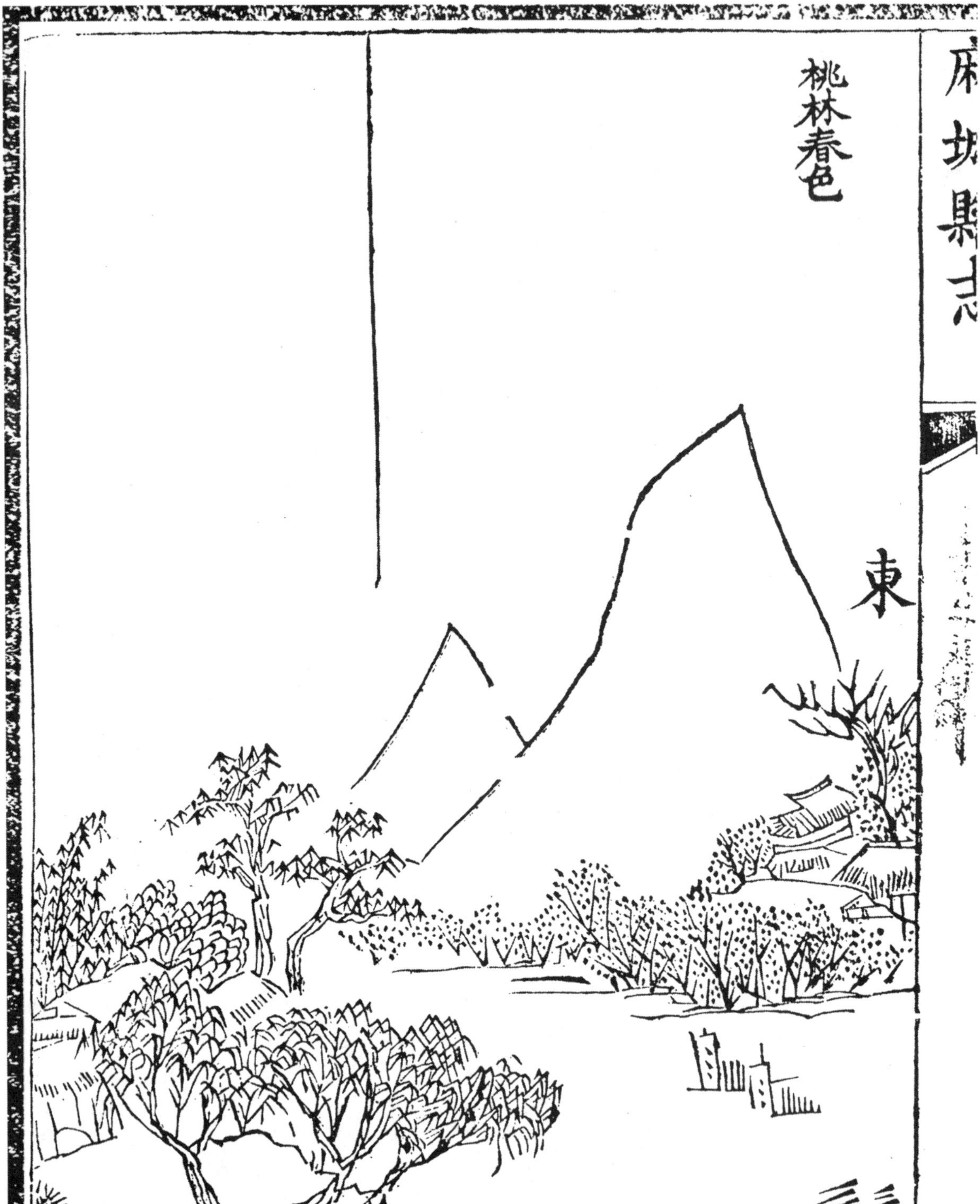
麻城縣志
桃林春色
東
南

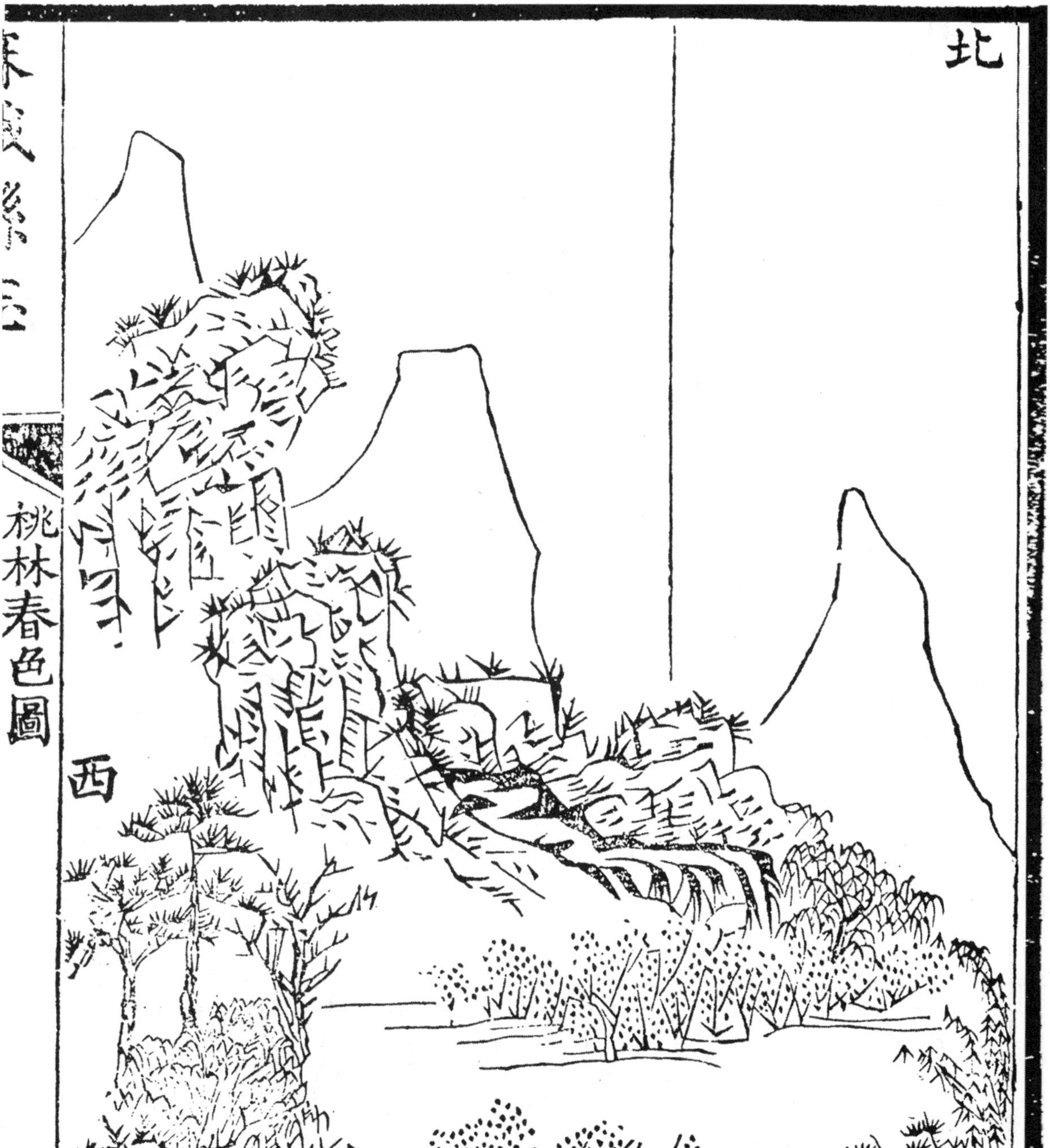
北
桃林春色圖
西

麻城縣志
柏子秋陰
北
東

西
南

鳳嶺朝雲
東
南

鳳嶺朝雲圖

龍池夜月
北
東

麻城縣志
龍池夜月圖
西
南

重訂凡例

一麻城舊志屆志修自
國初簡而有法猶存明代志乘遺意黃志成於乾隆季
年係浙紹章進士學誠裁定章爲當時修志名家其
學以三通爲宗而於通志尤所取法所著文史通義
外篇首論修志必立三家之學一志二文徵三掌故
其說頗創實自成一家言麻城乾隆志悉用其例前
編爲志而有紀考等目後編分文徵掌故二門文徵
所錄文詩各體縷晰有類坊選掌故分六書而所紀



亦瑣屑龎襍不稱其書大抵舊志體例雖本章君而
文義非其手定猶之湖北通志初稿係章創訂旋不
果用後爲蘄州陳愚谷先生所輯也茲志丙子初刻
既非全續章書又未發明作書之意取材既隘而濫
列轉多是以不得不重加釐訂以存一邑事實非敢
妄議前人亦匡謬拾遺之意云耳
一茲志詳加校勘於郡志並兩舊志外參考本省通
志暨諸載記稽合同異博訪周咨闕者補之緐者刪
之譌者正之爲綱十爲目五十有六首方輿次建置

次學校次食貨次官師次選舉次耆舊次列女次藝
文終以大事記而雜記坿焉徵引必注原書體例必
法古昔其增刪釐訂之故俱詳於後
一志表爲史家並重邑志即一邑之史紀風土傳人
物匪獨備省郡志之采擇異日
史館亦有取焉茲土國於春秋郡縣於漢晉併省僑置
於南北朝至隋唐而麻城之名以著歷代沿革最宜
詳攷專立一表坿以攷証庶幾開卷瞭如
一輿地天成建置人力釐然判然不容相混原書界



限未清茲特類叙區分期於各當又山川名勝條下
坿采名人題詠原本水經注並吳郡武功諸志即湖
北通志亦用此體惟文則用雙行低一格詩低二格
以醒眉目至城署碉砦兵興多所增修堤堰津梁民
間尤資利益必詳考其由來以存一時規制若夫紀
祠廟而兼列寺觀徵古蹟而旁摭碑碣則亦洛陽伽
藍記夾漈金石略之遺意也已
一三代學校與井田並建非他政事可以等倫我
朝重道崇儒比隆前古凡直省郡縣各立教士之官而

於弟子員更屢增其數所以育人材而宏登進者誠握乎立政之原也舊志學校併入建置未見設教精意而本邑學田書院賓興諸事亦難於類檕茲專立學校一綱詳紀學制學額暨附祀賢宮如名宦鄉賢諸公其名氏均以府志乾隆志爲準而凡有關學校之事並以附存至若祭典禮儀有

會典在實非一縣所敢僭登然他志亦有詳錄者或爲鄉曲寡聞而設非通例也爰於舊志中錄出另編志餘一册以別體裁而便稽覽



一洪範八政食貨爲先實班書食貨志之所自昉後來史家多因之茲特舉賦役戶口諸目統於食貨之中風俗物產亦以類附至賦入之多寡先載前明及

國初舊制次及咸豐間中丞益陽胡文忠公奏明變通徵收章程及近年布政使司頒發丁漕徵解例額以

昭法守

一原志職官選舉均列年表深得史家年經事緯旁行斜上之法顧有文秩而無武員殊非

朝廷文武並建至意查麻城有城守把總一員分汛外委兩員近又增撥北鄉兩路口汛兵皆以備干城禦侮之用茲仿褚先生補史記表例補載武職其年遠無稽者闕之斷以咸同軍務後爲始

一原志官師有治績一目而列於人物各傳之首未免主客淆混茲於官師志編列循良諸公事蹟仍本舊志更增忠節一門用著歷朝及近年死事文武官吏此亦郡志體也惟縣志職官應紀知縣以下若岐亭同知作貳大府維屏三縣實非麻城所得而私第舊志以同知冠官師表迨兵燹後郡案無徵轉於邑



志稽其名姓且分防汛地在麻城遂仍舊貫然表既列其官則志應識其事若于清端之任岐亭尤聲施爛然照人耳目者謹節錄

史館漢名臣傳並取清端全書凡有關岐亭及麻城者輯錄附載爲後來法

一選舉表分文武兩科以年爲經而鄉會試均隨年檕至鴻博之稱詞科方正之稱制科較舉春秋闈尤爲盛典麻邑鴻博無人而方正不乏然未試於

廷未授以職卽古所稱徵士徵君是也特立徵辟一目

而以鄉貢次之若軍功勞績列保舉援例仕進列議
敘亦以著一時榮遇惟
贈廕則專列正目以子孫實有官階爲準若例贈捐封有
誥勅者另附於議敘之後若貲授空階例不入志
一原志人物於鄉先達概入仕績一門殊無區别茲
恭録
欽定明史中邑人之有列傳者與夫郡志兩舊志中之崇
祀鄉賢者專立名賢一目餘仍仕績之舊其中或德
行道藝别有可傳匪仕宦所能概厥生平者則另入



類傳以彰貞詣至文學孝友義行忠烈隱逸方伎諸
目於原書亦各有增補惟流寓下特添坿原籍如明
楊廷和之在新都
國初張文端之在遂甯皆由麻籍遷出而耿恭簡公兄弟
爲有明一代儒臣政隸黃安在釋褐後尤彰彰較著
者至近年科甲之寄籍他省亦不乏人他日蔚爲國
華推靈秀之所鍾均足爲梓桑生色已
一班書始創人物志列女卽統於中茲志所編列女
卷帙稍多若不專立一綱難爲統繫然與人物對待
則列女亦人物也因思吾楚有習鑿齒襄陽耆舊傳
此外有益都耆舊四海耆舊陳留耆舊東萊耆舊諸
編較之會稽先賢晉陵先賢稱謂猶爲謙質因以耆
舊易人物之統名與列女並立而不相妨其節孝貞
孝節烈三類先傳後表已旌列傳未旌列表至割股
非例所常旌而誼不可沒亦分坿於孝子孝女孝婦
之後蓋於闡揚中微寓矜慎云爾
一原志節孝得之采訪多屬荒無故實顧念樞戸窮
檐誰爲紀述僅留姓氏聊慰幽貞或謂璆琳碔砆難



於識别要亦凡作志者通病揆諸善善從長之義實
不敢妄爲去留凡原志所登均仿桂陽州南海縣兩
志例以城鄉分表藉省篇幅而便稽閱若補請
旌表則儒林公議戸鄰保結仍愼之又愼必不能濫邀綽
楔也
一漢志藝文隋書經籍皆以載所著書目後來志乘
亦有以藝文載詞章者茲並存其例首卷專載書目
有爲四庫書所收者恭錄
欽定提要全文有見諸名人序錄者必采坿於後藉知作

書大要餘卷分文徵文牘二目凡外邑名流緣麻有作除山川古蹟各坿本條外餘入文徵若邑人所作其本傳不及備錄者卽入文牘先民著述一斑片羽皆足珍惜旣免歷久無傳亦使綴學之士得所則倣尚望廣爲搜采補錄於篇庶幾文獻有徵焉

一舊志有大事記二卷茲仍其例而移置卷末用資綜覽凡禎異興作蠲免及歷朝兵事備紀於編年之下咸同以來軍務孔亟邑中凡同仇敵愾保衛鄉閭及捐貲濟餉毁家紓難者均當不沒其勞惟據事直



書則其功自見若必鄉分人敘似爲生人作傳有乖志體且貽標榜之譏又舊有叢談一門他志罕見茲依省志改以雜記卽坿大事記後凡事蹟之散見他書及照舊志登載者均分別注列若近來采訪者注以新增無稽之談未敢闌入

一原志中有與省府志相牴牾者更有自亂其例者如顏時熙省志列孝子而原志誤入義行梅之熉府志列隱逸而原志入仕蹟曹應昌旣列明代仕蹟又列

國朝隱逸一人兩傳黃卷以副憲歸田已祀鄉賢竟與布衣隱逸同傳曾鎭董璋同祀

國朝鄉賢而鎭列藝術璋又列明仕蹟攷董璋舉崇禎壬午鄉試越一年甲申鼎革其宦長垣知縣據董氏家乘在順治八年於康熙間始請入鄉賢崇祀事在

本朝何以誤列明代至五腦山所祀紫微侯禦災捍患受封爲神仰荷

恩綸

勅加靈感二字卽與壇廟隍社同尊原志以入仙釋亦非



有功則祀之義均爲訂正餘未枚舉

一傳信之書不厭詳求歷代正史每積數十年之久經數鉅公之手方得審定成書茲邑志之成重加釐訂亦聊以厭鄉校之清議也惟原刻工費甚鉅不能不勉就範圍節短取長以斬無乖於理無縻於費究以爲時甚迫搜考難周掛一漏萬及沿訛襲謬之處仍所不免大雅君子尚匡正而教益之

重訂目錄

# 麻城縣志敘畧

## 方輿志第一

秦夷列國爲郡縣席捲囊括豆剖瓜分視天下猶振衣挈領而體國經野之制蕩然無存是以班書始志地理以承周官職方之變自是沿革頻仍代自爲制此疆彼界古縣今名讀史所以紀方輿之要也麻城地界光黄控荆扼豫南北接壤山川糾紛實古來用武之地舊志以麻爲春秋弦子國又以爲弦黄二國地府志以弦爲今黄岡黄爲今光州麻爲漢西陽縣地迄無定說案水經注淮水下黄水



出黄武山東北流木陵關水注之又東逕晉西陽城南又東逕南光城南光郡治又東北逕高城南故弦高國也此則麻城北界績東北流之水弦高國卽今光州光山是江水下舉水出龜頭山西北流逕龍戍又西流合垂山水又西南合倒水又南東歷赤亭下分爲二水以注於江謂之舉洲又云江水左逕赤鼻山南又東逕西陽郡南注晉書地道記以爲弦子國此則樊口下流所指弦國當是今蘄水卽古弋陽之軑縣江淮相距四百餘里弦爲南服附庸疑當日無此幅員之廣文獻逋攷既以弦黄二國[illegible][illegible]光州隷楊州域隋爲弋陽郡唐屬淮南道領縣定城固始光山殷城仙居注仙居古弦國又以黄州爲古邾國隷荆州域唐立齊安郡宋分淮西路領縣黄岡黄陂麻城麻城之名至隋始建倏揚倏荆時復僑析無可援據惟弋陽所領之仙居自唐後已佚其名攷直省輿圖其地當在今羅山而麻之西鄉至今猶名仙居鄉邑北又有仙居山可知麻城卽唐仙居仙居卽古弦國也蓋在明季未設黄安以前邑西北境直抵光羅以麻爲弦仙居是其確証要之麻城處揚荆豫三州之界代有遷置不無參差惟依水經柏舉



爲龜頭山并舉倒垂三水所逕入注之處爲斷則歷代地名可以鉤稽而得是卽禹貢依山定川萬古不易之法也若疆域以定貢賦險要以紀防守有關國計民生皆宜詳稽定制至於山川韻事備紀詩歌名勝流傳積成故實亦攷古所不廢也是以類著於篇

# 麻城縣志卷之一

## 方輿第一

### 沿革表

案舊志以麻城爲春秋弦黄二國地文獻通攷定城古黄國光山仙居古弦國而黄州之黄岡麻城皆黄國地蓋麻介光黄閒魏晉以降忽荆忽揚併省僑置糾互紛錯此疆爾界未可遽分然先後之因革稱名之同異史志具在可班班考也周秦以上夐乎遠矣地志始自班書故立表斷從漢始



| | |
|---|---|
| 兩漢 | 西陵縣 屬江夏郡爲衡山王吳芮封地故城在今黄州府西北百二十里<br>邾縣 秦屬南郡漢初省 |
| 三國 | 西陽縣 魏置屬弋陽郡黄初中分汝南郡治弋陽後併入吳仍名西陽屬蘄春郡合江夏武昌爲郢州後又得邾城并入 |
| 晉 | 西陽國 惠帝時分弋陽郡爲西陽國屬豫州後趙石虎使其將麻秋築城此麻城之名所由始 |
| 南朝 | 西陽郡 宋孝建中屬郢州太始中又屬豫州後復還郢<br>長風縣 元嘉中置故城在縣西北<br>赤亭縣 元嘉中置故城在縣西<br>建寧左郡 |
| 北朝 | 衡州 北齊僑置尋廢<br>亭州 北齊改定州曰亭州<br>東義州 北周置設刺史故城在縣東八十里今名猶存爲明左良玉大破張獻忠處 |



| | |
|---|---|
| 南朝（續） | 大明中置故城在縣西南尋改郡爲縣<br>陽城縣 大明中併赤亭爲陽城<br>信安縣 梁置屬永安郡<br>北西陽縣 梁置故城在縣西北屬永安郡又築竹敦麻陽二城<br>北江州 梁置故城在縣西魏因之治鹿城關<br>南定州 梁置故城在縣東北魏因之治蒙龍城蒙龍疑即今之鵝籠司<br>岐亭縣 梁置十八蠻縣之一 |

**南郢州**　梁置

**梁豐縣**　梁析建寗改置梁豐屬齊安郡

**沙州**　梁置治白沙戍

**定州**　陳廢北西陽改南郢州曰定州

**定城郡**　陳置

**陰平郡**　陳置復置建寗郡

**鹿城縣**　陳置屬永安郡北江州治



## 隋

**麻城縣**　開皇十八年始改信安曰麻城屬永安郡建寗陰平定城鹿城梁豐併廢此麻城建治之始

**陽城縣**　武德初新置

**仙居縣**　縣屬光州爲今麻城西北界地今猶存仙居鄉仙居山之名

## 唐

**亭州**　唐初復置亭州領麻城陽城二縣

**麻城縣**　武德八年廢亭州仍省陽城入麻城元和中又省入黃岡建中初復置屬淮南西道五季屬吳後入南唐均仍舊名

## 宋

**麻城**　屬黃州郡端平二年移縣治於什子山在今縣東八十里

## 元

**麻城**　屬黃州路爲河南江北行中書省至元中麻城兵亂自什子山徙歸舊治後趙所築城在今縣東十五里邑人姜銘等始築城於今地

## 明

**麻城**　洪武初麻城屬黃州府隸湖廣省九年改屬河南二十四年仍還湖廣嘉靖四十二年析姜家畈地益以黃岡黃陂地合置黃安縣

國朝

麻城屬湖廣布政使司一仍明舊



舊志春秋時地屬黃後屬楚戰國時楚滅邾遷邾君於黃遂名邾城秦屬南郡漢名西陵屬江夏郡衡山王吳芮嘗都此

漢書地理志漢置江夏郡領西陵等縣

魏志魏太和中滿寵增西陽戍兵置弋陽郡統西陽西陵邾七縣

吳志吳赤烏中陸遜以西陽爲重鎮請置三萬人守之

晉書惠帝時分弋陽郡爲西陽國五胡亂華後趙石虎使其將麻秋築城以守屬豫州



宋書州郡志孝建中廢郢州太始中又廢豫州後又還郢領縣西陽元嘉中置長風赤亭縣俱屬西陽郡大明中初分西陽置建甯左郡屬西陽郡併赤亭爲陽城

齊書置司州建甯左郡

梁書置信安縣又置北西陽城

魏書地形志北江州梁置魏因之治鹿城關南定州梁置魏因之治蒙龍城

水經注舉水出龜頭山西北流逕蒙籠戍南梁定州治

資治通鑑梁天監三年詔遣馬仙琕築竹敦麻陽二城於

三關南胡註麻陽卽今黃州府麻城縣北周以史甯爲東義州刺史故城在縣東八十里

隋書地理志麻城屬永安郡後齊置衡州陳廢周又置開皇中改永安曰黃州梁置信安又有北西陽縣陳廢北西陽置定州北周改曰亭州又有建甯陰平定城三郡又別置鹿城縣開皇初併廢至十八年始改信安曰麻城屬永安郡

唐書地理志麻城屬黃州齊安郡本隋永安郡武德三年以縣置亭州又析置陽城縣八年州廢省陽城以麻城來



屬黃州元和中省入黃岡縣建中三年復置麻城

唐魏王泰括地志定城黃國故城秦時黃都嬴姓在光州定城縣四十里故邾國在黃州黃岡縣東南百二十一里

讀史方輿紀要五季時麻城爲楊行密所有屬淮南西道後屬南唐歸宋宋因唐舊仍屬黃州宋端平二年移縣治於什子山在今縣東八十里因山爲險

元史至元中黃州路麻城兵亂徙什子山城仍還舊治

明史地理志麻城屬黃州府洪武初屬湖廣行省九年改屬河南二十四年還屬湖廣嘉靖五年築城四十二年析麻城之姜家畈置黃安分黃岡黃陂之地益之

讀史方輿紀要麻城漢邾縣地梁置信安縣隋開皇十八年改曰麻城屬黃州大業中屬永安郡唐武德三年於縣置亭州八年州廢仍屬黃州元和三年省入黃岡縣尋復置宋因之端平中移治什子山元復舊治　北西陽城在縣西北梁置縣陳省改置定州北周曰亭州隋廢　唐初置亭州於麻城析置陽城縣武德八年復省入麻城　建甯城在縣西宋置建甯左郡大明八年省爲建甯左縣屬西陽郡齊梁復爲建甯郡後魏因之領建甯縣　蒙籠城



在縣北梁天監十三年司州蠻田魯生及弟魯賢超秀來降以魯生爲北司州刺史魯賢爲北豫州刺史超秀爲定州刺史魏收志南定州治蒙籠城領弋陽汝陰安定新蔡北建甯諸蠻部　赤亭城在縣東南十里宋元嘉十五年以豫部蠻民置十八縣赤亭其一也亦爲赤亭蠻西陽五水蠻之一　岐亭城在縣西七十里齊梁間爲岐亭縣亦爲蠻縣之一今爲岐亭鎮明嘉靖中初設郡丞於此　竹敦城在縣北梁天監中元魏取三關詔遣馬仙琕築竹敦麻陽二城時司馬悅爲魏司州刺史鎮義陽攻竹敦拔之

胡氏曰皆今麻城縣地

黄州府志麻城漢西陽縣地或以爲西陵地者非也西陵漢縣在江之南隋開皇時與鄂縣同省入武昌縣隋書地理志可證劉宋分西陽置建甯縣齊設建甯郡梁析置信安縣又置北西陽縣設定城陰平二郡立南郢州又析建甯置梁豐縣設齊安郡立沙州東魏因之陳廢北西陽改南郢州曰定州後周改定州曰亭州隋開皇初諸州郡及建甯梁豐二縣併廢十八年改信安曰麻城屬永安郡唐武德三年以縣置亭州又析置陽城縣八年州廢省陽城



縣元和三年省入黄岡建中三年復置宋因之元屬黄州路明嘉靖四十二年析姜家畈地置黄安縣治

國朝因之爲湖北布政使司黄州府屬縣

謹案天官書荆楚東北境上應翼宿之十度又云當南斗須女之分楚重黎之後初封於荆州荆楚翼軫之分野次舍鶉尾唐天文志角亢壽星也初軫十度終氐二度自原武至封邱盡陳蔡汝南逾淮蔡至於弋陽故申息江黄道柏沈賴蓼房弦諸國皆豫州之分野麻城古弋陽地改隸於黄天經或問地平經緯恒以二百里差一度爲率一縣之地適當一度裔三石耀州志謂星野爲省道而設一州二縣小不足載其説甚允康熙舊志星野二條然一以爲荆楚之分野一以爲豫州之分野迄無定見愈以見星野不可以一縣論也故附論於此

## 疆域

麻邑介光黄之間 東坡方山子傳

龜峯鳳嶺森列後先碧澗大河映帶左右介在萬山之中襟一衣帶之水 梅司馬遣集漕運議



麻城山谷靈怪奇峯仙源崒嵂委匝虎頭白沙之雄關木陵大城之騎鏁北控天中東引吳會 曹石霞學記

麻邑在楚之東北延袤數百里高山峻嶺蜿蜒磅礴環列而聳峙者不可勝紀 劉希向學記

麻城縣在府西北百八十里北至光山縣二百里 方輿紀要

五季齊陳以木陵山爲界築大活城

後周顯德中與南唐畫江爲界麻城爲周南界

南宋紹興間與金晝淮爲界麻城爲宋北界

明初麻城輪廣二百三十里分析黄安縣後東西界廣一

百六十里南北袤一百五十里東接英羅南達荆楚西鄰
申邵北抵弦蔡
北至京師一自光山由西驛路計程二千七百四十里一
自光州由東路計程二千四百七十五里水路五千一百
七十里
南至黄州府一百八十里
西南至湖廣省二百四十里
東南至江南陸一千五百三十里水路一千八百三十里
東至羅田縣界九十里至縣一百八十里



南至黄岡縣界五十里至縣一百八十里
西北至黄安縣界五十里至縣一百二十里
西至黄陂縣界九十里至縣一百八十里
北至河南光山縣界九十里至縣二百四十里
東北至河南商城縣界九十里至縣一百九十里以上舊志

險要

麻城北接河南光汝之境山谷盤阻竊民逋匿飈寇爲奸有司捕問彼此相持憑藉險僻以爲窟穴宋時據地設險五關其要也顧炎武天下郡國利病書

縣北接光汝山谷盤阻陳周炅破五關而江北之地復元張柔董文炳出五關而鄂州震昔人謂欲守江南先守江北不其然乎府志

宋李皇奏乞復五關之險畧云虎頭關形勢最險兩山千仞一澗衝激黄土關形勢聳峭白沙關與黄土相去密邇木陵關山路峭壁委折而上大城關山勢不甚高峻而横斜盤繞修善關亦在其傍使諸關之兵據險効死賊豈能遽入乎宋史

淮南之關黄土大活白沙木陵陰山即五關之目也其關



俱屬麻城白沙關西至大活關六十里在黄州西北二百四十里大活關在州北二百里穆陵關唐志作木陵在麻城西北八十八里木陵山上陰山關北至光州陰城縣二百里玉海

眞氏曰舒蘄黄三州之北有大山綿亘八百里俗呼西山郗城在山之東南舊志

薛氏曰淮西山澤相半無水隔者獨郗城與白沙戍耳舊志

虎頭關在縣北七十里接河南商城縣界宋淳祐六年蒙古將史權攻此關拔之進至黄州又開慶元年忽必烈會

兵渡淮趣大勝關分遣張柔趣此關敗宋兵於沙窩復進破守關兵關遂陷今有虎頭關巡檢司方輿紀要參舊志

黃土關在縣北九十里接光山縣界形勝聳峭宋嘉定十四年金將僕散安貞侵宋自息州軍於七里鎮敗宋兵于淨居山追至洪門山奪柵而進宋黃統制保關不出安貞分左右軍登嶺瞷之守關者氣奪遂潰金人遂南入梅林關抜麻城抵大江黃蘄相繼塗炭蓋關爲郡境北門也方輿紀要參舊志

白沙關在縣北九十里光山縣界與黃土關相近山路峭



壁委折而上蕭梁置沙州治白沙城後魏因之又置建甯郡領建甯縣方輿紀要參舊志

黃安張希良白沙關題壁詩豫楚爭何處風雲壯此關青山百戰老赤日幾人閒繫馬藤蘿外題詩壘壁間往來仍故我深笑棄繻還

大城關在縣北九十里羅山縣界元世祖己未二月入此關宋戍軍皆遁尋遣廉希憲招諸軍破之悉縱淮民之被掠者今屬黃安地方輿紀要

陰山關在縣東北六十里陰山上不甚高峻而橫斜盤繞北望二十里皆見後魏任城王澄遣長風戍主奇道顯破梁陰山戍斬其戍主龍驤將軍都鑾侯梅雨祖又宋嘉定中金人破黃土白沙關亦由小徑以犯大城入關內趣陰山遇宋遊兵徑前接戰金人疑其有伏因退走不敢犯方輿紀要參舊志

修善關亦曰修善衝在五關之旁方輿紀要參舊志

木陵關在縣北一百里齊陳分界處齊置北齊廢一曰穆陵關梁天監二年夏侯夔爲征遠將軍西陽武昌二郡守遣將攻平津木陵陰山三關克之陳因定州刺史田龍升之叛令刺史周炅討龍升使高景安軍木陵陰山爲聲援



而景升引軍別營山谷拒戰炅乃分兵擊之龍升大敗唐元和十二年李道古代柳公綽鎮鄂討吳元濟道古自將出木陵關士卒驕不能制戰不力敗易之方輿紀要參舊志

明盧象昇過穆陵關詩介馬陰山戍壁壘新連天烽火歎無民揮戈欲洗中原色仗劍思援饑溺人安危勢生千古事掃除邊寇八年虛擲歸兩袖清風去坐看閒雲不厭貧

長嶺關在縣東北一百里與商城縣界嘉靖中盜起九龍潭兵備僉事沈龍議建守備府於此方輿紀要參舊志

梅林關金僕散阿海南侵軍次梅林關用畢資倫計出宋軍不意取之阿海軍將南行留兵守關不數日宋兵奪關

守之阿海復用賓倫再奪梅林關遂破蘄黃按軍而還舊志

鐵壁關在縣西四十里土名鷲籠山嘉靖中西山盜起分巡檢事林遂建議設鷲籠山巡檢司今其址尚存舊志

松子關一名生子關相傳五代時有女將領兵至此生子故名其下五里曰脫甲嶺又五里曰洗兒嶺又十餘里曰屯兵堡俗稱滕家堡皆因生子得名在邑極東地勢險峻與羅毗連北界商城通英霍咸同間軍興巡撫胡文忠公建碉名信安卡守將成軍門大吉斬捻逆龔瞎子於此詳大事記



# 麻城縣志卷之二

## 方輿第二

### 山川名勝附

龜峯山在縣東六十里一名龜頭山春秋吳楚戰于柏舉即此崇高爲合邑之望巖谷深秀靈蹟甚多詳名勝

四望山在縣東十五里山至險峻可以四望元末鄉人曾斌聚衆結砦保障全活甚衆山澗有石洞名風洞每大風起先響土人憑爲占驗後山洪石墜洞口遂塞通志

駐蹕山在縣東二十五里相傳唐王駐蹕於此



甑山在縣東三十里

遊蕩山在縣東三十五里相傳唐王遊此故名下有唐殿今址無存

鷄籠山在縣東四十里僧無念建刹

小勅嶺山在縣東四十里均舊志

大勅嶺山一名赤嶺在縣東四十五里通志

雨流山在縣東一百里

什子山在縣東七十里攢巒插漢宋端平間徙縣治於此後廢明季邑人避兵復結砦以居均舊志

邑人鄒知新什子山記山亦多險也曾有險如什子山者乎山峯排削山形叢峭巖險甲邑中宋端平間徙立縣治於此避狄難也明崇禎乙亥後邑苦流賊鄉人復立爲砦至癸未春初外寇內訌騷擾日甚邑紳衿城居者盡移家於其上其峯峻家各爲砦其流長門各有井驢御載肩御擔人御騎隻身斗粟喘氣孤登亘維者層磐含嚲者松磴方晝陰曀他砦多日苦炎苦蒸時砦多寒未暝見星未冬見雪樹先秋凋花遲春發其時亭之大槩然也阻雨食不勝奇冷衣不勝雲騰房漏尸絲綿不勝居者夏裘冬爐行者拄杖扶闞貧者畏避饒益者安棲焉昔閻防與永樂諸公夜泛黃河有忽與世人跡之句余謂泛黃河不若登什子山之跡世也

八疊山在縣東六十里在龜峯之南路盤折乃得踰上有亭有寺憩行人焉　通志

天井山在縣東八十里



剪刀山在縣東八十里山峯峭削望似剪形

鹿角尖山兩尖對峙有寺焉時旱人多祈雨於其間　均舊志

九畝山在縣東九十里高巖峭壁石逕微通往來者屢息乃適　一統志

丫杈山在縣東南五十里有佛寺僧無念習靜處

五龍山在縣南三十里有唐貞觀年間修建古刹　通志

白臬山在縣東南三十里一名白額山詳後名勝

鳴山在縣南三十五里有古寺其麓石壁嵯峨有洞居山腰昔道者於此辟穀化後無能入者

望花山在縣南四十里爲往來通衢　均舊志

雲陽山在縣南四十五里在鳴山側山勢西迤半皆平岡曰青邱山鳥石山高峯山豹子山統名南山　通志

大崎山在縣南五十里爲黃岡縣界自八疊山鳳凰崖東界嶺至此山勢皆崱屴其麓爲小崎山爲象棋山　通志

靜明山在縣西十里

朱山在縣西三十五里崇禎季周宅結砦保聚其中全活甚眾

青山在縣西四十里上有石閣又西爲大聖山　均舊志



礦山在縣西五十二里中有古刹及龍王洞　通志

胡鉉曉行礦山詩霜天明映飛玉屑曙色將開半明滅嵐光冉藹行人稀屋角寒梟最饒舌晨鐘響雜松濤邊征鴻送客雙淒絕孤峯插漢翠烟浮老樹盤空留古拙策蹇長吟過板橋獨訪寒梅吸香雪

大安山在縣西二十五里中有古刹山椒名梅侯俗呼梅花腦古刹北有石級名百丈階自七里岡至此踰白沙關爲宋時達汴之通道　一統志

邑人梅國樓大安山記西陵之西百丈之陽蔦停鶴峙禪林出焉琳宮掩映實塔嵯峩松徑紆廻石梁蓊鬱此大安之大概也予曾三遊其地矣荏苒年華消磨豪傑屈指同遊無一存者殊爲悵然昔人之三遊積峯寺其初則禪榻定僧古樹棲鶴故曰松巢老鶴半江月僧在翠微開竹房二則僧化而鶴在焉故曰老鶴尚存松露

滴竹房不見舊時僧三則鶴亦去矣故曰惟有前峯明月在夜深還過半江來余讀此詩若合符節始知今昔異時而興懷寄慨其致一也因思秦漢盛時唐宋末路朱門綺戶千萬餘郡物換星移黍離增嘆寺居幽僻兵火不加猶然風雨漂搖年深寺廢況五侯池館畫棟連雲三晉樓臺翬飛耀日尤囘祿之所易加而山鬼之所易闞也不則大半主人非矣乃知王謝堂前燕子飛入人家平章宅裏蘭花東風落盡人事固然物理亦若是矣天下之物有有必有無有聚必有散富貴繁華着身來空即是色即山河大地都入胸中榮枯得失過眼去色亦成空即身世因緣皆爲苦海既入胸中何非吾有既爲苦海何非吾無然則蕭寺之有者未始不無無者未始不有也而據今之聚者未始不散散者未始不聚也語云山川風月原無定主開者爲主耳得成聲目遇成色三千世界盡收萬丈維摩浮漚成幻泡影成虛百萬連甍俱化寒灰烈燄世間萬事逢場作戲到處即家何必認其何者爲家何者不爲家耶今之學士大夫讀書其地者未遇則不能爲既遇則不肯爲而素封巨室



又以寺非吾有何田舍之不爲而寺之爲是不知有無聚散之道而以華堂蕭寺分畛域也梅子老不欲官而頗有遐外之想爽考昌黎之大顛東坡之佛印結方外緣以怡暮景頃具侍御熙陽疏而直委命於不佞得無有意於方外緣乎因憶予與熙陽四十年前老友也方其少壯時慷慨自許意氣相期登詞壇建旗鼓固一時之雄也乃今頭白爲郎水邊竹下相對兩衰翁曾日月之幾何而舊遊似夢矣昔白樂天晚寓蕭寺偶聞鐘聲感而賦曰半是天明半未明醉聞花事睡聞鶯娃兒撼起鐘聲動三十年前曉寺情余遊大安至今倏忽三十餘年昔記古殿殘燈疏鐘杳靄僧歸月下鳥宿溪邊依稀在目倘一再逢諒山林蕭瑟風景淒涼遺構荒蕪殘僧零落爾夫鄰人之笛懷舊者感之斜谷之鈴溺愛者聽之曉寺之鐘鍾情者賦之後之視今亦猶今之視昔撫今思昔感慨係之

嗟夫此余曉寺情也

奉道山在縣西五十二里清風嶺之南中有蓮花石仙人石風穴龍泉下有滴水崖

紫雲山在縣西七十里今界黃安下至岐亭

香山在縣西七十五里有古寺人多拜禱

九螺山在縣西南八十里岐亭鎭昔張憨子隱居於此自號九螺山逸人 以上通志

馬頭山在岐亭西南似馬回頭故名大河遠望爲合邑水口羅星向傳不可開鑿宜建塔一座以爲一邑文峯 新增

拘羅山在縣西產金腳蜈蚣爲李時珍本草首稱又有丫頭山踞邑西境焉 舊志



黃土山在縣西北五十里 通志

五腦山在縣西北八里即張紫微侯飛昇處四峯環拱中峯獨峙神祠據焉兼詳壇廟

道觀山在縣西北十五里烟霞夕照秋霽後尤爲勝景 舊志

周損和劉同人道觀山韻 石淙鳴壑秋邱中日月遯挈瓢下瓦亭飲水不飲渾清籟寄山客白雲知秦坌靜聽泉夜心濯月潄芳潤 復同劉翠植和前韻劉子有小阮遲我續秋遯紫蟹盤飧充黃蝶菊叢渾洗石石可讀汝力刷其坌帶水看筆法千年學淹潤

會龍山在縣西北四十五里上有古寺 舊志

陽臺山在縣西北九十里 舊志

羚羊山在縣西北九十里西南有分水嶺倒水分流之處南流爲艾陽寺河北流入河南光山縣界此山離城百里以產羚羊得名俗傳漢關索嘗養病鮑家莊於此山建花石砦故址猶存下有靈佛寺蝴蝶洞洞口極狹入行數十步上透天光可容百人又有乾洞風洞水洞狐洞穀倉鉄門坎洗脚盆仙人掌諸勝時產仙韭仙葱靈芝密臘金等物牧童樵子間有見而取之者 舊志附新增

霸王山在縣北十里俗傳西楚霸王項籍駐兵於此下有陂名霸陂傳爲飲馬處 通志



鳳嶺山在縣北十五里相傳有鳳集於此並詳名勝

仙居山在縣北十二里近有鳳凰巖下有仙洞石室雲泉諸勝昔麻姑棲以修眞餘詳名勝

飛龍山在縣北三十里俗傳寺棟一畫龍飛去故名又傳夏月不暑無蚊山有井旱可溉田南爲薄刀峯仙姑洞道觀山皆層巒絶巘幽秀奇特

駱僮山在縣北八十里山以人名下有駱家坂一名落衣山俗傳仙人落衣於此峯巒層疊發自界河羚羊山分水嶺

木陵山在縣北一百里上有木陵關樹木茂密岡巒鬱然爲一邑要隘 以上皆通志

蛇山在縣東北三十里

大腦山在縣東北三十五里體勢崢嶸卓然秀聳

雲霧山在縣東北四十里高撑天表常有雲氣往來

祖功山在縣東北二十五里 均舊志

陰山一名鷹山隔河有鷄山對峙在縣北四十里懸崖千尺登覽數十里皆在目前石級層累河水激衝上立陰山關有洞口底深莫測 一統志



石門山在縣東北九十里

黃蘗山在縣東北九十五里上產茶筍萬歷間僧無念開山建剎在商城縣界

鳳門山在路口區東北離城百里巍然獨尊楚豫諸山之祖其分支層巒叠嶂北至商邑金剛臺南至縣東龜峯山

花石崖在縣東北三水灣崖嶔玲瓏每杜鵑開時紅翠交加有若錦屏云

燕子崖在縣東四十里唐殿側俗傳有燕子樓今廢

懸鐘崖在縣東北六十里孤峯萬仞河水激流術家所謂

地雄星遠望如鐘懸天半

李巍遊懸鐘崖詩雨過層巒翠漸生騎驢好作看山行路緣曲逕渾忘險泉以幽奇不記名日午竹鷄啼灌木夜凉松鼠跳鐙檠老僧指引無梁殿佛磬初敲第一聲

君子崖在石鼓山之陰山頂有巖有石碗石臼

十丈崖在縣西四十里 均舊志

月望巖在七里陂漚臨河陡絶十餘丈如半月形崖下石洞深不可測道光間有龍自洞出白晝上升毫無擾害相傳閲百餘年郎有龍出焉 新增

萬仞崖在縣西四十里亦名萬人崖四面高峻中深曠俗



傳可容萬人故名元末邑人依崖立寨避難於此石碑上刻有理問金理問銀證明等字士人往遊亦多題詩其上今爲佛寺 一統志

邑人胡翔霄萬仞巖賞雪記余居之西層巒叠起爲萬仞巖最勝境也癸卯冬端居多暇偕羣季散步林亭涉宅後小溪水明瑟朗鑒須眉石徛徛立水中不可揭輒縛木爲梁劣可容足緣延乃得渡傍溪行彌望黃茅見叢薄中老屋横斜村落蕭索深巷寒犬吠聲如豹行五六里抵崖麓拾級而上披羊裘攀絶巘坐半雲洞天俯視色界一切依稀李供奉登落雁峯頭恨不携謝眺驚人詩來搔首問青天耳少選黑雲壓城朔風凛然古木怒號雪大如掌袍袖間皆有栗烈意余顧謂羣季日斷橋驢背踏雪尋梅此景最爲曠絶我輩陟危峯步玉宇興致清奇當不減王世懋眺岷峩積雪時也因共入茅菴深處沽村醪三斗相對痛飲濡首大醉高歌白雲黃竹之章空谷響應旁若無人仰視長天琪花舞空飄颻墜帽席間樹末寒鴉聞人聲皆拍拍驚起是日也余心最懽昔宋錢文僖守西都謝絳歐陽修同在幕下一日遊嵩山自潁陽歸暮抵龍門俄而雪作登石樓望都城各有所懷欻烟靄冥濛有車馬渡伊水來諦之則文僖遣厨載歌妓至語曰山行良佳少留龍門賞雪無遽歸也迄今以爲佳話余長年株守丈夫三十尚如此頭顱摧撞息機無所可用乃復寄情山水徒强顔耳回視龍門故事類不得同日語雖然予竊有軒渠焉世之赫者熾歡炭擁氍毹日暮入銷金帳飲羊羔酒豈肯立千崖萬壑中試此不龜手藥耶余昆若季天機清妙煮雪烹茶甘作此冷淡生活爲黨家姬所笑非徒爲茲崖破寂又以歎世之趨熱者之多而飲冰嚼雪之難其人也

邑人胡鉉秋登萬仞崖詩著屐登高花滿蹊五雲飄緲碧峯齊鳴秋綠竹千條韻到眼黃茅一望迷依逕老猨終日語窺人閒鳥偶然啼徘徊欲到斜陽道紅葉飛來送我西



石城砦一名石子岩在縣東四十五里三面壁立一逕斜通明季人多保聚焉 通志

七里岡在縣西三里宋縣令張毅植松處詳名勝

梅花腦在縣西北四十里亦名猴山

道觀磯在五腦山左谷中觀廢近有僧菴 均舊志

邑人鄒知新道觀磯記磯去縣北十里許上懸崖下幽潭一溪潔流遊人泝洄從之但見夾岸松陰修篁映日如入武陵源中無復知有人間世飛瀑如練曳於磯巔邑人邱長孺先生搆亭磯側鐫其句於亭云石水生茶味松風減扇聲遊人欲窮磯源往往不憚險巇攀蘿捫壁尋焉俯視疑亭立波底仰視疑波出磯底磯峽逼窄封以丸泥瀑爲斷聲移時決之則雪浪噴花縱躍有千尋之勢洪洞鞺鞳響振林谷峭壁如幅驟看不過寒山

片石耳熟視良久有點畫隱躍若蘇問挽水澆之則詩句井然爲宋人黃權攜家過此留詩石壁云詩載藝文志中去磯下數十武今有觀存亦幽雅宜人非古觀也古觀基在磯頂平處

春風嶺在縣東九十里一名東界嶺輿地紀勝云春風嶺多梅花蘇軾自新息渡淮道經此嶺 一統志

宋蘇軾過淮詩 朝離新息縣初亂一水碧暮宿淮南村已渡千山赤磨䭾號古戍霧雨暗破驛回頭梁楚交永與中原隔黃州在何許想像雲夢澤吾生如寄耳初不擇所適但有魚與稻生理已自畢獨喜小兒子少小事安佚相從艱難中肝肺如鐵石便應與晤語何止寄衰疾

梅花二首 春來幽谷水潺潺的皪梅花草棘間一夜東風吹石裂半隨飛雪渡關山 何人把酒慰深幽開自無聊落更愁幸有清谿三百曲不辭相送到黃州 又詩 春風嶺上淮南村昔年梅花曾斷魂豈知



流落復相見蠻風蜒雨愁黃昏長條半落荔枝浦臥樹獨秀桄榔園豈惟幽光留夜色直恐冷豔排冬溫松風亭下荊棘裏兩株玉蘂明朝暾海南仙雲嬌墮砌月下縞衣來叩門酒醒夢覺起繞樹妙意有在終無言先生獨飲忽歎息幸有落月窺清尊

胭支嶺在縣北三十里

東風洞在縣東六十里龜峯望龜亭石疊峻峭深邃不可測投石其中東風即起

仙女洞在縣東南二十里白臯山上

花石洞在縣西北九十里羚羊山洞逕暗通雙門山約十餘里元末鄉人於此避兵 以上舊志

麻姑洞在縣北十二里詳名勝

石洞在縣東龍湖之側石洞道人隱居處

徐家麟和曾龍湖石洞八景詩 晴嵐疊翠 洞門闢處萬峯青一幅天然展翠屏縱使白雲橫掃斷螺尖幾點遠亭亭 石澗流泉 一溪清瀉響潺潺供給幽人枕此山絡石縈林無限意終教岩壑不能關 白雲繞洞 觸石浮空奇復奇洞門晴日有時迷白衣蒼狗尋常事此物須臾未足齊 竹雨含煙 煙雨蕭蕭擁萬竿主人無客獨相看此中有好應難道不獨逢君在歲寒 秋月穿林 洞口山高月較遲素輝旋看上疏枝分明露冷霜清夜卻是空林瑩徹時 庭桂飄香 木樨消息少藏遮歲歲山窗馥碧紗門外遊人無覓處不知深洞足幽花 松濤夜聲 夜酌幽齋洗破觥松風萬壑送希聲道人醉臥驚濤外不曉山城長短更 懸巖積雪 巉巖千仞立何孤留得寒冰映玉壺笑指堅凝難化處可能一點入爐無



水仙洞在細楊區上分洞外有澗水流如瀑內乾燥可容七八筵避難者多入此 新增

卧龍石在縣東三十里盤曲蜿蜒 舊志

垂山水 水經注垂山水北出垂山之陽與弋陽溮水同出一山水之東有南口戍又南逕方山戍西西流注於舉水 一統志在縣東今名柏塔河 舊志柏塔河亦名界河出光山縣界逕黃土關外南流又逕縣東北三十里又南逕縣東至縣南合桃林河爲縣前河有二源一源商山之西界嶺兩路口山南流爲杜家河福田河 府志謂二河水注之未晰

逕虎頭巡檢司署前又南逕石香爐抵陰山水作四折名
四道河（府志謂四道河水注之未晰） 南抵洪家河會於白塔河一源光
山之東界逕黃土關南流爲乘馬崗河上馬河南東爲白
塔河會洪家河逕蘇坑抵小河頭小河溪之水注之又南
北沙河之水注之合流縣東新河初分復合逕城東抵高
岸河（舊志）

舉水 水經注舉水出龜頭山西北流逕蒙龍戍南又西
流左合垂山之水又西南逕顏城南又西南逕齊安郡西
倒水注之又東南歷赤亭下謂之赤亭水南流注於江謂



之舉洲 一統志源出縣東北黃蘗山西南流入黃岡縣
界三十里入江在縣名岐亭河其入江處爲三江口 寰
宇記岐亭河在縣西北八十里 舊志舉水源出縣東北
西南逕虎頭關陰山坂南逕縣東十五里爲閻家河以岸
多桃花亦名桃林河折而西會柏塔河縣東河即閻家河
有三源一源商城之石門山逕石門坂至陳朋坂一源黃
蘗山獅子峯左逕高山響水潭與石門之水合爲三河口
西流黃土嘴逕釣魚臺爲閻家河一源獅子峯右滎家山
細分水嶺逕鳳凰山三水灣西抵永興洲與閻河水合南
至古城下東坡河桃林河之水注之西折至高岸河與縣
前北河合稍西匯麻溪白蘗二河又西南會浮橋河又西
南過宋埠至岐亭鎮合松溪河（原出黃安縣界）名岐亭河又西南
逕黃安縣界南入黃岡境注於江（一統志）

倒水 水經注倒水出黃武山南逕白沙戍西又東逕梁
達城戍西東南合舉水 一統志在縣西今名浮橋河源
出羚羊山分水嶺右流爲張店河林店河長潭南沿艾陽
寺名艾陽寺河東折逕西陽鎮會東山支流抵沙灣下爲
浮橋河又南至金家河夾沙洲河爲兩河口與縣河合（舊志）



以上三水畧見水經注雖千數百年稱名屢易而水道
尚可辯識故列於諸水之首

新溪河在儒學前舊有泮池成化癸酉因水衝激成溪築
長堤植柳合流縣前河（舊志）

新河在縣東一里一統志明正統末縣令王世祿以縣前
河匯諸水恒有暴漲之患議於河之東岸鑿河以殺水勢
孝廉萬祥捐貲募工至嘉靖初縣令杜胡紳始成之名曰
新河至縣南仍入縣前河（通志）

高岸河在縣南十里鋪合桃林河下岐亭入江

閻家河在縣東十五里俗傳唐洪州都督閻伯璵所居舊臨河上故名 舊志

桃林河在縣東十五里岸多桃花故名源出雁門山自遊蕩山右遶上河抵四望山與閻家河水會自爲一派 舊志叙舉水爲閻家河下名桃林河似以二爲一

横河距縣東六十里源出大崎山之黃泥坳下爲磨子河遶鄭山西流爲沙河入黃岡界抵方一渡西南入於江 通志

木梯河在縣東九十里源出商城界嶺南遶羅田界又南至黃岡縣入巴水 通志



義州河在縣東一百里源出商城界長嶺關分水嶺南流遶白水坂入巴水又南入於江 通志

高岸河在縣南十里卽縣河之下流有洲焉以砥之閻家河東注焉 舊志

麻溪河在縣南二十五里源出龜峯右遶唐殿沿盧家河朱家河抵方家口西過林家寨入汝陰河 通志

白杲河在縣南三十里源出龜峯山左折爲曹家河鹽田河遶鳴山之麓白杲西歷楊家嘴北爲汝陰河合縣河 統志

黑龍池在縣東南三里有小溝以入河詳名勝

化龍池在縣西十里樊家橋俗傳巨鯉化龍 以下舊志

龍池在縣北門外距城僅數十步

黑龍潭在縣東十二里又北宋杜區有黑龍潭云與光山之紫龍潭相通相距二十里

響水潭在縣東五十里河中亂石叢立每春夏水激聲聞四五里又榜栳潭

響龍潭在縣南十五里白臯山飛泉瀑布百十丈時響如伐鼓聲天卽雨旱則土人競聽之

龍孔潭在縣西十五里岩有石穴水半浸焉潭深莫測



烏龍潭在縣西三十五里有小泉雖旱不涸

螺殼潭在縣西六十里宋埠右側

瀉油潭在縣西六十里

永興洲在縣東十五里緊附閻家河之東大水漲溢遷徙靡常每秋冬水涸亦爲市集

夾沙洲在縣南十里東北河會處地卑而水不能浸民多保聚焉近比屋植桃一勝景也洲闊里許長三四里水打蔡家園麻城出狀元俗傳在此 通志

夾洲在縣西三十里縣前河與浮橋河會處闊三四里長

十餘里其土沃其民勤耕耘種植桑麻木棉稱饒足焉舊志

中洲在縣西南七十里岐亭之南二水中分林木茂密為一邑砥柱統志

張家洲四面濱河乃合邑水口處又為一邑印星東有飛沙嶝遠障西則平地撐紅石一座咸以為中洲鎖鑰云

牛陂湖在縣東十里

丁家湖在縣南一里

三角湖在縣南二里

七里湖在縣南三里



北菱湖在縣北五里

南湖在縣南十里

官湖在縣西十五里七里陂

草坡湖在七里陂

謝家湖鄧家湖在新店畈

西南湖在宋家埠河之南

梅興港在縣東十五里

楊家港在縣東十五里

楊林港在縣西四十里

白雀港在縣東南五里正白田畈產蓮芡

義井在縣街大旱不涸久雨不溢冬溫夏涼若有義焉

官井在縣左街其味清洌

清泉井在儒學前取淘盡沙泥方見清泉之義

仁愛井在城隍廟右知縣王世祿開鑿民懷之因名

縣井在縣丹墀知縣杜朝紳鑿

青陽井在西門陽基塘右

胡家井在北門

甘露井在南關外其味甘清



相公井在西關相公廟

廟門井在北關東嶽廟左以上舊志

冷水井在曾家區四時有水湧出遇旱能灌救田畝

泉水井在縣北三十五里楊柳河路側行人爭飲水味芳洌夏則清冷冬則甘溫

霧仙井在縣北六十里虎頭司之後井旁有祠遇春夏雨時井中先有雲霧滃鬱故名新增

附府志麻城縣縣前河有二源一出河南商城縣之西界至雨路口杜家河之水注之又南福田河之水入焉

逕虎頭司即霧仙鎮張店河之水注之又南逕石香爐鄔家河之水入焉又南逕陰山畈四道河之水注之岸側石峯壁立中有石洞遊人登覽景趣非常一出光山縣之東界嶺經黃土關南爲柏塔河又南合陰山畈河逕縣治東分而爲二一名新河前邑令督民疏鑿以殺水勢也至城南復合爲縣前河又東與舉水合（按此即水經注之垂水縣前新河今已就湮）

舉水源出縣東北之龜峯黃蘗等山即吳楚戰於柏舉之地因名焉至縣東與源出河南商城縣石門山之閻

麻城縣志　卷之二　方輿　山川　六

家河合閻家河下流名桃林河舉水又西南流爲高岸河白杲河麻溪河合汝陰之水入焉又西爲螺殼潭又南逕宋埠源出分水嶺經艾陽寺下爲浮橋河之水注之又西逕岐亭牙魚坑石頭嘴之水入焉又南爲柳子港即黃岡縣界（按分水嶺下浮橋河即水經注之倒水）

又水經注淮水出黃武山東北流木陵關水注之水導木陵山西北流注於黃水又逕晉西陽城南又東北逕弋陽郡故弦高國也（此爲麻城西北鄉分水嶺之水北流入豫境者蓋與倒水同出一山南流者出江北流者入淮分水嶺即以此名云）

謹按麻城之山自北而東龜山最高實爲羣山之望其脉絡則自羅山縣南黃安縣北之陽臺山蜿蜒旋折東至木縣路口山是爲縣之北界縣前河出焉又東爲石門山閻家河水出焉又東爲黃蘗山垂水出焉而龜山實峙其南峯高三十餘里廣袤七十餘里上淩霄漢下則舉水出焉西流合垂水再西南流入倒水以達於江此龜山以西之水皆見水經注所謂出舉口者也龜山東北爲長嶺關下爲東義州故城義州河水出焉長嶺南行爲龍王尖五斗寨角叉山

麻城縣志　卷之二　方輿　山川　九

至豹髓巖而止義州之水隨山曲折下爲木樨河與松子關之水合再下爲二里河與英山羅蘄之水合均會尤河注巴水以入江此龜山以東別支之水也

由龜山而南爲八疊山又南爲東界嶺過大崎山以入黃岡境山勢抵郡城聚寶山而止計自龜峯至郡山程一百三十餘里大江横繞府治建焉　由龜山而西爲遊蕩山又西爲四望山又南爲白蘗山即白臯山亦作白額山及鳴山黃家山以迄縣之南境其迤邐於南界而西屬岡安者爲象棋山雨流山雲

霧山中爲望花山五龍山張師腦筧兒山青邱山東獨山高峯山豹子山而萬松諸小山附焉　由龜峯而東爲什子山囊山白龍池山馬牙山稍南爲雲霧觀五峯山銅斗岩獅子岩餡金寨以抵黃岡之東界

縣西北之山多與光山黃安聯屬正北者爲修善山鳳嶺山與陰山祖功山隔溪相對轉西爲木陵山木陵關在焉又分爲駱億山飛龍山仙居山至覇王山有小溪以界之自西而南爲會龍山啄木山薄刀峯道觀山麻姑洞五腦山至近城而止正西者爲黑



石寨羚羊山分水嶺倒水之所出今名浮橋河舉垂二水東來會之經岐亭繞黃安黃岡之境合紫檀河出鵞公頸以入於江鵞公頸者即水經注之舉口也

倒水之西爲萬人崖范家畓管山青山朱山梅花腦大勝山九螺山西峯山馬頭山直極黃安南界爰黃岡之西北界

附名勝

按舊志有三臺八景之說僅載圖於卷首而志中未詳閱者費焉麻邑名蹟勝遊雖未能若瀟湘八景燕臺八景之天成雄秀然龜峯山麻姑洞萬松亭諸勝古人載記已多著錄不可沒也因彙存以資攷證圖仍舊載

白雲臺　臺在縣西仙居山有石隆起上平如臺時有雲氣往來其巔高瞻遐眺縹緲繽紛鳳翥鸞騰眞靈宛集相傳爲麻姑遊行之所

雁臺　臺在縣東白䕫山之南有石平坦如席釋道一修眞是山早晩率沙彌課誦於臺上梵唄一聲羣雁下集生公說法頑石點頭道力與佛性均作如是觀



釣臺　臺在縣東二十五里鳳陂河兩水夾流巨石突起於河中縱橫各三丈許明季邑人周柳塘建寒碧樓於臺上暇則垂釣其中旁有環竹蓬沙潭漁岬撥雲洞柏塢小赤壁松邱耦耕谷諸勝其左爲龍湖寺李卓吾講學處晨夕過從稱一時高軌數百年來歷刼滄桑風流闃寂披裘誰是惟此石歸然獨存

周思久釣臺記去家二十里而近有湖前瞰龜嶺後枕玉山左右重岡抱若城郭蓋勝境也有石形類大龜蹲水心橫三丈許縱倍之居士結茆其上覆土種竹爲門徑雜以花卉湖每遇雨漲水激石怒號如噴雪濺珠咫尺不聞人聲迫流減浪平鷗浮魚躍居士則載酒棹一葉舟歌漁父辭極所往而後返人望之者以爲仙島也

驟事外構小箏竹中日環竹篷篷右出衡門降階盡石
徑曰沙潭潭前曰漁岬潭右渡暑礿而西曰攙雲洞洞
口盤旋上至絕頂曰柏塢出塢東臨水巖勢斗絕曰小
赤壁由赤壁蹤行百餘步曰松邱由松邱踰嶺下則透
迤深邃耦耕谷在焉乃取伯子楚侗所題也居士生平
好漫遊足跡幾徧寰宇每遇佳山水輒思卜築未能也
乃今不出鄉園而得之日與二三子棲遲於茲追琢頑
鄙方欲囊束經史毀棄筆研散愁人間寓樂象外反之
吾身神理滾滾不可覊阨乃知出入口耳者遠也吾老
矣倦遊將依茲湖而休焉以畢此生則釣臺亦若起予
者矣因援筆記之

李中黄宿釣魚臺梅花吟云仙人種雪仙姝廟仙姝
采之惟月照月將雪影入西窗知是仙姝夢魂到曉
風冷露空中澄香帶羅裾悄獨立巫山高高第幾峯
月上更深朝太乙

周錫晉秋日同友人遊龍湖釣魚作十年曾上釣魚
磯別後星霜費亦稀粉壁尚留蝸篆在夕陽誰逐雁
行歸當時只覺逃名是此日翻疑學道非落木空山
秋日裏輸君
詩律得精微



龜峯旭日　龜山峻極高聳上出雲中自麓陟巔二十五
里山有人跡石相傳爲唐貞應禪師立化處馬跡石爲南
唐元宗駐蹕處又有觀音巖棋盤石噴雪崖試心石虎跑
井白龍井黑龍井諸勝而龍井禱雨頗應上有化主廟相
傳神即宋邑令張毅旁有合掌石有題名二行一行刻熙
甯三年七月張公入山祈雨偕江西進士吳弼山僧圓喜
賦詩一行刻熙甯五年十月張公偕江西進士蔣著山僧
圓喜靈寂話別字每當秋高雲淨登龜山頂望江漢如匹
練而於夜半觀日出尤奇扶桑動搖海水吞吐金蛇萬道
射目蕩心固無俟侈談泰山日觀也

休甯程南金龜峯詩萬峯峯色一峯前上天下天雲
茫然佛磬數聲落空寂松花五月飛寒烟江晴欲辨
鷓鴣草日暮恐來瀟湘仙夜半呼龍伴清骨短衣聊
對石牀眠

邑人董應軫龜峯詩名山雄峙邑城東天落蓬萊第
一峯掃地曉嵐堆翡翠倚空晴嶂削芙蓉琪花逼暖
春香放瑶樹凝輝夕霧濃應有神靈產申甫詩人寧
獨羨喬崧

邑人梅圻龜峯詩芙蓉直接雲烟裏一山未盡一山
起巖松伏石石生花松聲半落在天涯藤蘿結樹靈
幽寄碧光滿身身帶翠藥苗細雨忽如秋峯影沉潭
任水流寒光入戶飛片片南望瀟湘皆不見

邑人周禮贈龜峯修一老僧詩奇峯二舍渺難登少
日曾攀萬仞藤試問師居何所是答言身在最高層



邑人程九萬龜峯行崒峯羅列連雲起矯首獨眺青
雲裏靈鍾氣盛脉絡分蜿蜒起伏瞭如指循途漸近
合掌石一石中分屹相峙不傳巨靈擘此奇鬼斧神
斤何爾爾時方小憩復前行逶迤蹭蹬心懸旌路人
爲指荒山寺於茲履道得其平尋僧細話茲山境面
矗危峯如延頸十步九折繞還登偕行接踵殊難騁
後人首承前人履前人足近後人傾臟蹻拾級喘差
停指有方石升名井胡爲泉冽不可竭掬來一吸三
清冷攀登歷險正嵳峨據石攀芳辨藥苗呼龍瑶草
種何處秋桂春蘿色欲調紅樹千重野花馥凉風颯
颯葉蕭蕭霧重雲深但一色俯覩焉知近與遙藺足
捫蘿履如跛寂寂山靈應笑我我本楚狂人半落名
場愁還鎖振衣千仞片時間舉頭天外何坎坷有時
疲軟藉苔衣枕石頹然更危坐亭亭巨石插青冥靈
山變相無不可何年遺植雨蒼松越此羊腸足可容
巖壁大鑴一卷石古詞斑駁半無蹤繞左乃抵白巷
寺登高造極失前峯古寺荒凉鐵瓦破額垣禾黍草
茸茸厥明晨起謁山神烏紗綰綬碧金身慨想神明

張邑宰宦成采錄住能仁要惟功德庇民社迄今遠
邇奉明禋更向峯前賞奇態坡下虎跑井宛在涓涓
泉出日盈盈碧鑑鬟眉殊可愛跣行捫石看棋局石
上題詩蘚長綠伏行前上可數武崖忽嶄然低且曲
低且曲延長陡削氣方束石笋橫排不許長插石虬
松遞相屬突起前峯百丈餘拔地倚天看不足北來
掉尾亦崚雲猶遜頭顱天可觸長年夜瞰海天紅吐
吞初日盱眙矚大別山高萬古風光生殘夜升朝旭

邑人徐家麟龜峯次曾太史龍湖先生韻四首歷險
捫奇訪古仙巉巖百尺一節前因休倦足留中道已
覺騰身到半天峯勢千層馳巨浪人間一片浸長煙
懸知絕頂尤奇甚不造雲端肯擬還 登臨何異小
遊仙俯覦羣山萬仞前久照多時留絕巘明燈幾處
動遙天寒侵枕席都如水嵐染衣裳只似烟到此自
然塵累淨御看倦鳥盡知還 自笑才華遜謫仙名
山清興更無前振衣直上千尋 壁舉手來捫尺五天
奇怪愕人懸磴石糢糊留客宿巖烟夜闌更起看朝
旭指點湖山丹九還 不是山中無漏仙還尋曲逕



下峯前狂吟敢望留千載凡唾居然落九天下界村
墟生暮靄上方鐘磬出蒼烟遲歸又借山家宿爲道
曾從雲外還

邑人鄒光庭登龜峯詩哭撐嵽嵲倚雲端石磴何辭
拾級難海上暉騰峯頂見洲邊草長霧中看老松野
鶴千年在破衲山僧五月寒欲出狂歌心膽怯仙人
頭際正驂鸞 萬峯齊伏一峯尊俯視峯層若水紋
枯樹半開紅葉隊午烟遙入白雲羣石留馬跡應飛
渡人在龜頭信創聞日暮最難憑眺處晴霞片片出
江濆

邑人陳發祥龜峯道中作盡力巉崖上扶僧問影形
路從樵子得聲畏野猿聽臨水舂香碓捫蘿繡石屏
穿林深入處書壁以爲銘 又龜峯秋月詩指顧靡
窮處何曾景色齊登山忘著屐取月漫勞梯煙染松
枝翠天連漢水低偷閒成逸興
夜靜冷雲迷

白杲飛泉 白杲山奇峯屴崱怪石巉削釋道一曾立三

教堂於是山分上院中院下院中院有藏經樓側爲道一
墖雁臺郎在其下俗傳山象人形上爲頭中爲腹下爲兩
胯遙望儼然山頂有石壁泉從罅出稍下爲石所截激怒
有聲噴玉濺珠不可遏止飛白半空千丈一落匡廬瀑布
不復奇矣

蘄州顧景星白杲山詩雲破碧嶙峋沿溪屢問津亂
泉晴似雪白石遠疑人康樂非無屐華陽亦有巾平
生樂山水偏與困風塵

邑人程九萬秋杪登白杲山詩望中白杲千尋峙二
十年來始一遊紅葉滿林如笑客黃花卧谷各爭秋
三生自昔徒聞語一壑何能畢所求回首花山煙霧
合此身疑已在丹邱



麻姑仙洞 洞在仙居山之腹東晉時後趙將麻秋女麻
姑修眞處事詳仙釋山水幽邃林木秀蒨溪曲峯環步步
入勝山半爲靜月寺由寺左坡陀而升過一亭更上始至
洞懸石支架中空如屋底一池時有神魚遊泳其中泉水
清冽靈乳時滴用以瀹茗不減惠山洞背有平臺方廣十
笏昔仙子趺坐處東南諸峯護若列屏西北則雲煙繚繞
彌望無際洞口爲小龕右側一亭可以憩息凡四方名流
及都人士之選勝至者無虛日

邑人李巍麻姑仙洞賦并序攷志邑城爲後趙麻秋所
建是日麻城秋督工子夜不輟其女麻姑惻然憫之爲

作雞聲冀父之聞聲罷役也秋覺而答姑姑遂逃入邑
北白雲臺之石洞以居焉後得仙去即今之麻姑洞也
賦曰出北郭之透迤兮聳層巒之岏峠兮隱茂林之蓊
欝兮森幽壑之深邃兮雜野花之的的兮吹涼風之淅
淅兮掛懸巖之蘿薜兮響深樹之磔格兮乳靈竇之絡
繹兮儼秋雨之滴瀝兮黯古洞之岑寂兮緬仙姝之遺
蹟兮旣徘徊而太息兮轉欷歔而塞默兮當其息心泉
石鏡志煙霞旣投簪珥栽謝鉛華聽荒雞兮夢斷城頭
之月愁夜雨兮魂飛雉堞之笳寂寂蛩吟冷助長宵之
課絲絲燈影了無世外之嗟玉骨兮撐老古藤烟徑冰
心兮空殘潭水桃花惟渴飲兮雲液亦饑餐兮胡麻祇
形影以相弔無塵夢之來譁迨乎珊珊環珮響入遙空
冉冉銖衣駕言海東控白鶴兮別洞中之瑤草乘紫鸞
兮謝嶺上之簪松朝遊雁宕暮踏龜峯詣青母兮談元
向碧霞兮持幢藹雲英於月窟謁飛瓊於珠宮飄彩幡
兮玉女奏仙樂兮金童開宮扇兮丹鳳銜寶鼎兮虬龍
逍遙物外其樂融融爾廼仙姝蟬蛻遺像雲封蕙蘭芳
兮洞口馥杜鵑發兮洞外紅烹雀茗兮吸洞中之水荅



人語兮傳洞裏之鐘宛蜴蜥之游衍兮翻細鱗之赤脊
儼猿猱之升跳兮戲松鼠之騰風固已極遊觀之勝槩
豈徒曉仙子之遺蹤也哉亂曰若有人兮躡山頭　風鬟
雲髻渺難求白雲長鎖山邊路丹竈荒唐淵水流

明邑人梅國樓麻姑洞詩捫苔履雲根山中衆鳥靜
背寺入松陰紆迴始登嶺麻姑亦云遥蔦蘿垂舊影
峭壁細鳴淙香泉尚澄井石龕洞口幽掬手飲清冷
風吹春氣颺芳馨結日永緬懷山水遊移情隨意領
呼響叩孤鐘聲聲動斜景

明邑人周之夫九日遊仙姑洞詩幾年愁劇廢登臨
且載新愁自眺吟環珮千秋留色相山川九日敞清
陰天河何處通涓滴地勢偏能擁巘岑俗物偶來堪
敗意忽驚潦倒十年心　紫蓼丹楓野色濃不辭連
騎躡仙蹤白衣送酒逢佳士翠葉牽風對舊松石室
直疑神斧劈山僧常得洞泉供黃金大藥無尋處歸
路煙嵐引暮鐘　何期風日纔重陽登覽爭誇野趣
長小友老朋都健在激流枕石自徉狂仙祠高出藤
蘿外游袂常霑薜荔香清酒百壺纔送到聊將酣醉

答秋光　喚得窮交共嘯歌俗情澹盡謁仙娥飛泉
石罅淙淙細落葉秋深漸漸多丹竈已隨雞犬去青
山如待鳳鸞過幾因蠟屐蹬處便欲衣裳老芰荷

邑人周應曦麻姑洞詩繫馬攀崖尋洞口野花叢竹
亦荒涼潺湲玉液下幽壑迢遞藤蘿穿石牀烟繞翠
微疑羽服風敲黃葉想鳴璫可憐書信寂寥久空有
玉壺仙醞香

邑人徐家麟聞諸公遊麻姑洞走筆寄丁惠疇詩白
雲深處麻姑洞二十年前一振衣塵事相牽仙夢杳
素心雖在舊遊違山中太古誠何似眼底殘春逐漸
非多少攜觴游賞客無緣攀附到林霏　遙想春深
古洞旁杜鵑爭放野雲香貴遊肯爲看花至老宿多
因瀹茗忙紅葉漸稀山漸寂清和初近晝初長會須
共挈匏樽往酌取清泉一再嘗

邑人蔡撝謙詠麻姑洞白梅落落孤標皎皎姿蕭疏
全與月相宜懶將嬌豔投時好鄭重冰心向玉墀雪
滿仙亭岑寂候月明古洞蘊含時淡中儘有非常味
不到調羹未許知



萬松古亭　亭在縣西七里昔宋邑令張公毅植松萬株
於西岡立亭其間爲觀風之所蘇子瞻倅黃時過此有詩
詳見東坡詩集時代既邈陳迹就湮文字流傳勿虞翦伐
至明天順中邑人董應軫嘗重建之旋亦圮廢今惟書院
存萬松之名

宋蘇軾萬松亭詩有引麻城縣令張毅植萬松於道
以庇行者且以名其亭去未十年而松之存者十不
及三四傷來者之不嗣其意也作是詩　十年栽種百
年規好德無人助我儀縣令若同倉庾氏亭松應長
子孫枝天公不救斧斤厄野火那憐冰雪姿爲問幾
株能合抱殷勤記取角弓詩

宋孔常父過萬松亭詩鬱鬱青山夾路松行人笑語
綠陰中排雲架壑無餘地灑面侵襟有遠風一日勞

心非欲逸千年流惠亦何窮我來俯仰尋遺愛更喜
清虛萬慮空
邑人王琬萬松亭詩二首植翠欲千尋蒼龍護路深
借枝棲伴鶴分影奏瑤琴結綠何知午垂青不辨黔
一株留道左猶憶舊棠陰　亭址荒涼處猶存一木
支龍蛇驚掖濤擁覺秋遲影欲摩霄綠材成傲雪姿
不愁斤斧盡
會入長孫枝

**桃林春色**　桃林在縣東十五里地名桃林河夾岸多桃花延亘十數里居民村巷羅錯花時紅霞如錦茅檐竹舍掩映芳華覺武陵源猶在人間也

**柏子秋陰**　柏子塔在縣東北二十里九龍山相傳爲唐德宗時盧應禪師所建塔高九丈九尺莊嚴寶相千載雲封其頂覆以鐵鑊有柏樹盤生於中每於立秋日午時塔四面無影夙傳中州有塔每日中無影論者或謂即土圭正景之義茲塔獨於立秋無影亦一異也



銅水宋祖法眷眷睎柏子塔詩羣山開氣象表表立
千尋不識亭松路猶瞻刹柏林有心來日午無影間
秋陰石上徘徊久飛花一寸深
邑人陳發祥登柏子塔詩多少悲涼處猶留此一岑
感懷在薄暮景色重秋陰作賦才慚短登高意卻深
斷碑尋不見孰識古人心

**鳳嶺朝雲**　鳳凰嶺在縣西北十五里麻姑洞之側相傳有鳳集此朝暾未升晨霞初啟晴絲靉靆若烟非煙眞不啻巫山神女峯也

**龍池夜月**　黑龍池在縣東南三里許池水清瑩如碧玉舊傳有驪龍睡此浸月如珠禱雨尤著靈異每值望夜冰輪圓湧皎潔異常人立池邊清鑑毛髮光明淨澈如行玻璃世界中

麻城縣志敘畧

建置志第二

建置所以志都邑宮室原出儀禮釋宮後世三輔黃圖洛陽宮殿圖皆以圖爲要建章千門萬戶惟張茂先能歷舉其名鄭漁仲以爲觀圖而得自古圖失傳而圖經之學多不講故通志獨爲圖譜一畧用以補從前史書之闕蓋建置古今異宜必圖與志互參始明一時制度可知爾雅必詳宮室春秋必書興築要亦經政之宜也麻城自後趙石季龍使其將麻秋始築土城繫城以麻紀始事也然旋置



旋廢見於正史者其故城皆不可攷宋末嘗移縣治於什子山元復舊治今城爲元時邑人姜銘等始建明宏治中知縣韋厚築石城萬歷中知縣錢節用奏易磚城崇禎間知縣劉星耀停里甲之役增修城垣崇墉屹立　國朝則知縣王瀣譚苓楊思溥夏封泰李紹元姚國振俱相繼修葺咸同軍興時嚴防堵署縣吳林督修護城礮臺署縣龔以慎加修雉堞守禦實資其力焉至於舊傳廨舍半就圮廢半燬兵燹惟文明樓試院書院猶存舊觀若今衙署則濮公文昶所修文廟則邑人屈光遠光遶等所修武廟則守營向公百福所修承平以來其他修復尤難枚舉茲陽湖陸公於光緒庚辰歲蒞任政通人和百廢具舉若修倉厫修武營廣試院廣東西學齋建龍神祠昭忠祠建岐亭于清端專祠凡有關政典者靡不舉修足補前人所未備久廢者存其名新建者紀其始昔所有者復之以存隆盛之績今所無者補之以立久大之模是亦守土之所與有爲也爰依舊志建置門按類增輯其有圖者俱載卷首

# 麻城縣志卷之三

## 建置第一

### 城池

縣城爲後趙石虎使其將麻秋所築後廢興靡定元末兵燹鄉民姜銘聚民修築居守雨水淋澆城廢基存明宏治乙未知縣章厚甃以石建樓於上萬歷癸酉巡撫都御史趙賢巡按御史舒鰲奏建甎城允之知縣錢節用奉旨修建尚卑崇禎乙亥年知縣劉星耀歛里役增修周九百五十八丈有奇高一丈七尺厚一丈後頽圮過半舊志

劉廷舉錢邑侯新建縣城序今上御極之元年詔天下諸司繕城守修險阻以備不虞侯得詔恤然曰今歳邑大祲而驅之役民弗堪矣無何撫按檄再至乃謀之邑人邑人曰可未也又謀之士大夫士大夫曰可未也又度其貲力以謀之監司於是議免役以充公費議分作以均任役畫地授役矢以天日無所容私且出公藏鏹官錢以貸失業者城廣爲丈凡九百五十有奇木甓瓦石之材以枚數至三百餘萬用人力以工數至四十萬經始於萬歷元年十月凡七閱月而城成夫興是大役責成乎數月之間人莫以爲勞也說在靈臺之章矣先是侯蒞吾邑首問民間疾苦知俗敝於好訟負氣以淫侈相競琥遊遨不事本業與夫强掩弱衆暴寡賤陵貴同室相傷而自撤其藩籬也豈獨無城之患哉侯於是以禮爲教使民閑於君臣父子長幼之節敦雅崇儉黜游惰以歸農凡陵轢嚚競輒以禮法防治之由是生養遂教化行至治有金城此民所以悦忘其勞歟雖然斯有形之險也邑人知所以形於未形者乎公侯干城國家之屏障也而形勢不與焉禮樂教化斯民之隄防也



而封守不與焉廉恥禮節人心之郛廓也而城池不與焉生茲土者使人人廉平慈惠有體國愛民之心上下和而元氣壯雖無城而守固矣不然城足恃乎此侯意也敢述以告來者善繼侯志俾吾邑爲萬世金湯云侯諱節用字以中蜀之富順人隆慶辛未進士

國朝順治年間知縣王潞修葺雍正丁未己酉知縣譚苓楊思溥李作室乾隆丙寅知縣夏封泰三十三年知縣劉希向相繼修葺城濠惟東西有之譙樓前舊有觀風河相通二濠以觀風橋枕其上今廢河止有水溝皆填爲基址昔濠在城外自萬歷癸酉建城則圍於城内漸爲水塘至崇禎乙亥後乃屋而居矣知縣劉星耀既增其城復深其濠於外而城守益固

國朝康熙七年五月十七夜暴雨東河起蛟水注朝聖門衝圮城牆二十餘丈知縣屈振奇捐俸修築

城門四隅各一宏治己未年知縣章厚撤改以石甃於下上建樓後俱廢嘉靖戊申知縣金勿重新之爲門七次者十餘各有扁正東曰山接龜峯正南曰路通蘇壁正西曰日近帝鄉正北曰星拱天闕其在儒學右曰古亭大觀餘曰尚書里尚義門文魁門東里門崇文門近孔門今俱廢七門乃崇禎乙亥年知縣劉星耀重修城門題正東曰賓

陽西曰寅餞南曰迎薰後改爲文治北曰拱辰東南曰朝聖東北曰小東西北曰小西今閉道光年間知縣李紹元姚國振二次葺補同治丙寅知縣黃以幀補修護城炮臺咸豐十年梁觀察作楫知縣吳林同邑紳建造舊志

## 廨署

縣治正堂三間洪武七年知縣趙乾建成化中知縣劉規胡琮重建正德壬申賊燬己卯知縣王世祿蔡時先後修理舊志

董偀麻城縣重建縣廳記吾麻城王侯建縣廳成疏其事請偀爲記偀辭弗獲已乃爲記之吾邑往古鮮有碑刻無所考証謹按圖誌古爲禹貢荆州之域春秋時爲黃地秦屬南郡漢爲西陵縣屬江夏郡梁爲信安縣及北西陽縣陳改定州後周改亭州隋因之東晉時後趙石季龍使麻秋築城於茲故名麻城屬黃州後屬永安郡唐復置亭州又析置陽城縣尋省元和初又以麻城省入黃岡後復置屬黃州宋屬淮西江北道黃州軍尋徙縣治於什子山元復舊治隸黃州路我朝因之北接光蔡據五關之險控淮西之衝崎山聳於前鳳凰崖擁於後龜峯等山峙於左大安等山列於右大河遶於前巋然一大形勝也士風厚善樂於爲儒出重名節處俯廉恥藹然一美風俗也故爲全楚名邑近年以來地窄民稠深山遂谷耕鋤殆遍雨暴水溢流沙衝壓田地民多患之成化癸巳侵及學宮泮池逮今餘四十年漸及治東古城濠射圃亭距文廟僅五丈許每遇春夏水漲吏民惶惶束裝以待縣廳創於洪武甲寅歸安趙君諱乾重修於成化戊戌古渝劉君應乾燬於正德壬申流寇起諸城侯君君器新昌蔡君純中二侯俱有遷縣之議末遑重建僅覆茆蓬以視事戊寅春王侯下車之初



卽以前二事爲念無何上官檄縣定修河遷縣之議侯詢於民民多安土重遷以作隄捍水爲便侯順所欲乃浚古河以殺水勢徐圖作隄築城之謀而民樂於趨事縣廳則捐民之贖金以易木料瓦甓工力則取民之在官者因舊址重建築三丈深視崇加六尺廣視深加三丈一尺費白金一百六十兩用民力九百工經始於正德戊寅孟冬落成於己卯仲春其氣象宏厰甲於吾郡七邑與山川民物稱春秋常事不書凡有興作非時害義固書雖時且義亦書重民力也竊以爲修河之役必古河通則新河之水可殺新河之水殺然後作隄築城之工次第可舉縣治與佐廳庶可相爲悠久矣然河之通塞係諸天其成否未可逆料廳之建係諸人固合時與義矣而侯之德政教益因之益新此則可書之大者也於戲豈徒觀之美而已哉侯廣德人名世祿字子延以名進士來令用經術以爲政蓋學有本源者也助建堂者二尹繁昌湯君高判簿阡楊君秀瑜幕賓盧君浩也偀因記事之本末併及沿革建置山川形勝與夫民風土俗以告來者俾有所攷焉

國朝順治乙酉賊燬丙戌知縣李衡歇里役修乾隆二年知縣陳鼎鳩工重理

後廳三間洪武初知縣趙乾建正德七年賊燬正德乙亥知縣蔡時修

國朝順治乙酉賊燬丁亥知縣李衡修乾隆三十年知縣楊朝宗修二堂及内署學房知縣楊永芳竣事

庫房三間在大堂右餉房二間在大堂左知縣宅在堂後

東西曹房各九間訓廉坊三間後堂三楹舊額曰琴鶴軒

縣丞宅在後廳左

典史宅在後廳右原係主簿宅

吏舍在儀門內右

清軍廳在儀門左

大觀樓三間萬歷間知縣劉文琦建今廢

東甌樓康熙六年知縣孫宏鉎建今廢

前門右牌坊一知縣杜朝紳建天啟年知縣趙洪範改作三間

國朝順治丙戌歲舉甲第重修

迎賓館在頭門內之左知縣王潞移置



監房在儀門外左

倉房在儀門內左右咸豐間兵燬光緒壬午知縣陸佺移建憲司街忠節祠內另詳食貨志倉儲門

咸豐初縣署燬盡同治壬申知縣汪文起同邑紳勸捐修建癸酉告竣與前署小異圖載卷首

陰陽學在縣東洪武十五年訓術李伯才開立在縣治醫學在縣東洪武十五年訓科鄭希顏開立

申明亭在縣門左凡民作奸犯科則書名罪揭於亭中以懲惡警俗原九所今俱廢只存一

旌善亭凡民間孝子順孫義夫節婦則揭其行實於亭以勸善導俗原六間與申明亭同今止存一洪武年縣丞劉瑀建

稅課局在治南洪武九年大使李常文開立後裁革正統十二年縣丞翁選改立布政司分司

講武廳在鼓樓左今在南門外塔兒橋東

敬鄉堂在鼓樓右今廢

清源門望岐門在縣治左右

鐘鼓樓在縣治前街始名譙樓正德初圮嘉靖癸丑知縣



陶天忠建庚申知縣蘇松重修崇禎辛未災

國朝順治己丑知縣徐鼎修康熙己酉知縣屈振奇重建增築舊基高數尺制二層鑄鐘懸鼓於上故名而前觀風河橋竟失其處乾隆二十九年知縣羅均同邑紳改建額曰文明樓辛亥知縣黃書紳增額曰攬翠樓欽州馮敏昌題道光同治間邑人鄒生東同弟筵兩次補修

羅均新建文明樓記縣治之南有鼓樓爲其傾圮久矣癸未冬始因其舊址而復新之其易名爲文明樓者蓋以　學宮地勢逼仄奎星閣未建而文昌僅祀城樓特以斯樓補其闕也樓高四丈五尺廣五尺深三丈五尺上祀文昌及魁星神像虛其下以爲文人學士遊詠之地當鼓事慶成登樓四望萬家烟火悉在目前城外溪

[illegible]嶺帶左右層巒疊巘環拱四周覺山川靈秀之氣有
[illegible]躍欲動者相傳以爲樓之興廢關一邑人文之盛衰
非虛語也董其事者則有邑中諸君子志潔行清素爲
鄉里所推重而又殫志經營不惜勞瘁故功費雖鉅不
數月而告成焉至於各鄉紳士分司勸募踴躍捐輸蓋
亦有足多者樓成而予適解組深懼夫諸君子之慕善
樂義而無以傳於永久也爰勒石而畧紀其顛末云

邑人李巍夏日登奎樓詩獨上層樓四面開好風吹
我儘徘徊山從東望參天去水向西流抱郭回短樹
平連紅石嶺餘霞返照白雲臺暮年多少關心事難
怪羣公賦七哀

欽州馮敏昌偕陳懋棠顧禮堂
楊宮中馬春林張蘅臯黃羲齋李雪塢登縣中橫翠
樓賦呈黃佩之明府鄉丈詩雄樓千仞峙層城高與
龜峯氣勢平樓檻進風吹袂直峯藍如墨潑天橫來
鴻塞北看纔到落木淮南只自驚還望五關巉絕處
從知鎖鑰賴鄉英

亭州試院在縣城南門內規制閎敞東向臨街左右轅門



進入儀門中爲文運宏開堂後堂爲考官住所後左爲幕
所後右爲庖廚井湢大堂進右爲龍門號舍四重號板二
千餘中爲奎樓後爲藻鑒堂堂後有民房一所形制稍絀
於左道光初知縣董應魁同邑人蔡聲揚學煒等創建自
丁亥始至庚寅知縣孟登先任告竣董爲文泐石以紀同
時邑中袁金溪公亦有序舊圖載卷首

咸豐四年粵匪竄麻燬縣署此後移治試院無復舊觀八
年賊復竄踞克城後補行四屆考試南鄉紳士捐貲修理
號板及藻鑒堂迨縣署重修仍復其舊

光緒初年每屆應試文童數近三千頭場坐號不敷必添
設棹案辛巳歲署知縣事陸籌款買折藻鑒堂後右民房
一所添設數百號知縣朱復有添設始成矩式

國朝知縣董應魁建修考棚序壬午夏魁承乏斯邑越
二年歲科兩試一值嚴冬寒慄一遇炎暑薰蒸歷來考
試皆在縣署而應試者幾二千人咸聚於此或冒風雪
或侵溽暑身幾頓矣奚文之能工每與同僚議建考舍
以庇士林而公事旁午未暇進邑紳而商之然心實注
之抑又有慮者麻邑素號名區科甲鼎盛近來稍讓前
徽說者謂學宮櫺星門中柱塞向南城門爲北門新樓
所尅若培風水必先二者而更張之而又益以考舍之
工鉅費繁不將空言無補乎丙戌冬邑前輩袁給諫來
以邑人蔡聲揚之言請曰培植文風固未可緩要莫重
於考舍蓋試集縣署非惟燥溼不時而各房卷宗關係
匪淺麻邑雖疲於興作而樂於輸助者甚夥郎如胡魁



順願捐考舍基地蔡子學煒願爲領袖袁子一賢袁子
啟盛程子元勳及其兄蔡子焰咸願襄其事魁聞之不
勝擊節稱賞既欣麻邑之好善而魁數年拳拳於懷而
莫釋者藉以大慰矣爰是集衆於庭慨出樂輸印簿分
給各區一時闔邑紳士交口稱善捐貲恐後而大工興
焉方諸子之踴躍圖始也費或弗湊毅然挈借隨收隨
償由丁亥迄己丑三歷寒暑司土木者鳩工庀材司勸
捐者櫛風沐雨未嘗一日告瘁給諫袁前輩亦屢來嘉
勞盤桓累日魁所謂心實注之而恐其空言無補者蓋
至是不已暢然意滿哉夫立一議而必能有成難矣郎
有成而規模宏遠抑又難矣是役也諸君子胡不憚其
難並不辭其累豈時至事起莫之爲而爲歟向使諸君
子當支用不給之日逡巡畏縮裹足不前學官求如今
日之秋然城門求如今日之巋然考舍求如今日之燦
然得乎查所出印簿收未及半挈借之數約近三千[illegible]
無畏轉稱貸之苦而魁適量移隨州不獲親蕆其事以
垂不朽歟何如之會同鄉同年孟君來蒞此土孟君才
力遠過於魁幸又樂以催繳未收印簿爲己任行且[illegible]

諸君子之挈借必有以彌補於其後矣奚慮焉一邑之

國朝邑人袁銑考舍落成序一邑之科名視乎一邑之文運一邑之文運視乎一邑之士氣一邑之士氣視乎一邑之人精神有以培養而振興之麻邑科名嚮稱極盛邇來微覺蹇滯或謂學宫櫺星門中柱塞向或謂南城門為北門加樓所尅夫改柱增南城門樓二者猶為風水起見而培養士氣與振興士氣要不僅此邑人再三審度得其所以培養而振興者計惟考舍重且急蓋考舍為一邑童試計士人進身於此始所以培養士氣振興士氣即於此始故視風水尤重且急也惟是工鉅費繁當建議時銑聞之竊以為難乃始事於丁亥歲越己丑而考舍告竣並學宫小柱南城門樓亦已改而張之替邑人精神萃於此矣而所以培養而振興者得矣培養而振興者得則士氣奮士氣奮則文運興文運興則科名益盛考舍之功良非淺鮮銑是以樂觀其成而為一邑慶也至若首議之不畏其難挈借之不辭其累督工之不憚其瘁勸輸之不恤其勞則邑侯董聚五明府序之綦詳茲不贅



城守營在縣署之左望岐門外南向咸豐間燬光緒壬午年署知縣陸協同守尉舒公重修規模壯闊

虎頭關巡檢司在縣北七十里洪武四年巡檢張興勇文

鵝籠司巡檢在縣西四十里嘉靖丙戌年盜起西山僉林遂奏疏添設為鐵壁關後移駐宋埠今仍之年代失攷

路口墟汛向係城守撥營兵輪流盤詰咸豐八年後燬兵燹同治年間奉部文將巴河汛署移置於此

岐亭距縣治西七十里與岡陂安三邑接壤北距光一百餘里南距黃一百餘里蘇子所謂光黃間也鎮前河一自邑西流繞於東一自北沙河關今隸黃安縣東流環於西雖一邑重鎮實楚黃扃鑰也明嘉靖五年以盜起西山駐捕通判羅瑞登築城約週五里五門二十八樓居守條陳防禦十事萬歷庚申年通判韓煥復增城垣

國朝因之順治丁亥後改以同知駐防先是舊署頹圮官寓民舍同知胡鎔捐葺舊通判署為戎署儀門一大堂一左右科房六鐘鼓亭二元堂官廨學房各成次第後先增理後漸頹毀光緒元年同知唐訓邦重建圖載卷首

潘元會岐亭修官廨記　皇帝御極之四十三年戊戌夏五余以黃州丞來守岐亭岐固麻城地寄治焉而職



則若黃岡梅安若羅田蘄水蘄州若廣濟麻城均隸焉綦重哉歷代附郡無所聞宋元豐三年以東坡訪故人陳慥於此留五日賦詩而去得名又韻甚明天啟三年築城設倅以備寇迄我　國家不易及後始易以丞

聖祖朝于成龍守是官逮余歷十任矣而官廨之地日滋余至察所守遠則八屬編氓皞皞然佩犢而耕雲數千萬衆也近則環亭蟻聚穰穰然執藝而橫經數千百戶也帆檣吴越道吾境弱羽檄星軺出吾途焉而庶富何以加商賈何以悅老何以無夜吠道何以無不除思所以左右於太守報命於　天子者無一時一事之容或廢墜而顧令廢墜自廝以庇吾身者始耶且夫杏村不三里而遙陳季常之墓在其祠則奉端明清畫像也遐想兩賢堤西湖樂雪堂濤風介節章章勞心目間而顧甘苟安以對耶於是上請方伯貸倖下[illegible]集工師陶人金人土人謀所以葺敗而更新之五閱月成迺為之酒以落之行者歌居者賀曰屹然鎮固吾[illegible]矣抱案者吏執役者胥曰有直庭矣鼠牙雀角無守[illegible]日有訟庭矣士大夫之東西行欲有諮訪於丞者何[illegible]

瞭曰有賓館矣而丞亦得偃仰休息以殫其早作夜思之職曰有臥室矣故有池封焉乃發淤而濬之使深可貯水環池植松竹曰岐固韻地也不可自我廢池旁隙地數畝召圉丁樹桃李種蔬貽後取其孳貨藏修日新自我始毋自我止也於戲岐光黃開片土耳藉道德文章以傳山高水長古人宛在而余僅以華屋承之寧初心哉願與二三君子論政自華屋始

## 廢署并坿

北察院明萬歷五年知縣連三元新建崇禎癸未賊據城折毁

鄧楚望麻城縣新建北察院記今上御極之五年連侯令麻之明年也先是上用言官請久任天下守令詔境內利有當興廢有當舉者聽便宜行事侯時首應詔而餉楚之麻城甫下車惓惓問民所疾苦邁德種恩慨然



以興滯補弊爲己任越一年政通人和乃謀邑廢所當興者而振舉之邑故僻不通傳遞治內自畫分二司外別無樹棘税鞅之地今爲南北衝衝矣四方之徂兩奔軺旁午而至往往慼芟無所雖部使者行屬亦不免假館民舍觀風者不覗事司里者不授館非細故也侯惠流而召和歲比有年度可有爲又於治之西北區得官壕隙陬宅中而勝焉遂議建爲北察院以爲澄清駐節之地乃命役人畧基址程土物分任選事鳩工辨材以萬歷五年八月經始而以六年之十月告成迴重門而至於寢室爲屋凡若干楹環堂閣庖湢而訖於周防爲繚垣凡若干步木石瓦礫之材枚數之至二十餘萬用人之力以工數之四萬有奇夫廪食日給之費稱事旌能之需爲錢不下萬餘緡皆節縮邑藏公餘罪人之慮贖者爲之而役則取諸在公趨事者而足焉上不費官下不擾民閭里訢訢然見館垣宮室之完美而不知材之所自出見經營繕作之勤動而不見役使之及已非其善節而爲理約已而愛民者能之乎今望其門俟宏衕洞達足以布法升其堂高明而爽塏足以觀民入其

室遂而虛嚴而整肅肅乎不愧屋漏也足以退息登其樓望山川而林總在前俯郊原而幽部畢照弈弈乎超識而遠覽也足以省方而攷俗壯哉居乎其力勤其慮周其義大其所以爲斯民計者仁且遠顧可徒以蘧廬傳舍視之哉況公館以察院名則居是堂者所以代天子之耳目也周小宰六廉之計漢刺史六條之問唐黜陟使五術八計之法皆所謂察之政也惟察而行者能舉是政而澄清於上察吏治之得失察民生之休戚察風俗之媺惡有周官誦志道政之風焉乘傳而過者能以是政而馳驅於下察人材之進退察地方之利病察官吏之淑慝有皇華周爰咨諏之勤焉斯居是也爲無愧矣若乃誣上行私違道干譽喜趨承飾厨傳以爲快意吏弊滿前而不知民冤載路而弗恤則後官者謂之竊位稱過者謂之素餐非侯所以建置之意也後之觀風君子果能因是以示察而吏茲土者亦能顧名思義求所以見察焉則是堂也將樹聯率而慶保釐將亦輶軒而賁廉訪異時輿誦有作安知不爲召南之甘棠乎侯惠蹟在麻大者如節里費清糧弊查官莊革河稅飭



保甲以靖地方建尊經閣以興學校不可殫述各有掌故列傳記之茲特識其一事耳侯名三元字子先别號文軒畿南廣平之永年人隆慶辛未進士先任姑蘇常熟以治行著復膺今選兩宰劇邑卓有風裁時稱吳楚健令云

國朝順治乙酉年五甲歙役與縣治同修今廢

府館在縣治南明洪武七年趙乾建今廢遺址尚存

分司在縣治前明正統十二年縣丞翁選建宏治己未知縣章厚重修後燬改建爲遺愛祠今又改爲關帝廟及馬王廟

主簿宅舊在縣堂右今裁

東西幕廳各一今廢
石亭二均在縣署内知縣蘇松建今廢
井亭二均在縣署内知縣杜朝紳建今廢
觀稼亭在知縣衙後圃昔傳外多良田稼成之日登眺豐歉今廢

坊廂坿

敬一亭在儒學明倫堂後明萬歷知縣連三元建今廢舊志
城内街有中街東街西街南街北街後街儒學街
里房街在縣東濠成化中知縣胡琮立仙居鄉六十八間亭川鄉二十四間隔古濠東水衝基屋俱廢太平鄉九十六間在濠西基屋俱存今爲僑居者所占正德間後壁編爲儀從處今亦隱廢矣其地雖爲民居相傳猶存倉基邊之名
西濠街成化間知縣胡琮因盜刼庫獄以治西空弱將糧戸程天用官田傍古濠東西建屋招民居住每間認糧一升後隱於民知縣季寶查出令民每間門面每年賃租銀一錢五分以充公用未久乾沒惟卷籍尚存工房
城内巷有東巷西巷萬家巷冷家巷田家巷申家巷曹家



巷龔家巷黄家巷橙子巷
城外街有南向街西向街北向街

# 麻城縣志卷之四

## 建置第二

### 壇廟

社稷壇在縣城北門外西隅明洪武初知縣趙乾建成化初知縣朱嵩重建　國朝雍正間奉文修建甃以石臺

風雲雷雨山川壇在縣城南門外東南洪武初建成化初知縣胡琮改建縣東南

先農壇在縣城南門外東南雍正五年奉文修建

厲壇在縣北洪武初建



文廟在縣東南朝聖門内建於宋代屢燬屢修詳見學校志

武廟在縣前街左同治間燬於賊駐守麻邑百勝營統帶參將向百福倡修其修竣年月與捐資督工姓名有碑記之在廟門内之左

文昌閣在北城曹家巷内乾隆己巳紳士丁胡周楊徐李張王梅宋董朱劉林趙等二十四人同建後因廢敗復公呈請歸閤邑捐資重修

邑人董天策募修帝君祠文天下羣奉　帝君矣抑知帝君之所自始哉自其神棲梓潼日梓潼帝君自其司籍文昌日文昌帝君其爲帝君一也然此其後焉者原其始則西晉末生於越嶲張氏者耳更原其始則十七世爲士大夫至是始跨驢而仙耳夫何代無士大夫其以士大夫而帝君者則未之前聞抑何代無帝君其以士大夫而帝君之且千百世共帝君之無異詞者未之前聞迨讀帝君文云吾爲士大夫未嘗酷吏虐民救人急濟人難憫人孤容人過廣行陰騭上格元穹乃嚬乎思恪乎慕曰此帝君之所以爲帝君也鄉天下有位尊而人弗之尊者德不稱其位後之人從而奪之有位弗之尊而人尊之者德克配其位後之人從而予之若帝君者所謂德克配其位後之人從而予之者歟予嘗鼓焉仰止欲私建一所如登帝君堂私繪一像如親帝君面而私懸其文於座右如聞帝君訓因以之風勵乎子弟抱此志而未竟者有年一日里之僧佛旨云其廟旁有帝君祠年深頹廢慨然有重修之志自度力不從心思募邑中士大夫共輸以勷乃成夫邑中固多士大夫矣見人有休烈懿行特聞士中者則士樂推引之以爲士重人有以休烈懿行特聞大夫中者則大夫樂推引之



以爲大夫重今帝君明明是士明明是大夫且十七世已爲廟行陰騭上格元穹天下尊帝君而奉之者世世如茲豈非士大夫之所愛之慕之願效之而樂崇祀之以爲士大夫重者哉且正不必士大夫也僧能立帝君祠肅然而瞻禮之誦法之則僧重凡耕者商者軍者蠢焉而狂狡者能立帝君祠肅然而瞻禮之誦法之則耕者商者軍者蠢焉而狂狡者亦重徒曰帝君上司文衡吾饗祀日隆名位可致是借修善之舉因之爲謀利之資也帝君有靈爲之代愧

馬王廟舊在縣署後燬於賊邑人移神位於文昌廟之右廂

龍神廟舊在縣署之西前臨深池地甚爽塏被賊後僅留一楹邑人置軍火於内而移神位於文昌宮之左廂署縣

陸以龍神霖雨蒼生未可無專廟致敬與邑紳議定重建於西門外土主廟之右地近龍池足資潤物之用

火神廟在城隍廟之東守官長朔望行禮與諸廟同

城隍廟在縣南洪武初建嘉靖辛卯署篆推官嚴肅暨知縣尙德恒重修明勅封顯佑伯秩正四品歲無特祀惟厲祭主之次則附風雲雷雨壇

東嶽廟在北關廂縣人周宏佑題曰岱宗駐蹕自兵燹後三廟均被燬春秋時祭社稷壇及厲壇卽於岳廟致祭風雲雷雨山川壇在土主廟致祭



土主廟在西門外相公橋之右廟東向兵燹重修祀 紫微侯張七相公或以爲所奉卽宋邑令張公毅云

紫微侯廟在五腦山一在西門外一統志宋時縣人張行七當時以張七相公稱之毀沿江淫祠繫獄適有火災釋張捍之立止至五腦山入馬俱化邑人爲建廟嘉慶間邑人胡宗第等募化重建咸豐間廟被賊燬同治初邑人王大堃吳春山等募化重建遠近朝謁香火愈盛同治閒粵賊竄麻官民保守危城屢荷靈應大府奏請奉
旨特賜靈感二字

舊志福主神宋時降生西蜀璧山縣張氏行七世稱張七相公其先人官大理評事母楊夫人崇敬三寶喜施濟因是誕神神生三月能言七歲通詩文尤好元理有神人見而謂之曰此子有夙因應以童身證道顯法於楚年十七歷游至麻城見民間多淫祠盡毀之祠主訴官繫獄三年値邑中火災神自知厄滿當出使白邑令以能禳解釋之跨烏騅執朱梃指火火滅遂西行至相公橋人馬飛昇望者見其止於五腦山遂立廟山麓以祀之歲苦旱潦祈之必應民有疾厄祀之必痊湖山險阻呼之必安嗣續艱難禱之必吉遠近朝謁者無虛日宋封紫微侯明封助國順天王嘉靖中邑人劉莊襄公經畧甘肅用兵寧夏屢荷神佑立靈應碑於廟左以記其事毛聚峯爲文碑至今存
國朝嘉慶間教匪擾黄安福主顯靈匪遂遁竄咸同以來粵捻交煽境土繹騷屢著靈異助順剿逆邑中官民申稟大憲奏請加神封號奉
敕加封靈感二字凡麻城之都門會館暨渝城宜昌沙市漢口所在城鎮會館皆以福主爲祀楚鄂陳應善嘗



爲之傳梓行

邑人毛鳳韶紫微侯靈應碑記侯之爲神也相傳以滅火災肇跡厥後持赤戟擁精兵卻僭亂有護國佑民之功故受封紫微侯邦人卽於五腦山立祠祀之無問知愚凡遇乾旱瘟疫水火盜賊之變必以告於神其闡靈昭應不可殫述誠萬民之倚庇一方之主宰也故人稱爲福主神云一日太保松石劉公謂韶曰吾何以答神貺昔嘉靖戊子秋予巡撫甘肅爲母親初度辰逾七十甲子矣予以不獲侍養悲思有痛在手甚劇呼號之聲徹於重門之外弗自知也時大虜壓境不能出寤中夢福主曰賊已至汝奚在此臥以手按余起覺而輟痛如摘遂出理軍事獲全勝神之力也又吾祖諱夢者以羣忤繫之京時著令期而不至殺無赦先期一日吾祖方至江浦病餓不能與度不免矣忽有一人以紅戟持肉食之有頃而已知其爲福主也遂如期而至太祖親釋其縛復與其材授彰州府同知神之力也吾何以答神貺昔許立碑今始成焉復以碑文請神擇於三人者許執事執事其勿辭韶曰公命之神又命之韶雖不文其

曷敢辭乃言曰嗚呼天人一理也感應一機也神也者效天之用以示乎人者也故感之善則善應之感之而不善則不善應之矣雖匹夫匹婦之微一言一行之懿猶不爽焉況以世法天民之秀豐功社稷之臣如公者有不隨遠邇而至者乎是故江浦之應以啟其忠也甘肅之應啟其孝也非私與也傳曰天之所助者順詩有之神之格思介爾景福其是之謂乎韶敢以是爲記繫以銘曰道冠崖巍五峯雲仍儲精發秀啟我神明昭德顯功佑我生民省茲太保望族徽聲忠孝文武著龜效靈江浦持危光啟前聞甘肅起疴以成大勳上答神貺立碑廟門昭祀罔斁秋而復春

化主廟在龜峯山頂神爲鐵像每六月開山香火遠集

按龜峯化主不知何神相傳卽宋之邑令張穀公嘗植萬松以庇行人具見載記令麻有惠政歲旱爲民禱雨無不應者嘗同幕客蔣著等游龜峯愛其幽峻題名泐石後得道成神遂棲真於是山民間稱以化主至今禱雨尤靈應



岳王廟在城南五里燬於賊邑人重修尚未復今存廟一東西向廟前鐫石人亦殘缺蓋倣岳王墳之有秦檜万俟卨也

邑人梅之煥建岳王廟引自古以忠死者多矣惟武穆岳王無論其經戰陳之處與不經戰陳之處以至婦人孺子厮養奴隸談及莫須有冤狀靡不髮指眦裂日慘心傷雖忠義之入人深哉亦其所以死者異也何者等死耳或主猜焉而死或勢屈焉而死或功成焉而死卽均死於忠而人心悲憤不平之氣猶有所托以解武穆何以死哉金字旌忠繡旗標勳主眷隆矣兀朮痛哭沿海旋師南風競矣高鳥未盡良弓已藏以補天浴日之忱拔山倒海之氣區區一秦家小兒探囊而杌置之坐令一腔熱血不得灑於梓宮青衣之前賀蘭朱衣之側而灑於獄卒之手也父子枕藉噍類無遺自壞長城爲虜報怨以極忠遘極冤以極冤鼓極憤以極憤繫極思則武穆王之不泯檜成之也乃予獨於王有異焉夫天下未有權奸在內而大將得以成功於外者一白面書生且猶知之以王之算無遺策獨憒於此哉洎乎風波片紙齎志沒地已矣百萬貔貅江上老兩宮環珮夢中歸此乾坤何等時而陰魂凝望墓木皆南猶眷然有恢復之思焉語曰明知無益事故作有情癡匪忠曷癡匪癡曷忠故曰其愚不可及也王方驂赤螭賓帝所俯視六陵悲來無地後之亭不亭何心獨計諸人者卽巧於檜而適以相成任事者卽危於王而有所不避是皆於今日人心國事有大關繫尸而祝之以風於有位使明哲保身之說不至爲畏縮者抵口而讒人罔極交亂四國亦庶其有豸乎

宋賢祠在岐亭北二里許祀宋之方山子陳季常也地名杏花村季常墓在焉　國朝康熙中岐亭同知于清端公



建咸豐中遭兵燹己未歲重修又於側增建忠節祠以祀李忠武公續賓並在事之殉難者

舊志于清端公建宋賢祠引岐亭之有季常也非岐亭有季常乃季常有岐亭耳由來人以地傳者十一二地以人傳者十八九余每讀方山子傳因感其初在岐亭時韜晦勳閥庵居茹蔬岐中人士莫知器識迨東坡公一過杏花村坐蕭然環堵中依依有故人情一旦使其地與人並傳千古是黃州之有岐亭因季常之一寓而岐亭之有季常又因蘇子之一識故夫岐亭之得名良有以也余奉　命守鎮茲土將三載計三載中承委署郡邑者四監兌給賑者二暨詣　天顏自　闕下數月乃得還黃其閒僕僕奔走頗爲鞅掌是歲春朔之杪始偕岐中士子過杏花村謁季常先生墓尋昔時所謂蕭然環堵者竟不可得噫嘻賢人處此何今古落落多同乎爰與諸紳士約謀建茆椽數閒於杏花村址邀士子讀書其中歲時伏臘豆雞壺酒奠飲於季常先生墓側

余聞光黄間多隱君子後有賢人處此必以此都人士能深緇衣之好亡者尚爾存者可知自余來岐後俾賢人接踵俗美風醇庶幾乎大宋團練使一識之於前五百載重溫之於後坡公或不笑余之陋劣矣是爲引

會稽宗稷辰岐亭重建宋賢祠並建忠節祠碑記古赤亭後爲岐亭在光黄之交爲守淮要鎮當宋神宗時中原無事有世家豪傑陳公季常先生隱居於此稱方山子初射獵山中意氣甚壯久之乃盖韜晦惟嘯傲自娛蘇文忠與舊故逍謫黄州訪之於岐亭下杏花村大異之其生平蓋懷文武才畧不得用於世竟以隱終没後卽葬於是邨之山原碑石至今存焉我 朝康熙癸丑歲于清端公官岐亭司馬始與士流爲之建祠於墓前以方山子由文忠而傳祀陳必兼祀蘇故顔曰宋賢祠清端常講學其中云後數十年有邱公名賜書來丞岐亭復爲培植其墓木修葺其祠宇居民思清端之德郎祠中祀清端至今又歷百餘年矣前此已久不治近年更遭兵燹並頹垣敝甃而無存幸清端與後司馬之遺碑尚卧荒煙蔓草間今署司馬王子省三剔蘚濯泥而



讀之怦然動中與士民謀修復皆同聲稱願省三且謂衆曰光黄間多氣節之士自粤逆擾黄一時義旅所聚明赴私鬬雖婦女亦皆曉然於死生輕重之故而無所於避幸廸庵李公掃蕩醜類廓清全黄方慶更生而戊午之春賊復由間道竄入旬月之間麻城黄安相繼告陷維時李公克復九江復親率一旅之師以再造此二邑民宜二邑之民於公三河殉亂後迄今感泣思念而不能忘也記曰能捍大患則祀之以死殉事則祀之盍於舊址三楹外增建忠節祠以祀李公及在黄死節諸公而以麻安之死於寇者附祀焉紳民更莫不慨然以並舉爲當者遂集貲鳩材興工於己未年三月而於九月望日告厥成焉後之人紹清端之蹟而崇宋賢推清端之意而勸忠節常則效而修明之以示嚮方善風俗則今日之舉其感發於人心風俗豈淺鮮哉省三於千里外馳書請記其事

遂爲之記使鋟諸石

遺愛祠舊在縣署前燬於賊邑人近移祠於 武廟後所祀皆令長之有惠於民而未及請祀名宦者

忠節祠明代建祀宋殉節黄州府知府趙令戣都監王遠判官吳源巡檢劉卓後燬於兵今重建於縣署東街與姚公祠前後棟廟南向門西向從祀姓名詳見忠節列傳中

勅建前邑宰姚公祠

寺觀

東禪寺在東城明正統間建後李萬五重建

蓮華庵在西城陽基塘北岸

萬壽宮去福城庵數武

三元都會府在城隍廟之北御史毛鳳韶年七十建廟求

師泉廳至今邑人求子者多驗

萬壽寺在西城有周思久題梵王宮及澄心方丈字

三聖廟在萬壽寺左

傅元帥廟在城東民有瘟疫禱祠立應



張王廟在城隍南之左供奉張桓侯

準提閣在城南城隍廟之左與萬壽寺隣兵燹後城中紺宇琳宮均爲煨燼此地幽潔清靜近年重修三楹頗爲安禪靜處

華藏庵在古佛庵後

繡佛寺在北街梅司馬女淸然捨宅以繡爲功課故名

周禮扇寶筏禪林夜雨偶成詩偶來依繡佛信宿歷陰晴客味老僧覺詩心雨夜生小窗涵火力上院落鐘聲哀病非消渴逃禪未可名

古佛庵在北街西巷明邑人邱齊雲建中有古佛三尊歷刧滄桑金身不壞而梵宇蕭條幾於佛頭着糞吁可慨已惟邱書古佛庵三大字猶存

恒河寺近東城上與白衣庵相望康熙間大雨水圮今俱爲洲半偈庵在東河岸

李巍半偈庵詩古寺臨河岸翹瞻在此登蝶飛花解笑客以佛爲朋水闊橋通郭樓成鶴傍僧（時僧續宜行修梵宇）上人魚課後笑倚一枝藤

東竺庵東河岸里許竹木森森鬱然蒼秀

李巍東竺禪林詩日籠松逕碧雨暗竹梢青棉豆收將晚鐘魚遠可聽老來還興趣九日太飄零忽憶心知友東南逐浪萍



針芥室與東竺庵相望

李巍針芥室詩針芥恰相投因緣不外求百年松竹老三字古今留野客逃名姓沙彌懶應酬詩情兼畫理吟望遠峯秋

折葦庵針芥室開壁相傳昔山水暴漲有一古木結成達摩像宛然天成毫無斧鑿之跡寺僧取供奉之至今猶存

李巍折葦庵詩獨步河橋路來參古達摩天然留梵相道氣闊煙蘿（達摩相乃梵香根生成鬚眉肋足畢肖焉）境寂秋香逗心空野趣多云何城市近今日偶相過

詹家堂在針芥室左數武知府詹洲建東側有祠宇一所

念力庵在朝聖門河岸

禪堂朝聖門南原在今義塚處後移建於此名新禪堂因
施其處爲義塚
胡鉉晚步禪堂詩碧梧翠竹覆庭陰繞逕秋花閟苑深吸露寒蟬吟遠樹出山新月上平林風煙萬里橫宵雁城郭千家起暮砧共話老僧殊不惡長留半偈定禪心
火王廟供奉火神規模壯麗有黃梅五祖法眷投此住持
海潮庵與禪堂火王二廟咫尺道光間爲水衝圮今移置
火王廟於城內儒學右首
周之甦秋日同慓初星季二兄遊飛泉庵宿海潮蘭若偕允中淸隱二上人待月卽事詩聽罷飛泉過水滂新秋纔得一朝閒蒲團坐白沙開月短蓬吹青江上山葉拂寒蟬聲寂寞燭憐淸語淚潸潸忘言又自忘歸去數點瀟瀟冷坐閒



翠峯寺南門外東里許
丁虞廷過翠峯寺訪松門和尚詩爲愛南郊好行行覓遠公捫蘿無犬吠入逕有松風面壁鬚眉古題詩筆墨工坐深忘共返斜日映林東
甘露庵在南關
三曹廟在塔兒橋
荷葉庵在西畈
半山寺在牛棚山東北隅
紫竹庵在小西門外

經堂在北關之西
玉閣在龍池南岸
海會庵玉閣閒壁
南堂廟在龍池北岸右爲烈女廟今頹
地藏庵在福元橋東
淸和寺卽沙佛庵桃園北里許淩壁寺北二里餘後因水
壞移置東門內與東禪寺近
雲舫庵縣東二十里
大覺庵在土城區知縣趙蒼壁題額我愛其靜又此處金



地知縣姜樆題大地慈航知縣傅天培題
什子河寺在什子山北有石佛像
大竹園康熙甲子知縣祁嘉謨題額爲寶林門前有石井
泉水高一丈二尺四季水滿長流
九龍寺在東北九龍山有柏子塔相傳唐德宗四年盧應
禪師建塔九級頂覆以鐵鑊鑊側一柏蟠根而生每立秋
日午塔無影兼詳名勝
靑龍寺隣柏子塔唐盧應禪師建
棲眞寺亦盧應禪師建多古柏

鐘山寺東北五十里相傳至元間掘地得一鐘因立寺後寺廢鐘由鳳陂達河至大江遡流而上抵江夏鐵佛寺寺僧感夢得之

地藏庵東北五十五里陳家冲明縣丞周崇恭建龍潭水曲虎石峯環崇恭居宅卽在咫尺

定惠寺在縣東八十里天井山之北

邑人梅之煥重刻金剛經註解序余邑東八十里定惠寺不知建於何代東坡謫黃時有定惠寺看海棠詩至今山上多海棠後人於黃州城外建定惠院遂誤傳定惠寺在黃州城外其知在麻城山中蓋少矣嘉靖己未歲寺僧明祥採石山間夜見崖側有光疑而發之得金剛經木板一副蓋元無聞聰禪師所註也後有灊邑蚌



湖市劉覺廣跋云師在奉甲站貧福寺註經至元六年庚辰四月開其丈室生靈芝四莖覺廣爲之鏤板次年元旦夜夢諸神聚其所夫室中偶生芝之不足異而覺廣之夢亦未足深信然木板埋土中至二百五十餘年今掘出又八十餘年字畫無一損壞者可謂奇矣年來余邑兵寇往來不絕山中廬舍燬者過半余慮此板并爲灰燼强寺僧移之江南乃堅拒余之請余因於白門重梓之或曰此板久藏土中無恙終當爲神物呵護子爲過慮矣余曰不然當其藏之土中自有任其責者人無與也今離於土矣責猶可他諉乎夫責在人人不任其責妄意冥冥中有佐佑之者而因以至於敗使不可追悔豈獨一經板爲然哉余於此重有所感也已

邑人鄒知新定惠寺記定惠寺去城東九十里黃寺不知剏自何代寺有海棠榦古花繁干霄蔽日爲邑志八景之一故題名定惠海棠相傳蘇東坡居黃時常遊[illegible]處與陳季常多所唱酬云更有異者寺外峭巖瑞雲[illegible]騰寺僧捫蘿攀險剖巖得金剛經木刻係宋梓古字[illegible]異人家藏本蠹勿蝕鼠勿傷爭寶重之又傳寺後葬有

故智二字易作習字解　妄　岑陸咏

蘇小妹墓名公遊者往往尋之不得作詩弔之嗟哉蘇小妹果葬定惠寺耶寺後果眞有蘇小妹墓耶然則定惠寺所以著名者以蘇小妹墓著耶以東坡遊著耶抑以海棠著耶今有寺有海棠獨無小妹墓何也小妹才與兄等果葬定惠寺側東坡當作有志銘而文集不載豈遺之耶且東坡葬保母於黃今志銘尚存集中豈東坡獨厚於保母反靳筆於小妹耶是耶否耶況麻城既有定惠寺黃州又有定惠寺昔葛屺瞻宗師更爲黃州定惠書院似東坡所遊則黃州定惠寺矣夫寺以海棠著海棠又以東坡之遊而著然寺可以有兩寺豈海棠亦有兩海棠耶則東坡所遊爲麻城定惠寺無疑今海內人盛稱黃州定惠寺未嘗稱東坡遊麻城定惠寺豈眞者不傳而不眞者反傳耶卽寺亦有遇不遇耶悲夫

謹案湖北通志定惠院在黃州府清淮門外蘇子瞻以元豐三年二月至黃寓此院東有海棠一株因作海棠詩後書開嘯二字勒石下有快哉亭前有海棠軒後有洗墨池又有捫腹軒睡足堂今並廢麻城定惠寺在邑東八十里地屬今木子店廟宇崇厰至今



猶存西近山東倚大河自黃至此二百二十里岐亭至此百五十里其非當日坡公所寓可知讀東坡記游定惠院盍知其非是也邑中前明梅公　國朝鄒公定惠寺敘記皆以寺爲坡公昔遊處毋亦安石爭墩之故智歟然坡公賦赤壁借用周郎事以抒其論後儒方鑿鑿致證疑公之誤未免迂矣黃之赤壁公可爲周郎借麻之定惠亦何不可爲公借乎故附論之

蘇東坡定惠院海棠詩江城地瘴蕃艸木只有名花苦幽獨嫣然一笑竹籬間桃李漫山總粗俗也知造物有深意故遣佳人在空谷自然富貴出天姿不待金盤薦華屋朱唇得酒暈生臉翠袖捲紗紅映肉林深霧暗曉光遲日暖風輕春睡足雨中有淚亦悽愴月下無人更清淑先生食飽無一事散步逍遙自捫腹不問人家與僧舍拄杖敲門看修竹忽逢絕艷照衰朽歎息無人揩病目陋邦何處得此花無乃好事移西蜀寸根千里不易到啣子飛來定鴻鵠天涯[illegible]落俱可念爲飲一尊歌此曲明朝酒醒還獨來雪[illegible]

紛紛那忍觸

又定惠院夜月偶出詩幽人無事不出門偶逐東風轉良夜參差玉宇飛木末繚繞香烟來月下江雲有態清自媚竹露無聲浩如瀉已驚弱柳萬絲垂尙有殘梅一枝亞清詩獨吟還自和白酒已盡誰能借不惜青春忽忽過但恐歡意年年謝自知醉耳愛松風會揀霜林結茅舍浮浮大甑長炊玉溜溜小槽如壓蔗飲中眞味老更濃醉裏狂言醒可怕但當謝客對妻子倒冠落珮從嘲罵

又次前韻去年花落在徐州對月酣歌美前夜今年黃州見花發小院閉門風露下萬事如花不可期餘生似酒那禁瀉憶昔還鄉泝巴峽落帆樊口高枕亞長江滾滾空自流白髮紛紛甯小借竟無五畝繼沮溺空有千篇凌鮑謝至今歸計負雲山未免孤衾眠客舍少年辛苦眞食蓼老境清閒如啖蔗饑寒未至且安居憂患已空猶夢怕穿花踏月飲村酒免使醉歸官長罵

邑人徐家麟追和東坡先生定惠院海棠詩化工春



來榮萬木雨露誰同復誰獨濃妝淡抹各爭奇未若海棠嬌不俗一株迥出野芳中應是趕然到空谷初疑天女降祇園又怪阿嬌謝金屋琥珀如搖鸚鵡杯臙脂不貌驊騮肉憶昔劍南白髮叟會道千年看未足碧鷄艷色絕天下想見山川氣清淑坡公遠謫故山違一笑幽林閒捧腹欣如元亮對東籬快比子猷逢好竹扶輿何處無奇產或隱深山逃衆目湘有芷兮澧有蘭何必名花艷西蜀無乃張羅澤藪閒仰視皆然失鴻鵠我聞千尋磊砢材水之湄涘山之曲原脫觸字韻

邑人曹應昌蘇東坡遊定惠寺詩山逕迢迢入翠微春深濃露溼人衣試隨稚子穿雲去偶過山僧挂錫歸臺閣何年成廢址禪光近日發新輝深山自古無名刹惟有仙花識者稀

邑人徐庭蘭秋日過定惠院訪坡公遺跡詩潦收木脫寺門幽若有人兮坐百憂五見海棠歸不得一逢山鬼謫何尤於今綠蘚封殘碣終古黃州詡盛遊滿院蛩聲如詠史熙寧人去幾春秋

西峯寺在定惠寺之東

珠照寺進士周之夫生員周世錫建寺基幽厰山水繞拂遊人多覽焉

最上庵明天啟三年儒士喻儀建

法眼寺卽黃蘗山僧無念道場

陳家廟亦名寶藏寺縣東南六里明進士戶部員外陳楚産住宅改建墓卽葬於後貽有田地山場至今後裔守爲香火奉祀之資廟中殿供劉關張神像

慧雲庵在東南七里岡明天啟閒巡撫梅之煥建內奉東



岳神並諸佛像及崇禎二年流寇肆毒之煥建護生堡保護鄉人全活甚衆鄉人德之塑像享祀焉

東溪寺距城十七里僧震音建山清水秀竹木叢集以上舊志附新增

芝佛寺在龍湖北岸建寺掘地得三芝類佛像因名今失其一一統志

邑人鄒知新芝佛寺記他寺也人寺之芝佛寺也天寺之天生靈芝曰異生靈芝結像成佛佛且三曰尤異[illegible]獲芝佛孳起感動相競爲寺今去城東二十餘里松[illegible]石怪剎古湖平果能衣草葉持楞伽則水流清淨雲[illegible]是非解虎收龍不在高山而在芝佛寺閒近寺爲河[illegible]中住石麟嶼哭出名釣魚臺遊臺皆水深不可測名[illegible]

潭湖周柳堂先生別號石潭構樓名寒碧遊者一葦航之昔石潭先生過異人欲與同寢公厭其穢用舟送樓中鑠之詰旦往伺封識宛然而人莫知所在留一聯於壁云兩個知心一個清風一個月十分豪興五分濁酒五分詩公見懊恨久之四壁皆詹景鳳書其潭時而開則汪洋千頃巨鱗細鯿以飯飼之游泳波面淤則平沙漠漠惟有層樓在河之洲而已龍潭爲李卓吾振錫著述之所故書以初潭二潭名海內人盛稱龍潭湖不及芝佛寺所謂知其人不知其天也

鷄籠寺在縣東三十五里一名湛寂寺明萬歷時無念祖師建有御賜藏經並陳妃所賜袈裟一件巡撫梅之煥題爲湛寂法門其寺左鹿角右遊蕩天然福地也

九峯寺在縣東南



邑人毛德輪九峯寺讀書記九峯山之梵王宮據山之麓藏經閣在山之巔相去數百步皆金碧合成閣上有巉岩怪石覆之禿木千株巢鶴無念之塔居焉時有咳唖嚶鳴笙簧之鳥往來其間當閣之東壁牖也閣内有洪武年間御藏封疊四壁有古佛羅漢守之閣下僧房禪室千餘多金碧色僧飯時山足烟起如萬竈雲蒸閣左右有門通彌勒殿雪室横廊二百餘步柱礎疎密相間如人拉坐沓然無際自彌勒殿至山門左右皆廊二里許幽閒僻靜曲屈與山相倚簷有柏影掩映廊壁有雪山諸洞天圖繪行其中如洞房深處雖風雨不知也終日無人語聞有鐘聲笛韻鼓音鈴鐸來自山腰林麓開山門外多茶樹古屈婆娑伏岩草下如鐵拐仙鬅鬆伏氣也松柏數十里龍鱗黛色護石路旁野橋流水逶折百十廻不去與鳥音相答作聲四月二十九日朝霞未霽殿色凄其閉閣閱大學首篇閑檢天目中峯廣錄伏案移時不覺山中雨過日色更鮮片雲飾之使明暗相爭於樹梢岩底鷹翼爭揚鶴唳摩空古木參差碧天更遠林開草石纖纖可數楚楚院宇如翠合琉璃未

動幾於應接不暇燈瑩香裊麗眉雪面皆碧眼暗人說無限寒溫親人矣不知今夕何夕此地何地雲海沈沈何必提起種種思量謫降人間去也記之以遺他年一段神遊清景恐一失後難摸索也

能仁寺距城六十里在龜峯之北相傳唐太宗建

雲臺寺在東山木樨何之曲巍然特聳上冲霄漢俯視諸峯羅列其下又名豹腦岩相傳爲當年　福主殛蟒處

栢水寺在東南一百里唐高峯禪師建

鳳棲庵在土陂冲山清水秀宛如鳳形前邑令夏封泰因易爲鳳棲焉僧碧霞普參海雲等俱確守清規至惠泉爲掌教訓示有法目今宏義振興佛法其廟宇亦大有可觀



千佛寺在縣南十里鋪知縣吳顧行改爲一佛寺寺濱大河康熙間大水汎溢有鐘自水面浮至寺門寺僧取之因改爲鐘到寺鐘存今仍以一佛寺稱之

汲水寺明萬歷四十七年知縣莊應德建住持僧海棠清修山門外有古松一株大數十圍鬱然蒼秀

靈覺堂在董家堡董天策闔族建

玉皇殿在白泉山之陰山高而頂平明天啟間巡撫梅之煥建

三教堂在白泉山之陽上中下凡三院明僧道一肉身

塔中有塔院藏經樓精舍皆傍巖倚石爲邑佳景士人多讀書其地

興福寺在白杲鎮西二里許唐貞觀乙巳眞濟禪師建寺僧以田爲業至今爲糧里之一明初盡爲軍民所佔有行腳僧法全憤甚削竹爲鎗伺軍人耕者殺十餘人自詣縣獄令義之欲釋焉全曰豈有殺十數人而不死者乎歸用薙刀自刎寺傍至今號頸段山周柳塘李卓吾皆爲之傳盛稱其事明初重修廟宇佛像甲於一邑有荆木梁銅盃佛像沈水香皆唐時留傳者寺僧浴佛始取用之至



國朝戊子始失去嘉慶間邑人胡宗弟等募修佛殿及傍殿同治壬戌邑人王大堃蔡駿璧等募修天王殿及關聖殿廟仍其舊而僧舍未復被賊燬寺前有塘大數十頃蕩漾若湖爲邑景之勝

邑人梁中斗興福寺詩古殿崔嵬刼外藏歸然不異魯靈光斷碑猶記貞觀蹟小閣遙傳荆木梁一沼淼茫魚影亂五山層疊指紋張莊嚴佛國差相似梵磬書聲半曲房

玉皇閣在白杲乾隆庚子年董秉恭後裔重修

禍主廟在白杲董士宏士毅建

忠義寺在西南四十三里進士胡躍龍建寺側環河竹木森列景致幽邃中祀武聖像故以忠義名

水口寺在拜郊城匯明永樂間知縣楊福四建

鐵佛寺與水口寺相望明萬歷間同知楊王庭建中供大佛及諸神俱銅鐵像茂林修竹四望鬱然遊覽者鮮不至此地也

寶光寺在中館驛南灝河

沙明寺在西南四十里邑人周損捐貲建茂林陰翳彌望平沙損與劉侗曾讀書其中

關帝廟在岐亭南城成化三年戍族重建感應靈顯進士



彭信古遵古酬願各獻對聯後孟司馬酬願獻額裝金異常至今爲朔望行香首及之廟

文昌宮在岐亭南城外宮前重建石橋曰觀察橋有聯云波水瀉文瀾任蘇海韓潮奔注都歸此地螺山排筆架春江花毛穎發揮盡在吾徒楊玉柱題岡邑知縣陶國幹書

添壽寺係天啟壬戌進士陶承謨爲福建提學時將馬頭山田庄山場大段建廟爲其父順祈壽顏曰添壽寺後設木主於其中子孫世祀焉又朝聖寺西陵寺亦在坿近

香山寺在西南七十里御史趙訪建西側祠堂卽此子孫

歷代祭祀之所廟貌巍峩樹林掩映

大安寺邑西二十五里大安山中

東際寺邑西三十里黃泥坳僧慧聰建

聽松庵邑西三十五里西陽鎮明宣德楊萬戶裔四支仝建

董樸同劉養忠進士謝龔之舉人遊聽松庵四首久仰雲峯寺同遊與不孤山僧持敝帚石逕埽寒蕪秋老山容瘦天空鴈陣疎暮年精力健上下不須扶

殘秋尋勝槩折馬向雲巒葉落林光淡山空月色寒宦情垂老薄禪榻借眠安卽此超凡境何須生羽翰

彌旬驅瘦馬不厭路程賒老去癡心發秋來逸興嘉疏林藏暮藹滿地笑寒花喜有同袍客聯詩到日斜

松島藏幽寺秋殘此共登身閑惟愛菊腳健遠尋僧勸酒憑山鳥題詩借佛燈前山有佳景從僕不須憎



紫荊寺在礦山

與石庵在明山側邑人梁雪亭爲鐵首師建嘗讀書其中

邑人周禮與石庵序曩余過洞庭涉瀟湘經衡山之麓望祝融煙霞諸峯未能辨其孰是舟中無事取輿圖披閱知煙霞峯下爲有唐白衣山人李泌讀書處心向往之因念士君子方未遇於時伏處草萊其精神意氣必有落落不與人合者或指爲狂或誚爲狷而及其見用於世功業炳若日星道德重若川岳其向者伏處之一隅一室相稱羨而艷傳於後世嗟夫是豈獨鄴侯然哉今如吾邑之明山羊腸一線鳥道千盤爲東偏門戶其嵯峩一壁渾然危峭樵人牧子未易攀躋顧無有開其生面者吾友梁子雪亭好奇士也暇日每遊憩於此[illegible]石罅之土而洞之剪石徑之榛而蹊之就半畝之石[illegible]亭之倚仝龕之石而室之甘泉迸發野竹上霄雲母[illegible]根別成邱壑其奇槩在梁子自敘中而好事者又欲鑿錢結宇題曰與石庵奉金粟於青芙蓉之上以承茲山勝事茲山之奇復不爲梁子獨有吾政不知當鄴侯讀書時亦曾有此同志士共發此奇情與否梁子方以儒者之學用天下而嗜禪最深又考昔懶殘道人撥芋以食鄴侯許其十年宰相彼時他人不獨不識鄴侯並不識懶殘兩人目光外射機鋒內含固已在語默動止之表矣乃與石庵成而鐵骨師一錫孤飛結趺宴坐不道其所從來與梁子中夜語不知何若而古今奇致畧同又有如此者爲可嘆異也王陽明先生學本良知當世亦譏爲禪夫致君澤民諸如理財治兵平刑勘亂皆於禪得之又何譏梁子試舉以問鐵骨師以爲然否

大雄洞明進士周思敬建廟右有虎穴虎時出入其中因名大雄洞且山嶺崇峩竹樹蒼翠後周埥進士曹應昌於其地讀書甚賞之其作碑文今尚存



奉道觀邑西五十里

西陵寺明天順四年建崇禎三年重修距縣六十里近黃安界門首古柏三株挺然獨秀

烟霞寺卽道觀磯顏題萬古烟霞康熙　皇七子多羅渻郡王書住持僧達淸徒眾道興等置廟宇神像燦然一新

鄒洪緒春遊烟霞寺詩雲斂晴空靄碧霄招提隱現傍山腰石邊響落泉聲碎窗外青來竹影搖話到烟霞空色相聽殘鐘磬遠塵囂一林花鳥春風暖坐對禪房興未消

淨月寺原名隱谷庵在仙姑洞下僧慈容建廣開重修

元妙觀邑北十五里明景泰間建

湧泉庵邑北四十里明刑部侍郎陳以聞建

鏡智庵邑北五十里僧波恬建康熙乙酉年重修以上舊志

萬家廟在宋埠區國初萬邦維同族建同治間勒有勘断碑記

選佛廠在白杲鎮開山僧曰巖清少業儒長而入釋中丞梅之煥賞之隨徧參吳越宗主得法於靈隱具足大師後歸鄉適關東卞居士宿皈依在鄂渚馳百金為結茅地時地多鬼魅巖清力為拔濟人遂救寧皈依者甚眾遂創建佛殿僧寮規模宏遠其徒旦標旦孚亦能了悟元奧光大禪門歷百有餘年法嗣蕃衍近經粵捻之亂殘燬殆盡僅



存佛殿而已

文昌宮在路口區道光間郭倘道倡修募金外道自捐以萬計又捐稞貳拾捌石作供奉費門首皖豫通衢往來輻輳最為要道

眾興寺路口區廟在街北里許其廟最古向因眾姓置田石餘作香燈費故名

栢子庵在總河口

紅廟在七里畈有寨前明避寇合區公建今廢其古井北門尚存

東嶽廟去紅廟寨里許隆慶間建內有古鐘

湖山寺在七里官湖北岸山色與湖光相映頗有異景

騎牛坪廟在龜尾東余氏所建明一無祖師飛昇處

鬬角皇經堂在木樨河沈宅右相傳道士刺血寫皇經甫成飛去道士手捉之鬬一角故名至今禱雨請經無不應驗士人立廟祀之

中峯寺在二里河獅子巖有松風閣遺址閣後天然石級數十丈鐫有上天梯三字釋楚珩飛昇處

龜形福主廟在木子店楊梅村咸豐元年重修適有落梅



河一人送黃荊一株來廟詢其故云前三日有一姓張人付錢八百囑將此木送至此廟作梁眾知為福主顯靈云

角又山廟界聯木子店南庄二區係鍾姓香火付有田地山場與廟僧

叢竹庵在下角又山乃童姓香火付田地山場竹木甚廣給僧供奉管業不准廢賣

高廟在官畈河明萬歷時建相傳神靈赫濯有人過科帽馬過科鞍之說

寶磬寺在角兒尖明童應旨建廟成時羅邑獨尊山飛來

一磬聲清遠應故以此名寺
南庵界連南庄木子店唐時所建釋大智由定慧寺遷此
悟道
靈峯庵在馬牙山明童天書建順治丁酉文煥弟兄重建
一乘寺係東義洲區廟先名大聖寺改今名
反背廟在東義洲相傳廟門之外污穢疊積一夜忽將向
背轉故以此名後構有聯云問菩薩如何反背恨世人不
肯回頭事另詳雜記
大士閣白水畈區廟有土人掘得石像觀音因建廟咸豐



八年賊燬光緒二年春州同李紹桂同闔區重建
祖師廟在落梅河屏風巖每歲上巳楚皖豫三省之人多
祟祀之
碧雲庵在馬牙山右庵後石刻云曉望三山青翠松濤清
磬堪聞飛紅一天旭日堆白幾窩殘雲下數小字年久朦
糊
梅國楨碧雲寺流泉詩峭壁雲俱溼閒亭日自流乍來愁急雨久坐得高秋洗藥過僧院隨花落御溝平生濠濮想對此亦悠悠
禪堂寺在邑東木樨河之西地極幽邃梅長公題額水雲
深處今倘存
淩雲寺在邑東二里河之銅斗岩元末邑人張評事學親
建山水奇僻林木幽深至今士人多讀書其中
古柏庵在墩陽區前代程姓建以庵後古柏得名此柏中
分二枝排立大數十圍高數十丈枝繁葉密翠蓋參天為
一方之望
泊石庵在墩陽區漸山之麓明季進士陳儒樸建庵後多
洞巨石嶙峋奇怪萬狀樸隱居於此
萬古樓在懸鐘區祀百勝大王傳聞漢代張公失其名當



兵亂爲地方捍衞甚靈顯廟後石馬蹄跡宛然
三聖寺在鼫山區供有夷齊及韓真人像
玉皇殿在石陂區明進士黃彥瓚建中有玉皇像 國朝
邑人黃瑞廷捐河口戶庄田七斗爲香火貲並祀東嶽帝
龍湖寺與芝佛寺隔河相望河中有石臺即釣魚臺明季
李卓吾嘗講學於龍湖臺上建樓名寒碧臺側有洞卽李
氏藏書所一時名宿耿楚侗周柳堂釋深有輩常駕小舟
於此會晤
陳儒樸庚子上巳同友人遊龍湖寺遇雨越次年竟以是日後居龍湖之側有同地各天之感詩云不出

桃花桃葉渡風風雨雨夢前期江干直作易名曳栁際重吟古別詩蒼塢白沙一醉後狐雲殘月未眠時今朝祓事誰同舉水檻停觴獨下帷

獅子庵在邑東二十五里鳳皇臺之西明崇禎間建羣山繚繞疊嶂迴環廟宇崇峻林木邃密寺僧雄於貲爲邑寺冠然奉公好義自團防以及諸捐輸皆與有力同治中邑侯楊公宗時獎以佛門好義額亦彼教之務實者也

寺僧海玉住持時有游客至葛衣墊巾蕭然拔俗僧厚款之居久客曰無以酬惠請爲作畫因進繪事人一室常屏人久之出一獅一虎毛髮聳動目睛電灼張之令人魄悚視其款識始知爲中州賈瑀立齋又久之辭去贈遺俱不受惟領一裘蓋異人也邑侯鍾麟皋至寺曾題二圖俱爲七古獅云一朝破壁飛騰



去長吼一聲天地空虎云收藏神勇聽鐘偈靜養禪心一萬年皆其結句也邑侯鄭公硯香常跋其事今住持爲薰風師凡文人詞客游其地者無不請觀此圖傳爲佳話

大覺庵在三水灣之西平地一墩四圍壁立樹木陰茂寺藏其中

圓通庵明嘉靖時建 國朝鄭熊二姓重捐修

無梁殿在墩陽區拔塵山之巔

香山寺 樂意庵 真指庵 亂峯庵

彌陀庵 琵琶庵 集雲庵 土主廟

以上墩陽區

廣靈寺 護國寺 雲山寺 茶庵

水口寺 楊家廟 鶴巢庵 龍王廟

雙廟

以上白沙區

西峯寺 輪雲寺 石引庵 石舟庵

李家廟 永福寺 雲谷庵

以上甑山區

朝陽寺 迴龍寺 大廟 圓照庵

枕流庵 經堂 聽松庵 接寢庵



以上三杏區

般若庵

邑人周世進般若庵詩不出此林際石橋幽路通殘流生夜韻遠樹淡秋容幾度分新綠頻來看落紅翛然遺世外青暝一邱中

騎龍寺

以上懸鐘區

東照庵

右篤實區

天竺寺明了空開旗處

右唐殿區

榛華庵

右唐殿區公廟

沙堤寺建自有明爲八里畈區公廟康熙嘉慶咸豐閒屢經補修同治三年復經兵燹存者十之二三

觀音巖廟離龍潭衝五里許飛壁數仞石室供有觀音像祈禱皆應乾隆閒金城區丁德庶擴址建廟年久將圮甲戌士人蔡賢象增新

玉皇殿嘉靖閒方伯蔡應陽建題有大光明殿額梅信天



嘗寓於此

太平觀在麻溪河南大路旁係朱姓香火

五顯宮在白杲北街堡內係羅姓香火

財神宮在白杲堡內係北街公廟

心朗寺在沙井區建自有明後經兵燹同治十一年闔區重修又有華祖殿二重

法雲庵在魯家區冷水井係劉姓香火

陳家廟在榮羅區大路旁係陳姓香火

東嶽廟二均在魯家區 一爲涂戴魯三姓香火一在閘石河下

太平寺在沙河區明末建堡名太平寨置有公田二石七斗一升

朝天寺在沙河區傅姓闔族建咸豐初州同傅成裕捐貲重建勒有碑向有田二石五零

龍泉寺在象棋山周鄒尹三姓同建向有田三石六斗因事捐半作回車書院膏火一半仍歸寺供佛

巖山寺在陶家區夫子河巖山口石壁鐫有塔影高尺餘旁鐫成化七年三月八日邇來河道壅塞石壁平沙故及



見焉

觀音巖廟在橫河區山勢奇異歲時祈禱者衆與老觀音巖形勢畧同一在魯家區毛李衝每歲二月朝謁者衆一在沙井區鳴山寨內常昭靈應

唐建廟建自有唐在南泰村爲曹家區公廟兵燹後闔區於同治閒重建又康山寺在曹家區

龍泉寺在義合區金堂堡外明嘉靖四年建

東照庵在義合區迴穆店西明天啟元年建

福綠庵在義合區仰天坪明嘉靖二年建

漏主廟胡姓香火　水口寺鄭姓香火　西陵寺蘇姓香火　禪　堂吳姓香火
酒脫庵李姓香火　以上望花區
雲霧山廟在寨內係魯姓香火　貢家寺魯姓香火　雷音寺茂林堂廟
以上魯家區
報國庵在邑西萬仞區明邑守彭壽鼎建近臨舉水遠接羣山中有接引佛一尊面現明珠直如慧眼溯所由來其父信古稟征勢迫投海援一木得脫攜歸爇視上有明珠酷肖佛像夜輒放光儼如鑄成至今猶存
汪王廟明洪武間建中有一花五葉額天啟元年進士周



振題
準提閣康熙間進士萬邦維建
七家廟係合區內六戶公所　章家廟係合區外八戶公所
龍坑廟　存仁寺　無垢寺　長齡寺
朝陽觀　永定寺　大勝寺　覺成廟以上深溝區
龍山寺在邑北上馬區明萬歷初重建　國朝乾隆間復建同治三年被賊焚橫屋尚存同治五年築堡
玉皇閣在邑北柏樹嘴側明洪武時建道光咸豐間鬮毀其址尚存鐘磬猶明製

明國寺在邑北祖公山南唐德宗時修柏子塔皇叔虛應禪師曾過此門額明國寺三字大書唐王御筆親題
寶林寺在白臘區橫直四重山如龜形徑甚幽奧茂林修竹左右溪澗泉聲不絕有風舂水碓之妙神甚靈驗至今朝謁無虛日
積微庵在高梘區天鼓山山下有金牛潭釣台石金雞石昔邑令趙著壁題有不二法門額
雙龍寺明天啟知縣趙洪範等建崇禎丁卯梅之煥重建今額尚存在高梘區岐鳳圖



馮家大廟在宋杜區椏楓樹街南大路邊
萬緣亭在福田河街北每施茶以濟行人有田兩石四斗
朝陽寺　海院在張家店
雨雲廟在磨石　松筠庵即無事庵
戴家廟在磨石　玉皇閣　把口廟在護兒山
悲雲庵在鳳凰砦山下　鹿塵庵　以上張畱區
合成寺　淨瓶山　下馬廟　翠風庵
黃柏冲　鄧家堂　佛元寺在虎頭關
關口廟在虎頭關　以上宋杜區

三昧庵亦名蔣家堂在福臨堡西里許
十全寺在福臨堡西宋家畈
王家廟在福臨堡西南甘家壪
古佛庵在福臨堡西陶家冲
地藏庵在福臨堡西大堰河
清泉庵在宋杜區西
騎龍庵即東去正界廟前接壤商邑地界
福主廟即西去正界廟前接壤光山地界
火王廟距西界下石首進冲里許



朱家大廟距西界南來二三里許正大路之西
龍泉寺在路口街西大山後之南
三官堂在路口街西大山之北
文昌宮在路口道光丁亥郭義門建　以上路口區

圻水徐□□路口新建文昌宮敘　國家愔庸典禮稱秋元祀至聖武聖廟外惟　文昌帝君崇事維嚴故通衢雄鎮僻壤窮鄉凡夫聯鑣詩社樹幟文壇歲時會課之區山水培風之地多建　文昌宮於其上　聖澤宏敷士風丕振未有盛於此時者也信安北境兩路口居光黃之界山環水複雲樹蔥蘢形勢家稱其蟠鬱雄秀卜爲人文發祥之所惟宜於市南創造招提俾宿曜靈光與山水間氣相胳合然而河漢斯言者匪伊一歲矣余以嘉慶戊辰季秋月歸自京師過其地訪此處詩書門第以探　恩闈榜信僉以郭氏稱因造其門主人老幼出迎均端方有忠厚氣知其爲禮法家者信宿盤桓辭章商確一門之內桂秀蘭芳語次輒欲建立文昌宮以培地脉言之切而詳且曰大廈非一木之支良裘非一狐之腋吾昆季有六行將約同志者十人湊成十六首領兼收公費以贊吾志庶幾衆力可憑觀成有日也厥後辛未甲戌丁丑三上公車欵洽如故回憶傾蓋之初已十年矣自是束馬懸車不復北上而今又十年矣道光丁亥孟冬子姪試齊安攜郭君尊人義門先生書至乞敘於余始知路口　文昌宮告成欣然喜曰丈夫舉事達則裨益國家近則　培植鄉里惟視志之堅不堅何患事之難與易哉夫事之難成孰有於築室者道謀不遺詩人憂之至於厥考作室厥子有弗肯堂構者矧合區之公事乎歷二十年之久費數萬金之多廟貌維新地方生色此豈立心勿恒者所能爲以是嘆郭君昆季立志之堅而諸君子之同心贊助者又何其堅也吾聞光黃之間每多瑰才瑋學此宮也或可以會課於歲時可以培風於山水英儒瞻闈鴻筆麗藻影纓結駟上應景運以昭　朝廷文治之化成者即於是乎



在詎不懿歟其倡此議者則郭君之猶子宗冢嗣源也其和此議者則同區之衆首領也醵金營息歲戊辰也卜地諏吉鳩工庀材歲戊寅也成正殿設歌樓峙山門歲庚辰也修前殿塑神像歲壬午也置僧房廊屋南北閣樓歲癸未迄丁亥也僅畧疏其倡和姓氏與其初終歲月爲立志成功者勸

## 坊表

冢宰坊爲吏部尚書李長庚立
大金吾坊爲太子太保劉守有立
祖孫宮保坊爲劉天和劉守有立
繡衣坊在儒學前爲御史鄧楚望立
學士坊爲翰林院吏部侍郎劉鍾英顯忠校尉劉幼堪立

秉銓典禮坊 按察使陸龍爲吏部主事周思稷禮部主事周之夫立
尚書坊 爲四部尚書劉釆立
百歲坊 爲誥封熊宜人立
翥鳳坊 爲進士萬山立
都憲坊 爲都御史鄒來學立
羣英坊 邑令聶賢立
憲臬坊 爲副使王本儉立
雙亞魁坊 爲熊經熊夔父子俱中第九名立
弈葉登榮坊 爲參政董樸御史董紱參議董絍董石立



太保坊 爲尚書劉天和立
烏府坊 爲御史曾大有立
黃門坊 爲給事曾大顯立
世科坊 爲僉憲喻冲立
憲伯坊 爲僉憲王宇立
京兆坊 爲府尹劉淑相立
繡衣坊 爲御史毛鳳韶立
育賢坊 在儒學前
青雲坊 在縣東街

經元坊 在南街爲萬琳立
戊戌進士坊 在南街爲熊經王本儉立
一脈甲科坊 在南街爲董氏立
進士坊 在西門爲周思久立
金榜題名坊
方伯坊 俱在北街
由義坊 廣濟坊 明倫坊 俱在縣東
立政坊 宣化坊 通泉坊 永寧坊 甘泉坊
集賢坊 敎化坊



仙里坊 崇德坊 文會坊 拱辰坊
科甲傳芳坊 爲曾氏立
恩榮坊 有二 一在鎖口河爲劉訓立 一在霸陂爲李覲立
經魁坊 在霸陂爲李潤立
貞女坊 在縣前望岐門之西
孝友坊 在路口區街南道光閒貢生郭希宗弟兄奉旨建
節孝坊 在縣東二里河區之南岡嘉慶閒李法元爲母請旌奉旨建立相傳建坊之日有慈烏千萬飛集其地馴擾不驚人以爲孝徵也

麻城書院學宮田畝彙冊叙畧

書院者人才之所自出也學宮者人才之所由集也今之書院卽古之鄉學今之學宮卽古之國學凡以作育士子遴選俊彥蘄備 國家之用而已然士人之遊書院者半出於寒畯平時旣嚴甄別攷課之法尤必資以膏火給其饔飧始克釋夾累而勤誦習是在上之人有以知其然也若夫學宮新進之修贄雖以貧富爲厚薄往往爲舊例所窘意氣沮喪者有之斯尤非樂育之盛事矣麻城萬松書院田來已遠自前明知縣蔣公熤始置書院田爲肄業生童膏火貲至 國初知縣吳公顧行又復增置延師攷課歷有成章兵燹更迭無復舊規有虛名而無實惠迄今運際承平振興文教是爲轉移一大關會先是晉省中丞南皮張孝達[illegible]特首立勸捐學田之說剴切詳善自是說出而各[illegible]從風者衆湖北漢陽首倡蘄州繼之於是麻城議[illegible]學田以備新進修贄於邑之巨室勸捐田畝餘則以次輸金籌辦日久糜費無成事勢幾於決裂庚辰歲陽湖陸公彥頎來涖茲土慨善舉之未竟而勢將中止也開誠布公勸輸接辦不逾年而學田遂底其[illegible]

叙　一

程俱詳見於後旣而皖江朱公士一代任見學田之有成而書院之日薄於是以公款餘置之田撥補書院計穀租三百五十石有奇而書院之用以廣案乾隆舊志中有書院田冊茲攷訂邑志特抽此冊與新置學田彙刻合編以示久遠而備稽查俾守成效者無所遺失焉因念吾邑學校中公款最多此兩鉅款外文武大小賓興以及卷費院費靡不具舉斯足見邑人之好義而亦士林之所甚幸者矣暨自今人才蒸蒸日上蔚爲國華是則昔之蔣吳今之朱陸數公之嘉惠爲匪淺也將比之召棠郇黍云爾

光緒壬午冬月望日邑人余雅祥介石氏謹識

叙　二

# 麻城書院學宫田畝彙册

## 書院田畝册

### 學田租課

學院册開原額學田貳頃肆畝正賦原係閤縣紳士派納田屬下則界連光商佃民曾士友歐如顯等承種每畝納租穀四斗七升八合二勺六抄其穀玖十七石五斗陸升五合四抄每石折銀二錢五分共徵折納租銀貳拾肆兩叁錢玖分壹釐貳毫陸絲係撥給社師廩餼及賑給貧生之用

### 學田坐落地方號數附

明知縣蔣煜用價銀一百兩買生員曾逢畧田十石其界自出莊後山起至花石洞上下羚羊山頂北抵光山界三冲共計種十石約載米一石五斗五升五合　又用價銀一百兩買生員朱之琦田十石其界北接曾田界西抵黃安界大汆直下馬踏石溝口過河三斗坵一連帥塝邊山一帶八行路山上曲轉煞八汆沿冲直上共計十石約載米一石五斗五升五合　又用價銀一百三十兩買鄉民王正田塘一十三石三斗其界北接朱賣田界西抵黃安周公坳止南自烏龜石冲下至滴水巖曲轉至寶貝汆口連接朱田一塊約載米二石三斗　總共學田三十三石



三斗每年收租大斗二百四十石立社學師俸外普惠寒儒向係儒學管理後有散失至

國朝康熙五十（原本缺）年縣丞盧遇丈量清查較原數少三石九斗零乾隆二十九三十等年書吏舞弊又失田若干經督撫兩部批歸縣管知縣劉希向查丈出新墾田足償所失補如原田數目其每年租課亦如舊數除仍送社師俸外詳定撥八兩書院永作膏火因山路崎嶇盤運維艱折價甙減者已數十年至今乾隆五十六年知縣黃書紳查明穀米價貴於從前酌照時價永定八百五十文一石



#### 馬踏石溝

第一號一坵勾股形濶六弓縱十六弓共積九十六步見畝三分九釐九毫

第二號一坵蛇形尾濶二弓二尺腰濶肆弓二尺頭濶四弓共積九十八步見畝四分一釐

第三號五坵合梭形直二十四弓徑七弓共積八百四十二步見畝二畝五分一釐

第四號二十坵合直形長七十五弓橫濶十七弓共積一千二百七十五步見畝五畝三分一釐

第五號二十坵合梯形上濶九弓下濶十二弓二尺長五十二弓共積五百五十六步四分見畝二畝三分二釐
第六號八坵合覆月形弦濶五十弓三尺徑十七弓二尺共積五百八十四步見畝二畝四分三釐六毫
第七號十一坵合覆月形弦濶九十六弓二尺徑二十弓共積一千一百六十二步見畝四畝八分四釐
第八號十坵合欖形中長三十八弓徑二十弓三尺共積四百八十八步七分二釐見畝二畝三釐六毫
第九號三坵合弧矢形長五十弓三尺徑六弓四尺共積一百八十一步四分四釐見畝七分五釐六毫
以上田共七十九坵俱屬熟田見畝二十二畝零一釐七毫原係吳東升佃種今余殿濟新頂外有稍凹荒田二斗係蔡憲章新開爲地又清丈出煞八凹田一斗師家塝一坵田三斗係李完赤佃種此處連荒熟併清出占種共田二十八畝零一釐七毫

學田沖屋基凹

第一號二十三坵合直形直一百一十二弓濶四十一弓積四千五百九十二步見畝一十九畝一分三釐



第二號二十坵合覆月形弦六十三弓徑二十一弓一尺積八百九十步七分五釐見畝三畝七分五釐
第三號八坵合直形長四十二弓横十八弓積七百五十六步見畝三畝一分五釐
第四號一坵直形長二十一弓横四弓積八十四步見畝三分五釐
第五號一坵無形熟田見三升
第六號大三坵無形熟田見三畝五升

屋基凹

第一號十三坵未開荒田見三斗
第二號一坵無形熟田見七升

寶貝凹

第三號水沖大坵荒田見三斗

烏龜石大凹沖左凹右凹併學田莊側

第一號共五坵合方形東十七弓南十七弓共積二百八十九步見畝一畝二分四毫
第二號三坵合直形長十六弓横濶四弓共積六十四步見二分七釐

第三號七坵合勾股形直二十五弓口濶十一弓三尺積二百八十一步一尺見畝一畝一分七釐

第四號十坵合圭形中長三十八弓二尺口濶十二弓積二百二十九步二尺見畝九分五釐五毫

第五號七坵合稜形口長三十七弓中徑二十四弓積八百四十步見畝三畝五分

第六號十九坵合幞頭形東濶二十八弓南濶二十九弓西濶十四弓北濶二十三弓共積一千一百三十四步見畝四畝七分二釐五毫



細田

第一號二十八坵合直形中長九十二弓二尺横濶九弓三尺共積八百五十七步五分見畝三畝五分七釐三毫

第二號五坵細潞腦上荒田見三斗

烏龜石伴六田

第一號二十一坵合牛角形中長五十七弓三尺横濶十八弓積五百一十五步七分見畝二畝一分五釐

第二號十七坵無形熟田見二斗

第三號四坵合四不等形東南西北折半得三百一十二弓五分以東北折半乘之積一八百七十五步見畝八分二釐

第四號三坵合方形東九弓南九弓西九弓北九弓積八百一十步見畝三畝三分八釐

第五號覆月形弦長九十二弓徑四十六弓積三千一百七十四步見畝一十三畝二分二釐五毫

第六號四坵無形熟田見三斗

第七號河西無形熟田十四坵見三斗一升

第八號三坵無形熟田見六升九合



五斗田

第一號十五坵合直形中長五十三弓二尺横濶二十弓積一千六十四步見畝四畝四分三釐一毫

第二號十一坵無形熟田見一斗二升

畫匠田

第一號七坵無形熟田見八升

第二號十九坵合梯形中長六十七弓上濶十四弓下濶十六弓積一千五步見畝四畝一分八釐八毫

第三號十坵無形水打田見二斗五升五合

以上田三百十九坵熟田八十三畝四分七釐一毫荒
田十一畝五分此處連荒熟田九十四畝九分七釐一
毫

王正沖

第一號西沖杪無形熟田七坵見四升五合
北第二號二坵合方形南七弓西七弓積四十九步見畝
二分五釐
北第三號九坵合梯形長十九弓上濶七弓一尺下濶十
一弓積一千八百五步見畝七畝五分二釐



北第四號十六坵合鐘形上濶七弓下濶十七弓一尺直
三十二弓積四百八十步見畝二畝
北第五號九坵合菱形南濶四十五弓徑二十五弓三尺
積八百七十九步見畝三畝六分六釐三毫
北第六號十九坵合牛角形橫長十七弓中長三十八弓
積三百二十三步見畝一畝三分五釐
北第七號河北二坵無形熟田見一升
弟八號十二坵直形直長三十弓橫濶十四弓[illegible]
積四百三十五步見畝一畝八分一釐一毫

第九號二十坵合菱形弦濶四十五弓徑四十一弓三尺
積一千七百八十二步二分見畝七畝四分二釐六毫
第十號河北熟田一坵見八升
以上匡淑興夏國忠獻出熟田二石在內

王正沖下口

第十一號熟田已丈見一石
前田係陳巨才之父誤買巨才獻出至石嘴止自王正
沖佛頭石樹起計三十五坵此處以上共一百三十二
坵熟田三十五畝三分七釐



龍泉寺

第一號左沖二十坵合無形荒田見二斗一升
左第二號齊路上止八坵熟田合無形見一斗
右第三號未開荒田九坵見一斗五升
右第四號未開沙壓荒田六坵見一斗七升
右第五號未開荒田六坵見一斗五升
右第六號未開荒田九坵見三斗五升
右第七號未開荒田十一坵見四畝五分
第八號一坵無形熟田見五分

第九號十坵合直形長九十五弓濶二十四弓積二千二
百步見畝九畝一分六釐七毫

書院田

第一號未開荒田十一坵見三斗
第二號三十一坵合直形長七十七弓橫三十五弓三尺
積二千七百一十八步一分見畝一十一畝二分二釐六
毫
第三號水推荒田三坵見二斗五升
第四號十三坵合圭形長八十二弓橫十七弓積六百九
十七步見畝二畝九分四釐
第五號未開荒田五坵見一斗
第六號無形熟田五坵見一斗八升八合
以上荒熟共田四十八坵積熟田二十五畝八分九釐
七毫荒田二十一畝三分此處連荒熟共田四十七畝
一分九釐七毫

細楊樹凹

第一號右凹未開荒田七坵見二斗一升
第二號十坵合梯形上濶六弓下濶七弓一尺中長六十



六弓積四百三十二步三分見畝一畝八分
第三號無形熟田見二斗二升
第四號五坵合直形上下濶十三弓中長二十一弓積二
百七十三步見畝一畝一分四釐
第五號未開荒田八坵見一斗二升
第六號未開荒田二坵見二升
第七號未開荒田五坵見一斗八升
第八號二十三坵合圓形周一百四十七弓中濶二十八
弓積一千三十八步七分五釐見畝四畝三分二釐八毫
第九號二坵合蛇形長五十弓尾濶三弓腰濶四弓頭濶
五弓四尺積二百六步五分一釐見畝八分六釐
第十號未開荒田三坵見一斗
以上六十六坵積熟田八畝三分二釐八分二釐八毫
三分此處連荒熟田一十四畝六分二釐九毫

大楊樹凹

第一號未開荒田六十坵見二石一斗五升
第二號無形熟田一坵見二升
第三號二十三坵合方形東濶二十弓西濶二十弓南

二十弓北濶二十弓積四百步見畝一畝六分五釐四毫
第四號未開荒田十五坵見五斗二升
第五號未開荒田十坵見八斗
第六號無形熟田八坵見二斗六升
第七號無形熟田二十四坵見四斗五升
第八號未開荒田七坵見二斗
第九號未開荒田六坵見二斗
第十號無形熟田見四升五合
第十一號未開荒田四大坵見四斗五升



第十二號七坵合直形直二十九弓濶九弓積二百六十
步見畝一畝八釐八毫

書石灣南一沖

第一號大小未開荒田十四坵見三斗二升
第二號二坵合覆月形口濶九弓徑八弓積六十八步見
畝二分八釐一毫

鐵爐溝

第一號未開荒田五坵見六升
第二號一坵圭形口濶九弓中長八弓三尺積三十七步

五分五釐六毫
第三號未開荒田一坵見二升
第四號五坵合梯形上濶十三弓下濶十八弓中長二十
二弓積三百四十一步見一畝四分二釐
第五號十一坵合覆月形口長二十六弓徑十九弓二尺
積四百三十四步見畝一畝八分八毫
第六號未開荒田七坵見二斗
第七號未開荒田七坵見六斗
第八號八坵合直形上濶八弓中長三十八弓下濶八弓



積三百一十二步見一畝三分
第九號未開荒田三坵見六升
以上共田二百六十坵積熟田一十五畝八分五釐七
毫荒田五十畝四分此處共荒熟田六十五畝八分五
釐七毫自學田沖起至鐵爐溝下半止計五沖九凹之
田現係彭公有曹士友歐汝顯耿非宜分種
鐵爐溝下熟田五畝現邱國臣種
舊店後窑熟田大小四坵積二畝四分現李孔昭種
全筭熟田二百零一畝九分四釐荒田九十二畝通共

荒熟田二百九十三畝九分四釐

殷山販滴水岩學田冲學田亦係蔣知縣捐置原田五石失田三石零止存一石二斗乾隆五十六年奉知縣黃書紳查出田三斗租穀一十五石餘田俟再淸査其田共載民米五石一斗四升共立花名蔣惠儒一由完納糧米其後令總書將學田米與本縣城外濠米攤派三鄉花戸合勺帶去

康熙五十六年知縣吳顧行捐廉買置學田七處延壽壩周基國所賣



第一號田四坵合梯形上濶十八弓下濶四十二弓中長四十四弓

第二號田五坵合直形橫三十弓直四十六弓

第三號田一坵四不等形東四十二弓南四十弓西十九弓北二十四弓

第四號田三坵合直形橫二十二弓直三十一弓

第五號田四坵四不等形東四十一弓南三十五弓西三十一弓北三十六弓

門首田二坵一斗叉二坵一斗叉塘下二坵一斗叉南塝田六坵共二斗四升北塝田六坵三斗

以上共田三十五坵計四十畝有塘三口收租穀二十一石

三里橋曾健所賣之田

第一號田一坵佔五升

第二號草塘一口直形三斗直三十八弓

第三號田一坵四不等形一石東五十一弓南四十七弓西十九弓北五十九弓

第四號田二斗四不等形東二十弓南十八弓西二十八弓北二十二弓



第五號田七斗直形直五十一弓橫三十三弓

第六號五升直形直二十四弓橫五弓

以上共田五坵計二十畝塘一口一斗八升叉塘一口五升收租穀十八石

萬家樓蕭儒席所賣

第一號田一坵直形一斗橫十弓直二十四弓

第二號田一坵直形一斗一合橫九弓直二十七弓

第三號田一坵四不等形二斗一合東二十一弓南二十四弓西十五弓北三十弓

第四號田一坵四不等形四斗二合東四十弓南二十八
弓西四十四弓北二十弓
第五號田一坵直形九升横八弓直二十四弓
第六號田一坵直形一斗横十弓直二十四弓
第七號田一坵直形三斗三升二合横十弓直五十弓
第八號田一坵直形一斗四合横十弓直二十五弓
第九號田一坵扇形二斗七升
第十號田一坵四不等形三斗東五十弓南十九弓西四
十六弓北十一弓



以上共田十坵計二十畝壙三口取租穀十四石

兩河口王弼臣所賣

第一號地二廂四不等形一斗二升二合横十三弓南一
十弓西十五弓北二十二弓
第二號地一塊直形二升二合横十四弓直二十弓
第三號田一坵直形一斗二升一合横十四弓直二十一
弓
第四號圭形田一坵四斗中長六十四弓
第五號田七坵四不等形四斗東二十五弓南三十四弓

西三十五弓北三十弓
第六號田四坵梯形二斗二合上濶十二弓中長三十七
弓下濶二十四弓
第七號田一坵四不等形一斗三升四合東二十一弓西
十七弓
第八號田四升
第九號田七升
第十號田三升
以上共田十四坵計一十四畝地三廂計一畝五分塘



二口收租穀十二石

乘馬岡鮑襟三所賣

第一號田一坵一斗三升三合上横八弓中長二十弓下
横二十一弓
第二號田二坵一升五合東二十四弓南二十弓西二十
九弓北二十六弓
第三號田二坵八升一合東二十五弓南十四弓西十一
弓北十六弓
第四號田四坵二斗東二十八弓南十八弓西二十弓北

弓

□□□□□□斗三升八合東二十四弓南二十弓西

□十弓北二十弓

第六號田七升二合覆月形中徑十二弓

第七號荒田二升

第八號田九坵六斗七升一合東二十二弓南五十弓西

三十弓北五十四弓

第九號田一坵一斗五升三合勾十六弓股四十六弓

第十號田一坵一升六合勾十五弓股四十四弓



第十一號田三坵四不等形二斗五升五合東三十二弓

南二十弓西四十弓北十四弓

第十二號田四坵一斗八升二合東二十弓南二十五弓

西□八弓北二十弓

第十三號田八坵五斗八升四合東□□弓南三十弓西

□□弓北三十二弓

第十四號荒塘五各一□

第十五號地二塊直形二斗横□□□

第十六號山地四塊

第十七號山地二塊

第十八號山地五塊

以上共田四十坵□載田三石地二斗屋三間照丈量

册扣算多田一斗二升地二斗之外多荒地十一塊收租

穀二十石

走馬崗曾天成所賣

第一號田一坵二斗横十弓直四十八弓

第二號田圭形一石三斗四升八合濶三十七弓勾濶五

十四弓中長四十八弓縱長八十二弓



第三號無形田三坵一斗三升八合五勺

第四號梯形田二斗一升上廣八弓下廣十六弓

第五號腰形田二斗三合中濶十二弓中長二十八弓

以上共田七坵計二十畝二分塘一口收租穀十二石今加一石

烏雀林汪厥昇所賣

第一號田不計坵四不等形五斗六升東三十六弓南四

十弓西三十弓北四十二弓

第二號田斜形二斗八升五合上濶十六弓中長二十八

弓下濶二十弓

第三號田七升五合
第四號田九升
第五號田七升
第六號田一斗二升
第七號地直形一斗二升橫九弓直三十二弓
第八號地勾股形二斗勾濶二十弓縱長四十八弓
第九號地直形一斗橫七弓
以上共田一十二畝收租折穀錢六千文照丈糧册抵
算麥地四斗二升

書院田畝册　廿

嘉慶十七年十月邑侯李公諭令經管書院州同王道域
續增田
毛家汴水田二石二斗共二十五坵租谷二十三石佃人
劉之松承種廖家壠田一坵一斗田一坵一斗田一坵一
斗二升田一坵一斗八升田一坵二斗八升田一坵五升
隨田山一段內有陶姓墳一塚　莊屋茅屋七間門首私塘
一口內有鄒李兩姓田一石三斗用水　塘岸下田六坵共
三斗又過水坵一斗又田三坵共一斗三升私塘[illegible]塘一
口內有李姓田二斗用水　塘下岸田一斗八升上岸二坵

五升一坵六升三坵共一斗四升順山田一坵三斗六升
上田一坵六升腰塘上岸山一段分水爲界內有山熟地
十塊地稞麥三斗棉花十五觔二共議作穀一石五斗每
年隨田批禮穀五斗
共田地稞穀二十三石倘天乾虫食看穀另議
同治七年江世才捐抠錢三百二十串何紹元捐抠錢一
百二十串黃潤生捐錢六十串三共抠錢五百串作爲萬
松書院生童膏火交給質當錢舖一分五釐行息扣算
光緒六年三月張邑侯撥罰款銀一百兩作錢一百八十

書院田畝册　廿一

串照章行息併入書院膏火
光緒八年署縣事陸邑侯籌辦學田積倉既成方議增益
書院膏火旋以受代未果繼任朱於下車之始首將積倉
項下餘置北鄉田畝京併每年該收租穀七百石有零諭
令分半作書院膏火半作積倉經費自本年始按該租穀
三百五十石併入書院田項下一例支發

附載回車書院麻城各紳所捐田

黄麻兩縣合建回車書院原置祀田三石八斗三升五合又地二斗後有田三石六斗並隨田山地歸入書院情由勒有碑記麻邑貢生傅戳齋捐田九斗六升監生傅爲表捐田二斗三升翰林院待詔銜傅爲琦理問銜傅爲琚捐田二斗四升武生傅爲斌傅爲煒貢生傅爲恩文童傅爲信傅學瀾捐田三斗七升監生傅爲心捐田一斗五升文童傅晴舫捐田八斗五升監生蔡駿璵捐田六斗監生程炳照捐田六斗七升以上各捐田畝均有捐約碑記



學田記

夫一職即至者必非高遠之程取期立辦者必非恆久之業蓋上自朝廷制度邦國規模下至一邑一官之所經營而造作莫不廣集羣力寬以歲時雖或衆謗羣疑旁出側撓層累曲折常在若作若輟可興可廢之間而卒底於成以垂諸久遠否則求全欲速愚者僨倖於一試而明者相戒而不前不特有初鮮終且并其尺寸之前功而盡棄之者比比然也予庚辰之春以才力淺短求弛首劇上臺以可免奔走而均勞逸者莫麻城宜七月奉檄即有以縣境雖僻而諸務煩殷學田事尤難挽救告者及八月抵任則郡太守莫公尤拳念茲事符檄頻仍予益茫然無措手處時與學博黃朱兩君商榷利害以爲權衡而物論紛紜不可臆決越兩月乃集城鄉搢紳之倫及庠序之士旅進而周咨之欵宴衙齋俾盡言無隱酒未半皆作而言曰茲舉已歷數年遷延傳播婦孺咸知所費金錢動逾巨萬一旦以用絀中止則古人所稱束修之儀執贄之敬既不可復抑且慷慨樂輸之人轉有輕擲之悔而慳吝有素者更將藉口以抗公在始事諸人措置無方莫可諉咎然異日者

邑中復有大興作民間羣起而效尤觀望遷延將何以濟惟擇有資望及才幹者共圖厥事而補救於將來庶有裨乎語既竟而諸人猶若有囁嚅不敢出者予心知其意且念學田之設所以尊師重道可教約諸弟子品第其文行而進退之甚盛舉也予敢不從衆請以蘄畢乃事遂重設局於萬松書院公議延前署竹谿縣教諭東鄉余省元雅祥總庶務而南鄉曹孝廉步雲等佐之出納會計則城居之李明經鏡蓉等主之復爲請諸上官釋始事者已往之愆與更新以從事立條目趣捐輸凡獲緡錢以萬貫計補

二

償歲試文武修贄及局用諸款其發商存運者五千緡約歲息六百緡又獲高下田以千六百畝計酌豐年歉歲之通議定稞折無所增減約歲收可千二百緡自府庠至縣學其展敬辦公之需於以粗給而學田爰告厥成然自設局再舉以來綢繆率作者兩年距鄭前縣經始時更五六年其爲日之久而先後從事者之勤亦可睹矣先是南皮張公之洞視學楚中有各學建置學田以端師範而敦士習之議麻邑之好事者遂假以爲名其初羣情奮發若旦夕可立就顧築室道謀迄無成算支節以爲之人雜而弊

滋勢渙而費廣迫處事一不當則上下遠近均得起而議其非然如王紳大堃李紳久椿者則心本無他人堪共諒雖驟經挫折而急公不少衰且王以七十之年觸冒寒暑蹣跚險阻日涉富豪之門破其慳囊而効其晚蓋即今所獲鉅資亦半爲經始諸人已捐而未集者而余曹李諸君朝夕孳孳視公家若己事勞怨罔恤取予尤嚴又得王君廷佐周旋於局外羅君春和唐君應第傅君爲琦余君光輔吳君亮寅等倡率勸譬於鄉間其他一黌之雋十室之英趨事赴功相助爲理者更未可一二數而宋生鳴瑞復

三

赤日徒步周歷田家別其肥磽而識其勤惰此皆各殫心力共襄厥成而邦人士轉歸美於予是予勞人之身竭人之財而又攘人之善也惡乎可爰上其事於台司而記其出厥貲與尤致力者如左並以告邑之有志事功者毋鋭於初圖毋狃於近效用人宜擇毋存求備之心聽言宜周毋執先入之說順輿情則易舉綜全局則有終我見得融前規可繼推而致之又何功之不成何事之不集學田云乎哉若夫應付有章錢穀有簿佃名畝籍別爲梓存他日慎而守之堅而持之或隨宜以斟酌損益之由是師嚴而

道尊士氣振而民風厚相與立名砥行以上副
聖世書升之用而昭作育之麻則更俟乎後之君子
光緒八年歲次壬午權麻城縣事毘陵陸祐勤撰
學田竣事邦人士以記請者屢矣自知不文未敢妄
作邇來城鄉紳耆士庶咸以是爲予頌予不紀其實
是冒其名也端午後兩日暑雨悶人無可事事忘其
固陋率爾爲之倘望　大雅之士有以是正焉　自記



麻邑公議學田條規

一學田共一千六百餘石公議每歲稞折收錢一千二百串零又存錢四千串按月一分起息每年該得息錢四百八十串共計每年所入一千六百八十串零三年之中歲科兩考文武三屆每年按屆送兩齋束修印卷共抵制錢一千四百四十串送考夫馬隨丁雜用八十串其須錢一千五百二十串下存一百六十串以作收稞書斗及經理帳目人等薪水雜費另存制錢一千串作府學修費又存銀一百兩作府學書門小費凡承領存款務須殷實當典舖戶每家以五百串爲限按月一分生息按季憑摺支取領狀存縣署息摺存學署俟取息時交管帳首士蓋本人圖記親自收取收齊後仍繳學署以免遺失所收息錢照數分送兩齋毋得參差不一其稞折亦不論豐歉永無增減

一學田公奉修贄查漢陽蘄州章程均於院試後致敬並將預收租錢轉爲存放取息八釐以期公款餘羨然屢轉營息既費周折而收存公處又恐疎虞茲既議以三年兩考文武三屆直按一年一屆每年一千四百四十

串應於十冬兩月分送惟送考之年不無多費茲一年所入課息於冬間先分送兩學各四百八十串共計九百六十串尚餘四百八十串留作送考之需庶實缺署事免偏枯而無異說其新舊交接之際接日扣算以一月三十日爲準潤月小建均毋庸議其隨封等費八十串亦以送考爲準至佃戶稞折交納現錢或以城中大店紙票上兌凡年底期票鄉鎮店票一概不收

一公舉經理輪年首士雖城鄉合力會辦然城紳近在咫尺尤須隨時清釐弗可稍涉推諉四鄉中應歸某鄉值



年由縣會學於春間先行諭知其鄉紳奉諭後來城一次以便接替交代及八月收租來城一次年終清帳來城一次倘能常川在城尤爲急公如有家事仍可回歸各紳士責在清理稽查斷不令其賠墊貽累無須畏怯不前也

一田契暫存縣署另照原約抄底本三分加蓋縣學兩印本縣本學各存一分經理紳士留存一分其佃戶姓名繳租數目另立租簿二本分存縣學兩署俟輪年紳士奉諭來城會同城紳及經理帳目之人將學署租簿領

出照造收租印串塡明佃戶姓名課折數目俟縣學會印後專交司帳收存以備八月收稞之用其契約或將油紙及布包裹加用縣學兩印封條存交經手紳士輪年管理再爲酌定

一學田分有數處遴派禮書一人專司案簿門斗二人分起催稞西南鄉成熟稍早以八月開收東北鄉氣候稍遲以九月開收十月內一律交楚如過限期由值年紳士及經理帳目之人將未收印票稟明縣學署照票傳追毋任拖欠



一值年紳士由鄉來城即住學田公處其往來夫價飯食由公所照付均不另取薪水以昭廉潔惟司帳之人常時照管未便枵腹從事應酌給薪水以代館穀又催租門斗二名自開收日起每名每月給飯食錢二串四百文禮房經理案卷每年紙筆錢十二串縣差下鄉欠租之戶預備飯食去差不得分外苛求縣差擾累責革重懲書斗有弊一體究辦

一捐戶田糧俱應推入學田名下以便按年完糧議明僅有一正一耗及解司平色並無雜費計正銀每兩繳麻

平足色銀一兩二錢此項專將與守局屋價五百金存
放抵用不敷再爲彌補
一每年輪管紳士各廩生公舉城中李鏡蓉 王廷佐 蕭孺年 吳祖鴻四
八兩人一輪一新一舊以均勞逸而資熟習四鄉紳士
一鄉一輪惟查公稟之東鄉紳士余士珩 曾紀三南鄉周宗濂 曹步雲
西鄉吳亮寅 李永清北鄉蔡燮光 沈仲華八人强半爲公車孝廉並教
讀文生倘高掇春秋又須舉公替代臨時不無推諉茲
由縣會學遴選增加如東鄉之鄭家駒熊占元南鄉之
羅伯山蔡寶書西鄉之唐應第金秀茂北鄉之丁朝綬
洪錫恩郭時湘方夢等或辦公老宿或殷實正紳可以
會同原擬之余士珩等八人輪班經理至余山長總成
此事王大堃李久香俱開辦原人仍須隨時稽察不分
年班如有見聞仍告知經理紳士妥議如事情重大即
稟縣學核辦弗以爭非專屬不聞不問
一各鄉田地以閤河白杲宋埠爲大庄城中紳士相去遼
遠聞見難周公舉附近正紳隨時查察以期無弊仍將
三處田畝各立界石並於該處公所將數目丈尺分晰
勒碑咸使聞知以免侵佔盜賣之事



一致送府學章程已由本縣稟准　府憲提九九制錢一
千串存於岐亭義泰典中按月一分起息每届文武歲
科如照向章撥府一名議定送修贄一百二十串另存
銀一百兩以歲息作府學門書雜費無論撥府新生有
無多寡永無增減以八年爲始按年由縣移送如新生
撥府一名之外又蒙多撥每名加送束修五十串隨封
四串又府學新生向有兩齋贄儀各兩串仍照常呈送
一縣學書斗雜費文武每届新生公送錢一百四十串仍
按照家資由廩保公議公派毋得爭競推延至新生初
見學師爰茲敬意仍照上届辦理不與學田之數
一本年由縣會學諭派生員宋鳴瑞經理帳目因開辦之
始事務煩多且須親赴各鄉履勘田地及丈尺四至允
爲辛苦以是優給薪水六十串秋冬兩季另加飯食紙
筆每月三串明年僅管帳目計八月始行收稞辦公不
過半年擬減給薪水四十串其八月後飯食紙筆費三
串仍按月支給至年底爲止以資辦公
各田爲整庄之業公舉庄頭如係零星坵畝庄頭難得
佃戶亦須各有保人並於租簿內註明遇有疲佃塌

稞卽由庄頭保人分別舉換仍將欠稞押追清楚以符原額

一辦事須有公所從前學田設局在書院中因四鄉紳士來往人多可以容住且與縣署咫尺諸事尤可就近稟商現在大致已定學田局業已裁撤此後以節孝祠後面空屋爲學田辦公之處經理帳目之人卽在內歇宿另雇伙夫一名以供奔走其餘城鄉輪年紳士或早去晚歸或在公所住宿均聽其便又各鄉舉報節孝等事卽在公所議明稟學牒縣詳辦所需紙筆之費另有公



項籌備不在學取用

一學田公所既在學宮之內諸務可以秉承學師指示如有重大爲難事情再稟縣核辦除本年經理帳目業已諭交宋生鳴瑞外自明年爲始由學師遴選學內公正生員輪管出入帳本仍由學會縣施行以重事權而期久遠

以上條規就現在官紳公議刊刻分送如其中尙須增減改正無論城鄉紳衿耆隨時告知可以參酌更定以收集思廣益之效又撥府新生租僅照向章一

名則岐亭存款可以敷用再若有多撥雖每名僅擬五十四串之數而此項尙無所出查各典鋪閏月生息可以提留應用且各鄉學田捐項尙有零星疲戶未便任其延宕應卽陸續催齊以作加撥府學之用合併議明此外有續擬規條再行補刊於後

一學田外共存制錢五千串銀百兩發典鋪行店生息年遠恐有変還頂代未便刻名現取各家字號領票並賬簿存署爲憑又立有賬簿一本存經管手以憑收取

一提公基銀五百兩又加百兩合共六百兩存放生息以



作每年完糧之費現存城內總經理

學田田畝冊

縣東仵仙區萬緣菴左首一庄有庄屋基共二大段稻場一個共計田十二石七斗五升四合

第一號田一石八斗七升計十六坵一連十坵八斗五升周圍二百四十七弓彎形南抵曾姓墳邊西南北俱抵學田

第二號一坵一斗五升周圍九十三弓方形四界俱抵學田

第三號一坵一斗二升周圍九十八弓曲形東抵大墩塘北抵曾姓田西南抵學田

第四號一坵五斗周圍一百六十二弓方形北抵羅姓田曾姓墳邊東抵塘南抵崗兒塘西抵周姓墳

第五號一坵九升周圍一百四十六弓方形四界俱抵學田

第六號二坵一斗六升周圍一百六十六弓方形四界俱抵學田

以上承稞十九石六斗八升折卮錢十四串三百文羅正海承種



第一號田八升計一坵周圍弓丈界址在羅正海種田內此田係羅正海分出　承稞八斗折卮錢五百六十文曾憲玉承種

第二號田一斗八升計一坵周圍一百二十九弓方形四界抵學田　承稞一石七斗六升折卮錢一串二百三十二文曾培祖承種

第三號田一斗八升計三坵四界俱抵學田一連二坵六升五十四弓尖形一坵一斗二升一百二十五弓曲形承稞一石七斗五升折卮錢一串二百六十五文曾培泰承種

第四號田一斗四升計三坵東西北抵鄒姓田南抵人行路周圍一百一十二弓尖形承稞一石四斗折卮錢一串一百二十文張思格承種

第五號田三斗計六坵西抵古墳東抵熊家塘是學田私塘南抵學田北抵人行大路周圍一百二十六弓曲形承稞三石折卮錢二串一百文李長泰承種

第六號田二斗二升計一坵東抵曾姓祖田西南北抵學田周圍一百一十二弓方形承稞二石四斗折卮錢一串六百八十文曾憲萬承種



第七號田一斗計一坵東南抵熊家塘西北抵人行大路周圍六十八弓方形承稞一石折卮錢七百文陳興順承種

第八號田一斗二升計一坵北抵人行路西南東俱抵學田周圍八十六弓方形承稞一石二斗折卮錢九百文陳興喜承種

第九號田三斗二升計三坵東南抵聖帝會田西北抵學田一坵二斗周圍九十六弓方形二坵一斗二升周圍一百三十一弓方形承稞三石六斗折卮錢二串六百文曾昭耀承種

第十號田三斗七升一連計四坵北抵人行大路東南西抵學田二坵二斗七升周圍一百二十四弓一坵一斗周圍六十八弓俱方形承稞三石七斗折卮錢二串七百五

文張文福承種
第十一號田二斗計三坵四界俱抵學田周圍一百二十八弓方形承粿二石五升折尫錢一串四百三十五文曾廣遂承種
第十二號田一斗二升一坵北抵人行大路東西南俱抵學田周圍一百二十八弓方形承粿折尫錢九百文曾憲進承種
第十三號田一斗八升一連二坵北抵鄒姓東西南俱抵學田周圍一百三十一弓方形承粿一石八斗五升折尫錢一串二百九十文曾昭興承種
第十四號田一斗二升一坵東抵大墩塘西南北俱抵學田周圍一百三十九弓方形

學田田畝冊　三

承粿一石二斗二升折尫錢八百五十文曾廣勝承種
第十五號田一斗二升一坵東抵鄒姓田北抵人行路西南抵學田周圍一百十弓方形承粿一石三斗折尫錢九百七十文張思鰲承種
第十六號田二斗六升一坵北抵人行大路東西南俱抵學田周圍一百四十一弓方形承粿二石六斗折尫錢一串九百五十文曾大富承種
第十七號田二斗八升計三坵四界俱抵學田八十七弓方形一斗一坵七十六弓尖形又一坵五升六十二弓方形承粿二石五斗五升折尫錢一串八百七十五文劉能祖承種
第十八號田九升一坵四界俱抵學田周圍八十四弓曲形承粿九斗

錢六百三十文曾憲松承種
第十九號田六升計一坵四界俱抵學田周圍七十九弓曲形承粿九斗折尫錢四百五十文張恩海承種
第二十號田三斗五升一連三坵四界俱抵學田一坵六升一百十二弓窄方形二坵二斗九升二百七十一弓曲形承粿三石四斗折尫錢二串四百八十文曾大學承種
第二十一號田二斗四升計二坵四界俱抵學田周圍一百三十九弓方形承粿二石四斗折尫錢一串六百文李文坦承種
第二十二號田八升計一坵四界俱抵學田周圍一百九弓曲形承粿八斗

學田田畝冊　四

折尫錢五百六十文徐開發承種
第二十三號田二斗五升一連四坵四界俱抵學田又一坵一斗五升界址同上四坵二斗五升二百二十一弓方形一坵一斗五升一百四十四弓方長形承粿三石九斗折尫錢二串四百文曾廣學承種
第二十四號田二斗五升四合計二坵四界俱抵學田周圍百六十四弓曲形承粿二石五斗四升折尫錢二串二百三十文張百仁承種
第二十五號田一斗六升計二坵北抵人行大路東西南俱抵學田周圍一百一弓方形承粿一石六斗折尫錢一串一百八十文曾昭助承種

第二十六號田三斗二升一塅三坵四界俱抵學田二坵二斗六升一百二十六弓曲形一坵六升七十八弓方形承稞三石二斗折扼錢二串二百四十文曾廣壁承種

第二十七號田三斗一塅三坵東抵羅姓墳邊西南北俱抵學田二坵九十二弓方形承稞三石二斗折扼錢二串二百四十文曾昭和承種

第二十八號田二斗計一坵北抵鄒姓田東南抵曾姓田西抵李家塘周圍一百七弓方形承稞二石折扼錢一串七百文張思元承種

第二十九號田八升計一坵東抵鄒姓田北抵人行大路西南抵學田周圍一百十九弓尖長形承稞八斗五升折扼錢六百文張思福承種



第三十號田六斗計五坵二斗一坵西抵曾姓田南抵人行路東北俱抵學田四斗一[illegible]四坵東抵羅姓祖墳邊北抵張姓祖墳邊南抵曾姓祖田西抵人行大路其田丈弓二坵七升一百五十六弓方形一坵一斗七升一百二十五弓曲形二坵一斗一升一百四十六弓方形一坵二斗五升一百二十五弓方形承稞六石六斗折扼錢五串正曾昭全承種

第三十一號田三斗五升一塅五坵北抵曾姓庄屋基東西南抵學田一坵五升六十三弓方形一坵五升六十七弓尖形三坵二斗五升百六十三弓方形承稞四石二斗折扼錢三串八十文曾昭孝承種

第三十二號田三斗八升一塅三坵東抵曾姓田西抵曾姓田南抵人行路北抵學田一坵二斗弄一百十八弓形二坵一百八弓方形承稞五石三斗二升折[illegible]錢四串一百八文羅耀發承種

第三十三號田一斗二升一坵東北抵曾姓田西抵學田南抵大路周圍一百三十七弓方長形承稞一石六斗八升折扼錢一串二百五十文羅先元承種

第三十四號田三斗一坵西抵曾姓田東南北抵學田周圍一百四十一弓方形承稞四石一斗折扼錢二串九百七十文羅先全承種

第三十五號田二斗八升計二坵西北抵鄒姓田東南抵人行路一坵一斗七升九十六弓葫蘆形一坵一斗二升八十八弓方形承稞三石五斗五升折扼錢二串七百文張文元承種



第三十六號田二斗計三坵四界俱抵學田周圍一百四十一弓曲形承稞二石七斗折扼錢二串一百二十文羅學楷承種

第三十七號田三斗一升計三坵東抵曾姓田南北西俱抵學田周圍二百五十六弓長蛇形承稞三石四斗折扼錢二串二百七十文曾廣元承種

第三十八號田三斗一升計三坵北抵鄒姓田東抵曾姓田西南抵學田一坵五升五十九弓尖形一坵二斗六升二百五十七弓方形承稞四石五斗折扼錢三串五百文曾廣祥承種

第三十九號田四斗五升一塅六坵北抵人行大路[illegible]徐姓田東西[illegible]

周圍二百九十六弓方形承稞六石折坵錢四串五百文曾志士承種
第四十號田四斗一升一連四坵東抵曾姓田北抵人行大路南抵徐姓田西抵學田周圍一百七十五弓曲形承稞六石折坵錢四串五百文曾志壹承
種
第四十一號田二斗五升計七坵東北抵曾姓田西南抵學田周圍二百四十一弓曲形承稞四石一斗五升折坵錢三串五文汪光明承種
第四十二號田一斗四升計三坵四界俱抵學田一坵八十九弓尖形二坵七十二弓曲形承稞二石一斗折坵錢一串四百七十文曾見吉承
種



第四十三號田二斗計二坵西南抵曾姓墳邊北抵人行路東抵徐姓田周圍一百二十弓曲尺形承稞二石二斗折坵錢一串五百四十文曾憲成
承種
第四十四號田二斗一連五坵北抵人行路南西東俱抵曾姓墳邊周圍九十弓曲尺形承稞一石七斗折坵錢一串一百九十文曾昭容承種
第四十五號田九升一坵西抵李姓田南抵徐姓田北東抵學田周圍九十七弓曲形
承稞九斗折坵錢六百三十文徐天奇承種
第四十六號田一斗五升一坵東抵羅姓墳邊南抵徐姓田西北俱抵學田周圍一百二十九弓曲形承稞一石五斗折坵錢一串五十文徐天容承

種
第四十七號田三斗五升計二坵西南抵李姓田東北俱抵學田周圍一百三十七弓方形承稞三石六斗折坵錢二串六百二十文徐天宏承
種
第四十八號田一斗二升計一坵四界俱抵學田周圍七十五弓方形承稞
一石二斗折坵錢九百文張恩朝承種
柏子區貓兒壠冷家堰田一庄張和發興捐田計六
石三斗八升
第一號田三斗一坵北抵徐姓田南西東俱抵徐姓田周圍一百四十三弓蛇尖形承稞



四石四斗折坵錢三串六百文曾廣生承種
第二號田二斗八升計二坵北西南俱抵曾姓田東抵冷家堰屋後餘基一坵八升六十四弓圓形一坵二斗一百六十四弓長形承稞三石三斗折坵錢二串六百
七十文曾克成承種
第三號田一斗八升計三坵東抵羅姓墳邊西抵徐姓田南北抵學田二坵一斗一百四十六弓長形一坵八升六十三弓方形承稞一石九斗折坵錢一串二百三
十文曾廣元承種
第四號田三斗八升一坵東南西與曾姓共田埂北與吳侯二姓共田埂周圍一百十七弓方形承稞四石八斗折坵錢三串五百六十文曾昭意承

種

第五號田三斗二升計三坵東南俱抵陳姓共田埂西北與曾虞二姓共田埂一坵一斗二升六十三弓方形一坵八升六十九弓方長形一坵一斗二升五十七弓方形承稞四石二斗折抠錢二串七百文曾串兆承種

第六號田二斗二升一坵東抵曾姓埂南抵關帝會田西抵張姓埂北抵侯姓田周圍一百七弓紗帽形承稞三石六斗折抠錢二串六百二十文曾廣豐承種

第七號田一斗五升一坵東南抵曾姓田北抵羅姓田西抵馬槽塘上岸周圍八十五弓方形承稞一石八斗折抠錢一串二百六十文曾廣順承種

學田田畝册　九

第八號田四斗五升計五坵四圍抵徐姓田三坵三斗二升一百九十弓曲形二坵一斗三升八十一弓方形承稞四石一斗折抠錢三串三十文徐開高承種

第九號田八斗七升計九坵四圍俱抵徐姓田一坵一斗五升一百二弓一斗五升一百十弓俱曲形四坵二斗二升一百二十六弓方形二坵五升一百八弓曲尺形一坵三斗一百弓方形承稞九石三斗折抠錢七串整徐天容承種

第十號田一斗三升計二坵東抵曾姓田西南北俱抵學田一坵四升四十三弓方形一坵八升五十七弓方形承稞一石三斗折抠錢九百五十文徐天[illegible]承種

第十一號田八升一坵四圍抵徐姓田周圍六十四弓曲形承稞八斗折抠錢五百六十文徐天秀承種

第十二號田二斗四升計三坵四界抵學田周圍一百五十六弓方形承稞二石四斗折抠錢一串六百四十文徐開發承種

第十三號田三斗四升計三坵四界俱抵學田二坵二斗六升一百六十九弓曲長形一坵八升六十八弓曲形承稞三石二斗折抠錢二串三百文徐天宏承種

第十四號田七斗三升計九坵東抵鄒姓田西抵曾姓田南抵徐姓田北抵學田一坵一斗九十六弓曲形一坵八升七十五弓曲形三坵二斗四升一百六十五弓方形一坵八升五十八弓方形一坵一斗二升七十二弓尖形二坵一斗七十九弓曲形承稞七石三斗折抠錢五串四百十文徐國[illegible]承種

學田田畝册　十

第十五號田九升一坵四界俱抵學田六十五弓梭子形承稞九斗折抠錢六百三十文徐天榜承種

第十六號田一斗七升計二坵東抵胡姓田西抵毛姓田南抵蔡姓田北抵山腳一坵一斗五升一百弓曲尺形一坵二升四十三弓三角形承稞二石二斗折抠錢一串四百文周茂松承種

第十七號田二斗八升計四坵東抵喻姓田西南抵胡姓田北抵鄒姓田二坵一斗五升九十三弓葫蘆形二坵一斗三升一百四弓曲形承稞二石八斗折[illegible]錢二串

整嵴成祖承種

第十八號田二斗二升計二坵四界西南抵徐姓田東北抵曾姓田一坵二斗一百一弓曲形一坵二升梭子形四十二弓承稞二石二斗折炟錢一串五百文胡兆禰承種

第十九號田四斗二升計四坵西抵鄒姓田北抵郭姓田南東抵曾姓田一坵一斗二升九十七弓二坵一斗五升一百九弓一坵一斗五升一百三弓俱方長形承稞四石二斗折炟錢三串一百文張世成承種

第二十號田一斗六升計四坵南北抵曾姓田西抵萬緣菴地東抵曾姓山脚二坵一斗九十六弓曲長形二坵六升六十八弓蛇形承稞一石六斗折炟錢一串二百八十文羅學楷承種



第二十一號田四斗計十坵南抵萬緣菴餘基西東北俱抵曾姓田一坵八升八十五弓彎長形二坵一斗一百二十四弓彎形七坵二斗二升一百五十四弓方形承稞四石折炟錢三串整羅學禎承種

戶長匾傅家墩田一庄徐義徐萬和公捐田三石八斗五升外稻場三殳之一共三十九弓

第一號田四斗七升計四坵南抵曾姓田西抵塘岸東北抵學田二坵二斗一百七[illegible]三角形一坵七升一百十九弓窄長形一坵二斗一百三十五弓蛇形承稞五石三斗折[illegible]錢三串九百六十文曾昭春承種

第二號田三斗五升計二坵四界俱抵學田一百六十三弓曲尺形承稞三石五斗三升折炟錢二串五百文曾昭滿承種

第三號田八升一坵南西抵傅家墩屋基東抵曾姓墳邊北抵曾姓田五十六弓圓形承稞八斗折炟錢五百六十文曾昭雲承種

第四號田二斗八升計一坵東北抵學田西抵塘岸南抵曾姓田一百二十五弓曲形承稞三石折炟錢二串一百文曾憲松承種

第五號田一斗二升計一坵北抵崗上塘西抵徐姓田南抵學田東抵曾姓田一百一十七弓長形承稞一石二斗折炟錢八百六十文曾昭朝承種

第六號田四斗一升計三坵四界俱抵學田一百六十八弓尖方形承稞四石一斗折炟錢二串九百七十文曾培春承種



第七號田三斗計二坵東抵墳坪西南北俱抵曾姓田一坵二斗九十六弓方形一坵一斗七十七弓尖形承稞三石九斗折炟錢二串六百文曾廣正承種

第八號田一斗七升計一坵東南抵曾姓田西北抵學田一百二十四弓蛇形承稞一石六斗四升折炟錢一串一百四十八文曾廣玉承種

第九號田一斗二升計一坵東南抵曾姓田西北抵學田六十四弓方形承稞一石一斗六升折炟錢八百十二文曾廣孝承種

第十號田一斗七升計三坵南抵曾姓墳坪西北東俱抵學田一坵一斗二升七十七

弓方形二坵五升六十五弓尖形承稞一石八斗折坵錢一串二百六十文曾廣勝承種

第十一號田四斗八升計四坵四界俱抵學田內有七升在大墩塘南北抵曾徐二姓東西抵學田一坵七升七十八弓蛇形一坵一斗九十三弓長方形一坵一斗五升七十三弓圓形一坵一斗大升九十四弓尨承稞四石七斗折坵錢三串四百六十文曾廣習承種

第十二號田六升計二坵東抵曾姓田北抵大墩塘西南俱抵學田八十二弓窄方形承稞六斗六升折坵錢四百六十二文曾昭助承種

第十三號田五斗一升計五坵四界抵徐曾二姓田一坵三升四十五弓方形二坵五升六十五弓彎形二坵二斗五升一百一弓方形承稞四石七斗四升折坵錢三串四百六十文曾廣瑞承種

第十四號田八升計一坵東北抵學田西抵徐姓田南抵傅家堰一百二十四弓長形承稞九斗折坵錢六百三十文曾昭喜承種

第十五號田二斗五升計二坵北抵柏樹林墳東西南俱抵曾姓田一百十一弓曲尺形承稞二石六斗五升折坵錢一串八百五十五文曾昭祿承種

件仙區唐家壠田一庒係羅義順捐十五石四升其田四界上抵龍家崗胡姓下齊張姓田左抵向陝兩姓田右抵周唐兩姓墳邊內有大塘外向姓田一



坵八升

第一號田一坵一石八斗計十四坵一坵八升六十弓彎形一坵一斗五升九十三弓彎形一坵一斗五升八十七弓長形一坵一斗六升九十九弓方形一坵八升七十六弓長形一坵二斗一百十三弓方形一坵二斗一百六弓方形一坵一斗二升一百二十二弓彎形一坵八升九十六弓彎形一坵一斗五升一百九弓彎形一坵一斗五升一百二十一弓尖長形二坵一斗四升五十八弓方形一坵六升四十三弓尨菜地一塊四十一弓稞折坵錢九串整黃怡科承種

第二號田一石計十二坵一坵一斗三升三十二弓方形一坵二斗五升八十八弓方形三坵一斗六升一百六十六弓彎形三坵一斗二升一百弓彎形一坵一斗八十六弓彎形三坵三斗一升一百五十九弓棉地一塊六十弓俱彎形稞折坵錢十串三百文黃怡順承種

第三號田一石二升計八坵二坵一斗一升一百十五弓窄長形一坵二斗四升一百五十八弓彎長形二坵一斗八升一百二十四弓彎長形一坵四斗一百三十六弓方形一坵六升四十三弓方形一坵三升六十三弓彎形外有大塘坳田一坵計三升東南抵黃姓田西北抵蔡姓田稞折坵錢七串五百文黃怡高承種

第四號田一石五斗九升計十四坵一坵一斗一百十一弓彎長形一坵三斗一一百五十九弓彎形一坵二斗五升一百八弓彎長形一坵一斗八十五弓方長形二坵一斗六升一百七十六弓彎形一坵一斗一百五弓彎形三坵四斗一升二百六十九弓彎長形二坵一斗七十二弓彎形一坵二升三十六弓彎形稞折坵錢十一串六百文黃怡德承種

第五號田八斗二升五合計七坵一坵一斗六升一百一弓尖形一坵一斗二升

五合七十五弓彎形一坵八升九十九弓窄長形二坵一斗五升一百四十七弓彎形二坵一斗六升一百七十三弓方形稞折坵錢六串四百文黃怡福承種

第六號田一石四升五合計十二坵一坵一斗七升一百二十四弓尖方形一坵一斗三升五合七十五弓彎形一坵一斗二升一百三弓彎形二坵一斗二升一百三十五弓彎長形二坵一斗五升一百五十五弓長形一坵四升五十二弓彎形二坵三斗二升一百九十弓方形一坵一斗二升九十一弓彎形稞折坵錢六串七百五十文黃應全承種

第七號田八斗計十坵五坵二斗八升三百九弓彎形二坵一斗六升一百七十九弓長形一坵一斗七十一弓一坵一斗六升一百十五弓一坵四升四十二弓俱彎形稞折坵錢五串四百文周興順承種



第八號田一石三斗五升計十三坵二坵四斗一百九十九弓彎形二坵三斗二百四弓彎形二坵一斗七十六弓彎形四坵二斗八升二百四十七弓彎形一坵一斗二升一百三十五弓彎長形二坵一斗五升一百四十二弓彎長形外有余家壠草塘田六坵東北抵張姓田西南抵潘姓田稞折坵錢十串七百文陳文容承種

第九號田一石二斗四升計十三坵二坵二斗一百六十弓彎長形三坵三斗八升二百四十一弓三坵二斗八升二百八十六弓五坵三斗四升三百九十弓俱彎長形外有向氏副四首田二坵四圍抵向姓田稞折坵錢七串八百文向大勝承種

第十號田二斗八升計四坵一坵四升六十六弓長形一坵二斗四升一百六十四弓彎形稞折坵錢一串八百文向大壽承種

第十一號田二斗五升計三坵二百弓窄長形稞折坵錢一串七百文龍世聰承種

第十二號田八升計一坵九十一弓窄長形稞折坵錢五百二十文龍世福承種

第十三號田一斗五升計一坵一百九弓窄長形稞折坵錢一串文龍世元承種

第十四號田一斗四升計二坵一百四十六弓彎形稞折坵錢八百四十文龍世明承種

第十五號田三斗計一坵一百八十三弓彎長形稞折坵錢二串一



百文胡兆有承種

第十六號田一石五斗四升計九坵一坵二斗六升一百十三弓彎形一坵二斗一百二十二弓彎形二坵三斗四升二百七十七弓彎長形四坵五斗四百三弓一坵二斗四升一百五弓俱彎長形稞折坵錢十串四百六十文陳宗熙承種

第十七號田六斗九升八合計十二坵三坵一斗五升二百二十二弓彎形三坵一斗六十九弓方形三坵三斗二百八十五弓彎形三坵二斗三升二百十六弓彎形稞折坵錢五串整陳啟生承種

第十八號田一斗六升計三坵一百五十弓彎形稞折坵錢一串二百文陳宗傳承種

第十九號田七斗七升七合計十坵二斗四升計二坵三百七十六弓彎長形二斗三升三坵二百五十五弓彎形二斗六升三坵二百九十七弓長形一斗二坵七十七弓彎形稞折扺錢五串七百文陳啟才承種

以上之田本村庄屋倉屋稻場石磙餘基一並在內

外人無分

伴仙區吳家壪田一庄七石八斗四升五合

第一號田一石四斗四升計十坵四斗四坵一百三十三弓方形七斗六升三坵一百九十六弓彎形八升一坵八十八弓方形二斗二升一百五十六弓曲尺形北西抵吳姓田南抵袁姓田東抵學田稞折扺錢十一串二百文吳廷美承種



第二號田九斗二升計十二坵三斗三坵一百十一弓方形二斗三坵一百七十一弓彎形三斗五升二坵二百四弓彎形七升三坵四十七弓方形東西南抵學田北抵吳姓田稞折扺錢六串五百文吳文楚承種

第三號田一石二斗計十六坵五斗一升五坵二百三十五弓一斗九升二坵一百三十七弓俱長形一斗三坵一百一弓彎形三斗五升四坵一百八十七弓彎形五升二塊彎形北西抵吳姓田南抵袁姓田東抵學田稞折扺錢八串七百文吳文璧承種

第四號田七斗五升計五坵一斗一坵一百八弓彎形斗一坵九十九弓方形一[illegible]五升一坵一百四十六弓方形三斗二坵一百十七弓彎形西南北抵學田東抵吳姓田稞折扺錢六串五十文吳文發承種

第五號田六斗一升計九坵二斗五升四坵一百九十弓彎形一斗一升三坵九十八弓彎形二斗五升二坵一百八十七弓彎形四圍抵吳姓田稞折扺錢四串三百文吳文槐承種

第六號田三斗計三坵二升一坵四十七弓方形二斗七升二坵一百九十弓彎形東抵向姓田西南北抵吳姓田稞折扺錢二串一百五十文吳文考光承種

第七號田四斗五升計二坵一百七十五弓方形西抵向姓田東南北俱抵吳姓田稞折扺錢三串五百文吳章意承種

第八號田一斗五升五合計一坵一百七十一弓長形南抵人行路西北東俱抵學田稞折扺錢一串三百文吳章成承種



第九號田二斗二升計五坵五升一坵八十二弓尖形二升一坵四十四弓彎形五升一坵五十六弓彎形一斗二坵一百九弓長形南抵人行路北抵學田稞折扺錢一串六百文劉大模承種

第十號田五斗六升一斗六升計二坵一百五十五弓彎形四斗六坵一百三十一弓彎形東抵吳姓田西抵人行路南北抵學田稞折扺錢四串整吳章錫承種

第十一號田四斗二升計五坵三百弓曲尺形東抵向姓田西南北俱抵吳姓田稞折扺錢三串二百文吳章正承種

第十二號田四斗五升計一坵一百二十八弓方形東南北俱抵學田西抵大塘稞折扺錢三串三百文吳章和承種

第十三號田一斗九升半計二坵一斗一坵一百十二弓雀長形九升一坵一百八十弓蛇形南抵人行路西北東俱抵學田　稞折尫錢一串三百文吳世科承種

第十四號田一斗八升計七坵二升一坵三十五弓方形一斗六升六坵一百十六弓彎形南抵人行路西北東俱抵學田　稞折尫錢一串二百六十文黃登有承種

仵仙區究毛彎田一庄九石五斗九升又加坡上彎一石八斗九升內有庄屋屋基荒山一段



第一號田地一石二斗二升計十七坵八斗四升八坵三百二弓彎形二斗五升三坵一百九十四弓一斗三升四坵一百十一弓棉地一塊三十九弓棉地一塊六十六弓俱彎形四界北抵人行路南抵大路東抵熊姓山水分止西抵李姓山脚西下截齊分水止腰塘下岸有李姓二坵田四斗上岸有李姓一坵田西塝有李姓六坵田　稞折尫錢八串六百八十文李士傑承種

第二號田八斗三升計十三坵一斗五升二坵八十四弓彎形二升一坵四十六弓方形一斗八升四坵一百七十八弓彎形二斗六升三坵一百十四弓彎形一斗二升一坵一百六弓彎形四升一坵四十六弓九升一坵三十一弓俱彎形　稞折尫錢六串五十文李士發承種

第三號田八斗三升七坵又棉地二塊八十一弓三升一坵八十三弓二斗一一坵一百一弓四升一坵六十九弓一斗八升一坵一百弓一斗五升二坵九十五弓二斗三坵九十四弓一斗一坵一百三十五弓俱彎形又地一塊十九弓　稞折尫錢五串九百文李士其承種

第三號田二斗五升計三坵三升一坵八十三弓二斗一坵一百十弓俱彎形五升一坵五十八弓尖形地一塊二十弓地一塊三十一弓俱彎形　稞折尫錢一串五百文李士朝承種

第四號田芭茅塘田八斗計十四坵八升一坵一百三十四弓八升三坵一百二弓一斗一坵八十九弓五升一坵八十弓八升一坵八十八弓三斗三坵一百五十一弓一升一坵三十八弓一斗三坵一百十三弓俱彎形　稞折尫錢五串三百文李昌貴承種

第五號田四斗五升計十坵一斗二坵一百五弓一斗五升三坵九十九弓一斗二坵八十六弓五升一坵三十六弓八升一坵一百三十弓地一塊三十二弓俱彎形　稞折尫錢三串



整李昌意承種

第六號田五斗五升計八坵三斗五升四坵二百十五弓一斗三坵一百四十八弓一斗一坵九十弓俱彎形　稞折尫錢三串七百四十文李昌亨承種

第七號田八斗計十三坵一斗五升三坵一百二十一弓二升二坵七十六弓二斗五升二坵二百二十七弓一升一坵二十三弓一斗二坵一百十弓二斗二坵四十八弓七升二坵八十二弓俱彎形　稞折尫錢五串四百文李兆華承種

第八號田坡上彎五斗四升計八坵三斗五升六坵二百六弓五升一坵七十六弓一斗四升一坵一百十弓俱彎形　稞折尫錢三串八百文李天才承種

第九號田四斗四升計三坵二斗二坵一百五十七弓二斗四升一坵一百十二弓俱

彎形稞折抵錢三串三百文李長太承種

第十號田一石一斗一升計十三坵一斗一坵九十一弓一斗三升二坵四斗一升四坵一百三十九弓二斗二升四坵一百五十七弓二斗五升二坵一百六十八弓俱彎形稞折抵錢八串一百文李長江承種

第十一號田四斗三升計一坵一百二十四弓彎形稞折抵錢三串三百二十文李長意興承種

第十二號田一斗六升計一坵一百二十九弓彎形稞折抵錢一串二百六十文李長志承種

第十三號田三斗二升計一坵一百一弓彎形稞折抵錢二串四百七十文李長高承種

學田田畝冊

第十四號田一斗八升計一坵一百四十三弓彎形稞折抵錢一串一百七十文李長貴承種

第十五號田八斗三升計六坵二斗五升十坵一百六十七弓三斗五升一坵一百五十四弓稞地塊二十七弓五升一塊六十五弓二升二坵三十四弓稞折抵錢四串四百文[illegible]承種

熊芝田捐田

第一號田九斗計二坵二百七弓方彎形四界東抵馬口塘南抵人行路西抵徐姓地岸北抵鄭姓田岸稞折抵錢六串八百文李長金承種

第二號田四斗六升計五坵二斗一升二坵一百五十九弓彎形二升一坵五十一弓八升一坵八十一弓一斗四升一坵八十一弓俱彎形稞折抵錢三串五百三十文李長高承種

第三號田二斗二升計二坵一百五十五弓彎形稞折抵錢一串七百四十文李長貴承種

第四號田五升計一坵六十三弓彎形稞折抵錢三百五十文李長興承種

第五號田二斗六升計二坵九十三弓彎形稞折抵錢二串一百二十文徐[illegible]承種

伴仙區幸家樓向家細彎田一庄七石二斗庄屋一邊計三重前後在內

第一號田一石三斗又士華五坵共計十四坵二斗一坵八十六弓三角形一石四斗十一坵三百二十七弓曲尺形三斗八升二坵一百七十九弓彎形東抵學田南抵向姓田西抵吳姓地北抵塘稞折抵錢九串二百三十文向士容承種

學田田畝冊

第二號田八斗七升計九坵八升一坵七十三弓窄形三斗九升二坵二百九十二弓蛇形四斗六坵二百六弓彎形東北抵李姓田西抵學田南抵向姓田稞折抵錢六串一百九十文向士協承種

第三號田九斗七升十坵三斗二升四坵二百七十五弓彎形二斗一坵一百七十四弓一斗五升一坵一百四十三弓二斗三坵一百二十三弓一斗一坵六十五弓俱彎形東抵吳姓地西北東抵學田稞折抵錢六串八百文向景林承種

第四號田七斗一升五合計十四坵三百六十弓彎形北抵葉家塘南抵學田

東抵李姓田西抵向姓田稞折𢊁錢五串一百五十文向士寬承種

第五號田三斗計六坵一百八十八弓蛇形東抵學田南抵向姓田西抵吳姓地北抵塘

稞折𢊁錢二串一百文向士富承種

第六號田三斗一升四合計三坵一斗一升四合二坵一百三十五弓彎形二十一坵七十弓方形東抵吳姓田南抵塘西抵學田稞折𢊁錢二串三百六十文向士朋承種

第七號田二斗一坵七十弓方形東抵向姓地酺抵馱蜥蠟北抵塘稞折𢊁錢一串六百文向士鹽承種

第八號田四斗二升六合計三坵一斗五升一坵一百二十三弓彎形二斗六升六合二坵一百四十七弓東抵吳姓地岸西抵塘南北抵學田稞折𢊁錢三串整向景順承種

學田田畝冊　卅三

第九號田六斗八升計五坵弓丈界限在向士榮名內稞認𢊁錢四串八百三十文向士華承種

第十號田三斗計五坵二百七十四弓北抵塘東西抵學田南抵向姓地稞折𢊁錢一串六百文李道發承種

第十一號田五斗一升計七坵一斗二坵九十六弓七升一坵七十一弓二斗六升三坵一百三十二弓八升一坵八十一弓俱方形界同道發稞折𢊁錢三串六百文李長太承種

第十二號田一斗一坵七十六弓長形四界俱抵學田稞折𢊁錢七百文李長利承種

第十三號田四斗一升五合計四坵六升一坵八十弓一斗八升一坵一百二十四弓二斗二升二坵一百十三弓俱彎形四界抵學田稞折𢊁錢三串整李容承種

第十四號田一斗一坵七十六弓長形四界俱抵學田稞折𢊁錢七百文李長喜承種

柏子區聚水口田一庄四石八斗九升

第一號田六斗九升計四坵七升一坵七十七弓三斗一坵一百三十二弓俱彎形三斗二升二坵一百四十九弓曲形東抵金姓田南抵曾姓田西抵汪姓田北抵學田稞折𢊁錢四串八百文曾中先承種

學田田畝冊　卅四

第二號田七斗二升計五坵五斗三坵一百八十七弓一斗一坵七十一弓俱彎形三斗一坵一百四十一弓尖形東抵汪姓田北抵人行路西南俱抵學田稞折𢊁錢六串三百文曾培祖承種

第三號田六斗二升計一坵一百七十二弓圓形東抵人行路西北抵李姓田南抵曾姓田稞折𢊁錢四串七百文曾培權中鼎承種

第四號四五斗六升計四坵三斗五升一坵一百三十七弓方形二斗一升三坵一百三弓彎形東抵曾姓田西抵學田南北抵饒姓田稞折𢊁錢四串二百四十文饒啟科承種

第五號田二斗計一坵一百六弓方形東抵人行路西抵曾姓田北抵蔡姓田南抵饒姓田稞折㧌錢一串五百五十文饒啟有承種

第六號田五斗五升計二坵一斗一坵一百弓灣形五斗一坵一百六十五弓蛇形西抵山脚東抵塆南北俱抵饒姓地稞折㧌錢四串二百文饒啟坦承種

第七號田一斗六升計二坵一百四十二弓灣形四界抵饒姓田稞折㧌錢一串二百二十文饒啟元承種

第八號田五斗四升計二坵二百五十二弓尖灣形南抵學田北抵曾姓田東西抵曾丁二姓田稞折㧌錢三串七百八十文吳朝有承種

第九號田一斗一坵七十二弓灣形與曾中先田同界稞折㧌錢七百五十文袁光文承種

學田田畝冊 卅五

第十號田七斗五升計五坵一斗九升一坵九十五弓方形二斗二升一坵一百十三弓尖形二斗一升二坵一百三弓一斗三升一坵七十九弓灣形東抵曾姓田西抵曾姓田北抵學田南抵路稞折㧌錢五串七百文楊文佐承種

古城區古城畈田一庄四石七斗三升八合

第一號田六斗八升計六坵二斗四升一坵一百五十九弓八升一坵八十弓四界俱抵學田二斗三坵一百九弓東南抵李姓南北抵學田稞折㧌錢五串二百文李長順承種

第二號田四斗五升計二坵三斗三升一坵一百二十三弓一斗二升一坵一百弓北抵鄒姓田南抵徐姓田東西抵學田稞折㧌錢三串二百六十文李長祿承種

第三號田二斗一升計三坵九十弓四界抵學田稞折㧌錢一串六百四十文李長發承種

第四號田四斗八升計三坵一斗七升一坵一百四十四弓三斗一升二坵二百六十六弓四界抵曾鄒田稞折㧌鈔三串四百四十文李學富承種

第五號田一斗計一坵七十一弓四界俱抵學田稞折㧌錢七百七十文李文坦承種

第六號田六斗四升計六坵五斗二升計五坵一百八十五弓一斗二升一坵計一百弓北抵徐姓墳坪東南俱抵學田稞折㧌錢四串九百文李文高承種

學田田畝冊 卅六

第七號田三斗二升計五坵一百八十二弓東西北俱抵學田南抵鄒姓田稞折㧌錢二串三百文李長泰承種

第八號田一斗五升計一坵北抵鄒姓田東南俱抵學田稞折㧌錢一串五十文張思啟承種

第九號田三斗計一坵與思啟田昭興田同弓丈三共二百十弓界同稞折㧌錢二串一百文張思壽承種

第十號田二斗一坵弓丈界限與思啟思壽同稞折㧌錢一串四百文曾昭興承種

第十一號田五斗七升八合計十坵一斗二升二坵一百四十一弓九升二坵一百二十弓三斗六升八合六坵二百二十五弓社廟三坵南抵郭姓田東西北抵鄒姓田窰塝大小七坵四界鄒姓田稞折尫錢四串五十文周大泰承種

第十二號田三斗五升一坵一百十六弓北抵鄒姓田東西南抵學田稞折尫錢二串六百九十文徐開發承種

第十三號田一斗六升三坵一百十四弓南抵徐姓田西抵鄒姓田東北抵學田稞折尫錢一串一百二十文徐開福承種

第十四號田一斗五升計三坵一百十弓界同徐開福稞折尫錢七百文林光泰承種

學田田畝冊　卅七

伴仙區撻連壠田一庄一石五斗五合

第一號田二斗二升計二坵一斗五升一坵一百三弓壪形七升一坵五十弓壪形四界抵潘姓田稞折尫錢一串六百四十文向大玉承種

第二號田二斗計二坵一斗二升一坵八十一弓八升一坵九十三弓俱壪形界同大玉稞折尫錢一串四百文向大其承種

第三號田二斗八升五合計四坵六升一坵八十八弓壪形二升半一坵三十四弓尖形二斗二坵一百四弓蛇形界同大玉稞折尫錢二串九十文向大[illegible]種

第四號田二斗一坵一百二十四弓壪形東西抵郭姓田南北抵李姓田稞折尫[illegible]

一串四百七十文李兆海承種

第五號田二斗計二坵一百五十二弓壪形北抵龔姓墳邊東西南抵李姓田稞折尫錢一串四百七十文李兆甲承種

第六號田二斗計二坵二共一百二十四弓壪形四界抵李姓田稞折尫錢一串四百七十文李兆魁承種

第七號田二斗計二坵一百二十七弓壪形北抵袁姓墳邊東西南抵李姓田稞折尫錢一串四百七十文李兆全承種

古城區周家細壪田一庄五斗六升毛姓捐出

第一號田二斗八升計三坵一斗六升一坵一百五弓一斗一坵九十四弓二升一坵三十七弓南抵周姓田東西北俱抵李姓又一斗二升南抵學田西抵李姓田北抵人行路東抵潘姓田稞折尫錢二串正周先進承種

學田田畝冊　卅八

第二號田二斗八升計二坵八升一塊五十八弓二斗一坵一百三十七弓北抵人行路西抵學田東南抵李周二姓田稞折尫錢二串正周先龍承種

柏子區樺邊壪田一庄一石二斗六升

第一號田六斗二升計五坵二斗一坵一百十一弓梭子形二升一坵七十八弓長形五升一坵四十二弓圓形一斗五升一坵八十九弓方形二斗一坵一百四十弓刀形東抵人行路北南西抵汪姓田稞折尫錢六串正汪愈華承種

第二號田一斗一坵一百九弓長形北抵余姓田東西南抵汪姓田稞折尫錢八

百文汪愈富承種
第三號田八升一坵七十六弓方形東南抵余姓田西北抵汪姓田稞折尪錢六百文汪愈興承種
第四號田一斗一坵九十二弓牛角形東抵塘岸南抵學田西北抵汪姓地溝稞折尪錢一串一百五十文汪直朋承種
第五號田五升一坵五十五弓彎形東西抵汪姓田地南抵人行路北抵學田稞折尪錢三百五十文汪直順承種
第六號田二斗五升計二坵八升一坵一百八弓一斗七升一坵九十一弓俱方形東抵余姓田北西抵汪姓田南抵張姓田稞折尪錢二串六百四十文汪加旺



承種
第七號田五升一坵七十二弓北抵余姓田東西南抵汪姓田稞折尪錢三百五十文汪濵音承種

仵仙區林家崗田一庄五石二升

第一號田三斗五升計三坵三斗一坵一百六十二弓五升二坵九十弓西抵丁姓祖墳邊東抵向姓田南抵學田稞折尪錢二串七百五十文向文典承種
第二號田一斗五升計二坵一百二十一弓稞折尪錢一串五十文向大堂承種
第三號田三斗八升計五坵一斗三坵一百三十弓二斗八升三坵一百四十六弓

稞折尪錢二串七百六十文向大升承種
第四號田三斗五升計二坵一百七十八弓稞折尪錢二串五百五十文向大玉承種
第五號田二斗四升計三坵八升一坵一百四弓一斗六升一坵一百十七弓稞折尪錢一串七百文林世雄承種
第六號田四斗計七坵共三百三十八弓稞折尪錢二串九百文林世發承種
第七號二斗八升計二坵七升一坵五十四弓二斗一升一坵一百六十九弓稞折尪錢二串八十文林光和承種



第八號田一斗七升計一坵一百五十八弓稞折尪錢一串一百九十文林光泰承種
第九號田三斗五升計六坵一百六十三弓稞折尪錢二串四百五十文林光壽承種
第十號田一斗二升一坵一百弓稞折尪錢八百四十文林大發承種
第十一號田五斗二升計三坵三斗三升二坵二百四十弓一斗九升一坵一百四十七弓南抵向姓田西北抵吳姓田稞折尪錢三串六百三十文林大合承種

第十二號田二斗三升計三坵一斗一坵一百四十六弓一斗三升二坵百四十六弓界同林大和稞折瓨錢一串六百六十文徐宇全承種

第十三號田一斗七升計二坵二百九弓界同林大合稞折瓨錢一串三百文彭守泰承種

第十四號田一斗五升計一坵一百三十弓界同林大和稞折瓨錢一串二百文彭守國承種

第十五號田二斗五升計四坵一斗三坵七十三弓一斗五升一坵八十二弓東北抵潘姓田西抵洪姓田南抵學田稞折瓨錢一串八百五十文汪直大承種



第十六號田二斗一升計六坵一百三弓西南抵向姓田北抵學田稞折瓨錢一串四百七十文汪禮豐承種

第十七號田一斗計一坵七十三弓四界抵學田稞折瓨錢七百文汪昭吉承種

第十八號田六斗計三坵三斗二坵一百八十九弓三斗一坵一百七十弓東抵潘姓田西抵塘北南抵鄭姓田稞折瓨錢四串二百文李長泰承種

戶長區破窑邊陶家墩田一庒八斗四升

第一號田八斗四升又四斗一坵二斗一坵共一百五十八弓長形一斗八升一坵七十九弓方形六升一坵六十一弓長形東抵陳智二姓田西抵鄭姓北抵人行路南抵塘埠稞折瓨錢七串六百文曾慶豐承種

伴仙區歙家院火炭壠田一庒一斗五升

第一號田一斗五升一坵八十五弓長形四至俱抵鄧田稞折瓨錢一串二百文鄭德龍承種

土城區楊家畈田一庒計六石四升

第一號田五斗五升計三坵七升一坵六十六弓二斗一坵九十三弓二斗八升一坵一百二弓西抵獅子菴田北東南抵丁姓田稞折瓨錢四串六百五十文袁文主承種

第二號田六斗五升計三坵四斗三升一坵九十五弓五升一坵六十五弓一斗七升一坵九十六弓西抵獅子菴田北南東抵丁姓田種折瓨錢四串八百文丁廷謂承種



第三號田一斗八升計一坵八十四弓東西南抵丁姓山脚北抵獅子菴田稞折瓨錢一串四百四十文丁用林承種

第四號田二斗二升計一坵一百十弓左右抵山脚上下抵檀田稞折瓨錢一串八百文丁開勝承種

第五號田二斗計二坵一斗一坵六十四弓一斗一坵七十四弓南抵丁姓山脚北抵丁姓田東西抵獅子菴田稞折瓨錢一串二百文丁朝元承種

第六號田一斗五升計一坵七十八弓四圍共田埂爲界稞折瓨錢

串三百文王裕盛承種
第七號田三斗一坵一百十三弓東抵丁姓共埂西抵棍溝南抵學田北抵區地稞折尪錢二串五百五十文楊加祥承種
第八號田二斗一坵九十六弓東南以學田岸西抵人行路北以棍溝稞折尪錢一串六百文楊榮進承種
第九號田八斗五升計六坵一斗五升一坵七十八弓四斗一坵二百八十四弓一斗一坵八十弓二斗三坵九十六弓上抵土居區地下抵河水心左抵人行路右抵僧姓地又一斗五升下以學田爲界上以丁姓田岸左以人行路右以稻場岸脚稞折尪錢六串八百文楊榮楚承種



第十號田四斗計三坵三斗一坵一百四十五弓一斗一坵八十三弓北西東以學田岸脚南以丁姓楊姓田岸脚稞折尪錢三串文楊榮富承種
第十一號田三斗計一坵九十八弓東以王姓共埂爲界南以丁姓學田共硬西北以區田區地共埂稞折尪錢二串四百文楊承佑承種
第十二號田四斗四升計三坵一斗四升一百十一弓一斗五升一坵九十一弓一斗五升一坵一百十三弓上與左右以楊姓地岸下以人行路稞折尪錢二串八百八十文楊加和承種
第十三號田三斗計七坵一斗二坵九十七弓二斗五坵九十三弓東西抵學田南北抵夏姓山脚稞折尪錢二串四百五十文夏國祥承種

第十四號田三斗計二坵一百十弓東抵張姓田北抵夏姓田南西抵學田稞折尪錢二串五百文夏則慶承種
第十五號田一斗三坵一百九弓西南抵學田東抵夏姓山脚北抵人行路稞折尪錢八百文夏萬智承種
第十六號田二斗計三坵一斗一坵八十弓一斗二坵四十弓西北抵學田東抵夏姓田南抵人行路稞折尪錢一串三百文夏均順承種
第十七號田三斗一坵一百三十六弓南北抵夏姓山脚東西抵學田稞折尪錢二串五百文徐國楊承種
第十八號田三斗一坵九十五弓東抵張姓田西抵學田南北抵張姓田稞折尪



錢二串五百楊加福承種
第十九號田一斗一坵六十四弓界同楊加福稞折尪錢八百文張治朝承種

三杳區夏家壪田一庄計一石八斗

第一號田四斗一坵南北東抵人行路西抵余姓田岸稞折尪錢三串五百文夏天佑承種
第二號田六斗計四坵西北抵熊姓田東抵夏姓地南抵塘稞折尪錢五串正張學乾承種
第三號田四斗計四坵東抵塘岸西抵學田北抵夏姓地又壠田大小二坵東北抵張姓田

南抵夏姓地西抵學田稞折扣錢三串正張祖球承種
第四號田二斗計二坵東西北抵學田南抵塘岸稞折扣錢一串四百
五十文張開福承種
第五號田二斗計一坵東抵學田南西抵會姓田北抵夏姓山脚稞折扣錢一
串五百五十文張開保承種

小河區袁家畈田一庄八石三斗

第一號田一石二升計十三坵一斗一坵五十六弓四升一坵五十九弓三升一坵
五十八弓三升一坵四十弓一斗五升三坵一百四十三弓三斗二坵一百二十四弓二斗六升二坵百七十九弓
六升一坵五十弓五升一坵四十弓東南抵胡姓田北抵張姓田西抵袁姓田稞折扣錢七串五
百文袁德恭入承種

學田田畝冊　三五

第二號田六斗計二坵二百十五弓長形四界抵袁姓田稞折扣錢四串
五百文袁光泰承種
第三號田五斗五升計六坵四斗二坵一百十五弓一斗三坵七十二弓五升一坵四十弓俱方形北抵張姓田東西南俱抵袁姓田稞折扣錢四串一百二十五文袁
習釧承種
第四號田五斗七升計六坵二斗七升一坵一百弓八升一坵八十四弓一斗一升三坵七十八弓一斗一升一坵八十三弓西東南抵袁姓田北抵羅姓田稞折扣錢三串八百
文袁德楷承種

第五號田四斗五升一坵一百二十四弓曲尺形南抵河岸西北東抵學田稞折
扣錢三串一百文袁光杏承種
第六號田四斗一坵一百四十四弓三角形北抵小塘東西南抵學田稞折扣錢
三串正袁光和承種
第七號田三斗一坵一百十三弓尖形北東抵張姓田西南抵袁姓田稞折扣錢
二串一百文袁德念承種
第八號田三斗計一坵一百十二弓方形四界抵袁姓田稞折扣錢二串
二百五十文袁光先承種
第九號田三斗一坵一百二弓三角形南抵古墳邊東西北抵袁姓田稞折扣錢
二串文袁習貞承種

學田田畝冊　三六

第十號田三斗計一坵一百十二弓三角形東抵河邊西南北抵學田稞折扣錢
二串一百文袁德禮承種
第十一號田二斗八升計二坵一坵一斗五升七十九弓一斗三升一坵六十五弓俱彎形南北東抵袁姓田西抵學田稞折扣錢二串一百文袁光助承種
第十二號田二斗五升計四坵二百三十二弓彎形西抵熊姓田東南北抵學田
稞折扣錢一串八百五十文袁德保承種
第十三號田二斗四升計二坵一百七十三弓彎形西抵劉姓田東南北抵袁姓田
稞折扣錢一串六百八十文袁德望承種

第十四號田二斗九升計五坵二斗一坵一百二十二弓曲尺形五升一坵五十八弓彎形四界抵袁姓田稞折尫錢二串一百文袁德意旺承種

第十五號田二斗二坵八十弓方形東抵劉姓田西南北抵袁姓田稞折尫錢一串四百五十文袁光玉承種

第十六號田一斗八升計四坵一斗五升三坵一百九十弓彎形三升一坵四十八弓彎形四界抵袁姓田稞折尫錢一串三百文袁德玉金承種

第十七號田一斗八升一坵一百六十三弓彎形界同袁德楷稞折尫錢一串一百文袁習泮承種

第十八號田一斗五升計一坵九十三弓彎形東抵長岸北抵袁姓田西南抵羅姓田稞折尫錢一串五十文袁光文承種

學田田畝冊　毛

第十九號田一斗五升計四坵五升三坵五十四弓彎形一斗一坵五十九弓彎形四方抵袁姓田稞折尫錢一串正袁德潤承種

第二十號田五斗計五坵三斗一升四坵二百四十三弓彎形一斗九升一坵一百二十弓彎形西南抵袁姓田北抵黃姓田南抵人行路稞折尫錢三串五百文徐大富承種

第二十一號田一斗五升一坵八十弓方形南抵河岸東抵學田西北抵袁姓田稞折尫錢九百文袁光永承種

第二十二號田一斗三升二坵八十一弓彎形四方抵袁姓田稞折尫錢九百七十文袁天清承種

第二十三號田一斗計一坵八十三弓捞形四方抵袁姓田稞折尫錢七百六十文袁光煌承種

第二十四號田六升一坵五十九弓長形四方抵袁姓田稞折尫錢四百文袁德盼承種

第二十五號田三斗計一坵九十九弓三角形四方抵袁姓田稞折尫錢二串一百文袁光和承種

第二十六號田二斗一坵八十六弓東北抵黃姓田西南抵袁姓田稞折尫錢一串四百五十文袁德焰承種

學田田畝冊　吴

第二十七號田一斗五升計一坵一百七十三弓蛇形北抵高姓塘埠南抵羅姓田東西抵袁姓田稞折尫錢九百五十文袁習秀承種

石陂區石頭嘴田一庄六石三斗九升

第一號田五斗八升計二坵一百七十弓尖形東抵學田北西抵河心南抵劉姓田又坳上壠沙地北抵分水人行路東西南抵學田稞折尫錢五串八百文張世堂承種

第二號田六斗六升計二坵五斗一升一坵一百八十八弓方形一斗五升四十四弓彎形東抵張姓田北抵河心西南抵學田稞折尫錢六串六百文張世堂承種

第三號田九斗五升七斗九升計十坵一斗六升一坵共二百四十一弓彎

形四界抵學田又北首沙地二塊北抵古墳岸脚東西南抵學田　稞折抠錢九串五百文
張世鑫承種
第四號田二斗計二坵一百十四弓彎形與張世堂同界又均上沙地一所南齊分水東西
北抵學田稞折抠錢二串正張世勝承種
第五號田二斗三升計二坵一斗八升一坵一百六十五弓曲尺形五升一坵七十四
弓尖形四方抵學田稞折抠錢二串文張世國承種
第六號田□斗五升計九坵一斗九升二坵一百二十二弓大彎形一斗二坵一百三
十弓窄長形二斗八升計三坵一百十九弓彎形一斗五升一坵一百二十六弓彎形上抵學田下抵張姓田左右
抵張姓祖墳又李家地沙地一所上齊分水下抵學田左右抵張姓祖墳　稞折抠錢七串六百

學田田畝册　兲

文張德□承種
第七號田一石一斗五升計十三坵又一石一斗五升十一坵□百八十八弓彎形棉地二塊一百十五弓彎形上抵張姓田下抵學田左右抵張姓祖墳沙地一所
上抵分水下抵學田左右抵子崗分水　稞折抠錢九串九百二十文張德意
承種
第八號田五斗五升一坵二百十弓長形上抵鄒姓田下與左右抵學田　稞折抠
錢四串五百文張德義承種
第九號田地一斗五升計五坵一百二十六弓彎形與洪至遂同界　稞折抠
□串五十文□文發承種

第十號田一石一斗計二十九坵四斗十四坵二百十六弓七斗十五坵二百三
十七弓俱彎形南抵袁姓子崗分水東抵張姓大崗分水北抵毛姓山脚西抵子崗分水左右沙地二所在內下抵
袁姓田背岸脚　稞折抠錢八串三百六十文洪志遂承種
小河區瑜家壠田一庄三斗二升
第一號田三斗二升計八坵二百六十弓長形南抵塘西抵陳姓田東北抵曾姓田
稞折抠錢二串四百文瑜能貴承種
件仙區向家舖田一庄一石九斗二升
第一號田一石一斗計七坵二斗一坵一百二十三弓三斗五升四坵二百五弓三斗
九升三坵一百八十二弓斗六一坵一百六十二弓俱彎形屋後四斗一坵北抵向姓田南抵陳姓田西抵塘東抵

學田田畝册　卌

周唐二姓祖墳又四坵西南抵向姓地東抵向姓田北抵人行路又二坵北抵塘岸東抵周唐墳西南抵向姓田
稞折抠錢七串七百文向士黙承種
第二號田三斗二升計四坵斗四三坵一百五十三弓斗八一坵一百十一弓俱彎形
北抵向姓田岸西南抵潘姓田東抵學田　稞折抠錢二串三百四文向大勝承
種
第三號田八升一坵九十四弓彎形界同向大勝　稞折抠錢五百七十
六文向大宏承種
第四號田一斗一坵一百十九弓彎形界同向大勝　稞折抠錢六百三十
文向士均承種

第五號田一斗二升計一坵一百五十七弓彎形界同向大勝稞折垸錢八百六十四文向大炎承種

第六號田一斗二升計一坵斗二升一百十五弓彎形界同向大勝稞折垸錢五百文向大朝承種

第七號田八升計一坵一百一弓彎形界同向大勝稞折垸錢五百七十六文向大堂承種

栢子區汪家壠田一庄二石一斗二升

第一號田二斗五升計二坵一斗一坵八十一弓一斗五升一坵一百十九弓俱彎形四界抵學田上一坵東抵蔡姓墳邊西北南抵學田稞折垸錢一串五百文蔡遮華



承種

第二號田一斗計四坵五升一坵七十四弓彎長形五升三坵一百三十六弓彎形東抵蔡姓祖墳西南北抵學田稞折垸錢六百十一文蔡天勝承種

第三號田六升計二塊一百十九弓彎長形東西南抵學田北抵蔡姓祖田稞折垸錢三百三十八文蔡遮佑承種

第四號田一斗二升計一坵一百五十三弓彎長形東抵夏姓地北抵蔡姓祖田西南抵學田稞折垸錢七百四十文夏永先承種

第五號田九升一坵一百十四弓彎形界同夏永先稞折垸錢六百二十文夏廷升承種

第六號田三斗七升計四坵一斗一坵九十三弓五升一坵七十一弓一斗一坵一百弓俱彎形一斗二升一坵八十二弓方形東南抵學田西北抵蔡姓祖田稞折垸錢二串五百文曾慶義承種

第七號田二斗九升計三坵二百九弓彎形東南抵蔡姓山西抵蔡姓田北抵學田稞折垸錢一串八百六十九文曾慶瑞承種

第八號田一斗七升計二坵一斗五升一坵八十弓月亮形二升一塊四十三弓尖形四界抵蔡姓祖田稞折垸錢一串二百四十文曾慶梅承種

第九號田八升一坵六十九弓方形東南北抵蔡姓祖田南抵學田稞折垸錢六百文胡守貴承種



第十號田三斗二升計三坵八升一坵七十七弓彎形一斗二升一坵一百三十四弓彎形二升一坵八十二弓方形東抵學田南西北抵蔡氏祖田稞折垸錢二串二百六十文劉才德承種

第十一號田九升計三坵三升一坵五十六弓六升二坵七十四弓俱彎形東抵學田南抵蔡姓田西北抵蔡氏祖田稞折垸錢五百九十文徐永富承種

第十二號田一斗八升計二坵一斗一坵九十九弓長形八升一坵七十五弓方形四界抵蔡姓祖田稞折垸錢一串一百六十六文湯明瑞承種

縣南亭川鄉八里畈區魏家堰田一庄二石五斗六升

第一號田四斗二升計二坵三斗一坵一百二十四弓方形一斗二升計一坵一百十三弓三斗南抵學田北抵曹姓田東抵黃姓田西抵黃姓墳一斗二升東抵王姓田西抵曹姓田南抵堰溝北抵黃姓墳邊稞折尫錢三串三百十二文黃增吉承種

第二號田三斗四升計三坵八升一坵六十一弓一斗一坵六十二弓一斗六升一坵九十一弓八升東抵毛姓田南抵堰溝西抵彭姓田北抵王姓田一斗東抵黃姓田北抵廟西南抵劉姓田一斗六升東抵廟北南抵曹姓田西抵黃姓田稞折尫錢三串三百十二文林紹義承種

第三號田二斗計一坵一百十一弓四方抵王姓田稞折尫錢二串二十四文王復興承種



第四號田五斗六升計四坵三斗一坵一百四十八弓方形一斗二升未弓一斗九升二坵一百四十七弓三斗坵東抵黃姓墳邊南抵王姓田西抵水溝北抵學田一斗九升一坵北西南抵朱姓田東抵人行路一斗二升東抵曹姓田西抵水溝北抵人行路南抵稻場稞折尫錢五串一百五十二文林紹全承種

第五號田三斗二升計二坵二斗一坵一百四弓一斗二坵八十六弓二斗西東抵廟田南抵龔姓田北抵太陽會田一斗二升西抵林姓田東南北俱抵黃姓田稞折尫錢二串七百六十文吳世才承種

第六號田一斗計一坵七十五弓東西抵王姓田南北抵學田稞折尫錢三百六十文劉啟有承種

第七號田三斗一坵一百三十九弓西抵熊王二姓田東北抵曹姓田南抵王姓田稞折尫錢二串二百文曹先合承種

第八號田八升計一坵弓丈在先合內東西北抵學田南抵王姓田稞折尫錢三百五十文曹端發承種

第九號田二斗計二坵一百四十三弓東西抵王姓田南抵山脚北抵曹姓田稞折尫錢七百二十文馮錦富承種

第十號田四升一坵四十六弓西抵墳邊東抵廟田南北抵曹姓田稞折尫錢三百六十文劉念福承種

五里墩區袁家河田一庄二石二斗五升



第一號田五斗計一坵一百五十二弓方形東西北抵傅姓田南抵學田梘溝心稞折尫錢六串五百二十五文盧嘉義承種

第二號田四斗八升計三坵八升一坵六十八弓方長形二斗五升一坵一百十二弓方形一斗五升一坵八十九弓東北抵胡姓地南抵學田西抵梘溝斗半西東抵學田南抵胡姓地北抵傅姓田硬八升東抵學田埠頭北抵三角湖南抵肖姓田梅清義斗半與萬正合二斗三升該由傅姓游溝過水到學田與學田塘的稞折尫錢五串六百文梅清義承種

第三號田一斗七升計一坵九十一弓蛇形東抵傅姓田南北西抵湖邊稞折尫錢一串九百二十五文梅本意承種

第四號田一斗二升計一坵七十九弓方形西抵彭姓墳邊東抵胡姓地南北抵學田

稞折坵錢一串六百文彭第秀承種

第五號田二斗三升計一坵一百三十三弓方蛇形東抵梅姓地北抵學田西南抵胡姓地稞折坵錢三串一百八十八文萬正合承種

第六號田三升計一坵三十三弓東抵傅姓田西南北抵湖尖角形稞折坵錢二百六十文彭第綿承種

第七號田二斗五升計一坵一百十一弓方蛇形南東抵學田西抵湖邊北抵傅姓田稞折坵錢三串五百六十七文萬世連承種

陳墩區徐家長塘田一庄四石一斗三升

第一號田三斗計一坵一百三十一弓南東抵陳姓田西抵徐姓田北抵白姓田稞折坵錢三串六十文余以正承種



第二號田四斗五升計二坵共一百四十二弓方形三斗一坵南抵塘東北抵張姓地西抵陳姓田一斗五升一坵西抵陳姓田東南北俱抵學田稞折坵錢四串九百八十八文陳大煥承種

第三號田一斗二升計一坵一百三弓東抵孫姓田北抵徐姓田西南抵陳姓田稞折坵錢一串三百四十六文陳正順承種

第四號田一斗三升半計一坵連張文才一坵斗五共一百六十三弓半南東抵學田西抵江姓田北抵陳姓田稞折坵錢一串五百六十文陳志元承種

第五號田二斗一升計二坵弓丈合志元名內北東抵陳姓田南抵張姓田西抵余姓田稞折坵錢二串四百二十七文張文才承種

第六號田六斗三升計六坵一斗二坵七十六弓半七升八升二坵一百十半弓二升一坵三十七弓二斗七升一坵一百一弓八升一坵八十九弓三坵東南抵張姓田西抵陳姓田北抵學田二坵東抵塘西南北抵張姓田一坵西北抵塘東南抵張姓田稞折坵錢七串六十八文潘成艮承種

第七號田一斗一升計一坵七十六弓四方抵陳姓田稞折坵錢一串一百二十二文陳仁厚承種

第八號田四斗計三坵二斗一坵一百一弓長形一斗一坵八十九弓長形又一斗一坵九十七弓大廟一斗東西抵陳姓田地南抵墳邊北抵大路畈田二斗東西北抵張姓田南抵徐姓田大路邊一斗東抵張姓田西抵大路南北抵孫姓田稞折坵錢三串三百六十六文陳仁道承種



第九號田二斗計二坵一百一弓東南抵馮姓田北抵張姓田西抵余姓田稞折坵錢二串二百四十四文張學華承種

第十號田五斗五升計四坵二百八弓北東抵陳姓田西抵江姓田南抵學田稞折坵錢五串七百九十四文陳大耀承種

第十一號田五斗八升半計五坵二百七十一弓斗五西南東抵學田斗一東西抵陳姓田西北抵學田七升東西抵余姓田北抵塘南抵學田一斗半西南抵學田北抵塘東抵張姓田斗五南北抵學田東西抵陳姓田稞折坵錢六串八十九文陳大輝承種

第十二號田四斗五升計二坵二百五十一弓半三斗東抵陳姓田北抵白姓之田西南抵學田斗五東南北抵學田西抵陳姓田稞折㧗錢四串一百十文陳天啟仁湖
承種
外細張家灣張文健所賣之屋一大向目下只存基
址北至南長二十六弓東至西寬五弓餘尚有竹子
雜色樹木在
八里畈區正玉寨田一庄二石六斗四升
第一號田一斗七升計二坵五升一坵五十三弓方形斗二一坵九十二弓半長形斗
二北西抵朱姓田南抵彭姓田東抵王姓田五升東抵學田南抵王姓田北抵堰溝西抵社會田稞折㧗

學田田畝冊　四七

錢二串二十四文黃鼎元承種
第二號田一斗五升計一坵七十五弓方形東北抵朱姓田西抵社會田南抵王姓田
稞折㧗錢一串五百八十二文吳士海承種
第三號田四斗八升計三坵二斗一坵九十三弓方形四升四十五弓方形二斗一坵
一百二弓三角形二斗東抵太陽會田南北抵彭姓田西抵黃姓田二斗西南抵朱姓田東抵吳姓田四升南抵藍
姓墳邊西抵塘北抵稻場東抵水溝稞折㧗錢四串六百九十二文黃金恒
承種
第四號田四斗六升計二坵一坵三斗一百四弓方形一坵一斗六升七十七弓半方
形三斗東抵大路南北抵朱姓田西抵王姓田斗六西抵塘南抵朱姓田東抵廟田北抵王姓田稞折㧗

錢四串五百五十四文王訓江承種
第五號田二斗一坵一百三弓方形東西北抵王姓田南抵彭姓田稞折㧗錢二百
吉六十文王訓學承種
第六號田八升計一坵六十九弓曲尺形東西抵王姓田南抵黃姓田北抵塘稞折
㧗錢八百八十三文黃金喜承種
第七號田一斗五升計一坵八十七弓方形西北抵水溝東南抵王姓田稞折
㧗錢二串七十文王啟高承種
第八號田四升計一坵三十六弓四方抵朱姓田為界稞折㧗錢六百文
劉汝義承種

學田田畝冊　四八

第九號田一斗五升計一坵八十三弓西抵墳邊東南抵王姓田北抵塘西灣稞
折㧗錢二串文馮錫義承種
第十號田一斗二升計一坵六十八弓東抵王姓墳邊西南北抵王姓田地稞折
㧗錢一串六百五十文鄒遠榮承種
第十一號田一斗五升計一坵八十六弓半西抵灣東南北抵王姓田稞折
㧗錢二串整王啟俊承種
第十二號田一斗五升計四坵二坵七十九弓三角形一坵四十八弓長形一坵三
十六弓尖形二坵東西抵王姓田西北抵學田二坵東南抵堰溝西北抵王姓田稞折㧗錢一串二
百文王啟興承種

第十三號田一斗二升計二坵九十九弓四方俱抵朱姓墳邊稞折抠錢八百八十文蔣天勝承種

第十四號田二斗二升計一坵八十弓又一坵七升五十四弓南北東抵王姓田西抵水溝斗半四方俱抵王姓田稞折抠錢二串七百文何楚材承種

徐家衝祠堂飯一庄計五石七斗五升

第一號田四斗四升計九坵二百四十一弓西北抵朱姓田南抵方姓田東抵學田與祖田稞折抠錢三串八百二十文朱福清承種

第二號田一斗二升計二坵八十七弓長形東北抵朱姓田西南抵學田稞折抠錢一串一百五十文朱福啟承種

學田田畝冊　咒

第三號田一斗計一坵一百十二弓東北抵朱姓田西南抵學田稞折抠錢八百文朱啟宏承種

第四號田一斗六升計一坵一百三十一弓長形東北抵朱姓田西南抵學田稞折抠錢一串六百二十文朱福喜承種

第五號田四斗五升計六坵二百二十三弓東抵方姓墳邊南北抵龔田西抵塘稞折抠錢三串九百文易啟盛承種

第六號田二斗一坵九十五弓半方形北抵徐姓田東抵談姓田西南抵朱姓田稞折抠錢二串七十文易啟望承種

第七號田三斗六升計三坵斗半八十九弓方形斗半八十二弓腰子形六升五十五弓長形三斗東抵王姓田西抵堰南北抵方姓田六升東抵塘西南北俱抵方姓田稞折抠錢五串七百四十八文王朝瑞承種

第八號田一斗八升計一坵八十一弓長方形北抵劉姓田東西南俱抵方姓田稞折抠錢二串一百十二文王朝晉承種

第九號田一斗一升弓丈與有剛田共六升北抵方姓田西抵堰溝南抵社會田東抵學田五升北抵方姓田南抵社會田東抵王姓田西抵學田稞折抠錢一串五十六文王朝魁承種

第十號田二斗五升計一坵合朝魁種田共一百五十三弓北抵河東抵堰西南抵方姓田稞折抠錢三串整王有剛承種

學田田畝冊　平

第十一號田七升一坵八十九弓長形東抵王姓田西南抵方姓田北抵河稞折抠錢七百六十八文王元芳承種

第十二號田七升計二坵八十三弓方形北抵學田西抵水溝東南勢姓田稞折抠錢七百六十八文方廷耀承種

第十三號田九斗五升弓丈與鳳合尚義共計七坵斗八四方抵學田斗五西南抵學田北抵帝主會田東抵談姓田一斗四方抵學田斗五東抵徐姓田北抵談姓墳邊西抵談姓田南抵水溝一斗東抵[illegible]腳西南抵學田北抵談姓塘六升東抵人行路南抵學田西抵談姓田北抵塘稞折抠錢[illegible]八百五十八文談鳳堂承種

第十四號田一斗七升計一坵弓丈在尚義鳳堂名內[illegible]北東抵談姓田南[illegible]

田稞折𣏌錢二串三百文談尚榮承種
第十五號田一斗計一坵九十弓東北抵談姓田西抵堰水南抵談姓社會田稞折𣏌錢一串三百二十三文談自興承種
第十六號田一斗計一坵九十弓長形東抵塘南抵談姓田西北抵大塘稞折𣏌錢一串三百七十二文談鳳權承種
第十七號田一斗計一坵八十一弓方形東抵談姓田西北抵徐姓田南抵易姓田稞折𣏌錢一串九百六十文談尚興承種
第十八號田二斗計二坵一百三十弓一斗東抵學田西北抵帝主會田南抵徐姓田一斗半南抵塘北抵談姓田西東抵學田稞折𣏌錢三串一百三十六文談鳳



合承種
第十九號田二斗七升計三坵一斗三升一百九弓彎形又二坵一斗四升與尚榮鳳堂共丈尺一斗東抵學田北抵大岸東西抵談姓田斗七南抵塘北抵談姓田西南抵學田稞折𣏌錢三串八百二十六文談尚義承種
第二十號田三斗四升計三坵一斗一坵八十四弓方形二斗四升二坵一百五十弓彎形二斗四升東抵談姓祖田南抵談姓田西北抵下岸一斗一坵西抵學田南抵談姓塘岸東北抵談姓田稞折𣏌錢五串一百文談福慶承種
第二十一號田二斗一升計二坵一坵一百二十九弓一斗一坵一百二十八弓俱長形一斗東西北抵談姓田南抵徐姓田一斗四方抵學田稞折𣏌錢二串一百文談

福祿承種
第二十二號田一斗六升計二坵一斗七十弓三角形六升七十六弓長形東南西抵徐姓田北抵水溝稞折𣏌錢一串九百五十文談尚堂承種
第二十三號田二斗計一坵一百五十三弓長形東北抵談姓田西南抵學田稞折𣏌錢二串五百文談鳳剛承種
第二十四號田七升計一坵弓丈在尚義名下東北西抵談姓田南抵徐姓田稞折𣏌錢九百文談尚志承種
第二十五號田一斗九升計三坵七升一坵七十五弓長形五升一坵六十五弓方形八升一坵七十三弓長形七升一坵東抵談姓田北抵人行路西抵下岸北抵學田斗三二坵南抵朱姓田北



抵塘下岸東西抵談姓田稞折𣏌錢一串六百文張秀鳳承種
第二十六號田五升一坵八十弓彎形四方抵學田稞折𣏌錢五百三十文談鳳意承種
第二十七號田一斗三升計一坵一百九弓彎形東西抵談姓田北抵塘南抵人行路稞折𣏌錢一串九百三十文談尚利承種

八里畈區董家塝田一庄計五斗

第一號田五斗計四坵二斗二坵一百四十六弓長形三斗二坵一百十二弓方形帶彎形四斗東西抵熊姓田南抵堰北抵墳岸一斗東抵人行路南抵學田北抵墳岸西抵董姓田稞折𣏌錢四串整董耀爵承種

縣西仙居鄉宋埠區楊家院張家園田一石七石一斗

第一號田六斗一升計五坵一斗一升七十七弓方形一斗二升七十七弓三角形一斗二升七十六弓方形一斗六升一百二弓方形一斗七十弓方形一斗六升西北抵學田南抵李姓田東抵唐姓田一斗北抵河心南西東抵楊姓地斗二東北西抵屈姓田南抵塘斗二西抵河心南抵黃姓田東北抵屈姓田斗二東北抵楊姓地北抵楊姓水溝西抵黃姓田南抵楊姓田楊業發承種

第二號田一斗五升計二坵五升四十六弓尖形一斗七十七弓方形五升北抵楊姓地東南抵楊姓墳邊西抵楊姓地溝一斗東抵楊姓地南抵李姓田北抵梘溝西抵屈姓田埂謝萬琦承種

學田田畝冊　五十三

第三號田三斗九升計七坵六升八十八弓長形[illegible]一斗七十九弓方形四升五十六弓增形五升七十弓長尖形三升二十六弓一升十二弓四升二坵東西抵屈姓地北抵楊姓墳邊南抵塘五升西抵河心北抵黃姓田東抵屈姓田南抵楊姓田三升東北抵楊姓山西抵屈姓梘溝南抵會館田五升六升一升東抵湖水心南北西抵屈姓田岸一斗五升北抵郭姓田南抵施姓田西東抵楊姓田埂謝萬山承種

第四號田四斗一升計四坵二升一坵六升一坵共六十八弓增形一斗五升九十九弓尖形一斗八升一百十一弓方形楊盛喜承種

第五號田六斗七升計八坵六升一坵一百八弓灣形一斗五升一百十四弓[illegible]二斗八升一百六十一弓方形八升九十六弓方尖形楊德仁承種

第六號田一斗四升計五坵九十一弓灣形楊大福承種

第七號田一斗計一坵七十九弓它形楊德益承種

第八號田一斗三升計一坵七十五弓方形楊德清承種

以上五人耕種田地上以山脚下以河岸爲界

第九號田一斗七升計二坵一百四弓方形南北抵楊姓田東西抵屈姓田楊德輝承種

第十號田四斗三升計七坵地七升東南抵張姓地溝西北抵荒坪一斗與斗一西抵葉家大塘東抵張家山南抵園塘北抵學田斗五西北抵楊姓田埂南抵地溝東抵楊姓地埂湯志福承種

學田田畝冊　五十四

第十一號田三斗八升計六坵二斗八升計四坵一百六十一弓一斗計二坵一百三弓俱方形二斗八升南抵楊姓墳邊東抵團塘北抵水溝西抵河心斗一東抵楊姓田埂西北抵屈姓田南抵地溝楊大模承種

第十二號田二斗計二坵一百十五弓方形西抵河水心南東北抵學田楊德禮承種

第十三號田一斗計一坵五十八弓方形東抵楊姓[illegible]四西抵河心南北抵[illegible]

第十四號田一斗一升計一坵七十弓方形北西南[illegible]抵學田東抵楊姓田[illegible]

以上十四名係楊大楚德玉大模承批稞共折城錢二十四串八百三十四文

深溝區張家園地共二石七斗四升

第一號地九斗計三塊二斗八升一百十四弓方形斗二升一百十一弓長形五斗一百六十八弓方形一斗二升南北抵路東西抵李姓地二斗八升東抵路南北抵學田西抵屈姓地五斗東抵屈姓地北抵稻場西南抵學田稞折摳錢八串四百文左祥彥承種

第二號地五斗四升計五塊二斗一百一弓方形五升七十一弓彎形三升四十弓尖角形二斗九十六弓方形六升七十四弓方形二斗南北抵路東西抵學田五升北抵路西南抵屈姓地東抵廟地二升東西北抵祝姓地南抵程姓二斗南北抵李姓地東抵人行路北抵屈姓地溝西抵學田六升南北抵人行路東西抵學田稞折摳錢四串五百九十文袁天福承種

第三號地五斗三升計四塊二斗一百十一弓方形七升五十四弓方形三升三十九弓尖角形一斗七十九弓方形六升七十四弓方形六升東南抵學田西抵王姓地北抵人行小路二斗坵四方抵學田七升東抵龔姓地北南抵屈姓地西抵學田二斗坵南抵李姓田東抵學田北抵屈姓地稞折摳錢四串八十文鍾義順承種



第四號地七斗七升計四塊二斗二坵一百十五弓方形三斗七升一百七十二弓方四形二斗一坵一百十四弓彎形三斗七升西北抵人行路南抵祝姓地東抵學田二斗南北抵人行路東抵祝姓地西抵學田二斗北抵屈姓地南抵竹園東抵李姓墳塋北抵袁姓地稞折摳錢五串五百二十文吳之浩承種

深溝區張洛家田三斗六升

第一號田三斗六升計一坵一百六十八弓曲尺形西北抵李姓田地南抵人行路西抵梘溝稞折摳錢二串二百文李德順承種

臥牛石區吳大畈田一庄有庄屋一重共計四石七斗三升欠一升

第一號田六斗計三坵一百四十六弓曲尺形東抵吳姓田北抵吳姓祖田西南抵小河心稞折摳錢四串九百文吳兆義承種

第二號田八斗五升計八坵六升一坵九十五弓尖彎形一斗一坵七十五弓方形斗五一百十弓三角形一斗八升二坵一百四十五弓彎形三斗二坵一百弓方六升一坵五十九弓尖形三斗一坵四方俱抵吳姓田六升西南抵小河北東抵吳姓山脚六升南西抵汪姓田東北抵吳姓田斗五北抵汪姓田西南抵吳姓田東抵梘溝一斗八升四方俱抵吳姓田稞折摳錢七串一百文吳復元承種



第三號田五斗二升計三坵斗二七十九弓長形四斗二坵一百二十弓方形斗二南抵吳姓田西北抵劉姓田東抵明姓田四斗東抵吳姓田北東抵學田西抵汪姓田稞折摳錢一串九百文

又河邊田二斗六升西南抵吳姓田東抵學田北抵河岸看田議稞吳兆潤承種

第四號田一斗五升計一坵七十六弓彎形南北抵劉姓田西抵余姓田東抵吳姓田稞折摳錢一串三百六文汪芳遠承種

第五號田一石一斗五升計十坵六升五十四弓方形二斗四升一百十五弓方[illegible]形一斗五一坵八十八弓方形二斗一坵一百[illegible]十三升二坵一百三十八弓彎形一斗二升一百[illegible]十長形一斗五升八十四弓方形二斗四升北抵[illegible]東西抵劉姓田斗半西南抵吳姓田東北抵[illegible]

東北抵汪姓田西抵劉姓田南抵學田斗一斗五斗二升東抵吳姓田西南北抵學田二斗三升西南抵吳姓田東北抵劉姓田稞折扤錢十串三百五十四文汪芳立承種

第六號田二斗八升計二坵二斗九十九弓八升五十四弓俱方形二斗東南北抵汪姓田西抵吳姓田八升西北南抵吳姓田東抵劉姓田稞折扤錢二串五百三十四文汪芳秩承種

第七號田一斗五升計一坵七十九弓長形北抵李姓地西南抵明姓地東抵出路口稞折扤錢一串三百六文汪明先承種

第八號田五斗計二坵一百四十四弓方形東南抵汪姓田北抵小河水溝西抵陳姓田稞折扤錢二串四百文汪明先承種

學田田畝冊　卅五

第九號田一斗三升計三坵六十九弓方形西東抵吳姓田南北抵學田稞折扤錢六百文

又河邊田二斗東南西抵吳姓田北抵河岸河崩止存一斗五升看稞另議吳志學承種

第十號田四斗計三坵一百十弓方形北抵明姓田西東抵吳姓田南抵學田稞折扤錢一串二百文吳潮生承種

第十一號地二斗五升水堆只剩二升未議稞吳兆斌承種

縣北白塔區楊家墩田一庄計七斗

第一號地四斗計一塊一百三十五弓長形東抵人行路南抵張姓共溝西抵李姓共溝北抵范姓共溝稞折扤錢二串四百文馮協和明承種

第二號地三斗一塊一百十五弓尖形東抵李姓共溝南抵高姓共溝西抵人行路北抵陳姓共溝稞折扤錢一串五百文馮協和豐承種

白塔區周家沖田一庄四石七斗二升

第一號田一石四斗五升計十一坵西抵周姓山脚東抵周姓田北抵張姓田南抵學田四斗又五斗四方俱抵學田稞折扤錢十一串六百文周全美玉承種

第二號田一石二斗計十坵社廟二坵南西抵方姓田西北抵陶姓隴田二坵北抵陶姓田東抵梘溝西抵學田南抵張姓田四坵東西抵學田南北抵方姓田一坵東抵張姓田南西北抵方姓田一坵西南北抵學田東抵周姓山脚稞折扤錢九串八百文周全貴承種

學田田畝冊　卅六

第三號田九斗四升計八坵西坵東西南抵分水北抵學田溝三坵西抵周姓山脚南北抵陶姓田東抵梘溝又一坵西抵屋脚南抵塘東北抵學田稞折扤錢七串七百文周均富承種

第四號田三斗一坵南北西抵學田東抵方姓田稞折扤錢二串五百三十文林向全承種

第五號田三斗計一坵東北抵學田南抵方姓田西抵塘稞折扤錢二串四百四十文林繼文承種

第六號田三斗二升計二坵南抵方姓田北西東抵學田稞折扤錢二串七百文林繼斌承種

第七號田二斗六升計三坵四方俱抵學田稞折尪錢二串一百二十文林美太承種

以上七名承種白塔區周家冲田一庄四石七斗二升弓丈列於後本灣正壠田一石八斗四升計十一坵共四百八弓本灣門首田二斗計一坵一百十六弓水凹田地私塘一口共一石八升計二十三坵共三百八十二弓東塝松山一望西以本庄田爲界東南北均以分水爲界又面前凹棉地五塊共一百四十七弓韮菜塝棉田二斗計二坵八十八弓面前凹山脚大路下田一斗一坵八十六弓社廟前田四斗計二坵一百十弓社廟後棉田三斗計二坵一百十八弓社廟下首田五斗計二坵一百四十四弓社廟上左首田一斗一坵八十弓

李家垻區中茭湖田一庄一石四斗七升

學田田畝冊　廿八

第一號田六斗計三坵共二百八弓大長形斗七西抵李姓田北抵陶姓田東抵梅姓田南抵學田二斗東抵陶姓田西南抵李姓田北抵學田二斗三升北抵沙塘東西南抵李姓田稞折尪錢四串一百文袁光勇承種

第二號田五斗計一坵一百五十一弓方形四方抵黃姓田稞折尪錢四串三百文劉正意承種

第三號田一斗七升計一坵八十六弓方形四方抵黃姓田稞折尪[illegible]九百二十文陶明魁承種

第四號田二斗計一坵一百弓葫蘆形四方抵黃姓田稞折尪錢百文陶啟會承種

毛家區紫溪菴田一庄一石六斗八升

第一號田一石六斗八升計十九坵西河上岸三斗三坵共一百二十七弓東河上岸二斗二坵共一百二十四弓庄屋上首正冲二斗一坵一百四十弓庄屋上壠四斗連棉地計七坵共三百六十弓楊家凹田八升一坵六十五弓磣磴凹田五斗計六坵共二百弓又紫溪菴門首地八塊共一百三十六弓又荒田一坵沙兒未丈門首三坵西抵河一東南北抵蔡姓田河外二坵東南抵河西北抵學田高岸一坵北抵河西抵鄒姓田南抵熊姓田東抵羅姓田又六坵東抵河西抵蔡姓田南抵李姓田北抵熊姓田又七坵東抵羅姓田南抵熊姓田西抵李姓田北抵河岸又仙姑洞之東松山一望山山脚到頂山形有四溝水下之寬外均以分水爲界稞折尪錢十一串整毛德典承種

李家垻區下賽庄田一庄計三石九斗一升

學田田畝冊　廿九

第一號田九斗九升計三坵四斗一升一坵一百三十弓灣形地二斗二升一塊七十八弓方形又三斗三升一塊二百十一弓曲尺形三斗坵東南抵李姓田西北抵學田四斗坵西南抵李姓田東北抵河岸二斗九升東抵吳姓田北抵塘西南俱抵學田稞折尪錢七串六百文李永高承種

第二號田五斗五升計一坵一百三十八弓方形東抵徐姓田西抵毛姓田南北抵李姓田稞折尪錢四串二百文李紹貴承種

第三號田五斗五升計一坵一百三十三弓方形東西南抵學田北抵塘稞折尪錢四串二百文李昌煥承種

第四號田五斗計一坵一百三十九弓方形東抵學田北抵吳姓田西南俱抵李姓田

粿折坵錢三串八百文江士元承種
第五號田七斗一升計三坵三斗八升一坵一百二十七弓方形二斗二升一坵八十六弓方形一斗一升一坵八十六弓尖長形二坵北抵河岸南抵學田西抵羅姓田東抵李姓田又一坵北抵學田東西抵羅姓田南抵河岸粿折坵錢四串二百文李昌義承種
第六號田六斗一升計二坵二斗八升一坵八十七弓三斗三升一坵一百四十弓長宅形三斗一坵四方抵李姓田三斗西抵金姓田南抵李姓田東北抵毛姓田粿折坵錢四串七百文李紹均承種
細楊匯江家灣田一庄二石六升
第一號田五斗五升計三坵二斗一坵一百二十二弓尖形二斗一坵八十一弓方形一斗五升七十四弓尖形二斗坵南北東抵江姓田西抵劉姓田又二斗坵東抵河岸西抵山脚北抵洪姓田南抵學田一斗五升北抵洪姓田東西抵丁姓田南抵地溝粿折坵錢三串九百四十文丁志書承種
第二號田一斗一升計一坵一百五十一弓梭子形東北抵丁姓田岸西抵河岸南抵山脚粿折坵錢七百四十八文丁志意承種
第三號田一斗一升計一坵四界弓丈與丁志意共同粿折坵錢八百文丁朝松承粿
第四號田一斗九升計二坵四升一坵七十二弓尖形一斗五升六十六弓亦尖形四方俱抵學田粿折坵錢一串二百九十二文丁朝勝承種



第五號田三斗計一坵一百三弓方形東抵園岸西抵塘岸南北抵學田粿折坵錢二串一百六文丁朝福承種
第六號田一斗計一坵九十六弓方形又種一斗五升計一坵九十四弓方形東抵丁姓田岸西抵山脚北抵洪姓田南抵學田粿折坵錢一串八百三十三文丁朝貴承種
第七號田一斗計一坵弓丈界止在丁朝貴田內同粿折坵錢七百八十文江福任承種
第八號田二斗五升計一坵一百七弓彎形東抵洪姓田西抵學田南北抵丁姓田粿折坵錢一串七百文江福城承種
第九號田二斗計二坵一斗五弓丈界止在丁朝貴名內同五升一坵五十六弓尖形東抵[illegible]人田岸西抵塘北抵竹園南抵山脚粿折坵錢一串三百九十文在[illegible]承種

# 麻城縣志卷之五

## 建置第三

### 鄉鎮

明初分四鄉曰太平曰仙居曰亭川曰孝感統一百三十里成化間併爲九十四里復併孝感入仙居爲三鄉嘉靖間復析太仙二鄉二十里入黄安止七十四里

太平鄉在縣東北轄二十五里分四十五區虎頭司巡檢領之

仙居鄉在縣西南轄二十五里分五十四區鵝籠司巡檢領之



亭川鄉自縣城至東南轄二十四里分二十四區巡捕典史領之

太平鄉區分里界表

| 區名 | 周圍 | 距縣 | 東界 | 南界 | 西界 | 北界 | 牌 | 甲 | 保 |
|---|---|---|---|---|---|---|---|---|---|
| 路口區 | 二十里 | 北九十里 | 張固關 | 宋杜區 | 光山界 | 商城界 | 十六 | 一 | 一 |
| 張固關 | 四十五里 | 北百里 | 商城界 | 白蠟沖 | 宋杜區 | 商城界 | 十 | 一 | 一 |
| 宋杜區 | 六十里 | 北七十里 | 張固區 | 高梘山 | 益美區 | 路口區 | 十二 | 一 | 一 |
| 白蠟衝 | 二十一里 | 北六十里 | 石門畈 | 邊堰蘇 | 宋杜區 | 張固區 | 十九 | 一 | 一 |
| 白塔橋 | 三十里 | 北十五里 | 柏子塔 | 李家壩 | 上馬河 | 邊堰蘇 | 十二 | 二 | 一 |
| 戴家店 | 十里 | 北四里 | 宋家河 | 城北門 | 李家壩 | 白塔橋 | 十一 | 一 | 一 |
| 李家壩 | 十五里 | 北三里 | 白塔橋 | 五里墩 | 毛家墩 | 上馬河 | 十六 | 一 | 一 |
| 石門畈 | 二十五里 | 東北十里 | 懸鐘岩 | 董家塆 | 長竹園 | 商城界 | 十二 | 一 | 一 |
| 懸鐘岩 | 八十二里 | 東北六十里 | 篤實區 | 白沙嶺 | 石門畈 | 九歇山 | 十二 | 一 | 一 |
| 篤實區 | 六十里 | 東七十里 | 東義洲 | 墩陽灣 | 白沙嶺 | 懸鐘岩 | 十九 | 二 | 二 |
| 墩陽區 | 六十里 | 東七十里 | 東義洲 | 三杏橋 | 白沙嶺 | 篤實區 | 十四 | 二 | 二 |
| 白沙嶺 | 四十里 | 東五十里 | 墩陽灣 | 三杏橋 | 觀音堂 | 篤實區 | 二十 | 一 | 一 |
| 三杏橋 | 五十里 | 東四十里 | 墩陽灣 | 饒山河 | 土城崗 | 白沙嶺 | 十九 | 一 | 一 |
| 饒山河 | 五十里 | 東五十里 | 木子店 | 唐殿 | 上義區 | 墩陽區 | 二十八 | 二 | 一 |
| 唐殿區 | 五十里 | 東四十里 | 曹家河 | 義合區 | 曹家河 | 花橋河 | 二十八 | 二 | 一 |
| 上義區 | 六十里 | 東五十五里 | 饒山河 | 義合區 | 唐殿區 | 花橋河 | 二十三 | 一 | 一 |
| 觀音堂 | 十里 | 東三十里 | 石門畈 | 上義區 | 柏子塔 | 白沙嶺 | 二十七 | 二 | 一 |
| 石陂山 | 二十里 | 東三十里 | 古城畈 | 花橋河 | 閻家河 | 三杏橋 | 二十五 | 二 | 一 |
| 古城畈 | 十一里 | 東十五里 | 閻家河 | 青山港 | 伴仙亭 | 柏子塔 | 二十八 | 二 | 一 |
| 細楊樹 | 四十里 | 東三十里 | 邊堰蘇 | 蘇坑 | 柏子塔 | 楊柳河 | 五十 | 二 | 一 |
| 柏子塔 | 四十里 | 東二十五里 | 觀音堂 | 閻家河 | 小河途 | 細楊樹 | 二十五 | 一 | 一 |
| 伴仙亭 | 十二里 | 東十五里 | 篤實區 | 白沙嶺 | 閻家河 | 柏子區 | 十 | 一 | 一 |

| | | | | | | | | | |
|---|---|---|---|---|---|---|---|---|---|
| 蘇坑區 | 二十里 | 東二十里 | 柏子塔 | 小河塗 | 白塔橋 | 細楊樹 | 三十九 | 一 | 一 |
| 花橋河 | 三十里 | 東三十里 | 石陂區 | 唐殿區 | 上義區 | 桃林河 | 十九 | 一 | 一 |
| 青山港 | 十里 | 東二十里 | 桃林河 | 唐殿區 | 石馬槽 | 古城畈 | 三十二 | 三 | 一 |
| 閻家河 | 二十里 | 東三十里 | 丁土城 | 桃林河 | 伴仙亭 | 細楊樹 | 十八 | 二 | 二 |
| 丁土城 | 十五里 | 東三十里 | 白沙嶺 | 古城畈 | 閻家河 | 柏子區 | 二十七 | 一 | 一 |
| 石馬槽 | 三十里 | 東十五里 | 袁家河 | 白田畈 | 沈家庄 | 桃林河 | 二十三 | 一 | 一 |
| 小河塗 | 十五里 | 東十五里 | 伴仙亭 | 大東門 | 白塔河 | 蘇坑區 | 十二 | 一 | 一 |
| 曾戶長 | 三十五里 | 東十五里 | 閻家河 | 柏子塔 | 小河塗 | 丁土城 | 八 | 一 | 一 |
| 沈家庄 | 十里 | 東十里 | 小河塗 | 金城堡 | 細楊樹 | 柏子塔 | 七 | 一 | 一 |
| 金城堡 | 十五里 | 東十里 | 郭家院 | 古城畈 | 龐山河 | 丁土城 | 五十四 | 四 | 一 |
| 郭家院 | 八里 | 東十里 | 石馬槽 | 金城堡 | 桃林河 | 伴仙亭 | 二十四 | 一 | 一 |
| 義渡 | 三十里 | 東三里 | 沈家庄 | 金城堡 | 白田畈 | 古城畈 | 二十四 | 二 | 一 |
| 桃林渡 | 十里 | 東十五里 | 花橋河 | 石馬槽 | 青山港 | 古城畈 | 二十五 | 六 | 一 |
| 德義堡 | 四十里 | 西北百里 | 擇里堡 | 豐義區 | 黃安縣 | 光山縣 | 三十七 | 二 | 二 |
| 益美堡 | 十五里 | 西北九十里 | 高梘山 | 仁美堡 | 擇美堡 | 光山縣 | 五十六 | 一 | 一 |
| 擇里堡 | 三十里 | 西北六十里 | 豐義堡 | 土乘崗 | 黃栗石 | 德義堡 | 三十六 | 二 | 二 |
| 仁美堡 | 三十里 | 西北六十里 | 益美堡 | 高梘山 | 擇里堡 | 北界河 | 七十八 | 二 | 一 |
| 豐義區 | 四十里 | 西北七十里 | 北界河 | 黃栗石 | 土城區 | 白蠟沖 | 二十 | 二 | 一 |
| 高梘山 | 二十里 | 西北二十里 | 張留區 | 邊堰蘇 | 石板沖 | 仁美堡 | 九 | 一 | 一 |
| 黃栗石 | 四十五里 | 西北六十里 | 白蠟沖 | 邊堰蘇 | 土門山 | 豐義區 | 五十二 | 一 | 一 |
| 邊堰蘇 | 二十里 | 西北三十五里 | 白蠟沖 | 白塔區 | 上馬石 | 高梘山 | 三十九 | 一 | 一 |
| 土乘崗 | 三十五里 | 西北七十里 | 邊堰蘇 | 黃栗石 | 王家樓 | 仁美堡 | 四十五 | 二 | 一 |
| 上馬河 | 六十里 | 西北三十五里 | 白塔河 | 李家壩 | 鄭舖兵 | 邊堰蘇 | 九十 | 二 | 三 |



以上太平鄉共四十五區虎頭司甾汎

## 仙居鄉區分里界表

| 區名 | 周圍 | 距縣 | 東界 | 南界 | 西界 | 北界 | 牌 | 甲 | 保 |
|---|---|---|---|---|---|---|---|---|---|
| 毛家墩 | 二十里 | 西五里 | 李家壩 | 本城 | 樊顧畈 | 鄭舖兵 | 十一 | 一 | 一 |
| 樊顧畈 | 十五里 | 西八里 | 萬家堡 | 七里陂 | 七柯松 | 毛家區 | 三十七 | 一 | 一 |
| 七里陂 | 十六里 | 西十里 | 萬家堡 | 夾沙洲 | 小河嘴 | 樊顧畈 | 四十六 | 一 | 一 |
| 小河嘴 | 二十里 | 西二十里 | 七科松 | 七科松 | 王家集 | 女王城 | 三十 | 一 | 一 |
| 七柯松 | 十五里 | 西二十五里 | 樊顧畈 | 小河嘴 | 臥牛石 | 鄭舖兵 | 三十五 | 一 | 一 |
| 女王城 | 七里 | 西十五里 | 七科松 | 中館驛 | 小河嘴 | 龍門沖 | 十二 | 一 | 一 |
| 紫雲寺 | 十二里 | 西二十五里 | 夾沙洲 | 高峯山 | 黑沙洲 | 汪王廟 | 二十 | 一 | 一 |
| 大成區 | 十五里 | 西三十里 | 女王城 | 黑沙洲 | 中館驛 | 龍門沖 | 十五 | 一 | 一 |
| 中館驛 | 七里 | 西三十里 | 女王城 | 黑沙洲 | 大城區 | 龍門沖 | 五十 | 一 | 一 |
| 王家集 | 十里 | 西三十里 | 七里陂 | 紫雲寺 | 小河嘴 | 小河嘴 | 十六 | 一 | 一 |

| | | | | | | | | | |
|---|---|---|---|---|---|---|---|---|---|
| 龍門沖 | 三十四里 | 西三十里 | 大成區 | 中館驛 | 萬仞岩 | 文王城 | 二十八 | 二 | 一 |
| 夾沙洲 | 十五里 | 西三十里 | 紫雲寺 | 高峯山 | 黑沙洲 | 王家集 | 二十九 | 一 | 一 |
| 臥牛石 | 十五里 | 西三十里 | 七科松 | 龍門沖 | 范家氽 | 高陽觀 | 十七 | 一 | 一 |
| 鄭舖兵 | 九十五里 | 西三十里 | 上馬石 | 李家垻 | 石板沖 | 邊堰蘇 | 七十二 | 二 | 一 |
| 河三墩 | 五十五里 | 西四十里 | 鄭舖兵 | 臥牛石 | 高陽觀 | 梅林區 | 五十五 | 一 | 一 |
| 高峯山 | 三十里 | 西四十里 | 走馬崗 | 烏龍潭 | 南湖畈 | 夾沙洲 | 三十 | 一 | 一 |
| 萬仞岩 | 五十八里 | 西四十五里 | 龍門沖 | 拜郊城 | 七家廟 | 臥牛石 | 四十五 | 一 | 一 |
| 七家廟 | 五十八里 | 西五十里 | 萬仞區 | 深溝區 | 黃安縣 | 范家氽 | 三十六 | 一 | 一 |
| 拜郊城 | 五十里 | 西五十里 | 黑沙洲 | 宋埠 | 七家廟 | 萬仞岩 | 六十四 | 一 | 一 |
| 梅林區 | 三十里 | 西五十里 | 河三墩 | 高陽觀 | 會林區 | 土門區 | 四十 | 二 | 一 |
| 會林區 | 三十里 | 西五十里 | 梅林區 | 向打石 | 黃安縣 | 土門山 | 二十八 | 二 | 一 |
| 高陽觀 | 三十五里 | 西五十里 | 鄭舖兵 | 臥牛石 | 向打石 | 梅林區 | 四十七 | 三 | 一 |
| 向打石 | 七十里 | 西五十五里 | 高陽觀 | 臥牛石 | 古城山 | 會林區 | 二十五 | 一 | 一 |
| 宋埠區 | 十里 | 西五十五里 | 南湖畈 | 汪王區 | 西河岸 | 拜郊城 | 五十 | 四 | 一 |
| 南湖畈 | 十五里 | 西六十里 | 高峯山 | 天齊區 | 宋埠 | 黑沙洲 | 三十 | 一 | 一 |
| 黃岡區 | 十里 | 西六十里 | 天齊廟 | 西峯山 | 黃岡縣 | 陶家園 | 十二 | 一 | 一 |
| 西河岸 | 五里 | 西六十里 | 深溝區 | 南湖畈 | 汪王廟 | 宋埠 | 九 | 一 | 一 |
| 深溝區 | 十五里 | 西六十里 | 汪王廟 | 汪王區 | 岐亭 | 宋埠 | 三十六 | 一 | 一 |



| | | | | | | | | | |
|---|---|---|---|---|---|---|---|---|---|
| 汪王廟 | 十里 | 西六十里 | 南湖畈 | 深溝區 | 岐亭 | 西河岸 | 十五 | 一 | 一 |
| 岐亭區 | 九里 | 西七十里 | 汪王廟 | 永寧區 | 黃安縣 | 深溝區 | 四十九 | 二 | 一 |
| 永寧區 | 十五里 | 西七十里 | 天齊區 | 黃岡界 | 西峯山 | 陶家園 | 十一 | 一 | 一 |
| 范家氽 | 三十三里 | 西七十里 | 臥牛石 | 萬仞岩 | 七家廟 | 古城山 | 三十九 | 一 | 一 |
| 古城山 | 二十里 | 西七十里 | 向打石 | 范家坳 | 黃安界 | 會林區 | 三十六 | 一 | 一 |
| 陶家園 | 十三里 | 西七十里 | 天齊區 | 永寧區 | 岐亭河 | 汪王區 | 十五 | 一 | 一 |
| 五里墩 | 十里 | 南五里 | 百田畈 | 八里畈 | 葳淡山 | 本城 | 九 | 一 | 一 |
| 白田畈 | 十五里 | 南十里 | 石馬槽 | 余家院 | 義渡區 | 古城畈 | 十六 | 一 | 一 |
| 葳淡山 | 十里 | 南十里 | 五里墩 | 余家院 | 董家堡 | 樊顧畈 | 二十 | 一 | 一 |
| 八里畈 | 十里 | 南十五里 | 袁家河 | 朱家堡 | 董家堡 | 余家院 | 二十 | 一 | 一 |
| 余家院 | 十二里 | 南十五里 | 白田畈 | 袁家河 | 八里畈 | 董家堡 | 十二 | 一 | 一 |
| 徐家堡 | 十五里 | 南二十五里 | 曹家河 | 榮羅區 | 朱家堡 | 袁家河 | 十四 | 一 | 一 |
| 陳墩灣 | 二十五里 | 南二十里 | 八里畈 | 黑沙洲 | 夾沙洲 | 董家堡 | 十二 | 一 | 一 |
| 袁家河 | 二十五里 | 南二十里 | 白田畈 | 徐家堡 | 八里畈 | 余家院 | 二十 | 一 | 一 |
| 董家堡 | 三十里 | 南二十里 | 袁家河 | 陳墩區 | 八里畈 | 葳淡山 | 七十四 | 三 | 一 |
| 朱家堡 | 十二里 | 南二十五里 | 徐家堡 | 榮羅堡 | 三羅堡 | 八里畈 | 十三 | 一 | 一 |
| 榮羅堡 | 十里 | 南三十里 | 徐家堡 | 白杲區 | 三羅堡 | 朱家堡 | 十五 | 一 | 一 |
| 黑沙洲 | 二十里 | 南三十五里 | 中館驛 | 高峯山 | 夾沙洲 | 紫雲寺 | 十九 | 一 | 一 |

| | | | | | | | | | |
|---|---|---|---|---|---|---|---|---|---|
| 新店區 | 十里 | 南四十里 | 大城區 | 拜郊城 | 龍門沖 | 萬仞岩 | 十九 | 一 | 一 |
| 周鐵崗 | 三十里 | 南四十里 | 陳集區 | 走馬崗 | 走馬崗 | 陳墩灣 | 三十七 | 一 | 一 |
| 走馬崗 | 十里 | 南五十里 | 陳集區 | 黃岡界 | 高峯山 | 陳墩灣 | 四十五 | 一 | 一 |
| 烏龍潭 | 十五里 | 南五十里 | 走馬崗 | 玉皇閣 | 天齊廟 | 高峯山 | 三十一 | 一 | 一 |
| 天齊廟 | 二十里 | 南六十里 | 烏龍潭 | 黃閣區 | 陶家園 | 宋埠 | 二十五 | 一 | 一 |
| 西峯山 | 三十里 | 南八十里 | 深溝 | 岐亭 | 黃安界 | 黃安界 | 三十四 | 一 | 一 |
| 石板沖 | 二十里 | 西北四十里 | 鄭舖兵 | 河山墩 | 梅林區 | 黃棣石 | 三十四 | 一 | 一 |
| 土門山 | 四十里 | 西北六十里 | 黃棣石 | 盤龍集 | 黃安縣 | 張家店 | 六十六 | 一 | 一 |
| 船夫區 | 八里 | 南十里 | 以上仙居鄉共五十五區鸞籠司崗汛 | | | | | | |



亭川鄉區分里界表

| 區名 | 周圍 | 距縣 | 東界 | 南界 | 西界 | 北界 | 牌 | 甲 | 保 |
|---|---|---|---|---|---|---|---|---|---|
| 本城廂 | 十里 | 城內 | 古城區 | 五里墩 | 毛家墩 | 戴家店 | 一百二十 | 五 | 三 |
| 曹家河 | 四十里 | 東西五十里 | 義合區 | 鹽田河 | 曾家台 | 沙井區 | 五十 | 一 | 一 |
| 義合區 | 十里 | 東五十里 | 白水畈 | 曹家河 | 唐殿 | 上義區 | 二十九 | 一 | 一 |
| 合鮑村 | 十五里 | 東六十里 | 二里河 | 東界嶺 | 義合區 | 白水畈 | 三十二 | 二 | 一 |
| 鹽田河 | 三十五里 | 東七十里 | 合鮑村 | 東界嶺 | 橫河 | 曹家河 | 二十六 | 一 | 一 |
| 東界嶺 | 二十五里 | 東八十里 | 黃岡廟 | 黃岡界 | 鹽田河 | 白水畈 | 二十四 | 一 | 一 |
| 黃市區 | 二十里 | 東九十里 | 木樨河 | 白水畈 | 木子店 | 東義洲 | 五十二 | 一 | 一 |
| 白水畈 | 四十里 | 東百里 | 二里河 | 合鮑村 | 義合區 | 黃市區 | 五十三 | 二 | 一 |
| 木子店 | 三十里 | 東百里 | 落梅河 | 龐山河 | 黃市 | 東義洲 | 七十 | 一 | 一 |
| 二里河 | 三十里 | 東百里 | 羅田縣 | 黃岡界 | 合鮑村 | 白水畈 | 四十三 | 二 | 一 |
| 東義洲 | 五十五里 | 東一百十里 | 羅田界 | 木子店 | 墩陽區 | 河南商城 | 九十 | 一 | 一 |
| 落梅河 | 四十里 | 東百二十里 | 羅田界 | 南庄 | 木子店 | 東義洲 | 六十 | 一 | 一 |
| 南庄區 | 二十里 | 東百二十里 | 羅田界 | 木樨河 | 木子店 | 落梅河 | 四十五 | 二 | 一 |
| 木樨河 | 四十里 | 東百五里 | 羅田界 | 二里河 | 黃市 | 南庄 | 六十三 | 一 | 一 |
| 沙井區 | 九里 | 南二十里 | 曹家區 | 曾家區 | 青龍區 | 白杲區 | 九 | 一 | 一 |
| 白杲區 | 七里 | 南三十里 | 沙井區 | 望花區 | 三羅堡 | 榮羅堡 | 三十五 | 一 | 一 |



| | | | | | | | | | |
|---|---|---|---|---|---|---|---|---|---|
| 三羅堡 | 十五里 | 南三十里 | 白杲區 | 程集區 | 陳墩區 | 榮羅堡 | 三十七 | 一 | 一 |
| 曾家台 | 三十里 | 南四十里 | 鹽田河 | 橫河區 | 望花山 | 沙井區 | 四十三 | 一 | 一 |
| 望花山 | 二十里 | 南四十里 | 曾家台 | 陶家舖 | 青龍區 | 沙井區 | 五十 | 一 | 一 |
| 程集區 | 十二里 | 南四十里 | 青龍區 | 萬壽鄉 | 周鐵崗 | 三羅堡 | 十七 | 一 | 一 |
| 青龍區 | 九里 | 南四十里 | 望花山 | 萬壽鄉 | 程集區 | 三羅堡 | 七 | 一 | 一 |
| 陶家舖 | 五里 | 南四十五里 | 橫河 | 沙河 | 黃岡界 | 望花山 | 十 | 一 | 一 |
| 沙河區 | 九里 | 南五十里 | 橫河 | 黃岡界 | 黃岡界 | 陶家舖 | 二十 | 一 | 一 |
| 橫河區 | 三十里 | 南七十里 | 黃岡界 | 黃岡界 | 望花山 | 曾家台 | 七十 | 一 | |

以上亭川鄉共二十四區與史崗汛

三鄉市鎮

閻家河集在縣東二十里爲東山聚貿地

三水灣集在縣東三十里

萬壽集在東五十里

三河口集在東六十里

木子店集在東一百里

槐樹店在東七十里

東義洲在東南百十里

夫子河集在東南五十里



鹽田河集在東南六十里

黃岡廟集在東南九十里

閔家集在南十五里

孫陳集在南二十五里

普興集在南二十五里

鮑家集在南三十五里

沙集在南二十八里

迎河集在南三十里

王家集在南三十里

六合集在南四十里

白杲鎮在南三十里

邑人萬繩祜白杲值雨詩小市烟寒槐火新一尊相對送殘春地因白杲山留客時近黃梅雨困人燕得新泥沾溼好蜂含宿蕊帶漿匀銀鞍傍險歸原易無那村醪醉轉醺

望花山鎮在南四十里

中館驛鎮在西南三十里

騎龍集在西南四十五里

宋埠鎮在西南五十五里濒河水陸之衝南北貨物輻輳前所未有

建甯張際亮清明日宋埠驛中作詩云倦遊何處不思家況復淸明感歲華楚水東流人北去越天南望



日西斜樓烏隔院初藏柳語燕臨風正落花惆悵招魂猶舊俗荒原兒女自喧譁

岐亭鎮在西南七十里同知駐防於此

和尚潭在西四十里

艾陽寺集在西五十里

蟠龍集在西五十里

順河集在西六十里

張店集在西北七十里

范店集在西北九十里

楊家墩集在北八里

洪家河集在北二十里

伍家河集在北二十五里

陰山畈集在北四十里

王福店集在北四十里

乘馬崗集在北六十里

福田河集在北六十五里

杜家河集在北八十里

兩路口集在北九十里南北於此分界以上舊志

以上鄉鎮宋埠爲大白杲次之岐亭又次之餘僅爲居



民日中之集而已

堤堰

東門河堤在東城外三里宋家村之左由北而東沿縣前河爲之斜長三里有餘在舊志四全堤之上近日堤身削薄山水挾沙而下土爲沙掩取土甚難修堤者沙土交施未足持久不特本處田廬用衛且爲朝聖門大小東門之衛如此堤不保則山溪陡發直射東城於學宮尤爲可慮彼時均係農民就田籌費殊非易事他日爲東城作外衛久長計須城內外紳民通力合作加高培厚接四全堤舊址與四全堤一律興修樹之楊柳以固堤身庶公私均有濟云

大河長堤在岐亭之南上抵潘家寨下界岡邑嘉魚村至葉家大橋綿亘二十里岡麻各半田地萬畝居民數千家均資保障

傑士河橫堤西起羅家山麓東至詹家河岸約五六里羅家畈祝家廟劉家廟俱倚賴焉

深溝堤在岐亭之東北距縣城七十里而近西連鳳凰山東接小河岸長計三四里硯池畈一帶田畝盡障之



王家集堤在縣西仙居鄉近中館驛之左地濱大河爲西北諸山溪會合處倒水注之春夏暴漲汪洋浩瀚田廬受淹者衆本區金陳黃等姓公同籌費環築堤埂以禦水患並蓄樹木以衛堤址永禁侵伐稟縣有案

沙河堤一名四全堤在朝聖門外明隆慶時建以護城年久坍塌 國朝知縣吳顧行重修

邑人梅任鈞新築麻城四全堤記歲庚子爲吳侯治麻之六年教行政修百廢俱舉自城垣泮宫義學公廨及祀典所載神壇祠宇次第煥然蓋公以敏練之才勤於庶政視邑事如家事故邑之規模氣象莫不新焉先是公修葺東城時徘徊雉堞間謂學宫近城瀕大河河流自北來斜射城下久之城必不支城既壞則學宫之啓

亡次及民居不得狃處堂之安也議於城外作長隄爲城衛念城未完勢不暇兼及久之城工竣凡修三百餘丈既又加葺女城補苴罅隙數十百處公曰今而後可以從事於隄矣乃捐貲市活松數千株爲地釘募工去城下浮沙車去潭水補城脚水嚙空洞以松釘駢其外又購竹編簍以細石叠其中後實之以土自應壁門至學宮東角延亘數十丈河水所激悉爲禦之公日與縣佐盧公親董其役工始興議者以防爲前此所未有創始實難公曰不然夫河水遷徙今昔殊勢昔者水勢低而去城遠觀城門石級下至丈餘則昔日之河可知今水與城逼安可無以障諸且民所難與慮始者勞與費耳今不費民不勞民何爲不可議者乃服初下松釘每架用十餘人日止下七八釘爲功甚緩蓋釘長丈餘以五尺入土設架於釘上懸石椎之架凡設版二層以坐用力柱植于土勢不得不求深穩然植須屢移功半耗于架焉公乃以意創爲架式名曰活鷹架其制用二大木横眠地上以根架柱省去植柱于土之煩架前用横木聯屬而缺其後以便推移釘下欲前則推之而前



如舟車耳自是日下至六十餘釘一時觀者咸咨嗟稱善松釘既下土石未施而城東瓦礫充塞與城齊高下公曰此吾隄料也初募大治土工運以填隄估取工錢過多再度於武昌人索值甚廉衆欲許之公曰不可彼不自揣任其事力不繼將自貽戚且今二麥方青民艱於食吾令吾民負土取值貧民是利何事與遠人爭較多寡乃出示募民荷畚簣至每簣土酬以三錢見土給籌見籌給錢民相呼至者數千人無畚鍤者皆捧土入簣爭道而趨壯而力者日獲百餘錢讙聲動地數千人往來隄上不煩而成纔旬日耳是歲夏霪雨連旬河水大漲非隄實障之城其殆哉然松樁之冲壞者已十丈公隨爲悉易以石遂爲無窮之利云是役也公以實心興實利其仁至其義精其經營調度所全不少蓋城既全學宮亦賴以全城中土石積爲城患者皆爲有垣用之物民之饑者又藉是以飽則地利獲全民命復所保全焉爰勒石而紀其實名其隄曰四全用誌公之德於不朽云至公之才力練達智勇深沉豈但全此方已哉他日立廟堂上佐聖天子綢繆陰雨將舉天下而生全之不過即此推之耳豈獨全此一方已哉吳公名顧行號勉齋江南長洲人盧公名遇號際河陝西人

落鱗陂　在縣東十五里

閻公陂　在縣東十五里

落葉陂　在縣東二十里

太子陂　在縣南四十里

一路陂　在縣西十五里

七里陂　在縣西二十里

滾泥陂　在縣西三十里



霸陂　在縣北四里

牛陂　在縣東十里

鳳陂　在縣東三十里

白田阪官塘　在縣東南十五里

大塘　在縣東南二里

龍潭冲塘　在縣東南二十五里

馬家山官塘　在縣西南二十五里

潘家塘　在縣西南五十里

松林塘　在縣西北三里

沙河塘在縣南十五里
七里岡官塘在縣西北十二里
雷石塘在縣西北七里
宋家塘在縣西北四里
栗林塘在縣西北四里
興福寺塘在縣南三十五里
白石堰在縣東三十五里
石牛冲堰在縣東三十里
土堰一在縣西五里一在縣北十里



響水潭堰在縣西八十里
紅石堰在縣北十里
蕭家堰在縣南六十里
千工堰一在縣西五里一在縣北十里
夾堰在縣西七里
王家堰在縣北四十里
黑龍潭堰在縣西十五里
硯池堰在縣西七十里岐亭之北有水名硯池其畈與堰亦均名焉彎環三里許

津梁

望仙橋在縣北八里舊傳爲麻姑昇仙處
邑人胡鉉望仙橋詩平橋彌望迴碧浪正澄鮮石疊千秋壘池開十丈蓮鷄聲留古洞鴈齒落晴川丹竈澹然火青燈淡着烟鶴巢流水外人渡夕陽邊不復逢仙子長虹逗遠天
桃林橋在縣東十五里至元初鄉民蔣德俊建舊志
聚賢橋在縣東十五里相傳爲元學士虞集故里舊志
紅石橋在縣東十五里一統志
花橋在縣東十五里至元初建舊志
望魯橋在縣東六十里龜峯之麓一統志



南門橋一名古亭橋明宣德間知縣孫仕忠建成化間知縣胡琮重建
塔兒橋在南門外二里許有小浮屠級鏤佛相上有宋咸平二年識
廣仁橋在縣西二里許邑人毛鳳韶建
相公橋一名太平橋在縣西門外明宣德癸丑年知縣孫仕忠重建
橙林橋在縣西二里
樊潤橋在縣西南十五里汾州徽州介休等處典商張城

峻余元賜等重建光緒閒邑人李樹儀陳文煥戴廷謨宋均爵等重修
李沐橋在縣西二十里官田畈本縣孝廉李沐建州同王
導域重修
獅子橋在縣西四十里以上舊志
東坡橋在縣西七十里岐亭鎮宋蘇軾與陳慥會此一統志
觀察橋在岐亭文昌宮門外司馬潘元會題有碑贊
萬壽橋在縣西五十里袁家山下縣人袁墀同族衆捐貲
募修
普樂橋在縣西北八里五腦山麓乾隆五十三年貢生熊



鍾重修
永豐橋在北門外州同鄒本監生成价重修
福元橋在北關廂
三里橋五里橋七里橋俱在縣北
檀谷橋在縣北十里
祖功橋在縣北五十里
觀音橋在縣北九十里縣人吳宗建
馬公橋在縣西南四十五里爲赴省通衢馬縣令過此橋
適成故名

仁壽橋鄒貝士孫慕嶧重修
破子橋在白田畈橋頭寺側嘉靖辛丑縣人熊吉建後劉
大賢補修
行壽橋康熙甲子年建乾隆九年熊嘉會熊桂菴等重建
張三港橋邑東四十里雍正七年陽顯昌子應箕應尾仝
重建
萬壽橋在上河區段國祥捐修
陳家義橋俗謂義作石在中館驛南二里州同職陳光裕
現於此設有義漿義燈



棗木橋在義合區龍泉寺側係棗木一株長丈餘闊尺許
自明迄今不朽故名
三星橋二一在八疊山下岸高水險行人苦之同治九年
監生李丞泣捐千餘金創修石橋人皆稱爲義舉一在墩
陽區下分監生鄒介福捐修
萬壽橋二一在墩陽區下分監生鄒介福捐修一在三杳
區監生歐陽應箕同姪汜建
捲棚橋在龐山區監生熊德麟建
聚陽橋在三杳區胡姓建

楊梅村橋昔名黃梅𡋯口兩面皆市河寬四十餘丈通來
江詹魯安子映斗捐建費二百餘金
甘露橋在邑南門外兵燹後補修
平虜橋前名同婦橋年久傾圮道光間生員婁漢章募修
易今名
花石橋在白杲南門外道光年間重修
永錫橋在邑南兩河口係南北通衢道光丙申黃麻士民
同建並置有橋屋涼亭田產
圓嶺巖石橋三架在橫河區州同夏承志捐建



謝店界河石橋一座係理問袁繩武貢生袁作賓監生袁
浚共建費千餘金
轉蓬橋在艾陽寺係理問袁映甲袁映藻貢生袁映科袁
繪廷暨知事袁映第等同建
上石橋在細楊區上分係張姓同衆捐建勒有碑
高橋在拜郊區北門外半里許係光黃通衢舉人胡翹霜
監生胡粹中胡宗川捐費三千餘金建修
三道河橋北上通衢道光間州同郭允中建
永康橋在杜家河道光間州同郭允中建

舖二河狗腿壪二處橋南北通衢監生郭永昌建
玉龍橋在路口街頭之北皖豫往來要道道光初州同郭
允中建後被水沖咸豐間縣丞郭鍾靈重修
許家涼亭東石橋係鍾端儀募修又修聖門外木橋二道
公買田八斗地五斗爲船橋費貢生鄒繩謨助石橋費二
百四十串修木橋一步捐棉地四斗爲拆搭資至今賴之
福田河橋道光間區衆建修
邑人徐庭蘭募建福田河橋引楚豫之交有河曰福田
本名沸天北抵光山界三十里南二十五里抵陰山關
再行四十餘里達麻城河廣十許丈獨淺澀不受航石
磷磷起逼側岩㟁巉鬼兵持千百斧劃人物蹄足方春



夏雨集時上源纔下水即鯨奔蜃哭喧豗若暴雷霆聲
沸天蒸其所以名此河既南北當孔道水盈尺無渡理
顧不得不渡涉人物其內一失足蹼即破顱斷脰以斃
負擔者偶有所脫失前覺已漂去大河五六里雖甚寶
愛然終不可收拾一歲間若此類凡數十士人毒之因
據其酷虐之實而惡以諡之曰哭天云舊嘗架石梁其
上康熙間再成再圮於水蓋中幹自西徂東界楚豫旁
一支南邐麻支嶷自作祖則先斷爲大峽其附支垂左
腋南北踞以爲峽衛者橫側成峯嶺皆匯其水九里沖
而故石梁橫當沖口水下峽久不得快驟至是復有所
邀截則怒乃還撲衆流驟伐之傷者梁不堪一再戰其
速圮固宜又地距兩省縣邑遠濱河居民少欲有所修
飭自度無以勝前人故數十年來目擊杰徒之辛苦雖
甚痛憤卒以無奈何且止行浮屠戒月者僧於豫而卓
錫於楚嘗視其徒河濱之茶庵聞往來之毒是河也審
視其地慨然曰是可爲也遂告河兩岸善信願以檀施
力鼎建虹橋而厚積其勢計十餘丈橋當爲水門九內
好停即可以殺剽悍而經久遠議既具託余以數言疏

其意余因詰之曰師志誠善矣顧工程大朱提數千取辦檀越囊槖中亦甚艱囏哉師自計事必濟否不徒𠭊師藤杖芒履否僧曰惡是何言吾行十方久建石橋以百數資費倍吾所欲嘗亦十數未盡仰希國帑也況吾採石近山而輔以向所圯則其費省而賢士夫讀書懷古嘗欲擴乘輿濟人之惠博施天下豈復惜阿堵物而富商大賈之喜捨者固將以便其身圖則其施必倍今吾所需不過二千金斯足何艱囏之有哉予但爲列其所以然俾得藉手諸檀越無爲憂事之或不濟矣余聞是言已不禁拊髀曰壯哉師知勇兼乃可屬大事他日橋既就則沸天之險平而楚豫行者亦先號而後笑即以是河爲師與諸檀越種福之田也其亦可

閻家河義渡獅子庵僧捐田一石二斗付石陂區經理有碑記　求兒尖茶亭并橋一座獅子庵捐田二石一斗五升

木樨河義渡係余楚材捐修余產不中人捐錢至百餘貫



聖門渡船一隻本門士民捐資置渡濟人共勷義舉至今往來稱利涉云

料棚雙河口義渡道光四年建置田二石四斗二升後船被賊毀同治七年重建船隻併屋二間

虎頭司義渡公置船田坰水田八斗羅公望私捐田五斗

白塔河義渡道光間本區與張酉區人捐田修義船二隻行人賴之勒有碑

傑士河義渡嘉慶二十年深溝區周維朝創造道光十八年劉文魁羅鳳翥復倡捐重修

新河義渡同治四年岐司馬唐訓邦暨釐局委紳李元清紳董李楚雄成功炳吳亮采創建

白杲河水漲時有渡水淺時有橋梁民未病涉云

月渡在白杲西六里地向有船橋貢生羅芝高經理捐田一斗七升爲鄉人倡遂迭有捐助

岐亭東大河爲東西要津陶姓前倡義舉有船無產功漸就湮至乾隆三十五年合族捐產捐貲亦僅公置橋梁仍係舟人賣渡嘉慶廿三年合族捐貲船橋並置同治五年增置橋屋四間舖面八間田地五石餘以資義渡費勒有碑並刊入陶氏家乘



三關河向有橋渡有傳姓捐田助修後俱廢今土城街眾復修路口區監生郭時澍捐田四斗以爲渡資其田坐落楊柳河江姓佃種

鷹山畈後河有船橋

螺亮潭船橋係眾姓捐建

黃土岡義渡一木橋一係余光輔倡捐修建又捐田一石九斗五升爲船橋費勒有碑

乾沙河義渡嘉慶二十二年拜郊區蕭覃任廷桂屈璞堂

胡慶雲等同區衆修造船橋併置田地共八石九斗五升舖屋大小十二間又屋基三段每年稞石房租存作修補之費

唐氏義渡　國初高峯區人唐步韓所建此地大河迴環卽舉水所經往來病涉捐買義渡以濟行旅河乾設有船橋房屋子孫相承世爲唐氏義舉及嘉慶間家道稍落始付諸宗祠以爲一家之事以一族任之以免缺費之患及咸同年間兵燹毀壞有唐七屋灣之唐應盛應達兄弟出而持其後慷慨倡首約本灣族人緒洪友廷應岱應芳等



協力捐輸置産積金歷久不廢

宋埠義渡地爲本邑首鎭南北通衢行人如織爲舉垂諸水之所經過處渡舟强索錢文行人苦之乾隆年間街鄉紳首公捐船橋一座是時河道尙窄咸同年間兵燹屢經水患時作河道倍濶往時各紳首復竭力勸捐較舊渡爾爲修廣又置渡船五隻每年清明渡至重陽水落時止其安置船橋房屋并碑石均建涼亭河乾橋工餘積置舖屋兩間以租息備修理之費其餘螺壳潭等處亦各設小渡云

宋埠何家河義渡在宋埠西北係南北要道素無橋渡嘉慶十二年監生葉柏林邀袁長盛何承先何玉書等倡首捐貲與大衆公設義渡置有田地屋宇以租稞爲每年修整之費

# 麻城縣志卷之六

## 建置第四

### 塘鋪

國朝康熙十三年因吳逆猖獗增設麻城守備一員千總一員把總二員兵丁二百五十名蕩平後於十八年二十一年內裁去守備一員千總一員把總一員兵丁一百七十六名餘次裁去今存留把總一員兵丁四十九名

把總署八檻馬房一檻駐防本城防城汛兵二十五名內馬兵一名戰兵二名守兵二十二名



舊店兩路口黃泥畈三路各防兵五名內戰兵一名守兵四名塘房一座一重四間哨樓一旗桿一烟墩五

宋埠塘房於乾隆二十七年十一月奉准部咨添設額外一員領守兵九名塘房一進前一重三間後一重三間哨樓旗桿烟墩一如上數回塌復有稽查匪類牌二扇什物架等項所有各丁器械等項俱在營存局糧銀俱在黃州協領給同治十年奉文新添經制外委一員領守兵十六名分駐路口與河南商城縣廬店塘交界 以上塘汛

縣驛額設八鋪

縣前鋪鋪兵捌名徭編壹名永充柒名鋪舍在鼓樓街至十里鋪拾里

十里鋪鋪兵陸名徭編貳名永充肆名鋪舍在高岸河至白棠鋪拾里

白棠鋪鋪兵柒名徭編壹名永充陸名鋪舍在八里畈至白杲鋪拾里

白杲鋪鋪兵柒名徭編壹名永充陸名鋪舍在白杲街至望花鋪拾里

望花鋪鋪兵柒名徭編壹名永充陸名鋪舍在望花山至沙河鋪拾里



沙河鋪鋪兵柒名徭編壹名永充陸名鋪舍在沙河區至黃岡縣交界之道觀鋪拾里以上俱往府大路接道觀河

黃福鋪鋪兵肆名徭編貳名永充貳名鋪舍在邊堰蘇至王家樓鋪拾里

王家樓鋪鋪兵肆名徭編壹名永充叁名鋪舍在王家樓交河南省光山縣屬之長潭鋪肆拾伍里

以上各鋪司兵共五十名徭編共十名永充共四十一名

廢驛三處　舊館驛縣中街　中館驛縣西三十里　東館驛縣東　驛馬分養於縣北九十里王家樓以便南北應付今裁省以上舖司

碉堡

長嶺關碉咸豐九年胡文忠撫楚相地扼要諭就近練紳於此建立鎮安卡卡門一座碉二座大小炮臺三座

松子關碉在邑極東地勢險峻與羅毘連北界商城通英霍咸豐八年粵匪由此入九年奉胡文忠公檄麻羅合建信義卡卡門二道碉一座大小炮臺五座卡東西各置營



房十數間十一年成提督大吉陣斬捻逆龔瞎子於此詳大事記

九歇山碉咸豐九年奉胡文忠公諭建立保安卡卡門一座

雙廟關碉北界商城咸豐九年奉胡文忠諭建立固安卡卡門一座碉一座炮臺一座

兩路口大界嶺碉界聯商城咸豐九年奉胡文忠諭建立楚安卡卡門一座炮臺一座同治十年新添外委一員駐劄路口堡

兩路口小界嶺碉界聯光山咸豐九年奉撫憲諭建立彊安卡卡門一座

謹案麻城形勢東北山徑崎嶇易於設險古五關皆在焉咸豐間粵捻跳梁中丞胡文忠相地扼要飭邑紳於要隘創立碉樓以資守禦此上諸卡是也其督修任以附近紳士東鄉之夏梧李久椿北鄉之蔡熒光郭時湘等實任其勞自後賊隊奔突官軍據險以攻屢挫其鋒甚賴碉卡之力今承平已久陳迹猶存後之攬者其亦可知保障之所由成矣

黑石寨光山縣界又有連康寨下有鮑家莊西有大石牌俗傳關索西征經此舊志

臺山寨在縣西一百里元世祖伐宋初破大勝關繼破臺山寨擒守者胡知縣即今天臺山屬黃安縣地舊志



隘門關在篤實區距城百二十里北界商城山路險隘前設有關今石門猶存

必勝門卡在黃麻坳六里地咸豐五年尹楚昌蔡占福蔡道源鄒成翰戴玉美夏秀河等買圖邑地建立邑侯劉伸孚題其門曰東南鎖鑰

白杲保安堡即古白杲戍週圍一千六十弓門五同治丙寅同知羅克寬監生董慶舒等奉檄建立王大筬等繼建空心炮臺七座羅春和等復修理培垣及門樓屹然爲邑

南保障
高山寨在路口街西相傳明末所建同治四年區衆重修
竟成堡卽路口街同治六年縣丞郭鍾靈同區衆建修
帝主堡在宋杜區杜家河街西
福臨堡卽福田河街南北通衢迭遭蹂躪同治五年耆民
婁善謨職員李玉書等倡首修建是年賊大至竭力防堵
一方賴以保全
蔡家寨在張留區爲護兒山門戶
天平寨明末建遺址猶存江厚載等重建

麻城縣志　卷之六　建置　碉堡　五

永清寨在虎頭關對河
瓦礫巖呰係光山與宋杜區分界處
公義堡邑北四十里週圍三百餘丈高一丈二尺石垣有
垜門三同治六年修
仁義堡週圍四百餘丈高一丈五尺三門石垣同治五年
修
寶珠寨在上馬區石垣有垜週圍三百餘丈高一丈五尺
明季顏靜川建同治四年文童嚴奉天擴址重修
獅子寨邑西北五十里巉巖如獅明季周世盛號雲峯萬
歷舉人官廣東惠州府知府致仕回隱此山崇禎八年賊
由北竄麻土人於山頂建寨推公爲主時年七十餘與鷹
山關駐防官軍雷應乾馬如龍馮虎昂葉思茂等互相救
援公居寨施濟宏保衛密賊不敢逼衆賴以全至今碑礎
大炮居屋與公像尙存遠近居民歲時祭祀同治五年監
生伍鳳章淩萬暄擴址重修石垣週圍四百五十丈八年
神醫張元和歿於此山屢著靈驗士人建廟祀之
祖公山寨邑北三十里石垣四門週圍八百餘丈高一丈
五尺同治四年因舊址重修

麻城縣志　卷之六　建置　碉堡　六

福主寨原名鄢家寨邑北四十里明季鄢勝堯建四面陡
峭中如釜形同治四年監生嚴培瀛州同余芝亭等復修
週圍七百餘丈芝亭捐貲四千七百串有奇
安定堡邑北四十五里黃土岡石垜五門週圍三百餘丈
高一丈八尺同治五年修
太平堡原名羸豬腦在白臘區石垣週圍九十餘丈高一
丈二尺
龍山堡原名古山寨四門週圍百餘丈在白臘區
永豐堡在上馬石

永安堡卽龍山寺週圍四百七十丈高一丈二尺同治五年修

天齊堡在騎騾舖

江渦灣一姓堡石垛四門週圍百三十丈高一丈二尺

邊堰區戴家寨在槐樹邊後江家砦在丸塘冲村後

七家廟地方舊有防堡明生員袁東紏衆建立已圮同治四年歲貢袁魁倒貢龔樹德同范家坳監生李行儲等借趙姓地基准建修均和堡墻垣千丈容數十萬人

沙河區爲邑南門戶無險可守同治丁卯傅興灣新建一



堡以備不虞

周湘寨在仙居鄉永寧村

白樓崁堡東聯青山堡同治四年修

清平堡在德義堡砦基山離城九十里原名九龍山四面險峻週八百餘丈有田塘數十畝同治甲子該區沈繇朱王等族與安邑長水會同建

保安堡昔名楊泗寨建於仁美堡南陽嶺離城九十里徙乃南北分水處與黃土穆陵二關密邇係楚北要害古有觀音岩明崇禎十年蕭姓建同治二年丁葆貞重修更名

名內有仙姑廟每值花生日士民朝謁焉

蓮花山堡在高梘區離城八十里形若芙蕖周圍峻險絕頂平曠有田塘十數畝茂林修竹掩映其間同治二年邑庠馬弼臣同衆建立

石樓堡在豐義區𪩘巖離城七十里上有虎洞羅漢洞皇經殿昔有道人鍊藥其間丹竈尚存同治四年王大吉率元利營同邑人築堡於此

人和堡在奉道山同治壬戌武生朱世昌職員傅雲階等建甲子粵逆圍堡斷汲道遂失守昌階等死之



萬安堡在邑南三十五里之鳴山舊有基址同治丙寅知縣衛袁樹柄奉檄重建

同心堡在細楊區之曲背尖舊有寨址同治四年重建

致安堡在走馬岡周四百丈連垛高一丈五尺同治丙寅建

青山堡內有廟名玉閣縣西萬伢區黃姓業也明季黃明吉黃三友創造久廢同治二年生員黃光炳弟光榮光焰姪應麟約同人重建爲守衛計其勢險峻爲縣西一方保障連年賊竄邑境此堡無恙保全士民甚多

保安堡在義合區豹兒腦同治六年待詔銜程志遠監生
戴光笏程騰芳率衆重建
久安堡在唐鍛區遊蕩山頂釋無念示寂處相傳唐王昔
遊於此山今同治間重修
金堂堡在義合區八疊山左同治五年貢生程鳳翔同衆
修建
萬巖堡在萬仞區明初黃武盔建爲青山堡犄角同治五
年理問黃光煥與弟兄倡首重建
大勝堡在深溝區與岐亭爲犄角勢山形如箕外峻內坦



向有寨久廢同治甲子程立富糾衆重修既竣因無守具
富憂憤自經後賊犯境人咸附之堅守兩月餘賊大舉環
攻岐亭官紳率勇出援賊遂退偷後屢守獲全乃塑立富
木主於大勝寺祀之
人和寨在上義區麂角尖山狀人形臍穴常有湧泉禱雨
屢應舊有寨址同治間重修
雁門寨在義合區北舊有寨基同治六年待詔銜程志遠
監生陳鴻逵陳光遠劉愈高等重修
均安堡邑西六十里地名宋埠設鶯籠巡檢一外委一兵

燹後闔闤蕭然安邑胡超羣邑人何克復唐德潤江夏吳
逵江邑人劉煥章項其潤張兆楷袁文雅安徽汪承鏞安
邑張萬鎰彭同心劉楨久江夏徐景星邑人葉維青章登
榜施永怡等各司其任遵諭修建週圍一千三百四十弓
高一丈八尺培墩高一丈門六堡中凝瑞樓高五丈二尺
堡外空心礮臺六實心礮臺十二北有古塹南係長河東
西開濬新濠功竣後賊屢竄至憚不敢攻保全生民屢著
成績
永安堡在雲霧山内廟敷重係明經畧梅信天舊業御史



曾泗源以三曹廟易之崇禎時就山築堡以禦流寇今故
址猶存同治二年曾族重修
花石寨在墩陽區平斗山距城七十里同治四年汪金城
程洪太安等糾衆建週圍百丈高一丈五尺
墩陽區康阜寨在黃貓尖烏米寨在風尖山安樂寨在香
山北清和寨在尖腦山均同治四年建
又拔塵寨在拔塵山文筆寨在門牛岩同治三年建
篤賓區上分大勝寨下分朝陽寨同治三年建是年又建
康王寨

白沙區上分太和寨利和寨保和寨靈山寨均同治四年
建又百勝寨在萬古樓山頂同治三年建
龜山區中和寨天保寨燕子寨神武寨清平寨蘇石寨均
同治四年建
三杏區石城寨同治三年建大腦寨同治四年修
懸鍾區保安寨明季朱正明建名鶯山同治三年補葺易
今名三湘寨同治四年建
東義洲有承平寨西峯寨雙尖寨鳳鳴寨
橫河區靜山仁壽堡係舊寨同治元年鄒成翰戴能彩尹



國宏等鳩衆重修鄧家山堡同治二年重修大同堡向有
寨爲東南要害同治三年重修腦鍾山堡鯉魚山堡四方
山堡均同治四年修白米山堡一名北面山明季建相傳
流寇圍堡糧將盡圍愈急堡內以白米飼豬紿賊圍始解
故名同治三年重修
石觀區玉霧寨向有址古寺三重同治三年至寨避亂者
衆賊計破之死百餘人四年丁大鏞同鄉民重建蛇山寨
亦於是年建立
保安堡在大成區週圍七百二十餘丈門五礮臺八金正

宗林逵揚林瑞庭約大成區中館驛王家集禹王城小河
嘴各區同建
燕子寨在石陂區有唐時遺址地極險峻羅家寨董家寨
鯉魚寨互相環抱爲犄角勢
毅安寨在高峯區于鐵崗同治五年公正監生毛正鐸貢
生周滙川例貢周海珊同衆建週圍二百四十五丈雉堞
三百九十四高一丈五尺
蒲楊村堡明嘉靖間庠生喻炎光督建基尚存
興隆寨在鼓樓山葉全祿劉鳳鳴羅邑附生朱瑟庭等同



建
田家山志城寨武舉田春魁田紹輝等同建
五峯寨縣丞銜李久椿督建
名勝寨復設教諭詹兆朱李學高詹述祖詹東昇仝衆建
雲龍寨係羅田地界羅邑屈彤雲邑舉人余雅祥同建
陡林八和寨夏多均同衆建
擡嶺安定寨熊[illegible]成同衆建
屏風寨金將[illegible]
中權寨[illegible]

天井寨郡庠童先桃夏世德余秉圭汪金用汪炳煥蕭士琳等同建

又蔡家巖寨胡家山寨朝陽觀寨黄古巖寨雲霧觀寨覆鍾寨林家寨富居寨保安寨靜平寨鮑家寨共十一處

黄市守望寨汪化鵬汪登林汪逃秋汪學宗汪鳳池等修

磺山堡在范家均區同治二年重修又北二堡四年重修一堡

塔寺山堡在向打石區同治四年重修

萬福堡在陶家區同治丁卯年照舊址重修



鳳凰堡在雙廟關西吳瑞啟婁大壽等倡首同夥修建

平心堡在朱杜區下分

保定堡在木子店區離城九十里同治四年十一月監生熊保榮生員熊薰等稟建

太平老堡在甑山區離城五十里同治四年十二月韓尙題韓尙榮等稟建

人和堡在柏子區離城三十四里同治六年四月生員夏逢春貢生丁秀芝等稟建

永安堡在上義區離城五十六里同治五年二月監生吳汝光袁士金等稟建

保釐堡在閻家河本鎮離城二十里同治五年二月州同曾紀三監生陳宗銑生員腧士楷等稟建

龍華堡在石陂區離城三十里同治六年正月耆民方國林張世洪等稟建

大生堡在横河區離城六十里同治五年四月童生蔡駿松監生蔡駿烈等稟建

人和堡在河井區離城五十里同治五年四月四川知州蔡開坊生員蔡駿珪等稟建



致安堡在走馬崗區離城四十里同治五年三月職員王坦然蔡耀義等稟建

義安堡在天齊區離城六十里同治五年八月童生陳本康耆民陳韻元等稟建

董家堡在閔家集離城二十五里同治六年三月生員王春華熊漸逵等稟建

朱山堡在龍門區離城三十里同治五年三月監生葉志華葉志國等稟建

同心堡在臥牛石區離城三十五里同治五年正月生員

曹文炳童生楊德美等稟建
三合堡爲河三墩梅林高陽等區公建脩離城五十里同治五年三月崔雲卿張德權陳先幹等稟建
鳳到山堡在土門區離城五十里同治五年三月監生朱茂堯傳元榜等稟建 以上照縣案增補
西南鄉溝興迎河順河各堡今雖頹廢舊址尚存創建年月及首士姓名縣署未據開報俟查明補載



麻城縣志卷之七

建置第五

古蹟 碑碣附

呂陽城在縣東五里今廢

閻公城在縣東閻家河畔相傳爲閻伯璵故里 一統志

東義州城在縣東九十里周以史甯爲通直散騎常侍東義州刺史築城以居今廢

女王城在縣西三十里濒浮橋河今址尚存

古城在縣東十五里今名古城畈耕者時鋤見城址世傳



爲卽後趙石虎遣將築城處

什子山廢縣宋端平間徙治於此蓋因避兵僑治也至今猶存斷碑數片明崇禎末年邑人復立砦居之恃險不守爲光山舉人劉鼎關所襲 舊志

岐亭古城在縣西七十里齊梁間爲岐亭縣十八蠻縣之一也陳南康內史巴仲肅屯兵於此卽宋蘇軾訪陳季常處明嘉靖中議設郡丞防禦寇盜并伐石甃城尋以分建黃安而止今爲岐亭鎮天啟中始移通判駐之

國朝改設同知同治中增修城池爲邑西保障

邑人王元士岐亭古蹟攷岐亭古廢縣處麻治極西之境與岡陂安三邑接壤北距光二百餘里南距黃一百餘里故曰光黃間前明嘉靖時以盜起西山駐捕通判羅瑞登築城約週五里五門二十八敵樓以守之 國朝易以同知分鎭則岐亭雖非重鎭亦楚黃之扃鑰也不綦要哉粤稽水道一自麻邑西流環繞於岐之東一自白沙關今隸黃安東流環抱於岐之西二水合流經九十里至團風入江 岐北三里有杏花村即方山子隱處清端于公建祠顏其額曰宋賢祠祠後一墓三中季常先生左大儒甘堅魯先生右張憨子合爲一塚碑係開山道人所立惜不傳其姓字再北里許有古松生石上相傳憨子所植大數抱根如蟠繞枝葉四邊披起曲曲盤盤垂蔭數畝之地望之如偃蓋然凡遠近學士大夫以及騷人遊客之賞勝者僉比之大陵之異臺州之奇云近城一山名九螺山西石崖鐫刻詩句即張憨子休憩處崖前有亭曰逸亭西望江漢如在目前也岐之南一橋據廣輿所載曰岐亭橋蘇子嘗月夜訪季常過此吟云解鞍欹枕綠楊橋是也至今呼爲東坡橋橋下泉



水且重且馨橋之東有桃黃庵林木陰翳王翊號桃黃道人所居故名岐東名硯池畈田萬頃平如抵掌時作墨香是豈地氣之所獨鍾與抑諸賢侯政治之所感與其古賢人君子之留芳不泯與抑醞釀於此以待後來之發洩有時與是爲攷

邑人梅鈵岐亭同李鵠山送劉孫謀由金陵入都詩

九螺峯外歲方殘衰柳旗亭各據鞍萬里烽烟雙鋏往六朝山水一舟看舊時客在逢休哭故國詩成寄莫酸尚有悲歌人未去爲將杯酒弔燕丹

邑人周禮岐亭河東訪友人用扇頭韻客居方病臨

訪舊踏晴沙流水背山郭春芳度野家碧搖三逕柳紅散夾洲花暮色催人醉垂鞭對落霞

龍集縣古城明嘉靖時岐亭通判羅瑞登築城掘出一碑有龍集縣字未詳何代見府志

天下郡國利病書引唐巡按疏曰岐亭鎭則隋唐之龍集縣也亦不詳所出存以備攷

陰山戍城在縣北四十里一名鷹山畈爲南北要隘元明至今居民皆築堡於是以禦外寇蓋即六朝古戍也

劉金吾濠明錦衣衛劉守有別墅也濠在西畈去邑二里許茂林修竹夾岸盛植芙蓉至秋如霞如錦累石爲島島有亭亭外有洞以太湖石甃之深入水底引水爲沼沼有樓舫栽花嵌石參差繡錯週迴曲折接應不間中有一堂華亭董文敏題曰魚樂堂名賢多所遊詠花間四時簫管晝夜歌童舞女盡態極妍泝流而上與濠相望二里許則爲牛山別墅石亭佛閣時聞竹籟松風把酒登臨山川在



望可謂窮一時之盛美金吾沒後濠止有沼山止有佛閣知縣蔣羽公嘗聯其閣云魚樂不知人換世牛山何必淚沾衣可慨也夫 舊志

衡門第在小西門外李孟白別業其子李春潮讀書其中與衡門第相接者爲百花橋乃孟白之弟李來卿所構卷石小草點染皆有佳致邑鮑子知刻有百花橋近藝士人皆膾炙之

囊山庄在龜峯東什子山後上有張仙堂流水鳴屋下池上竹甚美梅惠連結廬於是今爲僧舍

李中素襄山詩二首干尋誰積鐵崔嵬力制頹波倒
漩迴江海同歸元氣合荆吳雙控霸圖開憑教刼火
論權敗還聽潮聲自往來獨立茫茫開屈指祖龍終
算出羣才笑過長袖拂狼山欲掬滄溟洗熱顏匝地
五滬盤雪浪浮空三角出烟鬟海門日照金銀色禹
穴雲生玳瑁斑莫向江頭更吹笛梅花明夕滿人間

桂香樓在南門外

三老堂一名耆英堂在縣治前街右成化中知縣朱嵩御史吳公爲縣致仕觀察使周鑑方伯李正芳僉憲董應軫建燬縣令文舜階繼修　國朝康熙己酉知縣屈振奇重修

邑人周思久文侯重修三老堂記成化間吾祖觀察使孔明公與方伯李公彥碩督學僉憲董公宗南束髮結



好以風節相砥礪及登仕版歷藩臬遂飄然冥擧先後請老於家投問養望意在人外澹如也維時蜀朱侯則川宰吾麻至則敦禮三公謀多就之以故朱侯治行稱最焉御史大夫吳公行部至問侯所以治狀侯對曰下走吏何能唯是二三大夫之訓吳公擊節歎曰有以也夫士抽簪而猶不忘世豈不賢乎哉顧三公春秋高令倘亦有懿侯舍蓋公之意乎侯敬諾爰卜邑迤西隙地一區築舍舍三公顏之曰耆英堂自是侯有大政則延三公登堂而問焉以爲常後三公云亡堂就圮遺址鞠爲茂草迨今百餘年未有修復之者文侯舜階始埽而新之易今名曰三老堂而因屬記於予予惟憲老乞言古之道也乃晚近之爲吏者大都束檢押礪廉隅勾稽於簿領筦庫之間不者或竊承當轄風旨爲名高朋求師質龥迂視之豈知親賢則益好問則宏畢智寡聞者道之所不載也今朱侯行古之道文侯聞其風而悅之並求光昭前烈堂成出教令凡學士大夫以公事至者皆得停車繫馬於此以時諮諏焉是侯蓋以三老望人人矣則凡登是堂者有不慨然想見其爲人思以作求之歟然進言在人擇言在心心苟慮矣卽街談蕘語亦可有裨治理者不然則雖使端木說辭鄒軻持籌而辨之亦安所用哉昔子賤宰單父求五人事之而稟度焉以故不下堂鳴琴而治夫子賤在孔門負牆之列共學摩之深矣乃爲宰猶必求助於五人則學之交相資也侯振纓稽古敦素秉貞其嚴不苛其寬不縱有和平之執焉而侯方鞠鞠然求之人不以自足是侯之志念深矣顧予匪臣無能繩祖武追配前修奉侯擘畫萬一乃吾黨學士大夫素自所期信者豈在單父諸人後哉誠反而思之求所以助侯者何在則庶幾哉交資之義乎而後無負於侯作新斯堂之意

環陽樓在北關外梅少司馬建俯龍池臨大河沿河盡竹以桃楊掩映其中樓外有深池繫舫游泳花鳥親人又有山茶一株高二丈許紅英綠葉翠色覆被中庭云



鳳凰臺在縣東三十里三水灣北孤峯獨秀河流襟帶卽鳳陂之東南五里山相傳昔有人於八月十五夜經嶺側時松濤息響山阿寂寥忽若有吹洞簫聲尋之不見還數十步仍復好音迭送或曰此鳳鳴也故名

飛仙亭在仙居山麻姑于此飛昇　以上麻城舊志

丁雄均詩廢亭縹緲鶴歸遲悵望飛仙有所思一逕
秋風依鳳嶺十分夜月映龍池淩虛恍覺神光滿弔
古應隨浩刼移我欲乘飢煮白石憾無活火引松枝

邑人成倫詩飄渺修眞女傳聞已得仙芳蹤稱逝矣
亭跡尙巍然逕曲松杉古橋危石磴妍泉流瓊佩響
山色薜衣鮮花縣思遺惠瀛洲不計年雞聲仍唱曉
鶴馭杳難旋莫覓還丹籙惟培濟物田玉堦如宴會
遙望幾重天

桃黄庵在岐亭鎮東坡記有王翊者自號桃黄山人 湖北通志

泊石庵在縣東六十里漸山之麓怪石差峩間小洞幽邃陳儒樸結庵洞口因號漸山 麻城縣志

桃花塢在七里橋瀕河數百畝皆植桃花今廢 湖北通志

牛山别業在城西二里金吾劉延伯所築今廢

尺五天在城内西隅爲翰林梅公岑小築 以上麻城舊志

杏花村在岐亭有杏林杏泉陳季常隱居處旁爲蘇步橋 一統志

邑人胡鉉岐亭杏花村記宋元嘉時有赤亭無岐亭説者謂岐即赤字之譌都不可考按九域志岐亭有廢縣而坡公亦作岐亭詩贈故人陳慥則岐亭之名由來舊



矣岐北三里許有杏花村陳季常隱居處也季常洛陽人好賓客喜聲妓號龍邱居士少與子瞻友善後僑寓岐元豐初坡公守黄過岐亭季常謁焉越明年復相見於村中村多佳致繞籬植紅杏數十株每杏林花發落英滿地好鳥嚶鳴春山淡冶如笑林外流泉淙淙循簷下瀉空碧澄鮮紅潮掩映似爲西子洗妝行數武鳳漪岩漾長虹卧波則蘇步橋在焉當是時溪山淨秀花木明瑟微颸側側從絕壁下吹垂楊矮屋間令煩襟頓洗彼兩人隱囊紗帽把酒淋漓浩歌相贈答視世之俗吏催租抱一部魚鱗冊子夜打柴門殊令人作惡矣第西窗剪燭勝會難常往哲人遥墓木半拱於今不知有宋又安問杏花村都人士當酒闌花謝每樂尋古人軼事惟是悵望九螺榻懸崖碑差得見張憨子遺跡獨至步孤村拜狂先生墓求所謂環堵蕭然者杳不可得但留兔葵燕麥搖動春風未免感慨係之季常死後數百年而有清端于公鳩工庀材墓側建宋賢祠祀陳先生上雨旁風薇蔚陰翳令士子輩篝燈兀兀雒誦蓬廬俾歲時伏臘追奠前賢依依如覿面語季常雖化爲異物吾知眞誠所感其精悍之色當往來村烟暮靄中諒不與枯木殘花同歸澌滅也嗟乎莫爲之先雖美弗傳杏花村不過彈丸地何眉山過於前清端祠於後徒以有吾季常耳然則非季常賴有杏花村亦村賴有季常也而岐亭遂與村俱遠矣

邑人李廷庸遊古杏花村詩青絲約髮尙峩冠過眼繁華只等閒馬上短衣空意氣門前長嘯冷溪山莓牆花落春猶在石磴雲封客未還勝蹟到今頻指點小橋依約翠微間

邑人徐庭蘭杏花村謁方山子祠詩紅杏花中謁古祠方山子是好男兒不將兩騎談三畧且學羣公戀五芝故國庄田今歲主窮山俎豆亦多時巡廊捫徧牆腰石怕有坡仙汁字詩

沈家庄在縣東十里爲都御史梅之煥宅前臨桃林河崇禎季以禦寇築爲堡



廣濟劉醞驥贈梅長公詩 并引 楚寇日熾當事難其人時公家居沈庄寇望風畏之而時未見用麻城道中投詩致慨

中丞開府耀西秦捲旆歸來家未貧騎擁酒車春角射伎圍香帳夜留賓黄雲塢壁推盟主大樹功名屬老臣畏食朝廷推將畧幾時溫詔起綸巾　司馬名家起後塵英風楚士本嶙峋天留白袷驅豺虎人指青山數鳳麟共信伏波能死國誰云獨武不如人烽烟畫角淒涼月聞卻荒雞起舞身

湖庄在七里陂翰林劉洪源建樓臺湖上今廢

茭湖庄在縣北五里爲兵部侍郎梅國楨衡湘别墅

湯家埠在朝聖門外三里許梅氏所創前俯大河後繞長溪松逕竹塢袤延數十頃植奇花異卉于其中而亭臺樓

閣之勝隨景布置遊者竟日忘倦

綠仁館花園在西關外周柳塘所創日與諸名宿講學於中園內鳥語花陰欄檻相接明窗淨几幽雅宜人四座置異石四壁多名公圖畫其案頭清供多尊彝琴劍古物觀所列布咸井井楚楚令人目肅 以上麻城舊志

立浪園在石牛沖堰北松谷中曹應昌構 湖北通志

曹應昌自記曰黃輿碧落浪人所居遊也處乎寥廓之觀而圖焉則已陋竺天瀛島心緬以清郎至焉一乎淨寂之致而圖焉則已拘顧餘犇濤立矣九蓮三山反在地中浪人有不得避姑取超有不能一姑取寄云淵明菊和靖梅屈蘭王竹仲若鸝舌宏景松聲因性所近而取適焉二氏所稱洞天福地脈絡相連非還丹子不得



至鴻都玉京之下三十六天皆實有城闕居人垂裳受吏至聖大賢處之浪人既鮮颷渡之津滯羽獒中拔天無計居既不敢卜山亦不敢深居偶山山偶圖然金谷也奢土室也隘壙也哀窩也忞圖焉斯可爾圖而立浪者浪松也萬松摩霄骨撐髮豎其有立之義抑悲風激盪中猶有未摵者存乎是有異焉圖山也取致以水水溪也取致以池以泉松圖也取致以竹以古藤以雜種之樹以遠望之茶山環於石石圖也取致以草屋以土坪巉崖複洞欹傾圖也取致以回廊以修堤以閣坂朝山也疑暮晴而雨色四時也疑一暄萋霜而鸝歌雪而蕉影初從岸庵出雲竇蕣一線溝猱鳥道爾捫蘿蹲塹壁綠薜荔牆入立浪圖門鼎曠若行野石虎之關矣松則龍而馴關不勝馴也曰馴龍衍磴而柏丁丁雨折而蕉扇扇雲出石竇隔筠籬望文石牛背妝西子濃抹澆背一鶯矣䓁䓁者梅傻而不敢索其笑亭亭者梧過而不暇據以吟下坡陀循牛𣓠池咫尺閒蓬宮闕不得渡又上而坡下而亭矣藤篁蒙蒨萬葉交影人浸葉中水怒葉下風泉壯亂語不得聞（他本此下有日墓津三字）津橋而西則桃花泊榜燦然山參差桃桃先後花然洞光谷影霞片水聲西湖柳堤秦淮葉渡烟中閣鏡中山昔年畫船紅夢入此蓋依稀近之泊而竇竇而水亭泓其伏流而出者乃反磯激魚頭頭影荇藻不可得漁然柳絲拂水軓亦驚竿竇以上皆平臺種梅而郵其左則雪山之顛也界天台道矣選濤而亭其右則張毅萬松其未燹火焉蔥蔥茫茫其古懷襄其未平也周視徑窮矣旁瞰石背有隙摩身背以入如鼠穿竇曰文石峽也越石橋藤蔓陰森九天銀河窺薇其外過破袖亭沿塘塍到谷莊似人間籬落紆棧閣入縮虹廬又一洞天矣西折徑松風而上蹲肝雲丁鐵蓮牛覆怪樹生石腹石髓滴鶗鳥動人幘衎魂醒骨冷其古仙服烝之嚴循巖而南陟嶺麓則蝸峰雁石襟帶間挹其翠色河纏白而透迆以西千里盡望下坐石艕內虬虎以爭外波瀾斯遠近而几案皮則鬱鼎曠馴龍衍也大祇部署因其自然歷亂序於思理喬木千章潤池工匠石族而居以文以怪以寢以飛以讓以鬪山牛二石特詭秀壁立坐而橫紫蘿冠錦苔帔春朱花秋紅樹䁱夏綠雲步障石而玉女丈而



秀以文乎伏者削而案蕩與繚則虎而圈沼與臨則牛而飲蕉與覆則鹿而夢矣受履笻薦樱席枕每月明夜深主人獨嘯輒不意武邱洞簫石底潭之背峽之旁亭閣之照竹依松鷺魚疑鳥依稀靈壁飛來閒遠山疊東而不露其童僧磬下升而正愛其孤龜雁兩名巒隱躍左右而琵琶牛邀不肯遽開其靨柴桑牛坐壓靄封斷而邈若山河其間晴妝雨翠千變萬狀近棲而遠托旅遊而獨抱反扃而徧尋節遊而近之有不暱勇割而棄闊之以深其聦懷皇人風小年日不足樂浪人飢娛老乎顧山不衡泰水非江漢茅之屬不如北竹木之屬不如南垣有淋不能塈池有漏不能甃樀檻有脫以敝不能丹漆以經久遠伐楊而几斵松而臺束草而席縛緄而牀瓢以椰壺以瓦飭以竹箭苧巾布羃蕭然乞寒圄多山花梅棃李菊野樹香不之數而九里香乃特馥丹桂寶珠茶移植山庄者如貴游子入野人道士羣反不韻哉花亦畦厄於木且石不暢畦畦亦花厄於貧且陋不巽花具云爾翅移株輒活曾無橐駝種樹之方好鳥來巢豈有薛翁幻禽之巧卬朋四海而飈集樵牧迓道

以歎游岸庵梵聲長途人語嘹嘌若在坐隅馴龍行之蒼莽則瑶池讌而冠佩醉譁昆陽鏖而鹿象怒角也肝雲广之靚邃則鐵船峰之石蓮雲水玉泉之洞室也選濤亭之雨之月之雪谷莊之朮秋之篘夏雪鄒之酒杯之劍映漁竇之蒲團石舫之壺楊松之野燒潔之落暉之吐月破衲亭之冷雨酸風縮虹廬之抱琴篝講近於飡慶蚤於向平切於宗炳雖僾不及贊皇之平泉而後已過樂天之池上踈不至散裯不至整樸不至陋文不至纖劍俠而有其嬋娟枯僧而有其絢爛湖海嶽山而有其一坵壑至乃風動茶槍難其鬬者棋間峽雨若或聞之水沈對屑閻爐是不燼之灰綠醖攤經秦火出未灰之字或則休糧永日鍵戶詮元亦有乘輿騎驢下山乞食鉤松簾而進雨則鳥鼠亂其圖書摯土銼以居雲則狼豹馴於雞犬山有勝事則元宵之放燈修禊之採蘭婦孺之鋤藥眷屬之飯藤花有勝景則紅子樹落葉階松毛徑石蒲古溝霞衆曉竈不辨晴紅山亂厨煙難分縷白每秋室晝靚枯藤落子迸打屋瓦疑於鬼兵更復稀春風而逸童塵嚮夜谷而默鳥蟲桃花似女妖盈



來二女之鬟醉葉漫山明滅看寒山之火是則武溪男女莫幻僂臺華山腳躬徙游蟻蝶庶幾鄭谷眞個廬山矣其有梧而坪有蔬而圃有磴而玉以春有絕巘而平岡以彎弧以走馬或則力難劇作而莫窮靈運之斤亦時憂畏馳驅而輒斷草堂之手興會不及標舉斯虛或有不名有不至也間者圖爲卷素派以歌章耿懷袖而慰羈孤脫丹神而成果道山川粲白何殊仙掌之螺笑黛依然不異菱花之巧移情送目即是居人趴月清風便富良友誠慮繫帆未穩終扇風濤清福難消特生蹤難則儻時懔雞聲而思薄廟因晨風而懷遠人不既傷乎嗟呼章臺之銅散其墨花綠野之石殘爲梁白奈何以雹蠶之呵而欲永海桑之玩况椎蓬闔子棗栗恒兒曾無名山洞室之懷足以觸其雲木念先之感而更望其蒔花舊徑薙草間階不亦難乎是以李衡枯樹室少居人叔夜新篁園無主者亦知浪山烟景百歲之內剪爲童巔而雪堂偶築於黃州愚溪亦標於西粵寓意寄情若鷺點汀沙霞鋪暮漢聽其聚則成文而散之鳥有豈至如匡公五老定結斯廬靈運萬斤轟鸞幽壑者乎况乃景陽鐘斷句栖簫寒駿馬堂傾鬱葱拏戮其何有於茲園嬴者曹對影婆娑尺階其幸編身傭佃陶復爲居亦云溢量而習心未埽斧構如斯不既多與余家近衡峰泝流可達寧不欲訪王薛之高蹤讀異書於岣嶁而虎豹嘷逕禪錬他務未免桃片浸於污溪石泥封其青髓蘿攀莫極杖屨惘然更復肺病兼年而累絲難殺鹿門以槃勝具維艱比年裴几躬携蔣蒿自刈既少姪兒之童子結伴羅浮兼無暇際之鞭奴相依博奧用是不得不坐選家山瓢詩短水已非梅福求開之意亦豈鑑湖許乞之恩聊寄居遊自商歲月而已園即囿丁出仍主客其可以園焉者其可不必園焉者胡爲乎結行制而强遊人爲是沾沾者哉

張一恒擬江治庵過曹石霞先輩立浪園詩海內知名一大儒多方錄出寸心孤尋常風月人間有若箇肝腸世所無抱恨生偷死不朽堪悲醒獨醉難扶而今年少多才者弔得先生盡日吁

邑人梅鈿立浪園選濤亭和曹石霞先輩韻絕磴藏幽險紆迴上白雲改橋將路折得石與池分瀑濺書



邊起人聲葉裹聞東溪有吟者開戶值斜曛以上麻城舊志

香草園在縣東五十里俗傳嘉靖兩見白兔湖北通志

相公橋外園花卉列植周柳塘葺今廢

朱山谷口園學博周行可置今廢

瓜園故老相傳諺云水打蔡瓜園麻城出狀元自順治庚子年起桃林河水逆上與縣河水合入乾沙河即瓜園也冲出一石刻有蔡佳二字邑孝廉周世垣居其地親見焉

百可園在城南關內鄧楚望建

鄧楚望自記曰余歸自雅州卜邑城之南偏結茅以居名曰百可園種瓜蒔菊日抱甕其中園濱小湖南有亭

山峙其前湖上下搆曰達觀樓曰欲仁堂樓前有橋通兩地而一之南北爲亭二曰抱甕曰心遠迤西又於湖中爲亭曰綠佳北有堂曰能閒皆在水中取唐人所謂綠樹爲佳客又能閒有幾人而名之也亭外曰湖上青山曰城市滄洲松竹花柳芰荷之屬繁植其中一方山水稱勝焉昔人所謂折芰燔枯此焉自足愧余非其人也仰思古昔詞人逸客用志雖同而遭時或異今聖明在上賢哲滿朝對酒而歌太平固當知所自來矣願乞一言以垂不朽不但衰白不偶竊有光輝華衮之錫當與山水並勝矣

墨池在新店朝議大夫周小野别業

碑碣坿

魏毛玠神道碑 案兩舊志暨府志均未載且漢魏六朝並無碑文不知原志何據姑存其目

南唐磨崖字



在瘋峯山側俗傳唐元宗駐此 舊志

按五代史南唐李璟稱帝於昇州謚元宗麻城爲其屬邑則碑係南唐所建無疑非開寶之元宗也

浮圖塔碑

浮圖塔記曰蓋聞聚沙爲塔證□位於金輪祕像成□貫□空之玉宇令□崇厥勝事□□有弟子陳志□科淨□建此□□□□伏□於淯化五年在東京□咽喉□□□□□□□乃焚香□佛□保安和併□□□眷屬□□□□□將麻城縣□□有地命□□匠造浮圖□□□果蒙聖力□遂全安是以不負初□邵徒□□

司僉事毛鳳韶撰貴州布政司參議曾鋌書 舊志

李家庵石刻

明董其昌爲李長庚題隱庵二字

鴈臺石刻

明釋道一修煉處石塔上有大同二字係梅中丞之煥書山間一石勢甚穹窿可避風雨石上有道一手書無生處三字字係飛白苔蘇布護而熟視愈明最上爲白臯峯石壁間有獨峯禪室傍鐫龍田董子書左清風石右明月石字殊蒼秀今俱存



仁愛碑

縣人爲典史張敬祖立梅國樓撰

麻城會館碑 文見學校志

在京都東草廠頭條衚衕會館中乾隆四十七年壬寅十一月立縣人梁景陽撰

蔣侯育士德政碑

萬歷年間立縣人劉鍾英撰

沙街廟碑

在縣南三十里廟爲東嶽行祠萬歷三十三年乙巳四

月縣人周宏論撰

興福寺碑

在五龍山天啟六年丙寅四月立縣人劉鍾英撰李長庚書

蔣侯修學碑

崇禎六年癸酉十月知縣蔣煜立以上舊志

蔣侯修學□□碑曰昔范延貴押兵過金楚張中縣□天使□路來見者□□□□□□□□知之則首舉橋道歎並修葺以對□□□同薦拔朝□□見其子惠



亭□□□□□□□□使治豈無人於此者而□名臣往往□此卜流查則□也大凡天下之所以□治督□□□□□□傳舍其官故以傳舍視□無之而□傳舍也不以傳舍視之又無之而為傳舍也第奉□□□□□忽者而大者皆可推□文忠嗚□□記足以觀□□見□□學宮岩岩□□多□□□□□□□之中庭草淒□梅花□□無翰□□□

先聖□天之□□□興賢造士之門而□□□此又得以貴文□□之色而騰□辟之光此□傳□□□者之□□□邑聖殿齋宇以及名宦鄉賢等□自大父母蔣君□在□而□□□□□新其愷悌□人□遇諸□以禮而□之以□□之□□□□□以文而董正□以行雖□儒□□其甲乙評題亦無不精詳□慎從來所未有也始□□□□□其餘特昇□中之一□耳□以□之諸名臣當恨古人不見我今君侯方輯玉五雲歌湛露之□□□□□□此□□涵宥於此□□其遺愛則無□□□□□服官亦無傳舍乃□□□古名臣之相□□者是則是效庶不負君侯作人盛心乎君□



□□□□□□□□□□□□□□□□□一何足□報也侯諱□別□□南吳之武進人也□□□

崇禎六年癸酉歲小春月初之□□

王侯修學碑

順治庚子十一月立縣人曹應昌撰

修儒學碑

在大成門西順治十七年知縣王潞重立縣人嘉定知縣曹應昌撰湖廣按察司僉事王發祥勒石

誥勅碑

在西門外貴州分守思仁道布政司參政張[illegible]
海母梁氏墓前順治十八年正月立
歸併里糧碑
康熙十年知縣屈振奇立
于清端紀功碑
東山之亂既平于清端公於黃市旗亭勒石以紀云龍
峯以平龍潭以清既耕既種萬世永寧康熙二十二年
立
王公戡亂碑 文載文徵



康熙二十七年戊辰冬月立吏部侍郎王封溁撰
城隍廟碑
康熙五十五年十月縣人內閣學士鄒士璁知縣吳顧
行等立
麻城新置義學學田碑
康熙六十年辛丑十月立縣人徐家麟撰
傅族施田碑
在北門外東嶽廟乾隆十七年五月紳士等立生員唐
典撰

文明樓碑 文見前
在鼓樓上乾隆二十九年二月知縣羅均立
重修儒學碑 文見學校志
在大成門西乾隆三十一年五月知縣劉希向立
三老堂碑 文見前
前明邑人周思久撰 國朝乾隆乙酉重立
好德堂碑 文見學校志
乾隆五十八年廣東欽州馮敏昌撰
橫翠樓詩刻 詩見前



乾隆辛亥欽州馮敏昌題在萬松書院門左
青雲梯碑 文見文徵
嘉慶己巳知縣陸費恩瑔建江夏王德新撰在書院中
修建試院碑 文見前
道光九年知縣董應魁立
試院落成碑 文見前
道光十年邑人袁銑撰碑在試院中
重修萬松書院碑
道光十三年鄒開魯建

屈氏賓興義庄碑文載學校志，

道光十七年建在試院中教諭萬之傑撰

文廟重修碑文載學校志

道光二十五年建教諭萬之傑撰文

文昌祀產會試賓興歲科試卷碑文載學校志

道光二十八年知縣姚國振撰碑在試院

岐亭宋賢祠忠節祠碑文見前

咸豐九年建會稽宗稷辰撰文

嘉慶重修五腦山廟碑



邑人胡宗第等重修德安府教諭李愈達撰文

重修武廟碑

同治七年百勝營統帶游擊向百福建訓導劉杰撰文

同治重修五腦山廟碑

邑人王大埜等建舉人熊天玓撰文

公捐新進文武生院費碑光緒元年建一在儒學一在試院

新捐學田記刻石光緒八年建在書院中知縣陸祐勤撰

邱墓義冢附

三國魏毛玠墓在縣東十五里花橋河按三國魏志毛玠陳留平邱人官尚書僕射以事免官據府志玠傳云攜其幼子流寓於麻似玠墓當在此

唐閭伯璵墓在縣東閭家河一統志

孟學士逸其名墓在邑東三水灣夏姓宅後與閭墓相望此豈即滕王閣中孟學士其人耶

宋陳慥墓在縣西南岐亭鎮之杏花村一統志

元毛廷元墓在縣北八里五腦山之麓敕葬府志

喻千乘墓在縣南三角湖舊志

虞學士相傳爲虞集墓在邑東古城虞家墩按元史集臨



川人字伯生何以葬於此豈流寓耶聞有好事者曾啟墓視之中有誌乃集文非集墓也而虞氏至今宗祀之

趙元亭墓在縣西打磨石府志

明鄒來學墓在城西十里樊家橋敕葬府志

劉璲墓在力田庄明敕葬

劉天和墓在鎖口河敕葬

梅汝觀墓在白塔河敕葬

梅國楨墓在唐殷婁家河

劉　采墓在縣東

周思敬墓在邑西鵝兒崖
李正芳墓在沙河李家堖
舒崑山墓
劉淑湘墓在羅家舖
劉守有墓在四柱橋廖家樓側
曾大有墓
李文祥墓在戴家店後
梅國樓墓在閻家河袁家寨
彭遵古墓在仰天窩彭家寨



蔡應陽墓
李長庚墓在北門三里橋
田生金墓在夏家圴
劉承禧墓在四柱橋富家樓
周宏祖墓
周邦璟墓在小勅嶺
田生芝墓在葛家圴
梅之煥墓在沈家庄河東
周宏禴墓

陳以聞墓在大河沖
王育德墓
劉鍾英墓
劉　僑墓在東山康山寺側
百一總管鄭亨千一總管鄭和萬一總管鄭綬墓共在城西門相公礄
彭有謨將軍墓在邑南徐家區彭謨塚公有膂力謀畧明季以救登萊功萊人德之爲立生祠補登萊總鎮歸籍後率衆堵禦流寇陣亡葬於此側建有小祠



晉名醫王叔和墓在邑南三十餘里之青龍區相傳公係本邑人爲一代醫宗著有脈訣諸書行世後人欽慕之名其地爲藥王衙
雷馬二將軍墓在四道河鷹山嶺時有遊擊馮虎昂同二將禦寇其時大將徐朋來擁兵漢上雷命馮求援跪轅門三晝夜徐一騎不發馮歸與雷馬同赴敵死時邑人郭玹先生號洞林匿鷹山巖穴間目擊其變後邑人扶鸞馮赴壇咏懷云舍生爲國亦云足濟主全身兩未能其英靈猶不泯云同時有陳指揮亦戰死墓在十鄉樓側

牛將軍泉墓白泉福主廟後有古塚極大歷無培土者亦
不崩圯父老相傳爲將軍墓云
周宏謨墓在縣東木樨河禪堂左側
國朝張颺墓在長冲
國朝鄒士璁墓在七里陂
國朝鄒汝魯墓在石家岡
國朝蔡先春墓在閔市河
國朝梁景陽墓
國朝程德楷墓在望花山南三里許之曾家園



國朝袁銑墓在鳴山下公居屋右側

義塚附

漏澤園在縣西石家山縣人熊經稟縣用價買於民者
毛氏義塚在縣西一里地名鳳凰窩處士毛文昭所施
西門外義塚北門外義塚順治壬辰巡按聶公檄行知縣
立石
西門外牛棚山東西義塚知縣吳顧行捐施
五里橋西義塚知縣吳顧行捐施
西門外白骨塔同治間邑人同建

聖門外白骨塔咸豐八年知縣易光蕙建

附知縣醴陵易光蕙建修白骨塔碑記　慨夫纍纍黃土離騷曾賦招魂脈脈青山晉史猶悲埋玉而況牛眠莫兆生閱烽煙馬革難求歿無槀葬血經秋而化碧骼礫寸以成枯荒榛蔓草之鄉形傷過客木葉山城之地慟感民胞凡有心人洵知慘矣矧爲司牧能不悲哉麻邑界枕岡羅毗連商豫木陵之關如畫紫雲之嶺猶新素號名區亦稱樂壤乃者今春三月倏丁寇亂銅壓豕突火延糜竺之家白刃梟張霧捲鄭公之里遂使雀空古巷燕歎覆巢或欒侮而捐軀或闔門而全義杏村月黑照逵路以迷茫柳港煙低踏髑髏而慘烈爰有鳴珂望族衣錦名家景倩則父子同殲趙孝以兄弟爭死學常山之罵賊舌尚如生慕睢陽之穿齦齒不妨嚼覩斯骨也固有凜然正氣怒髮衝冠者矣亦有丹鉛爲業文繡羅胸讀聖賢書所學何事識忠孝字未肯污名王蠋超叄染猥塵而弗顧魯連赴義蹈白浪以甘心覩斯骨也又有壯色儒林爭光先哲者矣若夫絜才淑質彤管女



宗綺顏隕命於朱絲鶴訣完貞於眢井拂衣斷臂蕭同李媛之心抗志殉親孝隨曹娥之志豈何由而觸念竹有淚以成斑斯烈骨之崚嶒實露筋之馨潔至於屠沽俠少市井傭倉田隴畊夫窮簷儈偶一朝赤膽毗裂要離三尺青萍氣伸朱亥義憤共昭父老勿殤合重鄰童斯尤熱腸漉漉無愧匹夫俠骨稜稜負稱鐵漢作鬼雄於地下存直道於人間凡此芳型允茲毅魄甘爲玉碎不作瓦全惟是地之黃楊悵桐棺其莫瘞人如白石擲叢莽以何依本縣職忝親民下車斯土時三秋之乘厍景百觸以縈懷恭逢　皇威遠播之時即爲冥漠雪冤之候縱若輩難成鑄錯終古埋憂而今朝可拾遺珠有天補恨聿諮董事勤督搜羅負畚揭於林端哭劫灰于澤畔譬漆曾爲癩知由豫讓之身試燭之以燈中有荊卿之血女媧往矣摶土何年精衛填之重泉差慰盍朽者其骨而不朽者其心挫者其膚而不挫者其氣斯墻之成在是年十一月初九日也嗟乎千金市駿相馬知憐片石着鞭叱羊能活豈以精靈同類任此委暴零星撫眼底之青嶙皆心頭之赤子看落落尺磚寸碣鑴

銘同墮淚之碑願年年麥
飯棠梨營奠酹鄉人之酒



# 麻城縣志敘畧

## 學校志第三

學校者人材所自出也古者有國學有鄉學國學即今之學宮鄉學即今之書院上以登崇俊彥勵相國家下之砥礪名行維持風教典至重也意至詳也世俗日敝華習滋開歲取弟子員之數或倍蓰於從前資格因仍惟以文藝爲進退刻鵠易成爛羊每誚登進之途雖廣而樂育之化不親甚亦大遠於古者立學之意矣若書院則不然得尊宿以爲之提倡取高材以示其激揚官師同體教學相深



甄別有法獎勵有資經義治事分取以名齋德行道藝咸書於歲會平居取益於觀摩臨試難生其僥倖是故樂從者眾而成就尤多此所以補學校之不及者也麻邑學宮建自明代規制崇閎　國朝疊次修葺宮墻美富咸豐初狂飈竄集齋廡一空而大成殿巋然獨存蓋亦水精之靈有以救焚坑之劫也嗣經邑人重修舊規頓復高堅在望景仰依然先是乾嘉間邑人彭韶以邑中人文日盛倡議籲請照大縣例增廣學額五名未允迄今海宇蕩平凡經國防戰守之地　朝廷論功敘賞麻城學額遂得永廣十

二名合舊額共三十七名學校之內多士如林俎豆莘莘蹈德詠仁豈不懿與於是邑中籌置學田計其歲入之資奉爲新進修贄師儒以道藝相尙毋貽錢癖之譏士子以進身爲榮幸免債臺之築況復書院新增膏火孤寒則八百同依義學永定薪資童蒙則再三毋瀆春官秋省文武生童每屆必具賓興無考不資公費休哉一邑之光尤多士之幸也圜橋頻壁騰實者蜚英芸案蕭齋席珍者待聘生其間者倘克爭自濯磨務求實際以蘄備　國家之用垂斯世之澤是所望已



# 麻城縣志卷之八

## 學校第一

### 學制

學宮在縣城東南今朝聖門內背乾向巽面對白臯山宋時與縣署同建元季兵燬明洪武初知縣張谷維趙乾相繼修建正統後知縣楊順翁選胡琮陶天忠推官嚴肅次第修葺至嘉靖中知縣尙德恒修理學宮並立名宦鄉賢等祠

國朝順治間知縣徐鼎重修王潞葺補康熙間知縣屈振



奇加修中爲大成殿東西兩廡前戟門櫺星門後明倫堂明萬歷間知縣連三元建尊經閣敬一亭今廢堂右爲教諭署左爲啟聖祠戟門之左爲名宦祠右爲鄉賢祠櫺星門之右爲儒學門門內右爲訓導署署前爲忠孝祠門外右爲節烈祠

康熙四十九年庚寅知縣馬元勛仝鄉紳重爲修理　文廟大成殿南寧縣知縣鄒汝猷承修分修兩廡爲貢生周基國貢生梅肇錫櫺星門儀門第一部位爲候選縣丞李姪對明倫堂候選州同鮑珩舉人候選知縣胡文垣尊經

閣啓聖祠爲翰林萬繩祜名宦鄉賢二祠爲附監楊從龍貢生鄒汝域

乾隆元年丙辰知縣陳鼎修葺董事生員成蒲學正李蔚生員李巽梅岷源梅岱源訓導鄒迓衡知縣張鳴鐸舉人鮑啓泮監生胡錦胡廷光周志租三十二年丙戌知縣劉希向重修　文廟啓聖祠明倫堂暨泮池黌門併垂憲萬世坊勷事者爲州同鄒本副榜李華訓導成倫監生梅樹仁樹學廩生丁雄均舉人侯映甲貢生張曲江生員鄒光廷等



乾隆三十七年訓導學署重新首事爲鄒本李華拔貢程宗洛文生周敦教甘文煥等

道光二十五年邑人職員屈璞堂捐貲修理自正殿兩廡四祠及學官公署一家出貲獨承義舉

咸豐四年以後兵火頻罹學宮燬壞牆柱僅存己未庚申間知縣易光蕙陳汝蕃先後督率紳士舉人蔡駿杓文生李廷槐等會同黄劉兩學官籌集公欵次第修理始復舊規

同治九年知縣楊宗時會同兩學及邑紳重修鐘鼓四亭

明邑人劉采重修儒學記麻城古號名邑國朝經術文章尤盛豪傑俊偉後先相望蓋萃靈毓秀繫乎學宮學宮在邑東南肇基大河之岸河水衝激岸輒崩學宮被浸浴久敝圯太甚棟撓瓦解柱攲牆傾壇宇墊爲沮洳門廡鞠爲茂草目之罔不心惻然未有一致發者靖川陶君至卽毅然以爲己任諮相故匠會計申畫遴委諸壽官某發贖金若干程諸匠作鑿石伐材補河堤以固基址築藩垣以立範圍整撤舊部華藻完固則明倫堂三楹文廟三楹敬一亭三楹創造新美宏廠壯麗則儀門三楹東西廡各九楹東西齋各六楹學門三楹鄉賢祠三楹工始於嘉靖癸丑八月朔二日至甲寅五月十一日畢過者色然改觀易昔慢易爲敬畏莫不頌君之賢且勞也由是諸生請紀成於安峯劉氏曰夫學所以養士也賜嘆安仰商云居肆有以也矧學之頹也久矣豈前此有司悉慤於是智疎者經理弗給力匱者處置尤難陶君德備義周勇於任事勞心苦行不肯孫孫從俗苟安而其才猷又足酬所志簿書之暇披捜教籍日進儒生坐談道奥勤課校隆賞勸士子翕然向風且數



十年之廢一旦而興神靈旣妥師模益振益得所依矣自今二三子垂紳鼓篋優游其中顯志肄業究體達用將文采炳蔚事業煒煌俾後有考吾邑之學究文物所從來陶君功德可容晦歟君浙寧波鄞縣人諱天忠字舜臣號靖川以庚戌蒞縣事廉靜無求政務畢達蒞茲二紀弦誦聿興嗣是陟崇都要有不大遂施措興廢舉墜救偏補弊以維新斯世也哉

明邑人周思久麻城縣儒學尊經閣碑記學以至乎聖人之道也聖人往矣道在六經經常道也歷千萬世弗可易也猶之衣帛若布五穀食人終其身不厭何以然常也粤自墳索之後言日益以煩蓋至周末而諸家紛紛矣孔子者出乃取六經删述之已耳而後之人遂指爲學聖津梁者何道在孔子故也且孔子之道何道也學不厭誨人不倦而已是常道也夫道之不可常者則厭且倦隨之矣可常則何厭復何倦耶乃世學人不知六經之道其常不可易俊快者則騖於元虛去陳言而盡芻狗之是濟河舍筏者也檢柙者又謹守佔畢而不復領其旨趣是買櫝還珠者也總之卑卑者耳而於道

均病矣故學在通經通經在知道知道則常常則奇衺㸃心之所會動與道俱舉六經所有者而吾纘之不爲襲卽吾所行六經所無吾起而肇之不爲怪吾能隨時變通去滯固斯尊易矣能隱厚深中不恍斯尊詩矣能敷政政平斯尊書矣能定是非秉其衡斯尊春秋矣能周旋應對規矩中節斯尊禮矣能和樂斯尊樂矣故曰經載道尊經尊道也則夫欲誦法孔子者舍道奚以耶雖然道未易知也其惟求友乎夫孔子聖者彼其時猶好古敏求雖聃禮宏樂襄琴靡不問訪且學羣三千七十子而教之至邦君卿大夫耦耕荷蕢五鄉闕黨之徒靡不接緇林杏壇農山靡不遊且弦歌不輟至居夷浮海亦欲往何也誠欲與斯人共學而謌焉以求明此道也故曰道在孔子乃拘儒小生抱遺經兀坐窮廬足不出四境日交游不越比閭族黨之人獨學而廢觀摩口耳而鮮默識乃欲以至聖人之道難矣難矣然則求友之義又易可少耶余邑學宮在大河之濱水山清遠士生其間者蕃弒多文學焉昔人比之鄒魯不虛耳

附明李正芳學宮科舉題名記成化十三年冬十二月朔西蜀劉公應乾以名進士來令吾邑公先令浙之餘姚六事允修賢聲大著今令吾邑猶前日也一旦視學宮開科舉題名碑因謂縣尉吳公邑博劉公曰去秋鄉榜七人今戊戌春榜三人咸無題名處況科日盛事將來尤不可以計數可不再勒堅珉以繼之二公曰此正予輩欲言及者於是命工礱石徵予爲之記竊惟自古文人之生固因乎山川之秀而其名賴以傳者則貴過豪傑之士也故嵩嶽生申甫而功名蓋世閩蜀過常衰文翁而科名大顯蓋有不偶然者吾邑在汴河之南漢江之北前有龜峯之峻拔後有鳳嶺之巍峩人才之生固有自矣脫無豪傑作令以振動之則不朽之名何所賴耶刱吾邑自國初來科目殆百餘人有長內臺者有伯外藩者有參大政者有副憲者有僉憲者與夫職黃門居部署擢侍御典光祿涖天下之郡令天下之邑司天下之教者後先相望今之山川卽昔之山川也在昔生有其人今豈無其人歟不題其名則將何述劉侯下車之初作興士氣先急乎此可謂達政而知務矣史載循吏以六事蓋六事之首也不可以無記



國朝周損重修儒學記維邑前爲定州爲亭州爲陽城其址皆非今麻城址麻城之城始五胡石虎將麻秋所築宋以後沿之不改也縣治前稍東五百餘步爲學宮城雉薄宮牆門俯青溪素礫修渚引溪爲環泮水不假鑿也溪上層巒聳翠左栢舉右白臯峯壑千萬狀毋論時雨嵐光皆到門後隱平岡如列屏几岡上五華鳳嶺諸山蜿起與溪上巒對峙儼然秀麗區也學宮舊制聖殿明倫堂尊經閣東西廡啟聖先賢名宦鄉賢祠博士廨齋舍備矣創自有宋至明恢闓補葺稱壯觀先是邑塲以功業顯蹟及以文章著名者顯著自明始故老相傳以爲興崇學宮之效云逮崇正末年之亂頹廢圯落者過半鞠爲園蔬牧兒蕘豎至于薪刈其下楚炬焦土求如靈光獨存蓋亦難矣上定鼎八年親政謁聖敦儒崇太學以樹教本近以文章高下寓內士畫脂鏤冰相顧自失禹航王侯蒞邑而竟陵陳君西陽邵君司鐸濟美首議重修學宮于時侯捐璧上魚二君出盤首蓿凡士子執一贄問難悉貯之以厝置物料而邑人慕義助輸絡繹三年山林未聞有丁丁之聲伐木井閈未見有修修之羽鳩　工而規制忽還舊觀擬之雲屋天造非匠者功蓋侯雖　興朝宰邑第四人而勤政久任視邑事等家事實開創第一人也若考作室肯堂構弗棄基二君又鴻儒人倫表帥分麻璮如韓公來爲祭酒則國子監不寂寞故有是績時七月既望落成諸生再拜前致辭曰初郡城火黃岡首建文廟是歲得大魁茲經營猶將過之侯進諸生升堂詔之曰麻勳名麻自有耳吾何曷哉經國大業不朽盛事惟文章也上方釋金戈弄柔翰每以南士人文浮靡不宗先聖之術爲憂御製楷模之臨軒蘆飭之意得經明行修之士同治此天下耳夫文章者原本五經也詔命策檄生于書序述論議生于易歌詠賦頌生于詩祭祀哀誄生于禮書奏箴銘生于春秋惟原本經術故能使精義霞開拔辭飈起匪日蘭芷不自朱藍何由變情遷質哉吾崇修學宮欲使麻士瞻仰雲章知國重聖術哀然經學以應旁招耳凡風俗所好尚觀其所營建而知之也凡邑旛竿寶樹知好尚者浮圖道觀桃花知好尚者黃白川巖別墅相望知地有幽處城市臺榭交錯知地有貴遊儻采風問

俗轍車入邑觀茲學宮巍煥雖欲不以令爲崇聖術不可得也麻士過學宮改觀雖欲不驌目不自顧所學亦不可得也此吾之志也夫諸生再拜謝曰謹受教於是以重修學宮之績及侯之言也而記之

邑人徐家麟邑侯吳公修學記雍正二年邑侯長洲吳公蒞麻之十年也侯於邑有利必興無廢不舉尤留心教育鼓勵人文學宮以次修造是年春乃落成焉巽者麻學傾圮前令亦嘗與邑中紳士捐貲葺之然　聖宮兩廡暨　啟聖名宦鄉賢三祠雖龤規模皆未竟厥功吳侯至則竭力以完之備窗櫺施丹漆創立月臺週廻石欄中嚴龍石修理贊文二碑易明倫堂側之土垣爲磚甃補建泮池三面花牆於是黌宮內外肅然整煥然光焉往昔有司謁奠　先師皆相沿行四拜禮侯特改爲九頓曰當以太學爲則也　聖宮舊貯樂器始於錢塘趙公今垂四十年器敝壞不完樂舞備員數人無知音者每二丁釋奠俗樂鼓吹數行耳侯慨然曰此非所以祀　先師也迺特懸優格召募舞佾得數十人遠延樂師以習之不數月鐘鼓既備干羽有節洋洋盛哉前



此未之有也最後又於櫺星之門東創設更衣亭西建讀書堂爲諸生質疑請益之所目營手畫位置適宜庀材堅緻至此而學宮無復纖毫缺略憾侯故書生負人京師在太學中以知禮聞膺教習以通經解義善誘後進聞其治麻也一本平生所得措諸行事慈惠温和不爲稜角而遇事精詳周密有古良吏才於吾學宮亦畧見一斑矣按古者教人之法先以閭塾於師復詳於庠序之教侯甫下車即捐金開設義學召聘名師集多士講習課誦於中又設法捐置學田近二百畝俾其先生長有廩粟諸生之貧者咸量給之十年間義學所成就既已夥矣乃其於庠序又殫心畢力若此故自侯蒞麻迄今三四科吾學中掄元魁成進士者蔚然多人爲數十年未有之盛焉小序有言君子能長育人材則天下喜樂之矣斯義也責之司牧固已難之不意於侯見之焉仲春上丁祀禮既畢學先生沔陽歐公漢陽王公與助祭諸公同坐讀書堂咸喟然稱盛曰學宮至今日禮明矣樂備矣非我吳侯十年經營不克至此盍識之因以命麟麟不敢以不文辭爲之記其概云

教諭萬之傑重修麻城縣文廟碑記余以道光丁酉七月視麻邑學事徧閱殿廡兢兢如立巖牆下每風雨至殿瓦隨之以下者輒錚錚有聲殿內雨注如傾盆爲悵然者久之頃讓生先生甫下車指之以請先生期與余共圖之余因條舉數大端先生慨然附和願以城工附其後會本邑屈鴻軒司馬與其兄崇源先生捐置賓興義莊既成以余所爲序言刻石置學宮宴集諸同學以落之酒闌將辭歸余挽之以　文廟朽敝坍塌立至君家數事義舉豈容以第一等事讓人鴻軒諾之以去繼而其姪文典弟兄別駕至縣因與讓生先生申言其意與鴻軒同口一辭乃擇吉於道光十七年某月某日時破土旋於次年春仲劉鑑三先生接任之次月與工至二十五年姚芹溪先生涖任之三年而成事以蕆費工幾萬幾千幾百有奇購料幾千幾百緡有奇合計成數得制錢一萬緡始事大成殿一律更新其間若兩廡若大成門若櫺星門若崇聖宮若貢官暨名宦鄉賢忠孝節烈等祠以及尊經閣學西齋或徹底重修或補葺從事卒且無者補之朽者易之圮者培之缺者至之毀滅



者丹雘之巍巍乎氣象一新焉維時紳士耆民交口稱善而鴻軒暨其姪文典弟兄亦欣然樂終其事相率以記言請余正樂爲應之樂其廟新則教益新耳夫以廟祀之遠且多也名山大瀆以外舉凡功德在人者例得載在祀典廟食罔替矧　大聖人德齊兩大道冠百王致令百千萬世君臣父子之倫修齊治平之理肅然一歸於正犂然各當於心而其卒也百千萬世人才之成或爲忠臣爲孝子爲義士爲悌弟爲理學大儒等而下之至於婦人女子亦復無與於詩書禮樂之訓矣而其濡染於不知者或爲節孝或爲貞烈極之世變頻仍死生立判而往往出乎萬死一生之途守其百折不回之志如鬚眉丈夫並立於天地之間而卓然有以自見者無以異而儼然丈夫者之明理義厲廉恥敦風化可知已古今之載在祀典隆其廟貌明效大驗孰有如斯之盛者而謂余敢以不文辭哉顧或者曰是言也三尺童子習聞之今盍是言之爲厭聞矣至於厭聞是言而其流失敗壞必將有大不忍言者余正惟其言之漸推漸遠漸遠漸忘方思於其漸忘也而大聲而急呼之俾立

返於求子求臣求弟求友之常庶聖人之教如日月之經天江河之麗地愈久雖愈忘亦愈習則愈新此卽盤銘又日新之旨與余言之新廟益以新教相發明者也則且推原歷代以來所以立廟之由與余文所以提振聖教之意因屈氏重修文廟一發之非惟麻之人應有以許我卽天下之人亦應有以許我知麻之人者當亦風教之一大助矣芹溪先生名國振奉天人以軍功現補麻城縣知縣鑑三先生名世保甘肅人道光二十年以大挑知縣權知麻城縣事讓生先生姓王名朝栩四川人由庶吉士散館改知縣以道光十八年選補麻城蒞　文廟城工均督理　其事云

## 名宦祠

宋

知縣錢　治　　知縣張　毅



元

達魯花赤掌印馬兒蒙

明

知縣張谷維　　知縣趙　乾

知縣黃　琮　　知縣高　謙

知縣王　篚　　知縣胡　琮

知縣劉　規　　知縣聶　賢

知縣劉　溥　　知縣陳子文

知縣尚德恒　　知縣王三宅

知縣文　德　　知縣鄧應祈

知縣韓僉可　　知縣朱一麟

國朝

知縣王　澔　　孫宏甡　　黃家璲　　吳林

## 鄉賢祠

明

賜進士河南參政劉從政　　鄉進士吏科給事蔣　輔

歲進士內江知縣吳　山　　賜進士都察院右副都御史鄒來學

賜進士山東參政劉　訓　　解元福建僉事董應軫



賜進士雲南副使周　鑑　　賜進士山西布政李正芳

懷遠縣知縣喻文偉　　賜進士福建僉事趙　訪

鄉進士貴州僉事鄧　逵　　鄉進士犍爲教諭曾　啟

鄉進士圻州學正贈員外喻　哲　　鄉進士蘇州同知萬　祥

賜進士戶部郎中萬　山　　賜進士山西參政董　樸

鄉進士開縣知縣邱　瑩　　鄉進士陳　情

賜進士豐城知縣贈僉都御史劉　璲　　賜進士江西布政曾大有

賜進士兵部主事李文祥　　賜進士惠州知府贈兵部侍郎梅　吉

鄉進士江西副使周廷徵　　鄉進士陝西知州李文欽

賜進士太子太保兵部尚書贈少傅劉天和　賜進士四川參政曾大顯
鄉進士崇德知縣贈兵部尚書劉　漢　誥贈刑部尚書　李承祚
賜進士福建參議詹　瑩　賜進士福建參議曾　烶
鄉進士蓬州知州董士毅　賜進士刑部郎中贈光祿大夫劉　瀠
賜進士雲南僉事毛鳳韶　誥封貴州副使　周　庠
賜進士四部尚書贈太子少保劉　采　賜進士廣西副使劉廷舉
賜進士陝西副使黃　卷　賜進士瓊州知府周思久
賜進士戶部尚書耿定向　賜進士太常寺正卿　周宏祖
誥封兵部侍郎贈右都御史　梅汝觀　賜進士山東參議周思稷

麻城縣志　卷之八　學校　學制　十

鄉進士山西布政蔡應陽　武進士太子太傅錦衣衛大堂劉守有
賜進士吏部主事劉守泰　賜進士兵部左侍郎贈兵部尚書梅國楨
誥封太常寺正卿周　業　賜進士杭州知府劉　奕
翰林院河南參政梅國樓　賜進士四部尚書李長庚
鄉進士廣信同知楊王庭　賜進士刑部侍郎陳以聞

國朝

隱逸　梅之熉　處士　曾　鎮
鄉進士長垣知縣董　瑋　誥封奉政大夫　王路闢
誥封翰林院檢討曾　湄　誥封內閣學士贈禮部侍郎　鄒　惺

翰林院內閣學士禮部侍郎鄒士璁
翰林院禮科掌印給事中袁　銑

忠孝祠

明

李文祥　熊嗣先
梁　庠　張　勝
彭有謨　周之茂以上忠臣
毛性中　喻　沿
趙　悅　周　志

麻城縣志　卷之八　學校　學制　十一

鄒學成　夏思愼以上孝子
毛可問　喻　儀
田可東以上義士

國朝

顏時熙孝子

節烈祠

元

蒲烈女

明

梁烈婦羅氏　劉烈婦張氏　周節婦劉氏
戴烈婦董氏　梁烈婦王氏　王烈婦毛氏
周節婦劉氏　周烈婦李氏　劉聘熊烈女
李節婦鄒氏

國朝

李節婦梅氏　李孝婦陳氏　劉烈女
曹節婦黃氏　劉節婦周氏　涂節婦戴氏
楊節婦鄒氏　楊節婦蔡氏　阮烈女端懿
丁烈婦程氏　周節婦鄒氏　劉烈婦顏氏



程節婦曾氏　張聘李貞女　李節婦項氏
楊節婦董氏　李節婦袁氏　曾節婦吳氏
李節婦劉氏　胡節婦張氏　詹節婦董氏
曾節婦喻氏　戴節婦蔡氏　丁節婦陳氏
周烈女　吳節婦劉氏　董節婦熊氏
劉烈婦周氏　丁節婦梅氏　周節婦貢氏
李節婦蔡氏　陳節婦董氏　胡節婦孟氏
程節婦鄒氏　劉節婦陳氏　周節婦蔡氏
宋節婦徐氏　鮑節婦張氏　董節婦鄒氏

鄒節婦丁氏　熊聘成貞女

以上四祠姓名均照舊志錄入其近年補請
旌卹入祀之忠義官紳丁勇與節孝貞烈殉難之婦女仍
俟奉到部文彙齊補錄

光緒六年署知縣張茂時會同教諭黃光濱訓導朱騏及合邑紳耆復爲修理承平已近二十載廟貌更新而禮樂祭器及佾生冠服羽籥之屬仍蕩然無存籩豆不具有以廢缶盛祭品者黃教諭自襄陽府訓推升縣諭目擊褒郡儀文遂與朱訓導商諸張公先後籌款五百金移學置備



黃教諭親赴省城如式購辦並教佾生以歌舞進退之節另籌餘款以爲春秋助祭者設食之需佾舞生亦酌與獎賞兩年來學中禮文度數始覺燦然可觀云

光緒八年署知縣陸祐勤會同黃朱兩學官督同紳士文生宋鳴瑞曹文柄李鏡蓉職員王廷佐戴廷謨等重修四祠始將舊志中奉
旨附祀諸人補立牌位於各祠內並爲東齋添蓋住房一棟西齋添蓋客廳一座又收贖　崇聖宮後張姓佔造民房一所紳耆因前任教諭萬之傑教澤在人家眷寄寓無

地即移住是中以免民間佔居侵擾贊序縣學兩署均有案 新增

本學教諭訓導各一員弟子員數則廩膳學生二十名二歲貢其一增廣生員十名附學生以額計教官每年四季季考按月月課提督學院三歲再試之凡歲試優劣有等凡科試擇其尤者送入鄉試雍正五年復奉

上諭居家孝友行止端方才可辦事而文亦可觀者一學各舉一人文童歲科試入學十五名武童歲試入學十五名 舊志



學額定制廩膳生員二十名增廣生員十名附生無定數每歲試科試錄取童生一十五人爲附學生員廩增輪出輪補視歲科試等第之高下爲先後 舊志

國朝邑人彭韶請廣額啟從來才堪華國士風播爲休風儒可賓王文運關乎氣運然市千里之駿驥須廣築金臺而求七尺之珊瑚必洪張鐵網此名儒所以輩出多士所以同升也麻邑水秀山名地靈人傑天生泮壁波圜朝聖門前讖兆魁元浪打蔡家園內暮煙横北郭龍池生徹夜奎光朝旭應東山鹿角豎插天文筆臬嶺泉飛如裂帛波傾倒峽之詞古亭松老欲成龍濤激生花之夢杏花香遠近依稀閬苑風光桃葉渡參差彷彿武陵春色連綿鳳壁羽儀開文運之祥嶂峴嶷峯河洛肇圖書之瑞虞公城下學士之靈爽猶存閻氏河邊都督之風流未泯毛右軍之事業爭傳萬古高風蘇太守之文章尙勝千秋餘澤是以有明一代領鄉薦者五百餘人即如景泰三科登賢書者二十七子兩家宮保一門之盛事堪傳四歷尙書二氏之芳蹤有據溯高名於翰苑足下冉冉青山追靈績於戎行袖裏篇篇黃卷偉矣名垂竹帛猶歌功滿旗常至若興朝愈多髦士或是父是子同探上苑之花或難弟難兄共報春官之捷或雄都坐鎮任寄股肱或花縣分封功高保障班班可考在在非虛此宗師目見耳聞非某等筆書言舊者也無如人才日盛應試者已近三千而額數難踰入彀者依然十五黃州路上摩拳擦掌而來赤壁磯邊喪氣垂頭而返譬若求珠滄海尙多委在泥沙猶如采玉藍田豈盡登諸廊廟致使松窗不寐感極目之青陽草逕無媒笑盈頭之白髮貧裘襤世業心傷巷口烏衣樵牧易生涯腸斷南山白石徒羨彈冠貢禹孰憐下第劉蕡今奉特恩昭茲曠典以州縣大小之別爲額數多寡之分日暖芹宮不嘆無門問渡風生泮水竊欣有路登天總角書生執策好隨金馬投綸老叟收竿再釣遊魚騁不秣而自前追風掣電翮無風而自振薄漢摩雲幸逢學憲山斗文章圭璋品望澄清江漢作人居菁莪棫樸之先洗濯瀟湘得士於牝牡驪黃之外壺內冰心映玉堂前寶鏡懸秋復逢師臺吾道主盟斯文宗匠春風遍拂狂簡皆吾黨之材時雨頻蘇桃李盡公門之選三場鑒棘苑箇中之辛苦豈遽忘心一世老孫山此輩之淹留能無動念爲此連名上請合志具呈 准賜通詳永垂定額例遵二十坐看香滿芹宮數益五名旋覩羣空冀野實薦賢而爲國豈得士以謀私則玉筍繁華會見雲呈五色珠宮廣大欣看奎滿三階矣



同治六年遵章題請加廣學額先是咸豐十年巡撫胡文忠公奏請湖北州縣團防出力增廣學額以示獎勵麻城永廣學額三名同治二年十月湖廣總督官文恭公巡撫嚴公樹森合章奏請湖北各州縣紳民團練捐輸請獎學額[illegible]該縣永遠定制等因於同治三年六月奉戶禮等部

咨開爲遵
旨核議具奏事由臣等覆查奏定加廣文武學額章程內開各省捐輸軍餉除給本身獎勵外一縣捐銀一萬兩加文武學永遠定額各一名以十名爲限捐銀二千兩加一次文武學額各一名不得過原額取進之數又團練捐輸該督撫先將捐貲支銷數目報部核銷再行奏請等因至是羅田遵照詳請廣額麻城亦照章具詳查自咸豐八年起至同治元年止歷年奉諭辦理團練共捐銀十萬兩有零遵奏定章程應請加廣文武學永遠定額各十名又同



治六年署湖廣總督譚廷襄奏三次續查湖北各屬捐數請獎學額以銀一萬二千兩暫加廣該縣一次文武學額各六名麻城亦照章詳辦除暫廣十五名外歲科試永廣十二名連前正額十五名共計取進二十七名永爲定例撥府無定額以文風之高下爲例武童之取進武生者亦如之

廩生出學爲歲貢生者三年二八拔貢生十二年一人每逢酉年考試選拔　以上學制

附學田

邑中學田之設萬松書院舊有之而捐爲儒學修贄之需則自光緒二年始前學使張公之洞曾建是議而漢陽縣有一家獨捐合縣修贄者蘄州士民援照舉辦麻邑踵而行之第蘄州係照田糧派捐力均而易集麻邑僅捐富室非可剋期立辦爲日久而費用多後因富戶捐項不敷又於三鄉一百二十餘區中各按戶產之多寡量爲捐助不得不假手於區長保甲之徒於是用人愈多而需費亦愈大自二年舉辦至六年止共收捐錢一萬三千餘串均已用罄是年歲試修贄已無款可籌府尊英啟公乃檄邑侯



張公茂時會學籌辦未幾張邑侯受代去總之者陸公祐勤遵奉府檄設局勸捐凡原辦紳士中才有可用而事有可因者皆仍舊貫特增派舉人余雅祥曹步雲貢生李鏡蓉宋鳴瑞等總理其事誠鄉紳士亦皆齊心協力以底於成至七年竣事補償前屆贄修各用實捐存高下田畝一百五十五石零內東鄉一百十石零南鄉十七石零西鄉十一石零北鄉十五石照章收穀可得一千六百餘石公議每歲稞折共收錢一千二百串零無論豐荒不增不減又存錢四千串按月一分起息每年該得息錢四百八十

串共計每年所入一千六百八十串零三年之中歲科兩考文武三屆每年按屆送兩齋束修印卷計需制錢一千四百四十串送考夫馬隨丁雜用八十串共須錢一千五百二十串下存一百六十串以作書斗及經理帳目人等薪水雜費另存制錢一千串作撥入府學新生修贄又存銀一百兩作府學書門小費至田畝細數公議規條另本刊行茲不具贅



# 麻城縣志卷之九

## 學校第二

### 書院

萬松書院初在縣西七里岡宋邑宰張公仁甫築亭萬松嶺親課士其中後移建縣城內前街南察院舊署康熙四十九年知縣馬元勛改建於武聖宮右文明樓下頭門西向進轉左爲正門南向前爲講堂後爲貫道齋康熙五十八年知縣吳顧行增修置東廂屋七間又置隙地一段設生徒齋舍東西各十二間又置頭門南首舖屋二重乾隆



乙酉年知縣劉希向重修五十六年知縣黃書紳重修講堂增其式廓欽州馮敏昌題曰好德堂邑紳鄒占魁董其事道光十三年邑人鄒開魯捐貲重修同治三年復以公項補修

國朝欽州馮敏昌好德堂記今春余自北地薄遊江湘以秋之一月訪黃明府書紳佩之於麻城時明府方修復城中萬松書院求余名其院中之堂而余名之曰好德或曰是曷爲名哉余曰萬松書院之建蓋本宋蘇文忠公過張仁甫萬松亭詩而名也按志萬松亭在縣西七里岡故老云院先建岡上遂以萬松爲名及後移建城中尚仍是號故余於斯堂仍本公詩好德無人助我儀之句而名之也或曰今之萬松書院已非故地院雖有松亦焉得萬哉萬松之已無其實況於推本詩中望助之意言之今將焉助也哉余應曰賦詩斷章其來舊

矣又況好德之義葢更有進焉者乎試詳說之今夫書院之設所以育才尤以畜德爲先士苟有才而無德則亦無足觀矣且夫人之所以不能自有其德者以未知好之之故耳夫未知好之則固不思夫己德之所以成又安能助人之所爲德然而其所以不好之由則非其本心之果如是也利欲攻取之私旦晝梏亡之久有以蒙蔽陷溺而後乃遂至於不好耳昔吾夫子曰已矣乎吾未見好德如好色者也若是乎當時之人之不好德若此其甚也而更何望於後人乎雖然人心之所以不正學術之所以不明則以未嘗推本言之是以迷謬益甚而不復思返昔漢大儒董子深明春秋謂道之大原出於天學者稱之實則本於吾夫子當日之論詩詩曰天生烝民有物有則民之秉彝好是懿德夫子讀此詩而贊之孟子又從而述之夫好德旣民彝所秉而物則實自天所生則知人之好德者其天而不好者其人也今將以己之說教人人未必從而信之而試一推本於天則人之聳然聳懍然悟固將有若行者之歸家飢者之得食斯其爲教也固易入而其成才亦有本矣苟不



此之務則必將至於以人汨天滅天理而窮人欲以至於好德之終不得見而又何學問之足言者乎吾故曰人固不可以無德而德尤不可以無好也今觀明府之修書院捐廉餉衆葢急急然以教化爲先而邑人之趨事恐後復汲汲然以好義爲尚而至于邑子弟之鼓篋逐志横經請業尤喁喁然以向道爲心是皆可不謂好德焉也哉若是而張仁甫之栽松與蘇文忠望助皆可以是遍之而至于今院之非舊地與萬松之非實數其亦可存而不論矣夫客曰善盍記之時余方卽日入都不復潤飾遂書以入石如右明府吾粵之陸豐人以名孝廉與校四庫全書作宰於是邑者

書院學田舊志載明知縣武進蔣公煜始置計田畝共三十三石三斗每年收租穀二百四十石撥給社學師薪俸並解學院賑給寒生銀兩由儒學管理迨後頗有散失至

國朝康熙五十年　縣丞盧公遇清丈少數三石有零厥後知縣吳公顯行籌　添書院學田七庄共收租穀九十五石合前明所置學田　共收租穀三百三十五石乾隆三十年書吏舞弊田多遺失旋經督撫批歸知縣管理縣宰劉公希向文出新墾之田足償所失原數詳定改入萬松書院永作生徒膏火其田穀難於轉運每年照價折租知縣黃公書紳酌議每石穀稞折錢八百五十文嗣經邑人王道械經管於嘉慶十七年增置近城田地每歲收租穀二十三石前後大小熟地花稞均隨田折價見今除散失之外



查嘉慶十四年田畝印冊並禮房檔冊計每年共收租穀三百四十二石近年按歲豐歉隨時議價至田畝數目地段佃人姓名與新捐學田冊合刻另行又同治七年江世才何紹先黃潤生合捐尨錢五百串以作書院膏火光緒六年署知縣張茂時撥罰欵銀一百兩合制錢一百六十二串併入書院存放生息兩共存錢六百六十二串凡束修膏火獎賞及社學義學各項不敷支發由縣宰捐廉添給又道光二十六年洪亮采捐田六斗後爲水冲壓詳報有案如果澈底清查未必一無所有茲並附及之

自書院歸縣管理其田租照章折價併入存錢生息而肄業生童膏火取給於是按課分發爲數不豐至山長束修優取獎賞向由縣主捐廉咸同軍興武備嚴而文教弛歲僅開課一二次以銷此額既無專延之山長仍立分校之社師而義學薪資亦復合併於中故書院之費日就奇絀

光緒壬午署縣事陽湖陸公慨然有興復舊章之意延請主講議定規程每歲季課四次師課十次方擬籌加膏火旋以受代未果繼任皖江朱公雅重士林翹材念切下車伊始首將積倉項下餘置田畝照京斛每年該收租穀七百石有零諭撥分半作書院膏火半備倉穀耗費自壬午年始所撥田穀併歸前項一例支發其畝佃清數亦附見於另行書院學宮田畝册



光緒八年知縣陸祐勤稟請繳提銅炮並不領修輯縣志採訪經費請省

憲領發官書局新刊各書計七十二部每種兩部每樣存一部在署其餘一分移送書院以便在院肄業生童誦覽不准濫借遺失此舉有生員王運辛曹逢辛專管收藏

| | | | |
|---|---|---|---|
| 欽定七經 | 文廟祀位 | 人壽金鑑 | 鄭註周禮 |
| 說文提要 | 史通削繁 | 庭訓格言 | 鄭註儀禮 |
| 儀禮圖 | 公羊傳 | 爾雅 | 十一經音訓 |
| 撫本禮記 | 穀梁傳 | 孝經 | 康熙字典 |
| 字典考證 | 說文義證 | 說文新附字考 | 說文通檢 |
| 說文解字 | 段氏說文註訂 | 說文引經考證 | 說文辨疑 |
| 佩文詩韻釋要 | 御批通鑑輯覽 | 稽古錄 | 國策 |
| 韵字畧 | 王本史記 | 國語 | 欽定明鑑 |
| 黌祭器樂舞錄 | 御製人臣儆心錄 | 實政錄 | 救荒補遺 |
| 大清會典 | 欽定康濟錄 | 荒政輯要 | 捕蝗要訣 |
| 手札紀要 | 讀律心得 | 學治臆說 | 學治一得編 |
| 牖史庸言 | 佐治藥言 | 武功縣志 | 牧令輯要 |
| 讀史兵畧 | 荆楚修疏 | 明史 | 子書百種 |
| 史鑑節要 | 養蒙金鑑 | 舊五代史 | 叢書三十三種 |
| 聖諭廣訓 | 五子近思錄 | 日知錄 | 雙節堂庸訓 |
| 小學輯註 | 讀書分年日程 | 五種遺規 | 在官法戒 |
| 欽定四書文 | 龍川文集 | 制義體要 | 資治通鑑 |
| 昭明文選 | 胡文忠公遺集 | 經典釋文 | 讀史方輿紀要 |
| 天下郡國利病書 | | | |

萬松書院山長題名記

涇陽孟登先陝西舉人原任本邑知縣卸篆後主講書院教誨盡心以師道自任視諸生如子弟循循善誘平時芒屩竹杖步行街衢間兒童走卒爭識之人稱良師而忘其爲舊令尹云

江夏王德新字菊門湖北舉人楚中名宿主講最久教士有法成就甚多士林至今猶稱王菊門先生不替

應山閔瀛字師源拔貢生

黄安張葆醕字小如廪貢任桐城縣丞

黄岡奚先愷字虞門進士內閣中書

黄陂任潤字海瀾湖北舉人

沔陽陸大中字莊生湖北舉人

海鹽王同治字蓮渠己丑進士原任羅田知縣越中名士解官後攜家避難於麻主講萬松書院其孫鴻朗字芰甫英年博學與諸生甚得切磋之益其後才名藉甚公卿爭爲延致保舉知府卒於鄂省人咸惜之

扶風楊甲寓字鈞亭陝西庚子副榜

涇縣胡炳光字伯陽安徽舉人公爲詞壇老宿傾動公卿羣以主持文教推之其弟子成名尤衆有任封疆者主講二年士風振起旋以避難卒於河南

江夏黄光洛字禹廷湖北舉人

邑人徐家麟字遠畊康熙癸巳舉人歷任蒲圻教諭均州學正詳文學傳

邑人熊調鼎以明經掌教崇尚實學著述甚多在書院十餘年訓課有方士林仰止刻有西陵課藝行世餘詳文學傳

邑人郭湛字斯露乾隆丙子舉人任湖南慈利縣知縣致政後主講書院從遊者甚衆爲一時之盛其從子喬楚與焉少以魯鈍忽然貫通文思飈發旋以拔貢聯捷舉人年未四十而卒士林惜之斯露有文集行世

邑人程宗洛字浠川拔貢生進士琮之從弟博學多能士林模楷程氏世爲望族科甲聯翩浠川文學尤著其生平行誼詳黄岡李鈞簡所爲墓誌中

邑人梅茂南字庾村嘉慶辛未進士歷任河南廣東等省知縣致政家居主講書院提倡風雅一時稱盛餘詳仕績列傳

邑人陶露柏字仙崧歲貢生例授訓導同時歲貢王子騏

萬邁南俱爲分講

邑人郝廷楷廪貢生官教諭

邑人余雅祥字介石同治甲子解元前署竹谿教諭

邑宰陸費恩洪萬松書院勸捐膏火叙　國家右文敷化　聖學光昌列郡州縣置學宮以董士復建書院以儲材書院之設所以佐學宮之不及爲　朝廷備文學之選者也士之游泳於斯者宜何如窮經稽古爭自濯磨而二三長吏有導民之責者不有以興起之則其效不立而其爲勸也弗明邑之萬松書院舊在城西七里岡後移建城內邑令長及薦紳先生歷捐田畝充師生廪餼具載志乘曩時士風秀美横經論藝者雲集乎其中而遠鄉復有社學相與琢磨觀感以故兹邑自前明迄我　朝人文蔚起炳炳麟麟登巍科上第者後先接



踵何其盛也數十年來山川靈淑鍾毓如前而閭巷絃誦之聲稍稍寂矣夫庸非書院不治士氣不振之故歟夫士氣之不振由於書院之不治書院之不治由於經費之不足蓋向者士之資身本裕而物力豐饒且膏火雖薄易給今則倍前而猶不支此必待加益者也迺院中官田久爲豪右黠佃侵匿雖歷經前宰率邑士釐出而已乾沒者半矣今納歲租者朱馬岡坪半山鳳山畈等處若干畝率磽瘠稍豐則資租歲僅得穀三百數十石易錢四百餘千而院師修脯舍宇歲修暨置器用給役食需用十之八其餘充諸生膏火者無幾由此言之官安能以空文勵士士安能盡褒[illegible]從游也丙子春余甫下車觀學舍之勤蔬憫講堂之集雉怵然興嘆爰出俸錢百餘緡分資諸生而勸督其課藝親爲之口講指畫匝歲間人欣欣然動其意今三月學使者校士由書院入學宮者八人一時稱盛事焉噫嘻觀諸生之慕學向風如響斯應孰謂今必異於昔所云耶然使無以贍其身而不爲之計長久又安必不後之弁不如今耶且夫修敎化者有司之職而惠來學者鄉士大夫之光今書院但得二三千金增舊入一倍之息則士氣可復振而文風可以復興竊以此邦素稱富庶而年穀又屢和稔誠通一邑百二十區而衆捐之事易辦耳間以此意質之鄉耆老僉以爲然乃先分俸銀百金爲之倡而創立募冊付在城董事者分給各區區各舉一二鄉望爲領先勸輸次收納官中絕不與聞出納俟各區勸收畢彙存公所交典商具領生息余爲之申達上官俾垂久遠歲取其息以資膏火而捐本若干雖急毋許支用以此合力分謀事不數月而就而利可及十世諸君子何惜一投足一置喙之勞何愛節一衣縮一食之費而不及今爲邑諸生成此令圖乎書院復興多士來游日衆行見風教大行文明昭燭使四方譚者稱光黃間有鄒魯焉此美不歸之諸君子而誰歸也而不佞因得藉手斯舉少無負於官守以仰副　聖天子明經取士之盛典則諸君子之惠余甚深而詎非余之厚幸也哉是爲叙

龍溪書院在縣西明天順間邑紳周兌建久廢



白臯書院在縣南明宏治間邑紳董樸建久廢

東溪書院在蓮湖明宏治間邑紳熊經建久廢

道峯書院在牛棚山明嘉靖間知縣陳子文爲隱士毛鳳起建久廢毛氏後裔補置五腦山廟左

輔仁書院明嘉靖間邑紳周思久建今廢

白雲書院在縣北今廢

明德書院在五腦山今廢

回車書院在邑南沙河區明天啟中周旻周景自山東奉先聖像歸供於邑之象棋山寺乾隆癸丑歲黃岡在籍知

府陶國幹捐基五畝費千金有奇與麻城在籍知縣程琛暨兩邑紳耆士商等公建書院遂於中楹設龕恭奉　聖像外仍設木主春秋致祀焉後又增捐祀產兩邑紳士輪管每歲考課一次廟圖田產專刻有書

經正書院在縣南門外明崇禎時知縣蔣煜建今廢

鄒知新經正書院興廢記邑侯蔣羽公諱煜武進人登戊辰進士蒞麻數載作養人文崇禎壬申於南關外創立書院題日經正院三重前為講堂中塑聖像後祀濂溪晦庵諸先儒守僧居之兩楹號舍井井鱗鱗聽善屬文者充焉院外週以垣宇松濤竹籟鳥語花陰參差掩映其中每至院咿唔聲四達春扉左開秋窗右豁環池成浦遠屏潑翠所謂啟軒瞰南峯也蔣師去未幾烽氛逼處戎馬生郊宮牆圮之榱棟薪之聖像風雨之岌岌



隆祺鞠為茂草絃歌地瓦礫場矣曷勝悼歎昔文翁亦於城南立講堂堂遇火太守更修立且增二石室裴元到廣州于虞仲翔故處徘徊哀咽不能自勝有心人憑弔院址感昔人之勝事傷零落於斯文鳩工庀材安知尚不如初耶

養蒙書院　國朝雍正十年知縣李作室建至乾隆二十五年知縣胡鵬年撥吳顧行所置學田穀二十八石羚羊山租錢一十二千作師徒膏火五十六年知縣黃書紳增穀十石錢量加

社學在縣治內古鳳橋雍正癸丑知縣李作室建以教貧不能就塾者今廢

培風書院在宋杜區福田河街道光間羅公望建捐田稞五十石以爲膏火今存

義學在縣城小書院巷內道光癸巳年邑人鄒逃學捐田六石一斗爲塾師束修貲泐石義學之側今存

附賓興

道光乙未屆璞堂捐邑中文武鄉會試賓興制錢一萬串文交存各典照年一分出息內提公車費每科每名二十四串文請咨乃發其鄉試按錄科名冊人數分派軍興後舊典皆歇業而金牛賀姓三典本更有虧僅存八千串零



同治辛未邑南鄉羅德振同姪啟迪續捐二千串文以補足屆捐一萬串之數由四鄉殷實之戶領存公議章程分立帳部五本舉城鄉首士共五人領帳掌管每屆試期先取生息金輪流赴省發給前已詳請立案後復酌加數款以後散費領費者均遵照章程免致善舉廢墜屆碑建立試院之內

咸豐初羅文樞捐文會試賓興費典錢一千串文光緒丙子樞長子元勳又捐文會試賓興費典錢一千串文前後合二千串均存紳士輪管分領亦照一分生息每科公車

按人儘息分派不爲定數
劉長年捐闔邑文鄉試卷費銀二百三十兩每屆以生息
作用以上鄉會試費
同治甲戌邑人貿易於渝城荆沙者公捐紋銀三千一百
兩存沙市本幫交值年生息以作闔邑歲科新進文武生
員試院各雜費屆期經管送府照兑碑建儒學試院二處
嘉慶丁丑年鮑臨雲捐闔邑文童府院試卷費銀一千兩
每屆取生息作用旋廢道光甲申年劉錫齡捐闔邑文童
縣試卷費一千五百串文至咸豐初劉家道中落捐項仍



廢復得羅文樞補捐錢一千五百串文以生息作文童各
試卷費廢墜復興泐碑試院内
羅守禮思禮志禮公捐闔邑生童縣府院歲科試默寫
聖諭卷費五百串文其每屆息錢由府縣各禮書分領備
卷以上生童試卷雜費
同治辛未年武生鄧紹龍捐九六錢四百串文同治辛未
年武生涂國泰捐九十錢一百串文公存取息以作武童
卷費府縣均有案武童卷費
萬之傑屈氏賓興義庄合記麻城縣治之西六十里地
名拜郊區有屈姓兄弟者其伯氏名光遠字星海捐職

而政司理問仲氏光達字鴻軒捐職同知兄弟素友善
其所措施事無鉅細凡有益於人者一切視兄意以爲
左右道光十七年五月某日兄若弟慨然於單寒之士
觀光有志稱貸無門乃相與共捐制錢一萬串交典生
息以爲麻城縣鄉會試道里之費顧又念鄉會賓興之
篤桑梓而水源木本之愛或反有所未周也復於是年
某月某日共捐水田百石以爲義庄凡同姓之孤貧老
疾以及窮而不能嫁娶者胥於是乎取之並於其中設
立義塾一本當日范文正公所已行者斟酌出之求有
以安其身而利其用庶幾内與外之交盡義也而仁見
焉矣而吾特有異焉者以天下如此之大其家累鉅萬
往往而有而非粟腐而不能貸人一斗即貫朽而不能
貸人一錢自我生之初以迄於今數十年來求如屈君
兄弟之仁心爲質殆未易一二數豈天下之富者得天
俱薄而屈氏兄弟其得天獨厚歟抑亦其所見者誠大
其所慮者誠遠洞然於萬物之生消息盈虚之理實有
不可以拘泥求者故毅然爲之而不疑歟夫先王之道
始於親親由是而仁民愛物其一以貫之者分雖殊而



理則一君如堯舜禹湯臣如皋益伊萊其顯然有斯民
之責者不能外是以求治不待言即下此而一介之士
必有其身之所接則仁千萬人爲仁仁一二人亦爲仁
仁之量雖無窮而仁之理則隨分可以自盡故先儒呂
氏謂庶人亦有齊治均平之責者此類是也誠如今日
賓興受其益而士不至懷材負異困於資斧不能贏糧
而從官義庄受其益而族之人不至貸匱竭貧率仰給
於大尹以代昏嫁其子女之不能自歸者吾知異日文
章報國者人人得吐氣於堦前盈尺之地而朝廷廣收
得人之慶葛藟托庇者人人得自勗於飲食教誨之餘
而當時化見禮俗之成由是而一邑行之舉世化之甚
且至於荒陬僻壤無不鼓舞而振新之賢路日以闢風
俗日以醇彬彬乎遊天下於一視同仁之盛雖謂與唐
虞三代比隆可耳抑又聞屈氏先人之在麻邑橋梁道
路之間匡困資無之事殆難更僕數其尤甚美者道光
十二年歲次壬辰會省城各大憲增修貢院號舍屈君
之父捐輸白金一千二百兩當經大吏具以上聞得
旨給予鹽知事職銜其殆以義世其家者乎余至麻城

五閲月業君石林以余曾治古文而以記屬余因把筆序之俾勒諸石樹之黌宮以告來者至其出入條貫田畝坐落並列於碑陰云

黄岡胡東旭羅氏捐設文昌祀產會試旅資文童卷資諸善舉序古者諸侯貢士一適謂之好德再適謂之尚賢三適謂之有功誠以陵雪褒頴貞柯必振尊風賞流清源斯挹緇衣之慕朝野共之而焚香策秀撤幕試經朱服權衡則在斗魁六府之集計耀靈也唐宋設科取士每屆秋試縣令察保上於州州長審實上本道使者類試此即今之歲科小試也直省設程科試旌簡俊髦策實定其甲乙朱書墨藝各隨解牒上之禮部此即今之直省鄉試也舉人赴試春明玉筍躋班金泥報捷進士及第今古同榮此又摭言叢話諸編膾炙人口者矣宋初踵唐舊制猶用公卷多假手文字或傭人書之景德中試紙始用長官印署令於卷首親書家狀其書體不符假文辨實弁令駁放有到狀有保辨有識牒此即今生員童生保認買卷之由來也 國朝法制精詳大小試卷各有司存令本生自行納值麻邑考試向係童



生自備試卷道光六年邑廩生劉錫齡兄弟尚義捐給邑人德之惟有歷年丙午歲錫齡病故其母劉氏以無力捐辦呈請免捐惟卷價錢雖取數無多而寒士艱登蹻屩貧斧維艱即幺麽小數未必不沾沾顧恤凡人之情自無而有則暢然欣自有而無則嗒焉喪以超距躍之情變而爲撫髀之歎驥驁未歌龍門先噪識者慮之爰急作諭蒙之書遍張招募之榜滿巷衆觀太息延頸喁喁羅君北一邑之孟公也洪鐘一叩滿座禁聲風幕作開千緡盡散慨然曰有其舉之何可廢也遂稽司會之籍發貫朽之藏率由舊章出錢一千五百串文應募另以二百串作本屆考場經費於是士林毫藻胥吏魚忙一紙試言城鄉悅服不惟給多士習貲之求兼以慰當事及時之塵弁可資前人善後之謀蓋一舉而三善備焉惟是經童就試爲秀才論也舉人充賦爲進士策也燕薊路遥馬瘏車轢長安日近薪桂米珠鏡雖兆於奕蓉塗莫依乎楊柳祗慚囊項空笑旅況窮願効綿薄資集腋呈請捐錢一千串每年生息若干屆期分給本縣會試舉人添補路費明知五鳳樓非寸木能修或

者三鱣堂由勺滲經始從此奴星衛道舟子掛帆敏闊張祠部之旌旗聚榛護行人之風露鄭莊千里不必齎糧方朔一囊無煩索米矣周禮大宗伯以槱燎祀司命考天官書司中司命即文昌之四星五星也懸之以象戴匡麗台輔之垣憑之以神肸蠁驗景靈之布地無分乎遠近人不間乎親疏濟濟經童各祝釆芹於泮水祁祁廉正羣期宴杏於瓊林潔爾溪毛用昭忠信輸將田產爲續明禋謹捐水田二石八斗六升歲收租穀撥入會源寺作香火祭奠之供諸君尙力爾心田勿於驕矜叢中預圖後獲惟神實操其掌握須識性禾蔚處已報先聲此又羅君臚分殊事疊疊繩繩敬爲同人勗者耳總之惟善無近名至再至三理合申聞於大府崇信乃惜裕不侵不怠似須有鑒於前車所有錢數生息存留支放田畝租穀收管營辦章程完備業已條分縷晰列入案牘以垂不朽永泐貞珉君爲闔邑之道宗率舊循新奉宇無分乎畤畛我是當官之懷肅揚嶽誦美穹碑共仰其鐫銘



## 京都賓興會館

京都會館一所創自前明坐落崇文門外東草廠頭条衚衕南口坐北朝南正殿一重計五間中供福主神像前懸明敕封助國順天王扁額正殿前廂屋二間大院一個廳屋五間廳屋前廂屋二間大院一個閒屋五間大門南向正殿北首廂屋一所小院一個小院前廁屋一所小院前廚房一所又小院一個院內石碑二座一係老碑字蹟剝落一係梁樹岡碑猶可辨識東院抵二条衚衕大院一所房屋二間又朝南大門一個大門內轉西坐北朝南房屋

三間坐南朝北四間小院一個小院內座西朝東小屋一間共計八間又西首前院西抵頭条衚衕大門向南門內小院一個坐北朝南房屋三間坐西朝東房屋二間又後院西抵頭条衚衕大門向西門內大院一個內有白榆樹二株圍一尺餘坐北朝南房屋三間又正殿後西首小院一個房屋一間正殿後東首滴簷外餘基二尺內有桑樹一株東以二条衚衕為界西以頭条衚衕為界南以頭条衚衕轉拐出路為界北以屋後滴水為界館前餘基一丈一尺四寸東至西寬十二丈二尺東館之東由南至北長



三丈六尺後缺一段正殿後一缺一角西館之西自南至北長十丈零二尺又中廳上懸欽定力麻城會館約言橫扁一副中廳四圍懸明進士題名記橫牌一副 國朝進士題名記橫牌一副明舉人題名記橫牌一副 國朝舉人題名記橫牌二副優拔副貢題名記橫牌一副武科題名記橫牌一副京外實任官職題名記橫牌一副又先輩議定會館議約規則橫牌一副東廂石牌刻二

周維秬續修麻城京都會館記會館之設凡謁選會試貢監諸同人之集都門者駐足則賓至如歸盍合邑之公郵而非一人之私據也若麻邑之會館則名存而實亡即有片瓦數椽稍稍偶存者而有時並其偶存之館亦亡自兵燹變革以來館規湮廢居人雜遝所謂館之名存而實亡者也王九山於康熙丙午歲始有贖房存館之舉會立存館一額記其事而贖房之金則尚需其半以俟後補秬等丁未公車之役與鄒石函葉同寺俟下榻於館內即九山所贖之房是也時則董臬嶽以俟選先期而至因與秬等各捐貲以結贖房一局此則館之稍稍偶存者也乃秬等庚戌之公車再上而存館之額則已有撤去而置之高閣者矣癸丑之公車三上而所贖之房則已有攜家而據為己有者矣致令秬輩曾試請人皆各僦居他舍竟無一人駐足館內仍若未嘗存館贖房者然嗚呼此則所謂稍稍偶存之館而亦亡之者也能不為之心憤而髮指乎哉然而秬輩亦且姑置於不言者何也在住此房者固屬同邑鄉親且云行且束裝去故姑置於不言也但康熙九年議約內有趙堺朱霞住房四間議以戴氏身故退房為限現值戴氏已沒而霞尤强住向霞索房反云房係自創秬因奮不顧身竭蹶從事於四月初七日同劉愚帆等共八人呈控巡視南城諸位憲臺者先生於十一日親訊照驗議約審斷蒙賞簽差押霞退房寸木不許折毀勒限不許過數日霞遂於十九日退房交付本館秬等捐貲畧為修葺因設木額勒數言以記其事而復搜索九山之存館原額述錄之并懸座右以志不忘焉至於館之名存而倘冀其館之實亦存且館之偶存而更冀其館之永



遠長存者則秬望於後之君子其亦共相勉於存館之義也夫

梁景陽重修麻城會館落成記乾隆甲辰閏三月癸酉麻城會館福主神祠景陽與計偕諸君敬迓神主升座越十有六日兩廡亦次第告竣於是前宇後祠庖湢咸具蓋隨宜暢東西館夾道相通規制以備先是館無居人基地多淪沒予于壬寅秋清理捐贖事既定撰文詳記本末越歲撤東館而重新之其室十近復購遂東隙地增置四室共縻白金三百三十兩除支用胡子翔霄彭子啟鄂輩寄存金七十兩外其餘皆借墊神主之祠舊在正館後楹既復基札致邑同人謀改為之今年春孝廉王子勸胡子翘霜以所勸輸同邑之金至為兩一百四十有奇台之程子璘程子宗洛合寄二十餘金暨吳子世渭鮑子榜李子愈達各量捐輸有差數卒不盈二百以歸借墊以建神祠皆不敷爰舉贖修館各費悉作予捐欵而以前支用之費併現供勸輸者諏吉興工茲蕆厥事憶予于辛巳歲始至京邸覲神祠之湫隘慨然有興修志而未之逮及官京邸廉悉館基侵蝕狀越

十年始獲鉤致其奸摘發其隱而基復又三年而室乃成益予之庶是志適二十年而允諸君子交任不懈而樂趨大義也故始則不得不任其怨繼亦不敢不肩其勞迄于今乃克恢舊址妥神人藉得報命于諸君子而私以自慰其心因以歎前哲締造之艱而守成亦不易也計祠宇新建者凡九楹工值四百雜銷六十餘贖百緡不計也邑合輸金三百三十餘數不敷者盡倘有三十云抑吾聞舊館規制尤宏即今東館後層尚多未復集舊事而裕新圖是于同志諸君子又不能無厚望也夫辛丑夏北鄰不戒于火餤及祠而熄今神主升座之翌日覘融爲災勢甚熾予默禱于神風反而祠無恙神之爲靈亦昭昭矣是爲記

附記光緒八年五月邑舉人余雅祥周宗濂等以都門會館頹圮公車至止幾不足以蔽風雨亟宜修葺況在京供職者甚少甲科殊不逮前形家皆以門向不吉爲言不得不爲趨旺避衰之計於是倡議稟請知縣陸公彥頎籌撥邑中公款爲修葺之費陸公比准提銀四百兩作用至七月今邑尊朱公代任即將此項移交撥於



明春會試公車齊集之期仍交余周等領費入都會商辦理特預記其始事以期於有成云

麻城縣志敘畧

## 食貨志第四

禹貢詳田賦職方辨土宜民爲國本食爲民天三代立法之至意憂乎尚已自唐變租庸調而爲兩稅明又變兩稅而爲一條鞭功令日趨簡易民間不苦煩苛而常平社倉諸法又必推餘一餘三之制定重農貴粟之規平糶便民因時酌劑此賦役與積儲並重爲歷代不易之大經者也麻城幅員周方二百里東北多山無平原大陸田畦高下鱗錯其地宜木宜桑麻宜五穀其民男務耕作女習織紝



匱衣食之謀鮮侈靡之習西南則平疇彌望禾穎盈阡布帛之利甲於楚中是以富商大賈多出其間籯金居奇利源流貫上自漢岳襄樊以至荆鄂川陝視猶外府故麻城雖號富饒實皆操子母之權非能擅山海之利也咸同軍興十餘年來團營砦堡防禦迭籌富者輸將貧者按畝公私兼濟爲費不貲東南民力竭矣思所以休息而滋益之夫非守土者之責乎若夫賦役定額　國初俱沿明舊其抑配均輸土貢方物存留差運諸色目瑣屑繁賾莫可殫究自明季邑人喻鱗野倡議籲請改折南漕至今蒙惠迨因軍需變通徵收新章視條鞭尤爲簡便編戶齊民易於曉識數舊典而昧新章則當王巽貴據通例而忘往制則告朔何徵備存之以資攷核亦簿正之意也至於有關食貨之文亦皆采附於後庶留心政績者得以攷損益而知利病焉孟堅書中收鼂錯之奏趙充國之議即其例也

# 麻城縣志卷之十

## 食貨第一

### 戸口

明

洪武二十四年册定數壹萬伍千捌百零玖戸男婦拾萬零伍千壹百壹拾貳口

永樂十年册定壹萬伍千捌百壹拾戸男婦拾萬零四千一百八十口

宏治五年册定一萬三千四百二十三戸男婦一十三萬零四百九十三口



宏治十年册定一萬三千四百六十八戸男婦一十三萬七千九百三十六口

正德七年册定一萬三千五百五十戸男婦一十四萬五千零九十五口

嘉靖三十五年册定一萬九千三百八十戸男婦一十四萬八千二百四十口

萬歷四十七年册定一萬零六百零五戸男婦一十一萬六千二百三十四口

崇禎時册定亦如之

國朝初定戸一萬零七百零四戸口一十一萬零二百八十七口

原額人丁一萬零六百零五丁

康熙五十五年編審增益滋生人丁一百七十六丁

康熙六十年編審增益滋生人丁一百八十三丁

雍正四年編審增益滋生人丁一百九十丁

雍正九年編審增益滋生人丁二百二十六丁

乾隆元年編審增益滋生人丁二百六十九丁



乾隆六年編審增益滋生人丁二百六十九丁

乾隆十一年編審增益滋生人丁二百九十三丁

乾隆十六年編審增益滋生人丁三百六丁

乾隆二十一年編審增益滋生人丁三百一十五丁

乾隆二十六年編審增益滋生人丁一百一十三丁

乾隆三十一年編審增益滋生人丁五十丁

乾隆三十七年六月十八日欽奉

上諭嗣後五年一次編審之例著永行停止

乾隆乙卯戸口太平鄉之義渡區共土著流寓大小男女

九百七十一口郭家區七百一十五口金城堡區五百八十三口沈家庄區一千零三十五口伴仙亭區七百三十一口石馬槽區一千一百九十八口古城畈區一千一百三十六口花橋河區一千五百二十七口青山港區七百九十五口閻家河區二千六百一十三口丁土城區一千七百六十九口石觀音堂區一千七百一十一口石陂磨山區九百一十八口三杏橋區三千二百六十六口唐嶔區一千零五十口白沙嶺區二千三百一十二口餅山河區二千五百六十七口白蠟沖區二千八百三十九口篤



實區三千九百六十二口墩陽灣區三千三百七十六口擇里堡區二千七百八十五口桃林義渡區一千一百二十一口上義區四千零四十八口張家店區一千一百四十八口上馬河區三千六百六十六口高梘山區一千一百三十六口仁美堡區一千四百六十一口李家壩區五百三十三口小河途區（原缺）千（原缺）百（原缺）十（原缺）口戴家店區三百零六口曾戶長區四百六十四口白塔橋區五千一百二十一口蘇坑區一千七百八十二口柏子塔區一千四百八十五口細楊樹區二千九百八十九口邊堰蘇區二

千九百五十九口土乘崗區一千二百五十一口黃棣石區一千零一十五口宋杜沖區四千八百六十二口兩路口區一千八百二十四口益美堡區三百九十三口德義堡區三千五百八十口石門畈區一千一百四十四口懸鐘岩區一千七百零二口張留關區四千二百一十五口仙居鄉之毛家墩區共土著流寓男女一千六百六十三口樊顧畈區一千九百六十七口七里陂區一千九百一十三口小河嘴區二千八百六十九口七科松區二千七百七十四口女王城區五百六十六口紫雲寺區一千六



百零六口大成區二千零四十四口中館驛區四千五百六十二口王家集區八百三十四口龍門沖區七百九十七口夾沙洲區六千七百七十四口臥牛石區二千二百七十七口鄭舖兵區三千一百零六口河三墩區二千三百三十五口高峯山區五千三百一十一口萬仞岩區一千七百八十七口七家廟區四千三百零四口拜郊城區二千七百八十六口梅林區二千七百四十五口會林區五千一百五十九口高陽觀區三千三百零四口向打石區二千七百六十七口宋埠區五千五百四十七口南湖

畈區三千五百一十四口黃閣區一千九百二十八口西河岸區六百零九口深溝區二千零一口汪王廟區七百九十六口歧亭區七百八十口永寧區五百三十一口范家嵛區一千九百五十九口古城山區四千三百零三口陶家園區七百九十五口五里墩區九百五十口白田畈區一千七百一十四口蕨淡山區一千一百三十八口八里畈區三千六百三十六口余家院區三百七十一口徐家堡區八百四十七口陳墩灣區四百七十二口袁家河區三千二百二十六口董家堡區八千八百八十二口朱



家堡區九百七十七口榮羅堡區三千零九口黑沙洲區一千六百九十七口新居區一千零七十九口周鐵崗區一千二百二十口走馬崗區一千五百九十一口烏龍潭區一千七百零九口天齊廟區二千零七十五口西峯山區二千零九十三口石板冲區一千零一十一口土門山區一千七百二十九口

亭川鄉之本城其土著流寓大小男女一萬二千零三口曽家河區二千一百八十二口義合區一千九百一十三口合鮑村區九百七十口鹽田河區一千七百六十四口

東界嶺區一千五百六十七口黃市區五千四百六十九口白水畈區三千零九十二口木子店區二千七百零七口二里河區一千四百五十二口東義洲區五千六百零三口落梅河區三千四百七十八口南庄區三千七百五十七口木樨河區一千九百四十九口沙井區五百五十二口白杲區一千二百一十一口三羅堡區二千四百四十五口曾家臺區二千七百一十八口望花山區一千三百二十五口程集區一千三百零九口青龍區六百三十二口陶家鋪區一千一百三十八口沙河區二千九百八十二口横河區一萬零七十七口



光緒丙子戶口太平鄉之張留關區共土著流寓大小男女四千六百五十九口兩路口區二千六百一十四口宋杜衕區六千八百三十六口高槐山區四千九百八十一口白腊冲區五千四百三十口石門畈區三千零九十七口懸鍾巖區一千三百九十口鴛寶區二千一百二十五口墩陽區三千七百五十六口白沙嶺區三千七百六十九口石觀音區二千六百零五口細楊樹區二千一百二十口邊堰蘇區一千八百七十三口蘇坑區一千五百九

十口百弓橋區二千五百五十六口閻家河區三千五百八十九口義渡區二千零一十八口石陂磨山區三千七百五十口甑山河區一萬一千九百八十二口上義區四千零八十五口唐嶺區一千五百七十六口青山港區一千七百五十八口花橋河區二千二百八十五口石馬槽區一千六百六十六口桃林河一千三百二十一口沈家庄區二千二百五十八口郭家院區一千六百二十四口金城區八百一十六口古城畈區一千九百三十口曾戶長區一千一百七十二口丁土城區一千二百口三杏橋



區二千二百三十五口伴仙區二千九百二十口小河頭區一千二百六十八口柏子塔區二千八百三十八口益美堡區一千三百五十口上馬河區一千五百五十八口土乘崗區一千二百八十五口擇里堡區九百八十七口仁美堡區一千一百三十四口豐義堡區二千零九十口德義堡區三千四百五十六口土門山三千七百六十三口黃栗石區一千五百六十五口李家壩區一千三百五十八口宋家區八百六十六口

仙居鄉之毛家墩區共土著流寓大小男女一千四百五十六口樊顧畈區二千三百三十四口七里陂區二千三百六十六口小河嘴區三千一百六十九口七科松區二千七百七十四口女王城區一千零八十六口紫雲寺區二千三百十四口大成區二千六百零三口中館驛區六千五百六十三口王家集區一千八百八十四口龍門沖區一千零九十七口夾沙洲區五千七百七十四口卧牛石區二千一百二十七口鄭舖兵區二千六百五十八口河三墩區一千六百三十五口高峯山區二千九百三十口萬仞巖區一千七百八十七口七家廟區三千三百零



一口拜郊城區二千三百八十六口梅林區二千四百二十口會林區二千一百五十九口高陽觀區二千零四十口向打石區二千六百六十七口宋埠區六千三百五十二口南湖畈區三千二百十四口黃閣區二千一百二十八口西河岸區五千零三口深溝區一千七百三十三口汪王廟區七百九十一口岐亭區二千七百八十三口永甯區一千二百五十六口范家畓區二千九百二十九口古城山區三千一百二十一口陶家圍區二千七百九十五口五里墩區一千九百二十口白田畈區一千七百七

[illegible]四口獻澄山區一千五百六十六口八里畈[illegible]
百六十五口余家院區二千八百一十七口[illegible]區一
千零八十三口陳墩壩區二千九百口袁家河區二千二
百六十二口董家堡五千三百二十二口朱家堡區一千
二百三十七口榮羅區三千三百零九口黑沙澗區一千
九百七十六口新居區一千三百二十五口周鐵岡區二
千八百二十口走馬岡區二千零九十六口烏龍潭區二
千三百五十九口天齊廟區三千零五十七口西峯山區
五千三百九十三口石板冲區二千零一十一口土門山



區二千四百三十九口

亭川鄉之本城共土著流寓大小男女一萬零五百三十
八口曹家河區二千二百六十五口義合區四千五百零
一口合鮑村區二千五百八十九口鹽田河區二千一百
六十四口東界嶺區一千九百六十七口黃市區五千四
百六十九口白水畈區三千零九十二口木子店區一萬
零三百三十七口二里河區一萬零八百五十二口東義
洲區五千九百八十二口落梅河區二千四百七十八口
南庄區三千七百五十九口木樨河區五千[illegible]百九十五
口沙井區二千三百九十五口白杲戍區三千一百三十
三口三羅堡區二千四百八十二口魯家臺區二千三百
一十八口望花山區一千九百一十一口程集區二千五
百五十六口青龍區二千零三口陶家舖區三千六百一
十五口沙河區二千三百五十二口横河區八千五百四
十口船夫區二千零一十九口

## 風俗

麻邑在楚之東北延袤數百里其土厚而肥其俗醕而朴其人質直而好義劉希向儒學記



家誦詩書士尚名檢工詞翰善嘘獎後進達則爭相朋蘸民習勤苦通技藝輕遠遊南窮炎嶠北盡霜廬以筋骨起家通志　麻城士風厚善樂於爲儒出重名節處尚廉恥府志

甿俗富庶秀民樂於爲儒而不輕釋其業彬彬喜學有鄒魯之遺風舊志

山靈川媚常生大賢爲家國瑞應許天瑞靈堂記

風俗稱有禮義子弟知有孝友趙攸陳懋墓誌

農力稼穡冠婚喪祭多用家禮此其近湣古者然尚氣喜鬭健訟惑風水溺佛老崇淫祀此其所宜變者冠禮皆於

成昏親迎之日先行加冠禮涼嫒尊式士庶各如其分〔舊志〕
婚禮取門戶相對者結姻重媒妁通婚啟問名納采親迎
悉遵古禮俗尤喜幼時結親彼此過書束具聘儀下禮後
有外貿遠出者女終自守待不字至於聘貲妝奩貧富各
從其便
喪禮親歿訃於戚友沐浴殮畢殯於中堂家人裂布裹頭
成服孝子麻衣草履率其下皆孝服涕泣祭奠杖踊飦粥
若凶如禮戚友赴吊多以七期致奠延僧道誦仙佛經云
做善事超度庶民家亦鼓樂治具醵錢坐夜擇地營塋用



形家言其導送如治喪
祭禮春秋各祭掃其墓有宗祠者則祭於宗祠四時節序
及生忌日祭於寢其家祠祭序長幼族長主之具牲醴几
筵楮幣祭畢燕飲分胙而還世家有祭田以供時祀
社斂錢市牲醴以祀土神祀畢少長飲焉
儺人朱衣花冠雉尾執旗鳴鑼俗名急腳子比戶致祝大
抵祛沴祈福之語
歲時　元旦五鼓起向北叩首曰祝聖啟門以酒酹地而
拜曰出方還室子弟以次拜賀自是親友慶賀讌飲盈門

粔籹相餽三日以牲醴祀門戶神飲酒後各理舊業立春
先一日觀迎春以土牛身首色卜水旱以芒神帽鞋占寒
燠比戶焚香酹酒曰接春
十三日試燈元夕張燈是日粉米為團曰元宵張燈火正
月十五日贅麥踏青農人以火炬照田兒童擊鼓鑼巡園
圃逐諸蟲害稼者兒童磨磚石二寸許上圓下銳就地鞭
之名曰得螺諺語楊柳活打得螺
二月十五日曰花朝民家多以是日嫁娶
三月三日醮真武寒食架鞦韆清明掃墓簪柳踏青兒童



為風鳶之戲田家浸種稟作方藭鄉人作茸餅俗名軟麵
四月八日是為沐佛之期僧造烏米相遺問
端午角黍交贈採藥插艾蒲雄黃泛酒繫綵辟惡是月作
紙舫祈神為龍舟會備旗旛鼓樂扮人物故事競尚華靡
勸破中人之產
六月六日曬書籍衣物造醬醋鹽豉俗以為半年福
七月七日乞巧中元祀先又浮屠為盂蘭會
八月中秋作餅相送具菱藕瓜菓為賞月之讌
九月重陽登高掃墓民家釀酒

十月朔舉行鄉飲禮民祭墓田家飯牛以陰晴占穀[illegible]

十一月有家廟者合族祀祖先

十二月初八日啜臘粥雜杭豆棗栗亦有以是日嫁娶

兒童以鷄毛植錢孔中縛以綵線蹴之名曰毽子二十四日曰小年掃舍宇夜祀竈神數日內金鼓爆竹喧聲不絕

具酒饌祀祖先曰年羹飯

除日張春聯於門闔戶後然燭焚香拜祖先及尊長曰辭年夏闌後或出聽人言語以卜來歲休咎曰聽讖田家以夜半候釜中輒得五穀米粒以其朽飽占來歲豐歉曰試



鍋合家促坐飲酒曰團年或有圍爐終夕不寐者曰守歲

東北之民朴而足中士之民秀而達南士之民巧而遊西士之民狡而貧

謠云東鄉田莊西鄉文章南鄉經商北鄉酒漿童謠云水打蔡家園麻城中狀元

耕種鮮佃民大戶多用價買僕以事耕種長子孫則曰世僕

歲儉民多攜家入山谷掘蕨根濾粉煑食之（以上舊志）

物產附

縣三鄉並置太平延仙居東北厥壤高墳亭川接仙居西南厥壤賦衍平原諸境土沃肥仁山礀等田地磽産薄穀之通産者有粘穀（七月收）中遲（八月收）晚糯（俱九月收）有黍有粟有麥（大小二種）有秋蕎巨勝有黑黃紅綠等豆樹茲嘉種其芟也欲孤其弱也欲扶物土宜而布之得其食斯疆云爾穀食外佐餐者蔬附郭內外暨各鎮鄉區多灌園業羣負販者仰給焉其蔬爲芥爲菘（即白菜）爲芸臺（即油菜）波稜爲莙薘（土名冬莧）萊菔（即蘿蔔）爲葱韭蒜椒薑瓜類甚夥三五爲族寒匏懸籬爲南瓜（土名番瓜）紫瓜（俗名茄子）之屬水蔬爲茭菰（茭米周禮六穀之一）野



蔬爲薺菜（土名地菜）地不宜果梨棗等味劣不中食俗尚樸無奇花異木諸草卉不利民用者概置不收瀕湖渚多楊多櫸柳山多松栢多桐（子可榨油）多構（即穀木皮可作紙用）多烏桕（子榨油作燈燭用）遶屋多桑柘以供蠶桃李供食品棠梨供鏤板茶供瀹椿供屋椽竹不甚巨供作竹器藥多車前香附之屬至若鳥獸蟲豸胎卵濕化纓覶莫罄其有關日用者不可省也毛之類若牛馬羊犬豕又若兔獾狐狸獵者取焉羽之類若鷄鵝鴨外若鳧鴈雉雀弋人篡焉蟲則蠶絲蜂蜜民均賴之邑無長江大湖所畜不過常鱗凡介耳問諸水濱舉

網可得亦食貨貨也其魚魴謂之鯿鱮謂之鰱陽鱎謂之白魚鯇謂之草魚鮒謂之鯽鮆謂之聚刀鱅謂之胖頭鰷謂之鰄鱨謂之黃顙白小謂之銀魚鱖謂之鯤其介蝦鼈龜蚌跳梁蹄涉凡此皆通產也至境內專產諸物則連翹苧布通考數徵土絹山楂府志足證明統志紀龜峯之白艾本草綱目記拘螺之蜈蚣他如鹿毛筆之名又有一統志在焉其木棉盛夾洲木炭聚閻家河市東山出楮皮紙皆可資生例得備書於册



# 麻城縣志卷之十一

## 食貨第二

### 賦役

#### 明

明洪武二十四年册定官民田地塘四千零八十八頃六十七畝九分八釐

永樂十年册定官民田地塘四千三百三十三頃一十九畝四分

宏治十五年册定官民田地塘四千一百五十九頃六十六畝六分

正德七年册定如之

嘉靖二十五年册定亦如之

萬歷元年知縣穆煒文田均糧册定官民田地塘共計一萬零四百四十九頃六十七畝二分四釐

天啟崇禎册定亦如之

國朝因明額數永爲定例

原額田七千四百二十四頃六十六畝二分二釐每畝科秋粮民米一升八合九勺七抄該米一萬四千零八十四石五斗八升三合

二勺一抄四撮
內二斗以上起科沒官等田米六千四百三十三石一斗
八升五合五勺七抄一斗以上起科沒官等田米四百八
十九石九斗三升八合六勺二共官米六千九百二十三
石一斗二升四合一勺七抄每地米塘米一石帶科官米四斗零二合二勺九抄七撮
三圭四栗地三則共米一千九百七十四石四斗一升九合三
勺八抄帶科官米七百九十四石三斗零三合零一抄塘
米一千一百四十九石九斗六升九合五勺五抄六撮帶
科官米四百六十二石六斗二升九合八勺三抄五撮共二



帶科官米一千二百五十六石九斗三升二合八勺四抄五撮除清該官米五千六百六
十六石一斗九升一合三勺二抄伍撮每米一石並加增等項派銀一兩一
錢二分二釐九毫八絲六忽柒微二塵扣算該銀六千三百六十三兩零五
分八釐一毫四絲五忽三微三塵九纖三渺民米七千一
百六十一石四斗五升九合四勺四撮每石照前則例該銀八千
零四十二兩二錢二分三釐四毫零二忽二微三塵五纖
八渺
原額地貳千四百一十八頃八十畝五分九釐內凡三則
上則地二百九十七頃二十畝七分七釐每畝科秋粮民米一升八合五

勺該米五百四十九石八斗三升四合三勺八抄每石照前則例
該銀六百一十七兩四錢五分六釐七毫零六忽九微三
塵九纖四渺又帶科官米二百二十一石壹斗九升七合
該銀二百四十八兩四錢零一釐二毫九絲三忽五微零
三纖八渺
中則地柒百六十九頃一畝六分二釐每畝科秋粮民米一升三合六勺
該米一千零四十五石八斗六升二合該銀一千七百七
十四兩四錢八分九釐零三絲六忽九微五塵二纖六渺
又帶科官米四百二十石七斗四升七合該銀四百七十



一兩四錢九分三釐二毫九絲三忽四微七塵九纖三渺
下則地一千三百五十二頃五十八畝二分每畝科秋糧民米二合八
勺該米三百七十八石七斗二升三合該銀四百二十五
兩三錢零伍毫六絲九忽五微五塵八纖二渺又帶科官
米一百五十二石三斗六升該銀一百七十一兩零九分
八釐二毫二絲六忽二微五塵四纖二渺
原額塘六百六十頃廿畝四分三釐每畝科秋糧民米壹升八合玖勺七抄
該米一千一百四十九石九斗六升九合伍勺五抄六撮
該銀壹千二百九十一兩四錢零二毫一絲六忽二微九

塵二纖二渺又帶科官米四百六十二石六斗二升九合八勺三抄五撮該銀五百一十九兩五錢二分七釐一毫三絲零五微一塵六渺

以上田地塘共一萬零四百四十九頃六十七畝二分四釐內除彙報夏水偏災等事乾隆二年奉准部文開出山水沖壓田地一十一頃八十二畝七分實田地塘共壹萬零四百三十七頃八十四畝五分四釐

額載秋糧米二萬四千一百三十二石零九升七合一勺八抄內除官米六千九百二十三石一斗二升四合一勺



七抄又除學田濠米伍石六斗一升五合零一抄實在派徵民米一萬七千二百零三石三斗五升八合（內有免糧二千零五十九石每石派銀八錢一分五釐二毫四絲三忽三微二塵一纖七渺四漠無免糧一萬五千一百四十四石三斗五升八合每石派銀一兩一錢六分五釐二毫四絲三忽三微二塵一纖七渺四漠）內除山水沖壓米一十九石七斗三升六合三勺二抄實在秋糧米一萬七千一百八十三石六斗二升一合六勺八抄

夏稅小麥一百零二石三斗四升五合四勺（秋糧內帶派）

夏稅絲六百一十二斤六兩二分七釐五毫四絲（秋糧內帶派）

桑絲二十九斤一十三兩三錢三分三釐三毫四絲（秋糧內帶派）

額徵並加增共銀一萬九千三百六十九兩八錢四分八釐二絲一忽六塵五纖三渺內除山水沖壓銀二十三兩零四分二釐四毫二絲二忽九微一塵二纖六漠六茫實征銀一萬九千三百四十六兩八錢零五釐五毫九絲八忽一微五塵三纖二渺三漠四茫（內有舊書原載班匠額銀四十四兩四錢及班匠額內豁免沖壓四分四釐八毫零七忽八微三塵六纖三渺四漠二茫係乾隆二十三年奉文於奏銷冊內刪除班匠名色統歸地丁條編造報）

加增九釐（每秋糧一石派銀三錢三分九釐一毫二絲五忽七微）該銀五千八百三



十四兩一錢零八毫二絲四忽一微六渺內除山水沖壓銀六兩六錢九分三釐零九絲三忽三微三塵五纖四渺二漠四茫實徵銀五千八百二十七兩四錢零七釐七毫三絲零七微六塵五纖一渺七漠六茫

以上人丁田地塘條餉及增益人丁並優免丁銀等項共銀二萬八千八百八十一兩五錢六分三釐三毫三絲八忽二微八塵四纖二渺內除豁免運夫丁銀二十三兩三錢八分一釐一毫三絲四忽五微九塵五纖又除丁隨糧派等事案內闔省均攤人丁應減銀一百八

十二兩四錢八分四釐九毫三絲三忽三微四漠七茫
八沙六灰又除豁免夏被山水冲壓丁糧銀三十三兩
五錢九分零五毫三絲三忽六微六塵八纖五渺七漠
二茫又除優免丁銀二百六十五兩二錢五分（查優免丁銀已於書後另款作收以符奏冊圖縣額實總數）實徵銀二萬八千三百七十六
兩八錢五分六釐七毫三絲六忽七微二塵零伍渺八
漠一沙四灰（以上照舊志）

起運項下（咸同以來現行征收支解章程照省頒丁漕指掌開載）

起運銀二萬二千三百五十兩一錢五分二釐



存留銀二千二百一十七兩六錢四分一釐內除坐支官
役俸工等銀一千八百六十二兩五錢八分二釐應解
司銀三百五十五兩五分九釐

驛站銀三千九百八十三兩六錢三分四釐內三百五十
四五日應除坐支夫馬工料等銀八十六兩（三錢七分六釐六錢二分）
外應解司銀三千八百九十七兩（二錢五分八釐一分四釐）

耗羨銀三千一百四十兩六錢五分七釐內除坐支佐雜
養廉銀二百六十兩外應解司銀二千八百八十兩六
錢五分七釐

坐支項下

驛站三百五十四五日額支銀八十六兩（三錢七分六釐六錢二分）遇閏
按日加增係排夫工食

耗羨銀二百六十兩內　縣丞養廉銀八十兩　典史養
廉銀六十兩　虎頭關巡檢養廉銀六十兩　鷰籠巡
檢養廉銀六十兩

存留銀一千八百六十二兩五錢八分二釐內
各官俸銀三百五十二兩八錢五分七釐（提解司庫）
文廟學祠祭祀銀八十九兩二錢六分



關帝廟祭祀銀三十五兩七錢四分六釐
布政司經歷門子銀六兩　皂隸銀二十四兩
布政司照磨門子銀六兩　皂隸銀二十四兩　馬夫銀
六兩
布政司庫大使皂隸銀一十二兩
知府庫子銀二十四兩　斗級銀三十兩
知縣門子銀一十二兩　捕快銀四十八兩　禁卒銀四
十八兩　庫子銀二十四兩　斗級銀二十四兩　民
壯銀一百八十兩（內裁汰銀四十八兩提解司庫）　皂

隸仵作銀九十六兩　轎傘扇夫銀四十二兩　孤貧口糧布花銀六十三兩　各舖司兵銀三百六十兩　迎送皂隸銀五十兩八錢三分三釐　各河渡夫銀六兩一錢　吹手銀五十八兩五錢六分

縣學教官俸銀三十一兩五錢二分　齋夫銀三十六兩　門斗銀二十一兩六錢　廩糧膳夫銀六十一兩三錢三分三釐

縣丞門皂馬夫銀三十六兩

典史門皂馬夫銀三十六兩



鵞籠虎頭二巡檢皂隸銀二十四兩

以上存留項下額支銀一千八百六十八兩八銀九釐內均係祭祀解剩歸入起運充餉並荒故丁及蛟水冲壓豁免銀六兩二錢二分七釐外實坐支銀一千八百六十二兩五錢八分二釐

扣存減平減成空曠項下

驛站三百五十四五日銀五兩一錢八分二釐九分七釐

存留役食俸齋減平銀五十一兩二錢九分

廩膳減平銀三兩六錢八分

役食清查三成銀一百五十四兩一錢一分五釐

縣丞養廉減平銀四兩八錢

典史養廉減平銀三兩六錢

巡檢養廉共減平銀七兩二錢

領款項下

文昌祭品銀三十五兩七錢四分五釐

常雩祭品銀五兩

九成養廉除減平外實銀七百六十一兩四錢

教職加品俸除減平外實銀四十五兩五錢七分一釐



縣役食補充除減平清查三成外實銀二兩六分五釐

民壯補充除減平清查三成外實銀三錢五分二釐

器械除減平清查三成外實銀五兩七錢六分

祭祀補充銀二銀六分七釐

虎頭巡檢器械除減平外實銀一兩八錢八分

額內孤貧銀一十二兩七錢九分三釐小建扣存縣庫留爲閏年湊數支銷遇閏加增

額外孤貧銀一十二兩六錢扣建支給遇閏加增

囚糧銀無定額

稅課項下
牙稅銀六十九兩係照同治十二年　奏銷冊報開載嗣
後如有增減應仍隨時更正以備查考
田房稅正額銀九兩六錢盈餘銀兩儘征儘解
牛稅銀儘征儘解無定額
徐州衛津貼銀六兩五錢
南漕項下
隨漕淺船正項銀八百十九兩四錢四分七釐
隨漕淺船耗羨銀九十兩一錢三分九釐



驢腳正項銀八百四十四兩九錢分釐
驢腳耗羨銀九十二兩八錢五分
南折正項銀四千九百二十四兩六錢一分九釐
南折耗羨銀五百四十一兩七錢九釐

鹽法

國朝額銷鹽引一萬一千二百六十引自咸同軍務以來戸口未復淮北之鹽亦未能盡堵前縣鄭認銷每月六十引俟戸口繁滋再圖復舊光緒壬午楚淮合籌鹽務知縣事朱槀請按戸認銷

明邑人梅國樓漕運解折記麻城舊隸河南介在萬山中治前止一衣帶水淤沙平淺擀土可塞雨集而漲由霽而涸舟楫不通揭厲可涉自出閘始達楚濱江之區例有漕運故麻不免焉計糧共肆千貳百石有奇水遠運苦頻年以來吏抱牘而不休民無以苟旦夕每一傳呼必立敗愛頭會箕斂倍於常額上下山阪出入溪澗車不方軌馬不成列負載道路之間伺候公府之門不待至水次而已疲累矣一至水次吏胥必有稽查折耗必有賠補船腳楞板之類所費倍之故心剜腰折閭閻告病曩時邑父母及鄉先生曾議及此然狡猾之徒因而爲利陰撓於主計者故朝上議而夕報罷即發言盈庭遂成作舍矣禮部儒士喩儀醋雅篤實之士也素好義而樂施奮臂與曰吾儒不能利及天下而使桑梓之中有抳腕而悲者非夫也乃輸產捐金代三鄉父老子弟而請命焉歲丙寅夏周尙寶偕不佞冒行烈日中謁當事者白其狀曰漕爲水設也近水者利本邑遠水者利折色此兩利之道也奈何獨於麻而靳之今民不堪命逃死四方者種種矣此之不改毋乃轉陸爲海化慕



行舟乎邑人曉曉然不憚請命者非爲私也當事諸公亦爲感動而喩生周旋其間曾改五分之三然猶未得堅決也蓋徵派猶累小民而全書未垂水利喩生依牆之哭尙未動於秦而汎舟之情猶未遍於晉也惟是邑縉紳學校里老人等再因喩生之請而呼籲其事維時西蜀劉公來蒞茲土下車以來政通人和利興害袪力任其事文移旁午內云兌米一徵有破產屋市妻子言之刺心聞者酸鼻等語亡何公入覲而陳留高公代署其篆覩艱難困苦之狀毅然以身任之文移中有小民肩擔背負皮破足穿哭聲載道聞見心酸等語懃懃懇懇蓋身當之故言之親切而有味也時東粵方伯梁公持其議而西蜀撫臺遴公往爲監司時曾身歷亭州目覩地里方允其議先後肆千貳百石有奇盡折色矣俞允之日歡聲載道憊者復甦勞者復息億千年之利萬世之福哉嗟夫非常之原黎民懼焉及臻厥成而天下晏如也

明邑人喩儀比例改折說國家州縣賦役北兌最爲重大然舟楫通利者以納米爲便山徑崎嶇者以改折爲

便麻城接壤河南居萬山之中北接光山至縣山路一百二十餘里東自東界嶺至縣山路一百四十餘里東北接商城至縣山路一百六十餘里俱皆鳥道懸崖每人肩負米不過貳叁斗日行不過三四十里自邑至岐亭一百餘里自岐亭至大江又一百二十餘里皆小溝也大約遠者至江三百六七十里近者亦三百餘里故邑之兌米壹石得至掛口所費不下叁肆石萬民嗷嗷流離逃竄其源多出於此兼以二十一年及二十三年龍水泛漲腴田半淤小河盡塞搬運之苦視昔更加倍矣況本縣人多田少計一歲所收即豐稔僅能供一歲之用而北兌所費不貲富者已貧貧者已徙支吾展轉日甚一日大抵麻城黃安地里相近山川相同黃安之糧一半麻城所劃也黃安向荷哀矜全賜改折麻城差繁役重十倍黃安苦樂未均萬民嗟怨萬歷十年陞任文知縣哀懇求改已得俞允隨被貪肆許主簿幹徵本色蓋折色萬民所共便而本色惟管糧官及房保戶棍之所甚利也本省偶折叁萬柒千柒百前後爲祁陽等十四州縣永改叁萬叁千有零其所餘肆千蓋留以待



麻城今廣濟縣復以爲請彼自馬口鎮巡司至龍坪及武家穴三面邊江其邑之地遠水者不過四五十里即該縣申文亦止云百里遠近難易與麻邑迥絶且云麻城以數少無弊此廣濟士民不昧之本心也今見麻城有請而廣濟復驟變其說而云麻城有紫潭河夫紫潭乃黃岡之河往者黃安之運道也各縣士民豈不耳聞目見乎況廣濟已永改叁千矣夫三面近江之地已得改叁千而四面阻山之邑反不得沾其惠恐麻城士民之告爭無已也大抵地理之遠近山川之險阻圖籍可考彼此俱知又非筆舌之可以那移伸縮者伏乞仁臺軫念衝疲荒涼之邑優恤流離困苦之民查守道見行明文並本府刑廳開報二縣鄉圖遠近水次秉公改折是一視同仁萬代之所瞻仰也

明邑人李寵祝某逼府公序某年某月鄉諸友投謁者盈門復有讙呼於門外則邑之吏老亭長也驛遞之役市廛之氓也咸爲予言逼府公之所以生成之者甚備於其誕也而以祝頌之辭爲請予年未壯四方之塵已上衣袍矣兒時所見麻邑沃國也地廣宜稻陵多植澤有魚鱉水甘而壤黃婆娑十年而傳者目爲瘠土焉棄由江右入覲還過里視於市市民皇皇如無所泊闕於塾人士顧日影而嬉往於野緣畝而衣襏襫者盡罷民也之庠謁有圯焉徘徊於郭門外土蝕水嚙敗堞半之臨高而望官道敝車羸馬賓旅色不堪瘠如此乎今年拜秋官命得暫假沐目見耳聞暢然其有異詢之維公三月之爲政也公以攝篆莅麻邑夫攝篆者周旋不期月耳然公所興革均數世之福利其政小者無算而其鉅有九其一爲僉解鐲零星國初解之役眡甲之米米至於百石役至於南糧米至十餘石役止於一日等解不足是者爲幫貼重役戶名曰零星及弊賫生而以三十石之戶當百石之解百石之戶輸本縣之供反以賄託而得零星其不幸而僉解者則舉戶破壞矣公始著爲例以重解還上戶以幫貼還重解以餘解充供應歲鐲所謂零星者千八百有奇葢鐲者得豁而解亦無苦一爲徹協濟補新驛麻邑南通齊安距里平驛百三十里而遙北走長潭逕阻險多石每嚴冬盛夏夫馬道斃強半也而麻舊例歲出協濟若干金輸他驛以險遠衝



要而復爲別路加編裒益誠過當公申請兩臺撤還協濟於麻黃之間剏道貫新驛夫馬勞逸始均且清應付酌所應給毋或有折耗添冒之弊其所給僱役馬價毋或減夫頭馬戶之錙銖者雖東西路塞羽檄朝夕馳而蕞爾邑猶可支持云一爲催科花戶不致侵累舊例催科於每甲下小戶各註丁糧若干優免外徵收若干各給花戶印票官民各執其一每四時之季比冊勒限逋負者莫得匿而已輸者即得高眠後以爲煩也另以戶名總立比簿一夫未完逼戶註欠逋者得庇歲以爲常良民畏累倩人完納因而代賠弔比乾沒侵欺越徵撓亂踵出公嚴行花戶票而人皆樂輸於甲乙不相累簿書簡易矣崇學校治櫺星而庠序爲之新龍門攤錢不取行分而閭閻爲之輯差原認革勾攝而村落無擾行保結禁拔誣而良善蒙釋官造什物不須地方而承當差役者無苦摘發匿名徑行申放而仇私訐告者寢息所謂其鉅者有九也凡良法美意有三年考績所不能幾得者而寬然措置於三月之間昔魯叔孫婼所館者雖一日必葺其牆屋去之如始至夫人忠清勤敏自其

天性其心豈只一綫在握之久與□□有以異乎□□
民之徵□不得也能無慨然然良法美意蓋將百世□
不只則公之捐摩做邑其時無幾而其食公德者固已
厚矣

陸祐勤曰明祖建都金陵據江山形勝之地東南漕運一葦可杭國勢既強而民輸亦便此誠上下交益永固不拔之基也迨乎燕邸以北師南侵篡有天下移都燕冀自謂龍興之地足以震懾餘元捍衛北鄙而高皇之良法深意漸就澌滅矣蓋國之所重即寇之所爭雖九邊棊布而懸的以爲之招庸有濟乎中葉以後邊事孔艱司農告匱而漕務尤爲重困轉輸



收兌國與民均所費不貲當時有以十致一之說而又汰後成習凡上供內用以及北都臣僚士女服物之所需靡不爲吳越荆廣之所出東南民力之竭其來久矣顧吳楚之人戀身家而畏犯法雖山東河北屢至盜兵潢池而南人垂死鞭笞無敢揭竿而起者於是樞府閣臣不以爲風氣之純懦而以爲財力之豐餘多立名目巧爲搜括至三餉九釐之屢加重苦吾民歲復一歲竭澤而漁物力盡而人心亦去矣當流寇漸逼畿輔有獻議南巡謂召集援軍就資漕運

進可以殄狂寇退亦不失爲晉元宋高者不知國運之久暫視開國之始基晉武平吳宋收江左其始則兵威未極其後則寬政時加以是五馬可以渡江而建炎猶能立國明祖滅陳友亮於楚殄張士誠方國珍於吳越威稜鋒厲所當者破而蘇杭賦稅數倍前朝用人行政皆鑒於亡元矯以嚴切東南之人畏威者多懷德者少況經三百年朘削之後脂膏已竭區區江左豈能資以中興思廟即從南遷之言亦未必能爲晉宋之續況乎宏光昏暨唐桂殘宗而望其成



少康之業乎此非特天啟
眞人廓清宇內蓋亦永樂以來不留餘力以惠此東南者即不留餘地以處其子孫也我
朝定鼎之初除煩去苛盡革前明弊政與天下更始至
仁皇帝而國富民安更有永不加賦之諭猗歟休哉此非三代以來數千年未聞之曠典哉雖二百年豐亨豫大萌孽其間粵寇鴟張荆楊吳越數千里中皆爲煨燼其禍變亦前古所未有者而恩德在民忠義爭奮不假太倉之粟水衡之錢而將勇兵精軍食不乏東

南既就掃蕩溥海重見澄清然猶鑒於前事[illegible]
安拯恤民艱同治以來疊下蠲緩豁除之詔更念東
南賦重減免屢加而封疆各大吏復能宣布
朝廷德意疏節闊目惟以利民爲急所頒現行條例簡便
易遵以視明代科條其瑣屑煩碎不可同年而語譬
如長流之水更濬其源千霄之木益滋其本億萬年
有道之基詎有旣乎茲編纂賦役一志凡明代之徵
收以及現頒之條目並列於篇並附以明人議論有
關民賦者舉一縣亦可以例其餘也嗟乎賦役繁簡



厚薄之分實爲國者治亂與衰之所繫雖百世而下
亦可知所取法矣

倉儲 養濟附

常平倉在縣署內東西二側倉廒六十一間自康熙至乾
隆十三年實存穀一萬六千四百四十五石八斗五升每
年東作方興缺乏籽種詳請動支借給春借秋還弁遇熤
價昂貴亦詳請動支平糶秋後採買還倉如年歲倉穀不
敷賑恤申請協撥　社倉計七十九[illegible]隆五十七年儲
穀一萬一千六百三十餘石每倉有[illegible]經管三年無[illegible]

例由州縣詳府直隸州給匾獎勵六年無過許府州詳布
政司給匾獎勵十年無過許布政司報院給匾嘉獎徇私
者革懲侵蝕者治罪賠補倉正副俱於鄉耆內選充不得
違例引用生監倉長稟事許徑赴縣署不許胥役隔手平
時亦不許胥役至倉其經理勤妥之倉正副每歲正月傳
集縣堂勞之酒食以示鼓勵

太平鄉社倉

白塔橋貯穀一百二十七石九斗七升五合倉建松影菴
宋杜沖貯穀八十八石零七升倉建黃柏沖廟



兩路口貯穀一百三十六石六斗倉建東嶽廟
閻家河貯穀一百一十一石四斗一升倉建祖師殿
三杏橋貯穀九十五石零二升五合倉建汪家廟
白蠟沖貯穀一百二十六石零八升倉建天皇寺
唐殿堰貯穀一百零七石五斗四升倉建東華菴覺明寺
丁土城貯穀一百五十一石五斗三升倉建大覺菴
白沙嶺貯穀一百六十九石四斗九升倉建落茄菴法遠菴
邊堰蘇貯穀一百五十一石四斗六升倉建獅子菴東岳廟
高覩山貯穀一百零六石五斗一升倉建迴龍寺雨花菴

益仁美堡貯穀一百三十八石倉建夏家堂夏家廟
土乘崗貯穀一百八十石零五斗四升倉建白衣菴江家廟
古城畈貯穀七十六石四斗五升倉建圓通寺
柏子塔貯穀一百四十石零八斗五升倉建柏子寺
青山港貯穀四十七石七斗六升倉建婁家堂
墩陽灣貯穀二百二十六石五斗四升倉建東岳廟臥雲菴
石門畈貯穀一百一十八石八斗五升
細楊樹貯穀七十八石一斗倉建善慶菴
上馬河貯穀五十石倉建白廟



土門山貯穀一百四十一石五斗二升倉建東岳廟易家堂
張家店貯穀一百七十二石四斗倉建新佛寺
石板沖貯穀一百六十一石倉建楊家廟鄧家堂
件仙亭貯穀七十四石四斗四升倉建胡家堂
黃棣石貯穀一百二十二石九斗九升倉建水口寺石河寨程家廟
懸鍾岩貯穀一百六十六石一斗九升倉建騎龍寺法雲菴
獨石歸貯穀一百五十四石六斗六升倉建無花菴木龍菴
烏坑區貯穀九十二石六斗一升六合倉建水口寺
小河頭貯穀六十六石六斗九升倉建圓通菴

仙居鄉社倉

深溝區貯穀五十四石八斗八升倉建東岳廟
陶家園貯穀一百九十九石三斗一升倉建朝聖寺西陵寺
紫雲寺貯穀九十石零七斗倉建蔡廟
宋埠區貯穀二百零三石三斗九升倉建法幻寺
西河岸貯穀一百一十九石五斗三升倉建楊四廟
永寧區貯穀一百三十九石二斗二升倉建林河寺榮家廟
七家廟貯穀二百零四石五斗一升倉建七家廟
古城山貯穀一百九十七石六斗一升倉建馮廟鰲魚寺



會林區貯穀二百九十一石七斗九升倉建東岳廟
龍門沖貯穀一百三十九石三斗九升倉建完山寺
烏龍潭貯穀一百二十一石八斗五升倉建準提菴
走馬崗貯穀一百一十三石六斗九升倉建會斗觀
周鐵崗貯穀一百四十五石七斗九升倉建攺家廟
陳墩灣貯穀六十七石五斗九升倉建圓通菴
朱家堡貯穀六十八石二斗　升倉建圓通菴
汪王廟貯穀七十一石二斗五升倉建汪王廟
岐亭區貯穀一百一十石零五斗六升倉建關帝廟

八里畈貯穀二百七十六石二斗九升倉建沙堤寺

萬例岩貯穀一百三十五石一斗四升倉建廣林寺孝義堂

范公畚貯穀二百四十四石二斗三升倉建東岳廟

拜郊城貯穀二百零八石九斗倉建騎龍鎮

大城區貯穀一百零五石六斗四升倉建祖師殿

女王城貯穀一百五十石零五斗倉建金家堂站鄜寺

西峯山貯穀二百零六石一斗九升五合倉建葉家堂興隆寺

天齊廟貯穀一百二十一石一斗七升倉建天齊廟

海林區貯穀一百五十一石零三升倉建東岳廟道寺



高峯山貯穀一百七十一石六斗四升倉建王家廟

鄭舖兵貯穀一百八十九石倉建胡家堂鳥窠寺關帝廟

臥牛石貯穀一百七十九石四斗八升倉建聽松菴胡家堂

玉皇閣貯穀八十七石零一升倉建嚴家廟

夾沙洲貯穀七十二石五斗倉建胡家堂

河三墩貯穀九十五石四斗四升倉建張家堂迴龍寺

南湖畈貯穀一百二十九石四斗六升倉建南無廟祇家廟

黑沙洲貯穀一百二十三石三斗五升倉建古佛寺

亭川鄉社倉

曹家河貯穀一百九十一石六斗八升倉建唐建廟

鹽田河貯穀一百五十石零二斗九升倉建淨土寺

黃市區貯穀一百五十三石五斗五升倉建石林寺

東界嶺貯穀一百零三石一斗六升倉建蔡家廟

望花山貯穀六十一石九斗四升倉建吳家廟

落梅河貯穀一百六十石零七斗四合倉建胡家堂

白水畈貯穀一百六十二石七斗四升倉建白水寺岐山廟

東義洲貯穀四百一十六石五斗二升倉建大聖寺

白杲區貯穀一百八十六石一斗五升四合倉建選佛場



魯家台貯穀一百一十八石零二升倉建婁家東岳廟

沙井區貯穀四十石零三斗五升倉建沙街廟

南庄區貯穀一百六十六石九斗四升倉建東岳廟蘭若菴

青龍區貯穀一百六十四石七斗四升倉建龍王廟

龍池區貯穀五百二十一石零四勺倉建相公廟東岳廟針芥室福城菴

橫河區貯穀三百三十八石零六升倉建棲龍寺

二里河貯穀一百二十七石九斗一升二合倉建延壽菴

以上城鄉各社倉穀均因賊燹無存重建新倉詳請

恩准豁免前項

附爲檀吳邑侯建倉記事有可以不記者有不可不記
者山水之遊園亭之搆騷人名士之寄興可以不記者
也若夫國計所賴民生休戚係焉得見有司區處措置
克盡其方一時利之來者守而不變利在數十百年此
豈區區者而可不記耶
國家之有常平倉三十餘矣其法以國學生捐穀爲本
而輔以募捐之義穀他邑不及悉知若吾邑則始貯穀
二萬餘石每歲募捐公私多寡不一大約前此所募每
至三四千石其上聞者僅數十石耳合二者計之三十
年間在冊之穀凡二萬三千有奇此二萬三千有奇者
例於青黃不接時存七糶三往者官吏欺僞相仍存糶
兩弊其糶也數未浮于額其糶也價或減于市數配於
貧民不能無怨也則多散之富室使貯穀本倉而封識
之富室初利其可以自我通那也雖稍短其値亦姑受
焉久之懼上官之綜核明而盤査嚴也則以時價折入
官用是官倉常無多穀舊存敝壞數厫尙堪出納各區
所糶之數千石而已其不能容者或置之鼓樓城樓中
雀鼠之侵耗風雨之漂爛有不能免然官吏亦樂藉此



以爲說是故敝壞之厫無復修理吏無庸多置新倉爲
也自長洲吳侯來涖吾麻一舉宿弊而滌之糶必如其
數糶必以實價其給價也擇鄉耆之誠篤者親付之使
轉給與賣穀者絕不假手吏胥其收穀也擇幕中賢而
善會計者數人分監之無守候之苦無拭斛之費無淋
尖踢斛之弊其糶也亦數君子親監吏不得侵其於募
穀因比年告災每歲自捐穀數十石以奉成例曰吾非
不知募於民歲可得數千石然吾甯捐己以裕民也公
署口需米若干皆以時價買於市不知官穀爲何味然
穀既實歸公廩則舊厫不能容而出入無私惟日惴惴
焉以耗爛爲恐於是倉之壞者盡修又新建板倉至六
十三間相度箭道隙地并廢獄舊址悉置倉焉費皆出
自侯不役小民不動公帑木必堅厚牆以磚石一改向
日薄板土壁之規侯忘其官家物若爲子孫數百年計
也侯甫下車即欲仿行紫陽社倉恐民難於慮始也先
爲文刊布四鄉大意勸民自爲積穀以備飢年又爲三
字歌以曉愚氓會制府楊公奉
朝廷惠養元元德意令州縣舉行社倉見侯所刊文則

大喜以爲先得我心侯廼身率僚佐暨搢紳之士募於
富室巨家得穀三萬六千適歲歉侯先以所募五千餘
石賑民之乏一如其已亥春賑法餘穀以次收入社倉
初制府議於各縣應解公費銀兩量撥數金爲建倉費
侯熟思曰一倉之費無幾合一邑百餘倉計之則已多
矣盍於募穀內撥穀二十石作倉費公私其兩便因請
於上得允於是邑中社倉一百六十所不勞而就惟本
城社倉四座侯捐置之不以募穀耳侯之善於處事類
如此按侯於社倉親躧素封之門山谷遠所單騎裹糧
以往所至闓發良規富民咸捐穀本城閱月而募完邑
凡一百一十二區各給印簿制斗公舉社長二人掌之
又給一木刻鈐印俾倉成後自置簿收放不經官吏以
絕侵那侯美髯年六十九尙如漆迨社倉事竣而白者
半矣其勞心焦思有非人堪者昔西山先生爲太守創
置惠民倉儲米萬石歲出糶於諸縣則廣置社倉儲穀
數萬歲歲出貸又念倉社貸穀止給平等有田之人而
細民無田者不得與也復請於常平司以義米附納社
倉爲賑糶之備然恐義米有限而貧民至多不能均及



於是又以居鄉之日所爲義廩規約以勸有力之家意
欲公私協力共濟斯民先儒之留心民事如此其肫摯
侯豈異其事耶抑凡爲父母者用心不當如是耶今邑
中社倉方與常平穀撥賑者十而九矣倉若虛設然補
捐者衆倉必再盈後之君子能嗣吳侯之風而修厥成
規否乎又嘗讀西山先生賑糶倉記載劉侯克莊書其
倉曰聊爲吾民留飯盌豈無來者續心燈先生爲申其
意曰惻隱之心人皆有之夫必秉彝盡亡而後是倉可
廢若猶未也後之君子以似以續至於無窮可也余於
繼吾吳侯者不能無厚望焉
邑人徐家麟吳侯賑饑圖後序右麻邑己亥春父母長
洲吳侯賑饑圖也邑人被侯澤不敢忘故求善畫者爲
圖以獻先是丙申丁酉兩歲邑俱歉收貧民二鬴不繼
猶以稱貸典鬻支朝夕至戊戌秋亢暘尤甚枵腹者斯
計無復之吳侯勘厥災亟求賑於上司苦與例未合不
獲　題請侯乃減糶常平積穀復設法買米糶濟至臘
杪積雪堅冰外販不至米驟貴又以便宜開常平倉大
糶三日市價平民以卒歲越明年己亥春二麥在野青

黄不啻西北皆古城山諸區飢者以草木根皮爲食侯心戚甚乃大集紳士耆老畫救荒策有持議於城中寬處作粥厰令四鄉飢民來食者侯沈思之久曰此非善法也夫粥必至麥熟乃可止今去麥秋尚兩月需米奚薪不知幾何日役水火夫若干人什物器皿諸費不知幾何且使貧民棄田廬攜妻子露處粥厰日待給轍之食諱與守乃室刈乃麥者況時方東作耒耜既廢秋成絕望民飢殆無已日今惟給以兩月之穀民得穀以歸各治其生庶有實濟乎古有勸分之法今必行之衆曰善侯乃自捐穀五百石遂率僚佐先募於城中時春雨連綿侯徒步泥塗卑禮折節乞諸有餘之門於時感侯至誠咸踴躍捐助不旬日得穀三千二百七十餘石隨募於城南勢鄉越數日又得穀一千一百石侯曰飢者不可以久待吾以此先濟被災之尤者乃爲張示約日令各區里甲耆老率同飢夫攜橐擔籮赴縣領穀至期侯坐儀門外按名發賑又選幕中數君子分地給發不令吏胥有纖毫蒙欺每名給以兩月之食先給以票次與之穀幼者以三斗爲率壯者倍之老弱廢疾不能前



者許親鄰代領之一時飢民出於望外菜色者喜見眉宇鳩形者氣力倍增意態百出有非畫圖所能盡者計賑老幼男女一萬九百三十餘人蓋合一邑計之被災者二十二區侯所賑又區民之尤憊者又念各鄉雖有薄收然高卑燥溼咫尺不齊豈可使深山窮谷有向隅之夫復集各區紳士父老勸其各募各賑數日又得穀三千九百五十石侯爲核實分給人各三五斗不等又賑飢民八千八百三十餘人適值三月十八日

天子萬壽之日羣黎慶祝侯又推恩澤大賚三日各給穀一斗復賑三千餘人又念讀書自好之士有甚窮窘不屑與稠人爭升斗者乃異其禮數以濟之於是紳士沾惠者亦二百五十餘人蓋至是而貴賤遠近皆得沐侯澤焉所全活二萬三千人昔賢有言凡天下疲癃殘疾惸獨鰥寡皆吾兄弟之顛連而無告者至哉仁者之言乎我侯乃親見諸行事矣嗟夫邑自丙申以來三歲不熟黄郡所屬大畧相同未聞他邑撫卹有若麻者我民何幸獨得父母如侯乎圖成將懸於侯此亦僅寫己亥春一時之事耳至侯前若後旁皇經畫焦勞曲折之心固未之能畫也因敘其始末於後使後之覽者得其詳焉

咸豐十一年署知縣吳林因城中常平三鄉社倉均燬無存省庫又無欵可請籌爲補買之計強寇屢擾兵民均以乏食爲虞遂捐廉首倡並將經徵丁糧平餘耗羨及公欵軍餉存留未用之項悉數買穀交城紳李廷榮等經理共存穀五千零七十石同治二年二月髮捻圍攻縣城知縣王瀚稟准動用倉穀接濟全勝軍楊鎮軍穀一千九百六十五石五斗五升五合五勺作價銀二千二百九十兩六錢六分又支發新昌營王參將穀五百石作價銀六百



兩以上銀兩均已扣存藩庫又支應貞右營成軍門穀五百一十八石四斗四升四合四勺當蒙發給長沙平銀五百五十九兩九錢二分解存府庫又同治三年五月署知縣范琨任內髮捻圍城據與守局紳李廷榮等借領倉穀接濟民食當發穀二百石又穀楨營向游戎移借倉穀四百五十石稟准每石作價銀一兩二錢當准該營移交庫平銀五百四十兩又五年六月僧邸帥調派馬步各軍赴縣援勦前知縣黄以愼稟奉批准動碾存穀一千一百四十石五斗接濟軍食應作價銀一千三百六十六兩八錢

扣存糧臺庫以上共動碾倉穀四千七百七十四石五斗應存穀二百九十五石五斗內王任折耗穀一百九十五石五斗范任折耗穀六石八斗共折耗穀二百二石三斗補交庫平銀二百五十八兩一錢六分連前繳桓營移還倉穀銀五百四十兩共計庫平銀七百九十八兩一錢六分同治三年與守局紳李廷榮等因辦理城防借領省平銀二百七十七兩九錢四分又五門局紳各借領省平銀一百兩共五百兩共借領省平銀七百七十七兩九錢四分核扣庫平銀七百四十八兩三錢七分八釐又前次借



領穀二百石經王前縣一併稟奉各憲批准俟年歲豐收再行勸捐籌補還倉在案以上寔存穀九十三石二斗又庫平銀四十九兩七錢八分二釐同治四年六月內王前縣稟奉府憲發還貞右營移借倉穀解存府庫穀價銀五百五十九兩九錢二分買還倉穀五百一十八石四斗四升四合四勺又前存穀價銀四十九兩七錢八分二釐買還倉穀六十五石兩共買還倉穀五百八十三石四斗四升四合四勺並前存九十三石共新舊實存穀六百七十六石六斗四升四合四勺

同治六七年間因吳前縣之子赴省稟稱麻城存穀是伊父捐廉求請給獎藩司即將各營扣存銀兩作為吳前縣父子捐輸入於捐餉項下核獎司庫尚餘省平銀六百七十餘兩飭縣赴司具領又飭城內紳士借穀二百石及穀價銀七百七十七兩九錢勒令歸繳并司庫存欵一并買穀存倉各官到任催札紛然迄未赴司請領而紳士欠欵亦久未繳呈光緒七年陸署縣奉文勸捐直隸賑銀當以麻邑正在辦理學田倉穀等事未可兼營並勸請將司庫存銀六百七十餘兩撥入直賑項下又以城中借用銀穀



實當危城緊急之時公捐公用應請免其補償至張署縣茂時任內所捐穀價已收者盡撥歸別項公用未收者槪行發還均奉院司批准有案截至光緒七年十二月止實存倉穀六百七十六石六斗四升此外均無應領應支之欵八年後陸署縣設局勸捐凡所存數石及出納章程另詳於後

附養濟院

養濟院在東門東禪寺側院屋大小三十二間咸同間被賊焚燬光緒二年知縣鄭公籌資葢造院屋兩重大小十

七間
額設額內孤貧三十名每名每季月糧銀五錢二分五釐
每季共銀一十五兩七錢五分每年共銀六十三兩係存
留錢糧項下坐支發給
又加增每季每名一錢五釐每季共銀三兩一錢五分每
年共銀十二兩六錢此欵先行墊發赴司請領還欵
額外孤貧二十二名每名每季口糧銀三兩一錢五分每
季共銀六兩九錢三分每年共銀二十七兩七錢二分此
欵先行墊發赴司請領還欵



以上額內孤貧三十名每名每季口糧銀六錢三分額
外孤貧二十二名每名每季口糧銀三錢一分五釐
共孤貧五十二名
又外增設孤貧五十一名每名每月足錢三百文由知縣
捐廉給發
陸祐勤曰昔魏李悝因管子公錢藏穀之論設平糴
之法以歲之上中下熟而權衡出斂之漢耿壽昌遂
建議請置常平倉宣帝久於閭閻知民疾苦著耿議
於令而爵之以侯由是穀賤不至於傷農而穀貴莫

敢爲居積古來惠民之政未有便於斯者晉武初基
深以恤民爲務詔天下通設常平倉宋齊梁陳爭篡
相承殆不暇及而拓跋氏特有行之者唐世或興或
輟至趙宋有和糴市易青苗官田諸務而常平轉非
所重蓋歷朝僅爲便民之事而宋代即藉爲足國之
資用意既殊利害亦判其後朱子社倉即本青苗之
法而所至施行民皆樂於從事者則朱子之意固不
在足國而在便民也夫國與民一也然欲足國則無
不病民而欲便民又無不足國蓋積儲爲人生之大



命下有餘積則上亦緩急可資小民既無逃亡流散
之虞而朝廷得擅物阜人安之利易曰損下益上爲
損損上益下爲益論語曰百姓足君孰與不足信不
誣也宋氏南渡漸除熙豐弊政詔行常平倉而金源
南據中土有鑒於汴宋青苗官田之失於常平義倉
行之尤力元明繼之至我
朝而規模大備直省郡縣在城有常平在鄉有社倉雖存
穀之多寡不齊類無不奉文舉行實力從事者麻邑
地方褊小而乾隆間所存城倉之穀一萬六千四百

餘石社倉之穀一萬一千餘石可謂盛矣顧日久弊滋常平既蝕於吏胥之手社倉亦爲刁民所領有借無償蓋不待咸豐年間兵火洊罹已强半虧缺矣然而古來便民之至計與

聖朝恤民之惠政不可忘也用採舊志並著於篇吳前尹捐穀數千當危城迫急之時甚藉其用至今猶稱道不衰並爲附列今所奉行别詳於後後之君子於漢舊復古之餘爲繼長增高之策固非旦夕間事也積之以漸而持之以久殷富效其力紳士殫其心邑中



先達袁金溪先生勸捐之說可謂詳盡曲至矣儻其共體而力行之若夫周官泉府賒貸於民因取爲息則劉子駿以剥民之術而僞託爲周公之制既誣莽復愚荆舒蓋不足法云

新建預備倉一所在城内憲司街

第一號國字倉内貯穀　石

第二號泰字倉内貯穀

第三號人字

第四號皆字

第五號足字

第六號官字

第七號清字

第八號民字

第九號自字

第十號安字

以上共倉十間實存穀六千餘石

又岐亭倉　間穀五百石

又買南北鄉倉田一百六十五畝每年應收租穀三百五十



石有奇存作倉穀項下添補耗折並收納照看之費

# 麻城縣志敘畧

## 職官志第五

嘗讀漢書循吏傳而知王道之易易也論者謂其謹身率先居官廉潔俗尚嚴酷而獨用寬和法去太甚而務尚持平不至於嚴民易從化要皆以德爲之主而非任才以爲治如董仲舒公孫宏倪寬皆能博通世務綜習文法以經術潤飾吏治尙已至若文翁之化蜀朱邑之在桐鄉黃覇之守潁川龔遂之治渤海大抵崇文教而寬法網主安靜而息煩苛所居民富所去民思而吳公爲治平第一僅傳



薦賈生一事其他不少概見則其寬厚清淨自底於治尤爲可知太史公曰身修者官未曾亂也奉職循理亦可以爲治何必威嚴職此志耳可知任德而不任才吏治自趨於古必謂治世之吏以德亂世之吏以才則猶論其變而非致治之常矣麻城風土饒厚民氣和易士食舊德農服先疇官其地者鳴琴而理自昔有然唐以前無論已其始以循吏著者則宋知縣張毅常植萬松以庇行人蘇子瞻孔常父皆有詩以詠其事甘棠遺澤今無其樹而猶存其名焉元明而降代有傳人若樂九成張谷維錢節用穆煒王三宅其最著者也 國朝二百年來尤多惠績若王滌屈振奇孫宏甡黃家璲其最著者也而康熙中于清端公成龍任岐亭同知實心實政除暴安良尤大有造於吾縣至今崇祠廟食嫓美宋賢所以報也茲編備紀官師兼詳表傳記姓名則仿廳壁之題名敘官績則仿丹陽之傳贊秩分六等序次列朝若乃丹心化碧昔多仗節之文臣赭冠倉黃近有捐軀之將士敵愾同仇舍生報 國旣敘明禋之典宜揚載筆之華特以忠節列次循良補舊志之所畧昔歐公著五代史立死事一傳謂足以維持世教茲竊



有取於斯義云

# 麻城縣志卷之十二

## 官師第一

### 官制

縣令一人丞一人主簿一人尉一人令掌治民顯仁勸義禁奸伐惡理訟平賦丞署文書簿知倉獄尉主盜賊各署諸曹掾吏

宋知縣一員丞一員簿一員尉二員知縣總治民政勸課農桑凡戶口賦役錢穀賑濟出納之事皆掌之有戎兵則兼兵馬都監或監押之職丞掌修水土之政行市易之法與山澤之利主簿掌出納官物勾稽簿書之事尉閱弓手戢奸暴間以武臣為之



元達魯花赤一員以蒙古人為之縣尹一員主簿一員尉一員典史一員達魯花赤凡縣事皆掌謂之監縣復監勸農事縣尹名為司判正官秩同達魯花赤亦掌縣事以漢人為之印則達魯花赤收之尹封署其上丞簿尉凡縣事皆同僉署典史為首領官揔羣吏之長兆掌公牘必待其書然後達於上而完署之不然則否

明知縣一員縣丞一員主簿二員典史一員知縣總治縣事與前代同丞職掌凡縣事皆同僉署簿尉俱如元制

虎頭關巡檢一員鵞籠司巡檢一員稅課局大使一員陰陽學訓術一員醫學訓科一員僧會一員道會一員

明裁革官主簿一員稅課局大使一員東館驛驛丞一員中館驛驛丞一員西館驛驛丞一員

明岐亭通判一員嘉靖五年因西山盜起撫按奏設以通判駐守督捕盜賊

儒學宋設勾管學事一員主學一員選請學正錄直學各一員學諭四員長諭八員小學教諭一員舊制縣無



學官凡職佐皆得兼之故勾管學事以繫銜景定三年始置主學一員咸淳元年轉運提學行下選請學正等官

元設教諭一員選請訓導一員

明設教諭二員訓導二員

國朝官制

文職岐亭同知一員裁明捕盜通判改黃州同知駐之兼理黃岡麻城黃安三縣事務麻城縣知縣一員教諭一員訓導一員康熙五年裁十七年復設遂為復設訓導縣丞

一員典史一員巡檢虎頭司鸞籠司各一員

武職城守營把總一員宋埠塘房額外外委一員同治十年四月奉文新添路口防汛經制外委一員

凡前明主簿馹丞等官均裁其陰陽醫學暨僧道由知縣揀充舉廢無定例均不入仕籍

按康熙乾隆兩志職官紀明以下自元而上傳者寥寥僅存姓氏於什一而已今者代遠年湮愈難搜考因仍其舊而補入武職之城守防汛各員其年遠者仍缺之以同治年軍務大定後爲始



## 文秩表

後趙 麻秋 石虎使築城

後周 史甯 東義州刺史

梁 吉士瞻 西陽太守 蕭詧 李洪遠 俱定州刺史

陳 田龍升 陳方慶 章昭達

周炅 周法尚 周法僧 俱定州刺史

唐 徐嚴 字景肅縣令

宋 錢治 字艮範武進人進士 張毅 字仁甫元豐間任

崔[illegible]宗 字元振金壇人 胡定之 岐亭監酒以上俱縣令

李臺卿 瀘州人事見東坡詩集中詳雜記 張恂 字公亮龍泉人進士

楊揆 臨川人進士以上俱主簿

元 馬兒蒙 蒙古人 樂九成 蒙古人 秦達善 縣貢生教諭

| 明 | 洪武 | | 永樂 |
| --- | --- | --- | --- |
| 知縣 | 張谷維 趙乾 浙江歸安人 | 楊子秀 浙江餘姚人 | 孫士忠 王士光 黃琮 高安人 高謙 米脂人 |
| 教諭 | 夏均輔 縣貢生 鄧泰 江西南昌人 | 張宗琦 四川重慶人 | |
| 訓導 | 桂南 縣貢生 | | 鄧林 邑貢生 張德宣 王懋 宜興舉人 朱甄 |
| 縣丞 | 石岳 進士 | | |
| 主簿 | | | |
| 典史 | | | |

正統

王篚 山東蒲臺人

朱華 長壽舉人

楊順 穎上人

熊復禮 桂林舉人

鄧謙 江西德安舉人

陶春 浙江人

景泰

陳祖舜 四川人

王紋 宜山舉人

陳鉞 莆田舉人

劉顯 萬安歲貢

李士實 楚雄歲貢

李芳 蘇州歲貢

王用 四川舉人

陳鏜 沁陽舉人



成化

李爾 舉人

劉洵 閩縣舉人

費濱 廣東舉人

劉珂 萬安進士

曾璃 番禺舉人

薛理 湘陰歲貢

朱嵩 四川歲貢

敖仰孚 新喻歲貢

胡琮 蘇州進士

劉規 巴縣進士

薛承學 江陰進士

陳興 許州進士

宏治

孔榮 番禺舉人

李恩義 廣東舉人

陶俊 蒼溪歲貢

高清 揚州舉人辛亥

王章 黃巖舉人

夏滾 德興歲貢

任
聶賢 長壽進士甲寅任　楊珣 潮陽舉人
章厚 長興進士戊午任　張嵩 宣撫司舉人
劉溥 安慶進士庚申



任
楊暉 蕪湖舉人
薛价 蒲州進士甲子任
正德
宋賢 四川解元　張舜舉 武功舉人　馮崇 雙流舉人
侯璧　梁鼐　汪朝宗

諸城舉人辛未任
固縣舉人庚辰任
蔡時 浙江新昌人進士乙亥任　楊英 泰和舉人
王世祿 廣德州進士戊寅任
王應賢
嚴球 涪梁歲貢　劉以讓 慶符歲貢　周楫 巴縣選貢　都勻選貢



中年進士辛巳任
嘉靖
五年增設捕盜通判駐岐亭
通判　知縣　教諭　訓導　縣丞　主簿　典史
羅瑞登 上虞舉人　杜朝紳 重慶州進士癸未任　戴恩 儀封歲貢　王機 永嘉監生　高公勺 內江歲貢丁未任　何銓 句容歲貢庚午任　曾賢
李瑤 四川重慶舉人　汪泗 開化人戊子任　陳恩 墊江歲貢　段宏
鄭潤　陳祥麟 福建進士戊子　齊瓊　鄭質夫　周政

北直安肅人官生　郭逵山東舉人　查應元江西歲貢　郭大治廣東歲貢　郭任長洲進士
任　李景藩汝寧舉人　陳子文閩縣進士庚寅任　王生賢盧陵舉人　羅道卿吉水舉人　李寶浮梁進士　黎泮樂平舉人甲辰任　羅士賢番禺舉人丙午任
天台歲貢　譚大智潼川州歲貢　何祥內江舉人　貢安國寧國歲貢　沈一貫無錫舉人　張翀邵武舉人　秦伯修全州舉人　林繼賢潮陽舉人丙辰任　胡錦餘杭歲貢庚申
閩縣監生　黃傑同安貢生　青雲遂寧監生　殷予瑞威遠歲貢　魏洪量威遠歲貢　黎大鵬新蔡歲貢
劉瑀　翁選蘭溪人　張友清銅陵人　吳晉民浙江人　張瑞順慶監生　高嵩
李琅　耿瑄廣西人　葛堯瀔　宋玉北直人　杜煜四川監生　杜紀
周珠　馮士祿南充人　林盛　吳璧潼梁人



隆慶
金勿富順進士戊申任　黃釜餘姚舉人庚戌任　陶天忠鄞縣進士壬子任　尙德恒南充進士丙辰任　蘇松廣安州進士辛酉任　胡昇餘姚舉人　瞿翾
任　孔承宣臨水人　雷汝恒
陳萬雲南人　游霽
張大經成都監生　江漢歙縣監生　吳祐新都監生　夏賓富陽舉人　湯高繁昌吏員　曾士賢雅州監生　張邦
監生　何遷延津人　蘇禮廣元人　楊秀石阡監生　雍選南直監生　胡康井研人　孫穗浙江人　呂丞信萊蕪人　孫鳳
林環　王學修武人　翟清廬陵人　金鳳壽州人

萬曆

韓煥 蒲州人庚申任　王誦

四川進士　穆煒 新建進士　錢節用 富順進士癸酉任　王三宅 汲縣進士甲戌任　遲三元 永年進士　文德 浩州進士　鄧應旂 內江進士　游朋孚 婺源進士　韓愈可

九江舉人　詹景鳳 海陽舉人　何仁言 桂陽歲貢　郭鉞 豐城舉人　王尚禮 歙縣舉人　薛應期 江夏舉人　王九思

汝陽人　楊薦 南充人　袁椿 沔陽貢生　周拱 豐城歲貢　潘元珍 歲貢　左親臣 雲南歲貢　胡試 江夏歲貢　周惟德 松滋歲貢　王尚賓 漢陽歲貢　李宙遜

宣撫司監生　劉士元　李益德 河南監生　陳藻 四川監生　羅舜卿　鍾岳 雲南監生　陳鳳陽

壘壁人　張時制　白生輝　龍時 荔浦監生　鞠旺 監生　周守邦 四川監生　周智 荔浦人　劉資 西平監生　陳自明　李善 新喻人

張愷 鹽城人　譚世仁　甘浩 合州人　吳興仁 四川人　黔利 南昌人　蕭經 峽江人　吳繼高



天啓

瀘州舉人己亥任　劉文琦 南充進士　張鍵 瀘州進士　張翼明 永城進士　宋一麟 南樂進士壬子任　莊應德 武進進士丙辰任　戈允禮 保山進士癸丑任　趙洪範

劉良知　祝萬年　劉日曦 彭澤舉人丙辰任　趙壁烜 雲南舉人

嘉魚歲貢　王應振 漢陽歲貢　蔡蓋明 漢陽歲貢　劉奎鼎　湯衡　王夢尹 澧州歲貢

德陽監生　鄧天錫 南豐人　李觀 雲南監生　陶珂 武義監生　應昌期 浙江仙居人貢生

吳海 四川人　譚汝謹　鄒祿 江西人　劉夔　牛科 巫山監生　何可大 保定監生　吳伯政　孫承志

王肇興　陳旻 浙江人　柴子化 浙江人　甘芳 豐城人　陳諒

麻城縣志　卷之十二　官師　文秩　十三

嘉定進士甲子任　莆田人

崇禎　宋雲龍貴州人歲貢　蔣煜武進進士戊辰任　馮奇江夏舉人　梁應璧貢生　沈時敏貢生　毛鑛貢生　張敬祖

張文蔚河南拔貢　劉星耀金谿進士甲戌任　吳一鯤江西舉人　周道昌江西人貢士　許起鯤徽州休寧人　姜澄貴州人丙子任

王用予舉人　李體用滎澤人歲貢壬午任　周應科癸未任　徐朗陛辛巳任

單恂　孫節　邵學禮

華亭進士庚辰任　雲南舉人丁丑任　溧水監生

杜特彥金州舉人辛巳任　鄒學成舉人　歐陽瀾華亭監生　鄭高莆田人

蕭須聖定遠歲貢辛巳任　呂士達直隸人

陸晉錫上海恩貢　湯澤山東監生　姚士選廣德人

國朝通判　知縣　教諭　訓導　縣丞　典史　巡檢

順治二年　吳洗心

麻城縣志　卷之十二　官師　文秩　十四

年乙酉　鹿邑舉人

三年丙戌　李衡恩縣恩貢　陳堯前武昌歲貢

四年丁亥　曠晉錀　徐鼎江南華亭進士

同知　裁革通判以黃州同知移駐

胡鎔南樂歲貢

賈國相

六年己丑　沈一道江夏舉人　魏左相應城歲貢　大興人

八年辛卯　劉愷鄒平進士　徐世臣餘姚人

九年壬辰

十年癸巳　施泰浙江人拔貢

十一年甲午　王潞　堵際亨　朱之鼎

十三年乙未 李之柱 山東舉人
錢杭恩貢
陳應善 景陵舉人
邵烈 澧州歲貢
漢陽舉人
四川人
王興隆 大興人

十七年庚子 郭永祚 新鄉拔
李繼文 歲貢

十八年辛丑 苗增秀 大興貢生
張祚應 鄖陽歲貢
徐朝興 曲阜人

康熙 同知 知縣 教諭 訓導 縣丞 典史 巡檢

三年甲辰 孫宏炷
王政



四年乙巳 屠宏 順天拔貢
樂安恩貢
韓城人

六年丁未 張登舉 遼陽進士

八年己酉 余三汲 遼東膝生
屈振奇 淳縣進士
高遠 漢陽舉人
張文德 順天恩貢
樓□□ 大興人
崔□ 虎頭□

九年庚戌 于成龍 永寧州副榜

十五年丙辰 陳昊
楊萬芳 大興人

十六年丁巳 佟世俊
黃熊 漢陽舉人
蔣杓 長州監生

十七年戊午 趙邦牧
崔涵璽 高平例監
朱士上 通山歲貢

十八年己未 翁介眉 錢塘例監
陳偘可 應山舉人
陳希堯 廂紅旗人

十九年庚申 蘇應麟
裴士珍



二十二年癸亥 王瑞芳 滄州拔貢
華縣人
張彭年 鶴籠司

二十三年甲子 祁嘉謨 大興歲貢
萬士彥 隨州歲貢

二十四年乙丑 王民皞 臨川拔貢
吳必顯 仁和人

二十五年丙寅 李際盛 公安歲貢

二十六年丁卯
趙茂學　錢塘進士
汪　僎　潛山歲貢
黃起有　華州人

二十八年己巳
楊玉桂　階州例監
鄭　璐　[illegible]歲貢

三十一年壬申
侯國章　正白旗例監
劉興詮　正紅旗監生

三十二年癸酉
許錫祉　江陵舉人

三十四年乙亥
翟鴻儀
呂蒙禎
盧起秀

閩甯進士
溧陽貢生

三十五年丙子
金世禎　奉天貢生
程大純　孝感例貢
章　振　大興人

三十六年丁丑
姜　櫄　保德人，進士，後陞吏部侍郎，有傳
張　岱　嘉魚貢生

三十八年己卯
劉承啟　故城貢生



三十九年庚辰
白　瑄　鑲[illegible]人　鑲紅旗廕生
傅天培　奉天監生

四十年辛巳
劉舜卿　大冶歲貢

四十一年壬午
蔣尚忞　鑲紅旗副榜

四十七年戊子
宋德盛　虞城人

四十八年己丑
馬元勛　沁陽進士
明　濂　興國州舉人
盧　遇　延安人
王伯安

四十九年庚寅
蕭蓮芳　沔陽舉人

五十年辛卯
王　鷟　長安監生
金廷襄

五十四年乙未
吳顧行　長州歲貢

五十八年己亥
歐陽士升
汪　炎

| 年 | 同知 | 知縣 | 教諭 | 訓導 | 縣丞 | 典史 | 巡檢 |
|---|---|---|---|---|---|---|---|
| 三十九年庚子 | | | 沔陽舉人 | 王希詮 漢陽歲貢 | | 房山人 | |
| 六十年辛丑 | 郭朝祚 鑲紅旗歲貢 | | | | | | 何伯彩 |

雍正

| 年 | 同知 | 知縣 | 教諭 | 訓導 | 縣丞 | 典史 | 巡檢 |
|---|---|---|---|---|---|---|---|
| 二年甲辰 | 郎翰 鑲黃旗監生 | 楊恩溥 閬中舉人 | | 袁其修 沔陽歲貢 | | | |
| 五年丁未 | 孫爾振 葉縣監生 | 譚苓 南豐舉人 | | | 楊瀚 無錫例監 | | |



| 年 | 同知 | 知縣 | 教諭 | 訓導 | 縣丞 | 典史 | 巡檢 |
|---|---|---|---|---|---|---|---|
| 七年己酉 | 胡學成 長汀監生 | | | | | | |
| 八年庚戌 | 孟瑞 正紅旗監生 | | | | 秦瓛 江南人 | | |
| 九年辛亥 | | 李作室 沁源舉人 | 曹志紳 雲夢舉人 | 孫之昊 安陸歲貢 | | | |
| 十年壬子 | | | | 向嵩 遠安歲貢 | | | |

| 年 | 同知 | 知縣 | 教諭 | 訓導 | 縣丞 | 典史 | 巡檢 |
|---|---|---|---|---|---|---|---|
| 十二年甲寅 | | 李肇梅 福清貢生 | | | | | |
| 十三年乙卯 | | 陳鼎 海鹽監生 | | | | 馬延芝 宛平人 | |

乾隆

| 年 | 同知 | 知縣 | 教諭 | 訓導 | 縣丞 | 典史 | 巡檢 |
|---|---|---|---|---|---|---|---|
| 元年丙辰 | 曹輯五 無錫舉人 | | | | 李白璵 吉水貢生 | | |
| 三年戊午 | | 丁翊壽 長興舉人 | | | | 岳東 順陽人 | |



| 年 | 同知 | 知縣 | 教諭 | 訓導 | 縣丞 | 典史 | 巡檢 |
|---|---|---|---|---|---|---|---|
| 七年壬戌 | 耿覲業 江都監生 | 龔之璜 大興人 | | | 張成器 丹徒貢生 | | |
| 九年甲子 | 岳都 鑲紅旗生員 | 夏封泰 歸德進士 | | | | | |
| 十年乙丑 | | | | 林霞舉 大冶歲貢 | | | |
| 十二年丁卯 | | | | 廖宗乾 遠安歲貢 | 胡纘祖 汾陽例貢 | 王德鳳 登縣人 | |
| 十四年己巳 | 敏昌 | | | | | | 邵爵 |

鑲紅旗官生
十六年辛未　富　宜賀溥　劉肖堂　喻
蘄縣舉人　漢陽舉人
十八年癸酉　謝　辛單言揚　李天眷
高密進士　山西舉人
二十一年丙子　杭世馨　秦廷章
錢塘舉人　建始拔貢
二十二年丁丑　彭遵泗　孟炳　熊道　鍾光國
華陽翰林　滿洲人　漢川歲貢　湖南人



二十四年己卯　胡鵬年
北直舉人
二十七年壬午　袁　傑羅均　王之緯　吳尚志
邵武進士　鄖西歲貢　湖南監生
二十九年甲申　劉希向　諸元昌　朱輔業
山陽進士　浙江監生
三十年乙酉　張京琯　李芳華　高其偉　王[illegible]
孝感歲貢　北直副榜
三十二年丁亥　張元文　丁崇　謝聲亮　王嘉謨

歸德副榜　江西舉人　興國舉人　浙江監生
三十四年己丑　顧駉
如皋進士
三十五年庚寅　沈治安　楊朝宗　王定璜　王立感　王敬仁
直隸人　陝西舉人　武昌舉人　黃陂歲貢　金谿人
三十七年壬辰　阮龍光　戴學焞　鄧以琢　衛法祖　裴大文
新建舉人　孝感舉人　江陵舉人　陝西監生
三十八年癸巳　楊承芳
昆明舉人



四十一年丙申　潘元會　程龍甲　章楷仁　趙欽中
浩川舉人　鍾祥歲貢　成都監生　鵝籠司
四十四年己亥　李正中　李中璵　湯汝梅
衡陽舉人　石首歲貢　江南監生
四十六年辛丑　阿　敏　莫子捷　屈振甲
奉天人　高明舉人　江南監生
四十七年壬寅　葛桂芳　李本榮　顧錡
巢縣舉人　鍾祥歲貢　江蘇監生

四十八年癸卯　鄒必達　雲夢拔貢　王佩英　孝感進士　彭之煥　京山舉人
沈輝吉　蘇州歲貢
孫必貴　安徽監生　虎頭司

五十三年戊申
郭璉　北直舉人　王守正　江夏廩貢
楊界　鑲黃旗監生
章溶　四川監生　鵝籠司

五十四年己酉　袁純德　太和人　沈清直　浙江舉人　劉脩義　漢陽舉人
吳端　山西拔貢
趙秉綸　陝西監生
楊樹本
王路

麻城縣志　卷之十二　官師　文秩　三十三

桐鄉副榜

五十五年庚戌　劉源溥　香山舉人　黃書紳　陸豐舉人　張立誠　天門舉人
姜濬　陝西廩貢
龔兆棠　直隸考吏

五十七年壬子　陳熷　秀水人
孫士濤
楊秉純　直隸考吏
賈心誠　山西監生

五十八年癸丑　木特布　鑲紅旗官生
慶恩
楊天顏　廣東人
陳霈霖　浙江人　鵝籠司

五十九年甲寅　施讜　仁和舉人
花尚阿
馮振鷺　舉人
朱杏堂　浙江監生　虎頭司

六十年乙卯
姜廷銘　保德州拔貢

嘉慶　同知　知縣　教諭　訓導　縣丞　典史　巡檢

麻城縣志　卷之十二　官師　文秩　三十四

三年
孫擬三　閬中人
張本　皖江人
蕭超運　黃陂人
吳醕　舉人
龔自璇
劉燦英
黃抒春　虎頭司

六年
黃家璲　字璞山，福建連江人，另立傳，請入名宦祠

七年
李維本
王庸珍

| 年 | 同知 | 知縣 | 教諭 | 訓導 | 縣丞 | 典史 | 巡檢 |
|---|---|---|---|---|---|---|---|
| | | 直隸西寧人 | | | | 王廷映 | |
| 十四年 | | 黃安太 桐城人 | | 陳之翰 拔貢 | 郭時雍 | | 孫兆棠 |
| | | 李維本 復任 | | | | | |
| 十八年 | | 翟中倫 直隸趙州人 | | | 涂以綸 | | |
| 二十年 | | 隫璟 浙江副榜 | | 史銘桂 拔貢 | | | 鄒　鯨 |



| 年 | 同知 | 知縣 | 教諭 | 訓導 | 縣丞 | 典史 | 巡檢 |
|---|---|---|---|---|---|---|---|
| 二十三年 | 王應楨 江蘇人 | 諾恩東阿 旗人 | | | | 包萬青 | 王則典 |
| 二十四年 | | 官維紀 廣西人 | | | | | |
| | | 張五域 陝西人 | | | 程宗豫 | | |
| | | | | | | 古宗弼 | |
| 二十五年 | | 李廷勳 山東人 | | | | | |
| 道光 | 同知 | 知縣 | 教諭 | 訓導 | 縣丞 | 典史 | 巡檢 |

| 年 | 同知 | 知縣 | 教諭 | 訓導 | 縣丞 | 典史 | 巡檢 |
|---|---|---|---|---|---|---|---|
| 元年 | | 郎錦駿 山西人 | | | | | 項同煦 |
| | | | 郝範林 應山舉人 | 佘志鴻 松滋廩貢 | | | |
| 二年 | | 周鳴鸞 湖南人 | | | 俞昌烈 | 朱汝惠 | |
| 四年 | 林　寅 | 李　洛 直隸人 | | | | | |
| | 鄧　培 浙江人 | | | | | | |
| | | 馬鴻圖 | | | 沈施梁 | 覃萬鵬 | |



| 年 | 同知 | 知縣 | 教諭 | 訓導 | 縣丞 | 典史 | 巡檢 |
|---|---|---|---|---|---|---|---|
| 六年 | 周承乾 直隸人 | | | | | | |
| 九年 | 周維垣 本府舉人 | 董應魁 山西進士 | | | | | |
| 十年 | 張富經 江西進士 | 孟登先 陝西人 | | | | | |
| 十一年 | | 李兆元 山西舉人 | | 彭兆珂 拔貢 | | | |
| 十二年 | 邵鳳依 江蘇監生 | | 周大鈞 舉人 | | | | 鄭　雲 |

麻城縣志　卷之十二　官師　文秩　三十七

| | | | | | | | |
|---|---|---|---|---|---|---|---|
| 十三年 | | 沈涫；黃兆遇 | | | | 陳文灼 四川人 | |
| 十四年 | 鄂勒蔘布 滿州人 | 林寅 大興人；呂珣 | | 黃博前 荊州優貢 | | | |
| 十五年 | | 王汝霖 | | | | | |
| 十六年 | 韓觀潮 | 直隸人 | | | | | |
| 十七年 | 舒升額 蒙古人 | 劉維禧 陝西解元 | 萬之傑 江夏舉人 | | | | |
| 十八年 | | 王朝枏 壁山翰林 | | 陸昌齡 沔陽歲貢；鄧貽楷 江陵歲貢 | | | 陸蔭墀 江南人 |
| 十九年 | | 劉世保 | | | | | |

麻城縣志　卷之十二　官師　文秩　三十八

| | | | | | | | |
|---|---|---|---|---|---|---|---|
| 二十年 | | 陸恩福 甘肅；劉世保 復任 | | | | | |
| 二十一年 | 裴雲龍 | 張日[illegible] 貴州；劉江 順天 | | | 吳恩晉 江西人 | | 丁永祿 安徽人 |
| 二十二年 | 覺羅桂森 滿州人 | 李湘甲 湖南 | | | | 劉珍 | |
| 二十五年 | 祁彩 山西人 | 姚國振 奉天 | | | | 邱繩瓚 紹興人 | |
| 二十六年 | 陳大鏞 廣東人 | | | 楊長珩 廩貢 | | | 梁柱涵 |
| 二十八年 | 寶善 滿州人 | | | | | | |
| 二十九年 | | 鍾榮先 江西贛州進士 | | 王積泉 江夏附貢 | | | 戴醕 |
| 三十年 | | 姚國振 | | | | 胡先頻 | |

| 年 | 同知 | 知縣 | 教諭 | 訓導 | 縣丞 | 典史 | 巡檢 |
| --- | --- | --- | --- | --- | --- | --- | --- |
| | 部綸 | 復任 | | | 涇縣附生 | | |
| 咸豐 | 同知 | 知縣 | 教諭 | 訓導 | 縣丞 | 典史 | 巡檢 |
| 一年 | 福紹 旗人 | | | | | | |
| | 周祖衔 河南人 周炳鑑 太湖兼理 | 姚國振 又復任四年三月陣亡於中館驛 | 汪登瀛 江夏舉人 | | 周正鈞 涇縣人 | 洪澄鑑 涇縣人 | 趙渭濱 河南人 |



| 年 | 同知 | 知縣 | 教諭 | 訓導 | 縣丞 | 典史 | 巡檢 |
| --- | --- | --- | --- | --- | --- | --- | --- |
| 三年 | | 韓寶昌 四年四月陣亡於龍困橋 | 朱孔揚 歲貢 | 李忠塀 黃陂舉人 | | | 胡翰澤 涇縣廩生 |
| 四年 | | 賀桀 山西 | | | | | |
| 五年 | 劉桀 兼理 | 劉桀 江西進士 | | | 陳恩沛 江西人 | | 侯家駒 甘肅人 |
| 六年 | 汪敦仁 | 汪敦仁 | | | | 胡翰澤 | |

| 年 | 同知 | 知縣 | 教諭 | 訓導 | 縣丞 | 典史 | 巡檢 |
| --- | --- | --- | --- | --- | --- | --- | --- |
| | 兼理 | 湖南舉人 | | | | 涇縣人 | |
| 八年 | | 王頌三 江西選拔 | 王仲之 江夏舉人 | | 徐焰 江西人 | | |
| 九年 | 王震 浙江人 | 易光蕙 湖南 | | 劉杰 江夏廩貢 | | 裴肇修 四川人 | 周德材 江蘇人 |
| | 仇燿南 山西人 | | | | 李登素 湖南人 | 金臺 安徽人 | |
| 十年 | | 陳汝蕃 安徽中 陝西副榜 | | | | | 吳晉思 江西人 |



| 年 | 同知 | 知縣 | 教諭 | 訓導 | 縣丞 | 典史 | 巡檢 |
| --- | --- | --- | --- | --- | --- | --- | --- |
| 十一年 | 王漢 河南人 | 吳林 江蘇 | 王丹林 應城廩貢 | | 趙寅東 河南附生 | | |
| 同治 | 同知 | 知縣 | 教諭 | 訓導 | 縣丞 | 典史 | 巡檢 |
| 元年 | | 王瀚 直隸保舉同知 | 劉用宣 | | 傅維祜 四川人 | | 張金蘭 |
| 二年 | 王政 | | | | | | 徐香 |
| 三年 | | 范琨 | | | | | 周秉鈞 浙江人 |

| | 同知 | 知縣 | 教諭 | 訓導 | 縣丞 | 典史 | 巡檢 |
|---|---|---|---|---|---|---|---|
| 五年 | | 王　瀚 復任；黃以愼 | 能文鏡 國子學正 | | 涂香俛濤 江西人 | | 田象三 四川人遇賊殉難奏入昭忠祠；袁潤霖 湖南人；陳凌衢 江西人 |
| 六年 | 張積祺 直隸人 | 廖恩澍 湖南 | 黃尊祿 黃陂舉人內閣 | | | | 王世德 河南人 |
| 七年 | | 楊宗時 運同銜常州人 | 中書銜 | | | | |
| 八年 | 唐訓邦 道銜湖南人 | 鄭慶華 桂林舉人；李宗炳 開縣人到任數日丁艱；鄭慶華 就任 | | 黃隆化 監利廩貢 | | 金　臺 復任 | 許成傑 四川人 |



| | 同知 | 知縣 | 教諭 | 訓導 | 縣丞 | 典史 | 巡檢 |
|---|---|---|---|---|---|---|---|
| 九年 | | 張鴻舉 湖南人；濮文昶 栗水進士 | | 鄧順驤 松滋廩生保舉；賀子一 蒲圻歲貢 | | | 趙定熙 河南人 |
| 十一年 | | 鄭慶華 復任 | | | | | |
| 十二年 | | 劉覲穀 天津人 | | 朱　騏 大冶歲貢 | 藍江注 湖南舉人 | | 陳雲階 四川人 |
| 十三年 | 鄭慶華 | 鄭慶華 | | | 宋　賓 | | |
| [illegible] | | 又復任 | | | 安徽人 | | |
| 光緒元年 | | 潘康保 吳縣舉人 | | | 尹承綸 山西人 | 呂文煥 | 張文煇 北直人 |
| 二年 | | 鄭慶華 復任；潘介繁 吳縣舉人 | | | | | 馮汝彥 河南人；文　鼎 旗人；張振清 |

|  | | | | | | | |
|---|---|---|---|---|---|---|---|
| 三年 | 謝慶恩 | 鄭慶華 復任 | | | | 金臺 復任 | |
| 四年 | 蔣垣 | | 黃光濱 江夏歲貢 | | 劉炳南 江西人 | | |
| 五年 | | 張茂時 松江人 | | | 鄭應昌 廣東人 | | 蔣慶蕃 直隸人虎頭司 |
| 六年 | | 陸祐勤 陽湖附貢生 | | | 吳明 直隸人 | | 韓作梓 河南人鵝籠司 |
| 七年 | | | | | | | 殷廷瑜 安慶人鵝籠司 |
| 八年 | | 朱榮椿 涇縣副貢實任 | | 朱騏 秩滿驗看回任候陞 | 吳保藩 固始生員 | | |



武秩表

| 城守把總 | 路口經制外委 | 宋埠額外外委 |
|---|---|---|
| 伍鳳翥 黃岡人行伍 道光二十七年任 | 王登榜 黃岡人 | 歐勝鏞 黃州人 |
| 馮楚志 蘄水人行伍 | | |
| 李世德 德安人世襲雲騎尉 咸豐二年任 | 歐玉林 黃岡人行伍 | 劉殿鰲 黃岡人行伍 |
| 伍鳳翥 咸豐三年復任 | | |
| 陳以祥 興國人行伍 | | |
| 徐兆達 江夏人行伍 | | |
| 朱福元 黃岡人軍功 | | |
| 伍鳳翥 同治元年又復任 | | |

熊定國 江夏人武舉

伍鳳翥 同治八年又復任

董開泰 黃岡人行伍光緒六年二月任調署興國龍港司

舒文衡 石首人廩生



董開泰 八年十二月復任

# 麻城縣志卷之十三

## 官師第二

### 循良傳

宋

錢治字長範武進人以本州進士中景德二年茂才異等科初爲洛陽縣進遷寧國軍推官監麻城茶場以茶稞增倍遷著作郎終尙書屯田郎長於決獄歷六縣皆有循聲歐陽脩謂錢合甚有能政 舊志祀名宦

張毅字仁甫常入山祈雨雨降賦詩刻石又於夾道植松



蒔栽立亭其中名萬松亭爲課士處後蘇軾謫黃過萬松亭作詩詠之 通志祀名宦

翟昶宗字元振金壇人以累舉恩授麻城主簿有惠政後歷爲知縣 舊志

胡定之岐亭監酒蘇軾書稱岐亭監酒胡定之載書萬卷隨行喜借與人看 通志

張恂字公亮龍泉人嘉定戊辰進士調麻城縣主簿值湖賊亂恂出討不踰月賊退大吏上其功歷襄陽府判累官至戶部侍郎龍泉縣開國男食邑三百戶 舊志

杉字純父臨川人登進士第調麻城尉向士璧知黃州檄入幕籌以戰功階三品宋史列傳

元

馬兒蒙任麻城達魯花赤襟懷軒豁政尚清簡暇日登山臨水賦詩自適府志祀名宦祠

樂九成蒙古人從學字木魯子草以世胄知縣事治有聲青田劉基常言九成質粹而溫行果而毅學博而知要其人可想見矣府志

明



知縣張谷維披荆棘立學校創始之功居多舊志祀名宦祠

趙乾浙江歸安人洪武初任有謀略設施政聲丕著建大成殿明倫堂學校以興後卽家焉通志祀名宦祠

胡琮蘇州進士成化中由御史左遷麻城縣勤撫綏修廢墜雖風裁凜凜豪右憚之而小民皆得輸其情府志祀名宦祠

黃琮高安人有幹濟才民從其化去而思之舊志祀名宦祠

高謙陝西米脂人爲政勤謹鯁直果斷民心信服舊志祀名宦祠

高清南直揚州人宏治辛亥任建漏澤園有惠政

王篚山東蒲臺人正直廉能折獄如神舊志祀名宦祠

謝賢字承之號鳳山四川長壽進士宏治甲寅任凡大政疑獄所司不能決者剖斷如流有青天之謠擢御史歷刑部尚書府志祀名宦祠

劉規字應乾巴縣進士宏治間麻城知縣優禮耆舊政尚德化有蒲鞭示辱之風二子春台相繼登第府志祀名宦祠

劉溥字公濟安慶進士宏治間麻城知縣性質實爲政嚴明尤惡異端凡一切淫祀皆火之以袪民惑府志祀名宦祠

王世祿廣德人正德中麻城知縣縣河每衝激爲患世祿別鑿新河以殺水勢爲政簡易愷悌事不繁而民不擾府志



黎泮江西樂平舉人嘉靖中麻城知縣值歲大祲盜賊蠭起白晝羣奪倉廩泮擒爲首數人杖斃仍命富戶平糶於是食足盜息府志

蘇松廣安州進士嘉靖間麻城知縣築河堤重建鼓樓修志書題退思軒曰清風亭戒石坊曰體國愛民府志

陳子文閩縣進士嘉靖中麻城知縣明達有爲徵稅糧立條鞭法民皆稱便府志祀名宦祠

陳祥麟字雪厓福建莆田進士嘉靖中任麻城縣吏治清勤宦情淡泊旋七上章請改校移任湖州以去人咸惜之

邑人熊吉送雪崖陳侯改湖校序甫陽陳公以名進士尹東安之明年政通人和落落有聲中丞朱公侍御唐公交章薦之曰能乃更尹茲麻城麻城楚甲邑也地饒而蕃庶業儒力農世家鉅族棼如也南蘄黃北陳蔡水陸之會多迎送之勞焉長山大谷之民愿而信巫競後負氣俗痼已久號稱難治公下車進諸生而詢其狀乃喟然曰予有以理之矣通其變使民不倦神而化之使民宜之故曰化而行之存乎通神而明之存乎人以德善俗予取諸漸焉遏惡揚善予取諸大有焉裒多益寡稱物平施予取諸謙焉於是正身率物公好惡均徭賦遠釋老放鄭聲崇儉黜浮好惡公則惡遏而善揚矣徭賦均則物稱而施平矣釋老遠鄭聲放浮黜儉崇而俗可善矣俗善而民可言理矣稱物施平而勞可節矣遏惡揚善而勞可解矣恢恢乎若無所事者歲杪以疾假月餘百姓皆焦然不寧入春公振衣出治神采煥若則又忻忻然以手加額喜曰我公庶幾無疾病與比季春既望公倏然謂邑長老曰予與居有日矣衆駭愕公曰予獲改湖校矣乃出其章以示時有惜公者曰更化善



治非俗吏所能而親民之官苟非其人則民受其殃貞明如我公鎮定如我公平易近民如我公聖天子不肯爲我民少留以造明福以逞復古之治乃斂茲大用於一校其誰能不齎咨悵惘焉者公乃恂然曰受職怠事惑也棄其民以自便利惑之甚也食君之祿與二三子朝夕周旋予豈能漠然判秦越於予心哉然天下風化實惟學校惟茲良材以救寧我國家予力淺薄懼忝厥位使幸而盡瘁以底有績於予心猶兢兢焉又何以惜爲哉且予章七上乃得遂所弘造物其以是假予夫豈不快然於予心哉又奚以齎咨悵惘爲哉於戲是可以觀君子之所養矣天下事固有衆人以爲難而居之獨易者亦有衆人所不堪而若獨以爲甚快者顧其人何如耳使公之心不繫茲職則雖所謂卿相師保苟欲去之未有不以爲易者使公之心不安於去則雖簞食豆羹亦或有不堪於色者公之行也是故可以觀君子矣夫政教一也難易之機則繫乎人公於理煩治劇不以爲難而何有於一校者昔胡安定教蘇湖分經義治事等齋設門之徒類皆實才一時號多士故曰教者長善之也政者規正之也政寓於教而聖人之責塞矣公嗣其職業於數百年之後則其所以端本善治果行育德範圍曲成爲往聖繼絕學爲萬世開太平正君子性分事也安定云乎哉書曰罔俾阿衡專美有商愚于於公亦云

高公勺內江人嘉靖中由歲貢任麻城縣丞政尚寬恕不衒聲譽敝裘羸馬自得也署縣篆有黠盜議劫庫忽相戒曰恐累高公遂解去 府志

金勿字希顏號心齋四川富順人由進士嘉靖戊申任雄才不羈苦節不變發奸正俗勤民下士識耿定向先生于諸生中拔擢第一除盜賊修城渠孳孳爲治 舊志



何銓句容人貢生嘉靖庚戌任律己嚴介雖三載如一日愛惜里甲拒絕請託署篆時分巡到縣責其餽禮士大夫力白其素操乃止 舊志

陶天忠浙江鄞縣人進士嘉靖壬子任重修學宮譙樓 舊志

向德恒四川南充人進士嘉靖丙辰任建便民倉於岐亭修學宮立名宦鄉賢祠額縣堂曰青天白日後擢御史 府志 祀名宦祠

杜朝紳崇慶州人進士嘉靖癸未任有政聲民心悅服 舊志

穆煒號龍峰江西新建進士隆慶間任多惠政其最著

爲丈田均糧一事先是縣有官民夾官二等之田最爲民病穆公均糧以清弊丈田以均糧民解倒懸歌思不輟舊志

邑人黃卷穆侯遺思序古之稱吏治者兩漢爲盛兩漢郡邑之吏有去後思者不過數人而止如黃公之在潁川杜公召公之在南陽何君公之在鄧劉祖榮之在斗陵致其得民之政或以種樹或以墾田或以修治陂池或以均平賦役所居無赫赫名去後常見思者以興民利可爲久遠耳穆侯遺愛所以繫麻人去思者其在斯乎侯惠政不可殫述其大政民尤德之者在於丈量均糧一事先是麻城之田有官民夾民二等官田額重而無差民田額輕而差重避重額則改官爲民就輕差則役民爲官籍牒之亂至無紀極又大家報重直以致輕賦之田小民隱重糧而希輕田之價富者田多稅少貧者產去糧存又有弊者多田之家以田遺人而贏其糧貧民謀朝夕急存其糧而轉售之久之田亡而糧存訟者無虛日是兩病矣乘之在公又以鄉移爲姦在私又



以詭射爲弊千瘡萬孔未可以更僕數民之阽於危亡也其何日之有侯至而洞悉其情以爲不均糧則弊不止不丈田則糧不均慨然以奉詔書佐百姓爲已任分地畫區因人授事蚤作而夜思弗憚勞怨不期月而報成盡一邑之田履畝而稅之無敢有遁情者由是經界正而井地均則壤成賦姦匿不作畎畝之民得安其田里無愁苦怨懟之心侯之惠也愈久而愈思之此民之所以不能忘歟蓋侯愛民之心本於天性政執大體不事刻覈不務矜炫又度量無所不容當異者不輕喜雖拂已亦未嘗怒不以察爲明而人未嘗欺不以嚴爲威而人未嘗敢犯不以搏擊爲風采而人未嘗不知畏憚撫琴置酒下車問俗眾寡小大無不盡得其情而未嘗敢干以私夙夜惟務條晰其利弊而拊循其人民閔閔然如慈母保其赤子歷四年如一日也故民戴侯之厚洋而歌詠其深仁悵悵然亦如赤子之遠其慈母不能一刻下於懷也此民之所以不能忘歟詩曰樂只君子民之父母言得民也又曰蔽芾甘棠勿翦勿伐言遺思也其侯之謂乎侯諱煒號龍峯新建人

邑人梅國楨賀穆侯膺獎序龍峯穆君蒞麻之明年在德和令剗弊舉廢民情克諧諸司嘉尚旌賢之典交於達路斗塘羅君時監兌湖省稔知侯賢亦知優異邑之士民謀以賀侯客有欵予扉者屬予以文予曰羅君之獎而諸君之賀之也願聞其繇客曰慈父之子必冀其親之壽良令之民必願其官之達也今其繇曰臺諫之器遠大之才民願慊矣是可以賀予曰精明之器公輔之望也振肅之才調變之選也自簡排閶黃扉効直侯之餘耳未足以賀客曰侯之未來鄉落之間夜視其扃罔帖於牀侯來歲餘民無夜警外戶不閉今其繇曰盜賊殄除編戶寧謐民聊生矣是可以賀予曰刈莠以植苗也鋤姦以佑良也固能吏之所難而侯之末事耳未足以賀客曰豪猾爲姦彰射國稅連阡陌者盡入其私藏無擔石者歲追其逋負弊已久矣今其繇曰分理田垃革祛飛詭積弊滌矣是可以賀予曰世世之利莫大之惠也人知均糧之爲便而恒慮其難豈非以地勢不齊而人心叵測乎自侯之法行也委用以才度地以法咨詢以公定賦以平剋期竣事民無所用其姦地不得



漏其籍著之版圖以爲不刊之典夫被穀施青榮止其身未及其子積金累玉及其子矣未延於後均糧法行而邑人之子若孫皆得享含哺之樂延於無窮田賦平則民志定民志定則風俗美風俗美則盜賊息侯以是道理天下裕如也則臺諫固侯之餘也已客曰善遂錄其言而歸蓋非特以賀侯且以爲一邑之士民賀

錢節用四川富順人進士麻城知縣萬歷初詔天下繕城節用出藏以充公費分任以均任役閱七月而城成一統志

王三宅字少厓河南衛輝人進士萬歷甲戌任擢刑科給事中　舊志祀名宦祠

邑人耿定向賀王侯少厓新政獎勵序上即位之二年大計天下舉吏用言官請求賢良可爲守令者久任之又命撫察諸臣廉部內有政理者不時疏名以聞民蒙不擧手加額曰主上勵精爲治加意元元如此太平可

立致也侯時首在選中廷議又以麻城爲鉅邑遂從民望而任之侯入境問政知百姓苦吏急也於是宣布詔令訪咨幽隱皇皇焉如恐不勝視事之明日亟政所不便於民者悉更之出左右爲民害者數十人鋤苛鼓歛凡可以佐百姓者無不勞心究圖不數月政通人和頌聲四起諸憲使檄奬侯者接踵而至民得檄又莫不舉手加額曰使君愛民獲上公道彰彰如此太平可立致也邑大夫士欣逢盛美不能已於祝頌且將宣百姓之情而昭上德也屬予序之予爲國家之求賢也以安民爲理君子之修己也以安百姓爲盡性若今之役役於簿書遝承問者非希世以取寵即延歲月以待遷故以嚴酷爲能則操下如束溼薪以寬和爲名則白晝大都剽吏奪金而莫之問甚至違道以干譽咈百姓以從欲而弗恤者豈惟非設官爲民之意而於幼學壯行之志亦茫然未之思矣侯以天下國家爲心者自布衣時曉達吏事卽慨然有康濟羣生之志又忠誠出於天性惓惓以體國愛民爲念故其所注措如操刀而割也於是姑舉其大者民莫病於里甲公收其貲而私倍之旣已



括其免役之征又不免於臨役之費是兩賦矣侯至悉袪諸害而去其浮供具在官民無告擾者又莫病於催科厚斂無藝而朝捨之輸者旣竭脂膏以取盈運者又售田廬以相償是兩病矣侯至悉索諸弊而不利其贏當庭斂散民無困於橫征者訟者民之大害昔人所謂竭人脊髓而人不知也邑俗尚爭訐者因之爲暴攫持動至傾圮又告訐多門訟者無所措其手足侯正己約下僚屬嚮風詞無擅受庭無苛罰田野晏然知有生民之樂矣法者天下之平多行於編民而不行於豪右强攘弱衆掩寡飢粟之民日凛凛焉亟足而立誰爲之主也侯守法不阿彊者屛息庭轂之前民得曳履而爭是非矣故事新吏至胥吏佐職以清勾爲利文牒遍於山谷閭又故多盜捕者縱持無慮日株連蔓引村里騷然侯以安靜爲治裁決多自己出諸伺者不敢一毫竊發又廉威所帥盜黨不煩捕治而自解散卓有渤海之風焉四境之內民不見吏犬不吠夜人得安枕而臥矣在昔令麻城名宦姑蘇胡侯以風采聞巴邑劉侯以惠愛聞長壽甌侯以淸介聞閩中陳侯以才諝聞侯皆兼而有之以故是舉也眞可爲侯賀也或曰以侯初政超遷今昔卽如古者疏名屛上增秩賜金召見便殿憑几而禮在日夕間一奬足爲侯重乎予曰不然昔周茂叔在合州以趙清獻爲監司不能知及趙轉徙熟視所爲乃悟執其手曰幾失君薦之於朝夫以清獻之賢茂叔之政尚相知之後如此是弊也可易言耶衆曰然遂相與賦甘棠予亦爲賦南山有臺之章融融而樂書以賀之

侯諱三宅號少崖衛輝汲縣人隆慶辛未進士

文德號舜階四川涪州進士麻城知縣德政稱最擢御史舊志祀名宦祠

梅國楨送文明府詩星軺去去度秋風楚水巴山道路通自是南行須召伯故從西蜀借文翁春回白雪鳴琴裏雨過青山枉笏中父老秖今看擊壤不妨遊子獨飄蓬

羅瑞登浙江上虞人舉人任黃州通判鎭岐亭條陳防禦



十事舊志

韓煥蒲州人萬歷庚申駐劄岐亭修通判署增葺城垣舊志

逯三元永年人進士先任常熟以治行著復任麻城時稱吳楚健令建北察院及尊經閣舊志

韓兪可四川瀘州舉人萬歷間任不煩獄不苛徵不畏强禦風裁凜凜寬猛得宜縣人思之舊志

宋一麟直隸南樂進士萬歷壬子任清蠹鋤強奸人懷服舊志祀名宦祠

柴子化浙江人萬歷間任典史能詩文愛民治盜聿著舊志

聲舊志

鄧應旂進士萬歷間任祀名宦祠舊志失載

戈允禮字敬輿雲南保山進士天啟癸亥任在官八月以丁艱去弊絶風清愛民如子至今縣人頌德曰前文後戈比之召杜官至大京兆府志

應昌期浙江仙居貢生天啟間任縣丞慈恕愛民政多寬易舊志

劉文琦字翼白四川南充進士任知縣清里甲慎訟獄懲叛僕民俗爲之一變舊志



梅國楨送邑侯劉翼白入覲序麻邑介光黃之間民生無貴賤自從塾師習章句上之爲博士弟子取科第及明經選或以訓詁餬其口於四方次則爲府史功曹不成則力田無商賈灌輸之利亦無百工淫巧之技士民奉官司惟勤令卽行禁卽止有醇厚之風焉而往往目爲難治不佞竊嘆冤哉此可結繩治爾奈何被此名也不佞久於外戊子歸而漸異矣辛丑歸而大異矣髫亂之童皆能操權詐以侮人以凌駕爲節概以詆毀爲才辯相見煦若春風而中多荆棘附耳刺刺布情素而無一緜衷語輸賦不歸官帑而歸猾胥詞訟不以情實而託之大辟卽得其情猶訟不已至於再三或十餘訟斷髮刎頸以示急迫兩臺司府訟無不遍甚至持官司短長莫敢誰何不佞則又嘆異哉俗何以至此極也豈魏徵鬼魅之說耶乃劉公爲令不數月則語不佞麻固易治爾鄉者乃以爲難冤哉麻也蓋公初舉進士選得麻諸與公晤者皆曰麻黠頑之俗爾若奈何當之公時亦不能無疑既至而考風俗核積弊定章程待士以禮而士不敢以私干示民以誠而民不敢以詐售緩不急之徵而徵其所當急者且革包攬禁影射卽逋賦爭輸而造具備各得其情而懲誣罔薄贖鍰卽善訟自息不惟無可持其短長而頌聲沸起矣夫鄉本易治而人難之今難矣而公易之是遵何德哉不佞嘗竊窺公精明提給世不恒有一人寓目則始終識其姓名一事經心則始終悉其源委猶然不自足而凜凜乎朽索之馭六馬未嘗輕視一人易視一事此以虎視石之心也有不一發沒羽者哉自古惟處難而後見才見有渤海諸郡之難而後龔黃諸公至今稱也諸公繇渤海諸郡顯其治渤海諸郡亦賴諸公而號易治也是非與地相得也明年聖天子大計吏公以入覲往受計在公上問何以治麻使難者易也想公必逡巡謝曰主臣臣固何能易麻賴陛下之靈麻固自易治爾不賢於王生長者之言乎

趙洪範號芝田南直嘉定進士天啟甲子任知縣有惠政擢御史舊志



梅之煥送趙芝田明府入覲詩二首何處離尊倸暫留城邊新月竹邊樓橋垂霜柳寒猶綠河帶冰澌咽不流鳴鳳正朝三殿日飛烏還繞一枝秋誰言別後長安遠夜夜分明望斗牛百詠城中口作碑御屏名姓久相知獨憐鳧舄追隨處忽是驪歌淒斷時楚纘冬温懷愛日漢宮春曉冷南枝青蒲此去條風事言事惟無一字欺

蔣熛號羽公武進進士崇禎戊辰任鋤叛課士解繁決滯綽有吏才倡建書院學田士子至今蒙惠舊志

朱雲龍貴州貢生崇禎癸酉任通判駐岐亭明斷有氣節遇事持大體治聲卓然舊志

劉星燿號壽次江西金谿進士崇禎甲戌任性渾厚在任

六年值流寇之亂濬築備禦城賴以全舊志

許起鯤字天魚休寧監生崇禎丁丑任主簿潔已愛民儒雅聞適有文吏風升沈邱知縣舊志

陸晉錫字晝公南直上海恩貢乙酉涖任裁斷明决值大亂後純以至誠感人多所平定未一年解任去民甚惜之舊志

陳祖訓四川人任教諭留意學政士類丕變以詩名

陳鉞莆田人舉人儀範清肅儒林坊表

張舜舉武功人舉人正德初任持身謹飭督士嚴謹每會



課卯入酉出少踰規矩先警廩膳並貴胄子弟多所造就

梁𥨊閩縣人舉人正德庚辰任勤敏精愼敷教樂善

林繼習朝陽人舉人嘉靖丙辰任温醇誠信遇事能决以上舊志

貢安國寧國歲貢嘉靖間任麻城教諭日與諸生講習署縣事清惠得民府志

詹景鳳號東圖海陽舉人萬歷初任以詩文名尤長於書畫至今縣人士寳藏其墨蹟所著有詹氏小辨六十四卷六緯擷華十卷見明史藝文志舊志

劉日曦彭澤舉人萬歷丙辰任精制舉業一時翕然宗之後登天啟壬戌進士舊志

胡試江夏明經親賢愛士不愧師儒陞知縣舊志

江泗字蘭谷浙江開化人嘉靖戊子任莊重樂易長于詩

黄傑字忍江福建同安歲貢温恭和易踐義履仁一時士類心誠服之

馮奇字元之江夏舉人崇禎間任教士嚴肅師範凛然陞上蔡令

[illegible]節字省齋雲南甲子舉人崇禎戊寅任有風概陞南京學錄轉吏部司務



國朝

于成龍字北溟山西永甯州副貢生初由廣西羅城縣遷知四川合州康熙八年授岐亭同知性剛嚴明决一切疑獄重案判斷如神積盜皆為斂跡十三年調署值逆藩吳三桂踞湖南散布偽劄煽誘湖北州縣人民麻城東山亂作巡撫張朝珍知成龍素為黄民信服委令復任勦撫並行擒賊首誅之餘黨悉平旋以卓異升黄州知府時大兵討吳逆辦理軍需尤著勤績其治行詳櫟記中所採從略

錄其平亂事詳大事記累官至兩江總督直隸總督卒謚
清端祀入黃州名宦岐亭另建專祠據府志漢名臣傳補增
王澔字又韓餘杭人由恩貢知麻城八年修舉廢墜擒勦
賊寇民稱頌之舊例南糧皆收貯岐亭水次後移城內東
南達宋埠時或淺涸運送艱難澔率里長至宋埠水次收
納費省十之二通志
孫宏甡樂安人由恩貢康熙甲寅授麻城縣能振紀綱絕
苞苴先是縣徵收法七十四里共六櫃六冊吏胥作奸邪
移號卷民多受害年終銷算里役所費不貲宏甡至每櫃



作小廂如其里數一櫃一廂一流水冊月立其限令民自
輸月終躬親會計邪移弊頓清民勒碑門左非獨惜其去
以紀德也蓋亦恐良法之歷久而弊生焉府志
賈國相字調元北直大興貢生順治戊子任縣丞慈信明
決任事敢為士民稱之陞樂至縣去
施泰字鍾英浙江烏程拔貢順治癸巳任慈明樸謹廉潔
有守無玷官箴陞商河縣去
徐世臣浙江上虞吏員順治壬辰任為人謹篤尋罷去
姜楠字崑麓山西太原府保德州進士授麻城縣始之官

以車一乘僕二人麻城故壯縣訟獄紛綸盜賊數起楠至
踰月不出一令縣人疑之其老奸宿豪皆曰令如虎方臥
未可測也縣故健訟訟者日數十百人楠為期五日一收
告令訟者立堂下以次傳訊單辭摘發洞中隱微即決遣
之案無留牘訟為稀省功令凡劇盜不時獲守土者官
吏皆諱盜而苛責被刦者困辱過於失財由是被刦者側
以竊報雖捕獲終無死法坐死輒為上官所詰而盜益逞
楠始至盜發即以情白大府曰此劇盜也請雖以竊報而
盜法治之大府許諾獲九人即日杖殺其七餘斃獄中自



是境內皆晏眠遂以廉能入為行人洊陞至侍郎以上皆舊志
屈振奇字鷺容陝西洋縣進士康熙庚戌任胸饒經濟署
薄賦省刑養民造士治號循良初振奇與孫宏甡任稚守
舊尹善政不變第銷算陋習猶未盡革遂於征比之初即
總計全征之數每月分限給單民完足額聽其竟去是不
待銷算於足額之後已銷算於每月征比之限矣而銷算
之弊剔除殆盡足濟前法之所未備康熙十三年城寓對
于等作亂據東山振奇從知府于成龍把總羅登雲率兵
禦之賊倉皇出走悉就縛追捕無遺孽振奇識道力多焉

建鐘鼓樓修儒學己酉同縣人周維秬纂輯縣志多所表
章
吳顧行江南長洲歲貢康熙乙未任撫字有方頗多建立
崇禮學宮修書院有犯科者准其以田畝折贖捐作學田
歲在己亥春歉舊倉既盡外販不至民乃大困顧行立法
次第接濟縣人被澤不忘令善畫者爲圖以獻時大吏奉
朝廷德政令州縣舉行社倉見顧行所刊文大喜今傳有
建學建倉賑饑諸序記質心實政可歷久不敝云
趙蒼璧浙江錢塘進士康熙丁卯任博學能文溫和爾雅



公餘即進諸生講學工書法風骨遒勁清介多惠政有治
聲擢御史以上舊志
邑人陳發祥和趙邑侯詩四首兒童竹馬喜相迎意
外干戈滿眼驚漢沔旌旗遙變色岐黃鼙鼓奪先聲
身經雉堞烽煙警心對琴堂柏影橫回想六橋歌舞
地徘徊月下任愁生　金湯氣象甚崢嶸成敗休勞
豈予爭聖主宵衣憂半壁元戎朝食壯南征好將捷
報長楊殿漫讓功成細柳營趁此免教棠蔭淺堯天
舜日自光明　莫謂貧時一劍輕折衝引分決師貞
指揮兵法形民力較量人情徹底清頓使三農能解
甲巳令萬籠止呼庚承平豈盡關韜畧經術還須撫
字成　白沙映郭水盈盈稅駕桑田曉不行村遠石
壕民樸質郊雖多壘俗豐亨繭絲口暇風前鶴牛犢
春深雨後耕看遍河陽花滿縣如今復見錦官城
譚荅江西南豐舉人康熙丁未任性耿介警敏馭吏甚嚴
撓法輒抵罪治事僅二年調去
李作室山西沁原進士雍正辛亥任性廉介法令嚴明蠹
吏屏息無骫法者好微行訪民間利病得鉤距法推鞫無
遁情盜賊斂息舊例征收多用差役反致遲延作室定三
限法每限期以二十日皆里長董其事不事追呼而輸將
自速諺語三年不出長單冊三年歲內報全完蓋實錄云
陳鼎浙江海鹽監生雍正乙卯任倜儻有幹才先是涂楊
疑獄十餘年不決多被屈者到任後廉得其實頓洗沉冤
桊始𦈢稱能吏焉



丁翊壽長興舉人乾隆戊午年任明於聽斷胆畧過人縣
有劇盜羣踞山僻偵者不敢前翊壽挺身入首從俱就縛
嘗驗尸東山至尸塲禾卽座輒步尋嶺谷三里許至一庄
後指云此眞死所也衆不解翊壽曰凡草皆豎立此獨平
衍如塲必昇死人踐蹦所致耳詰之果服後以才幹調漢
川歷鍾祥卒於官
單言揚山東高密進士乾隆癸酉任性端莊治尙清肅諸
吏衣服舊多僭踰言揚率以儉樸飭冠履吏胥不得服紬
羅等威立辨附郭數大坂薪木皆仰給縣東荒山山民糾

黨拒禁搆訟數年言揚判荒茅任民樵採烟火得以不匱因勒碑以垂久遠

羅均福建邵武進士乾隆壬午任精明强幹嘖嘖有能吏聲治前文明樓康熙八年前縣屆振奇重建後日就傾頹均捐廉營造士林多鵲起未幾以他縣事去弗竟其才人多惜之

附留別麻城詩千家絲綺共輝煌石碣巍然矗道旁細問年餘無一善令人空自愧襄陽　詩酒尋常話幾宵而今風雨獨飄搖木天此後多英傑惟報閩中慰寂寥　童叟紛紛欲挽輿此心依戀更何如相期別有廉能吏棠蔭舒長莫似予　閩山楚水隔天涯莫向盧江洒淚花若使乘危能下石有誰河畔送歸



劉希向山陽進士乾隆甲申任治先教化尤加意人才捐廉俸修黌宮築城垣丈學田資生徒膏火每衡文士多折服和厚端方非公無敢以私謁解任後囊橐蕭然

顧駉江南如皋進士乾隆己丑任斷事明決狡獪無所藉手縣胡姓祖塋爲屍案牽連欲文致成獄駉燭其奸覓屍親領骸去無一連株者其平允多類此

郭瑾永平臨榆選人乾隆戊申署任愛民如子聽訟公平以允無疾言厲色受責者咸無怨詞選開調去縣士女祖



道旗亭焚香泣送數十里不絕

沈清直江南武進舉人乾隆己酉任下車廉諸吏奸狀嚴加懲創每折獄片言立決處事無問鉅細洞悉情僞大吏重之凡一切疑案多屬聽斷以明察稱以上舊志

黃書紳廣東陸豐舉人乾隆辛亥任愛民禮士設書院課生徒修邑志纘舊聞百餘年之文獻賴以不墜

黃家璲字璞山福建進江舉人嘉慶辛酉任麻城知縣平恕明允純以德化判斷誠懇人不忍欺自署一聯於堂曰云士農工商爾宜各安本分是非曲直我總不昧良心其



實錄也常訊一劇盜所犯猶小因勸其改行賞以資本釋去後盜又爲人獲將械之至縣乃泣求曰願處死毋令我再見黃公釋之卒改從善其感人類如此性質樸蠲除官場一切習氣瀟洒自如夫人躬執炊暇則紡績聲聞於外期年境内大治幾於道不拾遺夜不閉戶課士尤勤多所獎掖旋以卓異遷去行李蕭然布衾敝簏而已父老祖送者簇擁羅拜三日始能出城其留別詩曲體民情實心實理至今猶傳誦之論者以爲潁川之遺云

附留別鄉民詩二首叮嚀囑咐又叮嚀囑爾貧民記在心酒肉勿貪免負債銀錢儉用勝求人菜羹味淡

休嫌淡禮物當行且莫行挨過眼前窮日子待時豐厚再爲情　煮飯無如煮粥强耐煩苦守度時光兩餐勻作三餐喫四日均爲六日糧有客勿須多酌酒無錢休想好衣裳本官言語雖然俗爾輩終身記莫忘

黃安泰安徽桐城人嘉慶己巳任盧袁善察洞見民情發伏摘奸纖徽莫隱當時以黃燈籠稱之

陸費恩洪改名瑔浙江桐鄉副舉人嘉慶己卯任政尚清廉虛懷愛士嘗捐貲修萬松書院勸邑紳醵金置膏火田於白臯山造青雲梯以培風水時與諸生唱和文教振興邑人士咸仰造就焉後累遷至湖南巡撫



董應魁山西安邑進士道光甲申任性至孝履任八年深仁徧物作育人才勤於奬勸倡修試院士林至今稱頌之

孟登先陝西涇陽舉人道光庚寅任卸篆後主講萬松書院嘗詠吏治云子產相鄭曰武侯治蜀時寬卹糾以猛一時之權宜寄語從政者何事桁楊爲仁愛溢於言表又句云自信囊無作孽錢介節清操與羅潛庵黃璞山二公後先鼎峙

李兆元山西盂縣舉人道光辛卯任清勤自矢人不敢干以私值歲饑米價騰湧有以竹筏運糶出境者士人恃衆阻糶李公以峻法裁之頑梗斂迹後任安陸知府

劉世保甘肅武威舉人道光乙未任平情馭物民感其惠

鍾榮光字麟臯江西贛州進士道光戊申任風度嫻雅喜詩酒工文章判斷如神案無滯牘公餘之暇輒與文士讌集講學譚藝不啻文翁之在蜀也舉送學曠典開書院月課膏火賞賚捐廉優給士風振奮書院稱一時之盛道光己酉闈前決科其甄賞者爲余雅祥夏梧張迪曾蔡榮光比年夏張蔡同領鶚月課首選者爲程鵬成鳳來陳巍煥其後咸登咸豐戊午榜程登己未榜余中同治甲子省元



陳亦於是科中魁人皆服其藻鑒之精

汪敦仁字耔農湖南舉人咸豐丙辰任性伉爽判斷如神值粵逆躪麻官軍雲集汪公督率團勇相爲犄角卒能克復城池旋擢岐亭同知以不合當事去官邑稱賢令尹者至今以鍾汪並舉云

吳林字木齋江蘇嘉定舉人在籍以團練保知縣爲巡撫胡文忠公與試江南所取士檄調來鄂署應山調麻城性質樸不事文飾刻苦耐勞每勘案嘗匹馬行數日不倦勾獄或兩造堅持輒自出俸貲以解釋之民感其誠多罷訟

者咸豐辛酉粵捻交蹂楚豫間麻值要衝有鄉團而無城守自吳公預籌守禦修城浚濠築礮臺儲米粟民心安集賊屢圍城以有備輒敗去雖賴防軍駐守然備具繕完皆公經畫之力也尤喜衡文課試所拔多知名士卒以抗直不合於時乞病去在官所餘悉佐軍用囊無長物今城中積儲猶其遺澤云

劉祝穀字蕚樓天津人性剛毅果決初以佐貳爲總督官節相巡捕節相門廣而㨾公介然不爲苟同同治癸酉署麻城縣事下車之始逋筈游手數人遠近聞風懾服折獄



明斷囹圄一空馭書役尤嚴門清如水訟師皆遁跡捕治盜賊不遺餘力城中夜不閉戶民風爲之一變未匝歲以代去行囊蕭然兼有官累後數年歿於省寓邑人思其惠猶爲之斂貲以賻焉

潘康保字秋谷吳縣舉人家世清華獨嫻吏治所至以廉明稱涖任後遇事振作除惡尤嚴約束丁胥不少假貸邑志草創成書亦其力也甫數月卽卸篆邑人咸惜其去之速後改官浙江以終　此上新增

劉肯堂漢陽舉人乾隆辛未任教諭崇尚舉業訓廸有方

劉喻義漢陽舉人乾隆五十一年任教諭爲人直樸端方文章亦爾雅深厚

鄧以璟江陵廩貢乾隆甲午任訓導樸實老成而嫺於吟詠

蕭超運黃陂舉人嘉慶庚辰任教諭耄而好學手不停披循循善誘寒暑靡閒其後嗣甲第蟬聯人咸謂淵源有自云　此上舊志

萬之傑江夏舉人道光丁酉任教諭經術湛深喜爲雄傑奧衍之文少與金編修光杰田孝廉漢杰齊名人稱湖北



三傑性孝友析箸時嘗以恒産讓兄淡泊自甘教士子以務實爲要振拔單寒執經者戶外屨恒滿咸豐壬子卒於任生平著書盈尺尙待梓其子孫寓麻城邑人爲購屋以居至今向遺者未絕

李忠墀黃陂舉人咸豐乙卯任訓導講求經學舉業尤工論文一以清眞雅正爲宗不尙新異持躬儉約有儒素風與士子多款洽日講指畫循循不倦懸車之日不啻疏廣都門云

劉用宣漢陽人任教諭同治甲子粵捻大股合竄麻城據

中戒嚴用宜隨同知縣范琨守將向百福等率勇登陴晝夜巡邏積勞不怠甫下城至學齋遽得暴疾卒事聞䘏贈知府廕子入監以上新增

梁作楫字湘帆湖南人以軍功保知府補用道咸豐庚申奉巡撫胡文忠公檄領凱字營軍駐守麻城協同官紳築城浚濠建礮臺設鹿角守城之備始周辛酉春粵逆陳玉成以大股賊竄麻副將劉中和出城禦戰敗死賊乘勝撲城作楫親冒矢石登陴防禦賊不敢逼城賴以全後此帶勇守城者爲參將王允昌亦湖南人同治癸亥春粵捻合竄



由豫入楚副將楊昌林迎戰於北鄉之四道河卽古陰山畈也衆寡不敵昌林敗還賊隨至城下允昌會同官紳嬰城守禦部伍嚴整曉夜不移以巨礮摧其前鋒羣賊奪氣而退

成大吉字午臣湖南人歷任總兵加提督銜咸豐辛酉巡撫胡文忠公命大吉以五營守松子關信安卡據險爲營以遏賊路春二月粵逆陳玉成糾同捻匪龔瞎子等衆數十萬取道松子關下蘄黃以援金陵成調麻羅近界鄉勇爲聲援血戰三日斬饘逆於陣殺賊三千餘此一戰也頗得以逸待勞以靜制動以寡勝衆之法至今談者猶爲色變並詳大事記

向百福字壽山四川人參將同治癸亥領毅桓副右營駐守麻城甲子五月粵捻合竄衆號百萬圍城數次皆力禦之晝夜防守刁斗不絕附城居民避難入城百福兼設粥藥衆心以安至七月大兵至賊始潰竄時官文恭公總督湖廣百福詣省轅告捷文恭喜曰此百戰百勝兵也乃易名爲百勝營駐守數年倡修武聖宮昭忠祠邑人至今猶稱道不衰云



以上四公係咸同閒統帶防軍駐守麻邑保障地方者故附著於循良之末他若李忠武公續賓忠勇親王僧格林沁諸公嘗以勦賊至麻而功冠數省非久駐一縣者比今岐亭雖有李忠武等祠而志中不敢妄列云

## 忠節傳

### 宋

趙令㡿安定郡王令衿兄建炎初通守鄂州領兵戍武昌流賊闖瑾掠黃州去㡿渡江存撫之黃人乃安旋擢知黃州奉詔修城六月而畢屢卻劇寇以內艱去詔起復所

入犯黃州郡卒浮江告急岌疾趨夜半入城金人力攻城陷欲降之大罵不屈敵怒鞭之流血被面罵不絕口而死時都監王遠判官吳源巡檢劉卓俱同赴難事聞贈岌徽猷閣待制謚曰愍忠

明

馬人龍鎮筸人崇禎時提兵千餘至麻城遇賊滿天星等擁眾數十萬掠麻城北鄙龍同副將雷應乾爭前殺賊戰於陰山畈賊尸蔽野會大雨賊四面環攻二將及所部皆死之其時同赴敵死者為馮游擊虎昂陳指揮今陰山畈



有雷馬二將軍廟

黃安張希晟雷馬二將軍傳雷馬二將軍鎮筸衛人也崇禎乙亥流寇起秦晉掠豫楚而南馬率步卒三百禦之駐麻邑雷繼至所部亦僅數百人然多馬馬小而捷其兵俱善握槊槊舞生花蓋矢石不能入焉時雷為副總兵馬不逮雷三級而以先至爭長不相能乃其號令如山所止秋毫無犯二部士馬不盈千鋒甚銳也無何賊滿天星一斗粟等眾數十萬蹈邑之北鄙二將聞之爭赴功不待朝食擐甲上馬與賊相遇於陰山坂坂距邑四十里左右巉岏中為陰山河川原縈折而阻深賊豫設伏以待誘我兵深入二將奮勇擊賊所向披靡僵尸塞川谷俄伏發兼之驟雨如注賊乘高而下四合以蹴官兵二將不支遂力鬬而死餘眾登陰山自保及暮賊覘其無繼奮白梃擊之殲焉邑人多為詩以哀之或曰馬名人龍雷名應乾同時有馮游擊亦戰死然人但稱雷馬二將軍贊曰予昔往來陰山經兩將軍戰死處未嘗不流涕也明季將驕卒惰強者養賊如鷹弱者畏敵如虎望風遁跡曾未一矢加遺而闘外上功無虛日取逼侯印者纍纍也可慨哉將軍以蚍蜉之眾爭先殺賊死強敵如歸事雖不成有生氣矣或言兩將軍貪功賁又素多忌坐是致敗師克在和之戒固然嗚呼要其死爲烈哉

又附弔雷馬二將軍戰處詩絕壑巉巖盤老鷹戰場回曲陣雲層空山叱馬聞雙劍落日飛雲繞一燈時有覆車猶勝氣將無降卒亦材能何人起冢陰山際風雨年年泣二陵

徐家麟次張石虹太史韻雷馬二將軍詩二首誰毒中原縱餓鷹秋高殺氣忽層層廟堂莫救燎原火神將孤懸未燼燈馬援據鞍原自壯萬春著矢豈無能可憐陽九非人力養士區區報孝陵　時事蕁鱸愴季鷹孤軍敢入賊圍層塵沙故壘埋殘戟香火空山炯一燈壯士暫摧終不死逆奴旋滅竟何能只今海內忘兵革留得英風振木陵

胡鉞過陰山弔雷馬二將軍用張石虹韻招魂楚塞撲蒼鷹直駐雲峯最上層夜雨空山鳴寶劍秋風老屋落孤燈爭嘗賊膽終無濟欲負臣心百不能寂寞荒邱封碧血高歌薤露過平陵



李體明河南濩澤歲貢崇禎壬午任麻城縣丞長厚寬和涖任未久獻賊破城罵不屈死

石都司崇禎丙子流賊寇麻城石都司戰歿於西關外名籍無攷

蕭頌聖安徽定遠人歲貢崇禎時任麻城教諭癸未獻賊破城挾以官罵不屈死以上舊志

國朝

吳之蘭黃州把總康熙中東山亂作于清端公率鄉[illegible]

之協鎮王宗臣遣之蘭等赴援與賊戰於黃土岡之䕶中
鎗死今祀入忠節祠
按吳之蘭府志作吳國禮而陳說巖袁簡齋兩子公傳皆作之蘭或是其字亦未可知
姚國振字芹溪奉天人初在湖北以平崇陽教匪功保舉知縣道光間前後三任咸豐初又復任粵匪亂作全楚騷動　詔天下官紳督辦團練時韓寶昌代任國振留麻防守賊自黃窟至姚公同鄉紳帶勇堵禦戰於中館驛陣亡時咸豐四年三月也同死者爲司獄李公克愼事聞　賜廕卹奉　勅建專祠以祀韓寶昌號善甫寄籍順天大興



縣祖籍貴州大定府畢節縣吏才精敏初以佐貳爲總督裕泰公所賞歷任雲夢鄖縣穀城宜城崇陽安陸黃岡咸甯等縣知縣歧亭白河同知咸豐癸丑調署麻城縣四年三月督勇勦賊戰死於邑北之龍困橋事聞賜廕卹附祀於姚公祠
李克愼直隸人湖北候補按察司司獄咸豐甲寅隨知縣姚國振督勇勦賊於中館驛陣亡從祀姚公專祠
邵綸浙江人岐亭同知咸豐四年署黃州知府時廣濟土賊作亂綸率胥役往撫爲亂兵所害事聞　賜卹崇祀昭忠祠
褚榮字雲門浙江秀水人縣丞精法家言參姚公國振幕咸豐四年粵賊竄麻褚與之遇罵賊搏戰力竭而死事聞賜卹崇祀昭忠祠
童應賓江夏人咸豐四年以幕僚襄辦團勇禦賊殉難崇祀昭忠祠
張文煥籍貫未詳咸豐戊午賊踞麻城李觀察續宜統領步軍堵勦文煥爲前鋒轉戰抵城下突中伏礮而死事聞賜卹諡剛愍崇祀昭忠祠



胡逵籍貫未詳都司咸豐戊午之役統兵官鮑超以輕騎相營於黃土崗突被賊圍逵馳救之鮑出而胡遇害人以爲義勇崇祀昭忠祠
劉中和湖南新化人副將咸豐癸亥以凱左營協守麻城隸梁觀察作楫麾下三月賊大至中和出戰馬逸不能止陣沒於烏石山詳見大事記事聞贈總兵銜崇祀昭忠祠
謝國俊籍貫未詳都司咸豐八年在麻城縣屬陣亡崇祀昭忠祠
賀玉隆湖南邵陽人都司咸豐十一年在麻城屬陣亡崇

祀昭忠祠

黃占春湖北襄陽人遊擊加參將銜同治三年在麻城縣屬陣亡祟祀昭忠祠

田象三四川華陽人麻城鵞籠司巡檢同治四年賊竄麻城象三率勇堵禦戰敗爲賊所逼赴水死事聞賜邺崇祀昭忠祠



咸同間死事弁兵附

兵丁池萬年　甘得華　楊萬年 籍貫未詳

以上咸豐三年在麻城縣陣亡

兵丁宋萬選　羅地保　黃永長　黃永祺　黃天才 俱黃岡人

董福　張方來 俱黃安人　蕭逢春　錢鐸

方有泗　畢兆元 俱河南光山人

以上咸豐四年在麻城縣屬陣亡

外委羅士文　段洪發　彭封存　劉尙義　王恆足

楊恩敬　向選升　龍長銀　廖鵬程　劉芳林



周有亮　唐雲華　李正和　蕭意陽　周楚德

李承祿　錢萬泰　周俊賢　趙慶龍　莫士進

張天貴　李明階　周如鳳　易榮貴　彭金聲

唐敏道　胡宏來　李世南　康餘堂　王光德

譚惟益　唐得勝　龔正益　劉春棠　謝徵輝

朱品玉　富明阿 千總 陳定發　周有清　熊世定 籍貫未詳

兵丁張大狗 江夏人

拔甲永　德 吉林人

以上咸豐八年在麻城縣屬陣亡

千總李子珍
咸豐九年在麻城縣屬黃土岡陣亡
藍翎守備劉洪泰 湖南新化人 黃德元 湖南武陵人
把總張洪發 呂文英 何玉春 俱湖南常甯人 鄒祥學 湖南湘鄉人
劉化平 湖南新化人 謝友高 湖南清泉人
外委黃鈺斌 湖南藍山人 駱光亮 湖南武陵人 梁澤玉 湖南邵陽人
帥廷彪 湖南龍陽人 劉有才 湖南益陽人 周起先 湖南道州人
陳金玉 鄒林玉 劉裕後 曾財貴 俱湖南新化人
學營兵丁廖永照 邵祥和 劉升志 俱湖南安化人 向廷芳 湖南保靖人



李連升 陳魁雄 俱湖南芷江人 王芝泰 蒲圻人
傅乾德 湖南靖州人 陳玉林 湖南永定人 周迎春
謝明品 賀復勝 俱湖南湘陰人 張洪陞
蕭長德 龔五林 鄒雙喜 周利才 俱湖南常甯人
劉首一 賀世煊 俱湖南清泉人 陳有廷 宋茂森
謝復興 俱湖南益陽人 李東友 王得勝 俱湖南溆浦人
胡武六 雷得鳴 俱四川藍山人 陳貴運 湖南衡陽人
胡運强 廖新太 王裕喜 王忠昇 俱湖南臨武人
黎得元 通城人 李高陞 江夏人 朱光林 葛義忠 劉[illegible]

劉安朝 李三桂 劉洪貴 袁利侯 梁楫升
陳福犟 甯俊德 梁伯珍 傅玉春 羅正發
劉興福 尹長清 俱湖南邵陽人 伍立堂 盧金城
劉英泉 陳福林 劉肅林 楊運昌 何福秀
陳榮升 劉成代 劉武林 伍開旗 羅錫禹
蔡富有 陳金益 曾得勝 游澤春 楊季和
鄢恩和 胡春大 劉秀貴 譚昌勝 楊元後
姜世才 陳自明 張觀發 陳顯光 王文美
毛樹春 張有能 蕭德財 曾益珍 劉新元



劉華甫 劉義明 戴合山 李祖鴻 陳必來
伍光秀 吳得勝 李祥貴 李白平 劉覺生
晏貽春 劉文隆 鄒高發 曾慎言 唐正元
羅雲堃 羅財發 蔡獨超 何成玉 李有元
鄒直志 李文遠 袁榮貴 曾順合 楊德成
賀其友 李紹喜 陳秀堂 劉利見 劉永清
黎壽太 李喜堂 劉東生 鄒心旺 晏忠國
張時葵 黃元太 譚昌勝 曾云信 鄒必堂
鄒羽鳳 鄒錦繡 段玉順 余石湖 鄒金太

鄒序旺　伍德本　伍德發　劉長福　田德意
劉德生　劉榜名　扶祿持　盧仁里　陳清太
尹洪喜　曾長壽　藍茂林　陳益遠　鄒長發
李志成　劉朝瑞　劉遠臣　劉信財　俱湖南新化人
黃生貴　梁益貴　王興發　黃桂二　俱湖南湘鄉人
朱連拔　梁鼎永　黃祖高　王隆光　劉積勝
梁燕喜　梁伯和　周光華　梁崇協　戴克勤
周定羅　梁興全　王隆載　梁發益　俱湖南邵陽人
胡大邦　胡得魁　俱湖南湘陰人　文炳昆　漢陽人



王友陞　毛得貴　俱湖南晉化人　王朝雨　湖南沅陵人
楊峯奇　湖南巴陵人　何連陞　劉高友　俱湖南長沙人
毛大貴　湖南祁陽人
以上咸豐十一年在麻城縣屬陣亡
外委蔣有貴　梁發益　黃祖貞　周益勝　彭士賢
鄧榮四　童文秀　許有陞　黃文棟　吳起二
譚景福　謝壽元　張勝秋　彭佳會　譚迎春
宋德茂　謝注成　彭玉龍　王昌柏　謝五典
左光二　文有朋　吳得速　周占陞　顧興瑞

李淯和　姚宗財　成怡俊　籍貫俱未詳
以上同治元年在麻城縣屬陣亡
都司艾正和　楊雲臣　把總石學清　外委胡占魁
籍貫俱未詳　都司陳玉和　湖南湘鄉人　守備劉鴻發　湖南常甯人
千總黃行煥　嚴蛟陞　陳友年　江雲勝　廖得興
程合意　楊茂洪　程友珍　胡紹興　朱發元
譚寅芳　彭鶴林　楊福友　陳友交　董太元
李兆德　李仁年　孫先德　封崇華　李啟才
蕭馭書　胡春暢　楊培元　黃中和



李文順　籍貫俱未詳
千總楊玉連　彭務寔　俱湖南湘鄉人　雷春華　湖南甯遠人
周大勝　湖北黃安人　把總姚華俊　湖南沅陵人
把總巢品紅　鍾國慶　魏一茂　沈貴廷　陳華楚
王正興　李時和　王石安　彭仁和　湯和鼎
周朝見　彭玉笏　王仕豹　郭青雲　劉光明
陳玉林　蔣正端　龍其發　段鵬飛　榮吉祥
孟有才　顏慶發　李高彪　李仁德　劉有序
滕開照　杜邦哲　譚益庭

彭必勝 籍貫俱未詳
把總周清楚 周桂山 唐文明 俱湖南湘潭人
把總蔡騰雲 湖南邵陽人 劉志望 湖北孝感人
把總劉珠德 李昌定 俱湖南嘉禾人 外委張吉昌 湖北江陵人
外委蘇文忠 湖南湘潭人 官中和 周貴恆
蕭正道 俱湖南湘鄉人
外委唐敏彪 唐其榮 尹鴻譽 唐臣傑 劉多福
鄧祿堂 唐玉龍 曾義勝 鄧江雲 易春茂
張太春 籍貫俱未詳



外委曾連升 夏光煊 軍功黃祖溶 廖瓊 俱湖北人
藍翎披甲葉枝桂 德全 雙喜 三成阿 保成
祥德 彌明阿 永合布 富泰
花翎察祿 甲披岳昌 台明 藍翎西丹德林阿
藍翎西丹德升阿 籍貫俱未詳 此上馬隊
兵丁周鳳彩 丁萬太 陳開德 陳定國 陳登富
陳君林 俱河南南陽人 軍功田樹亭 蕭連升 俱湖南沅陵人
軍功王占魁 江夏人 周得勝 沔陽人 馬兵文正明 籍貫未詳
兵丁閔守信 桂萬和 甘四 吳正德 桂述義

趙錫啄 趙載從 甘國普 曹四 余丙秀
徐八 趙錫法 趙永富 孟行安 張元遠
張黃金 俱黃岡人 徐士明 陳起運 俱蘄水人
餘騰亭寶泰 王金田 魏貴 鄭芳奇 陸生祥
周連升 毛雁鳴 彭以鳳 張鳳笙 王得勝
涂明發 鍾正榮 李鳳揚 白敦厚 徐步升
王宗傑 孫騰雲 袁金魁 馬得勝 周喜元
陳德興 唐有明 謝宏器 任榮貴 曹連升
何瑞豪 趙大龍 石利祿 易開華 劉先太



何配林 唐高陞 張則文 陳將興 唐訓龍
劉國順 詹勝功 陳茂化 唐得勝 陳得勝
張玉林 陳有龍 熊賢武 申得貴 周開賢
趙步廷 鄧興和 彭金山 鄧榮意 鄭有勝
王鳳鰲 唐生試 朱煥章 彭有發 申鳳林
許懷勝 鄧春林 陳章壽 何承厚 王德龍
黃福星 張玉貴 唐生開 唐成剛 黃德起
羅昌合 蔣在富 郭有高 杜仲銀 江元發
朱開吉 王德隆 鄧生有 羅鎮南 楊昌藻

周運禮　鄧生信　曾昭有　文仕純　王鳳高
周德秀　唐士富　王國荃　劉賢和　王開發
鄧興全　胡得勝　彭玉龍　唐陞高　謝世典
桂世德　朱連芳　唐三元　唐生愛　蔣步九
彭興隆　張陞發　蔣元超　謝福興　文得勝
廖得勝　鄧三洪　張德高　李逢貴　唐雲章
羅大慶　戴洪發　周福壽　劉先旺　段前仁
羅國田　王可恩　謝在文　文宗明　陳天照
王啟珪　王興豪　唐福星　劉肇喜　邵元龍

麻城縣志　卷之十三　官師忠節死事兵增弁　三八

蔣有升　雷世宿　周順德　蕭玉信　謝大佑
蔣永興　高福興　王玉元　劉宏茂　張秀林
盛左亭　胡文彩　唐得祿　汪學章　唐光明
程步雲　李昌怡　戴福興　鄧任連　周青銀
鄧其淮　周第上　許世書　曾憲春　唐仕榮
鄒昌春　王厚才　蔣得貴　殷上金　唐興佑
周孝福　周開其俱湖南祁陽人　聶思太　劉永盛
彭得升　項長祿　陳有盛　謝有容　徐發富
胡名意俱湖南耒陽人　梁惟於　向仁柏　蕭漢全

顏仲志　宋長賢　朱田元　吳芝有　龔長發
王長發　尹吉祥　蕭漢生　李文斗　蕭得榮
唐華祝　鄧得勝　羅得勝　朱得初　陳萬勝
蔣慶雲　劉大朝　王二美　劉健開　劉龍飛
劉得勝　黃桂祿　蕭國明　曠雲福　吳永祥
李有文　伍宏順　張定一　楊士達　尹宏興
羅正南俱湖南衡陽人　劉金祥　陳茂林　歐光大
羅恆元　包正忠　劉正連　謝天鴻　李長發
楊光明　周學隆　蕭金鳳　黃大昌　蔣集慶

麻城縣志　卷之十三　官師忠節死事兵增弁　三九

易得魁　周水雲　胡盛德　張合時　左計昌
謝得勝　郭陞雲　歐太作　歐三元　廖大有
胡得勝　譚嘉信俱湖南清泉人　李有貴　歐林惠
蔡惟盛　賀連英俱湖南常甯人　李得貴　艾子言
伍大德　呂光華俱湖南零陵人　李有亮　張瑞達
李芳春俱湖南道州人　陳耀林　李運得　吳得勝
周福德　許開典俱湖南湘陰人　羅恆勝　陳洪光
江順興俱湖南麻陽人　袁懷達　楊大勝　吳意剛
劉開意　賀青雲　顏步雲　李忠國　劉光明

俱湖南衡陽人 楊親壽 張得發 易坤光 俱湖南長州人
郭義章 歐陽華 歐陽貴 歐世興 俱江西宜章人
沈澤雲 唐生發 劉開廣 張得勝 張昔賢
羅光明 俱孝感人 向大勝 梅福壽 杜福勝
楊定榜 郭光太 孫世喜 張全福 王益興
殷大興 金上珍 唐世望 俱黄陂人 趙興發
李大勝 陳金安 胡連升 俱江夏人 向深林
羅學運 吳先貴 俱湖南沅人 張學端 湖南乾州廳人
龔鼎臣 江西武陵人 羅雲飛 吳占魁 俱福建候官人



蔡福開 湖南甯遠人 田得勝 楊志剛 俱湖南沅州人
楊士本 湖南瀘溪人 羅得有 李發春 俱湖南巴陵人
潘得勝 湖南瀏陽人 王定勝 趙金安 俱湖南常德人
夏得勝 湖南湘潭人 李金山 湖南善化人 楊德星
田映貴 俱湖南寶慶人 徐遠興 湖南清溪人 李先貴
湯立志 俱湖南岳州人 陳望國 貴州安仁人 譚永順
何英飛 俱湖南郴州人 蕭定國 湖南安化人 方文斌 城步人
丁方勝 湖南桃源人 方得勝 湖南甯鄉人 艾福廷 應城人
鄧發科 湖南湘鄉人 卓城科 湖南澧州人 胡錦富 應山人

駱廷球 湖南甯遠人 龔廷魁 湖南芷江人 王玉龍 全州人
張昌吉 浙江上杭人 徐大勝 倪如意 吳必中
鄧顯仁 余佑泰 俱黄岡人 李大忠 貴州玉屏人
朱兆蘭 襄陽人 吳國貞 梅太謙 俱咸甯人
李相珍 孫啟志 趙登亮 冷順興 俱雲夢人
秦應發 宜城人 劉國章 周學富 陳紹有 俱隨州人
柯士麟 黄安人 陳興哲 四川秀山人 章宏春 宜昌人
陳開用 河南桐柏人 葉大春 王登雲 俱河南羅山人
賈藏珍 貴州太平人 陶得樹 余得勝 熊知有 俱安陸人



楊占春 四川成都人 劉光彩 曾占魁 俱沔陽人
張鳳林 河南光州人 劉得勝 貴州松桃人 詹瑞堂 蘄水人
李蘭森 徽州人 易大發 德安人 李得亮 東湖人
陳加興 四川巴州人 杜國忠 河南光山人 李會貴 湖南長沙人
毅營弁 李光顏 蘇晏暉 沈端榜 俱湖南巴陵人 張德應
李明德 左永堂 俱湖南湘潭人 何雲先 河南商城人
王有成 棗陽人 毛宗梅 咸甯人 鄧如崗
胡得勝 陳榮山 俱監利人 劉德勝 江夏人
卓正興 江西萍鄉人 蕭升四 楊長益 湖南衡山人

趙飛朋　馮福生　俱湖南湘鄉人　王信發　湖南桂陽人
李光祥　李永健　俱湖南邵陽人　唐有勝　湖南永州人
熊習進　邱全太　侯有元　邱正利　俱黃岡人
李玉發　高義勝　俱圻州人　黎起柳　湖南湘陰人
張天方　楊開元　俱湖南藍陽人　石光文　江西南昌人
柳勝遠　楊文忠　俱湖南武甯人　魏金振　漢陽人
藍從環　陳得森　俱湖南臨湘人　舒得勝　蒲圻人
顏天保　金占魁　俱河南南陽人　余成龍　河南商城人
劉有貴　方士圭　俱湖南長沙人　龍廷貴　湖南醴陵人



王德發　錢福貴　俱江夏人　晏全暉　王清坤
朱勝朝　俱羅田人　暴致禺　游連陞　俱應山人
孔鳳祥　湖南武岡人　鮑得勝　李書祥　俱雲夢人
黃九洲　黃安人　劉怡富　湖南巴陵人　廖德財
劉桂山　湖南常甯人　馬玉貴　湖南衡陽人　李連升
陳思操　俱漢陽人　陳義秀　江西豐城人　劉得勝
劉名夏　俱黃陂人　段幼齡　湖南沅州人　王尙友　漢川人
鄭太昌　浙江錢塘人　吳金芳　湖南鎮筸人　蘇金益　鄖陽人
林元發　江南青陽人　殷文郁　劉得勝　劉典洪

郭玉林　李本榮　趙得勝　李千發　官作福
左應成　陳光謨　李朝發　方紀亨　俱河南光山人
馬得勝　河南祥符人　彭大貴　楊長春　俱雲夢人
蔡光明　安陸人　溫自清　湖南湘陰人　周大勝
黃金榜　俱襄陽人　萬定國　朱士田　俱江夏人
吳之華　湖南臨湘人　李正德　通城人　周則友
彭國正　姚正興　俱河南商城人　宋玉富　漢陽人
李高祥　張連春　俱雲夢人　李金題　李登本
楊國銀　蘇見成　俱黃安人　成大名　李在揚



李順之　俱安徽英山人　陳和貴　山東太和人　羅青山
潘從青　俱湖南湘鄉人　徐登魁　陝西人　劉應云
楊正清　俱湖南長沙人　李峻明　湖南巴陵人　鄭得勝
孫九成　俱河南羅山人　彭文亮　應山人　黃從龍
陳兆貴　俱湖南衡山人　湯得勝　安徽太平人　余發勝
吳志剛　楊勝魁　俱孝感人　王全勝　房縣人
高連陞　山西介休人　謝大勝　江南滁州人　黃開益
周家固　余季忠　俱黃陂人　廖太昌　清江人
廖長福　武昌人　喻鳳凱　襄陽人　楊金玉　圻水人　田占魁　田流芳　俱湖南武陵人

陳得勝湖南醴陵人 李長春湖南來陽人 蔡永清
姚福太 姚金貴俱貴州玉屏人 劉新和四川長壽人
徐得勝安徽合肥人 徐復勝湖南益陽人 祁昌貴
袁長發 袁棣華俱湖南新化人 唐得勝湖南道州人
楊青正貴州黎平人 周國成通城人 熊玉德
李長發俱河南信陽人 王大有湖南武陵人 吳同升
李太和 柳萬盛俱湖南善化人 羅甫交大冶人
陳代旺湖南衡陽人 高金堂湖南麻陽人 柯有元
明美生俱圻州人 王德周安陸人 王開榜 汪春立



江得勝俱黃安人 王忠益鍾祥人 賈開太襄陽人 陳新福
陳發春俱應城人 王國富江陵人 李太和
柳萬盛俱湖南善化人 楊天保貴州大柱人 楊松林
萬得勝俱湖南湘潭人 王岳有江蘇陽湖人 方程鵬興國州人
何文慶湖南慈利人 洪得勝江西臨江人 陳金榜德安人
鄧雲鰲湖南湘鄉人 曾有勝江西新昌人 陳長青穀城人
許大元漢陽人 鄧國福湖南來陽人 王玉春
萬青華 彭業堂 李廷大 楊漢清 俱湖南善化人
譚加才湖南安化人 王大元 張有勝 胡尚志

熊萬益 周正發 廖金山 劉先茂 俱湖南湘潭人
王廷珍 易合喜 何東海 傅宗發 袁耀彩
俱湖南巴陵人 蕭占魁 黃占魁 胡得勝 曹成美
黃開益 俱河南光山人 柴得明 陳敦九 劉星樓
俱湖南長沙人 陳飛熊 李瑞東 郭得元 李連元
賀隆興 俱羅田人 邱存厚 何必元 熊國祥
俱黃岡人 柯正朝 王金衡 萬榮新 傅得宜
談長春 俱安徽英山人 陳崇才 嚴得勝 楊貴川
袁景福 熊永陞 周厚義 俱河南商城人 朱玉龍



萬太勝 高大發 尚聚盛 俱河南羅山人 戴金魁
張大賓 田玉發 李明山 宋連升 俱湖南沅陵人
蘇得勝 吳光茂 俱隨州人 楊漢甘 黃安國
何得元 潘志喜 姚年貴 易廣和 姚廷強
俱湖南平江人 陳雲林 張天福 陳士貴 石學富
王洪賓 胡占魁 邱光勝 俱孝感人 雷洪貴
馬日升 黎海晏 宋益富 方遠銀 唐明西
俱湖南巴陵人 任耀祥 李和清 胡佐崇 俱湖南湘陰人
周得勝 周大勝 羅長太 俱黃安人 劉助有

吳安貴　黃孝云　周得勝　蕭永得　俱湖南常甯人
李正富　彭得勝　李萬章　魯文忠　蕭啟緒
蕭啟絢　俱河南信陽人　趙連陞　趙天台　蕭得勝
俱河南光州人　劉光彩　匡志元　許陰春　何錦其
俱羅田人　陳楚雲　黃連發　朱正明　楊正喜
朱茂恆　羅甫易　余福德　唐友明　楊希樂
周得貴　李春望　傅德盛　管倫德　朱宜桂
朱季元　楊春華　殷士雲　劉成興　熊明鼎
俱孝感人　胡大玉　石松林　馬得勝　梁有紀



周元揚　俱黃陂人　徐士明　陳起運　俱蘄水人
蔣忠敬　羅欽富　甯紹玉　李泗鳳　鄧光後
龍恆興　楊連陞　俱湖南邵陽人　張友桂　羅書雲
喻長林　劉洪發　左瑞林　匡德太　鄧貴齊
熊桂蘭　張友盛　李春太　呂錦春　俱湖南湘鄉人
方玉清　郭得勝　曾光全　陳善清　殷[illegible]
俱河南羅山人　劉金有
張華祿　陶名功
余天福　俱河南信陽人

[illegible]孝　彭玉節　夏正陞　余維萬　馮允升　周有
劉元彬　劉連陞　倪太興　熊祥　樊得勝
楊宏興　蔡福昌　朱友貴　包得勝　李立芳
孫至慶　蔣見揚　方得勝　李亨順　楊連升
劉文富　李漢忠　徐長勝　王德成　陳保林
唐得勝　梅長勝　金啟柄　王林惠　俱黃安人
周得勝　孫全勝　俱黃岡人　胡元愷　何正魁
阮名勝　劉元勝　俱河南光山人　李章學　龔玉全
劉元昌　俱安徽太湖人　楊永昌　陳必安　朱元福



俱羅田人　方明德　高大發　俱河南羅山人　石定貴
徐德美　俱河南信陽人　羅福臨　黃永成　唐立太
任全勝　俱襄陽人　廖炳南　夏德合　駱明興
李光茂　李明才　俱江夏人　夏定貴　蔡濟太
陳得勝　孟春有　俱黃陂人
[illegible]營孝　伍徵隆　陳長義　湯必貴　周紹班　徐得勝
黃得富　徐咸秉　丁名漢　王玉清　黃昌瑤
黃作銀　蕭得發　潘宏盛　彭福元　李成高
王義皆　劉占魁　周星義　柏有富　中光茂

郭興詩　李先才　何光星　朱朋助　張六年
林得勝　謝成定　呂達興　易興發　蔣芝槐
黃玉菊　傅九有　李得發　劉遵善　胡文高
梁恩儉　李任銀　劉紹東　張皆三　蔣本元
廖伯銀　歐禮槐　周廷揚　傅元有　蔣士立
王文魁　謝世官　龍其均　謝全軍　蔣大松
唐連榮　吳起鳳　王孝懷　易艮庶　王有元
張得貴　吳俊貴　譚祚金　黃義通　高其受
蕭漢順　李昌高　蕭開勝　吳宏開　劉繼鳳



尹起大　郭交華　唐正旺　劉景常　胡元亨
陳玉有　蔣有雲　鄧仁開　何成林　黃昌選
俱湖南祁陽人　蔣興雲　蔣德旺　周篤貴　蔣元舉
蔣永章　吳世清　蔣有貴　李國元　汪錦榮
唐玉德　蔣紹林　黃先海　胡元富　周學文
陳永德　楊永林　胡光前　唐光太　黃芝求
俱湖南道州人　封榮華　黃金祿　陳和有　謝日光
熊輝祖　秦盈祥　汪德明　蔣升招　俱湖南甯遠人
朱長漢　王金山　郭金山　俱湖南常甯人　劉定勝

彭興發　蕭清國　俱湖南衡州人　聶起元　江西吉安人
何桂林　安徽安慶人　湯有元　湖南常德人　楊桂林
湖南永州人　高玉仁　湖南零陵人　李隆興　孝感人
廖萬堦　江西宜章人　王魁元　江南天長人
[illegible]兵丁王進勝　鄖縣人　魏宏發　漢陽人
譚有亮　湖南瀘溪人　李金魁　襄陽人
以上同治二年在麻城縣屬陣亡
參營兵丁趙得元　安徽六安人　兵丁趙海龍　棗陽人　朱映發
李正友　王壽廷　俱河羅山人　王玉山　河南光州人



葉永發　姜自福　俱黃安人　方理　湖南郴州人
袁文彩　張立廷　俱河南光山人　馬兆麟　江南浦口人
汪正元　王成彩　俱羅田人　雷世美　閔克勝　俱河南羅山人
寧武營兵丁蕭正久　蕭吉勝　蕭聚興　朱繼休　趙桂福
劉玉光　周亭燕　俱湖南湘鄉人　段保全　安徽英山人
胡先榜　湖南桃源人　楊豐一　湖南湘陰人　李源濤
江西武甯人　楊錫保　河南光山人　沈吉慶　湖南鎮筸人
蕭鎮南　湖南安化人　黃清山　湖南甯鄉人　李鑛光
河南商城人　喬得友　襄陽人　滕代元　湖南麻陽人

劉正青湖南武陵人　趙祥興應城人
禮左右營兵丁恩施人　田德茂　張清魁俱巴東人　謝永成
鄒得成　湯傳忠歸州人　王啟福　湯長卿
汪有能　鄭啟發　潘啟勝　葉應元　李全發
胡守啟　唐慶元　張太鳳　余科貴
李臨風　吳福先　李臨松　王春發　丁連榮
張崇虎俱羅田人　陳月盛河南商城人　曾大興
陳連升　羅啟發　周保青俱黃陂人　段金德
胡順文　彭起明俱安徽英山人　查長發圻州人



朱元龍武昌人　李祥開興山人　程瑞芝
張習洪　岑正順俱圻水人　吳永清宜城人
唐有林　梁紹德　胡大魁俱襄陽人　方勝山
河南光山人　陳萬元安徽懷甯人
營劉學之蘄水人　兵任興科保康人　趙江海湖南長沙人　蔡祥
孫天麟　段正發俱鄖陽人　安徽英山人　鄧宗連
劉應升俱房縣人　彭成毓湖南巴陵人　黃生財
胡全鐸俱湖南湘陰人　毛紹彩武昌人　陳本略
江西義甯人　張全喜　曹高陞　王有良俱黃岡人

金大彪湖南甯湘人　田玉堂湖南安化人　吳立志
郝漢先　郝廷選俱圻州人　李春貴安徽霍山人
學營兵丁陳鳳儀江西武甯人　王惟富　陳增光　劉桂松
俱湖南湘鄉人　王啟勝黃岡人　雷得潤湖南長沙人
義營兵丁楊步雲湖南人　白茂君　趙得勝　俱四川秀山人
陳炳連湖南沅陵人　許有定湖南道州人　楊光玉
楊文寬　俱湖南祁陽人　陳充全孝感人　向大勝
湖南永順人　楊正春貴州鎮遠人　楊勝有湖南鳳凰廳人
饒明富沔陽人　謝芳滿　關榮俱江西武陵人



把總魏仁輝　戍道燕俱湖南湘鄉人
以上同治三年在麻城縣屬陣亡
勝營兵丁黃長春羅田人　劉開保黃安人
朱永勝　鄧賜彪俱黃岡人
以上同治五年在麻城縣屬陣亡

麻城縣志敘畧

選舉志第六

嘗攷明史選舉志敘例曰選舉之畧有四學校科目薦舉銓選四者釐然具備取士得失之故可觀焉我　朝設科之制從舊筮仕之途較寬衡材之格甚嚴得人之效彌廣敬禮儒臣崇尙文學故科目之盛遠邁歷朝運際休明之會雍容揄揚承明著作於以潤色鴻業襄贊大猷猗歟美矣洎夫粤氛流惡行省陸沈力征經營十數年而始克底定雖師武臣力豪傑雲興而爲之帥者率皆一二儒臣建



不世之勛而奮中興之業誠爲近古所未有者也或且謂科目不足以得人豈篤論哉然而漢崇孝秀不録蕭曹唐試書言未收李杜他途雜進緊豈無才斯亦風會之所趨而資格不足以限之者也麻城俗習詩書爭榮科第前勛舊德勝代尤彰昔人云景泰三科登賢書者二十七士有明一代占仕籍者五百餘人區區百里之地洵足多矣

國朝代興以來侍從詞臣後先相望文章政事步武昔賢雖　國史未登行實而方志類分科目樂史之科第錄洪适之登科記是所本也至於徵辟必紀特科貢士備詳五等貲延於世廼惟前光則書贈廕袍甲興師梓桑家賴則書保舉入貲爲郎起家仕宦則書議敘要皆選舉之迹也爰彙存之而無所決擇焉

# 麻城縣志卷之十四

## 選舉第一

### 文科表

案舊志列唐宋元諸公於文科表之前俱係薦辟而非科目茲移置於徵辟門併入明及　國朝以昭劃一惟元代趙毛戴三公係科第而又無年可紀特存之以比郭公寔來之闕云爾

元

| | | |
|---|---|---|
| 趙王峯 進士 樞密使 | 毛文穆 解元 | 戴珠 舉人 |



明

| | 進士 | 舉人 |
|---|---|---|
| 洪武二十六年癸酉 | | 劉從政 解元 |
| 二十七年甲戌 | 劉從政 參政 | |
| 二十九年丙子 | | 熊紹祖 知縣<br>盧懷 審理 |
| 建文元年己卯 | | 黃瑞禮 知縣<br>毛賢 |
| 四年壬午 | | 趙獻文 御史<br>鄔玉 知縣 |
| 永樂三年乙酉 | | 王秉常 知縣<br>蔣輔 給事中<br>劉旭 |
| 四年丙戌 | 劉旭 同知 | |
| 六年戊子 | | 畢以成 |
| | | 鄒正<br>陳以忠 同知<br>周愷 知縣<br>張淵 教諭<br>楊貞 同知 |
| 九年辛卯 | | 丁賀 |
| 十二年甲午 | | 段志<br>項琥 |

十五年丁酉
喻友誠 教諭
陳敬

十八年庚子
鄒泰 運同
鄒來學
林志聰
王以清
周鑑
李溥
汪洪 教諭



二十一年癸卯
陳綱
金珂 縣丞
徐謙 教諭
程讓 教諭
張迪 知縣

宣德四年己酉
楊忠 紀善
楊廷春 教諭
董應軫 解元參議

七年壬子
李正芳

劉訓

八年癸丑
鄒來學 翰林都御史

十年乙卯
鄧逵 御史
李太初 教諭
金球

正統三年戊午
李鑑 御史
胡應先 知州

四年己未
劉訓 參政

六年辛酉
陳敏 知縣



七年壬戌
李正芳 布政使
趙訪
丁懋仁 知縣
劉克昌

九年甲子
黃睿 知縣
項九霄 知縣

十年乙丑
周鑑 副使
趙訪 御史

十二年丁卯
蕭允功 同知

景泰元年庚午

董緒　通判
周洙　知縣
鄒淪　知縣
項九萬　通判
李能芳
喻哲　學正
熊祥　知縣
江榮　學正
吳宗鼐　教諭



四年癸酉

曾啟　學正
徐公善　同知
程子龍　知縣
周坤　教諭
鄒崇道　教諭
鄭瓚　審理
劉仲輢　知縣
劉仲輇　同知
謝旭　通判

七年丙子

黃琦　知縣
周瓘　同知
宋兌　知州復姓周
黃瑀　知縣
劉綱　知縣
程儉　知縣
李灝
彭大倫　推官
張嗣玉　訓導



天順三年己卯

周旻　知縣
唐瑩　知縣
萬山
鄒騏

六年壬午

鄒瀠　知縣
周㬎　教授
董紱
李濂
陳本德

盧　瓚山東榜官教諭

成化元年乙酉

羅孟芳司務

劉　瑄知縣

蔡必興通判

黃時中知州

喻宗府

曾　夔知縣

喻　珍知縣

王本儉



趙永實

二年丙戌

萬　山郎中

毛　成魁

王　誾縣丞

江伯鯤知縣

林　舜知縣

唐　學知縣

鄭景和推官

李玉樹教諭

四年戊子

五年己丑

李　灝參政

鄒　騏參議

七年辛卯

萬　祥同知

鮑　琦知州

高　成知縣

馮　鑾僉事

李　宏知縣

胡濟南知縣

李本芳知州



八年壬辰

董　紱知縣

十年甲午

鄧　廷

秦　安知縣

淩　山

邱　瑩知縣

李騰芳長史

曾大賢學正

熊　經

十三年丁酉

段景春知州

十四年戊戌　王本儉 副使
熊經 知州
秦尚賢 州判
桂相 知州
舒崑山
明紳 知縣
毛夔 通判
熊璋 知州

十六年庚子
董朴



十七年辛丑　喻宗府 知府
劉璲
劉壽山
趙繹
陳情
阮章
李沐 教諭 順天榜

十九年癸卯
李文祥
楊潤 僉事

二十年甲辰　董樸 參政
舒崑山 副都御史
淩山 員外
鄒同 知縣
周廷璋 知縣
盧廷春 通判
董佐

二十二年丙午
董紱
劉瑩 學正



二十三年丁未　李文祥 兵部主事
周珪 通判
汪文燧 通判
成公器 教諭
鄭琦
鄭尚和 知州
董絍

宏治二年己酉
曾大有 解元
毛騤 知州

周廷徵副使
汪正參政
李潤經魁
熊績知縣
蘇勳參軍
喻滄知縣
余本教諭

三年庚戌
劉璲知縣
董振御史



五年壬子
王寶知州
袁倫知縣
王袞知縣
唐書知縣
喻文英知縣

六年癸丑
曾大有布政
董紝參議

八年乙卯
陶寶解元知縣
梅吉

十一年戊午
李文璧知縣
趙源潔知縣
王本元通判
秦尚恭教諭
李文欽知州
劉天和
陳時知縣
陳文長史
王宇僉事



劉漢知縣

十二年己未
梅吉知府
阮章副使
曾大顯
趙賓
熊夔推官
阮朝陽
謝廷珪推官
耿光教諭

十四年辛酉

麻城縣志　卷之十四　選舉文科　十三

| 年 | 進士 | 舉人 |
| --- | --- | --- |
| 十五年壬戌 | 曾大顯參議 | 曾　煥推官 |
| 十七年甲子 | | 侯正綱知州<br>王　廷知縣<br>毛　馭知縣 |
| 正德二年丁卯 | | 毛　驌知縣<br>方　鳳知縣<br>李　漢中廣西榜<br>鄧　樸通判 |

| 年 | 進士 | 舉人 |
| --- | --- | --- |
| | | 詹　瑩 |
| 三年戊辰 | 劉天和尚書宮保 | |
| 五年庚午 | | 熊　綖知縣<br>毛　驗知縣<br>鄭雲翔<br>劉　光通判<br>周　傅知縣<br>董士毅知州 |
| 六年辛未 | 鄭雲翔參政 | |

麻城縣志　卷之十四　選舉文科　十四

| 年 | 進士 | 舉人 |
| --- | --- | --- |
| 八年癸酉 | | 阮朝東解元<br>周文熙<br>劉淑相<br>毛鳳韶<br>喻　冲僉事<br>喻希義知縣<br>秦　鏜知縣<br>胡承學<br>鄒崇義知縣 |

| 年 | 進士 | 舉人 |
| --- | --- | --- |
| 九年甲戌 | 周文熙僉事<br>劉淑相府尹<br>詹　瑩參議 | |
| 十一年丙子 | | 吳孔祥通判<br>熊大輅知縣<br>鄒崇仁知縣<br>徐　燖 |
| 十四年己卯 | | 吳　濂 |

十五年庚辰　毛鳳韶僉事

喻希禮

陳仲愚知州

彭鳳儀

楊鳳教諭

嘉靖元年壬午

劉釆

周載運使

劉瀠

阮朝隨知縣



曾煁

周岱

劉淞

阮朝策

鄒驗知縣

二年癸未　喻希禮御史

曾煁参議

阮朝東翰林副使

四年乙酉

汪篤初知縣

汪三山

劉木同知

周鄰通判

李釆

陳全教授

五年丙戌　李釆推官

七年戊子

周賓知縣

李寵

朱大式教諭



林文明知縣

陳念

曾嘉誥知縣

方民悅

羅大會

冷珂中四川榜

黃卷中北闈

八年己丑　劉釆翰林尚書

陳念郎中

| | | |
|---|---|---|
| 十年辛卯 | 黃卷翰林副憲 | 邱椚推官<br>蔡完同知<br>黃梅知縣<br>周廷聘知州 |
| 十一年壬辰 | 劉燦郎中 | |
| 十三年甲午 | | 王采郎中<br>駱僖知州 |
| 十四年乙未 | 周岱主事 | |



| | | |
|---|---|---|
| 十六年丁酉 | 方悅民副使 | 劉廷舉<br>周宏毅通判<br>萬峩知州<br>周宏烈<br>陳仲晦本名學朱知州<br>董性知州 |
| 十七年戊戌 | 阮朝策翰林<br>李寵知府<br>冷珂布政 | |

| | | |
|---|---|---|
| 十九年庚子 | | 劉瀾知縣<br>方民懷知縣<br>彭曉<br>方治 |
| 二十年辛丑 | 方治主事 | |
| 二十二年癸卯 | | 劉炎知縣<br>宋文木知縣<br>周載知縣<br>郭進賢知縣 |



| | | |
|---|---|---|
| 二十五年丙午 | | 張衷知州<br>鄧楚望榜姓周<br>邱粱通判<br>周賜<br>明善知州<br>胡玉璣知州 |
| 二十八年己酉 | | 江渾知縣<br>何一乾參軍<br>趙教 |

三十七年戊午 蔡光祖
三十八年己未 鄧楚望 副使
周宏祖 御史光祿卿
四十年辛酉
四十一年壬戌 陳 謨 改姓唐僉事
四十三年甲子

唐 謨
劉 方 通判
梅汝球
熊 讜 主事
曾嘉祜
蔡應陽 布政使
周思久 知縣
阮 孝 知州
邱齊雲
邱龍雲 同知
曾嘉祿 知縣
劉守泰 解元
董 石
謝 鰲 知縣
周思留 知州



二十九年庚戌 劉廷舉 知府
三十一年壬子
三十二年癸丑 劉 淶 知縣
周思久 知府
三十四年乙卯 趙 教 僉事
三十五年丙辰 耿定向 尚書宫保
方 岳 參議

彭 台
李本仁 教諭
耿定向
周思久
劉 淶
朱繼孔 通判
袁 亮 苑馬卿
朱繼曾 改姓熊員外
蔡光祖 郎中
周宏迪 知州
周宏祖
方 岳 山東榜

| | | |
|---|---|---|
| | | 周思敬　耿定力　黃嚎 知州 |
| 四十四年乙丑 | 董石 御史　邱齊雲 知府 | |
| 隆慶元年丁卯 | | 徐雲山 推官　周思稷　阮宗孔 知府　梅國楨 本名鼎 |



| | | |
|---|---|---|
| 二年戊辰 | 周思敬 侍郎贈尚書　周思稷 主事 | 劉諧 中北闈　李爵 中四川榜郎中 |
| 四年庚午 | | 梅春元 改名在廷同知　李承泰 知縣　周宏祁　王龍麟 知縣　曾家袞 同知 |

| | | |
|---|---|---|
| 五年辛未 | 劉守泰 主事　劉諧 給事中　耿定力 侍郎贈尚書 | |
| 萬歷元年癸酉 | | 周宏鑰　鄒思亮 通判　李世薦 同知　羅樹聲 同知　梅維範　陳楚產 |



| | | |
|---|---|---|
| 二年甲戌 | 周宏鑰 尚寶丞 | |
| 四年丙子 | | 徐期　李承槐　黃順乾 知縣　周至德 參軍　毛思龍　詹仰望 知府 |
| 七年己卯 | | 黃圖 解元　梅國正　劉奕 |

十年壬午

黃建衷
謝師啓 教諭
鄒思哲
劉承芳 審理
梅國樓
梅國森
汪源浩 教諭
王之機 參政
黃在中 知縣



十一年癸未
梅國楨 御史侍郎
梅國樓 翰林
陳楚產 主事
劉奕 知府

曾之賢 御史
閻遇 知縣

十三年乙酉

彭遵古
劉秉鑰 長史
王可相 同知

十四年丙戌
彭遵古 尚寶卿
李承槐 主事
彭好古 御史

彭好古
吳從周 司務
楊王庭 同知
詹淑 知府
周崇惠



十六年戊子

周應嵩

周制 知縣
劉文杰 同知
李鼎
劉承緒

十七年己丑
周崇惠 僉事
周應嵩 博士

十九年辛卯

梅維芳
周應明
李長庚

| | | |
|---|---|---|
| | | 田生金 |
| | | 鄒衡 評事 |
| | | 劉泮 同知 |
| | | 汪之澄 |
| 二十二年甲午 | | 黃會中 |
| | | 毛可教 知府 |
| | | 曹大受 副使 |
| | | 周邦基 改名邦璟 |
| | | 黃位中 |



| | | |
|---|---|---|
| | | 鄒瑄 通判 |
| 二十三年乙未 | 周應明 主事 | 熊嗣先 同知殉難 |
| | 李長庚 翰林尚書 | 王成位 同知 |
| | | 毛茂春 司務 |
| 二十五年丁酉 | | 周之夫 |
| | | 楊之彬 同知 |
| 二十六年戊戌 | | 熊所師 推官 |

| | | |
|---|---|---|
| 二十八年庚子 | | 周應崙 知縣 |
| | | 田生芝 |
| | | 曾汝鑨 知縣 |
| | | 王育德 布政使 |
| | | 鄒八昌 |
| 二十九年辛丑 | 黃建衷 主事 | |
| 三十一年癸卯 | | 王奇 知縣 |
| | | 梅之煥 |
| | | 毛調元 知縣 |



| | | |
|---|---|---|
| | | 王養中 |
| | | 李迪 主事 |
| 三十二年甲辰 | 梅之煥 翰林巡撫 | 鄧漢臣 知縣 |
| | 田生金 太僕卿 | 張繼孔 同知 |
| | | 鄭天懿 知縣 |
| | | 李新楚 知縣 |
| | | 陳以聞 |
| 三十四年丙午 | | |

三十五年丁未 周之夫 知府
陳以聞 侍郎
田生蘭 主事
閻察言
周世盛 知府

三十七年己酉
王之楨 知縣
劉鍾英
周崇極 僉事
宋應軫 主事



三十八年庚戌 鄒人昌 知府
李延 主事

四十年壬子
周維光 知州
劉涵清 知縣
毛舜獄
蔡茂春
劉孔源 推官

四十一年癸丑 周邦璟 侍郎
劉鍾英 翰林侍郎

四十三年乙卯
劉忠清
鮑之衎
周應昕
毛丹彩 推官
劉秉衡 知州
周之茂

四十四年丙辰 田生芝 通政使

四十六年戊午
劉承棠
梅之耀



四十七年己未 周振
周士美
田宏恩
曾嗣禹 教諭
周振 中北闈

天啟元年辛酉
劉伸
陶承謨
趙之英
曾嗣仲

| 年 | 進士 | 舉人 |
|---|---|---|
| 二年壬戌 | 蔡茂春 知府<br>陶承諤 參議 福建提學道<br>毛舜嶽 知縣 | |
| 四年甲子 | | 余士璟<br>董九功 學正<br>周世璽 知縣<br>李雲程 中山東榜<br>楊　曾<br>蕭繼芃 濬塘人<br>周應華<br>樓　銹 秀官幷僉貫本省科甲錄 |



| 年 | 進士 | 舉人 |
|---|---|---|
| 七年丁卯 | | 周世垣<br>鄒師捷<br>熊世懿<br>陳鵬舉 副使<br>陳儒樸<br>周　渫 助教<br>李鄧林 知縣<br>張久徵 中北闈 |
| 崇禎元年戊辰 | 張久徵 知縣 | |

| 年 | 進士 | 舉人 |
|---|---|---|
| 三年庚午 | 劉　伸 知縣<br>劉承棠 推官 | 蕭　奎<br>陳　瑾<br>胡公國<br>朱師忠 |
| 四年辛未 | 鮑之祥 知縣<br>趙之英 翰林<br>熊世懿 博士 | |
| 六年癸酉 | | 朱之理 |



| 年 | 進士 | 舉人 |
|---|---|---|
| 七年甲戌 | 劉　侗 知縣<br>周之茂 知府<br>陳　瑾 提學 | 詹應熊<br>曾元公 知縣<br>馮九思 推官<br>劉　怡 知縣<br>董　璜 中北闈同知<br>劉　侗 中北闈 |

九年丙子
十年丁丑　余士璐 推官
十二年己卯　毛羽儀



十三年庚辰　毛祈蕃
十六年壬午

鮑修吉　江山杜 知縣
毛祈蕃
毛羽儀
毛元暉
曹應昌 解元
謝應申
劉鍾蓉
梅念殷
周損 推官
葉采
王山玉
喻勳
董珍
鄒知新 知縣
董璋 知縣

十七年癸未　曹應昌 知縣
陳儒樸 行人司

麻城明科目總編 凡鄉會止一人者不列

儒學街吳 二人　南門詹 二人一進士　北門詹 二人
南門丘 三人　墈上李 十六人七進士　望仙橋黃 五人
唐家巷唐 二人一進士　白水畈田 四人二進士　萬仞崖楊 四人
鎖口河劉 十七人兩解元十一進士　七里橋劉 四人一進士　新店周 二十七人七進士
覓兒山熊 四人一進士　七里沖王 三人　西畈陳 三人
八里畈鄒 十二人二進士　萬仞崖黃 四人一解元一進士　新河劉 三人二進士一翰林



古城畈曾 十四人一解元三進士　白杲董 十三人一解元五進士　八里畈鄧 三人一進士
烏龍林汪 三人　紅石礄喻 十人三進士　拜郊城陳 三人一進士
相公山項 三人　七里岡梅 十一人四進士二翰林　吊橋方 三人一進士
曹家河劉 二人　五腦山毛 九人三進士　古城畈毛 二人一進士
浮溪河金 二人　白杲阮 七人一解元三進士　長嶺岡萬 二人一進士
夾沙洲喻 二人　八里畈王 七人一進士　栗林馮 二人
白田畈熊 六人一進士　曹家河曹 二人一解元一進士　東義洲曾 二人
白田畈劉 五人一進士一翰林　筌花山蔡 五人一進士　岐亭劉 二人一進士
中館驛林 二人　香山趙 八人二進士一翰林　駱億山丘 二人一進士

青山李 二人　掘斷山周 十三人六進士　陳家寨陳 三人一進士
三角山耿 二人二進士　岐亭陶 二人一解元一進士　明家畈明 二人
旛竿山周 二人二進士　鳳陂毛 二人本姓喻　麻溪河朱 二人
雙輪山陳 二人二進士　新店謝 四人　安家畈王 二人
新店彭 二人二進士　石陂王 二人　三角山彭 二人
斗坡河秦 二人　白杲魯 二人　八田畈鄧 一進士

案此編出抄存明代科目錄中是亦潛夫論氏族篇與郡志族望篇之遺也特補載之



國朝

| 順治元年 | 進士 | 舉人 |
| --- | --- | --- |
| 二年乙酉 | | 項始震 中京闈 |
| 三年丙戌補鄉試 | | 劉　暉 學正 |
| 四年丁亥 | 喻　勳 知縣<br>項始震 知府 | |
| 五年戊子 | | 周　禮<br>金九鼎 知縣 |
| 六年己丑 | 周　禮 知府 | |
| 八年辛卯 | | 王元士<br>萬邦維<br>胡躍龍<br>董時升<br>黃　倫<br>顏允基<br>高　翥 |
| 九年壬辰 | 胡躍龍 知縣 | |
| 十一年甲午 | | 江漢英<br>唐　封 |

| | | |
|---|---|---|
| | | 郭更名 |
| 十二年乙未 | 萬邦維主事 | 毛祈華 |
| 十四年丁酉 | | 鄒宗彥<br>鄒四知教諭<br>吳虞廷知縣 |
| 十五年戊戌 | 鄒宗彥知縣 | |
| 十六年己亥 | 董時升知縣 | |
| | 王元士知府 | |



| | | |
|---|---|---|
| 十七年庚子 | | 鄒琬<br>周維秬<br>葉蓮　曾之裕中江南<br>劉本源中京闈 |
| 康熙八年己酉 | | 袁進 |
| 九年庚戌 | 唐封<br>鄒琬知縣 | |
| 十一年壬子 | | 蔡楷<br>蕭之年榜姓姚教諭 |

| | | |
|---|---|---|
| 十二年癸丑 | 周維秬知縣 | 蕭一舉 |
| 二十年辛酉 | | 李如龍教諭<br>騟士鼎<br>陳世封學正<br>黃道茂 |
| 二十三年甲子 | | 鄒士璁<br>袁同賢本姓鮑 |
| 二十四年乙丑 | 袁同賢知縣 | |



| | | |
|---|---|---|
| 二十六年丁卯 | | 鄒汝台　謝家恩任至大尹<br>王楠知縣<br>鄒汝魯<br>曾世煌中貴州榜 |
| 二十七年戊辰 | 鄒士璁翰林內閣學士 | |
| 二十九年庚午 | | 陳文錦 |
| 三十年辛未 | 鄒汝魯太常卿 | |
| 三十五年丙子 | | 郭林教諭 |

麻城縣志　卷之十四　選舉　文科　三六

| | | |
|---|---|---|
| 四十四年乙酉 | | 王琬 教授 |
| | | 李遠 學正 |
| | | 曾謹 |
| | | 朱梅 本姓唐知縣 |
| | | 蔡仕 本姓王教諭 |
| | | 李煥 |
| 四十五年丙戌 | 李煥 知縣 | |
| 四十七年戊子 | | 胡文域 |
| | | 江世偉 教諭 |
| 四十八年己丑 | 曾謹 翰林 | 鄒汝模 |
| | 鄒汝模 翰林 | 鄒汝默 知縣 |
| 五十二年癸巳 | | 徐家麟 教諭 |
| | | 曾從致 |
| | | 曾銳 知縣 |
| | | 唐治 知縣 |
| 五十三年甲午 | | 李廷翼 教諭 |

麻城縣志　卷之十四　選舉　文科　三七

| | | |
|---|---|---|
| | | 萬諏 知縣 |
| | | 胡文垣 |
| | | 鄒懋衡 知縣 |
| | | 程均 教諭 |
| | | 董昌其 |
| 五十六年丁酉 | | 梅任均 經魁 |
| | | 彭際泰 教諭 |
| 五十九年庚子 | | 萬繩祜 |
| | | 胡錦 知縣 |
| 六十年辛丑 | 萬繩祜 翰林 | 楊龍光 |
| | | 胡鑛 |
| | | 郭琰 |
| 雍正元年癸卯 | | 周邦孚 解元本姓潘教諭 |
| | | 鄒瑜 |
| | | 祝湛 |
| | | 鮑起泮 中書 |
| | | 萬詢 知縣 |

| 年 | 進士 | 舉人 |
| --- | --- | --- |
| 四年丙午 | 始分湖北南闈 | 鄒攀梁盐大使知縣<br>梅湣<br>彭奕明丁酉丙午南科副榜准作舉人知縣 |
| 十年壬子 | | 蕭斯芝<br>周際聖<br>彭韶<br>宋大蘇 |
| 十一年癸丑 | 彭韶教授 | |
| 十三年乙卯 | | 萬繩宗 |



| 年 | 進士 | 舉人 |
| --- | --- | --- |
| 乾隆元年丙辰 | | 甘學湣 |
| 六年辛酉 | | 黃鶴 |
| 七年壬戌 | 甘學湣知縣 | |
| 九年甲子 | | 江曾默教授 |
| 十二年丁卯 | | 侯天柱 |
| 十三年戊辰 | 萬繩宗教授 | |
| 十七年壬申 | | 葉栻教諭<br>吳家駒<br>阮文經 |

| 年 | 進士 | 舉人 |
| --- | --- | --- |
| | | 王國柱 |
| 十八年癸酉 | | 鄒茂材教諭知縣 |
| 十九年甲戌 | 吳家駒知縣 | |
| 二十一年丙子 | | 郭湛知縣 |
| 二十五年庚辰 | | 梁景陽解元<br>侯映甲知縣 |
| 二十七年壬午 | | 李濤亞魁知縣<br>程琮會魁 |
| 二十八年癸未 | 程琮知縣 | |



| 年 | 進士 | 舉人 |
| --- | --- | --- |
| 三十年乙酉 | | 鄒茂槐德安府教<br>胡翔霱通判 |
| 三十四年己丑 | 梁景陽太僕少卿 | |
| 三十五年庚寅 | | 王秉謙教諭<br>張沆 |
| 三十六年辛卯 | | 程璘教諭<br>楊瑄 |
| 三十九年甲午 | | 梅英熾 |
| 四十二年丁酉 | | 王勸知縣 |

| | | |
|---|---|---|
| 四十四年己亥 | | 鄒蓀學正　胡翹霜學正　李尌恩賜 |
| 四十五年庚子 | | 吳世渭 |
| 四十八年癸卯 | | 鮑榜　李愈達府教 |
| 五十一年丙午 | | 陳邦傑榜名橋亞魁 |
| 五十三年戊申 | | 江培福知縣　鮑鵬訓導 |
| 五十四年己酉 | | 王勳教諭　郭喬楚　李元淑 |
| 五十七年壬子 | | 袁履謙訓導 |
| 五十九年甲寅 | | 汪步丹　熊良駿教諭　李元憼訓導 |
| 六十年乙卯 | | 喻光祿揀選知縣 |
| 嘉慶元年丙辰 | 陳橋湖南知縣 | |



| | | |
|---|---|---|
| 五年庚辰 | | 張夔筆更名秀芝 |
| 六年辛酉 | | 程德楷經魁　袁銑 |
| 九年甲子 | | 陶思淑恩賜 |
| 十年乙丑 | 程德楷翰林轉光祿寺卿　張秀芝知州　陶思淑恩賜翰林 | |
| 十二年丁卯 | | 陳甫周恩賜 |
| 十三年戊辰 | | 梅茂南 |
| 十五年庚午 | | 鄒塽恩賜　項森 |
| 十六年辛未 | 袁銑翰林轉禮科給事中　梅茂南知州 | |
| 二十一年丙子 | | 陳五典知縣 |
| 道光八年戊子 | | 張錦芝教諭轉鹽經歷 |
| 十一年辛卯 | | 江文鉅 |
| 十二年壬辰 | | 程烜曾 |
| 十四年甲午 | | 曾榮秩石首教諭 |

十七年丁酉 楊光鎮
十九年己亥 吳玉亭 經魁
羅文樞 四川知府
汪達昌 中陝西鄉試
二十二年庚子 胡兆鼎 亞元
袁學濬 江西知縣
魯應綬
二十九年己酉 夏梧 直隸知縣 晉運同銜
張迪會 天門教諭



蔡煐光 刑部主事
咸豐二年壬子 鄧楚翹 中河南鄉試
八年戊午 袁汝霖 經魁孝感教諭
成鳳來 監利教諭
劉棨 教諭
周澤遠
潘光烈 恩賜
熊桂林 教諭
熊天均 竹山教諭

梅調羹 直隸知縣
九年己未 程燕會 經魁四川知縣
王光珣
王光柄
程鵬 福建知縣
十年庚申 潘光烈 恩賜翰林
同治元年壬戌 蔡福謙 戴春榮 恩賜
汪士玉
蔡駿杓 崇陽教諭



三年甲子 余雅祥 解元竹谿教諭 掌教萬松書院
陳巍煥 經魁知縣
羅有壬 內閣中書
黃道榮 教習
羅汝霖 郎中
戴如蘭 中陝西鄉試
四年乙丑 蔡福謙 知州
六年丁卯 馮翼
王尚彬 中四川鄉試

| | | |
|---|---|---|
| 九年庚午 | | 李開第<br>李聯芳中陝西鄉試<br>戴如松中陝西鄉試<br>魯學鎔寄江夏籍<br>葉成章中陝西鄉試 |
| 十年辛未 | 李聯芳翰林 | |
| 十二年癸酉 | | 周宗濂<br>吳玉光 |
| 光緒元年乙亥 | | 吳兆泰經魁 |



| | | |
|---|---|---|
| | | 鮑迪彪<br>羅錫三<br>蔡滚光 |
| 二年丙子 | 吳兆泰庶吉士丁丑翰林院編修<br>施典章庶吉士丁丑主事 | 施典章中四川鄉試<br>余士珩雅祥子<br>鄧世垣中河南鄉試楚翹孫 |
| 五年己卯 | | 曹步雲癸酉副榜 |

| | | |
|---|---|---|
| 八年壬午 | | 吳泰晉<br>李專<br>袁用賓 |
| 九年癸未 | 曹步雲刑部主事<br>戴如松 | |
| 十一年乙酉 | | 熊文壽<br>方策安<br>施恭章中四川榜<br>羅士典中貴州榜 |



| | | |
|---|---|---|
| 十二年丙戌 | 余士珩主事改知縣現任貴州鎮遠縣<br>施恭章 | |
| 十四年戊子 | | 余晉芳<br>郭兆春<br>陳宗器<br>唐輝山 |
| 十五年己丑 | 熊文壽知縣<br>袁用賓主事改知縣陞用道 | |
| 十七年辛卯 | | 王春澤北闈知縣 |

| | | |
|---|---|---|
| | | 陳廷獻 |
| | | 李延真 |
| | | 喻世漣 |
| | | 江息申 中河南榜 |
| 十六年庚寅 | 郭兆春 知縣 | |
| 二十年甲午 | 余晉芳 戶部主事 翰林院庶吉士 | 羅良弼 |
| | 方策安 禮部主事 | 毛聲遠 知縣 |
| | | 戴阿魯 教諭 |
| | | 戴錫章 中四川榜 |



| | | |
|---|---|---|
| 二十一年乙未 | 羅良弼 教授 | |
| 二十八年壬寅 | | 余澤揀 選知縣 |
| 二十九年癸卯 | | 林殿香 四川知縣 |
| | | 戴慶芳 保舉知縣 |
| 三十年甲辰 | 李延真 四川知縣 分發河南 | |

# 麻城縣志卷之十五

## 選舉第二

### 武科表

| | 明武進士 | | 武舉人 |
|---|---|---|---|
| 己丑 | 萬吉齡 | | 金萬里 守備 |
| | | 丙子 | 周宏謨 解元 |
| 庚戌 | 梅國林 錦衣衛指揮 | | 邱坦 解元 |
| 丙辰 | 梅廷和 都司遊擊 | | 萬吉齡 |
| 癸未 | 彭信古 遊擊參將世襲 | | 鄒斗虛 遊擊 |



| | 明武進士 | | 武舉人 |
|---|---|---|---|
| 丙午 | 邱坦 遊擊參將 | | 劉守濟 左都督 |
| 辛未 | 周應盱 指揮 | | 梅國林 |
| 甲戌 | 金行文 參將 | | 梅廷和 解元 |
| | 劉幼堪 | | 梅漣 |
| 丁丑 | 黃萬里 都司 | | 彭信古 |
| 庚辰 | 劉承禧 會魁榜眼 錦衣指揮 | | 萬瑞鳳 都司 |
| 癸未 | 袁千里 守備 | | 金行文 |
| 丁亥 | 吳應邦 | 庚子 | 金元韻 守備 |
| | | 癸酉 | 金啟玉 守備 |

乙未　羅西維榜眼遊擊

鄒之寵

蕭明時

梅守盛

黃定儀遊擊

喻秉鉞把總

羅萬有會魁守備

袁尚絅



辛酉　周應玗

丁卯　周應嶠

甲子　周應延

甲子　曾仲存守備

黃萬里

劉承禧

萬瑞暹

袁千里

羅四維

吳邦應

彭益孫副將

劉僑

劉允升錦衣衛千總

劉永綱指揮

陳紹宗總兵

袁世章參將

羅啟芳都司

洪天祐守備

蕭演華都司

陸邦畿

徐世華

胡呈祥

丙午　李廷標遊擊

劉成胄指揮

何維揚守備

顏藎臣遊擊

陳王前總兵



胡思名守備

梅滋千總

黃定儀

鄒之寵

袁尚絅

周思旦

周之謨

周思治

周世傑

金啟生
金石城
劉鍾霞
劉幼堪
蕭明時
梅守盛
喻秉鉞
羅萬有



## 國朝武進士

康熙庚辰　錢奇策 本姓李名廷岳都司

## 武舉人

順治辛卯　夏韜 千總
丁酉　金龍翔 千總
庚子　丁艮捷 千總
彭進
孫鼎鉉
康熙癸卯　劉先定 千總
萬略 守備
吳紹起 守備



陶朱
張其維
丙午　袁斯年
己酉　李文舉
程宗孔
劉再昇
李大謨
壬子　曾試
辛酉　田奕坤

| | |
|---|---|
| | 蕭　儲 |
| 庚午 | 胡之致 |
| | 胡封曾 |
| 癸酉 | 李　荃 |
| | 周時歷 |
| | 錢奇策 |
| 壬午 | 周成皋 |
| | 葉　濂 |
| 乙酉 | 吳國璽 |
| 癸卯 | 陳登科參將 |
| 庚子 | 王　銓 |
| 雍正癸卯 | 鮑啟湘千總 |
| | 鄒維翰 |
| 丙午 | 彭壽言 |
| 己酉 | 彭　枝指揮 |
| 乾隆庚午 | 胡美瑜 |
| | 馬自强中雲南榜 |
| 癸酉 | 胡美珍千總 |



| | |
|---|---|
| 己卯 | 鄒占魁運千總 |
| | 李廷輔 |
| 乙酉 | 李廷楚 |
| 辛卯 | 唐楚甲 |
| 己亥 | 黃天定 |
| 癸卯 | 熊紹漢寧波運千總 |
| | 羅鳴皋中四川榜 |
| 戊申 | 石占鰲 |
| | 王道誠 |
| 己酉 | 方大元 |
| 壬子 | 田夢飛 |
| 嘉慶戊午 | 李春華 |
| 甲子 | 余楚魁 |
| 丁卯 | 盧鳳山 |
| 道光辛巳 | 田定邦守備 |
| 壬午 | 庫占元千總 |
| 乙酉 | 徐三元 |
| 辛卯 | 李萬春 |

甲午 李定三

屈光國

丁酉 白紹科

甲辰 田春魁

己酉 黃品元

咸豐辛亥 鄭飛鵬 加遊擊銜

壬子 徐上達

戊午並補乙卯 伍子奇 保舉千總

同治壬戌 陳璧華



庚午 陳精銳

明金榜

馮定元

癸酉 程鳳池

乙亥 鄒振聲

光緒丙子 程鳳池 山東衛守府改就本省督標

# 麻城縣志卷之十六

## 選舉第三

### 徵辟

唐

閻伯璵 戶部侍郎

宋

田蕙 大理評事

田桂 御史

元



秦達善 本縣教諭

毛廷元 團練副使

毛迪功

楊應辰

王松齋 同知

上官公謹

趙璧峯

王宣

成大用

此上俱前代以薦辟用者迄無科目可攷舊志列文科表之前茲特改爲徵辟門

明

吳山 知縣

喻文偉 知縣

夏均輔 教諭

鄧林 訓導

桂南 訓導俱以明經舉

劉燮 同知

趙洪 知縣俱以人才舉



馮英

熊瑄 俱以賢良舉

吳仁山 未詳

嚴毅 知縣

毛鳳起

朱家亨 俱累徵不仕

此上俱明代以薦舉用者舊列雜流中茲改置徵辟毛朱二公不就尤爲高尚特以補載

國朝

吳亮寅

徐步階

熊輝祖

國朝慶開特科邑無舉者近惟孝廉方正連舉三人考驗錄名送部

朝賞有差

科貢 恩拔歲副優

明

馮子恭 僉事　張遜 主事　史仲鉉 員外

黃銓 以下同知　夏証　詹仲讓

梅國榮 拔　劉承禮　毛添佐



余祚　李玉　周祥

鄒庠　周應泰　劉子弼

李長年　田生玉 俱同知

董樨 以下通判　董榘　王韙

汪添昂　劉昺　董檻

王之謨　李燧　劉仲韡 俱通判

吳敏 推官　余學淵 推官　董子昂 州同

魯仲禮 州同　劉天申 府經歷

王廷介 以下知縣　方暘　于彰義

袁春　楊福四拔　喻珊
周廷制　李袞　李鼎
王之策　董子廷　廖敦
朱大坤　詹仰斗　董繼舒
王都俞知縣　梅之煒助教　王世安知縣
鄒崇敬以下教授　晏然　楊時春副
劉天民　楊鳴鳳俱教授　喻民懷副
鄒崇禮以下學正　萬鶴齡　萬彭齡
楊赤副　閻代俱學正　喻民恪副



梁宸以下教諭　梁賓　熊吉
劉守巽　劉暹　梅渾然俱教諭
徐賓以下訓導　周營　馮濂
盧勳　王美　鮑鳳
余向華　周儞　周應時
鮑馨　劉堯祚　楊浹
李文佐　梅厚桂　周之禮俱訓導
周仁縣丞　周崇恭縣丞　周溥主簿
毛本學以下未任　劉德敏　董治

鄭昌期　朱大任　李春榮
曾若洛　鄒思觀副　董子大
鄒承午副　楊漶拔　楊浙
董子範　鄒鎮　鄒之龍
周之甫　周崇柱　周世建
李長策恩　周宏禮　周宏祐
王重慶　李作霖副　駱于麟
李瀹　曾晟　周揆恩
李文裕　李承裕　楊之發副



劉文聰　曹應旻　李春時拔
李春捷拔　熊逢昌副　劉凡定
陳淑　謝寅和　毛應時
黃道　阮伯成　李守
張繼哲　陳濬　鄒思誥
李華　鄭雲翀　鄒璉
吳學成　王路闢　喻文炳
喻宗武四川重慶府訓導　喻濱　喻澡
喻希華　喻希書　喻元啟

國朝貢生

程　浩同知　李春江訓導　鮑之煒訓導
余維新　鄭羽南知縣　田宏恕訓導
周　揩知縣　陳士琳　史聯元知縣
楊　會訓導　李孔茂訓導　李春旺
鄒世美訓導　成一卿訓導　王國章教諭
毛之璋教諭　謝加恩教諭　劉章孫訓導
王龍翔訓導　黃　鉉　喻之章
曾汝魯　梁中斗　毛燕若



梅　垌　李中素知縣　劉懷馨
周長流　曾之萊　黃元吉
陳子乾　徐大韓　徐勉　汪文桌
黃　元　王宏祐拔二次副　周　楨
李之素　馮八樞　萬　幾
白光啟　陶同文　薛從王
毛羽長　黃正運　阮賁石
楊親傳　戴　暉　陳肇輿
董天策　胡士上　金　湛

盧之鱗　張若檝　董　紳
陶承奇訓導　江漢偉　張熙載
周維藩　曾偲熾　蕭凌雲
江漢書訓導　黃文耀　鄒芝芳
曾堯徵拔　劉　彬　劉　琇恩
吳紹夏訓導　鄒起鳳　羅汝繼
阮鳳昌　周炳枝　胡如鵬
田法夔　龔斐成　蔡來儀副
趙惇典　周時先　龔士任



曾堯愷　李素文　鄧艮燮訓導
胡維鉏　梅肇錫　萬　諮
李廷材恩　董學洙拔知縣　成　撰副訓導
蔡慎思　李　前　鄒懋栗副
董學源拔州判　彭奕明二次副榜作正知縣　熊寵錫
顏日成　劉士元　熊調鼎
李維烈　黃國琰　陳　禪拔知縣
熊　約　梁景陽副進士太僕少卿　鄒茂材副舉人知縣
曾銘肅恩　鮑啟濂拔　劉亦亨

馮士彬恩　郭士模　范宏銳
曾廷望　周之楝拔訓導　阮文諄
丁慰祖副　周鋆　汪廷謨副
程宗洛拔　劉宏坦　陶永祺
程璘恩舉人　鄒茂林　熊學韓
鄒佐履　陳翾　王槐年訓導
王家棣　蔡朝邁訓導　胡鳳濟
羅寅斗二次副　汪昇泰恩　丁楚珣
甘芝檢副　梅士棶　程合璧恩



鄒藩　羅文濬　郭喬楚拔舉人
李芃副　詹鍾普　程其溶
吳以寗　程其湘副　鮑柟
楊蓁　田夔　陳鳳翽
喻錦　蕭爲　黃學煥恩賜副
董懋績副　吳泰來　張起南恩賜副
程德楷拔　劉天驥恩賜副　項森副
吳敏學　雷振元訓導　鮑輝業拔知縣
盧萬之拔知州　陶鎣恩賜正原名琰　沈南吉

劉自徵恩賜副　夏均泰　曾濤
程德懋副教諭　曾恕模府訓導　胡曰圖知縣晉州牧
張顯均　鮑憲然　鮑芸堂拔知縣
嚴祖光　葉榮先寄陝西石泉籍　曾行煒主南漳書院
范自省恩　曹文治　羅文樞副
江紹箕　李元墀　熊炳照恩
甘棨副　林子應　戴錫纓
張謨　董喬英　張文藻拔
陶祖淵　陶露柏　袁作梅



劉紹先恩賜副　方廷棨恩教諭　程其桂
孫鶴齡　李賓玉恩　楊一酯拔
董緒　羅江　曾學鍾副寄江夏籍
吳玉清　夏文瀾　程元勳
張待詔　程德椿恩　羅映奎
張鴝　鮑含章副教諭　戴鼎新恩
楊正楷　熊燦恩　鮑輝遠
鮑用儀　萬道南恩　郭時泰
蔡國鈞恩　羅喻烈優　蔡錡

鮑明珠　王子驥　羅汝霖拔

袁魁　詹兆朱副　胡秀三

張廷杰　程熙祖　劉寶麟

魯坪甲副　陶之樂　羅雲漢

蕭芬　曹步雲副　周滙川

夏慶勲　李飛熊　吳兆泰拔

曾述經　袁樹松　蔡道濬恩

張錦鵬恩　鄒倬田　程恩晉副

饒艮離　葉煥芸恩



# 麻城縣志卷之十七

## 選舉第四

### 贈廕

明

劉夢以子從政贈御史　周仲熖以子鑑贈御史

鄒惠和以孫來學都御史贈左副　鄒希魯以子來學贈左副

李思敬以孫正芳贈布政　李璦以子正芳贈布政

董世才以子應彰贈參議　劉從憲以子訓贈御史

楊添源以子廷春贈教諭　周伯玉以子坤贈教諭



周貞常以子兌贈知縣　萬鏞以子山贈郎中

鄒瀚以子興贈參議　萬鑑以子祥贈同知

鮑志靈以孫琦貤贈知州　鮑仕學以子琦封知州

董紹以子樸贈員外　毛本學以子騤贈主事

楊時春以孫潤貤贈僉事　楊本輝以子潤封知州

梅玉鼎以子吉贈郎中　周洙以子廷徵贈御史

劉仲輢以孫天和贈太子太保兵部尚書　劉璲以子天和贈同上

陳孟常以子文贈員外　王本榮以子宇贈知縣

詹復初以子瑩贈主事　劉際源以子光贈通判

鄒　驄以子崇仁　贈知縣吳　璋以子孔祥　贈知縣
劉紀公以孫釆　贈尚書劉　漢以子釆　贈尚書
周廷徵以子載　贈轉運使周廷儀以子岱　贈主事
鄒　淮以子驗　贈知縣萬玉璇以子樹　贈知縣
李　滢以孫寵　貤贈郎中李文玉以子寵　封郎中
黄　璲以子卷　封員外劉　濬以子廷舉　封郎中
鄧　植以子楚望　封御史周　僥以子思久　封主事
黄　杲以子克　贈郎中胡　藻以子思銘　贈守備
周　鉽以子宏祖　封御史董子价以子石　贈御史



蔡　珩以子應陽　贈御史蔡　宿以子　封司務
劉　瀠以子守有　贈太子少傅五軍都督　周　篇以子思稷　贈知縣
周文密以孫思敬　贈侍郎周　任以子思敬　贈侍郎
周　法以子思稷　贈知縣鄒　輯以子思亮　贈通判
梅汝觀以子國禎　贈侍郎梅　賓以子在廷　贈同知
楊民試以子王廷　累贈同知李　坊以子承槐　贈知縣
周　霑以子崇德　贈僉事詹易巽以子淑　累贈同知
李承祚以子長庚　累贈尚書周宏禴以子應明　贈主事
梅國森以子之煥　贈巡撫曹　富以子大受　贈長史

劉仲軨以孫淑湘　贈布政劉　瑚以子淑湘　封布政
周　坎以子文熙　贈給事中毛　鑛以子鳳韶　贈知縣
周崇唐以孫邦璟　贈太常正卿周　業以子邦璟　贈太常正卿
李承大以子迪　贈知縣陳大道以子以聞　贈主事
周之亮以子世盛　贈同知周應說以子崇極　封僉事
劉子勲以孫鍾英　贈侍郎劉幼城以子鍾英　贈侍郎
李承桂以子延　贈主事劉守豫以子承禮　贈同知
劉守濟以孫僑　贈太傅劉承棨以子僑　贈太傅
鮑　治以孫之祥　贈知縣鮑啟敬以子之祥　贈知縣



周應曦以子指　贈推官萬仲昇以曾孫正貴　贈封楚府典儀
喻友誠以孫宗府　貤封奉直大夫喻　哲以子宗府　誥封奉直大夫
喻宗府　誥封奉直大夫喻　瀹以子希禮　封光祿少卿

國朝
陶　順以子承謨　贈僉事曹巽之以子應昌　贈知縣
陳以聞以子儒模　贈行人陳五德以子鵬舉　贈郎中
鄒承敬以子知新　贈知縣董士嚴以子璋　贈知縣
程自勝以子浩　贈同知金應學以子九鼎　贈知縣
張上銘以孫颺　贈布政張學海以子颺　贈布政
胡公國以子躍龍　贈知縣鄒　甲以子宗彥　贈布政
楊世泰以子會　贈訓導鮑宗芳以子同賢　贈知縣
鄒承第以孫士璁　贈侍郎鄒　惺以子士璁以孫汝晉　贈侍郎贈府尹



鄒文璧以子汝晉　贈府尹唐世興以子治　贈知縣
萬邦依以子象　贈知州萬　魏以子繩祜　贈庶吉士
胡奎龍以子文域　贈學正胡文垣以子錦　贈知縣
江漢瑞以孫會勷授　貤贈教江策廷以子會猷　贈教授
吳來儀以孫家駒縣　貤贈知吳　桂以子家駒　贈知縣
程世焯以孫琮　貤贈知縣程　里以子琮　贈知縣
梁汝璜以曾孫景陽僕少卿　貤贈太梁　灼以子景陽　贈太僕少卿
梁森材以孫景陽僕少卿　貤贈太梁　燿以所生子景陽　貤贈太僕少卿
成　琳以子倫　贈訓導鄒率訓以子茂材　贈知縣

胡　鉉以子翔霄　贈通判鮑啟沃以子楊　贈通判
鮑禹鼎以孫標　貤贈同知鮑啟汾以子標　贈同知
甘受信以孫學濬　貤贈知縣甘雲彰以子學濬　贈知縣
鄒　彬以子芃烈　贈典史何尚志以子五福　贈典史
陶承謨誥授中憲大夫　程　里以曾孫德楷　贈光祿寺卿
毛生輝以子文壂　贈知府程　琮以子德楷　贈光祿寺卿
王應德以子琬　誥封奉直大夫王晉錫以子勸　誥封奉直大夫
程其濬以子德楷　贈光祿寺卿程其湘以姪德楷　貤贈編修
袁知政以孫銑　誥封奉政大夫袁復言以子銑　晉封中憲大夫



袁復聰以子銑生考　誥封中憲大夫袁復初以姪銑　誥封奉政大夫
袁復信以姪銑　誥封朝議大夫袁復祥以姪銑　貤贈奉政大夫
鮑玉堂以孫覲光　貤封朝議大夫鮑承烈以子覲光　誥封朝議大夫
鮑　樟以子炳禮　誥封奉直大夫鮑炳義以弟炳禮　貤封奉直大夫
蔡天三以孫懋康　貤贈朝議大夫蔡赤城以子懋康　誥封朝議大夫
蔡輔臣以孫熒光　貤贈奉直大夫蔡大封以子熒光　誥封奉直大夫
羅承賢以曾孫文樞　貤贈通奉大夫羅尚祥以孫文樞　誥封通奉大夫
羅其孝以子文樞　誥封通奉大夫羅鳳岐以孫有壬汝霖　誥封奉政大夫
羅志禮以子有壬汝霖　誥封奉政大夫羅承米以子騟烈　誥封奉政大夫

程德樸以子燕曾誥封中憲大夫　程熙曾以弟燕曾貤贈中憲大夫

胡廷釆以子應瑞誥封文林郎　程九萬以子宗洛誥封文林郎

程世璲以子均誥封文林郎　余讜高以子雅祥誥封文林郎

程光照以孫鵬誥封朝議大夫　程華璧以子鵬誥封朝議大夫

蔡耀明以孫福謙誥封奉政大夫　蔡國俊以子福謙誥封奉政大夫

吳宏灼以孫兆泰貤贈奉政大夫　吳維崙嵩以孫兆泰貤封奉政大夫　此上貤封

明

劉天和謚莊襄以平虜功廕世襲錦衣衛千戶子守有孫承禧曾孫喬均以世襲起家至都督爲顯官

周宏謨以游擊平倭卒於軍世廕黃州衛千戶



彭信古以參將平倭廕衛千戶

梅國楨以監軍都御史平哱寇廕錦衣衛百戶子之熉未襲遇國變而止

梅之煥以巡撫甘肅平寇功廕一子

熊嗣先以叙州同知殉難廕黃州衛百戶

耿定向謚恭簡廕一子官生

國朝

鄒士璁禮部侍郎廕一子官生

何學海文生殉難事詳忠烈傳同治十年奏准賜廕尚未承襲

饒立誠文生殉難事詳忠烈傳咸豐十年奏准賜廕尚未承襲

陳懋增生殉難事詳忠烈傳咸豐十年奏准賜廕尚未承襲

謝道坦文生殉難事詳忠烈傳同治元年奏准賜廕尚未承襲

夏文高監生陣亡事詳忠烈傳同治元年奏准賜廕其子承襲

黃紹棟監生陣亡事詳忠烈傳同治元年奏准賜廕尚未承襲

陳明叙監生陣亡事詳忠烈傳同治元年奏准賜廕尚未承襲

張國隆增生殉難事詳忠烈傳同治十年奏准賜廕尚未承襲

張佐文監生陣亡事詳忠烈傳同治七年奏准賜廕尚未承襲

丁錫宇廪生殉難事詳忠烈傳同治七年奏准賜廕尚未承襲

王鼎文候選縣丞陣亡事詳忠烈同治元年奏准賜廕尚未承襲



余崇德都司陣亡事詳忠烈傳同治八年奏准賜廕其子余懋蔭承襲

傅雲階從九陣亡事詳忠烈傳同治七年奏准賜廕

曾樹德增生殉難事詳忠烈傳同治七年奏准賜廕其子曾憲珍承襲看驗在案

熊履山游擊陣亡事詳忠烈傳同治九年奏准賜廕尚未承襲

羅啟祥副將陣亡事詳忠烈傳同治八年奏准賜廕尚未承襲

楊應虎參將陣亡事詳忠烈傳同治十三年奏准賜廕尚未承襲

彭光耀從九陣亡事詳忠烈傳咸豐十年奏准賜廕尚未承襲

黃光熺布政司理問陣亡事詳忠烈傳咸豐十年奏准賜廕其子敦典承襲

劉鳳高都司陣亡事詳忠烈傳同治六年奏准賜廕尚未承襲　此上廕襲

## 保舉

### 明

周　檉 河南商城教諭
楊橋明 軍功知縣　此上文職
楊仲祥 萬戶
彭有謨 副總兵
魯重光 總兵
魯德位 游擊
魯　彬 副總兵　此上武職



### 國朝

張　颺 廣東布政司
王承時 知縣
萬　象 知州
毛文埜 知府
王有容 知府
田宏慮
蔡之治
黃素臣
王都命 俱知縣
徐志尹 州同
鄒知微
劉　亢
楊　搆 俱知縣
程之渫
程百朋
鄒知章

何克孝 俱同知
朱　珍 府訓導　以上舊志
張鳴鐸 優貢任貴池知縣
鮑啟泌 副榜保通判
詹兆朱 副貢保教諭
夏　梧 舉人保任直隸武强知縣
甘兆元 監生保同知
李大椿 監生保縣主簿
胡濬泉 生員保訓導
吳德潤 監生保州同
傅以翰 監生保花翎浙江卽補同知
鮑鳳文 監生保知縣
馮廷錥 監生保花翎同知
袁學濬 舉人保任江西吉安知縣
郝凌霄 增生保教諭加知州銜
郭時湘 生員保訓導加知縣銜
張文煌 監生保國子監學正
胡際唐 保從九銜



張子慶 保從九銜
李廷榮 監生保鹽提舉銜
戴廷謨 監生保縣主簿加六品銜
范在榜 監生保州同
張維城 增生保訓導
宋鳴瑞 生員保從九銜
李廷槐 附貢保從九銜
梁寶珍 監生保同知　此上文職
蔡得春 總兵
李士文 總兵
袁　發 花翎記名提督漢鎮總巡
朱聯陞 花翎記名提督剛勇巴圖魯欽賜副一品封
雷才貴 花翎游擊冠勇巴圖魯
高得勝 花翎副將克勇巴圖魯
李承萬 花翎副將署陝西平凉營游擊
鄒占陞 藍翎游擊
李應珍 花翎副將補用參將
萬金榮 花翎總鎮署陝西游擊

周占魁花翎游擊　鄒基鴻花翎副將
李元先花翎游擊　李嘉崇花翎參將
馬復震副將　黃品隆藍翎守備
熊思義花翎都司　鍾志成都司
李景雲花翎守備　黃敦典世襲守備
李培元藍翎都司　楊紹宏花翎守備
孫得勝花翎守備陝西高陵縣千總　戴有和藍翎都司
胡禮高藍翎守備　吳華亭花翎守備
林玉榜花翎都司　袁立先藍翎守備



王定泰守備　汪高成守備
劉　恩藍翎五品千總　陶希榮藍翎守備保參將
鄭思元藍翎守備　蕭鳳鳴守備
蕭興春藍翎守備　金朝柱花翎守備
蕭新和花翎都司　袁永順花翎守備
邵成有藍翎都司　彭大發藍翎守備
蔡正起花翎守備都司銜　董金春花翎都司
萬士陞拔補千總　陳天興千總
李文彬守備加都司　高澤梅花翎守備

梁殿元花翎守備　樂得勝藍翎守備
彭楚發藍翎千總　李世忠補用千總
劉士福補用千總　陳廷科藍翎千總
李占元把總守備銜　李如春藍翎千總
王開選藍翎千總　蔡紹陽千總署城守
林明山藍翎把總補九江汛　劉新勝藍翎把總
涂貞乾藍翎把總　楊應春把總五品銜
李得廣把總五品銜　熊三元把總六品銜
蕭永清六品把總　張永高儘先把總



汪進發藍翎把總加六品銜　陶大保藍翎把總
高天才五品藍翎署英山把總　陳福祿把總
鍾天長藍翎把總　陳之朝藍翎把總
萬長明藍翎把總　周高柱藍翎把總
李克明武生保都司　程輔弼藍翎千總
方鴻輝武生保衛千總　邱本寬千總
劉芝松五品藍翎　鄒春元
石文中武生保千總　鮑　翼五品千總
葉廷楨千總　范世盛藍翎四品銜守備　此上武職

議叙

明

張淑安知縣　張應奎

曾三畏推官　黄銘吉

鄒承流副　鄒承申俱通判

唐明德　曹巽之

王則乾拔　萬一坤俱縣尹

李　漣州判　趙　詰

董　椊俱通判　李廷對光祿署丞



李春瀾光祿署丞　李文簡

楊　渭　楊民仰

董　樵俱知縣　李　涇教諭

董士齊訓導　周文俊照磨

周文盛　周之俊俱經歷

李承模　楊楹庭

楊　義　於仲達俱縣丞

孫一謙吏目

國朝

張文豹廣東定安知縣　王延雍鹽運使

萬　巍知縣　王孟猷知縣

梅映月　梅先月俱州同

楊知衍廩貢州同　鄒　屺訓導

萬成章知縣　許　甯縣丞

田深猷縣丞　鄒汝謙知縣

鄒汝諒鑾儀衛經歷　鄭文坦通判

熊紹龍訓導　鮑啟江縣丞

鄒汝森州同借補縣丞　周　鈺縣丞



成　掄廩貢訓導　張　均訓導

鄒綏衡巡檢　丁雅均巡檢署宜春知縣

鮑　棟廩貢知州　鮑　材附貢知州

鮑　標同知　鮑　楊通判

鮑　杭縣丞　丁楚江

彭啟鎬巡檢　吳之瑤俱巡檢

周舒泮巡檢　彭啟檮

鄒茂烈　何五福俱典史　以上舊志

劉東生任桐梓縣廣西知府陞鹽法道　鮑覲堂山東登萊青兵備道

鮑師釗 海城縣知縣 | 屈光逵 四川水利同知
鮑雅堂 天門縣訓導 | 鄭兆荃 四川知縣
梁錫冠 廩生坐監選授訓導 | 鄭兆芝 山西沁水縣知縣
鄒芳 直隸東鹿知縣 | 鮑秉禮 知州署昌邑知縣
鄒慕嶧 蘄州知州 | 郝廷楷 宜城教諭
黃家謨 太原典史 | 蔡懋康 廩生四川糧捕運同銜歷署松潘廳遂定府
鄒大烈 典史 | 熊暉吉 文生同知任四川懋功廳
項映 興國州學正 | 羅元勳 廩生工部主事
羅啟蟠 監生刑部郎中 | 鄔承楓 四川知縣



捐封附

羅承龍 以曾孫步州 貤封通奉大夫 | 羅邦彥 以孫步州 誥封通奉大夫
羅德振 以子步州 誥封通奉大夫 | 余德鑑 以孫謙六 誥封通奉大夫
余貽翔 以子謙六 誥封通奉大夫 | 余謙六 道銜加三級 誥封通奉大夫
羅思禮 以子全和 誥封中憲大夫 | 羅懷禮 以子春和 誥封奉政大夫
羅守禮 以子克寬 誥封奉政大夫 | 程如科 以孫學源學灝 貤封朝議大夫
程志義 以子學源學灝 誥封朝議大夫 | 程如試 以孫學瀚學濬 誥封朝議大夫
程志銑 以子學瀚學濬 誥封朝議大夫 | 金玉華 以孫秀柏 貤封中憲大夫
金學榮 以子秀柏 誥封中憲大夫 | 朱蔭棠 以弟超然 貤封奉政大夫

朱文煥 以子超然 誥封奉政大夫 | 傅從理 以次子為琚 誥封奉直大夫
傅為志 以子寶田 誥封奉政大夫 | 傅為新 以子學朱 誥封奉直大夫
夏承志 以孫學棻 貤封朝議大夫 | 夏如昶 以子學棻 誥封朝議大夫
王本念 以孫朝南 貤封奉政大夫 | 王寶善 以子朝南 誥封奉政大夫
王尙棟 以子大堃 誥封奉直大夫 | 王大堃 中書五品軍功 誥封奉直大夫
胡兆璜 以子奉三 誥封奉直大夫 | 王尙榮 以孫尊三 貤封奉直大夫
王文炳 以子尊三 誥封奉政大夫 | 王德潤 以孫錦雲 貤封奉政大夫
王煥章 以子錦雲 誥封奉政大夫 | 李鳳山 以子廷榮 誥封奉政大夫
李廷榮 鹽提舉 誥封奉政大夫 | 李廷標 以子炳瑜 誥封奉政大夫



鄒佐展 以子慕嶧 誥贈奉直大夫 | 鄒佐履 以孫述學 晉贈中憲大夫
鄒奕賓 以子述學 誥贈中憲大夫 | 鄒述學 郎選道 誥授中憲大夫
郝世霖 以孫凌霄 誥封奉直大夫 | 郝廷楷 以子凌霄 誥封奉直大夫
蕭維濬 以子濟川 誥封奉政大夫 | 蔡益英 以子開坊 誥封朝議大夫
蔡駿翰 以子童喬 誥封朝議大夫 | 蔡駿珩 以子開堃 誥封通奉大夫
蔡益若 以子開坊 誥封通奉大夫 | 蔡益葵 以子駿琮 誥封朝議大夫
蔡駿璲 誥封奉直大夫 | 蔡學顏 以孫駿璧 誥封朝議大夫
蔡益茂 以子駿璧 誥封朝議大夫 | 董少梅 以孫金春 誥授武顯將軍
董士龍 以孫金春 誥授武顯將軍 | 董為勝 以子金春 誥授武顯將軍

傅成瑗以孫寶田貤封奉政大夫　陳文洙以孫宗烧誥封儒林郎
陳作霖以子宗烧誥封儒林郎　傅之瑾以孫為昭誥封奉直大夫
傅成斌以子為昭誥封奉直大夫　袁秦王以孫秉鈞誥封奉政大夫
袁純儒以子秉鈞誥封奉政大夫　傅學洙光祿寺署正銜誥授奉直大夫
彭文爻以子翹南貤封奉政大夫　彭秉道以子翹南誥封奉政大夫
羅光烈以孫啟敬誥封奉直大夫　羅芸圃以子啟敬誥封奉直大夫



# 麻城縣志敘畧

## 耆舊志第七

古云鄉先生歿而祀之於社此謂一鄉之善士後之人所當耆蔡而圭臬者也蓋方志本百國之寶書而人物重正史之列傳必錄其全文即附以奏議文以人傳名由實附文則崇祀鄉賢事詳舊志不為詳近而畧遠即以援古而證今采錄必具源流義類無分軒輊至於爵秩未達夫崇階惠政實傳於聞見雖分類不得不為之隱顯而表揚之意必無所抑揚於其中蓋猶陳留風俗汝南先賢之遺也



麻城僻處南服建始北朝前代紀述傳人甚尠案舊志所載惟三國毛玠携幼子遷麻為最古府志據魏志籍陳留以駁其非然毛氏實為麻城舊族明代科甲雲興至今子孫猶蕃衍皆云始遷自玠其冢墓猶存邑東豈陳志之有軼歟抑後來之偽託歟下至唐初則有宴滕王閣之閻伯璵並同里之孟學士宋則有流寓之陳季常隱逸之王翊張憝子俱見於東坡集中獨至有明一代人物傑出埒於文獻大邦蓋數千年鍾毓之奇於茲始一洩也若其欽定明史列傳著錄者多以十數如劉端簡劉莊

表百僚梅克生梅長公之鎮撫邊陲李檢齋李孟白之立朝端直周二晉周元孚之台垣諫議皆卓卓可傳他若鄒董若彭田以科第起家著姓者尤更僕難數又若東林黨錮則有梅之熉劉鍾英彭遵古陳以聞復社名士則有梅之熉劉侗鄒惺一時海內名流望塵趨影麻雖一隅直不啻德星之聚矣　國朝景運維新士風克振如鄒石瞻梁梧岡程松亭袁金溪諸先生或文章侍從或出入風議先正典型於茲未墜後之學者述盛藻揚先芬得所矜式亦云幸矣是故首冠名賢次分仕績一尊國史一重事功記人即寓記事之法至於志文學則合儒林文苑而一之者也志孝友義行則分孝義而二之者也志忠烈則前敘分傳後列總紀又參以華陽國志序志體也志隱逸則本之高士傳蓮社高賢傳其附以老壽者則參以湖北通志例也志流寓亦用通志例而附以原籍者由列傳寄祖籍之意而變通者也志方伎本自范書而附以仙釋者則[illegible][illegible]公新唐書錄元裝宏忍之義也要皆出於古今人[illegible]其[illegible]流隨宜而定無濫吹無溢美庶幾百世而下猶有聞風興起者歟

麻城縣志　卷之十八　序　二

# 麻城縣志卷之十八

## 耆舊第一

### 名賢

李文祥字天瑞祖正芳山西布政使父灝陝西參政文祥自幼俊異弱冠舉於鄉成化末登進士萬安當國重其才以孫宏璧與同榜款於家文祥意弗慊也屬題畫鳩語含刺安深銜之未幾孝宗嗣位即上封事畧曰祖宗設內閣六部贊萬幾理庶務職至重也頃者在位多匪人權移內侍賞罰任其喜怒禍福聽其轉移讐視言官公行賄賂阿之則交引驟遷忤之則巧譏遠竄朝野寒心道路側目望陛下密察渠魁明彰國憲擇謹厚者供使令更博選大臣諮諏治理推心委任不復嫌疑然後體統正而近習不得肆也祖宗定律輕重適宜頃法司專徇己私不恤國典豪強者雖重必寬貧弱者雖輕必罪惠及奸宄養成玩俗兼之風尚奢麗禮制蕩然豪民僭王者之居富室擬公侯之服奇技淫巧上下同流望陛下申明舊章俾法曹遵律令臣庶各守等威然後禮法明而人心不敢玩也然國無其人誰與共理致仕尚書王恕王竑孤忠自許齒力未衰南

麻城縣志　卷之十八　耆舊名賢　一

京主事林俊思南通判王純剛方植弱才品兼茂望陛下起刻翊端資其議論必有裨益可翊明時且賢才難得自古爲然習俗移人豪杰不免惟茲臣庶不盡庸愚能知自愧卽屬名流樂其危災乃爲猥品願陛下明察羣倫罷其罔上營私違天蠹物者餘則勉以自新既開改過之路必多遷善之人臣見登極詔書不許風聞言事古聖王懸鼓設木自求誹謗言之縱非其情聽者亦足爲戒何害於國遽欲罪之昔李林甫持此以禍唐王安石持此以禍宋遠近驟聞莫不驚駭願陛下再頒明詔廣求直言庶不墮奸



謀足彰聖德大率君子之言決非小人之利諂問倘及必肆中傷如有所疑請試面對疏奏宦官及執政萬安劉吉尹直等咸惡之數日不下忽詔詰左順門以疏內有中興再造語傳旨詰責文祥從容辨析而出謫授陝西咸寧丞南京主事夏崇文論救不納工部主事莆田林沂復請召文祥及湯鼐納崇文言且召陳獻章謝鐸等時安已去吉直激帝怒嚴旨切責之廷臣多薦文祥率爲吉直所沮宏治二年以王恕薦召爲兵部主事監司以下餽贐皆不納到官未踰月復以吉人事下獄貶貴州興隆衛經歷都御史鄧廷瓚征苗咨以兵事大奇之欲薦爲監司文祥曰昔以言事出今以軍功進固辭不可乃請齎表入都乞告歸疏再上不許還經商城渡冰陷死焉年僅三十　明史列傳

附原疏　竊惟帝王爲政恃權與法權貴一不可使近習分分則政出多門而禍亂作法貴立不可使小人玩玩則心無所忌而僭奪興恭惟皇帝陛下英武夙聞仁孝懋著羣臣溢於耳目四海遍於口傳咸望祖宗之業在此中興帝王之治由茲再造然舉裘必挈其領張網必提其綱今之綱領實權與法不先提挈無由舉張往事



難追多言徒咎臣謹以切於今日者昧死言之祖宗立六部三法司設內閣大學士參贊萬幾分理庶務任專責重無掣肘之嫌事稟責歸鮮城狐之托治隆俗美職此之由頃者位多小人權由內侍賞罰任其喜怒禍福變於轉移譬視言官痛加摧挫公行賄賂濫設冗員所順者則接引超遷違忤者則毒譏竄逐朝野寒心道路側目譬人身之疾病實腹心之癰疽伏望陛下簡訪渠元明章國典少留謹厚謙畏者隨侍左右以供使令更宣妙選大臣親諏治理推心委任不復猜疑或相朋比

爲私許令科道面劾自今内侍仍有恃威脅制弄權囑託者許得奏聞區處間傳内批密旨亦許執奏封還俱爲定規權一於此則體統正而近習不得分矣立大明律罪犯輕重各有科條稽古定制服色器用罔敢僭踰故善惡知勸懲之方貴賤明等威之辨國體益尊民志素定頃者法司惟徇已私不遵成憲豪横有庇者雖重罪必寬容貧弱無告者雖小嫌必鈎距恐及奸宄之雄養成傾頹之俗綱紀蕩廢詐僞滋興豪室僭王侯之居富民擬公卿之用崇玩好而費民財飾虚器以耗國脉



伏望申明律令使執法之官一遵成憲如有罪不當科獄囚情異者必連坐以懲不恪稽古定制乞示頒行其長惡穩姦之徒務令巡察等官嚴加督訪貴倖必懲豪黠罔赦法立如此則禮度明而小人不敢玩矣權一法立政事可新使無其人誰與共理臣竊聞致仕尚書王竑王恕孤忠自矢獨立敢言年力未衰尚堪効用南京刑部主事林俊思南府推官王純皆抱忠貞兼優才識論其全德容有小疵要在良工固當大用伏望趣召等置之公輔俊等列諸諫垣旦夕親其議論政事庶有禆

禆此非微臣私言實乃士林公議且人才難得自古爲然習俗移人豪傑不免惟茲臣庶不盡愚庸但恐言出禍隨動先咎至故局促轅下之駒偃息籠中之雀豈不思奮顧此牢形亦知媿乎素尸每託辭於時勢蓋人雖下愚誰無義理之心性但中人不免身家之累能知媿負是亦名流樂其危當斯爲下品伏望明照庶物公選羣寮其間素分不材甘心無恥營私罔上違天蠹物者小臣則遂罷黜大臣則禮遣歸山礪士風庶華國憲餘可自新者一切賜以明詔感其良心務使驅策以圖實



功不容退託而逃清議東方朔詼諧之臣以武帝爲君力陳規諭裴矩隋之佞人逮唐貞觀間亦强支持黽勉忠良之列既開自新之路必多遷善之人如此則權一而事不悖法立而承無愆國政日新天命世眷信可以中興信可以再造副羣臣之望符四海之思臣生斯世際斯事寧不爲萬古之一快也哉抑又有當急正而不可須臾緩者初臨大政之時衆皆竦仰賢哲量之以行藏其道姦邪窺之以作止其惡民庶覘之以休戚其情治亂安危在此一舉虚心聽納漢宣帝以致中興唐巳

求賢朱仁宗由之再造今欲立致太平莫若先開言路言路開則羣邪懼伏君德益修仰冀內宸必能察此伏讀前詔乃獨見遺祇許科道內彈仍以挾私逆阻臣竊聞之犯上干主其罪可知乖忤貴臣禍在不測人欲十言其一猶懷反噬之憂誰敢無中生有輙快報復之計此必權倖小人自懶不軌私相交語以爲初政之日義士彈冠若不懼以危言討以定律則必畢發姦情縱使免禍一時亦必貽譏萬世用是壅蔽聰明豫示不軌欲箝衆口於未發不虞姦狀之彌彰且復以風聞妄言爲



禁夫朝廷京師之極京師四方之極政事之或是或非臣寮之一善一惡譬諸日星麗天誰不知其昏明河海振地誰不知其深淺使俱排以風聞謂不可信則謂孔顏爲賢未必皆由己見指盜蹠爲惡是亦出於口傳人心允愜士論不疑況古昔帝王懸鼓設木自求謗毀言之縱非其情聽之亦足爲戒何害於國遽欲沮止李林甫持此說以亂唐王安石持此說以毒宋遠近駭聞賢愚驚愕伏願速頒溫詔廣求直言不隨姦謀使彼知人心之不可盡欺公論之難以獨掩痛示懲於既往庶知戒於將來且令言官跡其論列不無奮激之偏要其心志皆出忠誠之切更願少霽嚴威輙假優禮言切而理愜者必引導以盡其情識寡而辭拙者亦含容以嘉其意諫諍無隱者褒其直而勿責其非謀猷可採者獎其能而急行其策惟當斷以一心不必搖於衆口大率君子之言決非小人所利儻一問及必以前事中傷如無嫌疑乞賜片時引對臣草茅新進積無怨讐但能隨衆以浮沉終可歷階而貴顯顧臣之於君子之於父吉凶休咎義實相關隱默欺謾心則安忍故不避斧鉞力盡



愚衷片言有益夕死且甘草木同區幸生何補臣不勝懇切待命之至

附舊志文祥一號檢齋少負氣節初以切諫謫官復爲兵部主事値所知中書舍人吉人以言事下獄同被逮先是大學士萬安重祥才名欲引附己屬題畫鳩祥題曰鳩一聲來鵲一聲鳩呼風雨鵲呼晴春來風雨尋常事莫把天恩作己恩安深銜之故屢起屢躓云

劉天和字養和麻城人正德三年進士授南京禮部主事劉瑾黜御史十八人謫他曹二十四人補之天和與焉出按陝西鎮守中官廖堂奉詔辦食御物於蘭州天和謂非所司辭不往堂奏天和拒命詔逮之部民哭送者萬人錮

詔獄久不釋吏部尚書楊一清疏救法司奏當贖杖還職中旨謫金壇丞刑部主事孫繼芳抗章救不報屢遷湖州知府參惠政嘉靖初擢山西提學副使累遷南京太常少卿以右僉都御史督甘肅屯政請以肅州丁壯及山陝流民於近邊耕牧且推行於諸邊尋奏當興革者十事田利大興改撫陝西請撤鎮守中官及龍爲民患者三十餘事帝皆從之洮岷番四十二族蠢動天和誅不順命者又討平湖店大盜及漢中妖賊就進右副都御史母憂服闋以故官總理河道黃河南徙歷濟徐皆旁溢天和疏汴河自



朱仙鎮至沛飛雲橋殺其上流疏山東七十二泉自鳧尼諸山達南旺河濬其下流役夫二萬不三月訖工加工部右侍郎故事河南八府歲役民治河不赴役者人出銀三兩天和因歲饑請盡蠲旁河役者課遠河未役者半之詔可十五年改兵部左侍郎總制三邊軍務兵車皆雙輪用二十人遇險即困又行遲不適於用天和請倣前總督秦紘隻輪車上置砲槍斧戟廂前樹狻猊牌左右虎盾連二車可蔽三四十人一人輓之推且翼者各二人戰則護騎士其中敵遠則施火器稍近發弓弩又近乃出短兵敵

走則騎兵追復製隨車小帳令士不露宿又毒弩矢修邊牆濠塹皆從之吉囊十萬衆屯賀蘭山後遣別部寇涼州副將王輔逐奪其纛寇莊浪總兵官姜奭屢敗之進天和右都御史寇復大集兵將入犯天和策寇瞯西有備必東密檄延綏副將白爵宵行與參將吳瑛合寇果東入黑河墩遇爵伏兵大創而去既又入蔟藜川爵尾擊之寇多死尋入寇家澗張家塔爲爵瑛所敗犯甯夏者總兵官王效復破之帝大喜進天和左都御史吉囊犯河西天和禦卻之進兵部尚書寇將入平虜城天和伏兵花馬池寇戰不



勝走河上遇伏兵多死於水吉囊乘虛寇固原剽掠且饜會滛潦弓矢盡膠無鬭志而諸將多畏縮天和斬指揮二人召故總兵周尚文令立功會陝西總兵官魏時角寇至黑水苑尚文盡銳夾擊殺吉囊子小十王寇退甯夏巡撫楊守禮總兵官任傑等復邀擊敗之鐵柱泉斬獲共四百四十餘級論功加天和太子太保廕一子錦衣千戶前後賚銀幣十數遷南京戶部尚書召爲兵部尚書督團營言官論天和衰老遂乞休歸家居三年卒贈少保謚莊襄天和初舉進士劉瑾欲與叙宗姓謝不往晚年內召陶仲文

以刺迎稱戚屬天和返其刺曰悞矣吾中外姻連無是人仲文恚甚罷官有力焉　明史列傳

喻希禮字節之嘉靖癸未進士以重慶推官擢御史會議大禮大獄杖謫者多甃荒徼希禮因禁中祈嗣上疏極諫世宗震怒尚書夏言力救之謫戍六安十餘年赦歸卒隆慶朝追贈光祿少卿賜祭　明史薛侃合傳

附原疏　仰繼皇上祈嗣禮成蓋上天篤生聖人爲中興太平之主必生聖嗣以開億萬載無疆之休其保佑眷顧之隆必有無待於求者惟陛下推曠典殊恩以迓帝



祉則昔人所謂心和則氣和氣和則形和形和則聲和聲和則天地之和應矣陛下敬天勤民十年於茲往者大詔天下一應罪犯悉從赦免今歲大辟又免行刑天下臣民咸沾聖澤惟近年得罪諸臣遠戍邊徼者未蒙宥放豈其罪大惡極不可輕縱者乎臣竊謂今日招和致祥履休迓祉不在設壇建醮之虛文而在悔過宥罪之實意臣聞天之大德曰生陽居大夏以生育長養爲事陰居大冬積於虛空不用之處陛下好生之德與天爲一而獨遺遠戍諸臣穹廬絕塞無生還之日豈盛朝之美事乎今之論者謂大禮諸臣同聲附和誠可罪矣大獄諸臣謬持偏見誠可罪矣然自臣言之議禮者自謂效忠議獄者自謂執法以效忠執法之臣一不當陛下之意而即終其身流離於萬里沙漠之外臣恐懷忠義之心者未必不聞風而懼矣原其心而宥其過矜其愚而憫其不及是亦聖人無棄人之意也且聞遠戍諸臣有父母存而不得養者矣有沒而不獲送者矣諸臣之罪縱可深惡而所託以養以終者亦可念也歷年已久懲創已深臣之得罪於君猶子之得罪於父也子之



得罪於父悲哀號泣必求父釋之而後已諸臣望陛下以釋之者亦非一日也近聞諸臣有沒於邊徼者旅寓無依其情甚苦數年之後彫零殆盡雖欲仰沾聖化而不可得矣古聖王設鐸懸賞以求直言敢諫之士而陛下乃使建言諸臣彫零殆盡於邊徼豈所以風天下乎伏望體天地好生之心推父母愛子之念將遠戍諸臣量其情之輕重或移近地或縱赦免罪俾諸臣感生死骨肉之恩而中外臣民歸頌聖德前星垂耀無待祈禱而聖子神孫綿綿無窮矣

周宏祖嘉靖三十八年進士除吉安推官徵授御史出督屯田馬政隆慶改元司禮中貴及藩邸近侍廕錦衣指揮以下至二十餘人宏祖馳疏請止賚金幣或停世襲且言高皇帝定制宦侍止給奔走掃除不關政事孝宗召對人臣宦侍必退去百餘武非惟不使之預亦且不使之聞願陛下勿與謀議假以嚬笑則彼無亂政之階而聖德媲太祖孝宗矣臣又聞先帝初載欲廕太監張欽義子錦衣兵部尚書彭澤執奏再四今趙炳然居澤位不能效澤忠無所逃罪報聞已請汰內府監局錦衣衛光祿寺文思院冗



員復嘉靖初年之舊又請倣行古社倉制詔皆從之明年春言近四方地震土裂成渠旂竿數火天鼓再鳴隕星旋風火雨黑豆此皆陰盛之徵也陛下嗣位二年未嘗接見大臣咨訪治道邊患孔棘備禦無方事涉內庭輒見撓沮如閱馬核庫詔出復停皇莊則親收子粒大和則摧取香錢織造之使累遣糾劾之疏留中內臣爵賞太厚謝辭溫旨遠出六卿上允祖宗朝所絕無者疏入不報其冬詔市珍寶魏時亮等爭不聽宏祖復切諫尋遷福建提學副使大學士高拱掌吏部考察言官惡宏祖及岑用賓等謫宏祖安順判官而宏祖謫未幾拱罷量移廣平推官萬歷中屢遷南京光祿卿坐朱衣謁陵免 明史列傳

附周氏家乘宏祖傳畧宏祖字元孝號少曾中憲大夫廷徵之孫中議大夫釴之長子也生而穎敏少時爲文千言立就嘗寓染工家閱案上記簿戲焚之染人瞿然曰是乎貨出入所稽今奈何公笑曰易爾索楮筆覆書之不差累黍嘉靖乙卯舉於鄉己未會試登丁士美榜進士授吉安府司李時嚴分宜柄政附翼而起者聲勢赫奕橫恣閭里官其地者不敢問公至一裁以法而民之田廬子女被奪於勢家者無不立復爲廣東道監察御史時徐華亭繼分宜爲相拔引善類公正色立朝彈劾不避權倖徐公曰御史爲朝廷綱紀之地百官喉舌之司能不愧其職者惟林子潤周子元孝而已甲子奉命視兩淮鹽務時鹽法壞於鄢懋卿商民俱困公至廉得其情具疏上請會以事被當去繼之者爲徐公爌公年友也乃遺徐公書曰兩淮舊額六十萬率多可裁爲



貪夫驟加百萬遂至商民兩困夫病商斯病民病民斯病國矣僕還台時當首言此惟仗兄之繼其後也及入亟言於華亭公而徐疏亦至遂得減復原額丙寅復奉命視陝西茶馬時茶馬之政亦幣於中官戚畹而公力爲清剔利歸縣官公生平所爲詩文極爲臨川湯若士所稱集稿與二督公合刻梨棗乙亥燬於兵火板無存者

耿定向字在倫三歲時有公卿到門者問其祖曰更有上者否曰獨有聖賢耳曰兒當爲聖賢矣由是潛心理學登嘉靖丙辰進士授行人擢御史嚴嵩父子竊政吏部尚書吳鵬附之定向疏鵬六罪因言鵬壻學士董份總裁會試私鵬子紹宜併斥嵩爲營護事竟寢出按甘肅舉劾無所

私去任行笥一肩有以石經餽者留境上而去還督南京學政隆慶初擢大理右寺丞高拱執政定向嘗譏其褊淺無大臣度拱嗛之及拱掌吏部以考察謫定向橫州判官拱罷量移衡州推官萬歷中累官右副都御史吏部侍郎陸光祖爲御史趙之翰所劾光祖已留定向復頌光祖賢詆之翰給事中李以謙言定向擠言官定向求去帝不問歷刑部左右侍郎擢南京右都御史御史王藩臣劾應天巡撫周繼疏發踰月不以白定向定向怒守故事力爭自劾求罷且詆藩臣論劾失當因言故江西巡撫陳有年四



川巡撫徐元泰皆賢爲御史方萬山王麟趾劾罷今宜召用而量罰藩臣藩臣坐停俸二月於是給事中許宏綱觀政進士薛敷教南京御史黄仁榮及麟趾連章劾定向麟趾言南臺去京師遠章疏先傳人得爲計如御史孫鳴台論魏國公徐邦瑞陳揚善論主事劉以煥皆因奏辭豫聞一則貧緣倖免一則掊摭被誣故邇來投揭有遲浹月者事理宜然非自藩臣始語竝侵大學士許國左都御史吳時來副都御史詹仰庇執政方惡言者勒敷教還籍省過麟趾仁榮亦停俸時已除定向戶部尚書督倉場定向因力辭求退章屢上乃許卒年七十三贈太子少保謚恭簡弟定理定力定理終諸生與定向俱講學專主禪機定力隆慶中進士除工部主事萬歷中累官右僉都御史督操江疏陳礦使之患再遷南京兵部右侍郎卒贈尚書（明史列傳參府志傳）

梅國楨字克生少雄傑自喜善騎射舉萬歷十一年進士除固安知縣中官詣國楨請收責於民國楨僞令民鬻妻以償民夫婦哀慟中官爲毀券擢御史會哱拜及子承恩反督師魏學曾無功李成梁方被論廷議欲遣爲大將未



敢決國楨獨疏保之乃遣成梁子如松爲提督將遼東宣大山西諸鎮兵以往而國楨監其軍遂與如松至寧夏學曾欲招劉東暘許朝殺拜父子贖罪遣卒葉得新往四人方約同死折得新脛置之獄巡撫朱正色以賊詭請降而張傑嘗總寧夏兵故與拜善遣傑入城招之朝乃舁得新見傑得新大罵賊被殺傑亦繫不遣而學曾以賊求撫爲之請帝切責及是城中百戶姚欽武生張遐齡射書城外約內應夜半舉火外兵不至賊殺其黨五十人欽縋城出來奔當是時賊外以求撫緩兵而陰結寇爲助然糧盡勢

困學曾國楨與巡撫葉夢熊定計決黃河大壩水灌之水抵城下時套寇卜失兎莊禿賴以三萬騎犯定邊小鹽池用土昧鐵雷爲前鋒而别遣宰僧以萬騎從花馬池西沙湃口入爲拜聲援麻貴擊之右溝寇稍挫分趨下馬關及鳴沙洲學曾令遊擊龔子敬扼沙湃口而檄延綏總兵官董一元擣土昧鐵雷巢斬首百三十餘級寇大驚引去遇子敬圍之十重子敬死寇亦去賊援遂絕學曾益決大壩水八月河決隄壞復繕治之城外水深八九尺東西城崩百餘丈著力兎宰僧復入李剛堡如松貴等擊敗之追奔



至賀蘭山賊益懼求欵未決會學曾得罪罷朝命以夢熊代夢熊遂成功初學曾之遣人招東暘朝也留固原以俟之帝責其玩寇副總兵李昫渡河又稍遲松山河套寇先入官軍用是再失利學曾嘗上疏令監軍無與兵事帝爲飭國楨如其言國楨頗憾之及至軍劾諸將觀望而頗以玩寇爲學曾罪給事中許子偉亦劾學曾惑於招撫誤國事國楨又言僉事隨府從城上躍下賊令四人下取我軍咫尺不敢前又北寇數萬斷我糧道殺戮無算匿不以奏帝遂大怒逮學曾至京然學曾逮未踰月城壞而大軍入

賊竟以破滅夢熊既代學曾亦賜尙方劍時調度靈州獨國楨監軍寧夏賊被圍久食盡無援而城受水浸益大崩國楨挾諸將趨南關牛秉忠先登國楨大呼諸將畢登賊退據大城攻數日不下國楨使間紿東暘朝承恩互相殺以降貰其罪三人內猜疑東暘朝遂先誘殺承恩黨士文秀承恩亦與其黨周國柱誘東暘朝殺之盡懸東暘朝文秀首城上開門降如松率兵圍拜家拜倉皇縊闔室自焚死夢熊自靈州馳至下令盡誅拜黨及降人二千慰問宗室士庶寧夏平夢熊正色國楨各上捷奏而俘承恩獻京師帝



御門受賀詔磔承恩於市夢熊正色國楨各廕世官如松功第一如薰貴秉忠等加恩有差學曾初奪職爲民叙功以原官致仕學曾任事勞勩灌城招降之策本其所建及宣捷帝召見大學士趙志皐張位志皐位力爲學曾解尙書石星以下多白學曾無罪國楨亦上疏言學曾應變稍緩臣請責諸將以振士氣而逮學曾之命發自臣疏竊自悔恨學曾不早雪臣將受萬世譏如松亦言學曾被逮時三軍雨泣夢熊亦推功學曾帝初不聽既而復其官居家數年卒夢熊以功進右都御史國楨既招降承恩以夢熊貪

功稱降劾其罪夢熊奏辦言拜所畜家人皆死士綏一二日東暘朝黨復集必再亂臣寧負殺降名以絕禍本帝爲下詔和解之論功擢國楨太僕少卿踰年遷右僉都御史巡撫大同久之遷兵部右侍郎總督宣大山西軍務在鎮三年節省市賞銀十五萬兩有奇父喪歸未起而卒贈右都御史節錄明史魏學曾葉夢熊合傳

附征哱疏　爲叛丁悖亂異常時事萬分可慮懇乞宸斷決機宜任宿將清弊政以消禍萌以安人心事近見邸報寧夏家丁劉東暘等賊上擅權據城掠堡此非常大



變視唐藩鎮之禍猶有甚焉最可恨者逼使總兵張維忠疏列巡撫黨馨罪狀其二十餘條之內多係款冦以求題准遵行此其意蓄隱然暴揚時弊以煽惑各邊其謀更不軌矣當此冦酋叛盟之後邊計未定之時豈可視爲細故而不早爲平定乎今之議者不過曰變起倉卒衆由脅迫緩之可散其乍合之黨急之恐堅其致死之心不知各惡權勢已成蓄謀非淺其心必不肯悔禍其黨又無敢先發遷延一日則禍深一日狂謀愈成黨與愈固聲勢愈大風聞愈遠脅從愈多人心愈疑既難

以俟其自定又不可嚇以虛聲外有勾連內有覬望近者蠶食遠者震驚將來之患有不可勝言者矣臣見御史賈希夷上請特遣一臣不蒙採納止令督臣魏學曾相機撫剿雖專任責成事理宜然但學曾素敢任事臣所推服聞變已久徐徐就道豈其乏應變之材昧專制之義或亦有首尾牽制輕動爲難有不可以明言者況邊事煩夥萃於一身方經營戰款之宜難專任討賊之事爲今之計非力剿無以定禍亂非分別無以宥無辜非詔赦無以安脅從非特遣無以重事權非破格無以



用豪傑非便宜無以中事機非重賞無以作士氣科臣王德完請羅豪傑眞爲濟時之急昨見寧夏各堡多爲所制而平冦參將蕭如薰獨能相持則任將之明驗也以臣私計求舊易於得人使功不如使過除各邊見任及已經調遣不宜更議外若退閑可任則無如原任遼東總兵李成梁者屢經戰陣紀律嚴明其子李如松李如栢李如楨皆負大將之才李如樟李如梅又爲少年之傑其家丁自各有官守之外尚多同心敢戰之人世受重恩必不自顡於末路屢經論列更思昭雪其前功

年力未衰威名久著各邊將領誰不畏服上下相信父子同心不惟勇畧足以成功亦且先聲可以奪氣若慮其權多分屬地非素歷宜於文臣中暢曉軍情實心任事者公舉一人監其軍事謀勇相資調遣隨便他如閑任及戴罪將領史宸張應和麻貴馬孔英倪敏政等或素經戰陣或膽勇過人皆可隨軍使之自効若遼東未代職日持久或令伊子原任總兵李如松先往料理勒限起行即未必刻期擒勦斷足以制其死命天威既臨不敢四出魚遊釜中勢必自亂附近營路恃以無恐他



方觀望憚而自戢待首惡正法之後大加賑恤使朝廷威惠並行紀綱大正此機宜之當決宿將之當任也若失此不圖臣未見其得策矣然臣又聞之罅隙將成者當急爲補塞琴瑟不調者必改而更張今寧夏之變正罅隙將成之會而致變之由則琴瑟不調之驗也我朝邊事自洪武以至嘉靖一時也自隆慶以至萬歷十八年一時也自十八年以至今日又一時也蓋洪武以至嘉靖寇無歲不犯我無歲不備各軍雖有戰守之勞無尅削之苦嘉靖以至隆慶和議既成不修戰守各軍雖有尅削之苦而無操練之勞今時則異是矣外實修和而內欲兼戰修和則不免仍尅削以爲媚寇之資兼戰則徒有操練而無首功之望臣前疏有云不加矜恤而尅削之間使之治生不給發身無階已逆知其有今日之弊矣即總兵張維忠疏內所列據臣所知有載在會計錄者有新經題准者有係寧夏舊例有在各邊通行諸如此類皆以節省爲重以矜恤爲輕暫行於無事之時尚難以得其心相沿於用武之日其何以免其怨巡撫黨馨不能變通而更爲嚴峻以致叛軍借以爲名鼓



衆倡亂紀綱大壞人心動搖宜勑兵科會同彼處巡按御史逐欵清查或係原舊有行或係黨馨作俑當因者明著爲例當革者即爲調停此弊政之當清者也然其本則科臣王德完所陳有治人無治法一言蔽之矣如京營軍士素稱虛設有急則慮其孱弱而別爲調遣閑暇則畏其訛言而不敢深求臣前疏中思有以鼓舞之而言不見用近見侍郎王基條陳四事悉切實用臣抑其議論採之人情慷慨敢爲人樂爲用若即以本官授之協理聽其主張而又明賞罰均勞逸察疾苦教技擊

則數月而人心悅期年而神氣壯內之以護衛神京外之以風示遠近仍通行各邊督撫凡利所當興弊所當革悉心條議毋畏浮言毋沿舊習惠行而威令可施政平而驕悍自伏其有處置失宜苟且塞責訪實參奏別選賢能此皆救時之急務轉移之微權伏乞採覽即賜允行不惟一方之悖亂可平而各邊之人心悉定督撫不至掣肘而外方亦將落膽矣其餘有關大計先爲諸臣已言者臣不復瀆也無任懇切之至

附明貴池吳應箕征哱奏議䟦神宗皇帝御極久垂二十年海內不知兵革初作難盖自哱氏哱之起也本以



非我族類而又負饒貪假地勢恃寇援以猖狂於承平之隙全關其岌岌矣乃不數月誅夷無噍類固廟算得哉則一時文武將士用命之效也哱之起也其謀實狡以劉許爲兵端事成而我居不成則更執之以邀功使墜其計中於國體何乎嘗跡其事而深考之自國楨推轂李帥然後有張家堡之戰戰勝而後可以絶勾寇之患決策水攻然後賊勢窮而人心攜人心攜而哱事去矣於是論者謂賊張之日宜右戰而絀撫事已大定則多殺不爲武異同之間誠有難易之辨耳然乎因是而盖有感焉當時督監諸人皆極一時之選不待推舉而身請臨戎共矢滅賊其總兵者夙號材武事復不從中制猶以功不即就至數勤詔旨切責況乎借疆場之事以修門戶之郤樞邊異趣經巡二心又用舍可否舉國聚訟而不決以致一敗塗地舉精卒夙將盡殲焉盖自萬歷末季以及昌啟之間其成敗得失之故亦畧可見矣會去昔幾何時而軍效陵遲以至於此言之可爲傷心威殫財詘探丸而起者半天下事將有什百於哱者不知又何以應之或曰哱之蹶也功繇學會而棻實攘之魏之罰亦稍重焉無以服任事心有謂魏不逮葉不戍其然豈其然乎觀梅監軍明功罪諸疏盖公道彰矣

康熙舊志公爲人奇偉變化曉暢物情暗合兵法溫陵李卓吾好談王霸大畧聞西事起咤曰天下之兵始矣既而曰克生往矣必能辦賊卒如所言

楚寶名臣梅國楨傳國楨字客生楚之麻城人也少俊朗有大韻能詩文善騎射既舉於鄉遂挈眷客長安久滯公車無意仕進鏟采埋光無復圭角嘗曰人生自適耳依憑軌跡外張名教酷非所屑常與海內之文人詞客花月晨夕分題賦詠爲騷壇主盟遊金吾戚里閒歌鐘酒兒非公不歡筆札脣舌爲世所榮孟公驚坐樓緩分鯖下至三河年少五陵公子走馬章臺校射平原酒後耳熱相與爲裙簪之游調笑青樓酣歌酒肆布衣楚製出入市廛摩抄鐘鼎賞評書畫大鼻長髯有若劍客道人之狀識者固知公愛憐光景耗磨壯心與俗沈浮不用繩檢而外夷內朗宏量沈機真謝安石張齊賢之流也癸未登第鳴琴畿輔笑譚視事不令而戢邑多中貴數擾條教公詘其言崇其禮皆畏悅以去入覲騎駿



馬帶長弓控羽箭偕侍史蒼頭十餘人作健兒裝沿途逐狡兔射野雀他邑令值之大駭以爲探丸人熟視則公也以政最入爲御史壬辰春寧夏逆賊劉東暘許朝哱拜哱承恩土文秀等忿巡撫黨馨裁制叛卒特起殺之遂據城掠堡反督臣魏學曾以變聞朝廷旰食公上封事大畧言賊不足畏獨虞秋高馬肥勾寇入犯禍且不細爲今計者惟擇驍將扼寇使不得入而後賊可攻臣見大將李如松父成梁弟如柏等俱足知勇無忝崇文李懇且世受國恩可使也上許之諸言者畏李氏䟦扈不宜扼虎進狠議論鼎沸公又上封事曰臣見寧夏猖獗必得名將以專其任時雖豪傑如蕭各有鎮守惟退閑宿將李成梁父子素有威望紀律嚴明諸子家丁武勇可任雖寧夏哱承恩父子號爲勇健而不知李氏父子之遠出其上也諸臣乃慮其勢重生患有扼虎進狠之憂臣於此亦念之熟矣李氏父子即爲狠子野心自取覆滅但當防之於遼東握兵之時而不當防之於廢棄離任之後況昔則危疑不安而今明主洞察矣不以疑之之日肆其不肖之心而於信之之日反爲赤族

之計其愚悖速禍又出劉東暘哱拜下矣謂成梁爲之乎臣非不知諸臣之心爲濟臣之所不及非相悖也但用人之道疑則勿用用則勿疑上而疑下必不肯盡與之權下畏上之疑必不敢盡行其志將領因疑而不受節制士卒因疑而不聽號令忌者因疑而肆其讒敵人因疑而得行其閒欲專制也人曰非有異志何以不待奏報欲無借也人曰非有異志何以要結人心欲行法也人曰非有異志何以立威欲待釁也人曰非有異志何以觀望或與監軍謀而不合人曰非有異志何以不聽約束或與督撫期而先發人曰非有異志何以不與同心服而舍之則曰何故縱有罪以示恩抗而盡誅之則曰何故多屠戮以冒賞脇之而使其自殺則曰攘以爲功困之而致其遁逃則曰縱以生患無功則以爲怠玩以致亂有功又以爲妄報而欺罔首尾牽制手足束縛古如王翦樂羊或請田宅而後行或借機杼以自況以孫權周瑜義同骨肉必拔劍破案而後成功況未有深信之素而又示以猜疑之端乎臣固云今之將士殺身不足以成名剖心無由以自白邊事之壞所從來久



矣伏望陛下斷之宸衷博采輿論成梁父子稍有可疑速罷其權別爲調遣如萬萬可以相信方可虛心任之臣自外吏入㕔臺班雖懷狗馬之心未効涓埃之報若疑徒市私恩不顧國計願與成梁馳赴寧夏同討賊不必加以別銜假之以重任但憑陛下威靈生平忠義賊知歸命則臣爲陛下之使奉揚恩赦以安反側負固不服則臣爲陛下之將披堅執銳爲士卒先平定之日一切事宜付之魏學曾聽其安輯以靖地方臣與成梁即日還朝止求自明不敢言功倘中途事定聞報即返若其不捷軍法在焉何止薦舉非人之罪又何至以臣之罪貽他人哉兵機所在關係重大臣初聞變即知此賊非魏學曾等所能定今日此舉一動又知非此時紛紛者之所能辦也臣之所望在陛下一人耳惟陛下自以疑信決其用舍若日姑以試之而使成梁不敢自專則功不可成患不可測臣不若先受狂躁之誅以免誤國之罪也疏入人皆服其才壯其氣上乃命如松往而公監其軍公乃與如松馳寧夏城下時賊嬰城自守外示卑順以緩我師廣結冦眾以爲聲援意待秋高冦集肆其

不逞公以一受降白旗豎之城南冦闖公至乃索見公自陳歸順公許之東暘朝等梯城而下劍戟鱗次刀鋋耀日城上皆控弦挽弓以俟公單騎而進與東暘執手折論神意安閑詞語慷慨許朝露刃擬公公笑而受之賊不自知其膝之下也然賊意終奸狡甚欲求鐵券世守西夏公悉力攻城因風縱火爇其南樓曲招降人以安反側引水灌城會守將失防決隄功遂不終然賊益懼所恃者冦耳延至初秋達冦數萬果自沙湃大入斷我糧道賊遣通官二人爲冦鄉導餽冦金帛充溢及部落奸人皆有賜遺又括城中女子千人㗖冦令冦來取冦以故樂爲之用所至守將不能禦至韋州慶陽殺人民奪牛馬無數冦渡河從李剛堡入離城僅三十餘里公曰事急矣若待督撫傳示緩不及事麾下將李如樟挺身願往擊冦公壯而遣之李如松等諸將奮勇擊冦斬獲過當我軍歡聲動地冦敗去賊大失望當是時賊失外援自知必死然詭言朝廷有招安詔爲諸將所匿諸將欲盡殺城中人以怖居民故皆爲堅守公度賊勢城中尚可支一年若至嚴冬此地酷寒我軍不得屯又



恐勾冦復入至生他變大可慮也季秋八日之夜忽有三人來營中云諸賊以重陽悉入大城賓酒南城空虛可入也蓋寧夏城有二重分南城大城云諸將不之信以聞公公曰時不可失也覘之果無城守急令李如樟等上南城公繼至時餘將多次且總兵牛秉忠年七十賈勇先登公從城上語曰老將軍登城矣諸將何怯也遂相次上城公念眾未易約一妄殺則大城死守不可復得乃大呼云生禽者論功不以級凡我軍生禽一人即予紀錄而仍縱其人所全活者數千人城中大喜然炬照視設香案遂得南城賊勢益孤我軍從北關攻大城益急賊以南城居民子女親戚之在大城者盡縛之寘長竿上南城居民痛哭訴之公諸將皆愕然無可爲策公令指揮董正誼呼謂賊云監軍已往取許朝之女劉東暘之母矣若不釋放亦如之賊聞傳呼莨已人心始安仍示以未殺降人賊黨驚喜公廉知許朝劉東暘等意欲獻城而憚哱氏父子强其中可閒也乃覓居民與哱相識者得一人曰李登令其行閒持諭字往哱所曰若併劉許罪可贖也哱見之果戟手哭曰吾父子生

矣召其黨畢邪氣等計議須得符印公據乃如約登至公密與免死劄付入城時賊士文秀自作逆後屢有歸順獻城之心劉東暘知之乃僞病託文秀後事文秀入問疾遂殺之哱承恩至南門殺許朝父子畢邪氣至北樓見劉東暘未及語頭已墮地哱氏父子至南門以殺賊告公遂開城門嚴申軍令不得妄殺一人城中皆解甲焚香以迎王師公念事之殷也脅從頗多渠魁既誅餘可寛貸各賊家丁宜分屬諸將標下撫以恩惠皆爲有力健兒哱氏父子即不可赦寘囹圄以俟天誅庶人心不復驚擾而各賊貲財足供賞軍之用刀刃不血保全一國生靈實奇功也而督臣忽有傳示云本日內不殺哱氏父子及諸從賊者以賜劍從事遂盡殺哱氏及家丁等輩卒爭功恣意刼奪賊賄悉被抄掠居民蕭然一空公殊憾之以賊平聞公不自居功賞獨後僅晉官廕一子金吾百戸不世然天子心知公能明年遂陞大中丞開府雲中時酋長款塞公以靜鎮之公嘗曰婦姑亦有磎勃何况華夷當事者過有爭無偏輕重可潛消邊釁每遇華人盜夷物者寘之法無貸公一日大出獵



盛張旗幟令諸將盡甲而校射大漠縣令關揚怪異之曰今秋成出獵多損稼公乃多事矣後數日得酋諜云酋欲大入犯以有備中止關令乃歎詫公機用之神也督宜府時扯酋遣人送良鐵數十片云虜中某山忽産此鐵公不報但命工鑄爲劍淬磨甚精及酋來市公禁諸邊勿與鐵鑊酋衆大譁公出劍示酋使曰前者酋長所遺鐵中國殆未有爾國幸有佳者何用此方下産也酋衆聞之歸怨扯酋扯酋詞屈乃遣人來自云某知罪矣前鐵實中國市來虜中安得有此聊爲誇耳公曰我以至誠待爾此後勿復作此狡獪仍命以鐵鑊與之公雖令酋不敢欺而每遇酋饑輒以賑濟與華人不異故酋皆感泣酋長稱之爲父其忠信行於蠻貊如此後以憂歸田既除服不及起用而卒公性坦夷外若[illegible][illegible]終身不見有喜慍之色毀譽當前不復致辨[illegible]僚之[illegible]念見暇整綜理綿密筆硯皆有方畧口無臧否怨出一言其人立見飲啖兼人後房姬侍繁多亦無華飾類[illegible][illegible]侯妓衣之詢公夷然不屑文辭甚典腴詩有奇氣不多作尺牘工巧甚喜射至老不倦每會燕多以[illegible]具爲[illegible]與賓僚共射之晩通禪理女澹然以孀爲尼公不之禁澹然戒律甚嚴於道有入父子書牘往來頗有問難方公之開府雲中也公安袁小修客長安以學道未契汲汲求友爲念公寄書云貴城之旁有日中之市焉雖無奇瓌異物而抱所欲者各恣取以去求友亦若是耳公欲於此處求友顯靈宮古柏婆娑委地作虬龍形東便門外奈子花如錦幄可容二十餘人晉陽庵中有唐鑄觀音相沙窩水葛道士毬順城門守門老中官射亦不伎數十年內所得友也公儻欲之便以相贈其持論蓋如此

彭遵古字旦陽萬歷進士與兄好古鄉會同榜當釋褐初會南畿督學御史房寰連疏詆都御史海瑞遵古偕同年生顧允成諸壽賢抗疏劾之畧言寰姤賢醜正不復知人間羞恥事臣等自幼讀書即知慕瑞以爲當代偉人寰大



事貪汚聞瑞之風宜愧且死反敢造言逞誣臣等所爲痛心因劾其欺罔七罪始寰疏出朝野多切齒而政府庇之但擬旨譙讓及得遵古等疏謂寰已切讓不當出位妄奏奪三人冠帶還家省愆令九卿約束辦事進士毋妄言時政遵古後起用終光祿少卿　明史附顧允成傳

周宏禴字元孚倜儻負奇好射獵舉萬歷二年進士授戸部主事降無爲州同知遷順天通判十三年春上疏指斥朝貴言兵部尙書張學顏被論屢矣陛下以學顏故逐一給事中三御史此人心所共憤也學顏結張鯨爲兄弟言

官指論學顏而不敢及鯨畏其勢耳若李植之論馮保似乎忠讜矣實張宏門客樂新聲爲謀主其巡按順天納娼爲小妻猖狂干紀則恃宏爲內援也鯨宏既竊陛下權而植又竊司禮勢此公論所不容祖訓大小官許至御前言事今吏科都給事中齊世臣乃請禁部曹建言曩居正竊權臺省羣頌功德而首發其奸者顧在艾穆沈思孝部曹言事果何負於國哉居正惡員外郎管志道之建白也御史龔懋賢因誣以老疾惡主事趙世卿之條奏也尚書王國光遂錮以王官論者切齒爲其附權奸而棄直言長壅



蔽之禍也今學顏植交附鯨宏鯨敢竊柄世臣豈不聞已不敢言奈何反欲人不言乎前此長吏垣者周邦傑秦燿當居正時燿則甘心獵犬邦傑則比迹寒蟬今燿官太常邦傑官太僕矣諫職無補坐陟京卿尚謂臺省足恃乎而乃禁諸臣言事也夫逐一人之言者其罪小禁諸臣之言者其罪大往者嚴嵩及居正猶不敢明立此禁何世臣無忌憚一至此哉乞放學顏植歸里出燿邦傑於外屏張鯨使閒居而奪世臣諫職嚴敕司禮張誠等止掌內府禮儀毋干政事天下幸甚帝怒謫代州判官再遷南京兵部主事十七年帝始倦勤章奏多留中不下宏綸疏諫且請早建皇儲不報尋召爲尚寶丞明年冬命監察御史閱視寧夏邊務巡撫僉都御史梁問孟巡茶御史鍾化民取官帑銀交際宏綸疏發之詔褫問孟職調化民於外河東有秦漢二壩宏綸請以石爲之濬渠北達鴛鴦諸湖大興水利還朝以將材薦哱承恩土文秀哱雲明年承恩等反坐謫澄海典史投劾歸卒於家天啟初以嘗請建儲贈太僕少卿 明史列傳

附舊志宏綸字二魯宏祖之弟熟讀綱目下筆千言鄉場五策雙行密書王世貞賞之其文詩著作甚多有周



問卿詩集刊行

梅之煥字彬父侍郎國楨從子也年十四爲諸生御史行部閱武之煥騎馬突教場御史怒命與材官角射九發九中長揖上馬而去萬曆三十二年舉進士改庶吉士居七年授吏科給事中東廠太監李浚誣拷商人之煥劾其罪尋上言今天下民窮餉匱寇横兵疲言官舍國事爭時局部曹舍職掌建空言天下盡爲虛文所束縛有意振刷者不曰生事則曰苛求事未就而謗興法未伸而怨集豪傑灰心庸人養拙國事將不可爲矣請陛下嚴綜覈以責實

事通言路以重紀綱別臧否以惜人才庶於國事有濟時
朝臣部黨角立之煥廉梱自勝嘗言附小人者必小人附
君子者未必君子蠅之附驥卽千里猶蠅耳時有追論故
相張居正者之煥曰使今日有綜名實振紀綱如江陵者
詆訕之徒敢若此耶其持平不欲傅會人如此出爲廣東
副使擒誅豪民沈殺烈女者民服其神海寇袁進掠湖州
之煥扼海道招散其黨卒降進改視山東學政天啟元年
以通政參議召遷太常少卿擢右僉都御史巡撫南贛丁
內外艱家居當此之時魏客亂政應山楊漣首發忠賢之



奸忠賢恚甚拷殺漣由此悍然益誅鋤善類慣悽楚人矣
謂漣被逮時過麻城漣罪人也之煥與盤桓流涕當削籍
其實漣未嘗過麻城也無何逆黨梁克順誣以贓私詔徵
贓莊烈帝卽位乃免徵起故官巡撫甘肅大破套寇斬首
七百餘級生得部長三人降六百餘人明年春寇復大入
患豌豆創環大黃山而病諸將請掩之之煥不可曰幸災
不仁乘危不武不如舍之因以爲德焉遂不戰踰月羣寇
望邊城搏顙涕泣而去冬京師戒嚴有詔入衞且行西部
乘虛犯河西之煥止留遣兵伏賀蘭山後邀其歸路大兵

出奔泉峽口再戰再敗之斬首八百四十有奇引軍東伐
悍卒王進才殺參將孫懷忠等以叛走蘭州之煥遂西定
其變復整軍東明年五月抵京師已後時矣有詔之煥入
朝翌日又詔之煥落職候勘溫體仁已柄政矣初體仁訐
錢謙益之煥移書中朝右謙益至是體仁修隙之煥遂得
罪之煥雖文士負材武善射既廢無所見所居縣阻山多
盜之煥無事輒率健兒助吏捕無脫者先是甘肅兵變其
潰卒畏捕誅往往亡命山谷間爲羣盜賊勢益張至是賊
數萬來攻麻城望見之煥部署輒引去帝追叙甘肅前後



功復之煥官廕子然終不召明年病卒　明史列傳

附通壅省囂疏奏爲通壅隔以慰物情省煩囂以明政
體仰干聖鑒俯賜採行事臣聞物各有情政自有體物
情不慰則有結轖之患必激而爲煩囂政體不明則開
擾攘之端必激而爲壅隔以致君門遠於萬里戈矛起
於一堂是上下相激以成此景象也臣以今日之事上
過下亦過而其原又實在上請爲皇上陳之語曰堂有
事十日而君不聞言壅蔽之誤國也故古之聖王[illegible]
而求與坐而論止輦而受羣英三接簾陛一心[illegible]

情不盡上達自深宮大內之久居致燧閣平臺之絕響牽裾無路補牘何從所憑陳見悃忱惟此露章奏對數行封事已有不得盡言盡意之處左右臣寮豈得盡無一德一心之助而乃下情日積天聽日高薪厝火以將然水投石而莫受夫事有小亦有大有緩亦有急有虛亦有實何至黑白不分薰蕕并器付眾論於自鳴自止秘宸衷於無臭無聲天地之泰不交宮府之情否隔心膂股肱且莫測聖意之所在羣臣百姓又何由知國是之所歸乎夫人慮之於心而宣之於口何可壅也川壅



而潰傷人必多道路流言爲國生患物情何自而慰耶語曰兆云詢多職競作羅言多言之亂聽也故古之盡臣聞嘉謀而告后焚諫草以避人面折廷爭要皆有必然之畫流涕痛哭豈故爲不然之憂百司庶府一心孰爲人孰爲我五味八音共濟何必異何必同而今之嘵嘵何爲者氣期於相勝不顧其心之安言期於聳人不必其理之當吹毛洗垢何璧無瑕引繩批根道路以目門戶角立戈戟橫生甚至前後異向且并其自言者而矛盾之矣夫事有大亦有小有急亦緩有實亦有虛何至黑白雜陳薰蕕互競以朝端爲聚訟之場以國是同道旁之室夫一事而此是彼非則從違安決一念而甲臧乙否則躑躅何憑謀夫孔多是用不集政體何自而明耶蓋上見下之言人人殊初無至當不易之論則不能無疑疑其小者緩者虛者且并其大者急者實者不信也是煩之激而爲壅也下見上之一切不報索之茫昧莫測之鄉則不能無憂憂其大者急者實者且并其小者緩者虛者不置也是壅之激而爲煩也臣見上下相激以成此景象也故曰上過下亦過雖然獻芹獻曝



意則無他采非采葑物無可棄倘不通壅隔以申言者之情而徒省煩囂以排言者之口臣恐下情益鬱省之適所以囂國政益弛壅者卒不可省伏乞當日照月臨之下鼓風行雷動之權可者急賜施行則伏蒲無事於再瀆不可者明爲剖析則濫竽無敢於混吹猜疑之根一拔山澤之氣自通惓惓之意得申嘵嘵之口自塞矣

附楚寶大將梅長公傳畧長公諱之煥字彬父麻城人其先宋宛陵先生後也十歲喪父從其母居東山之沈莊日課書盈寸倜儻雄駿異於凡兒年十四爲諸生萬歷癸卯與應山楊漣同舉於鄉以功名節義相期許肝衡抵掌視舉世無如也甲辰舉進士選翰林院庶吉士高陽孫少師承宗性嚴重不可一世士獨推重公公在

館中掀髯縱談視館閣諸公低頭緩步曖昧相向恒目笑不自禁也居七載出爲吏科給事中神廟靜攝日久朝政隤弛公上封事言甚激切部黨角立如敵國不相下一無所附離每有封駁匪兩非之其大指務在破私交絀黨論矯時救弊愛惜人才而已居六載出爲廣東按察司副使分守惠州惠獄多冤結拷一連十累歲不得決閉門周視案牘期且日會堂下據案呼四明舉其刑書云何據凡決遣獄成於手中奄忽如神嶺表多盜賊勢豪家通行爲之囊橐偵知根株窟穴所在分行收捕窮治所犯即時伏辜由是盜賊禁止惠州豪沈烈女於水捕得就烈女死地撲殺之瘞其女於蕭烈婦墓旁賦詩刻碑以識焉海寇袁八老掠潮殺守吏潮非公所部自請往勦嚴兵扼海道絕饋運斷樵汲散免死牌數千首服者接踵八老窘迫乘潮夜遁乞降於閩公督學山東八老率舟師援遼謁公於登公語之曰海上之役不得望見顏行今何以在此八老泥首謝曰畏公天威是以走閩今日敢不爲公死乎其視學淵畧教條謝絕請託考課之暇進諸生而教誠之賢者降堦執手重以



慰藉不類者嚼齒唾罵中以夏楚諸生始而駭中而服久而歌思頌慕歲以爲師保父母也充富人謀并隣生園廬使二盜要諸叢薄中捽搏而殺之有司以盜抵罪公曰是所謂功意俱惡者也人止一命而盜無兩死今貫主使而論盜可乎逮至一訊而服遂以重論而二盜坐前案論死天啟元年召入爲通政司參議遷太常寺少卿三年擢都察院僉都御史巡撫南贛丁母憂歸里未幾而逆奄之難作逮漣杖死吉官擿扶漣黨以公爲首指漣就徵日公往送執手慟哭誣公在省中受取賕賂卒連即訊當是時鉤黨徧天下銀鐺之使四出公自分且久逮繫而獄久未決每呼憤頓足曰我何渠不如野猫頭致奄黨怨忘我耶野猫頭者公與漣平居相爾女之辭也已而嘆曰主少國危朝家事壞於璫兒媪息之手當刺血草奏大呼二祖十宗之靈撼承天門慟哭引刀自刎北闕下男兒死耳肯低頭駢首作圜扉中一片血耶短衣襆被從兩蒼頭跨馬北上親知股栗莫敢遏過信陽故人王思延止之曰壯哉遂與子長别矣强爲我少留痛飲信宿而去越翼日邸報至坐追贓遣戍

思延笑謂公可以歸矣跨馬復返據鞍卻望怏怏如有所失也公爲人忠誠樂易光明洞達遇顯貴人不摳衣奉手亦不爲崖岸斬絕遇寒門單士不爲翁翕熱亦無所施易剛腸疾惡面折人過如矢激弦一往輒發憐才好士振窮急難雖讐人怨家片言唾諾輸寫心腹未嘗有纖毫芥蔕也家居門無重閉室無典謁殺雞飯黍賓客雜坐笑語諠鬨几案狼藉小夫孺子乞兒販婦宂潰赴愬直入坐隅公召其所與交關者往復譬解平反曲直務使得當而止縣中桀黠奴與奸猾吏盤互漁食閭里閭里冤結者不之有司而之公公必禽治痛折辱之列其罪狀付守令案伏其辜不得以勢力變詐自解由是華門圭竇倚爲司命勢豪側目視公亦不能不爲絀服也縣阻山多盜皆奴吏爲淵藪盜連發不得得即妄引平人連染株送盜得不窮竟公曰除盜莫如除窩除盜窩莫如除勢窩具得其主名區處責問游徼尉卒令壹切受署勢家有首匿者自領尉卒搜捕又不得則發蒼頭健兒裹與俱追逐數千里外無所遺脫驗服輒折其兩足縛送所司俾不得受賄縱舍羣盜搖手勿復過



麻城界自送死也流賊起秦隴躪豫楚蔓延光黃開公告戒守令勿去有我在用軍法部勒材官鄉人子弟僮奴謷巡迴遠偵探援兵登陴所畜養健兒數百人爲正兵備出戰收無藉惡少爲游兵資應援一參將領長兵護關廂南贛大砲東粤紅衣砲架樓櫓募獵戶操藥弩矢分伏關隘城沈莊別墅濬渠塹具蘭石渠答與縣治犄角謷急親領家丁跨馬巡徼晝夜往還數十里守者恃以無恐乙亥二月賊乘夜遶城而南不敢逼自是賊游兵所及不敢犯麻城者八年獻賊投牒乞撫稱西營張獻忠每過城東指穀堆山相戒無近沈莊西陲兵所在焚掠過沈莊必斂兵免冑稽首而去鄉人入保者益衆名其堡曰保生蒔花之圃養魚之陂皆斥以予民誅茅結廬雞豚成社所全活數十萬人兵後凶荒振廩貸粟又全活數萬人公以士大夫失勢家居卒能枝拄劇寇保全江漢以其至誠惻怛急病讓夷一腔熱血風[illegible][illegible]鄉里士民所傾信也官兵日暮行刼東山塞礮石[illegible]一騎羣噪周侍郎登第其屋將爇焉公至厲聲叱曰[illegible][illegible]三百人欲反耶吾遣家丁縛汝如搏豚耳一軍皆[illegible][illegible]

擁公馬抵沈莊聽處分而去邑子董環據東山巴河聚眾且數千郡邑洶懼公折簡召之日環敢不來乎環至笄其首眾即自解散其呼吸應變不動聲氣皆此類也歿之日里人皆巷哭每歲誕日聚哭於墓者數千人向受公鐫責者無不行哭失聲與同邑陳侍郎以聞好應山初歿語陳曰昨曾見野猫頭來陳駭曰何謂也公曰日午時忽見於竹亭簟韡閒狀貌如生把余臂語曰血書中未盡之語汝爲我證盟之言訖而歿所謂質諸鬼神者耶

鄧顯鶴曰昔人言語楚有兩偉人具將相才一江陵張公一江夏熊公皆蓋代才千古無對者也江陵傳原書已采入大臣余增輯大將以方行之梅長公與襄愍並列并輯其佚事附錄傳後使論世者有所考焉長公未竟其用觀其居鄉守禦措置非大將才不能也其能令高陽心折也有以夫

按梅長公爲荆楚英豪楚寶與熊襄愍同列大將傳非特邑人之賢而已乃爲權奸擯退休於家正值流冦方張倡率鄉民築堡禦賊與邑城爲犄角所保全甚多而邑人之邀福尢大及考鄉賢崇祀獨遺長公殆當鼎革之時人心未定官吏士民既未及表彰前哲抑且公嘗有言生不入閹黨死不入鄉賢蓋其有附閹以進者固所在不乏而明季鄉賢之舉更多有爲而爲之公既卓犖不羣力矯斯習而賢子孫又能愼守此意不妄求補請亦可謂善繼志者矣



李長庚字酉卿萬歷二十三年進士授戶部主事歷江西左右布政使所至勵清操入爲順天府尹改右副都御史巡撫山東盡心荒政民賴以穌盜蔓武定諸州縣討禽其渠魁四十六年遼東用兵議行登萊海運長庚初言不便後言自登州望鐵山西北口至羊頭凹歷中島抵北信口又歷兔兒島至深井達蓋州剎運一百二十里抵娘娘宫陸行至廣甯一百八十里至遼陽一百六十里每石費金部議以爲便遂行之明年二月特設戶部侍郎一人兼右僉都御史出督遼餉駐天津即以長庚爲之奏行造淮船通津路議牛車酌海道截幇運議錢法設按臣開事例嚴海防九事時議歲運米百八十萬石豆九十萬石草二千一百六十萬束銀三百二十四萬兩長庚請留金花行改折借稅課言臣考會計錄每歲本色折色通計千四百六十一萬有奇入內府者六百餘萬入太倉者自本色外折色四百餘萬內府六百萬自金花籽粒外皆緞綿布帛蠟茶顏料之類歲久皆朽敗若改折一年無損於上有益於下他若陝西羊絨江浙織造亦當稍停一年濟軍國急帝不悅言金花籽粒本祖宗舊制內供正額及軍官月俸所費不貲安得借留其以今年天津通州江西四川廣西上供稅銀盡充軍費於是戶科給事中官應震上言考會典於內庫則云金花銀國初解南京供武俸諸邊或有急亦取給其中正統元年始自南京改解內庫嗣後除武官俸外皆爲御用是金花銀國初常以濟邊而正統後方供御用也會典於太倉庫則云嘉靖二十二年題準諸邊京

運錢糧不拘金花籽粒應解內府者悉解貯太倉庫備各邊應用是世宗朝金花盡充兵餉不知陛下初年何故歛之於內也今不考各邊取給應用之例而反云正供書額何相左若是至武官月俸歲不過十餘萬乃云所費不貲哉且原數一百萬陛下始增二十萬年深日久竟末都忘以臣計之毋論今年當借即嗣後年年借用可也毋論未來者當濟邊即見在內帑者盡還太倉可也若夫物料改折隆慶元年曾行之以解部濟邊六年又行於南京監局亦以濟邊此則祖宗舊制陛下獨不聞耶帝卒不聽時諸



事翀始百務坌集長庚悉辦治天啟二年遷南京刑部尚書就移戶部明年召拜戶部尚書未任以憂歸崇禎元年起工部尚書復以憂去久之代閔洪學為吏部尚書六年正月修撰陳于泰疏陳時弊宣府監視中官王坤力詆之侵及首輔周延儒長庚率同列上言陛下博覽古今曾見有內臣參論輔臣者否自今以後廷臣拱手屏息豈盛朝所宜有臣等溺職祈立賜譴黜終不忍開內臣輕議朝政之端流禍無窮為萬世口實帝不懌次日召對平臺時副都御史王志道劾坤語尤切帝責令回奏奏上帝益怒及

面對詰責者久之竟削其籍 明史列傳

附請賑卹畿輔疏

為畿輔重災民隱日切敬循成例懇賜賑卹以安邦本事竊照今歲七月不雨亢害異常其艱苦之狀已盡寫於前後諸臣之疏皇上虔祈雨澤不啻桑林發粟賑援恩施菜色具在軫恤之中無容臣復贅矣臣以外藩蒙簡偕臣允升以差竣還京會值北場事竪趨發嚴程兩路所經情景如一前後至涿州境內饑民環繞老幼牽扶臣等細詢之俱云遭值異災賴恩以不即死惟是七月方雨秋期已近補種難施四顧田



園杳無青草窮簷圜堵不見炊烟伏地而泣訴於臣以臣等為府臣也何以為府民計乎比入都城匆遽秋闈始得竣事而連日以來風霜高隕聞菽萩之類一畝所收十不一二粒食何藉人情轉蹙先無入土之種矣安所論收既無在田之禾矣安所論食春夏之閒民情皇急者正虞其有今日也至於今日則向者驚心之慮實為剝膚之危從此自冬徂春時日尚遠當風雪嚴寒之際處青黃不接之時撤屋為薪掘草為食屈指而計度日如年京師根本之地關係至重與四方不同臣等謹

民牧之官而流離滿前呼號盈耳皆國家之赤子也心則何忍且恐搶奪竊行揭竿可慮皆國家之隱憂也心則何安饑民環集待哺之口正煩倉庫兩空手援之策安在惟此畿民十年以來屢逢旱溢扶羸起瘵骨肉煦枯幼者得壯壯者得老皆上之所活也仍有祈始終之惠於上而已臣查得三十二年水災之後京師五城並宛大二縣煮粥給過米一千五百七十一石四斗俯允部覆發掃積米八千四百七十二石爲煮粥之資惟時奉揚德澤府臣許宏綱也三十九年復罹災傷俯允府



臣劉學曾之請以知事杜冠時所查出兩縣孤老盲瞽米四千七百零五石布一千三百零七匹煮粥授衣於先次年再發米八百石以爲展期煮粥之用此前兹之成憲也今歲旱災尤倍往昔而府臣所請孤老盲濫米布連年節省現積京倉倘徼垂念比照往歲事例將前項清省餘米得發五千石容臣等陸續領發兩縣照依三十九年所立粥廠城内六廠城外二廠令兩縣丞簿等官分理各廠而以府佐二員總理其事臣等時往查核務使饑民得沾實惠庶不致屢次全活之民一旦爲溝中之轉也再照救荒之法待極貧者在煮粥待次貧者無如平糶今年現荷允發臨德二倉米十萬石平糶其宛大二縣派各該三千石盡又蒙改通倉具待京邑至爲優渥矣但以一縣而平糶三千數若爲多然都城爲五方雜居奚啻億萬其口而止糶六千則若爲少查得三十二年戶部奉平糶過米一十八萬六千八百一十七石臣彼時叨在戶曹身受其事其在今歲縱不敢如昔之多而以授食之口度之既非四五萬石不可者更祈於兩縣原派三千石外加發二萬石俱改京倉以



省腳價臣等遵照部議粳米每石六錢粟米每石五錢其所糶銀錢解爲戶部四十月折色之用一轉移間而市司不踴利賴良多臣等職任所司目擊關心據誠上請伏乞敕下戶部查議施行臣不勝懇乞待命之至

附楚寶李長庚傳畧長庚不植黨援與温體仁不合任吏部時推耶中王茂學爲真定知府帝不允復推爲順德府帝怒責以欺朦並追咎冠帶監生授職事責令回奏奏上斥爲民家居十年國變久之卒

謹按麻邑明代名臣國史有傳者凡十八可謂盛矣兹悉照史傳入志間有與他人合傳及附於他人傳者則節錄本傳原文而於字句稍有更易以便觀覽

惟諸公奏議煌煌大篇國史不及備載竊擬效史漢
列傳諸體各爲補錄全文或謂明史爲
欽定之書不可妄有增益因分附於本傳之後間有身列
名臣而鄉賢未祀者異日當補請入祠然鄉賢爲一
邑之宗而國史垂千秋之法衮衮諸公所重固在彼
而不在此也

劉從政字恭明洪武甲戌進士拜監察御史謇諤抗直彈
劾無所避保靖宣慰司族屬相仇殺從政齎敕撫諭之歷
河南山西參議皆清慎卓著能聲卒於官　分省人物攷



吳山字仲安洪武初舉明經任合州學正善教化擢內江
縣以廉稱尋丁艱去起復補知青城至石首卒山博學多
聞尤精春秋鄒來學輩出其門　分省人物攷

按原志藝文目有吳山治河通考十卷而康熙乾隆
兩志均無之原志殆據明史藝文志補入然明史吳
山高安人嘉靖間進士歷官尚書宮保既非麻邑之
明經且明藝文列吳山所著於正嘉諸公著述之次
更可決其非洪武時之吳山矣茲詳考更正不敢妄
載於本傳中

喻文偉明經爲縣訓導以身教遷懷遠縣知縣有廉介稱

按康熙屆志乾隆黃志列文偉於仕蹟中而鄉賢祠
無之茲照乾隆府志增入屆志謂文偉名見人物碑
蓋古人歿而祀於其鄉者皆勒名於石也府志所載
固必有所據抑亦善善從長之意云

蔣輔永樂舉於鄉爲裕州司訓秩滿轉吏科給事中　事蹟待考

鄒來學字時敏宣德癸丑進士授戶部主事督餉陝西規
畫有條理陞員外郎從王驥征麓川來學督兵當前鋒出
奇制勝降附甚衆功上晉郎中轉通政司參議督永平山
海兵儲正統土木之變擢僉都御史提督軍務申嚴號令
簡練部伍往來要害之處躬親相度因言京師四塞之地
宜分遣文武大臣勇智者選在京士馬分守各關隘振揚
聲威首尾相應廷議韙之景泰癸酉陞副都御史明年巡
撫南畿疏言蘇松之民疲困已極請留輸京米三十萬石



備賑上從之於是發倉廩賑饑窮勸農桑修水利又謂根
莠不薅則嘉禾不遂乃察官吏之奸貪大家之暴横者悉
繩以法又建議謂蘇松等郡之糧往年俱軍兌輸京頃因
調軍往守令民自輸遂至役民十五萬盤費之資浮於正
糧民所以重困也請仍復軍運軍用其力民資以財兩適
其便時善其議以勞遘疾卒諭祭葬孫驥成化進士刑科
給事中以耿介稱其戒子晉尤傳於世　省志參舊志

附戒子晉字寄妻易楊氏鄒瀚餘不及言自離家之後
將及二載鄉市各處親鄰朋輩人事之往來以及家務
人口種作屋宇塘池樹木頭畜等項二兒家道安否澍
海二子生理俱不知詳悉爾雖有家信一二次止開些

須畧節豈想父在遠方時時懷念以此一事觀之爾之
平昔爲人苟且簡慢懶惰粗糲無狀可知其待父母如
此又不知相處內外親戚鄰里何如每憂爾少讀書識
見寡操歷淺至親至眷不知尊重小男小女不知撫字
左鄰右舍不知和睦年老之人不知恭敬貧難之人不
知眷顧患難之人不知憐憫爲惡之人不知迴避爲善
之人不知倣效有恩之人不知報本有寃之人不知洗
雪與人飲酒不知深淺醉後之言無天無地無禮無法
醒後諸事不知與人交錢不知仗義和好之時如兄如
弟如膠如漆一文相競諸情不顧鄉鄰往來常乘騾馬
見人不知下地大帽長衫驕傲放肆作揖不知低頭識
者莫不恥笑誰肯勸誡說爾好者欣然而喜春風滿面
說爾歹者勃然作色怒氣滿懷至若起家不知要節儉
耕作不知要辛勤畜養不知要水草樹木不知要栽種
子弟要教訓屋宇要打掃內外要防閑出入要謹愼夜
晩防盜賊豐年防旱乾有日防無日用人要飽煖待下
要恩愛我憂爾之不能爲人不止此數者聊說其大畧
爾書每說牛死比之常人家一牛使數載而不傷者何



也蓋因心痛此牛牧養得法水草依時爾書又說無本
錢比之別人家一般納錢糧赶人情又當相應人夫凡
事量入爲出千思萬想要知何者爲起家之計何者可
以納錢糧何者可以備荒旱務要長遠莫顧眼前我每
想自己仕途數年間必有深過以致禍惡上及先母下
及溥兒自朝至夕惶懼省責又補薄德非材勞數次之
章奏遭幾番之薦拔誠恐有負朝廷之委托寧又肯貪
汙以辱名節貽後患於子孫乎況因守制三年爲家室
之累往往作事不守本分致人嗟怨紫恩有之後爾當
洗心滌慮改過遷善愈謙愈卑更讓更和平昔之仇隙
者今則待之如芝蘭昔時之搆怨者今則待之如骨肉
事事守己件件安分官府一跡不至外事一毫不爲廣
結人情薄敬鄉里貧淡乃安樂之本清閒是享福之源
人家有長短不要偷寒而送煖鄉里有過惡不要面是
而背非隨步而行全憑方寸不必東思西想不論爾強
我弱看破事情富貴浮華皆爲外物有命所拘思之思
之愼之愼之盡心以守之勿以予言而輕易之二兒不
知來否早晩慇懃孝順周先生在家或一月或二月常

去拜問每事一一請正我自幼而長死生患難之交止
一二而已

明楊一清跋曰觀人不於其所勉而於其所忽夫人情
之最親暱者莫如妻子故嚴師之臨乎其上也大賓之
接乎其前也言必以禮動循乎道猶可勉而爲之惟家
庭之閒恩常掩義自非光明洞達之士往往牽於情愛
有不勝其比昵之私此身之所以不修而家之所以不
齊也聖賢有憂之旣已筆於大學之書矣而世之觀人
者乃不知察亦獨何哉楚之麻城都憲鄒公蓋庶幾乎
修身齊家之君子矣觀其遺子瀚書一通累百言詞嚴
義正修身齊家之道如指諸掌艮由其心術之微不以
私汨不以利動故其見於筆札者無往非正豈待安排
布置而後然哉公以名進士筮屬地官陟銀臺遷栢府
北彰討伐之功南建綏寧之績偉然當世名臣其剴切
百餘章奏炳炳烺烺足以裨國家而福生民者人皆知
之至於家庭之內父子之閒則有非人之所及知也予
以鄉曲故獲交於公仲子瀹而覩公之書因表而著之
而示乎後之觀人者噫都憲公不可作矣而瀹能以家



學取鄉薦拜官光祿瀚之子騏復舉進士給事殿庭顯
庸大受蓋未可量也謂非能服公之遺訓而致是哉

洋縣屈振奇曰觀人不於其所勉而於其所忽讀公此
書皆家常瑣細之言而公存心之忠謹立身之勤儉與
夫居官之靖共正直俱可知矣予童時即見有刊公此
書傳世者今幸承之公里得悉公行實又見其子孫皆
科第翩聯爲西陵望族不亦宜哉

按題跋尙有明何良俊及彭經 胡璟劉珙藍昌陳凱
張清源程鑑同里萬山李長庚 國朝黎敦簡邑宰
王璐孫光祀富鴻藻奚祿詒樊維城傅鶴祥諸人茲
不具錄原書聞尙存蓋平實切要足以啓迪後人非
徒爲鄒氏之世守而已

劉訓字忠言先世有名夢者從高帝起兵官同知賜田麻
城因家焉訓成正統己未進士知金壇縣有惠政性儉素
治疏圃以自給拜監察御史廉直有風裁冢宰王翺特疏

薦其治行爲天下第一陞山西參政子仲輢令崇德孫璲另傳省志

董應軫字宗南宣德壬子鄉舉第一授鄭州學博擢福建提學僉事天順七年廣西大藤峽賊亂舉朝以經濟推應軫陞參議平蠻有功致仕歸省志

附董氏家傳畧曰公生平有四奇以一鄉村學究而見知於郡守以一下第舉人而見服於春官以一遠州教職而見推於名宰輔以一閒居散官而見奉於閫省之上臺雖未竟其用不可謂不遇也

周鑑字以人號孔明正統乙丑進士授監察御史出按江西大學士陳循子所爲不法鑑置大辟陳切齒伺無所得



乃諷部遷雲南副使九年不調鑑汰貪墨理誣枉開寶泉壩溉田數萬頃後擢山東按察使乞歸省志

附周氏家傳畧曰公按察雲南聞母羅恭人訃回籍水次遇風覆舟舟覆時風即頓息久之其僕周濟緣木從旁出取斧破舟公神色不變隨召驛吏謂曰余官滇九年餘俸僅二百金敝衣數襲共一皮匣今已失之水中子其爲我求之驛吏遣一二漁釣於覆處尋取應手而得如探囊中當開驗如數衆驚以爲異

李正芳字彥碩夙有隱德正統壬戌進士歷東昌南陽知府善政著聞改保寧時趙鐸反正芳率兵討之設奇制勝厥功甚懋累任山西布政去後民甚思之府志

附舊志公家居時與督學僉憲董公應軫觀察使周公鑑俱以碩德重望爲時所師法邑侯朱嵩爲三公建耆英堂於縣治之右凡有大政輒請諮議

鄧逵宣德乙卯舉人授江津縣狷介不苟政暇課諸生文藝訓誨不倦一時科第甚多擢御史官貴州僉憲

趙訪正統乙丑進士官御史福建僉事見康熙志科目乾隆志鄉賢祠祀事蹟待考

喻哲景泰庚午舉人官學正見康熙志科目乾隆志鄉賢祠祀事蹟待考

曾啟景泰癸酉舉人授犍爲教諭誨人不倦士習爲之一變祀犍爲名宦



萬山成化丙戌進士官郎中見康熙志科目乾隆志鄉賢祠祀事蹟待考

萬祥號河東成化辛卯舉人授蘇州推官舉卓異士民保留陞本府同知丁艱服闋門人董樸勸其出仕祥引毛義捧檄爲言授徒西塾學者稱河東先生縣址瀕河春夏患衝激祥請於縣令捐貲疏上流爲新河以殺水勢至今賴之舊志

邱瑩號北山成化甲午舉人知開縣持政廉平榜其門曰愛百姓如子受一錢非官府志

董樸字汝滄紹之子成化甲辰進士知重慶府僉已愛人明禮義正風俗以艱去渝民銘德於石起楚雄知府課農桑立碉堡建學舍增祭器尤勤講學諸生貧不能婚葬者資助之陞江西參政所至稱廉直薄田敝廬終老爲詩類陶韋時稱董五言 參省府志

劉璲字士約訓之孫宏治庚戌進士知豐城縣愷悌果斷興學育才縣好淫祀首毀之以正民俗自守狷介不私一錢徵斂有方姦猾屏迹述職爲江右第一 府志

陳情成化庚子舉人見康熙志科目乾隆志鄉賢祠祀中事蹟待考



曾大有字世亨宏治癸丑進士授定遠知縣釁舍官廨城郭坊市悉爲增修撲滅妖賊孔布等一境晏然徵拜監察御史直聲震臺端以忤劉瑾除名瑾敗起擢知府累陞江西布政使 省志

閻廷徵字公賢號黑沙鑑之孫宏治己酉舉人正德中除臨淮教諭擢御史按陝西時安化王寘鐇反廷徵訓諭林副總參游時源等分布要害令楊英爲書密達仇鉞擒寘鐇並首惡何錦等械送京師朝廷遣都御史楊一清太監張永總兵始至永以功不由己乃追還寘鐇別自報捷又盡奪寧夏將士功與諸貴倖紀功給事中鄒變懼而自盡寧夏幾變賴廷徵威望素孚又爲撫定而白其功於朝尋陞九江兵備副使流賊劉六等南竄廷徵晝夜籌畫賊不敢逼 省志 按廷徵平寘鐇事明史無考屆志謂出高京山鴻猷錄茲仍其舊

梅吉號西野宏治進士歷官廣東惠州知府以白士子冤忤直指掛冠歸囊止俸金八兩清節冠時惠州祀名宦

李文欽字天存文祥弟宏治戊午舉人仕南陽通判以母老乞養不許遷陝州知州未幾棄官歸養母卒哀毀骨立



居鄉質直見人言不順正色責之其風概不愧父兄云 舊志

劉漢字天章號坦菴宏治舉於鄉知商水縣以流賊劉六等入縣謫崇德丞遷建德愛民好士有古大臣風初賊至掘窟以藏家口妻女薰灼死惟一子七歲以鼻置土罅得免即端簡公采也 舊志

曾大顯字世榮宏治壬戌進士累官禮科給事中忤劉瑾謫江西布政使司照磨晉參議所至有風裁以疾乞歸 府志

詹瑩字廷玉正德甲戌進士南戶部主事歷官福建參議耿恭簡先進遺風載詹瑩居官淡薄用鹽點粥云 舊志

董士毅字惟遠樸之子正德庚午舉人授四川南充縣一介不取有青菜布衣破織羸馬之謠陞知蓬州歸時囊無長物歲饑倡率捐賑活人無算塵餓殍數千 省志

曾烶字日宣號筆山嘉靖癸未進士知獻縣擢給事中世宗南狩抗疏止輦廷杖下獄謫靈州州判直聲動一時累陞福建參議拜命未就而歸 通志

毛鳳韶字瑞成正德辛未進士知浦江縣有善政擢監察御史上弭災八事如復舊制以革鎮守尤關天下利害巡按陝西雲南貪墨吏皆望風引退終雲南僉事著有聚峰



文集 府志

劉滐嘉靖壬辰進士官郎中以不附權貴改汝甯通判爲政嚴明人不敢欺後復爲南京刑部郎中

劉采字汝質漢之子嘉靖己丑進士時張璁當國采爲會試所拔高等特嚮意采不肯往謁補宿州約己裕民發姦摘伏屬歲饑上吏督課急采請移帑羨代輸至秋民爭償無逋者歷官副都御史巡撫山東時苦採礦命下嚴急采疏請緩辭極婉剴獲允御史某請開膠萊河通海運采條其不便者五事遂寢先是詔近畿撫臣屯兵臨清備入衛後歲以爲常士卒疲苦采疏請罷之累遷南戶部侍郎疏請裁諸費不經者鎮武營卒以乏糧殺侍郎廷議以采代采至處以鎮靜條畫悉當機宜凡運艦至戒主計者剔除一切收支積弊轉輸稱便反側乃安災異自劾免穆宗立起南京工部尚書改兵部尚書凡四載乞休歸采歷官四十餘年清介如一日卒年七十四諭祭葬贈太子少保謚端簡 分省人物攷

周庠貢生正統中知陳州綏刑罰興學校其復業之民計口授田教以種植居數年州漸富庶百姓戴之如父母 府志



周霈崇惠之父誥贈貴州副使見乾隆志鄉賢祠祀中 事蹟待考

黃卷字景文號萬巖嘉靖己丑進士累官副使年四十餘致仕躬耕經歲不入城市同郡耿定向周宏禴往訪窮窺其室一敗榻而已嗟嘆久之嘗從鄰舍借耒耜鄰人負送卷曰但借足矣豈可復荒汝工因自肩還又嘗以隻雞斗酒候縣令且曰瓦尊可見還也知縣笑與之其清樸類如此居官聲績卓著詳王世貞所爲傳中 省志參府志

康熙舊志本傳云公清操自勵將以型俗而逸興軒舉寄情曠達眾闚其室蕭然一榻咸曰今日游羲皇矣

劉廷舉字巨塘嘉靖庚戌進士授分宜縣以不附權要謫上蔡尋爲袁州知府廉平仁恕威惠並著時大饑廷舉發廩損俸施粥民賴以活申明聖諭頒刻小學士風丕變去之日有徹底澄清一巨塘之謠府志

周思久號柳塘嘉靖癸丑進士以瓊州知府致仕抗志希古品詣卓犖與耿定向相友善嘗謂門人歸善楊起元曰學必求至聖人非但欲爲好人也飲之酒酒酸又謂之曰世人云酸秀才願子他日無忘此味也及起元館選引山雞自矜其羽爲喻建輔仁書院工詩律書法著有石潭集



學者稱石潭先生

梅汝觀國楨之父有隱德生平不談人過待同宗以及親戚無不加厚教子孫均爲名人

蔡應陽嘉靖戊午舉人官山西布政使見康熙志科目乾隆志鄉賢祠祀名目事蹟待攷

周思稷字養初思敬之族弟隆慶戊辰進士臨海知縣慈祥廉靜有古循吏風在縣五年嘗清丈田畝稽核戸口不爭察察而人不敢欺又酌定鹽課上下利之陞戸部主事府志

劉守泰隆慶辛未進士歷吏部主事父與張江陵同年或謂可援以入中祕不從轉考功値計典莫敢以私干者

劉守有號思雲萬歷間武進士出身襲祖莊襄公廕官錦衣衛加太傅神宗寵眷殊渥子承禧號延伯亦武進士襲職好古玩書畫奕葉豐華人以爲邑之王謝也舊志

李承祚字世延長庚之父以和厚著稱教子尤有法度贈刑部尚書

梅國樓字公岑號瓊宇萬歷癸未進士入詞垣官行人與試浙江遷工科給事中時河決議復故道請專設總理國



樓力保潘季馴上遂命潘爲都御史總理河道有功萬歷十四年征永寗蠻時安堯臣外恃平播功內仗水西有撫鎮雄制永寗之心國樓爲川南道督兵協討俘獲蠻丑者詢知鎮雄將曾大功兵五營屯大壩水西兵已渡馬鈴堡約攻永寗堯臣所遣彭月政等助逆不退於是遺咨總兵侯國弼等始知歸惡堯臣而川貴兩撫馳奏堯臣稔惡急移師擊之毋使虺復爲蛇鋳復爲河也疏上廷議無敢決用師者國樓遂亦不能竟其志後遷廣東貴筑道江西南贛兵備道布政使司參議年七十餘告休歸里舊志

劉奕萬歷癸未進士官杭州知府見康熙志科目乾隆志
鄉賢祠祀事蹟待考

楊王庭字自邑號中愚生世族幼而岐嶷萬歷乙酉舉於鄉初任潯陽令江之岸北地形洼下民聚廬於此庭下車夏流汎溢民惟待斃庭曰吾爲民父母視數萬民就死不救縱獨生有愧願渡江與之俱死乃破浪親往捍築垂潰之堤立就潯人感之名楊公堤爭建祠以祀時萬歷中礦使四出庭持正忤璫坐是不得内召卒調桃源令尋進廣信府丞署篆饒守已倦遊歸里教子孫俱能文章夫人朱



受宜人封手不釋紝紡戚族之貧者咸仰給焉事詳列女志江右艾南英過麻墓之爲傳通志

周業邦璟之父誥贈太常寺正卿見乾隆志鄉賢祠祀中事蹟待考

陳以聞字寄生號石泓萬歷丁未進士投吳縣不畏强禦調無錫行均田均役法發運弁勒兑狀數決大獄甚有風力遷禮曹晉尚寶寺丞以與楊漣高攀龍善忤魏璫削籍崇禎初起官累少司寇被論歸生平出處具詳自序中舊志

附自序丁未秋筮仕吳縣次年二月履任書生一往之氣何知盤錯下車見有衛弁横侮青衿者據理少挫其鋒有富豪滅倫吞併者平心少爲裒益兩造劃然自足不暇顧也南中言路旋有風力之譽正愧不虞隨有匿揭乘江院汪若谷先生新代借南潯朱宦名函投之汪心疑竟發其奸詳具匿揭招繇中縣申引咎出於至誠可覆試也然以吳調錫實本於此庚戌三月覲還渡江見錫山之報仍寓邗關以待憑至先是吳有逆子張承元嗔其父滅價多與人爪刃之立斃獄已具矣府道難以上聞仍繫之乘舊令調錫妄意賄結出獄揭其兇逆狀與衆共棄之或謂既離任即屬侵越此何事也汚豬無赦向冀其悔贖乎初至錫文案塡委訟牒蝟雜盡謝酬酢畢意竭慮以清塵牘訟者一一詰之稍判虛實令其親鄰解釋即已催科實覈完欠比不煩刑終日晏坐堂上與諸友講義進小民詢疾苦多暇晷人謂此地難治亦未然也壬子季春錫邑兑糧已出境一弁横索糧食不遂駕言米惡且虧減正耗又縱毆運官漕院孫公震怒檄下有司窮治縣審得情具實詳覆舉弁大謀語侵令且撓漕政再奉嚴檄具詳如前一時府道及同官俱爲令虞不測蓋孫故强毅不回人也然竟如所申不



復督過報命薦剡且首列矣錫山孤行一意尋省多歉要於事理必然道義骨肉以違拂相戒蓋不但高先生一人投分有素而已辛亥給繇癸丑計後見同輩投契要人各以金蘭爲羔雉時名藉甚而予之硜硜如故其以强項量移蘭署亦殊擢也五月主客司實授隨班三月具呈引疾杜門三月方代題例也回籍僦居舊廬課子講業其中里俗囂後未嘗過而問焉丙辰春奉先慈入京冀少沾升斗值添註初格補祠司催請凡十餘次未奉旨蓋時人合算留待察處久矣丁巳三月拾遺買舟即南矣舟中所歷皆數年前夢中光景祠司初題夢與王心一數人同列亦隔歲事也羣謀攢簇適符定數豈人力也哉己未五月先慈見背祿養終天匪臣匪子益爲一世外棄物矣辛酉夏梅長公云繆太史差貪與寄生一會九月至省城與西谿暢談數日方知錮籍已稍牽復也旋陞補鹺判癸亥四月初調儀司隨例政府一投帖福清屬門者達之慇懃款接備道錫令治狀知交汲引皆十年前事且云同輩受累者各諭定已膺膴仕何倜悔至今方復故物竊謂利鈍數定豈宜自理

靜聽久之七月內還璽丞太宰張誠宇選郎李耒吾亦
何有於寄生哉甲子五月二十九楊大洪論劾魏璫二
十四款邪正之關羣情觀望及矯殺橫行威挾箝口朝
士風靡爭相密結十月以後奉南樂為主盟益顧無忌
兒孫滿朝網羅匝地適尾之厲過涉之凶易訓已先之
矣時余業乞差長往徼天之倖追贓削奪蓋丙子兩歲
一線餘生無刻不凜凜在刀俎閒也天祚聖明乾綱獨
運逆氣漸掃戊辰春三月奉旨復官己巳四月陪推僕
少庚午六月起陞光祿少卿八月出山九月到任十月
初一供事太廟咫尺天顏親捧福胙竊仰龍文光被為
太平有道稱慶祠是廟社趨蹌捧爵五次亦小臣盛事
也十一月十九有南冏之推雖幸蹇翮稍通而心疑其驟
二十一日奉旨詰責王太宰回奏亦云八年璽資六年
淹抑與尋常序轉者不同復奉旨論人只論才品何得
以推折久淹通融資獵有無求托仍着奏明操柄者果
銜鑑不爽何難始終直陳乃旬日再疏自相矛盾先則
曰南北一體而後則南冏號為冷局先云與尋常敘轉
不同而後曰姑以冏政試之雖虛圓無著亦大臣盛德



事而遊移支遁豈入告之體熟籌進退殊難隱忍具疏
乞休未蒙允放輪直東門分取白糧按故事隨同官之
後如此者兩年壬申元旦皇上四鼓升殿百官趨入參
差上御中極殿久之還宮朝臣候至午後各衙門具本
待罪方轉散候旨是年四月麥餅宴九月花糕宴俱曠
典特舉每宴約費五百餘金云閣太宰行後署篆者稍
採輿論衡量位置壬申十月以右通政啟事同邑李太
宰以特簡臘月入京癸酉二月副院王東里疏糾王坤
指斥諸璫上御文華召對余以九卿衙門備員躬逢盛
典龍顏粹穆玉音清亮論辭嚴極臣下宿搆湊泊不
能曲折條達東里侃侃不同有名臣風概記註已詳之
矣三月承乏轉左衙門封駁俱印君裁定同官分批通
狀數紙而已八月衙門掌印缺出太宰欲另有通融私
請於柄國者本衙門之議始決八月以後以正使辦事
看詳章奏審察姦欺每有批駁俱登簿存案即通狀送
各部者內外無輕徇也兩年內兢兢恪共者如此亦不
知何本何領也甲戌二月十二恭遇皇上文華殿經筵
得以印官在侍班之列本月念七行耤田禮五品以上

陪祀各官先期恭迎聖駕於壇內辰刻祭先農畢皇上
扶犁播藝田家歌鼓前導如禮既升御幄觀公卿五推
九推焉禮畢大讌於齋宮百官序坐於臺墀之間觴行
樂作衍雜劇數曲樂民之樂宛然太平光景也及少司
寇缺出十四日會推謬及何處更容人推遜乎十五日
廷試讀卷供事是日辰刻入朝與詹翰部院諸老共坐
一處候收卷畢候內閣五位老先生出至東閣門公揖
序入中堂東向餘分左右坐下首揆分散試卷各二十
餘卷擇其字畫合式文義通達者拔一二卷為上卷各
送中堂類選正卷十二卷硃圈節句以備捧讀餘即存
作副卷其未送中堂者仍依各人裁定次序各為一束
於十七日讀卷後序填以官為次人各一卷例也十七
日巳刻上御文華殿宣各官入讀卷讀至第七卷命其
餘免讀恭進御覽各官出候至午未皇上細閱十二卷
畢中官復傳上諭內閣再呈十二卷進覽拔劉卷為第
一原擬一卷御筆親定二甲第一名拔楊卷為一甲第
三吳卷照原擬一甲置第二云君相造命未可意擬卽
二三知交亦無從物色所云假手上下皆妄談耳八月



十一李太宰奉旨詰責回話是日署選程雪窻下獄以
郡守題陞中翰覆投迕上意及李公回奏待罪奉旨褫
革致罪之由或不在此也十月朱廣原以大理陞少司
寇余因轉左例也秋冬閒同官屬以詳覆恤稿駁四
十餘疏奉旨允行本科有案可考浮沈班行數年自職
業外未敢出位一事歲內微聞有指及者殊無意自明
得謂藉此謝竊位素餐之譏不謂咸里所搆奇險毒噬
又在本罪之外今據言者單中所採俱可勘覈有一於
是乎區區行能無所表見兩邑之後三仕三黜其時可
考乃飛語或售或不售此又氣運關係不特一人進退
已也

國朝

梅之熀字惠連國楨之子持身方正勵學湛深博極羣書工制舉藝常與三吳復社諸子頡頏主盟馳聲海内有年初棄文武蔭襲不就繼以武蔭久曠例應降奪俯就襲職値國變因兆行疏請葬思宗不允遂解組歸隱於龜峰之東曰嚢山地極幽僻人跡罕至自號槁木晚且祝髮披緇麤衣糲食以終其身所著有春秋因是萍廬史論偶集寄言傳於世子埛克承先志（舊志隱逸傳）

附攷明信州鄭仲夔冷賞云惠連沈毅韜穎言若不出口及其決大疑任大事則如萬夫之勇疎財樂施救災逾患如恐不及嘗曰赤貧之人當議生財千金之家止當議滑萬金之家其財則當議散已巳歲饑捐金二千以賑貧乏躬行布散無或冒濫



會鎮號石洞道人於柏子塔石洞幽棲畫山水筆墨蒼老鶴髮藜杖犨冠羽服望之若仙劉子侗爲之序（舊志隱逸傳）

王路闓誥封奉政大夫見乾隆志鄉賢祠祀名目家世無攷

董璋字公朗厚重有容崇禎壬午舉人後官長垣縣興利除害政尚寬大子時升順治己亥進士任山東夏津縣亦有政聲（舊志）

（謹據董氏家乘董璋於順治十六年除授長垣縣知縣康熙間請祀鄉賢足證乾隆乙卯志傳列明代之誤）

鄒惺字克忠幼穎異六歲失恃時外父趙之英居史館遂從遊京師同館如吳偉業張溥諸名輩嘗極稱之之英改御史奏疏多出其手後之英巡視遼東卒於軍無嗣惺聞訃閱關千里扶櫬南旋値流氛肆虐奔走四方至　國朝定鼎黃屬土寇竊發其父避居縣北鄙命惺留城與當事多方守禦幸獲保全辛卯夏叛僕作亂惺偕同縣上告變時督部羅巡按亟命分巡使者率兵赴縣殲其渠魁亂乃息縣胥吏叢奸額外賦常十倍正賦惺數白諸上司剔弊實如地丁徵解悉出縣官驛遞夫馬不重派里甲至今賴之甲寅滇黔變起縣中蠢動惺陰破其謀且曰此輩叛服靡常宜爲善後計時徐守道于郡守撫勦並用悉如所言其濟變之畧屢定大亂後子孫科第聯翩相繼任卿尹皆其教督力也



曾湄謹之父誥贈文林郎翰林院檢討見乾隆志鄉賢祠祀名目餘無攷

鄒士璁字石瞻康熙甲子舉人由戊辰庶吉士授檢討典試山東隨督學山西約條悉關大體逮辛卯擢內閣學士

隸禮部侍郎恤一子明年春充廷試讀卷官癸巳 命山
東祭告監賞綠旗兵丁越三年乞休出入禁闥三十餘年
恩寵稠叠及解組車騎祖餞名公卿贈以詩歌宦成之美
擬二疏焉致仕歸以餘貲建祖祠置田以供族衆祀事淸
閑淡泊足跡不出戶庭其長子汝模入祠垣人以爲靑瑣
世業

袁銑字金溪嘉慶辛未進士改庶吉士甲戌授編修歷官
江南雲南道監察御史禮科掌印給事中侃直端重風骨
峻整爲文必根柢經術少受業於同里名宿鮑南溟先生



學以宋儒爲歸宿通籍後屢充順天鄉試會試分校內監
試所薦得人嘗巡視通州漕務稽查裕豐倉務謝絕饋遺
任御史巡南城都下咸爲驄馬之避旋晉禮科遇事敢言
尤以天下大計爲已任道光初元首上請停捐例一疏及
論科場積弊均蒙容納與初彭齡辛從益等齊名成廟有
尹壯圖洪亮吉後而僅見此人之諭然卒以言事去官疊吏
雅重之延主江漢書院講學以義理爲宗譚藝以先王爲
的士風翕然一變宏材碩彥多出其門若喻懋泰王家璧
一人餘之屬皆有名於時而陳堯松梅見田古韻等皆推
楚中樸學其他成名以去者尤衆嘗撰聯云不勘破義利
關何須講學要識得忠孝字纔是讀書時人傳爲名語至
今猶懸江漢書院講堂中生平喜爲書端勁秀挺出入於
率更永興間諫草每自焚棄著作亦多散佚惟四書義蘊
尙行世林文忠爲之序謂其足以闡發聖言其行誼尤詳
王公贈芳所爲傳

附請停捐例疏臣聞我 朝自天命十年開捐以爲裕
國用卽以儲人才古昔聖賢多有起於魚鹽市井中此
捐班開正以補科甲之遺才此其意非不善法非不良



也於是定其制詔每年正印中科甲用十一人捐班中
用八人外京官雜職以及各州縣訓導其用爲差似乎
捐班少而科甲多然臣按進士科尙存五千餘人舉人
尙存二萬七千餘人今所隨班候選者尙屬十八科以
前之人在
皇上之心以爲老其才以待用殊不知候十九科人用足
必待三十餘年矣縱其人三十歲或中與會再候三十
年則其人年已七十餘矣卽還部限分發將抵任未一
年而進大計不斥爲老憊必指爲疲癃凡屬科甲半免

冗而去矣彼捐班中財多年少於是陞之卓異指爲廉能我
先皇所設法良而意美者安在乎況今鄉會場之法令甚嚴即一縣與府試必載三代之履歷考童之互結廪保之花押種種詳明以辨冒頂倩鎗之弊娼優隸卒之流者不已甚哉若捐班則不然不問其人之根本爲何如正項銀兩一到州縣爲之出印結督撫爲之具保狀一年而實授矣所以襄陽知府實少林寺僧人出捐甯波府道實邯鄲響馬出捐以及保定知縣鐵嶺縣丞等員



出身之不正者其被告出拏問者數年來已有八人臣不知未被告發者其人又不識幾許矣且此輩以貪酷爲精明貪則多財財多則獲上而上司指爲有禮酷則重刑刑重則民懼而上司指爲能斷將見稱能員者又此輩矣此臣所以讀陽城之傳不禁往復於撫字心勞催科政拙之數言知其自出考下下者有由矣且臣此本一發軍機房而朝臣必有借國用不足以暗進其讒者臣又討之詳矣乾隆以前無論矣自嘉慶三年因川陝楚三省教匪之擾開捐僅得銀七萬餘兩十二年黔楚苗洞反開捐僅得銀十一萬餘兩十九年黃河缺開捐僅得銀六萬餘兩其間或二萬或三萬不等總共二十年得銀三十餘萬若後宮冗費一去可免開十年之捐盞鳳藻宮花粉銀十萬寺子宮供俸銀十二萬熱河例銀四十八萬圓明圓春秋修整銀二十餘萬內大臣管理圓明園俸銀十六萬賞賜圓明園宮女銀二十五萬若去此數項則一年可節濫用百萬有奇庶可拔眞才收實效國計民生兩賴矣臣再查外省官員自督撫至州縣皆以互相蒙蔽爲得計因兩淮兩廣之鹽政而



去大員六人則鹽商之弊多蓋鹽商所進呈御前之鹽包重六十斤價五百餘文小民所買之鹽其包只重八斤亦是五百餘文即此一弊所以降湖廣總督百齡三江總督汪志伊而託津遂津得志矣夫託津由大學士總理滿漢政治其遇隆其秩重其感恩宜何如矣其舞弊如此無論其他即於本年七月
大行皇帝賓天伊謂
先皇生於灤陽崩於灤陽妄自附會考本朝歷代龍降之所載在金縢彰彰也

先皇降於瀋遼即此一事託津之妄奏欺君已甚其譏訟
銙疾蓳詰等事又何可屈指計哉
皇上如以臣言爲是則將此數條施諸政府實
聖祖列宗之靈軍國人民之所快心者臣雖加以斧鉞受
其鼎鑊非敢計矣

又科場積弊疏 竊思鄉場拔取眞士以仰副聖主作人之意乃日久生玩外省大小考試情弊多端臣謹就所聞臚列數條爲我
皇上陳之一 州縣入簾關防宜密也臣維試卷去取關係



簾官如大省萬有餘卷呈薦不過數百若有心欺弊負屈必多主司以旣竭之目力遍搜落卷更覺茫然遺珠其能免乎此簾官責任之重也臣聞近日各省風氣應試士子有探聽調簾官員迎於中途而拜爲師者有交通官親謁於省寓而拜爲師者其贄儀或數十金百金不等以求薦也議定中後謝貲千金不等在外招搖如此入闈後彼此關通甚至隱匿佳卷轉取平常之卷與有關節者並呈謂之襯薦營私一念何所不爲官場以廉恥爲迂濶官倡之士效之人心之害莫此爲甚理應
請旨飭下各省監臨於鄉試屆期將調簾之員嚴加防範如有招搖形迹一經査出立卽參處就中擇其老實可靠者派入內簾庶科場肅靖而賢書無或濫矣一 府縣案首賄求宜禁也臣査府縣考試文童其覆試多至五六場原以名次先後定其優劣不容混淆乃因歷來考列案首之人學政每循情面無論文理通順與否均予取進是以不肖府縣藉此居奇案首行賄自數百金以至一二千金不等以試場爲利藪成何事體設使府縣案首俱非眞才如學額三名之小縣案首旣去其二



寒畯不亦難哉至武童弓馬刀石工夫雖衆目共睹亦或濫分甲乙殊爲無所忌憚理應請旨飭下各省學政嗣後於府縣文武案首必其文理通順材藝勝人方准取進其如文理悖謬材藝薄劣者概從黜落庶學政去取之權府縣莫得而操之士子明知無益亦不至妄生行險徼倖之思矣一 因工捐輸貢緣宜戒也竊照直省間有煑賑急務及修築要工士民踴躍捐貲原屬義舉經封疆大臣奏請或賞以職銜或准以議叙要皆出自
聖恩加之獎勵至有司秉公衡文不在酬勞之列臣聞

湖北近來各省遇有修葺儒學等工程官爲議定每人捐銀若干有照數捐去者學政臨時均予進取即以府學爲通融如一縣有捐銀幾人則添撥府學幾名或一縣捐銀無人竟至府學額缺雖捐輸中不乏能文之士然操其必勝難免官吏分肥假公濟私之弊理應請旨飭下各省學政嗣後有以捐輸爲夤緣者概無擅循庶官豪無所倖矣以上三條是否有當伏祈

皇上睿鑒謹奏　旋奉

上諭御史袁銑奏請禁考試積弊一摺直省大小考試俱應杜絕弊端用副掄才大典如該御史所奏外省州縣奉調入簾士子竟有於中途迎謁結拜師生夤緣納賄者實屬大干法紀著通諭各省督撫嚴行查察如有州縣調簾不知防檢及士子巧於鑽營交通舞弊者一經查出即嚴參重懲以肅功令至府縣考取案首原不應一概取進其捐貲辦公之士子尤不應以考試爲獎勵之途著通諭各省學政考試文武童生惟當憑文藝之優劣以定去取其府州縣所錄案首一律公平校閱不得擅循情面濫行拔取至士子捐貲修葺儒學書院其姓名概不准報知學政



如有府縣官違例干求者該學政即指名參奏以杜倖進而勵士風欽此欽遵抄出到部理應抄錄原奏通行直省各督撫學政順天府尹奉天府丞臺灣道一體遵照可也

欽此

麻城縣志卷之十九

耆舊第二

仕績

唐

閻公伯璵閻家河人唐進士咸亨二年爲洪州都督時征役繁重公專以惠化招撫州境大治喜文學嘗大會賓僚於滕王閣才子王勃爲序閻公深賞之至今藝林傳爲美談後量移撫州百姓相率隨之舟航相繼其見愛如此到撫一年復大治元宗朝徵拜戶部侍郎未至卒 舊志



明

李寧字景安洪武初知餘干縣才識英敏值羣盜竊發寧率鄉兵協同官軍擒盜魁遣散其黨數百人歲飢移粟賑濟民懷其惠勒石以誌不忘

李彝明經知蒼溪縣九載廉介不易其素致仕歸環堵蕭然嘗師事喻文偉每過其墓必下馬徒步

楊敬洪武初知富陽縣創置廳宇建立學校寬猛得宜民懷其惠

鍾亭洪武中知定陶縣有惠政秩滿當還民奏留復任 舊志

毛添佐字公輔永樂間由知州署肇慶府事守正奉公敬賢禮士庶務修舉民思慕之 府志

董紱應軫之子成化壬辰進士知湖口縣清慎惠民縣有蘇觀渡水齧堤圮紱重築之民被其澤 府志

董性士毅之子嘉靖丁酉舉人授安岳縣撫民以寬馭吏以嚴課諸生除巨盜斷冤獄民立碑以頌課最以急缺風憲徵抵京後期未與選擢直隸易州知州至則爲民興利立邊防永久規甚殫心力以外艱歸易之民奔走悲號戀慕無已服闋補蜀之合州合於蜀爲劇郡又值歲祲公一



意撫字民無失所三載政成遂乞休歸幼喜豪俠少長乃折節讀書親師取友服義遷善與人交坦夷專一久要不忘邑人熊吉爲之傳 府志參家傳

王本儉字節之成化戊戌進士初授吳縣改豐城父遺詩勖之因刻石後堂日夕自省由是豐城大治歷桂林副使會蠻寇叛本儉提兵蕩平之卒於軍 通志

劉天民字養達天和之從弟訓新淦學憲委呂[illegible]請生[illegible]被錄者餉以金叱還之丙艱補常州訓歸田杜門不出子瀾嘉靖舉人知銅梁孫守泰解元登第吏部主政益家教

也舊志
劉瀾字汝觀號鎖山天民之子嘉靖庚子舉人授銅梁縣縣故多逋賦瀾禁隸卒不得入鄉擾民藉端乾沒惟以牒付族長督率如期人無敢負者有盜魁朱宏仁以賄賂潛通官左右剽刼四十餘年莫敢訴瀾廉得左右主名首置之法又知鄉保長王貴重武勇任俠爲宏仁羽翼瀾密進語曰我故知宏仁所嚴事者汝也汝欲富何不爲官除賊受上賞貴重頓首請死乃私與典史周尭平畫策縛宏仁餘黨悉除尋以憂歸再起補高陽縣多巨璫好以非理撓



法瀾無所聽璫皆怨爲蜚語譖中之瀾竟拂衣歸舊志
李正芳字彥碩夙有隱德正統壬戌進士歷東昌南陽知府善政著聞改保寧時趙鐸反正芳率兵討之設奇制勝厥功甚懋累任山西布政去後民甚思之府志
李澂字士清正芳之子成化己丑進士官至參政事後母孝友愛諸弟當官廉平父正芳子文祥文欽俱以直聞舊志
熊祥景泰庚午舉人授浦江縣築城修學建演武場政績丕著子縝知成都縣有賢聲後知邛州府志
劉綱景泰丙子舉人知清遠賑饑有方民賴以活創闢學宮規制宏敞均賦役勤撫字士民爲立遺愛亭府志
宋兗字維東景泰丙子舉人知濰縣專務以德化民不爲矯激之行秩滿奏留復任後陞濟寧牧府志
鄒潔天順壬午舉人授石泉縣時經番夷之害民多逃徙潔善於招撫復業甚衆府志
毛駅宏治甲子舉人授太平縣綜理有方剖決無滯吏民不敢欺府志
熊經字畿道成化戊戌進士知無錫有惠政諸生邵瑩吳學藝皆其所資給塋拔者時有徐姓作石槨於太湖欲毀



民居開河通舟經埗許六載內召爲人中傷出知陝西隴州以疾致仕經性剛氣豪善談論敦孝友有東溪集行於世省志
周載字汝厚號愚齋廷徵子嘉靖鄉薦戶部司務歷員外會北邊入寇部議遣官督餉難其人載獨往時帥臣驕悍載與抗禮詢家世知爲廷徵子益重之歷長蘆都轉運使老於家生平無疾言厲色與人交輒吐情愫人無不愛之舊志
周鈇字汝舉號魯山廷徵子任河南郟縣縣丞蒞任月餘

値巨盜百人晝刼王兵馬使歸帑報至知縣胆奪不能語鈇前請曰令惟守臧第以兵授丞丞任獲之遂疾馳行刼所謂禪校曰賊必從某道出走某道是皆負重可徒手縛也旣而伏發皆就擒兵巡僉事林騰蛟聞而激賞之曰孰謂丞一書生而不堪大將印無何令死檄鈇攝郟篆適嚴嵩私人鄢懋卿者不解臺務而理鹽法以挾重呞喝諸御史州縣無不篚金奉者郟吏以所見聞請鈇嘆曰丞惟一身有婦耳何所得數百金鄢至大失望乃出二故篋付典史緝之鈇曰此欲借爲名耳陰備二新篋典史入以所緝



故篋見鄢大怒蹴破之使呼公入盛氣謂曰丞無耳耶不知我當知御史吾弃走吏也而敢傳客過我即倣篋之不能新將使委壑躓於草莽鈇陽謝曰何者不以屬丞丞飭新篋二不能遽辦遂進二篋入鄢覘篋則新也而中枵然愈失望然無以難之咎典史而去林騰蛟激賞之曰吾屬州縣長三十也而僅一周丞男子何寡也林以名御史失嚴嵩意外授風釆益峻獨遇鈇有加禮卧病且死後事悉以屬鈇曰吾不欲死齷齪吏手也遂改攝宜陽已攝盧氏治盧之旬日行獄得老吏當成者飲食之曰以一邑大辜

報我當寬若吏叩頭曰左藏贏金三千無知者請爲公壽公得金具自詣司以充官用後復還郟郟賦繁故有荒額二千石當獨蠲爲豪右所占民不得邀惠鈇廉狀密白上官請覈實諸豪爭睟上官議竟格鈇憤投劾歸子宏祖貴贈監察御史　舊志採王弇州所爲傳

周宏讜字元文宏祖族弟萬歷武進士官遊擊同李如柏等戰平壤會倭闕白陷朝鮮王師敗朝用沈惟敬議令宏讜同惟敬往諭倭就款還疏倭情甚悉復遣往議封貢至朝鮮仁嶺驟病卒贈都督僉事蔭黄州衛千戶　通志



周宏達字元惠宏祖族弟嘉靖乙卯舉人授灌縣政尚嚴明後陞石屏州　府志

黄時中字宜之成化乙酉舉人知阿迷州時初設流官百務肇舉時中善於撫綏得夷民心　府志

舒崑山字楚瞻幼奇穎成化甲辰進士累官副都御史所至有政績能文章一時金石之作多出其手　明一統志

唐書宏治壬子舉人授四川巫山縣創修石城以爲民衛至今賴之　府志

陳文字簡之宏治戊午舉人知崇明縣遇風潮大變奏請

賑濟所活三千餘人又擒海賊施宏父子以抗言忤巡按調廷川歷戶部員外郎出爲襄府左長史文外和內剛居官清介在任三十年田廬如故著有自怡集 府志

劉淑相字養忠正德甲戌進士授南京兵部主事武宗南狩參贊尚書喬宇選一人奉迎諸司皆憚相獨請往得旨還宇深器焉歷任順天府尹執法秉正權貴憚之未幾與內閣許奏下錦衣獄尋歸卒於家 省志

阮朝東字子西嘉靖癸未進士累官四川提學副使不設町畦廉儉終身若無官者弟朝策亦進士家庭友愛鄉評



高之

陳仲晦嘉靖丁酉舉人任石屏知州治海口建六閘軍民稱便 府志

周思敬號友山嘉靖甲子舉人隆慶戊辰進士官戶部郎爲江陵相公張居正所鑒賞後竟以救援臺官忤其意時論賢之累官至戶部侍郎倭賊起護解糧餉協同大將軍劉綎討平有功贈工部尚書父祖誥封廕一子賜祭葬餘詳邑人曹胤昌所撰行狀

羅樹聲字伯實萬歷癸酉舉人知灌縣以清儉稱西征之役軍需旁午樹聲供億有方民以不擾又擲觀陞西安府丞 府志

孫一謙萬歷時爲南京刑部司獄給囚米甚均衣敝至爲囚浣補一切奇弊釐革殆盡囚深德之秩滿轉靈山吏目王世貞爲詩美其行 府志

王之機萬歷壬午舉人歷官四川參政會建昌猓亂之機受命偕劉綎討之攻克桐槽諸砦大小五十六戰諸猓巢穴一空改雲南復以才幹機警著績滇藩莊兵爲盜機窮治之與執法忤投劾 府志



陳楚產字北學困童子試遂以白衣中式成萬歷癸未進士仕博野知縣清廉勁直百姓稱之遷兵部主事歸里數十年不起凡縣中利弊輒言於長吏篤交友不以貴賤易視鄉人咸敬愛焉 通志

王育德字澤寰萬歷庚子舉人初知嵩明州東川土蠻之變以擊賊功陞僉事守永昌佐巡按姜籌策擒斬判蠻馬一駿分巡臨元規復十八寨觀察黔中銅平蠟耳山苗倡亂率兵入其界撫之黔賴以安後晉陝西右布政入覲卒於京 通志

王成位號儀寰萬歷丁酉舉於鄉歷任至鞏昌府同知事繼母以孝聞晚年著易講學不衰

楊之彬萬歷丁酉舉人姚安知州慈良潔守敏才卓識省獄訟平賦役蠲苦丁復鹽市修學宮一州利弊盡爲釐舉其大者開擴城郭功尤茂著 府志

熊所師字呂源家貧歲歉有知交餽稻數十斛分給親友一時悉盡從弟妹不能自存者教養婚嫁之萬歷丁酉舉於鄉任贛州府推官守將縱兵剝民按法劾罷隨爲州將所中謫廬州判州有豪強犯法前任屢捕不出所師攝州



事擒置諸法後調北流縣卒櫬歸貧不能葬 通志

詹淑字茂修萬歷乙酉舉人授資陽縣在官九年公正慈廉條陳勸農養生省用恤刑等議皆見施行 府志

彭好古字熙陽萬歷丙戌進士知歙縣擢御史歷僉事剛直不撓風格類古人 府志

彭信古字叔籛好古仲弟與伯季俱諸生信古試輒鈍謂季弟遵古曰爾利於文每冠軍嗣試予與爾易之及揭榜遵以信文仍擢首乃輟書嘆曰大丈夫奚事毛錐玉門定遠可按劍呼也遂因武籍登萬歷癸未進士累官朝鮮參戎朝鮮用兵信古率步兵用大棓擊斃其渠魁衆軍進逼賊濠毀其柵尋以彀裂失利充爲事官後叙功賜蔭 府志

蔡茂春天啟壬戌進士知建德縣歷任福建福州府知府所至有政聲恤孤設賑勸農立學興利除害無不條舉 府志

曹大奐字無可萬歷甲午舉人知浙江新城縣理辯獄鋤巨惡因性鯁介左遷蜀藩與籓會審賊變募死士擊之以功擢貴州兵備副使條奏事宜議行見皇明疏議輯錄 府志

周制號岐陽萬歷間舉人仕開化知縣潔己愛民民祠祀之子延齡孫長流俱經明行修之士長流別有傳



劉僑字東卿天啟辛酉襲祖莊襄公天和錦衣職授北鎮撫司魏忠賢屬陷汪文言以株累正人僑不從由是削籍歸崇禎初起用爲五府都督命訊喬允升易應昌事僑素知二人端方力保全之後委緝六部十三省事僑極言耳目難信且非政體所宜忤旨謫戍都御史馮元飈疏僑忠直宜還舊職報可未用而卒 省志

周崇極字無所舉萬歷己酉鄉試歷安溪象山南陵知縣仕南陵時有中涓奉差歸輜重絡繹須役夫五六百人縣遞不堪其擾崇極令如數往盡傳入治庫內計關稅數百

盆崇極碎其一則金珠實其中將盡碎之中涓戢抑急出金募役人咸快焉後陞貴州道僉事時有叛苗都御史執其魁付治之崇極給苗冠帶且誠曰姑貰汝罪效順則止不然將盡戮毋赦諸苗喜曰既釋我罪又榮我身遂相戒勿叛朝議善之

詹之賢字伯艮萬歷壬子舉人任深澤知縣北俗輕生賢禁溺縊嚴反坐刑以是清他縣疑獄上官多藉讞決奏最擢御史首劾罷貪撫張明綱巡按宣大會代藩廢長立幼上疏切論實爲當時國本地也後卒於官 通志



周邦璟號桂明萬歷癸丑進士行人擢監察御史督學南畿名流多出其門魏璫時削籍崇禎朝起河南道入司京察徙太常卿晉大理寺遷南京兵部侍郎爲人厲廉隅寡言笑

劉鍾英字俊卿號大凝萬歷癸丑進士官翰林值梃擊東宮一案舉朝沸騰或勸上章公曰皇上誠慈皇太子誠孝忍不爲君父留餘地耶明旦太子果下令曰張差瘋人打死便了外廷何得有如許話說衆乃服其識天啟辛酉典試閩闈崔田等嗔不附黨削籍歸自是楊左周夏以次逮獄一日都御史梅之煥憤甚過其言謂往京一語伴楊左諸君死公從容爲言忠激忘身無異抱薪救火向使唐李訓鄭注少擠以狄梁公之學問何至仇士艮殺二王一妃四宰相耶梅意乃解崇禎戊辰起洗馬司業祭酒尋遷禮部侍郎再疏乞養疾歸性醇篤不喜聞人過居官不附黨不沽名不越職言事

田生金弟生芝萬歷間均進士金歷官太僕卿有節鉞聲望芝歷官通政使兄弟皆貴顯芝初知密雲縣餉運孔棘縣解額豆繁苦芝力行海運以便之 舊志田生金傳與正史不合今改與生芝合傳



陳鵬舉字雲翔號六息天啟丁卯鄉薦任定遠學博署篆禦賊有方署陞蔚州守遷刑曹郎

鮑之祥字若孩崇禎辛未進士臨川知縣時軍興加派祥不忍報朴涕泣勸諭值編審召里長聚庭下面均徭役吏不能欺疏布自奉如寒素 府志

余士瑞字季美崇禎丁丑進士任福清縣節操清介以理學倡教化後官九江節推適左良玉兵下江南至九江[illegible]上大肆擄掠官民屏息士瑞仗義切責良玉左右兵之斷其手股受重傷而死時論憤之此宏光甲申年事

嚴毅字近仁以明經選授教諭俱載府縣舊志其家乘備載其陞授萊蕪縣知縣引見時建言稱旨任萊蕪擒捕盜賊斷獄平允有古良吏風

曹巽之字子輿曹大受之子曹應昌之父崇禎庚辰歲以明經謁選授雲南雲州同知蔣朝臣叛圍雲州累月巽之率敢死士搗賊營斬獲數百賊潰州圍解功上聞晉順寧郡守至今稱爲名宦云 見雲南名宦志

國朝

項始震順治丁亥進士授縉雲知縣時山寇縱橫鄉邑殘破始震招撫之寇散民安民間婦子散失者捐金贖歸陟大理同知 府志

王有容字自牧爲龍巖知縣時方軍興徵夫取餉羽書旁午有容多方爲民請命乘便增城浚濠儲糧置械及漳郡失守巖孤城無援有容乞師於贛與民瀝血死守賊逼城有容調兵據勝屢挫其鋒賊解去城賴以全 過志

汪淑問字邁陶順治己亥進士犍爲知縣安輯流遺縣人德之 府志

王元士字大周號九山順治辛卯鄉魁己亥會魁任浙江定海縣因海防禦賊有功陞廣東瓊州知府在任除買鹽陋規搜明邱濬海瑞後裔拔取之士民稱頌不衰推陞羅定道未任卒



程浩字天行號知庵父自勝號崑岡厚重有禮明萬曆間授靜海典史清介有惠政卒以鯁直忤縣去士民皆哭送之生二子長達字大行府庠浩其次也少穎異好學能文十四入泮食廩餼應順治八年拔貢生授通判改授河南按察司經歷巡撫賈漢復聞其清介委署臨穎民多便之晉虎城閱月以俸滿轉台州同知時海寇鄭成功航帆出沒無常浩日與知府郭曰燧等協辦軍務歷府縣考試公明有聲復擢黃巖參告病歸行李蕭然其清介始終如一若浩者由 仕者初浩以拔貢生入都甚有才名結納亦廣朝考時暱同科貢生羅載惇逝及生庚過合無不相同遂視若昆弟後羅陞黃州守卒於官家口不能遽歸浩寄帑歸葬有古人風此其致政時軼事云

胡躍龍字犀吉公國子順治辛卯舉人壬辰進士任鄖陽府教授時府經兵火黌宫未及修理躍龍捐貲重建值西山遺孽跳梁頻年大兵進勦委給糧行間士無譁者連擢

鄖竹房三縣篆武當香稅典史者舊有例人爭營之躍龍兩委監不受一錢陞郎九載直指李公稔其治行列首剡遷直隸新城縣旋致仕歸重修拜郊堡北門岐鎮東深溝二橋近宅有米家堡大河春夏設舟秋冬建橋募善醫者和藥濟世前後約費數千金於祖居設塾敎子弟多所成就從子交域生數月失怙撫猶己子遂舉戊子亞魁授隨州學正値歲饑族屬鄉鄰連日不舉火者甚衆從弟生員胡輝田窖追來告躍龍遂慨然以穀數百石徧周邺之軼事詳墓誌銘



鄒宗彥字俗儀號坦齋少貧困撫諸弟友愛倍至明季土寇竊發築堡捍禦中順治丁酉經魁戊戌進士庚子分校北闈所得皆知名士同鄉劉本源亦其一也旋授綏陽縣愛民如子政暇以春秋課士癸卯連科獲儁者二十餘人秩滿陞澤州知州未授病卒綏陽署縣人德之祀名宦

胡呈祥字叔文少貧投軍行驍勇絕倫以弁員効力滇黔從征吳逆有功授徽州參將

鄒世美康熙癸卯歲貢任湖南沅江訓導幼穎異經史過目成誦好作詩長於集古捐俸修學宮與同學謝公置學田四十石兩院保舉署沅江縣

蔣衆字天成爾雅能詩康熙中以銓選授新貴縣陞黃平州知州再任山西解州知州恪恭乃職治著循聲折獄惟良平反尤多允當旋爲大吏以清廉上薦轉用刑部山西司郎中

鄒汝魯字鈍齋康熙丁卯舉人辛未進士初任清豐縣淸豐錢糧舊以富民催編戶差役催富民民甚苦之汝魯力去其弊一時完納甚速縣入學止十五六名汝魯設義館勸考課月捐俸以給薪水督學按臨取進二十二人再任



獲嘉縣夏秋逾期未雨汝魯至潔齋虔告下車而甘霖大霈縣西有來雲寺東西二院界與延津縣接居民置地二十四畝爲香積資明末寺廢地失墾後搆訟兩縣各爲祖護汝魯剖析之俾各得一十二畝訟端頓息兩邑詢帖服簡命行取陞御史轉爲大理時有家人以事誣其幼主者獄上汝魯托疾未署押因得緩獄大吏隨雪其冤有知縣杖奸民幾仇家夜竊尸懸周元勛門縣役與周有隙誣周重獄申部汝魯駁之得白爲僉都御史時克振風紀蒙賜石硯詩文外任奉天府府尹雖性至嚴毅好獎勵後進

平反庶獄
憲皇帝時任太常寺卿因獻黃河清頌徵引錯謬罰修荆州堤著有鈍齋文稿行於世
王楠號頤中康熙丁卯舉人候補中書改授常德武陵教諭著有周易本義補選程墨華寶集以授諸生詳請與革十要重修文廟兼修堤埁朔望課文二藝撰武陵人文一卷丁酉大計巡撫李發甲表薦第一授羅源縣蒞任卽捐修文廟與義學修縣志訟皆立決捕盜如神伸理冤獄不避權要署閩縣時有把總被誣侵蝕馬價擬斬楠理其冤



將軍不懌楠曰職在核實縱奸廢法故殺負心官可去勸不可更也己亥巨盜薛彥文橫肆五縣震動楠密示捕員二更於城東獲奸宄爲內應者次日協同營將入山搜獲賊首衆黨悉平巡撫黃國材特薦因老病乞休士民感德鐫碑志之長子文焯邑庠生次文熺籍常德沅江歲貢
鄒汝謙字謙公由貢授岳陽縣潔己愛民摒除一切陋規修學宮培書院文風大變岳俗輕生多[illegible]訊明卽令押埋莠民不能獲利全活者衆鄉愚不識祖教同宗撫服輒聯婚謙諭以百世不通之義違者立杖斷離風俗

以正岳民勒碑以紀其實再攝靈石潞城篆人咸戴德乞休歸里布裳徒步晏如也
王琬字序周性醇厚動必以正善屬文中康熙三十五年鄉試在山西試院衡文極公正人不敢干以私任岳州教授有廩生某以事得罪岳州知府必欲褫生名琬固護得免後某生力學成名亦任湖北教職士論亟稱之其孫聯登賢書早入仕籍咸以爲隱德之報云
蔡仕本姓王康熙乙酉舉人任湘潭教諭補諸生時路拾遺金四錠日暮俟遺金人來尋詰實盡還之是科仕卽登



榜
曾謹字麟書號嚴山康熙己丑進士館選授翰林院檢討充典訓館纂修自少有聲庠序開刻約清操士林推重年四十餘始捷春官在都供奉有年性鯁介不妄交一人不輕投一刺五旬後卽賦遂初家近龍湖時往來於其間有先輩周栁塘耿楚侗遺風所著嚴山詩文集若干卷[illegible]入宗聖族譜中
鮑啟泌字師鄴號念齋雍正丙午副榜保舉任[illegible]縣縣多虎患及泌到虎多遁去調任通道除採買轉長沙

通判承修貢院除開銷帑項外捐銀四千餘兩號舍一新署衡州府適逼道𤏲窖嘯聚大吏因泌任逼道時撫御有方檄委查驗即單騎往曉以大義責懲首犯數人餘悉省釋苗民帖服葢其居官清正所致也

甘學濬字石泉號餰齋乾隆壬戌進士任江西興安知縣性廉潔不苟取政簡刑清與民休息下車即修造岑陽書院延師教育文風丕振邑有某僧犯奸餽重金不受又有富人牛死人誣以私宰為之辯明後餽酒内藏白金召其人笑還之其清操類此以大計解組歸先是武生毛明經



為縣訟師屢被斥責常語人曰渠不愛我我卻愛渠不過要我做好人耳至是率縣中士民萬人流涕餞送歸家後隱居東山無長物不計有無時有江姓懷厚賄求干謁公庭答曰吾平生如婦人守寡豈肯臨老嫁人耶江負慚而去刻有餰齋文稿及口頭語詩子椿縣學生

吳家駒號栖堂乾隆甲戌進士授霍山縣縣當孔道舊苦供給家駒除勘合外無所與民賴以安聽訟無留牘鄰縣疑獄多委決信陽富民杜姓因姦殺人投刀而逸州莫能決家駒廉知死者為杜舊佃遂令決庄前塘水落而刃首見徑拘杜以刀合傷處脗合遂伏罪甲午歲大祲囘始縣報歲失實民攜稿苗質告知縣夜逸大吏委家駒往撫境内帖然所至多平反呼吳青天四校鄉闈所拔皆名宿任十二年擢薦卓異以疾歸民遮道攀轅依依不忍舍去

鮑棟字宇邇廪貢生知州署印江縣鄰縣歉收搬運者眾米價頓長棟諭富户減值出糶有廖戴吳三族互爭田界訟數十年不決棟往勘無所可否置酒勞之三姓者皆幡然悔願以爭界廢為閒壤任鎮遠適滇省徵兵所辦夫役例按赴差時日給食集人守候概使自食棟捐貲給之轉



仁懷同知向例釐學止六名詳請廣額三名文風因以蔚起戊戌因公赴省道見民多菜色稟請大吏捐廉賑濟遂於省城外設二廠施粥飢民大蘇以卓異引見卒於京

鄭文坦由附監捐通判任四川攝廣元捐建義學置學田任彭水縣屬通衢役夫工食素為胥吏侵蝕乃捐銀給夫懲胥吏勒碑杜弊在縣州時有蕭姓先與貧生婚後嫌貧悔之坦捐俸三百金為生置田宅斷蕭女歸生生以力學成名

鮑材字作舟附貢生居家孝友處世端方任雲南嵩明州

知州一以廉潔自矢不久卒於任

成倫字履言學宮品優乾隆癸亥癸未兩爲修學宮及修鼓樓首領以廩貢任孝感縣訓導三署教諭事懇懃訓課和易嚴明奉委編查俗溷恥格舊有學舍傾圮自解囊修葺加增維新歷九年以疾告歸士人思慕不忘遊之碑誌

侯騤甲字鹿山庚辰經魁初授祁門縣廉明果斷試童子杜鈴冒弊絕風清調蕪湖捕蝗有功陋規悉屏以丁母艱服闋分發甘肅授高臺縣卒於任子幼扶櫬歸家徒四壁無朝暮資未幾其子亦卒無繼祠者豈廉吏可爲而不可



爲耶

胡翔霱字裔雲號晴河乾隆乙酉舉人由內閣中書任杭州通判遇事勤敏委辦兜盤頭海塘眾議撤舊柴塘翔霱不可外仍柴塘內加石塘工始就杭州多火災羣不逞輩因火搶奪翔霱諭令拆民房斷火路其救火兵丁及諸無賴不得藉端搶奪違者按律境內肅然歷署九郡所在有聲卒於任著武林遊草四卷 此上舊志

王勸乾隆乙酉舉人大挑一等揀發江南知縣歷任金山奉賢南匯華亭諸縣調任邳州泰州太倉諸州陞太湖廳同知所至有政聲崇祀望海樓名宦祠

梁景陽字鳳喈號梧岡乾隆庚辰 恩科鄉試第一己丑成進士歷官吏部郎中由科道累至太僕寺少卿廉介誠摯與人弗欺尤篤於故舊之誼有同年友卒於京無子遺三女無所歸因爲嫁其長女而攜次幼者返里各爲婚於名家都中麻邑會館創自明代館基被侵棟宇亦就圮隤而新之邑人感悅咸踴躍助貲以竟其事規畫經營皆景陽身任之並詳會館碑記居諫垣歷京卿所陳奏多削草不矯激以沽名而請彌封硃卷以杜關節一疏得 旨施



行纂入科場條例人始知出於景陽云乙巳歲以年逾六十預千叟 賜宴後致仕而歸

毛正坦號徧齋由監生考授兩淮鹽大使歷任江蘇句容寶山等縣知縣政聲卓著巨盜宋久和積案未獲坦率役擒之築海塘堤岸民皆利之至今呼爲毛公堤云後升太湖廳同知以歸

程琮字瑞玉號惕齋父漢安有學行未遇琮中乾隆癸未會魁由郎用知山西垣曲縣三年清廉有聲旋以艱歸教授自給成就者甚眾

程德楷字憲甫號松亭生有夙慧少爲詩文喜西崑體識者早卜其爲國器乙丑進士由編修任福建主考貴州學政時黔省教匪煽惑奉　旨撰刻訓士論并訓民說頒發各府縣以曉諭大學士曹振鏞以家學淵源人品端正薦入上書房授惠親王讀攝授皇長子讀時西域蕩平進呈賀詩有天子當陽位人間奏凱聲之句特蒙　嘉賞旋視學江西以光祿寺卿卒於京邸惠親王親臨奠醱奉　旨歸葬於望花山南之羅家士橋

〔附〕訓士四論　一曰讀書書不可不讀而不讀無益之書斯爲善讀書五經四書皆當盡讀全本兼習各經本注



熟讀深思若割裂全文如五經類編四書類聯等書即或强記亦屬剽竊何能貫穿洞達爲有本有原之文以取科名以正學術耶余前閱黔省書坊書目即四書高頭講章已不下三四十種此皆坊賈輾轉剿襲易新名而索厚貲紛置案頭徒亂人意耳故不特淫詞小說足長姦邪釋咒道書藏於篋函固讀書人所不應寓目即當讀之書亦須慎擇善本務嫺熟乎經文無分馳於俗講甯讀全經而迂而所趨者正毋讀類書而捷而其用有窮也諸生勉之二曰明倫學校以明人倫也士人身列宮牆敦倫乃其首事然或拘於氣稟之粗浮或起於財利之計較以致家庭失序親屬參商吁可怪也夫五倫莫大於君臣莫切於父子即以父子之倫言之設爾不能孝養父母爾冥然也設爾子不能孝養於爾爾能冥然乎爾甘爲不肖之子爾恬然也爾更生不肖之子爾竟恬然乎由是而推之兄弟夫婦朋友知爾等當局則多不覺易地則仍不安也諸生念此孝弟之心有不油然而生乎且孝友爲分內事處難處之地不必共見其心也名教自有樂地切勿因身外之物而汨其本來

之天也由是居鄉以身立教而俗黨於善至達而爲官即爲好官無負朝廷養士之意則君臣之倫亦由孝弟而立其本矣三曰守分士人讀書敦倫分也若干預外事非分也且朝廷責爾者嚴正待爾者厚今而干預外事也或恃横於鄉黨或結勢於胥徒負疚士林壞名喪節夫鄉黨而愚者耶爾忍欺之耶鄉黨不盡愚者耶爾能終欺之耶甚至與書差鄉約表裏爲姦甘處卑汚自罹憲典諸生清夜思之讀聖賢書而忍與若輩相近乎爾黔省發跡科名流譽州黨者皆讀書敦倫之人非干預外事之人也豈目擊而未之思乎且其干預外事不過曰爲飢寒也則君子宜固窮爲不平也則君子宜懲忿更爲縱欲也以不義之財而助非禮之動禍可立而待矣吾願諸生中偶蹈此愆者勇爲改之無貽後悔可也四曰宜教士人品端行正者不過訓子弟授生徒此外皆非其事也若井間之間偶有匪人偶有忿事雖閉戶可也今以勸化鄉鄰之責望之諸生不幾令其干預外事乎而非也干預外事者地方無事挑之剔之必使其有事而後止地方有事唆擾之詐騙之或挺身作證



或暗地寫詞必令其事刻不能已而遂其所欲也此其人能不愧於名教乎勸化鄉鄰者平日立身修行既足取信於人當其周旋宗族姻黨之間遇父言慈遇子言孝遇兄言友遇弟言恭遇明白人說道理遇愚蠢人說報施彼一鄉一井未必不感動也及偶有事故除命盜案件不可干涉外相其人其事之可以教者平情而解忿戾無令其交質於公庭片語而悟冥頑無使其抱慚於倫理朝廷榮爾以衣衿顯爾以科第正以士子爲四民之表率也余於菑德之生有厚望焉

程德模字端甫德楷胞弟以廩貢授大冶訓導文風以振士習以端程氏自明海防同知浩以來歷世青衿傳至本朝其曾孫里字漢安學行優厚累積陰德其子孫進士二鄉舉五副車二貢選八諸生十有五人咸慕其世德云

程德懋字禧甫號伯亭德楷從弟以副貢授咸甯教諭講授生徒不倦新進以贄見者未嘗計其厚薄也或不率教者傳諭勸導給以饔飧俟其自悔而遣之士林至今稱頌

陳五典字慎齋嘉慶丙子舉人大挑一等以知縣分發陝西歷署葭州平利臨潼等縣實授麟遊縣所至多惠政致歸歸秦中父老遮道攀轅不忍其去

鄒慕嶧邑庠生年五十入貲爲郎出任清苑有能名升知霸州三年教化大行秩滿受代攀留者塞道大吏聞之逾年復其任士民聞公再至老幼歡迎錄唐人句獻聯云郡



人重得黃丞相童子爭迎郭細侯至今傳之

梅茂南號庚村嘉慶辛未進士歷任河南輝縣陽武鹿邑廣東東安知縣推陞內閣中書少有文名居官廉毅宰鹿邑時河決捐鉅貲以救民患人咸賴之明斷無私有青天之稱分校鄉闈得人尤盛商城周文勤公祖培其首薦士也一見稱爲偉器國朝豫省作相自周始一時號爲知人

羅文樞字北一號愚溪初中副車旋登道光乙亥正榜性伉爽少負遠大志慨然思有用於時常往來楚蜀間識其魁豪與商賈中之奇特者黃郡人客於巴渝尤眾咸信任之文樞且讀書且學賈不爲奇贏居積之計而揮霍包舉十餘年手創數十萬金自奉約而爲施博凡仕宦行旅與夫寒畯之交遊有求輒應所成義舉如童試卷價會試賓興本族祀田諸事共捐數萬金而隨時因事濟人緩急者不與焉旋以內閣中書改外任以知府需次四川歷署龍安潼川等府習知民隱遇事立斷屬吏徇胥莫敢欺者咸豐中東西川寇盜橫行蠭起豕突而郡境防堵嚴密賊不敢窺樞旋以年老致仕生平所創業屢躓屢起人以陶朱公三置千金爲比然樞每自歎謂當兵單餉匱時不能進



試所長爲唐劉晏宋陳恕之續而收足食足兵之效也教子孫以讀書守分爲務雖家計饒裕而勤學不替多籍名弟子員者

袁學濬號蓮渠從叔父金溪遊於江漢書院有文名道光庚子鄉闈中式咸豐間偕邑人王大竝等練勇出境勦賊旋保舉知縣揀發江西歷署泰和萬安縣事所至有聲初任泰和時值隆冬兩山均有踞賊學濬僅帶二十餘人乘夜舉火從中道入賊不知多寡不敢動旋有賊眾攻城登陴守禦歷兩月餘城賴以全居官判斷明決積案一空去

日祖道者近萬人尋加知州銜補萍鄉縣自萬安赴省積勞卒於舟次

夏梧字鳳儀號曉亭幼聰穎及長倜儻不羈才情飈發爲文頃刻就尤喜標立新義迥絶恆蹊與同里余雅祥讀書雲臺寺中互相砥礪或論古不合反覆爭辯頃刻揮灑數千言不伸其說不止邑侯鍾公榮光並賞之嘗目爲東山二俊道光己酉鄉試中式春闈屢薦不第咸豐初粵亂作梧首與祥倡團練議曉鄉人以大義東北各鄉起而應之九年合邑團練立禮右營撫軍胡文忠公使主營事督團



勇佐成軍門大吉斃首逆龔瞎子於松子關以軍功保知縣分發直隸値鹽匪北擾梧奉直督曾文正公檄率勇往勦以功加運同銜提補武强縣知縣初政赫然未幾卒詩文俱散佚

程鵬字九希咸豐己未舉人聰穎絶倫才思藻麗幼有神童之目嘗受知於邑侯鍾公榮光其業師黃安劉崑圃視察尤激賞之屢上春官旋由揀選分發福建知縣歷任侯浦閩縣南安莆田政聲卓著有古循吏風分校鄉闈得士尤盛

# 麻城縣志卷之二十

## 耆舊第三

### 文學

毛鳳起字瑞東號道峯爲縣生員究心性命之學聞陽明先生倡道東南徒步從之居數年有所得歸而授徒作心學圖致知說以淑人士先生之道以誠敬爲入門以踐履爲實地嘉靖壬辰詔舉賢良敦行遺逸之士有司以鳳起應辭不就知縣陳子文築道峯書院復其繇役以居就教者益眾鳳起德性和易志行高潔孝友敦睦老而彌篤崇



禎年間後人奉其牌位於五腦山明德堂祀之舊志

邱齊雲號謙之以弱冠領鄉薦嘉靖乙丑進士年方廿四任四川富順縣陞戶部郎出爲潮州知府其致政時年僅三十八宦情甚淡惟寄興詩酒耽情遊覽刻有吾兼亭集粵中稿國雅中選集子坦另傳舊志

劉諧號宏源隆慶辛未進士選庶吉士改兵科給事中外補福建按察僉事遷餘干知縣喜獎寒士居鄉折節後進抗上而不慢下年未冠作西湖律詩百韻人競傳之舊志

周之夫號赤城思稷子萬歷丁未進士由推官轉禮部郎

出任温州知府分考浙闈得潘曾紘陸鰲陶崇道時稱知人工制舉業有青袍塾隱諸草行世

熊吉字子敬進士經之孫舉人夔之子以明經爲南陵訓導課士有方督修城池收瘞暴骨縣人德之陞璧山教諭不赴解組歸與毛鳳起劉承烈等講學邑中著有柏舉文集歸來集青霞集麻城縣志畧子應渭知四川峩嵋知縣

王可任號重菴縣學生員少喪父有弟三人俱乳稚可任且讀且治家撫弟供母十餘年稍長學問日裕德行日修當時知縣穆公煒雅器重之入闈不售遂棄舉子業留心



理學之奥與周石潭耿天臺相友善晚年著讀易便覽與紫陽相發明卒之日遺命示後云生無益于時分也死無述於後過也循分安遇守常俟命吾何求哉嘗慕蘧伯玉爲人因自號知非子云子成位中萬歷丁酉鄉試 舊志

曾嗣禹字羽侯娫之孫生而穎悟讀書目數行下爲文不屑拾人牙慧年十六補邑諸生嘗慕三吳文學扁舟南下與嘉定侯雍瞻兄弟汪無際李長蘅爲文社屢爲宗師葛屺瞻所賞戊午舉於鄉禮經進呈數上春官不第旋因親老就銓金壇學博又與婁東張天如金沙楊維斗張公亮諸名士相往來崇禎中居憂於家值流寇薄城嗣禹率邑人登陴固守積勞成疾而卒著有穆如堂文稿聊爾草詩稿以其餘力爲篆籀金石俱臻妙品又手輯歷代賢人君子嘉言懿行可施諸政事者裒成一帙日置案頭以備省覽 補增

邱坦字長孺萬歷丙午武鄉試第一官至海州參將旋棄官歸坦善詩工書書極似米顛與梅長公李孟白劉同人時相唱和所著有南北游草楚邱集度遼集諸詩

萬吉齡字叔廸萬歷武進士官黄州都司壽九十四爲人



温厚書法倣詹景鳳晚年尤佳

周損字遠害號迂叔少與劉侗善共硯席者十餘年侗入北雍損從之遊共著帝京景物畧選詩皆出其手登崇禎己卯鄉榜癸酉會試副榜授饒州府推官饒俗多盜下車捕數十人盜爲斂跡值馬士英兵過樂平民苦其擾聚衆殺之英怒欲屠城院司議執殺兵者以獻樂平民將鋌而走險上司檄損攝縣事損單騎往諭民皆投戈乞命損曰隨吾來策汝以不死從者數十萬人既至上司仍前議損曰兵民互殺適足相當復重戮吾民以激之乎今國用告

匱若以償金論未必不從如不獲命職敢任其咎民聞者歡聲震天損首爲捐俸歛視民貧富歛之共得萬金以報且許續金若干乃得不屠及索所許損屢以空文婉拒事遂寢損博學善詩文疾革時惟勉子力學敦行無一語及家事

曹應昌字石癖一號石霞幼聰穎爲文倣徐庾不事家産己卯舉鄉試第一癸未成進士授嘉定令放懷詩酒不修吏治會巡按考察問刑名錢穀幾何應云文章頗能幾句簿書非職所長因左遷閩鹽官首領値鼎革解綬歸里讀



書立浪園洪閣部人楚聘之與譚知其無意於世聽歸晩歲研精佛乘益磊落自好其父自明宦永昌至順治十七年雲南入版圖始聞訃負病奔喪一時仕滇者慕其文名高其孝行卒贈賻爲經營而同鄉楊司李兆傑尤力平西藩王亦厚贈予郵符故得達永昌奉其柩歸先是同郡何閎中督學滇南亦殞永昌其後人零落無可爲扶櫬者應昌既奉父柩並挈其柩歸北至昆明應昌既病且勞亦卒家人慮道遠喪多欲置何柩比行應昌柩獨不發其家應明祝曰特非爲何先生乎當偕行爾乃發應昌與何並非

親故聞者益嘆其義卒年五十三著有蔬堂文集等刻行世友人魯紫涯爲作薦福清詞有曰少登仕籍一肚皮不合時宜晩事空王百草頭無非祖意又曰君親師友之誼經百折而彌堅筐篋田宅之謀只一麾而不顧蓋實錄云

謝天眷字夢膏爲人不循尺幅磊落有概從周思久遊受業於耿定向之門潛心理要識者一見即許爲大器尙氣節而不落於任俠談名理而不溺於章句馮少墟鄒東皐高景逸爲理學宗均與之游

毛可學號思溪爲縣生員敦尙躬行倡明正學以孝友著



聞凡學使至楚俱以眞儒優奬年七十三卒崇禎年從通縣公議與劉承烈並祀五腦山明德堂舊志

劉承烈號拙齋爲縣生員幼喪父稍涉章句即以聖賢之道爲己任從耿定向講學甚加器重縣中無論童叟俱稱爲拙聖論學以格致爲宗著有同道錄格物解聞見錄等書行世府志

附論格致書所示格物說大有發明但歸重在誠意則不容不辨格物至善也此明明德於天下的止處亦起處也知在格物則本末終始俱在何容單提以示重乎即以意論所謂欺與慊自意中異耶自物中異耶夫曰意已發矣待發而審其幾此有對之獨也反之此中有通徹而無二體者惟此一物知不在格物將爲無所不

至之小人此君子所必慎也惡臭好色之好惡分明晝出物格知至來不止此也正心治平天下夫子縷析條分功化偏弊所由皆不出好惡蓋物情無窮惟好惡足以盡之然非格物而欲好惡之無僻難矣舍物無意舍格無誠舍致知在格物無必誠之意謂誠意與格物並重乎前賢以誠意為人鬼關亦以知之致處為關致在格物則發之意必誠不在格物則發之意必不誠見知之關於意者大而格物之關於知者猶大也後學錯認意為關致不勝異則不得不從事於研幾功愈煩難而意愈不可誠矣

鄧楚望字震卿號東里嘉靖己未進士歷禮科給事中河南道監察御史遠之孫也祖孫俱為臺諫抗直敢言世濟其美後以言事忤旨出守順德旋轉浙江觀察使年未六十致政歸依始祖學博公鄧泰祖墓營近聖居曰俾吾子



若孫世世聞宮牆鐘鼓也適有叛僕挾贖千百成羣公上書大罵使家人可汰在市棍不在田夫眾罪當懲在勢家不在小戶云云主僕之分賴以正至今稱為優游林下賞花賦詩築百可園自娛著有詩删續稿及詩城摘錦紀聞笑林等書子茂林字仲翔兒時聰穎英年淹貫百家數困棘闈遂憤棄舉子業服古敦行師事袁某袁諸子不肖以百金私付茂林囑好存貯為身後計袁歿即擕金為治喪具其子續曾徽曾暨孫輩均克繩祖父武忠厚傳家 舊志補本

康熙邑志

梁宸字西橋少穎悟嘗館太史童承叙家童偶閱漢書有遺失宸悉記無訛成童補廩三讓貢與年長者卒就廣文與吏部許深相善囑臨選時自擇書付小史相示宸面允心否曰有命乃簽成都僻遠許為扼腕旋欲致其子補廩餼宸確辭曰年少當力學功名易得亦易失也 府志

周應明字子艮號瀛海萬歷辛卯鄉試第五壬辰會試第四授禮部主事卒於京美丰姿一目重瞳倜才博學能文著有詩文草為世所稱尤工書法繪事 舊志

王兆雲號赤岡嗜書築樓名垂雲藏之交遊悉江左名士



著有王氏雜記八卷明詞林人物考十二卷鷰座新書八卷王氏青箱錄十二卷烏衣佳話八卷子陞號酉陽工書法 舊志

劉師召號魯橋講學著書梅侍郎國楨出其門 舊志

周世遴字伯譽工制舉文臨川陳際泰以制舉文稱大家其序麻城周伯譽遺稿云周伯譽何以死而竟死矣然伯譽未嘗死且惟伯譽可以死也予閱人未有如伯譽者酉安徐子卿其幾是乎子卿售而伯譽夭伯譽夭而諸人壽昔數之不可測者余生平性嗜子卿冀復得一子卿而伯

譽則死矣非子卿而售非伯譽而壽亦獨何哉舊志
王都俞號在明所爲制舉文才思迅發張天如顧麟士楊
子常吳次尾等相與交善咸推重之舊志
周延齡字大年總角即有才名清修耿介甚有雅操其父
制歷仕陝浙竟不一履任所惟以麟經教授閒閈邑中俊
秀多出其門遠及滇黔千里負笈受業見重於督師丁啓
睿迓之帷幄一總戎希陞遷持鏹五百兩托關說於丁詢
之果稱其職乃爲力請得允御其謝金日受之則非公其
不苟類如此明末輪歲薦不就士類高之其子長統纂有



麻城春秋文選行世其家學也舊志
劉侗字同人號格菴爲諸生即見賞於督學葛公禮部以
文奇奏參同竟陵譚元春黃岡何閎中降等自是名益著
聞崇禎甲戌捷南宮授吳縣令之任卒於維揚舟次初客
都門取燕人于奕正所抄集著爲帝京景物畧八卷其所
爲詩制舉藝先爲武昌孟登刻於蘭陽名龍井崖詩及雉
草後韶光三十二義爲譚元禮刻於德清爲人以千秋自
命不苟同於世其詩文多幽古奇奥蓋復社中名士也舊志
昝晟號秋崖明歲貢前御史之賢子博學瑰行爲縣名士
所著詩文極富散軼殆盡閩人吳興泌爲立秋崖逸老傳
載文徵舊志

國朝

王汝霖字用肅縣諸生少有文名爲文援筆立就督學王
發祥嘆爲當世史才知縣王潞嘗以縣志屬之纂修會遷
去不克投梓稿藏於家庚戌志成多所採取府志
周禮字在魯順治己丑進士會詔進士有願從軍者聽禮
從大軍下廣東授高州知府遇事果斷不畏彊禦清理冤
獄忤上官放歸以詩酒文章自娛家無擔石晏如也與黃



岡奚祿詒同修府志著有蝶園詩草年八十餘卒舊志
鄒知新字師可幼穎慧苦學不輟長而能文由舉人順治
八年官襄陽宜城縣教諭作士有聲督撫巡按互爲薦舉
平時尤講求吏治旋陞山東萊陽縣知縣以解逃違限解
任歸田誦讀自娛著有縣志一十四卷文簡事該惜未付
梓今志多所取證焉舊志
鄧艮燮字理豊康熙庚子歲貢邑令吳顧行延掌鄉學十
二年訓課有法續刻西陵課藝一時知名士多出其門乾
隆己未選蘄圻縣訓導兼教諭事修學宮大興文教致仕

歸里公舉庚辰鄉飲大賓年九十四卒
徐家麟字遠聆康熙癸巳舉人以明通榜補孝感學教諭後任均州學正嘗贊理縣令吳顧行葺義學置學田刻西陵課藝縣東桃林河倡設義渡請諸官製文勒石免其差派至今稱利賴焉生平善詩古文詞惜散軼往往見諸他集
程均字和安康熙甲午舉人任桃源教諭署常德教授教士懇摯辨祭誠敬諸弟子員受業陶者皆列巍科歸後囊空衣敝晏如也



成撰字西翰號豫三康熙壬子副榜任枝江訓導撰篤志潛修邑中知名士多出其門耄而猶勤同知彭欽嘗以武公耒老額爲贈撰自題聯云身經五世太平日眼見四君全盛時年九十三歲卒
李遠字遐彰康熙乙酉舉於鄉任嘉禾教諭巡撫延主嶽麓書院口講指畫多所造就遷永州教授年八十一告歸
楊世泰字以祉同知王庭子邑諸生以次子會官贈訓導究心經史終日杜門孝友性成湝和共仰公舉鄉飲大賓年八十有九眼觀五世才萃一堂相繼遊泮明經登科從仕人咸稱教學之淵源云舊志
楊晉字順之世泰三子早食餼有文名集稿刊行士林心折子知數字極其年六歲而孤肅遵母訓十二歲督學奇其特見取入邑庠次年食餼拔送江漢書院諸大吏咸器重焉日與名宿詩文往來著有詩稿及春秋文選行世舊志
李春江字公楫少聰頴以神童名十三歲冠童子試次年食廩餼年十六拔貢廷試第一嗜學慕古鮑子知譚友夏劉同人艾千子輩均與爲友改投武昌縣教諭舊志
李中黃縣增生少孤事母孝撫弱弟極嚴博極羣書富著



作知名士心折焉著有逸樓四論逸樓焚餘詩舊志
李中素字子鵠少孤性孝友慷慨好施以故家益落工詩文兼長於書畫由歲貢投湘鄉教諭爲嶽麓書院長卓異陞閿縣知縣閿多欺隱至則請按戶清糧自封投櫃由是歡聲載道上吏頒式通行之隨以廉能調臺灣值野番跳梁計擒渠魁餘黨悉平卒於官麻城明季多逸才若劉侗同人曹應昌石霞梅之熉惠連其表表者中素並時人往往以經義取科第而中素獨治詩古文尤工書法其先後應和者有曾大濩尚白李佐良哉劉振鐸省吾皆以著名

一時舊志參省志

董天策字克勤康熙壬申歲貢參議公應軫五世孫御史紘之元孫以春秋教授遠近學者稱柳溪先生知縣姜櫄特致尊禮顏其所居室曰名重江都著有四書制藝春秋文稿柳溪雜稿藏於家舊志

周維秬字錫卣號巨公順治庚子舉人康熙癸丑成進士授河南沈邱知縣未赴官而歸少穎慧博學能文端方孝友康熙庚戌縣令屈振奇修縣志秬多所參證都門麻城會館創自前明至是幾廢秬約同人呈訴都院查勘舊基



修理房舍渺石存記士林至今賴之著有蓼園文集藏於家舊志增補

李佐字艮哉號螺峰縣學生好讀書不修邊幅工書法尤善吟咏著有坡隣堂詩集

李之素字雲山歲貢生山居積德讀書動靜必由禮義堪爲後學式著有省身輯要二十二卷孝經內外傳六卷等書行世子煥成進士

熊調鼎字繼周胸襟曠達與物無爭尤時自警醒嘗自題齋云飲酒看花才到二分便怕與人持世合成三反方安其敬愼葢素履也以歲貢銓選訓導不就教授生徒多方開示里邑望其衣冠者皆曰我家先生家無宿糧勤於學問輯有廿一史提綱今古文改釋文石客問諸書

胡鉉字勳鉅號震軒廩貢生曾祖公國崇禎庚午舉人祖躍龍順治壬辰進士父文址年十二入學食廩餼貢入太學鉉少好學通經術易義尤精壬申鄉試卷亟爲房官陳龍友所賞薦不售遂絕意科名益肆志於詩古文詞善衡文每考試論斷諸生等第高下發科遲速輒奇中性孝友撫弟錀成立訓誨勤懇始終如一居家嚴肅遇子弟過誤



雖年長必加飭責未嘗有恕辭知縣劉希向甫下車訪縣名宿往謁首舉弭盜安民數大事悉蒙採納既乃匿跡山村絕不通欵曲縣益重之後卒躬奠其廬著有端池文稿六卷霞軒詩集二卷藏於家子潛瑞縣諸生翔霱乾隆乙酉舉人內閣中書任杭州通判翹霜舉人著有楓園集

程九萬字鳴玉生員若渫子幼聰俊博覽負文名與兄弟瑗琮璘等師資切劘文詞下筆立就豪邁稱首族伯渭南家素豐因乏嗣伯母阮氏以賢以愛立九萬爲繼數年族人奕聳阮氏以渭南嬖婢晏姓有數歲子謂其遺孤訟計

購來更立之九萬乃即日束裝歸退然返處晏如也攻苦積學弱冠就學使試已入彀因脱字中落使者榜示遺珠之憾賫志以殁縣人惜之

甘學洵字鳳川性遲鈍有經史癖家貧不能具書每乞假於人手披口吟咳血數升不輟至作文講説𣃁擱束前言沉思冥索所見解悉從靈府瀹出貫之先正實有發明卒困諸生著有鳳臺文藝四書啟蒙二十九卷

侯天柱字宕峯乾隆丁卯舉人曠達不羈善談論口若懸河胸無畛域教訓生徒娓娓開道無不沁人心曲學者多



受其益

李巍字奂川增生性孝友父病痰手足不能運巍左右服侍廢田園延名醫其後家益落兄弟同心財物不私己兩弱弟賴以成立愛讀書尤精古學頗得王父鵠山遺意以上舊志

馮士彬字偉文天懷坦直行詣高潔以明經應銓訓導不就交游勸駕笑謝之曰予性迂拙不宜仕也人有就正者無遠邇必直言無諱嘗自言曰人來相質是知我也質而弗直是負人也直而不受乃人負我也寧人負我毋我負人其剛方之性至老不渝年九十而終

程琳字美玉號南坡琮之弟乾隆辛卯舉人任公安縣教諭老猶能文尤工書法得米董遺意晚年目眊猶能握管作字不失尺寸壽至九十八歲

鮑鵬乾隆戊申舉人博雅篤厚爲文踔厲風發迥出塵表程墨尤膾炙人口誘掖後進一時學者奉爲圭臬袁金溪給諫梅庚村中書皆出其門

盧蔚之字鬱齋拔貢生淹貫能文尤工書法仿率更體得其殘翰者今猶寶襲之同時張廷柱袁作梅俱學蘭亭筆



意各相埒而靈波廷柱字學寶晉尤超妙

甘芝檢副貢生文孳前明諸家深入堂奥汪步丹稍後出講藝一以清眞爲宗皆有文集行世

余逢字瀠泉邑增生博通經史好學深思少師羅田名宿吳士魁先生得其宗旨務爲艱深奥衍之文不屑蹈襲近尚受知於鮑覺生督學文多摭諸子語鮑深異之驗益勸學從袁金溪游於江漢書院年已五十餘文益高而遇益晦久困棘闈叠薦不售退而課族中子弟於祠塾成立者衆有知人鑒少有許可其所賞異者輒非凡品著有史論

救荒條約家訓遺規文集藏於家

蔡錡字伯容歲貢生敦品勵學博通古今一時後進皆宗仰之享年八十二歲

吳黍來歲貢生爲邑南宿學博覽羣書兼善星學其言事多驗好獎勵後進著有碎琴集

張世鎮號南極邑諸生好學深思夜以繼日與袁金溪同學白臬之中院數年袁兄事之負笈從遊者不計束修人皆以夫子稱之晚年博極書史精明易理輯有歷代名臣錄三才合一說



汪錫朋邑廩生穎悟好學循循善誘故從遊者衆晚歲兼通內典善養生註有心經解功過格詳釋一貫錄

楊光鎮胡兆鼎一爲道光丁酉舉人一爲庚子亞元宿學耆儒皆以晚遇講藝根抵經術不屑爲浮麗萮靡之音以投風尚卒亦成名從兩先生游者多知名士

程焜曾德楷從子道光壬辰舉人聰穎逸羣幼有神童之譽領薦方弱冠未幾以苦學嘔心血卒士林惜之曾應綬者曾之比鄰也好學能文以道光庚子中式榜後赴省謁薦舟行至武湖爲大風覆溺死尤可慨也

楊正楷號靜庵同治乙丑　恩貢性迂貌古篤學無儔家貧成童後始讀書父慮其妨農而母勸令讀師事同里宿儒田子元嘗聞爲人之方師言宜從一誠字做人由是佩服終身[illegible]務窮理初講明來氏象數既博稽諸家乃宗漢易虞氏說凡行止坐卧見客接談畢輒嘿然少頃口中喃喃聽之盡讀易也閒治詩古文詞無凡響嘗仿樂天體爲新樂府十章以議時政知縣鍾麟臯深賞之且性篤友于爲鄉黨所稱田師卒貧無嗣楷每分束修貲以養師母與爲終始焉



陶露柏字仙崧歲貢生前歲貢祖淵之子學贍品端士林欽仰嘗主講萬松書院邑令失於尊禮柏毅然辭不就報以啟詞義嚴正令踵門謝乃已享年八十餘猶好學不衰士林多沾溉其遺惠者

張文藻字華圃道光丁酉拔貢賦性瀟灑喜音律工書法詩宗韋柳古文得歸方門徑少受知朱九香督學時金溪袁公主講江漢書院深器異之久淹棘闈晚年優游林下嘗與同里明經李賓玉相唱和獎誘後學材彥多出其門著有小山書屋文集琴泉詩存稿藏於家

詹兆朱字曉村副貢生厲志績學務持大體從游皆一時俊彥少遇異人授以壬遁孤虛之術談占驗多奇中又窮兵家言咸豐初粤匪亂作朱首倡團練於東鄉襄助者半其門弟子以功保教諭性沖夷從無急言遽色垂老而進取之志不衰壬戌中副車年已六十有八閲十年後猶擕二子赴秋試以風疾卒於寓幼聘鄭女性愚騃女家恐非偶願退婚朱持不可迎女於家頗矜恤之女旋卒乃繼娶時人高其義謂其後之子姓蕃衍爲厚報云文稿藏於家



# 麻城縣志卷二十一

## 耆舊第四

### 孝友

明

趙説性孝友以詩書教授生徒父母同日歿説號痛極哀負土成墳人或助工哭而辭之廬墓六年有二白鵲來巢馴繞墓門正統中旌表府志

梁庠母病篤身不離榻衣不解帶者三載有古人所未爲者里中稱爲苦孝舊志

周志生係遺腹母董氏卒志廬墓三載大府嘉其孝行錫以聯云母氏劬勞四紀孀居貞節義子心純孝三年廬墓繫綱常府志



喻治毛性中鄒學成夏思鎮俱割股救親喻廬墓三年府志

熊廷岱庠生母死廬墓三年萬歷甲戌知縣王三宅旌其閭墓在古城碑猶存人稱爲孝子墳

劉守蒙字文阿縣諸生莊襄公冢孫以恩廕讓其叔父深以世廕讓其弟守孚人以是稱其友讓以苦學夭折士林惜之妻毛氏郎文貞詳節孝傳

劉天閒號御華領鄉薦春官不第遂絕意仕進素以孝稱
父母歿廬墓三年鄉先輩爲之圖題贈甚多後人稱其地
爲孝子山子君顯亦以孝稱明季倡立雁門砦以禦流寇
曹石霞嘗爲之贊

邑人周禮劉孝子廬墓圖跋仁孝之事出乎天性然傳之古人則信傳之今人則疑非君子之用心也有明啟禎間吾邑東山有逸民焉號劉御華以廬墓之誠孝致前輩諸鉅公先生多有題贈盈乎卷軸予不及見其人而讀眾先生之文其古貌古心恍然得之筆墨之表今其仲子劉君顯年已八十有五過我山齋出此卷相示誠足觀感也君顯於八旬外甫生一子方及四歲則劉氏一綫是天之所以報仁孝又孰謂善可爲而不可爲也哉率書此於卷末以附諸先生之後時康熙二十八年仲夏蝶園主人書於石橋草堂



邑人曹應昌劉氏孝德圖贊劉氏孝德廬墓號烏誠分天格淚與血枯爰立雁門保全億兆歷元徂明禍屏福召厥裔君顯孝忠若儼抱圖而祈金書玉檢我師徂征讙然協聲惟爾劉氏孝門無驚我出爾守用念爾祖

國朝　孝友

顏時熙字亥文父病篤割股救之而愈　通志

驗釋庠生家貧遊泮後益讀爲業兄弟雖析居所得修金均給諸弟

鄭遐昌東義洲人親歿廬墓三年素以孝著康熙乙未邑侯金廷襄親詣昌居獎以其孝可風額

劉汝林兄弟四人林居次各分爨汝林貿易遠方歸置田三十餘石將田及公共居屋盡與兄弟等再出外復獲利然後自營產屋其妻洪氏因夫外出晝夜紡績亦置田數畝見夫歸囊橐有餘遂以自所置田付祠堂作祭產人共稱林之友于洪之慕義焉



鄒德智庠生生平廉潔退讓敦行孝友好古博學知縣吳顧行延爲學師生徒甚眾康熙戊戌以病卒年三十有二妻戴氏自縊以殉邑侯請以鄒德智從祀文昌閣并其夫婦節行詳請上憲贈文章節義額

何佐縣諸生家貧事母能孝甘旨罔缺每携子同戲以娛母投徒遠方念母輒徒步百餘里歸省無倦色母卒佐痛幾絕合葬父三會墓右天大雪夜半成冢佐不忍歸冢旁

有枯樹中空佐坐卧樹閒凡十四日族里爲草蓬居之佐朝夕哭奠服闋仍廬墓知縣吳顧行重其孝弔唁常賙之竟卒墓側

袁藻元庠生父病秘結月餘百藥不效勢危劇跪榻前啣溺管吸兩晝夜乃通其父痊活數年知縣屈振奇獎以額曰曲全子道知縣姜𣙜旌其門曰孝全三禮

陳發祥行人司儒樸子幼失怙事母黄氏孝母卒葬陳家河地離家三十里祥廬墓三年

彭韜字丹廷少失怙家貧母苦節韜稍長讀父書輒泣下



母性嚴奉命惟謹及舘河南諭妻鄒氏奉養不離左右後韜成進士不肯遠宦就安陸教諭以母老便於迎養其至性始終不渝云

蔡愼思字二餘歲貢有愼德尤篤於孝父生員蔡瑗講學至夜半倔偻據案寐必敬立候覺父病侍湯藥不懈帶者經年旣歿哀思盡禮三年寢柩側母毛氏素畏雷愼思聞雷必衣冠依膝下夜則起侍床前嘗應試在外聞雷輒跪泣同寓友咸歎服妻鄒氏孝亦如之足稱兩美其長媳胡氏孝事公姑姑患氣痛甚劇氏私刺肱血和酒進服痛立止姑頭昏氏登樓取菊墜折肱恐貽姑慼忍呻吟旋愈人謂孝以感孝云

胡有才家貧爲人傭工每得肥甘必攜歸就養母病割股和藥救之父衰老成瘻疾才抱父足睡者六年卒後復廬墓

袁雪梅篤實愿人事母孝母歿葬深山中雪梅廬墓三年雍正十一年知縣李作室贈匾旌之

張廷化父在乾有瘋癲疾往市恣取酒肉不給價而去之廷化自忍饑寒訪父飲食處如價付還毫無怨色凡二十



餘年爲父故長齋拜斗祈疾愈聞者嘖嘖稱孝

歐陽鉉字南山至性純篤七歲失怙母病半載鉉奉事不離左右夜則號泣祈禱兩割股以進母尋愈童子何知孝愛根於天性也

尉賦字士朝父病羸性多躁急所欲皆先意順承病篤醫云便之甘苦可決生死賦每嘗試不以爲穢禱於神割股肉進父卒寢苫枕塊甘旨屏絶繞柩哀號者三年

商廷周村家農也甫十齡父歿母夏氏年五十攖凤疾家貧爲人牧日得十錢資母食長傭工里左朝食母後出日

未耶而已侍側矣母既昏耄多得罪隣里廷周輒踵門謝泣請罪隣亦爲改容焉後母益衰夜患寒廷周先抱衾同寢㬉衣取溫歷二十餘年如一日母九十四歲卒其送終諸事悉如禮廷周今六十四歲言及其母未嘗不痛悼欷歔蓋其天性獨厚也

劉洪元劉飛遠之季子甫三歲父遠貿稍長詢知父遠出輒思慕欲往尋母以其幼堅止之已洪元成立即慨然曰天下豈有無父之人乎老母既有兄侍養天涯海角我必往尋不得父誓不歸由蜀而黔而滇城縣村墟無不徧歷



至南徼關於店中殘籍見父名知父出關已久遂裹糧躝足冒險阻以往嘗一夕憩大樹下夢一老僧若爲指示迷途狀遲明遇老僧與夢符異而詢之僧告以其父所在如其言果見老叟操鄉音乃其父也跪稟曰大人安乎兒洪元至矣老叟矍然起呼洪元小字爾何由來此爾少患癧體有疤瘤試與捫之信因相持大慟然父初無歸志洪元朝夕泣請懇父父遂委曲勸諭始許束裝山路崎嶇負父以行五六十日抵水次賃舟東下踰兩月至家家人相對欷歔有如夢寐時雍正六年四月也飛遠歸年七十五在外三十六年歸家五十日壽終

李重貴懸鐘區人齡餘喪母及長父死送歸山臥墓旁不起其兄貧窮臥地亦不起於是廬於墓側在深山茂林中絕不與世人往來三年畢因思已少失恃未盡子心復廬於母墓側食長齋服齊衰三年其後竟不歸娶將所得田產付其弟兄自攜錢十餘緡付懸鐘廟僧與之同淡泊終其身以報親恩重貴稍識字文理却不甚通而能篤於所生如此

鄒廷翼國學生性慷慨磊落母嘗有疾翼徧求良醫百藥



罔效乃焚香告天割股食之而母疾遂愈後其父病亦如之益其計無所出委曲廹切之情有不能自已者

姚大志伯父琰與父坤友愛同居琰無子志事之如父素嬰痼疾志侍湯藥及卜禱備至未效乃刲股和藥以進琰病遂愈

熊元璧字美盛國學生其母婁氏於雍正丁未年病甚時年已六十醫藥不愈元璧偪側禱於神將左手股肉割以啖之母病遂痊至辛亥年母又病如前元璧再將右手股肉割以奉母母得無恙因享高年

程世和之子程秀因母患病已入膏肓百藥不效秀割股煎湯以進母病遂愈越二十一年始卒

張志遠太史會謹之甥也弱冠苦心力學父病篤醫藥罔效遠割股救之病乃痊竭力甘旨數十年如一日

儒童陳哲州同陳光裕之長子儒士陳文質之孫四齡失恃聰慧過人事兩繼母以孝待異母弟俊傑尤友愛奮勉讀書共期顯揚之孝小試屢拔前茅未及成名而病卒年纔十九歲 均舊志

李法元監生事母以孝聞先意承志每出外雖深夜數十



里山徑叢險亦必歸未嘗一夕離母側宗族咸稱之道光間母氏苦節得 旌爲建坊於二里河區之南岡並捐置祀田於側其坊崇大顯耀爲本鄉冠

余貽智字承源事嗣母李氏以孝稱母少年守節無子請於族長爲立嗣然母性剛嚴又無貲產他子弟莫肯爲後者貽智重母苦節願嗣之母小不適即盛怒怒輒偃卧不食智跪榻前母起則起母食則食家人非智莫能承意旨智元配汪卒慮繼娶者不能婉順承志遂不更娶立兄子謨高爲嗣養母終身母年七十餘智近五旬跪榻前猶昔也今智之孫曾讀書起家登賢書游庠序者甚衆人以爲節母孝子之報云 兼詳節孝李母傳

五世同居熊鍾字允藺貢生父世城母陳氏繼母徐氏皆誠篤有隱德鄉里稱其賢鍾與妻李事之盡道弟五人監生鉉生員國珍聲亮鑠鏻皆有學行而家事一稟於鍾鍾亦身任其勞至老不倦一門之内雍雍如也蓋鍾之先世皆孝友廉讓伯叔昆季不異財者已五世矣鍾能守家風而益以誠謹溫裕子孫衆多鍾教育之皆恂恂率訓云

六世同居郭尚道康熙中其祖始遷居路口道兄弟三人



兩兄繼歿子二姪六視姪猶子道光間同堂六世親丁合百餘口無間言歲飢嘗買穀千石以救荒又於皖豫通衢修橋路甚夥丙申歲官紳上奏請 旌建坊

五世同堂熊之義字吉暉監生幼讀書以居積致富性儉樸而待里黨甚厚教子孫尤整肅咸同間親見曾元五代自先世以孝友相承代稱雍睦暉年八十餘猶聰健同治五年 欽差大臣將軍多隆阿統軍西征自江南來路經麻城熊居臨孔道暉率子姪孫曾數十輩以牛酒犒師躬迎道左將軍以爲知禮歡甚爲留一宿席間樂與談農家

言臨行特解所服衣並自用羽扇一柄持贈以寵異之邑侯楊宗時題五世其昌額以贈其家累代皆享大年吉暉父文杰壽九十四母陳壽八十二暉壽九十一妻九十二卒時其長子亦將八十遠近稱爲善門

鄭焜鄭炳監生兄弟孝友四世同居尤好施與埜花山爲南路通衢居民常苦里甲之役焜兄弟捐田以辦公區眾感之泐石胡家涼亭以誌

任德紹幼失怙事母以孝聞母失明凡出入扶持必親歷久不怠宗里咸稱之母卒事叔母一如其母紹弟德昌嘗



於病暈時見二豎相持赴冥府適紹呼昌名豎驚曰孝子至矣遽釋之乃得蘇病亦旋愈

汪亮功事親以孝稱親歿廬墓三年後棄家入木子店定惠寺茹素持戒終其身

胡中桂拜郊區人咸豐間髮逆擾麻桂年十五與母兄名廷瑞被擄桂赴賊營易兄歸旋亦逃出同治間復聞賊警母金氏卧病居人奔散桂獨侍母不忍去賊亦不果來

李炬之父和春早歿遺腹生炬事母孝母卒廬墓三年

監生陳啟順事孀母朱氏克全子道母老久病順不出戶庭躬親湯藥寢食未嘗少離母卒登上壽

石陂區黃士華家貧母寡又久病華侍養罔懈母歿刺指血寫經爲母懺度子學乾行如其父

黃士旺石陂區人祖父年耄手足不仁旺善事之牀褥污穢親爲滌洗絕無懈志旺歿後長子學瑞事寡母亦以孝聞

王其文家貧事親孝謹母陳氏癱瘓文親奉飲食藥餌纖溺亦自滌之十二年無倦色同治三年髮捻猝入境文侍母疾不去被殺母亦餓死



袁學順家甚貧同治初父客死漢中順聞之乞食往尋父尸中途聞警不得入仰天號哭因念老母之食遂反年餘再往至興安聞歲饑人民相食又反壬申冬復欲往旅資無出徧求親友得錢十千冒風雪行幾兩月抵漢中訪葬父劉姓者適他往尋至鳳縣遇之告以處啟塚見殘骨痛絕復甦以囊負骨歸葬凡三往返計萬二千里其奉母尤竭力粵匪至負母逃難遇賊不屈受害人咸稱至孝

夏仕和事母孝母沈氏中年染疾不能行飲食溲溺皆藉和奉事無稍怠至歿喪葬盡禮後遇賊不屈死

王維盛仁美區貧民幼失怙傭工養親美食遺母傷父墓孤夜常臥守母卒哭泣甚哀買棺暫厝遇人毀屋棄灰拾積之春以葬

晉纓彬邑增生袁家河人性孝友家貧以所得束修養親其餘分與兄弟同治癸亥遭賊難山路崎嶇負母匍匐行被執至賊營粮食俱廢涕泣不絕賊問故告以思念父母賊感其孝送之出營途遇風雨負病歸未幾卒

彭魁字殿元父泰來病篤魁親奉湯藥日夜不倦祈禱願以身代寢食俱廢父歿魁廬墓涕泣不輟母金氏年九十



餘親調甘旨必伺母食畢而後退母歿逢人論及事親或講學至孝弟章必泣然流涕族里多化之

尹志福貧極雖隆冬以草縢裹足乞食養母母老無齒嚼而食之母病不能行常負之遊母八十餘卒福哀毀骨立終身不忘

楊作棟監生占春之子同治癸亥二月父子被擄賊欲殺棟父棟泣求代死賊怒曰汝欲活汝父非多金不可限一二日汝不來吾卽殺之是夜賊放棟出時大風雨行至高岸河過督兵官王詢知賊情勸棟勿往棟泣曰父死於賊棟何生爲遂冒鋒入賊曰汝來無多金豈謂吾不殺汝耶棟曰情知必死但求勿傷吾父賊曰孝子也兩釋之

李銘生甫六歲其父躍龍病故卽能盡哀盡孝母阮氏苦節撫孤年九十二而終銘時已七十矣孝養之誠數十年如一日銘長子作舟溫凊定省亦克先意承志次子巡檢庭桂順事父母克友長兄夙夜奉公時行方便銘年八十四卒大憲贈給孝友端方額至今人咸稱之

軍功周煥文汝王區人樸誠孝友母中染瘋疾飲食起居不能自主文與弟武盡心調護五載如一日母病旋愈父



廷桂因屢試不售投筆應募未遂其志數年不歸文命弟武奉母身往尋父武爭往由陝入川尋請父歸不從隨侍數年父歿於潼川中江武淺葬於塋中藏以碑欲歸家鳩貲往搬父櫬行至石泉而歿文聞耗痛絕奈母老難離至同治元年母服闋文時六十三歲沿途乞食往川路逢賊擄文泣訴其情賊憐而釋之至葬所哭尋數日忽一塚土裂碑文現倩工發塚身負父骸轉經石泉搬弟骸同歸經歷兩載計程萬餘里而文卒無恙鄉里皆謂其有神助

袁華祝監生咸豐八年三月賊竄麻父茂梅病篤祝侍留

不去次子文光三子文彥及老僕陳發元見華祝不行亦同守衛賊奄至華祝被執不屈賊殺之其子文光文彥及陳發元救護賊並殺之茂梅登時驚甦賊退鄰里歸見諸被賊戕者尸體多壞惟袁宅有二犬守卧尸側面皆如生

趙錫璘幼事詩書同治甲子捻匪臨境戕及父母璘挺身以代璘被賊殺而父母得以保全時年五十三歲後數年子盈科入泮人皆憫其死而稱其孝行之報

張文蔚字敬輿至性過人器識深厚少從學於從兄文藻旋以家累棄舉子業留心性理守主敬之說因以自號父



病且殁蔚自侍藥以至終事形銷骨立哀感鄰里母羅以宿恙忌葷蔚爲餟肉以饟母恙旋愈同治間粵寇猝逼蔚以羸弱書生負母入山行荆棘中無所苦見者咸訝適季弟天如罵賊遇害母哭至喪明蔚朝夕泣禱於神至三年後母目還光如昔人皆稱爲純孝之感云

李紹先貧爲傭母病告歸採樵易肉以啖母病劇紹先思割肝而不知其處禱於神夜忽自覩胸間新生一痣遂於痣處奏刀得之割少許昏絕於地旋甦和羹進母乃[illegible]年後母無疾而終鄰里憐其貧公購材以殮黃岡謝孝廉助以葬費先俱傭工以償之

程國梓庠生端謹士也祖鳴鶴父兆聯三世皆以割股療親梓善醫求者立往診毫不受謝

楊維合邊堰蘇人母病割股以進愈父病亦割股進又愈最後母病危復割股和藥罔效遂卒合哭絕而復甦

梅錦瑞義合區人天性純孝年十二母病割股以進旋愈壽至八十九而終

歐陽文城字意齋幼慧而孤事母至孝母病割股療之時年十四歲壯年落拓好奇遁入仙佛徉狂以死人咸惜之



沈必達德義堡人兄必連友事維謹兄善病達凡三次割股救之皆愈

吳復燧例貢生幼失恃事父至孝父病篤割股以進尋瘳殁後居喪極哀廬墓三年嘗於墓側見遺金待其人還之

鄭德芳幼孤事母至孝母病割股以救母夜夢神告曰爾祿已盡念爾子孝特延爾壽遂瘳

田克煇父如梓煇出爲叔如溶嗣梓病割股旋愈嗣母暨生母先後病煇均割股救之

程子春農家子性至孝年十七母病貧不能買藥割股以

進卽愈後母歿哀極毁死鄉里賢之

曾汝霖性至孝父病篤默禱天願以身代因割股肉以進乃瘳

丁朝紀母病禱天請以身代割股以進愈後紀病其子廷璘復割股救紀

白光政九品議敘事繼母能孝母梅氏病劇政割股和湯以進尋愈妻楊氏事庶姑郭亦能孝郭病危楊割股救之立愈

戴廷憲弟廷𨻶皆有至性咸豐戊午粵賊陷城時𨻶方㓜



憲攜之出甫及城門而賊已至俱爲所擄兄弟爭死同語賊以母年老無人奉侍請釋一人歸以養母賊義而並釋之

州同范在榜次子藍翎守備世盛字耀廷咸豐丁巳割股救母病愈數載

黃開泰州同銜家猷子咸豐八年粵匪陷城泰以父柩在家命子錦城護眷屬外出已與次弟開第同守柩前俱駡賊不屈死錦城旋以尋父叔回城亦遇害孝義忠烈萃於一門城有學行人尤惜之

唐啟棟本城人性至孝父雄違貿卒於蜀棟年十三匐匍赴川扶櫬以歸途經諸險刻不忍離人以孝稱之

[illegible]

[illegible]好善樂施於本縣城內建萬壽寺助銀

[illegible]於縣北門外建南堂廟助銀二百兩穀

一百石[illegible]義[illegible]斯爲[illegible]先[illegible]傳迹歲久

明

夏子文正[illegible]大荒詔民間出穀賑饑文捐米千餘石誥封[illegible]大夫敕建義民坊 補增

喻儀字[illegible]生以縣不通舟楫漕糧運兌甚爲民苦萬



歷二十四年儀赴請當事奏准永改折色入一條鞭內徵解令碑記尚存邑人推爲義士

田可東字季川讀書靜退尚義好施曾有故人密寄千金其人旋死十餘年俟其子成立還之封識如新鄉里以潛德稱之 府志

周應嵩字子中號中嶽萬歷己丑進士光祿卿宏祖之子少穎悟過目成誦爲人磊落不羈好施予父沒以所市易田產還其主者無算一嘗置數十金於篋爲同塾友盜去家僮私啟友所緘金在焉嵩緘如故置其處終身不言

其盛德事

南京國子監博士踰月得疾疾歸卒

鮑時發諸生敦古處好施與歲歉散糶財捐粥濟餓三年不倦年六旬約僕焚契歸其財產人人多德之

胡公國字爾定號彤廷崇禎庚午[illegible]人揀選知縣未任事繼母鄧氏朝夕不離左右鄧素多疾[illegible]侍湯藥衣不緩帶者經年睦鄉隣多義舉時値土[illegible]猖狂建拜郊堡督丁男竭力捍禦保全數萬人監紀道賈同春縱兵剽掠地方苦之彤廷躬款經畧盧公象昇棘陳訴兵始輯



周檣字若庸邑諸生崇禎十年奉巡撫余建砦邑西梅侯山變遺產備一方之急躬犯矢石禦賊全民十一年有賊犯砦以計擒賊頭目張靖徐槐等解縣巡撫宋臨驗功移咨禮部授河南商城教諭

蔡之瀾諸生好善樂施與本府許文岐爲世誼文岐陞下江防道駐蘄州適賊陷蘄被執不屈遂受刃公聞變冒死入賊背屍殮之親送文岐家鳴於巡按以殉難請賜祭葬賜太僕少卿子作楫年七歲被賊離散僕李文縱肅文卜負之逃遇賊將孤主藏匿俟賊過復負逃他處賊平送歸

禋祀賴以不絕雖二僕之義亦先世隱德之報也

劉仲輔自少仁恕婚之夕有偷兒入室驚覷之乃素所識也輔曰汝以貧至此耶卽檢新人首飾數事給之囑令改行從善誓以不言其妻常問其人輔曰已許不言矣及輔歿有一族子觸棺痛哭其人頗有善行或疑其爲昔日偷兒益愧而改行者也舊志

國朝

周長流字子謙號秋山康熙壬戌歲貢居縣河東河舊有官渡後改於高岸河渡遂缺流捐造義渡置庄田募渡夫



卽名義渡區疊請郝趙各縣令批示豁免區內一切差役子階樹孫士适先是諸姪相繼沒皆有孀婦遺孤孱盡廢流以已業撥給均分後捐建祠堂置祀田遠近祖墓撥田分祭併將各款彙冊請邑侯姜楠鈐印示後楠弁言於首曰人稟七尺軀內以治其家外有益於世乃不負皇天生我意耳濟川舟楫王政所關敦本恤孤家聲攸繫一一區畫周詳纖微悉至觀斯冊也六行其備矣乎令足以法後可以傳不獨周氏一家之訓余喜其有裨風教綴數言於簡端[illegible]李際盛江陵許錫祉表其堂爲六備堂云

年廷對太學生考授縣丞州判厚德載尚僕謝戶教子有
文負千金貧不能償廷對不言且厚恤其家縣有捕盜者
誣致七人獄讞事便詢力白其誣後果得真犯為一族長
教子姪尚讀於孝弟長子對乾隆己亥以耆年　賜舉人
加學正銜三子華篤學力行文生高等食廩餼乾隆己酉
鄉試亦以耆年　賜副榜至壬子八十二歲尚觀光不倦
知府先福贈以額曰信安儒瑞生平樂善曾於唐家灣捐
置義塚修道路橋梁施丹藥所全活甚眾有死而復甦者
性孝友雖自處淡泊於貧乏宗親必隨力周恤有從兄卒



於廣東捐金令其子為歸櫬計歷為縣宰所禮重延主書
院凡修建鼓樓儒學莊嵗經理賑粥多出其手孫輩亦有
遊庠食餼舉於鄉者人以為貽謀甚遠云
張文楷字宜式監生少孤與兄縣庠文正相友愛竭力養
母性好施濟捐白塔河義渡人無病涉七十四歲知縣劉
希向行鄉飲禮延為介賓贈以額曰德綿壽永
劉文泌性孝友為人慷慨磊落言行不苟輕財賙樂施與
至老不衰有古人風嵗歉米昂值有稻數百斛減價過半
濟貧乏貧其生活者甚夥邑宰單言揚深嘉獎之詳請各

大憲贈以好義可風額至今猶存
劉朝驥諸生性厚重里中有李姓負逋身故子亡遺老嫗
欲嫁兒婦償債朝驥急止之退還原券戊戌大饑鄰族乏
食朝驥按月給米其遜行多類此
劉于周之子光表為人端正好施鄉黨有忿難捐資排解
咸稱其義焉
戴德彝字止齋廩膳生舉人珠之八世孫庠生後之子也
讀書勵品著有孝弟忠信禮義廉恥字說以訓族人居屋
田地捐作祀產邑人高之今三里橋戴氏即其後裔



饒日虎順治間人好施濟解衣推食毫無吝色貲薄不繼
妻彭氏脫釵釧並貸母家金以助
楊天佑字國安好善人也修砌道路出穀賑飢且平心接
物翩然有古人風康熙中府尹徐惺題贈天下善士額
程詹禮雍正時人年四十棄儒學醫遂精醫理見病即治
施藥不取值亦不受謝行之三十年活人無算
張一恆號平沙邑庠生嵗飢出粟給鄉鄰貧餓者周數百
戶邑侯丁公獎以品學楷世額
周士義性孝義父維春嘗病痢月餘親侍湯藥衣不解帶

臨危囑以族譜未竟遂捐貲以成父志歲凶貸以周急遇事排解不惜傾囊

金式亨字嘉會偶於河邊拾一囊內貯錢三千以沙覆而俟之旋有號泣來者公問故曰親將逝貸姊家錢以營棺因負姊渡河遺失亨挈囊還之又行市上見過客將五歲子售錢二千分手時相向慟哭公憐之如數給取使完聚歿時預知時日赴戚友作辭沐浴衣冠而逝

王士文字淑明性忠厚好排解嘗於黎明在路旁拾遺金百兩歸恐致人殞命急於各處懸帖招遺金者至慷慨與之有兩少年在門首毆鬭問係索欠即解囊還之當時有



正直公平王淑明之頌

鄭輝朝性淡定有王姓負欠未償反自焚其居而縱老母肆賴朝不與校爲葺其廬更賚以錢穀其人悔且泣迎母而歸乾隆乙巳大祲有任姓乞糴於鄰不與朝延至家給米數斗陰返其錢於米中任姓子孫至今猶感念不忘

李文啟居家孝友凡鄉里爭訟以誠心排解居恆以禮義訓人頑梗多爲所化素精醫不取利並施藥以濟人鄉里至今猶頌其惠

儒士劉湖幼業儒善演易其效如神後棄儒就賈居家孝友因母何氏病遂許施藥以求母愈而母病獲痊邑內服藥者病痊亦不可勝數遂施藥十年湖沒後其兄監生劉德源弟劉潤繼續施之至今不倦云

胡應璜廩貢生例授嘉魚縣教諭生平義行甚多賑困乏捐祀田不一而足族中姪孫婦羅氏貧寡無依璜按時給以錢穀且雇一婦爲之伴歷十數年羅之節賴以全

羅映奎字星垣廩貢生居喪勺飲不入哀感行路業師劉自健歿奎親理其後事少時赴郡試有魯男子之拒請學以宋儒爲宗嘗謂讀書必求諸躬行徒獵文采無益也門



弟子成名者甚眾友人有以非義相干者輒正色折之嘗渡河水漲舟覆多死者奎援樹得免後以明經授訓導未赴而終

蔡聲揚字宣臺生平慕魯連之爲人排難解紛少孤事母以孝聞伯兄廩生焞爲邑名宿聲揚謹事之至老不衰亦喜讀書子姪多所培植游庠序登賢書者相繼嘗督修學宮補葺城垣創建試院皆不憚勞而爲之倡邑侯董公應魁贈以仗義可風額並詳建置志

鮑芹堂字香巖好讀書博覽經史之暇兼涉獵醫筮勾股諸書遂精岐黃著有傷寒萃錦治病無論貧富概不取貲或力不能延醫者自往診視且餽藥餌近村有兄弟皆鰥貧不能娶叩門告貸因慨然解囊不復取償兄弟遂得娶婦以延宗祧至今子孫不絕鄉鄰猶頌其德以上義行

李經邦監生康熙六十年捐穀二百石入會林區東岳廟建倉貯積賑代鄉人賴之雍正元年知府蔣國祥贈以柱史流仁額

胡文超字儁士躍龍子康熙甲午舉人揀選知縣未任居



鄉積善適歲歉鄉里所借錢穀百餘劵悉還之族黨爭訟輒勸息著有近思堂文稿

鮑珩字友韓附貢康熙戊戌冬珩令甲保於附近五區中計貧戶給穀十餘年樂施不倦雍正二年縣大飢穀昂貴珩復捐穀給貧民近村賴以生全雍正五年陰雨連綿穀不熟珩出穀減價闔縣蒙惠至今思之

蔡瑗生員雍正元年賑江西飢捐穀一千石制軍楊給以好義足風額知縣吳顧行給大善之門額免其徭役雍正二年捐横河區社穀三百石太守蔣國祥及知縣吳顧行給紫陽屏翰額

王國翼字以甯諸生文章宗先輩重然諾好施與康熙己未歲飢捐穀三百斛府丞翁義之書敦尚仁誼以旌焉

吳晉爵有材畧　國初邑東不靖時于清端公任岐亭同知督兵進勦爵助以僮佃千餘人平定後贈有勤勦允猷額又叛卒夏逢龍踞省城尚書趙環庵時爲邑令爵助義勇芻糧協守趙以保城功得陞遷臨别贈有延陵峻望額

丁應運康熙間歲大飢戎府于清端公賑民至石河數日粟盡民猶襁負哀號公無策運慨然助穀數百石後公陞



黃州太守遣吏賫賜肩輿及二千石三字額並贈聯云兩斗粟青衿仗義二千石黃葢增榮

鮑啟泮字思樂雍正癸卯舉人候選中書縣之典商向俱照月三分起息啟泮嫌利重乾隆二年出貲募商於城中設典息止照月二分各典照例俱減丁卯縣歉收米貴啟泮捐貲往漢鎮買米運至孫陳集減價出糶貧民賴之鄉里婦女守制者每歲給穀以堅其操其厚誼多類此

鮑啟江任陜西寶雞縣丞同主簿周基國捐養濟院田地共三石二斗二升坐落縣南門外五里墩三角湖等處地

方其田地畝數詳載養濟條
何世遂乾隆戊戌歲大飢罄藏賑濟粟盡出田十餘石貸
人變賣全活甚衆
朱長衍乾隆八年捐田二十畝以濟公見王家樓街碑記
夏懋明乾隆間於鹽田河馬墩捐茶田茶山作施茶費並
投藥於茶以解暑疫遺命傳世世勿廢此舉曾孫光顯復
捐田三斗
馬世科嘉慶二十一年於巔恩寺右建廟三重並捐田六
斗祀文聖於中又捐義地於馬家坳施棺木以甃路殣及



近地之貧困者光山舉人方濟爲之傳
江萬年好施濟産僅中人嘉慶間連歲飢甚除罄已倉賑
濟外借富户倉穀百餘石以賑之又酌給流民資斧全活
甚衆後鬻田七石以償所貸變産救荒至今人猶稱頌其
義焉
羅公望慷慨好施捐義學於福田河街南顏曰培風書院
並捐田數十項延師課讀以養人材詳學校志書院其他
捐廟田修街道尤不一而足
胡輝號映庭行二素好義自來典息三分輝減爲二分各
典咸遵其制貧民便之給練袁金溪言於學使王霞九獎
以鄉評允洽額
鮑臨雲嘉慶二十三年捐闔邑文童府院試卷銀一千兩
屈光遠仝弟光達捐制錢一萬貫爲本邑文武鄉會試賓
興又捐田百石立屈氏義庄義學教諭萬卓霜爲之記又
重修 文廟費錢萬餘緡碑在學宫兼詳學校志賓興
劉錫齡道光甲申年捐闔邑縣試文童卷費至咸豐初家
中落乃廢
屈占鰲派名文法道光己酉捐造宋埠乾沙河船橋庚戌



又捐錢二千串永爲修理義渡之費
胡楚材因縣南門外至沙河通衢每陰雨泥濘難行捐貲
砌石三十餘里行人便之王學使獎以譽洽鄉評額
劉長年捐錢生息爲邑中文鄉試卷費詳學校志賓興
羅守禮思禮志禮兄弟竺厚好義每遇凶年戚族輒有周
邮咸豐六年旱災河南尤甚飢民流徙時守禮已沒其弟
同子姪等捐萬餘金買米賑救全活數萬後屢賑飢共費
三萬餘金並捐闔邑文童默寫 聖諭卷費錢五百緡流
賊掠麻相戒毋入羅善人門

吳志湢字春山敦本好義捐田二十一石有奇爲族中子弟讀書應試之資近宅小河與沙灣河兩處渡口捐造船橋並捐田一石餘爲補葺費又捐貲重刋四書朱註五經旁訓周禮節釋及諸善書

羅德楞同姪啟迪遵父遺命同治壬申捐錢二千緡權子母爲闔邑鄉會試賓興費邑令鄭樊以孝義可風額

黃立廷道光咸豐間數年水荒買穀濟貧先後共五百餘石又於土城街捐建石橋已圮於同治間復建

羅元勛文樞長子廩生刑部主事樞所捐文會試賓興等事甚鉅勛克承先志於光緒初復捐制錢千緡爲文會試資邑中始議捐辦學田勛慨然以田十石爲倡未及交而



卒後家遵遺其子弟仍如數捐給人以爲難

閻文準好施與妻王氏能順準意多所贊助道光間歲飢近村尤甚罄其所有買穀賑飢全活者一百二十餘人

傅元煌爲人好義產僅中人咸豐間嘗奉母命捐田十石入本區以周鄰里又捐田二石入本族以濟宗姓之貧乏者

丁德庶嘗於城西騎騾鋪捐建石橋又於萬家畈龍潭沖鹿角尖等處各修石路數里

余秉圭治家儉約謹厚嚮義同治中嘗避寇外出歸於案上得抄錄方書一卷不知自來試之奇驗遂爲人診治兼施藥物求治者遠近集其門貧民感德尤衆又於居近山路絕峻處捐建茶亭行客憩此必誦其惠亭在東木子店地名六柯松

夏承志於橫河區捐建石橋又施茶田一石三斗

翁三緒於落梅河麻羅交界之渡捐建長橋以利涉

耆民郭芹香年八十五歲與同里耆民李錦魁素以積德向善相勸勉嘗同修水口寺培修官道魁又獨修野雞溝石橋修岐宋官道人皆便之　以上義舉



胡鼎三邑庠生童先桃郡庠生居同里少同學於詹曉村桃性迂直三尤慷慨任俠咸豐四年粵匪擾東鄉三等倡謀殺賊事詳大事記其時義聲播遠邇自後團防四起桃卒勇隨許知府賡藻至蘄州勦賊又嘗主東鄉丞清局與甘國楨等同心督練皆爲讀書好義之士

馮廷錞號海門喜結納不甚讀書遇事能持大體咸豐中合邑團練推錞爲首傾心讓能同事樂盡其用同治中事

平大吏奏請加廣學額以獎士民之輸將敵愾者部咨下
各州縣錄首約諸紳遵章得請事詳學校志
羅克寬家素封輕財仗義咸同中督起團防籌費每先解
橐不計錙銖後督修白杲戍堡監理甚勤崇墉鞏固爲一
方保障時人至今稱頌
李克明字午峯武庠軍功保舉都司少倜儻善騎射咸豐
初粵亂作克明首奉邑令姚公諭督辦團練防勦均著戰
功自後與守局修築礮臺防守城垣諸軍務明之力居多
兼詳大事記



李廷榮字向齋軍功保舉鹽提舉少有幹才以艱難起家
而急公好義善舉甚多咸豐初兵興榮同李克明等倡起
城防團練後復主與守局築礮樓加城堞辦軍裝設藥粥
疊次督勇協助防軍守城賴以安堵兼詳大事記
余光輔字芝亭軍功保舉州同生平喜排解樂施與以持
籌起家而輸將無所吝咸同間兵起督辦團防甚力首建
主福安定兩堡捐費不貲其他修建渡橋等事尤夥
梅玉丙同治甲子歲賊至有宋埠陳姓三幼女逃難至其
家丙年五十餘躬爲保護自餓以供三女賊退丙竟餓死
其子某送三女還家以終父志
龔志義幼爲人傭性樸實主人婦死遺二歲女義撫之如
所生夏月耘野攜女以從以己衣藉女臥赤身曝烈日中
雖極貧錢財毫不妄取
張士綬樂善好施每夜靜於親鄰貧困者濟以錢囑弗還
遇危厄疾苦者恤之更甚 以上補增

# 麻城縣志卷二十二

## 耆舊第五

### 忠烈

明

張勝天順六年任雩都尉長河峒賊竊發勝率民陳世用等禦之賊圍急援兵不至死於陣

熊嗣先號懷愼修儀博學篤歷丁酉鄉薦第三名授南充令循卓有聲陞敘州府佐以督兵死奢賊之難贈秩廕一子黃州衞百戶崇祀南充名宦



彭謨白杲人少貧困爲人辱激出投戎行崇禎辛未抜登萊有大功欽授副總兵易名有謨登萊人生祀之後里居禦流寇以衆寡不敵死

周之茂字崧如崇禎甲戌進士歷官水衡郎服闋需次都下闖賊破京城搜得之逼使跪不屈折其臂而死 國朝嘉慶九年賜諡烈愍入忠義祠 拊明史忠義金鉉傳

周應泰字子登宏綸長子崇禎時任武昌教諭歷陞陝西甯羌知州時流寇圍甯羌應泰堅守數月城陷被執不屈罵賊而死次子生員蘂同遇害題敘廕一子 國朝嘉慶九年賜諡節愍入忠義祠有一門忠孝之褒

周世岐字文生任北直隸甯衞守備盡忠死節遂葬於甯衞蔡家塘

魯元孫庠生明季獻賊入境與兄振公弟聖叔率衆守雲霧山砦糧盡垂破元孫謂兄爲大宗義不可死促之去俄砦破被執賊愛其材欲降之元孫大罵曰吾家世代忠義豈從汝鼠賊耶擁至陶家舖復罵曰欲殺便殺何故相逼遂與家人數十同被害 以上舊志

國朝



項烺邑庠生保舉五品銜候選訓導少有文名任俠尙義咸豐初粵亂作烺倡起鄉團戰績屢著旋以隨前黃州知府許賡藻帶勇出境討賊陣亡於沔陽之里仁口邑人皆惜之事聞 賜廕子襲崇祀昭忠祠

陳際清原任江南吳江縣主簿候選知縣咸豐四年粵匪踞金陵吳江失守際清於任所殉難事聞 賜廕卹崇祀本籍昭忠祠

黃光熺衞守備品廕子候選布政司理問咸豐初熺隨其父督勇保衞地方截賊歸路戰功甚著旋以帶勇出境討

賊於廣濟縣車河鋪陣亡事聞　賜廕卹崇祀昭忠祠

夏賡庠生老成練達鄉望素孚咸豐初粵匪擾麻東鄉熉同詹兆朱胡鼎三童先桃等首倡殺賊起團詳見大事記復以帶勇隨許知府出境勦賊於廣濟縣陣亡事聞因保舉六品不實未予廕襲准照同案之黃光熺一體崇祀昭忠祠

謝道坦邑庠生渾厚質實品學兼粹咸豐八年三月粵逆陳玉成以大股賊由松子關入轉竄麻城道坦率鄉兵百餘當其鋒眾寡不敵戰敗被執不屈死其長子長達孫紹



德俱力戰死妻熊氏罵賊遇害婦熊氏投崖自盡人嘆其一門義烈事聞　賜廕卹今祀忠節祠

饒立誠邑庠生咸豐八年粵寇陷城立誠為所執欲屈之誠大罵遽奪其械反傷賊俄眾賊至遂被害事聞　賜卹並准議給世襲今祀忠節祠

陳懋邑增生誠樸有學行咸豐八年為賊擄入城屢欲屈之懋謾罵不已遂以不食死同難有見其事者嘗為人言之事聞　賜卹並准議給世襲今祀忠節祠

彭光耀從九銜咸豐四年以督勇勦賊陣亡事聞　賜廕卹崇祀昭忠祠

夏文高監生咸豐八年粵賊竄麻城文高首督鄉兵於閻家河邀擊眾寡不敵敗且死事聞　賜卹世襲雲騎尉同難者彭守楷見原志今並祀入忠節祠（湖北節義錄作夏文梅即文高也）

黃紹棟陳明敘俱監生咸豐八年皆以禦賊陣亡事聞　賜廕卹

朱濟南王世友俱監生沈登瀛儒士皆北鄉人咸豐三年督勇隨知縣韓公寶昌破賊復城戰於龍困橋全師盡沒三人俱從韓公殉難事聞　賜卹祀昭忠祠



汪名儒一名金品儒士恂謹篤厚少從學於同里詹曉村與胡鼎三童先桃等相友善咸豐四年隨同倡團殺賊旋以帶勇從楊制軍霈大營勦賊於廣濟縣陣亡士林惜之　賜卹如例見湖北節義錄

程輔弼武生咸豐五年督勇勦賊陣亡於黃岡之淋沙河事聞　賜卹崇祀昭忠祠

蕭長春從九銜咸豐八年以禦賊陣亡事聞　賜卹如例並加贈鹽運司知事銜

葉柏林監生咸豐三年以禦賊殉難　賜卹如例見湖北

節義錄
王鼎文候選縣丞咸豐十一年禦賊陣亡事聞　賜䘏加
贈鑾儀衛經歷銜世襲雲騎尉
李忠典練首咸豐四年帶勇隨知縣賀棨勦賊於蘄水陣
亡　賜䘏如例見湖北節義錄
張文翀從九銜咸豐十一年率鄉兵禦賊於三姑井以受
傷投水死事聞　賜䘏有案
吳省釗練首咸豐四年遇賊被害事聞　賜䘏有案
彭清臣喻士球俱練首咸豐八年以率勇禦賊陣亡事聞



賜䘏有案
劉芸棠文童咸豐四年以督勇勦賊陣亡於廣濟縣　賜
䘏如例見湖北節義錄
蕭維潛練首咸豐四年率鄉勇堵賊與勇丁梅學禮等俱
力戰死　賜䘏如例見湖北節義錄
易士元練首咸豐四年以督勇勦賊於黃岡縣　賜䘏如
例見湖北節義錄
鄭桂星監生咸豐十一年遇賊被害　賜䘏如例見湖北
節義錄

王先道軍功咸豐十一年以帶勇勦賊於黃梅縣陣亡
賜䘏如例見湖北節義錄
毛樹勳安徽候補州吏目同治二年在江蘇殉難旋奉文
准予議䘏見湖北續纂節義錄
張國隆增生同治二年遇捻匪於滎家洲駡賊被害事聞
賜廕世襲雲騎尉崇祀昭忠祠
傅雲階從九銜同治三年以禦賊陣亡事聞　賜廕䘏加
贈鹽運司知事銜崇祀昭忠祠
曾樹德監生同治三年遇賊被害事聞　賜廕䘏給予雲



騎尉世職
張佐文監生同治三年禦賊陣亡子之烜亦以救父遇害
事聞　賜廕䘏世襲恩騎尉
何學海庠生同治四年遇賊殉難事聞　賜廕䘏
郝文魁監生同治三年遇賊殉難事聞　賜䘏見湖北續
纂節義錄
屈文垣監生同治三年遇賊殉難　賜䘏如例
張爽登軍功同治間以禦賊在外省陣亡見續纂節義錄
丁錫宇廩生素有文名端方持正同治六年自黃州送考

歸途至邑南陶家寨遇賊爲所執錫宇大罵不屈死之事聞　賜廕世襲恩騎尉崇祀昭忠祠

羅啟祥儘先副將同治間於陝甘隨營勦賊陣亡經甯夏將軍穆奏准議䘏

邵成有都司銜同治三年以勦賊於黃州地方陣亡　賜䘏如例

楊應虎參將同治間隨左爵相營於陝甘勦賊陣亡奏准議䘏給予世襲崇祀京師昭忠祠并陣亡之地方本籍各昭忠祠



鄭元璋都司同治五年督勇禦賊陣亡事聞　賜廕䘏

汪高成都司加游擊銜同治間從征甘肅陣亡經左伯相奏准議䘏

蔡應龍守備加都司銜同治間從軍西域於甘肅陣亡經左伯相奏准議䘏

劉加福藍翎千總加守備銜光緒初從征西藏陣亡於瑪納斯之南城　賜䘏如例見續纂節義錄

劉鳳高花翎都司同治五年隨營勦賊於蘄水縣陣亡事聞　賜廕襲准予崇祀京師及本籍各昭忠祠

王定泰都司同治間從征西域於甘肅陣亡經左伯相奏准議䘏

陳泰順千總加守備銜光緒初陣亡於瑪納斯之南城事聞　賜䘏如例

唐家科把總同治間隨營勦賊於安陸府　賜䘏如例

張烈侯外委同治間從征西域於甘肅陣亡事聞　賜䘏

余崇德都司同治八年從征西域於甘肅靈州陣亡經左伯相奏准議䘏

楊福興外委同治三年隨大營勦賊於安徽陣亡　賜䘏



如例

李承萬副將從征西藏以克復城池功保署平涼游擊同治七年回逆陷平涼承萬死之　賜䘏如例

黃光泰任四川巴縣浮圖關千總同治五年從大軍征陝西陣亡於鞏昌府事聞　賜䘏崇祀昭忠祠

陳福奎軍功同治間以禦賊在外省陣亡

曾傳謹練首同治三年於邑之鳳到山禦賊陣亡事聞　賜䘏有案

周鳳彩軍功同治三年於邑之張金灣禦賊陣亡　賜䘏

有案
王常榮軍功同治三年於邑之斗棚山禦賊陣亡　賜卹
有案
鄭兆菁兆莪咸豐十一年隨兄桂星禦賊被害　賜卹有
案
劉加祿千總同治間從征西域陣亡經左伯相奏准議卹
洋爲多將軍奏准議卹行查之文稱係黃州人
此上或本縣有案或見湖北節義錄均已詳請入祀
府城昭忠祠



鮑思溶從九銜咸豐辛酉粵匪突至師溶督勇禦之戰敗
被執不屈而死
毛大綺候選縣丞以帶勇隨大帥攻賊於安徽陣亡
朱德堉從九銜同治三年爲賊所獲擁至邑之丁家山堉
決意不行遂被害
曹之瑚邑庠生性素迂古同治二年賊至獲瑚瑚方陳說
利害諭以大義且詈罵不絕聲賊怒殺之
夏家鼎邑庠生咸豐八年粵寇入境以罵賊遇害
薛元義邑庠生同治六年賊至義與其兄元仁督勇以禦
戰敗死之
徐士銓邑庠生同治三年爲賊所得擁至黃岡地方逼之
降銓大罵不已遂遇害
田立榮武生咸豐十一年賊由蘄水轉而北竄榮居二里
河於夜聞警即赴鄉局舉號督勇突與賊之前鋒遇徒手
搏戰暗中奪得槍殺賊甚多已而羣賊攢刺之受傷既重
力竭而死同難者勇丁劉六是日榮妹亦以罵賊赴水死
里人至今歎惜之
范逢春武生咸豐八年同弟勝動勝壽等遇賊不屈皆被
害



朱世昌武生同治三年賊至昌率鄉人守人和堡賊攻之
不克乃以長圍困之絕其汲道眾潰而堡破世昌死之
劉懷政監生咸豐十一年賊至爲所獲政罵不絕口且諭
以大義賊以刀割其耳旋被害
胡朝曙邑庠生孝友方正里黨素稱同治癸亥督勇禦賊
兵潰被執不屈而死
劉能立監生咸豐十一年賊至被執同子繼璜繼璁皆死
之

李守忠游擊四品花翎統帶馬軍隸薛撫臺麾下同治元年陣亡於松江府城下

吳萬登守備隨營討賊同治乙丑陣亡於南陽之老河寨

蔡全宗協鎮蘄水人寄籍木子店少出從軍積功保至協鎮統帶數營同治三年以請假回籍適賊竄麻城東鄉各練督勇防守咸以宿將推全宗使之督隊全宗勉强應命陣於三里岡甫交鋒勇望風而潰全宗拔劍以拒不能止又苦山路崎嶇馬難馳騁遂爲賊困猶手殺數十人以死鄉人至今哀之



盧啟洙庠生同治甲子爲賊所執逼降不從乃罵不絕口遂遇害

胡永耀　張成德　馮賜發　彭天和　周灼章
葉　恆　曾榮目　曾明道　余衡堂　程望伊
張文驤　張宗銑　汪釆爵　劉定國武生　萬光第武生
李彩麟武生　辛宗榜　劉能燕　以上俱見原志并詳報檔冊

張正旺咸豐八年賊突至其父年八十四不能行旺衛父不去父子俱被害

羅啟忠咸豐十一年其父被擄欲以身代賊殺之

夏天浩事母孝咸豐間負母逃難遇賊不屈遂被害

熊繼漢同治二年與堂弟牛扶父避難賊近請父前逃漢與弟力戰賊俱殺之

劉名杞同治二年棄妻子負母逃難賊追殺之

袁華祝監生同治三年全家殉難詳見孝友傳

夏仕和　趙錫璘　黃開泰　開第　錦城　此上皆爲親死難者詳孝友傳

飯桶岡邑人失姓名以力大善飯故名傭於宋埠有年咸豐甲寅賊至埠逼使降大罵不從賊臠割之至死終罵不絕口



胡細二孤貧院瞽者咸豐四年以罵賊被殺　此二名見原志一愚騃一殘廢而能殉義不屈亦奇矣

咸同間本邑死事勇丁附

沈太　沈憶　孟行榮　韓正時　胡國忠
黃文運　朱維榮　何登起　江楚德　李又玉
程大祥　朱茂盛　田心遠　蕭可勝　張啟全
王傳春　張天成　桂正勇　詹占渠　王能執
裴玉林　張大湖　倪士科　楊文華　張必遠
吳宏發　余華清　蕭宗坦　余開瑞　余錫祺
傅元榜　韓正烈　操天意　羅有意　方席宗
傅元義　韓中大　龔有忠　吳在祿　傅元昭



李載祿　朱至公　羅有信　周如　周坦
張璧儀　彭錫五　彭煥奎　傅元鼎　傅顯功
朱永祿　詹應奎　詹應廷　陳啟達　胡春和
陳啟鳳　胡興　曹啟運　吳廷龍　吳省禮
吳世越　吳世宏　吳省松　張從興　吳省亮
吳省廉　杜尙富　梅正玉　丁文光　丁意珍
丁文臺　丁明法　丁達泉　汪志魁　丁達榮
余又喜　丁雙喜　丁復貴　丁江友　丁正强
丁正興　徐瑞華　張家駒　丁正宇　夏週全

韓茂榮　劉士發　鄭傳柱　谷啟貞　蕭祖猷
韓茂揚　王天錫　王天賜　鮑文清　宋老大
江友　甘明　丁兆祺　鄧起祥　余楚材
石作友　湯永宗　陳國旺　何國春　鄧之元
蕭如福　王定猷　曹全　熊天志　鮑學太
丁六十　丁江升　丁達春　羅楷　彭貴元
僧福　曹映龍　張正湖　王文焯　曾榮光
曾天旺　王廷憲　張五福　王茂梓　江定宗
王開喜　鄧世高　蕭映廷　黃祖錫　洪四喜



曾老四　曾老五　傅木匠　何老大　熊五貴
王學陞　劉晏四　王文全　彭忠　王啟金
陳地保　張老么　王貞安　何興松　何瑞才
項學主　陳貴　陳富杰　周鳴順　周廷浩
胡承耀　項芹　項必然　郝先榮　郝有功
蕭芝楚　劉繼連　皮以揚　陳寶第　樂清一
李德慶　劉繼璉　劉維遂　劉能元　張宗國
鮑長壽　鮑長發　鮑德元　鮑德保　鮑四義
鮑四美　蔡長元　蔡長富　王大伢　梅玉美

蔡道洵 蕭正榜 成勢學 羅 愷 梅學禮
曹承祖 曹啟運 曹 貴
以上咸豐四年在本處禦賊陣亡
程全祿 程旺和 李立玉 丁登榮 閻玉蘭
丁國信 陳定興 劉似水 胡光太 張喜元
梅順伢 曹明伢 僧得亮 詹文法 周 元
張廷輝 程三元 周世發 李天保 陶應發
周錦新 周汝芝 丁維珠 陳萬太 歐陽煒
童先柱 黃得才 江文高 黃德順 喻重喜



靖英甲 胡一元 洪兆貴 黃天元 黃世珩
黃盛堂 楊大元 毛如意 周先杰 劉大甲
張 蘭 陳定海 劉廣順 周茂科 黃光華
黃乙未 朱文煥 邵 老 黃又喜 黃 保
周正明 項正順 項正賜 何如清 胡 三
彭 增 王文旺 汪五乙 劉能貞 黃五十
劉十全 劉福壽 黃世起 黃萬勝 袁學先
張之瑚 劉進盈 黃聾三 靖 有 羅維高
張老二 周上元 蔡東昇 李五福 劉定國

羅德坤 羅維禮 陳四六 項 正 陳九如
陳天益 陳祖喜 周文順 楊德隆 周之福
楊德喜 萬德信 王心田 許天保 詹成祖
曹映和 汪立柱 陳宗儒 鄧學斌 熊耀坤
趙大發 畢思隆 詹中芹 何科進 雷巨烈
毛萬邦 張老九 王旺喜 文光恆 邱本怒
汪廣發 徐本和 汪仁義 趙老四 萬之元
熊耀元 詹承祖 詹宗芹 許天寶 汪廣法
胡承學 何加耀 夏啟賢 魏永昌 宋輝元



汪辛巳 汪天貴 僧雪霞 僧雲霞 余正先
張正先 陳美彥 陳美賢 李必興 夏士照
夏庚辰 毛大伢 商老大 喻艮弼 舒二伢
羅永貴 李學陞 夏祖貴 僧教興 周維榜
汪德彩 汪德才 李鍔士 陳美鳳 李克明
毛瑞山 劉倘松 舒啟臺 李杰四 孫紹福
夏步遠 陳楷行 商宏元 鄒基濬 游占祿
李學玉 劉倘赤 余紹興 陳崇周
以上咸豐四年在黃岡廣濟蘄水諸縣勦賊陣亡

楊金秀　方孔月　吳萬春　李懷仁　李得勝
朱長發　吳太興　張萬富　徐正發　楊文松
余應朋　詹成魁　詹倖勝　李守壽　曹運開
胡禮萬　楊定國　徐其桃　李潤功　鮑長發
鮑昌利　鮑得先　鮑得保　鮑得治　李士達
李喬枝　李喬林　夏明榮　吳萬發　楊霞林
李得時　吳壽兒　袁萬才　張定元　楊士華
陳文藻　沈得時　廖春林　沈東海　廖清發
戴金魁　魏合順　高立成　岑有富　徐克成



彭萬富　易得勝　項有先　鄭起仁　鄭厚榮
鄧金玉　余大發　夏啟太　夏萬合　王作二
羅宗田　李化峯　李必勝
以上咸豐五年在蘄水羅田勦賊陣亡
熊崇發　胡四美　康步鰲　劉能太　李代成
夏順兒
以上咸豐六年在黄岡咸甯勦賊陣亡
蕭魁保　黄有啟　王新有　李　仁　鍾能壽
項有先　余大發　鄭厚加　尹安元　胡啟凱

鄧懷志　鄧宏應　李廣義　蔡國元　梅玉美
張乾坤　吳大發　夏世高　楊克安
以上咸豐七年在黄梅勦賊陣亡
余開甲　程鴻進　程鴻翥　余輔朝　余十元
余秋元　夏宏彩　張開貴　何第富　張開甲
彭家宏　戴大元　彭家良　戴大勇　胡之利
熊大燧　胡之貞　張承祥　艾宏魁　周先棟
李得和　解學富　丁正龍　李承容　蕭士華
蕭啟林　李承先　李承和　李得山　吳世祝



林世全　吳文貴　蕭志孝　蕭國才　唐國盛
唐國森　唐兆科　高正垠　黄紹模　黄敦高
丁先義　丁光德　丁之貴　丁廷松　丁廷喜
丁錦照　丁錦璜　丁錦春　丁興久　丁朝正
丁先鶴　汪直明　彭啟煥　彭登高　彭啟遠
袁國祥　袁國保　袁正發　袁正鳳　袁必交
袁必和　夏文富　夏得續　夏文楷　夏得貞
夏文龍　喻成鉅　劉月貴　劉作富　黄茂輝
劉成富　鄭道勝　張文祿　張文鳳　周守成

張得[illegible]　[illegible]明發　曾金榮　丁紹權　婁紹貴
婁　祖　丁士正　丁世良　林先得　丁天潤
丁三汝　孫步高　劉本教　曾炳國　曾靜興
彭子琦　袁天富　袁　華　李永豐　丁在榮
李顯才　程士金　毛俱有　張道和　曾文林
鄭勝和　丁正啟　田　璋　李承宗　詹紹名
彭得鰲　彭存亮　彭存方　彭存奕　彭大學
彭存學　彭學宏　彭存禮　彭存瑞　彭存貴
彭學垠　夏學輝　僧覺靈　僧之霧　丁廷瑞



丁宋賢　丁江瑞　丁江示　丁宋開　丁江遠
丁六見　丁江菊　丁正元　戴明金　李芳菊
李之澳　李永亨　李永漢　李學大　屈達富
項雲錦　項玉樹　項成有　周得順　周貞祥
周正發　王祥旭　王蔭鳳　王明甫　王承高
馮得順　彭　得　田楚愧　田　仁　馮仁金
僧月獻　余謀貴　余譜亨　余明文　余三堂
余朝付　余癸酉　馮仁楷　李嗣法　鮑有善
鮑得恩　鮑正山　鮑有時　鮑正恒　鮑昌德

鮑昌士　鮑昌福　鮑德房　鮑得順　鮑得中
鮑昌元　程天元　程朝升　盧長春　張先榕
張成楚　項雲路　童先桂　僧紹得　胡國鰲
詹祖詠　詹生晉　劉作林　戴克用　戴克序
戴明陽　戴明子　董重喜　馬老五　董耀鶴
凌天德　張昌義　余貽合　唐五元　丁紹賢
丁廷仁　丁爾奎　丁　佑　丁志爲　丁廷鶴
丁之啟　楊國朗　曹金聲　張世廷　黃學江
黃學理　黃學貞　黃堯榮　張得林　黃學訓



張正遂　張正春　黃士東　黃上達　黃士逖
黃承良　黃學剛　黃堯達　黃承發　周大僕
李永照　李永林　李大意　蕭時興　蕭時發
蕭時旺　王映瑞　江上朝　王之美　王如法
僧能元　僧雲得　張正堂　曹映義　夏老六
夏行舟　羅戴金　羅良有　丁學義　胡學良
胡宗世　胡宗杰　胡國良　蕭良興　蕭良旺
曾可奇　李子良　李子春　李子謨　袁必春
袁必盛　袁有才　袁老九　鄭光奇　鄭太坪

鄭祖訓 袁有鳳 鄭祖賓 鄭詩華 鄭詩榮
袁有凰 袁必高 袁必勝 袁有玉 袁有金
袁有山 袁有海 李子福 李子祿 李中江
李中海 李子馬 丁達海 羅永之 羅正禮
羅正啟 羅宗堂 王啟國 王啟玉 王啟勝
丁學泗 丁學旺 汪繼南 李中書 李仲祺
盛正祖 王啟太 丁達奇 李生煥 蕭開雄
鄭之約 丁映龍 方義興 丁映江 袁士訓
鄭傳耀 張世榮 張得麟 趙木匠 鍾廷煥



高子美 張正映 張斛份 鄭光科 鄭文鳳
王正榮 李千科 羅永達 曾有玉 張得美
鄭文元 鄭文燮 王大義 王大器 詹大勳
畢登科 徐本魁 董得喜 宋輝元 陳美賢
張正元 余正先 蔡兆麟 劉先菊 袁慶儀
郝輝榜 蕭學東 鄭勸善 張德潤 張元亮
周揚烈 袁宗耀 張成德 喻士林 屈達金
彭得安 鮑昌利 詹大洋 文光恒 詹中芹
詹承祖 許天保 汪廣發 歐陽煒 僧德諒

周　元 詹文法 胡四美 詹學富 余大學
李錦九 易國芝 胡光智 李安元 楊克安
畢五元 許天元 熊繼儉 李得全 熊之桂
熊繼才 王廷先 方廷榜 涂必勝 詹子合
涂全德 鮑啟鳳 郭天志 楊國瑞 蔡廷升
章先元 謝紹德 謝紹興 謝長達 周賢才
方六可 陳美善 周彥泮 曹學藻 熊正祥
萬宗先 萬福朝 馬名魁 萬得漢 朱大旺
朱大漢 張永元 胡天福 張正盛 向亮奎

麻城縣志 卷二十二 耆舊 忠烈死事勇丁附 三三

張永全 呂老大 李兆銘 彭啟貴 李元斗
黃應富 李允芳 王雙喜 李嗣玉 張文科
李允亨 羅正興 吳世高 僧永富 汪述榮
僧紹朋 張天喜 鄒順意

以上咸豐八年在本地禦賊陣亡

尹長春 簡時興 俱奇右營勇丁 高世君 湘後營勇丁
周　三 利中副右營勇丁 何樹玉 余秀榮 張得開
胡春華 陳余春 劉啟勝 庫盛金 庫盛銀
韓得中 俱湘中右營勇丁 滔宗海 正仁營勇丁

以上咸豐八年在外省隨營陣亡
汪芳露 開化營勇丁 成明玉 黄品玉 俱精選營勇丁
徐大奎 丁達祥 姚保林 胡天燿 俱飛虎營勇丁
夏先桂 昌營親兵 劉紀會 余占魁 俱精選營勇丁
以上咸豐九年在外省隨營陣亡
陳祟周 鄒玉喜 傅學浩
以上咸豐十一年在蘄水等縣勦賊陣亡
勁字營勇 楊正福 岳勝錢 李義春 甘芝友 何從富
駱慰明 陳大發 王洪興 何永發 鄭有德



黄能光 王高陞 陶煥章
[illegible]學 黎國喜 周仁和 傅茂全 唐明順 鄧天祐
周見章 李大新 劉克勝 胡楚勝 雷巨安
余太順 方益元 徐開元 王辰玉 沈金元
陳本全 俱禮左營勇丁 方成貞 貞右營勇丁
以上同治元年在安陸南陽等處隨營勦賊陣亡
林志超 張步才 李先 王廷對 李正鏵
徐長發 葉先堂 唐視榮 葉先鰲 劉錫寬
游先宏 童先璜 葉緒彬 葉緒禮 林志祥

林士春 饒道淮 林清學 石高發 林學權
周正生 明坤 曹學勝 方正萬 李成梅
萬朝選 劉文達 方啟榮 陳宗順 陳開艮
陳艮駒 陳大榮 陳克明 陳本元 陳德寬
陳大興 陳開裕 陳宗艮 陳福喜 陳大乾
陳永昌 陳正元 陳會禮 陳洪元 陳新喜
陳大元 陳會熙 陳貞元 陳會太 陳大坤
陳本彩 陳尙廉 陳開洛 陳宗啇 陳本湖
陳開禮 陳宗德 陳太平 陳艮聰 陳開樂



陳大佑 陳艮駿 陳本典 陳宗和 陳本艮
陳有大 陳開遠 陳汝遠 陳本儉 陳瑞林
陳木厚 陳開貴 陳開相 陳克盛 陳會全
陳尙德 陳開江 陳大清 陳正林 陳本立
陳會錫 陳宗勝 陳克勝 陳會典 陳宗輝
陳克寬 陳開用 陳開楠 陳本珍 陳開華
陳全林 陳錦中 陳本賓 陳全福 陳開啟
陳全喜 陳全義 陳開才 陳　渭 陳開讓
陳開位 陳本道 陳汝社

周幼子 鮑 石人
以上同治二年在縣屬殉難見節義錄
余[illegible]營勇丁包紅春 方正保 涂得勝 王元和 陳得勝
鄒大發 李宏升 董卿雲 姚道全 徐星元
李太興 毅桓營勇王先元 護衛百勝營勇郝昌照
以上同治二年在本地禦賊陣亡
剛營勇丁虞宗營 甯之同
貞右武字等營勇丁袁光復 傅有元 彭得隆 張功鏞
曾昭懋 丁正萬 丁昭準 許敬德
以上同治二年在穎西蘄水等縣隨營勦賊陣亡



鄉勇丁明懷 丁達其 鄭厚臺 鄭厚達 鄭興時
鄭德秩 鄭德利 李銀齋 李勤儉 熊茂盛
熊思艮 丁子艮 鄭福安 王常榮 詹文舉
夏萬年 蕭學湧 歐陽輝 歐陽杰 胡正禮
胡顯佐 曾林 曾佑 曾喜 曾福
楊林年 趙萬元 趙萬有 趙情懷 楊大正
胡天科 楊成天 張學楷 張成京 張學松
張開輝 張學曾 張學璜 張正祥 孫人耀

張東玉 張宣旺 張世其 李成菊 曾榮先
曾天旺 張正福 張世旺 張正榜 朱長壽
張世春 張世權 張細元 王啟勝 曹全萬
曹華記 曹學亮 張世奇 張世和 張正楚
張正全 張正學 魏成貞 程德先 曹全蓮
曹一榮 黃堯恆 黃士宗 黃錦占 黃錦奇
曹富貴 曹有旺 王賜元 王應學 余元
鄭士魁 黃三友 陳老大 羅東喜 方二伢
羅百歲 王茂漢 王之臣 方大伢 袁必盛



袁必春 袁有玉 李忠梅 胡開照 熊應山
胡開華 曹太順 郭艮法 李忠杏 李子乾
李子進 丁太和 丁世望 丁學周 羅正德
羅宗興 鄭光祥 王啟聖 袁有祿 袁有壽
鄭士艮 袁子華 盛學泗 蕭開朝 李忠典
李忠點 李忠自 李忠存 高子興 鄭祖奇
鄭太平 李子春 李子銀 羅喜伢 李忠立
李孫煥 李千魁 盛正祖 方宏盛 舒國朝
鄭光奇 宗汝潭 謝長仁 傅元林 傅生喜

梅則富　鄒望玄　程世鼎　鄒平銳　鄒昇平
鄒平意　姚光萬　鄒平遠　鄒遐禮　徐彥貴
袁啟成　林長富　朱士元　黃義和　陳興義
羅有全　胡德高　胡德存　僧凡存　鄒心亮
丁錦春　熊思濂　程宏月　程玉謙　傅元旺
張正美　僧淨明　郭永福　郭立秋　方崇意
方萬山　方萬興　方國定　方國華　方正海
張貴　張正堂　張萬　羅正堂　張宜佑
曹必國　曹金滿　張世貴　鄭德興　鄭光富



張保林　方正輔　張冊伢　洛正穆　張世常
張世炳　虞其鳳　鍾正二　鍾正大　張正雁
黃學友　張榜　陳金洛　陳宗田　陳銑主
陳先和　陳宗虞　程子法　曾坦道　曾坦鳳
熊繼高　熊繼理　熊述忠　高維法　熊之宇
熊繼達　陳宗和　陳宗科　陳士美　曾心洛
曾本利　熊繼坦　熊繼喜　熊繼其　汪立柱
熊述先　熊繼艮　熊楚玉　熊四喜　晏和貴
陳宗海　陳宗官　陳宗麟　陳宗銀　詹遐林

詹道長　詹成相　詹成華　游佑瑞　畢三
蔡全仁　邱陽春　詹春林　夏英堂　詹光寵
徐上義　施成梅　邱述迎　張首魁　李學武
項雲程　商開習　李登林　周汝順　李學文
李連喜　陳四喜　夏曰三
湘左營勇丁　劉長春　熊洪福　梅天鳳　鄒瑞喜　王其祥
夏明盛　吳金元　李楚曜
以上同治三年在本地禦賊陣亡
宋多福崇左右營勇丁　余右八銳果副左營勇丁



劉得源選鋒營勇丁　毛光友精選前營勇丁　馬戴星
勝勇營勇丁　吳長順忠字營勇丁　任從啟　尹明芳
尹型芳和勝營勇丁　李全祿湘興利左勇丁　王長發
親兵營勇丁　項長發　胡起富　陳殿文　曾呈選
蕭長春　梅定安　管復勝　毛洪興　鄒道新
王得珍俱得勝營勇丁　張榮富　高延鳳俱湘左勇丁
郤玉雅　王文義　曹耀勝　李大發　吳振强
以上同治三年在隨州應山襄陽棗陽蘄州蘄水廣
濟黃岡等處隨營勦賊陣亡

李安福　成翔茂
劉壽春　張正發
以上同治四年在黃岡縣屬陣亡
新勝營勇丁　黃成其　蔣定國
以上同治四年在外省隨營陣亡
瞿春華　吳金陵　俱運字營勇丁
以上同治五年在外縣隨營陣亡
萬忠源　徐彥舉　高學義　吳萬興　楊安邦
劉承宗



以上同治七年在饒陽滑縣延安府膚施縣等處
營陣亡
譚有宗　李金山　王廣　新勇營勇丁　夏長春
胡忠卯　劉德明
以上同治十年在陝甘並徐州等處隨營陣亡
毛寶臣　毛雲洲　毛應河　毛應逑
以上四名同治年間在江蘇殉難
劉承福　喻大順　李正武　曹其山　盛學主
劉德盛　蔣德盛　李大榜　吳加勝　胡明元

胡明志　喻正德　黃加聖　盛世會　熊大文
余治順　余長熙　李世宏
以上同治年間在光化鄧州等處隨營勦賊陣亡
左均照湖北節義錄輯錄
鮑春榮　李金廣　閻金秀　吳萬法　張崇興
張廷輝　李世山　李金菊　周錫瑞　周錫耀
周錫連　周錫鏵　周錫琨　周正剛　周汝安
吳席典　吳三永　胡其楷　尹國平　尹安元
尹國堅　蔡學福　蔡艮貴　蔡國富　孫尚宏



姜正坦　李懷德　尹順泰　鄒許四　李仙峯
李必勝　楊德祥　葉文彬　夏艮　夏杰四
魏長壽　商宏元　羅興旺　曾二師　劉繼時
吳萬發　吳壽兒　李世山　張萬富　袁文景
汪金聘　李某　萬裕緯　曹翼　林光耀
黃德桂　張明翥　蕭方仁　鮑長春　鮑得喬
鮑有元　王世有　王富春　王世魁　余端漢
劉士立　賈和　李爲敏　邱治元　張世福
張正福　黃錦麟　曹應龍　曾紀先　龔作賓

王煥恩　江上朝　廖廷憲　蕭賤　董狗伢
易四元　王繼富　萬繼元　項爾淮　余謨林
李嗣法　李興文　李承亨　彭玉印　彭存宏
彭楚富　張廷樹　張祖越　張正千　張正榮
張得趾　張世琪　張道元　袁會龍　魯國信
袁天貴　袁得祿　鄭道清　詹生曾　詹大揚
詹祖元　鮑德秀　鮑德芳　鮑懷正　黃堯玉
黃堯漢　黃士乾　黃士均　黃文蔚　程子燕
程士楚　程士美　程　錦　沈宣瑛　李兆福



丁江富　丁世高　丁志仁　李　發　李子朝
李中海　閻宗尙　戴明泰　戴明全　戴啟泰
胡有元　王學魁　王于宗　王明虎　王元芝
鄒平斗　鄒興富　鄒金棠　韓尙榮　韓名山
韓尙利　韓起題　韓雙齡　劉茂龍　熊茂富
何第富　熊輝照　高代理　林光發　屈達聰
屈達金　屈啟德　屈達訓　屈達元　屈爭氣
田　瑰　汪述榮　汪士元　汪文喜　汪金甲
喻成鉅　汪繼一　阮國奇　陳士華　陳宗恩

[illegible]　曾昭懋　方有瑞　馮仁模　馮仁保
馮廷義子父　馮仁法　馮賜恆　童志淮　甘萬坡
曹鴻翥　劉浩然　曹宏謹　曹明信　喻能喜
江連子　江立柱　喻能駒　趙志和　徐天喜
徐本魁　喻能文　徐必章　喻臣朋　僧紹朗
黃萬泰　僧洪文　段成虎　伍大祥　伍宜仁
雷澤富　蔡世功　朱　炌　朱克恆　甘萬波
易廷桂　郭世榜　傅元和　甘正魁　尹賓泰
尹元泰　尹成方　尹爲佐　尹狗漢　尹國賓



喻顯爵　尹艮唐　尹國豹　尹志倫　尹國順
郭必昇　尹啟泰　尹心德　尹士春　梁長順
翁定鑑　喻能璞　喻能勝　喻臣猶　喻臣宗
喻臣書　喻臣賢　喻泰臨　喻臣祖　喻臣喜
喻能垣　喻臣鈞　喻士璵　僧普濟　喻臣祿
喻臣雲　劉明貴　汪永志　汪天相　鄭啟彩
丁子幹　楊克安　鄒開第　周全泰　阮學全
繆洪富　童承安　丁正萬　丁必堂　李成梅
熊連喜　王如鶴　王啟熊　王學江　詹細毛

詹和同　夏啟泰　胡宏智　張德鰲　張世保
張世堂　張功鏞　張德宜　朱士元　曹學勝
程洪恕　黃洪恕　黃一材　黃錦柱　黃尚銀
陳金柱　陳石匠　陳昆林　方正萬　雷俱亨
余肇宗　鄒廷意　鄒平盈　鄒平甲　萬朝連
湯老三　林長富　曾凡全　曾安有　鮑榮勝
何定榮　何定華　何永習　成逢海　成逢江
田緒齡　劉芳士　劉正榮　吳其亨　董其海
尹錦鸞　熊有富　蔡春泰　李長喜　戴元義



余謨甲　張英山　鄒崇福　劉理文　趙　狗
張貴生　江君泰　熊蔭棣　張　雙　熊崇發
李定國　李啟泰　李忠發　張義唐　張文坦
鄒士良　鄧紹祖　黃開泰　黃開第　黃士乾
段如官　沈士聯　唐士元　張德先　張世國
張德芝　鄧志梁
余之樂　熊學海　郤子官　朱啟有　曾興明
熊成章　鄧志功　涂必勝　熊之天　陳從周
馮廷華　熊繼健　熊之貴　陳逢標　馮正元

童期洲　童先寶　張盖才　萬國耀　萬[illegible]
以上咸豐八年在縣屬殉難
陳崇周　王　合　羅立章
以上咸豐十一年閒在縣屬殉難
魯行卓　吳　五　童玉堂　方啟榮　萬朝選
方萬山　童先喜　朱正元　朱　福　易廷甫
易廷禹　黃向榮　黃開運
以上同治二年在縣屬殉難
張豐玉　張景春　張步階　張步雲　江志勝



謝榮德　彭信剛　朱茂和　朱明耀　朱維俊
朱維秀　朱維儒　朱紹登　朱良材　朱克利
楊盛柏　李九均　李九榮　陳士朝　陳崇菊
羅立望　段如燮　吳廷升　萬開國　萬基宏
萬基祥　羅文爽　喻一棠　劉文達　黃萬泰
徐春波　夏登山
以上同治三年在縣屬殉難
榮連右　榮太右　張成德　李保元　彭　勳
以上同治五年在縣屬殉難

張長順　張元明　張金祥　蕭學東、鄭勸善

周揚烈　袁宗耀

以上同治六年在外縣殉難

左均照原志補錄



# 麻城縣志卷二十三

## 耆舊第六

### 隱逸 老壽坿

宋

張憨子隱居九螺山自稱九螺山逸人東坡志林所云黃州故縣張憨子行止如狂者也熊吉贊云內史之懿以閑其君惟子之懿獨成其身龍德而隱今鮮其人九螺之山因子益名 通志

王翊建桃黃菴自號桃黃山人熊吉贊云桃黃之菴中有隱君尸居蔬食抱樸含眞匪道曷依匪善休行無懷之民葛天之民 通志



元

陳聰世居西山力田務本以禮義廉恥訓鄉邑 舊志

甘望僑幼爲人牧奮志攻苦研窮程朱之學卒成名儒以黃陂有二程望僑臺因以自號 府志

明

董紹號明山以明經考選不樂仕進嘗暇日登山臨水徜徉忘歸留心著作因家世衣冠謙謹過於石氏清高絕俗

子樸登進士後贈官禮部員外郎

李瑞字白岡家貧誦讀希古不慕榮利與同邑劉尙書采爲莫逆交萬歷初建縣城照糧里輸工親操畚鍤以往役焉時劉尙書適致政家居以老友從役特入城省之瑞役作自若

周振字若臨應蒿之子萬歷己未進士値天啟朝感時畏禍歸不應選逍遥林下鄉居去縣治百里足蹟終歲不一至田夫歲時伏臘之會每樂與共飲温温穆穆有不知其軒冕者 舊志參鄭仲夔冷賞



曹愫號素庵博通經史累試不遇遂絶意進取以畫名世馬雁尤長藏者至今寶之

陶順以子承謨貴封中憲大夫壽九十九歲居岐亭日與市兒弄常徒行樸茂如木鷄知其頤養之學純矣

劉秉鑰字孩之一號三韋萬歷舉於鄉授知縣棄官歸築室東山讀易足不入城市三十餘年著歸正解詩有别致長於草書晚年目暗能揮洒如故

朱之玗號晦生諸生講易授徒數困棘闈遂棄舉子業讀書興福寺閣足不履地者二載於諸經多所考證老年戒殺壽八十無疾而逝

朱家亨字太宇少習舉業旋棄去清操不苟萬歷末詔舉賢良遺逸備詹事府用有司以家亨應不就焚香課讀以壽終子師忠崇禎舉人

萬鑑字孔昭號太貞自幼樸厚純雅年旣長以耕讀爲事徜徉於山水間隱居不仕人咸以處士稱之戶科都給事中蔣輔愛其爲人娶之以女相敬如賓有冀野風家益饒裕然性好施鄉黨有貧乏者皆賑給之初不計其後之報否也其子祥貴顯鑑惟戒以盡心王事優游林下終身未



嘗至其官舍焉

胡爾榮篤實區人生明季幼慧過目成誦爲文有奇氣遭時亂寇賊充斥糾集丁壯保鄉里且追剿至河北 國朝定鼎後隱居香草園絶意進取芒鞋竹杖嘯傲林泉曹公應昌少同硯席自都門歸過訪宿其家見其婦子恬熙淡然忘世爲傳以贈 以上采訪新增

國朝

劉淑頤字百年幼倜儻有奇才徧游海内所如不合歸隱於龜峰澄波草堂著集唐詩偶焉集沈尙書德潛 國朝

別裁詩集嘗選之
梁中斗字季昂歲貢生少以李鄴侯自况數奇不遇晚年隱居鳴山之谷曰莊著有雪亭詩集
楊從龍字又雲歲貢親傳子以附監考授縣丞性和樂雅有介操生平持正敢言急公善事凡邑中公務賴其經理焉年八十有八教子孫以成名卒業其三子成功質尤樸茂孝思不倦
鄒瑜字子陶舉人早喪父事兄如事父潔清自好惟詩酒文章自娛知縣丁翊壽延爲山長教授生徒成名者甚夥



蔡猷遠優生性孝友教授生徒雍正二年本學教諭歐陽汝陞訓導王希詮奉檄遵舉潛德詳申知府布政使皆給額以奬
王國柱字天木領壬申鄉薦性謹厚勤學不倦教授生徒不干外事晚年閉扉謝客獨處課孫勉人以忠厚勤苦爲先鄉里咸敬重之
鄒本字大立由貢生考授州同性渾厚具才識隨父岳陽任贊襄善政七載其父以老致歸日侍二人極孝養及親沒葬祭如禮每月朔望必適墓所瞻依如生時數十年如一日生平擇人而與相見以禮久而不渝彬彬然有古人風爲族長新祠宇清祀田息訟平爭以公正著聞又嘗督修學宫勸建鼓樓及道路橋梁捐貲踴躍鳩工不倦公舉鄉飲大賓年八十卒
鄒藩字方伯太常卿鄒汝魯之次子也性聰穎博極羣書一覽無遺惟與弟藻閉戶互相劘切訓子孫必存大家風範襟懷亢爽不屑作家人計晚歲教授生徒講解純乎正學其生平以道義自矢裹足不入城市終身布素人不識爲貴介公子也六十餘僅以明經老



程先廸字威惠邑庠生性寬仁以孝友聞好善樂施徧及孤寡累世施藥餌以濟貧猶刻有感應篇陰隲文施送八十時邑令延爲鄉飲介賓年九十餘卒至今子孫蕃衍均耆志
黃世漢字性安號樂貧居士少業儒學爲古文尤洗心易理書畫醫卜皆臻其妙家雖壁立弦誦不輟晏如也
梅鳳藻字丹山少穎悟多聞爲文雄傑人皆以大器目之少壯時屢試於有司後乃絕意進取事親以孝家雖中落不以介意遇貧困猶拮据應之中年惟教授生徒流連詩

酒著有香雪樓詩集晚居邑北萬壽集之龍門河自號龍門山人 以上隱逸

潘光烈家貧好學喜愠不形暮年猶應小試目炯炯能蠅頭書咸豐九年入泮旋 賜翰林同治丁卯府縣詳請建立百歲坊壽至百有二歲同時戴春榮年八十餘貌尤矍鑠壬戌入泮旋 賜副榜

金壽鏞邑西王家集人敦品積學以嘉慶丁丑科入郡庠至光緒丙子閲六十年重游泮水督學王奬以聯云尙有文章傳藝苑又看領袖到芹宮



王維龍以乾隆戊午生歷光緒初享年九十八歲性剛直嘗外出夜歸聞後有數人語曰此善人也護到門門啟反顧寂然其生平恤老憐貧修橋砌路義舉甚多鄉人今尙稱之

田承先號馨潮乾隆戊申生現年九十五歲黃髮兒齒望之若畫圖中人元性純篤同堂五世孫曾數十人皆能承其教弟承謙字道岸邑庠生承陶字江甸兄弟以高年同居友于尤篤

劉以甲劉家村人生於乾隆丙申年壽百餘歲樸誠公正生平無詐語有兄弟四人皆以孝友聞親見曾元一堂五世

傅大文沙河匯人生於乾隆辛卯享壽至九十歲妻蔡氏生與同庚享壽至九十一歲生平忠厚處世大耋齊眉曾元繞膝亦人瑞也

麻城縣志卷二十四

耆舊第七

流寓 原耤坿

漢

毛玠字孝先陳留平邱人漢末以尚書典選稱清公與曹操忤罷免乃攜幼子家麻城子孫蕃衍明末科目乞盛墓在邑東之花橋河世藏萬古高風四大字奇古渾厚謂是孟德所贈云

附三國志毛玠傳毛玠字孝先陳留平邱人也少爲縣吏以清公稱將避亂荊州未至聞劉表政令不明遂往



魯陽太祖臨兗州辟爲治中從事玠語太祖曰今天下分崩國主遷移生民廢業饑饉流亡公家無經歲之儲百姓無安固之志難以持久今袁紹劉表雖士民衆强皆無經遠之慮未有樹基建本者也夫兵義者勝守位以財宜奉天子以令不臣修耕植畜軍資如此則霸王之業可成也太祖敬納其言轉幕府功曹太祖爲司空丞相玠常爲東曹掾與崔琰並典選舉其所舉用皆清正之士雖于時有盛名而行不由本者終莫得進務以儉率人由是天下之士莫不以廉節自勵雖貴寵之臣輿服不敢過度太祖嘆曰用人如此使天下自治吾復何爲哉文帝爲五官將親自詣玠屬所親眷玠答曰老臣能以守職幸得免戾今所說人非遷次是以不敢奉命大軍還鄴議所並省玠請謁不行時人憚之咸欲省東曹乃共白曰舊西曹爲上東曹爲次宜省東曹太祖知其情令曰日出於東月盛於東凡人言方亦復先東何以省東曹遂省西曹初太祖平柳城頒所獲器物特以素屏風素憑几賜玠曰君鄉古人之風故賜君古人之服玠居顯位常布衣蔬食撫育孤兄子甚篤賞賜以賑施貧族家無所餘遷右軍師魏國初建爲尚書僕射復典選舉時太子未定而臨菑侯植有寵玠密諫曰近者袁紹以嫡庶不分覆宗滅國廢立大事非所宜聞後羣僚會玠起更衣太祖因指曰此古所謂國之司直我之周昌也崔琰既死玠內不悅後有白玠者出見黥面死者其妻子沒爲官奴婢玠言曰使天不雨者蓋此也太祖大怒收玠付獄時桓階和洽進言救玠玠遂免黜卒於家太祖賜棺器錢帛拜子機郎中

宋

按舊志流寓載唐陸餘慶任陽城尉攷地志陽城屬關內地因爲麻城舊名者誤也茲從刪

陳慥字季常眉州青神人太常少卿希亮子少時使酒好劍喜諸俠從與蘇軾游眉之西山馬上論用兵及古今成敗自謂一世豪士既而棄田宅遯跡於光黃間之岐亭



庵居蔬食徒步來往山中妻子奴婢皆有自得之意人見其所著帽方聳而高因謂之方山子蘇軾謫黃州過岐亭適見之時相過從唱和甚多人始知爲陳慥云 府志參省志

附蘇軾方山子傳方山子光黃間隱人也少時慕朱家郭解爲人閭里之俠皆宗之稍壯折節讀書欲以此馳騁當世然終不遇晚遯於光黃間曰岐亭庵居蔬食不與世相聞棄車馬毀冠服徒步往來山中人莫識也見其所著帽方聳而高曰此豈古方山冠之遺像乎因謂之方山子予謫居於黃過岐亭適見焉曰嗚呼此吾故人陳慥季常也何爲而在此方山子亦矍然問予所以至此者予告之故俯而不荅仰而笑呼予宿其家環堵蕭然而妻子奴婢皆有自得之意予既聳然異之獨念方山子少時使酒好劍用財如糞土前十有九年予在岐山見方山子從兩騎挾二矢遊西山鵲起於前使騎逐而射之不獲方山子怒馬獨出一發得之因與予馬

上諭用兵及古今成敗自謂一世豪士今幾日耳精悍之色猶見於眉間而豈山中之人哉然方山子世有勳閥當得官使從事於其間今已顯聞而其家在洛陽園宅壯麗與公侯等河北有田歲得帛千匹亦足以皆棄不取獨來窮山中此豈無得而然哉余聞光黃間多異人往往佯狂垢汙不可得而見方山子儻見之歟

李臺卿字明仲廬州人貌陋甚性介不群博學彊記罕有其比好左氏有史學考正同異多所發明知天文律歷千載之日可坐數也蘇軾謫黃州臺卿爲麻邑主簿始識之罷居於廬而卒 東坡集

東坡弔臺卿詩我初未識君人以君爲笑垂頭老鸛雀煙雨霾七竅斂衣來過我危坐若持釣褚裒半面新醆麥一語少徐徐步其瀾極望不可徼卻觀原嫵媚士固難輕料看書眼如月鏬隙靡不照我老多遺忘得君如再少縱横通雜藝甚博且知要所恨言無文至老幽不耀其生世莫識已死誰復弔作詩遺故人庶免俗子譙



洪渥撫州臨川人爲人和平與人遊初不甚歡久而有味初進于有司輒不出久之乃得官官不馳騁又久不進監麻城茶場卒清貧不能歸葬亦不能返其孥遂家焉

元

鄒遷八江西人官主事避難麻城居縣西北之黠兵山今分土爲黃安葬黃安北關外地名鄒家港其墓現存子九人各占籍一縣自慶一至慶九裔皆蕃衍惟麻城係慶五之後科甲蟬聯子姓皆以詩禮傳家彬彬多文學風

翰于祿江西人黃州刺史多惠政工詩賦精陰陽律歷諸書與其弟百祿寓居麻城墓在三角湖上

明

趙乾歸安人元趙子昂之裔洪武初知麻城縣久寓居於縣西之牛棚山麓子孫遂家焉

趙弼南平人元末避兵居漢川門人陳祖舜任麻城教諭弼因寓麻城喜登高賦詩舊傳有八景之咏

黃紱其先封邱籍平越人父中商重慶娶于張生公長依舅氏張宗琦爲麻城學官從至麻城學春秋歸平越補衛



學生正統丁卯以春秋中雲南鄉試第五明年登進士歷官南京戶部尚書改左都御史公廉峻直質遇事飈發正色出立卽重忤時貴弗恤智巧所進公毅肩之人率笑其愚然亦以是獲名

劉春四川巴縣人弟名台父規任麻城知縣隨任春受禮記于舉人劉瑄台受春秋于進士劉旭後歸兄弟俱中四川解元俱登進士春歷官禮部尚書謚文簡明史有傳台歷官參議

蔡毅中光山人五歲通孝經父問讀書何爲曰欲爲聖賢

耳萬歷中第進士授檢討以陳礦稅事忤大學士沈一貫計典鐫秩起爲麻城丞歷禮部侍郎以疏救楊漣忤魏忠賢罷歸有至性四歲父病願以身代母病盛夏思冰盂水忽凍及母喪廬墓有紫燕白鳥之瑞贈禮部尚書見明史列傳

李贄號卓吾又號禿翁溫陵人由甲科歷仕姚安太守棄官後依耿定向兄弟講學至麻城喜龍湖風景止焉梅克生周柳塘邱長孺周友山僧無念道一皆與之游性卞急而潔日惟讀書洒掃與人交非其所好對坐終日不一語其在龍湖所輯書曰初譚史綱藏書焚書因果錄等凡手



錄及所評點不下數百種康熙舊志

附梅國楨李氏藏書序自古豪傑之士其識趣論議與世人多不相入故其人惟艱難危急之時用焉當治平無事往往無以自見其磊塊不平之氣不得已而筆之於書書又不相入而藏之名山以俟千百世之下又安知千百世之人不猶今之人乎豪傑之士不宜於人也如此余友李禿翁先生豪傑之士也當其時士方持文墨矩步繩趨談性命之糟粕獨一禿翁其識趣論議誰從而信之故官至二千石輒自劾免取漢以來至金元良臣名士撮其行事分類定品一切斷以己意不必合於儒者相沿之是非知其與世不相入而曰吾姑書之而姑藏之以俟夫千百世之下有知我者而已余不及禿翁遠甚而與世不相入則甚似之其書之藏而傳也藏而不傳也抑亦不藏而傳也皆不可知惟其不得已而筆之於書又不得已而藏之禿翁之苦心則余所深知也故爲之序而並藏之以俟千百世之下之知禿翁者

全存恒姑蘇生員博學工詩賦流寓於麻以醫名世品行亦高子有成字庸玉少精舉子業屢試不利遂讀父書博覽岐黃言醫學克紹其傳

屠大寰興國州生員其目雙瞽尤精太素脉知人壽夭貴賤更能曉暢元理人咸慕之居麻城卒

國朝

吳與泌號亦白閩人家世未詳或曰明季顯宦罷官居麻城與曹石霞魯秋厓輩相友善博學工詩文稿無存者所傳有秋厓逸老傳



彭念祖黃安拔貢居岐亭官山東兖州知府

坿原籍

楊文忠新都人先世由麻城遷蜀父春復爲湖廣提學僉事廷和年十九歲成進士改庶吉士告歸娶還朝授檢討性沈靜詳審好考究掌故民瘼邊事早負公輔望歷官至少師大學士當正德時主荒於上而朝政無闕廷和與毛紀諸人匡正之力爲多武宗無子廷和建議迎興世子入嗣大統改元嘉靖是爲世宗廷和旋以議大禮忤帝意罷歸子慎字升庵鴻才博學殿試第一授脩撰以議禮事與

同官伏闕哭諫遂戍永昌衛以終於書無所不覽常語人曰資性不足恃日新德業當自學問中來故好學窮理老而彌篤在戍所一意探索典籍跌宕文酒著作之富爲明代第一詩文外雜著至百餘種並行於世明史列傳參升庵全集

來知德號瞿唐精通易理原籍由蕭山徙楚麻城元末祖泰由麻遷蜀見來氏易序

國朝

張鵬翮字運青麻城人入四川遂寧籍康熙九年進士選庶吉士二十七年俄羅斯察罕擾邊我兵困之於雅克薩



城悔罪乞恩公奉使同內大臣索額圖等往定界還聖祖器其能擢大理少卿明年巡撫浙江清漕弊覈鹽課請建定海縣城賑餘姚上虞嵊臨海太平等縣災又因浙省旱灾請免征輸錮之糟糧皆得者旨俞允調督河道請拆攔黃壩堵馬家港使水勢不至旁洩又開張福口以引河濬雙橋灣頭二河以通其流功成　上易攔黃壩名曰大通口　諭閣臣曰前張鵬翮赴任時朕示以必毀攔黃壩挑濬芒稻諸河今次第興修觀其奏牘詞簡而意明辨理精詳可知矣又嘗嘉其一介不取天下廉吏無出其右謚文端孫問陶號船山翰林院編修歷御史山東兗州知府以詩雄於乾嘉間書畫亦爲世所寶有全集行世節參漢名臣傳先正事略

魯之裕字亮儕江南人原籍麻城父啟昌康熙中爲雲南永順鎮總兵值三藩難後致仕歸寄居太湖縣遂家焉之裕倜儻權奇學無不窺尤精水利書中江南康熙庚子科舉人任內閣中書出宰河南歷知五縣事特選江西贛州知府陞湖北安襄鄖道署按察使調直隸清河道署布政使著有式馨堂文集並見採於　皇朝經世文編今邑南



望花山魯姓是其族也後裔江夏舉人魯學鎔猶時回籍祠祀

錢唐袁枚魯亮儕逸事記己未冬余謁孫文定公於保定制府坐甫定閽啟清河道魯之裕白事余避東廂窺魁偉丈夫年七十許高眶大顙白髮彪彪然口析水利數萬言心異之不能忘後二十年魯公卒已久矣奠於白下沈氏縱論至於魯坐客葛聞橋先生曰魯字亮儕奇男子也田文鏡督河南嚴提鎮司道以下受署惟謹無游目視者魯効力麾下一日奉命摘中牟李令印即攝中牟魯爲微行大布之衣草冠騎驢入境父老數百扶而道苦之再拜問訊曰聞魯公來代吾令客在開封知否魯謾應曰若問云何曰吾令賢不忍其去故也又數里見儒衣冠者簇簇然謀曰好官去可惜伺魯公來盍訴之或搖手曰咄田督有令雖十魯公奚能爲且魯方取其官而代之何肯捨己從人也魯心敬之而無言至縣見李貌温温奇雅揖魯入曰印待公久矣魯拱手

日覩公狀貌被服非豪縱者且賢聲稱喋於士民甫下車而庫虧何也李曰某滇南萬里外人也別母遊京師十年得中牟借俸迎母母至被劾命也言未畢而泣魯曰嘻甚具湯浴我徑詣別室且浴且思意不能無動良久擊盆水誓曰依凡而行者非夫也具衣冠辭李李大驚曰公何之曰之省與之印不受強之曰無累我魯擲印鏗然厲聲曰君非知魯亮儕者竟怒馬馳去闔邑士民焚香送之至省先謁兩司告之故皆曰汝病喪心耶以若所爲他督猶不可況田公乎明早詣轅則兩司先在名紙未投合轅傳呼魯令入田公南向坐面鐵色盛氣迎之旁列司道下文武十餘人睨魯曰汝不理縣事而來何也曰有所啟曰印何在曰在中牟曰交何人曰李令田公乾笑左右顧曰天下摘印者豈有是耶皆曰無之兩司起立謝曰某等教勅無素致有狂悖之員請公亟劾魯付某等嚴訊朋黨情弊以懲餘官魯免冠叩首大言曰固也待裕言之裕一寒士以求官故來河南得官中牟甚喜恨不連夜排衙視事不意入境時李令之民心如是士心如是見其人知虧帑故又如是若明



公已知其然而令裕往裕之歸裕之罪也若明公未知其然而令裕往裕歸陳明請公意旨庶不負大君子愛才之心與　聖上孝治天下之意公若以爲無可哀憫則裕再往取印未遲不然公轅外官數十皆求印不得者也裕何人也敢逆公意耶田公默然兩司目之退魯不謝竟出至屋霤外田公變色下堦呼曰來魯入跪又招曰前取所戴珊瑚冠覆魯頭曰奇男子此冠宜汝戴也微汝吾幾劾賢員但疏去矣奈何曰幾日曰三日快馬不能追也魯曰公有恩命裕能追之裕少時能日行三百公果欲追疏請賜契箭一枝以爲信公許之遂行五日而疏還中牟令遂無恙魯以此名聞天下先是亮儕父啟昌爲雲南提督與三藩要盟公時年七歲爲質子於吳吳王坐朝亮儕衣黃裌衫戴貂蟬冠侍側年少豪甚讀書畢日與吳王帳下健兒學贏越勾卒擲途賭跳之法故武藝尤絕倫云

傳有之惟楚有材晉實用之麻雖襃爾一隅其懋遷外徙者多以文章功業震耀當時洵足增光梓里如上數公者誠所謂自楚往也即近代以科甲顯於同省州縣者則有竹谿咸豐辛酉拔貢游升戶科給事中知直隸眞定府王立清江夏同治庚午舉人魯學鎔外省則有陝西道光己亥舉人汪遠昌同治甲子舉人戴如蘭光緒庚辰進士戴如崧同治庚午舉人葉成章同治辛未翰林李聯芳光緒己卯舉人吳逢周河南咸豐壬子舉人鄧楚翹光緒丙子舉人鄧世垣四川光緒丙子庶吉士施典章皆題名於都門麻城會館又若四川夔州之



鮑爵帥超孝感之余編修聯沅皆稱祖籍麻城訪求宗譜豈遷地而益能爲良歟抑光遠而自他有耀歟爰錄於篇以誌鍾毓之盛云

耆舊第八

方伎

明

樊子晋讀書明理審病察脉預知人生死醫家宗之（通志）

鄒橋泉名希魯洪武初居縣西二里許牛棚山以名醫濟世任醫學訓科刻有橋泉方卷行世子來學官都憲子孫科甲雲仍冠蓋相望其仁術之開家宏遠矣東吳錢溥爲之傳



鄒順菴橋泉之六代孫長業儒遇異人傳授方脉棄儒爲醫精於切脉洞悉表裏之微卒爲名醫

蔣云貴字恒宇博學能詩於方卷無不精究凡病有疑難他人棘手者能應手奏效遠近迎接履滿戶外爲縣良醫

蔡密得茅山法正傳六月求雪掌心運雷呼風喚雨驅鬼役神奇幻莫測後密法傳縣人謝龍謝龍傳法於縣人汪炳汪炳以其法傳與陶眞人仲文顯於世廟云（舊志）

宋有章習道法能以符呪治病嘗濬池得一古銅印篆刻蔡密二字又一鐵方條廣狹上下以二寸餘計上鐫一文字章得之其術益進比遇妖異事驅役皆靈縣亢旱三禱三應知縣陳鼎鄉士鄒汝魯舉人周際聖各贈以匾額年八十餘坐逝徒仰止精其業

彭長溪精通醫理刻有醫見私會博宗方卷彙編歌訣以行世後學宗之俱爲名醫

宗合泉其目雙瞽專治幼科如神以手摸小兒即立判生死不爽

歐陽方旦字旭之生員幼好學遇異人授以太乙數遂棄舉子業精通數學每課吉凶無毫髮爽不三年而名揚海



內赴南寧侯左良玉幕欲授以官辭不就後就武昌學官國初執政亦迎置都中欲薦之仍堅辭

陳雲山方脉俱精識見迥出

王松佾新居畈人精曉脉理不泥方卷用藥不以多味而有奇效人共稱之

國朝

鄒履寬乾隆時人世業岐黃尤善丹青兼工書法人爭什襲之

喻必惠字嗣僑精醫術診人生死期以數年如神其孫編

族子顯烈嘉塽皆得其傳時稱名醫今喻氏猶有能叙其業者

余易元少爲儒不售棄業醫精素靈理後代方書靡不畢覽然一以長沙金匱爲宗治效奇驗藥簡而劑重有非凡醫所能測者相傳歿爲地仙降羅田某山遠近祈病甚應香火不絶

彭文楷字端軒號旭陽山人深明醫學所治多奇中農某患腹痛諸醫投劑加劇皆束手楷診之曰脉大小無定唇朱面白此蛭入腹也用田泥水飲之果下蛭千百而愈羣



服其神生平治症多以意創有方書未載者著有傷寒述要一卷待梓

## 坿仙釋

### 晉

麻姑後趙石虎將麻秋女麻秋猛悍人畏之築城嚴酷晝夜不止惟雞鳴乃息姑有恤民心假作雞鳴羣雞皆鳴工乃息父覺欲撻之姑懼逃入山洞修道後於城北石橋上飛昇後人名其橋曰望仙橋洞曰仙姑洞並詳名勝 舊志

### 唐

釋真應禪師住龜峯山與名流往來如慧遠之在東林也戒律精嚴跏趺坐逝又虛應靈應禪師皆有道場 舊志

### 明

釋大智東山童氏子以苦行證果應化南海嘗經行普陀山山瀕海師曰何惜千步沙爲老僧經行地次日即湧沙千步至今名千步沙有沈蓮池造佛刹欲迎大智居之大智潛往燒火三年蓮池不知也蓮池與衆異食大智不肯留臨別語蓮池曰汝關著門吃些罷至今中門不敢開開則沙石飛入食中



僧一無住持東山什子山下寄牛坪廟係木樨河余氏建立嘗刺指血寫華嚴經血已盡而末卷尚未成一夕忽有老人叩門乞漿僧入後院取茶應之比出而老人不見經已書完知爲菩薩化身也圓寂時特請余山主作別須臾火化端坐雲中冉冉而去至今禱雨者請其所書血經至壇立爲之應

釋無念名深有東山熊氏子少孤披剃徧遊諸方一日參一名宿値宿方鋤瓜茄次師請開示宿即指曰黄瓜茄子師參四十年後忽有省原不識文字自是偈頌書札口占

如流李長者閩而與之遊焦弱侯陶周望黄平倩袁中郎皆致禮焉晚年入黄柏山建大禪林中郎爲之記鄒南臯作傳刻有醒昏錄黄柏復開基隆山亦其道場請益者輒罵諸方謂黄柏門庭高峻一時有天童打黄柏罵之語然無上堂寃白有胞姪自空名常聞亦從披剃後侍李長者頗通文字好諧語寓秘義爲人淡薄無求居了枠三十年不下山有龍湖閒話新葛藤對紙閒談諸作預築一壙可伸仰題詩曰整日死關在眼傍自然世味冷如霜閒來掰下藏身窟莫待臨時手脚忙有過訪者輒率同坐其中或



嬉之師門生寄也死歸也汝終不免耳相知者死俱列名祀之而自署其名於末

釋道一名明明周氏子父思善夢白衣道人入室而生少穎悟超異胸不入俗初名之首應童子試拔第一後鄉試往省及河見爭渡者有感遂返棄巾衫學仙遯跡武夷山之大王峯迨歸里隨李卓吾住龍湖契合遂祝髮爲僧自號金牛小子愛白臯山居焉學主慈悲視殺蟲魚與殺人無異意所不屬雖人聚處不知其姓名與邑梅之煥常聚處往來吟咏其文信口詩無韻而天機自極清妙其祝髮詩有云金牛小子今而後五日三朝剃個頭　遊武夷山居之後于縣東雁臺山刱建道場著有雁臺集涅盤[illegible]十年開塔視之面目如生後移出供養多時仍送塔中

國朝

周大勝生明季年未弱冠屏紛華結茅菴居大勝尖山修煉得道年七十餘無疾終里人立廟祀焉凡祈禱輒應乾隆甲午戊戌己亥乙巳等年大旱此地十餘年獨多雨澤庇護力也

釋嗣容本靈隱寺僧參學來麻至仙姑洞下欲結庵居之



地荆棘叢生素多虎豹僧蔵本魚募化七晝夜土人壯其胆遂予其地爲之結庵名曰谷隱僧趺坐誦經庵外虎豹甚馴時以飯與虎羣欣然就食其後嗣心如洗塵滌煩追慕宗風亦結茅洞側奉仙姑香火學坐工法足不下山者幾二十年

釋松門本明戶部尚書倪元璐之裔元璐殉節後即棄家剃度來麻於寺旁隙地種松數千株日汲水以溉十年後翠色宜人望如峯嵐因名之曰翠峯寺僧博學善詩古文詞士大夫多與之遊焉

釋獨省住持城北繡佛寺有行力市人咸供養之預知圓寂期先數日徧辭諸素往來者告以某月某日西歸臨期沐浴更衣端坐與送者作別而逝徒以火葬

釋性哲由黃梅五祖至麻募化諸天金像時久旱無雨河水亦涸與大衆定某日起程當有水送歸衆皆笑之及期大雨河水泛漲登舟告別衆皆嗟嘆嘗市刑垂囚數人每夜深輒相呼嘯僧獨坐尸塲唪誦頂光隱透諸聲頓息後延住持火王廟齋居坐化

釋真覺自幼習儒值明季投永興寺爲僧聽戒師講法華



經至是法住法位世間常相住豁然自悟悟得山河大地無非自己全身聽講楞嚴經至無有涅槃佛無有佛涅槃當下見自己天真了無生滅後依九龍霈和尚付以衣鉢仍住汝陰說戒十一會付法於麗中僧其圓寂之日預使司侍通耗於麗中至期泊然而逝

釋麗中汝陰現和尚之法嗣也住松泉庵工詩律其付法時師喝一偈曰龍得水時增意氣虎過山勢長威獰自此元風大扇三楚暑得清涼其說法示偈皆以韻語出之佛門中之嫺於風雅者縣人熊御史贈以句云高提祖印矩

府周禮顏其舍曰元光四照知臺灣李中素集[illegible]露微月心淸聞妙香以贈今麗中語錄猶存其山中雜[illegible]尤爲膾炙人口

僧山濟者亦縣東人有淸規好修補梁橋道路以乞鉢爲生積有米斗餘時方旱鄰人多乏食有一偷兒乘夜入僧室行竊時月微明僧假寐聞戶樞聲乃張目睨偷兒入以橐負米出方行數步忽蹶地僧曰汝何不徐行乃若是莫傷汝足否無畏仍拾粟去偷兒怖委之而去見周思久三戒傳

國初時有道人姓傅形貌奇古衣服藍縷善談名理士大



夫多與之遊久而人知其異有疾病者求之遂以其矢與溺遺之人不肯食則自取而啖之人呼爲傅邋遢後有危急不得已者竟以與之輒效值大比之歲衆文士往問[illegible]場題曰將及門傅迎謂曰諸君子何如此文質彬彬的坐定衆問之力答以不知適有爆竹聲卽曰望天三銃衆辭出聞有罵雞者卽曰這个人就不存一點仁義之心是科首藝卽文質彬彬二句次卽王天下有三重焉三卽雖有乎人者二句一一皆驗人以此益奇之忽一日辭去鄉城內外有相距百里之遥者皆以一刻作辭竟不知所往

志

西峯大聖邑東北周家河人父號吉慶居士早逝元末負母氏張避難於西峯尖結廬而居修真鍊性洪武初有神虎飛昇於觀音巖後降乩知己成神士人因立廟祀之至今禱雨屢驗大聖尖護兒山均有廟

胡三太保相傳神福臨堡人年少登仙興雲致雨祈禱輙應大齊山有廟塑像英武

僧自修居古城區圓通菴嘗修放生池以良言勸人再傳有永道自幼持齋能裁衣未讀書忽能字出言即達禪機



寂時作偈曰父母生身有罪投入圓通披剃舉尺應透虛空能翦裁開五蘊諸般一綫穿通萬法徹底歸一佛祖問我何來二六常求是義又偈曰問爾休問我生死由爾躲推動木絃琴弄出無生菓這個好形容無人又無我打破太虛空快活真快活寂後有人遇於白杲鎮以杖荷蒲團問將何之不答而去

張元和係黃安水閣樓人生於嘉慶間嘗遇異人授以醫術起死回生活人不少無論貧富概不受謝因避難至本邑還堰蘇獅子寨喜山之秀特乃言曰吾歿後當棲此山同治八年辛亥示病人偶結菴於山上有禱輒應因立廟祀之

胡和尚居德義堡乾隆間雲遊四方冬夏一敝衲晚年入峩眉山遇事輒先知土人以為妖繫之獄數日不與飲食亦不飢顏色如故縣令驚其異釋之歸里遂入靈聖洞辟穀採松葉為食十餘年不出跏趺坐逝

釋曜禪貌清癯類古佛少為人奴年十九出家於木樨河之新寺清修苦行冬夏一衲壯歲辭師雲游天下名山古剎參學於五臺靈隱金山峩眉少林諸叢林足蹟周海內



凡四朝南海在外三十年每數年輒歸省其師獻遺方物師寂後粤亂適作禪歸住持新寺初不識丁乃能博通經典華嚴法華諸大藏皆可背誦復遊黃州安國寺挂單閉關誦經者九年過臘七十餘計坐功五十年一日出訪某尊宿二侍者從將至其寺禪忽跏趺坐地謂侍曰期至矣不及待屬以火化仍誦經畢合掌荼毘侍者即其地為舉火像見雲端舍利如雨骨成一塔高尺許藏某寺

# 麻城縣志敘畧

## 列女志第八

夫閨門爲王化之原風詩所由託始也粤自廱洪之代上而王公后妃昭貞靜純一之誼下而士庶婦人潔蘋蘩榛栗之奉斯陰教與陽教並宣邕穆之化以起焉世風遞嬗庸行不足以彰而奇節乃可以法史氏遂專取女子之貞烈守節者編列女以次諸忠臣孝子之後蓋誠以勵末俗之委阿樹中圭之儀式匪僅詡嶶柔懿恭徒託之煒美而已卽其間多所闕軼而文人才士又樂借患難激烈之事



形爲樂府咏歌金石敘述以發彼奇偉兀㚖之思是以其節易昭而其傳彌永此豈非乾坤正氣之相爲感召者哉麻城俗敦節義女子多習女紅而嫻內則雖素封巨室恒居未常自逸惟中饋是議無珠碧犀玉之飾無靡曼華麗之容汝墳江漢遺化匪遥蓋古風猶有存者矣攷諸載籍其能以文才見者則有周二晉夫人董少王詩集采入明史藝文志又若毛文貞詩詞清妙尤爲特出朱竹垞明詞綜稱其哀感頑艷而其堅貞苦節至老不衰當時名卿巨儒多敘記其事以爲美談邑人至今猶言之生敬蓋共羨大家之亞朱淑眞黃崇嘏不足道也按麻城康熙縣志所載列女僅一十一人乾隆縣志所載已旌未旌共六百四十人此次新增節孝貞孝一千五十人蒙殉難節六百八十人光緒八年奉　部咨　國史館補采列傳各督撫通飭州縣舉報節孝貞烈分别旌表以前志所載未旌節孝五百餘人全行補請其餘俟諸異日輝兹竹簡潛德發其幽光表以貞珉未亡堅其勁節慰貞魂於泉壤補疎漏於陳編猗歟甚盛典已　朝廷聲教所被纖弱不遺由此而廉恥之心生名節之念重國俗民風庶幾蒸蒸日上矣其所係匪淺鮮也獨一邑云乎哉

麻城縣志卷之二十六

列女第一

中壘作傳不專一操先母儀而次婦道原不僅紀柏舟之節也昔人願爲良臣毋爲忠臣蓋賢母淑媛爲婦順之常至於茹苦懷清乃不得已而逢其變論事則處變尤難而垂後則安常爲首故先列賢懿貞壽附之節孝貞烈以次而及亦猶諸史先名臣而後忠義之例云爾

賢懿 貞壽附



明

保寧推官熊夔妻吳氏夔中宏治辛酉鄉試乙丑入都吳隨夔入南雍卒業監邸清暇與夫朝夕誦讀有疑相質常曰吾益友也時姻族毛汝溪陳雙泉同在監時來質疑問義論說古今吳子視之一一辨釋多所啟發家居常戒其子曰富貴非所論爲名儒無忝也女紅暇則與姑姊妹輩坐說經史列女傳及孝順事蹟等書或誦詩至崖山正氣篇則繼之以泣手錄古聖后賢母孝女列傳成集

尙書李承祚妻曾氏御史筆山女嘗買新宅掘地得金數千曰宅乃新購金豈我有召原業主還之

國朝

梁汝璜妻曾氏太僕卿景陽之曾祖母年未三十翁暨夫卒於外遺稚子三其姑長齋供佛不理家人事兩世孀居有以奪氏志孀其姑者曾語姑曰媳節同松柏姑無慮撫孤成立克繼宗支後以曾孫景陽貴貤封恭人

耆賓鄒至誠妻程氏素好善樂施雍正乙巳年荒歉捐米賑濟鄉鄰署知縣楊思溥給奬女宗善果額又捐銀六十兩入祠以充積貯乾隆癸亥重修祠宇



周其昌妻宋氏黃岡人年十八適周夫卒撫子成人家多古書字畫或勸變價爲家什計宋不可乃益勤女紅以濟貧嘗翁喪葬宋生康熙丁丑卒於乾隆丙午年九十歲

吳天錫妻周氏夫早卒生一子而跛周懼不克有後新婚之夕焚香祝天卒致蕃衍事翁姑孝食上必親視寒煖之節起居雖夜必興善居家致貲累千金

監生楊應箕妻曾氏曾朋女事上撫下孝慈素著夫歿曾年三十歲與家創業淡泊自安教子愈梁讀書成立尤樂施舍鄉鄰戚族貧乏不惜囊粟相遺人以此服其賢

曾之元妻唐氏生一子而元卒事姑以孝聞會歲大祲唐弟以疫卒其家比粼閉戶壁隙水火弗與通唐卒理其喪而歸而唐家無恙

任義妻丁氏年十八適任僅數月夫貿外故依夫兄嫂守侯不數年夫兄嫂繼亡遺兩子俱幼丁視爲己子撫養教誨出自艱難內外力作家道蒸蒸蔚起皆丁之力也

監生唐志源妻江氏年十九適唐甫二載夫故三月得遺腹子撫養倍至稍長延名師訓廸倍加嚴謹紛華靡麗一概不使入目嘗語孤曰我不幸汝父早逝所賴惟汝汝若



無成我何所望孤兒梓跪聽命家中巨細事務皆有紀算不憚勞苦日勤紡績有餘積則以周貧乏鄉鄰戚族無不服其賢明

儒童董承琮妻王氏君榮女夫故王年三十勵志貞潔事孀姑以孝教兩子以嚴次子楊旋卒王身勤紡績漸至素封助弟妹婚嫁無吝色喜施濟修橋補路長子績年六十獲一孫文彪曾元蕃衍族鄰以爲賢母之報

監生胡文埞妻周氏州同周燮女也周本名門女動以禮法年二十適胡勤紡績佐讀埞銳志功名數奇屢薦不售鬱鬱不得志周輒爲委婉勸解埞歿遺孤九歲周哀號過節誓相從地下伯叔責以撫孤大義乃免遂撤環瑱操家政延師訓子內外秩如中年患足疾兀坐三十餘年辛苦備嘗孫姪輩入問起居必戒以勤學持家數事戚族欲爲請　旌不果尋病卒守節四十四年

汪克均妻歐陽氏夫故二子尚幼訓誨極嚴及長務令其親明師益友戒絕浮華凡子所交遊來必禮待人咸稱之年八十縣紳士製有匾聯並壽文以紀其實

劉維襄妻胡氏胡潮女潮產業寒薄胡勤女紅計出納家



稍稍給差得父母歡已而適劉維襄試輒不利胡慰曰事須耐久有志竟成夫子只患不讀書不患無功名分有我在閫以內無庸慮維襄乃勵志攻苦胡紡織佐之湯水不懈後維襄以勞瘁病歿胡以身殉遇救得甦足不踰閾事姑孝居家無疾言厲色守節二十餘年卒

余純泰妻汪氏夫早故氏撫四孤傾心好善捐建廟宇甚多惟雲臺寺至今尚存凡鄉里公務會議於斯遂爲名勝里人猶嘖嘖稱汪母不置焉

劉炎煦母王氏素嫻禮教煦九歲失怙哀毀幾於滅性母

篤志撫孤乃諭之曰爾身父之遺體即母之所爲命者爾如是殆重傷其親也煦乃節哀寄學外塾母紡績以給嚴於課讀每夜深不輟倦則引機憤擊煦長而羸藉父門下詞林李時勉力貢入成均篤行並力隣有爭競母必設酒食令煦爲排解族黨空乏多寡分給子之賢皆母之力也

甘學游妻李氏年二十適甘夫遠出糧無越宿李勤紡績以供翁姑翁姑繼逝竭力支持葬祭盡禮後夫歸旋故李操家有法婦道無虧

王瓊瑰妻董氏治家有法　李勷妻郝氏治家儉約



周思穆妻萬氏自斷其耳均舊志

例贈文林郎王炳嶽妻趙氏本端女乾隆戊辰生事姑至孝姑周氏常病氏侍湯藥未嘗少懈姑嘗泣曰死後實難舍此賢婦氏應曰母朝以死則婢子夕以亡願相從地下後果如所言其孫光柄列賢書光柯德玉皆入泮

黄清肅妻周氏海清女乾隆庚寅生十九歲于歸年三十夫故姑亦相繼殁翁志周以教讀爲業氏敬事以孝聞子四長品望出繼夫弟清輔次品隆以軍功保藍翎守備三品遵早逝四品元道光巳酉武亞元氏懷清履潔教子成名施濟貧困人咸稱之目見五世同堂咸豐庚申卒年九十一歲守節六十一年

吳治烈妻何氏年十七適吳經六載夫故撫姪鋭爲嗣躬勤紡績孝奉翁姑教子成立年八十七歲其子亦年逾六十幸目覩曾元林立

胡汝川妻黄氏汝川卒黄年二十四生一子事衰翁生死盡力勤儉持家撫子成人六十四歲卒守節四十年

坿貞壽

儒士鮑勝文妻程氏安邑增生化南妹乾隆辛巳年生咸



豐辛亥卒壽一百零一歲性好施紡績餘貲輒周貧乏迄今咸里稱之

李位妻項氏年二十歲守節壽九十一歲

儒童董彦妻陳氏年二十五歲守節六十七年壽九十二

嚴志和妻項氏年十九歲守節壽九十六歲

董承瓊彦之子媳王氏年二十五歲守節壽亦九十歲

儒童李景周妻魏氏監生續亜長女年二十九歲夫故守節壽九十五歲

戴乾衞妻蘇氏年二十一歲守節壽九十二歲

鄭心雲妻胡氏乾隆已酉生二十一歲守節壽九十三歲

周長泰妻李氏生於乾隆二十四年于歸逾年夫故守節壽九十三歲

羅文蔚妻饒氏二十一歲守節壽九十二歲

楊恩珠妻唐氏年二十九歲守節壽九十三歲

袁方賢妻張氏年二十二歲守節壽九十歲

袁十全妻張氏年二十六歲守節壽九十八歲

喻通鑑妻汪氏年二十四歲守節壽九十三歲

袁鼎妻陳氏年二十三歲守節壽九十二歲



盧義麟妻劉氏年二十七歲守節壽九十一歲

文童林正舉妻盛氏年二十九歲守節壽九十一歲

曾紹雄妻吳氏年二十七歲守節壽九十五歲

曾廷楓妻吳氏年二十歲守節壽九十一歲

監生范在梁妻徐氏年二十九歲守節壽九十一歲

儒士楊正鍗妻盧氏年二十六歲守節壽九十餘歲

袁之俊妻胡氏年二十一歲守節壽九十三歲

儒士鄭義興妻徐氏年二十五歲守節壽九十三歲

毛階妻王氏年二十四歲守節壽九十歲

儒童周維昭妻劉氏年二十歲守節壽九十二歲

祁正豐妻郝氏年二十八歲守節壽一百一十九歲子萬順妻鄭氏青年守節壽九十三歲

陳興化妻朱氏年二十九歲守節壽九十四歲

金文坦妻彭氏年十八歲守節壽九十六歲

李阮氏少年守節壽九十二歲

此上貞壽事蹟均詳見節孝傳

## 節孝 前朝

主事李文祥妻鄒氏給諫鄒騏女文祥早卒氏苦節四十餘年茹蘗飲冰壽垂八十弇州王世貞贈一聯云一門七節萬里孤忠蓋因氏苦節而一門觀感而起者有六云

周宏祚妻劉氏劉端簡采季女夫早死孀居三十餘年坐卧一樓執翁姑喪盡禮以節孝聞

舉人周宏祁妻喻氏夫死以憂毀殉夫弟宏禴稱其大節似父希禮云

劉守蒙妻毛氏侍御聚峯女適劉夫歿氏年二十五矢志守節潛心內典尤工詩詞壽八十餘卒邑人以文貞稱之著有毛文貞集袁玉蟠太史爲之序朱竹垞明詩綜嘗選其詩奉旨旌表建坊坊在西關外今存



知州王寵麟繼妻李氏年二十夫卒子幼李哭泣哀毀經四十日而疾革知族衆將不利於孤豫戒家人置棺中勿封殮族衆果蝟集譟孤殺母氏從棺中言已知汝輩計必出此矣衆大懲去李乃瞑目

王師妻李氏師卒氏僅二十餘越兩月生子山玉鄰媼勸以改適李泣曰我此餘生與呱呱隨分待盡而已其叔母亡遺一女晝夜啼哭李更撫字之尋鄰家火起氏搶地呼天同一老僕扛夫柩出柩輕若神助自是家業盡焚飢寒益甚終無怨言山玉能讀書且奉甘旨無缺以壽終

王埏春妻李氏鴻臚李長至女土賊徐大元等乘亂殺埏春父子祖孫五人李冒險奔控破家貲擒獲後赴部置法李請得逆首祭於夫墓哀感路人遂服麄茹苦以終

周董氏守節四十年遺腹子志入孝友傳事並具府志

彭益孫妻劉氏三進士信古孫媳十三進士守有孫女明季甲子于歸年十七歲佐益孫數運京邸時翁壽鼎歿於京益孫因糧折繫獄氏募化得貲扶翁櫬歸並彭氏先人未葬者均爲安厝且營貲賠糧贖夫還里時無子前妾皆無出復捐奩置妾陳氏夫故陳遺腹生子枝次年陳亦歿氏擇地與夫合葬撫孤子成立得入邑庠內外侵欺氏竭力支持時兵寇交訌鄉人無所逃避氏捐貲建堡多賴生全歲大飢又設法完糧捐貲爲粥貧困獲甦無不感歎順治十八年知縣王瀊詳請旌表康熙元年撫憲劉給巾幗偉人額學使李給矢節撫孤額本府何給女中丈夫額李氏王家樓街中有石碑上鐫有節孝李氏坊中鐫奇烈

幽貞四大字旁鐫嘉靖三十六年丁酉歲邑尊吳暨闔邑
紳士同立街後有節孝李氏墓夫家及生卒年月均失攷



國朝 已旌節孝

貢生胡文陞妻張氏年十九歸胡二十八歲夫沒張廹欲殉經賴族戚勸得免姑年八十四篤疾彌留張憂毀骨立卒後哭盡哀斂祔窆厝悉如禮越數載子生員維銓監生維銘相繼沒張痛幾絕族屬謂曰氏幸存姑若夫墓掃可無缺義不得死長媳董氏願繼柏舟志張乃撫媳相依倚爲張聰慧職刺繡外兼工詩賦文詞著有梅軒詩集所作弔雷馬二將軍詩用石矼張太史原韻其詩云青霄何處展秋鷹衆壑聲喧淚疊層一片塵沙埋碧血四時風雨伴寒燈同心許國原吾分合志成城盡爾能遮莫剛腸摧賊膽只今英烈震西陵韻致沉雄絕無脂粉氣可稱赤亭閨秀守節三十三年乾隆二年 旌府志

生員李春流妻梅氏年二十六夫歿遺二子辛勤教育稍不循法即責之治家嚴肅內外無間言二子亦孝養備至長中黃名諸生次中素臺灣知縣康熙十年 旌通志

生員何三曾妻葉氏雲南平度州知州調元女也年二十一三曾隨父之彥俱歿於滇南任所遺孤佐三歲葉奉姑扶夫柩以歸居茅廬紡績事姑教子佐力學成諸生守節

五十七年卒佐事母以孝稱哀號廬墓以終

邑人萬繩祜題何氏婦節孝紀實詩絕塞烏啼湘竹斑念齡弱艸抱枝孱蠻烟瘴雨衡戈戟楚尾吳頭盡閉闗兩櫬一身埋白骨孤兒三世買青山而今始見夫君面六十年來歲月間

邑人張一恆題何氏節孝詩榮歷滇南署孤還楚北鄉婦歸夫穴內兒傍母塋旁唳鶴棲荒沼啼烏遶夕陽悽悲廬與墓一樣植綱常　夫有節全婦母生孝篤郎但知恩義重不顧歲時長兩世堅貞苦百年書史香一門鍾間氣子姓有餘慶

儒童曾之杰妻喻氏庠士承華女夫故氏年二十四歲乾隆五年　旌氏性聰慧建坊自作敘文所著文詞詩句遺稿甚多數被水災氾濫遺失八十二歲卒守節五十八年



楊必選妻曾氏汝榮女于歸五載夫故曾事姑教子動中禮法其子易魁吏目職亦盡孝道乾隆三十九年建坊

嚴志和妻鄭氏年十九夫故絕食者數日誓不欲生翁以長子之次子承祀鄭愛如己出日勤紡績敬事翁姑守節七十七年九十六歲卒學憲朱王奬給勁節可風勁節遐齡額道光癸卯奉　旨入祠

生員程世炳妻魯氏生員魯元弼女年十七于歸事舅姑先意承志甘旨溫凊每佐其夫所未逮生子有增四歲夫歿一慟幾絕轉念其子尚幼忍死須臾以養以教十有二年致有聲譽忽夭氏慮夫之不祀也白於翁姑立夫胞姪若深爲嗣慈嚴並著視曩時所以教其子者無異深亦能有聲黌序焉乾隆六年建坊於望花鎮省志

武舉王銓之繼室儒士陶雲之女也婚數月而銓卒時康熙三十一年陶年十九以身殉投繯者再爲家人救甦因以親老在堂姑在室遂封髮毀容勉力事高堂育孤子知縣吳顧行贈以匾曰金堅玉潔商城縣令費師益贈以匾曰天壽貞德乾隆五年　旌舊志

監生王經世妻程氏貢生懋仁女年二十夫亡生遺腹子



濬翁早逝惟姑與祖姑俱存程孝事二姑存歿盡禮教子有方九十二歲卒乾隆五年　旌府志

曾昇士妻徐氏生員如璜女昇士早卒徐苦節三十餘年事姑盡孝教子有方於乾隆九年四月建坊子曾璽媳董氏舉人義山女于歸一載曾璽卒董意欲同死難捨孀姑姑歿喪葬盡禮立嗣繼後雖九夏紡紝不輟亦守節四十餘年府志

廩生楊晉妻鄒氏廩生楊知數妻蔡氏晉有文名早夭鄒年二十六黄口三孤矢節撫之無何二子繼亡僅季子知

敦娶蔡氏舉孫親傅甫就塾而知數又夭蔡年二十八孀
姑相依益勵冰霜撫孤訓讀數十年如一日人稱雙節後
親傅食餼明經蔡年九十於乾隆四年　旌府志
楊次春妻董氏年二十五夫歿一孤夭紡績養姑喪葬盡
禮守節三十餘年乾隆七年建坊
儒士程九萬妻鄒氏岳陽令汝謙之女拔貢宗洛之母也
九萬讀書積行爲縣所推重以數奇困於知遇鄒適三載
夫卒即以身殉經勸救數四得免自後事衰翁孝養倍至
撫孤子教育維殷有祖姑節孝未揚鄒獨請坊　旌表平



生識詩書一言一行悉嫻大義翁姑逝後念母老擇近居
朝夕問候時奉甘旨還居之日有孤燕飛來迴旋不去每
集幃幕旦夕哀鳴鄒以白絨繫其足自是每歲必來儒學
江陵鄧以琢題有句云可憐精白毫無滓時染霜幃血淚
紅鄧並立有傳刋　龍池節孝坊係乾隆四十一年　旌省志
儒童陳焯妻董氏四顧之女年二十三適陳閱四載夫故
觸棺仆地幾死孀姑泣告以大義董忍死依姑事生送死
教子大坦老成謹厚克續宗支乾隆五十四年　旌
儒童江緒妻吳氏作珍之女年二十一于歸時夫已染沉

疴吳延醫調治夜則焚香籲天夫卒吳以姑老子孤不能
死家貧勤紡績針黹上盡養葬禮下爲課讀資守節四十
二年乾隆五十六年建坊入祀節烈祠
舉人胡鑛妻孟氏年二十一適胡未一週而夫歿夫病篤
遺言我死明日所生必男須善撫之次日果產遺腹子氏
痛夫亡永矢堅不入口願以身殉姑含淚責以存孤大義
姑留殘喘家無中人產衣食僅禦飢寒子稍長就外傅其
祖文坦命名奕鴻孟慈嚴並濟不稍姑息以故早歲成名
書香世紹翁姑存歿緣分盡禮悉藉紡績爲粢辦資內外



嚴肅雖宗族子姪時節拜慶從不踰閾里黨咸稱道弗置
卒年六十六歲苦節四十五年乾隆二十七年　旌
鮑文龍妻戴氏年二十一歲夫病奉藥寢食俱廢越二載
夫歿觸棺腦裂母救治乃痊姑老多病紡績以供藥貲撫
八月孤其健成名凡里中苦節不能自存者必竭力玉成
之里閈咸奉爲女箴焉乾隆四十六年　旌四十九年卒
監生鄒旭衡妻丁氏年十九適鄒二十三歲夫故生二子
長子殀次子光宙娶生員成天漢女未幾卒丁支身子立
內外兼營茹苦飲冰一循禮法乾隆五十三年建坊媳成

氏始生一子夭折守志事孀姑朝夕奉養逢姑怒必下氣怡色晝夜在姑側苦節二十年病卒

袁之進妻巢氏啟先之女年二十二歲于歸越四年夫故巢觸棺仆地昏死再三父母責以撫孤大義巢乃忍死家素壁立巢苦經營以供翁姑及翁姑歿鄰里有哀其貧爲之周之者巢以爲非出己力雖一絲一粟必卻之其孫媳周氏亦早年夫故見祖姑頻節亦願矢志柏舟一門兩節皆巢有以成之也乾隆四十二年建坊

盧見瞻妻曾氏生於康熙二十六年十七歲適盧一載夫



故事翁姑盡禮教子以嚴守節四十四年六十二歲卒乾隆十四年　旌

江世保妻萬氏生員萬嘉之女二十歲于歸閱六載夫故萬觸棺昏暈絕而復甦侍翁姑年老矢志孝養卒皆喪葬如禮又悲宗祀無承撫夫姪尚舉爲子以綿似續至乾隆十五年建坊給匾清標彤管年八十歲卒

儒童劉自任妻陳氏青年矢志孝順公姑撫養孤子且以夫弟夫婦旋亡撫三孤不啻己出後子歿又以嗣孫繼宗祀守節四十六年乾隆二十四年建坊

儒童董誠妻熊氏生員之溫女夫故時氏年二十四歲生子甫一月上事翁姑下撫弱稚且以紡績之貲爲夫弟膏火之費俾得以早列膠庠乾隆五十六年卒守節六十二年乾隆二十六年建坊

儒童李域妻蔡氏適李八載夫故蔡年二十八矢志堅貞束躬禮法事公姑敬養備至慈嚴撫子女乾隆十九年守節四十三年建坊年八十三歲卒

生員周文坤妻貢氏夫故孝事舅姑撫二孤成立守節三十一年乾隆十三年　旌府志



副榜陶同文妻李氏年二十六夫故奉養舅姑以孝稱守節三十餘年乾隆八年建坊

李俊公妻陳氏乾隆八年以事姑孝建坊祀節孝祠

陳次水妻朱氏夫早歿奉繼姑盡禮撫遺孤成立守節五十一年乾隆八年建坊

生員董玉琳妻鄒氏年二十六夫故奉姑撫孤辛勤備至守節四十餘年乾隆九年建坊

董元化妻徐氏董子麟妻高氏徐年二十四夫歿撫二孤成立高年二十九夫歿奉姑徐氏盡孝撫孤成名徐守節

三十五年高守節四十八年俱乾隆十年建坊
生員唐棣妻董氏夫早歿孝事舅姑教子成名守節三十餘年乾隆十一年建坊
丁懿妻陳氏夫卒屢欲自盡以救甦奉舅姑教嗣子孝慈兼至守節三十餘年乾隆十一年建坊
涂伯祿妻戴氏夫故事翁姑盡孝教子監生志政志仁志德有成守節三十八年乾隆十三年建坊於北門官井正街
生員梅廷松妻丁氏乾也之女適梅六載夫故時丁年二



十九歲孀居有孝行守節三十五年乾隆七年建坊
李位妻項氏夫歿撫遺腹子子逝又教孫天錫就學補諸生九十一歲卒守節七十一年乾隆五十三年　旌
生員王修敬妻董氏年二旬修敬卒遺一子嘉樂尙在襁褓董忍死爲王存一綫苦教其子後嘉樂入成均有聲董歷紀八旬有餘乾隆十五年　旌府志
高元愷妻淩氏年十九夫歿苦節教子歷四十餘載乾隆七年建坊府志
曾惕妻吳氏年十八夫故無子立嗣子退一承夫祀苦節

五十八年康熙五十六年建坊通志
儒士鮑如哲妻劉氏康熙五十一年于歸時年二十閱七載夫故氏順變節哀冰操自勵事姑以禮撫子以慈淑德芳型傳諸鄉里守節二十六年於乾隆十年卒乾隆六年建坊於派夫嶺
吳應泰妻劉氏苦節四十六年　張文址妻周氏　彭選之繼妻梅氏　梅介錫妻田氏　鮑雲際妻張氏俱乾隆三年建坊府志
生員戴如珊妻蔡氏　李士珍妻閔氏　李克志妻鄒氏



王鉦妻陶氏俱乾隆四年建坊府志
李廷茂妻劉氏　王楚觀妻鄒氏俱乾隆七年建坊
李滿垣妻袁氏夫卒守節五十三年乾隆十一年　旌
甘權聘妻曾氏乾隆十一年建坊以上舊志
唐之奇妻羅氏康熙五十五年生乾隆八年夫故氏年二十八歲翁姑已逝伯叔無親含辛茹苦志節彌堅乾隆五十六年卒七十六歲守節四十九年學憲王獎給淸節揚徽額
何文炳妻郭氏乾隆己卯生夫故家貧子幼百折不回道

光癸未卒年六十五歲守節三十九年胡宮保獎給古井盟心額

武童熊廷桂妻朱氏儒士振玉女乾隆庚戌生二十歲于歸二十九歲夫故家貧苦守撫嗣承祧咸豐辛酉卒守節四十三年邑尊吳獎給操同金石額詳奏奉　旨欽題巾幗全操四字給銀建坊

曹汝忠妻丁氏士郁女乾隆戊申生夫故誓以死守事姑孝撫夫弟子學奇爲嗣早入泮宮咸豐甲寅卒年六十七守節三十九年胡宮保獎給皎日盟心額



陳明全妻劉氏士才女乾隆辛丑生夫故矢志不渝同治壬戌卒年八十二歲守節五十四年胡宮保獎給仉湛清風額

蕭思敬妻周氏淵女乾隆戊戌生夫故矢志靡他道光乙巳卒年六十八歲守節四十四年道光二十八年詳請入節烈祠

唐士坤妻陳氏士宏女年二十九夫故勵志苦守撫孤子雄成立卒年八十八歲守節五十九年雄妻陳氏謨女年三十夫故克承姑志同賦柏舟卒年七十歲守節四十一年道光七年學使王獎給兩世淸操額

監生范在梁妻徐氏徐玉女年二十九夫故誓以死守卒年九十一歲守節六十二年胡宮保獎給玉潔冰淸額

熊惠然妻吳氏乾隆壬申生年二十五歲夫故道光十六年卒苦節五十八年咸豐己未年　旌獎以巾幗全操額

王懋敬妻宋氏夫故年二十一歲淡泊自甘守無怨言卒年七十八歲胡撫憲獎有守身爲大額

優庠士李元恩妻胡孝廉文域女乾隆乙丑生二十七歲夫故嘉慶丁卯卒守節三十五年前學使茹曾獎以幽光



不著額

李士藩妻陶氏歲貢祖淵女乾隆甲午生于歸二載夫故氏年十九歲事姑至孝喪葬畢後還依母家守節六十一年卒學使王獎給節孝可風額

理問熊紹湖妻饒氏乾隆己丑生夫故時二十八歲道光丁亥卒守節三十一年前學使王獎給節孝揚輝額

儒士熊織基妻劉氏乾隆癸巳生嘉慶丙辰夫故時年二十四歲孝事翁姑撫子成立學使王獎給節孝可風額道光丁未卒年七十五歲守節五十一年

周營波妻江氏監生本立女乾隆乙酉生廿歲于歸二十九歲夫故冰霜自厲道光甲午卒年六十五歲守節三十六年咸豐間胡官保獎給能留正氣額

儒士周啟楠妻鄒氏耀國女乾隆己亥生十九歲于歸二十九歲夫故孝事孀姑撫子承祀咸豐丙辰卒年七十八歲守節四十九年胡宮保獎給配義與道額

庠生彭佐宇妻吳氏國祥女乾隆癸巳生夫故氏矢志堅貞道光壬寅卒年七十歲守節四十六年胡宮保獎給巾幗完人額



儒童李元愛妻梅氏舉人任均孫女乾隆癸酉生壬辰于歸時年十九歲丙申夫故僅遺一子甫周歲家貧苦守孝事孀姑撫孤成立嘉慶庚辰卒年六十八歲守節四十五年學使王獎給砥節懷清額

儒童鄒開梓妻鄭氏玉成女乾隆癸丑生嘉慶乙亥于歸己卯夫故氏年二十七歲不食者數日因念子幼家貧躬勤紡績撫子成立咸豐戊午子共炳禦賊殞命與孀媳胡氏教養孤孫鄭守節四十六年同治甲子卒巡撫胡獎給操媲松筠額

余必鰲妻蔡氏天三女乾隆丁酉生嘉慶丙寅夫故氏年三十歲矢志撫二子成立子早逝撫二孫成立孫又早逝節愈苦志愈堅咸豐丁巳卒八十一歲守節五十一年胡宮保獎給志勵冰霜額

貢生張廷樹妻江氏岡邑海珍女乾隆癸未生壬寅于歸乙巳夫故時年二十四歲苦節撫孤道光甲申卒六十一歲守節三十七年黃州府憲李獎給苦節流芳額

余日福妻朱氏學詩次女生於乾隆四十九年嘉慶八年于歸二十九歲夫故矢志清操訓子勤儉咸豐十年撫憲



胡獎給大節無虧額同治三年卒八十二歲守節五十一年

凌文煥妻戴氏青年守制撫一瞽子操業音樂命理經前學憲王獎給節孝可風額年近八旬卒

甘騰蛟妻嚴氏州同鎔女嘉慶甲子生夫故矢志不嫁同治甲子卒年六十一歲守節三十六年胡宮保獎給節孝流芳額

張大然妻吳氏二十六歲夫故事公姑撫孤子苦節四十餘年卒道光九年王學使獎給節孝可風額

庠士李士雅側室呂氏商邑耀遠女嘉慶戊辰生夫故矢

志不渝同治甲子卒年五十七歲守節二十九年胡宫保
奏　旌
李廷標妻鮑氏監生九如女嘉慶戊寅生二十九歲夫故
撫孤成立同治壬申卒守節二十六年光緒元年學使洪
獎給節孝流芳額
洪建壁妻王氏啟泗女嘉慶壬戌生年十二童養於洪勤
操紡績道光辛巳成婚己丑夫故氏誓以身殉因姑老忍
死事之同治乙丑卒年六十四歲守節三十七年撫憲胡
獎給閫壼留芳額



丁鎮寰妻萬氏國揚女嘉慶壬申生道光乙未于歸戊戌
夫故氏年二十七歲矢志氷霜撫夫弟長子江灤承嗣卒
年五十三歲苦節二十六年大憲給有得氣之清額
監生王正坦妻熊氏熊淵如女嘉慶乙丑生道光乙酉于
歸庚寅夫故矢志自守敬事翁姑撫子成立撫憲胡獎給
氣肅氷霜額以上城廂
余夏璧妻李氏雍正己酉生二十九歲夫故無子祖遺薄
產族人咸窺伺之氏性剛烈請於族長撫夫姪貽智爲嗣
智能孝事詳孝友傳後仍立兄子謨高爲嗣氏於嘉慶丙
寅卒苦節五十年鍾邑侯榮光嘗爲余節母傳令其子孫
蕃衍科第聯翩人以爲節孝之報光緒壬午請　旌建坊
任之壽妻李氏士瑠女乾隆辛酉生丙戌夫故氏矢志不
二道光壬午卒年八十二歲守節五十六年道光六年學
使王獎給淑節幽芳額
李生邦妻丁氏生員遂艮女主簿久椿祖母年二十六夫
故氏勵志堅貞始事母繼事姑皆以孝聞撫子法元至於
成立法元監修文昌閣手抄敬信錄勸孝篇書皆承母訓
也守節五十三年卒道光十三年請　旌建坊



儒士黄士棟妻向氏啟堂女乾隆癸丑生年十九于歸僅
六十日夫故氏瀝血茹苦奉事孀姑撫夫弟之子德麟爲
嗣教養成立守五十六年壽七十五歲咸豐十一年由學
詳請　旌表前撫院胡奏准建坊入祠獎以瑤池氷雪額
監生鄒遐東繼妻劉氏監生劉思女年二十于歸僅六載
夫故氏矢志至老不懈邑紳熊艮駿鮑鵬等呈請學使蔣
曾獎以巾幗儀表額道光己丑卒年八十二歲守節六十
二年
李作枝之妻劉氏儒生用濟女年二十歲于歸二十三歲

夫故事姑以孝撫姪承祀嘉慶癸酉年七十二歲守節四十九年學使茹獎給彤管揚輝額

儒士曾酯妻董氏年十九于歸僅七月夫故隨翁任臨安姑病割股以進大憲承　旨獎給清標彤管額七十三歲卒守節五十四年

曾承治妻丁氏青年守志苦節以終學使王獎給懷清履潔額

文童鄒洪殿妻鄧氏乾隆壬辰生十九歲于歸僅四十日夫故氏苦節自守割股療姑道光六年學使王獎給孝明



節立額七十三歲卒守節五十四年

職員鄒洪閣妻董氏乾隆甲午生二十歲于歸二十六歲夫故青年守節道光六年學使王獎給節孝惟純額八十二歲卒守節五十六年

胡一楚繼妻孫氏正和次女乾隆癸巳生辛亥于歸嘉慶丁巳夫故氏年二十五歲志凜冰霜立祠延祀道光丁亥學使王獎給砥節懷清額

文童曾紀河妻丁氏爾勳女乾隆壬辰生嘉慶壬戌夫故氏年二十八歲孝事翁姑撫子承祀守節以終道光六年學使王獎給節孝可風額

袁之俊妻巢氏夫故時年二十四歲撫孤成立九十四歲卒守節七十年子必文妻周氏亦青年守節乾隆四十三年共奏旌

貢生丁國楷妻王氏之楷女乾隆丙申生十八歲于歸二十七歲夫故孝奉翁姑撫夫姪承繼道光戊申卒年七十三歲守節四十六年學使王獎給節孝可風額

蔡學連妻王氏年十九于歸二十九夫故子一撫以成立氏勵志彌堅大憲承　旨獎給清標彤管額八十五歲卒



守節五十六年

儒士余廷科妻萬氏嘉慶辛酉生道光癸未夫病篤割股救之旋故時年二十三歲孝事孀姑撫孫承祀胡文忠公獎給節孝可風額同治壬申卒年七十二歲守節四十九年　以上東鄉

儒士鄭義興妻徐氏庠生士忠女康熙戊寅生年十八于歸二十五歲夫故姑老子僅四齡家貧勤女紅資事畜子亦克紹書香庠生如谷其曾孫也乾隆丙午卒年九十三歲守節六十八年學使王獎給節孝揚徽額

周大宗妻夏氏庠生東馨女雍正乙巳生夫故氏事姑孝教子嚴嘉慶壬戌卒年七十八歲守節五十二年孫舉人澤遠於道光中請　旌學使王獎給淑節幽芳額邑進士梅庚村有周節母傳

監生梁錫珙妻王氏同邑任江南泰州知州王勸女乾隆四十六年生二十歲于歸嘉慶二十四年夫故氏勵志撫孤守節三十一年咸豐十一年田學詳請　旌表前撫院胡獎以志潔氷霜額

楊成信妻董氏斌女生於乾隆壬子年嘉慶庚申夫故無子撫嗣以承宗祀姑以憂鬱喪明氏善體姑意俾雙目復明同治乙丑年卒七十五歲守節四十七年闔族請　旌胡宮保獎巾幗完人額

董亨纘妻劉氏庠生衮榮毋夫殁氏年二十八歲立志以撫遺腹孤事翁姑克盡婦道七十二歲卒守節四十四年道光丙戌年王學使獎給節孝可風額

監生羅立嵩妻王氏生於乾隆壬子年丙子夫故撫夫姪佑烈爲嗣事翁姑教嗣子丕著賢聲同治三年卒七十二歲守節四十八年胡宮保獎給和丸志苦額



羅宗漢妻劉氏乾隆壬辰生癸丑夫故年二十一歲與夫兄源妻黃氏同時苦守咸豐六年卒八十五歲守節六十四年道光九年王學使請　旌以雙節競爽額

凌世萬妻黃氏生於乾隆乙巳年于歸六年夫殁僅一女家極貧氏奉姑養女絕無惰志卒於同治甲子年八十歲守節五十四年王學使獎給節孝可風額

魯大爲妻馮氏四川人生於乾隆乙丑年庚寅年夫故撫夫姪以承宗祀王學使獎給淑德幽芳額卒於道光甲申年七十歲守節三十四年

魯仁愷妻胡氏生於乾隆癸巳年胡煇女二十八歲夫故卒於道光壬辰年六十一歲守節三十三年王學使獎給砥節懷清額

胡士喜妻羅氏承章女生於乾隆戊申年二十九歲夫故矢志不二能得姑懽心卒於同治甲子七十七歲守節四十八年咸豐十一年胡宮保獎給心堅金石額

胡志盛妻吳氏生於乾隆戊子年庚戌年夫故家貧有一男一女苦節自守至道光四年卒五十七歲守節四十四年道光五年王學使獎給淑節幽芳額

胡士型妻周氏乾隆丙子生于歸後生一子夫外貿卒於川氏奉翁姑撫孤子道光癸卯卒苦節數十年王學使獎給節孝可風額

鄭勵亭妻吳氏舉人世渭女乾隆甲午生嘉慶癸亥夫故苦節三十餘年撫夫姪爲嗣孝事翁姑道光癸巳卒道光丁未王學使獎給節孝可風額

黃維欄妻羅氏宗高女生於乾隆壬子年嘉慶乙亥夫故遺腹一子賢艮氏勤苦撫孤至同治二年卒七十二歲守節四十八年胡宮保獎給白璧無瑕額



方啟玉妻袁氏乾隆二十八年生二十四歲夫故孤子星階僅五歲撫養成立道光五年六十三歲卒守節三十九年咸豐十年胡宮保獎給彤管揚徽額

貢生吳世珍妻蘇氏天秩女生於乾隆四十六年于歸八年夫故孝事孀姑撫孤成立處己約喜周貧乏同治二年卒八十三歲守節五十七年胡宮保獎給彤管揚徽額

程國柱妻胡氏廷采女夫貿易旅卒氏撫孤成立道光丙午卒八十六歲王學使獎給節孝可風額

廩生程德本妻鮑氏州同其掄女二十六歲夫歿謹事後姑課子食餼同治元年卒八十一歲守節五十五年咸豐十年請 旌

庠生程熙曾妻洪氏庠生斐觀女夫卒時年十九生子方四月撫孤子體姑心道光二十三年卒三十三歲守節十四年咸豐十年請 旌

監生鮑其伸妻劉氏延壽女于歸十載夫故氏勵志撫孤事姑守節三十年卒氏子監生開美妻范氏貢生自緒女于歸十載夫故氏承姑志教子蜚聲庠序守節三十年卒道光六年學使王獎給兩世節孝額



監生鮑其崧妻阮氏于歸五載夫故撫夫姪開來爲嗣捐田三石餘作祀産守節三十九年卒道光六年學使王獎給節孝可風額

監生徐士璧妻鮑氏二十九歲夫故矢志撫孤守節四十九年卒道光初王學使獎給清節揚徽額

朱元仕繼妻史氏于歸數月夫外貿旋卒上無翁姑下無子媳一身如洗志節彌堅道光壬辰卒年七十二歲守節數十年學使王獎給砥節延齡額

傅之瑗妻王氏士愷女年二十二于歸六載夫故仰事俯

當皆盡其道撫憲胡獎給閨閫師表額八十四歲卒守節六十二年

董存體妻羅氏廷元女乾隆甲子生夫故誓守嘉慶十七年卒年六十八歲守節三十八年王學使獎給節貞孝摯額

儒士曹名仕妻徐氏夫早卒矢志苦守道光二十年卒年七十歲守節四十餘年王學使獎給冰雪同操額

董家堡彭之坤妻吳氏年二十八夫故矢志自守勤於家事六十二歲卒後胡撫憲獎給節孝可風額



陳瑞之妻詹氏年二十四夫故志凜冰霜卒後王學憲獎給節孝可風額苦節六十年

周尙楷妻馮氏馮桃女乾隆丙戌生年二十于歸二十四歲夫故冰霜自勵咸豐元年卒年八十五歲守節六十一年學使王　旌獎

周邦義妻蔡氏年二十四夫故無子立嗣守節孝順翁姑道光丁亥卒學使王獎給節孝揚徽額

戴之濱妻董氏定衡女乾隆壬午生癸卯于歸數月夫故氏事姑孝姑病割股以救道光乙未卒守節五十二年前學使王獎給節孝可風額

姜必章妻董氏維賢女乾隆丁未生年二十一于歸二十八歲夫故矢志撫孤成立已舉二孫不幸子又早喪率孀媳撫襁褓二孫成立備歷艱辛同治三年避難川東在雲邑請　旌坤維正氣額光緒元年卒守節六十年

蔡世型妻胡氏乾隆壬戌生年二十七夫故矢志柏舟撫夫兄幼子爲嗣艱辛備歷節操彌堅傳載家乘道光乙丑卒八十八歲守節六十一年前學使王獎給砥節懷清額

楊熠妻詹氏乾隆戊子生丁未于歸壬子夫故時年二十



六歲無子撫夫兄翻之子成俊爲嗣矢志撫孤道光癸未卒五十六歲守節三十年咸豐間　旌

陳堦妻袁氏知利女乾隆戊寅生十八載于歸五年夫貿川病歿矢志撫二子成立寡言笑嚴督責道光元年學憲王獎給節孝重光額庚子年卒八十三歲守節六十年

王應庭妻李氏兆兹女年二十三歲夫歿一子越聘曾女越早卒曾年十六越病時接曾充新服侍醫藥不輟日越卒曾死而復甦者再自是姑媳矢志柏舟守貞三十八年卒嘉慶十七年學憲鮑旌獎姑媳冰玉同清額

袁承印妻羅氏承謨女乾隆辛卯生戊申于歸癸丑夫故氏年二十三歲志凜氷霜撫孤成立學使王奬給節孝可風額道光乙巳卒年六十八歲守節四十五年

鄒家瑜妻彭氏宗美女乾隆丙寅生于歸八載夫故子啟先尚幼氏事姑撫子飢寒無怨侄氏古稀姻長袁金溪公由京華郵寄壽言爲氏壽謂啟先之賢肖皆氏之節孝所致也合族迎葬氏於始祖墳右學使王獎以清節揚徽額

周錦榮妻鮑氏武庠雄楚姊乾隆壬申生夫故苦守嘉慶己卯卒年六十八歲守節四十年道光六年王學使獎給



淑節幽芳額

童生袁學海妻黃氏監生維翰女嘉慶己卯生于歸僅三載夫故有遺孤數月亦亡氏痛不欲生念姑老翁病奉膳藥惟謹八年不倦撫夫堂姪爲嗣同治四年身故四十七歲守節二十六年張方伯以機座青霜四字表其閭

吳光南妻徐氏龍瑞女嘉慶庚辰生年二十四聞夫病篤力請歸侍湯藥越四十九日夫故氏孝事翁姑撫夫姪大智承祀智早逝又育孤孫慈嚴並濟同治壬申七十二歲卒守節四十八年前撫院胡獎給白圭無玷額

梁洪杰妻胡氏能恕女生於嘉慶九年道光壬辰夫故氏誓不欲生因姑年邁遂與姑相依爲命撫夫姪亦夭至同治十一年身故六十九歲守節四十年胡宮保獎給節孝流芳額

梁季妻羅氏于歸三年夫故矢志撫孤苦節六十餘年卒王學使獎給節孝可風額同里袁金溪先生有梁節母贊

葉兆蘭妻蔡氏生於嘉慶辛未年甲午年夫故氏苦守節撫孤同治二年卒五十三歲守節三十年咸豐十一年請旌胡宮保獎給金石同貞額



傅爲秩妻徐氏岡邑儒士其忠女年二十于歸期年生子甫八月夫故氏忍死守節以事畜爲己任前巡撫胡獎給玉潔氷清額奏准建坊同治辛未卒年七十三歲守節五十二年

傅之珩妻胡氏冕公女年二十一于歸二十四歲夫故子甫一週辛苦養成奬給浩氣流行額六十四歲卒守節四十年

傅聖裁妻李氏士秀女于歸三載子僅六月夫故氏撫孤雝和妯娌內外無閒言壽終七十四歲守節五十年王學

使獎給淸節揚徽額以上南鄉
儒士張廷樞妻彭氏生員奕貴女雍正丁未生年二十六夫故矢志柏舟六十八歲卒守節四十二年學使王獎給節孝可風額
金學榮妻龔氏鐸女二十九歲夫故撫夫姪同知銜秀柏爲嗣咸豐甲寅卒年六十八歲守節三十七年請 旌
吳楫妻方氏乾隆己亥生夫故時年二十二歲卒後學使王獎給節孝可風額
儒生吳世華妻羅氏維弼女乾隆癸巳生己酉于歸嘉慶



辛酉夫故年二十九歲事姑撫孤孝慈倍篤學使朱獎給石貞山壽額道光甲辰卒年七十二歲守節四十三年
梅之懷妻羅氏文醕女乾隆己未生夫故苦守癸酉年卒守節四十七年同治元年請 旌
袁履泰妻王氏安邑生員新甫女乾隆乙酉生于歸三載夫故氏孝事翁姑和睦妯娌立夫弟子爲嗣夫兄履謙官安陸府教諭請學憲獎給節孝流芳額
張光甲妻程氏存敬女乾隆庚戌生夫故撫夫姪粹中爲嗣慈嚴並著咸豐十年蒙學使獎給克全大節額

儒士張家蔭妻朱氏乾隆五十年于歸踰三載夫故氏以柏舟自誓道光十一年蒙學使獎給節孝可風額
文童彭純儀妻桂氏正廷女十九歲于歸二十三歲夫故孝翁姑撫孤子成立卒年七十二歲苦節四十九年撫憲胡獎給巾幗全操額
唐應乾妻劉氏常效女于歸二十三歲夫故孝事翁姑淸操自勵咸豐癸丑卒年七十一撫憲胡獎給冰霜勵志額
鄒茂隆妻劉氏維棟女于歸二十五歲夫故矢志自守事姑甚謹道光乙未卒年六十五撫憲胡獎給懷淸履潔額



楊廷仁妻盧氏年十九于歸二十二歲夫故無子撫姪承祧家貧姑老苦守奉養教子成人八十四歲卒學使王獎給節孝可風額
周勳妻劉氏繼玉女乾隆甲午生壬子于歸嘉慶己巳夫故苦守孝事翁姑道光壬辰卒守節二十五年學使王獎給節孝可風額
蕭明倫妻施氏輝武女乾隆甲辰年于歸年二十歲年二十二夫故立志自守道光辛丑卒守節五十四年學使王獎給砥節懷淸額

蕭義妻何氏大洲女乾隆甲辰年于歸夫故氏年二十歲
矢志守節咸豐五年卒年八十九歲媳陳氏係蕭長青妻
陳璘女嘉慶戊辰年于歸夫故年十九歲同治九年卒壽
七十九歲守節六十年學使王獎給兩世清操額
蕭遠孚妻何氏貢生觀光女乾隆壬寅生嘉慶四年于歸
八年夫故因姑在堂子甫週歲勉爲支持姑年九十九歲
氏伴姑起居守節五十四年刑部主事胡美彥代請　旌
表給銀建坊節烈祠題名咸豐七年卒享壽七十六歲
儒士周叔美妻黃氏乾隆丙辰生十七歲于歸二十一歲



夫故撫夫堂姪學濂爲嗣教之成立孝事翁姑姑瞽氏奉
事愈謹嘉慶丁卯卒道光七年王學使獎給節孝流芳額
太學生周銘鐘妻袁氏年二十六歲夫卒袁撤其環瑱矢
志栢舟撫夫姪以承宗祀壽七十有奇而卒道光七年學
使王獎給清節揚徽額
儒士周海雄妻侯氏文林郎映甲姪女年十八于歸二十
歲夫故一女僅數月矢志自守撫夫姪維桃以承宗祀孀
居六十餘年享壽八十五歲學使王獎給節孝可風額
儒士周之洛妻張氏年十八于歸次年夫卒年十九歲越

兩月遺腹子本杰始生矢志撫孤艱辛備歷事翁姑以孝
聞守節五十餘年卒學使王獎給節孝可風額
儒士周士煥妻金氏乾隆庚申生于歸夫沒子攀極僅七
歲矢志撫孤教之成立後入邑庠年五十餘已見四世孫
曾嘉慶丙子卒年七十七歲學使王獎給節孝聯輝額
庠士周宗武妻李氏于歸夫故氏年二十八歲一子甫四
齡氏不欲生姑李氏曉以大義同撫孤子氏事畜皆盡其
道守節四十七年七十五歲卒學使王獎給節孝揚徽額
文童胡肯構妻周氏監生從禮女乾隆己卯生于歸夫故



氏年二十二歲家貧晝夜紡織恒枵腹奉姑育子道光戊
子卒年七十歲守節四十八年學使王給節孝可風額
監生葉喬松妻向氏安邑向繼仁女乾隆乙巳生嘉慶辛
未于歸戊寅夫故時二十七歲咸豐乙卯年卒七十歲守
節四十二年子儒童樹森成立娶媳張氏甫三載森故張
氏與姑同節學使洪獎給兩世清操額
張梗妻陶氏思洵女乾隆乙丑生于歸夫故氏年二十五
歲矢志自守撫子成立辛苦備嘗嘉慶丙寅卒守節三十
八年學使王獎給節孝可風額

張丕國妻朱氏光洛女乾隆丁酉生夫故氏志堅金石道光丙戌卒學使王獎給砥節懷清額咸豐十年胡宮保奏
旌

儒童周維昭妻劉氏儒士硯田女年十八于歸二十歲夫故一子炳伯僅週晬氏矢志自守因家貧扶姑攜子就食母家姑死子婚復歸周宅卒年九十一歲守節七十二年五世同堂咸豐庚申胡宮保奬給彤管揚徽額

周枝珠妻盧氏炳坤女年二十二于歸適二年夫歿於外僅一女家貧有諷其他適者氏誓以死守奉姑至孝五十



八歲卒守節三十四年胡撫憲獎給松栢有心額

唐粱妻陳氏陳艮女乾隆癸巳生壬戌于歸二十三歲夫故矢志自守年六十二歲卒守節三十九年學使王獎給清節揚徽額

儒士涂士泮妻曾氏乾隆己卯生乙巳夫故時年二十七歲子僅四齡氏矢不欲生因姑老子幼矢志事畜兼持家政道光己亥卒年八十一歲守節五十三年與姑吳氏由學申詳學使王獎給兩世清操額

陳德讓妻高氏潔源女乾隆甲子生年十九于歸二十三歲夫故矢志不渝道光壬辰卒年八十九歲守節六十六年學使王獎給節孝可風額

袁有虎妻陳氏茂榮女乾隆乙酉生年二十于歸二十二歲夫故矢志栢舟道光庚子卒年七十六歲守節五十四年咸豐庚申奏 旌

貢生唐維有妻吳氏無子有貿竹谿又娶張氏生於乾隆丁酉年于歸四載有歿生子之朝僅三齡張時二十二歲扶夫櫬隨子歸里與吳情同姊妹事上撫下栢舟共矢吳歿於咸豐年間張歿於同治甲子年道光六年學使王獎給雙節流芳額



毛正海妻王氏乾隆己丑生戊午夫故年三十歲僅二女氏矢志氷霜撫夫兄州同正宇次子大模爲嗣咸豐甲寅卒年八十六歲苦節五十六年前學使王霞九獎給節孝可風額

儒士盧承德妻傅氏監生承功之嫂德歿氏年二十七歲功幼謂之曰翁姑老而叔幼氏不立志守節何以慰汝兄於九原道光六年功由學請詳學使獎給砥節懷清額年八十一歲

葉輝勝妻林氏夫故矢志不二咸豐戊午卒守節四十二年同治元年奏　旌并給一片氷心額

文童林文泰妻李氏大本女乾隆戊申生年二十二夫故矢志苦守事翁姑曲盡婦道教子學㫐名貢成均嘉慶壬戌卒年七十六歲守節五十四年王學使奬給節孝揚輝額

李遵照妻朱氏岡邑賢章女乾隆辛巳生夫故氏年二十六歲道光癸巳卒守節四十五年學使王奬給兩世清操額



盧文哉妻馬氏天錫女乾隆辛巳生夫故氏年二十五歲道光壬寅卒守節二十一年學使王奬給節孝可風額

毛正璋妻羅氏庠生誥封通政大夫其孝女乾隆癸丑生于歸二載夫故年二十歲苦守撫孤道光甲辰卒守節三十三年丁未年奏入節孝祠

陳墩區曾丞榮妻周氏年十九于歸二十二歲夫故矢志苦守撫姪爲嗣孝翁姑和妯娌終身不出戶庭道光八年學使楊奬給懷清履潔額守節六十八年八十九歲卒

監生張宗銑母程氏生死守節年月未詳有學使奬給克全大節額

江應燦妻梅氏思鑾女年二十六夫故志勵氷霜撫遺胡奬給巾幗丈夫額年七十二歲守節四十六年

葉長春妻唐氏敬三女乾隆癸巳生年十九歲于歸一載夫故撫遺腹子全宗成立前學使賀奬給節孝可風額全宗妻李氏廷龍女乾隆乙卯生年十七于歸二十四歲夫故李上事孀姑下撫孤子重芳孝慈兼盡重芳妻趙氏載謙女嘉慶己卯生年二十于歸三載夫故趙孝事兩代孀姑撫週歲子華年恩勤倍極李道光庚戌卒唐與趙俱咸



豐丙辰卒三代節孝人咸稱之

李之學妻陶氏映奎女生於乾隆丙寅年年二十于歸奉姑以孝甲午夫故氏節凛氷霜心盟金石撫二子成立學憲王旌表節孝揚徽額道光丙戌卒年七十歲

金文坦妻彭氏年十八歲夫故氏矢志事姑姑病刲股救愈道光七年學憲王奬給節孝高齡額道光甲辰卒年九十六歲守節七十八年

金文泗妻黃氏乾隆辛卯生己酉于歸嘉慶丙辰夫故氏年二十六歲矢志苦守撫夫姪調鼎承祀辛勤教讀遂列

邑庠道光七年學憲王獎題砥節懷清額道光丙午卒年七十六歲守節三十年

王振欽妻姚氏世榮女嘉慶己未夫故年二十八歲矢志堅貞已請　旌表咸豐七年卒守節五十八年

劉先文妻陳氏元學女嘉慶甲子生九歲爲劉養媳道光辛巳與文成禮次年文故誓以身殉因念翁姑衰夫弟幼遂勉事翁姑勸夫弟先魁苦讀竟登庠序道光丁未卒守節二十六年魁呈請前撫憲胡獎給節媲松筠額

金秀松妻林氏方翰女道光己丑于歸年二十二夫故矢



志撫孤道光庚戌卒年四十歲守節十八年請　旌

洪大城妻王氏啟泗次女道光己丑夫故時年二十八歲事繼姑以孝聞同治乙丑卒年六十四歲守節三十六年前撫憲胡獎給閫壼留芳額

儒士鮑蓉夏妻胡氏十九于歸二十七歲夫故撫嗣承祀守節二十三年五十歲卒學憲李獎給勁節懿行額

鮑序堂妻舒氏黃岡雍庠有源女嘉慶甲子于歸癸酉夫故氏年二十九歲矢志撫孤咸豐辛亥卒守節三十八年學使江獎給節孝流芳額

吳永昌妻汪氏永才女道光丁亥于歸甫二年夫故時年二十歲事上撫孤孝慈兼盡撫憲胡獎給天地正氣額同治乙丑卒年五十六歲守節三十七年

劉日美妻余氏正官女嘉慶乙丑生夫故孝事翁姑癸卯年卒守節十五年咸豐十年請　旌

劉能科妻金氏生棟女嘉慶辛酉生夫故以事畜爲己任同治癸酉卒守節二十四年咸豐十年請　旌

喻一佩妻艾氏謙益女嘉慶辛酉生夫故事翁姑以孝教孤子以嚴子得入邑庠道光戊戌卒年三十八歲守節十



年胡宮保獎給白水盟心額

盧炳權妻黃氏占儀女嘉慶己未于歸年十七歲夫病嘗割股和藥以進壬戌夫故氏年三十歲矢志撫遺腹子敬事翁姑咸豐丙辰卒享壽七十三歲撫憲胡獎給閫範可風額

黃品遵妻胡氏大榮長女年十九歲于歸夫故年二十九歲立長兄子光榮爲嗣旋遺腹生子光熺撫嗣　與上學如一咸豐間熺從軍在廣濟陣　胡宮保獎給節孝[illegible]風額並奏卹光熺卹典熺之義勇皆賴氏懿訓同治癸亥卒

卒年六十三歲守節三十四年
詹可華妻姚氏大江女于歸二載生一子夫故氏矢志守
節於同治甲戌卒守節七十二年學憲龍獎給栢節松操
額
毛堦妻王氏炳奎女嘉慶十年于歸夫故年二十四歲矢
志守節同治癸酉卒年九十胡宮保獎給心堅金石額
劉道洪妻唐氏松如女道光癸未于歸己丑夫故氏年二
十六歲矢志守節翁姑年邁貧苦供養毫無怨言年六十
卒學使王獎給節孝流芳額



鄭瑞蘭妻胡氏優增生緒麟女嘉慶己巳生道光丁亥于
歸庚寅夫故氏年二十二歲孝事翁姑撫遺腹子錦堂成
立咸豐十年胡宮保奏　旌同治癸酉卒年六十五歲守
節四十四年
李光綠妻喻氏逢泰之女嘉慶十三年壬申于歸夫故年
二十七歲氏痛不欲生經衆勸解始啜泣忍死勉起視事
後矢志堅貞族里咸稱之同治三年甲子身故時年七十
七歲守節五十年已由學申請蒙　前撫憲嚴獎給松栢爲
心額

周楚杰妻郭氏啟元女嘉慶戊辰生年二十于歸二十七
歲夫故苦守同治乙丑臘月廿四賊至詈賊不屈賊怒割
舌而死計守節三十一年河南御史胡奏准建坊　旌表
嚴仁和妻朱氏監生楚琳女夫早故氏以死守巡撫胡獎
給竹箭有筠額
梅在蔚妻徐氏監生之棟女嘉慶辛未生年十七于歸二
十八歲夫故孀姑老夫弟歿氏撫遺孤承兩祧同治辛未
卒年六十一歲守節三十三年撫憲胡旌獎內則留型額
葉明陽妻侯氏夫故苦守咸豐丁巳卒守節六十九年同



治元年奏　旌并給巾幗全操額
李繼祖妻吳氏儒士宏灼女嘉慶戊午生道光甲申夫故
時年二十七歲矢志苦守咸豐壬子卒年五十五歲守節
二十八年學使洪獎給金石同堅額
李錫冠妻張氏嘉慶己未生二十九歲夫故氏矢志苦守
同治壬戌卒守節三十四年咸豐九年學使俞獎給秉心
貞固額　以上西鄉
監生郭惟楚妻李氏乾隆壬辰生夫卒矢志撫子時清成
立名列黌宮卒年六十八歲守節四十四年咸豐九年胡

宫保奏　旌并奬給志勵氷霜額

伍啟榜妻高氏新淦女乾隆乙亥生于歸四載夫故子甫週歲旁支日事欺凌氏不與校姑患足疾氏負之出入二十餘年不懈道光乙酉卒年七十一歲守節四十七年學使王奬給嬺美敬姜額

儒士王先鐸妻張氏貢生顯均女乾隆甲午生夫故苦守咸豐乙卯卒年八十二歲守節五十三年咸豐十年胡宫保奏　旌並奬給乾坤正氣額

王明弼妻帥氏余樂女乾隆己亥生夫故生遺腹子守志



事姑孝慈兼盡卒年七十歲守節五十年道光三十年杜學使奬給兩世清操額咸豐十年蒙胡宫保奏　旌

鄧士賢妻李氏光柯女乾隆庚寅生十七歲于歸二十九歲夫故矢志氷霜教子成立八十六歲卒守節五十七年胡宫保奬給履潔懷清額

萬方泰妻梅氏思鑾長女二十五歲于歸三十歲夫故矢志自守同治九年卒七十八歲守節四十八年撫憲胡奬給履潔懷清額

儒士郭時潤妻馮氏德明女嘉慶甲子生道光壬辰夫故氏善事翁姑撫子俊成立分發江西通判咸豐甲寅卒年五十一歲守節二十一年咸豐九年胡宫保奏　旌奬給給白首完貞額咸豐十年邑尊吳學師王奉文會同奬給蒼松翠柏額

陶明烜妻王氏太學生世科女嘉慶元年生道光元年夫故撫夫姪唐書爲嗣誓以苦守同治己巳卒年七十四歲守節四十九年咸豐九年胡宫保奬給節孝兼全永垂不朽八字額

陶雲漢繼妻會氏維江女嘉慶丁巳生夫故子二夫有前



妻子二氏撫之如一姑有瘋疾事養無怨言同治戊辰卒年七十二歲守節四十六年道光三十年前學使杜奬給節孝可風額

馮怡然妻郭氏郭廷貴女二十五歲夫故撫二子成立子中年俱亡又撫孫零丁孤苦同治癸酉卒年八十一歲守節五十五年胡宫保奏　旌

劉宗桂妻張氏駛陞女二十三歲夫故孝事翁姑撫子成立同治甲戌卒年六十一歲守節三十八年胡宫保奏　旌奬給氷節流芳額

萬方益妻梅氏思鑾女年三十歲夫故矢志苦守同治癸酉卒年七十歲守節四十年胡宮保奏　旌 以上北鄉



# 麻城縣志卷二十七

## 列女第二

### 節孝 補旌

此卷係舊志所載未旌節孝光緒壬午奎訂邑志恭
逢
朝廷采輯節孝貞烈撫院飭各州縣舉報請　旌查此未
旌諸氏年代既深舉報無從爰照章據志書所載全數報請即其中有生卒年歲無攷者於例不合然乾隆志至今已八十餘年流傳既久不敢意爲去取坿案一例詳請義無不當庶不至幽貞有向隅之怨亦可補前人采訪疏漏之過也



監生蔡涉謙妻胡氏進士躍龍孫女姑鄒氏有孝行稱於族黨鄒素多病一日氣痛甚劇諸藥罔效胡刺手滴血冲酒飲之立止又患頭昏胡登樓取藥失足墮地股骨錯出不越宿完好如初

貢生李天錦妻吳氏適李七載夫故時年二十六歲柏舟矢志足跡不出門庭孝事孀姑溫清悉如內則持家不苟[illegible]教子期於正直鄉里咸敬重之守節三十六年壽至

六十二歲

廩貢楊知衔次子生員親佺早卒妻顏氏年二十七歲觸棺昏斃姑曾氏救甦誡曰汝翁攜汝夫從此大勅嶺院以公祖奉政公等塋環疊將近守焉今雖不幸子猶賴汝氏志遂定依姑哀慕孝奉終身且盡出僕衆僅留幼丁蔡從先母子伺役盤曲公塋常親廵省惟無應繼之人遂未立嗣苦節三十餘年卒

庠士詹大戶妻汪氏庠士程傳孔妻詹氏即大戶之妹皆生於明季至順治三年山寇尚未除盡傳孔在館被殺詹氏年二十五歲棄家依兄嫂守節幸有二子長應昌次憲文數月後寇猶未靖大戶請官勦除機洩寇追至側路潭截殺之族棍乘困欲嫁汪汪年三十歲翦髮破面具稟守志撫詹氏之長子爲嗣田產聽戶族分去姑嫂終身齋素苦節立家汪卒於康熙三十年時年七十五守節四十五年詹卒於康熙三十五年時年七十五守節五十年

生員周洋妻劉氏生二子聖植端植夫卒劉年二十五奉姑備極孝敬命子兢倘卒業詩書年七十卒其子聖植娶胡氏二十六歲身故無子胡矢靡他事上待下一體乃姑儀則撫姪以承夫祀壽届六旬戚族贈額曰松年著節以嘉其懿行



朱長裕妻曾氏生員第觀之母也年二十二適朱二十三夫故止遺一子相依爲命與夫弟原析居後夫弟家產盡廢臨歿託曾以保聚其婦王氏及其子女四人曾毅然承當與之茹荼集蓼嘗盡艱辛教之耕讀成已志兼成娣志撫子孤並撫姪孤守節四十年卒

候選州同吳國瑜妻程氏文林郎世焯女適吳九載夫故程年二十九歲孝事公姑供膳必豐炎持姑扇徹夜忘疲姑年遲暮忌言棺程密爲預備教子慈中有嚴七十歲卒守節四十一年

監生張宏學繼室鄒氏監生應天女適張二年夫故時年二十八志凛冰霜主持家事處置悉當待夫前子尤篤恩勤守節十七年

儒童程璵妻戴氏年二十二于歸時璵應童子試卓然有聲以刻意攻苦得疾卒戴年二十七奉翁姑者四十年教二子攻舉業不事姑息夜靜必課以誦讀寒暑不倦稍不如法譴責隨加守節五十三年卒年八十歲省志

儒童程景洛妻鮑氏拔貢啟濂女洛未遂志而卒氏年二十八歲僅一女纔數月鮑自幼聰慧侍父側聽講綱常大義輒記不忘至是勵志冰霜事翁姑孝處妯娌和紡績不怠以奉衰姑撫嗣承祀卒年六十五歲守節三十七年省志

陶廷選妻丁氏時鰲女夫故遺二子一女家甚貧丁勤紡績養孀姑育子女守節三十九年七十歲卒其女劉陶氏適儒童劉士堂二十七歲夫故亦以母爲法守節三十八年六十四歲卒

喻輝隆妻李氏十九歲適喻四年夫故家貧紡績度日奉



姑惟謹撫孤成立受室生子甫三齡孤卒李又以衰年撫穉孫及弱冠而孫又殞命李遂賫志以歿年七十三歲守節五十年

桂久盛妻葉氏年二十于歸二十五歲夫故事姑以孝姑病危葉割股救甦兩嬰孩撫之成立至兩子俱逝又苦撫弱孫克勤克儉年八十一卒守節五十六年

儒童郭亮基妻熊氏年十八歸郭生子夫故一哭痛絕自酉至亥家人以簪啟齒灌救乃甦因勸以子弱數棺未葬於是屏鉛華卜吉葬舅姑以夫附葬教子戒奢崇儉守節五十年乾隆五十三年卒六十八歲

吳宗玉妻龔氏正遠之女十八歲適吳二十三歲夫外故僅遺一子歲餘家無立錐苦寒度日竭力事姑子徽學年未四十又外故再撫孤孫鄰里贈以匾對卒年八十七歲守節六十四年

儒童張鉞妻萬氏年十六適張生子大源二十夫故教子成名奉翁姑以孝翁歿萬逐日頂禮祈祝姑算卒年五十二歲守節三十二年

儒童毛鈞妻周氏夫故時年二十二歲生有一子曲意撫



之事翁姑孝謹翁感其孝於三子分鬮外撥膳田四斗載之家乘族人咸知年六十歲卒守節四十年

李躍龍妻阮氏年十八于歸二十六歲夫故生子銘甫六歲家徒壁立紡績營生上事翁姑承歡菽水卒年八十六歲守節六十年

生員周道坦妻唐氏坦早卒唐年二十四歲家貧紡績養姑撫孤大鏞教之讀書克承先業卒年六十五歲守節四十一年

儒童鄒知禮妻傅氏在天女康熙三十八年生十九歲適

鄒二十三歲夫故矢志守節孝事翁姑敎子珠讀書後以醫著知縣夏封泰贈以匾曰孝慈高節年八十歲卒守節五十七年

董之聰妻熊氏康熙丙申生雍正乙卯夫故時年二十歲遺腹生一子熊紡績以養翁姑逮卒喪葬如禮撫孤子成家守節四十五年卒

宋曰庠妻劉氏年十九適宋二十一歲生子灼甫三月夫故劉立志守節事舅姑更以孝聞撫子成立卒年八十一歲



胡世達妻熊氏歲貢熊灼之女年二十八歲夫故矢志堅守事翁姑恪遵禮法敎子以正年六十八歲卒

儒童熊士瑗妻歐陽氏年二十八喪夫奉事舅姑惟謹撫子成立年八十二歲守節五十四年

監生喻梓妻曹氏生員曹炎女年十七適喻七年夫故事姑孝至殯葬哀禮倍至撫獨子文燦延師敎誨曹日身勤機杼終年六十一歲守節三十七年

儒童熊萬資妻周氏生員秉斐女夫歿時周年二十五歲事姑孝敬敎子朝相名列成均年八十五卒守節六十年

祝其銘妻袁氏生員廷斐女適祝半載夫歿家貧撫嗣苦守敬事翁姑孫曾迭見卒年七十五歲守節五十五年

項佝妻蕭氏蕭名之女夫故蕭年二十一歲生二子事翁姑孝訓子嚴子故復撫二孫年七十四歲苦守五十三年

馮鎮朝妻戴氏夫歿戴年二十五歲紡績維勤言動不苟孝事公姑敎子成名守節四十七年七十一歲卒

生員吳斌妻黃氏適吳八載夫故黃年二十八歲孝事孀姑件宿二十餘年炎則持扇寒則溫衾延師訓子期於文行並致年七十五歲守節四十七年卒



曾廷柏妻鄒氏年二十九夫故一子僅三歲守志撫孤備歷辛苦事翁姑孝年七十七歲守節四十八年

胡墀妻戴氏年二十適胡甫六月夫故無子堅貞自守親操井臼事翁姑以孝聞年六十歲道光九年卒

汪之維妻王氏奎明之女康熙壬寅生己未于歸庚申夫故止生一女無子傚廬一間竭力紡績事翁姑二十餘年喪葬如禮年七十三歲守節五十五年卒

張秉赤妻盧氏康熙五十二年適張生子金鑑五十九年夫故年二十八歲上事孀姑下養孤子並老僕一口皆賴

廬紡織之資卒年六十四歲守節三十六年
張思貴妻伍氏年十九適張二十一歲夫故無子伍投繯者再家人救之得免誓不再嫁孝事翁姑治家有法年七十七歲守節五十六年
監生楊立功妻周氏監生周堵女夫早卒一子盛唐繼亡撫夫弟成功次子盛齊承祀周孝事翁姑辛勤教子齊亦克盡孝道篤學勵行周年七十四歲守節四十四年卒
阮長鈜妻謝氏年二十夫故堅志守節孝事孀姑至六十餘年卒



儒童丁楚澍妻王氏年十九適丁生一女夫病王焚香請以身代及歿王年二十二立夫兄之子廷鍇為嗣是時老翁尚存晨昏必令子省問後以疾終守節三十一年
喻步瀛妻鄒氏夫故時年二十九歲長素自守姑病割股救之年七十歲卒
李光渭妻周氏年十九生一女夫故周投繯求死翁姑力勸乃止立姪苦守竭力事翁姑年七十二歲卒
喻坤妻傅氏夫故時年二十四歲子僅三齡敬事翁姑訓子成人年八十三卒

儒童杜承綸妻阮氏年二十七夫故子垓方四歲守節自誓家貧勤紡績以事翁姑乾隆二十三年卒七十一歲苦節四十四年
儒童董以執妻劉氏適董時年十八事翁姑得歡心越五載夫故撫夫姪承祀躬勤紡績苦節三十六年嘉慶十一年卒
梅柯妻胡氏年十九適梅翁卒胡供給喪事盡禮姑疾扶持藥餌不安寢食者兩月夫病篤割股進罔效卒無子時二十二歲撫夫兄子為嗣掃葉然松紡績營食延師課讀卒年七十二歲



儒童江自渡妻馮氏夫故時年二十五歲子幼無翁姑有欲奪其志者馮據義正言引刀以截其髮卒教子成立八十二歲終苦節五十七年
馮時和妻白氏生於明天啟二年至順治丙午年白年廿六歲夫故撫幼子家貧苦事翁姑克盡婦道年八十六歲卒守節六十年
監生夏廷灼妻周氏年十八適夏生二子夫疾割股啖夫親以身代夫卒撞棺泣血願以死殉翁姑勸以大義乃矢

志靡他孝事翁姑教養二子成立卒年六十四歲守節三十七年

儒童石朝東妻曾氏年二十六夫故生有二子曾養姑教子歷盡艱辛年八十四卒守節五十七年縣紳贈有對云二十六歲矢貞忱割股救姑幸獲安全邀上壽五十七齡標勁節忍飢枵腹罔辭勤苦歷餘年匾云賢淑著聞

張煥妻董氏年二十七夫故遺子五俱幼董矢志冰霜孝慈兼盡年七十六而終其子漢源娶陶氏年二十六漢源故無出撫夫弟之子爲嗣亦守節三十八年卒



儒童熊宗主妻徐氏年十九歸熊甫六載夫故家貧子幼有不忍其凍餒者勸之改適輒痛哭數日勺水不入口翁年老染病十餘年徐極盡孝養苦節四十八年卒

熊均安妻曹氏年二十四歲夫病篤曹割股救之不瘳旋卒家貧子幼紡績營生鄰里稱爲苦節七十四歲卒

梅仲才妻胡氏年十八適梅二十夫故遺腹生一子家貧有荒地數畝胡負兒於背鋤草自給鄉里歎息事姑二十年曲盡孝養年七十八歲卒

羅洪勳妻熊氏生員爾嘉女年十九適羅甫一載夫故竊縊自盡姑救之既甦後慨然曰翁姑尚在吾死則無奉事吾夫諒亦不願也自是朝夕承歡歷久不懈年五十二卒守節三十三年

鄒魯瞻妻詹氏夫故年二十有二慟幾絶念遺孤方襁褓翁姑衰邁忍淚强起凡生事葬祭一如禮無少怠年七十卒相國王熙大宗伯張英太史張希良各爲詩歌傳記以贈

鄒定臣妻曾氏年十八適鄒夫以書魔病故曾年二十四其夫弟永江妻王氏亦二十四歲夫故苦益甚共凜冰霜



時稱爲一門雙節曾年五十六歲卒王年五十四歲卒

儒童董彦妻陳氏夫歿陳年二十五歲苦守教子訓媳勤愼紡績守節六十七年壽九十二卒子承瓊繼故孀媳王氏年二十五歲亦志凜冰清守節六十五年壽九十卒

董子羙妻朱氏適董生一子夫歿董年二十一有族姪孫彌月喪母失乳幾斃其父抱之泣董慨然以鞠育自任親乳哺之使與己子並教養成人始遣還八十一歲卒守節六十年

董與權妻鄒氏歲貢茂林妹適董生二子夫故鄒年二十

八一慟幾絶因素明大義以姑老當奉子幼無依勉作未亡人事姑生葬祭無缺禮教二子不幸迭喪止餘幼孫係次出復撫養成立差慰藉焉家無儋石儲衣食皆資紡績壽八十五卒守節五十七年

儒童董文鸞妻楊氏適董生兩子二十三歲夫故時姑唐氏已守志年老楊勤女紅以事姑分餘粒以養子姑歿遂斷葷醴撫幼成立爲長子本泰畢婚無何兩子繼亡楊守節五十二載七十五歲卒本泰妻李氏夫故時年二十五歲亦事姑孝敬守志三十五年閭巷稱董氏一門三節孝



云

吳治烈妻何氏年十七適吳經六載夫故撫姪鋭爲嗣躬勤紡績孝奉翁姑教子成立年八十七歲其子亦年逾六十幸目覩曾元林立

周仲遴妻丁氏喬惠女二十四歲適周一歲生子季杜適年夫故丁以姑老子幼三世一身且緩死迨姑卒乃攜子寄居母家紡績自力教子成人年七十六歲守節五十一年

葉椿妻熊氏年二十二歲夫故撫嗣子兆元事翁姑甚謹訓子績學補弟子員卒年六十二歲守節四十年

熊文源妻劉氏夫故劉年二十四歲孝事翁姑撫子成立鄉鄰頌其純節贈以德美松筠匾額守節六十一年卒

姜希訓妻羅氏年二十二歲生子作成纔九月夫故羅哀毀幾絶因姑病忍喘侍湯藥茹荼教子年六十卒守節三十八年

羅永揚妻袁氏年二十二夫故誓以身殉賴家人防範力得不死絶葷屏飾紡績奉姑育從子重武爲嗣恩勤教誨如己出卒年六十七歲守節四十五年



劉之衢妻蕭氏年二十適劉值明季流寇起本族有附賊黨者衢獨攖其鋒遂遇害蕭慘痛矢志報復生子翼運僅數月屬僕婢負子走匿乃糾合同宗請官兵勦除宄類平定後擇師教子成明經蕭以未亡人備嘗艱苦卒能報復夫仇撫孤成立貞操五十年亦志能女子也

儒童董光燦妻徐氏廪生徐瀓女于歸三載夫遠游西蜀三十餘年杳無蹤跡家有祖姑及翁姑年老在堂貧無擔石徐躬勤紡績以奉甘旨迨祖姑翁姑相繼以歿一子一女又夭折無所依託寄居母家苦志自守於嘉慶八年卒

劉佑發妻鄒氏文臺女年二十適劉夫故時年二十七茹冰飲蘗紡績不倦以勤儉課三子致家道日與六十二歲卒守節三十三年

監生劉粱妻陳氏儒士文質女夫故時年二十五子常昭僅一歲撤環瑱內外操持孝事翁姑喪葬親爲營辦義方訓子人無間言六十歲卒守節三十五年

儒童熊紹涔妻伍氏乾隆庚寅生十九歲夫故伍以身殉祖姑及翁姑以其有娠力勸乃止不數月生一子名杰伍矢志撫孤未幾翁卒伍上事祖姑及姑與伯叔姑皆能孝敬卒於嘉慶癸亥年



哀之綱妻胡氏夫死胡年二十二無出撫子承祀家貧勤紡績自營辦翁姑後事外有伯叔翁姑乏嗣者三人生事葬祭胡皆身任之守節五十年卒

唐亦樓妻羅氏夫故羅年二十七毀形矢志事翁姑極盡誠敬時夫兩弟皆幼羅撫之恩義兼至一日家不戒於火羅不顧貲財往撫夫姑兩柩痛哭願以身代火頓熄鄉鄰族黨觀者莫不驚異歎爲精誠所感

成家駿妻鄒氏國學學渠女年十九適成二十五歲夫故氏求死翁姑勸諭遂矢志守節孝事翁姑朝夕不怠因時無可立之子日久憂鬱而卒

儒士郭師敬妻宋氏大禧女康熙己亥生二十三歲夫故以姑老忍死守制姑媳二人相依爲命能以婦兼子道年六十九卒守節四十六年

儒童李英妻馮氏仲修長女二十六歲夫故氏以翁姑在堂代夫孝養且憐夫家獨傳六代撫育孤子倍極艱辛故其子賡揚名列成均孫作霖早遊庠序卒年六十一歲守節三十五年



張世珍妻丁氏正芳女年二十二適張敬事翁姑和睦妯娌二十七歲夫故教子及孫皆竭力孫聲顯列例貢八十二歲卒守節五十五年

趙文奎妻陶氏年二十二夫故上事哀姑飲冰茹蘗撫姪覲光爲嗣訓之力學名列成均年八十四卒

周之模妻胡氏武舉美珍美瑜之妹年二十適周越三載夫故廹欲從死賴姑與娣姒力勸乃免遂撫夫兄興山發諭之棟次子爲嗣誨之力學以成爰志事哀姑始終盡禮年六十八卒

劉椤妻董氏道安長女年十九適劉三十歲夫故事翁姑恭順撫二子成立舉動循禮家政嚴肅乾隆癸卯年卒六十五歲守節三十五年

儒士陳定泰妻林氏年二十二夫故子彬僅八月撫養成立躬勤紡績操家政事翁姑篤孝喪葬皆林料理守節六十年八十二歲卒

余天錫妻蕭氏夔修女年二十四歲夫故矢志自守孝事翁姑年七十二歲卒苦節四十八年

王崇忠妻楊氏夫故無子楊年二十九夫弟遠貿撫姪如



己出夫弟歸並爲娶黃氏黃苦瘵痺澣洗皆楊乾隆己酉歲卒守節四十一年

閻士聰妻鄒氏夫故年二十八節操松柏順事翁姑見貧苦疾厄者量力賙之事載家乘嘉慶八年卒守節五十八年

李文魁妻周氏年二十適李六載夫故周守志自甘事翁姑如禮年七十終

鄧岳岱妻田氏衛守備一進女順治庚子生年二十五夫故遺一子士鎬田仰事俯育兼盡其道年八十歲卒守節五十五年

張漢淩妻周氏監生能夏冢媳庠生周邦女夫故周年二十四上有鶴髮翁姑下有黃口二子茹荼苦守孝慈兼盡卒年七十六歲

楊允宜妻羅氏文彩女夫故羅年十九事白髮翁姑皆藉織紝以生養死葬備極辛苦撫育孤子卒能授室成家卒年七十九歲守節六十年

劉汝翼妻李氏適劉五載夫故時年二十三歲攜子哀靈守制三年足不出戶撫子成立不幸子復病故又撫孫以



繼宗祀年七十四歲卒守節五十一年

儒童毛致純妻曾氏夫故曾年二十七翁早逝奉姑孝謹延師教子至於成立守節五十一年七十八歲卒

監生鮑汝一妻彭氏生一子雙瞽夫故彭年二十三事繼姑至孝家計艱難茹荼辛苦守節四十七年七十歲卒

儒士梅鴻洛妻姚氏生員端白女年二十適梅經七載夫溺死姚繞岸號哭亦欲投水時姑年六十苦勸乃止家貧誓志勵節事姑十年頗能先意承志姑歿後撫子教讀年七十一卒守節四十四年

劉次黃妻李氏生員南士女年二十適劉踰七載夫疾劇股食之莫能瘳夫卒即屏絶鉛華義方教子事翁姑以孝聞年七十四歲卒守節四十七年

劉綱妻楊氏夫故無子楊年二十三事姑孝撫姪延祀守節四十三年六十六歲卒

萬繩穆妻劉氏生員亦愷女夫歿家貧無子孝事繼姑嗣子逝鬱悶成疾卒守節四十四年

李洪職妻陳氏夫没苦守姑病十餘年陳侍湯藥不解衣帶三年六十三歲卒守節三十七年



鄒森妻曾氏年二十三夫故撫子成立翁姑有病日夜不寢病愈方安乾隆二十三年卒守節三十五年

熊丞文妻喻氏廷梅女年二十六夫故上事孀姑死能盡哀撫子成人卒年五十二歲守節二十六年

萬維端妻楊氏人傑之母年二十四夫故矢志守節教子成立嘉慶十九年卒壽九十歲

李煇妻張氏生員天祜之姊年十八適李二十一歲煇故誓以死守事繼姑以孝撫孤子以嚴家貧躬勤紡績守節四十餘年卒

甘松妻陳氏夫歿陳年二十二家貧苦守四十三歲卒守節二十一年

生員夏廷勳妻田氏歲貢法夔女夫故田年三十歲一子五歲事孀姑悉喻意旨教子成立不幸子授室後與媳俱故田年八十二歲卒

蕭斯莖妻胡氏維煌女夫貿蜀四十始字結縭九載夫故家貧勤女紅以事姑分餘粒以養姪內外無間言守節三十年八十歲卒

徐普英子旭鍾妻萬氏載富女年二十夫故遺腹三月生



子萬勤苦勵志事翁姑盡孝終日憂慮感傷成疾卒年二十六歲

吳文堺妻王氏監生宏任女年十七歸吳逾年夫卒無子翁姑令其改適王以死自誓其父俾舅氏周之郊喻以任重道遠冰薄淵深王對云只須心堅挑不起一頭頭掇走不動一步步挨常懷冰薄淵深自無傾險難渡因自念無子可立乃自出嫁貲爲翁娶妾果生子文麟逾七月而姑喪期年而翁亡三年而文麟生母卒家業蕭條朝不保夕而王竟撫養文麟成立守節四十三年

彭大璽妻周氏貢生炳枝女周幼習詩書長工繪繡年二十九夫故家益落堅志守節賓鍼黹爲餬口計居守一樓持身冰潔後以子啟鎬任廣東寬仁司巡檢貤封孺人卒年八十四守節五十五年清操炙人口矣

李書田妻丁氏利時女年三十夫卒矢志柏舟力勤紡績孝事翁姑撫三子維鈞維銑維鎮成立教孫曾讀書次孫文璧入泮知縣楊贈六十壽序太守亦贈七十壽序年八十卒

儒童李景周妻魏氏監生續重女年二十九夫故遺三子



士鑑士鍠士鏞維時翁姑年邁產業僅地七升魏日事耘鋤夜勤紡績上事下養年九十五歲守節六十六年

周亜鑾妻廖氏年十六適周越三年夫故廖將從周地下其姑劉同人女也諭曰若殉夫重吾老人慼不若從夫治命立後爲愈願死易立孤難耳乃以仲兄子承祀無何嗣子夭遂斷葷醴事愈苦節愈烈六十餘年不復關人世事

徐廷智妻董氏道安之三女年十八適徐二十一歲夫故撫夫伯兄次子爲嗣未幾夫兄長子死夫兄嫂繼亡仲兄老無子每泣告人曰吾手足三人幸延一脈非弟媳之茹苦誠求大懼徐門之不祀也幸今孫亦成丁矣卒年七十歲守節四十九年

曹學濂妻鮑氏年二十六夫故舅姑先逝止憑紡績與夫柩偕厝各盡其禮有夫堂嫂新寡族人欲奪其志嫂懼依鮑遂得免霜操共凛人皆嚴憚焉七十歲卒

周重珩妻宋氏年十七夫故家貧紡績營生宋親栽茉莉一株三十年不改柯易葉宋死後茉莉亦枯守節五十餘年

胡達妻周氏夫故周年二十四歲教子若孫暨曾孫成立



年八十二歲卒守節五十八年知羅田縣陳士鳳來麻顏其額曰冰操鶴髮

楊之春妻梁氏適楊三載夫故梁年二十有二無子並無嗣可立翁姑今其他適梁以死誓志越數年翁姑繼亡遺弱弟數歲撫育畢婚生子梁引爲己子甫週歲而夫弟又故兩世遺孤一身撫育內外無間言歷四十餘年卒

生員吳英妻貢氏進士家駒之曾祖母英卒貢治內兼以治外性嚴整上下肅然每伏臘孫曾輩瞻拜惟謹勵節五十餘年八十四歲卒

貢生周顥栢妻曹氏適周生子際雲甫週歲夫故周年二十二歲有利産圖孤者凡搆訟十五年賴府縣定案禍乃息備受辛苦卒能易危爲安撫孤存祀五十三歲卒守節三十一年

劉勲妻周氏舉人際聖女年二十六夫故矢志自守教子就傅夜讀佐以機聲三更弗輟或勸之曰汝子孤弱毋過勞周曰惟勞所以成愛也七十四歲卒守節四十八年

劉茂枝妻曾氏年十八歸劉僅八月茂枝遠貿外故遺腹生子會撫之家無升斗食蘖飲冰勤於紡績人皆稱爲苦



節年五十九歲卒

任天旭妻蕭氏年十九夫故遺腹生子家産菲薄時有强暴勒其改嫁蕭抱子哀求鄰里護持强暴乃止七十六歲卒守節五十七年

劉恕妻白氏適劉十載生五子夫故白年二十八歲室如懸磬族人有欲奪其志者被辱而止白紡績不辭寒暑撫五子成立年七十九歲守節五十一年

楊翠如妻熊氏適楊四載夫故一子僅三歲志凛冰霜親操井臼教子出就外傅其子積累成家鄉里有空乏者必命貲分給鄉人稱之六十歲卒

鮑儉妻喻氏年二十六夫故喪畢坐卧一小樓好潔淨衣食非經手者不取鄰里或飲食之輒不受晚年持大士咒不懈年八十一歲卒

王國基妻胡氏夫故胡年二十六生一子家徒壁立其志益堅子婚後貿蜀不歸有孫胡撫媳及孫辛苦備歷守節四十七年卒

王國璉妻羅氏貢生廷桂女夫故羅年二十二撫姪娶媳陳氏嗣子故生遺腹子羅與孀媳共撫遺孤年七十三歲



守節五十一年卒

曹思近妻王氏生員經邦女年二十八夫故赤貧孤苦晚年無依其兄舉人國柱憫之迎至家闔族題有蘗苦冰輝匾乾隆戊申年卒守節五十一年

喻元偉妻丁氏年二十三夫故家貧養翁姑無缺教子約列黌宮卒年六十歲守節三十七年

儒童董意妻胡氏監生濟宇女年二十五夫故立姪承琮爲嗣娶媳王氏子故胡撫兩孫續兆希聲篝鐙佐讀並教姪承瑶身列宫牆守節四十五年至康熙丙戌年七十歲

卒
戴學權妻朱氏生員朱正女年二十六夫故茹蘗飲冰九
十歲卒苦守六十四年里中稱其嚴潔似父云
生員朱士錦妻黃氏舉人道茂女于歸生一子夫故黃年
三十後子遠館不歸哭子喪明壽九十卒守節六十年
羅士耀妻朱氏夫死於外朱年二十五產遺腹子撫之成
立命負父骸歸葬年七十卒苦節四十五年
朱峻妻董氏年十九適朱越八月峻卒生遺腹子中壽亦
殞撫兩孫成立苦節七十年八十九歲卒



周世燦妻鄔氏年二十二夫故存半月遺孤日夕哀號勺
水不入口母諭以子幼無依應緩死乃力女工供口食守
節四十九年七十一歲卒
周湘妻項氏湘早卒項年二十一歲家徒壁立隨翁姑寄
居外祖喻宅性沈靜寡言笑持家儉教子嚴苦節四十餘
年六十四歲卒
杜塤妻盧氏二十三歲夫故一子遠貿西蜀十餘年未歸
且死於外氏惟藉鍼黹度日年八十卒守節四十七年
儒童鄒明溥妻王氏年二十適鄒家貧王紉織佐讀越二

年夫故年二十二持刀將自刎同居者見而奪之復登樓
自縊母救得甦又服毒五日不食未死戶族念其苦節歲
給養六十六歲卒
儒童陳作哲妻朱氏適陳六年夫故一子甫週歲辛勤撫
之越兩載翁姑繼亡愈益艱苦八十六歲卒守節六十年
儒士梅書洛妻王氏耿壁女年十九適梅六年夫故王晝
夜紡織倍極勤苦竭力事姑撫子有方卒年五十二歲守
節二十七年
項荃妻蕭氏監生蕭然女適項一載夫故時十九歲無子



依姪持修紡績度日事姑孝撫姪人成均嘉慶十二年卒
守節四十五年
黃藍田妻周氏生員彩臣女夫故時年二十二歲生一子
家雖貧教子力學以紡績為課讀資八十二歲卒苦節六
十年
王顯怡妻丁氏年二十一夫故家極貧苦撫夫姪宏堯為
嗣又早故撫育幼孫惟資紡績八十六歲卒守節六十五
年即大勳曾祖母
儒童胡濱妻傅氏年二十七夫故遺孤僅二歲傅自刎登

時氣絶賴戚族譽救獲痊後遂聾斷越二年遺孤復夭遂
歸依父母刻苦自厲撫姪繼祀年七十三歲守節四十六
年
程道遠妻戴氏年二十八夫故遺孤僅數月家貧紡績撫
孤成立七十八歲卒守節五十年
武解元夏韜之元孫志昂妻李氏夫故矢志苦守進士彭
韜贈匾云壼儀奕世太史夏力恕亦贈以嶶高陶栁七十
七歲卒守節四十九年
庠士羅宏亮次子學簡妻鮑氏二十歲于歸二十六歲夫



故泣血觸棺絶粒數日願以身殉勉從翁訓育教兩孤如
松如柏得以成立嘉慶乙丑卒守節五十年
廩生成振妻黃氏年二十二于歸越六年夫故矢志冰操
撫孤成立年七十時鄒太史士聰題贈勁節稀齡匾額八
十三歲卒守節五十五年
儒童楊知經妻程氏年二十二夫故生一子親乾甫週歲
氏堅志苦守教子成立不墜家聲七十八歲卒守節五十
六年
葉文煥妻曹氏監生曹然女十九歲于歸二十一夫故遺
腹生一子教以義方繼姑欲奪其志氏不從而孝事益堅
紡績以供其養卒年六十有六守節四十五年
監生項傳妻劉氏年十七適項生一子夫故以頭觸棺腦
裂幾斃姑余氏醫救得活時年二十七養姑盡孝教子有
方子入泮後復没劉又與媳龔氏撫孫成立名入成均曾
孫迭見劉卒於嘉慶十一年八十八歲龔卒於嘉慶十四
年六十二歲道光四年學憲王旌奬兩世節孝匾額
儒童江維墱妻項氏年二十適江生一子甫二年夫故子
殤項累次求死弗得時夫家貧舅姑繼歿親支無嗣可立



父憐其無依令還與母居項遂居母家以紡績自給越三
十年俟夫堂弟生子而始嗣焉六十九歲卒
楊會慕妻黃氏于歸二載夫故無子撫夫兄子大𪗋爲嗣
家貧教之勤學補邑弟子員苦節五十年卒
儒童蔡思齊妻阮氏歲貢鳳昌女年二十九夫故守志教
子綽有丈夫風卒年八十四歲
李垣妻王氏垣年十八遭風疾難成婚禮王二十歲于歸
侍垣惡疾越八年夫故撫姪爲嗣貞操不懈七十八歲卒
李如璋妻王氏年十九夫故撫養遺孤持身節儉五十九

歲卒
阮守富妻戚氏年二十六夫故有欲奪其志者嚴以拒之撫數歲遺孤恩勤倍至年六十餘卒
吳敏學妻余氏年二十喪夫撫養遺孤苦節自守七十三歲卒
董金甲妻陳氏年二十八夫故矢志柏舟家貧能撫孤成立六十二歲卒
鄭尙忠妻李氏年二十五夫故止遺一女守志養姑糟糠度日六十一歲卒



儒童鄭志融妻葉氏夫故時年二十八歲矢志靡他自甘虀糲教子讀書成立年八十餘終
監生龔學泗妻李氏夫早故撫子秀成名守節五十年卒七十四歲秀娶婦金氏生子天爵秀又早故金上奉孀姑下撫弱息七十一歲卒守節四十餘年
施維禮妻項氏年二十適施四載夫故家極貧無倚賴苦節四十餘年七十歲卒
馮思芳妻劉氏適馮生一子蒼如夫早故撫子成立名列成均守節六十餘年九十歲卒

戴乾衛妻蘇氏年二十一于歸生一子乾衛因川省教學卒於長寧蘇聞訃欲以身殉念一子伶仃乃茹荼飲蘗撫之成立年九十二卒守節六十三年
甘曾泉妻宋氏夫故時年二十一歲子枏係遺腹生家貧無靠有欲强奪其志者宋引刀刎頸幾絶媒妁懼不敢復言守節五十二年卒
楊其清妻梅氏衛邑女夫故梅年二十五家貧撫幼子正廷等成人守節五十一年卒
胡廷桂妻曹氏武舉之致之媳廷桂死曹年十九矢志守節知縣吳顧行贈有勁節淩霜匾守節五十四年



喻道妻彭氏夫故彭年二十四子僅週歲矢志撫孤八十一歲卒
喻和也妻王氏夫故王年二十七紡績度日教子成立年七十歲卒
儒童李崳妻周氏年二十六夫故遺一子一女家貧如洗紡績度日教子讀書歲時祭奠不缺年七十餘卒
儒士白世珩妻杜氏生員廷錯母夫故杜年三十立志撫孤家貧勤紡績以課讀苦節五十二年八十二歲卒

石銓妻劉氏年十九于歸二十四夫故矢志守節撫二子成立卒於乾隆己卯年八十二歲

監生胡灼妻黃氏于歸五年夫故無子守節六十年八十二歲卒

儒童王嘉謨妻戴氏年二十六夫故家徒壁立辛苦備嘗依兄弟以居儉勤教子守節五十四年八十歲卒

馮世壽妻王氏年二十七夫故無子矢志守節撫夫姪士彬爲嗣訓以讀書立品得入恩貢八十二歲卒守節五十五年



劉天馴妻唐氏夫故唐年十九撫夫姪其忠爲嗣壼範堪師八十二歲卒守節六十三年其忠妻唐氏年二十五夫故一子僅三歲以禮自守與姑唐氏一轍四十七歲卒守節二十二年

儒童董諫妻梅氏賜祿女生員元洛之妹康熙戊戌生年二十六夫故守節三十三年卒於乾隆乙未歲

鄒柱妻丁氏二十歲于歸越八年夫故撫子成立七十四歲卒守節四十六年

生員曹文龍妻龔氏年十六于歸二十夫故舉遺腹子鎮以養以教俾以成人卒年六十四守節四十四年

儒童辛問易妻劉氏漢盛女年十九適辛二十四夫故撫一子成立七十九歲卒守節五十五年

儒士范正源妻王氏于歸後正源遠遊貴州思南府李公之幕卒於官署時王年二十四守節四十九年卒

儒童馮肅妻鮑氏年三十夫故守遺歲一子至八十六歲卒守節五十六年進士程琮及其鄉人贈以匾曰寶婺齊暉

梁生忠妻朱氏年二十六夫故遺子甫數齡家計蕭然餬



口維艱朱勤紡織以資生俾遺孤得以成立年七十歲卒守節四十四年

趙廷晉妻胡氏夫故胡年未及三十生一子僅半歲撫孤誓志歷五十年至辛亥年卒

戴丕顯妻梁氏年二十三夫故無子家徒壁立矢志柏舟撫猶子以爲子焉歷五十年卒

羅文起妻畢氏起卒畢年二十七歲矢志柏舟撫二子成立七十歲卒守節四十三年

王文灼妻詹氏年十八于歸二十夫故屢欲自盡輒阻後

擇繼承祧苦節六十七年

淩行法妻劉氏年二十五夫故遺一子二女矢志撫孤備歷艱苦子思潤名入成均年七十餘卒

淩璉妻劉氏夫故劉年甚少生子懷見甫七月撫育成人後年七十有餘而逝

庠生詹煇妻屈氏乾隆丙子年夫故屈壬子年卒守節三十七年稟請邑令黃　給有節比松筠匾

監生周金鈇妻李氏夫歿李年二十四歲不忍夫絕嗣撫姪灝成立七十一歲卒守節四十七年



項智遠妻胡氏之紀女夫故胡年十九歲撫子從先成立孝事翁姑和睦妯娌守節六十二年卒

鄒鵬妻朱氏年二十夫故矢志屏鉛華謹色笑年七十有二鶴髮童顏如處女閭里咸敬憚之

附貢生成儉妻李氏生員李戩女夫早卒遺二子家驥家駟李教讀嚴謹期於成立年四十八歲卒守節二十一年

黃存文妻陳氏北斗女年二十二夫故矢志自守茹蓼飲荼七十八歲卒守節五十六年

盧紹寀妻李氏年二十二夫故止生一子撫之成立六十三歲卒守節四十一年

唐尚珍妻熊氏年二十四生二子而夫故教子義方待人皆以仁恕爲本八十三歲卒

劉之蓉妻熊氏生員爾夏女年二十二夫故無子撫夫姪承祀姪亦早逝五服內無人可立擇立族姪孫爲嗣本支祖塋立石碑以垂久遠年九十歲卒

徐必恕妻聶氏生員正卜女年二十四夫故無子撫夫姪爲嗣守節六十年八十四歲卒

萬繩成妻田氏康熙丙子生年二十一適萬生子霞二十



七歲夫故苦節不出戶庭七十九歲卒

黃士魁妻吳氏年二十適黃夫故立嗣成就夫志年七十二歲卒

倪之炳妻黃氏年二十成室越五載夫故嗣子亦早故惟與孤孫女相依守節四十九年雖至戚罕覯其面七十四歲卒

曾堯行妻熊氏年十九適曾逾年生一子甫月餘夫故勺水不入口累日衆勸以爾死黃口難存乃稍進飲食矢志撫孤不幸子死貧病交攻孑然無告年八十三歲卒

儒士盛必大妻王氏朝賓女年二十于歸越二年夫故苦節不渝年七十三歲守節五十年卒

鄭徽妻劉氏年二十四夫歿僅一女依姪終身年八十六歲卒守節六十二年

李飛鵬妻程氏年二十于歸半載夫故無子守義之心堅如金石六十一歲卒

李國用妻闞氏年二十二夫故孝事孀姑禮待宗族冰雪之心久而益潔年九十而卒

丁懌妻王氏年二十五夫故室如懸磬教子義方八十五



歲卒

胡貞妻余氏年二十八夫故家貧撫子成立守節五十三年八十一歲卒

羅廷楨妻王氏年二十八夫故冰霜自凛教子有方乾隆丙申歲卒守節四十三年

貢生羅廷桂妻曹氏夫歿曹年二十九歲敎子成名乾隆丁酉歲卒守節四十九年

貢生羅廷槐妻王氏生員崇智女年二十八夫故撫四子成立八十一歲卒守節五十三年

鮑毅然妻鄒氏乾隆乙亥生壬寅夫故時年二十八守節十年

羅洪壁妻董氏夫歿董年二十八撫子二成人乾隆癸卯歲卒守節五十三年

羅洪周妻陳氏知縣陳譚孫女乾隆己卯夫故陳年二十二堅志訓子卒年五十八歲守節三十六年

梅巨鰲妻黃氏夫歿黃年二十五孝翁姑和娣姒俾子成立乾隆戊申歲卒守節四十六年

王際隆妻鄒氏夫歿時年二十五撫姪爲嗣謹身愼言乾



隆癸卯年卒守節三十五年

宋一相妻鄧氏夫沒鄧年三十立志教子乾隆丁未年卒守節五十一年

畢法妻羅氏夫歿羅年三十生一女有利其改適冀得產業者陰僞議婚事成始令媒告知羅方烹茶聞語擲壺擊客客踉蹡去遂攜女奔母家不歸已而族屬撥田畝與羅乃得遂其志孝事公姑生死盡禮年六十八卒守節三十八年

董德流妻曾氏夫歿曾年二十八乾隆壬寅年卒守節四

十年
陳源瀹妻丁氏年三十夫故守節四十七年七十七歲卒
喻之友妻林氏夫故立姪承祧卒年六十五歲守節四十
四年
生員張思銘妻江氏生員宰衡女夫没江年二十八撫子
成立乾隆四十二年卒守節四十六年
喻灼妻袁氏年二十八夫故守節四十四年七十二歲卒
張文煥妻顧氏年二十六夫故清白自矢七十歲卒守節
四十四年



鄒學洙妻周氏夫故周年二十八撫子蔚楠承祧卒年七
十八守節五十年
羅文宗妻劉氏年二十八夫故誓志不易卒於嘉慶己未
年七十四歲
胡錫璉妻李氏生員李吉女夫故李年二十五撫姪文翰
爲嗣旋歿與媳黃氏相依七十九歲卒守節五十四年
胡鍾妻吳氏乾隆庚午夫故吳年二十七勤苦自勵守節
四十二年
盧紹美妻魏氏乾隆癸亥夫故魏年三十守節四十二年

卒
王釆芹妻朱氏夫故時年二十一貞操無玷七十歲卒守
節四十九年
鮑正言妻盧氏夫故盧年二十一翦髮矢志六十四歲卒
守節四十三年
湯聖言妻黃氏年十九夫故生遺腹子課讀成人年八十
四歲苦節六十五年卒
金士輝妻彭氏年二十二夫歿勵志貞潔七十歲卒守節
四十八年



藍世光妻項氏年二十歲夫故苦守五十年卒
李應鍾妻梅氏夫歿梅年二十四訓子嚴毅守節四十餘
年卒
李應鍠妻熊氏夫歿熊年二十三守節五十二年嘉慶五
年卒
熊太和妻陳氏夫歿陳年二十八事翁姑孝訓子有方苦
守四十二年七十歲卒
朱汝壽妻王氏年十九夫歿立姪承祧年七十卒守節五
十年

饒仕榮妻黃氏夫歿黃年二十三至六十四歲卒守節四十一年
夏克仕妻金氏年三十夫故矢志堅守苦節四十年七十歲卒
李科妻魏氏年二十九夫故矢志靡他撫二孤成立守節六十七年九十六歲卒
監生蕭繩光妻屈氏九皋女年二十七夫故守節三十七年六十四歲卒
生員馮秩五妻劉氏年十八夫故貞操自矢至八十三歲



卒守節六十五年
劉孔柏妻江氏年十八夫故堅苦自守卒年八十一勵節六十三年
陳國珩妻項氏乾隆五年夫故矢志貞操撫子成立年七十二卒守節五十二年
程志道妻劉氏洛士女康熙丁丑生二十八歲夫故守節六十七年卒
林國瑞妻黃氏年十九夫故撫遺腹子念均業儒有聲黃持守修潔八十六歲卒

林三友妻王氏年二十二夫故無子家貧辛勤紡績苦節五十三年七十五歲卒闔族立貞節傳芳匾在祠
陳世才妻王氏生二子世才年十九而卒家貧王勤紡績以自給年六十九卒
徐鳳棲妻吳氏年二十四夫故生一子苦節自守年六十八守節四十四年
周行健妻吳氏夫卒子四歲吳以紡績為活計至老仍操作如常七十三歲卒
郭茂煌妻程氏觀揚女年二十一于歸僅十月夫故無子



撫姪孫以承夫祀守節五十年
張炳妻李氏適張三載炳逝李年十九撫遺子漢全不以家貧異志卒能使之成立名列成均七十五歲歿守節五十六年
高型于妻陳氏生員思曾女康熙丁亥生年二十四夫故無子立夫兄監生高基之子為嗣守節至六十八歲卒
儒童侯映第妻周氏乾隆癸未夫故時年二十二生二子方數歲撫養成人守節六十年八十二歲卒
儒童董標妻張氏生員文錡女年二十一適董越一載生

一子夫歿守節四十六年六十七歲卒
李士盛妻劉氏年二十六夫故子文廣文大俱幼堅執苦節撫孤成人年八十卒
儒童董方中妻盧氏副榜盧董女適董年二十三生長子二歲次子三月夫遠遊粵東陡染奇症卒於途訃音至盧投繯者再翁姑力勸乃止未幾長子夭氏勞紡紝工鍼黹以爲事畜資守節二十八年嘉慶十三年卒
黃文艮妻周氏年二十七夫故無子撫姪爲嗣事翁姑孝養守節二十餘年乾隆丙午春儒學彭師顔其匾曰貞操



松筠
儒童王國熙妻熊氏武舉紹漢之姑祖母年三十夫故撫孤成立卒年七十四守節四十四年知縣羅均給有節壽流芳匾
劉殿元妻余氏年二十八夫故撫夫姪爲嗣愛如己出生平言笑不苟除夫伯叔家慶弔外不輕舉足惟以女工爲業五十六歲卒
生員董時措妻蔡氏舉人蔡楷女康熙丁巳生己卯夫故時年二十三歲立夫姪觀光爲嗣名列膠庠守節二十二年卒
儒童王淮妻李氏年二十三夫故生子鳴鳳家貧紡績不倦年七十三卒守節五十年
儒士王國權妻羅氏年十九適王二十九歲夫故撫姪文思爲嗣勤苦自甘和丸課讀教子成名乾隆癸巳歲卒守節二十六年
袁廷社妻萬氏年二十四夫故生一子五十二歲卒守節二十八年
李增妻劉氏適李六載夫故子幼家貧守節六十八年卒



桂必攀妻喻氏年十八夫故事姑袁氏孝謹苦撫弱女卒年八十四守節六十六年
黃天定妻程氏夫故無子程噙血絕粒願相從地下賴左右力勸得免撫夫兄之子爲嗣八十五歲卒
王淮妻吳氏乾隆十三年夫故吳年三十至五十一年卒守節三十九年
吳鎧妻梁氏太僕少卿景陽再從姊鎧以疾早逝梁事姑撫繼志凜冰霜歷五十餘年卒
曾承藻妻董氏夫歿投繯救免矢志堅貞乾隆乙巳歲卒

守節三十八年
施必華妻張氏乾隆庚辰夫故撫子教媳七十一歲卒守節五十二年
萬時源妻黃氏乾隆丙子夫故志凜冰霜乾隆五十五年卒
胡士爵妻蔡氏乾隆乙酉夫故蔡年二十九守節六十一年嘉慶四年卒
鄧清拱妻任氏乾隆癸酉生丁酉歲夫歿任年二十四矢志撫孤命修宗祠道光丙戌卒守節四十九年



朱裁妻梁氏裁客廣死二子俱幼梁年三十二家貧苦守撫兩子循謹漸至素封年七十五卒守節四十三年
方一智妻黃氏夫歿黃年三十三撫幼子藉鍼黹作生活計年七十卒守節三十七年
宋利川妻羅氏夫歿羅年三十二與孀娣姒同撫幼子以綿一脉克振家聲年九十卒守節五十八年
鄒士由妻程氏夫處虎斃程年二十五生子方週歲族人欲奪其志程卻而避之年七十四卒守節四十九年
侯映科妻劉氏乾隆二十九年夫故時年二十五歲生一子年幼撫養成人八十八歲卒守節六十三年
鄭鳴鸞妻胡氏乾隆戊辰生年十九適鄭二十六歲夫故自經者數次家人防守甚嚴勸以立繼胡乃撫姪爲嗣勤苦操作教有方卒年四十七守節二十一年
羅維亨妻吳氏年十九于歸生子文凰甫三月而夫故矢志柏舟茹荼撫子守節數十年卒有乾隆五十五年墓碑
劉作模妻周氏敬五女十八歲于歸逾八月夫外貿鄖故遺一子氏苦守教子成人年八十三卒守節六十五年
王必仁妻周氏先承女年二十九夫故遺二子撫養成人



凡事必教以正年七十一卒守節四十二年
劉兆懷妻章氏年二十二夫故生一子光遠族人欲奪其志氏避居母家誓死不二撫孤成立未幾子逝撫孫應學又早逝茹荼飲蘗日夜悲思年七十四卒守節五十二年
鮑士智妻吳氏生於康熙四十五年二十二歲適鮑二十八歲夫故生二女紡績度日卒於乾隆四十年六十九歲守節四十一年
監生熊循道妻李氏作儒女年二十六夫故闔家七十餘口氏操家穎密巨細咸宜和睦妯娌教子義方時稱其賢

卒年五十四歲
張士材妻黃氏天茂女年二十二夫故遺孤甫八月辛勤苦守撫子成立年八十卒守節五十八年
張志良妻丁氏年十九于歸甫八月夫故以身殉者再姑曾氏晝夜防護得不死遺腹生一女矢志柏舟飲冰茹蘗撫姪柱承祀如己出年七十八無疾而逝咸稱節孝之報云
趙華中妻程氏重珍女年十九夫故矢志堅守撫姪成矩爲嗣七十歲卒守節五十一年



李正春妻唐氏年二十于歸二十二夫故家極貧苦矢死靡他卒年八十五守節六十三年
儒士吳文淑妻黃氏秉性貞靜年二十夫故生子甫週歲志凜冰霜歷六十年不變八十歲卒
何其惠妻林氏年二十一夫故私自投繯家人救解經四月生遺腹子世順名列成均眼觀四代年八十卒守節五十九年
鮑啟泮妾曾氏乾隆己卯生己亥年夫故曾年二十一矢志守節年五十二卒

鮑啟泓妾金氏乾隆己卯生甲辰年夫故金年二十六矢志自守卒年五十八歲
鮑如何妻王氏年二十一于歸次年夫故止一女矢志奉養翁姑翁故姑瞽出入扶持未嘗離左右家貧苦薪米不給與姑共相悲慰卒年五十八守節三十六年
蕭華淵妻熊氏夫故氏年二十四冰霜矢志守節六十五年八十九歲卒
監生鮑楫妻彭氏進士彭韶女適鮑生一子甫三歲夫故彭年二十五矢志堅貞事姑孝敬嘗遇鄰家火彭扶夫柩



號呼鄉鄰將扛柩出忽風反火滅人咸異之卒年五十守節二十五年
李如久妻吳氏年三十歲夫故無嗣矢志守節孝事翁姑五十九歲卒
儒童盛世穗妻彭氏夫故彭年二十無嗣姑病時割股救姑紡績度日年七十卒守節五十年
儒童劉維岳妻何氏年二十適劉二十四歲夫故志凜冰霜年八十餘卒
閻應傑妻李氏年十九于歸二十二歲夫故遺子甫一歲

事曾姑及翁姑以孝生養死葬一身任之教子成人守節三十餘年卒

儒童洪天濟妻張氏夫故無子孝事翁姑撫姪承祀守節三十九年五十八歲卒

張大由妻范氏生員自燮女年十八適張二十歲夫逝止遺一子矢志自守撫孤事姑克盡孝慈致以壽終

張大田妻陽氏年十八適張僅八月而夫逝投繯赴溺者再姑曾氏再三勸慰乃免遺腹生一子氏喜施舍濟貧乏惟祈保子囊空不計也卒以壽終



張立功妻楊氏夫故時年二十七歲上奉衰姑下撫二子以養以孝長子錫純名列成均次子純錦身遊庠序卒年六十八歲守節四十一年

李文輝妻何氏夫沒守制愼容止寡色笑訓子嚴肅躬勤儉致家漸豐歷數十年卒

張楚桃妻江氏國柱女夫故無子時年十九繼姑劉氏憐其孤弱而勸之江以不諒而泣自是持齋痛絕鉛華苦守數十年卒

儒童陳維愷妻李氏年二十一適陳甫八月夫故家無斗粟食不再餐撫嗣成立六十六歲苦守四十五年卒

儒童戴昊熙妻王氏舉人國柱女雍正乙巳生乾隆丁卯夫故時年二十三無子撫姪爲嗣六十八歲卒守節四十五年

王必傳妻黃氏鉅德女年二十一適王生二子二十三歲夫故事翁姑生養死葬盡心竭力教二子有成六十歲卒守節三十七年

江陳妻吳氏吳瀾女年二十四喪夫言動悉遵禮法六十四歲守節四十年卒



陶堂妻汪氏黃安縣生員汪玉之女年二十二夫歿紡績度日事翁姑十八年里黨以孝稱六十一歲卒守節三十九年

屈元淮妻余氏夫歿時年三十歲教二子成立六十七歲卒守節三十七年

丁楚眉妻王氏夫故時年二十七無子依姪紡績度日六十歲卒苦節三十三年

周世泰妻李氏守節兵寇流離生死不變

生員鮑斐然妻趙氏乾隆丁亥生丙午夫故時年十九歲

守節七年
汪庭型妻劉氏夫故時年二十一歲善事翁姑撫育孤子
六十歲卒守節三十九年
洪人光妻王氏世科女夫故家徒壁立善事翁姑教養孤
子寂守孀幃三十五載年六十二歲卒
洪光直妻毛氏生員毛墀女夫故撫姪爲嗣六十三歲卒
守節三十年
劉懷璉妻饒氏年二十夫故事翁姑維謹撫姪承祧守節
四十年卒



張大金妻劉氏生員廷全妹年二十五夫故無子撫姪承
祀六十四歲卒守節三十九年
儒童葉汝炳妻胡氏于歸四年夫故忍死撫孤訓課不少
姑息持家嚴謹有法内外肅然六十一歲卒守節三十七
年
萬坦妻梅氏年二十二于歸生子文鋭八歲夫故撫子成
立文鋭妻鮑氏于歸十年文鋭卒鮑痛觸幾絶姑泣勸止
撫二齡孤子訓誨不倦家貧勤紡績以供姑膳至乾隆二
十九年姑故喪葬盡禮守節三十四年卒旌白首盟心匾

周廷芳妻鄒氏夫故時年二十三子未逾年殤家無升斗
族長給地一畝以成厥志六十歲卒苦守三十七年
監生熊紱繼室陳氏夫故陳年二十二六十歲卒守節三
十八年
生員林占春妻金氏年十九夫故茹蘖飲冰斷機訓子守
節四十餘年卒
金沂妻郭氏年二十夫故姑王氏孀居性嚴潔郭養姑教
子備歷艱辛六十歲卒苦節四十年
李廷楠妻熊氏廷校妻周氏親娣姒也先後適李各生一



子夫俱早逝時孀居在堂見兩子繼亡家產菲薄憂其難
守熊周窺知姑意同誓不負日勤紡績以佐甘旨姑年老
棺槨衣衾俱預備姑死喪葬如禮教子成人熊年六十歲
守節三十五年周年五十三歲守節三十一年
國學鮑炳妻吳氏年二十八歲夫故六十五歲守節三十
七年卒
儒童毛汝射妻伍氏夫故時年二十八悲號不食欲以死
殉姑勸其撫夫弟之子爲嗣其夫弟妻丁氏亦二十八歲
夫故與伍相依合志守節

戴廷柱妻黃氏年將于歸夫遊蜀寄書稱不歸黃翁姑與父母懼無所依有廢盟意黃聞之不勝惶恐竟自歸戴誓以死守翁因入蜀尋伊夫歸夫復出旋卒於蜀時黃年二十八志凜冰霜撫子成立歷四十年卒

儒童楊厚載妻蔡氏庠生華之女年二十于歸二十三歲夫故無出撫子承祀孝事翁姑六十歲卒守節三十七年

鮑維實妻范氏年二十二夫故無子貧乏難支奉姑至孝常勤紡織以備薪米年六十七歲卒守節四十五年

生員陳大華繼妻劉氏年二十于歸時夫已病篤劉親嘗



藥餌衣不解帶經五月餘夫歿劉誓不欲生奈翁姑衰老夫前弱息事畜需人遂苦自支持孝慈兼盡守節十七年

吳泗妻鄒氏年十九泗卒一子尚襁褓應門無五尺之童茹冰飲蘖備歷艱辛守節十餘年

儒醫陳仲玉妻王氏仲客於京師二十八年歸卒王事姑盡孝撫一子入成均

鮑極妻朱氏康熙庚子生乾隆辛亥歸鮑夫因家貧遠貿朱以紡績奉養公姑數十年始終如一

范雲妻馮氏夫故馮年二十八歲與孀媳某氏撫育幼孫年六十七歲卒

詹鍾明妻曾氏生一子鍾明年二十七而卒曾矢志柏舟戚族贈以玉潔冰操額嘉慶乙丑卒年八十五歲守節五十八年

黃鎧妻彭氏士誠女康熙丁酉生乾隆庚午夫故時年三十四撫子元佩成立年七十七守節四十三年卒

儒童盧之璧妻蔡氏年二十五夫故七十五歲卒守節五十年興國州總兵題其額曰節全壽永

黃天亨妻程氏于歸二載夫故矢志守節年八十五歲卒



李晉任妻曹氏年二十九歲夫故七十八歲卒守節四十九年

甘桓妻張氏年二十三歲夫故七十一歲卒守節四十八年

何世文妻江氏宏能女年二十六歲夫故遺三子教之成立次子承繼堂伯三子承繼堂叔以續三房之祀年六十八歲守節四十二年卒

鄒應時妻查氏年三十五歲夫故七十歲卒守節三十五年

周士文妻陳氏生一子夫逝氏年二十三堅不去幃每令子就傅膏火維艱以紡績助其不給年六十四歲卒守節四十一年戚族咸欲請　旌陳固辭不果

劉永類妻梅氏乾隆戊辰年夫故六十八歲卒守節四十四年

王榮臣妻梁氏乾隆癸酉夫故時年二十九守節三十八年六十七歲卒

曾銜妻喻氏乾隆二十三年夫故時年二十九守節三十四年



金文浚妻徐氏年二十夫故凡鄉鄰有貧乏者隨力施與訓子曲盡義方年六十四歲卒守節四十四年

徐檜妻周氏年二十于歸二十九歲夫故事上接下一宗禮法六十六歲卒守節三十七年

黃時卓妻李氏年二十生一子僅一月夫故苦節四十九年六十九歲卒

黃士品妻王氏年二十二夫故子僅月餘守節四十五年六十七歲卒

偶士鄒茂權妻余氏年二十于歸三載生一女夫故勺水不入口者數日誓以身殉家人力勸得免撫姪爲嗣居孀悉有禮法教子以義方六十四歲卒守節四十一年

黃楚善妻鮑氏年二十五夫故二子繼亡祖姑八旬孀姑盲目鮑力支持奉養惟謹姪幼失恃姪媳故姪孫在襁褓鮑皆撫之成立眞五世一身焉六十五歲卒守節四十年

吳栴妻羅氏年二十六夫故毀容垢面足不踰閫撫姪恩嚴並濟六十六歲卒守節四十年

劉棫妻秦氏年三十一夫故姑食素飲食必須手製定省不疏姑歿哭死而甦者再六十五歲卒守節三十四年



熊宗玗妻詹氏年十九夫故子女俱無自甘淡泊紡織不懈六十一歲卒守節四十二年

劉國應妻趙氏年十六適劉越三載夫故艱難困苦旣鮮兄弟又無伯叔事姑撫幼克盡孝慈年六十四歲守節四十五年卒

胡懋焞妻曾氏夫故時年二十奉翁姑嗣猶子茹荼飲蘗六十八歲卒守節四十八年

梁宗灝妻劉氏年二十四夫故矢志靡他食貧無悔六十一歲卒守節三十七年

儒童丁楚瀛妻張氏鄉飲介賓文楷女夫故時年二十三歲以翁夫相繼歿事姑九載無少懈撫子成立六十五歲卒守節四十二年

儒童成原臯妻李氏年二十二無出夫故願以死殉因翁姑年老勸免迨翁卒與繼姑孫氏共凛冰霜嗣子鵬南延師課讀屢試前矛六十七歲卒守節四十五年

吳霞山妻徐氏鳳翔女年二十于歸甫數月夫故遺腹生子世道躬勤紡織教子成人慈嚴相濟年六十八歲守節四十八年卒



李坦妻黃氏生員黃裳女適李八載夫故年六十二歲卒

儒童周聖思妻李氏監生陵岡女年二十適周二載夫故撫嗣承祀六十五歲卒守節四十三年

洪大學妻王氏太元女年十七適洪生一子夫故時年三十六十一歲卒守節三十一年

監生吳敢模妻楊氏年十八于歸二十二歲夫故遺一子夢璉辛勤教訓撫之成立六十一歲守節三十九年卒

羅廷柏妻徐氏年二十三于歸六載夫故生子觀國氏敬事孀姑擇師訓子辛勤紡績不憚飢寒六十二歲卒守節三十三年

汪澤瑫妻李氏年十九適汪二十二歲夫故矢志苦守遺一子遠繼撫之成立年六十歲卒守節三十八年

徐士敬妻吳氏年二十三夫故守節三十八年六十一歲卒

張之國妻段氏年二十六夫故家貧苦守一子早喪媳亦以節自勵段年六十八歲卒守節四十二年

甘楊材妻王氏夫故時年三十家貧苦守歷三十一年六十一歲卒



熊祖顯妻葉氏生一子夫故時年二十一守節不移備嘗艱苦四十年如一日矣六十一歲卒

楊正廷妻甘氏進士學湄女夫故時年二十三歲其孀姑衰病臥床數年不起甘侍湯藥罔懈每冬夜無火紡不至雞鳴不已如是者三十餘年卒能訓子德剛成人六十七歲卒守節

[illegible]節四十四年

胡以高妻歐陽氏夫故時年二十五歲家貧撫幼子女成人六十六歲卒守節四十一年

戴之紀妻徐氏夫故徐年二十七無出家貧立志苦守撫

姪𡌴兆爲嗣娶媳蔡氏亦二十二歲夫故與姑相依松筠比美徐卒年六十五歲蔡卒年四十六歲

陶紹對妻李氏乾隆十七年于歸月餘夫遠貿不歸翁姑在堂賴李女紅以奉甘旨後相繼亡喪葬悉爲辦理守期三年歸母家相依爲命年六十八歲卒

文童李元纘妻曾氏歲貢廷望女乾隆二十四年夫卒於九江遺二子家貧衣食盡資操作年六十一歲守節三十三年

陶梓妻陳氏年二十于歸生一子夫故陳年二十二矢志



栢舟教子成立年六十一歲卒

王培棣妻曾氏年二十九夫故奉養翁姑撫子成立六十一歲卒苦節三十二年

王培棫妻唐氏夫歿翁姑念氏青春聽其自便唐矢死靡他六十一歲卒苦節三十五年

監生鄒台衡側室李氏夫故氏年二十八艱苦自支女五嵗李嘗嫁六十歲卒守節三十二年

周貞諒妻喻氏夫故氏年二十二無嗣依父喻鉞家紡績度日卒年八十九歲守節六十七年

熊鍾德妻潘氏羅田縣生員泮旭女婚百日而鍾德卒無子撫姪爲嗣以翁姑爲父母竭力事之數十年不變其志六十五歲卒守節四十七年

監生李元溥妻丁氏年二十四夫故無子撫夫兄次子事姑孝謹教子成人六十九歲卒守節四十五年

李必英妻羅氏年二十夫故矢志守節孝事翁姑六十歲卒茹苦四十年

李必輿妻閆氏生一子甫歲餘夫故矢志撫孤事翁姑孝六十一歲卒守節三十九年



江曾爲妻楊氏年十八適江甫四年生子女各一曾爲讀書成瘵疾不起楊年二十二苦節自誓值家道中落勤操作力佐舅姑甘旨教子慈嚴子培瑛得援例成名年六十歲守節三十八年

千總胡美珍妻張氏生員張釗女美珍弱冠中乾隆癸酉科武舉後分發四川重慶府副府歸娶張年二十六赴任生一女越三載美珍奉檄分守巴𥇧過勞斃死張售釵珥殫經營偕姑及女賃舟扶夫柩歸葬如禮家益窘張勤紡績嫁女養姑姑死葬亦如禮其夫兄美瑜中乾隆庚午科

武舉早故無子氏竟無嗣可立年六十歲卒
儒童蕭偉妻劉氏年二十適蕭生一子夫故劉誓欲相從引刀自刎經救得免家貧苦守撫子成立歷四十餘年六十七歲卒
文童李天祿妻程氏黃岡進士興仁女早歲孀居冰操凜凜撫姪元湘爲嗣姑成氏晚年傷足出入扶持歷久不懈六十二歲卒守節三十餘年
儒童成仗光妻龔氏年二十一夫故生一子勢溝甫六月家貧勤紡績孝翁姑葬祭如禮教子讀書守節六十一年卒



李宗源妻曾氏年十九適李逾五年夫故氏殉死再三家人勸免辛勤紡績敬事翁姑撫育兩男一女曲盡孝慈子茂桂茂梅得以成立五十九歲卒守節三十五年
儒童趙思寗妻楊氏年二十夫歿事八旬老姑盡孝立姪爲嗣不幸姑與子並媳相繼亡又撫幼孤孫五十八歲卒守節三十八年
監生田煐妻彭氏進士彭韶孫女庠生範也女年二十于歸八載夫故事翁姑以孝教子成立五十七歲卒守節二十九年

儒童毛塝妻王氏生員應槐姊夫早卒王青年無出誓以死殉家中防守累月翁姑以年老爲解乃矢志養親極盡孝道撫子承祀廸以義方歷四十餘年卒
王崇儒妻羅氏夫歿氏年二十九爲子娶余氏子旋故余亦矢志靡他兩世孀居羅年五十六歲守節二十七年卒
何得思妻甘氏年二十于歸二十八歲夫故苦節自貞盡婦道兼盡子道後姑感其孝敬倍加憐惜年五十七歲卒守節二十九年
詹文廣妻曾氏生二子夫卒晝夜操作撫子成立五十八歲卒守節三十一年



吳鍾妻詹氏生員士成女年二十適吳七年夫故事姑克孝教二子讀書長道涫業儒次詢入泮五十六歲卒守節二十九年
監生丁養銳妻高氏孔亟次女夫病久而篤高侍湯藥晝夜不倦及夫故觸棺幾絕家人勸救乃已時年二十八歲撫子成立五十四歲卒守節二十六年
李世輝妻徐氏年二十六夫故遺腹生一子紡織維勤撫孤成立五十四歲卒守節二十八年

儒士張宣哲妻萬氏年十九適張不數年夫故一子文郁僅九歲族人欲奪其志乃斷髮明心飲血茹荼撫子成立守節二十九年

丁之文妻周氏念德女夫早故一子繼亡志凜冰霜紡織自給苦守二十三年五十三歲卒

監生楊從桂長子敏功妻喻氏監生喻倫女年二十八歲夫故子盛朝方五歲次子監生田功妻張氏儒士鳴鈐女夫早故子盛世甫三歲俱以貧窘苦守孝養衰姑教子以正喻年五十七歲卒守節二十九年張年五十歲卒守節



二十四年

監生吳懋蘇妻鮑氏年十九適吳越三載夫故守節三十三年五十五歲卒

金暢妻熊氏貢生祖望女年十七適金奮鐙佐讀終夜不倦夫故時年二十哀號逾節屢絕復甦毋力諭乃止遂屏鉛華謹言笑時翁姑年老以幼子女憂屬於熊熊撫之成立雖極勞不怨鄉里稱之守節三十五年卒

胡美珠妻郝氏美珠隨兄美珍任病故郝聞訃觸壁氣絕復甦時二十三歲家奇寒飲冰齧雪閱三十五年卒

劉光煦妻項氏夫故時年二十四矢志柏舟五十六歲卒守節三十二年

丁之壁妻喻氏夫故生遺腹子教誨成人子復歿上事衰姑下撫孀媳五十五歲卒守節三十二年

陳敦僧妻王氏年二十六歲夫故堅貞不移五十五歲卒守節三十年

夏廷素妻鮑氏年二十二夫故遺腹生一子翁姑先逝內外兼營延師教子禁侈靡戒浮薄樂推與家昔多僕丁遣從良者十餘人子亦早故其孫五人半列宮牆鮑之家法



不墜矣五十八歲卒守節三十七年

江勳妻程氏紹志女年二十一夫故痛夫無子矢志苦守後撫姪以承夫祀五十三歲卒守節三十二年

甘時妻白氏年二十夫故兒女俱無惟與八旬老姑相依爲命守節三十三年

李森妻鮑氏年二十四夫故撫嗣子克承夫志十旬九食三十餘年節操倍堅

監生曾文海妻丁氏監生宏仁女雍正甲寅生乾隆丁丑夫故生一女時年二十四歲守節二十五年五十九歲卒

鮑名揚妻陶氏乾隆己未生戊寅歸鮑庚辰夫卒矢志守節三十三年卒

王振和妻李氏夫溺死四川時年二十五翁姑早喪與父母相依又全父與子往夫溺處望江泣祭至老清操益勵五十九歲卒守節三十四年

儒童王之楷妻丁氏夫歿時年二十一子僅數月丁求死數次屢經孀姑勸止乃矢志撫子奉姑因姑茹素除昏祭外不殺一牲自姑病至歿一一如禮五十八歲卒守節三十七年



俞之輔妻劉氏夫故時年二十一子週歲家赤貧遺田二畝棉地親自耨鋤以爲紡績資本五十三歲守節三十三年

儒童周筱梅妻江氏年二十喪夫無子惟姑在堂竭力事之與同榻者三十年偶過風雪節婦解衣就煖後撫嗣承祧蒸嘗兼盡五十四歲卒守節三十四年

金鎰妻甘氏年二十適金二十四歲夫故屢自縊姑嘗弟遂哲守二十九載人無間言

王國安妻鄒氏乾隆癸未于歸辛卯夫故哀毀骨立孝事翁姑嚴以教子擇師友非正人不令往來守節三十年卒

王槐元妻劉氏槐元夙膺羸疾劉侍湯藥不離榻夫歿時年二十三悲號絕粒姑力勸得不死悉焚嫁時服飾娣姒譏集紅紫未嘗着身出事姑以孝聞族孝廉炳謙於其帨辰祝以聯云云卅載冰心惟飲蘗千秋鐵膽更餡茶稱實錄云

夏超輿妻曾氏乾隆二十八年夫故時年二十三守節二十九年卒

丁國棟妻劉氏乾隆二十九年夫故時年二十五守節二十八年卒



吳必江妻黃氏年二十適吳二十二歲夫故生子方數月家赤貧苦守不幸子死翁沒有勸其改適者皆受辱去立夫姪爲嗣勤紡織以資生年五十歲卒

屈必振妻余氏夫故時二十四苦撫一子五十二歲卒守節二十八年

吳輝文妻馮氏長秀女年二十夫故欲以身殉家人力勸乃免孝事翁姑教子人和成立五十一歲卒守節三十一年

陳學珠妻江氏思正女年二十三歲夫故遺二子教養成立五十五歲卒守節三十二年

周大化妻彭氏遥光女年二十五夫故遺一子辛勤教訓克底於成五十五歲卒守節三十年

通判鮑楊妻熊安人年二十八夫故守節二十九年畢秋帆宫保贈有清標彤管額

舉人張沆妻黄氏儒士士容長女年二十九夫故生三女無子姑寄居母家繼依夫兄嫂度日窘益甚節益堅五十歲卒守節二十一年



葉仲福妻熊氏年二十五夫故一子復殀決志苦守竭力事翁姑五十二歲卒守節二十七年

周志侗妻聶氏適周四載夫故時姑年七十聶躬紡織以養姑撫孤成立年五十九歲卒

周思穆妻吳氏年二十三歲夫故截耳矢志

文童唐泰妻闞氏生員同揆女年二十三夫歿守節三十年五十三歲卒

儒童熊士京妻任氏年二十五夫故事翁姑孝教子嚴五十八歲卒守節三十三年

儒童唐玉妻劉氏年十九于歸二十三歲夫故孝事翁姑喪葬盡禮五十五歲卒守節三十二年

熊懷元妻李氏年二十適熊三載夫故無子紡織營生五十五歲卒守節三十二年

蔡萬琰妻王氏夫故時年二十六撫嵗餘一子以承祀五十歲卒守節二十四年

陳子正本姓毛妻陳氏夫故陳年二十一遺孤未週歲勤紡績以事哀姑課子讀寒暑不渝年五十二歲卒守節三十一年



蔣大文妻洪氏適蔣數歲夫故矢志撫孤五十九歲卒守節三十五年

蔡作城妻戴氏夫故年二十餘無子守義自誓凜若冰霜歷三十年如一日

儒童戴士儀妻江氏年二十適戴生子甫週歲夫故江年二十三矢志柏舟教子慈嚴並用事姑孝姑歿喪葬盡禮守節三十五年

儒童李元睦妻董氏年二十三適李一年夫故無子足不踰閾勤紡織以養翁姑撫夫姪士銳為嗣守節三十三年

詹必發妻嚴氏國學生覽滙妹年二十三歲夫故遺一女撫夫姪廣生爲嗣躬操作教子讀書五旬時鄉鄰贈有勁節延齡額守節三十一年子廣生妻嚴氏卽覽滙女亦二十三歲夫故無出矢志守節撫夫姪澤永爲嗣善事翁姑人稱一門雙節

儒童田焜妻郭氏年十九于歸三載夫故教養二子成立守節二十六年

晏錫躬妻袁氏適晏七載生三女夫故無子時年二十二以姑老夫弟幼送往事居責無他諉且誓曰必俟夫弟舉



子立爲嗣乃可告吾夫於地下後夫弟舉子珠遂立焉守節二十六年鄉里咸稱之

羅學怡妻王氏夫故時年二十一歲王殿臣女撫子成立而卒守節三十八年

熊祉輝繼妻梅氏適熊九月輝卒家徒壁立或勸以改適梅矢死靡他撫夫前一子歲餘愛如己出紡績自支歷四十餘年如一日矣

丁楚漢妻曾氏年十九適丁越三年夫故撫子明柟成立守節二十三年

洪祚妻祝氏年十七適洪二載夫故守節二十七年四十六歲

黄有志妻田氏年二十二歲夫故無子矢志柏舟撫子承祀延師課讀四十七歲卒守節二十五年

郭起源妻梅氏楚川女乾隆四十三年適郭五十年夫故孝事翁姑苦節不變

吏員杜承燻妻蕭氏守節三十五年卒

杜承熠妻馮氏守節三十年卒

丁之鎰妻杜氏赤貧矢志守節三十年



劉以式妻梅氏年二十一適劉三載夫歿撫孤成立族戚贈以志節永貞額

李廷梧妻袁氏夫歿立姪兆昌爲嗣昌歿依媳徐氏守節二十八年

萬太史繩祜之姪曾孫萬煌妻曾氏夫故時年二十三一子歲餘撫之成立苦節堪欽

周作妻吳氏周思過妻吳氏周之寰妻林氏三代節孝

周垂新妻李氏周志顯妻劉氏二代節孝

周思登妻張氏青年守節

蔡駿槐妻吳氏廷澍女道光甲申生咸豐三年夫故事姑盡孝紡織度日教子成名督課不倦守節二十八年卒於光緒庚辰年請　旌

吳德豐妻蕭氏太學生作梅女孝廉方正亮寅之母嘉慶戊寅生年二十歲于歸二十二歲夫故氏撫孤成立卒於己卯年守節三十七年學使洪獎給操凜冰霜額

儒士郭時瀚妻洪氏嘉慶丙子生于歸一載夫病割股以進未愈氏矢志奉翁姑撫姪承祀於光緒壬午年請　旌建坊現年六十七歲



儒士羅承米妻袁氏乾隆戊申生年十七于歸二十一歲夫故無子誓不欲生既以翁姑衰老忍死侍養足跡不出中庭自甘粗糲每節省以濟貧乏撫子斅烈咸豐辛酉優貢享年九十歲計守節七十一年光緒壬午年請　旌建坊

監生李代柱繼妻程氏道光元年生十八歲于歸二十七歲夫故勵志守節養親教子躬親操作內外無間言光緒壬午請　旌建坊

成仗光妻龔氏守節年歲事實已載乾隆舊志列女傳中光緒壬午請建專坊

成棟妻張氏乾隆辛亥生十八歲于歸二十五歲夫故孝事尊章及奉養孀祖姑終身不襄教子讀書賢聲聿著卒年八十九歲計守節六十四年光緒壬午同成龔氏專案請　旌

熊肇封妻蔡氏道光元年生二十一歲于歸二十七歲夫故矢志自守養姑訓子現守節三十六年又其侄婦熊作用妻史氏道光元年生十九歲于歸二十歲夫故守節三十年事姑撫子操守堅貞於光緒壬午合請　建坊旌表

# 麻城縣志卷二十八

## 列女第三

### 節孝 新增表

城廂　東鄉　南鄉　西鄉　北鄉

#### 城廂

徐貴妻吳氏　乾隆庚戌生二十四歲夫故守節四十六年卒

胡天順妻閻氏　乾隆壬子生二十四歲夫故無子氏伶仃孤苦萬變不渝守節四十二年卒

胡正福妻高氏　乾隆丙子生二十四歲夫故一子夭撫嗣承祀守節三十六年卒

熊守有妻顧氏　乾隆甲午生二十五歲夫

#### 東鄉

熊世封妻羅氏　康熙癸酉生十九歲夫故事翁姑撫孤子以孝慈聞守節二十六年卒

田時秀妻劉氏　康熙乙酉生二十八歲夫故子遇武甫八月撫養成立守節五十五年卒

曾銓妻羅氏　康熙辛酉生二十七歲夫故撫子成立守節三十八年卒

曾培初妻江氏

#### 南鄉

羅紳卜妻夏氏　邑庠慎星女康熙壬辰生二十三歲夫故於蜀氏遷骨還葬教子嚴後入成均守節三十六年卒

羅士俊妻孫氏　康熙甲午生二十八歲夫故矢志靡他歷盡艱苦邑紳欲為請旌氏力辭守節四十年卒

羅洪茂妻檗氏　康熙庚辰生二十八歲夫故夭志撫孤艱苦萬狀守

#### 西鄉

劉正遠妻徐氏　康熙乙丑生二十四歲夫故孝事姑嫜撫孤成立守節五十五年卒

黃藍田妻周氏　二十一歲夫故生子任甫一周家貧姑老事畜無虧姑歿喪葬盡禮守節六十三年卒

余正禧妻錢氏　康熙甲申生二十歲夫故無子撫孫為嗣守節三十九年卒

#### 北鄉

朱（一作傅）珍妻周氏　雍正甲寅生十九歲夫故事姑盡孝撫遺腹子成立守節四十八年卒

凌士選妻楊氏　夫故家貧子幼時有逼其改嫁者氏攜子逃入山中採葛而食其苦節至今族里猶稱之生卒年月失攷此雍正間事

沈治谷妻朱氏　雍正甲辰生二十三歲夫故僅一女撫夭姪為嗣孝

麻城縣志　卷二十八　列女　節孝　一

#### 城廂

故守節四十三年卒

夏萬堂妻尉氏　乾隆癸丑生二十歲夫故僅生一女撫夫姪為嗣守節四十九年卒

楊之勳妻戴氏　乾隆庚寅生二十五歲夫故守節六十二年卒

宋志游妻張氏　乾隆乙丑生守節五十七年卒

（武舉）王道誠妻宋氏　乾隆乙未生夫故氏事孀姑撫孤子守節四十餘年而卒

王熾棨妻萬氏　監生贇元女乾隆乙巳生夫故孝事孀姑撫夫姪為

#### 東鄉

舉人世偉女康熙戊寅生二十六歲夫故茹苦含辛義力訓子守節三十有四年卒

（廪生）曾錫妻甘氏　青年守節八十八歲卒

曾國志妻張氏　青年守節八十九歲卒

曾宗慎妻周氏　青年守節七十六歲卒

程維遂妻鄒氏　康熙辛巳生二十六歲夫故遺腹生子作億撫養成立邑進士甘倜齋贈有婺煥松筠額守節四十有八年卒

胡從鋼妻程氏　康熙二年生二十八歲夫

#### 南鄉

節五十一年卒

馮世頌妻黃氏　康熙己酉生二十三歲夫故子女各一俱幼矢志不渝敬事翁姑守節四十五年卒

劉士誠妻吳氏　康熙丙子生三十歲夫故撫夭姪為嗣持守節儉馴至小康守節五十七年卒

周之銓妻陳氏　岡邑舉人澤周孫女雍正己酉生二十八歲夫故二子俱亡勵志自守出積金置祀田以延宗祀守節五十年卒

羅洪珩妻馮氏　雍正已卯生二十七歲夫

#### 西鄉

袁方賢妻張氏　雍正間生二十二歲夫故翁姑老子女幼家貧有勸改嫁者氏抱子女投水幸里黨救甦親族附生方遠倫之同族按月給糧氏不受自勤紡紝以資事畜數十年如一日後孫曾林立守節六十八年卒

袁十全妻張氏　雍正丙子生二十六歲夫故子亦早逝氏與孀媳汪氏撫養諸孫成立親見曾孫守節七十二年卒

（郡庠）王巍聯妻喬氏　雍正乙卯生二十九歲夫故無子撫夫堂兄子煥嶽為嗣守節五十三年卒

#### 北鄉

事翁姑守節五十八年卒

江思理妻李氏　乾隆壬寅生二十二歲夫故一子夭撫夫姪為嗣孝事孀姑守節四十九年卒

管其浙妻江氏　乾隆壬辰生二十歲夫故矢志撫孤守節三十年卒

龔泰來妻張氏　乾隆戊子生二十二歲夫故生遺腹子撫養成立守節六十一年卒

李光鑒妻吳氏　二十九歲夫故矢志撫孤成立守節五十五年卒

甘其聰妻鄭氏　二十二歲夫故守節五十三年卒

麻城縣志　卷二十八　列女　節孝　二

嗣守節五十六年卒氏婢春梅憐氏苦節不忍相離亦終身不字年六十餘卒

張海年妻陶氏　三十歲夫故事翁姑撫嗣子守節五十年卒

鄭輝祖妻宋氏　十九歲夫故子幼家貧艱辛備歷子夭撫孫成立守節四十二年卒

宋振興妻范氏　二十六歲夫故守節三十六年卒

羅士富妻鄒氏　二十八歲夫故咸豐八年卒守節六十一年

蕭國楨妻鄒氏　二十四歲夫故剃髮以誓

故撫子成立守節四十年而卒

曾政妻楊氏　康熙辛未生二十九歲夫故上事翁姑下撫孤子守節四十三年卒

周承三妻郭氏　康熙甲寅生二十三歲夫故姑老子幼事畜歷久不怠守節五十一年卒

郭僖妻吳氏　羅邑吳之俊女康熙癸巳生二十五歲夫故守節五十八年卒

饒世文妻陳氏　雍正己酉生二十三歲夫故子僅八月矢志撫孤事翁姑以孝著守節四十七

故事畜各盡其道守節三十七年卒

袁綱妻戴氏　乾隆七年生二十七歲夫故家貧無子撫夫姪承祀事翁姑以孝守節二十七年卒

姜學潮妻周氏　監生啟材女乾隆己丑生三十歲夫故紡績度日子早逝同孀媳謝氏撫養孤孫周守節五十八年卒

曾金木妻李氏　乾隆乙巳生二十四歲夫故撫孤繼祀守節五十六年卒

梁超和妻胡氏　乾隆三十年生三十歲夫

林正舉妻盛氏　雍正辛亥生二十九歲夫故孝事孀姑教子成立守節六十三年卒族里以節孝可風額其閭

董思熾妻陵氏　雍正甲寅生二十一歲夫故矢志不渝守節三十六年卒

彭長年妻周氏　照磨周耀女乾隆甲戌生二十四歲夫故痛不欲生以姑老遺腹禱免生子爭發遂矢志事畜守節四十七年卒

姜榮妻周氏　嘉慶元年夫故氏年二十九仰事俯畜備歷艱辛道

何時蔦妻張氏　二十二歲夫故子生未及周歲矢志撫育道光初年卒守節五十餘年

陶學典妻曾氏　乾隆乙巳生二十二歲夫故撫夫姪廷銘爲嗣事翁姑盡孝道氏親見曾孫守節五十九年卒

陶流恕妻江氏　乾隆壬子生二十五歲夫故家貧守志以孝事姑撫夫堂姪爲嗣守節五十三年卒

陶典妻胡氏　乾隆己卯生二十七歲夫故事孀姑撫孤子備歷艱辛守節四十五年卒

麻城縣志　卷二十八　列女　節孝　三

其志家益貧食薇蕨不悔守節四十年卒

周仍[illegible]妻潘氏　二十八歲夫故堅貞厲志守節二十一年卒

陳紹泮妻劉氏　二十歲夫故矢志不移同治甲子避難雞籠山祖孫餓死守節數十年卒

儒士 謝[illegible]妻劉氏　歲貢克莊女二十歲夫故守節三十二年卒

儒士 陳道鏗妻[illegible]氏　二十五歲夫故守節五十八年卒

黃[illegible]妻[illegible]氏　于歸二十歲夫故矢志自勵撫子成立守節五十有二

年卒

鄭明晨妻張氏　雍正甲寅生二十四歲夫故家貧撫子女完嫁娶守節五十九年卒

吳汝彬妻荷氏　三十歲夫故事孀姑盡孝撫夫堂弟生員承椿子梧爲嗣守節四十餘年卒

儒士 李如珀妻梅氏　雍正庚戌生三十歲夫故氏仰事俯畜盡道守節三十五年卒氏子監生生保早歿媳梅氏守節四十八年卒

黃[illegible]妻鮑氏　雍正壬子生二十九歲夫故誓以死守撫孤成立守

故守節四十年卒

楊成坤繼妻鄒氏　乾隆四十三年生于歸一載夫故無子孝事孀姑守節四十五年卒

蕭[illegible]妻江氏　乾隆壬子生十八歲夫故矢志撫孤孤死撫孫守節五十五年卒

吳必祿妻王氏　乾隆四十二年生二十五歲夫故有遺孤一家極貧矢志撫孤成立守節四十六年卒

[illegible]守明妻王氏　乾隆五十七年生于歸僅二月夫故撫夫姪爲嗣教育如己出守節五十年卒

光己酉卒守節五十五年

王臣妻金氏　嘉慶癸酉于歸三十歲夫故撫姪爲嗣咸豐丁巳卒守節三十五年庶姑夏氏二十九歲守節咸豐元年八十四歲卒媳丁氏道光庚子于歸二十九歲夫故三世清操卒無後裔

劉之泰妻吳氏　乾隆癸丑于歸二十三歲夫故事姑盡孝道光己酉卒守節四十二年

[illegible]妻吳氏　嘉慶癸酉夫故氏年二十守節十八年卒

[illegible]妻[illegible]氏　嘉慶間夫故無子撫嗣孫

伍大鳳妻曾氏　乾隆戊寅生二十四歲夫故子生僅數月事姑撫孤久無懈志守節五十有六年卒

何德蘭妻黃氏　乾隆丁丑生三十歲夫故上奉兩代孀姑克盡孝敬撫孤成立親見孫守節五十八年卒

王文寬妻嚴氏　乾隆辛丑生二十四歲夫故遺腹一子越數月翁姑繼歿氏矢志撫孤持家勤儉卒致小康守節五十六年卒

黃天祿妻何氏　乾隆壬申生二十四歲夫

麻城縣志　卷二十八　列女　節孝　四

年卒
汪植信妻吳氏三十歲夫故無子與嫂丁氏同凜冰蘗一門兩節守節五十四年卒
汪永楚妻石氏三十歲夫故家貧無子矢志不渝守節五十四年卒
汪植福妻丁氏三十歲夫故僅一女矢志堅貞守節三十三年卒
康汝安妻楊氏乾隆戊申生二十歲夫故孝事翁姑撫夫姪爲嗣守節四十七年卒
鄒成龍妻曹氏二十六歲夫故一子僅二歲矢志撫養守節二十年

節三十九年卒
曾啟坊妻萬氏庠生敎梅女二十四歲夫故茹蘗飲冰撫孤成立守節二十三年卒
鄭德楷妻毛氏乾隆辛亥生二十一歲夫故一子甫周歲翁姑俱瞽氏誓以死守守節三十二年卒
曾廣潤妻鄭氏乾隆乙酉生二十九歲夫故守節三十一年卒
曾昭材妻鄭氏乾隆壬子生二十六歲夫故撫嗣孫祀歷盡艱辛守節四十六年卒
丁守勳妻李氏

鮑銘杰妻董氏乾隆甲申生二十八歲夫故守節三十六年卒同族贈有節孝可風額
程啟灼妻屈氏乾隆壬寅生二十九歲夫故守節五十年卒
夏文海妻周氏乾隆丁酉生二十四歲夫故事翁姑撫孤子荼苦備嘗者二十六載子復喪遂撫夫姪承嗣守節四十三年卒
周澤溥繼妻李氏乾隆癸卯生夫故無出澤溥前妻梅氏生子贅娶媳夏氏亦無出子歿夏氏亦矢志守節姑媳相依立姪

桃道光丙午卒守節四十餘年
范珦妻吳氏乾隆丁未于歸二十八歲夫故時長子自揚尚幼次子自振始生事畜攸賴不憚辛勤道光庚子卒守節四十四年
監生梅在壎妻劉氏二十八歲夫故僅一女撫夫姪錦紋爲嗣同治甲子卒守節四十五年
徐之松妻吳氏二十九歲夫故家貧無子守節四十七年卒
梅景雲妻馮氏嘉慶甲子于歸二十七歲夫故中年子歿撫夫弟增

故翁姑老子尚幼氏拮据家務辛苦備嘗守節四十九年卒
高綬亭妻何氏乾隆壬申生二十二歲夫故姑老子幼事畜盡道中年子殞又撫孫成立守節五十三年卒
儒士劉光乾妻胡氏乾隆丙戌生二十七歲夫故孝事翁姑撫養孤子守節三十六年卒
熊廷達妻曹氏乾隆丙午生二十六歲夫故事翁撫子姑苦含辛守節四十七年卒
吳其彬妻喻氏乾隆辛卯生二十九歲夫



而卒
陳啟謨妻曾氏二十歲夫故遺腹一子撫以成立守節四十三年卒
余啟潔妻張氏嘉慶丙辰生夫故矢志不二教子成名守節三十五年卒
董錦元妻喻氏嘉慶壬戌生夫故誓不二志守節四十四年卒
陶啟璋妻蘇氏嘉慶乙亥生二十八歲夫故撫夫姪孫祧守節三十四年卒
董慶利妻黃氏嘉慶丙寅生二十五歲夫故守節三十九年卒

乾隆庚辰生二十二歲夫故僅一子氏勤浣績奉翁姑撫孤子守節四十有五年卒
張永泌妻宋氏乾隆乙酉生二十六歲夫故撫夫從子爲嗣孝事翁姑清潔自勵守節五十九年卒
李時鳳妻熊氏乾隆丁巳生二十六歲夫故撫嗣承祧並捐祀田二斗守節六十二年卒
李勤滌妻王氏商邑王樸女乾隆辛卯生二十五歲夫故撫夫姪爲嗣孝事翁姑守節三十八年卒

孫承祧計守節六十有六年卒
周錦榮妻鮑氏武庠雄楚姊乾隆壬申生二十八歲夫故守節四十年卒
夏荷榮妻許氏夫故矢志撫孤道光丁亥卒守節六十八年卒
鮑如渙妻羅氏夫故氏矢志不二道光乙巳卒守節四十六年
梁季妻羅氏于歸三載夫故矢志撫孤守節六十餘年卒學師王獎給節孝可風額同里袁金溪公有梁節母贊
袁宗道妻陳氏

生紹雲次子承祀事姑盡孝咸豐丁巳卒守節四十九年
胡名魁妻喻氏乾隆乙未生夫貿於川故子二早殤氏紡織奉姑甘貧苦守道光丙戌卒
吳貽謀妻饒氏乾隆戊子于歸二十九歲夫故撫孤成立名入成均道光丙申卒守節四十有七年
羅文蔚妻饒氏二十一歲夫故咸豐甲寅卒守節七十一年
羅文旭妻黃氏乾隆己酉生二十九歲夫故撫孤成立守節四十六

故家貧子幼勞瘁終身有傳藏家乘守節三十有六年卒
吳士坤妻喻氏乾隆甲申生二十歲夫故孝事翁姑撫子承祀守節五十三年卒
王明城妻張氏乾隆辛亥生二十六歲夫故事翁姑以孝撫夫姪爲嗣中年子歿教養諸孫至於成立守節五十四年卒
沈懋妻吳氏庠生錦山女乾隆庚戌生二十三歲夫故事翁姑撫孤子均能盡道守節三十四年卒
康文秀妻劉氏

李煦之妻熊氏　嘉慶戊寅生二十六歲夫故守節三十三年卒

王熾昌妻羅氏（傳 士）　嘉慶己未生二十三歲夫故孝事上慈撫孤守節二十七年卒

丁鎮瑤妻唐氏　嘉慶丁卯生二十九歲夫故紡績度日撫子成立守節三十五年卒

張明榮妻黃氏　嘉慶丙辰生二十七歲夫故家寒苦兩次割股以救姑守節四十二年卒

王如玩妻劉氏　十八歲于歸百日夫故咸豐癸丑卒守節四十年

李凝春妻張氏　乾隆乙卯生二十七歲夫故撫嗣承祧翁有廢疾氏奉事惟謹守節三十有六年卒

丁傳緒妻鄭氏　乾隆戊申生二十八歲夫故姑老子幼苦節彌堅守節三十四年卒

任鳳湘妻曾氏　乾隆辛丑生二十九歲夫故孝事重闈撫孤成立守節五十七年卒

余鵬宗側室熊氏　係增生林燮保姆十九歲夫歿無出燮出於側室鮑氏尚在繈褓熊遂矢志同撫孤時孀姑年七十餘卒

氏與宗德妻榮氏親娣姒也越數年宗道宗德貿於川相繼而故遺孤世朋世高尚幼上有孀姑並祖姑二氏矢志苦守陳氏乾隆乙未生守節五十三年卒榮氏乾隆辛丑生守節四十年卒

袁宗立妻鄒氏　乾隆己酉生三十歲夫故於外姑老子幼氏矢志不二事畜盡道守節四十六年卒

羅繼[illegible]妻王氏（監生）　乾隆壬子生二十四歲夫故撫夫姪佑烈為嗣事孀姑教嗣子丕著賢聲守節四十八年卒　胡宮保獎給

年卒

羅維玢妻周氏　乾隆乙卯夫故氏二十四歲矢志撫孤守節四十七年卒

羅文權妻李氏　乾隆甲寅生夫故氏矢志不渝孝慈兼盡同治癸亥卒守節四十二年

王學貴妻楊氏　乾隆庚寅生二十八歲夫故矢志撫孤守節四十二年卒

王之瑛妻周氏　乾隆丁未于歸十八歲夫故撫孤成立矢志堅貞守節六十年卒

蔡啟逑妻周氏　乾隆庚寅生二十六歲夫故撫孤成立守節四十六年卒

沈愔吉妻王氏　乾隆癸巳生二十九歲夫故遺子女各一翁姑在堂氏矢志事畜守節三十年而卒

傅士聖妻夏氏　乾隆辛未生二十七歲夫故女二撫夫姪為嗣夫季弟亦幼氏親教養之弟輩皆敬之如母焉守節四十五年卒

夏啟先妻胡氏　乾隆庚戌生二十七歲夫故子二家貧氏矢志撫養守節五十四年卒



王熾[illegible]妻鄒氏　州同文熾女（傳）　嘉慶癸酉生二十六歲夫故家貧紡績自給卽母家亦不輕往守節二十七年卒

郭文燿妻鄒氏　嘉慶丙寅生二十三歲夫故矢志不渝備歷艱苦守節四十三年卒

熊[illegible]灼妻劉氏　嘉慶戊寅生二十三歲夫故丐食撫孤迄於成立守節四十三年卒

袁啟鎮妻李氏　嘉慶丙寅生二十四歲夫故誓不二志撫子成立守節三十五年卒

陳鉅妻張氏

事惟謹守節五十餘年卒

楊逢錦妻盧氏（傳）　二十六歲夫故矢志養孤至老不懈守節七十餘年而卒

楊世堂妻鄒氏　二十八歲夫故無子家貧無與嗣者氏與姑艱苦備嘗志終不奪守節五十三年卒

楊易明妻尹氏　夫甫弱冠歿矢志以不二後子孫媳皆能繼其志守節數十年卒

楊鎮[illegible]妻鄒氏（傳 士）　夫病劇氏割股以進未痊時二十四歲矢志撫遺腹子成立守節三十年卒

和九志　苦額

羅宗源妻黃氏　乾隆甲申生三十歲夫故守節三十九年卒

曾紹雄妻吳氏　乾隆戊子生二十七歲夫故於蜀孤子僅三歲家貧姑老多病氏不辭辛苦以事以畜守節六十八年卒

曾仁壽妻王氏　乾隆乙卯生二十七歲夫故遺腹子朝舉於父出殯日始生氏與姑辛勤教養至於成人守節三十有八年卒

曾[illegible]妻[illegible]氏　乾隆戊辰生二十三歲夫故撫夫姪仁秀為嗣守節

嘉慶丁卯于歸二十六歲夫故守節四十年卒

楊思珠妻唐氏　乾隆辛未生二十九歲夫故無子翁姑俱逝夫弟思端甫四齡氏勤教育為完婚生子二焉守節六十四年卒

蔡學湘妻黃氏　乾隆丁酉生二十二歲夫故家貧子方半歲教以成立守節六十八年卒

汪宗裕妻陳氏　乾隆甲午生二十七歲夫故一子芳煥甫五齡矢志撫孤事姑以孝守節六十一年卒

李壽妻熊氏（傳）

楊公泰妻黃氏　乾隆乙酉生二十四歲夫故子一矢志不渝稍有餘貲族人利之逼其再醮氏悲憤具控官嘉其志懲族之不逞者得以安身守節四十年卒

朱珣妻扶氏（廩生）　乾隆庚申生二十一歲夫故撫夫堂姪為嗣守節二十六年卒

朱緒宗妻謝氏（傳 士）　乾隆丁亥生二十八歲夫故事翁姑撫夫姪為嗣孝慈兼盡且好施與族黨以瑤池冰古額其門守節四十六年卒

（士）朱信人妻方氏

二十四歲夫故守節五十二年卒

丁明章妻曹氏 嘉慶辛未生二十九歲夫故家徒壁立紡績撫孤守三十一年卒

毛楚材妻周氏 嘉慶己巳生二十三歲夫故子大忠纔數月奉姑撫

子克盡其道守節四十五年卒

周士有妻馮氏 嘉慶丙子夫故氏二十一歲家貧立志苦守中年撫一子將成立又卒氏泣曰吾之所以未同夫死者欲為夫撫子俾不絕嗣耳今若此何生為遂自盡時五

夏以松妻商氏 二十五歲夫故事孀姑以孝撫孤成立咸豐己未卒

余田元妻夏氏 二十九歲夫故守節四十二年卒

余德利妻夏氏 二十六歲夫故守節三十一年卒

李生卿妻雷氏（傳） 二十七歲夫故矢志不渝孫定三以武舉於鄉守節五十九年卒

李生春妻廖氏（傳） 二十七歲夫故守節五十一年卒

宋紹堂妻廖氏 二十五歲夫故守節六十

六十四年卒

曾行正妻李氏 乾隆乙亥生二十五歲夫故撫夫姪仁純為嗣守節至嘉慶初卒

梁履和妻吳氏 乾隆二十八年生二十六歲夫故守節五十一年卒

梁聖和妻鄧氏 乾隆三十四年生三十歲夫故守節四十餘年卒

梁景沾妻胡氏 乾隆三十二年生二十九歲夫故撫嗣孫桃守節四十年卒

梁元和妻蔡氏 乾隆二十五年生三十歲夫故守節四十六年卒

二十五歲夫故子幼親老孝慈兼盡年七十餘卒

薛本孝妻段氏 二十二歲夫故撫孤苦守毫無怨言年五十卒

李景伯妻黎氏 三十歲夫故孀姑老子僅六齡事畜兼盡至道光癸巳卒守節三十四年

李正保妻黃氏 乾隆壬辰生二十歲于歸時夫已染病數月旋故氏欲以身殉因娣姒勸免立夫姪大學為嗣家貧紡紝度日守節五十年卒

喻一樑妻文氏 優生映堂女乾隆乙卯生二十九歲夫故孤子二家

乾隆辛亥生十六歲夫故氏夙通女訓諸書事翁姑克盡婦職守節二十有六年卒

宋輔弼妻胡氏（庠生） 乾隆丙申生二十八歲夫故事上撫下曲盡孝慈守節三十七年卒

熊國榮妻趙氏

乾隆戊辰生二十一歲夫故子一事翁姑以孝聞有夫姪幼失怙恃愛之如子其甥孤苦亦撫之成立守節六十一年卒

陳繼文妻陶氏 乾隆戊戌生二十六歲夫故孝事孀姑生子述楷性至孝氏病刲股救之而氏

麻城縣志 卷二十八 列女 節孝 九

十九歲

楊清墀妻郭氏 嘉慶甲子生二十九歲夫故事姑撫子矢志勤勞守節三十二年卒

曾昭鍜妻毛氏 道光戊子生同治二年夫故姑老且瞶子啞一女一養媳俱幼家貧紡績供事

畜三年避亂攜老幼逃出至六安六人欺其孤寡因勸改嫁氏泣拒之會久雨絕食賣幼女為人養媳得數金以全獄命賊平奉姑攜子媳俱還卒以勞鬱成疾同治壬申卒

王廷貴妻張氏 道光辛巳生二十九歲夫

年卒

李生保妻梅氏 二十八歲夫故守節五十餘年卒

吳萬元妻李氏 于歸僅十六日夫故矢志不二事翁姑撫嗣子守節數十年卒

李寶路妻吳氏（庠生）

二十九歲夫故僅一女撫夫姪久松為嗣守節四十八年卒

李宗申妻雷氏（庠生） 乾隆乙巳生三十歲夫故撫嗣子久尚教以樸實守節三十二年卒

田如溶妻李氏 乾隆壬辰生二十八歲夫

梁學澄妻黃氏 乾隆五十九年生三十歲夫故撫夫姪為嗣守節四十年卒族人以清標彤管為氏壽

曾廷楓妻吳氏 乾隆乙丑生二十歲夫故家貧子幼備歷艱辛守節七十年卒

姜志揚妻梁氏 乾隆庚戌生二十六歲夫故遺腹一子撫之成立守節五十五年卒

曾憩明妻丁氏 乾隆辛巳生二十五歲夫故守節三十八年卒

劉文鳳妻董氏 乾隆四十年生二十七歲

貧未能自給半賴母家守節三十三年卒

吳冀燕妻汪氏 候選典史萬里女乾隆甲辰生二十四歲夫故僅二女撫夫姪為嗣孝事孀姑守節五十八年卒

吳聖亥妻李氏 乾隆己酉生聖亥年十五

得瘋癲疾夫家許女別字女不可于歸數月夫故撫夫姪未冠卒又撫姪二十餘歲亦卒茹荼集蓼歷備坎坷同治癸亥卒守節五十五年

李璞祿妻鄒氏 乾隆己酉生二十七歲夫故事孀姑撫孤子成以孝

平素之教益見矣守節三十年卒

曾立可妻侯氏 氏幼養曾家及笄期年夫故氏二十八歲僅生一女事翁姑盡孝撫嗣孫桃守節三十九年卒

朱龍妻丁氏 乾隆壬午生二十八歲夫

故遺一孤氏事翁姑以孝稱守節五十六年卒

江以河妻胡氏（儒士） 乾隆乙卯生二十五歲夫故子僅周歲事畜盡道遇親鄰貧苦輒周恤之守節十九年卒

閻國有妻董氏 乾隆辛丑生二十四歲夫

麻城縣志 卷二十八 列女 節孝 十

故守節二十一年卒

翁昆山妻文氏　十六歲于歸次年冬割股救姑三十歲夫故矢志撫孤守節二十二年卒

袁文衡妻丁氏　道光丁亥生二十四歲夫故孝事祖姑孀姑撫子成立守節十四年卒

蔡錦璧妻梅氏　儒士春華女道光辛巳生二十一歲夫故無子守節十九年卒

胡均學妻彭氏　道光戊子生二十二歲夫故一子夭氏矢志益堅守節十四年卒

周仍德妻朱氏

故孝事翁姑立夫姪克燿承祀守節五十三年卒

陸仁作妻余氏　二十二歲于歸數月夫故守節三十八年卒

儒士熊崇玗妻詹氏　乾隆癸酉于歸僅八月夫故守節七十三年卒

儒士黃世灝妻夏氏　二十一歲于歸未半載夫故一遺腹子教養成立守節三十九年卒

胡夏氏　金淮繼母　二十一歲夫故八十餘歲而卒

職員董□楷妻楊氏　二十五歲夫故不以家貧易志守節五十六年卒

夫故孝事翁姑教養三子成立守節六十二年卒

劉光華妻詹氏　乾隆六十年生三十歲夫故子女三撫教成立事翁姑與本生翁姑俱盡孝道親戚鄰里有困苦者量助之守節二十六年卒

唐大榮妻姜氏　乾隆六十年生二十四歲夫故姑臥病十餘年氏侍湯藥不少懈守節二十八年卒

楊東明妻蔡氏　乾隆癸丑生二十歲夫故家貧食苦矢志不渝守節五十二年卒

胡志盛妻吳氏

慈稱守節四十八年卒

趙載鐸妻周氏　乾隆己酉生三十歲夫故家貧茹苦撫子成立守節四十六年卒

監生安揚道妻潘氏　乾隆辛亥生二十三歲夫故事孀姑撫孤子曲盡孝慈子早喪有兩孫氏與孀媳撫養成立後亦早逝歷盡坎坷守節四十五年卒

喻全禮妻張氏　乾隆庚子生二十五歲夫故上孝翁姑下撫二子守節五十年卒

喻全甫妻汪氏　乾隆庚戌生二十八歲夫故僅一子撫養成人守節

故事翁姑惟謹撫嗣承祧守節三十年卒

楊日逵妻朱氏　乾隆戊子生二十五歲夫故僅一女族子爭繼幾至搆訟氏遂捐產入祠守節五十四年卒

張問德妻洪氏　庠生斐觀女乾隆己亥生二十歲夫故姑老子幼事畜艱辛守節五十一年卒

張楚柏妻洪氏　乾隆乙巳生二十九歲夫故僅一女撫夫姪爲嗣事姑盡孝守節四十一年卒

張紀逵妻丁氏　乾隆庚辰生三十歲夫故事姑教子俱盡道守節四



道光戊戌生二十六歲夫故家貧食苦不苟言笑守節十四年卒

朱德培妻熊氏　乾隆戊申生二十八歲夫故守節三十九年卒

何權之妻朱氏　乾隆十七年生二十九歲夫故守節五十四年卒

余廣涵妻袁氏　乾隆庚戌生二十九歲夫故守節三十三年卒

鄒廷梓妻熊氏　嘉慶庚午生二十九歲夫故守節二十六年卒

監生范在綮妻徐氏　二十四歲夫故守節六十二年卒

宋志書妻熊氏　二十歲夫故守節六十五年卒

柳□臣妻丁氏　二十九歲夫故守節四十一年卒

詹子熾妻熊氏　二十六歲夫故同治甲子年卒

喻能家妻余氏　乾隆壬申生二十九歲夫故翁老子幼矢志益堅守節二十四年卒

虞其榮妻萬氏　乾隆丙申生二十九歲夫故家貧養翁姑撫孤惟紡績是賴守節四十三年卒

程洪渭妻梅氏

乾隆戊子生二十三歲夫故家貧有一子一女誓志撫育守節三十四年卒

胡能禎妻黃氏　乾隆丙子生二十一歲夫故於遠貿撫遺腹子成立事姑以孝聞守節六十七年卒

馮其駒妻詹氏　庠生崇信女二十八歲夫故事姑撫子苦無怨言同治甲子卒守節五十五年

監生胡春妻方氏　乾隆戊寅生十九歲夫故氏矢志撫孤守節六十年而卒

胡立學妻姜氏　乾隆甲午生道光壬辰卒

三十九年卒

余文尉妻舒氏　乾隆壬子生二十三歲夫故一子早喪撫夫姪又逝守節六十二年卒

龔命琦妻周氏　嘉慶二年于歸十九歲夫故事姑盡孝守節四十七年卒

萬世朝妻程氏　乾隆丁未生二十歲夫故無嗣立孫萬容承祀守節五十八年卒

袁學榮妻羅氏　乾隆壬申生于歸三載夫故生子櫰甫數月翁姑老氏矢志苦守年八十卒

袁學龍妻周氏

十一年卒

張時濱妻洪氏　乾隆乙酉生于歸三載夫故家貧無子撫夫姪爲嗣孝事乃姑年六十六卒

張楚楨妻江氏　乾隆丙申生二十九歲夫故子幼家貧誓不易志守節四十四年卒

萬才選妻吳氏　乾隆己酉生二十七歲夫故家貧翁姑老子周歲氏茹苦含辛紡績以資事畜守節二十八年卒

傅堯春妻袁氏　乾隆庚申生三十歲夫故二子幼氏矢志撫養事姑以孝守節三十五年卒

鄒□妻戚氏 乾隆戊申生二十九歲夫故守節四十三年卒
（儒士）蔡鯤繼妻吳氏 道光甲申生二十九歲夫故守節二十八年卒
曾能達妻劉氏 咸豐乙卯生二十一歲夫故守節年缺

乾隆庚辰生二十八歲夫故撫孤成人守節四十五年卒
鄒必雲妻胡氏 乾隆己酉生二十一歲夫故矢志不渝事畜盡道守節七十二年卒
張楚材妻歐陽氏 庠生楩第四女乾隆癸丑

守節數十年
程永太妻戴氏 夫故無出八十餘歲卒守節數十年
羅泰棟妻王氏 乾隆壬申生三十歲夫故孝事翁姑撫孤成立家道賴以稍豐守節五十有四年卒

乾隆辛卯生于歸二載夫故子廷鏞僅月餘上事下畜曲盡婦道道光戊戌卒
袁杰妻李氏 乾隆己卯生于歸五載夫故子幼教養成立道光丁酉卒守節五十三年
（儒士）袁繼淮妻張氏 乾隆己亥生二十八歲夫

李永駉妻江氏 乾隆庚子生于歸二載夫故夫弟方在襁褓有勸氏改嫁者矢志不從殯葬翁姑盡禮後爲夫弟完妻生二子氏撫其長爲嗣壽終之年子孫蕃衍
邱豫言妻張氏 嘉慶丁卯生二十六歲夫

（武生）丁學醇妻袁氏 乾隆五十五年生二十八歲夫故守節四十七年卒
（武生）□□孫媳嚴氏 二十六歲夫故守節三十六年同治戊戌六十二歲而卒
石潤玉妻白氏 二十歲夫故守節廿九年

生二十四歲夫故撫嗣承祧守節五十四年卒
陳學燮妻丁氏 乾隆辛亥生二十六歲夫故撫孤子事翁姑不以家貧易志守節四十六年卒
李文錦妻齊氏 乾隆乙未生二十四歲夫故家貧事孀姑以孝聞守

萬周明妻萬氏 乾隆己亥生二十七歲夫故生子一雛氏善織凡翁姑喪葬及子讀書費皆出於此一時諸姪輩咸以布母呼之守節四十有三年卒
楊國瑞妻宋氏 二十歲夫故子宗貴僅歲

故翁姑皆老子應斗生僅四十日事上撫孤備極艱苦教子得貢成均守節四十八年卒
（儒士）羅禮龍妻項氏 乾隆丁酉生二十八歲夫故守節三十九年卒
（儒士）項笙妻龐氏 乾隆壬戌生二十一歲夫

故守節三十七年卒
凌作梁妻喻氏 從九能訓女嘉慶丁巳生二十四歲夫故孝事孀姑撫孤成立守節五十有二年卒
沈樹滋妻王氏 嘉慶甲子生二十六歲夫故遺腹一子早夭撫夫姪



而卒
熊太旺妻丁氏 乾隆丁酉生二十六歲夫故守節五十五年卒
（儒士）熊太和妻吳氏 乾隆戊戌生二十三歲夫故守節五十一年卒
（儒士）龔廷經妻余氏 嘉慶十年生二十九歲夫

節三十九年卒
曾永儀妻鄒氏 乾隆戊辰生二十五歲夫故氏欲投繯以殉咸以有娠阻之月餘舉一子矢志撫孤家貧無怨言守節二十九年卒
萬人貴妻甘氏 監生奇木女乾隆戊辰年

半矢志撫孤迨子成立赴川貿易娶妻生子六以一子回籍事奉祖母又教孫成立道光丙午卒守節六十八年
羅立大妻畢氏 乾隆乙卯生夫故矢志撫孤守節二十四年卒
蕭永龍妻屈氏

故守節四十五年卒
項瓚妻周氏 乾隆壬申生夫因家貧外貿不返氏矢志事姑道光壬辰八十一歲卒守節五十一年
（儒士）項泰祥妻施氏 乾隆乙巳生十八歲夫故守節四十九年卒

爲嗣事姑至孝守節四十五年卒
羅汝明妻程氏 嘉慶乙亥生二十四歲于歸僅七月夭故氏欲以身殉翁姑慰止之爲之立後守節三十二年卒
熊秉敬妻江氏 嘉慶壬辰生二十歲夫故

故守節四十九年卒
張紹成妻穆氏 嘉慶丙子生二十一歲夫故守節四十五年卒
李光晌妻周氏 二十餘歲夫故守節數十年卒
李永緒妻曾氏 道光辛巳生二十五歲夫

二十二歲夫故孝事翁姑撫嗣延師課讀守節六十三年卒族衆以節老松筠額其室
丁興隆妻夏氏 乾隆辛丑生二十九歲夫故勤儉持家教子成立守節五十年卒
方正旺妻喻氏

乾隆癸卯生二十九歲夫故家貧誓不易志守節三十一年卒
劉永耀妻吳氏 乾隆己酉生二十九歲夫故子喪撫孫守節四十七年卒
羅立賢妻陳氏 乾隆乙卯生二十五歲夫

張正豪妻胡氏 乾隆庚寅生二十三歲夫故家貧子幼翁姑皆老氏内外兼營勞苦已極守節五十二年卒
袁銓妻程氏 安邑德普女乾隆乙巳生二十歲于歸數月夫遠貿故生遺腹子繼因撫孤子

族人利其產爭爲之後氏委曲調停遂得撫子承祀守節二十四年卒
丁江淮妻黃氏 嘉慶丙寅生二十七歲夫故事翁姑盡孝教子以嚴守節二十四年卒
丁江漢妻慶氏 嘉慶丙寅生二十六歲夫

故守節二十七年卒
鄭光寶妻李氏　嘉慶丁卯生二十六歲夫故守節四十四年卒
文童 李[illegible]妻[illegible]氏　二十八歲夫故守節四十八年光緒甲戌七十六歲而卒
文童 李[illegible]妻[illegible]氏　嘉慶二十二年生二十六歲夫故守節三十三年卒

乾隆丁未生二十歲夫故越三月生子撫養成立守節三十七年卒
曹翊妻張氏　乾隆己亥生二十九歲夫故遺腹生子撫養成立守節四十三年卒
程作璧妻楊氏　乾隆乙丑生二十九歲夫故子幼姑老事畜盡道守節五十二年卒
程世舉妻胡氏　乾隆癸巳生二十七歲夫故家貧姑老奉養盡孝守節四十三年卒
李宗曾妻劉氏　乾隆丙午生二十歲夫故撫嗣承祧阨窮不悔守節

故撫遺腹子成立守節五十六年卒
羅宗烈妻曾氏　乾隆丙子生夫故矢志不渝守節五十六年卒
羅立倫妻趙氏　乾隆戊戌生二十五歲夫故守節七十一年卒
羅宗忠妻王氏　乾隆丁丑生二十四歲夫故事姑撫子牛資紡績守節六十五年卒
鮑廷楨妻龔氏　二十二歲夫故道光丙申卒守節四十三年
羅立萬妻張氏　于歸年餘生子伯富夫郎入蜀貿易旋故氏矢志不

事翁姑人皆賢之道光庚戌卒守節四十五年
熊乃龍妻金氏　二十二歲夫故立夫姪宗曉爲嗣夫兄多病不能理事氏與娌胡氏拮据諸務嘉慶庚申卒守節數十卒
備志 龔之修妻李氏　乾隆甲寅生十六歲夫故子一守節十年卒
袁繼宗妻程氏　乾隆壬寅生二十五歲夫故子女俱幼矢志撫成守節五十七年卒
袁之順妻喻氏　乾隆壬辰生二十三歲夫故家貧孤老茹苦含辛守節六十年卒

故上事翁姑下撫幼孤守節二十二年卒
備志 蕭葆熙妻劉氏　貢生位南女嘉慶甲戌生二十四歲夫故子僅八月翁姑俱老氏仰事俯畜皆盡其道守節二十四年卒
楊士泰妻張氏　嘉慶庚午生二十九歲夫故一子一女子殤後有欲奪其志者氏逃歸母家針黹度日守節三十九年而卒
備志 李寶鑑妻喻氏　嘉慶戊寅生三十二歲夫故撫孫成立守節三十三年卒
備志 郭時灣妻李氏



五十四年卒
劉德重妻胡氏　乾隆癸卯生三十歲夫故教子有成守節五十有四年卒
童志鵬妻曾氏　二十八歲夫故矢志撫孤子承楷婚數年亦歿氏與一孀媳均苦節以終
童承楷妻夏氏　乾隆壬寅生二十五歲夫故事孀姑曾氏以孝稱苦節以歿族中贈有節孝流芳額
文童 曾廣建妻歐陽氏　監生宗道女乾隆乙卯生二十六歲夫故撫姪承祧紡紝度日守節三十有三

二道光辛丑卒守節五十餘年
黃文忠妻馮氏　二十六歲夫故撫夫姪德福爲嗣家貧勵志道光二十四年卒守節五十八年
黃德福妻馮氏　二十二歲夫故事孀姑撫幼子艱苦備嘗同治年間卒守節四十年
周長泰妻李氏　乾隆二十四年生十八歲夫故生子學明僅一月氏誓不易志事翁姑撫孤子歷盡艱辛子方弱冠娶媳程氏生三子一女學明又故姑媳同守相依爲命迨孫復生孫有五世同堂

袁長樹妻汪氏　于歸一載夫遠貿抱病歸尋歿氏矢志自守上事翁姑克盡婦道生卒年月闕
袁有煜妻劉氏　二十八歲夫故子一相繼歿後爲子撫嗣承祧道光乙未卒守節五十年
喻道鑑妻汪氏　乾隆辛巳生二十四歲夫故家貧無子撫夫姪爲嗣早歿又撫姪孫守節六十九年卒
龔命三妻張氏　二十一歲夫故撫幼孤事翁姑孝慈兼盡守節六十年卒
袁文壎妻方氏

道光甲午生二十九歲夫故子女各一教養成人守節十八年卒
何泉貴妻王氏　道光乙酉生二十九歲夫故家貧氏晝耘夜績事翁姑撫孤子守節十二年卒
胡大信妻鄭氏　道光庚子生夫遇賊殉難氏二十四歲僅一女父母欲奪其志氏矢不易操後撫夫姪爲嗣守節十年卒
備志 洪明堂妻熊氏　道光戊子生二十五歲夫故事孀姑以孝撫夫姪爲嗣守節十八年卒
嚴守先妻方氏　道光壬午生二十六歲夫

年卒
胡米妻陳氏乾隆辛未生二十九歲夫故撫幼子及夫故弟之子女均至成立守節四十三年卒
曾天義妻歐陽氏乾隆壬戌生二十六歲夫故事上撫孤孝慈並著守節二十年卒
龔殿臣妻任氏監生二十四歲夫故無子氏矢志不二撫姪承祧守節四十五年卒
熊繼儒妻江氏二十七歲夫故守節五十四年卒
熊永驛妻童氏
之瑞李氏守節七十有五年卒
廖思聰妻李氏乾隆丁亥生二十三歲夫故氏清操自矢即母家亦不輕往後撫夫次姪孫承祀守節六十年卒
鮑效洙妻蔡氏二十歲夫故無出歸侍父母同治三年卒守節五十年氏婢春桂始終隨氏不嫁咸豐九年卒
鮑文鳳妻李氏庠生于歸數載夫故氏事姑以孝教子成名嘉慶十五年卒守節三十五年
龔永材妻蕭氏監生乾隆四十六年于歸越五
于歸六載夫遠貿歿於外子一女一俱夭撫夫姪光旭爲嗣守節數十年卒
鄧全榮妻胡氏乾隆乙巳生二十一歲夫故無嗣守節五十年卒
陳正才妻汪氏乾隆癸丑生二十三歲夫故撫夫姪爲嗣後子積學有成皆本母教守節二十年卒
胡君學妻彭氏乾隆戊申生二十三歲夫故翁瞽復患癱疾家極貧克盡婦道守節五十有四年卒
黃清輔妻劉氏乾隆甲午生二十一歲夫故一子二女教養成立事翁以孝稱守節十三年卒
朱文信妻段氏道光癸未生二十三歲夫故生遺腹子撫之成立事姑能盡孝敬守節二十年而卒
嚴彪炳妻張氏儒士乾隆癸丑生二十九歲夫故守節五十五年卒
嚴培科妻黃氏儒士嘉慶丙子生三十歲夫故守節三十年卒



二十五歲夫故守節四十四年卒
王宗燦妻程氏乾隆乙卯生二十三歲夫故矢志堅貞撫嗣承祀守節五十二年卒
熊永廷妻童氏二十七歲夫故家貧紡織度日守節四十五年卒
熊楚洪妻江氏乾隆辛丑生二十歲夫故撫夫姪承祧事翁姑克孝中年子喪又繼姪孫守節六十年卒
鮑正宇妻范氏乾隆甲寅生二十三歲夫故守節四十九年卒
何渙妻鮑氏
載夫故氏矢志不二仰事俯畜守節四十三年卒
鮑其盛妻詹氏乾隆四十八年于歸越兩載夫故勵志撫孤守節五十三年卒
鮑開洛妻劉氏乾隆六十年于歸新婚未一月夫遠貿未歸氏堅貞自矢守節五十二年卒
羅世桂妻曹氏乾隆四十一年于歸越十二載夫故氏撫孤成立守節五十三年卒
鮑輝業妻蔡氏藍翎嘉慶十年于歸十八年夫以知縣由京赴山西省越二載補大同在任病故氏
故孝事翁姑撫夫姪品瑩爲嗣名列成均守節三十三年卒
金德超妻黃氏嘉慶庚申于歸十九歲夫故矢志撫孤守節四十八年卒
黃清德妻陳氏于歸二載夫故生遺腹子盛桂次年翁姑相繼棄世氏矢志撫孤家貧勤苦爲子娶婦踰年子婦俱亡又撫孫世勳成立道光庚子七十一歲卒
黃富緒繼妻吳氏監生二十三歲夫故時惟夫弟開有子時中尚幼開旋卒氏與開妻周共撫成立同

乾隆庚子生二十二歲夫故操作勤苦家以日興守節五十三年卒

何以梓妻王氏　乾隆丁卯生二十七歲夫故守節二十七年卒袁金溪公有何節婦傳

監生盧舜魁側室蔣氏　乾隆甲寅生二十六歲夫

聞訃矢志養翁姑同治甲子卒守節五十一年

羅承棠妻李氏　乾隆庚戌生夫故無出家貧茹苦守節四十九年卒

朱松茂妻徐氏　二十歲夫故家貧子幼勤苦教誨節操堅貞同治甲子卒八十歲

治甲子卒守節五十年

熊元沆妻陳氏　州同光裕女乾隆辛亥生二十九歲夫故撫育兩孤自甘藜藿守節四十年卒

毛廷相妻周氏　二十八歲夫故撫子成立守節四十五年卒

鄒天衢妻熊氏

故事姑盡道撫姪承祧守節四十五年卒

曾淑貴妻潘氏　乾隆壬子生二十六歲夫故子幼氏矢志堅貞經理內政守節三十八年卒

程維英妻曾氏　乾隆壬子生二十四歲夫故撫子承祧守節四十餘

朱文盛妻丁氏　二十二歲夫故持家課子荼苦自甘同治丁卯卒守節五十四年

朱志信妻鄒氏　夫故苦守數十年卒

朱志麒妻劉氏　二十歲夫故堅貞自矢與姑並稱道光丙戌卒守節

二十六歲夫故矢志撫孤事翁姑以孝道光乙未卒守節五十四年

吳世恭妻黃氏　二十六歲夫故咸豐甲寅卒守節四十八年夫嫂魯氏亦早寡氏與同守魯僅一子因氏苦節許以己孫承重逾年猶子嗣孫又相



年卒

儒士董成坤妻胡氏　乾隆丁巳生二十六歲夫故撫子成立守節五十餘年卒

童金堂妻熊氏　乾隆丁酉于歸二十九歲夫故撫子成名守節四十餘年卒

五十六年

朱見榜妻王氏　二十二歲夫故咸豐癸丑卒守節五十一年

董廷銘妻孫氏　二十六歲夫外貿覆舟溺斃守節四十三年卒

朱克鏞妻鮑氏　二十四歲夫故家貧紡績

繼殁姪媳余氏守制數年亦亡氏與曾相依爲命氏復撫從堂姪承祧各承其志而終節焉

婁文榮妻周氏　乾隆乙酉生二十六歲夫故撫子正隆成立得入成均守節六十年卒

周文秀妻吳氏

李東元妻張氏　二十六歲夫故守節五十六年卒

儒士李遴鵬妻夏氏　二十四歲夫故一子一女俱亡守節二十五年卒

汪遠勳妻郭氏　乾隆丁酉生二十五歲夫故守節六十三年卒

養姑守節二十二年卒

王之佐妻陳氏　二十六歲夫故誓志不二茹苦含辛同治甲子卒守節六十二年

羅家蔭妻周氏　乾隆甲辰生三十歲夫故上奉祖姑媽氏守節十四年卒子二長雲漢歲貢生

乾隆壬辰生三十歲夫故嘗割股療姑疾持家以儉教子有方守節四十有五年卒

周其發妻戴氏　二十四歲夫故矢志撫孤中遭子喪繼痛媳亡旋孫媳又亡頻連挫折其志彌堅年近九旬卒

雷村安妻汪氏二十七歲夫故道光乙酉卒守節五十四年熊宗奇妻晏氏二十二歲夫故道光己酉卒守節五十五年范有仁妻張氏乾隆丙戌生二十二歲夫故守節四十八年卒周志學妻徐氏二十四歲夫故子幼撫之成立事姑敬持家儉咸豐戊午卒守節五十三年金朝灼妻夏氏二十四歲夫故立子承祧余思陶妻童氏青年守志若節以終迄今子孫蕃衍黃輝漢妻曾氏

次立倫早逝妻傅氏嘉慶壬申生二十五歲夫故氏潔清自矢咸豐辛亥卒守節十六年閻貴妻甯氏乾隆辛酉生十九歲夫故撫子成立子歿復撫孤孫守節六十二年卒閻文玉妻戴氏乾隆甲申生二十九歲夫故家貧矢志撫孤守節六十二年卒羅宗廣妻傅氏乾隆癸酉生二十三歲夫故立嗣承祀守節五十七年卒王文儒妻羅氏乾隆辛丑生三十歲夫故

周銘祿妻林氏二十餘歲夫故誓撫遺腹不數載子殤復撫胞姪長子承祀守節六十餘年卒劉士栗妻彭氏登仕佐郎寵女乾隆辛亥生二十九歲夫故孝事翁姑撫嗣承祀守節四十年而卒項管妻周氏乾隆己未生十九歲夫故與夫弟笙妻節婦蕭氏共撫一孤名持修教之成立周氏守節四十八年卒郝元塾妻胡氏乾隆壬子生二十一歲于歸僅二十五日夫故家貧無子事姑盡孝紡績度日



乾隆丁酉生二十八歲夫故事姑以孝撫子成立守節四十九年卒田燮妻梅氏三十歲夫故事姑撫子各盡其道鄉黨共稱子終成立道光戊申卒守節五十八年鄧源玉妻汪氏嘉慶乙丑生二十六歲夫故子生甫二十日氏矢志不渝孝事翁姑撫孤成立守節三十四年鄭德桂妻熊氏嘉慶戊午生二十八歲夫故家貧苦守同治癸亥避難餓斃守節三十八年鄧如禮妻田氏

事翁撫子皆盡其道守節五十三年卒羅承大妻阮氏乾隆戊子生二十歲于歸數月夫遠貿故於蜀氏誓不二志撫夫姪爲嗣守節六十三年卒蕭洙妻熊氏二十三歲夫故事上盡孝姑病割股和藥以進守節五十八年卒董其聖妻徐氏二十四歲夫故守節三十七年卒董世坦妻王氏乾隆乙酉生十七歲夫故依孀姑徐氏誓死不二守節五十五年卒

守節六十二年卒胡惠麟妻金氏乾隆乙巳生二十九歲夫故守節五十一年卒袁鼎妻陳氏乾隆辛亥于歸二十三歲夫故孝事翁姑勤操家政同治癸亥卒守節六十有九年朱學斌妻周氏嘉慶壬戌于歸二十五歲夫故事翁教子孝慈兼盡咸豐壬子六十八歲卒守節四十三年李森海妻項氏乾隆丁未于歸二十四歲夫故事姑以孝撫子以慈道光丁未卒守節五十有

二十八歲夫故同治戊辰氏卒守節三十九年

喻能魁妻熊氏　嘉慶戊午生二十五歲夫故撫夫姪承祧孝養翁姑罔懈守節三十三年卒

陳之桂妻歐陽氏　庠生梗第五女嘉慶丁巳生二十八歲夫故撫孤成立守節三十九年卒

羅永龍妻王氏　嘉慶丙辰生二十二歲夫故克修婦道守節十有一年卒

詹世鎬妻王氏　二十七歲夫故子方一期冰霜矢志守節四十有八年卒

董先槐妻周氏　二十八歲夫故守節四十九年卒

董實妻毛氏　二十歲夫故守節五十年而卒

董愼鑒妻黃氏　二十五歲夫故守節五十五年卒

董士道妻劉氏　庠生思光女二十四歲夫故守節五十年卒

董珩妻涂氏　二十歲夫故守節三十年而卒

董時舉妻劉氏　二十歲夫故守節六十年而卒

六年

郝志理妻胡氏　乾隆丁酉生二十二歲夫故撫子成立守節三十四年卒

周世福妻蕭氏　乾隆庚寅生二十六歲夫故家貧紡織度日守節四十八年卒

黃起謀妻劉氏　乾隆丙申生二十九歲夫故饔飧不繼紡績營生守節五十二年卒

項業妻祝氏　乾隆庚寅生二十八歲夫故祖姑衰老姑多疾病氏盡心孝養撫三子成立守節四十一年卒



萬仁驥妻周氏　嘉慶丙寅生二十二歲夫故家貧奉養翁姑翁病氏割股救之後翁姑繼歿夫弟尚幼氏教養成人守節四十四年卒

儒士曾啟序妻熊氏　嘉慶丁巳生二十七歲夫故撫二子成立守節二十年卒

曾廣龍妻黃氏　嘉慶戊寅生十九歲夫故撫養成立守節三十有七年卒

曾炳猷妻王氏　嘉慶庚午生二十四歲夫故守節三十年卒

儒士熊天銘妻李氏

閻恢彤側室陳氏　生子一僅十六日夫故氏事嫡以敬撫孤以慈八十歲卒

庠生鄒啟照妻黃氏　于歸年餘夫故遺腹一子教育成立道光戊子卒守節二十三年

羅佑鼇妻劉氏　乾隆壬子生夫故立志撫孤同治甲子卒守節四十四年卒

董美華妻田氏　乾隆己酉生二十四歲夫故無嗣撫夫姪立玉承祀玉早逝氏同媳曾氏苦守不二田氏守節五十年卒

黃作槊妻王氏

劉得貴妻晏氏　貢生晏楷女乾隆壬子生二十七歲夫故守節五十七年卒

李文翰妻張氏　乾隆戊戌生二十八歲夫故守節五十年卒

李崇蓮妻熊氏　二十歲于歸僅十月夫故守節六十六年卒

李代村妻徐氏　乾隆乙卯生夫故子正倫甫二齡家貧茹苦同治癸亥卒守節三十七年

李楨妻程氏　乾隆己酉生二十三歲夫故孝事翁姑教子成立守節五十年卒

嘉慶庚申生二十五歲夫故上事翁姑下撫子女延師課讀家道日興守節二十六年卒

曾榮建妻王氏 嘉慶丙辰生二十六歲夫故守節四十四年卒

曾培駒妻趙氏 嘉慶丁卯生二十四歲夫故撫子成立守節二十七年卒

陳憲文妻王氏 嘉慶己未生三十歲夫故家貧茹苦失志不渝守節三十七年卒

張湛妻何氏 嘉慶丁卯生二十九歲夫故遺孤兩月餘撫以成立

利川縣人乾隆乙卯生夫故於外撫遺一女氏撫夫姪明然爲嗣時夫與翁柩俱厝利川氏扶柩歸葬有相勸勿歸者氏泣曰生爲黃氏婦死爲黃氏鬼不歸何爲同治甲子卒守節四十年

庠生梅實妻王氏 二十六歲夫故遺一子撫養成立守節五十二年卒

梅潮妻俞氏 二十四歲夫故撫幼子事翁姑守節五十七年卒

梅天揆妻朱氏 二十五歲夫故紡績不倦撫二子成立守節五十六年卒

李裕元妻熊氏 二十二歲夫故守節四十一年卒



守節三十七年卒

張祖信妻歐陽氏 嘉慶庚辰年二十九歲夫故撫孤成人守節二十五年卒

儒童汪應萬妻程氏 監生映陛妹嘉慶乙丑生二十四歲夫故僅生一女撫夫姪承祧並養已故夫弟所遺子女各二氏尤孝姑數年中女及嗣子並夫弟子女相繼俱死居屋兩燬於兵憂鬱成疾守節四十二年卒

商重東妻夏氏 二十六歲夫故事翁姑以孝稱氏生父母無子氏亦事葬盡禮同治甲戌卒守

梅天極妻蔣氏 二十八歲夫故教養二子成立家道日興守節五十七年卒

庠生李瓊英妻鄧氏 乾隆癸巳生二十八歲夫故家貧紡績自給守節六十年卒

節四十二年

**熊鳳山妻周氏** 二十一歲夫故孝事翁姑守節四十八年卒

**李如珩妻梅氏** 二十九歲夫故守節三十一年卒

**張學栢妻歐陽氏** 嘉慶丁巳生二十一歲夫故遺腹一子開炳撫養成立事孀姑尤盡孝道守節五十七年卒

**李玉山妻方氏** 羅邑庠生文蔚女嘉慶壬戌生二十八歲夫故有二子尚在繈褓撫以成人事孀姑以孝守節四十有九年卒



**張功貴妻羅氏** 商邑定瑛女道光癸未生二十三歲夫故姑哭子幾喪明氏忍淚承歡誓不二志守節二十年卒

理問**鄭德泰妻曾氏** 道光丙戌生二十六歲夫故子女各一甫離繈褓撫孤成立守節三十年卒

**周澤禮妻胡氏** 道光己丑生二十八歲夫故子夭勵志彌堅守節十七年卒

**曾廣鳳妻周氏** 道光甲申生十九歲夫故家貧丐食撫孤守節二十三年卒

儒士**汪逃禮妻熊氏**

麻城縣志　卷二十八　列女　節孝　三十九

道光戊申于歸咸豐丙辰夫故守節十八年卒

歐紀煒妻陳氏　陳文汝女嘉慶己未生年二十歲夫故矢志守節三十餘年曾割股救夫病

生員劉國彩妻鮑氏　乾隆丁亥生二十七歲夫故守節四十九年卒

監生詹成衡妻童氏　二十二歲夫故守節四十年干卒

廩生余蔭松妻漆氏　嘉慶辛酉生二十七歲夫故時夫病篤氏調護維謹歿後矢志堅貞賢聲聿著教子成立守節四十九年

麻城縣志　卷二十八　列女　節孝　四十

## 增補南鄉節孝

庠生梅增茂妻劉氏　二十三歲夫故無子撫夫姪候選同知錫齡爲嗣孝事翁姑守節五十八年卒

參府余玉峰妻龔氏　二十六歲夫故守節三十七年卒

庠生梅錫榮妻俞氏　二十七歲夫故守節三十七年卒

庠生梅增輝妻俞氏　二十八歲夫故一子三孫訓誨維嚴至老不倦守節五十四年卒

江文銘妻洪氏　乾隆丙辰生夫故矢志不去

董伯蘭妻鄒氏　二十六歲夫故矢堅貞勤操作人稱巾幗丈夫守節四十一年卒

蔡占科妻劉氏　二十五歲夫故無子撫姪爲嗣咸豐乙卯卒守節四十六年

姚成富妻阮氏　二十二歲夫故家貧茹苦守節五十一年卒

蔡光聖妻蕭氏　二十二歲夫故撫養一孤身勤紡紝守節五十有三年卒

儒士董楷妻蔡氏

## 增補西鄉節孝

陶百吉妻楊氏　二十餘歲夫故遺腹一子親屬利其家貲欲奪其志氏憤泣剪髮自矢遂以節終生卒年月失攷

陶文柄妻李氏　夫故子僅五齡家貧茹苦孝養翁姑嘉慶初年卒生年不可攷

陶聯光妻施氏　守節四十餘年次子同璧妻楊氏守節六十餘年均撫孤成家姪紹元妻黃氏守節四十餘年皆於道光初年卒一門三節

潘永誠妻劉氏

潘廷燕妻劉氏　二十四歲夫故家貧日耘夜織奉養翁姑撫育孤子守節四十餘年卒

儒士陶朝宗妻胡氏　夫好讀書氏篝燈相伴紡績竟夜不寐二十五歲夫故憂思成疾守節十一年卒氏子履陽縡有父風早逝妻程氏二十六歲矢志不渝孝事叔姑諧和妯娌道光戊戌卒守節三十年

周廣層妻李氏　乾隆辛巳生二十六歲夫故守節五十七年卒

儒童洪祚妻祝氏

## 附四鄉割股孝婦女

程映炳繼室童氏　乾隆甲寅生閨居時割股療父病于歸後事孀姑至順姑病氏割股以療之

熊茂泰妻張氏　永盛女嘉慶戊午生夫故子一及冠而歿氏曾割股以愈叔姑咸豐戊午卒六十歲

商義元妻劉氏　因姑史氏病篤夫婦迭割股以進母病遂愈

監生楊紹南妻楊氏　監生楊開敏女稍識字順事翁姑翁病割股療之後又以夫病割股壽八十二

瀰事姑以孝守節五十四年卒　阮文炬妻戴氏　乾隆乙丑生二十歲夫故於外撫教遺孤守節五十五年卒　馮元照妻詹氏　乾隆壬寅生夫故遺孤忽夭後撫夫姪為嗣守節五十五年卒　戴文瀚妻蔡氏　乾隆甲申生二十八歲夫故守節三十九年卒　戴大懷妻蔡氏　乾隆壬子生二十四歲夫故守節五十六年卒　戴翹楷妻鄒氏　乾隆乙卯生二十一歲夫

乾隆乙丑生二十歲夫故遺腹子文灼撫養成立貢入式均道光壬寅卒守節六十七年　戴啟後妻劉氏　乾隆甲辰生二十五歲夫故撫嗣承祧守節三十三年卒　戴文梓妻陶氏　乾隆乙卯生二十四歲夫故仰事俯畜俱能盡道守節十九年卒　丁明揚妻梅氏　乾隆戊申生二十九歲夫故守節四十五年卒　閔賢之妻羅氏　二十六歲夫故一子文九僅六歲氏矢志撫養不以

乾隆二十九年夫故子方七歲氏事孀姑撫幼孤勵節終身　儒士成楚善妻龔氏　乾隆辛丑生二十五歲夫故家貧撫孤及夫弟成立守節三十四年卒　增生洪祜妻雷氏　嘉慶癸酉于歸二十七歲夫故撫孤成立同治壬申卒守節六十四年　龔希寶妻李氏　乾隆甲寅生二十九歲夫故家貧無怨守節三十八年卒　張元和妻王氏　乾隆丙申生二十六歲夫故家貧無子撫夫姪鴻緒

乾隆戊辰生二十九歲夫故仰事俯畜始終不懈守節四十九年卒　陳端林妻李氏　乾隆甲辰生二十六歲夫故守節三十二年卒　盧義麟妻劉氏　二十七歲夫故無子事姑盡孝守節六十四年卒　李上桂妻李氏　乾隆癸丑生夫故家貧無子光緒乙亥卒守節五十八年　盧之科妻胡氏　乾隆壬子生二十六歲夫故家貧無子紡績度日為夫立嗣子二人守節四十年卒

卒殯於門側同治三年五月賊至縱火居屋盡燼惟氏棺柩獨存人謂孝德所致　職員程洪瀚妻廖氏　姑病嘗割股療之　監生程映陞妻饒氏　貢生元炳女病于歸後母病又割股奉之齋素終身　職員程映文妻童氏　氏侍姑病嘗割股救之　文童程兆璘妻鄒氏　職員心檢女嘗割股以療母病　廩生程兆榮女瑷黛　年十七許字王姓尚未成禮父病日夜侍湯藥割股



故守節四十九年卒　戴鳴颺妻梅氏　乾隆乙巳生二十八歲夫故勤儉持家義於教子守節四十三年卒　戴士烈妻李氏　乾隆癸丑生道光甲申夫故事姑盡孝守節四十一年卒　陳　均妻龔氏　乾隆己巳生二十七歲夫故孝事翁姑教育二子守節五十九年卒　羅家英妻榮氏　乾隆壬寅生十九歲于歸甫及一月夫外貿溺斃於岡邑之鵞公頸氏誓不易志守節三十九年卒

家貧翁孀伯叔欲奪其志氏不可守節五十九年卒　江萬虎妻周氏　于歸九載夫故家貧撫二子成立守節五十餘歲卒　蔡世斌妻戴氏　乾隆辛卯生二十四歲夫故守節四十七年卒　王文汶妻馬氏　乾隆壬子生二十四歲夫故無子夫姪四氏以勤苦起家置有田地後將半分諸姪半作祀產春秋之奠賴以不墜氏雖亡而如未亡焉　程　桐妻熊氏　乾隆丁酉生二十九歲夫故守節五十三年卒

為嗣守節五十七年卒　涂志錦妻吳氏　乾隆丁巳生二十八歲夫故夫誥封宣德郎氏誥封安人子一守節五十六年卒　程為政妻姚氏　乾隆丙午生二十二歲夫故無子守節六十七年卒　監生盧之朝妻龔氏　氏郎雙節吳張之媳也二十九歲夫故僅三女氏憫姑老撫子承祧艱勞成疾臨終猶以姑衰嗣幼為念姑曰承先啟後是予事也媳曰果爾媳願從夫地下矣遂卒　饒國仁妻盛氏

劉應上妻楊氏　二十四歲夫故守節五十四年卒　劉兆懷妻章氏　二十二歲夫故族人欲奪氏節氏避居母家誓死不二撫孤生孫子又逝氏茹蘗飲冰撫孫成立守節五十餘年卒　明盛文妻陳氏　乾隆戊子生二十二歲夫故守節五十八年卒　喻自逢妻劉氏　嘉慶丁巳于歸二十五歲夫故同治壬戌卒守節六十一年　文童林鳳儀妻龔氏　監生成文女四川西充人

和藥以進父旋愈　張永均妻蔣氏　即三里崗陣亡功鏞之母姑病革氏割股食之而愈　鄧人偉妻田氏　時惟祖翁繼父姑在堂祖翁病氏割股和羹以進後復病又割股以進二次均愈　監生李光燦妻喬氏　澤元女幼時其父病篤氏誠心服事割股以進病愈後氏適李生三子皆列膠庠生九十餘卒　程兆聯妻汪氏　事母以孝聞嘗割股療病于歸事翁姑小心敬慎親疏無間言

梁洪曜妻羅氏 嘉慶十九年生二十四歲夫故姑以風疾臥床氏扶掖出入十四載無解守節二十七年卒

謝宇懷妻張氏 嘉慶十四年生二十三歲夫故子洪先生僅四十八日盡心撫養守節三十二

董炘妻涂氏 二十歲于歸夫遠貿歿於川氏奉翁姑生事死葬俱盡禮撫孤子成立未幾子亦逝孑然一身數十年堅貞自矢道光丁未卒守節五十餘年

金氏 時愈長女二十七歲夫故

乾隆丙午生二十三歲夫故撫子成立守節五十八年卒

蔡有倫妻彭氏 乾隆丁酉生二十二歲夫故守節四十四年卒

郭斯鑽妻曾氏 乾隆辛亥生二十五歲夫故守節四十八年卒

乾隆乙卯生二十六歲夫故守節四十年卒

儒童周楹妻王氏 監生王柱女乾隆甲申生二十三歲夫故事姑以孝教子成立守節四十有四年卒

周和妻劉氏 乾隆丁亥生二十七歲夫

以上東鄉

王文灼妻董氏 乾隆戊申生已酉卒姑染病沉痾氏割股救越日病瘳

程正順妻陸氏 乾隆癸丑生于歸後姑病篤氏割股救治姑病遂愈道光丙戌氏卒

年卒

余金朝妻閻氏 嘉慶丙辰生二十九歲夫故無子氏孝事翁姑撫嗣續祀守節四十七年卒

童生袁學海妻黃氏 監生維翰女嘉慶己卯生二十一歲夫故有遺孤數月亦亡氏痛不欲生因念

撫孤自守其母家有戲勸氏改嫁者氏作色曰我娘家何等人若改行豈不爲汝等玷聞者肅然以清節終其身

王本念妻程氏 監生文黍女誥封奉政大夫夫故氏撫孤成立同治辛未卒守節五十

蔡正恒妻饒氏 乾隆癸丑生二十五歲夫故守節四十八年卒

曹國銘妻金氏 乾隆丁亥生二十七歲夫故矢志撫孤守節五十四年卒

王學蒯妻范氏 乾隆癸丑生三十歲夫故

故事姑以孝守節三十七年卒

屈光盛妻周氏 于歸未及三載夫因貿溺斃川江氏聞訃啼不絕聲者月餘既而曰未亡人誠不難從夫於地下奈高堂何遂矢志守節孝事翁姑始終如一年八十餘卒

孝女吳大姑 父名廷金舉人吳玉光之姑也姑生母史氏早歿繼母胡氏患病姑年十四夜禱神前割股和藥以進母病遂愈長適同里王棫孝事翁姑和睦姊姒嘉慶元年生道光二十四年卒

徐[illegible]妻詹氏



姑老翁病在牀奉饍藥惟謹八載不倦撫夫堂姪爲嗣守節二十六年卒張方伯以機座青霜表其閭

王銑妻羅氏 二十五歲夫故於川子啟發纔十月矢志撫養同治乙丑卒守節三十三年

袁學浩妻梁氏

二年

楊鍾驥妻梁氏 嘉慶丙子生二十五歲夫故守節二十四年卒

李文遂妻李氏 嘉慶甲子生二十一歲夫故守節四十八年卒

李之勝妻戴氏 監生全泰女嘉慶甲子生

無子撫姪爲嗣守節二十八年卒

祝正豐妻郝氏 乾隆丁丑生二十八歲夫故家貧苦一子萬順早逝與媳鄭氏共矢堅貞紡績度日雖疊經兵荒而姑媳無恙光緒乙亥郝一百十九歲鄭九十三歲尙主中

屈光甲妻陳氏 于歸三載夫客於川歿氏痛不欲生家人力勸止之氏事翁姑以孝教遺孤以嚴並撫姪宋及宗彥如己出宋等每念飲食訓誨延師課讀致入膠庠賴氏之力也年七十餘卒

文童司試妻胡氏

嘉慶二十年夫故姑老子幼矢志不二道光二年姑病篤割股以救守節五十一年咸豐二年卒

羅永聖妻吳氏 夫多病氏爲虔誠割股三次以救病賴以痊道光十四年卒

儒童董詔塤室陳女

嘉慶丙子于歸道光丙戌夫故生二子一女家貧茹苦守節三十九年卒

曾博濟妻阮氏 嘉慶辛未生三十歲夫故撫孤成立守節二十有四年卒

鄭亨衢妻曾氏 嘉慶庚申生二十五歲夫

二十九歲夫故家貧子幼茹苦全操守節三十有一年卒

曾成元妻臧氏 嘉慶壬戌生二十八歲夫故家貧上奉翁姑下撫孤子終無懈志守節四十二年卒

曾國泰妻鮑氏

饘藉紡績以奉姑紳耆公稟請詳郝是年冬月卒守節九十一年蓋一門節孝堪欽云

李名[illegible]妻李氏 文彬女嘉慶丁卯生道光甲申于歸戊子夫故飲冰茹蘗壬午年卒守節四十八年

乾隆丙辰生二十四歲夫故立志事姑撫子成立守節四十六年卒

吳宏錦妻柳氏 乾隆壬戌生二十九歲夫故守節五十八年卒

郝之[illegible]妻劉氏 乾隆癸酉生二十四歲夫故立姪爲嗣守節四十一

監生陳戒德女請故女往夫家守志姑病割股和藥以進八十歲而卒

儒士程四箴妻陸氏 性淑順夫疾篤割股以救病遂愈

夏翊齡妻程氏 武庠輔弼女少失恃賴祖母撫之以生未字時祖母

故事翁姑以孝守節四十年卒

劉錫珍妻王氏　太和州知州王勸女咸豐十一年請旌其生卒年月採訪原單未曾備列登經清查從缺

涂成熾妻吳氏　二十五歲夫故無出撫夫姪承祀同治元年卒守節三十二年

曾正宇妻吳氏　嘉慶己卯生二十歲于歸四十日夫故撫夫姪國誌承祧守節三十七年卒

李尚福妻程氏　嘉慶庚辰生二十八歲夫故守節十七年卒

嘉慶丁卯生二十四歲夫故子一僅二歲奉姑撫孤操作勤苦以致家道漸興守節三十一年卒

鄧仁棣妻涂氏　嘉慶癸亥生二十七歲夫故家貧茹苦守節二十九年卒

吳敏運妻鮑氏　二十五歲夫故孝事翁姑撫孤成立道光三十年卒守節四十三年

葉向仁妻范氏　嘉慶丁巳生二十九歲夫故守節四十三年卒

胡克武妻羅氏　歲貢江女嘉慶丁卯生二十四歲夫故子三幼係遺

毛正璋妻羅氏　庠生誥封通政大夫其孝友乾隆癸丑生二十歲夫故矢志撫孤守節三十三年卒詳請入節孝祠

賈學煥妻楊氏　乾隆丙午生三十歲夫故撫姪為嗣茹素終身守節四十四年卒

喻金言妻胡氏　二十七歲夫故家貧子夭守節二十八年卒

陳士珩妻施氏　乾隆甲辰生二十二歲夫故守節五十年卒

監生陳士瑜妻趙氏　乾隆癸丑生二十六歲夫故守節四十八年卒

年卒

蕭正煥妻周氏　十九歲夫故守節四年卒

陳興化妻宋氏　乾隆辛未生二十九歲夫故守節六十五年卒

吳天章妻陳氏　乾隆戊寅生三十歲夫故事姑撫孤孝慈兼盡守節三十九年卒

龔受禮妻周氏　乾隆癸巳生二十二歲夫故守節三十九年卒

[illegible]妻陳氏　乾隆乙卯生二十七歲夫故守節四十五年卒

劉興仁妻彭氏　進士彭顯曾孫女二十二

病危甚割股以救病遂愈

夏景啟繼妻吳氏　庠生魯權女姑病篤氏割股以救氏生三子待前子如一前子感繼母盛德兄弟析居自取荒瘠鄉鄰有爭訟者為之排解每不惜費遵母教也氏姪知霍山縣事家駒以慈孝流芳額其室

程文泰妻廖氏　敬杰女姑病氏割股救之

程效南妻王氏　因夫病重割股救治

庠生熊鎮遠妻官氏　事姑孝乾隆六年姑病割股以救事聞邑宰李獎給孝思維則額



胡志敏妻羅氏　嘉慶壬戌生二十一歲夫故餘姑老柔苦歷營撫夫姪為嗣守節四十二年卒

李[illegible]妻楊氏　嘉慶五年生二十四歲夫故守節三十六年卒

吳敦求妻鮑氏　于歸甫一載夫故撫遺腹子成立後入邑庠氏有詩集待梓道光三十年卒守節四十八年

[illegible]妻羅氏　二十二歲夫故守節五十七年卒以所存田二斗捐入公祖為祭祀資

[illegible]妻蔡氏　二十三歲夫故[illegible]

腹俱撫成立長子入泮守節四十六年卒

監生[illegible]妻阮氏　嘉慶己未生二十八歲夫故守節三十一年卒

黃周潤妻王氏　嘉慶己未生二十六歲夫故僅一女矢志堅貞家極貧恒一日一舉火絕無怨言守節四十年卒

黃維祿妻萬氏　嘉慶庚申生二十六歲夫故二子俱幼誓志撫養守節三十九年卒

[illegible]妻左氏　嘉慶癸酉生十九歲夫故撫嗣孝姑克盡婦道守節三十四年卒

陳士珍妻周氏　乾隆甲寅生二十八歲夫故守節三十八年卒

儒士羅元甲妻吳氏　乾隆四十二年生二十八歲夫故孝事翁姑撫遺腹子成立守節二十二年卒

童生羅維贊妻鄧氏　乾隆五十年生二十七歲夫故事姑撫子歷盡艱辛守節四十六年卒

文童周[illegible]妻劉氏　乾隆己巳生二十三歲夫故僅二女孝以事姑紡績度日守節五十六年卒

馮紹勝妻陳氏　乾隆癸未生二十四歲夫故守節六十四年卒

歲夫故子一甫周歲矢志撫養娶媳周氏數年子歿媳二十七歲共矢堅貞彭守節五十二年卒周守節四十三年卒

金顯煥妻徐氏　乾隆庚子生二十七歲夫故二子并夫弟俱幼氏撫養成立又孝事庶姑二十餘年無間言守節四十七年卒

黃瑄妻金氏　二十八歲夫故道光乙巳卒守節五十七年

俞[illegible]妻金氏　乾隆壬子生二十四歲夫故撫夫姪為嗣守節三十六年卒

[illegible]妻李氏

王若理妻周氏　十七歲時父病割股于歸後姑病又割股姑後中風侍奉湯藥十二年始終如一

生員湯錦臣妻袁氏　道光丙戌于歸事姑孝敬丙午姑病危氏割股作羹以進姑病尋愈至咸豐癸丑姑卒哀毀盡禮丁巳卒

以上南鄉

李洪亮妻汪氏　邦熙女乾隆壬寅生二十二歲于歸夫家貧遺孀姑病篤氏割股以進病旋愈道光癸卯卒

守備[illegible]妻[illegible]氏　生員國隆之女姑染沈疴

其子於同治三年歿，氏憂鬱成疾，守節二十六年卒。

徐龍煥妻羅氏　道光四年于歸，僅兩載夫故，守節三十年卒。

馮明福妻徐氏　道光十七年于歸，二十八年夫故，儉約處己，周濟貧乏，守節二十年卒。

鮑輝明妻吳氏　監生敏學女，嘉慶二十三年于歸，越三載夫故，氏謹步趨，寡言笑，鄉里共賢之，守節三十五年卒。

朱德培妻熊氏　二十四歲夫故，子夭，撫夫姪為嗣，同治丁卯卒，守節三十七年。

吳光斗妻涂氏　嘉慶三年生，二十六歲夫故，守節四十九年卒。

鄭承禧妻王氏　嘉慶丙寅生，二十八歲夫故，守節三十二年卒。

鄭承高妻楊氏　嘉慶戊辰生，二十五歲夫故，守節三十九年卒。

朱汝樂妻劉氏　十八歲夫故，能承姑志，守節以終。

傅宗明妻曹氏　二十四歲夫故，氏立志撫孤，守節四十六年卒。

徐其貫妻李氏　三十歲夫故，矢志撫孤，紡織度日，守節三十四年卒。

張之壽妻鄧氏　乾隆丁亥生，二十七歲夫故，守節五十一年卒。

王家鎰妻陳氏　道光癸巳于歸，壬寅夫故，氏年二十八，守節二十八年卒。

文童鮑鳳喈妻孫氏　嘉慶庚申生，二十九歲夫故，事姑以孝，守節三十七年卒。

馮均祥妻范氏　道光辛卯于歸，乙未夫故，氏年二十五，守節三十四年卒。

吳志璵妻王氏　庠生丙昶女，嘉慶壬戌生，道光辛卯夫故，氏年三十

乾隆辛亥生，二十四歲夫故，生女二，守節五十年卒。

儒士王嗣芹妻晉氏　乾隆癸丑生，二十七歲夫故，守節十七年卒。

陶啟渭妻熊氏　庠生德中女，二十一歲夫故，家貧無子，守節二十二年卒。

范在寅妻黃氏　嘉慶乙亥生，二十六歲夫故，守節二十年卒。

吳復禮妻王氏　二十七歲夫故，光緒乙亥卒，守節三十三年。

彭文燈妻楊氏　道光戊子于歸，數月夫故，氏年二十四，守節三十六

衣不解帶，寢食未嘗離側，病篤，割股和藥以進，姑歿，哀毀倍常。

喻有志妻金氏　姑徐氏病篤，割股以救姑，遂愈。子廷選、廷舉亦嘗割股愈親，鄉里稱之。

訓導梅傅芳妻羅氏　維濱長女，事翁姑孝，姑染疾，氏焚香拜禱，幾不欲生，姑愈。姑已後，翁病篤，湯藥罔效，割股救之，病愈。前儒學奏旌。

貢生萬高榮妻金氏　儒士志斌女，十五歲時夫病，金躬侍湯藥，且割股和羹以進，病旋愈。逾時後相夫勵學，賢聞鄉里。同治甲



朱德報繼妻龔氏　二十八歲夫故，遺一子，矢志撫養，事翁姑以孝，同治乙丑卒，守節二十三年。

朱德垙妻蔡氏　嘉慶庚午生，三十歲夫故，二子一女，守節三十有一年卒。

羅佑邦妻吳氏　嘉慶庚午生，二十六歲夫故，撫孤成立，守節三十年而卒。

龔啟湖妻朱氏　嘉慶甲子生，二十八歲夫故，撫子成立，家道中落，茹苦含辛，守節三十九年卒。

鄒德政妻方氏　嘉慶戊辰生，二十六歲夫

傅為泂妻蔡氏　庠生奕青次女，二十八歲夫故，撫有二子一女，守節六年卒。

余均亮妻張氏　二十一歲夫故，守節四十七年卒。

熊正模妻胡氏　二十一歲夫故，子甫六月，矢志撫育，孀姑目盲，孝養不懈，守節三十二年卒。

王朝鳳妻胡氏　二十一歲夫故，撫夫兄長子為嗣，守節四十年卒。

鄒長璉妻甯氏　嘉慶丙辰生，二十四歲夫故，家貧，每斷炊，即託以有疾，不欲外人憐也，守節四

守節四十五年卒。

吳志運妻黃氏　嘉慶庚申生，道光十三年夫故，守節四十五年卒。

吳崟萼妻鮑氏　氏即貞女阮之嗣媳，生員偉南女，嘉慶庚申生，十九歲夫故，守節四十七年卒。

李瑚妻周氏　嘉慶丙子生，十九歲夫故，守節二十九年卒。

袁繼倫妻程氏　安邑德馨女，嘉慶丁巳生，二十三歲夫故，遺孤未數月，氏安貧矢志，教子有成。後本敦以鄉兵禦賊遇害，孀媳段氏克承姑志，誓死不渝，兩孫今成立。

年卒。

儒士劉裕和妻李氏　道光丙申于歸，二十三年夫故，咸豐辛亥卒，守節十三年。

王錦廷妻吳氏　道光壬辰于歸，二十五歲夫故，矢志撫孤，同治己巳卒，守節三十年。

文童蔡宗仲妻袁氏　安邑副貢容成女，道光乙未于歸，三十歲夫故，事奉孀姑，朝夕罔懈，撫子承祧，守節二十九年卒。

汪邦英妻袁氏　嘉慶甲子生，二十歲于歸，逾年夫故，撫夫姪為嗣，守節四七十年卒。

戌卒，年八十歲。

儒士王增元妻祝氏　事舅姑以孝聞，姑患中滿症，氏割股以進，姑病旋愈。嗣子光鑑，孫太江、太法，皆入泮。

庠生劉樹芳妻吳氏　儒士映山女，事姑至謹，姑病數年，氏親侍湯藥，病篤，氏乃割股以啖之，即愈，鄉黨咸稱其賢。

以上西鄉

郭嵩壽妻高氏　正興女，乾隆庚子生，于歸五載夫病篤，氏憂甚，一夕欲自縊，忽有神挽其手曰：汝有緣弗多慮也。既甦，[illegible]前割股奉湯以進夫

故同治甲子避難卒於城守節三十一年
余天貴妻陳氏　嘉慶甲戌生三十歲夫故有遺孤三教之成立孝事翁姑守節二十七年卒
詹士俊妻鄒氏　嘉慶甲戌生三十歲夫故養姑撫子均能盡道守節

十五年卒
羅立華妻朱氏　嘉慶戊辰生二十七歲夫故攜子行乞養姑守節三十一年卒
甯家穀妻朱氏　嘉慶壬戌生三十歲夫故家貧子幼辛苦備嘗守節三十三年卒

氏守節三十九年卒
鄭義峯妻程氏　安邑維楚女二十三歲夫故遺孤秋元僅數月氏教養成立道光己酉卒守節十九年卒
張崇翰妻朱氏　嘉慶辛未生夫故無子撫夫姪文喆為嗣四十餘歲

汪志旋妻袁氏　嘉慶壬戌生二十一歲夫故撫遺腹子學渭成立孝事翁姑諧和妯娌守孝六十一年卒
張崇明妻汪氏　二十歲夫故生子文盛僅數月撫養成立孝事翁姑守節五十年卒

病漸次差可次年生子時澍後青復病又割股以進疾竟弗瘳氏以節終
張鍪妻郭氏　夫病篤割股和藥以進病愈後數年夫故氏教子成家同治二年二月賊過路口與鄰姥登高避難山路崎嶇鄰姥失足跌墜氏前

二十一年卒
徐啟元妻毛氏　嘉慶壬戌生二十五歲夫故子女各一尚幼姑老事奉惟謹守節三十八年卒
蕭延安妻劉氏　嘉慶己巳生二十六歲夫故事姑教子志不稍懈守節四十三年卒

董本權妻彭氏　二十歲夫故守節五十六年卒
羅承榮妻榮氏　嘉慶庚申生夫故撫夫姪為嗣同治甲子卒守節三十六年卒
王大泰繼妻俞氏　嘉慶庚申生夫故越四月

而卒
葉世坤妻鮑氏　嘉慶癸亥生二十三歲夫故事姑盡孝撫姪承祧守節四十九年卒
儒士項滕峯妻羅氏　道光戊子于歸二十三歲夫故子瑞和甫三齡矢志撫養同治甲子卒守節二

張宗田妻胡氏　二十四歲夫故仰事俯畜兼盡其道守節五十有六年卒
盧坤俊妻羅氏　道光甲申于歸二十八歲夫故敬事孀姑撫教孤子同治甲子卒守節三十一年卒

若有燈光導之又若有人扶掖者竟得無恙人咸以為節孝所感云同治丁卯卒守節三十餘年
王世倫妻張氏　割股救姑
張金榜妻李氏　割股救姑
廖宏昇聘室胡女



李廷杰妻吳氏　嘉慶丙辰生二十七歲夫故事奉孀姑教養孤子守節四十三年卒
林啟發妻陳氏　嘉慶戊午生二十九歲夫故守節三十八年卒
鮑汝詰妻羅氏　嘉慶壬戌生二十四歲夫

生遺腹子名啟高矢志撫孤同治甲子卒守節三十九年
劉名梓妻丁氏　嘉慶壬戌生夫故教子成立同治己巳卒守節三十八年
董承宗妻鄒氏　二十歲于歸夫外貿故於

十九年
李森湛妻項氏　嘉慶癸亥生二十三歲夫故矢志堅貞事姑孝謹守節二十五年卒
葉樹梅妻方氏　嘉慶丁丑生十九歲夫故守節三十四年卒
張大元妻楊氏

周士棣妻鮑氏　嘉慶丙辰生十九歲夫故家貧無子守節五十有三年卒
唐應林妻劉氏　嘉慶丙子生十九歲夫故守節三十二年卒
盧世遲妻羅氏　嘉慶丁卯生十九歲夫故

胡繼容女割股救
貢生馬鄰臣妻楊氏　割股救夫
貢生丙妻王氏　割股救姑
蕭金元妻張氏　同治元年五月姑病篤割左股食之旋愈
監生丁達裕妻范氏

故撫遺孤三衣食之資仰氏紡績守節三十九年卒
范在榜妻吳氏　嘉慶甲戌生十九歲夫故事姑撫子孝慈並稱守節二十年卒
姜守堯妻段氏　嘉慶甲子生二十歲夫故守節四十三年卒

獨無嗣守節五十四年卒
董延生妻淩氏　嘉慶癸酉生二十七歲夫故子未一周撫之成立娶媳王氏生女二王氏故咸豐庚申子被賊擄憂鬱成疾同治丁卯卒守節二十八年
儒士熊映權妻董氏
張士傑妻楊氏

嘉慶甲子生二十二歲夫故守節四十二年卒
樂新泰妻郝氏　嘉慶丁巳生二十一歲夫故守節三十八年卒
樂元宗妻張氏　嘉慶乙丑生二十三歲夫故守節四十七年卒

撫姪德琳為嗣守節二十九年卒
劉常友妻唐氏　嘉慶庚辰于歸二十一歲夫故同治乙丑卒守節四十三年
劉繼瑞妻鄔氏　嘉慶辛酉生二十九歲夫故守節三十五年卒

吉麟女嘉慶辛酉生姑病革割股以救翁病革拜斗四十九日病尋愈卒年七十三
儒士袁德壽妻曾氏　乾隆六十年生于歸四載夫病篤氏割股救甦越五載夫故氏年二十九姑三次患氏復三次割股救愈

戴啟偉妻程氏嘉慶戊寅生二十九歲夫故事翁姑以孝聞守節十八年卒
戴國元妻董氏嘉慶戊寅生二十六歲夫故守節二十七年卒
戴作灝妻蔡氏嘉慶丙辰生二十四歲夫故守節三十七年卒
黃顯清妻陳氏嘉慶乙丑生三十歲夫故撫子成立子死撫孫守節三十九年卒
胡文祿妻黃氏嘉慶辛酉生二十五歲夫故守節三十九年卒
周尚義妻戴氏

嘉慶庚申生二十一歲夫故守節四十四年卒
王景乾妻徐氏嘉慶己未生二十五歲夫故上事翁姑下撫孤子守節四十一年卒
監生周啟威妻馮氏嘉慶丁巳生二十四歲夫故守節五十二年卒
周方甸妻戴氏二十二歲夫故矢志守節年七十三卒
羅立祥妻葉氏嘉慶壬申生二十九歲夫故守節三十年卒
羅立朝妻鄒氏嘉慶辛未生三十歲夫故守節二十四年卒

嘉慶庚辰生二十歲夫故無子守節二十九年卒
文童劉紹椿妻鄧氏嘉慶丙子生二十六歲夫故撫孤成立守節三十一年卒
賀榮端妻胡氏嘉慶丙寅生二十九歲夫故守節十五年卒
王必信妻賀氏嘉慶庚申生二十歲夫故撫夫姪繼鳳承祧守節四十六年卒
彭忠舜妻宋氏嘉慶丙辰生二十六歲夫故守節五十三年卒
文童林必貴妻龔氏嘉慶甲子生二十七歲夫

胡中諧妻李氏武舉彥女嘉慶丁巳生二十二歲夫故撫孤成立守節二十六年卒
彭作文妻王氏嘉慶丙辰生于歸一載夫故守節道光庚子卒
王定理妻彭氏嘉慶丙辰生二十六歲夫故撫孤成立守節四十七年卒
涂必森妻謝氏嘉慶壬申生二十歲夫故撫遺一女撫夫姪承祀同治甲子五月粵捻入境其子遇害氏以救護亦受賊傷越兩月卒守節三十有三年

守節五十六年卒
余世宏妻胡氏生於乾隆三十年于歸時年十七歲成婚三月夫故道光二十二年卒守節五十一年
曹如倫妻彭氏生於乾隆五十七年嘉慶十二年于歸氏年十六歲二十歲夫故年七十二歲卒守節五十二年
曹廷貴妻馮氏生於嘉慶十九年道光十二年于歸時氏年十九歲十四年夫故五十歲卒守節三十年
賀秀章妻蕭氏生於道光二年二十一歲

麻城縣志　卷二十八　列女　節孝　四十一

二十八歲夫故家貧紡紝不輟撫孤成立守節三十八年卒
朱德報妻劉氏嘉慶己卯生二十六歲夫故奉姑以孝撫夫姪克巽承嗣抑鬱成疾越三年卒
蔡福乾妻阮氏嘉慶戊寅生二十三歲夫故撫嗣養親晚歲夫弟福謙以甲第起家氏仍敝衣糲食守節三十六年卒
吳大剛妻胡氏道光壬辰生三十歲夫故守節十年卒
周澤禮妻胡氏道光己丑生二十八歲夫故守節十七年卒

蔡駿衡妻吳氏嘉慶丙寅生二十八歲夫故守節三十一年卒
戴能高妻李氏嘉慶丁卯生二十三歲夫故僅一女矢志自守事上以孝聞守節二十五年卒
戴能華妻黃氏嘉慶癸亥生十八歲于歸一載夫故孝事翁姑守節五十三年卒
羅承楷妻曾氏嘉慶辛酉生三十歲夫故守節三十三年卒
王家宜妻羅氏嘉慶乙丑生二十二歲夫故守節十八年卒

故嘗割股和藥以療夫病孝事翁姑撫三子成立守節三十四年卒
林學義妻饒氏嘉慶戊午生二十六歲夫故奉翁姑維謹撫子成立守節五十年卒
文童林志梳妻甘氏嘉慶戊午生二十四歲夫故守節三十五年卒
文童饒道杞妻徐氏嘉慶丙子生二十五歲夫故守節三十五年卒
文童葉發才妻金氏嘉慶壬戌生二十四歲夫故事翁姑及繼姑盡孝守節十九年卒

監生劉明宇妻江氏嘉慶乙未生二十五歲夫故守節四十五年卒
梅啟漢妻萬氏監生大仕女嘉慶庚申生二十五歲夫故守節三十五年卒
陳光智妻向氏嘉慶丁巳生二十三歲夫故家貧子幼茹苦含辛守節三十年卒
盛蘭妻金氏嘉慶丁巳生二十二歲夫故守節五十一年卒
劉正采妻李氏嘉慶丙辰生十九歲夫故守節四十一年卒

于歸至二十八歲夫故該氏五十一歲卒計守節二十三年
羅映榮妻范氏生於癸卯年辛酉于歸甲子夫故該氏同治十三年卒計守節十年
劉能珍妻熊氏生於道光丙戌年至丙午年于歸甲寅夫故該氏於同治丁卯年卒計守節二十四年
張蔭棠妻鄒氏生於庚寅年咸豐元年于歸四載夫故該氏於同治元年卒計守節二十年

吳祖玉妻余氏　何朝昇妻錢氏　姜元珍妻黃氏

麻城縣志　卷二十八　列女　節孝　四十二

董莉儲妻黃氏　道光辛巳生十九歲夫故僅一女家貧姑老且病以針黹易錢藉供甘旨餘以償夫宿債守節十年卒

袁德裕妻劉氏　道光丁酉生于歸四載夫故僅一女家極貧氏歸母家度日光緒丁亥卒守節

嘉慶戊午生二十四歲夫故家貧紡績度日撫一子一女成立守節五十有五年卒

李如泰妻劉氏　正楚女二十八歲夫故家貧茹苦守節三十九年卒

黃錫祿妻張氏　道光丙戌生二十四歲夫

嘉慶乙丑生二十一歲夫故家極貧撫子成立守節四十年卒

周容彩妻劉氏　三十歲夫故撫孤成立守節四十六年卒

周枝梅妻劉氏　二十五歲夫故撫子成立守節三十四年卒

嘉慶丁巳生二十九歲夫故守節三十五年卒

監生劉錫楷妻張氏　嘉慶辛酉生二十六歲夫故守節三十五年卒

樂元和妻朱氏　嘉慶甲子生三十歲夫故家貧無子歸依母家守節三十五年卒



十六年袁姓迎葬祖山爲之立後

曾朝舉妻江氏　道光丁亥生二十四歲夫故子甫二齡至能力耕時氏與任其勞氏三世清操後先一轍守節十九年卒

吳喬齡妻徐氏　二十一歲丁[illegible]一年夫

故僅一女相依爲命守節十五年卒

羅啟銳妻鄭氏　道光丙戌生咸豐戊午夫被賊害守節十七年卒

王文甯妻甯氏　道光乙酉生三十歲夫故撫姑子二家窮極歸依母家守節十一年卒

陳維章妻蔣氏　嘉慶癸酉生二十九歲夫故守節二十八年卒

監生陳士珖妻郝氏　理問廷奎女嘉慶乙丑生二十八歲夫故守節三十年卒

儒士金之寵妻毛氏　嘉慶丁卯生二十九歲夫

張天貳妻江氏　嘉慶戊寅生二十五歲夫故守節十九年卒

江澤松妻張氏　嘉慶間生二十餘歲夫故撫姪爲嗣守節二十餘年而卒

劉傳基妻胡氏　嘉慶丙辰生二十三歲夫

故翁姑殁氏售妝奩以葬之撫夫姪爲嗣因婦母無侍遂大歸後嗣子亦逝恐夫祀絕誓一婢爲夫弟妾同治辛未卒守節二十有一年

戴全世妻蔡氏　道光辛巳生二十三歲夫故矢志撫孤守節二十七

吳大鏞妻胡氏　歲貢秀三女道光丙辰生二十八歲夫故守節十六年卒

蔡世弼妻葉氏　道光辛亥生三十歲夫故守節二十年卒

羅佑均妻余氏　道光辛卯生二十四歲夫

故撫姪孫承祀守節四十一年卒

馮席瑚妻陳氏　嘉慶己未生二十九歲夫故守節五十一年卒

盛宏健妻胡氏　嘉慶壬戌生二十七歲夫故守節三十二年卒

王大淮妻趙氏

故家貧食苦紡績度日守節四十三年卒

樂元材妻金氏　嘉慶丙寅生二十九歲夫故家極寒素矢志不渝守節二十九年卒

儒士吳宗錫妻梅氏　監生在奎女道光己丑生二十一歲夫故生子其潤



年卒

劉家燧妻羅氏　道光癸卯生二十六歲夫故矢志不二時有欲奪其節者嚴拒之事姑盡孝無子撫有一女守節八年卒

周文奎妻羅氏　岡邑海源女道光己丑生二十三歲夫故[illegible]姪承嗣[illegible]

故無出守節十年卒

馮錦熙妻穆氏　道光辛卯生二十五歲夫故矢志撫孤守節六年卒

董延厝妻黃氏　道光己卯生二十五歲夫故立夫姪爲嗣守節二十七年卒

儒[illegible]熊作用妻史氏

監生鶴齡女道光戊申生十九歲于歸夫病氏刲股和藥以救年餘病復作遂故氏欲以身殉翁姑力勸止之踰年立夫兄廩生大江次子夫弟廩生大法子爲嗣氏喜曰吾今可以見夫於地下矣未幾病卒年三十四

尙未周月撫養成立後入成均事翁至孝守節十九年卒

王志亭妻熊氏　道光辛巳生十八歲于歸甫七月夫故事姑孝敬撫嗣慈祥守節三十三年卒

理問黃光熺妻胡氏　道光辛卯生咸豐甲寅夫

守節二十年卒

周文彪妻毛氏 道光辛卯生二十五歲夫故守節十八年卒

戴啟貞妻董氏 道光癸未生二十四歲夫故事姑以孝守節十有一年卒

羅立湖妻姜氏 道光甲申生二十四歲夫故遺腹一子矢志撫養守節三十四年卒

涂文喬妻梅氏 二十八歲夫故守節四十年卒

道光辛巳生十九歲夫故守節三十一年卒

江啟元妻胡氏 道光辛巳生三十六歲夫故仰事俯畜盡道守節二十五年卒

戴啟發妻曾氏 道光庚寅生二十九歲夫故僅一女守節十五年卒

儒壽鄧承圩妻趙氏 乾隆乙卯生二十八歲夫嘉慶丁丑生二十八歲夫故守節四十三年卒

徐宗仁妻余氏 十九歲夫故守節四十三年卒

祝鴻鳳妻羅氏 儒士文學女嘉慶辛未生

余之相妻鮑氏 道光辛巳生二十五歲夫故矢志撫孤守節十九年而卒

金秀橋妻黃氏 道光戊子生二十九歲夫故家貧誓不易志守節六年卒

王修文妻楊氏 道光癸巳生二十九歲夫故子生甫三日撫養成人奉姑維謹守節二十有一年卒

貢生劉鑾發妻鄭氏 副貢兆階女道光乙未生二十七歲夫故撫子成立守節十一年卒

蕭世第妻王氏

於廣濟陣亡氏年二十四生子敦典敦義俱幼矢志撫孤事孀祖姑暨孀姑以孝聞時有一門三節之稱及敦典襲世職氏曰吾死乃瞑目矣守節十七年卒

訓導項煖妻馮氏 道光辛卯生二十四歲夫故守節十四年卒

賀有章妻李氏 道光戊子生二十七歲夫故守節十四年卒

張世學妻程氏 道光辛巳生二十九歲夫故家貧矢志守節二十二年卒

儒壽王大鼎妻趙氏 道光乙未生二十三歲夫



道光辛卯于歸壬辰夫故撫嗣成立有孫二人庚辰年卒守節四十四年

成棟妻張氏 廷資女乾隆辛亥生十八歲于歸二十五歲夫故立志不二淡泊自咸豐守壬辰年卒守節六十二年

艾德煥妻袁氏 生於道光戊子年十八歲于歸四載夫故時氏年二十二歲丁丑年卒守節二十八年

劉士聚妻彭氏 生於乾隆四十五年十八歲于歸嘉慶五年夫故時氏年二十一歲咸豐八年卒守節五十九年

道光甲午生二十歲夫故守節二十年卒

監王文謨妻繼羅氏 荊州江陵人道光丙戌生十九歲夫故前出四子相繼亡氏矢志堅貞撫孫成立守節三十二年卒

儒壽徐達妻傅氏 嘉慶八年生二十四歲夫

故守節五十二年卒

儒壽胡松妻謝氏 乾隆五十九年生二十八歲夫故守節六十三年卒

儒壽張長春妻鮑氏 嘉慶二十三年生二十歲夫故守節四十五年卒

吳士德妻熊氏 乾隆戊辰生二十四歲夫

故守節十九年卒

涂元璋妻毛氏 道光壬午生二十四歲夫故無子撫夫弟次子承祀日事女紅以爲衣食守節二十六年卒

儒壽孫之仁妻張氏 安邑祖元女乾隆五十一年生二十九歲夫故守節

四十三年卒

儒壽徐方晏妻李氏 道光壬寅生二十三歲夫故守節十一年卒

儒壽劉錦煥妻彭氏 嘉慶丁丑生二十八歲夫故守節三十七年卒

劉文學妻張氏 嘉慶二十一年生二十四

傅爲文妻夏氏 生於道光戊子年二十歲于歸庚戌年夫故時氏年二十三歲氏於光緒己卯年卒守節三十年

傅成基妻尹氏 生於嘉慶辛未年十九歲于歸道光己亥年夫故時氏年二十九歲於光緒辛巳年卒守節四十三年

故守節四十七年卒

王培圻妻盧氏 德隆之女生於道光六年十八歲于歸五載夫故氏矢志苦守同治八年卒守節二十二年計四十四年

歲夫故守節四十三年卒

劉鳳鸞妻楊氏 乾隆戊辰生二十三歲夫故守節六十年卒

雷生楠妻余氏 增生余逢次女生於嘉慶庚辰道光癸卯于歸庚戌夫故氏矢志苦守現年六十四歲守節三十二年

# 麻城縣志卷之二十九

## 列女第四

### 貞孝

明

熊烈女諸生幼學女也許聘劉康康遘疾且篤女割左股肉遺之爲幼弟誤棄復封寸許父母遺啖康稍瘥閱月死女聞訃慟撲絕粒父母力救乃曰不令我哭弔於劉終不生於是偕之往觸棺毀裂是夜自縊姑救解泣諭之曰吾子未與偕何必死女曰兒食以股即事以身矣不死何歸



舉家防益密遂呼父母與姑曰請許我伴姑孀終餘年姑喜諾女伴起櫛沐拜康靈入室閉戶撞撲破門覘之則觸柱壁死矣御史舒鰲給銀與康合窆事聞旌表

梅國楨輓熊烈女詩楨也誦遊廣漠野眼中有淚不易灑誰家有女節獨苦驚看不覺淚如雨百年恩愛在結盟爲重恩愛輕一生夫壻不可活我身可許股可割割股事夫郎以身肯令夫死別從人以口齧土土欲握天地爲我收塵埃以頭觸棺棺欲裂棺上股頭上血血汚麻繩還自縊其如親戚紛相衛便生只是灰中燼可憐對面不相信曉來含淚若爲妝起向阿姑與翁孃我今從爾勿復憂但令獨處守郎休回身闔戶聲吼吼天地反覆山川走又如雷電礌砑風雨駛破門已作觸柱死自古豈無臣之忠高牙大纛金門通又豈無婦之節合懽雙帶同心結豈如女未入夫門生死尋常由一言首陽之薇空復青汨羅

千載流濁涇倏忽綱常標閭閻頓令山水生顏色男兒拚此七尺軀龍逢比干俱丈夫仰天血淚隨肝膽一滴能教滄海枯

鄒女行第年十六未字父母早喪依兄居牛棚山崇禎辛巳監軍孔貞會領兵至麻城有兩兵至女兄家窺其美鞭兄欲挾之女匿後園踰牆出兵知之追至畈中女宛轉百計莫脫紿曰無苦相持吾隨汝歸又紿之曰吾已至家將何往乎當許吾櫛沐換去泥衣許之女入廚卽拔刀自刎死女叔生員鄒思試居城聞之走報孔道給銀條衣冠封殮二兵置法通縣公舉請旌以寇亂未行女父名思識卽



都憲六世孫

曹生某石霞先生次子也幼聘彭氏及笄曹生病歸侍湯藥未幾曹生病歿遂矢志終身奉侍兩姑撫伯氏子以承祀

邑人周禮題節孝彭淑君詩并序彭淑君未嫁夫死守節姑家今垂三十載前者蘇郡伯府志欲書其事於節烈中以年未踰六十而止茲作此詩於末句及之以待采風者并傳焉慷慨捐身易從容抱節難千山冰壑冷萬古月光寒志得情何憾心平境自安吾鄉曹氏婺元季兩方看

國朝已旌貞女

儒童嚴大棫聘室劉姑慕樓女甫十歲母歿遂適嚴爲養媳越四年大棫卒姑命劉歸劉不允願奉姑老越二年姑又歿祖姑又勸之劉指天以誓曰若不代姑奉祖翁姑終者不可爲人茹荼集蓼志益堅貞道光三年卒七十一歲

貞女陳大姑監生戒德女生於康熙五十年許聘董時肅之子諳病故陳年十九以死殉不遂旋適董奉姑姑病痿凡卧起一力扶持飲食湯藥親調奉進夜則伴卧榻前衣不解帶姑卒營辦喪葬備極艱辛初撫立一子長娶鄒女



子故陳憐鄒年弱欲令自便鄒感姑高節亦矢志靡他乾隆三十九年　旌

鄒貞女舉人汝治女幼許字蘄水進士徐廣淵子如樸未婚如樸死鄒年二十聞訃號泣力請於父母往弔之遂茹素奉姑立從子爲嗣復故鄒與媳陳氏依姪守貞以終乾隆元年　旌

李貞女生員中黃女許聘監生張坦未嫁坦卒女聞訃痛哭不已求往張親殮畢乘間自縊以救甦乃依姑以處足不踰閾守貞四十餘年乾隆三年建坊府志

貞女成姑生員成蒲女幼許聘熊楚興未結褵而楚興歿成矢死靡他孝事翁姑力營葬祭苦無嗣可立日以爲憂年六十一卒乾隆四十七年建坊於北門外永豐橋東園並祀節烈祠

汪貞女許聘儒童劉應瑶及笄而劉殁女矢志望門守節歷十有八年因姑老無依過門奉養年七十五歲卒道光四年建坊於羅家舖

劉貞女幼許聘彭象未婚象遠貿流落未歸劉守貞母家不肯再聘依姪劉景中年八十歲終



儒童汪庭基聘室陳姑昌言女未笄夫亡聞訃奔弔見姑哭子喪明遂相依奉養歷二十四年姑殁葬畢避居蓮花洞十數載改居爲祠堂捐田以奉祭祀知縣丁蘅瀾錫以貞孝苦節四字至今龕側有邑庠鄒庭楹撰碑康熙十年卒

李貞女李廷煌之女許聘徐文偉未嫁而文偉殁李年二十三歲乃奔喪爲徐撫嗣教之成立年六十歲守貞四十四年卒

貞女徐姑生於康熙壬戌年幼許聘吳有章有章遠貿未婚待三十餘年遂往夫家堅貞自守至乾隆十八年終七十二歲

丁貞女生員謹度孫女幼許聘胡維墉年十七聞夫喪匍匐歸夫家年餘翁姑俱逝丁飲蘗茹荼撫三齡夫弟天定成家計守貞四十三年卒

江貞女善化教諭漢書孫女江華之女也幼許字徐姓年十八徐卒女聞之請於父母喪服從唁誼靈席稽首至地氣絕踰時始甦誓以身殉人嚴守之其舅姑家以居住狹隘令反母家女不得已蓬首垢面屏居一室不出戶庭年



三十六無疾而卒

貞女梅四姑儒士商藝第四女也年三歲許聘朱慶升之子德鏞閱十三年鏞卒梅聞之將欲投繯家人勸止又六年有議婚者梅請於母曰事急矣請歸見於朱以絕外議否則兒不生父乃拒媒者旣而其舅至女懇其父延入後堂拜見啼泣求歸朱氏舅未允乃絶粒三日不得死父慰之曰女志固美矣更待十年而後可梅恚曰十年父母老舅姑衰女何託焉乘其母赴同里慶會即投繯殞命其舅迎柩與德鏞合窆以長子次男緒元爲之嗣

陶貞女庠士取然女名砥姑自幼與戴姓議婚戴子夭矢志守貞識字知禮事父母孝順兄弟和睦年八十一歲卒

陶貞女陶二有之女原與胡姓議婚胡子貿易西蜀不歸女矢志守貞與兄弟同奉父母年七十六歲卒

陳貞女儒童廷棟次女幼許熊楚望方擬于歸楚望卒陳焚奩將自縊父母覺而勸止遂斷髮毀形終身不嫁年五十七而終

鮑姑廪生霖之女幼許聘姚大璋璋未弱冠卒鮑年十八矢志自守數十年甘心貧苦五十八歲卒



趙貞女幼受鮑有隆聘年十九有隆卒女聞訃閉戶自縊兄破扉入救得甦趙從母往吊悲號昏絕漸醒母勸之歸趙女曰此即女宅也尚安歸撫姪爲嗣衣食不給荼苦是甘年六十七歲卒

王貞女幼許聘蔡應昌將近婚期應昌遠出日久存殁不知翁姑勸其他適王泣云其人或有歸期生則候以終身死則從於地下我心如石誓不轉移勤儉紡績處子終身年六十四歲卒

曾貞女許聘尉承理年十八理遠出十餘年翁姑勸另適曾以死誓待字三十年夫卒未歸毅然適尉奉姑以終衣食維艱清操益勵足不出戶者六十年卒

謝貞女昀道女幼許字白姓未適夫故謝貞節自守年八十三卒知縣賀賜千古奇貞額立於祠

周貞女周富甯之女許聘饒與珍年十九未嫁聞與珍訃誓以死從父母苦勸方止遂終身不字家極貧依兄嫂度日女獨守一室履不出戶績紝自給有道及饒者即爲出涕守貞八十年卒

金貞女許聘梅門未歸夫故貧窘難堪誓以死守及父母



繼亡遺弟僅週歲有欲奪其志者百折不回撫孤弟成立年七十卒

詹貞女宗秀次女幼許阮紹祖未婚紹祖故女年十六矢志自守父母憐其少已許別家女深沉有識計託族姊李母潛踪入阮拜於靈前號號痛哭遂執婦道奉姑至孝饑泣血三年幾死者再撫夫兄次子爲嗣年八十歲卒

曹貞女斐徵仲女也幼許金勷哉之四子方笄而金氏子故曹號痛欲絕絕粒數日乘家人防範稍疏持刀自刎咽斷過半父母救治踰晝夜復甦嗚咽流涕曰女子從一而

終者也即不許女身過金門願後勿議婚從此與母相依母病篤女泣曰與其無母不如我死可以益母壽乃禱于神割股以進母病得瘥後股瘡不合終忍痛強顏恐傷母氏心也縣人作詩以贈旋卒

徐貞女監生兔菴女許聘鄭志成之子維泮方議擇吉于歸泮以疾卒徐年十八聞訃即凶服過門守志代事公姑未半載亦以憂慮染疾賫志以殁臨死惟囑同穴以信其誓云

鄒貞女內閣學士士璁孫女廕生汝霦女幼許黃安縣太



史張希良孫炳驤驤幼喪父母以讀書成勞卒鄒聞訃求死不得即欲往祖姑劉促止之迨祖姑八旬鄒白父請親送張門躬自拜視視罷復請於祖姑誼翁姑與夫葬所成禮祭奠痛哭失聲越數月祖姑憐女善病令仍歸侍親闈不數年遂以憂鬱卒

新安盧國橘輓鄒貞姑詩泰媪崩岦河水澈烏弋黃
皮兆融結龍堆鰲柱週洪濛奇氣千秋乃一泄員嶠
女貞樹槎枒與雲接連貝寶嫠驪裔耀天闕人生秉
得天地精睥睨嶽瀆皆蠓蠛我祖柏臺公講學會羣
哲蘭譜姻婭情最親亭州三鳳西陵傑三鳳季氏更
嶙峋待　詔金門登顯列留得　天恩庇後人恩眩
京員承先澤卓哉張太史視學振東浙清班交有神
敏好陳朱諸公子學博映乘龍館甥容臺賓主迭學
博郎今第五倫比兒羁貫庭幃別恩靡篤生貞孝姑
嬙美班謝聰頴絕學博慕前徽鳳卜遵蓍揲小阮雅
出羣更挽絲蘿續猶女依姑姪媳行姻婭重聯情倍
切小阮種學積成勞耨義耕仁夜不輟乘閒自揭李
陵碑帶醉笑補周王碣無何剛逢氷泮時別鵠孤鸞
怨啼鵑玉樓作賦正沖齡柏舟矢志未踰閾綱常誼
重一身肩荊釵裙布髮封帛歲寒松柏後凋知志卒
正中非激烈仁親敦本性天成齒氷嚼蘗苦鍊鐵可
憐往哭即於歸豈料修儀著麻絰倩人歸里報重幃
誓執夫喪依墓嶹見者咨嗟都淚垂桃葉樵青盡嗚
咽若赦抱痛心如焚伯道興嗟觕更裂獨活立姑就
所難寒號蟲過嚴冬雪瑤池原無益壽方玉女何知
長生訣存既順兮殁亦安生不同儔死同穴異香國
去異香來䍩嶺華井瑤池冽　旌榮指顧錫龍章續
祀於今蘭已茁青史彤管紀芳名貞順高風求加蔑
正氣鍾靈鼎食家弱笄能將大義揭嗟余至誼忝葭
莩管窺襪線慚陋劣敢摛彤筆表清徽願向輶軒貢
芻說　劉振鐸輓鄒貞姑詩抱志甘埋玉聲馳到處



傳蜉蝣虛歲月姓字震環鉶勁草風何疾孤貞鐵似
堅高堂無限痛理瘞入氷紘

羅貞女王文博聘妻未婚文博卒時年僅十六聞訃奔喪撫棺痛絕復甦遂留守志事上孝律身嚴立姪爲嗣乾隆戊戌卒守貞二十七年

王貞女王崇煌聘妻婚禮未成崇煌卒王年二十奔喪入門哭殮後撫姪爲嗣乾隆己丑卒守貞二十八年

唐貞姑監生從仁女幼許聘葉懋懋遊西蜀不歸從仁若人往尋不獲越二十餘年有另聘意女聞之泣懇膝前并求兄弟代懇矢志靡他因取名誠心守貞不字年七十四

歲卒

貞女陳姑幼聘董適董有家難董郎浪遊西蜀後董子自蜀計聞貞女一慟幾絶遂誓守不字願從父家老未幾父沒母年亦衰有弟六人皆少不更事貞女以煢煢一身上事高堂下撫諸弟區處經畫有男子所不逮者乾隆五十二年卒八十四歲

蔡貞女蔡禮之女許聘陳中遭母喪陳欲迎娶女父未允陳即惡言傷女父　辱及女女以母喪不忍適陳故届星期遂決志不往陳因另娶女乃自誓終身不字未久父卒



止有一弟貧無立錐女以紡績弟以耕種相倚爲命守貞四十八年

鄒貞女內閣學士璁次女許聘生員周馮未嫁馮卒過門守貞

劉貞女少字魯姓年及笄魯求婚其父母多所堅執魯恚而從戎後有傳魯已别娶者父母謀將女改聘於陶氏女削髮以遺魯遂投庵爲尼

邑人周維秬貞女祝髮敘劉勝君之女少時曾字魯姓者年方及笄魯求婚於劉其父母多所堅執魯未諧所願遂恚恨從戎越數載傳聞魯已别娶劉女雖臺懸玉鏡心切刀環然生而無仲子之手文亦安能必其爲魯夫人也歲丁未女年二十有五父母謀欲改聘於陶媒氏將委禽焉女涕泣相向志操彌堅其父母欲强奪之女曰亡人恚憾之謂何吾獨何心安忍負之我二十五年矣又如是而嫁則就木焉吾舍魯其奚適矣豈無膏沐誰適爲容縱不能完髮以歸魯亦安能復爲陶氏櫛髮哉語訖掩淚吞聲匿身暗所家人無知者頃之其家惶遽搜索以出瞥見之則童然者頭也諦視之則截然者盤髻在手也女乃泣拜父母指髮而誓之曰幸以此謝媒氏吾將托身尼庵以終老耳若魯子歸而問予則請以此髮還之媒氏聞言因大駭散去嗚呼天地閉之完節正性夫孰有如劉女者哉古之傳烈女者或匪石而賦栢舟或孤飛而繫燕縷或井水明志誓無再起之波或冰雪爲肝留待良人之剖要皆懽已偕乎伉儷情方篤於綢繆從一而終固其宜耳故婦而節者古有之未有女而待年以爲節者也婦而不再嫁者古有之未有女而終身不一嫁者也劉女未嘗一覿夫面一承夫恩劉女之髮未嘗爲夫一靚沭也劉女胡爲而身爲魯存髮爲魯刈有如是耶嗚呼天地間之完節正性夫孰



有如劉女者哉予聞其言而慨慕之不禁喟然興嘆曰有女若此是　朝廷之所式閭而求者也是青史之所載筆而書者也愧余力薄不能爲劉女揚扢而彰光之然而劉女祝髮矢志之年正值郡太守某公郡丞某公邑令君某公諸賢尹涖任下車之日新政攸關風厲伊始某將白其事以爲褒節勸俗之一助劉女雖賢將得賢守令而名益顯矣

唐梁聘室石女生於嘉慶甲子至丁丑梁故女年十四歲聞訃悲號即孝服過門往拜翁姑翁姑力辭不允知不可奪遂從其請三十餘年不出戶庭晚年撑持家務人口浩繁自與家人粗食另以熟米袋盛煮供翁姑撫夫弟國賓以承夫祀撫憲胡獎給貞孝兼全額同治甲子卒時年六

十一歲守貞四十七年

夏貞女之㛤女乾隆甲寅生幼許字儒士張定祥祥故矢志歸夫家翁姑憐女年弱力勸改字不得已遂長依母家守貞靡懈事父母曲盡孝道咸豐十年胡宮保奬給操貞金石額同治甲子卒七十一歲守貞數十年

蔡啟焌聘室李姑廷槐女乾隆乙未生癸丑夫歿姑聞訃隨母往唁遂在夫家守志非事翁姑不出閨門嘉慶丙寅卒年三十二歲守貞十四年胡宮保奬給貞孝女宗額

喻顯僂聘室歐陽注女乾隆庚子生嘉慶戊午年十九未



嫁聞僂死誓以身殉父母力救得不死遂至僂家力守道光壬辰卒守貞三十四年前學使王奬給節孝流芳額江夏王菊門有歐陽貞媛傳

江夏王德新歐陽貞媛傳天地之經著於禮禮之節喪於聖人而人心有所不能已者節之而不欲節則聖人亦弗能爲禁也今以喪服言之嫂叔無服禮也而子思乃爲位哭喪師若喪父而無服禮也而子貢廬墓又三年至若父在爲母期婦爲舅姑期庶子爲父後者爲母緦古禮義至精歷代相循不變而開元皆易爲斬衰三年至今從之無有疑爲過者豈非人所不能已之心聖人固不能使其不自遂哉若夫夫婦之禮壹與之齊終身不改此惟既齊則然如生未牉合卽未成爲歸故戴禮取女在途聞喪而反有不得嗣爲兄弟之辭而周官媒氏有禁嫁殤之令則女在室而奔喪守志古無是禮以非節其雖已者此是以歷朝旌例不載雖有高論君子未聞執失節事大之說曲繩之也然而賢媛之心則固有所不能自已者矣夫豈不曰女子許嫁而纓固已明有係屬既係之而旋絕之既屬之而又背之所謂仁不盛衰改節義不初終易操安在有行與未行殊也故悲而誓殉不得殉而爲服喪爲養親繼嗣皆其心所徑直以出且委折以赴者如是何有於古禮爲又何有於國褒爲何有於士君子之議論爲若此類前世皆湮滅不彰余甚悲之近代頗有傳者而吾於歐陽貞媛有特取焉貞媛麻城儒家女父諱注幼許字喻氏子僂未歸壻夭媛年十九聞耗卽欲泣柴立走沉門前渠母兄救之復乘閒投繯又救之母號譬百端媛乃跽乞聽往持喪侍姑則靦顏不死越數日母察其轉念許之詣喻縞素榛笄戚哀動左右自是晨夕敬事姑操井臼調滫瀡姑倚之不能俄頃離三年喪畢家貧甚兄公憫之遣媪微探意媛輒悲恚不食會有以其事白邑侯李公者侯大嘆異親臨撫綏爲剖其産僅得薄田四畝因諭戶長守齋選胞姪能典爲嗣閱今二十五年言不輕發簪珥悉捐日操紡車佐饘粥惟朔望至中堂誦大士經而已



其識量過人而精覈人不敢售以欺亦無忍欺之者嗚呼貞媛果何所爲而自苦如是將以徇名耶將以所爲難愧天下之爲婦而懷二志者耶夫道本大通伯夷獨非聖人而自是韓子頌之以爲亘古今不顧無他求其心之安耳禮則無是而竊聞弱女子獨自以爲古之道不卽乎人心而非是則不可其亦伯夷之志乎吾故曰人心之所不已者聖人有所不能禁也悲夫貞媛親堂兄歐陽文學楩書其事授新請爲立家傳新不揣固陋謹論次而歸之方今

聖天子修禮崇教損益百王禮官將必有原其心而議及此者貞媛寧遂泯泯矣乎

朱璐聘室李姑歲貢李世臣次女璐卒女聞訃欲自盡家人隄防甚密遂至夫家撫夫姪爲嗣數年復夭又撫夫堂姪因訟不果族人復爲之立後守貞四十餘年卒乾隆癸

亥年奏 旌

董姑存世女聶天澤聘室乾隆辛卯生女年十五聞夫故遂往夫家守志撫夫弟子思宗爲嗣王學使給守貞全孝額周晼蘭有董貞女傳

儒童喻逈鎬聘室周姑廷獻女夫壻病卒女聞訃欲奔喪爲家人所阻遂絶粒數日以身殉喻姓嘉其行迎柩與鎬合葬舉人喻光祿爲之傳嘉慶十三年學使吳獎給志行雙美額立於喻氏家廟

彭中孚女載弟幼字朱家珣將于歸病故女矢志守貞不



欲再聘恐父母奪志登樓自縊學使王獎給貞烈可欽額

此上已旌貞婦貞女

儒童謝嘉言毛氏夫故欲以死殉姑力挽始忍死撫子姑旋病毛割股救姑延壽數載知縣吳贈額愚孝格天

董澤久妻蔡氏其母阮氏病危蔡歸省割右股進翁艮臣病篤蔡又割左股進姑胡氏病急蔡再割右股和藥俱獲痊

夏有珍妻陳氏厚坤女適夏逾年而珍病醫藥不效氏夜焚香割股以求救珍隨愈生子後夫歿矢志苦守事翁姑曲盡儀節翁病甚復割股以甦翁戚族咸稱其孝云

庠生彭山陰之女國學童元坦之妻文庠童金印之母彭氏康熙甲戌生年十六時因母病割股救母知縣吳顧行贈額曰閨孝維風

儒童喻威及妻徐氏事姑孝順姑病割股救之年八十一歲卒

喻于義妻金氏事姑孝姑徐氏病劇金割股和藥以進獲痊

生員王文思妻羅氏事姑孝姑病篤割股和藥遂痊



王文爍妻董氏克盡婦道姑丁氏病篤董齋戒割股默禱旋愈

劉士模妻周氏幼至劉家爲閑房姑早喪事翁如父婚配後益盡婦道年二十六喪夫遺二子撫育後歉歲而抱重病子德魯痛母焚香割股以進得延一載卒

吳國貴妻胡氏妾李氏名懿德胡氏病篤李氏割股救之三日病愈延七年李氏割股後食長齋以終鄉鄰戚族送懿孝流輝額以嘉之

儒童熊士材妻李氏百魁女年二十三完婚夫疾李割股

食之旋卒李終日悲泣未踰年亦卒

駱代興之女大女五歲喪父七歲喪母伯叔撫養成人伯父世興有疾百藥不效女念撫育重恩割股煎湯以祈病愈時女年十二後伯父年八十餘歲

汪士芝妻童氏生員金魁女夫病篤割股以進尋卒誓不欲生數月內怏怏而終

周代翰妻方氏割股救姑

周承章妻劉氏割股救姑

周之敦妻黃氏　周源妻趙氏割股救翁

鮑如秀妻盧氏割股愈翁邑令趙聞之贈兩孝同堂額其姑曾割股故云

蔡慎恩妻鄒氏又長媳胡氏俱能孝事翁姑事詳孝友蔡慎恩傳　此上孝婦孝女





## 貞孝 新增表

### 城廂

貞女周光烈女　乾隆戊寅生年十五聞夫故遂時母家守貞以穿爆藥線度日苦守七十餘年里人皆呼爲苦三爹道光己亥卒年近九旬出殯房內異香數日不散

貞女程前明女　幼受林聘林遠貿未歸女在母家終身不字乾隆乙酉生道光庚戌卒年八十六歲

蕭垛聘室曾女　嘉慶辛酉生年十六垛故女往蕭氏苦守[illegible]己未

### 東鄉

貞女鄭堯則女　乾隆甲辰生曾永茂聘室茂故女年十七歲聞訃至曾門守志道光丁酉卒守貞五十七年卒

鄭勝龍聘室丁女　丁女必蠡女乾隆壬子生嘉慶庚午聞夫病篤女欲往侍湯藥父母弗許女意決母遂同至龍家迨龍故女語母曰兒生是鄭氏人死乃鄭氏鬼母請歸毋以女爲念母厲聲曰不可強女俱歸至家是夜自縊死年十九歲鄭聞耗迎柩與

### 南鄉

羅廷試女三姑　康熙四十四年生夫壻早喪矢志不二乾隆二十六年卒守貞五十六年

江垣聘室蕭女　乾隆乙卯年生年二十歲尙未于歸垣貿易四川女志靡他嘉慶乙亥年卒守貞七十餘年

[illegible]聘室[illegible]女　乾隆辛未生女年二十星期將近聞夫病卒誓不再字後在夫家撫從姪爲嗣事翁姑以孝聞道光十年卒七十九歲守貞六十年

### 西鄉

劉名聘室何姑　何振之女乾隆四十五年生十七歲夫故隨至夫家守貞數十年道光十六年卒五十七歲

范景芳聘室王姑　王士國女乾隆丁酉年生芳十三歲故女矢志適范守貞躬勤紡績事姑以孝聞道光丁未年卒

[illegible]瑛聘室阮女　與瑛俱乾隆戊子生未婚瑛故女年二十歲聞訃即衣縗素奔喪矢志靡他撫夫姪尝雲爲子婆媳鮑氏

### 北鄉

林之緒聘室蘇姑　乾隆己亥生至甲寅聞夫壻病篤遂至夫家甫三日夫故矢志守貞道光六年卒守貞四十三年

朱茂南聘室羅姑　羅紹北女道光甲申生少失恃養於夫家至壬寅年夫故女誓守不二奉事翁姑代修子職立夫姪爲嗣

鄭瑜聘室熊女　女年十七瑜亡女聞訃亟尋自盡救甦赴弔泣血數日父母令女歸答曰此吾家也義不反奉養曲盡視

卒守貞四十三年

貞女羅學珠 羅大明女法名海賓嘉慶己未生秉性孝直因母病不願婚配母病篤割股三次調藥癒母得以壽終女卒於同治巳巳年

貞女劉伯遴女 守貞不字同治元年失怙侍依兄嫂度日同治十二

龍合 葬

汪大元聘室曾女 曾世良女嘉慶戊午生元久客不返女矢志靡他道光己酉卒守貞三十一年

曾思陞聘室余女 年二十二歲未嫁夫病來畢家省視夫旋故女於夫家立志守貞七十二歲卒

董時祥聘室范姑 范有德女乾隆甲戌生幼為夫家養媳夫歿於外女依姑以紡績度日姑卒喪葬盡禮嘉慶二十二年卒年六十三歲守貞四十餘年

徐士琳聘室劉女 琳故女聞訃泣奔徐家誓死不二撫夫姪文坦為嗣嘉慶二十三年卒守貞四十五年

李必輝聘室詹女 輝生詹文墨女壻年十九忽得瘋疾十年卒女聞三奔赴父母力阻之許令在家完節誓不另締至道光三十年姑年六十自出

嘉慶丙子卒年四十九歲守貞二十九年

劉維禮聘室高姑 高懷玉女乾隆壬午生十五歲為劉養媳夫遠貿不返女事姑孝謹道光己亥卒年七十七歲守貞六十二年

貞女趙本支女 乾隆戊辰生七歲父故十五歲母故十五歲聘夫亦故女欲歸夫家苦守無可托處遂居弟家誓不別字後其弟夫婦俱亡撫姪輩成人道光壬寅卒

范其鎬聘室王女 鈺年十二於嘉慶戊申年故女時十四歲泣赴夫家

心遂首跣足紡績暇更荷鋤犁宛然男子也翁姑繼亡哀感鄉里咸為助資七十九歲卒守貞六十二年

麻城縣志 卷二十九 列女 貞孝 十八

麻城縣志 卷二十九 列女 貞孝 十九

紡績餘資購諸弟置田一石為翁姑及夫祭祀費夫家以貞節可風額其室旋無疾而卒

魯鳳堂聘室鮑女 鳳堂病故姑聞訃矢志靡他後過門撫嗣以綿夫祀守貞十數年卒

羅承啟聘室樂姑 啟入川不返女誓不再字女卒夫兄承柱重其節迎葬女於羅姓墳側

尹正容聘室梅姑 岡邑人容賈外姑守貞五十餘年尹姓迎歸為撫一子承祀邑尊董應魁獎給節比柏舟額并銀若干兩

吳璽聘室曹女

誓以死守道光戊申卒守貞六十年

周之麟聘室黃女 黃萃川女嘉慶庚申年生庚午嫺養於周丁卯周子卒女年十七歲矢志守貞咸豐四年卒六十五歲

周之前聘室黃七姑 嘉慶癸亥生明病故姑年二十歲聞訃辭母至夫家痛哭遂不歸撫伯兄子明志為嗣孝事翁姑終身茹素同治癸亥卒年六十一歲守貞四十一年

胡四知聘室劉女 劉炳愈女道光壬午生壬寅寄養胡家癸卯四知故胡劉二家以女未婚議

麻城縣志　卷二十九　列女　貞孝　卆

年十八聞夫病故遂奔喪誓不再字道光二十五年卒守貞六十四年

周文信聘室君姑

尹作孚女聞夫故求姑母送至夫家誓以死守道後夫弟並夫弟婦俱亡有遺孤子女三姑鞠育婚嫁視若已出以一姪續夫祀奉養翁姑尤盡婦道年四十八歲沭洛更衣無疾而逝

蔡學琴聘室華姑

乾隆癸丑生咸豐庚申歲故終身不字守貞六十八年

聘女決志不從甲辰繼四知逝

劉繼珩聘室李姑

李繩翼女道光己丑生幼爲劉家養媳珩貿卒於外女年十八矢志事姑同治甲子卒守貞十八年

鄒興貴之女

幼許字陳姓十六歲失明不願累及夫壻潔貞自守道光庚子卒五十四歲守貞三十八年

胡必賢聘室周

周炳夏長女名基坤賢遠賈未歸基坤矢志貞守父母歿後有弟五人定婚完娶皆貞女身任其事年七十餘卒

麻城縣志卷之三十

列女第五

節烈　前朝

元

蒲烈女縣吏蒲汴女年十六爲紅巾賊所執欲污之女紿賊曰隨我至山橋僻處比至前拔簪刺其一目賊伏地眾賊追刃之駡不絕口死　通志

明

知縣劉漢妻張氏漢任商水知縣流寇至城陷張同女鸞仙死土窟中正統中旌　一統志

麻城縣志　卷之三十　列女　節烈　一

舉人周宏烈妻李氏年二十夫病願先死以明志及夫危不食而死次日夫乃卒　一統志

生員王掄廉妻吳氏掄廉師事謝夢高潛心理學搆疾而夭吳百法求死未得復念姑翁俱老奉侍無人遂以未亡人代夫孝養盡瘁人無間言崇禎壬午爲賊所擄奪刀自刎死

馮玉二妻李氏玉二弱冠病殤李年少翁姑伯叔皆欲嫁之李輒號慟不已遂不可奪李乃舉析箸時所受田地盡

還翁姑惟李一婢紡績牲畜以為生仍序妯娌行供養翁姑成禮撫幼姪以延夫祀御史熊克美題節孝二字以旌之癸未春流賊寇麻李母子媳婢奔避遇寇即投沙街河而死

張祖望妻傅氏邑宦王仲韜之婢其夫隨宦於閩年久未歸主母逼其另配傅大呼其夫者三投懸崖而死年二十有六節烈出一婢子亦奇矣哉

鄒友二妻唐氏友二早喪有二子唐堅志撫孤翁年老惑於繼姑劉氏百計逼嫁唐舉刀截耳示以死守之志終身族黨稱之

周滴于妻周氏滴于遠商祟禎乙亥周氏被流賊擄去所擄眾男女俱長跪哀鳴周獨昂然不屈賊怒必欲屈之周曰頭可斷腰不可屈身不可辱也賊怒殺之

王山甫妻鄒氏名勝大鄒思直之女也嫁山甫居北鄉時賊至圍砦鄒先與夫約曰我若遭賊擄誓以必死恐屍首難認我將耳鐶裹於腳帶內為記夫記其言祟禎戊寅二月砦被賊破擄鄒及一子一女以去鄒力持兒女罵賊誓不受汚賊怒將其子女撞石而死鄒痛入心骨罵賊愈甚



求死愈迫賊怒以木椿釘婦腹而死後九日夫往收屍果不能認忽記婦言解其腳帶有耳鐶在焉見者哀之

葉振華妻余氏祟禎乙亥春流寇初入境氏聞警即以節烈自矢及寇至隨夫竄身班竹園勢將危迫度不免氏自經夫解縛數次爭之不能奪抵黃昏乘夫不見卒縊樹間死舊志

生員王汝楫妻毛氏進士毛祈蕃女也事姑事祖姑以孝聞汝楫攜婦避亂武昌癸未五月獻賊破武昌汝楫攜婦出城被賊擄顧謂汝楫曰事急矣當以一死酬君罵不絕口賊怒將婦霍然刀下嗚呼烈哉

王貞一妻鄒氏名伯弟鄒思伋之女嫁貞一生一子一女俱被賊擄鄒棄子女不顧罵賊不絕口抵死不受賊汚賊剖其胸而死

韓某妻楊氏小字奈有殊色北關外十里許楊家墩其女族也甫適韓即為兵掠至黠奴劉某店數月抵死不辱兵始怒而終憐之許其父贖身父苦赤貧百計代鬻得脫猶負劉飯値未歸劉貪其艾數强之弗就經溽暑楊裂衣為褯渾體密束劉逼之愈急楊私計結為父母冀可止黠奴

不識名義狂暴如故一旦復强逼之楊哀惶呼劉婦與救婦反助劉楊遂自刎頸血濺婦衣節烈奇慘亂離中不多見者黄岡洪周祿哀以詩云芙蓉爲肉玉爲身鐵石心腸離亂人任道千番凌逼苦夜深霜鍔血痕新

儒士朱應麟妻榮氏麟遠館河南崇禎癸未春卒於館生徒扶櫬至以百金賻辭不受質衣物營葬負土成墳事畢從容以身殉知縣蔣煜贈奇烈可風匾今存麻溪河朱氏祠

董應長妻鄒氏夫死觸棺頭裂姑與母抱持勺水不入口



者六日遂絶少宰劉鍾英題疏旌表　一統志

庠生胡石銘妻宋氏生二子一女石銘病宋晝夜侍湯藥不倦一日忽病劇謂宋曰我死汝年未三十家貧將置我二子一女於何地宋泣曰妾非不能死亦無如此二三黄口何君如不諱妾當竭力玉諸子於成以見君地下君善自保無以後事爲慮不旬日石銘殂宋哭死復甦者數四葬瘞畢躬紡績以饘其子日不梳櫛苦自淬勵凡戚族餽送者咸不受以故人不敢以小惠累宋原工書籍二子雖幼教之如嚴師每晨興至暮淚不輟於眉睫甚年内舉人江杲欲娶之遣人踵其門宋大罵觸其惡思强逼之時明之末葉綱紀淩弛縉紳得自肆於是宋欲自盡尋思曰死則死矣我死諸孤亦死諸孤死是死適累於胡也不如伏義以鳴寃不可伸死未晩也翌日攜二子一女詣大中丞梅公信天白其事梅深嘉而憐之召江痛責其非謀暫寢宋歸激烈不自忍大哭於石銘之靈曰妾非不欲玉孤於成以報君九原下今日之禍君之所知蝮蠍之毒不可測也毋寧從權以完名節無貽夫子羞倘天佑胡氏使未亡人不死二子可教數年之後范陽賈島未始不可爲也當



日遂削其髮爲尼並二子一女皆披剃焉杜門不出作苦如初其教益嚴庚辛之交兵荒洊至勢益不能支不數年宋亦卒二子遂終於僧邑人王琬爲之傳

生員梁鎮妻羅氏與長男孟孫之媳王氏崇禎乙亥歲寇經白杲鎮與孟孫均外出羅攜王避於鳴山賊獲羅勒之上馬羅曰吾士人妻也豈爲賊婦延頸受殺王見姑死曰吾豈獨生賊亦殺之後人埋其屍於山麓夫堂弟雪亭有詩讃之

生員戴崇禮妻董氏年二十偕夫避流寇難時子耀甫六

月餘投其乳母囑善視之行至楊家冲遇賊猝至賊擁上馬奮身躍入深塘死 黃州府志

國朝 已旌節烈

監生阮文炳女名端懿許聘監生葉棫號莪峯之長子汝熾女年十七未嫁熾歿女聞訃引帶自縊死莪峯迎柩與其子合葬雍正十二年 旌後又專置祀田以垂久遠

周方旦妻蔡氏結褵一載夫病疽淹床席者四年屬纊日値氏生辰登樓雉經手揮其女曰汝可依外祖母弗戀我先其夫刻許死遂同穴葬之康熙十九年 旌建坊於望



花山南崗 通志

蘄州顧景星烈婦行並序麻城生員蔡作楫女六歲能誦女誡二十適生員周克孚之子方旦始終五載而方旦沈痾者四年旦歿時氏自縊康熙十九年六月十日晨定也周先世有生員弘祚妻劉氏守節四十年温陵李贄作傳又舉人弘祁妻俞氏舉人弘烈妻李氏夫死以不食殉明俱旌表嗚呼何周氏之節之多蔡氏尤烈鄉人歌詠事實以俟 國典焉

蔡家弱女周家婦丹心玉貌仙家妹飽聞汝南節義事會讀東漢班姑書雖云伉儷五裘葛第有藥爐親起居事夫誓擬同生死七尺素練千金軀炎炎赤日西山暮撫尸慟問泉臺路祇知大義貴捐生沒絕須臾忽回顧非問冢上鴛鴦飛不爲墓前連理樹當時何物斂隨身淚面蓬頭舊衣履君臣夫婦兩大倫國破家亡死幾人息妃不笑何難殉蔡國還鄉再誤身人間萬事愁堪觸使我欷歔斷續請將烈婦鄉里歌彈入馬上琵琶曲

易士周妻陳氏乾隆十年以烈婦建坊

曾烈女邑庠生聃之女也幼受同里甘學洵之長子權聘年及笄而權夭女聞信勺水不入口者月餘父母泣强之食女曰必雖見綏死須令終喪許之往事翁姑極盡婦道服滿一日晨起曰昨夢夫墓裂欲往覆以土姑及女弟伴之行比至啟肩輿女端坐如故目瞑氣絕兩家痛極遂合厝於甘權之墓遠近憐之文士多弔以詩文者

黃岡靖道謨詩 捐生猶是結褵期就義從容節更奇事與垂髫衛共伯夢符破楫華山畿許盟廿載心難負相見重泉貌當疑夷惠淸風歸百世咸與何待聖之時



黃岡夏力恕詩 聞音未許未亡人百折千回完此身赤盡羅衣血淚染聲寒帝鳥杜鵑親香閨應結英魂伴玉骨還當孝女隣採入瑤篇光舊史芳名勁節萬年存

劉烈女曹銘聘妻生員禮女年二十一未于歸銘故劉聞訃問父節烈二字於義何居父不答蓋不忍其一旦就死也防之甚密曹度不能自由乃佯改顏櫛沐飲食如常夜半防者少疎竟縊死知縣吳顧行贈貞烈可風額讚曰大義是赴何私何戀

張一恒輓劉烈女歌 女亦猶夫人之生世之鬚眉男子何畏死而希榮胡從容以就義乃見天地之分明三日不食兮長悲鳴一死甘心兮無渝盟吁嗟二十年許字曹門而不見曹兒一死後歸塋曹兆而合葬

曹生連理枝還合蛺蝶夢將成青山綠水日流峙烟雨黃昏鳥鵲聲莫道荒凉一堆土試問人間有此情

夏廉聘妻劉女蘄水劉時周女也廉年十六故劉年亦十六聞訃水漿不入口數日父母勸慰莫解自投水死

鮑烈女子知女也許聘蔡作楫三歲喪母依姑戴氏撫養年十七未婚合家避賊於戴家寨會寨破鮑投巖死

史烈女父象玉幼受聘於劉曾望未婚曾望卒女聞之自縊家人救甦欲適劉事姑父母禁止不得聞父母有議婚意遂不食而死

唐烈女父法颺女及笄降賊李有實委禽焉其父以其行



弗軌不許後適熊啟之其歸寗也李於路邀之女不屈曰寗作刀下鬼不爲反賊妻李怒刃之罵不絕口死

舉人王山玉繼室周氏崇禎壬午年七月二十四日流賊破砦二十六日夜氏露宿小產一男日嘔血數升旋被執氏罵不絕口賊怒殺之無血頸上有刀痕二白如練

周烈女州同樊之女也性專一工詩許聘生員顏日升未嫁而日升沒周痛絕屢投繯以救得不死一夕夢夫謂曰爾果有志相隨明旦拾梧桐下物是汝全志期矣翌午女沐浴作書遺兄嫂至樹下吞異草立死顏哀之舁櫬與日升合葬時子成龍同知府事駐岐亭聞而嘉之輓詩曰山上青青松天中皎皎月皎月與青松自古傳清潔君不見兎魄浮晶光四時耀冰雪盈昃不能無將圓旋復缺又不見松立萬峯巔堅剛出奇特嚴霜頻相摧臨死不易葉女今魂返歸惟此堪表白 舊志

張烈女許聘儒童程金典張年十六金典病劇張聞信白母欲往服侍不允越二日訃至又白母欲往送葬母亦不允曰生不送我往死必送我往程家去是夜即自縊面如生兩族迎送女棺與程氏子合葬鄉里送者數百人莫不



淚下

李烈女瑰之女也幼許聘程姓及程病李欲往問父母不許程卒李號泣欲往致祭又不許李以死自誓父母防之甚密女無隙後二十餘日有人來議婚父母私許之女聞之奔至園中自縊死

李烈女尹上華之聘妻未笄而上華卒李年十七聞之欲往哭甚哀母阻之毀面去飾乘母出外遂自經死尹姓哀之迎棺與夫合葬事在乾隆六年三月十一日

毛烈女邱之德之聘妻之德未婚而卒毛欲往邱家不得

晨昏哭泣數月後有議婚者卽潛至後園自縊

李烈女監生經邦女也許聘儒童周士毅李年十七士毅病故訃至李方食卽停箸入房關門自縊母趙氏窺見急喚家人救甦嗣是飲食少進廢棄女紅號慟月餘卒不食死族人哀之 以上烈女

生員秦在妻王氏戊子巳丑間北山周承謨倡亂麻城秦在從之蠱惑鄉衆王泣諫曰亂不可作汝必欲爲此當早備一棺俾吾母子寢處其中勿俟禍之及也秦在竟不聽仍往從承謨値官兵進勦婦攜八歲子往寨避之衆不納



謂其子曰汝父爲逆誰寨肯相容乎至一田中將子刃死隨自刎相隨一婢名桃兒亦大哭自刎三人刎死一處見者無不墮淚非獨婦烈也其婢亦烈矣哉

唐徽妻郭氏年十六適唐生一女夫故年二十五家計蕭條母女相依紡績度日爨火不繼族延不往餽弗受乾隆乙酉十月十四日夜郭知力不能支將祖先誥勑一切付焚用帶先束女死卽自縊次日鄰里知之皆嘆其節烈

生員周烜妻徐氏知州志尹姊也順治巳丑衛生堡値流寇亂烜見勢危逃出徐哭數日陰藏小刀壂潰徐囑僕負幼子急行兵至取刀自刎時稱節烈焉

呂志仁妻郭氏年二十歲翁先卒越三月夫又卒郭經營喪事十六日葬畢卽自縊岐亭同知鄧 贈金香玉骨額又聯云冰雪爲心祗覺翦皮金而自盡松筠著節何屑貪蕭草以營生蓋深嘉其烈焉

吳海寧妻鄒氏士慶女乾隆丙戌生乙巳年適吳生二女甲寅七月二十六日夫故誓以死殉至二十八日自縊卒年二十八歲

王尙秦妻董氏珍之女幼時曾割股救父年二十適王逾



年夫故董自刎救免哀毁骨立後因母病歸侍湯藥其父憐之與王家議改適董聞輒自憤曰父不諒女心是廹女死也卽引薙刀斷喉死時年二十九歲

儒童成天祚妻祝氏生員必昌女也孝養翁姑咸稱賢淑二十三歲夫故當以死殉翁姑勸諭延至三日入房自縊面如生

儒童蔡學柳妻周氏邦傑女于歸數載夫故誓相從地下姑勸諭百端弗聽防護不及飲鴆死乾隆丙戌年知縣劉希向申請學政胡紹南給額奬其烈

阮紹猷妻徐氏年二十五歲夫故無子徐侯殯殮畢撫棺號泣引刀刎死

儒童江國章妻熊氏監生必陵女年二十適江夫故越七日熊自縊死邑尊聞而遣吏弔祭時乾隆辛酉事

丁時安妻程氏年二十歲夫故卽自縊知縣馬元勳贈節烈維風額

庠生鄒德智妻戴氏智三十二歲故戴自縊殉節知縣吳顧行詳請學憲給文章節義額

周銘階妻何氏夫病篤誓以身殉及臨危何私服毒先一



日而卒

監生鮑汝時妻曹氏生一女夫故觸棺頭裂救甦數月後女夭氏自縊死

生員周昌妻劉氏昌以故家中落蹭蹬名場致病且篤湯藥罔效康熙戊子春昌大漸氏乃內計曰事不可爲矣因投繯死不踰晷而昌亦逝嗚呼視死如歸眞烈婦矣哉

劉光直妻周氏直病數年氏揣夫不能起誓以身殉及夫死五日往哭夫墓時小姑從行哭畢令小姑先歸氏遂投水死以上烈婦均舊志

廣西知縣姚清臣妻胡氏岡邑從九文光女前陣亡邑侯姚國振次媳隨姑王氏避賊於朱埠毛家垱賊至強逼胡去胡厲聲大罵遂被害奏　旌入節烈祠

王啓勝妻夏氏生四十日啓勝母抱爲養媳年十九夫歿無子矢志養姑二十年罔懈咸豐十年舉報請　旌同治四年避賊橫河區花墳頭因目瞽難行自刎不死遂自縊

袁五姑古城區人監生光鑾女生員汝舟舉人汝霖胞妹咸豐十一年賊氛逼近女投水死同治壬申年學使張奏

旌並獎給節孝可風額



童生鄭兆芳妻王氏嘉慶戊寅生同治三年六月罵賊被戕死光緒元年奏　旌

周楚華妻郭氏之福女西峯區人道光甲午年生同治三年五月初十避難至安邑上劉家畓賊至不屈身受重傷死前河南御史胡奏准　旌表

舉人王光柄妻鍾氏繼海女興隆區人嘉慶辛未年生光柄姑母鄧文松妻王氏貢生王家亨女嘉慶乙亥年生青年守節光柄弟婦王光鉅妻石氏石漢顯女道光乙未年生光柄弟婦王耀元妻陳氏道光己丑年生光柄長媳王

太臨妻陶氏庠生陶鵬九女道光乙巳年生均於同治三年五月初十日同闔村避難至黄安廟坊灣之戴氏祠前哭遇賊共駡賊被戕死時一門五烈河南道監察御史爲之奏請　旌表

童生張庭株妻陶氏同治四年十二月初七日在岡邑辛家沖遇賊投河死光緒元年奏　旌

童生周中耀妻羅氏文粲女南湖區人同治癸亥年避亂於母家賊哭至同母劉氏駡賊投水死年二十二歲七年學使張奏　旌



張春玉女永寧區人幼字余門未嫁夫死女聞訃誓死靡他毁妝茹素紡績度日已奏　旌咸豐九年二月同姪女翠姑遇賊於胡家田賊擄翠欲去貞女堅持翠衣不釋賊用刀斫翠並貞女身受重傷同躑躅赴水死以上新增

---

# 麻城縣志卷三十一

## 列女第六

### 節烈新增表

| | | |
|---|---|---|
| 城廂 | 監生蔡長春妻程氏 | 家石馬槽同治甲子五月二十日在花橋遇賊氏從容赴水死越四月氏子旭山撈殮屍尚未腐 |
| | 朱心喜妻馮氏 | 家石馬槽同治癸亥二月二十五日遇賊以刀逼之不從割其耳亦不從遂被賊害 |
| | 劉浩然妻袁氏 | 家小西門咸豐戊午賊入城姑與夫遇害氏駡賊被戕一女僅二歲亦被戕死 |
| 東鄉 | 丁志順妻王氏 | 家東義洲乾隆辛丑生嘉慶己亥歲饑夫採蕨被石壓死氏號泣自溺以殉 |
| | 王世官妻黃氏 | 家甑山區二十四歲夫故喪葬畢後以鐵鋌刺胸死 |
| | 晏永全妻黃氏 | 家甑山區嘉慶癸酉生二十三歲夫故無子僅一女誓以身殉越兩月自縊死 |
| | 俞士玉妻袁氏 | 家柚子區咸豐戊午三月十一日於本宅門首遇賊 |
| 南鄉 | 袁亚誼妻李氏 | 家自杲區嘉慶丁卯生道光丁未夫故於蜀姑老子幼以紡績爲事畜貧同治甲子避髮捻之亂倩人舁姑於倪家坳姑以病逝氏慟哭居停感其孝代爲收殮翌日賊至焚屋及棺氏號痛呼救遂被害 |
| | 江　妻曾氏 | 家魯家區廷材女于歸甫三載夫故氏哀病就縊家人救解越七日乘家人送葬仍投繯死 |
| | 劉文堂妻曾氏 | |
| 西鄉 | 監生劉攀洋妻胡氏 | 家汪王區乾隆乙巳生于歸後夫貿老河口病故氏俟夫櫬回里喪葬甫畢登樓自縊 |
| | 袁先秩妻陳氏 | 家古城區嘉慶壬申生于歸兩載夫故親殮後即投繯死與夫合葬 |
| | 郭天仕妻王氏 | 家七里陂區嘉慶癸酉生道光丁未夫故守節同治癸亥遇賊同媳黃氏投水死時年五十一歲 |
| | 周學羲妻汪氏 | |
| 北鄉 | 俞廷模妻張氏 | 家高梘區乾隆庚子生二十三歲夫故守節五十六年至咸豐戊午三月十八日賊至自縊死 |
| | 周亚禹妻陶氏 | 家邊堰蘇區嘉慶庚辰生同治甲子五月二十五逃難至菩薩岩遇賊墜岩死 |
| | 陶文勝妻余氏 | 家上馬區嘉慶庚辰生同治癸亥二月十一日攜幼女避難熊家畈遇賊抱女投水死女援蒲救免 |
| | 伍宜楠妻顏氏 | |

梅開先妻徐氏　家白田畈嘉慶甲戌生同治癸亥二月二十一日避亂至八里畈望賊將近投王氏祠側塘死
鄒其楨妻唐氏　家南門道光戊子夫故咸豐戊午二月城陷氏罵賊被殺守節三十年
蕭正國妻王氏　家樊顧區同治癸亥逃難至莧衣灣望賊將近投黃泥塘死
（庠生）劉常璠妻張氏　嘉慶丁卯生道光癸卯夫故同治癸亥九月十七日被髮逆所迫赴水死
郭步瀛妻唐氏

不屈被殺死時三十九歲
（監生）陳作霖妻傅氏　家閻家河六十九歲氏毋梅氏年九十一無子依女二十餘年氏奉養惟謹同治甲子五月入石城寨避難賊騎至舉家皆散氏獨依毋氏執手觸崖而死
張正春妻甘氏　家石陂區年二十九於咸豐戊午四月二十二日避難丁家沖賊殺其夫強氏同去不從遂被刺死
（監）熊繼曾妻汪氏　家甑山區咸豐戊午三月十一日同兩女大姪三姪逃難遇賊不屈賊刺氏傷賢三人均

家望花區嘉慶丙辰生道光辛巳夫故家貧撫孤成立同治甲子六月初十日過賊投巖死越三日收斂時盛夏面色如生六十九歲守節四十三年
羅楚南妻朱氏　家三羅堡嘉慶戊辰生同治甲子賊至赴蠟樹塘死
黃光前妻王氏　家三羅堡二十八歲夫故守節三十六年同治甲子殉難身故
吳珠妻鄒氏　家橫河區于歸二載夫故氏料理衣衿殮畢乘隙自縊死
姜必錦妻羅氏

家范家坳區嘉慶丙子生同治癸亥九月十七日賊入境氏同子女避之不及賊執其女氏護女且罵被凪死
（庠生）薛邦仕妻劉氏　家七家廟區嘉慶丙辰生二十六歲夫故氏以姑老無依撫夫姪為嗣道光已丑子殤姑歿氏乃自盡
黃作棣妻李氏　家萬仞區同治癸亥九月賊燬氏屋氏歸救火罵賊被打負痛投門首塘死時五十五歲
羅文轅妻劉氏　家黑沙區嘉慶戊辰生咸豐辛酉二月

家白墩區嘉慶己卯生同治癸亥二月十九日避難陶道灣見賊至投水死
王世有妻諶氏　家豐義堡嘉慶己卯生同治甲子五月十六日賊破楊眞山堡被擄行至宋家壕投水死
沈業元妻熊氏　家德義區監生朝彈女嘉慶壬戌生夫故守節咸豐戊午四月十三日[illegible]由麻窰安邑氏時避難安邑陳家塘邊賊至投水死黃安舉人盧繪雲有沈烈婦贊
馮[illegible]妻繼管氏　家宋杜區嘉慶丙辰生二十三歲夫故



家古城區嘉慶戊寅生同治甲子遇賊於蛇山河不屈被戕死
董載堂妻馮氏　家蕨淡山道光戊戌生妹五意姑及細妹同治癸亥二月二十二日賊突至三人攜手同赴馬家大塘死
周耀富妻劉氏　家戸長區同治癸亥三月二十一日倉皇遇賊懼污攜女金弟同赴水死氏年四十一女十六歲
徐鼎心妻丁氏　家桃林區二十六歲夫故同治甲子避賊於基隆山望賊旗遙投水死
（監生）徐九思妻喻氏

（生）喻際雲妻汪氏　家栢子區咸豐戊午三月十一日避難至紅石橋遇賊不屈被戕死氏時三十六歲
張維泰妻陳氏　家栢子區咸豐戊午三月十一日氏逃難至陳家河灣後遇賊不屈戕死時二十六歲
喻士亨妻胡氏　家栢子區道光壬午生亨弟士球繼室丁氏道光癸巳生均有孕同攜兩歲女亨女弟愛珠道光丙申生亨女富英道光壬寅生皆未字咸豐戊午三月十一日因賊逼近

家沙井區道光己丑生同治癸亥三月二十四日遇賊攜一女同時殉難氏年三十四女十五歲
楊鍾俊妻羅氏　家沙井區二十四歲夫故生遺腹子事姑撫孤同治甲子遇賊投水死時三十八歲守節十四年
王亨妻周氏　家沙井區二十五歲夫故矢志撫子女同治癸亥閤家避難茶園冲賊突至氏懼辱投水死時三十五歲其女亦自溺死
閔先禮妻羅氏　家沙井區同治癸亥二月避亂深山賊

不屈投越家坰塘死
周學海妻毛氏　家走馬崗區嘉慶已巳生咸豐辛酉三月初六日在陳集區葉家院門首塘過賊溺死
唐文勳妻趙氏　家高峯區四川重慶人夫故同治癸亥九月遇賊懼辱投水死時五十四歲
周正奎妻毛氏　家走馬崗區咸豐辛酉二月遇賊投水死五十二歲
周在彥妻毛氏　家走馬崗區咸豐辛酉二月遇賊赴水死四十二歲
周輝殿妻李氏　家走馬崗區同治甲子六

[illegible]慎理喪具俟夫棺出厝後仰藥死
王朝發妻何氏　家張留區同治甲子氏抱小女避難蝬窯山賊至氏匿女塘邊躍入水中女哭不止氏突起抱女同赴水溺死
汪成富妻蕭氏　家路口區道光丙戌生同治戊午五月初五日遇賊逼之不從以刀劈腦死
洪兆祥妻余氏　家張留區同治癸亥二月十九日遇賊投水死
（儒士）曾大徽妻盛氏　家張留區道光丁未生同治乙丑夫故

麻城縣志　卷三十　列女　節烈表　四

陳生士楷女同治甲子五月避亂於基隘山賊奄至氏恐汚投塘死年二十九歲

武生徐楚璐妻滾氏　家桃林區道光癸未生三十二歲夫故二子一女俱幼家貧無依有強氏再醮者氏抱女投大楊基塘死

畢世甲妻馮氏　家小西門夫故苦節八載咸豐戊午三月賊攻城陷氏懼辱投楊基塘死

陳向氏　家伴山區乳名喜黛同治甲子五月與姑避亂於懸鍾區之甘家塚賊追至姑逃去氏抱女[illegible]

家埂投塘死士球亦於是日率戶勇於閤家河打賊被戕死咸隣稟學詳請旌表准氏等建坊入祠球照步兵陣亡例卹銀伍拾兩前邑尊易蓮舫獎給一門節烈額

丁錦堂妻夏氏　家栢子區道光庚寅生同治甲子賊匪猝至投水死時三十五歲

杜明農妻丁氏　家栢子區道光甲申生夫故守節同治甲子賊至氏逃至本區老鼠塘懼汚赴水死時四十歲

曾廣學妻李氏　家栢子區道光己未生夫

家區兩河口塘死時二十九歲

姜守諧妻閔氏　家沙井區道光癸未生庚戌夫故撫夫姪承祧同治甲子避難東山周家大灣賊突至被擄行至中途投水死賊退始殮面如生

陳國潤妻王氏　家沙井區道光甲午生同治癸亥二月二十四日避亂至大梁家山遇賊全家被擄氏詆賊釋放全家願去賊允之隨行至張家塘投水死又有同堂妯娌胡氏係國能妻亦於是日同塘溺死

楊楚利妻李氏

月遇賊大雁被戕死時六十九歲

附生劉學岱妻項氏　家拜郊區監生鵬翎女嘉慶丙子生咸豐甲寅賊至被擄抵死不從乘間投水死時三十六歲

喻世鳳妻金氏　家龍門區嘉慶乙丑生道光己丑夫故無子氏閉門自縊時二十五歲

李有本妻朱氏　家永寧區同治甲子賊至其氏大罵被戕死

劉致遠妻喻氏　家謝店咸豐庚申三月遇賊投水死時四十七歲

李士楓妻金氏

雨死

伍文煥妻彭氏　家白墖區道光丙申生于歸五載夫故女二家貧父母欲奪其志氏投繯死

王倓舉妻詹氏　家宋杜區道光庚子生咸豐辛酉夫病篤詰妻曰爾青年若何氏曰生同室死同穴耳恐夫不見信即於是日自縊夫逾數日亦卒

高世剛妻曹氏　家白腊區道光癸未生同治癸亥二月十九日避難至燕家砦下猶兒溝賊將近氏抱三歲女躍入水死

張金約妻余氏　家上馬區道光乙巳生同

麻城縣志　卷三十　列女　節烈表　五

[illegible]水死

鄭傳瑞妻毛氏　家古城區同治甲子五月在何家畈遇賊懼汚投水溺死

鄭傳林妻王氏　于歸數載孝事翁姑同治甲子五月在鄭家坳遇賊投水死

郭履朝妻鄒氏　家古城區道光癸卯生同治甲子五月遇賊黃土嘴不屈死

胡紹功妻毛氏　家古城區同治甲子遇變罵賊被戕死

梅本仁妻蔡氏　家白田畈氏事姑盡孝同

[illegible]赴屋後塘內溺死

田承元妻楊氏　家二里河咸豐辛酉賊突入境夫先被擄氏扶病姑逃難遇賊躍入水中賊援出不屈被害時二十五歲

夏明泰妻余氏　家木樨河咸豐戊午遇賊不屈抱其一子一女投水溺死

黃夢衢妻張氏　家石陂區道光辛丑生同治甲子五月遇賊懼汚投黃園中灣塘死二十四歲

儒童張世興妻曾氏　家石陂區監生廣漢女道光庚子生二十歲夫故氏

家沙井區治癸亥二月二十四日氏攜二子避亂東山遇賊同子投紗帽石李姓屋側塘死三十三歲

袁尚甲妻楊氏　家白杲區道光壬午生咸豐辛亥夫故同治甲子氏臥病牀褥聞賊至投水求死因水淺不沒氣息奄奄越二日卒時四十二歲守節十三年

董慶科妻梁氏　家白杲區同治癸亥避難茶園沖賊至夫與子散遂投墩塘死

李之農妻程氏　家白杲區同治癸亥二月二十二日避難至吳家壪

家小河灣嘉慶己巳生夫故自縊以殉

李士貴妻屈氏　家深溝區嘉慶壬戌生于歸年餘夫故撫遺腹一子事姑盡孝同治初家道中落日食維難因赴水死

文童胡省烈妻劉氏　家拜郊區監生維友女嘉慶丁巳生二十三歲夫故撫姪承嗣事姑盡孝同治癸亥聞賊至同媳周氏監生茂模女投塘死劉氏時六十七歲胡宮保獎給勁節清操額禮部勘語心堅金石准予建坊

周楚燕妻郭氏　家西峯區嘉慶戊辰生二

治甲子五月二十四日扶病姑避難至七角尖山下賊將近姑曰爾速逃我老病何害氏避賊不及遂投水死

陶勉都妻張氏　家上馬區道光己亥生同治甲子五月二十四日出門遇賊至投水死

何宗輝妻黃氏　家白腊區道光己丑生咸豐戊午四月十一日從夫避難賊近氏曰君速遁毋以我為累賊至強氏同去氏罵不絕口賊至樹下繫馬氏乘間躍岸投水死

伍均順妻張氏　家石板區道光庚子生同

治甲子避難餵山河見賊近懼汚投水死

鄒　妻尹氏　家河東區同治癸亥三月賊至懼汚投水死

蔡寶成妻汪氏　家石馬槽同治癸亥避難白臯山遇賊挾之上馬至山下投水死時二十四歲

誓以[illegible]殉[illegible]夫服周四十九日仰藥死

李凝文妻張氏　家東義洲道光辛卯生咸豐辛酉八月二十一日遇賊抱小女投門首塘溺死

李時燃妻蕭氏　家東義洲道光丙申生咸豐辛酉八月二十一日避

遇賊投水賊以矛刺之殞時創痕徧體

儒士胡光質妻龔氏　家望花區歲貢兆新女同治癸亥避賊橫河區之汪家溝二月二十五日賊至氏棄子女投水死

梁超瀛妻董氏　家魯家區同治癸亥二月

十七歲夫故同治乙丑臘月二十四日賊至大罵不屈賊怒割其舌而死守節三十一年河南御史胡奏准建坊旌表

王錦衣妻胡氏　家走馬崗區道光辛卯于歸二十四歲夫故前已請旌獎給竹節松筠額同治

治甲子五月二十五日與伍尊三女胡序槐妻名又姑者同避難至江家垇遇賊攜手投水溺死

熊茂啟妻陳氏　家細楊區同治甲子五月二十七日於大勝尖遇賊被獲氏乘隙投塘賊刺之死時二十一歲

麻城縣志　卷三十一　列女　節烈表　六

鍾端儀妻谷氏　家義渡區咸豐戊午三月初十日髮逆入城氏罵賊被殺於鍾家岡門首大塘

梅尉起妻胡氏　家白田畈道光壬午生咸豐戊午避亂八里畈遇賊不屈被戕死

蔡存甲妻曾氏

難至陶家沖遇賊投水死

劉國年妻丁氏　家閻家河區同治甲子遇賊於八腦石不屈投塘死時三十四歲

程士益妻李氏　家白沙區同治甲子五月十七夜賊突至氏懼辱抱子投水殞死

賊窮搜山谷氏與媳劉氏女三姑同赴水死氏罵賊受傷死

守備梁殿元妻劉氏　家魯家區道光丙申生同治癸亥二月二十四日髮逆搜山谷氏與夫妹三姑攜手赴水死

陳正烺妻王氏

癸亥三月二十一日在中館驛轉棚橋下遇賊自溺死守節二十九年

吳其洲妻王氏　家走馬崗區嘉慶庚午于歸二十四歲夫故同治甲子五月十五日遇賊罵不絕口被戕死守節五十年

周錫璜妻唐氏

黃世宗妻許氏　家細楊區同治甲子五月十九日遇賊懼辱投水死時四十歲

張世簽妻顏氏　家細楊區咸豐戊午四月十六日攜四歲子避難於祖公山下遇賊不屈抱子躍入蠟樹塘賊救之子生

家洸家灘同治甲子七月攜六歲子賢高避亂遇賊懼辱於牌坊崗下灣門首塘坳投水死

吳祖澧妻鄭氏　家北門咸豐辛亥生二十三歲夫故氏數觸棺瀕死復甦家人以遺腹勸止迨生女氏乃絕粒仰藥死

程士榮妻胡氏　家白沙區同治甲子六月遇賊懼汚攜女投深塘死

童承鑑妻王氏　家墩陽區監生錫榮女同治三年五月二十日賊乘蚤至村放火氏扶姑避難被執不屈行至塘邊躍入水死時二十六歲

家望花區子錦堂遠貿氏因夫患足疾不能從子往外同治癸亥賊突至遂投老人垇門首塘死

梁作迪妻涂氏　家沙井區道光丁酉生同治癸亥二月二十四日賊逼近氏攜六齡子在紅坳口地方同赴水死

家走馬崗區道光庚子于歸咸豐辛亥夫故辛酉二月十五日遇賊赴水死守節十一年

童生劉常璟妻張氏　家南湖區嘉慶丁卯生道光癸卯夫故同治癸亥九月十七日遇賊投水死

監生楊美琳妻劉氏

氏死三十六歲

張之燮妻黃氏　家蘇坑區監生士朝女同治甲子五月十九日隨家人避難霧山岩氏見賊殺其翁監生左文及夫弟之烺氏乃厲聲罵賊攜幼女墜巖死賊退始殮屍經月面色如生忠孝節烈萃於

麻城縣志　卷三十一　列女　節烈表　七

梅花庭女　家白田畈同治癸亥二月二十一日避難至八里畈見賊逼近投王家祠堂灣門首塘死

貢生鄒虞門經孫女　家聖門女名鳳年十六未字咸豐戊午三月十一日賊入城女隨家屬避南門

程宗瑞妻周氏　家懸鍾區同治甲子五月遇賊不屈投水死

劉鳳儀妻段氏　家懸鍾區同治甲子五月遇賊投水賊援起逼之不屈被殺死

甘正序妻黃氏　家懸鍾區道光乙未生夫

彭啟祥妻李氏　家魯家區同治癸亥遇賊於獅子腦罵賊不屈被戕而死

儒士胡瀚梓妻魯氏　家望花區監生行華女同治癸亥避賊橫河區之汪家溝二月二十五日賊隊猝至氏棄幼兒女投水死

家宋埠區嘉慶壬戌生三十歲夫故孝事翁姑躬勤紡織同治甲子因一子殉難二孫被擄氏罵賊不輟被刺死時六十二歲

張士貴妻馮氏　家陳墩區道光壬辰生同治癸亥月二十二日攜夫兄女多姑年十六八女

門一

儒士劉國璟妻王氏　家擇里堡夫故與子媳食貧茹苦同治甲子五月初八日賊由安邑竄麻氏遇之投水死

王世朝妻朱氏　家黃栗石區于歸三月夫故矢志守節氏母憐其家

麻城縣志　卷三十　列女　節烈表　八

如遇賊投以馬女怒罵不屈遂被害

董兆瀛室聘汪女　家北門汪王女咸豐戊午三月逃難遇賊賊擄不從投水死時十八歲

郭[illegible]之女　家古城區道光丙午生同治甲子在黃土崗河西遇賊懼汚投水死

喻道鎬室聘周女　家金城區女未于歸聞鎬疾歿匍匐欲往奔喪爲家人苦阻女曰我生爲喻姓人死爲喻姓鬼況夫婿無昆弟堂上有老翁姑誰爲依靠誓在必往家人阻之益堅於是絕粒三日乘隙

故時子方周歲氏矢志守節家貧諸伯強奪其志氏自料身無所歸乃抱兒哺乳哀泣曰守之不堅不如死即投水溺斃時二十八歲其兒失哺亦死

鮑[illegible]勝妻盧氏　家唐殿區同治甲子遇賊於盧家坳被擄罵賊受戕死時三十四歲

劉八進妻鮑氏　家唐殿區年二十三夫故矢志守節同治甲子五月賊近懼汚投烏鵲林門首塘死時三十五歲

王元樂妻袁氏　家上義區同治甲子七月抱嬰逃難在顯道山遇賊

葉曉林妻張氏　家望花區四川漢州人道光丁亥生咸豐癸丑夫故於金堂縣攜子女扶柩歸事姑以孝聞咸豐辛酉三月初六日遇賊烏石山攜女投水俱死

葉蔚林妻周氏　家望花區咸豐辛酉三月初六日遇賊烏石山罵賊被刀砍頭面死

陳　妻王氏　家八里畈定則小養於陳既婚生子夫出外貿期年病故柩歸氏出望見撫膺大慟而絕

胡正大妻阮氏　家望花區同治癸亥二月

年十八遇賊懼汚同溺死

劉能進妻鄭氏　家南湖區咸豐乙卯夫故年二十九矢志自守同治癸亥九月初八日避難遇賊投水死咸稱節烈雙全

蕭興華妻項氏　家拜郊區咸豐癸丑夫故年二十六歲孝姑撫子安貧苦節同治癸亥九月聞賊至氏告村婦誓以必死若收骨當在某池賊去如言獲其屍

周熙之妻王氏　家卧牛石區同治甲子五月在汪家坳遇賊懼汚投水死

周　燮妻彭氏

貧無依議欲改嫁氏聞之悲憤自縊死

喻士壽妻張氏　家高梘區道光乙未生同治甲子五月二十六日避難於鹿鳴菴賊至氏罵不屈賊怒縛於樹剖腹死

梅漢章妻黃氏　家高梘區監生清佐女道光己丑生咸豐戊午夫故氏哀慟欲絕旋仰藥死

庠生馬[illegible]藩妻王氏　家高梘區道光辛巳生夫故氏痛不欲生勺水不入口數日而歿

吳光勝妻陶氏　家土乘區道光乙未生同治甲子五月二十五日避

麻城縣志　卷三十　列女　節烈表　九

以身殉已載周家乘

萬金魁女　家白田畈女名嬌同治甲子七月賊至懼汚在牌坊崗下灣門首塘投水死

劉永吉女　家洑家莊女名五枝小養於婆家同治甲子逃難至樊顧畈遇賊至遂投王家大灣門首塘死

白瑞貞　家東門同治癸亥避難白臯山遇賊懼汚投水死時十六歲

[illegible]軒妻鄒氏　道光己酉生同治癸亥三月十九日遇賊強逼不從與姑鄒尹氏同投塘死

不屈被戕死時三十二歲

吳家良妻蕭氏　家上義區道光丙申生咸豐戊午四月遇賊投塘死時三十六歲

儒士鮑大倫妻董氏　家唐殿區同治甲子七月倫病垂危適賊至索銀未遂怒焚其室氏衛其夫不忍去俱被焚死

張世奇妻江氏　家石陂區道光辛卯生咸豐戊午在土竇內遇賊強之出氏罵不從賊亂刃刺死時二十九歲

黃學啟妻曹氏　家石陂區咸豐戊午四月二十二日避難劉家山賊

二十二日扶姑攜幼避難鐵仙嶺賊至以刃刺氏未死刃折復以路旁鐵鋤碎其腦時三十四歲

胡正利妻王氏　家望花區同治癸亥三月同母家避亂茶園沖賊至投水死

羅啟祥妻朱氏　家三羅堡道光辛丑生同治癸亥二月二十二日被賊擄行至傅家塝破塘投水死

黃錫文妻羅氏　家三羅堡同治癸亥春闔家避難山南之石灰窨氏攜夫幼弟後行見賊逼近囑幼弟急走氏望見崖下

家卧牛石區家貧守節年二十五同治甲子五月從家屬避亂氏與熙之妻王氏同日遇賊合家逃散二人攜手赴坳塘中溺死

金秀諧妻熊氏　家王家集區同治甲子七月初一日遇賊投雞窩石小塘死時二十歲

吳均榮妻盛氏　家王家集區同治甲子六月二十三日遇賊懼汚在李家墩門首塘溺死時二十一歲

王[illegible]妻[illegible]氏　家王家集區同治癸亥三月二十一日在本村遇賊投河溺死時二十五歲

難胡家灣賊至赴水死

鄧[illegible]妻汪氏　家土乘區同治甲子五月二十四日遇賊不屈投水溺死

何永熙妻陶氏　家土乘區同治甲子全家被賊衝散氏隨家人夫兄等往山避之賊逼近氏懼汚遂投水死

郭恩泰妻程氏　家白塆區同治甲子六月避髮捻亂於栗林賊至氏罵不屈投水死

王[illegible]先妻傅氏　家豊義堡同治甲子五月二十一日賊破鳳山人和堡氏被執行至塔[illegible]投水

監生趙錫[illegible]妻陳氏　道光丁亥生同治甲子五月初九日遇賊不辱投門首塘死

殺其夫強氏同去氏手牢抱一樹大罵不從被亂足碎身死時三十歲

黃學順妻張氏　家石陂區咸豐戊午四月二十二日避難劉家山被賊追至田中以矛刺死時二十八歲

王　妻李氏　家石陂區年二十與李某妻羅氏年二十四均於同治甲子五月在燕子岩遇賊不屈投水死

余貽靜妻宋氏　家木樨河咸豐戊午夫與長子從直次子細毛遇賊俱被害氏爲賊所執大罵不從乘間投水死其數細

有池躍而逝彼後幼弟逃出歷述前事求得其屍卜葬焉

羅啟鑾妻王氏　家三羅堡同治癸亥二月二十二日在李木岩被賊擄至傅家破塘投水死

鄧能清妻陳氏　家三羅堡道光癸卯生咸豐辛酉三月初二于歸初六賊至赴門首塘死

羅佑號妻張氏　家三羅堡道光辛丑生同治甲子遇賊投屋側塘死

羅佑俊妻熊氏　家三羅堡道光辛卯生咸豐辛酉三月初六日賊至氏赴屋側塘死

郭炳華妻黃氏　家七里陂區同治癸亥遇賊同姑王氏投水死時二十四歲

鄧寶堂妻吳氏　家陳墩區庠士大年女咸豐辛酉三月初六日遇賊聞夫被戕在吳家坳投水溺死

周其智妻方氏　家陳墩區同治甲子八月二十八日遇賊於紫雲區沙集地方懼辱投水死時二十九歲

劉　杰妻馮氏　家陳墩區道光丁亥生同治壬戌夫外貿氏奉孀姑壹孝癸亥二月二十二日

死氏先與夫言堡破吾不欲生君後見腰裙繫瑤環即妾屍也果然

王先定妻諶氏　家豐義堡同治甲子五月二十一日賊破人和堡氏抱子墜巖未死被賊執氏切齒大罵賊怒解其屍並殺其子

余士沅妻段氏　家德義區道光乙未生咸豐戊午四月十三日賊由麻竄安氏聞賊逼近欲投水死同伴力挽之奔獅子山頂賊追至氏罵不屈被戕死

余家和妻蔡氏　家德義區道光戊戌生同



女亦隨母赴水死全家盡殁貢生夏慶勳收葬於西山灣之累石腦

童期泗妻詹氏　家木子店咸豐戊午賊至大罵不屈被害

李興元妻胡氏　家木子店同治甲子九月遇賊不屈遂被害

王雙喜妻陳氏　家木子店同治己巳夫故翁姑老病立志事奉族人欲强改嫁氏剪髮自矢衆强再三氏遂自縊死時二十五歲

徐　妻喻氏　家鬧家河區同治甲子七月在基隆山遇賊不屈投

盧德新妻詹氏　家三羅堡道光庚子生咸豐辛酉三月初六日遇賊投鄒家宗大塘死

蕭國和妻畢氏　家三羅堡道光己亥生同治癸亥二月二十四日闔家避亂香爐巖賊至投巖側塘死

羅佑徒妻黃氏　家三羅堡監生璧堂女道光丁亥生咸豐辛酉三月初六日遇賊與夫姪婦易氏王氏同赴水口寺塘死

羅啟賢妻易氏　家三羅堡道光丙戌生咸豐辛酉三月初六日賊至投水口寺塘死

賊至氏扶姑走避至官塘遇賊逼之上馬氏大罵不屈賊怒以鎗擊死閱數日家人殮其屍顏色如生

范自權妻夏氏　家陳墩區道光丙申夫故遺孤邇歲家貧守節事姑以孝聞同治甲子遇賊懼汚投水死

范景湘妻吳氏　家陳墩區同治甲子六月二十日遇賊不屈投水死

饒道熾妻林氏　家大成區同治甲子被賊擄哭罵不從賊怒刺死時二十二歲

林清齋妻吳氏　家大成區與子媳金維德

治甲子五月初八日賊由光邑竄麻氏隨家屬避亂士乘區山背灣遇賊投水溺死

方明道妻魏氏　家張留區同治甲子五月賊至不及避攜女投塘死

鄒世齊妻喻氏　家邊堰蘇區同治甲子五

月賊至懼汚投水死時二十九歲

龔安騠妻張氏　家白墖區咸豐戊午賊至氏擲週歲子於道旁投石碏沖塘內賊以長矛刺之胸背受重傷死二十八歲

夏代魏妻丁氏　家白墖區同治甲子賊至

水死時二十九歲

**丁廣成妻萬氏** 家石觀區道光戊戌生同治己巳夫故誓以身殉夫葬畢自縊死

**楊承宰妻汪氏** 家三杏區道光辛巳生咸豐戊午夫故矢志撫孤同治甲子六月賊突至村子

**羅啟興妻王氏** 家三羅區四川重慶人道光己亥生咸豐辛酉三月初六日遇賊後投水口寺後塘死

**范知意妻萬氏** 家袁家河咸豐戊午四被擄罵賊受傷死

**萬學全妻范氏**

女於同治甲子七月初一日避難至晏家店遇賊不屈被戕死姑年四十七歲

**周德明妻張氏** 家范家坳區同治甲子氏與夫攜子女避難朱家大窯七月二十夜被賊衝散追至蔡家窯氏投水死其

投江姓門首塘死時二十六歲

**張維鳳妻萬氏** 家白墖區同治甲子五月賊至懼辱投水溺死時三十歲

**張世泰妻宋氏** 家白墖區同治甲子五月賊至全家被擄欲犯氏氏

被擄氏投水死

**翁定鑑妻晏氏** 家落梅河咸豐戊午鑑堵勦髮匪陣亡氏聞信殺時自盡後立嗣孫尚幼

**喻繩周側室夏氏** 家栢子區咸豐戊午三月十一日於紅石橋罵賊不屈被戕死

家袁家河同治癸亥二月二十二日抱子擄女遇賊投水死

**徐正順妻譚氏** 家徐家區同治癸亥二月二十三日遇賊溺死燎箭崖下

**鄭謙益妻羅氏** 家徐家區咸豐辛酉三月

堂兄增貢張兩春有烈婦誄以紀之

**鮑東瀛妻喻氏** 家范家坳區道光丙申生咸豐辛酉三月初三日賊由安邑黛麻氏避至陽山下賊追急投水死

**袁能鋒妻鄒氏** 家古城山區安邑豕陽攸

不屈賊怒縛氏樹上將積薪焚之氏罵不絕口賊以刀挖其舌並梟其首去時二十九歲

**何從富妻徐氏** 家白墖區同治甲子五月避亂庫家嘴賊至被擄去罵不屈賊怒以刀亂砍[illegible]背死時三十歲



**喻臣烈妻徐氏** 家栢子區咸豐戊午三月十一日遇賊懼汚投紅石橋腰塘死

**方春榮妻毛氏** 家南莊區逃難遇賊夫被擄氏年三十女方十二歲恐賊汚母女俱投水死

監生**丁正學女**

初六日氏奉姑姜氏逃難遇賊同赴水死

**吳大文妻閻氏** 家曹家區姑早歿事病翁以孝聞咸豐辛酉大文扶父避難被擄不從賊殺之氏因翁老三子俱幼堅貞自矢同治甲子九月初十日賊突至氏與幼子遇賊

道光辛卯生姑病篤曾割股同治甲子七月二十日賊至氏懷孕難行遂於屋側塘投水死

**余中祿妻程氏** 家七家廟區二十歲夫故孝翁姑勤撫子有勸其改嫁者氏憤極卒死

**張宗澧妻宋氏**

**江大德妻顏氏** 家白墖區同治甲子六月遇賊戀母老不及避賊脅去不從被刺死二十九歲

**喻得高妻熊氏** 家宋杜區道光己亥生同治癸亥二月捻匪入境被擄氏罵不絕口投水死

**李楚章妻馮氏**

家石觀區嘉慶癸亥生終身未字同治甲子五月隨家人避難王霧山賊追至墜石巖死

**詹澤榮聘室丁女** 家木樨河聞夫病篤力請往侍湯藥數月知病不起即歸縊母家

於余林洲氏恐見逼赴水死時二十九歲後其子逃出哭訴其事撈屍葬焉

**黃金壺妻江氏** 家曹家區同治甲子五月隨二十六日夫與子避難丁家山聞賊至囑夫攜子速行自投水死

家七家廟區夫於同治丁卯從軍在外氏仰事俯畜盡道至辛未夫故氏聞信自盡

**龔樹彬妻李氏** 家七家廟區道光戊戌生同治癸亥九月十七日遇賊懼汚投水死二十六歲

家宋杜區同治癸亥二月十八日遇賊逼令上馬氏誑以往取手飾同行賊釋手趨赴水死

**臧福心聘室吳女** 家邊堰蘇區紹宏長女同治癸亥二月十九日同祖父避難至萬丈巖石洞內賊至欲殺其祖女脫手鐲

**熊繼湖養媳田女　盧正義妻鮑氏　汪志保妻[illegible]氏**

家饒山區次童紅芝女同治甲子七月二十六日於江家灣塘邊遇賊懼辱投水死

**曾紀德女** 家栢子區咸豐戊午三月十一日賊至閤家河女隨母逃至紅石橋李家塘賊近懼汚自溺死時十九歲

**曾茂楠女** 家栢子區道光壬寅生咸豐戊午三月遇賊逼之不屈被戕死

**張世奇女** 家石陂區女名鳳姑道光甲辰生咸豐戊午在曹家畈遇賊懼汚投水死時十五歲

家曹家廟同治癸亥遇賊姚家山投水死

**朱克甦妻羅氏** 家朱家區同治癸亥二月遇賊投水賊挽之起氏大罵不輟賊怒斷其舌并剔其牙猶含糊作罵聲死

**朱克鍊妻黃氏** 家朱家區咸豐辛酉三月賊猝至氏挽姑同行賊毆氏姑氏投水死

**朱光海妻葉氏** 家朱家區同治癸亥二月至粲家山遇賊於藕塘投水死時二十一歲

**王在明妻粲氏** 家朱家區同治癸亥二月至方家河遇賊於藕塘投

家七家廟區氏因夫病劇醫藥罔效兼之家貧無子計難全活遂自縊死夫亦旋卒氏時二十四歲

**汪志桁妻黃氏** 家萬仞區同治癸亥九月遇賊不從抱週歲子投水死時三十三歲其姑張氏見媳與孫俱死亦罵賊自溺死

**蔡光國妻郝氏** 家萬仞區同治癸亥九月賊至懼辱投門首塘死時二十二歲

**黃成勲妻汪氏** 家萬仞區同治癸亥九月遇賊大罵不從投塘死時二十七歲

與之得免賊復强女同去行至中途墜巖下深潭死時十七歲

**武生閻子驥聘室張女** 家上馬區庠生閻政女名淨姑同治甲子五月十九日隨母鄒氏遇賊黃石岩賊將刃其母女紿之曰留我母給我馬同行時牽馬者近地吳某也女至栢子壠側萬家塘投水死吳逃出報以死所母氏亦於是日投巖死陶姓聞之迎女葬祖塋側

**陶有成女** 家邊堰蘇區女名引弟爲吳默聘室同治甲子五月二十五日隨母與弟妹逃



**方同成女** 家南莊區遇賊不屈身受數十傷死時十八歲

**程士元女** 家白沙區女名細黛未字同治甲子五月十九日賊猝至村女與兄嫂均被擄勒行至深溪三人俱投水溺死

**張開炳女** 家三杏區女名秀芝同治甲子五月遇賊於白沙區被獲不屈且罵賊揮刀砍女斷手及唇舌甫釋手卽投水死

**李賜聘室蔡女** 家唐殷區同治癸亥春賊由鷄兒崖入山搜林女懼

水死時二十七歲

**朱德耀妻馮氏** 家朱家區同治甲子夫故氏因賊駐本地哀憤投水溺死

**周錫洵妻金氏** 家周鐵區同治甲子六月初七日遇賊不屈溺死於陳家山塘時二十三歲

**劉之福妻王氏** 家周鐵區同治甲子八月二十八日遇賊於本灣投門首塘死時二十歲

**周錦貴妻粲氏** 家周鐵區同治癸亥捻匪入境氏抱幼女避難被擄由箭廠崗大塘經過氏挽賊髮投入水中氏死賊亦

**江元焰妻范氏** 家萬仞區同治癸亥九月被賊擄行至木子店河投水死時三十六歲

**涂必寬妻劉氏** 家萬仞區同治癸亥九月被賊擄行至何家畈投水死時三十二歲

**范熙伢妻朱氏** 家萬仞區同治癸亥九月賊至避逃范家坳區被擄氏以數月子置姑懷投獅子塘死時二十二歲

**周全選妻江氏** 家萬仞區同治癸亥九月賊氏身孕恐被賊擄投水死時十七歲

**黃盛富妻李氏**

難至指背沖遇賊同赴水母與弟妹遇救得生女竟死時十五歲

**江朝圭女** 家上馬石區同治甲子五月二十一日避難藏隱本灣蘆中賊搜獲扶女上馬行半里許至洪家垇女投塘死時十六歲

**易明進女** 家上馬石區女爲陶存和聘室同治甲子六月初三日避難至上岡灣賊至投水死時十七歲

**鄧啓漢女** 家邊堰蘇區女爲高石山聘室同治甲子六月初十日隨母避難土乘區之坎

汚投淵死

唐金二女　家上義區咸豐戊午四月二十五日避賊山坡賊執女手女且拒且罵躍入水者再賊怒殺之

巢發周聘室唐女　家上義區道光丙申生咸豐戊午四月在鳳岐山遇賊不屈被戕死二十三歲

郭聘室李女　家柏子區李家塆同治甲子五月避難於高梘區馬家河與同行抱子之婦均遇賊不辱於竹渠塝塘投水死

熊爲椿妻郭氏（儒士）　嘉慶十二年生二十五歲

賊後撈氏屍其女猶在抱

劉孔年妻王氏　家橫河區同治癸亥二月遇賊投水死

周尚熾妻吳氏　家橫河區道光丙戌生同治甲子五月十八日在瓜子岩遇賊投水死

劉文朗妻戴氏　家橫河區道光丁亥生同治甲子六月初七日在鮑家沖遇賊不屈投水死

劉泰順妻李氏　家橫河區道光己亥生同治甲子六月初七日在鮑家沖遇賊懼汚投水死

李國元妻沈氏　家橫河區同治癸亥三月

家萬仞區同治甲子七月賊至氏抱四歲兩歲二子身又懷孕賊追逼氏挾二子同投木子樹河死時二十五歲

萬登祿妻蕭氏　家萬仞區同治甲子五月賊至氏以夫病垂危不忍棄逃被擄罵賊不從投門首河死夫亦死

袁開科妻陳氏　家萬仞區同治甲子五月賊圍青山堡氏奔堡不及賊追急投水死二十五歲

歐陽武繼妻項氏（儒士）　家萬仞區同治癸亥避難楊家沖九月賊至懼辱投水死

山賊至女投水死十六歲

蔡和昇女　家白腊區女爲洪彰壽聘室同治癸亥二月十九日避難燕家砦下貓兒溝賊至投水死時十七歲

白杲女　白杲女不知姓氏福田河有賣油者自賊叢逃出稱女之烈忘其名字知爲白杲人因以白杲女稱同治甲子五月女從親屬避難東山賊至親屬駭散賊擄女縛馬上歸館獻賊渠見女有殊色大喜送內室女哭求死賊知難遽犯命先擄婦女邏守勸慰之女泣曰吾名門女豈從賊死耶



夫故同治甲子遇賊懼辱投水死

梁超瀛女　名三女幼字童生涂啟桂同治癸亥二月二十四日賊至懼汚投塘死

蔡開元妻胡氏　道光甲辰生夫於同治乙丑貿易四川光緒庚辰病故氏聞訃自經死時三十七歲

羅文梁妻劉氏（監生）　嘉慶己卯生同治癸亥二月十一日遇賊不辱投塘溺死

秦學五妻[illegible]氏　道光十五年生同治甲子五月十五日遇賊不辱投

十九日賊突至氏在本區王英灣投水死

鄒文忠妻尹氏（監生）　家橫河區同治癸亥三月十九日賊至氏攜萬鄒氏仗節不辱投水俱溺死

萬崇軒妻鄒氏（職員）　家橫河區同治癸亥三月十九日隨母鄒尹氏遇賊不辱投水死

戴元功妻程氏　家橫河區道光庚寅生同治甲子六月初八日賊至持刀強逼氏罵不絕口賊斷其舌而殺之三十五歲

沈德麟妻鮑氏　家橫河區拔貢輝業女夫故寄居母家守節同治甲

劉秉智妻黃氏　家夾沙區道光庚寅生二十歲夫故姑多病夫弟幼氏操持盡瘁同治甲子賊至懼辱投水死

胡志豐妻吳氏　家夾沙區監生之烈次女同治甲子八月二十八日扶姑攜二子金書金柱避難見賊近拽與姑子入歷竹林自投水死

吳華亭妻張氏　家紫雲區道光癸巳生同治甲子遇賊不辱投水死

吳兆[illegible]妻李氏　家紫雲區道光己丑生夫故守節咸豐辛酉遇賊攜女投水死

已毋多言賊爲出錦繡金玉誘令自擇不顧又使人諭意如勉從即日作眞人眞人者耶蘇教之主婦也凡兩晝夜百計誘之終不動哭益哀聲益厲明晨賊坐堂上戈戟林立左右捽女至呼跪不顧坐地西向泣賊設醴案上且酌且問曰汝一女子倔强乃爾今從則生不從則死左右磨刀霍霍有聲女畧無懼色令以刀劍加頸問從否女誓死不從賊終愛其色目左右止頭之賊飲已醺執刀勃然起厲聲問曰願生乎願死乎女亦奮起大罵曰死吾願耳何問爲賊乃

塘死

秦學福妻盛氏　道光乙巳生同治甲子五月十五日賊至懼汚投塘溺死

周甲耀（章生）妻羅氏　道光壬寅生同治癸亥二月十一日賊至懼辱投水溺死

子捻匪入境氏因母病不忍遠離五月初九日賊至鮑家河氏懼汚投水死

傅成江妻羅氏　家沙河區氏家貧苦夫被賊擄姑老且病同治甲子七月初十日賊至懼辱涕泣辭姑投塘死三十八歲

傅學珪妻周氏

羅啟廸妻梅氏　家黑沙區同治甲子八月二十八日遇賊不屈投李家角門首大塘死時年二十歲

羅元芝妻方氏　家黑沙區道光丙戌生咸豐辛酉二月十五日遇賊不辱投紫雲區沙集堰水

砍爲數段左右無不嗟嘆私相謂曰吾黨自起事以來若此女固僅見也殺身存仁自杲女有焉

江光坤女　家細楊區女名又黛同治甲子五月二十五日於楊泗岩之天鵞蛋塘側遇賊同嫂張氏投水張援樹枝

葉閔氏　遇賊不出自縊身死

家沙河區于歸五月同治甲子五月十七日在大布袋坳因賊逼近投水死

徐正福妻劉氏　家程集區咸豐辛酉三月初六日在張家大塘遇賊懼辱投水死時二十三歲

謝光玉妻羅氏　家程集區咸豐辛酉三月

內死

王嗣義妻羅氏　家黑沙區道光庚子生同治癸亥三月二十一日遇賊不辱投小河嘴區曹家大灣塘死

王士進妻王氏　家黑沙區道光甲午生咸豐辛酉二月十五日遇賊

自蔽得免又黛獨入深水溺死時十七歲

朱文寬女　家仁美區女爲韓兆元聘室道光庚子生咸豐戊午四月十二日賊由麻竄安女避亂墩邊窪賊至投水溺死

陳元亮女



初六日在望花山區遇賊不屈自溺死時二十三歲

謝光普妻王氏　家程集區咸豐辛酉三月初六日在望花山遇賊不屈投水死時二十歲

榮天朗妻黃氏　家榮羅區道光丁酉生同治甲子五月二十五日遇

於走馬岡懼汚投水死

王士恭妻吳氏　家黑沙區道光丁酉生咸豐辛酉二月十五日遇賊於樓上灣北首塘投水死

潘　妻黃氏　家黑沙區咸豐辛酉二月十五日遇賊於如鐵岡投水死時二十歲

家黃栗石區女爲余文富聘室道光甲辰生同治壬戌三月二十三日賊由岡邑竄麻遇賊投水溺死

淩萬照女　家木節沖女名足女其父許締姑表鄭光泰其祖另許程國元二姓因婚涉訟女聞不願露面遂投水死

賊赴紗帽石側塘溺死

榮士祺妻羅氏　家榮羅區道光丙申生夫遠貿未歸同治癸亥遇賊赴扁擔坳側塘死

陳全春妻羅氏　家榮羅區監生承樹女道光戊戌生咸豐辛酉夫故矢志守節同治甲子五月

鄭汝霖（監生）妻盛氏　家黑沙區咸豐辛酉二月十五日避難如鐵岡賊近懼汚擄女及孫女同溺死

羅[illegible]楷（監生）妻唐氏　家黑沙區道光戊戌生同治甲子八月二十八日避亂高峯區罵賊投水死

劉繼遠妻萬氏

方代璜女　家德義區女爲朱文植聘室同治甲子五月初八日賊由光邑竄麻女避難土乘區山臂灣賊至投水死時十五歲

張能玉女　家德義區女爲盛花梓聘室同治甲子五月初八日

初避難曹家河賊至偕居停養媳父表弟媳吳氏同赴水死

**林章合妻張氏**　家八里畈區道光壬辰生咸豐辛酉夫故同治甲子遇賊投水死

**詹士祿妻王氏**　家八里畈區同治甲子七月二十一日聞賊退歸家復遇賊戕其幼女氏投水溺死

**馮景松妻羅氏**　家八里畈區咸豐辛酉三月初六日氏抱子偕姑避難至覔兒山之東谷賊逼近氏抱子投水子浮水面姑救之免氏竟死時二十

家黑沙區道光乙未生同治甲子七月初二日遇賊於岐亭河邊懼污投水死

**王澤金妻周氏**　家走馬岡區道光庚寅生同治甲子八月二十八日在鄒家灣遇賊被戕死

**王錦珍妻孔氏**　家走馬岡區道光癸卯生同治壬戌三月二十一日在金家河遇賊自溺死

**王天海妻毛氏**　家走馬岡區道光丙申生咸豐辛酉三月初六日在陳集區葉家院門首塘遇賊懼污自溺死

**涂金鐵妻謝氏**　家走馬岡區道光癸卯生

避難山臂灣遇賊投水死

**鄧廷獻女**　家白塧區女名三黛同治甲子五月從母避亂傳家冲賊至女請母速逃自投塘死賊退殮屍貌如生時十八歲

**葉大志女**　家黃棣石區女名七姑幼締翁明禮過門童養同治甲子五月遇賊投塘死時十五歲

**桂思霞女**　幼締張積慶同治甲子避亂鳳凰寨五月二十一日寨破女被賊擄罵不絕口賊怒殺之六月初六日賊始退家人殮其屍尚未腐



三歲

**王朝友妻胡氏**　家八里畈區道光辛丑生同治癸亥抱女避難至沙塘埂遇賊强之上馬氏曰吾懼乘願步行從淩家塘過抱女投水死

**吳士珍妻徐氏**　家董家堡同治癸亥二月聞賊至與小姑同溺屋後池內死

**徐學榮妻胡氏**　家董家堡同治癸亥遇賊罵不絕口遂被戕

**吳廷楷妻劉氏**　家董家堡同治癸亥二月闔家避難戴家山賊至夫被擄攜二子同赴水死

咸豐辛酉二月十五日在村後細塘遇賊自溺死

**毛大鵬妻徐氏**　家走馬岡區道光己丑生同治甲子五月二十八日在夫子河遇賊被戕死

**金朝宗妻王氏**　家走馬岡區道光乙巳生同治丁卯三月初六日遇賊懼辱投母家門首塘死

**程元法妻朱氏**　家永甯區道光乙巳生同治乙丑九月初七日在唐郁灣大塘側遇賊投水死

**鄒德臣妻周氏**　家走馬岡區道光丁未生同治甲子五月十八日在月塘灣遇賊被戕死

**湯士富妻喻氏**　道光甲午生咸豐甲寅夫故守節戊午遇賊不辱投黃氏門首塘死時二十有五歲

增補南鄉貞烈

熊國寶妻吳氏　家董家堡同治癸亥二月避難白泉山賊突至氏不及逃遂被擄氏不從賊以刀洞其胸死

吳天鶴妻董氏　家董家堡同治甲子遇賊投水死

孫廷芝妻董氏　家董家堡咸豐辛酉三月初六日避難鄭家山遇賊投水死

庠生閻培妻馮氏　家董家堡道光辛卯生同治癸亥二月二十二日賊逼近氏以子交夫囑其速

袁金龍聘室李女　家徐家區天發女同治癸亥二月聞捻匪入山懼汚投水死

袁兆科聘室黃女　家徐家區三元女同治癸亥二月二十三日遇賊赴水死

王朝清聘室朱女　家徐家區復禮女同治癸亥二月二十三日賊猝至女同母投水死

易自隆聘室王女　家青龍區宇朋女為易家養媳同治甲子夫被賊擄女隨姑避亂東山石子坳

增補西鄉貞烈

童生趙錫珍妻覃氏　家西峯區同治甲子五月二十八日遇賊氏抱幼女義不受辱賊以刀叩其頸氏罵不絕口赴水死時三十九歲

熊學啟妻鮑氏　家走馬岡區道光乙酉生夫故自守同治甲子八月遇賊投水死時四十歲

毛光英妻周氏　家高峯區監生周傑女同治甲子八月二十八日賊至氏因姑老失明不忍棄逃賊逼不從攜女連桂投塘死時三十七歲

陳啟煌妻劉氏　家天齊區道光辛巳生二十七歲夫故守節同治甲子八月逃難至岡邑辛家冲遇賊投水死

吳輝蔭妻黃氏　家天齊區岡邑儒士承泗女夫早故矢志撫孤孤殤撫姪同治丙寅正月二十七日賊至懼辱投門首塘死時四十六歲

李廷煥妻周氏　家天齊區道光甲午生同治癸亥避難劉大店上灣賊逼近棄五齡女赴水死

王維祺妻陳氏

輯錄節義錄

贈麻城歷年殉難婦女

張廷株妻陶氏

龔安智女字貴

蕭典光妻項氏

葉文麟妻閔氏

鄭兆芳妻王氏

丁達海妻周氏



遇氏抱幼女向閻氏祠側池內溺死後撈屍女猶在懷中

白　妻余氏　家董家堡咸豐戊午闔家避難夫遇害氏攜一子二女投水死

閻　妻張氏　家董家堡同治甲子避賊不及赴本地蓮二塘死

貢生余樹楠妻楊氏　家董家堡同治癸亥二月二十七日賊至被擄從阮家塘側過同姝楊四姑赴水死時二十三歲

董啟濂妻毛氏　家董家堡道光己丑生咸豐辛酉三月初六日賊姑

賊突至女投水死

鄒殿徵女　家曹家區同治甲子五月十八日遇賊乳頭山立塘側賊近投水死

朱福禮女　家朱家區女名引弟同治癸亥二月至徐家畈遇賊與母吳氏同赴水死女十七歲

周錦淇聘室程女　家周鐵區啟榮女為周家養媳同治甲子六月初七日遇賊不辱與嫂金氏同赴陳家山塘溺死女年十六歲

鄧文獻聘室姚女　家周鐵區宗富女咸豐庚

毛光奎妻張氏　家高峯區咸豐辛酉二月十五日賊至氏懼汚投塘死時三十八歲

毛光裕妻張氏　家高峯區同治甲子六月十六日賊稍退氏從姑回家賊復至子方襁褓賊逼上馬氏紿賊以子付姑投本灣塘死時三十歲

周麒麟妻姜氏　家高峯區同治甲子五月十一日回母家至余惕若灣聞賊至與鄰婦匿榛棘中賊搜出逼行不屈赴門首塘死二十四歲

毛光遠妻金氏　家高峯區咸豐己未夫故

家皇閣區同治乙丑避難岡邑柳林賊至被獲不屈遂殺死時三十四歲

劉元聯妻鄧氏　家七柯松區二十五歲夫故於四川溫州氏撫二子道遠無資扶櫬回籍因憂憤不食而死

來正遇妻王氏　家土門區監生戴萬女道光已丑生同治甲子五月十六日賊由光邑黿麻破楊真山堡氏攜三子賊逼氏罵不屈殺其長子以脅氏不從又殺其次子氏曰任賊割裂子終不從賊遂撲其幼子氏仍罵不絕口賊怒以刀劈其胸死

鄭光祖妻劉氏

鄒天貴女大姑

蕭維潛母劉氏

蕭劉氏媳袁氏

劉彭氏

劉曾氏

劉周氏

劉黃氏

劉龔氏

以上咸豐四年殉難婦女

生員謝道坦妻熊氏

謝長達妻熊氏

喻士球妻丁氏

喻士球妹愛妹

喻士球女鳳英

鄭其楨妻唐氏

生員喻士亨妻胡氏

喻士亨女富英

遇劉晉家山嘴見賊逼近懼汚投塘死
董啟信妻黃氏 家董家堡同治癸亥二月二十四日攜子避難見賊近懼汚投牛雀宕塘死
董正元妻王氏 家董家堡同治癸亥二月二十四日扶姑避難見賊近投斗笠廟塘死
丁正來妻夏氏 家合鮑村同治癸亥避難丁家山遇賊逼之不從大罵被戕死時二十四歲
熊振林妻吳氏 家袁家河區同治甲子七月遇賊懼辱投水死
周錫倫妻夏氏

申館劉鄭泰 辛酉三月初六日遇賊懼汚投塘死時十六歲
江啟興女 家周鐵區同治甲子遇賊懼汚投王家塘溺死時十五歲
閔全順聘室胡女 家横河區同治癸亥隨父母避難在本區遇賊懼汚投水死時十六歲
尹國興聘室林女 家横河區玉奎女道光乙巳生同治乙丑典出外不返女誓守庚午五月其家勸之曰若多備妝奩可別字乎女曰一字足矣遂乘間[illegible]死

匪遇 歲[illegible]月十五[illegible]賊投水死時二十五歲
劉志福妻劉氏 家高峯區道光丁亥生咸豐戊午夫故辛酉二月遇賊赴水死時三十五歲
詹應達妻馮氏 家高峯區同治癸亥九月遇賊投水死時三十三歲
監生熊開元妻程氏 家高峯區咸豐辛酉二月遇賊自縊死時二十二歲
熊汪氏 家高峯區同治甲子五月同熊周氏避難至東山龍燈沖遇賊赴水死二十歲
熊周氏

來正紀妻彭 家士門區道光癸卯生同治甲子五月十六日賊攻楊眞山堡氏攜一女與夫決曰此堡難守妾志不辱君宜珍重自全遂抱女投巖死是日堡破賊旬日始退殮其屍顏色如生
葉代信妻王氏 家士門區道光丁酉生同治甲子五月二十一日賊破鳳山人和堡氏抱子罵賊不屈賊斷其首死子越二日亦死
王應法妻鄭氏 家士門區同治癸亥三月二十一日遇賊不辱與其小姑投水死

汪遇鰲女大姑
謝婁大妻熊氏
鄒士銓女鳳英
常山妻童氏
韓文元妻江氏
謝天祿妻熊氏
謝天才妻毛氏
常國寶妻楊氏
熊得海女三姑
熊士志妻常氏
熊士國妻夏氏
童學金妻詹氏
童定國妻熊氏
高之楷妻顏氏
常長興妻張氏
常泰來妻江氏
常之楷妻熊氏
常之禮妻陳氏



家鹽田區同治甲子遇賊不屈被害時三十七歲
繆曾喜妻周氏 家鹽田區同治甲子遇賊投水死
鮑錫耀妻程氏 家義合區青年守節同治甲子遇賊大罵不屈投水溺死
陸程景堈妻熊氏 家義合區同治甲子賊擄其翁氏助夫救翁連殺六賊力竭被害
程德富妻張氏 家義合區同治甲子遇賊與女均不屈被賊戕死
蔡賢成妻汪氏 家余家院同治癸亥避難

謝光楝聘室王女 家程集區定遠女咸豐辛酉三月初六日在望花山遇賊懼汚自溺死十六歲
陳朝緒聘室閻女 家榮羅區金佑女同治甲子五月避賊入山賊追至不從投水死
監生王朝盛女 家八里畈區女名鳳姑幼締董姓道光丙午生咸豐辛酉二月初六日閤家避難至羅家岡遇賊逼之上馬女罵不絕口遂遇害
劉其燧女 家八里畈區女名金女爲韓長貴聘室咸豐戊午三月二十四日隨父避難

家高峯區同治甲子五月同熊汪氏避難至東山龍燈沖遇賊懼汚赴水死時十八歲
熊光壽妻毛氏 家高峯區道光丁酉生咸豐丁巳夫故年二十一兩次自盡以救得甦姑毛氏曰我素多病汝死我何能生氏始收淚飲啜戊午姑殁氏急爲夫立後畢絕粒數日死
熊光熙妻梅氏 家走馬岡區道光辛丑生同治甲子避難東山闖賊退歸至中館驛賊復至氏以二子付姑潛入旅店自經死

梅錦蘭妻盧氏 家高峯區同治甲子夫故痛不欲生祇殮後謂其母曰幸無遺累兒有死所矣即仰藥死時二十五歲
盧世儀妻方氏 家高峯區同治甲子五月賊至以刀逼之氏罵不絕口身無完膚死四十四歲
胡岸魁妻伍氏 家河三墩區同治甲子五月在黃棣石遇賊懼汚投水死時十九歲
梅光耀妻李氏 家河三墩區同治癸亥賊至夫負母逃氏與夫妹江學福妻遇賊不屈同投黒糸塘死李年三十二梅三

熊士權妻劉氏
熊士鑑妻鄒氏
熊光桂妻羅氏
熊天木妻沈氏
沈厚勤妻熊氏
詹士豫妻常氏
此上咸豐八年殉難婦女
楊士楷母卜氏
楊士楷女大姑
何忠貞妻張氏
此上咸豐十一年殉難婦女
職員梁超瀛妻童氏
守備梁啟元妻劉氏
涂啟桂妻梁氏
鮑石妻童氏
梁超瀛女三女
周耀甲妻羅氏

白杲山賊至強扶上馬行至山下投水死二十四歲

江啟發妻阮氏 家程集區咸豐辛酉三月賊至奉姑逃難遇賊不屈投水死時三十二歲

李國楷妻劉氏 家塋花區咸豐辛酉三月初六日避難至夏家竹林過賊懼污投水死

梁應生妻涂氏 家白杲區同治甲子五月十四日在横河區避難賊猝至攜子赴塘死

閻聖言妻盧氏 家横河區同治壬戌二月在本區遇賊不屈投水死

劉萬齡妻戴氏

上腰塘角賊哭至與父相失遂投塘死時十七歲

王朝佐女 家八里畈區女名菊姑同治癸亥二月二十六日避難至聶油榨新塘見賊逼近懼污投水死時十五歲

婁大驥聘室王女 家董家堡尚溺女咸豐辛酉三月初六日避難黃家山見賊逼近投水死其家小大在岸上守之家人往彼撈之果獲屍入殮面色如生

王福志聘室徐女 家董家堡學銘女同治癸亥二月賊至被擄大罵不從遂遇害

毛明功妻盧氏 家走馬岡區咸豐辛酉二月十五日過賊攜夫妹楊光全妻同赴水死

毛家政妻涂氏 家走馬岡區同治甲子八月二十八日過賊同姑毛盧氏之長女桂女次女金女攜手赴水死

毛光熙妻范氏 家走馬岡區于歸數載生一子夫外貿同治甲子五月賊至姑目盲氏扶姑攜子以避賊逼近急投路旁池中死時十九歲

周在瑞妻盧氏 家走馬岡區咸豐辛酉二月十六日遇賊與嫂毛氏

十歲

李士選妻劉氏 家七柯松區貢生伯僑女同治甲子遇賊投水死時三十七歲

張大緒妻胡氏 家烏龍區同治甲子五月隨夫抱子至九里冲遇賊氏不屈投水死二十七歲

鄢維坤妻唐氏 家烏龍區咸豐辛酉三月於劉明士地過賊懼污抱子赴塘死時二十九歲

唐心愉妻楊氏 家烏龍區同治甲子遇賊懼污投水死時二十歲

吳炳靈妻余氏 家夾沙區同治甲子六月

周羅氏之母羅劉氏　職員葛崇軒妻鄒氏　從九劉壽山妻吳氏　周聖蓍繼妻龔氏　吳鄰聖繼妻龔氏　[illegible]妻龔氏　毛樹女祥姑　毛大受妻鮑氏　毛寶臣妻段氏　毛雲洲妻馮氏　周粱氏　此上同治二年在縣屬并外省殉難婦女　王四妻張氏　張之煖妻黃氏　陳梅氏　陳寶姑　王石氏



家横河區同治甲子五月在本區遇賊投水死

劉文銀妻周氏 家横河區同治癸亥于歸年十八與從國妻尹氏娣姒也甚睦次年五月賊至氏著紅衣語尹曰倘不及避惟一死耳以此衣爲驗行至羅家山過賊投水死越數日尋氏不得尹曰紅衣可證也遂獲屍葬之

涂成松妻劉氏 家横河區在本區遇賊不屈投水死

畢氏 家三羅堡氏農家婦事翁姑盡孝道同治癸亥捻匪入境氏奉姑[illegible]

楊鳴春女 家董家堡女名四姑幼締朱姓同治癸亥二月二十七日賊至被擄從阮家塘側過赴水死時十六歲

楊蔚華女 家董家堡女名秀英幼締羅姓同治甲子九月十一日女望見白杲火起知賊氛逼近向母泣辭投門首大塘井而死時二十二歲

閻鎮鴻女 家董家堡女名桂姑同治癸亥二月二十一日賊至懼污投本宅門首塘死時十五歲

李楚廣女 家青龍區女名幺姑道光

赴水死時三十八歲

周在寬妻王氏 家走馬岡區同治甲子六月過賊溺死時三十六歲

劉能綏妻劉氏 家南湖區道光乙未生同治癸亥九月避難過賊投水死

何士武妻呂氏 家南湖區同治乙丑十二月初六日被賊逼投水死時二十一歲

劉繼珩妻郝氏 家走馬岡區氏娣姒繼璜妻吳氏繼琯妻何氏繼璜女順全年十四一家婦女共四人於咸豐辛酉二月十六日髮匪猝至強逼不

賊至懼辱投水死距兩日撈屍殮葬貌如生十七歲

吳昭民聘室劉氏 家紫雲區生卒年月失攷墓在吳姓村前栗林山係與昭民合墓康熙五十八年族人吳世奇誌墓碑猶存有句云桃夭未賦竹斑先斑乃隕命於青鋒幸連枝於黃壤

張維楚女 家土門區幼締程金典女二十一歲將于歸聞典病故女泣拜辭母曰兒今有死所矣遂自縊死典兄金祥與櫬歸與典合葬

金秀松女 家王家集女名喜嫦咸豐

王閤氏　王茂氏　白瑞貞　鄒尹氏　劉項氏　劉郝氏　劉壽枝　張琇女　王李氏　李羅氏　徐喻氏　劉陳氏　陳施氏　陳李氏　林周氏　甘女　林詹氏　林三六

賊擄獲強曳之氏罵不輟乘間投水死

童生鮑石妻童氏
家魯家區同治癸亥二月賊蹂其家夫婦俱遭焚死

凌紹傑妻吳氏
家董家堡同治癸亥二月賊至氏不及避投水死

尹承鼎女
家横河區嘉慶庚辰生幼字沙河區傅姓未成禮道光丁酉聞夫故欲以死殉家人勸止之矢不再字年餘有議婚者女聞之號泣不食數日死

從九梁超瀛女
家魯家區女名三姑爲童生徐啟桂聘室同治甲子

丙午生咸豐辛酉三月初六日在夫子河遇賊投水溺死

王尚弼女
家董家堡女名金秀道光乙巳生幼受凌姓聘咸豐辛酉賊入境女隨母避難賊漸近謂母曰母老無虞兒不能任賊近身也遂投水死時十七歲

李習濤聘室徐女
家三羅堡元照女爲李家養媳咸豐辛酉三月初七日遇賊與鮑姓女同赴水死時十七歲

李習和聘室鮑女
家三羅堡堂之女亦爲李家養媳咸豐辛酉遇賊與

屈同赴水死

劉繼復妻胡氏
家南湖區監生中旭女咸豐辛酉二月十七日賊至氏奔豹子山松樹下自縊死時三十一歲

江朝椿妻范氏
家南湖區同治甲子五月遇賊自溺死時三十六歲

屈文璧妻鄢氏
家拜郊區咸豐間遇賊投水幾斃又同治癸亥九月遇賊懼汚投水死時三十三歲

屈春生妻項氏
家拜郊區道光乙巳生同治癸亥九月遇賊投水死時十九歲

辛酉二月賊由中館驛分竄萬仞區女避亂石堰崗灣被擄不從乘隙投水死時十六歲

楊烈女
家王家集女名桂姑同治甲子遇賊投水死十八歲

文庠林贊翰女
家王家集同治癸亥三月遇賊輸被擄女護父不肯釋手賊并擄女女罵不休賊怒殺之時十四歲

范存榮女
家陳墩區女名十姑同治甲子賊退後女隨父母自邑城歸父母年老復病饑疫女采野菜遺菽以進八月朔游勇猝至女避不及

林嬌娣　林喻氏　郝王氏　余張氏　游滿女　余金娣　胡順女　葉甘氏　葉何氏

陳彭氏　郭程氏　李全娣　李鳳女　李有姑　鄧王氏　周郭氏　王戴氏　李張氏



二月二十四日捻匪踞白杲窮搜山谷女與母嫂倉皇遇變女偕嫂劉氏攜手赴水死時十五歲

羅立孝女
家望花區幼締李國槐過門童養咸豐辛酉隨姑避亂於派夫嶺賊至自溺死時十三歲

胡志桂聘室徐女
家望花區岡邑庠生徐鵬女星期已訂忽聞夫病故欲奔夫家守志父力止之踰年父爲另締姻女知之自經於室因救免終不食而死

胡能先女
家望花區同治癸亥二月

徐女同赴水死時十六歲

羅承信女
家三羅堡幼締丁姓道光丙午生同治甲子遇賊投水死

羅承守女
家三羅堡道光甲辰生咸豐庚申遇賊投水死

李文蘭女
家白杲區幼受袁姓聘同治癸亥二月避捻匪亂於徐家墩賊近懼汚投塘死時十八歲

胡兆倫女
家沙河區女名順姑同治甲子五月二十四日在梅家冲賊勢逼近女躡家人自赴水死賊退撈屍入殮

項德安妻陳氏
家拜郊區同治癸亥九月十六日遇賊投水死時二十歲

郝輝瀛妻劉氏
家拜郊區同治癸亥九月十七日賊至投水罵不絕口死之時三十五歲

胡正楷妻劉氏
家拜郊區夫遠貿辛氏因姑在堂願以媳道終子道同治癸亥九月十六日聞賊至投水死時三十三歲

項正娑妻錢氏
家拜郊區同治癸亥九月十六日遇賊投水死時二十四歲

胡謨堂妻黃氏

投水中沒及肩母扶病出呼且以好言慰女見賊立水邊大慟哭數聲死年十八父母憂病又無從得食亦相繼而卒

從九鮑慶鎧女
家陳墩區咸豐辛酉二月十六日遇賊於三羅堡之鮑家嘴投水死時十五歲

鄒爲安女
家龍門區同治甲子三月避亂萬仞區王家冲內賊搜山遍擄婦女女同伴五人奔投黃姓新堰旁賊以矛刺女女輩共投水死時十九歲其同溺者祝光富女多娣年十七喻大朋女銀仔年十八鄒德裕女九

盧夏氏　盧石氏　夏胡氏　楊王氏　賀余氏

此上同治三年殉難婦女

舉人[illegible]妻鍾氏　從九張希祖妻許氏　周郭氏

此上同治四年殉難婦女

曾姑　丁姑　王丁氏　吳馮氏　劉郭氏　劉袁氏　趙熊氏

以上七名同治八年殉難

二十日遇難鹽田河羅家山坳遇賊投水死時年十四歲

面色如生時十四歲

家拜郊區武生績成女同治甲子五月十七日遇賊投水死時四十歲

女年十五鄉舉元女玉英十七歲

照原志補錄

**胡均暢妻樂氏**　家拜郊區同治乙丑九月十六日聞捻匪至氏攜四歲子逃難賊已逼近氏懼污抱子投水死賊退殮屍子猶在抱時四十歲

**余德伢聘室羅女**　家范家坳區道光丁未生同治甲子七月二十二日女隨父母避難至安邑李必文地方賊復至女懼辱投水死

**彭名鴻聘室胡女**　家范家坳區可法女道光乙巳生同治癸亥七月二十二日女隨家人避難黃安界次日黎明賊至被擄女行至七家廟匾汪家桃園踞地泣罵賊手刃之斃

**胡珍堂妻李氏**　家拜郊區監生錫玟女同治癸亥九月十六日與姑宣烈妻劉氏聞捻匪至同赴門首塘死時三十四歲

**周熙格妻章氏**　家拜郊區同治甲子五月十四日賊至將襁褓子付姑投水死

**袁烈女**　家謝店女聞賊警自知不免預作絕命詞三首藏衣帶間有月明誰與弔孤魂之句賊至投繯死



**周其志妻方氏**　家陳墩區同治甲子九月十七日遇賊懼污投水死時二十八歲

# 再補西鄉貞烈各婦女表

胡兒魁妻周氏　家朱埠區氏一子祿見甫三歲翁與夫俱亡姑雙瞽同治甲子七月扶姑攜子奔母家避難賊至強逼不從賊傷氏足負創投水死時二十八歲

李錦茂妻李氏　家汪王區同治甲子五月初八日賊至投水死

李高文妻陳氏　家汪王區道光己丑生同治甲子五月初八日在高峯山下遇賊懼污攜十四歲女有弟同赴水死

李士和妻李氏

張文傑女　家七家廟區幼締安邑程姓年已及笄猶未成禮咸豐辛酉九月十六日賊匪逼近女懼污奔逃夫家門首塘死

江百歲妻楊氏　家汪王區年二十餘咸豐辛酉避難遇賊投水死

鄭世甲妻陳氏　家汪王區同治甲子五月二十一日賊破人和堡氏懼污投水死

監生陳肯華妻項氏　家朱埠區氏夫病劇割股雜藥以進未幾夫故事姑

陶之桂妻成氏　家陶家園區同治甲子五月賊至岐亭氏抱子避難葫蘆山谷中賊至逼氏上馬哭罵不從被傷以子託同行老嫗投溪水死

陶國瑞妻朱氏　家陶家園區氏生子四同治甲子五月初九日攜子避難葫蘆山廟側茨林賊至逼之上馬行至高稻場邊躍入水死

楊德廣女　家萬伽區女名旺娣同治癸亥九月遇賊不辱與玉英同赴廖家沖塘溺死時

汪喜泰聘室邱女　家萬伽區正高女過門童養同治癸亥九月賊至追急投塘死

汪學勳聘室項氏　家萬伽區大有女年十八過門未笄同治癸亥九月賊至女避匿竹林中被賊搜獲女懼污投水死

黃先德女　家萬伽區女名旺姑同治癸亥九月賊至女被擄不從賊傷其手負痛投塘死時十六歲

湯錫順女　家萬伽區女名玉英同治

黃增隆女　家萬伽區同治癸亥三月攜妹逃難至富家岡被擄女泣罵不從賊殺其妹女益泣罵賊又殺之時二十二歲

李玉灼女　家拜郊區女名喜女同治癸亥九月被賊擄不從投水死時十八歲

胡志勝女　家夾沙區女名全娣道光庚戌生幼締吳姓同孀母王氏耕耘紡織備歷艱辛同治甲子六月十六日隨母避難見賊近懼污投水



家汪王區道光丙戌生同治甲子五月初八日在高峯山下遇賊懼污攜十三歲女連弟同赴水死

從九劉壽山妻黃氏　家朱埠區同治癸酉九月逆匪竄擾罵賊被殺死

陳天朝妻　氏　家陳家窪同治甲子五月二十一日賊破人和堡懼辱自縊死

鄭楊氏　家鄭家灣同治甲子五月二十一日賊破人和堡懼污投巖死

從九張希祖妻許氏　家永寧區同治乙丑十二月初七日在喻家涼亭遇

盡禮遺孤際清年九歲氏教養成立歷任江蘇吳縣主薄城陷殉難

何忠貞妻張氏　家永寧區附生廷廉女咸豐辛酉七月二十三日在瑁山遇賊投水死

從九張廷楨妻鄭氏　家永寧區咸豐甲寅五月二十一日在梅家泉塘遇賊投水死

張學禮妻李氏　家永寧區同治丙寅五月初八日在湖塆同子福生女金枝遇賊投水死

張夢之妻徐氏　家永寧區同治甲子五月在西山遇賊並子丹桂等

十八歲

張汝蘭妻舒氏　家永寧區同治乙丑十二月初六日避難至岡邑之團風見賊懼辱投水死

張玉和繼室陳氏　家永寧區同治乙丑在團風寨遇賊不從被砍數段而死

張金魁妻楊氏　家永寧區同治甲子五月在李家塘遇賊投水死

張光顯妻陶氏　家永寧區同治甲子五月在佘家山遇賊投水死

張喜生妻李氏　家永寧區同治甲子五月在李家畈遇賊投水死

癸亥九月遇賊投廖家塘時十六歲

王天海之妹　家走馬崗區道光甲辰生咸豐辛酉三月初六日在陳集區葉家院遇賊懼污投水死時十八歲

周學海女　家走馬岡區咸豐辛酉三月初六日在陳集區葉家院門首塘遇賊懼污自溺而死

監生毛正琦女　家走馬岡區女名三姑同治甲子八月避亂至走馬岡賊近女謂父母曰冦急矣兒請死此塘中母止之奮躍入水死時十六歲

溺死

羅元坊聘室劉氏　家黑沙區道光丙戌生咸豐辛亥二月十五日遇賊不辱投趙家窊塘死

左萬才女　家黑沙區女名愛姑道光乙巳生咸豐辛酉二月十六日遇賊懼污投李家窊山上塘死

羅元仁女　家黑沙區幼締童生鄭鍾麟道光丙午生童養夫家咸豐辛酉二月十五日避難如鐵崗賊近懼污溺死

曾啟章女　家走馬崗區道光戊申生幼字蔡姓同治癸亥三月

賊投水死

欒長發妻柯氏　家永甯區同治丙寅遇賊不屈投水死

李炳泰妻張氏　家永甯區同治甲子五月在西山遇賊投水死

張致揚妻胡氏　家永甯區同治甲子五月初十日逃難至安邑褰凹見賊懼污投水死

張文淇妻余氏　家永甯區同治甲子五月初十日逃難至安邑褰凹見賊懼污同張胡氏攜手赴水死

萬嘉言妻熊氏　家小河嘴區道光己丑生

三人共投水死

曾仲妻林氏　家小河嘴區同治甲子五月賊至懼辱投水死

曹儀妻王氏　家小河嘴區同治甲子五月賊至懼污投水死

欒以成妻周氏　家七家廟區咸豐辛酉于歸二十二歲同治癸亥遇賊投水死

周名盛妻周氏　家七家廟區咸豐乙卯于歸二十四歲同治癸亥賊至投水死

柯宗魁妻黃氏　家七家廟區同治癸亥全家被擄氏詬賊日擇戕家

熊大楷妻龔氏　家七家廟區道光壬寅生同治癸亥九月十七日大楷外貿氏抱子同姑避難賊逼近以子付姑赴水死

王天錫妻周氏　家皇閣區職員文美女道光癸未生丁未錫病故守節事姑撫子孝慈兼盡同治甲子避難東山遇賊不從被戕死

蕭之模妻劉氏　家南湖區咸豐豐甲寅遇賊生被害死

蕭正榜妻袁氏　家南湖區咸豐甲寅與劉氏遇賊均被害死

郝明舉妻施氏

從九張德耀女　家走馬岡區女名贊玉道光己酉生咸豐辛酉三月初六日逃難至岡邑得勝寺見賊近懼污投塘死

馮國楨女　家走馬岡區女名坳春幼受毛五石聘咸豐辛酉二月十六日從姑嫂避難至楊家院賊欲脅從女不屈且罵身受數鎗赴水死時十九歲

熊岾瑞女　家汪王區女名鳳秀道光己酉生同治癸亥三月二十一日遇賊於龍口河投水死

李炳元女

二十一日夫金家河遇賊不從被戕死時十六歲

李正舉女　家汪王區女名鳳姑幼字劉姓道光庚戌生同治甲子五月初八日遇賊不辱投水死

李宣元女　家汪王區女名全弟道光丙午生許字陳東暘同治甲子五月初八日遇賊投水死

李植保女　家汪王區女名有女幼字黃姓道光己酉生同治甲子五月初八日遇賊不屈投水死

劉崑源女



二十九歲夫故同治甲子五月賊至投門首塘死

劉項氏　家南湖區同治癸亥九月與劉郝氏女壽枝遇賊懼污同赴水死項二十八歲

劉郝氏　家南湖區同治癸亥九月氏與劉項氏遇賊不辱同赴水死二十歲

陳劉氏　家南湖區同治甲子五月與陳施氏遇懼污投水死

家南湖區同治甲子五月遇賊懼污投水死

林學蘇妻萬氏　家大成區道光甲辰生同

人我便隨往賊釋之氏度家人逾山已遠罵賊不屈賊怒極寸磔之

趙錫濟妻董氏　家西峯區安邑生員學庸女道光乙酉生同治甲子避難安邑大塘灣遇賊懼污投水賊急救之氏大罵不悛被刃刺喉死

李春陽妻施氏　家天齊區同治丙寅在本區官人門遇賊投水死

陳亮[illegible]妻[illegible]氏　家天齊區同治丙寅與養媳李青姑於岡邑之三店黃氏祠遇賊投水死

鄭茂棣妻周氏　家黑沙區咸豐辛酉賊擄

家南湖區咸豐辛酉在七家廟避賊不辱被戕死

熊世義女　家汪王區道光丙午生同治甲子五月初十日在安邑紅礪寨下遇賊投水死

唐文蔚女　家興隆區女名秀女道光己酉生同治甲子五月初十日隨母避難至安邑傳家壋賊至被擄不從乘隙投水死

張亮全女　家永甯區同治癸亥九月十六日在李春灣遇賊強逼不從投水死

黃女　家土門區新屋灣同治甲

家汪王區女名鳳貴道光甲辰生同治甲子五月初八日賊至投門首塘死

楊女　家永甯區女名金桂咸豐辛酉二月二十六日隨家人避難被賊冲散女獨扶七旬祖母奔至天齊區賊突至將擄女不從賊殺其祖母女罵詈厲賊怒殺之

王宠泰女　家皇閣區女名福娣道光丙申生同治甲子爲捻匪所擄以刃脅之女怒罵不從投水死

張成林女　家皇閣區女名金娣道光甲辰生同治甲子遇賊投

家汪王區女名元英道光己酉生同治甲子五月初八日在西峯山葉家大灣遇賊投塘死

彭禮海女　家皇閣區女名春林道光己酉生同治癸亥捻匪至逼女不從投水死

項鍾鈺女　家皇閣區女名桂枝道光己酉生同治癸亥捻匪至女與春林同投水溺死

王玉麟女　家土門區幼締鄭姓同治癸亥三月二十一日遇賊與嫂鄭氏投水死

鄧發魁女　家何打石區幼字安邑李

治甲子遇賊不屈被焚死

吳兆慶妻曹氏　家深溝區道光甲辰生同治甲子五月在安邑小金山遇賊投水死

程立塽妻曾氏　家深溝區道光丁未生同治乙丑三月避難至細程家灣遇賊不辱投塘死

林周氏　家大成區氏與林唐氏林騟氏郝王氏余張氏葉甘氏葉何氏陳彭氏及十六歲之甘女林三女余金弟十四歲之林嬌弟游滿女胡順女均於同治甲子五月遇賊不屈投水死

林正本聘室程姑

本境氏避余鐵崗賊近懼污投塘死時三十一歲

劉松妻蕭氏　家岐亭區氏于歸數月夫故持服四十九日即登樓自縊死

蔡登愷妻張氏　家岐亭區道光戊子生咸豐甲寅五月初十日在彭家塝遇賊不辱罵不絕口身受三傷投水死

吳家福妻徐氏　家深溝區道光辛丑生同治乙丑在黃安盧見山灣西見賊近將周歲子置塘邊投水死

吳家美妻盧女　家深溝區道光甲午生同

子五月二十一日賊破人和堡遇氏不屈肢解而死

程義齋女　家深溝區女名福山道光乙巳生幼聰慧善讀書多識古今節烈事同治癸亥遇賊懼污投水死

毛女　家走馬崗區女名連桂爲周纘武聘室同治甲子八月二十八日遇賊不辱同母周氏赴水死女十四歲

王天楷女　家走馬崗區咸豐辛酉生同治甲子五月初七日在張桂灣遇賊投水死

蔡士寬聘室劉姑　十六歲六故女聞訃泣奔

水死

劉繼柏女　家南湖區女名慶弟同治癸亥九月初八日避難遇賊投水死時十七歲

袁能高女　家謝店女名雲姑爲劉明遠聘室同治甲子七月遇賊於蜂巢堡賊逼不從被殺死時十六歲

柯宗述女　家七家廟區女名均喜同治癸亥賊燒燬民房女恐污遂入火燒死賊退灰燼中僅存其手

吳昇和女　家深溝區女名玉弟道光丙午生同治甲子五月逃

姓道光乙巳生咸豐辛酉三月初三日避難楊家冲賊至逼女同行女罵不絕口乘隙投塘死

唐文運女　家天齊區女名先弟年十七又養媳年十八同治癸亥九月避難徐傑灣賊突至俱赴水死

鄒旺明女　家高陽區爲高維勝聘室咸豐辛酉三月賊至女與母同被賊執女不屈被殺死時十七歲

貢生楊楷女　家永寧區女名先弟道光甲辰生咸豐庚申二月遇賊其祖母周氏護女被殺



前明之女乾隆三十年生因夫遠貿未歸矢志守貞道光三十年八十六歲卒

治甲子五月避難至安邑藏家祠爲賊所獲逼之不從賊斷其手氏負痛溺死

李家守貞同治丁卯卒年七十六歲

難至安邑小金山遇賊投水死

羅陳姑　女因翁被擄爲賊逼迫投水死

賊擄女女罵不從賊怒裂其屍死

麻城縣志敘畧

藝文志第九

六書廢而七畧興七畧亡而四部作凡以表襮先民津逮綴學者也自班氏藝文志專載書目遂為史家通例此外則有崇文總目中興書目文淵閣書目　國朝四庫全書提要朱竹垞經義攷專行目錄之書視隋書經籍志逼考經籍攷尤為賅博至選文濫觴於昭明唐文苑宋文鑑元文類皆其支流之裔括代為書裒集文詩原非史法若以施之州縣方志則著作與詞章其義實可相參為用蓋一



邑之地人材有限能以文章表見者要皆魁奇雋異之士記載必不可畧其在論思奏御鉅典煌煌立說著書大名衮衮者無論矣惟夫郊庠碩學山澤癯儒鏤怵心肝鬼神如告雕鎪詞采金石為開敬禮小文誰鑒定於身後信明單句或不遠夫所聞一再世而簡斷觚零不百年而煙消霧滅吁可慨已此而不藉方志以存之則前賢之留贈後人者果安託乎麻城自宋元以前紀述甚尠惟勝代人文甲於旁邑其著作之采入明史藝文志者不下數家若劉莊襄李檢齋李孟白梅克生長公諸先達皆究心經濟之學未嘗措意詞章是以專集不少概見稍存一二僅乃得之於其家乘他如撰述采入四庫者其版外間或不傳惟劉同人帝京景物畧一書海內風行不脛而走近經兵火藏書蕩佚遺編墜緒無可搜羅斯亦足見傳述之實難而尤慨載籍之多尼已茲仍用舊志例先紀書目次列文詩而其中稍有更易者舊志詩文編體入麗德之室難辨主賓登蕭統之樓不關志乘特以外邑人列文徵紀名賢之勝概以本邑人列文牘存遺軼之風流後有作者綜稽往籍式誦清芬可以興已

## 藝文第一

### 經目

易鑰五卷　明彭好古箸見明史藝文志

易學就正十卷　明劉承烈箸見舊志

春秋因是三十卷　明梅之熉箸

四庫全書提要曰是編專爲春秋制義比題傳題而作每題必載一破題而詳列作文之法葢舊制以春秋可命題者不過七百餘條慮其易於弋獲因而創爲合題及合題之說紛紜淆亂試官舉子均無定見於是此類講章出焉信傳不信經先儒以爲詬厲至於棄置經文惟於胡傳之中推求語氣經已荒矣

自序曰語曰畏聖人之言安有聖人之言可以連引類比牽附强合射覆藏鬮如春秋之傳題比題者哉況以此制科錄士朝廷鄭重其事儼然反以爲尊經抑又何也國朝春秋文一遵胡氏而崩薨卒葬不以命題其有傳可以試士者纔七百有奇耳舉子文連三比或三比四比而義多不可强通于是傳題比題之例起凡義可以强通者人人皆得以臆撰至不可窮極童而習之者不以爲怪業他經者見之莫不掩口而笑甚且動色相詈謂作始者爲不祥夫有傳之可以試士者纔七百有奇既患其太寡連比又義多不可强通傳題比題之設蓋亦不得已也孔子作春秋是非褒貶之旨未嘗明以示人將取正於三傳如尹氏卒或以爲尹氏者周之卿士也或以爲君氏魯之夫人也其爲男子婦人且不足據況能得聖人褒譏是非之旨乎聖人往而微言絕士生數千年後自不能盡合聖人作經之意即不爲傳題比題胡氏之言其能盡當於聖人作春秋之旨哉苟不乖於大義雖不得聖人之旨固可立教垂訓舍聖人之經不爲傳註自吐一辭自發一論亦經也乃取聖人所筆削之書絜彼度此參稽互攷曲求當日褒譏是非之所在以爲不可則余不知其說矣歐陽永叔謂論語其首必以子曰門人追記其言所以別夫子與弟子之言也易文言夫子自作不應自稱子曰其先言何謂後言子曰者乃漢之講師自爲問答之言也以漢之講師所言皆列而爲經莫之或非焦贛易林每卦變六十四總四千九十六伏羲畫八卦重之爲六十四止已文王周公孔子皆因之焦氏卜筮之書取文王周公孔子三聖之所不敢增者互更重疊不以爲嫌亦莫之或非乃據聖人所筆削之書絜彼度此參稽互攷務求其褒譏是非之所在又重之以功令而或笑之或詈之則舛也凡有當於發明聖人之旨者存之無當於發明聖人之旨者去之庶幾爲全書矣而力未能也相沿既久姑就其牽附强合者一遵其說於胡氏亦曰因其所是者是之云爾

周易本義補遺　國朝王楠箸見舊志

讀易便覽　國朝王可任箸見舊志

四書詳說十二卷　國朝周維藩箸見舊志

四書解悟十六卷　國朝甘學洵箸見舊志

楓園字攷四卷　國朝胡翹霜箸

音韻便檢十二卷　國朝鄒藩箸

經古文改釋　國朝熊調鼎箸鼎尙有四書講義未見原本恐爲制義家言故未載

周禮節釋 國朝鮑梁箸 以上俱見舊志

孝經正文一卷內傳一卷外傳三卷 國朝李之素箸

四庫全書提要曰是書之作以朱子古文孝經刊誤爲本首爲正文一卷經文每章之後綴以注釋類語詞旨頗爲淺畧次爲內傳一卷雜引經史子集之言與孝經相證佐者次爲外傳三卷則大舜以下迄於明末孝子實行也

王思訓孝經內外傳序曰六經皆聖人躬行心得推之以治天下國家者也學不本於經則爲詞章餖飣治不本於經則爲功利權謀孝經爲尼山所專作貫乎詩書易禮樂春秋之精意雖嘗曰述而不作其作孝經意以補前聖所欲言而未盡使知文行忠信之教莫不根柢綱維乎此他日曾氏之子聞一貫微旨其卽所謂至德



要道也歟夫參之獲罪於父劉瓜根其事在細彈琴而解憂受杖而負愚與夔夔齋慄何異然猶見拒者三責以弗能如舜之豫親於道參自是益勉於孝避席親承之下有經以傳後而孝之義發揮始暢極於天明地察光四海通神明皆由庸近而至高遠帝王匹夫莫之能易也我 皇上以孝治天下聖性天成薄海內外罔不和氣蒸翔余同年李君石臺宰豫章之南康民服其廉明士親其德教三年政成因出其贈公年伯孝經內外傳一帙付之梓余受而讀之內傳則遲乎教孝之言五經諸子古文皆備焉外傳以志古之行孝者虞夏商周之聖下逮漢唐元明雖大小不一而孝子之名必錄焉其發釋詳明攷證宏博有關於世教人心至切近深遠矣先生身雖未顯而積慶於後賢藹乎忠信慈惠念不忘親按吏治者圖是書卽當求忠於孝佇效謇諤對揚 殿陛是諸 乙覽庸非致君立身之符驗哉余適奉 命視學江西每勤訪幽逸舉盱水朱孝子黃覺經建坊表之特祀鄉賢惜不爲先生所見附於外傳反覆維論而喜石臺能以其傳家者公諸世也爲弁言於簡

四書題解一卷 國朝袁銑箸

林則徐序曰予同年袁君金溪生平苦志讀書勵行由翰林改御史累疏陳時務皆切於民生吏治彈劾不避權貴洎退而主講江漢書院以根柢之學與諸生相切劘嘗曰制藝非小道必於聖賢之言實能身體力行而後宣諸口者無膚詞淺語故君所爲制藝精思果力每拈一題必有確解名論而於君國倫常之所繫尤必有奇警之作使學者有以感發興起信乎其爲有關世道之文也而所以訓諸生者一以理法爲主校藝之餘輒抉題蘊以示及門久之積成一帙君所得不盡此而所以訓諸生者亦不盡此而此則一斆學之軌範也孟子曰大匠誨人必以規矩記曰目巧之室必有奧阼此物此志也昔余官楚北布政使公暇嘗就君譚藝及再蒞斯土則君已謝世君子學瀛手一編屬予余受而讀之輒悲歎不自勝顧序未就而學瀛又沒愈可悲矣今書院



生徒率皆昔時從君請業者誠能肆力於學而以身體力行爲文則於君所以諄諄訓迪之意庶乎其不虛也已

## 史目

仲志五卷 明劉天和箸

四庫全書提要曰是編乃天和官總督河道都御史時以濟甯仲家淺有先賢仲子祠故志建置之由而並及其生平行事大畧名之曰令名志崇禎中仲子裔孫於陛等復增損舊本易以今名又繪象列圖於卷首

問水集三卷 明劉天和箸

四庫全書提要曰嘉靖初黃河南徙天和以右副都御史總理河道乃疏汴河自朱仙鎮至沛縣飛雲橋又疏山東七十二泉自兗尼諸山達南旺河役夫二萬不三月訖工詔加工部侍郎此書葢據其按視所在形勢利害及處置事宜詳述之以示後人一卷末有河本末一篇爲工部都水郎中鄖城楊旦所作天和之續後四卷則皆其前後奏議之文也

悉湖大紀

關陝奏議

安夏錄以上俱劉天和著見舊志



鄒中丞奏議　明鄒來學著

明彭華序曰天地間陰陽二氣常相與屈信消長而錯雜紛擾有不能齊者是以天下不能常治常安而禍亂兵戈水旱荒歉不測之虞往往出於治安之後雖曰人事之感亦氣數之所不能免也氣數之至雖天亦莫如之何也已然或者豫生豪傑奇偉之材及時而出以佐人主而消弭之天之仁愛葢若是其深也哉國家自聖祖戡定禍亂肇造人紀休養生息至於宣德正統間信乎八荒無虞而世底隆平矣奈何己巳之禍變生非意繼是而後邊鄙多事內或連歲郡不熟夫豈獨人事之不修也殆亦氣數然耳然遭此大變須臾而定天下安然如泰山之固人心未嘗少有動搖者葢我列聖至仁大澤積累之厚而上天眷佑之深豫生豪傑奇偉之材以佐之而一時悉心宣力左右聖明獻納謀議奔走疏附者森列乎中外故遂有以革强虜而安黎庶若副都御史麻城鄒公其一也公自通政參議進僉都御史總督永平山海糧儲兼督薊州遵化居庸紫荊諸邊關軍務方當百務叢脞之際綜覈名實刻期樹功繕倉庾轉芻粟築城浚池立屯堡精器械舉將練兵明賞罰革奸弊事事爲之所京師賴捍蔽焉遂進副都御史而邊境無虞矣乃東南數郡大旱百姓騷然朝廷材公又移賑之於是蠲逋負免徭役發廩勸分興水利督耕作詗察吏治旌賢良儆貪惰勇往行之黽勞不恤然竟以憂勞成疾及歸議事而道卒矣公凡兩受重寄鞠躬盡瘁而其功在邊尤多葢至今民猶頌之不忘當其施張小者立辦大者疏聞其奏牘文移所在得而讀之猶可想見其心思措置之日嗚呼偉哉華幼侍先大夫在京師時公日進士爲戸部屬嘗得瞻拜焉葢恂恂章句儒者及臨事變而設施乃如此可以關武夫豪吏之口而奪之氣孰謂建事功不在儒生耶公之子瀹領鄉薦自太學生爲開州同知其孫騏登進士拜刑科都給事中皆有遠大之望者晦日相與輯錄公奏議一編附以文移將壽諸梓傳示子孫而令華序之嗚呼公可謂有後矣



代州志二卷　明周宏禴著　明史藝文志

類編雜記六卷　明彭好古著　明史藝文志

西巡錄　明熊夔著

征哱奏議　明梅國楨著

明吳應箕序曰萬歷間三大征其最著哉迫末年遼事敝壞浸淫昌啟以及於今用兵二十載無分毫功而東隅未復羣盜滿山於是談者益侈言三征爲極盛予嘗箸三征本末於海外之捷至不忍道而所重愾屢歎以爲功不可再見者莫如哱事夫世亦嘗深究於哱所由滅而功所自成乎則梅衡湘之苦心偉績何可沒哉何可沒哉是役也近事無可比方嘗以唐淮蔡之事觀之衡湘葢獨爲其難者耳哱之悖也惡不在元濟下又加之勾寇爲援葢變劇而禍大矣衡湘是時發憤上書身請臨戎然官不過御史耳即受命監軍而有制有督有

撫監者不衡而仰其鼻息稱伉直自喜矣況敢挾才據其上以指揮惟吾意故覗晉公以宰相行師位尊體重勢得自爲而柄無旁撓者爲何如哉水攻則城崩閒行則黨貳創寇則援絕招降則衆散事勢曉然而撓者曲至蠲徵衡湘捐卻善讓令其計卒行則國家於西事恐尚有不可言者也夫唐之平淮蔡也晉公受李愬之成然愬之功炳焉是役也有受衡湘成者衡湘不自張而報不副要其苦心偉績見之先後疏牘者何可沒也吾故曰衡湘獨爲其難者耳哱事距今四十餘年予始得衡湘征哱疏讀之先是疏未行世予謂衡湘嗣子惠連曰昔營平言兵者萬世法何嫌伐一時事以欺明主夫衡湘不伐子不以伐成衡湘之志然於其萬世者何也今天下用兵二十年不效令得如衡湘者在何詎至是惠連曰若是是先君子所以不沒者以有此疏哉征哱本末詳予他記者甚悉不便序今獨序衡湘之獨爲其難者如此夫此非盡予言也其同里士王都俞者亦嘗評是疏而感慨繫之矣



梅中丞奏稿八卷　明梅之煥著

泊水衛貞元序畧曰挺生而擔荷世道末裔而表章前芳雖其責任之攸屬哉要亦有氣類焉爲感召不同生而肖不謀面而合固非人之能爲也梅先生楚麻之先正功德文章傾聞寰瀛貞問業蘋山先生時恆聞頌說所稱三楚有鐵脊梁漢子梅長公者其人也迨後受知於濟甯李逸莘師見其孤介寡合道氣塞淵心竊儀型之隨移其意於涖民步趨焉期不負夫子鑄囘之意然心雖安而世與迕矣閒致觝牾機網層叠坎坷時惟楚僧休庵共朝夕從旁詡曰何子之肖似吾師也詢爲誰卽梅先生先是休庵業諸生時受知最深久遂悉言先生生平出所著狀相示又出先生遺稿貞一一讀之畸人哉蘋山師之拳拳服膺有以夫嗣是益徧往頻接夢魂一日濟甯郭穆如曰子尙未知乎是子師之師也逸翁首拔子先生首拔逸翁家先嚴與王介老之兄俱受殊知焉吾鄉人謂逸翁肖似其師今子惟逸翁之則倣休庵云云不亦宜乎余疑且媿所謂氣類感召者然歟果肖不必同生合不必謀面歟覺歷來嚮往之殷一段凝結不化者若冰消若擔釋末裔何人方欣慕執鞭之無由而私淑承源身固久在宮牆內也因與休庵謀刻先生稿圖所以傳先生者而萊蕪塵甑尼度無資休庵且竭蹶於兵寇之衝十年來負擔閒關或潛瘞石竇或墊壓佛龕輾徙流離護卷帙如頭目旣力不辦梓募緫親知人莫之應從豫至燕返楚來吳越貞卒爲刻之武林是足以磬蠲往乎亦曰表章之以塞厥責耳稿僅八卷皆休庵搜拾散佚所得僅十之一耳貞又爲精覈較勘删十之三葢欲傳眞先生則不得不去其可以傳可以不傳者而後其無不可傳者懸國門而不怍質千禩而無疑義繫於傳不繫於多也若先生挺生擔荷之槪說論在朝廷勛猷在邊徼德澤在民生宋孝宗之讚蘇軾曰皇天后土鑒生平忠義之心名山大川亮夙久英豪之氣兩長公不異世合轍乎

浦江志畧八卷　明毛鳳韶著



四庫全書提要曰是編乃嘉靖丙戌鳳韶爲浦江縣時所作分疆域民物守官城社財賦學校人物雜志八門又分子目四十有五較他志頗爲簡質而大旨欲仿通鑑綱目以名字爵謚爲襃貶又仿尹起莘例自爲發明而散署邑人之名已非志體至於正傳之外閒有附錄自云仿春秋大全不知春秋大全何與志書之例葢明之中葉士大夫亦如是之陋矣

交黎撫勦事畧五卷　明方民悅著

四庫全書提要曰嘉靖二十八年間安南范子儀及瓊州

黎那燕入寇歐陽必進方總督兩廣檄都指揮俞大猷等討平之民悅述其始末爲此書卷一爲地圖卷二至卷四爲奏疏卷五爲公移案明史俞大猷傳是役皆大猷之力以嚴嵩薄其賞不得敘民悅專歸功於督撫亦非事實也

明詞林人物考十二卷　明王兆雲箸

四庫全書提要曰是編錄明一代文士起於洪武訖萬歷仿昭明文選之例其人現在者不登每人各詳其事迹與所箸作者凡四百二十三人又補遺四十四人共四百六十七人其敘述頗無法則如劉基一傳至二千言所記皆



望氣占夢委巷流傳之事惟傳末附所著有劉誠意伯集一語並所箸黎眉公集亦備載此自小說家言何關文苑又淩稚隆傳稱其纂輯五車韻瑞大爲詞林諸公所鑒賞則其別裁又可知矣

王氏雜記十四卷　明王兆雲箸

四庫全書提要曰是編凡湖海搜奇二卷揮麈新談二卷白醉瑣言二卷說圖識餘二卷漱石閒談二卷烏衣佳話四卷皆雜記新異之事本各自爲書後人裒爲一帙總題曰王氏雜記非其本名也其中烏衣佳話明史藝文志作八卷此本僅前後二集每集分上下卷或爲合併或爲闕佚均不可知然志怪之書無關學問其完否亦毋庸深究惟其中記張孚敬晚遇一條謂廷臣議追封大禮拘於俗說濮園之非云云則意存左袒不爲公論有不可不糾正者耳

驚座新書八卷　明王兆雲箸見明史藝文志

案王氏新書久已無傳近於甌山金硯雲所輯叢書中錄得揮麈新談一冊易新談爲詩話題爲麻城王兆雲元禎輯豹見一班曷勝愉快擬搜合數種刻爲麻城先正遺書亦表揚先達之意也

紀聞　明鄧楚望箸見舊志



聞見錄　同道錄　格物解　明劉承烈箸見府志

名物考十卷　明劉侗箸

帝京景物畧八卷　明劉侗箸

四庫全書提要曰是編詳載北京景物弈正摭求事迹而侗排纂成文以京師東西南北各分城內城外而西山及畿輔並載焉所列目凡一百二十有九每篇之末各繫以詩採摭頗疏王士正池北偶談嘗譏其不攷薩都剌集失載安祿山史思明所造雙塔事攷據亦多不精確其爲朱彝尊日下舊聞所駁尤不一而足其割裂藝元二字爲望

工姓名一條殆足資笑噱又侗本楚人多染竟陵之習其文皆側調么弦音同鄭衛且漫無裁制惟以纖詭相矜如太學石鼓一條舍石而頌太學殊傷冗濫又首善書院近在同時泛叙講學尤爲猥雜方奉命重輯日下舊聞攷古證今務求傳信朱彝尊所撰且爲大輅之椎輪侗等弔詭之詞並可爲覆瓿用矣

明方逢年序曰燕不可無書而難爲書本朝之制敦尚節儉非有漢唐宮室之廣麗别館離苑跨山彌谷以數百千記也非有原廟之幸汾陰之祠閣道周流長途中宿若九成華淸之避暑也非有長楊較獵周除禽獸昆明曲江之水嬉也地可墾闢九逵之外以贍農萃甿隸其可覽觀則擊壤之叟祝釐之倫相與吏畯而堙谷列植招提靈囿仙臺遠近落離於是都人士遊焉觴焉咏焉曰燕難爲書燕不可無書也陳留之志風俗也襄陽之志耆舊會稽之志典錄也岳陽之志風土也雒中之志伽藍也華陽之志人物也志焉爾余門人劉生侗之志燕異是其言文其旨隱其取類廣以辟其篇幅無苟畔其刻畫也景若與之新豐雞犬可識也物若偃師之偶歌舞談笑人可與娛可與怒也粵古作者未有是矣爰有于子奕正采厥事周子損采厥詩以佐劉子之筆華蠻瀋蓊周諮於燕者五年著於秣陵者經年而成書日帝京景物畧劉生以質於余而後乃行之余得讀是書綦詳矣畧言之者何以余所聞于燕無閭之山昭余祈之藪崆峒之上廣成子之石室存焉西山之大小翮王次仲之所落其翼也息壤之滴金馬門張世傑之生范陽村謝枋得之餓憫忠寺與會所不至斯不及焉日畧也諒哉

自序曰都應垣也燕之應極垣有三焉極一而已矣日東出躔十有二極北居指十有二以柄天下之魁杓天險設於坎地勢厚於坤皇建而人民會歸於極有進矣



帝北宅南嚮威夷福夏玉食航焉蓋用西北之勁制東南之饒亦用東南之饒制西北之勁饒勁各馭勢長在我若欲饒其所勁勁其所饒則不識先皇之遠算矣又進矣燕雲割而中華壁嶺可界也界之河可界也界之江可界也界之豈無遠猷川遼阻修科隨從枝弓撓於之觖爾中宅天下不若虎眡天下虎眡天下不若挈天下爲瓶而身抵其口雒不如關關不如薊守雒以天下守關以關守天下必以薊文皇帝得天子自守邊之畧於厥初封都燕陵燕前萬世未破斯荒後萬世無窮斯利捶勒九邊橐饎四海豈偶然哉三百年來卒土臣民罔不輻輳紅塵白日無有閒人目指所及風高沙飛土剛水鹼幽巖勝蹟非所經心輒有小警而懷都意輕矣夫都燕天人所合發也陰陽異特睠顧維宅吾知之以天流泉膴原士烝民止吾知之以人此帝京景物畧所爲著也考中原之山勢江北主江南賓古聖先王篤生必於江北江北之山歸結泗鳳帝後從山後奧區莫過之本同末異者山也本異末同者水也天下之水東趨滄海滄海所涯號稱天津故山水之攸結莫並我帝京者也於焉神人萃物爽憑成周鼓文漢代瑞像脛翼謂何氣先符應他若潭雲塔影龍螺洞光木石幻氣精熙游盛今古雖留更僕未可悉數已侗北學而燕遊者五年侗之友于奕正燕人也二十年燕山水間各不敢私所見聞彰厥高深用告同執奕正職蒐討侗職摛辭事有不與不經侗不敢筆辭有不達奕正未敢輒許也所未經過者分往而必實之出門各向歸相報也所采古今詩歌以雅以南以頌舍是無取焉侗之友周損職之三人揮汗屬州研冰而成書其卷八其目百三十有奇

坿宛平于奕正景物畧畧例數則

奕正燕人也好遊而遊詳於燕劉子楚客也好遊而燕中遊者五年是編奕正蒐事疑者罔濫信者罔遺劉子屬詞怪匪撰空夸匪溢質　成斯編也良苦景一未詳裹糧宿舂事一未詳發篋細括語一未詳逢褋捉問字一未詳勤色執爭歷春徂冬銖銖兩兩而帙成　帝京編成適與劉子溝遊白下朝遊夕遞不揆固陋將續著南京景物畧已屬草矣博物吾友尚其助予　景物而追遠遊徵後至則附以詩編所得詩五千有奇本集十

有七碑刻十有一鈔傳十有五秘笥十有二奕正與劉子未暇選定以屬周子損逸四千篇存千篇有奇其徵詩未至者俟之燕土著無論己流寓遠者數世客久者數十年讀斯編也耳目一驚未也吾耳及矣趾未及吾嘗爲之甄及而事理疑吾闕焉若夫非吾闕之而選勝選事寡聞又多矣以語周子曰未也先輩之題其地也匪石不傳也其集也匪木不傳也傳矣而吾目周之十有二耳以語劉子劉子曰吾續之吾續之吾烏知後且續者之不倍今茲乎

謹案朱竹垞曰下舊聞實取資於帝京景物畧一書猶班孟堅之於七畧也第青出於藍而勝於藍耳同人先生文筆奇奧嘗日有異才之目且與于奕正更有帝京景物畧之輯未經刋行宋牧仲筠廓偶筆常言之今此書流傳者甚尠同志將爲之翻刻以行亦嗜古之一助也已

涍歷史論二卷　明梅之熉著



貴池吳應箕序曰史者其人與事之得失爲已然者也夫第以爲其人與事之得失已乎前之不忘後之師也是故有國家者不可無史乃論者又取其人與事之得失而是非繫焉此又何歟葢是非不定彼所爲得失者烏在其果得果失而治亂倚伏之機心迹晦明之數方甲乙殽此之淆混使後人但據其跡而師之豈不貿於所趨而已然者之爲世患豈少哉夫然史不可無論尤甚於論不可無史也然而古今之論史者亦可槪見矣以孔北海之才而難於持論論豈易言哉論者莫盛於宋矣予於其文有取焉使其所爲倚伏晦明者自吾論之不獨其人與事爲不爽而舉異事同討與異人同行者合千載上下而觀若觀火則文之力也是故其人不好學深思與無天下大計而又好爲畸識偏見者皆不可與論史至文則別有天焉爲之而不可强予友梅惠連文矣嘗與之上下談而於所爲三不可者無一焉予曰然予者可自爲史者也奈何不論梅子曰有之於是出廿一緒論示予予周讀久之嘆曰宋以後無是也夫予亦嘗有論矣梅子論出而予可以杜口豈獨予哉之無所有而好爲是非者方自以爲善論讀梅子之論當亦有悔其未至者乎夫論必有如梅子者而後知史不可無論國家不可無史也

麻城縣志畧　明熊吉著　序見卷首

麻城縣志稿　國朝王汝霖著

鑑畧　國朝周維秬纂　見黃州府志

麻城紀畧十四卷　國朝鄒知新著

二十一史提綱　國朝熊調鼎著　見舊志

歷代名臣錄　國朝張世鎮纂

康熙麻城縣志十卷　知縣屈振奇修　序見卷首



乾隆麻城縣志二十八卷　知縣姜廷銘黃書紳同修　序見卷首

案乾隆志稿爲浙紹章實齊所定相傳書成未及印而板燬今所遺未校之本此次重修多取資焉

子目

何之子一卷　明周宏禴著

四庫全書提要曰是編乃其初謫代州州判時所作汝南吳同春序稱其語似關尹子然九流競起雖多以怪譎爲宗要無不可以尋文索解宏禴此書乃以常詞故爲澀體其命名之義似取禮記倀倀何之之語也已爲好異至如書中太虛奚無無以無無無無無無則虛虛虛貫實實

則極極極則易易易則始諸語殆至不可句讀則尤爲穌取矣

內外篇二卷　明周宏祖著

四庫全書提要曰是編內篇所論皆性命道德事物剽取老莊之旨外篇則自天文地理錢穀甲兵皆各有論然皆畧涉藩籬不能得其精要也

注陶節庵傷寒六法　明劉天和輯

幼科類萃　明劉天和纂

經驗良方　明劉天和纂



心學圖致知說　明毛鳳起著

玉田寶藏二卷　國朝李之素著

省身輯要二十二卷　國朝李之素著

邑人曾謹序曰古之論不朽者曰太上立德其次立功其次立言嘗即其語而繹之由而行之有得於躬之謂德舉而措之有裨於物之謂功發諸心以爲聲可傳以法於天下後世之謂言非第小惠以爲德小補以爲功修詞鑿句以爲言三者相因爲用未嘗有所畸重顧以上次又次爲區別者意以德懋乃可以圖功而言無餘事爾余竊謂茍不以言則雖德卲功崇亦安能自永言固不綦重哉茲于定庵年伯先生省身輯要一書而慨然想見其生平焉余生也晚又與先生家相距數十里未嘗得侍左右聆提命聞諸先大人輒稱先生孝行備至邑養無方撫異母弟于垂髫年教以詩書孝弟爲邑知名弟子員婚娶田廬諸務先生皆身處置之不少嗇於宗族戚友中紛則解之急則周之才識不逮則誨諭之一時後進之士多出門下被其薰陶罔不爲端人者乙酉秋余幸與冢君石臺同舉于鄉乃得聞其嘉言懿行益稍悉丙戌石臺先余捷南宮己丑余始讀書中祕乙未丙申間石臺謁選都門與余聯牀居最久恆爲語家世事知先生平生祗行以孝爲先其教亦以孝爲首務著書甚富無不以敦本力行爲指歸今石臺本教孝之意移以作忠治大邑若烹小鮮政成民洽猶時以繼述未遑爲慮既梓其書曰玉田寶藏曰家塾警言曰孝經內外傳先生垂教之殷其大意已見云近復有省身輯要之刻刻甫成以一帙寄示并索余言爲弁其書計若干篇引自古人者十九採之近代者什一即間出己意率皆原本前賢語語有關身心性命總不外自善善人之旨誠可與前刻諸書並傳天壤使前後之讀者即茲几席丹鉛內想見先生立心制行根本之茂而有實斯以奉爲典型則而傚之以永其流澤於無窮則先生之立言在是立功在是立德亦即在是先生爲不朽矣謹何能序先生書第質言其所以不朽者如此爾



家塾警言一卷　國朝李之素著

時述遺編三卷　國朝胡躍龍著

[illegible]堂夜話　國朝徐家麟著

文石答問　國朝熊調鼎著

謹按文石先生博極羣書著述甚夥此編設爲問答自天文地理中西歷法並太極元會性理心學靡不宣究於漢儒攷證宋儒義理兼有心得茲可傳也

書法省吾十二卷　國朝劉振鐸著

醫見私會

博宗方

彙編歌訣以上見舊志　國朝彭長溪著

三才合一說　國朝張世鎮著

性理集註　國朝胡兆鼎著

醫學全書　國朝劉常彥著

集目

東溪集　明熊經著見分省人物攷

自怡集府志　明陳文著

損齋文集二卷　明董樸著

損齋詩集　明董樸著



自序曰昔秦少游云人才各有分限杜子美詩冠古今無韻者殆不可讀曾子固以文名天下而有韻輒不工此未易以理推也夫二公且然況其下者乎余年三十有四舉進士始學作詩三十餘年草積盈篋而竟無一言似古人者嗚乎豈非分限所拘耶初欲火之繼而存焉何者如鳥鳴春如蛩鳴秋於世奚補亦各鳴其所蘊耳余之詩文亦若是其於工拙奚暇計哉觀者以是恕之可乎

檢齋遺稿見舊志　明李文祥著

明王世貞序曰嗟夫天固有定不定哉君子幸而值其定不幸而值其不定然所謂定者何寡而不定者何衆也當成化末李孜省竊天憲而萬眉州陰附之天下之士氣日削其八九於二姦之門而值天子即大位方欲有所更署臺諫噤莫敢發而麻城李君以一進士獨奮然上書大畧謂人主之法不可褻而權亦不可下移宜裁抑中貴人廣言路正紀綱一風俗且薦故尚書河洲王公竑三原王公恕可大用南京刑部郎林公俊思

寧司理王公純直言當褒顯時貴人怒假詔召公入左順門詰責甚峻公不爲動所以條陳甚辨猶坐謫丞咸寧而亡何三原王公拜太宰賢公擢爲兵部職方主事公主事僅十餘日而以吉舍人文疏忤旨逮株累謫興隆衞經歷興隆故鬼方地也公不鄙夷其吏人而爲之爬搔其垢數據理上書臺省咸報可當是時天下向慕公之風采若景星慶雲以爲旦夕且柄任而公竟入賀至齊河溺死矣其同公志而最賢者鄒先生智由庶吉士謫至石城以寒死丁先生璣由中書舍人謫稍遷至蜀臬亦以溺死夫中貴人大臣能竊天憲以謫斥公輩而所謂寒死溺死者則非其所能辦也曾未幾而天子大嫺習政治者喆登用相與終虞夏明良之業即欲有所建白者不能出其智以高於一時已成之政毛舉細過即有之而亦不能大有所指謫欲有忤而名高者焉驪龍之頷已去其修鱗無所由而就其名當是時賢者之天定不十餘載而又變矣是故方天之未定也不特小人之所巧排而峻詆往往與天合而天亦巧爲之用若所以死公及鄒丁二先生者然藉令公不死亦不過



宏正間一名大臣而已距於今使人竦然聞公名而髮立讀公與遺事惋然而心痛奕奕韡韡精神流行三楚而有不死者天亦未可不謂之定也公爲詩文咸明婉有致於奏疏文檄剴切中事機雖再遭貶鄰鬼魅雜侏㑚無幾微不平之氣亦罔以遷客自高曠佚於職乃其直節素志隱隱溢毫素間亦自不容掩也公歿且九十載而世貞宦遊楚公之孫承泰出其集而爲之序因得以卒業焉獨世稱公成進士時萬眉州使其孫文璧邀致其家題畫鴆爲詩譏切甚著眉州銜之切骨今其語不存豈遺之耶抑有所諱耶世貞不敏爲序所以而歎夫天之定不定不足以憂賢者以憂世道也

明邑人周思久序曰節義大閑也君子重之爲足以動物而勵世風也彼矯爲爲名高者能然乎否也吾邑李檢齋當成化末年權奸竊柄士氣蕭索無幾公以一進士上書天子大要在登賢屏不肖廣言路裁抑中貴人語過切直忤旨謫咸寧丞居無何擢兵部職方司主事踰旬以吉舍人抗疏株累復謫興隆衞經歷人以爲公遷客也或孤亢罔事事而公於事無不綜允孚學得民

和諸譽日起執政者方欲大用之而公以人賀歸至商
城河溺死聞者莫不憐而傷之嗟嗟公之直聲𩓐節所
以震動一時者非獨其正氣勝也蓋亦有家庭之漸焉
公之大父方伯公鳳崖父大參公靜庵皆以廉白垂家
而公又能光纘令緒以風義自持故族之子弟曁婦人
女子多化而習之公弟西渠刺陝州有惠政動必準諸
禮面刺人過不少遜從弟五山雖異途雅好文墨昂然
自喜亦龂龂人也公妻鄒氏能率公教公在則諧公死
則守服不華言不笑足不踰閫閾者終其身族之子女
漸而以節著者凡六人一適周孝廉宏烈烈病篤婦不
食七日先烈死以明不二一適蔣生儒賢賢死人有求
者自刑其耳絕之一適王仙居令思塘公公葬後投繯
死一適毛茂才鳳雛事姑孝姑病割股食姑姑病愈以
節老而死無聞言者則劉莊襄之子漂孫錦衣千戶守
孚二婦也今邑人娶婦得娶李氏女者則大愉快以爲
幸傳者談古事稱先民口及檢齋公則膽落舌奮氣勃
勃欲上若操几杖而從之況當時哉何則其則動動則
變故也由斯以談節義之繫於世風大矣彼有操曲爲



血飾厲爲勇者是羊質而虎皮耳安能感動人若此乎
嘗考公與蜀鄒吉士智爲友共志於學以聖賢自期待
是公之節以學成非無本而然也聞公末路深自損抑
每以浮名爲恥則其蓮心汪度益可概見如不蚤死其
所就當不可量而今已矣惜哉公死且百餘年其孫孝
廉君應運裒公所爲疏並詩文若干卷梓之以傳是孝
子慈孫所爲心也公之族珪組最盛於邑爲著姓今進
士君應揆與孝廉君爲從兄弟咸能作求先德其鼓篋
從吾游者尙眾也余生也晚嘗慕公之節而以不得悉
公之學爲恨當於諸君望之

大安遺稿　明劉天和著　見舊志

聚峯文集　石潭集　明毛鳳韶著　見舊志

詩詞續稿　詩城摘錦　明鄧楚望著　見舊志

柳塘遺書　求友錄二卷　明周思久著

水竹居詩集　明周宏祖著

吾兼亭集　粵中稿　明邱齊雲著　見舊志

梅司馬遺文　明梅國楨著

燕臺集　明梅國楨著

邑人陳以聞序曰丈夫止辦得一副磊落肝腸煥爲日
星激爲風雨導爲江河靡有定質韻語其境與事相遘
而出之一籟也司馬他作恨無從購僅從長公搜廢帙
得燕臺詩一編如題詠贈擬切景肖象極才人之致至
若感懷七首七夕諸篇每從月下呼白狂嘯長吟未嘗
不颯颯風生作斫地擊壺之狀又如面對司馬搔首問
天起舞罵座令曹蜍李志輩耳聾心動駭悸欲死而莫
知豪舉之所從也得非司馬眞精神勃勃逼人乎論者
謂司馬孝廉時似俠宦達時似巧里居時似不恭此何
足以語司馬夫胸中原無欲吞不可吞之物其能效窮



愁悲歌乎平居原無經營四方之具包舉一世之概其
能效談笑折衝對奕賭墅之所爲乎心地原非可以上
對皇天后土下混田院乞兒其能鏟形骸而同塵市井
乎司馬惟不可一世故可以經世可以入世出世而當
其精神無所舒洩或混酒徒或附墅客或暱兒女子及
其所之既倦而寧比於數米衡薪之輩總之隨所寄託
皆有司馬眞身在焉不此之求而彼之議何啻千里司
馬之詩曰有身堪借客無地可爲家嗚呼豪傑之不偶
於世也惟不默察其精神而相之皮毛又出之以猜忌
之衷而濟之以雕刻之口致令鄉國非之天下疑之而
第懸此英爽不可磨滅之靈以俟知己於百世之下也
誠有如司馬哉

少參遺文　少參遺詩　梅國樓著

南北遊詩稿　度遼集　楚邱集　明邱坦著　見舊志

國雅中選集　歸正解　明劉秉鑰著

澄海集　明周宏禴著

寄生草　明陳以聞著

同里梅中丞之煥序曰：寄生爲吾石泓別號，今以名草志浪跡也。懸帳商陵則商陵寄也，負笈燕市則燕市寄也。此生以寄名也。寄商陵則有商陵草，寄燕市則有燕市草。此草之以寄生名也。夫寄物無中出則離矣，迄今商陵燕市間猶必有車轍馬跡焉，影落潭鴻爪印雪，回念舊遊都忽忽如夢中，亭至讀其所爲草，硎發若新。泠然天遊不逐浪跡則何也？大凡游寄者實實有方還歸於虛，神寄者虛虛無方還歸於實。試爲我排金閶而縱目，弔姑蘇而遡欒兒荒宮舊殿花草錦衣，想像於暮烟春波而不可得，唯是伍相國之英風、延陵季子之高義、伯鸞要離之清烈，並峙皆猶凜凜有生氣，倘亦眞精神寄焉故耶。今天子以吳寄若行召若矣，則吳亦傳舍，如曩者商陵燕市間耳。然吳人口碑、國史循良傳有不與傳舍俱往者，昔人所稱三不朽，甯直以言哉？君草自



堪紙貴，且寄生時有評題矣，於其行也獨廣其說以贈。

伯譽詩文集　明周世遴著　見舊志

明邑人梅之煥序曰：天上無懵懂仙人，則凡慧而才者皆天人也，宜若爲天之所相，而往往奪之速，何歟？或者致疑於造化小兒之忌才。夫天若忌之，則如勿生之，生之而顧奪之速，天固無如之何也。而不見夫花與月乎？發也惟春，滿也惟望，天何以不自爲旦旦而春、宵宵而望，而春之權於風雨，與望之翳於陰霾者，又各半也，則天固無如之何也。然正惟不能旦旦而春、宵宵而望，又不能不半爲風雨陰霾之所奪，故足貴也。西狩之麟，向不卽轢於子鉏之手，俾人得繼而豢之以天年，終不過一戀豆之馬、披繡之牛耳，何以反袂沾袍，至今猶令人有遐思也。富貴壽考，塵世所競，天覩之則蟯九石火而已。彼肉食而飾背臑下者，豈少也哉？而謂天之所相卽在是耶？且有寄重寶於人，而久假不返者，況乎天之所寶以寄於濁惡之世，如李長吉以彼其才，舉一進士輒爲時議所擯，譬則荀珠玉泥塗中，爲主人者能不憐而急收之，則天帝托玉樓以召也，蓋可思也。伯譽之年少長吉三歲，其慧而才則皆非地上人也，得之天者不必問之人，然長吉見知於昌黎韓公，伯譽見知於錢塘葛公，皆所謂一人知我，可以無憾，又不獨得之天者厚也。伯譽諸集有吾家惠連爲之元晏，視長吉錦囊被紿以投於溷中者，何如？是可以死矣。聊次數語爲天解嘲。

酸齋草　明周世建著

邑人李巍跋畧曰：先生宏博淹雅，三中副車，數上京洛，顧文章憎命，終老靑氈。今觀下第及長安諸詩，三復致意，其果多愁善怨哉？嗟乎，遇不遇何加損於先生，獨令百歲而下有掩卷而太息者，則先生之詩之善於感人，極之千百世亦無異。巍之此情此志也矣。先生制作甚夥，家遭兵燹，蕩析無存，然已見一斑，何必更觀全璧哉。

蓮堂詩文集　明周世進著



蓧軒詩文選　明周際聖著

倦遊草　更生草二卷　明周之甦著

長洲陳仁錫序曰：楚之人有沈江而不出者，可以處則處；有沈錢塘江而甦生者，可以出則出。或曰挾伍濤以上也。伍能濤，更生能詩，靈氣奚不涉哉？更生介士也，神能有慾，能不鼓舞浪花，避酸漢子十丈，每哂昔人謂見紫芝名利之心都盡，天下有幾紫芝哉？而誑若是夫！爲紫芝者見紫芝之正，使家國之心都至，若聞諸楚大夫。自序曰：自余游三巴，有游巴下調；游新安，有游吳小草；至游白下，溷白下名山水，無不到，好題目無不塋，有白門草；從再龍劉先生入越，又有越游草。總之，身當佳山水碎御描心肝，只可自怡悅，不堪持贈人者也。是秋渡錢塘，舟人不信潮，潮壓我舟，我死矣。無何出，得不死，而始知此身死矣，一切功名富厚與極快心之事、娛心之供，此時都用他不着；卽從前相愛底師友弟兄、痛念底父母妻兒，此時都靠他不着。若復仍前孟浪插著便說

亦眞幸負此不死日矣於是遂別劉先生歸急拜其父曰兒死而生矣請名之㸔手題其楹曰半壁何緣重入面百年此日竟回頭雖飲酒不茹肉者蓋三年所已後漸食卵復漸食魚亦幾蕩矣然亦幾幸此蕩得以甦久復萌舊游並憶前作尋憶尋作忽忽成帙友有嘲余者子休矣懼有挾舟而求者余曰游倦矣無庸未幾復游龍門有龍門草與星季兄游粵再有粵游草與王匪躬游陳又有陳蔡草與陳叔燕游燕又有燕游草甚矣余之不畏死也然竟無恙矣所謂不欲幸負此不死日者豈在斯乎姑識其什一使知余從前遊之樂已後遊之幸並知余從萬頃波中躍出拾得此未已日贏得此身後名抱得此不死符周之極者余舊命名也

青袍草　壺隱草　棲雲堂詩稿　明周之夫著

明何南金序曰詩稱三百三百經也經文之至而非有意其文有意之文實楚靈均騷始發響而宋大夫景差唐勒輩奔屬踵起後來者爰有辭賦聲歌之業一衍再衍於蜀楊馬於鄴應劉於吳機雲其模騷有作者譬之



杞梓皮革楚實有之他國受其波餘而已詩不窮愁不佳原以放玉以讒閲歲數千年而楚黃周民獻先生弱冠鵲起則已哀然神雋道朗幾令楚國無以爲寶賓上公車時宰不善也書三上三報罷歸自其於邑骯髒之氣十餘年所白馬從軍青袍去國徘日間鵬空潭弔溪湘雲荷花山鬼迷竹境人情出悠乎微乎淒以穆乎其回風懷沙之餘也楚自靈昭迄懷三世三出主羈臣辱憤惋固爾今非痛矣郢上賁人挾雄風而錫湯沐兩漢江沱之間士湛中聲幽之初也周之盛也民獻生於楚困於楚困者其言憂讒畏譏無有故祗足隕和氏之涕而未至刎屈子之蘭又民獻奇氣矯矯吞雲夢八九而空之十年來愈困愈放轉變轉伸浮以隨陸彭蠡之鉅莽以梁宋泉洪之墟感以河朔陽易之豪麗以京洛五都之冶悽惋孤憤激烈沉浸透迤冲粹遞進遞發無試不可南冠南音乎有其寃而無其鬼夫豈吝嗟湘中作憔悴客也有如其詩矣楚澤廣莫逶邐昔以墜今以隆非必宜敗亦非必宜怨顧獨宜詩青草鄂渚之間隴西之不得不隴西也杜陵之不得不杜陵也兩公之詩沉

致濟蕩各諳其所而咸濟勝於楚周先生之出入於楚也吾以覘其出入於兩先生矣

同人文稿　明劉侗著

柏舉文集三卷　明熊吉著

自序曰柏舉者何元和志載麻城治東六十里龜峯山舉水所出春秋時吳楚戰於柏舉是也山人之廬適與之對晴光皓采端嚴秀拔所夕瞻依故以之自號云存稿者何山人資劣本不善言晩聞率性力行之教於毛子道峯復不喜言至於心融情適與物酬接時或有言非所好也故其稿多散逸嘉靖庚申計偕兒輩錄其存者置衣笥中京邸暇次第之存其存者耳非謂其可傳也嗟夫石鼎匏杓非能鳴者也水石之相搏戛然有聲彌明値之則喜而珍許侯値之則惡而捐擲顧所遇何如耳他日遇彌明而淸廟明堂可也遇許侯而覆瓿障窗亦可也存與逸又奚計焉故曰一臠足以知味不必全牛也山人者何麻城熊吉子敬甫也



歸來集　明熊吉著

自序曰王逸少晉光祿公覽曾孫洪容齋宋忠宣公皓之子家世人品皆第一流也逸少自會稽解內史之組容齋自會稽掛神虎之冠皆不肯復出逸少云頤養閒暇之餘與親知時共懽晏啣盃引滿語田野閒所行以爲撫掌之資其得意可勝言耶按逸少是時春秋方五十耳容齋云於寬閑寂寞之濱窮勝樂時之暇捉筆据几隨所趣而志之雖無甚奇論然意到即就亦殊自喜按容齋是時年齡亦逾七望八間也予司南陵教六易寒暑歸心頗濃每思鳳嶺龜峯牛湖鵲港未嘗不憮然久之幸轉壁山學諭聞報不俟憑即覓舟令長諸生爭來攀留且謂伏月多南風不利西泝少俟新凉予竟就道蓋桑梓之思爲日久也舟行果爲逆風所苦遲久江濱日十餘里舟人多怨尤予則泰然自釋蓋雲山之望日益近也抵家親故多勉予入蜀予曰嗟夫予年已及從心安能違此心去墳墓越灩澦入蠶叢魚鳧之域隨行逐隊看人眉睫耶甯無愧於逸少容齋耶又三年先

室物故不然則旅殯矣愁思悤悤寂然無聊惟日坐柴門迎賓鴻看浮雲授幼子書課長鬚耕欣於所遇快然自足時或茶傭丐子于于而來則詢其居處飲食言語之低昂節制間有領會亦爲可喜若貧笈之生荷蕢之徒則稽其德業說秖秖以是孳孳不覺槐陰轉柘影斜日下春矣少焉落霞孤鶩榆景交暉牛笛魚歌晚風輕渡玉繩低銀盤挂優哉游哉養和保素以全吾眞而已嗟夫昔五柳翁設門常關涉園成趣予則開門延覽同人與物其迹異其適同也今年春居先室於水西明陽山之麓情事既伸懷抱少舒因思予年今又逾八望九矣乃輯歸途歸田之言爲歸來集雖無甚宏議遠識然春蚓秋蛩感時唧唧固自有不容已者沈存中日退處林下謝絕過從蕭然移日可與談者惟筆硯而已先得我心矣則是集也亦適也非贅也

青氈集 明熊吉著

自序曰予以嘉靖癸亥二月六日北上三月八日抵都四月杪授南陵縣學訓導六月朔南還故鄉八月望東



下晦日履任數月之間朝謁趨候驅馳延接倥偬勞頓殆無虛日若甚劇也然道兗都歷商墟望太行之雲擊黃河之楫讀顏魯公岳武穆之碑拜殷太師稽侍中之墓獵奇弔古懷忠仰聖集益抑又多矣既而鼓枻長江乘風順流坡老之赤壁白傅之潯陽陶靖節之柴桑李謫仙之九華江風山月雲亭烟樹呈趣會心流連景物之概油然而興焉是故長篇短韻時或有作蓋將以宣志達情遏鬱解倦而已非好爲是多言也工與拙奚計哉嗟夫東野浪仙之詩以窮益工予日坐寒氈耗倉粟視二子爲有間矣宜其拙也故名青氈集云

中丞遺文 中丞遺詩 明梅之煥著

萍廬偶集 芥舟續集 明梅之熉著

千木遺詩 明梅渾然著

邑人周禮補序曰前歲之夏梅安期氏過余草堂手一帙示余且歎曰此吾先君子厚庵之遺詩也先君子詩古文辭甚富概失於明末兵燹吾生晚無由收拾竭一二十年之力從傚篋故紙中與深山僧壁暨白頭老臧破篋漫漶所存合而錄之得如干首成此一帙每對之有餘恫焉予其爲我定之予讀之終卷而不覺悲慨之生於衷也嗟乎人當少壯日稍有志趣若不遇先生長者宏博高明之君子指示其端倪鼓舞其氣力以成就其造詣獲進於古人之域而日吾天分所能爲無所假於扶進獎引之力則亦自誣也耳幸遇矣先生長者亦已微度其端倪隱示其鼓舞矣不知急求其扶進獎引古人之域若自限焉則遇而不遇自棄之尤爲可惜也予少時初學有韻之語時方專心制舉業前輩又多以詩與制舉業相妨禁不許爲余心疑其未是而力不能奪故間一爲之總不求合於規矩準繩之法一日於友人所侍坐先生因以數詩請政先生閱之而色若喜者指其一二語曰此唐句也予唯然謝之因不知唐人之何以爲詩之的予一二語之何以合於唐音雖以得先生獎借之一言喜予心究不能知先生指要之所歸而求其成就之道無幾而世變起矣無幾而先生逝矣荒



山寂寞之隈信口成音止與牧豎樵叟爭響不徙不得唐人之百一其爲負先生善誘之深意而追悔之無窮已者蓋以此也今讀先生之詩溫厚和平上追風雅格調詞意神化於大歷長慶之間予因此少有見於唐人又自惜其已老悅之而力不足而非冉求之自畫比也古人以單辭隻語傳後世者多有先生雖遺詩不多而各體粗備風致都存聲光所及自足千古安期顧何嫌於見少也

古詩十九首正誤 明劉漢著

問餘堂稿 明鄒宗彥著 見府志

蔬堂文集 詩集 明曹應昌著

雁臺集選一卷 明周道一著

邑人梅之煥序曰衆生請佛住世而佛竟從荼毘去矣許多說法恨眞身不住人世乃初祖睠焉西渡亦復不

圖文字使衆生之願終不可遂至曹溪而固大不壞有闡提欲刃竊其靈私作供養此又衆生一不善請佛住世矣白皋眞和尚道一圓寂一十二年形容如生居高足龕而奉之不使有向日犯曹溪者犯道一道一住世矣頌其齒微啟而鈍根在側不聞道一作何開示惟取道一平日吟哦偈頌可嗁告戒之語使一人披宣衆人環立而聽則道一不獨法身在且猶然能言語之道一在矣形骸在言語在欲請道一住世者當合力刻道一集

坿譚元春題周道一集曰沈滄洲有周道一集口中雷響手裏砲發無論禪理世間有此斬截痛快之男子乎同一血肉之軀獨使人塗之以漆飾之以金明明是數十年前麻城一秀才耳不發信心者非人

## 毛文貞集　明閨秀毛鈺龍著

明袁宗道序曰夫詩不易工女子工詩尤難我楚女子工詩尤難之難者也楚俗相傳以女子識字爲不易自墮地爲女便與楮墨無緣從裙裼至白首指不觸卷帙眼不辨之無知詩爲何物哉而工之乎至於節婦工詩



豈惟楚國即海內稀覯豈惟今人即古不多記也蓋詩爲物俊人用之嘲弄風月韻士藉以品題花木而孀閨貞媛方且含蘗咀茶憔悴枯槁於雪室氷帷之中形若死灰身同晝燭安有心情預此雅道是以綺詞藻句多出艷婦之手如清照淑玉之篇淑眞飛雪之句豈不清麗膾炙人吻然驅儈之悔斷腸之吟亦何爲者文采節烈分歧而馳猶之艷李不挺蒼幹古柏不吐芳蕚矣余友邱長孺爲余談麻城毛貞婦事令人鼻酸津湧至舉其詩復鮮秀奇警誦之意爽神暢異哉此嫓鐵肝石腸繡口錦心異日楚乘烈女志中一段佳話也長孺欲梓行其集甚善余楚國男子且鬚眉且官詞林詩文其本業竟不能工眞可媿也夫眞可媿也夫

## 少玉詩一卷　明周宏禴繼室董氏著 見明史藝文志

## 景羲遺集　國朝梅坰著

## 續騷草　國朝梅圻著

## 巖山詩文集　國朝曾謹著

## 鶴園詩草　國朝梅眉錫著

## 桐下詩選　國朝梅鉶著

邑人李春江序曰昔人有言學韓而不至爲皇甫湜學湜而不至爲孫樵謂其才之不逮也予謂學即不逮不必其才也文字奮發於中如驥騄當道初無程期自然一駛千里若畫跡而步計程而奔安能及是乎學則僞不學則眞正使湜學愈樵學湜亦不至耳今人作詩於漢唐宋之後纔有所學語便不眞方未落筆時先有嚋昔諸名家於胸中即立意衡哭終不能出其圈䙡求其絕無依倣性靈自躍者梅澹克一人而已澹克沉摯果毅將來必有建豎於世不肯作卒爾人其爲詩乃復沖漠放逸若將終身寂寞於世無闞者習於澹克之爲人則不能得其詩習於澹克之詩則不能得其爲人澹克不染古人之習氣易不染一身之習氣難且令世人於



其人其詩交相染而不可得也予其神物乎吾敬服予矣

## 桐下詩餘　國朝梅鉞著

邑人李中素序曰戊午秋梅澹克表兄殁於邑西城之舊種梅花處余與劉子孫謀田子在履劉子叔燕梅子子楞劉子黃晛家大子石哭殮既畢數日命其子淵淪搜輯平生所作得詩文若干卷內有王澹人吏部點定詩餘一帙越二年庚申余自上谷攜之京師訪澹人於邸舍甫執手即問澹克身後事因出所閱詩餘且讀且泣痛飲至旦遂付浙西人選余錄其副本以歸又三年癸亥紆兩夫子制撫江南余復攜之幕府大司馬比部聞澹克之死深用歎惋問其子若弟者再東皋使君盧萩浦表兄復撫其孤適余貲所錄副本至乃更壽諸梓嗚呼澹克爲不死矣澹克沉毅果敢卓犖有心骨自以先世司馬中丞諸公累建功業遭家中落思所以振拔超軼居然一編一騎讀書習騎射苦自濯磨屢試不第漸厭呫嗶帖括之業益留意詩古文詞兼性不耐俗偶

宗親或罹屈辱輒投袂起持是非黑白體素强一當悲
憤徒步千里以故未五十齒蕭皙現諸衰相竟鬱鬱以
死而於大司馬王吏部盧使君顧於身後獨念之不置
豈所謂厲於生而信於死者耶余外家兄弟多至數十
人皆極契詣獨澹克子楞與余兄弟爲尤合所遭際尤
一敝家大杜門謝客上下古今庭無俗駕與澹克之耿
介孤潔同余則開門延賓終日喧雜客無賢愚皆接對
不敢休閒事弓馬筆硯遊跡滿天下與澹克之蕭散頹
放同以至憂樂好惡出過亦無不同者或出遊經年不
見歸相問訊得其同未嘗不相笑澹克性又嗜酒家貧
不恆得每從所居桃林渡入城必先過余與孫謀索飲
自晨至夜不肯去出城必先過子楞索飲如余與孫謀
家童子執壺侍側苦足疲不得息主人或倦不欲語澹
克自起剔殘燈方叱看溫酒來獨坐嘯咏卒以常而富
貴家豐筵綺席促之往輒扃戶坐桐下小閣苦吟細書
卒不一赴以是人益不可近故其詩詞幽窅奥秀能盡
掃近時規步稼軒淮海之習別出新意爲當代諸公所
欣賞憶乙未秋余滯粵東浪傳已死澹克與孫謀大哭



遂孤身走嶺海爲稷槪計忽遇於海幢寺余方與金道
隱先輩證說無生澹克驚喜出意外索酒擁雕弓寶刀
與余飲射田野中薄暮乘潮海珠寺持巨瓢盡瓜皮小
船幾覆乃是時平南兵馬獵歸十餘萬騎環視兩狂生
酣醉絕叫咸駭愕不敢問未幾走山左江南北每當風
景必憶余兄弟題詠益多甲寅以來與澹人爲傾蓋交
益縱酒恆忽忽不樂至是竟死平生何聲氣顏色者得
澹克片紙隻調爭懸壁座比死者皆掉臂去而王盧二
公乃梓其詞於數年之後又豈所謂不得志於庸眾而
得志於賢豪間者耶澹克長大子石三歲長余十三歲
常與子石以詩歌古文詞相唱酬酒後耳熱拔劍擊柱
礎余方總角爾時但有震慴及與余交意氣已漸平然
精悍爽迅鋒稜稜猶使人不敢狎每與余兄弟商榷古
今成敗爭古人是非得失小不合便推案碎盃爵數日
不見面有時相思復一笑而至今幾時耳澹克已爲異
物余兄弟亦多病轉衰廢想澹克恆爲余言憎薄俗紛
擾覺常住不壞殊無聊賴余云此趣未能遽證但平時
朋友存者十三死已十六七使九京有知較人間世翻

不寐冀澹克大笑謂余言爲然未知此五年來地下所
證與疇昔不參差否澹克死時孫謀家子石撫屍哭之
慟余梓立日晴晴然無半點下年來見其子詩文有可
喜處或值其饑寒厄困則泣下不自止及瞻矚靈几披
閱手翰又復歡笑而王盧二公必欷歔愛護不倦視右
丞之於殷遙袁公安之於徐天池殆有倍焉者以此知
性情相感非貴賤死生之所能限則是集之梓必有愛
之而至於勒金石臧之而至於投溷廁於身後名果矣
與耶昔李長吉詩文遭表弟之厄其表弟反因之以傳
又安知余之序此不更爲澹克之罪人歟詩文未梓者
尚將待之諸公聊因是集之成畧次余與澹克之平生
梗概如此

詩我二卷 蓼園文集六卷 蠹餐集 國朝黃素臣著

鴻雪草三卷 國朝黃倫著

偶焉集 國朝劉淑頤著



邑人曹應昌序曰江南有客西陵者爭爲詩贈行余讀
其中集律一首與絕倫之嘆而不知其爲劉百年也蓋
余與百年尊公交知百年而不知其詩及讀百年詩愛
慕欲即見其人而不知即余所知之百年百年何以詩
隱也異日百年出其偶焉集示余借他人之面孔抒自
己之性情幾若不知其爲唐人之詩者幾若其詩在唐
人之詩之中不若出自百年之詩之妙而三唐韻士若
預知百年之下定有一劉百年而先匠是句以待者一優
孟尚表衣冠陰陽且費銅炭今百年水乳唐人殆其一
矣蓋集不難逐句而難通體不難對白抽黃而難神氣
即離之間胎窠麗屬不難七言而難五言不難律而難
絕句古體之似可離似不可離若百年竿蔗進有加矣
百年被其尊公教惟謹讀甕室如處子抑何其爲詩高
視遠矚蒼涼颮忽千態萬狀若行萬里人孤城老涉世
而歷險交湖海之若此乎彼其以故家名士車馬怒鮮
之盛年而皖隱傷逝又何窮苦之音易動我雍門之聽
也蓋唐時人雖窮達殊致而郊島强半爲多即其過而
不過亦自其意概蕭騷互鳴獨唱百年直以其不合時

宜者苞絡而發皇之且將集唐數百年之詩人而爲一劉百年衆世之讀唐人詩而恨不見其人者請於百年乎觀之

東山紀詠二卷　國朝周維秬箸

自序曰昔豳風之誌東征有東山之詩矣然或賦徂東以三年或哀我人於破斧元公當日亦豈喜於用兵者哉蓋殷頑之不靖雖變僅一方而有漸及四國之勢故曰四國是皇四國是吪則是用兵非元公之得已也至於公之居東而其袞衣繡裳之恭感人最深其信處信宿之懷入人最切爰是九罭之詩有作焉楚黃之有麻城一彈丸地耳其邑東負險巖峭谷士人亦號爲東山國初一歷有小蠢戊子己丑之間勢且滋蔓致煩大兵進勦始克底定頃者烽燧時驚歲在甲寅之夏月東山之衆又復嘯竿而起然昔之東山利用征今之東山利用撫雖有時不旹盡出於撫而以不得已而用兵之心仍無失乎安撫斯民之意則其免生民於鋒鏑之禍登反



側以衽席之安者其惠澤誠爲無疆也幸賴撫部院憲臺矜憫愚頑惻然惟撫之是亟而於用兵益愼之初命副總戎王公駐防城守非云耀武祗以聊固吾圉耳繼命大參新遷河南臬使徐公黃郡丞新任武昌太守于公馳檄桉臨宣示德意唯是身驅單騎自詣山陬中一以至誠開諭而東山叛衆悉以感泣投戈傾心就撫在昔張綱之靖廣陵單車詣壘龔遂之守渤海賣劍歸農史書所稱未嘗不嘉爲美事若二公之德威所及不介而孚夫豈有異者乃自夏徂秋徐公以是役旣竣將返武昌赴大梁而鄒家河輒復告變于是頑民倏撫倏叛之所撫憲益已熟籌之矣因以于公改任黃州夫亦設北門非準不可頼川願借寇君爲能靖此一方民耳于公時方駐臨岐亭及聞鄒河之警星駕遄征而民歡隨之民即爲銳卒歸降之衆亦佐偏師旌幢所至回已剪滅此而後朝食焉而孰知乎前車旣覆後車不戒狂逞之徒愍不畏死曾幾何時而復有亂者之羣爲戎首哉歲十一月之朔二日于公自黃州躬率鄉勇官兵身冒矢石不數日而輒以奏凱聞越十有一日撫臺復命參

戎黨公暨伊公守將樂公同發武昌與夫見任駐麻之馬公各提勁旅而其監師餽餉者則有郡司馬佟公邑侯屈公相與區畫機宜徑趨賊壘不崇朝而輒以執訊告疾似風驅迅同電埽古稱楚將沉舟三日持糧以決秦戰岳侯神算八日破賊而平湖湘未有若斯之捷者也而且梟魁旣殲脅從罔治凡是役之陷師者一如漢司馬之燒燬交關曹武惠之誓不妄殺而無復有崑岡火烈玉石俱焚之慘焉是役也麻之父老子弟無不拜祝歌誦以爲非諸文武將士之功不及此而諸文武將士則不敢自以爲功且曰此國家之靈抑亦撫臺主撫者之德也予諸臣何力之有焉嗚呼撫臺不得已而用兵之心夫非猶之元公東征之心也哉則麻民沐浴其功而謳思其德也宜其繼九罭之詩而有作矣維秬于是採集其詩爲帙名曰東山紀詠復謀諸門人萬生魏乃捐貲而付諸梓雖云村謠野諺詞無足收然而道路之口即碑輿人之誦類史亦庶幾與峴山銅柱共誌不朽盛事云



逸樓四論　國朝李中素箸

逸樓焚餘詩詞　國朝李中黃箸

柳溪稿　國朝董天策箸

西卜堂詩稿一卷　國朝鄒士璁箸

坡鄰堂詩集　國朝李佐箸

霞軒詩集二卷　端池文稿六卷　國朝胡鉉箸

守雪堂詩集　國朝梁中斗箸

知縣洋縣屈振奇序曰雪亭梁子者秋崖曾先生之得意弟子也秋崖爲亭州名宿風雅氣節久矣充溢遐陬耄年澄心性宗具正法眼悟第一義或有以人品詩文就正者每不輕爲許可獨於雪亭弱冠時一見而異之

紳諸門下爲忘年交今且與結婚媾焉洵重之也余來牧西陵郎耳雪亭名初從季課諸子中一睹試藝儆秋崖手集再讀律韻咸明則有聲如見其人矣越明年延入幕爲小子解毛詩鳴鷄瀟雨之際得與深談情愫乃見其律己堅潔制行鎮靜文章氣誼迥出時流因知雪亭之所以見知於秋崖者初不在區區文藝間即以藝文求之亦復光芒外射咄咄逼人又豈鬱鬱久寄籬下者至所箸守雪亭詩數百篇其間慷慨激烈望古遙集則有不可一世之想若夫寄懷蒼遠含意幽深則又識明力定響異音清非尋常泛泛者比或生於情或發於性或因乎物或感乎情舉能淋漓滿志畢暢所懷信於秋崖之爲敘曰欲觀梁子之詩者觀其人而可矣欲觀梁子之人者觀其詩而可矣余又取而進之曰信如雪亭之爲詩當不可以人盡也雪亭之爲人更當不可以詩盡也雪亭勉矣余日望之

邑人魯晟序曰質當蘭壖竟其質豫章七襟掄其材自茲而揹雲動日乎猶世眼睨之哉抑識其根柢而天已定邪梁子雪亭齠齔已學作賦賦箸其尊人以示晟于



時髮方燥禿瘡斑斑精神已大於身晟爲作評曰具體則細致用殊尊變化萬有饗飫羣生萬世不可乏一旦不可零子旁前籌焉基漢誠意一儆以開明是可筮無雙黃童之業而況兼得意小友之文未舞勺也已解作詩有客過呼曰童子詩學何體雪亭曰但須問學何如人耳有其人斯有其詩矣客爲眙然噱不得合迨今積紀而雪亭之詩果如其人矣雪亭之人抑又如其詩矣雪亭事親孝事繼母傅尤竭力事諸兄怡怡伯兄亡三年慟之如一日家貧四壁立有遠宦者以數金祈與偕爲尊人年高堅不應而箪瞬百里外是士人大節梁子躬行也如此其詩之至性摯質者固如之雪亭固窮介如石有以匪義遺者屢遺屢卻卒致之密逾暮夜梁子覺拒之如孔思遠誠諸昆弟事梁子不欲彰余亦不復詳厥後卒以此賈禍雪亭不悔也其詩之簡潔貞貴者又如之雪亭雖不與世俗忤而俗情特落落難就每羣喙灑囂梁子不置一言里黨或指爲狂然偕晟及曹石霞遊也則醞釀又江鯀矣其詩之孤行一意也晟如之友道之地於今也不啻公叔之嘆矣雪亭之與人交也有以性命交者交字交者嫻戚交者氣誼交者方舟深淺不失尺寸然至誠相遇則一也其詩之披見衷愫也則如之雪亭每自儆曰學不如其躬雖盛名弗貴也文其文詩其詩人其人吾僎之其詩之親切篤行也洵如之然胸臆洪洞無垠際每超然遠想不減冶城高世之韻其詩之飆駛迺上也適如之雪亭與中表王用肅以文章氣誼交每征綴相當晟幸得憑軾觀颿嘆曰王子精金百鍊梁子長河萬里誠得十一而芍藥之而鹽梅之吾弗測其所居今雪亭又交閩中吳亦白至善亦白詩文嶧嵬晃㬎殊異譬叒木初光不容薄眎一足神響不敢坐聽頃爲梁子選詩百三十文二十有四等梁子筆等朔方軍一經位置而壁壘精神忽然變色吾見其够於獲也梁子今年三十有四其進德修業益力尙未成名當世於所期萬世不可乏一旦不可零者何嗟夫高密之封已遲東山之駕尙早山川鑒臨太乙之下眎藻黼之夢箭其時其會爲乎探之第決之人也之詩也其勿名山蘊而姑餘遺也必也請爲正告海內司衡者曰欲觀梁子之詩者觀其人而可矣欲觀梁子之人



者觀其詩而可矣

武陵遊草四卷 國朝胡翔霱箸

翠華館詩集 國朝胡翔霱箸

趣陶園集 式馨當詩文集 晝法彀 國朝魯之裕箸

敬業堂文集 國朝鮑育蒸箸

弛薪詩草 國朝鮑超然箸

香雪亭詩集 國朝胡翹霜箸

百二吟詩集 國朝黃固箸

石華樓詩集 國朝胡澍蓉箸

香雪樓詩集　國朝梅鳳藻著

菁華集　文集四卷　國朝鮑煒南著

碎琴集　國朝吳泰來著

西山來爽集二十二卷　國朝鮑煇武著

愛吾廬詩草二卷　國朝石占鰲著

小山書屋文集　琴泉詩存　國朝張文藻著



麻城縣志卷三十三

藝文第二

文徵外邑人文　詩附

夫鴻飛留蹟誌雪印於前賢蠹簡無徵訪風流於異地揚蘭亭之片石定武流傳讀蘇李之五言河粱增重地靈有幸名箸永垂宙合茫茫斯文鼎鼎若廼感舊標評昭明叙元亮之集臨風翹慕伯喈書有道之碑夏之禮惟杞徵楚有材而晉用披華啟秀同增金薤之光鉅製閎篇允絢縹緗之采已



明李東陽文一首　海　瑞文二首

葉向高文二首　王錫爵文一首

王世貞文四首　李　贄文一首

何應瑞文一首　楊起元文一首

國朝吳興泌文一首　王封濴文一首

李鈞簡文一首　王贈芳文一首

王德新文一首

宋

蘇　軾詩十三首

鄒都憲薊州祠堂記　李東陽

都察院左副都御史麻城鄒公既卒之五十年後近畿東北邊之將士吏民以公嘗巡撫茲地有功德不可以不報建祠祭之祠在薊州者都指揮劉侯某請太子太保閣老東齋劉公爲記於是守鎮總兵官都督李侯銘偕巡撫副都御史嘉魚李公田命守備遵化等城指揮使張公瑛亦建祠立碑來請記於予予生晚不及接公風範聞公名鄉曲間舊矣及仕於朝聞東人道公事又會其子開州同知淪及其孫刑科都給事中騏獲見其譜末銘誄粗識公之



一二而益歎其賢公在正統間通政叅議出督永平山海糧儲事經畫詳密出納明愼民甚賴之也先入寇進都御史兼督薊州遵化居庸紫荆諸邊關軍務簡將閱兵納芻粟繕倉廩築城浚濠修治械器百廢俱舉一時論保障之功者必歸焉嘗觀已已之禍天下之大變也然不旋踵而定若無事焉蓋國家有可以制亂者三國富也民安也多賢才也自洪武永樂創業定難以來至宣德正統休養生息府庫豐溢倉廩充積故雖費而不匱閭閻畎畝之民食有稻衣有帛嚴刑重役不加其身横科厚歛之舉不至其

家故卒有警而不變内而臺閣公卿謀畫制馭之宜外而憲閫將領攻戰禦守之力故政務叢脞而不廢以斯言之君鄒公者其功業之盛如此也或者以爲公當艱鉅時不親錢穀刑獄之務未嘗攻城掠野獻俘貢職若未足以盡其用者獨不知蕭酇侯之事乎鎮國家撫百姓餽餉不絕其功固已蓋汗馬之勞矣公在畿郡有撫綏安輯之功在邊徼有防守備禦之策而况提握重兵爲殿拒振耀聲烈以成不可犯之勢乎夫古之有功於民者生有爵死有祀若公者縱不克上釐國家之典顧其民與吏有不能已於



情者乃從而祀之豈不可哉君子之論政者每憂治世而圖先幾當平居無事時必深培厚植結民心經國用儲蓄賢俊以待天下故取之而有餘用之而不可窮苟徒恃乎戎馬之強鋒鏑之利以折衝禦侮於不得已之際亦且勞矣此予於今日聖天子國用之富厚民心之安輯賢才之衆多未嘗不有感於昔而公之賢亦豈不重可慕哉而况居其所重之地躬其德政之美被其澤於無窮者哉後之登公祠跡公之所爲其所感慕豈有窮乎此國家之大者故予不獨於公之身言之公受命撫蘇松諸郡亦有惠政茲不著

## 贈周柳塘入覲序

海瑞剛峯

善言仁者莫如伊川伊川之言曰仁者以天地萬物爲一體天地萬物爲人性所必有天地萬物爲人道所當行仁人性也少有不盡之分而生人之道缺矣我祖宗設官分布寰宇待守令至隆律守令亦急而峻夫其特於守令加之意者蓋天地萬物之性於守令也體之專天地萬物之性於守令也行之力廣土衆民君子欲之欲我性也是故寒爲之衣饑爲之食爭奪焉與之息有倫理焉講明使之知所趨事爲之制曲爲之防猶之吾身言身則疴痒呼吸



之必調言道則起居食息之惟慎是故守率守之職令率令之職而性道行乎其間矣慨自性學不明國法日久弛玩謀家利己之念勝彼萬物一體之初不曰官所以行吾性也而曰資之以榮吾家也操筆而儒者操戈而盜蘇老泉未若遠之可憂萬里京師之瓊寶當之閭閻疾苦之情顛頟之肰生靈之命懸於守令不懸於天子尤有難乎其爲言者矣柳塘周公今三月涖瓊一以聖賢中正之道行之卽所行政若晏僚屬清符牒懲惡勸善節用愛人和平之中嚴毅濟之宛然顔賜由宓諸人矩度下車之日百利

隨與百弊隨革無所不釐其心矣諄諄焉教化先之舉斯民同歸於善公用道學飭吏治龔黃卓魯不足爲公言矣不徒從事於簿書獄訟之間而直探斯民心心相感之妙用聖賢準獲故聖賢治功窮谷深山莫不翕然有去惡惟公是從之心莫不忻然以前無有也爲公頌若不屬已自與已不相干前後之守則然也公認得爲已何所不至二百年來民情今日始洩二百年來民心今日始安秋八月藩司擬公入覲遵王制也瓊民幸公之來悲公入覲於公又不免一年之隔赤子慈母可朝夕離乎士大夫之情與



民同之徵予一言爲公贈予嗟吏治不貪則俗古君子不可復見於世也於柳塘見之忻然書此以贈且以促公覲事畢而來歸慰民望焉

復瓊州太守周柳塘書　　前名

於公原未有聞識也舊歲入京會虞坡問及坡翁稱正爲海外求此人物時不勝喜怵窮荒僻壤得此大賢爲之困者蘇疲者息矣何幸何幸下問地方事及居官矩度此等具人心布方册舉而行之而已本無俟於人言況在執事高明之見尤不俟人有言遵而行之者耶今人每謂做官人有套子比做秀才不同不可苦依死本俗人俗見謬妄之甚區區惟願明公執我經書死本行之而已如此不執雖熟人情老世故百凡通融失已失人全無用處士夫如



通判廖平菴年高識邃生自幼業師也可就問餘事散見奉去數帙中茲不備悉明公寄三千里之命誠不可草草爲之昔人謂伊周之道得一縣亦可小試況一府耶瑞不勝惓惓

梅少司馬神道碑

明太師相國　葉向高台山

神宗皇帝在位二十年文武恬熙北寇貢市邊塞人不知兵壬辰春二月甯夏鎮將哱拜子承恩劉東暘等殺巡撫黨馨據城以叛攻下四十餘堡許朝士文秀辮髮改服分道勾寇寇數犯玉泉花馬間約五六月大舉應賊中朝大震議綏師招撫以苟不用兵爲貴梅公爲監察御史昌言於朝以謂賊勢已成畜謀已久遷延一日則禍深一日外勾大寇內引叛人聲勢愈大風聞愈遠脅從愈衆人心愈疑爲今之計非力勦無以定禍亂非詔赦無以攜黨與非



特遣無以重事權非破格無以庸豪傑非便宜無以中事機非重賞無以作士氣甯遠伯李成梁父子威名素著諸子家丁驍勇慣戰哱賊降人雜類出入邊徼心輕中國獨憚李氏耳請以西事委成梁擇文臣知兵者監其軍天威既臨不敢四出魚游釜中勢必自亂附近營路恃以無恐他方觀望憚而自戢失此不圖臣不知其所終也神廟深以爲然朝議方憚兵又憂李氏跋扈不宜假以兵柄衆懼恟恟給事中王德完惶遽自列曰臣所請收錄豪傑非謂李氏也異時有變幾得無連坐公歎曰人臣謀國不忠一至於此乎復抗疏極論中朝果疑李氏當在遼東握兵之時不在廢閒罷鎮之日李氏即有異志亦在危疑不安之時不在明主洞察之後伏望陛下斷自宸衷可疑即別爲調遣可信即立加委任臣願與成梁馳赴甯夏同心討賊賊知歸命則臣爲陛下之使奉揚恩赦以安反側負固不服則臣爲陛下之將披堅執銳爲士卒先事平之日臣即日還朝止求自明不敢言功若其不捷軍法具在不敢以臣之罪貽累他人也上以成梁老姑徐行命公監其子如松軍以往公初謂總督魏學曾遲頓玩寇意殊薄之繇紅



山渡河不與相見久之乃知其忠誠爲國傾心相信誓以共死甘肅巡撫葉夢熊自請討賊駐師靈州思掩學曾功代其位而忌其倚公以辦賊也飛謀鉤謗間阻百出公既受事而西事益難言矣六月公自領精騎二百與如松分兩軍壓城而陣公跨馬督戰礮碎公從騎弗爲動諸將咸顧望不力焚南樓取火箭弗應城中射帖約內應陛弗報賊磔之城上公憤盈上疏自劾言諸將用兵不及兒戲從前報功盡屬欺罔臣身先士卒激使僇力同心以報陛下不能協和而反致疑忌事至此臣不得不言臣有言人不

得不恨請下臣於理若秋冬間西事不大壞即斬臣都市以爲欺罔之戒上已先入夢熊蜚語得公疏震怒逮問學曾遂以夢熊代非公疏指也夢熊既得代忌公滋甚監軍權輕無賜劍又奉屢旨申誡侵越公以忠赤風勵將士以敢死卒先行陣以老謀揣稷方畧以誠心感動攜貳以機權籠駕狙詐諸將始而狎中而畏既而感激踴躍願爲公死夢熊見公豁達推置亦少安之旋而受緣鏇於公公所畫制賊之策三曰絶勾寇曰攜脅從曰用水攻至是而其局大定鎮城三面阻水壍其北而決之賊將安往賊不能



突出寇不能闌入是我以堤爲長圍也七月堤成凡千七百餘丈決水灌城城東西崩各百餘丈賊守陴者皆哭佯乞降堅守以待寇寇數萬騎從李剛堡渡河去鎮城三十里公夜舉火趣李如樟邀擊如松尾之遲明兩軍夾擊寇大敗繞賀蘭山遁去用木從衝城竿寇首以示之曰此而所勾着力兔也賊絶望寇至梯城而下願見梅監軍面陳歸順拜承恩東暘及濠望拜而去許朝躍刃踰濠如將及公壯士張進諫欲前公眹止之披襟而與之語朝遂逡納刃屈腳下拜城上下轍石熖天鼓角殷地公神觀安閑進

止自如咸咋指歎曰梅監軍眞天人也八月八日夜二鼓三人縋城來告賊以重陽入大城置酒南城可得也諸將莫敢信公曰往我任之及城諸將讓登總兵牛秉忠年七十賈勇而上公緣梯大呼老將軍先登矣乃畢登降人殺守者血流活活有聲公踞坐血砦中籍記功次傳呼止殺男女然燈夾拜讙呼再生南城下賊據大城以守諜知賊黨攜貳遣南關民李登往間哱氏殺劉許自贖會劉東暘先疑土文秀僞病誘殺之承恩殺許朝畢邪氣並殺東暘城中解甲焚香以迎王師十六日整師而入不僇一人或



說公盡殺降人以應封卒公曰事定矣妄殺何爲戩劉許哱拜承恩以獻闕下括賊帑以補軍與籍降丁以實營伍此吾所以蔵西事而報天子也夢熊聞之乃自靈州馳至封賜劍下令盡誅降者承恩方從公出獵遂就縛拜闔室自焚軍士大掠骸骨撐柱金帛狼籍道路公即日襆被就道題詩驛亭長謠歎息而已東暘朝首級皆㸑夢熊將函他首以獻使人示意於公公曰有一首可代其人喜而問公笑指其頭曰此是也遂不敢言公入朝據實奏報曰諸將可以欺臣臣不可以欺陛下也朝右皆右夢熊以首功

論公陞太僕寺少卿遇邊撫推用廕一子錦衣百戶而諸將士從公效死力者多不得敘嗟呼西夏之事難言也督師駐二百里外置酒高會遙制成敗監軍身在城下腰刀袴褶親受矢石成則督師總其功敗則監軍專其罪無闖外之事權有朝右之謠詠左枝右梧前顧後視不察睨眴不動聲氣陽就其籠挫陰縶其機牙王誅以成國體以全斯爲難之難矣明旨飛侵越也公奏疏曰人之侵權必有所爲或爲貪功或爲尊大或爲受享以臣爲貪功事定之日首敘督撫次及大將次及行間之人監軍之官即自居



其功欲何爲耶以臣爲尊大臣與士卒爲伍倉卒聞警躍馬疾馳將領效力則下拜而謝之士卒有謀則執手而問之可謂之好尊耶以臣爲受享日夕餔糜自買柴菜居處營中累土爲榻以蒲代瓦風雨時至擁氈自蔽木板爲几桊瓦盆爲頮器夜無然燭引燎自炤可謂之受享耶臣所以奮不顧身甘冒賊鋒者蓋見人情時勢之難甯死於賊以明報主之心不死於讒反爲任事之戒臣之微軀誠何足惜恐豪傑之士見臣受禍皆懷明哲之思沮効用之氣非所以風示天下宏濟艱難也賊平之後抗疏爲舊督臣伸雪曰攘其位掩其功又欲殺其身乎吾願與魏同罪不願與葉同功不然他日何以見魯衛之士乎南城之役與將士緣梯蹴踏右手傷大指血沁佩玦酒間慷慨循玦而歎幸哉七尺無恙其不爲此指者幾希矣公之辭恩蔭曰爾巾歸里口不言功使天下後世知臣一念樸忠非有所爲則臣榮多矣公以一指視一身以一身許君父雖通侯胙土視之如浮雲而貪功攘善之徒顧欲以腐鼠嚇之不已遠乎西事甫竣我師有東征之役兵綎禍結首尾七年而西陲晏然我得以一意東略公之功於是爲多天子心



知公能有意大用明年陞都察院右僉都御史巡撫大同又五年陞兵部右侍郎總督宣府大同山西三鎮又三年以父喪解任歸未起而卒故吾謂萬歷中寵臣碩輔膚公扞城之臣以公爲首而公之得以成功者以神宗之明知之蚤而任之力也公諱國楨字客生湖廣麻城人大父諱吉宏治己未進士爲惠州太守有惠政夫婦皆百歲父諱汝觀母陳氏生六子兩世皆以公貴贈兵部右侍郎妣皆淑人公生四歲雄傑異凡兒十四補博士弟子二十六而舉於鄉再試落第挈家居長安中戚里豪貴都市輕

俠鄒會文學燕趙奇節一旦盡出公下間拉宿將健兒遨戲近幾貫酒呼盧走馬角射衩衣短褏長髯巨鼻望之如羽人劍客識者以爲郭元振張詠之儔也萬歷癸未與仲弟國樓同中進士國樓選爲庶吉士公知順天之固安縣刋落敎條蠲除賸鏹闊畧簡便務得民和中官操豚蹄餉公請徵責於民公懽然烹豚置酒曰今日爲公了此中官大喜戢而牒追民至公奮髯怒罵趣鬻妻償貴人責出今日死杖下矣中官益喜少選戒吏僞遣人持金買民妻追與偕入公持金付中官叱僞買者挾婦去民夫婦不知也



哀慟訣別中官亦慟不願得金公固不可曰小民償責誰不鬻妻子顧可令貴人折閱耶叱去盌力中官與民夫婦參立悲咽卒毀券而去其馭葦轂貴人多所操縱捭闔不名一端其大都如此公之母卧病國樓邸舍公自固安跨馬入省鄉人固止之公流涕曰吾豈以一官易吾母乎入侍湯藥者匝月良已而後去人亦無以難也暇日輒較射每就射所決訟錯落數語立遣去歲旲書奏上才三四遍入覲乘駿馬插弓矢從蒼頭廬兒沿途射生逐兎箭聲叫空如餓鴟他邑令引車匿避問知爲公乃大驚其儻蕩闊達不拘細碎皆類此也公爲人奇偉變化權譎機警曉暢物情闇合兵法軍抵甯夏逼賊法嚴城堡皆晝閉公大弛禁令軍中與民相貿易米鹽騰涌軍實不乏公曰吾平夏州惟此可以言功也初視師聞城頭炮聲地漾漾如乍雨着塵一將曰此炮所至也急牽公避之公曰子毋砲中必有母是砲皆子豈舉砲者不肯爲賊殺命使乎後果有內變南城下命急塞北門賊果從大城來攻不能奪角樓火發砲矢雨下公曰無恐我軍誤爇火藥耳許朝能賺我死乎已而果然我軍疾攻大城賊縛南城人妻子親戚寘長



竿上居民皆痛哭公使人傳呼曰監軍已往取許朝之妻劉東暘之母矣賊遂解縛南城始安公在雲中某王方欵塞一以安靜御之一日忽大出獵縣令關揚諫曰秋成多損稼公弗爲止後數日得寇諜寇欲大入以有備中止揚乃服扯酋遣人送精鐵數十觔曰塞外某山忽產此公笑受之命工製爲劍銘曰順義及某來市求鐵鑊公禁諸邊弗與出劍示之曰前者某王遺鐵中國所未有爾何用此頑鐵爲也寇欣大讙歸怨扯酋扯酋詗詘遣人首服謝罪公曰我以至誠待爾無爲也仍與之鑊王畢邪氣者寇中

知文法爲間者也同諸部來見公詰之曰汝非王畢邪氣也何得僞來王扣頭自陳非僞公笑曰人言汝爲間寇中我久礪斧鑕以待汝汝故馴謹如此幾令我誤殺好人王叩頭感泣自是輒輸寇情以告公以恩信待寇時其撫賞恤其凶饑每延見寇酋傳呼聲詟尊嚴若神已而離立偶語娓娓如家人寇爭獻嘗所服氁裘以明身侍公側亦請公冠服歸襲而拜之曰猶見我公也他鎮寇聞公名皆呼大人延鎮帥挑釁禊兒殺其講事八十三人寇大入殺掠延撫王用賓媾之不聽曰必得梅大人言爲信公命使至遂立解其爲諸寇敬信如此公在兩鎮弓矢皆親督製寇中號曰梅弓梅矢每讌會以寒具爲的與賓僚共射召諸將較獵不及者罰大觥比耦而射易器而飲弗問也張進諫者萊人也力能碎鐵石執槊不去左右每變服夜巡城壘暗中遙辯人影必進諫也公死進諫哭曰進諫自今無死所矣未幾亦死總兵張臣道經固安公致餼加禮張異而致問公曰棒槌崖之捷殺寇數千人我物色公久矣張拜伏大哭曰某血戰一生受文吏抑沒今願爲公死矣公之能知人得士奔走豪傑非偶然也溫陵李卓吾通人也



好談王霸大略西事起歎曰天下之兵始矣既而曰客生往矣必能辦賊公呼公安袁中道爲小友中道客長安以學道求友爲言公遺書曰貫城之旁有日中之市焉雖無奇瑰異物而抱所欲者各恣取以去求友亦若是耳顯靈公古柏婆娑委地作虬龍形東便門外奈子花如錦幄可容二十許人晉陽庵有唐鑄觀音像沙窩井水葛道士毬順城門老中官射此余十年所得友也公儻欲之便以相贈袁嘗語余海內有偉人二一爲公一爲通州顧司馬養謙而惜余之皆不及見也萬歷三十三年五月十五日公卒於正寢享年六十有四訃聞贈官賜葬如彝典於原廕加一級世襲某年某月甲子葬於白畈之原公之配劉氏封淑人生男浩然早卒女六人長女爲大金吾太子太傅劉僑母四女適吏部尚書李長庚側室亦劉氏生次男之熉一名嗣勳公沒十餘年猶子之煥綵諫垣歷邊撫功名志節赫奕相望之煥道公行事爲詳又言之熉之稱爲公子也之熉書來請曰先公橫身許國勞深賞薄進不爭功退不言祿先公之志也夫復何憾惟是夏州之役先公曰堤水葉曰填土先公曰急攻葉曰緩師先公冒死以戡亂

葉坐制而殺降截大寇下南城蔵羣賊皆出先公隻手葉
無一焉而萬歷稗史記三大征者見聞單薄援据錯互舉
艱危者定之績胥歸諸開害成之人如信史何如國論何
且夫先公旣口不言功而叙功之典遂因而欺枉失次無
功者乘軒而世賞血戰者負戟而長歎功罪倒置豪傑解
體至今疆埸之上有朝廷負人之歎在此役也先公墓木
拱矣有麗牲之石在惟夫子哀而賜之銘所以表國功正
穢史修廢典胥於是乎在夫子其無辭余曰諾乃敘而銘
爲銘曰神廟初年 四海乂安風清浪偃如海安瀾西陲雜



種負鄙爲災魚蝦跳擲海水羣飛皇曰往哉汝監軍事戎
服督師惟汝之志堂堂梅公矯矯如龍星馳城下决策軍
中師圍薇鳥寇援絶蝗長堤疏河賊在釜底狼搏豹吞交
口并齧壂兵頓馬我刃不血奏囊橫飛血指沁漉手提銀
夏以還九服錫盾雕戈鈴析萬里名王入侍窮廬外徙於
皇神廟德侔蒼灝擾畜羣龍在我池沼養其頭角資以雨
雲俾舒鱗爪以蕩祲氛譬彼驕人天吳罔象鼓舞相礁不
越沆瀣清廟有頌麟閣餌圖邈矣神廟遠猷訏謨河山有
窮碑石不改梅公 如龍神廟如海

司馬耿叔臺傳　　前名

自嘉隆來士大夫以理學名者楚則二耿先生伯曰恭簡
公天臺叔曰叔臺恭簡公余僅一再晤叔臺公則共事留
曹八九載無日不相見見必歡然笑語移時余素不講學
然公甚喜余每告人曰見某人使人心和氣舒殆冬日之
日也余甚愧其意其後余入綸扉而公逝値朝紳紛紜爲
朔洛之爭余每歎安得有公在以風之公存心厚而持論
恕口不言人短在南中日久絶無一毫滯淫之感稍見於
辭色余嘗許公爲眞括眞乎使世人皆如公天下平平無



事矣公諱定力字子健別號叔臺故世稱叔臺先生先世
有國寶者當洪武間以功授濟陽千戶長子必順卜居麻
城之太平里嘉靖末即里爲邑名黃安而當公之舉于鄉
猶稱麻城人自必順五傳至大振大振生金娶秦淑人生
四子恭簡爲刑部左侍郎贈祖父如其官公初誕秦淑人
病欲弗舉時仲子定理方七歲哭曰兄有我我奈何無弟
淑人曰無衣也仲子解衣覆之乃舉少從恭簡稟業恭簡
舉於鄉遊南雍挾公與俱恭簡成進士公始爲諸生追督
南畿學公復從之南畿師事史公桂芳友楊公希淯淳公

玆吳公自新皆以學問相砥礪吾郡吳襄惠公督楚學拔居巽等是歲爲嘉靖甲子當大比襄惠每告人耿生必捷果如其言乙丑下第復之金陵恭簡師道嚴公濟以溫和門弟子益親戊辰當赴春官以恭簡遷廷尉過里留侍依依不果行至辛未及第廷對李文定公欲置之鼎甲而高文襄公嫌其筆畫重抑居二甲除工部屯田司主事江陵相國公座師也又先會敎賞故獨加殊眄其後公見江陵權盛遂深自引避所尊信惟房師王文肅公及同年鄧公文潔張公元忭鄒公德涵在工部滿考踰歲晉刑部員外



郎丁泰淑人艱歸復除兵部武選司員外晉車駕郎中所居官咸遵功令奉職有聲屬劉御史臺劾江陵鄒公方僉事河南江陵暴之曰疏僉事筆也直指將阿意劾僉事公力懇應城李司空稱其爲解直指以其書上江陵僉事竟不免李江陵姻也亦懼去公出爲臺州知府以外艱歸復除成都府恭簡泣語公吾先世隱約澤未及人弟能爲三十城造命乃可慰逝者公頓首敬受敎抵任即爲檄盟諸僚屬謂吾輩精神通則衍小遊而下民受福郡賦役無書公購得刊行之弊賈遂革方田之役大較倣恭簡所行于閭者條以從事民甚便之蜀最苦採木公議動大衆毋啻其貲任長吏毋素其足豫採探分夷險布恩信明賞罰使商夷樂趨操縱在手乃可集事當事悉從之又念收木留難豫請冬曹頒式于商人及木至皆中程吏不得要索所省無算蜀民賴公得全其軀命不可勝計已乃新學宮表章趙文肅大儒禁民素冠違者罰使捕蝗蝗盡而民不擾先是直指被胠篋公視其穴自內出曰此必庖人也捕治果伏辜有夫挾其婦死論抵爰書具謂婦詈夫爲獸夫訴云彼詈我爲獸所生耳公爲續二字於牘而出之蓋詈姑



則於律應死也入計以治平爲天下第一賜宴返郡値征松州諸番以轉餉功賜賓鏹在蜀五載晉按察副使督閩學下車即頒楊羅李朱諸大儒微言以訓士錄蔡文莊陳布衣苗裔示風向至校藝則隨士子所長不執一指嘗曰文之不同有如其面吾面澤欲人盡澤吾面癯欲人盡癯可乎夫不離耳目口鼻而妍媸在手神氣骨間此吾之所以相士也故每試凡居前茅者無非名士自辛卯至今以巍科高第列館閣臺省卿寺藩臬郡邑蜚聲展采率皆公所識拔得士之盛爲從來學使者第一其延接諸生春風

藹然隨才陶鑄各極其詣且一一評其行品官位如持左劵無不驗者轉河南參政當大計冢宰陸莊簡公署其考曰清畏人知貞不絕俗請於朝褒異之尋擢太常少卿引疾侍恭簡於家踰年起守故官隨晉右通政徙左以諭祭襄藩過里值恭簡喪還朝以三殿災上疏自劾語多規切不報久之執政修郄於焦公以公爲黨滯卿士者六年執政去乃擢南僉都御史督操江瀕發語參知君操江以江爲職而事權分屬他曹所轄地千五百里備兵使者五非內外同心天塹未易固也又曰權使流毒人心洶洶兵食



之計不可不豫王文成譚襄敏以民兵平寇伍司馬守吉安孜孜積貯卒藉以誅逆藩今之有司誰慮及此者旣受事卽疏言五防五便其大指言權使罔利藪奸及奄丁擔夫譏內摯不遑可慮而欲專責治兵使者練民兵儲餉如王文成伍吉安故事亡何有上新河之變賴公成畫璫竄去根本不搖已復上疏極言中使之害謂臣兄弟叨仕版蒙恩二世臣年六十有子及孫竊愛惜之願其世世受廛明經爲太平之民彼璫輩無問祚身名之恤豈復爲國家計深遠語甚切至又勸上時閱通鑑纂要見歷代盛衰之

故皆不報又屢疏乞休不允歲壬寅以九載考績晉右副都御史仍督任僉都之滿三考而爲副自公始也公雖職操江而攝臺之日久又時兼攝他曹所建白皆關曹事大察會乙巳當內計公與太宰吉水會公爲政於南而佘佐留銓顧蕭會公寬然長者惟恐枉人考功徐君欲有所黜爭論至動色公意主會公然亦謂考功議是兩爲譬解佘復慫恿之故是役也人以爲衷其年晉兵部左侍郎仍南所省歲供錢及贖鍰且數千金盡留畀代者爲修署鑿河費時餘姚孫公亦自南臺長遷兌留樞先後兩署皆同寅



甚相得然孫公氣勁面冷在諸公間多齗齗公爲曲暢而默劑之所裨益甚多妖人劉天緒發難騷動陪京元兇已就擒孫公窮搜其黨六七十人用三木囊之通衢以次就斃公請於孫公曰玉石難分蜚語未實盍少緩之孫公不謂然公嘆曰孫公其不免乎已而臺省果有言公以三品滿出留都卿大夫祖餞公愈行後孫公且愈孤力爲諸公言其赤心任事至以百口保之亡何孫公亦竟去都下縉紳方望公來而公感慨於世事人情之日非有浩然之意中途上章乞骸骨頃之病沒中外聞之莫不悽悼所司請

卹贈南京戶部尚書予祭葬其生爲嘉靖辛丑年正月十四日終于萬歷丁未年十一月二十一日金陵人合祀公於恭簡閭志名宦楚祀鄉賢而蜀有專祠與文翁並配朱氏封恭人男汝忞卽孝廉能世其家



## 大司徒耿恭簡公傳

明大學士 謚文肅　王錫爵 太倉州人

講學自王文成而後辨才縱橫名勢輝赫而其間眞儒鉅公處己立朝之行業亦往往有以是掩者隆萬間講席之盛莫如麻城天臺耿公余猶及與公先後班行間志意款款相慕善也竊惟四十年來爲耿氏之學者盈天下表章羽翼則有中丞太史輩在吾姑撮其行業緒餘人所略而不盡知者紀焉按耿之先有諱國寶者從高皇帝起淮甸其次子必安以功授濟陽衛千戶而長子必順自光山遷麻城遂爲楚人五傳爲鳴甫公大振公祖也生公父靜庵



公金娶于秦而舉公及仲子定理叔子定力卽今中丞君季子定裕公生而岐嶷有大志嘗侍鳴甫公問世間何者最貴累數級至公若卿更問其上鳴甫公曰此獨有聖人耳公應聲曰兒當爲聖人鳴甫公奇之初爲諸生時麻城令金勿者才而未練事公因試策具陳得失幾五千言令驚謝賓諸首壬子舉於鄉儕輩頗自眩飾以示得意公布袍就宴泊如也丙辰以春秋魁南宮授行人司行人己未選雲南道御史時分宜爲相太宰吳鵬阿其意通賄門公首發鵬奸且語侵執政疏上罷鵬分宜氣亦爲奪辛酉巡

按甘肅至蘭州邊境酷寒故事中丞具貂襜褕逆于道時中丞戴公曰不可以故事待賢者其廉重乎于人如此嘗是時直指使者出分宜讌勞加禮因與之爲市公若不聞也者第以綵帕杞子侑緘爲陳說古大臣義甚晰且曰某某可大用而已壬戌改督學南畿凛凛以崇正學迪正道爲己任建崇正書院簡諸髦俊肄習其中身爲師帥焉其所陶鑄不拘一方要以叩新發陳蕩邪刊穢俾各有所得而止即一切按覈士吏于簿書文藝之外敦風化奬名檢常惓惓焉俗習爲之一變時新鄭相國與徐文貞郤嗾御



史齊康詆文貞公爲疏辨邪正消長甚力上爲之謫康罷新鄭而無何新鄭復相遂修舊怨于公時公由御史晉大理左寺丞四年矣竟以舊官謫判橫州已新鄭敗以薦起衢州府推官漸歷尚寶司丞至太僕少卿尋擢爲都察院協理僉都御史丁秦淑人憂服除以原職起撫福建公以父老乞致仕不報靜庵公趣公行先是撫閩者劉公堯誨念閩濱海兵弱稍括稅督逋爲足餉計而罷公尚鵬至則皆罷之公謂從前則病民從後亦病兵爲之衷度其宜僉兩稱便焉時方田令下所在爲厲公獨倣廣輿圖法區列

其壤地高下廣狹之宜條八法下之報完獨先又一官民之則立條鞭之籍括丁糧零雜之數署之片紙使猾胥不得濫征又修保甲鄉約以閒輯小學新編閨訓禮纂用提誨民佐功令所不及焉時廣寇林道乾訌海上公欲檄東埔諸寨酋擒之廉知酋世寶一銅銃爲我所得乃與之約若以賊首馘與我兵之被鹵者來當以銃歸寨酋讙願效死而以金書牙蠟來謝且請通貢公郤其餽且曰通貢非典也弗許第上言東埔寨酋震怖天威矢擒賊自效宜及是時羈縻用之葢自是盜寇徙跡閭里始宴然而報功之



日詔止賜金而已庚辰丁靜庵公憂甲申再起都察院僉都御史俄晉副都時新進者勵鋒氣好搏擊公惜老成之去務宛轉調護之乙酉晉刑部侍郎丁亥晉南京都察院右都御史己丑以御史誤論劾撫臣陳公有年徐公元太周公繼自引過求去有詔慰留甚切而新進諸臺省遂齕公不休求去乃愈力十月晉戸部倉塲尚書至是乞休疏九上矣始得歸先是公爲御史時撫臣論羅大參汝芳王兵憲道行公疏爲白之時公臺臣也不嫌與臺長爭異同比身爲臺長用公義以率屬而卒不勝豈非世道之變耶

公歸隱于天臺山學者稱爲天臺先生時公老且病矣口誦筆記不厭諄諄士新筮仕來謁必强冠服見之爲言學道治民之不易公之學自謂啟自彭孝廉公臺成于仲子公甫以主敬爲的公曰道在明倫著五倫圖而仲子別有所悟入一日公與仲論中庸喜怒哀樂未發及上天之載無聲無臭有省又舉羅文恭靜中養出光景語似仲子仲曰有何光景兄弟默識此時光景可耳公爽然自失無何舉箎忽悟契文成良知之旨曰一身皆知體也仲曰奚但一身通天地皆知體也兄弟間自相師友故仲卒而公有



祝予之痛焉公學大都以反身默識爲主以語默動靜示之範圍其于奇邪曲說排斥必嚴葢公沒而有以不經毀聖之詞上干吏議者公本所爲變色而爭者也今之學者襲口吻易工耳如公眞處卓卓無論如狀記公巡甘肅時受石經之餽途見役喘汗相屬曰此豈節用愛人旨耶因解畱洛有畱經記而其在畱都也善史比部桂芳適秦淑人誕日餽客豐比部拂然起曰富貴移人公俛首謝其後晤史於汝甯語之故史曰爾時若何不言公曰恐以吾不樂聞過而墮言者意耳嗚呼此末事也然正唯弟子不能學矣葢公沒後抱公遺經爲世名卿及名師者不可勝數吾友瞿元立守黃謂黃之人有質雅而好修者不問知其爲耿公之子弟與其弟子也公年七十三卒計於朝賜祭葬諡恭簡邑令胡尙質建專祠以祀之紀功德焉著有天臺文集若干卷行世

## 大司馬劉莊襄公傳　王世貞

公少穎朗十歲能屬文十五從父宦遊豐城鄉先生楊文恪公談理學爲世所楷模授公舉子業而內奇公至別而爲文以古人期之二十遂舉于鄉公爲人長身玉立顧盼偉如也自是三困公車而其遊太學所交多名士大夫後成進士授南京禮部主客司主事君二歲餘天子誅逆瑾于臺臣多所見竄而公以茂異徵拜御史出按陝西前是鎮陝監廖堂貪橫甚而寘其弟鵬于錦衣相表裏爲姦及公當出觴餞郎中甚恭肩脅爲堂請一日歡公正色不之



顧既抵陝首榜廖堂不法事于衢飭諸司毋曲徇又縛其爪翼數人於獄堂陽爲惴惴請一切得自新公亦冀其改悔少寬之而謗書則陰上矣會公監鄉試所得才士人盛于它時其程文爲諸省甲甫畢而堂之弟鵬素奴事幸臣寧從中道馳堂謗書以其校卒爲詞逮公既就繫堂使所親信恫喝校卒且啗之利以求甘心焉長安吏民感公恩而痛其冤慟哭擁車前後數萬人車爲塞不得發壯者至掊挺行求堂欲捶殺之堂恐稍杜門引避而其豪張傑王倫數十人相與齧臂爲盟護公所過舍傳必過視食必先嘗堂前秘遣尾公者不得近竟以免而公之下獄也幸臣寧入鵬嗾考掠公罪不得遂長繫於是給事御史俱有言赦出爲金壇丞亡何進爲其令有治理聲擢同知蘇州府事時大盜湯毛九等起湖州之孝豐山中蘇爲蹂躪臺臣驟用公謀平之而公有湖守之命矣公至湖則首禮一隱碩與謀政所當先復折徵均耗賦其民大悅以擬謝大傅安石顏司徒清臣爲湖守凡六年考績天下第一晉山西按察司副使督學校公以母老乞歸養報聞尋得旨別用久之仍故官督陝學于其職益稱明年遷南太僕少卿尋



改太常卿以其年爲都察院右僉都御史督甘肅屯政乃條所以當革者五曰掊尅曰占役曰湖場曰泒撥曰侵漁所以當興者五曰開墾曰墩堡曰牛種曰治水曰屯兵疏上以次報可尋因母老請告不許改督諸邊糧餉時少師楊公一淸在先朝才公於試事已惜公冤爲解於幸寧至是益器重公爲特疏薦改撫陝西公前後凡三蒞陝其一切利弊晰若鏡燭首疏鎮守中貴人當汰狀罷之因裁損守令不經於費者三十餘事民又大悅每出則竊相指曰此吾鄉者擁車公耶何吾秦人之多幸也公出師平洮岷

叛番四十二族獲甲首三百鹵倍之已又平胡店大盜藏其魁賜白金二十兩文綺二段又平漢中妖賊悉殲之凡再乞休侍養俱不允總制王公瓊偕廵按御史上其勞進右副都御史撫陝如故其明年承泰太夫人訃歸哀毀踰禮以祭葬請許之甫公服除而總理河道之命下矣時黃河驟南徙歷濟而徐背旁溢不可以漕公晨夜改舟車爲橇𣚤探求盡得其利便瀦淤以故導潰以新疏汴河自朱仙鎮至沛縣飛雲橋殺其下流又疏山東七十二泉自鳧尼諸山達南旺河濬其上流役夫僅二萬不淹時而河工



就天子嘉之晉工部右侍郎兼右僉都御史仍其職及冬入禮部事未受代遷兵部左侍郎兼右副都御史總督陝西三邊軍務公至則申軍令豐儲峙廣埤塹選精鋭飭甲械士氣踴躍思効其年爲丙申七破虜明年丁酉十一破虜又明年己亥破虜數如丁酉所上級多至二百餘少亦不下四十而天子推恩報功一加右都御史再加左都御史其侍郎俱如故進兵部尚書則都御史如故其金幣歲至三四賜積金幾數百千己亥公諜虜吉囊將大入萃羣帥而誓之大出賜金爲牛酒饗士陳一寶劍堂皇指左劍

曰將不用命者狥此指右劍曰卒不用兵者狥此及期而虜衆果大至挾詐乘我帥醉遂埤登焉公前已聞警率所部夜行八十里抵花馬池即故壘營之賊錯愕不敢犯引而西公召醉帥二詰得其狀立斬以狥衆皆股栗遂率以躡賊會天大雷雨賊弓膠皆解馬蹶躃泥淖中斃者相屬而公所檄延綏周尚文兵擣其左寧夏任傑兵挫其右固靖魏時兵擊其鋒公以大兵尾而勁之強弩火礮四合爭奮賊遂大敗走梟其名王以下首虜五百級鹵及畜器械稱是捷聞天子行告廟飲至禮下書褒予公甚篤即軍中



策拜太子太保予錦衣正千戶爲世官賜金幣踰等尋以公久勞外改南京戶部尚書亡何入爲兵部督團營軍務時中貴人大將多所私役朘其廪以空名予營公力欲清之而諸其事者爲首鼠兩端以尼公公鬱鬱不得志會報虜將大入公日夜治軍不休因以感疾疾篤去乃露章懇休上嘉而許之特賜馳驛歸歸二年而卒所著有問水集關陝奏議安夏錄督府奏疏若干卷他詩文亦有存者不佞所志志狀畧耳竊又從孫守巽所得耿中丞紀而讀之衆以舊聞益撫卷而三嘆曰嗚呼公眞異人哉若公遇

而稱艮璽綬入臺而稱艮御史治郡佐臬而稱艮二千石意以爲精心勤恤之士耳北治河河功立辦西治屯屯政肅鎭陝陝之貪墨盡解去大盜散徙始稍露其不可測以爲世之得公者尙淺然公南人耳十萬浴鐵之騎霆摧雹摯於交戟之外而徐以尺一如意揮而麾之百步不留堅至其所飛提明光上下動色謂三秦自洪永而後始快意于一勝者終豈能測公哉吾聞之廖堂氏之孽公也校卒挾璽書一旦以狠璫至豺虎交跡即不道塗死且獄死耳公怡然以事付藩臬即就道亡慘容者其定力有以勝死



也公且中立無死何必有十萬騎哉今夫志大者不能無小出入術勝者不能無巧進退然而公不爾也當其游太學布袍挾一蒼頭僅潦倒諸生而麻城令有世好者業先造公請邑事公第以邑所當創革語之不及私也令斂里甲貲爲諸舉子費公獨謝不受倍遺之亦不受及貴而宅憂家居將三載矣靡一紙官府也生平所歷皆膴仕而家後以軍興法治全陝人視之梟府矣先人之田廬無少增益故所薦大帥某緘金幣而爲壽公時已得老力却之且報書以爲飛餽人之感知者遐藐器遺公公怪其精曰得

非上方物耶吾書生安用此却之不可遂碎之以明非己好也舉進士而中貴人璫用事於衆中目屬公巽之又問知其同氏以宗人刺投公公不報已啖之美官亦不荅其人而督營務也距京師三舍許則眞人陶仲文以戚屬禮遺刺迓公曰與若主胡戚也誤矣亟反之公之歸仲文與有力焉嗚呼世安得以出入進退窺公哉公又名能知人其識故相太保桂公萼故將太傅周公尙文皆自其微時世以比楊文襄云

周魯山先生墓志銘　載弇州文集　　前　名

周之先不及考也考自元末而有受七公者從饒之鄱陽徙於黃遂爲黃麻城人受七公生希孟希孟公有三子次子仲道以子河南道監察御史鑑貴封如其官鑑之爲御史也雩閶左宛抗論輔臣之首循直聲振天下仕至山東按察使有子洙爲儀隴令以子山西道監察御史廷徵貴封亦如其官廷徵爲都御史與中貴丞辨窗夏功壇出爲江西按察副使廷徵有三子都轉運使載西安同知戴季則今魯山公也魯山公之謝郯事歸無何而以大鴻臚鄉



宏祖官廣東道監察御史最封如其官周氏六世相承而稱六御史其三實爲御史皆能以其最蒲考而三皆生受封天下之搢紳世家藍名之以爲難及而魯山公之自太學補吏部選人而得郯也鴻臚則已成進士司理吉安大呼而謂曰咄嗟余所慕者於古得范文正邇乃得劉忠宣所願爲執鞭而今困一丞邪振矣勉之哉汝尚可以爲吾所爲鴻臚頓首受教既而曰志伊尹者何人也吾奈何遽自棄遂之郯甫月餘而巨盜百餘輩劫王兵馬掃其帑報至令膽奪不能語公前請曰令惟守藏當第以兵授丞丞

任獲之遂疾馳行劫所而中道悉具精銳百人畀一裨校曰賊必從某道出走某道是皆負重可徒手縛也遇而巽懦不擊罪在汝賊從他道逸罪在我既發而身從老弱張旗鼓尾而脅之賊各負重走某道伏發皆就擒可七十餘人兵巡僉事林騰蛟聞而激賞之曰孰謂丞一書生而不堪大將耶無何令病死遂檄公攝令令事秩秩新矣而分宜相之私人鄢中丞者不解臺務而理天下鹽法以挾重故呵喝諸御史諸御史盡茅靡郡邑無不籯金奉少者猶數百金在任郯吏以所見聞請公嘆曰丞惟一身有婦耳



何所得數百金第令供饌膳潔而無帷幔筐篚之餚鄢至大失望乃出二故篋付尉緝之公曰此欲借以爲名耳陰備二新篋以俟尉入而以所緝二故篋見鄢大怒蹴而破之使呼公入盛氣謂曰丞無耳耶不知我當亦知御史吾奔走吏也而敢傳客遇我即倣篋之不能新而使委臺牘於草莽公陽謝曰嚮者不以屬丞丞飭新篋二不敢遽獻逡巡二篋入鄢顧視篋則新也而中枵然愈失望然無以難之笞尉二十而去於是林公聞之益激賞之曰吾屬州邑長三十也而僅一周丞男子何寡也當是時不籯金者

公與林二人耳林以名御史失分宜意出補持屈釆益峻
即青綬而下不敢望一顏色而其禮遇公若眞令愛公甚
於昆弟卧病且死後事悉以屬公曰吾不欲死齷齪吏手
也公自是賢聲愈藉藉會令至遂攺攝宜陽令已攝盧氏
已又攝鞏公治鞏之旬日行獄得一老吏嘗民者洗沐飲
食之曰以一邑大事報我我能寬若老吏叩頭曰左藏籯
金三千無知者請爲公壽公乃召三博士同入藏閱之得
金具以白諸司後治鞏復得左藏中羨金五百蓋大家與
吏謀將入槖者亦以白諸司後先充縣官用時張莊僖公



景明撫汴具其事奬公且謂公實心實政云其最後攝宜
陽而郟今復闕郟父老泣請於監司曰周丞故吾丞也奈
何不以惠郟而惠宜陽宜陽父老持不可曰今幸宜陽有
之奈何復奪而郟監司謂郟父老直遷公郟郟賦繁而故
有荒額二千石當蠲第悉以遺薦紳大夫及博士弟子司
府椽吏之豪有力者民代完額困公廉得其狀乃稍以白
後兵巡趙公請悉歸之窶邱趙公大喜還語郟父老益大
喜而諸薦紳大夫及豪有力者争醉趙公趙謝曰周丞爲
之我不與也議自是格公乃浩然嘆曰天乎令林公在[illegible]

反掌耳遂投劾歸郟父老哭擁車致不得前公之歸麻城
也郟父老歲候公誕以車載棗柿酒麵造公而壽焉公戲
謂余故不負丞丞今者乃益不負余始公生二歲而江西
公捐館孽二母相繼歿公起孤童自樹立由諸生涉太學
上舍有經術聲試順天不利而徙棄之居恒痛不獲識江
西公見禰運及西安二兄猶公也所以事之約畧如事江
西公終其身無違色所與宗戚丈人行者事之小者弟之
更小者子之材者援之急則左之難甚於已尤愼然諾敦
氣誼一結斷金即生死亡易其孤嫠若歸奚善決策成敗



嘉靖中郭翊公勛得幸上貴甚里人有欲借而得官者公
時尚少爲度之曰翊公固材而驕上欲自操太阿柄奈何
狎而弄之夫以驕臣事英主未有能久者也其人至國門
而翊公敗公好稱說直節士嘗得楊忠愍公繼盛論分宜
相疏手録置袖中時時取讀之經歲其文悉磨滅至老猶
能擊節朗誦一字不遺鴻臚公之爲御史視南畿學其轉
副使視福建學而其謫也實以御史時論新鄭相見中故
歸而請罪膝下公笑曰若高祖持首輔循祖父抗中貴汞
吾憾不得身親覩之今幸覩汝且汝非坐私譴謫何罪也

第吾所用望汝以文正忠宣二公者殊未既也勉之其後仲子宏綸以進士爲起部郎文學論議有曹署開聲以欲論諍江陵相失具草將上而爲忌者亦謫歸而亦請罪門下公復笑曰若能如若祖如若兄何憾幾事不密則害成慎旃哉汝從汝兄而趣文正忠宣者猶有地也今姑就我旦夕耳蓋起部侍公之三月而公屬疾卒距其得謝郟事餘二十年絕跡不入城市於俗儀酬酢多所簡畧惟弔喪問疾則不廢卑幼春秋祭埽冢壠則不避風雨故工爲詩其警語有云晨林弄秋色微雨落輕寒以爲何必減栁常



侍晚好習養生誦岐黃之書而悅之遂廢詩曰奈何鬪吾方寸共筆硯也謂鴻臚起部此事亦付汝曹矣公諱錢字汝咸娶於汪屢封太安人有婦德先公卒丈夫子四宏祖宏禴宏綸宏袷皆汪出太學生宏袗貳王出孫男八女三卒壽七十有三葬某所鴻臚與吾弟懋同年又嘗董吾識學政而爲司馬請卹也則時時稱神交矣起部之以文字知允八鴻臚乃銜卹具事狀授書走起部三千里而乞誌銘嗟乎余安敢辭獨念公有子而貴稱封公以老壽死無可憾矣所少可憾者縣官以格持公卹公之顯而不盡出之也

雖然公之丞郟其人不言令而言丞歸麻城其人不遠千里而壽公於麻城里亦安能限公哉銘曰直臣之子直臣之父公於其閒不愧仰俯出爲循吏歸爲鄉先生尸而祝之誰云不應嘻嘻不泯者銘名公名者銘

黄萬巖公墓誌銘　　前名

詩云雖無老成人尚有典型余蓋讀黄公狀而嘆之黄公楚人也楚自嘉隆以至萬歷蓋有三貴臣其所繇貴不同然其力皆足以登顯天下景從之士而於其鄉人所援楨光切而黄公最其鄉賢者而又爲鄉人不難使之知而難於不使之知其究不難使之忤而難於不名所繇忤公眞賢者哉眞賢者哉黄之先世家麻城里元末而有武盍者倜儻負材畧率子弟萬人據險以遏寇亂時名其堡曰萬人巖太祖下武昌乃夷險籍衆而上之帝悦予以官弗受



請得隷宿衛遂補錦衣緹騎校建文中從北征以戰死子克先代而從上都北平宿衛世世不乏暨數傳而爲子華推其籍從子而還麻城有三子長曰琦舉楚鄉魁叔曰璲是爲封公奮身請於殳荷一戈之緹幕起貲爲俠伯乃治甲第多游大人以成豪英聲晚節家稍落而所配胡宜人孕公時封公夢貴人襲金紫入其室小間以一琴鶴去寤生公公生而穎異強記稍長工屬文封公以謁虞學士道南學士大奇之曰吾輩人也三年盡得其學遂補順天諸生應試娶武宜人時甫冠云又三年應試則視學林御史者其爲吏刻覈謂緹騎不當補順天學悉繫治之公與焉林御史還去經後御史始得釋而竟以是阻試又三年而舉鄉薦明年會試中式所封策剴而文故相張文忠公奇之擬甲第薦而懼失上旨置首次欲緣以收公公謝弗往乃僅得刑部選爲雲南司主事任職無害亡何張昌公鶴齡與蔣都督相齮齕張爲蔣所持僭擬狀下刑部當公讞時以蔣所主章聖而昌公則昭聖孝宗弘治后也武宗正德之母世宗嘉靖皇伯母也勢以陰詘恐不能無上下公毅然不可具獄上尚書爲請之昌公乃得解蓋又久之而



始拒其他敵以敗敗而猶亟歎之安得如黄公雪我而林御史時已遷中丞撫順天坐誤驚宮人下獄復當公讞始林公心知公故郄憂之甚公第弗見而陰戒吏勿侵軼之僅以誤論獄上得免辟既出獄修諸生刺以謁林公且媿且感曰我目故無珠公始長者公治獄既平潔廉自律聲稍稍著西曹而會中貴人有所訶殺人者少年以詔送部理就廷尉訊而逸之中貴人挾以恐喝曹諸郎咸縮首弗應公曰吾詣中貴人白狀彼且奈何公以一剌入中貴人倒屣出執公手曰吾幸識先生先生所謂不受一錢劉寵

耶當爲先生任之亟爲捕得因歸之部事竟寢公用考最封父母遷浙江司員外郎以胡宜人喪歸服除補河南司遷山西按察僉事所治太原爲王國諸宗室子侯爭民田而訟者王右之縱無賴子尾前僉事趙而咻君至一切付三尺無所依阿王更媿謝約束不謹聽公所理晉人大悅嘗以秋行鴈門等塞修城堡簡騎士嚴斥堠又多募死士間優以金錢俾探虜所向而待之制府倚公若金墉而會復以封公喪歸服除補山東甫至有傳虜會嫦林當大入入必窺臨清者臨清爲南北孔道漕艘商賈悉萃外郭中



丞會襄懋公銑與公同年素才公屬之城公一二大僚分版築晝夜趣事如期成而大雨水溢城輙隤葺之隨復隤公策曰下必有伏淤也即隤處發土丈餘而淤見乃去之多募民間敝缶實之灰而基之城始不隤會公以公功上增俸秩一級屬歲侵民苦饑公請於臺發庾粟出贖鍰以賑不給則勸勞其饒者貸以償而多布二麥種躬自程督毋廢秋民得以無殍死明年麥大熟其半皆雙岐而七穗吏以歸公公曰天也吾何攷明則請聞之朝公曰昔不聞從而今聞祥豈吾任哉蓋前蕭有以嘉禾麥上而得賞者比比矣單大豪李淵玉醜其妻故使其飼鷹者儔鷹而飼之卧內一日忽併殺之以雙首獻于官官謂其格合亡以罪也凡三歲而邑大旱公行部刺得其狀立論豪死雨應時澍而長清令趙故貪而挾奥援又以骫骳得上官心公廉其實逮治之獄具獄凡三上而臺三駁沸爲阻左使故善令乃置酒與其寮要公且醉而從容爲令緩頰公即拂衣去會有遷命乃得鮮時學使者闕公攝之所識拔如許左吏邦才谷司馬中書輩皆知名士而屬大試潛臬之在棘者皆被逮獨公總攝二司與諸道篆以更日往吏環案



聽署者趾相嚙諸前庭受讞東約肩踵亡所容公應之沛然晝晷而散咸咋指稱神明而公之遷也爲陝西右參議分治商州亡幾而制府議城花馬池以公材且於臨清著特檄使偕一二大僚往大較繇蓋如臨清其嚴倍之城成而公還理一切以清靜簡約因俗爲化時三原馬理先生避地居商與議經學政術相推重商故鮮科第公進諸生授以程式又助之膏火之費是歲有薦于陝者尋累累不絕以旱禱雨雨隨降以虎暴詛虎虎就檎樵者得白鹿獻公擾之囿馴若家畜然或謂當進之朝公曰是又且以瑞麥

嘗我毋如我駛何秩滿進按察副使飭甘肅兵而何套之議起蓋會公自山東來開府好邊事以倚公而公持重與議不合無幾會公竟得罪而公時邑邑不樂上書引疾乞骸骨太宰聞莊靖公惜之知公意決乃特請爲予告莅日有司具狀取進止蓋異數也公爲人果毅任事有氣力居恒謂業已致身爲縣官不復能顧私志取必達然至于體究幽蔀所便否恒恐其咈之士大夫居閒從謝絕顧其酬酢詳懇宛致不敢以失意望公所蒞必有去後思而其治齊魯及漢中最久既遷去送者哭塡道不得發相率尸祝



之其于潔廉則天性當登第而猶子之埒馮累貲巨萬請以千金爲官費公謝曰下士費不百金幸自足辦馮固請乃受一羔裘服之至老不更易兩居喪屏跡田里于公府無所干請而其最後歸子子單車垂橐乃脫身尋故田廬課僮奴種蒔自給一椽僅蔽風雨而性好遊佳山水筍輿傚以草滕束之鄉人見傚輿而束草者爭出指詫曰此吾黃公耶而公不時具輿則策蹇蹇不時具則杖而步遇所會心處連日夕不歸或要公者以惡草具進甘之若太牢即盛水陸窮珍異徵聲選色以薦推去掃御撤監司下教

守守下教令令布幣贄羔冀公一垂顧而公有城市戒不可或屏干旄以輕騎從公田間匏壺載酒芋葉載肉清言竟日無倦色給事王三宅爲令時造公問政公亦虛心應之一時以神明頌王令不知其得之公居多公家貧不任施而好之不已族人逋催科急則悉其槖裝代償之而徐聽復曰毋使而曹有匿稅名毋使官有魚肉而曹名歲祲則貸毋錢貧民而不責其子迺物察其不克償者召而焚其券以爲恒鄉父老戒子弟汝曹好爲之毋使黃公知也公嘗以萬槖于他富人而盜據之得公封識不敢動曰我



何以貽黃公憂公之拂衣年方四十五氣壯盛故以絕意進取而三十三年中所謂三貴人者少師恭誠伯之弗論然與公近里閈其所欲得御公何限彼太保忠誠伯鶩而市名人也使公不惜一薄蹏音響應矣太師江陵公萬歷時首相張居正湖廣荊州府江陵人也子懋修中萬歷八年庚辰科狀元稱國時公尚未爲老而楚人無不以公爲兩陵祭酒寧不欲召致公哉公視之均毫弁也予故曰眞賢者哉或曰公故忘世士也乃予則謂不然謂隆慶之初元大有登進而吳尚書嶽劉尚書采嘗薦天下材臣四而

公兩與焉前是太宰胡公松而後太宰楊公博御史大夫葛公守禮皆公同年休休臣也相顧而稱奈何先黃景文公作景文者公字也業且夕啟事上矣公聞之曰用吾身必先吾言乃草封事數千言上之大者筴漕河開互市均賦役節上供御將相遠奸倖與久任守令調停藩宗復新建白封而先以抵楊太宰葛大夫相與計曰上悉之且叵測即上弗悉當塗之謂何因沮弗上而用公意亦緩公歎曰已矣吾固知非二子所能吏也始絕口不復言世事而課其子若孫習經術俾起家由此觀之忘世非耶公于將



相大臣喜稱郭汾陽於隱逸喜稱陶元亮邵堯夫於文喜稱韓退之而所自撰文若詩則間有類東方曼倩李太白者於後進推耿中丞定向中丞後公二十年而按部漢中聞其士民謳思公若新歸而造公里談必移日歸必歎曰公豈三代以下人耶公以萬歷己卯八月卒逾旬而孫圖舉於省爲第一人又[illegible]具公事狀累萬言蓋以耿中丞所論著而謂予[illegible]之石公諱卷嘗感其先武並保障勳而署其號曰萬巖所以志也得壽七十有五年與配武相莊至老無他媵生七子余以萬歷初觀察

楚監試事三月遷去亡何持節撫楚之西北邊去公鄉違第能一識公之姓名爲賢者而不盡究又弗獲推轂公今者得之中丞之論著覈而圖狀詳爲誌而銘之

銘曰生世七十有七年用十而三歸勝之焉舍我者我終舍者天天欲完之人曷能權鴆既冥空龍或在田逸民艮臣莫公敢詮總而歸之曰賢

## 曾筆山墓誌銘

前名

始余入爲刑部郎同舍郎吳峻伯者間與余屈指天下士而曰有曾公日宣者其人哉問所以知曾公則公嘗識峻伯公車者也蓋又垂二十年而與公之子孟麟遇燕郭招提中公沒已五載而孟麟時語余曰敢以先子之不朽屬余謝曰無已有峻伯在是而公所知也亦能知而公者也其明年而峻伯沒又十年而孟麟具書狀以介弟嘉衮走二千里而拜余山中曰爲先子卜壤而弗兆以偃蹇至歲之辛未而始兆也乃又不及志銘不幸失峻伯矣幸吾子



在而以十載之成言請其大既之不朽余又謝不獲辭乃據狀而誌之公諱娗日宣其字嘗自號曰筆山故宗聖郕國公裔有自武城避新莽而遷廬陵者爲廬陵人明興有仕黃守而家者其名文遂爲黃之麻城人四傳而敢以禮繹魁其鄉得犍爲教諭以子大有貴贈邑令卒而祀鄉先生祉季子鳳陂公大顯由進士拜給事中廷劾中貴人瑾拜杖謫遠郡幕以直聲聞天下歷四川布政司參議以卒祀如犍爲公鳳陂公娶於李舉公甫六歲母李卒公出就外傅日記數千言少最敏能文從鳳陂公宦游慈谿姑蘇

已又游南都三邦號儒術藪而公遂能薈蕞其勝歸試於學使者四爾四居首張文定公奇之曰是子也材可梗也公以壬午舉鄉薦明年遂成進士授河間之獻令公所爲獻善狀最夥而其大者輕重論罰以穀贖民不病罰而庫穀盈懸信格募擒巨盜以次就理里豪有躪蹂民民憤跳踞樹罵豪中之石墜而隕監司欲寬之謂隕墜耳公曰隕墜固當誰石之而使之墜耶卒抵豪死公既著能吏聲自負以不輕折節而又念其父鳳陂公病會御史某行部數目攝之公笑曰彼謂其難去令耶即拂衣歸而侍鳳公融



融如也御史意不自得而邑民迫得公爭噪於臺於是都御史錢公如京與御史合而檄致公鳳陂公乃促公行至則益自勵斤斤三尺御史更愧慰薦之矣公滿六載始召得南京刑科給事中將有言持鳳陂公服歸服除補兵科給事中尋復持繼母張服歸再除補故官遷戶科右給事中會當大計京朝官而以公强正特調吏科公自是益發舒言事無所避霍文敏韜爲南禮部尚書疏欲責六科避舉公持故事繩之不以霍公賢重假又嘗上書譏切貴臣用事者劾國公勛而以其戶科左給事中視京營則直

劾懷寧侯瑛罷之矣公所言營務四事若掄官僚實行伍嚴操練飭賞罰軍中至今稱之尋轉爲兵科都給事中上將南幸楚展謁顯陵二三大僚暨臺臣爭之弗得而諸給事默默推禮科禮科之署孱莫敢發公奮然曰天子輕萬乘出巡幸此豈獨禮科責哉乃率其僚抗章謂陛下孝思與大舜媲諸所經畫行留亦曲盡矣太子監國尙屬襁褓六飛在途還往疲頓南土卑濕疫癘時起又聞漢沔之閒比者無歲編氓流亡突烟時斷今清蹕所臨法從虎賁供帳糗糧何所措手林棲草伏士餒馬瘠隱憂誠萬萬不淺



也陛下毋牽一人之孝而忘忽宗社萬世書上不報遂以扈行屬歲祲而河南餓死者枕道上公復再疏請賑之下有司匿其狀上顧左右請賑者又疑耶唉殍爲誰今復安在會禮科給事中戴公嘉猷歸自使所使其副馳疏請上速回蹕上怒甚俾下詔獄以待大駕還併公與同疏者李君遂周君沅等公輩皆下獄杖謫一時翕然稱青瑣五諫云而公得廣西靈州判未幾遷江西進賢令靈州遠外非人所居地而判最卑散進賢故巖邑然令劇易困公以其臣挾重聲居之市無所厭薄其治辦畧如爲獻時而

公牘暇則綬帶褒衣延諸生談摧今古不倦俄遷温州府同知中道擢四川按察僉事其政專屯鹽方欲有所爬櫛而以入賀萬壽行既至而貴州撫苗之議起當設一參議駐銅仁控之舉公僉謂曾公治營務亡害非公莫可任者遂擢以行而是時撫蜀都吏不欲言其名以吏科都給事中尹君相論劾罷去尹君故與公同鄉且同署而名爲最相善都御史甚望公日嚇人而子爲我地邪必是子也齮我者既得代即論劾公以僉事聽調歸公歸絕不復有仕進意凡七歲而時相張文毅治故善公而又直公以書勸



駕公造朝而張公已卒僅得廣東僉事公所轄廉州有珠池凡官採珠所役使蛋人死傷不可勝計而珠直不當費十之二大約以利好人橐而已屬期且至公奏記督撫司公廷爲疏止之廉困以蘇又條上廣兵力並戰艦禁海舶留守臣諸事於臺皆報行而嶺右徭有剽庫金者公又上防守方畧右方伯劉公采見而心服之曰天下才也而公鄉人鄙守鄭重感者以公尊與兩監司持不勝遂棄官去御史蕭止之不得兩監司亦愧止之不得而僨屬公以辦公乃爲婉辭辭鄭始留然其持初議益堅而蕭與兩監司

謂公實右之以語後御史郭郭故撫蜀都御史鄉人也忽
憤咤曰是夫也後先以鄉人重我獨無鄉人哉會公遷福
建左參議行遂媒孽諸影響事疏罷之公旣歸絶口不復
及所以唯闕園池召故所善爲文酒歡務爲德於宗戚鄰
里而已漢陽一司理來署邑篆榜薦紳交際禮於門屏公
歎曰以吾從大夫後哉謝病不復通而司理滿三月官代
客有贊公文以餞者公曰司理日約束我曹而文諛之得
乎且三月政成胡易也司理聞而啣公搆於上官郭察公
居鄉狀不得而止公性不食酒無奇衺好自奉若儒生旁

通皇歷堪輿家語而尤喜治博士書至老愈篤其爲給事
而與會試事典史而與鄉試事所得多知名者公年七十
三一夕以無疾卒元配喻贈孺人繼配梅封孺人子某孫
某以某年日葬于蕭園之祖塋狀則吾郡王百穀所撰也
嗟夫父子更代起甲第爲諫臣以諫獲罪而名俱趣之不
亦奇哉夫鳳陂公之諫犯所必不可犯之人而公之諫挽
所必不可挽之事此未有不立隕者也然天威甫震而霽
繼焉猶獲以一官効遠外及其繼也天子不修怨而修怨
者都御史御史也奈何使公父子而以一參議終哉夫舉

直憐才者大臣職也是何天子之廣而大臣之狹也且夫
以嵩爾令而攝衣歸臺猶知挽之及其嵩然名憲臣而兩
推之使去也又何昔之難進而後之易退也然孟麟輩之
爲公不朽計固失之峻伯而得百穀公亦可以瞑矣因銘
之曰
是惟南楚之珍世稱直臣龜山嶙峋麻溪大淵淪我勒堅
珉以風子若孫毋忝其人

# 仁覺居士楚倥公傳

溫陵　李　贄卓吾

先生諱定理字子庸别號楚倥諸學士所稱八先生是也諸學士咸知有八先生先生初不自知也而此稱楚倥先生傳何也夫傳者所以傳也先生初不待傳而楚復爲傳以傳之又何也葢先生初不待傳而余實不容不爲先生傳者按先生有德不耀是不欲耀其德也有才無官是不欲官其才也不耀德斯成大德矣不用才始稱眞才矣人又烏能爲先生傳乎且先生始終以學道爲事者也雖學道人亦不見其有學道之處故終日口不論道然目擊而



道斯存也所謂雖不溼衣時時有潤者也莊純夫曾告我曰八先生云吾始事方湛一湛一本不知學而好虛名故去之最後得一切平實之旨於太湖復能收視返聽得黑漆無入無門之旨於心隱乃始充然自足深信而不復疑也唯世人莫可告語者故遂終身不談唯與吾兄天臺先生講論於家庭之間而已故亦遂以天臺爲師天臺亦自謂吾之問學雖有所契然賴吾八弟之力爲多子庸曾問天臺云學庸語孟雖同是論學之書未審何語最切天臺云聖人人倫之至一語最切子庸謂終不若未發之中之

一言也余當時聞之似若兩件然者夫人倫之至卽未發之中苟不知未發之中則又安能至乎葢道至於中斯至矣故曰中庸其至矣乎又曰無聲無臭至矣歲壬申楚倥遊白下余時懵然無知而好談說先生默默無言但問余曰學貴自信故曰吾斯之未能信又怕自是故又曰自以爲是不可與入堯舜之道試看自信與自是有何分别余時驟應之曰自以爲是故不可與入堯舜之道不自以爲是亦不可與入堯舜之道楚倥遂大笑而别葢深喜余之終可入道也余自是而後思念楚倥不置又以未得見天



臺爲撼丁丑入滇道經團風遂舍舟登岸直抵黃安見楚倥并睹天臺便有棄官留住之意楚倥見余蕭然勸余復入余乃留吾女并吾壻莊純夫於黃安而因與之約曰待吾三年滿收拾得正四品祿俸歸來爲居食計卽與先生同登斯岸矣楚倥牢記吾言教戒純夫學道甚緊吾女吾壻天臺先生亦一以己女己壻視之矣嗟嗟予敢一日而忘天臺之恩乎旣三年余果來歸奈之何聚首未數載天臺卽有內召楚倥亦遂終天也旣以戚戚無懽而天臺先生亦終守定人倫之至一語在心時時恐余有遺棄之病

余亦守定未發之中一言恐天臺或未窺物始未察倫物之原故往來論辯未有休時遂成扞格直至今日耳今幸天誘我衷使予舍去未發之中而天臺亦遂頓忘人倫之至乃知學問之道兩相舍則兩相從兩相守則兩相病勢固然也兩舍則兩忘兩忘則渾然一體無復事矣余是以不避老不畏寒直走黃安會天臺於山中天臺聞余至亦遂喜之若狂志同道合豈偶然也然使楚倥先生而在則片言可以折獄一言可以回天又何至苦余十有餘年彼此不化而後乃覺耶設使未十年而余遂死余終可以不



化耶余終可以不與天臺合邪故至次日遂同其子汝念往拜先生之墓而先生之墓木拱矣余既痛九原之不可作故特爲此傳而連書三紙以貽之第一紙以呈天臺志余喜也第二紙付汝念汝思使告而焚之先生之墳志予慽也第三紙特寄子健於京志余喜而且慽慽而又喜也蓋子健推愛兄之心以及我可謂無所不至矣故爲傳傳余意以告先生云

## 劉太傅東鄉公傳

明工部尚書太子太師　何應瑞

公諱僑字東卿楚黃麻城人祖天和以邊功晉兵部尚書太子太保謚莊襄冊勳恩襲公其曾孫也公偉然九尺望若神人少聰穎勤學談古今治亂如指掌嘗讀書至靖康以後掩卷太息曰國家事未有不壞於大臣者省試不第熹宗辛酉襲職除錦衣衛正千戸非公志也適有天津衛陳大帥者僕首密通邊釁公奉命往逮戒緹騎曰以僕首主法所不宥且其事必枉及部鞫果得枉狀上由是重公明年授北鎮撫司明允有聲會逆璫魏忠賢通權客氏廷



臣不得進見蜀洛交爭氷山壁立忽嚴旨屬公鞫問中書汪文言意在株連楊左忠賢陰使謂公曰合上意即得重用不爾且禍及公嘆曰媚逆璫以博富貴吾不爲也於是三木不具觸璫怒即日削籍歸自春明門至盧溝橋車馬夾送泣聲不輟公爲之怡然刑科給事中沈惟炳疏云告密之門一開則監謗之含冤必眾羅織之經可纂恐設甕之人自疑此劉僑所以甘心削籍脫此狠毒而不悔也左都御史楊漣疏云北鎮撫臣劉僑不肯殺人媚人自是在刑慎刑忠賢以其不善鍛鍊竟令削籍明示大明之律令

可以不守而忠賢之意旨不可不遵將使羅鉗吉網然後快心於以彰忠賢之威焰得矣而國脉何可祟此蘊毒已而漣等俱坐大獄方求所以中公幸思宗御極日出氷消因首拔公尋於己巳之變王畿震驚上因城堞簾懸灰瓦俱屬空設遣工部監造主事四員發東司房於日昇廷杖上怒緩命削職特用公提督東司房官旗辦事錦衣衛掌衛事諭卽日莅任時督師袁崇煥迫敵臨城請督銳决戰璫黨假謠喧騰上聞疑煥兵權重握難以遽遠密召公徑趨平臺授命逮煥諭公宿署勘問毋與外通時黨人欲借



崇煥一案與大獄網織清流公持正秉公一日三勘三覆三駁次日勘覆駁亦如之罪止崇煥一身爰書成上喜謂公曰前朕於祭夕月壇時見卿表表儔衆中卽知非無才者特簡用卿勿負朕意也一日亭午公聞署垣外銳聲遺緝不獲疏嚴防守上以巡捕營仍屬衛節制由是衛防益肅次日刑部越獄公遣戒各門守越者無一漏上深嘉之曰昨之銳聲欲刼衛獄也賴衛防嚴移越刑獄又賴遣防諸門致越者無漏劉僑之力也爾等謂朕所用得人否賜紵絲表裏新鈔羊酒有差嗣是賜益勤厚一歲遷十三級加太子太傅左軍都督府左都督廕一子東宮侍衛異數莫比焉敵臨城時各衙門緝獲諜者三百餘人上發訊覆勘再四皆由畏刑自誣公具疏痛言盡得釋内有浙江監生沈案卽登庚午賢書一時朝野咸謂于張再見矣先是越獄一案上怒都憲易應昌引律未協并大司寇喬允昇俱發訊公素服二公端方遽訊恐攖聖怒緩待熱審時曲全之甘肅巡撫梅之煥五千里外勤兵入援本兵梁廷棟懷私下石密揭凡七上意不殺之煥不已公特疏保以百口致無虞者其全力也凡保全善類往往如此此特其概



云嗣後上意專主明察委公曰緝六部月緝裏八府季緝十三省事公抗疏云從古聖王務崇體要不尚綜核臣一人之耳目有盡天下之事務多端正恐聞見不確有悞聖明不報因勞告罷疏凡十三上上手諭卿親臣也亦重臣也朕特簡共勤機務今屢疏乞罷毋亦位極人臣思歸享田里之樂乎明日視太廟當速出視事而媚上者因乘閒中傷隨以東江參貂事件旨譴戍海内正人君子莫不扼腕維司隸者非緣生平踐履之心昭昭若揭也哉癸未大司馬馮元飈疏公忠直老臣宜還職報可公表辭者再未

幾竟以病終瑞與公神交有年每同解石帆黄石齋王玄珠諸君道公秉政以來決大獄存大體者未易更僕數聊據所聞率成傳畧爲一代偉人盛業云



## 太守周思久墓誌銘

楊起元

柳塘周先生字子徵諱思久別號柳塘晚年築室石潭故又號石潭居士先生仕至二千石壽至六十有四行義卓然可師百世然其所自貴所自不朽所自不以爲足者大矣遠矣則所得於學者深矣先生父菱湖公麻邑稱長者先生生而天性高明亢爽非物所能累中年友楚侗耿先生相磨以學於是乎益不有其善蓋昔賢所稱有若無實若虛無伐善無施勞者先生身有焉善乎耿先生之稱先生曰蓋予自束髮交子徵矣習見子徵自少爲童子過座中偶聞諜褻語輒忸焉面頸發赤也比長入仕涉世紛華中而醇心篤衷猶然無易赤子其餘禮道之交也未嘗斤斤然爲廉間取諸人也無羨心隨手爲人取之無顧惜心遇靡麗玩好若輕塵浮揚空中隨風聚散耳以是宦廿年秩二千石閲歷名郡而屢空終身俯仰無資至於世業不守宴如也乃或遭非禮慝聲之加也片語折之應時消化甚至無根之謗横及其身聞之一莞若蚊虻過耳無幾微介於中也微時受族里齮齕窘侮者比旣達匪惟能忘且

報之厚焉生平孝友睦恤之行予得之於先生家庭屋漏中者多古人純德事廼不惟不欲人知若畏人知者其敭歷郡縣善政偉績何可殫記顧郎渥交如予未嘗聞一自述予第於王宗伯忠銘海中丞剛峯所而諗其守瓊之治行於譚司徒次川而聞其守雄之治行初筮仕爲令中左遷浮沈中州所至民被其惠與人到今藉藉頌之然予於鄭司寇淡泉吳中丞自湖顏督學冲宇諸名公處聆其聲稱耳未嘗聞一啟吻向予語也若聞人之隱慝瑕行不特絶口不道耳亦若不忍聞者嗚呼今世知先生者孰踰耿



先生哉蓋先生之得天者厚矣故其修之家庭行之州里著之政事善不可殫述而一則曰若畏人知一則曰未嘗自述則先生之所自牧者已不有其善矣他人之稱先生者猶事事而善之稱以輿於大鵬已徙而尺鷃猶仰羨於藩籬日御已西而夸父徒渴追于榜途哉故曰知先生者無踰耿先生也先生守雄時起元受先生知先生誨之曰學必求至於聖人非但欲爲好人而已飲之酒酒酸先生曰世人謂秀才酸願子他日無忘此酸氣也起元書之紳惟謹又四年爲隆慶庚午先生守瓊歸矣起元北上會于江簣後以先生貴封奉議大夫母黃封安人弟思大以鄉舉爲蒲城令配州氏封安人先十年卒女二一適曾給事娗子嘉懷州出一適劉别駕溱子守樸庶戚出與子之士同母之士娶劉考功守泰女之士好學有文先生疾革訓之曰父子天性今當永訣無以爲别願汝立志以聖人自期觀此言則之士之器可測矣先生臥病數日惓惓勉友人以學不亂手書遺起元猶以于道一無所聞爲言凡六十字筆力遒勁遂絶筆嗚呼痛哉某月某日葬先生于山之原銘者名也先生不喜名誰宜銘先生者耿先生曰惟



禮不可已惟子不可辭銘曰有善出乎天不有其善存乎人天人匪二有無混一古有修者是爲有明郴塘周先生之真宝

## 秋崖逸老傳

國朝 吳與泌

秋崖逸老者齊安之麻城白杲鎮人東坡方山子傳所謂岐亭者相去僅五十里也邑紳士稱者皆曰秋崖先生逸老者特書也予至麻城與秋崖知最深明神宗朝秋崖尊人爲直指使者察邊事大同兼督學政有能聲秋崖蓋世家子也初名昇姓魯字紫涯博極羣書凡古今文字稍可誦者以及方書佛老言手作蠅頭楷錄一笈可萬卷以上悉記讀無遺張安世虞世南蔑以過也少屬詩古文辭好奬拔士類而朝廟之中高文典册尤時所推向氣節要在



道人之善歷其目者雖貧賤爲人所惛棄必心識之明時嘗遊吳越吳越多文社而前庚辰進士視楚湖北學政黄仲霖爵者尙困童子試偶從他社中見其文異之兼爲之成名踰年登甲乙第踰數年官於楚使者冠蓋相迎作感恩知已報然終不以此驕人其於邑人士率多類此至夷然不屑又所時有也癸未獻賊之亂赤壁三江可尸渡矣及逼麻城盡掠少壯者隸爲賊倡義討之衆皆田家子弟力不克僅得依山設堡自固壽以

國初解散然田園荒蕪廬舍毁毁矣自是息意仕進無何飾苾芻衣冠攜二童子里中市藥通都大邑所活甚衆與緇衣言禪與黄冠言道遇士人則唯唯惟謹更姓名曰一晟秋崖者一晟字也後皆因之不改而增書魯字其上云里人曹石霞甚敬憚之石霞者前己卯楚中第一人成進士者也知名徧天下顧於世之知名者則又落落無足當其意曾仕閩漳州之刑曹

國朝避官歸所居距十里許彼此嘗相就爲詩文飲酒之樂醉則浩歌古詞曲或離騷諸篇時竟日逮旦禮法者過之則避匿矣然秋崖壯年實鋭意用世特決於自檢明思



皇帝初以明經遊都下名士大夫爭知交之際思皇帝生元子告廟追上皇太后徽號册文思皇帝素英察諸凡制誥稿稍不稱旨者多罷黜性至孝每千秋節不受賀避殿素服不舉樂不踰歷壽皇太后誕生思皇帝未踰日郎賓天也故於册文尤致意屬草者鄭董壽而詞臣人人危懼曰故事翰林掌制誥此册文當儀部事部臣曰故事部無撰文體兩相諉然終莫得諉乃外求椽筆而以詞臣日當值草者署名得秋崖及以外三人文成詞臣部臣置其一而以秋崖與其一進閣閣臣特重秋崖文命呈入大内

五日不下部臣詞臣交震恐意重譴且中有貴人呵道百餘騎投刺抵秋崖盡掌司禮監內臣受勑詳錄進覽册文諸援引經傳而詞臣署名者道其實也於是貴公名卿無不爭知交之以故再試北闈中當事者無不欲搜得之以爲榮然終莫遇也天也非人所能矣既不第所親勸其以明經受官又有所知者司銓曹要之日力能擢高等秋崖曰國家重科第久矣今一旦縱得高等亦不敢少展才謂稍不然指摘者無端家聲頹矣名行隳矣不就嗟夫漢舉孝廉賢良方正茂才異等取之之途衆矣而霍光黄霸薛



宣輩不藉此途者何赫赫名卿也經國如賈生文章如相如均不由所舉之科漢室得人所以爲盛故秋崖終身不用出處之際可以徵矣

## 岐亭郡丞王公戡亂碑記

王封濚

戊辰秋仲之杪吾楚黄人士來自里門傳　郡丞王公祖守岐實蹟欲以余言壽貞珉予忝銓衡重任自當爲　國家紀守土之勞臣更喜爲桑梓揚保民之良吏奚敢以不文辭竊自吳越蕩平來越十年所矣父老與子弟耳不聞鼓鼙之聲目不覩旌旗之色鷄犬桑麻晏如也疇意今歲夏五會城兵叛武漢諸官領不戢而潰沿暨黄德兩郡縣亦多聞風逃竄僞員逆弁布列肆行更有狂憒昏迷之徒投附逆黨毒痛慘烈蕩摇我疆土俘掠我蒸黎冠履倒置



荼毒有情　廢弛法紀嗚呼此小醜耳何遂滋蔓至斯哉抑亦守土之官其無鎮定撫輯之策以寧外患而固吾圉也岐亭一鎮爲黄郡東北關津重地岡麻安陂四邑交壤當逆焰熾擾所在士民不能無疑畏惟　王公祖端然坐理神色不撓集諸紳衿耆老暨四門地甲庭諭而告之曰我國家八埏寧謐萬國傾心嚮化爾等所知也我　國家六師精銳百戰摧陷廓清亦爾等所知也蠢茲跳梁羣逆直釜中物耳爾等亟修葺城垣儲備器械且俾眷屬室廬咸在焉務堅意協力捍禦勿貳若我職在守土惟與此城

俱存亡耳羣應曰唯唯爰是四門各揀設紳矜統率烟甲晝夜巡防咸無懈怠城中窘乏者給以家口之粟且授以捍禦之方人懷鬭志勇氣百倍越數日賊魁張濮一統叛衆雲集擁騎樹纛揚幟揮戈負雲梯持飛礟直抵城下藐視岐鎭彈丸妄意開門揖降如取如攜耳城堞之戈矛林立樓櫓之火器山積　公督率巡守不遑食寢者三晝夜俄而　公發奸摘伏擒爲賊間諜者十餘人訊知約期舉火爲號賊卽乘隙攻取廹數輩就戮而賊失所恃知無懈可擊　公又用以賊退賊之計而賊果宵遁尙思糾集烏



合出其不意而耽耽之覦猶未已也　公復策騎出巡於附近寨堡團練聯絡賊遂不敢再至城下尤嚴爲防守以待　王師憶自會城變起倉卒武漢黃德各郡縣或賊至而失守或賊未至而先逃乃岐亭蕞爾一城非有峻壁深池可以設險也郡丞文職一官非能披堅執銳可以卽戎也獨以衆志成城倡義拒敵俾近城百里內外不受叛黨荼毒非我　公之文經武緯曷克臻此未幾而大師奄至賊衆敗降　兀逆夏逢龍狼狽走白雲堡被我　公所立練長縛送軍前以正顯戮古人云運籌帷幄決勝千里者我

公眞無遺策也今士氓感靖亂深恩秘之於心形之於口而欲頻觸之於目因咸相告語曰時事羹沸四方動搖我岐之築場納稼咸得樂樂利利者伊誰之賜耶且被賊蹂躪諸地不無顚連毀折我岐之安堵無虞置師行於不問者伊誰之功耶乃我　公謙讓未遑歸功　朝廷僉謂朝廷福庇何獨私於一岐　公又歸之紳士百姓僉謂吾儕雖和輯禦侮非有得道多助者爲主持其誰發縱指麾以壯敵愾乎遂拜手颺言曰不矜者天下莫與爭能不伐者天下莫與爭功愼固封守拒敵退寇自當歸之我　公



於是衆皆稱善且懽忭踴躍請登淮西一片石辭曰妖氛熸楚變起何陡驅驍岐陽誰爲固守烈烈　王公勇裕義有不與時移不爲勢揉賑貧憐勞恩同慈母捍亂擒奸民安賊走功首綸褒頌傳輿口萬世奇勳永垂不朽（公諱民嗥號熙圃江西臨川人）

## 程希川先生墓志銘

李鈞簡

嘉慶六年四月二十七日麻城程希川先生以疾卒於應山學署其人博學篤行可方漢文範先生唐貞曜先生卓然古君子也自余爲諸生肄業江漢時往來其邑曾氏之止園在郢城者常與先生晤懷珍抱寶摛德振華欣得而就正焉於是黨之敬每以先生爲稱首然豐於德而嗇於遇天之報施不可知而先生之自立則爲全人矣復何憾先生卒後八年歲戊辰先生從子松亭編修其受學最深者以其遺狀屬余志其墓謹敢敘而銘之先生諱宗洛號



超軒希川其字也生四歲而孤贈公積學負文名專精攻苦嘗志以殁母鄒太孺人奉祖東安公養竭力營甘旨不辭艱瘁撫先生成立督課誦不稍寬假舉動必教以禮法先生天資高邁聰穎特達既夙禀慈訓尤自刻厲以繼先緒年十七試輒冠其曹補博士弟子越十年朱秀叔學使選貢入成均先生朝考後即飄然南歸授徒里中資修脯以供晨夕古人云一日養不以三公易者先生蓋不言而歡然有以自得也自列黌序凡赴鄉舉者十八屢薦不一售儕輩皆爲之扼腕而先生好學敦行無幾微見於顔色先生持躬正直處事謙和待朋友尤誠實坦易性不喜塵囂邑北多佳山水兼曠如奥如之勝麻姑洞以仙蹟著喬松茂木怪石回溪光黄間名境也先生終歲寓精廬勤勤講學其中從之游者多所成就立身皆有矩矱偶一至城市爭來迎致幾有吾家先生風經師人師莫不欣慕焉自乾隆乙未年爲鄒太孺人請旌建坊於城北嘉慶戊午選應山教諭迎養太孺人於官署庚申年六十三矣始舉一男名國柱先生念太孺人茹苦守節者且幾六十載方以是爲含飴歡乃逾年而國柱殤遂以慘痛卒嗚呼倘可言



哉太孺人議之宗人擇立先生姪孫爲嗣孫又二年而太孺人卒合葬望花山西南贈公塋先生祔葬其左子國柱夭孫元燮嗣女二長適太學生葉均次適歲貢張受詔銘曰理有定而難恃德有鬱而必彰無虧體者爲全受能樂志者爲顯揚節孝傳於家詩書嗣其後此所謂千載之光

給諫袁君家傳　　王贈芳

予同譜中得人最多曉事如林少穆任事如周敬修息事如劉眉生能事如程晴峯其擅政事文學者不可勝數至以卓行爲人儀表僉推金溪袁君君名銑湖北麻城人嘉慶辛未進士由翰林院御史晉禮科掌印給事中門清如水所言皆關係天下利病

今上御位倡言請停捐例數

召對

溫旨褒予愈益感勵侃侃諫諍人咸爲危之君弗顧也奉



命巡視通漕餽遺一無所受慶元鄉會分校稱得人後以言事鐫級歸大吏延主江漢書院君學問精粹老於文律與諸生講明義法因著四書講義嘗曰制藝爲士人拜獻之資此而苟且其他可知方行矩步嚴立課程人人自喜能得師也每辭講席諸生環跪懇留凡十二年或請以文集付梓君不可舉章奏文稿悉焚之君起家寒素迹先人一語見先人一物輒涔涔淚下及貴羣從兄弟數十口同居無間言不以財自殖也樂成人善鄉人薰其德風俗爲之丕變俗有溺女者捐金於族於鄉各立育嬰局貧舉女者局贍之年六十二卒又九年得

旨入祀鄉賢

王贈芳曰予官京師居廬陵館與君麻城館密邇晨夕相親也其子學瀛稚齒相見如家人禮及視學楚北叩其子以幼學未成辭予授代將北上令其子出拜年已弱冠舉業亦斐然矣始知其引嫌不令應試也予嘗稱君在家爲孝悌之士在

朝爲風節之臣在書院爲道德文章之師在朋儕爲直諒多聞之友聞者咸以爲然詩曰君子是則是傚若君者可



則傚也已

白臯山青雲梯落成記 代陸費明府作　王德新

聖皇御極之二十一年歲在丙子某筮仕宰斯邑念古文吏養士化民敎流風肩至於鳴琴而理何治之美也雖不能及高山仰之履任卽進諸生與爲揖讓申以誨規繼見書院廢替招學子業其中分俸益膏火敦禮江夏王菊門山長日課月程一年士靡然嚮風邑之人悅是舉也僉謂院錢薄少不勸而醵錢二百六十萬以助余爲付質商爲子本而嘉邑人之慕學已庶乎其化之能興矣乃衆猶欣然來言曰吾邑在勝國暨



鼎新時人材踵出科名位業甲於南州百年來寖以凋疏我侯作育如是是邑復始之秋也某等願更捐貲培風水以贊侯志以斡邑運之旋若崇鸞宮外屏高南城麗譙修亥衢鼓樓建墖於白臯對山皆卽今事宜而建墖立文筆峯尤要余未致然其說而重違衆議且又烏知人之情非卽天之道地之寶也許之時丁丑九月也越戊寅五月董事者告墖位成請名余名之曰青雲梯越今年五月告墖成請題牓余題之曰文明以健七月遂以訖功告復請余言紀本末焉按圖及册墖占山五閣老中峯顛距麓且十里爲

會七爲隅六爲戶七爲牖十有一爲崇通髻及趾丈計者九爲圍趾如其崇頂約三之一中爲盤磴百有八外爲週闌者三上奉　文昌帝君次　關聖以遞福祿壽星爲像設几九基之西別爲亭八楹灰石取於山銅鐵板絙鬆釆之用市於外凡爲工三萬二千有奇爲錢七千八百緡有奇爲日四百八十有奇嘻斯已勤矣頃余往來過望嗣以登臨巋然七級者揭嶽壂插滲泬光迴二曜祥納八風濯九派之遠流控五關之近塞峯攢勝以增雄城起霞而挹秀而自縣前引領雖相遙一舍其勢之歸也若飛虹之飲



於庭其精之取也若慈石之召乎鍼左右鄉覘之亦莫不蛟騰虎躍互相輝映注受然以是聳絕特之觀啟方來之運不亦足領化揚風輔弱扶微也哉顧余未敢然者何衛文公之文其國也望楚景京爲之乎抑敬敎勸學爲之乎史公言齊魯之文學其天性又曰好禮樂之國則豈獨地氣爲是乎今麻山川猶昔邑聚猶昔而人文不昔若者毋亦持風者勤稱書而綴弦歌橫經者是末師而忘舊學其責固有所歸與不追討此而汲汲形勝之與謀外觀之是競果中今事宜否也然神不警不發氣不作不伸是役也

諸君子豈直爲壯觀也者夫對高標則思抗節以樹表儀峯距則思健筆以干霄憶層累則思廣基以漸積晒階升則思接引以共登鼓之儛之厲之翼之學行修人材茂翩翩躡青雲而麗文明邑之風復其始化觀厥成將於是乎在而不佞涖官之初志亦藉得周旋無失墜焉即斯舉爲功甚大又何青鳥説之足云因終諸其請而爲之記以竢踵之賡颺一邑公輸董其事者某某也



# 坿古今體詩

## 宋

### 岐亭五首 并叙

蘇軾

元豐三年正月余始謫黃州至岐亭北二十五里山上有白馬青蓋來迎者則余故人陳慥也爲留五日賦詩一篇而去明年復往見之季常使人勞余於中塗余久不殺恐季常之爲余殺也則以前韻作詩爲殺戒以遺季常季常自爾不復殺而岐亭之人多化之有不食肉者其後數往見之往必作詩詩必以前韻凡余在黃四年三往見季常而季常七來見余蓋相從百餘日也七年四月量移汝州自江淮徂雒送者皆止慈湖而季常獨至九江廼復用前韻通爲五篇以贈之



昨夜雲陰重東風融雪汁遠林草木暗近舍烟火溼下有隱君子嘯歌方自得知我犯寒來呼酒意頗急抃掌動鄰里遶村捉鵝鴨房櫳鏘器聲蔬果照巾羃久聞蔞蒿美初見新芽赤洗盞酌鵝黃磨刀削熊白須臾我徑醉坐睡落巾幘醒時夜向闌唧唧銅缾泣黃州豈云遠但恐朋友缺

我當安所主君亦無此客朝來坐巷中惟見峰巒集　其一
我哀盤中蛤閉口護殘汁又哀網中魚開口吐微溼刳腸
彼交病過分我何得相逢未寒溫相勸此最急不見盧懷
慎蒸壺似蒸鴨坐客皆忍笑髡然發不寤不見王武子梅
食刀机亦琉璃載蒸豚中有人乳白盧公信寒陋衰髮得
滿幘武子雖豪華未死神已泣先生萬金璧護此一蟻缺
一年如一夢百歲真過客君無廢此篇嚴詩編杜集　其二
君家蜂作窠歲歲添漆汁我身牛穿鼻卷舌聊自溼二年
三過君此行真得得愛君似劇孟叩門知緩急家有紅頰



兒能喝綠頭鴨行當隔簾見花霧輕冪冪為我取黃封親
拆官泥赤仍須煩素手自點葉家白樂哉無一事十年不
著幘閉門弄添丁談笑雜呱泣西方正苦戰誰補將帥缺
披圖見八陣合散更主客不須親戎行坐論教君集　其三
酸酒如虀湯甜酒如蜜汁三年黃州城飲酒但飲溼我如
更揀擇一醉豈易得幾思壓茅柴禁網日夜急西鄰推甕
盎醉倒猪與鴨君家大如掌破屋無遮冪何從得此酒冷
面妬君赤定應好事人千石供李白為君三日醉蓬髮不
暇幘夜深欲逾垣臥想春甕泣君奴亦笑我鬢齒行禿缺

三年已四至歲歲遭惡客人生幾兩屐莫厭頻來集　其四
枯松強鑽膏枯竹欲瀝汁兩窮相值遇相哀莫相溼不知
我與君交遊竟何得心法幸相語頭然未為急願為穿雲
鶻莫作將雛鴨我行及朱夏煮酒映疎冪故鄉在何許西
望千山赤茲遊定安歸東泛萬頃白一歡寧復再起舞花
墮幘行將出苦語不用兒女泣吾非固多矣君豈無一缺
各念別時言閉戶謝眾客空堂淨掃地虛白道所集　其五

陳季常見過

仕宦常畏人退居還喜客君來輒館我未見雞黍窄東坡



有奇事已種十畝麥但得君眼青不辭奴飯白
送君四十里只使一帆風江邊千樹柳落我酒盃中此行
非遠別此事故無窮但願長如此來往一生同　其二

岐亭道上見梅花戲贈季常

桂死蘭枯菊亦摧返魂香入嶺頭梅數枝殘綠風吹盡一
點芳心雀啅開野店初嘗竹葉酒江雲欲落豆稭灰行當
更向釵頭見病起烏雲正作堆

正月二十日往岐亭郡人潘古郭三人送余于女王
城東禪莊院

十日春寒不出門不知江柳已搖村稍聞決決流冰谷盡
放青青没燒痕數畝荒園留我住半瓶濁酒待君温去年
今日關山路細雨梅花正斷魂

張先生 并叙

先生不知其名黄州故縣人本姓盧爲張氏所養陽狂垢汙寒暑不能侵常獨行市中夜或不知其所止往來者欲見之多不能致余試使人召之欣然而來既至立而不言與之言不應使之坐不可但俯仰熟視傳舍堂中久之而去夫孰非傳舍者是中竟何有乎然余以有思惟心追躡其意蓋未得也

熟視空堂竟不言故應知我未天全肯來傳舍人皆説能
致先生寻亦賢脱屣不妨眠糞屋流澌爭看浴冰川士廉
豈識桃椎妙妄意稱量未必然

正月二十日與潘郭二生出郊尋春忽記去年是日同至女王城作詩乃和前韻

東風未肯入東門走馬還尋去歲村人似秋鴻來有信事
如春夢了無痕江城白酒三杯釅野老蒼顔一笑温已約
年年爲此會故人不用賦招魂



六年正月二十二日復出東門

亂山環合水侵門身在淮南盡處村五畝漸成終歲計九
重新掃舊巢痕豈惟見慣沙鷗熟已覺來多釣石温長與
東風約今日暗香先返玉梅魂

寄吴德仁兼簡陳季常

東坡先生無一錢十年家火燒凡鉛黄金可成河可塞只
有霜鬢無由元龍丘居士一可憐談空説有夜不眠忽聞
河東獅子吼拄杖落手心茫然誰是濮陽公子賢飲酒食
肉自得仙平生寓物不留物在家學得王家禪門前罷亞
十頃田清溪繞屋花連天溪堂醉卧呼不醒落花如雪春
風顛我遊蘭溪訪清泉已辦布襪青行纏稽山不是無賀
老我自興盡回酒船恨君不識顔平原恨我不識元魯山
銅駝陌上會相見握手一笑三千年



明

梅司馬寗夏凱旋 文元發

寒雲漠漠風生生悠悠旌旆騋馬鳴無端孽雛從地起逆
天驕悖紛颺塵𧸖𢱢要請恣横行腥風獵獵繞萬城草枯
寒僵壯士脛雪花飄溼將軍纓天子宵衣簡命切鷫斧明

威霜戟烈杖節車攻出塞垣朔風如刀面欲裂男兒願不在封侯銅柱標勛志亦酬元戎十乘迅雷發默算旋樞克壯猷羽書朝馳暮折馘指揮已定蕭曹失漢將歸來西塞空纍纍肘後燕然勒始看螳背竟摧殘一范能令西賊安按轡無煩細柳勞虜功已報擒樓蘭中丞才武由天錫都護雄奇無匹敵願移刁斗迴蒼龍乘風早斂東方鬼

前題　　許九叙 長洲

天生梅侯何英武翩翩意氣虹霓吐不獨文將山斗齊豹畧龍韜邁今古朔方甯靜仗能臣誰知草動起風塵山鬼



跳粱熒惑現一時兵集如雲屯命將出師拜征口吾侯節制專帥府胸中自有百萬兵計定簫曹那足數大儒戢亂事從戎擒賊平羌無限功料敵奇謀過六出鼓士奮勇惟精忠決河水勢掀天白左賢有弓控不得驅兵轉戰捷如飛逆豎授首烟塵息英雄如公信無敵倚馬揮毫親草檄歸來共唱平戎歌燕然山頭堪勒石

前題　　張獻翼 長洲

楚材申廟畧節制羽林郎三軍貪銳筆千里淩風霜驄馬出榆關猶然懷奏章朔風邊月黃雲冷磧路胡天畫角長梅福神仙吏威名動邊[illegible]衛命赴朔方[illegible]將[illegible]歸[illegible]兕兵出將歷歲年來鬪朔[illegible]烽烟米船不來鐵馬瘦[illegible]猶闕漁陽邊漁陽瘡痍未堪起詔書哀痛何時[illegible]使君一出膽氣雄策行頗有前賢風坐見兵威消瀚海[illegible]關中軍麾遥佐元戎去碧漢勳名看自致元戎廟畧諒無敵鼎魚穴蟻徒假息轅門弓矢映秋毫玉壘戈鋋照霜色猛士材官席上過春日陽和喜氣多今日夔龍兼衛霍雖鋋慷慨青山郭霜戟常寒使者裘攙搶忽墜將軍幕客如孫楚復袁宏露布還堪倚馬成直須重賦燕然事塞上方



思萬里城

前題　　王穉登 太原

靈武名高御史驄更勞開府住雲中美人學舞魚腸劍厮養能開兕角弓城下已無夫飲馬幕前安用客和戎不知今日麒麟閣誰是平西第一功

前題　　申時行

河朔當年淨脫巾請纓慷慨屬埋輪揮戈塞上吞夫氣運策帷中報主身秦地雄風還驄鐵漢家高閣畫麒麟晉公督戰平淮後千載猶稱社稷臣

前題　申用懋
天丫十[illegible]門[illegible]方忽傳倘簪攬攬槍綸巾坐測收全筴組
甲長[illegible]失跳梁自此羅迆遷保障至今名姓怖降王懸知
薄伐成京觀勲業應看紀太常

冬日喜周更生過訪草堂　周貞一　世城
塵榻無人下[illegible][illegible][illegible]倦開杯浮千里月情見一枝梅市駿
高燕復離[illegible][illegible]更逃才翻雲並覆雨莫作世交猜

送更生[illegible]楚　劉三傑　麻城
北[illegible]城歲[illegible][illegible]征匹馬刀頭道路千薄技憐予甘[illegible]筆彩



毫羨爾[illegible]縱橫他鄉雲夢懷義里故國風流[illegible]楚城[illegible]劍
關山潭一醉不堪醒眼淚頻傾

夏日喜更生見訪
歷盡名山到宓墟重來下馬十年餘支離病骨吾衰甚[illegible]
灑風塵爾自如倒屣漫疑昨夜夢開函先認故人書披[illegible]
領畧潭[illegible]暑四座涼颷襲我裾

送更生[illegible]　熊[illegible]
山色[illegible]楓曉[illegible]白鷺秋人從[illegible]東去帆向望[illegible]流今日
一杯酒明朝何處樓雪消春[illegible]綠[illegible]負一相遊

送別更生伯仲還楚　朱宸　粤
五月來遊十月歸半年湖海共依依離筵莫唱黃花落香
滿奚囊玉滿衣

好友難逢且易離萍踪不定亦多時怪來近日詩腸瘦都
作長亭繫馬詞

潞水別更生　陳仁錫
招招舟子在何方回首君恩憶拜颺開函家訊餘薑桂攜
手同人見澤湘湛露只今沾小草素袍猶喜被天香向餘
毛髮酬明主敢負生平空泚洋



送別更生伯仲　韓上桂　粤
嶺上春風十月梅離筵行色暮鐘催連城總抱荆山璧五
等先掄楚澤材郢曲忽驚春雪滿夷歌猶傍瘴雲開不緣
入洛饒詞詠誰識風流二陸才

送別更生　釋如山　金陵
楚客南還日莫嗟行路難山花迎去棹堤柳繫歸鞍薄暮
江村冷高秋驛館寒思君何處是梁月照蒲團

國朝

岐亭道中次東坡韻　國朝　陳章昌　黃岡

春風如麥芒春衫如柳汁行行岐亭道細雨復沽涇村翁勸解鞍好語誇計得客路信人情我行非置急山深畏虎豺亭午收鵝鴨沙路草葺葺槿籬花羃羃小憩倦體舒凝酣冷面赤緬彼蘇陳遊茫茫烟水白五年三過從忘形隨冠幘洒落千首詩黯淡窮途泣狂攜柱杖遊醉擊唾壺缺往事劇浮雲餘生遞過客遥夜耿清光慷慨百憂集

岐亭天寶鹿歌　陳大章 黄岡

軋犖山前烽火起帚星下掃長安裏赤心一夕化豺狼唐家九廟皆荆杞夜雨愁埋劍閣雲春風恨滿温泉水何來



决騄華清鹿萬里中原行不速慣隨花鳥上陽官親見玉環頻賜浴彄字深鐫太府金角痕碧沁瓖瓏玉未逐仙人上博臺卻遭牧豎充庖肉君不見梨園菊部霓裳舞宏農唱罷來鼙鼓鸊鵜曾聞問上皇舞馬猶知悲故主秦家宮闕漢家陵千年幾度生禾黍休將遺事弔開元漠漠寒烟翳平楚

送鄧石瞻學士予告還里　張廷樞 韓城

余素不能詩未嘗率爾投贈通籍以來見前輩急流勇退完名而歸者情不獲已聞爲詩送之然歷數三十餘年則有贈蔚州魏公一首秀水杜公二首桐城相國四首柘城李公商坵宋公各二首近於安溪相國之歸又爲詩三首如斯而已其他歸者率無當於引年之義故無詩阮嗣宗云如何當路子磬折忘所歸誠難之也楚黄學士石瞻余老友也自官詞林典文衡歷銀臺烏府以及贊勷密勿束躬清慎人無間言纔過古稀翻然引退蓋與曩時諸公同一雅抱而非流俗人所能及也於時春也和風載道弱柳披途亦嘆夫完名而歸者不數數見云



手裁典册重綸扉三十年來願不違禁院懸鈴方儤直早春理棹忽言歸漫云堂老多耆舊祇恐朝榮有是非爲圖漢陰知未晚應偕鷗侶共忘機

前題　湯右曾

辭榮一疏拜天扉朋侶咨嗟去住違朝論何言行道晚君恩忽許乞身歸正逢到日鶯花好未覺來時故舊非幽事江鄉誰最樂看奴負耒女鳴機

前題　錢名世

碧山卅載寥巖扉黃閣抽簪願未違不是省中無事判直
教林下有人歸楊侯受祿情原別白傅分司道總非魚樂
濠梁鷗戲海更將何物損天機

前題　顧悅履

掖庭碩輔下雲扉故里風光未忍違黃閣共欽高士志青
山久待主人歸芒鞋竹杖娛詩酒釣月耕雲任是非寵辱
無關心自遠不教榮樂困天機

前題　趙熊詔

花磚日暖憶判扉謝傅青山志莫違鳳閣應勞朋舊念篋



中惟剩賜書歸情怡山水無纖慮心了烟霞絕百非十丈
紅塵渾不染此中別自有天機

程松亭師傅遷太常少卿　道光皇長子

新秋天語聽煌煌御喜儒臣入太常禮寺祇應需令望清
卿端合重含章五年師席瞻儀範廿載詞垣協拜颺從此
夷夔司盛典贊襄至治薦馨香



# 麻城縣志卷三十四

## 藝文第三

### 文牘 本邑人文

懿夫煙雲過眼幻富貴如空花毫素有靈化文章爲
金石惟古於辭如山之壽河山易代姓氏長留此昌
谷所以嘔心古錦白傳所以藏集東林也是卷人以
文傳名由代序廣外集續編之例比遺膏賸馥之珍
雖復管同窺豹未盡彬斑然而題尠櫢鷄匪同游戲
選樓月落津逮靡涯元亭草深銘槧毋輟匪惟享帚



庶用集裘古有傳人搜龍威之寶笈後來作者希驥
尾之末光云爾

明李　寵文一首　梅國楨文八首
梅之煥文十一首　黃建衷文一首
李長庚文四首　周思久文一首
耿定向文三首　毛鳳韶文二首
熊　吉文三首　曹胤昌文二首
劉　侗文二首
國朝王　琬文一首　李　巍文一首

周邦璟文一首

曾之裕文三首

袁　銑文三首



## 邊華泉詩序

明　李寵

余少時聞歷下有華泉邊公幼穎儁弱冠舉進士凡四晉秩太常寺躋大司徒文望蔚起時海內文人有若大復何公崆峒李公胥與追還正始力振風雅三公者余悉未逮覩也何李二公集已流布宇內世共珍矣余昔任南太博購公集弗得覩公之逸其集也是年夏予竽遷司農郎奉使菑東土獲與公仲子交僱刋公舊本因得諦觀全集寧弗足償平昔願覯之私耶何也學士大夫搦管抽思摹擬風騷世所紛也然褒焉刺焉祝焉傷焉蔽之矣寧足以軒



翥翰塗馳跡藝苑終隨代汨沒之耳乃公則悟玅上乘體裁各備蜿蜒鏑礚雄渾冲淡見公心之敦厚焉精搆遐思意寓詞表見公心之温柔焉撫物情之變態悲人事之代謝弔古今之異勢感風俗之澆漓見公性情之中和而磊落焉真鴻才之妙擬哲匠之冥造公爲克臻茲也先正曰樂聲淡而不傷和而不淫淡則慾心平和則躁心釋公周旋禮樂多歷年所優柔饜飫審音諧律茹古含今始可以被管絃協金石匪漫敷者同論矣鼎峙何李並駕聯翩以鳴昭代之盛不於公屬而誰貸也耶公所樹以不朽將不

亦在茲也歟於是藝無所爲始述平日慕公之深暨今讀
公之集俾取正於尚友者耳



上舜峯開府救荒書　　梅國楨

季冬寓會城初不敢以賤名姓唐突閽人乃臺下以屬吏之舊隆禮先之言及地方旱傷眞若痌瘝在身虛懷下問彼時以臺下持在大體不宜以瑣屑聞也及返敝廬時值元日墟里無烟行路稀少自是以來城市之間道殣相望附郭之近公行剽劫則僻遠之地又不待言不圖全盛之時見此蕭條之狀自古救荒惟蠲與賑今經費有定數帑藏無積貯緩且不可誰能議蠲若賑則欲取之本縣而倉庫空矣欲申請轉發而司府空矣欲勸借富室而閭閻空



矣更兩月始及麥秋枵腹之人朝不及夕其何能待耕牛盡歸屠肆穀種望之遠方而春來無雨池堰俱涸即力能辦者亦不敢議及牛種恐如往年以重價棄之無用之地也將來之事又不可知爲今之計必不能出一奇以利民惟去其所以害之者使自爲計而已如通道路以便灌輸安商賈以通泉貨截渠魁以息盜賊寬脅從以省騷擾皆去其害民者而民自利矣本地既無儲蓄則轉輸全賴他方而道路之間刼奪爲患雖粟如邱山不敢望也捕盜員役有能設保甲嚴緝捕而不時以身察之則道路通而糧

自集矣然糧雖集而無所取價也勢必貸之當舖方可時
事之爲當舖害者非一事也譏會則取什物餽送則取金
幣卽酬其值不過十之二三而付之不理者固多也每獲
盜賊則鷙言起贓應捕人役混將他人當票一概混取則
淩轢騙害無所不至利小害大彼何樂而爲此乎惟禁所
以害當舖者則泉貨通而小民有賴矣至於凶荒之時盜
賊易起或以爲迫於饑寒曲爲寬縱或以爲漸不可長一
概誅戮是二者皆過也縱一眞盜則害及良善聽其牽連
則濫及無辜故眞盜議死甚則梟示則法嚴而人不敢犯



餘黨不問俟其再犯則情通而人不見擾凡此數者皆老
生常談人所厭聞然謀及老成詢之父老皆以爲救時之
急無要於此矣或以爲此有司之事不宜聞之上臺然爲
有分地則兼制之爲難未奉明文則專擅之爲慮臺下酌
其可否明布教令則虛文塞責之弊可祛矣向承虛問敢
布其愚惟特賜省覽而不罪其狂無任皇恐瞻望之至

與某糧儲書　　前名

敝邑連歲大祲去年尤甚十室九空道殣相望奔走百里
外採蕨爲食食多輒病且死麻屑豆餅平時以養豬畜者
得之不啻芻豢間有擔石之儲則羣起而奪之有相殺者
豈不畏王法迫不得已也私家之藏既盡官廩所積不多
轉輸失策告糴無門人心洶洶非轉徙四方則聚而爲盜
耳幸賴兩臺老公祖題准十五年南糧改折十六年漕糧
免十分之三行文到縣一時聞者莫不鼓舞稱慶庶幾再
生此米見在水次未經起解但恐糧里無知乘時射利妄



將前米花用販賣則上意成虛下民失望如入口之食忽
成畫餅嗷嗷之民君擠之壑雖欲賑之將無及矣乞嚴加
禁諭有照例納完折色者卽以本色給領計二次可得米
六千餘石兼以積穀發賑不三月卽接麥秋民知利而不
害皆懷樂土重犯法不惟達主恩明職守而數百萬生齒
之命皆仁臺之所造也伏乞留神地方幸甚世道幸甚

與周椰塘書　　前名

前在黃安聞楚侗先生瞑眩之論真有味乎其言以爲人生大造最宜大省悟大憤悱方大長進若不肖者行多跅跐譽乏長厚亦既迭宕而憤悱矣而世情俗見斷割未能近日以來動違清議夫本無不罅隙之蠹人無不閒隙之尤諸所加於不肖者皆實實有之而又側大會發高論不肖之顏厚矣自今以往閉門自訟如前所云瞑眩之藥更新其耳目重易肺腸以求信於朋友若復優游歲月以人言爲不足惜是竊儒名以文叵奸結善類以延虛譽徒以未識者而堅僞行反以沮向善之心不肖曾以此爲恥而躬自蹈之可勝痛哉可勝痛哉惟門下察於衆口之外論其虛實而時賜藥石焉斯回生之力也若下愚終不可移清議終不可逭不肖非朝市之鄙夫而山澤之癯耳寧復與有道者相接哉言語激切幸其亮察



與某公書　　前名

世上最艱苦事都任在自己擔當無一毫退悔心是大豪傑世上最便宜事儘讓與別人受用無一毫羨慕心是大豪傑人忌害我不與計較常人能之我有恩於人而人忌害我不與計較非有大識見者不能也人之好趨承者非但識趣落在一邊亦是一種才無是才而效其所爲徒自取愧悔也一生便擡頭不起矣卽如先輩中有居官居鄉俱負重望只因容易作書爲人所輕謾聲望大損其心本是從原但欠慎重耳可見凡事不可不慎也

## 與文明府書　　前名

某聞造就之恩等于生成，知己之感深于骨肉。寒家數年以來門祚衰否，家父匏繫于丘園，某也蓬轉于天涯，諸弟株守于呫嗶，百歲祖母甘旨不充，而齮齕之事且時時有之。自明公下車始得安枕矣，而弟樓、弟森俱賞國士之遇，國楹、國　小壻劉承緒皆與進入學，今樓、森得溷賢書，何一非造就所及？天地高厚之恩，將何爲報？卽欲啣結，末繇而已。敝邑士風漸不如前，一假詞色則家族家人便得憑藉恣睢，冒犯殆不可言。寒族人雖知守法，而人衆難齊，家人又易隨風而靡，惟望一以法繩之，使寒家父子兄弟不致獲罪名教，不致取怨鄉人，則明公之賜不但生成已也。



## 與萬兆書　　前名

里中人來傳云家父有書與足下，會逢足下之不若，而裂其書摭之地，且與使人手相格也。以理度之，必無此事，而足下包藏盛意，則知之久矣。足下之所欲者，吾土地也。土地小故，而寒家又懦弱可狎視者，何足以煩爪牙之利而試毒螫之威哉？況人各有所寶以詒子孫，不相悖也。鵄得腐鼠，見鵷雛而嚇之，則甚惑矣。寒家日孳孳以禮義忠信詒其子孫，而惟恐其不足；足下日孳孳以土田宮室財賄詒其子孫，亦惟恐其不足。今足下金帛足以饗士，堂可建三丈旗，而息壤千畝，則古者一成之賦也，足下所不足者非土地亦明矣。奈何一觸於目，輙張吻而嚮之？本田雖寒家故業所當世守者，然足下以得地爲寶，寒家以退讓爲寶，各得其寶以聽天命而詒子孫，豈不兩全？而足下必爲是悻悻者，必如何而後快哉？人謂足下見邑侯有所督過於寒家，故因而爲此，使寒家不敢言，而足下又因以取媚而幸免於三尺之外，是足下之智不若葵矣。何也？邑侯之於寒家，不過以其不能將順，故薄示懲創耳。足下於平旦幾希之時，試一反思其所以日積月累以成此大名者，雖足下能一一自數之乎其不能自數而汗出毛竦不病而愓未寒而慄者皆在人耳目而上之人所稔聞者也彼邑侯者固吾道中之君子而易事難悅者一旦別其薰蕕而謂足下之藉此以行險徼倖也吾恐爲幕上燕矣今爲足下計宜亟反心易慮將數十年秘謀毫髮不掛於心而少知人世之有所謂理法者雖杯水車薪勢不相敵而齋戒沐浴以事上帝庶幾有矜而免之者而又親師友以教其子弟使知大易用譽之義若爨十二棋而履春氷所謂逆取而順守之卽足下之土田宮室財賄或有能保之者若



恃一時之詐力而欲爲後世之計既得人之故業而又重傷其孝子慈孫之心自古及今或有能善其終者特區區寡昧未之見且聞耳語曰爲善尙未蒙福爲惡將欲何求政謂今日在足下勉之而已近見西方大士視一切皆爲泡影獨於墮惡道者尤有濟拔之心焉故不敢以何擇爲解而忘某藥石幸足下範我馳驅毋使他日嘆曰悔不用梅君之言則足下家門之福也

告河文　　前名

萬曆十四年秋七月順天府固安縣知縣梅國楨敢昭告于渾河之神某奉天子命以令長茲土也維是一二小民朝夕力作以供租稅而衣食其餘以相生養於太平之年屢歲大祲民將阽於逃亡荷天之庥幸及有秋而河水又從而齧齕之某聞四瀆百川各有主者將使之宣洩元氣以潤物澤民也往年陰沴爲惡浸淫汎溢漂沒我室廬蕩搖我城郭我是有隄防之役則是神之不利我民也今又不循故道衝嚙我壤土潰頹我隄岸使父兄子弟眷餙從



事日夜不得休息沃壤化爲潢淤禾黍雜於荇蔕嗷嗷之民餔及口而奪之是天方福之而神顧禍之將非神之所以祗承　上帝之意也茲用拜伏河滸以俟神命神其卒循故道還我土膏豈惟某一人之賴一邑父兄子弟是賴若仍憑恃威靈恣意妄行而莫之省故是告之而神莫聞也或聞之而不從也告而莫聞爲不明聞而不從爲不仁　上帝簡百神以爲川瀆主豈其以不明不仁之主而肆其淫溢以貽生人之害必不然矣惟神裁之

## 禱雨告文　前名

某年月日知縣某敢昭告于本縣城隍之神自秋七月不雨至于春三月二麥失望民無所依某實不德以貽民憂故事禱雨則遷神南郊禁民屠酤朝夕拜以父老子弟從夫居已私室而使神暴露於外不順洋洋擁輿衞而父老子弟僕僕道路私饜酒肉而欲以口腹繩民非所謂以身率人也請出就館舍躬默思過爲吾民請命于神其身有隱慝穢行是糾是殛毋以殃吾民所不以其罪罪某而殃及吾民者豈惟某之罪惟神亦頗有焉然後與神爲吾民



請命于　上帝神卽暴露於外其何說之辭惟神裁之

## 主將務延攬英雄之心論　梅之煥

爲將者有自見其才之心不若有憐才之心自見其才者人用者也憐才者用人者也而以我用人又不若人自爲我用蓋人心在我而後我得以盡其才也今夫均是人也而獨卓然以英雄稱此千萬之一二耳是難得也天下幸無事華言華服之徒皆能繩趨尺步接武雲臺及危急存亡之秋惟是二三英雄當之是難能也以難得之人當難能之事此必有難報之恩者也凡人中有所負雖未著顯



功而其心莫不自異自異而上不異之則觖望且甚於常人故收常人易收英雄難何也彼其志不在小也收常人難收英雄易何也彼其心思自見也是以千金不顧而一言合或以身酬九死不辭而一人知可以無恨曉月之映澄川也璧也惟英雄能識英雄也晨風之集北林也適也惟英雄能致英雄也山谷之傳聲響也虛也惟不自爲英雄能受英雄也此延攬之說也如第衣食之爵祿之若豢犬馬者然吾恐龍不可得而豢也好龍而龍入室神告之矣或謂英雄玩世多不自檢非也天下豈有不檢之徒而

得稱英雄者哉第其品出驪黃調巽下里雞羣野鶴衆眼翻驚熱血一腔無地可灑壯心不堪牢絡惟有跳出格外以發舒其沉鬱無聊之氣耳此草昧英雄多起嘯聚而屠肆酒人間所以多隱君子也自非上之人破格收之祇爲敵國資耳然史稱大將軍青未嘗招士驃騎亦倣此意又何也蓋漢武以雄才大略歲詔郡國舉異能卽田安任仁方養惡嚙馬帝亦遣趙禹擇得之臣下又何預招士故君王神武駕馭英雄卽主將無延攬名可矣



## 和同驕泰辯

前名

天下莫難於君子小人之辯莫患於君子小人之辯以君子辯小人以小人辯君子囂凌詬誶而不探其本亂之道也夫小人竊君子而君子爲小人所竊世俗多有淆惑而莫解者我和彼亦自以爲和然我無競者和而彼無競者同也我泰彼亦自以爲泰然我無拘者泰而彼無拘者驕也以同爲和勢必復指和爲同以驕爲泰勢必復指泰爲驕和同驕泰之紛然亂也久矣然則鋤而去之乎曰天地間有君子自不能無小人也恃吾有以辯之如第辯其孰



爲和孰爲同而不原和之所以來孰爲泰孰爲驕而不尋泰之所自始吾懼其辯不勝辯何者其提衡在歧路而源頭不徹耳吾所謂辯者不必旁析其事而在直指其體不必以我辯人而在以我辯我試就我一物不戾物物具足之地捐其習氣而察其靈根果能無私喜怒無私哀樂乎能順天地萬物之常而無忤乎能可否可濟甘苦共調乎則吾心之眞和見矣眞和無同自不必辯同也能不束塵網不束意見乎能游宇宙名物之表而無礙乎能震撼不

驚險夷一致乎則吾心之真泰現矣眞泰無驕自不必辯驕也夫和如陽春一草一木無地非春而春不偏附一草一木也泰如晴空閒雲過影一任橫空而空不自有閒雲過影也吾心中略偏附則同稍自有則驕春無偏而和有偏乎空無着而泰有着乎此吾所謂識得真和真泰卽辯亦贅說耳然則謂世有君子而盡絕小人謂世有小人而能掩君子之真者皆非探本之見也且君子小人同此一脈靈根耳靈根剖破卽習氣盡化爲用神恢比附之精神誰非脆與斂矜高之氣魄誰非廣大君子旣不掩於小人



小人又何礙於君子所以源頭旣徹岐路自一則存乎司世道者然世道之泰又何實致之尙書云推賢讓能庶官乃和陸賈曰將相和則士豫附劉向曰衆賢和於朝則萬物和於野韓魏公上殿爭如虎下殿不失和氣而宋世賴之和與泰之同根而相爲用也審矣故不和則不能無黨同黨同則不能無伐異伐異則不能無虛憍而恃氣始之小人與君子角繼之君子與君子角卒之君子兩俱傷而小人起承其敝泰交何繇而合泰運何繇而亨乎此尤不可不辯

## 忠節實錄序

前名

昔椒山楊公疏觸嚴氏父子卽借疏中二王語斬之夫罪案取之疏中猶近似今大洪楊公廿四罪之疏出始則借移宮案後復借封疆案題目愈大假托愈巧而事情愈遠伎倆愈窮又向者嚴氏父子所竊笑也誰爲逆璫畫此者然爲逆璫計自不得不出此外廷何爲亦復爾爾甚至有稱奏其家不貧請立循環簿嚴比其妻子者不知下筆時亦曾念及天地間尙有所謂天道神明否然小人之自爲計亦不得不出此彼一時也崑岡之火正烈擧國之梟盡



狂此皆尋常事何足異又何足責惟當此時而哭有一意表行事者出焉如羣梟一鳳衆虎一麟自不禁目奪心駭矣今雖　聖主當陽幽沉畢照而邪說之習染猶深公論之明晦各半正占風者徘徊觀望之時乃德守胡公甫下車卽爲之傾囊贖宅捐俸建祠且錄忠節實蹟壽諸梓以昭揭千秋其以義殉友一如楊公之以忠殉國者然回視椒山廷杖下獄時刑曹有年譜至不許人扶掖以行者何如蘇文忠嘗歎士大夫爭半年磨勘殺人亦爲之至於今而始又甚焉前德守李公丞夏公皆能掀翻此案其見於

給諫閻公所表章者斯已奇矣今更有　胡公者何聖賢豪傑之偏萃此一郡也楊公令常熟時冰操異政業已衙官卓魯伯仲夷齊被逮之日闔郡士民哭聲震野官箴鄉評不止忠犯逆璫一節得非天鑑素行有所假手以慰藉之耶世之成敗論人者謂逆璫之禍以有激之而成夫使果由激之而禍成則宜媚之而禍解何以諛言日進而手愈滑禍愈酷也彼王莽時止聞有頌者不聞有激者何以竟移漢祚且曹節之不至爲莽又安知非節義黙維之力哉從來趨彼逆逆者原自不少何不存此一種以稍分其



勢而復作如是觀以摧折之將令舉朝盡化爲虎彪孫孩而後可乎嗟乎乾坤有盡正氣長新河嶽星辰誰非寶籙其托梓以傳者猶一吷耳先正有節婦吟云爾龔借將扶世教妾心原不願忠臣安知此錄傳而楊公不益凌然于地下也耶

## 贈福建理問李君序　　前　名

江陵李君某將以某日任閩中理問同鄉諸薦紳屬余爲文以賀余不文且厭薄一切荅應之文益贈人以文者至今日而倣極矣事所不必有而虛張之意所不必至而强附之無情等之衆人不韻方之士鼓不知一二套語何足爲人輕重而徒災錦軸爲昔人謂不知其人觀其友余雖未悉李君若銓部袁石公侍御蘇潛夫則余所矜式而北面者兩公以慧眼照見一切無取舍心而有人倫鑑其於當今人物無輕拒亦無輕許顧皆與李君爲臭味而潛夫又其兒女親只此便知李君而余不文之文可以作矣然



據兩公稱許君迺吾鄉有數人物以彼之才之品謂宜雲蒸龍變乃復蠖屈泥蟠可弔也奚賀也何相蒙也而余同鄉之爲君賀耶又在此夫朱博翰音位豈不足而棟橈之咎爲笑至今函牛之鼎以烹雞鹜滋味澹泊覜折足覆餗者何如乃知凡事惟器不𢛌於所受量自溢爲有餘莊生夷隱於漆園展禽陸沈於柳下有以也況職無尊卑期於稱要在人爲喉舌在天爲北斗在朝爲尚書皆氣脈所由通也理問佐紫薇凡撫按所不得徑達者皆賴以達是亦

紫薇喉舌也其關係與北斗與尙書等卽短馭乎未始不見才卽下僚乎未始不可盡職夫如是奚不可以爲君賀耶然余猶有進焉閩中足名勝如武夷之秀九曲之濤大海之奇波瀾之涌蒸爲霞幻爲蜃千態萬狀悉供几案間君一人饒領之石公故有山水癖余與濬夫與復不淺君登眺之餘幸圖見示以供卧遊安見余三八不日共君在城爲嶺間哉顧余以不文之文而責報若茲其亦操蹄酒而囑篝車歟僉曰然遂共起爲壽以別



## 麟經古亭世業序　　前　名

安國胡氏之傳春秋非經也安國之奏議也明與以胡爲功令治春秋者櫽括胡氏之說以成疏義甚有邱明公穀鄭氏夾氏未嘗一觀而以春秋起家者矣非明經也明安國之借經者也又從而引蔓之以傳題從而駢拇之以比合株連膚割塡腔射覆主司者以意命而舉者以意揣則又非安國意中所及也明經之敝莫甚乎是古亭以治春秋特聞詢之學宮其經以春秋者十而九閱楚錄其春秋魁以亭州者十而九讀題名記其亭州第以春秋者十而



九顧其於春秋也猶銓魚筭猶耳過則舍之矣獨叔臺耿先生閔然上釐定經學之疏惜當將專門名家於諸當道者不合疏寢未行往煥待罪諫垣竊志先生之未竟乃性不時宜扶衆所擠弗自爲遡緜殿及綴上陽秋也坐念煥爲諸生日痛鑿傳荒經之習每蓄廢卷而歎以此槐其平生今年耿克勵梓麟經古亭世業弁其　尊公叔臺先生之疏於首而問序於煥觀春秋若負遺何克勵之發吾愧也抑克勵便便經笥行則爲朝士冠冕青緗可念士音不忘克勵有心人也願毋分吾愧

羅田縣志原序　前　名

羅田縣志之重修蓋在兵火洗城之後也羅故彈丸斗絶四面受敵之衝乙亥歲流冦乘破竹之勢直入之彼一時也燕巢林鳥啄屋逼衢堆骨白日啼𩲡筮仕者誰不望之如穽自白侯下車正值其會念瘡痍愁痛之餘而不可不有爲也又念瘡痍愁痛之餘而不可有爲也寬於撫子遺嚴於繩吏胥静於停刑罰勞於詰兵戎不惟親冒矢石頻挫賊鋒且百務振舉靡廢不興即舊志之燼於兵火者亦任能而光復之此何等時而獨暇及此視昔之長嘯登樓



圍棋賭墅神氣閒定不更恢恢乎至若委任王劉二生以光此典其知人善任使又見一斑矣夫修志常事無足紀惟紀此一段於志中並垂不朽後之君子知枳棘棲鸞正蟻封試馬無小羅也

上洪制臺書　前　名

憶昨西鄂叨沾𢈔庇年來在黃風塵鈌焉聞問然仰止之懷則非雲泥所能隔也適有天幸敝楚亦在德星垂照之中三戸驚魂咸有起色不肖二天之慶又可知已賊所殘破之處不久戀亦不再往江北諸賊皆分道入楚敝邑則其門戸也眈眈敝邑非一日矣以備禦有素頃又每伏鄉兵擒其姦細内應絶而勢少緩然意未嘗頃刻忘也本月内破鳳陽等處者皆從羅山分三股入敝邑焚殺之慘視二月更甚焉前從敝邑往德安等處者又厚集而圖大逞



敝邑之危不止累卵幸鄧帥大兵恰至賊聞而始退舍避之忽接部文又令舍黃麻而赴鳳陽矣明知賊不在鳳陽而不得不奉行唯離鄧去賊必復來敝邑如有失則門戸壞而席捲長驅承天陵寢大可寒心二月初三辰刻賊過敝邑城下爲先聲所奪不敢攻然各村鎮屠戮之慘尚不忍聞則被破之郡邑又當如何凡賊到之處逆奴慣盜及遊手遊食之徒從者如市其輜重之多供奉之後皆未可名狀似此光景撫之一字已無望矣惡貫滿盈勢極必返正天道神明藉手於祖臺之靈以彰天討之日也然剿亦

何容易言也勦此則逃之彼勦彼則又逃之此分勦則兵力單合勦則岐路雜我兵集而彼佯遁我兵撤而彼復來擾擾何日而已耶況救援於已破之處諺所謂賊過安弓且弓盡安於已破之處而虛其未破者以俟其來是祇爲賊開方便之門也敝邑輿情欲借鄧帥鎮楚而仍部其所統之兵如賊從楚入豫則楚躡其後而豫擊其前從吳入楚則楚遮其前而吳躡其尾兩下夾攻庶不止驅之出境而以鄰國爲壑也鄧帥紀律嚴明調度有法軍士在城寂若無人賊至界嶺聞名宵遁敝邑甚德之而欲依爲命敢



向祖臺直陳之百萬生靈所繫呼籲俱殷然爲敝邑圖瓦全正爲陵寢門戶求萬全也不嫌草野仰瀆雲霄恃高義必有以鑑原之臨穎曷任主臣

## 上唐撫臺書　前名

黃麻當危急存亡之秋鄧元戎忽領大兵至億萬生靈始有再生之望敝邑仗祖臺福庇伏兵屢獲奸細內應不敢竊發渠魁稍有戒心暫退以俟我懈意實未嘗一刻忘黃麻也二月廿五六夜連獲姦細于城外皆供俟三枝齊到必入麻城過夏江北之寇破鳳穎等處者被彼處堵截皆從光羅入黃麻前次之從麻城西馳者仍在德安隨州一帶耽耽虎視不盡楚屬不已也已破之處不留亦不再往陵寢可慮者全在承天鳳陽則非其所戀且各處大兵雲



集鳳陽矣鄧元戎若自討便宜只合走無賊之處今偏守賊入之衝此其忠肝義膽不亦今人所難哉昨在羅山破賊親自衝鋒斬獲無算何其勇也凡被賊擄者悉給帖放歸不以充斬獲之數婦女之有父母夫家者皆令送還何其仁也各兵所獲之財物仍盡賞本兵以作其氣何其廉也紀律嚴明在敝邑秋毫無犯市易不奪何其嚴也生等閱將帥多矣自未有如此超乘絕塵者賊之耳目甚長鄧元戎今日去賊明日即復來從黃麻而蠶食席捲承天陵寢大可寒心伏乞祖臺會同直指公祖照原部文檄發糧

餉俾暫駐黃麻等處仍合疏題請借重鎮楚得以聞警卽
隨處追勦庶三楚不至駢首入虎口也生等卽有公揭到
部然必祖臺會題而後於事體更便時危情急不暇擇音
統惟慈照



恭薦李長者疏　　前

悼薦卓吾和尚心事青天白日行藏野鶴孤雲早現宰官
身遊戲文章太守晩棄人間世歸依上乘如來清畏人知
宦邸都無長物塵隨緣斷天涯獨寄萍蹤氣薄層霄眼空
四海落筆千軍辟易下幃萬卷兼收潛心謦孔壁之藏精
爭意契何論執董狐之簡鬼哭神號抱用世之才兼能出
世無成名之技固自難名持已太高故當意者少望人過
重致負心者多涇渭分明乏藏垢納汙之量斗山卓絶懷
調高和寡之悲剛方未免激昂眞實間成執着善善惡惡
務必極其本懷是是非非畧不狥諸時好以致招嫌觸忌
遂爾賈怨益仇誰明公冶之非孰辯臧倉之愬寃覊六月
偏凋幽谷芳蘭曉日晴雲不照覆盆棘木鳳衰麟死玉碎
珠沉在天道豈曰無知非往因斷不至此百年何好醜到
頭總是黃粱入世幾寃親覷面已成烏有太虛無物任他
把火燒空羣小流言何異彎弓射影試憶丁亥後種種悲
歡得喪豈復留蹤卽如藏書中代代勝敗與亡竟歸何處
且生卽有死何必譏言況施靡不還祇成反中若猶含寃
積恨又或較短爭長起心便是輪廻片念轉生障礙諒生

平之學力斷不至斯恐毫髮之差池未免墮此特修懺法聊助律梁敬仗慈悲俯垂憐憫指眞空之覺性示不二之法門苦海既離愛河隨斷冤冤霧釋更無執對之愆業業氷消永謝閻浮之路

李中黃曰李卓吾以著書殺身藏書其最著者也然藏書有偏處亦有當處但其出詞吐氣一味怒罵固應取禍耳



石洞道人佳城記　　前名

會君諱鎮者別號石洞道人舊隸芹宮博士循循長者等唾面於虛舟翼翼小心虞碎顱于隕葉寥落功名之夢一場蕉鹿驚殘辛酸兒女之緣幾度峽猿淒斷慕長齋之蘇晉雅愛逃禪希玩世之嗣宗聊以卒歲蓋鄉人之善者其葛天之民與向也再來雲無心而出岫老之將至水有時而回淵爰偕孺人某氏卽因石洞預卜佳城宛矣麗公麗婆居然同穀同穴使今日常運死想庶他年翻作舊遊嗟乎雍門動荆棘之悲柳下嚴樵蘇之禁且躍馬終黃土牛



山何必沾衣然寒鴉幾夕陽羊碣猶爲墮淚昔文靖不保五畝而古者尙致慨於甘棠况北邙僅占一坏爲後者忍忘情于宿草無問或緇或素以至若雲若仍有如護栝棬之思豈直媿挈瓶之守自昔謂仁人君子斯其主矣從今椎名山大川寘式臨之何須錮北山之銅請試問鹵歸之履緜嶺鸞已去碧桃依舊春風遼陽鶴重來華表歸然明月特傍三章約法永爲千歲宗盟

## 黃岡縣志原序

黃建衷

赤壁無賦賦自蘇子黃岡無志志自茅子然無賦而赤壁之爲赤壁自若也無志而百里之地若矇若昧江淮名勝幾同草莽矣故賦之功在能使黃以一拳石重天下志之功在使黃無所不重而並使天下稍得其所以重則其體殊而二先生之所繇悰託亦微異也子瞻以直道忤時左官羈跡乍寓毫楮以紓其磊砢超著之氣故出之虛以遠玉英釋褐剖符計安民社抱冰玉而懍法戒規恢黃人千萬斯年故出之實以近夫鬼神之變幻雲霞之璀璨亦旣



大觀矣而以當之居室食飲耕鑿布菽之業何如也則虛實遠近之說也黃雖不腆自有宇宙文獻斐然誰爲翳之孰令耀之山川之靈有開必先不有玉英其能國乎乃玉英所爲功黃亦不藉是夫庚桑之俎豆召伯之棠陰非文字所及也蕘如猷之竹潛之柳伶之酒羲之鵝直偶寄焉尤非有著作之林藻繢之飾也正緣澤厚則元元永賴韻高則品物蒙輝況以神明之宰振世之豪而雲漢爲章經緯百代者哉我知後蘇賦而傳將在斯矣蓋楚之先宦有杜襄陽者其勲業爲晉元老而更用左傳行夫何不遂志襄陽而乞靈往古也亦各言其志也且文章不朽之盛事而不必盡出一轍蘇公前楚固有騷騷以怨蘇以達不相擬也是故於楚若日月至今焉玉英方以盛名處大位又雅好著述不知視襄陽孰左右而此志顧爲嚆矢然則此亦異時玉英之左傳也何論二賦已 黃岡縣志

## 朱中尉水經注箋序

李長庚

水經在楊用修時以爲久湮搜刻方始而去其注近方有吳歙二刻并注盛行於世惜其中尚不無譌謬嘗謂古書一有譌謬便成廢書然在他書譌者猶可以理測可以意貫且一字之譌未必能累篇一篇之譌未必能累卷惟水經注有譌非是跡所履非圖籍所載不敢擅定且出過注入之異勢也江淮河漢之異名也一字之譌遥派稍異分合頓殊此無以通彼無以發譬之人身脈絡之間一節有礙卽爲痿痺故是書校刻之難尤倍他書南州鬱儀氏專



攻此書有年而架帙甚富腹笥更廣又與四方博雅之士所得於遐搜遨覽者互相參斠斷歸於是遂成此書忠臣李生克家佐有勞勩一日持以相過余往讀是書每遇疑處不能自通輒爲寘卷今得聞所未聞喜而刋之于署因嘆古人著書立言皆於古無所沿於人無所倚或窮天文陰陽之變或索輿地廣闊之形或精之名山大川或憑之耳目手足或闢千古特立之見或創從來未有之書故終其身著一家言以成名而今人載籍滿目勘訂甚易乃不能爲古人保已成之緒則何古今人之不相及也世界有四大水居其一然古今至變者亦莫如水乃有疑是書與今水不無相迕者不知此適以明其變耳又有疑桑欽於史軼其名者夫司馬遷之傳以史記也至於漢書一傳不過寫其自序文耳何足重遷班固之傳以漢書也亦不以范曄後漢書之一傳重也欽以水經傳奚必以史重於經邪又有謂酈注太贅者經固宜簡注固宜煩經宜據實以書注宜旁引以證彼疑其任傳而疑經者不曰郭之注劉之注裴之注非注也各自爲一書以行也何獨疑於酈乎況其鉤探羣書去鋪抒述新益見聞尚慮是書之易竟矣



今注箋一出而變者可定軼者可信博者可該疑者可證是經之功不在禹下而箋校之功亦不在欽下矣李生謂是書成當一序之余笑曰水經無容序水經而贅之以序猶序書經而贊其政事之嘉序詩經而稱其風雅之致也不幾於爝火而助日月之光乎古今序水經者皆複諵也可無序也惟序其所以箋校水經者如此其諸君子之姓名則具載編首之下

馮夔龍春秋衡庫序　　前名

余邑春秋其世業也習是經者十八而九余離諸生業三十餘年見譚者恍隔世事獨於春秋有見獵心常夔中讀春秋呫呫在口席上有譚春秋新題影響者好與相角庶幾社氏癖也每思國家明經初指非以隱癖傲士欲輯一書備載近代各家之題採加評定而馮猶龍氏指月一刻先余同然又大全中諸儒所說有與胡相發明者有愈於胡氏者其地蕪雜可少删芟而諸書有與春秋相關者合增刻爲一書猶龍氏近復以衡庫出矣猶龍氏才十倍於



余是二書出爲習春秋者百世之利也余嘗謂春秋有三難亦有三快易詩書禮同出聖經義理顯著有爾雅及漢諸書宋儒循而詁之雖微義不存而詞旨曉然惟春秋褒貶刑賞在一字中或在言外而變例雜出異同不嫌令學者以臆相推測其難一也國初功令春秋左氏公羊穀梁程氏胡氏并用而後專用胡氏有明知其過刻者有意於宋南渡後事故相形斷者未必一一譮合而功令所在不得不抑心意以從之其難二也國初經題仍宋經義或出數題之大意中相近者或相反者聽各爲條答而後乃以某傳某句搭題或傳意影搭或脱毋搭或取左氏搭或取各

丨搭若射覆臆鈞他經入闈止慮文之不佳春秋入闈先慮題之不習其難三然他經製詞造格與書秇同多用宋儒注疏中語無論子史即六經語稍僻字稍粗音稍贅者不得輕入士之好古文辭者謂時秇薄之而春秋奉左氏爲祖禰門風特異語在他經秇號壯者置之春秋秇中尙覺萎薾所稱引與古文詞無異其快一他經時秇多俳體比辭相對限之以八跗跳之材不得少馳而春秋體裁可爲短長如論如策不爲三尺文格所拘其快二士各



執一經勢難兼習博者不過借字句以供筆端耳春秋則引用各經相爲表裏中與詩書義相發者比之傳序更明易筮之法賴左氏以存樂記一書止存其理而聆音辨器不如左國之斷斷以一經全五經之用也其快三衡庫一出而通春秋之三難益春秋之三快猶龍氏自言有此書可無觀他書誠確論也春秋稱孤經得此翼之可無患孤麟經大明之會再增一大快哉抑余有未盡之説蓋春秋單題自有難也以傳者逆經者心與學者逆傳者心或隱在一字之難或絞緒雜出之難或輕重不侔之難或書法

三四五六之難或出於會盟征伐之外而涉性命理學之譚者之難近世主司非本經而反以搭題難士溺其旨矣余意於傳上直標某爲關捩某爲旁岐猶形影某爲尺鳧某爲血脉某屬駢枝某爲型模某相河漢某爲牖中之日某爲或張之弧難易既明正歧有辨則主司不至謬悞又經題中如于洮乞盟踐土棐林伐鄭之類咸以例對案虛實不同可以見士筆力而近莪改爲二段夫經文嚴謹有單則例輕重殊也有分則對輕重等也豈有輕重等而故爲不對以從所自便之體哉至於無傳單題非文定之疏



也必寄見某傳或與某傳相同所以前密後疏者正以義例見前得從同以比斷即猶律家之以准某例醫案之借用某方也茲宜於無傳單題定引某傳而不必旁採各注尤與胡氏原不立傳之本一心相合也具此數說以聽猶龍氏之裁定無非欲爲春秋成一全書耳

## 羅田舊志序

前　名

羅田縣者黄郡之文獻邑也邑故有志何以至今始言志也曰志燬於冦而自侯重新之也不獨志也邑亦燬矣新之者亦君侯也或曰明興几矣至嘉靖間而邑始有志也豈非以文物全盛之時乎今何時也凋敝極矣何事於文曰是不知天下之重以邑邑之重以志也環天下星羅棊列皆邑也若肢體然一邑之燬是尺寸之膚不愛矣邑完而天下始全也故天下之重以邑也然邑徒以虛名重乎有城垣有署宇有廟祀有學校有土地人民而後成其邑也改邑不改井而是種種者可毋乎茲欲舉而新之而疆



址毖據高卑不察戸籍無攷出入無籍將何以憑而新之乎故邑之重以志也禮失而求之野籍去而聞其畧杞宋徵而文獻徵皆志之賴也志之新增者何曰武志也歲巳不易不虞之是戒况十年兵燹一旅一卒咸君侯苦心以規永利以式四方而可以無志乎志之大者何曰狠侯之節也自侯之功也抑人臣之委質也一死可以上報若朝廷之張官設吏也豈徒責之以死將一邑是保爲節在一身可爭日月功在一邑可鐫金石孰有大於此者志所不

盡者何日侯苦心也邑燬矣燬而新之必先修築建置也舂錮干櫓可無煩乎無兵則空城也請兵之擾更甚於賊君侯一切謝客兵不用則勢不得不取兵於民無食則枵腹也庚癸之呼同於揭竿勢不得不取食於士有兵有食而後有城有邑也譬之善養嬰兒者剔髮摧座兒必號嗄長而飾其棗栗禁其嬉遊教之詩書予之夏楚兒必嗔怒迨其成家遊庠以達於廷然後知父母之恩重也侯則出嬰兒於水火而萬死中錫以一生也豈尋常鞠育之恩可擬乎又何以加焉曰以暇以文如奕者尙攻刼奪取而神



色不動者爲勝也如子產救火巡羣屏攝列諸火道各儆其事而火無傷也如操舟遇風禁人無譁備維檝而自定也周之興也以桃林之放漢之守也以緜蕞之行齊之霸也以文告先修晉之勝也以少長有禮此又君侯干戈甫定而即志之修也用意深遠天下有道武定文興詎獨一邑之志云乎哉君侯諱乃忠字邇事蜀江津人也政事之大者自有桐鄉之尸祝在謹先爲序其修志之槪若此其徵故實於父老取輿誦於耆儒而總其事者則本縣諸文學未盡書其名

濠上園社稿序　前　名

孔子遊觀而歎三代之英及文武成周輒羹牆夢寐遇之聖人奉天時者也何尊古若此無論三代以上彼形而下者三代之鼎彝秦漢之鏡劍唐宋之陶冶組纂工巧今有能及萬一者乎余少不敏尙見古風承事邑中長者耿恭簡師石潭先生首倡道學士子家濂洛而戶傳習也繼而龍湖主禪學友山先生參會經出於時儒宗兩溪釋祖壇經矣謙之震卿兩先生主盟騷壇莫不譚李杜以及何李雲衢先生善書法莫不榻集鶩羣石顚米元章先生好



譚古今人物莫不讀史漢及憲章吾學諸書雲中老子喜譚經濟莫不習九邊形害倭虜源委形情以及弧矢風雲之變周子中子艮卿長孺雖後起乎而座中非篆隸風雅之事不譚周伯譽晚出而好以文章供雅令或闘險韻或隸僻事或徵奇字或闘新篇或以四書問荅人物春秋影响搭題問難以較勝負其風若此乃今所趨指似不在此數者中古之風幾於寥寥而濠上一館獨存古意其館創自毛我老以鉅儒爲貝二千石歸田於宅旁葺園亭立家塾門有彭澤柳亭有子猷竹階有康成書帶草[illegible]鄭[illegible]鬮

擬之河東師友彬彬盡邑中佳彥非先秦兩漢不以升恭非瞿唐湯許不以鼓篋非義理蒜酪不以入口非佳言懿行不以入耳入其門登其堂寂無雜聲而較譚斟量開武庫也傾峽珠也不殊余向所侍譚於諸先生者夫文章關於世道倘其無關則聖朝功令詎爲芻狗必是館也庶幾挽世道之波靡而爲文耶社中周子有疑焉問於余曰士之爲文若非自快於心誰肯輕出於手然無徵不信未免以徵寄於人戊寅之歲一試而僉前茅也人徵之吾儕信之歲比於卯而不盡徵也何居余曰士藏用者也待用者



也非竟用者也士不藏待而竟其用則大用之饑勞困乏者亦何居玉不雕琢乍獻者疑劍不濡磨輕試者吷似登泰華不攀緪凾不足以陟巔似歷黃河不周折不足以成勢似調羹者不備鹹酸不足以適味士不挫折而一往易盡立朝行道者且忌之而況在於士耶君子學操縵以安弦試蟻封而盤馬其若斯乎茲濠上之行卷行矣理學則六經衣鉢也政治則周官管晏之遺篇也文章則左氏太史猗蘭白雪之餘聲也記曰安其學而覗其師樂其友而信其道諸君子有焉車在馬前習其步也芝蘭金石合其

方也近朱出藍變其質也奚啻[illegible]二三先達不日登明堂而列三獻撥[illegible]下人心協之[illegible]淹[illegible]刻鑴僞矢爲定[illegible]余固因茲館而卜古道之可回[illegible]也哉地肖有濠余及見之形家言邑龍過脊兩旁有水[illegible]之今設亭其上池仍還之故爲名也

瓊節婦海太夫人謝氏傳　　周思久

或曰婦道柔也而以剛則踰閑矣非所以明壼範敦姱節也予曰否不然婦事人者也柔其常耳然剛亦有不可少者舅姑在堂伉儷在室姒娣爲羣中饋是議此而柔焉可也若乃良人早捐遺孤方抱鬒髮未變朱顔漸枯月夜霜天衾單影隻鳥啼花笑觸物傷懷綿歷歲時感被災疢饑寒窘其躬侮挫撼其外自非氣貫金石操敵冰玉則從一之志安能垂老不變哉於此必剛乃能勝之猶之男子本剛亦當用柔旣倜儻矣助以醖藉亦峻烈矣濟以包荒庶



足矯結習之偏蹈中和之軌也然則男女剛柔之性亦觀所發已爾何常之有瓊節婦謝氏者南京都御史大夫海剛峯之母也少嫻内則質稟近剛結褵之後克執婦道至廿有八歲喪其夫封君公有日者以狀進謂其命宜務居太夫人遂舉火焚之誓不再醮卒如日者言時剛峯公甫四歲而孤太夫人自幼粗識書史口授以孝經學庸等篇稍長塾師教之督以義方常惟疢之憂與之共臥起不舍又封君公性恢廓不事家人生産公雖宦遊久其田廬猶無改於其舊太夫人疏食菲裳拮据卒瘏以佐其廉以敎公卒能抗疏批鱗鞠躬三朝以骨鯁稱今公性日醇德日劭藏鋒削隅求歸於淪渾聖天子方虚鼎鉉之司待之此皆太夫人之教啟之也太夫人柔而能剛公剛而能柔賢母令子交相輝映古今圖牒所載能有幾哉余守瓊釆問風謡首及斯事諸大夫國人皆爭述太夫人之節爓烈如此因登堂顔其廬間用勸來者嘗欲泚筆紀勒其事以闡幽晦維時兵事劻勷不遑文墨未幾以罪行矣然心惓惓未嘗忘也茲秉耒之暇檢閲舊牘爰綜其大都詮次之聊代野史亦以見人之剛根於所性而學之以融其迹以歸



於化則公之所以報罔極者益至而太夫人之節愈不朽矣

憲副黄巻傳　耿定向

黄憲副公巻初官比部出補山西僉憲晉陝西少叅已晉憲副郎解紱歸歸年才四十又五年公歸蓋郎眞明農云春夏閒家衆悉驅之田作而獸與其配操杵臼炊釜作飲食躬荷而饁之嘗假農具鄰舍鄰舍子欲昇送之公曰毋此何時也假我具郎德厚矣奈何又妨汝務遂自肩之於田焉公性故孤介悃樸而逸興甚豪惟嬰情山水閒域中山嶠水涘靡不遊至或乘轍輿或策欵段或曳杖躡蹻翛然咏嘯飄飄若仙焉家去城邑四十里而近經歲不一至



至則市童撫掌讙呼相指曰黄公來也蓋識其輿轍陋云公居常好客客至座乃徐起臨庖服犢鼻衣治具具無兼味治畢乃盥手更衣郎新媚上客率以爲常予一日偕元孚周進士候公公歡甚縱譚名理因及疆場時事奮然有請纓之志移日不輟已有婢從屏閒稟曰烹雞熟矣請割公曰少需蓋劇談方適無閒也有頃婢稟如初公又曰少需如是者三而公談益劇乃命婢曰汝姑自割既共饌出截肋狼籍不爲意也公閒起入室余從之闚其室一榻蕭然不啻僧舍在予時若泠然嘘以清風洒然沃以瓊漿也退謂元孚曰吾與子今幸遊羲皇世矣相與嗟嘆不置云

耿子曰夫世約其躬爲苦節行事類多齷齪迂滯不能事事彼蓋矯飾以爲名高也其眞濶其性牿矣公率性之眞從心之安孟子所謂人有不爲可與有爲者非予予又嘗聞里中前輩若鄒劉周李董阮諸公其風軌大都如是顧所及覩記者惟公因憶父老相傳宣正成宏間里中民物殷盛閭巷熙熙有以也乃今里中身有完服面無菜色父子兄弟相聚而無愁嘆聲者蓋鮮曷故哉吏治之日媮也吏治之日媮則士節之不立也士節之不立則古道之寖



微而紛華之爲蔀甚也郎吾一鄉而天下皆可類知已嗟嗟孰謂公履爲細謹哉公蓋古道之碩果矣予兹重有慨焉爰拾公一二淺事爲外傳云

憲副周廷徵傳　　前　名

公諱廷徵字公賢號黙沙中宏治己酉鄉試任臨淮教諭起復改安福徵補山西道監察御史出按陝西時寘鐇之變公斷以先發後聞之義即調榆林鎮副總叅遊時源等兵分布要害仍授楊英以計爲書寄達仇鉞卒以此擒之同首惡何錦等押送京師開其脅從赦其困乏寧夏已蕩定旬餘矣而朝遣都御史楊公一清太監張永始至愧其功不由己張大怒追還寘鐇另作報捷又欲盡奪寧夏將士功以與諸侍貴乃與公約曰公疏以捷歸内臣永以封



蔭爲公論公可得伯永韙亦有榮施公亦無不利焉且永輩近侍言無不中公其裁之公曰朝廷自有實錄與其結内侍受賞某寧無賞是時紀功給事中郗夔懼而死寧夏幾至再變賴以威信素孚又爲撫定而直白其功于朝疏内云臣不知他日紀郗夔之死者何人而今日握劉瑾之權者尚在近郗夔以死自誓而劉瑾則指永也公還上御門受提永果私其功而以伯爲公請公廷辭幾欲對上殿永乃出日寧不錄功恐與刑餘同封以貽後代之譏當時鎮巡已死矣遂菴公尚未至矣獨公一人在地方平定之績非公而誰止以閹怒盡掩沒而科臣又死紀功官獨公一人恥于表白尚書王兩洲公每云是舉無愧陽明之擒宸濠而機宜神速猶似過之諸載籍中叙寘鐇始末皆憑張當日報功之疏惟近日高京山洪猷錄中始云御史周東者聞變自延綏馳至榆林遣調時源楊英等云云諒公之心唯得宗社奠安已矣功之有無後世之知與否也奚計哉遂菴雖附張閹奪功之勞以自大然心實重公材識品量會有劇賊劉六等欲從九江窺留都議者以九江咽喉重地請添設兵備一員遂菴遂薦公陞江西按察司副



使兵備九江公抵任晨昏規畫號令一新賊望風而靡遂折回由六霍趨通泰劉六先時過新店掠公家惟古書兩架他無金幣撚石灰書空空二字于廳亦畏其清嚴而去時正德壬申也是年六月十一日公署中調度勞瘁過甚以疽發卒賊聞其卒七月自通州泝流至九江下南京往來江上者三潯陽之焚劫尤慘軍民之思公也益切公直節大器勳功載在於社稷孝友化於鄉閭其器識豪邁倜儻以古人自期待而天不永年施未得竟惜哉公生天順辛巳六月廿六日卒潯陽官舍歸葬潘家園下隰進安

福九江等處俱祀名宦嘉靖中公以子載貴進階中憲大夫公卒時宦囊如洗張孺人年僅二十歲三子皆劉恭人出孺人誓同恭人守節撫孤備歷艱辛先人遺衣及績紡所獲盡以教諸孤償一應官錢無吝也日夕處閨中督子課甚嚴非歲時伏臘偕諸母拜謁家廟足不一履中堂其淡泊堅貞母儀婦道卓爲世則賢矣哉



林邱名喬杕

某名殊循

## 觀察周鑑傳

前名

公諱鑑字孔明中永樂庚子鄉試正統乙丑會試第四名選授北道監察御史出按江西值賓興公總裁典試是榜得御史鍾忠愍尚書何椒都御史高明會元彭華鍾何高三公勳在社稷史垂不朽皆公簡拔古稱以人事君蓋無愧矣時有大學士陳某者子倚勢作威所爲多不法公不畏避按擬大辟還其强奪田廬子女若干一時稱快而陳切齒伺公無所得諷部遷雲南按察司副使終陳當國九年不遷公處之怡然所至汰蠹理枉仍開寶泉壩積水灌田多至數萬餘頃民至今受其利專祠祀之後以通考便道回籍水次遇風覆舟覆時風即頓息舟凝水面如閣公之其僕周濟緣木從旁出取斧破舟公倘端立神色不少變隨召驛吏謂曰某官滇九年餘俸僅三百金做衣數襲其一皮匣今已失之水中子其爲我求之驛吏姑諾聊取漁鉤於水中覆處尋之應手而得如探囊中當開驗如數衆驚以爲神抵京陞山東按察使即上章引退奉旨致仕進階嘉議大夫公先仕時僅攜一蒼頭以太孺人羅在堂留曾恭人奉養獨處幾十年尤人所難也公忠孝大節凛

然詩文博雅豪邁而吏治綜核不畏強禦精密振嚴蓋得之清心寡欲之助爲多家居與方伯王芳李公大叅應軫董公俱以碩德重望爲時所師法邑侯時建館於縣之右每有大政輒敦請諮議迄今有三老堂云公生洪武辛巳三月初七日卒成化十一月二十四日葬清素林配魯氏封恭人



縣令箴 見浦江縣志

毛鳳韶

列宿垂象郎實應之周官縣正則維其司百里之長古男之任承流宣化有社有民墨綬銅章宰制一邑生亡休戚惟其所繫繇漢以來率重是職清望者選非人者斥時賜召見問民苦疾能者久任不數更易增秩賜金以彰厥績若稽古制科目正途方以授之常祿之外有以養之統以牧伯糾以監司任以九載責以六事六事允修是曰稱職蠹政殃民國有常律如何弗思敗者隨至于是天子龥容上司薄視官日以卑民日以非政日以疵治日以微一授



是官交口怨惡或指爲火坑或名曰債貧嗚呼噫嘻親民之職志可必行澤可就施由邑登臺自昔有之令何負人而乃如是不覲古人作令或如冰之清或如衡之平或以鳴琴治或以弦歌聞或勸農省風或勵學宣教或築堤衛田或決渠灌稻或代民挽縴或更民登耗或禁人殺子或息訟以孝或便宜開倉或停茶閣詔於是乎百姓歌之或號神君或稱賢父或攀車拒輪或豐碑廟祀於是乎執宰揚之或稱百里之才或上三異之政或薦萃鄉之張或舉江東之尹於是乎天子顯之或稱百城之表或有千石之

擢或賜緋衣或封侯爵於是乎太史書之或傳循吏或紀艮平青史流芳百世如存若此等事寧不思之而乃甘爲俗吏之歸嗚呼噫嘻邑徧寰宇豈無賢智爲今之吏師古之道學校久廢思所興之田野不治思所闢之戸口日耗思所增之賦役歲殊思所均之詞訟蝟興思所簡之盜賊蜂起思所息之旣舉六事復集衆美農桑或惰何以勸之陂塘未利何以興之孤寡無告何以恤之死亡無歸何以安之荒歉不常何以備之刑獄冤濫何以清之武備廢弛何以講之祭祀或缺何以修之其有亂倫敗俗在所繩之



豪猾姦宄在所刑之害去於先利興於後政惟愷弟心惟忠厚保汝黎民時汝之休乃若不親民事不戢吏弊不恤百姓不顧公議或巧事上官或謷視下民或恃强凌弱或貪富羞貧或科罰取財或慘酷用刑如狠驅羊如虎負嵎搖我邦本時汝之尤一得一失善敗隨之天監不遠王法無私嗚呼噫嘻縣非卑微得人則崇失人則卑崇卑在人何以縣爲

## 元遺山中州集後序　　前名

聲音之道與政通固矣然以三百篇攷之成周治矣而夫子不無刪焉鄭衛亂矣而夫子或有取焉何哉則亦以天理之在人心不可變而人之賢不肖不可必故聖賢之所去取惟其人不惟其時惟其言不惟其人惟其意不惟其言中州樂府作於金人吳彥高輩雖當衰亂之極今味其辭意變而不移憫而不困婉而不迫達而不放正而不隨蓋古詩之餘響也是故儼山陸公有取焉亦孔子待鄭衛之意韶承命分校畢敬識淺語以俟公之教焉中州集

贈太府近溪入覲序　熊吉

舜典三載考績王制諸侯五年一來朝故虞廷咨牧命辟勑治可謂厚矣必繼之以黜陟之典周官計吏詔王受會可謂詳矣必重之以廢置之文鼓舞人才變通吏治二帝三王則已然矣我皇上壽考作人久道化成四十有四年乙丑羣后肆朝寧國太府近溪羅翁例入覲南陵儒學屬吏熊吉暨諸生受翁顧復之愛孚化之造敢無一言以授典者效罔極之私恩耶我翁之治寧也以正學迪士以鄉約化人以禮樂淑民心以孝弟與民行遊衍有所講習有



堂廡修有室率之以長老聯之以師儒將之以童冠讀聖訓尊君也致良知存心也序少長秩分也歌咏以養其性情鼓鐘以宣其志氣庖廩致餽大烹以養賢也觀聽圜橋同人以逮下也勞來匡直涵泳薰陶俾人自易其惡自至其中忽不知其入於聖賢之域矣或曰是教也非政也翁之治寧也如斯而已乎予曰嗟夫教者政之經也士者民之率也政教兩事而理一士民異名而心同傳有之凝士以教凝民以政教修而士成政平而民安然後可以爲民之父母詩曰愷悌君子遐不作人又曰愷悌君子民之父母是也御惟　皇祖首建太學於京師立郡縣學於天下里置塾以督教鄉置鐸以徇教村置鼓以會衆學置飲射以祟禮其諭中書省曰治國之要教化爲先教化之道學校爲本其諭御史臺曰教化行則閭閻可使爲君子教化廢雖中材或墜及小人大哉皇言其所以端治本隆化源衍國家靈長之祚與天地同其悠久矣我翁仰承德意洞識治體敦崇教化培養元氣只今一郡六邑吏治精明士風純一俗美化孚民安物阜至此而後知善教之入民深一於士者乃所以一於民也葢嘗論之以乾乾夕惕宅心



以蹇蹇匪躬事君以循循善誘育士以孳孳爲善導民惟翁有之夫考績者論民之瘼也述職者述己之職也翁之治行當爲天下第一由是入相天子以左右民將天下蒙至治之澤矣豈惟寧耶眞儒之功用可少也哉故曰有天德便可語王道

贈二府省川彭公陟南兵部副郎序　前　名

留都天下根本本兵國家重寄故守備宮府參贊機務其任爲最重其選爲最精也嘉靖四十有三年南京兵部職方司缺副郎大司馬克齋李翁以請於朝大冢宰養齋嚴翁慎揀庶僚得寧國二守省川彭公請補上俞之朝野咸嘖嘖以爲得人行有期南陵郜侯仰蘧於公爲屬有相臨之分有相期之雅祈一言以志别或曰皇上握乾建極久道化成文恬武熙内寧外謐雖桂海冰天日際月域罔不率俾可謂治安之極矣故凡豐亨豫大之時多諱言兵斯



時也斯任也其亦清而不要者奈何以公屬之予曰嗟乎安不忘危治不忘亂古聖王之所以保大圖艱成康之時號稱極治軍法寓於比閭簡閱重於蒐狩所以教民者未嘗一日忘兵也周公克詰戎兵之訓畢公張皇六師之言臣之所以告君者亦未嘗一日以兵爲諱也易曰澤上于地萃君子以除戎器戒不虞澤上于地水之聚也除戎器戒不虞兵之聚也水潰則竭兵銷則廢聚者有備而弗輕於用之謂也是故治忽安危之機凜乎其可畏哉然重每難任必如方叔元老而後克壯其猷一韓一范而後西賊破膽故擇之不可不精而蓄之不可不豫也我翁經緯之學精練之材休休有容之量蹇蹇匪躬之心其必能聚衆思廣忠益開誠心布公道折衝樽俎之間運籌帷幄之内晉久安長治之策也　聖天子之所簡在賢宰相之所慎揀益精擇而豫蓄之也嗟夫方泰切復隍之憂既濟謹衣袽之戒願公日惕厲焉以上不負君相下不負所學云

## 墓誌不可無說

前名

嘉靖初予創邑志姑丈萬南橋翁曰麻城本無志而子創爲之宜愼諸備而核辨而不誣斯可以傳信也予恪承之未幾又謂予曰近日岐亭有發陳季常塚者墓中聞有碣石已聞於官以發塚治罪予驚曰此有宋方山子高賢也與蘇東坡往來唱和甚夥坡集中所謂龍邱居士者碣必有銘誌必名筆必是足以重吾志然重治之必避罪諱跡投水火矣翁盍言於官詳其出誌石以贖罪庶所存者重



也官司以爲然果得之乃輕車都尉趙伋撰文宣義郎邵伯溫書丹伯溫康節先生子也遂備錄入邑志今方山子之墓乃歸然於杏花村者誌之力也隆慶初予自江南轉官西蜀時宦情已薄乃不役於家居與弟姪子孫日徜徉林泉撫時酬物以自適也話中有及邑東牛牽岡今爲上舍劉謙者置得之拓宅搆基後有古塚塚前有刻石曰劉謙之墓詳其與已姓名爵勳而上不然爽矣合二事觀誌之不可無也如此何今之治葬者徒修齋醮盛旛旌而獨略此不知送終垂遠在此不在彼也弗思甚矣鳥歷兩子姻家朱南溪始祖墓在西河爲溪水所圮南溪遷置河東壙中骨木盡爲塵燼惟漆紙如故內有朱書志磚云朱潮四生于七里岡汪王社八年五十二歲建文元年五月二十二日葬予取而觀之憮然嘆曰嗟夫此大奇事也予今行年八十有七始聞此年號乃見自墓中使墓不記誌不出天下後世誰則知之意造物者之不容祕也噫然則誌可無耶

明司空周友山公傳　曹肎昌

肎昌蓋觀夫扇功爐者沉機以紆播才載者秉德善下雖攖甚鯁適然理通非繇偷心委阿本厥守正而大服之道建者勝也以今觀內王父周司空行己樹猷詎不然哉昔者顯皇帝初年江陵擅政時救王諫議如翰庶常第五或告諫議曰君何以報相君諫議曰相君非私於如翰羅彛正之於李東陽庸非報耶方是時劉御史臺露章杖戍死梁冢宰夢龍則進平飲致功名二子皆江陵士激而隼飛馴而馬走顧不若周司空秉確潛以袁利見爲龍德而中



正也公養其剛大積於義理以折其心而奪之氣故雖以江陵決殺無以致難而反益敬且信之此豈隼馬之才哉維公亦曰江陵知我是非誣言也以肎昌後學操副墨例將表章先輩雖無所附絲羅如周司空卓絕其人者何能不播揚使宮鐘天下顧屬有孔云之私卽以肎昌孔云而非海峯天日爲衆所共瞻聚肎昌又安能阿之李翔序韓中郎碑郭亦猶是矣肎昌後公生凡數十年不及見猶及事公配李太淑人太淑人年幾九袠貌癯華琛毋儀峻整與公齊德常爲肎昌言司空燕居儼恪矩禮飭誡子弟儉約類馬顏勅禭殮必以布羞大賓不過五簋持孔門恕字張公藝忍字綱維其身化洽州黨河潤三族大類長者行爾亦孰知其立朝侃侃茂節著勳使國本克建柄臣斂容河堤利民肩功獻捷爲是盡閣豐碑所景崇者乎公非以儆車贏馬誤天下者諸太淑人所稱豈至若宏被鈞名肱被脫險李溫陵贊善品隲常擬公於布帛菽粟天下一離之則卽於飢寒而已今細腰保國政坐無公等耳公諱思敬字子禮號友山官終比少司徒稱大司空其贈官也公父封通議樂村公以布衣積行爲公卿間器重顧不肯曳



長裾華門茹苦毋鄭封太淑人事樂村公梁案冀耕鋤其瑟鼓凡娠公十有四月以嘉靖壬辰杪月二十九日舉公公骨相岐嶷襁褓間人詫爲俊物甫九齡而鄭太淑人捐館舍公孺泣不已既窆後天大雨雪忽失公所在有頃公還淚痕頰如綆廉問所如則不答通議往潛視窆所則積雪中匍匐伏跡歷碌然然後知公純孝不自表襮其至性然也年十一補邑弟子員屢試輒高等食餼藉藉著聲元配王淑人穚綦從公讀不幸甚卒[illegible]不得見王仲卿富貴時公心傷之時公雖食有[illegible]不一遊朱門邑

劉端簡人倫冰鑑奇公狀重公好修欲一敦孔禰歡而不之得致一日闔八文會所折節款款語人曰此君成就異日當出某右當時謂端簡過爲撝謙耳後公忤執政石壓笋斜摩霄濯濯視公履順奮庸爲尤棘以烈前言其蓍蔡也劉特延公西席劑水乳後聯秦晉遂爲奕世通好云歲甲子學使者吳公文華錄公科冠軍往時楚麟書八穀額六公是年爲經院道請盍得其題諭旨增一人今麟書增者額七緊公力焉吳漁畋三戸所最賞嘆爲京山李公維楨漢陽蕭公良有黃岡李公之用並公而四爾比秋公與



三公俱雋時擬吳公擇梟而禽爲善弋者乙丑下第盍復摩烏里素封有女旣許適矣薄其壻欲改適公公拒以大義俾得遂初盟一時稱公盛德李太淑人者與王太淑人初度同辰物公乃委禽後公以臣節楷天下太淑人以母儀楙一家俱不致亢悔叶福嬗貞詎非天建乎戊辰成進士丁封通議艱服闋起家營繕主事值歲沍寒穆宗賜百官貂萬舞華謁江陵京邸同官盡徽貂公珥貂徑入曰貂見天子獨靳面相君何也鳳儀烏羽中江陵爲魄竦時江陵邸中布席司屬八鶴立無敢坐一日同諸郎八議部務

立良久憊甚公晲所布席曰相公堂上茵虛設爲容耶抑肅賓從者江陵乃笑揖諸郎坐大將軍揖客顧卽相君堂上坐客也益江陵雖戴威矜勝猶名通不至不可以理惛義奪凡公於江陵小折而大調之使杰雄入吾馭非立異爲斬絕之行也是時頗就公咨時政首務公曰急爰立東宮江陵心迕公言及穆宗染狂疾躍起執江陵髯尋仆地而後知公蚤見讖盲有以洞日月之晦祲於瞻望所不及嗣後政府醫難卽必密檄公察決將遷公銓部後擬擢公諫垣而公愼審自處謂是薰灼我者他時頤氣我若之何



屬所私卻之乃量移尙寶丞維時江陵恚劉臺首彈必欲按子胥父律置臺死公紿語執金吾事者曰相公雅意憐臺屬某致公公宜仰體臺始得從輕典讁潯陽而江陵畏衆議無何也後知出公意召公讓之曰誰爲臺免死者曰某哉某不欲相公有殺諫官名貽後世口實爾江陵遂已心銜公不復議進用矣數設坎棘以窘公才而蔽之罪庶獄公無反唇世莫得爲公稱抑也往時江右自華林瑪瑙而後不承寇患武備積弛忽甯州賊盧倚桂李大欒嘯衆萬人出沒無忌至手礫兵使者江陵欲以是陷公乃移公

備兵常州公入謁謝曰談笑折衝郎[illegible]不敢方古人何遽至辱相公命至甯節軍實知本州守備鄧子龍心計可任郎與推赤祕授方畧甫數月而傳盧尚桂首京師告廟飲至江陵則口塞復更端難公曰欲生致桀魁耳首功安足多因檄公必獲李大藥公又密計子龍竟擒大藥四車詣闕下而江陵乃不敢詰責爲手書慰勞卒以心修舊隙不錄公軍功循平格遷公參議廣信耳時論冤之公治信政尚畫一刑期無刑日與同鄉內翰楊公時化集諸生講學乃令知公治兵刑原本道德守常御變無所幾微激盪於中



數履虎不咥亦因是與葢自江陵攬阿懼學士大夫口之矯制毀書院而公以淩太淑人阮哀家居復與耿恭簡司馬金玉切劘理學所遙聚辰則鄧定宇焦漪園諸公於時痾實藥籠也要不胥意爲迂儒亘知格致執貞律爲丈人比肩王文成哉公歸里時槖不盈五十金僅以襄淩太淑人措襚淩太淑人者公繼母也公附身附棺摯於所生視先風雨失踪時前後一孺子泣人豈意其狙馴權貴鼠捕巨憝獄獄者如此尋起陝西興安州參議州故苦水患公別爲措疏堵之費不損公帑一錢而築大堤屹然民田利以灌如蘇白明聖湖水蹟州民建祠祠公非公志也繇興安遷四川涪州副使復遷達州參政縈滯錦波江時郭子章與同參蜀藩締甚歡及郭受命督蜀學公輒與絕不通尺書郭事竣公復與蒸締如初郭問所以公曰吞義愛甚厚懼以竿牘累君耳郭乃益敬憚公會江陵事覆垣臣鄒公元標首先扶曦決電特疏公不附江陵狀得擢太僕少卿先是朝廷格參副不內晉京堂者垂數十年矣至是公創膺異數蜀父老入賀公不之信既閱邸報乃上章曰相臣實臣知己元標薦臣不附相臣以是得超遷是臣負知



己也旨下趣公北道而公肺腑語反似爲名高李龍湖讀公疏署其尾曰不負知己四字惟可與死江陵活溫陵道耳葢公以攖江陵致節聲膴仕微公與溫陵言郎今日孰爲諒公心者哉江陵實知公而懼公者挫而盡其才未嫌相厄也由太僕遷四夷館繇四夷館還北光祿公在光祿司上供上及后例用白本妃嬪用紅本時鄭戚晼籍襄陽以公同鄉屬公爲貰蒭用白本公厲色叱之鄭恚憤貝錦御前賴顯皇帝汪容不爲動於時主震未甯君臣否隔人心潰然公疏曰臣任光祿司飲食叱見玉食日減得非太

子及皇子事有勞聖慮乎臣宦秦蜀久見兩藩席景福溢於天子乃知天子至尊至勞藩王至樂陛下即甚愛福王何不貽福王以至樂而貽太子以至勞少紓聖慮即疏入顯皇帝嘉納之即擇日命太子出閣讀書而議封福邸京山李維楨本甯謂公此疏與李長源舒王之對異代同功厝宗社盤石亮哉言乎由光祿遷太常遷南大理繇南大理遷南少司空時大司空闕公攝部務修鳳陽皇陵工竣例得廕一子以前在光祿失鄭貴人意僅賚黃金五十賞不酬勞如其漳江蕩寇時也時辦內閣者趙公志皋公戊



辰同籍趙叔氏學仕先時乃南工曹賀本司金三千趙荄手書公意公以譜誼爲婉脫徙其菲胥人公竟奏學仕城且不少游荄平生事相君卒是物也繇南少司空遷北少司徒攝倉場務値倭國外臣關白叛數侵朝鮮朝鮮累請援朝廷累應之至是告急朝議復以三萬人遣公與大司馬石公星計曰即夷攻夷耳何較焉三萬人者忍其暴骨不歸乎公總樞機某綜糧務即堅持不可得無往廼抗章陳遣援不利狀情辭剴切蒙俞旨不赴救又自著朝鮮議布送巽已者一時咸相慴服謂公得中朝體不止使三萬

人蒙大刀之環也方是時公節聲才譽轟霆天下冢宰蔡公方將引公自代而公竟以北少司徒示微疾殯於官壁星掩鉎殄瘁邦國獨西陵失其典型乎異時以覃恩贈大司空故今狀稱司空云公歷朝三十年許祇是禔躬著能不屑近名故其行事不少概見其爲古人文章遠追周秦不拾唾漢以下及部議公督學江右而更力辭之知三寸不律爲不足報稱吾皇也公負人倫之鑑其塵埃中所特鑑拔爲池陽相君丁公紹軾故丁心德公臚公狀甚盡公孫世鎮宦留都攜以乞言巨碩燹火失去今鎮兒世甯復



從仰思俯懷中摭其一二大端授肖昌萎花之管蠡思婆竭何當涯涘然肖昌不敢誣稱以見薄於司空之靈爽也記肖昌年二十時外舅館之甥舍薄夜半客或言鬼神於舅爲昌言司空參蜀時道白帝郵有鬼物爲祟之官者戒不入司空起葳蕤入秉燭待鬼嘯風來露白面伏燭下若有所訴司空草一紙焚驅之祟遂絕翌日懼顯異祕不以語人巷獨語外舅云繇此觀之公至誠格神人和上下曾何九閽九埏之不通而柄臣巨寇之能阻乎建道勝而行無抵閡所固然也

## 代邑侯劉公課士錄序　前　名

麻城山谷靈怪志所稱虎頭白沙木陵大城高陰遠翠鬱然相望其間爲人文德功節學之廟祀典册風騷之才子碑撞烏起不之勝記宋史載張毅令麻植萬松而亭其中風雨龍攄怒鱗鼓鬣子瞻訪方山子岐橋望喬雲奇氣謂光黄間多異人今松摧亭圮岐橋一帶車馬風塵烏覩所謂鬱然紛藹者乎余下車色然詫慨然以悲及受讀諸士季試之文而後知張毅之植子瞻之稱盡收噏於諸生筆光墨餤中呼之或出未云逝也以余所聞於麻賢公鉅宗



比肩接武今觀諸士所杼柚逝者猶若可作抑他時諸子所現身耶金拱而玉稽則劉莊襄端簡之訏謨也孔思而周情則耿恭簡董揖齋之理學也端傳則少魯公之奏議耿介則元孚公之氣節方畧則文三公之籌邊諸策其鷥然存者擢鋒陷陣則車攻而俘浮莽鼓聲猶可聞乎强項歘竦護生塋捫蝨之概於今見之偶儻則鄒都憲元箸則李文卿古奥則景物燕京禹碑周鼓之筆綺約則西湖豔律妝花魄月之辭幻木陵而浮海之直若寳苺呼琛光彩翟燦波斯眼不五色瞇得乎余以海濱一日紺絃奥區巍

巍懼凉福不能有得而昔所後萬松亭梅花嶺又童突無所見至乃龍池照夜之珠光雁臺封墖之鎖骨封內靈巖秘洞復以俗吏旁午不克飛喬仙之舄而追太白大樓秋浦之興今諸士乃能以簷暑之隙振管而追余所欲見於蒼茫緬默之中遂使虎頭白沙之雄屹木陵松竹之苞茂大城宮闕之崇麗及諸先正形影精神出之毫端而煜煜轉矚余何幸也又奚必讀全志訊形方然後知山谷人文相予毋爲靈怪耶

石洞道人序　劉侗 邑人

兒時聞有石洞道人謂是揭來一羽士耳已乃知其爲里先輩也十年中稍見道人所爲詩及所畫山水深好之道人作詩畫俱無其法而有其致非業詩畫者所喻甲子歲得與道人孫習生者遊知道人始悉道人少落魄喜騎射後折節問學于天臺耿先生及卓吾長者至龍湖更相悅築精舍傍龍湖以居顧兩先生之學若水火不容以無爭其門下士噓之相誠無虛日道人歎曰與名宿遊如入深山大澤多蚖蟒虎狼不可以處遂棄舍舍石洞又棄其姓名謂石洞道人云道人有壯歲子因醉隳巉巖以殞兩孫方在襁道人時還家一視其孫每還則就客位家之人亦客事之道人好禪未嘗有所參究持誦以道人號未嘗一日行導引術燒丹鉛藥也始亦謂無其法有其致又非業二氏所喻耶今年蘄上金卜公過麻城願得謁道人侗與之偕見道人鬚髯如雪肌膚如童見人笑吃吃弗已欲有所叩不得竟日而去嗣是客有緣道人石洞詩刻之者侗止之曰非道人意也聞其事已竣始述所見聞于道人者以解之



李卓吾墓誌　前名

卓吾名贄字宏甫溫陵人以孝廉爲姚安太守中燠外冷強力任性爲守月政令清簡公座或與晃俱簿書之間時與參論又輙至伽藍判了公事人怪之踰年入雞足山閱藏不出御史劉維奇其人疏令致仕歸初善楚黃安耿子庸遂攜妻女客黃安曰吾老矣得一二友以永日吾樂之何必吾故鄉也性癖潔惡近婦女無子亦不置妾後妻女欲歸趣歸之稱流寓客斷髮是參求乘理剔膚見骨少有酬其機者人以爲罵又怪之子庸宛遂至麻城龍湖築芝佛院以居龍湖石址潭周遭至必以舟而河流沙淺外舟莫至以是隔遠緇素日獨與僧深有周司空思敬語然對之竟日讀書已復危坐不甚交語也其讀書也不以目使一人高誦傍聽之讀書外有三嗜掃地浴也日數人膺帚具湯不給焉鼻畏客氣但一交手即令遠坐一日搔髮自嫌蒸蒸作死人氣適見侍者薙遂去髮獨存鬚鬢禿而方巾先是論學不合者愈怪之以幻語聞當事逐之時劉左轄東星迎之武昌梅中丞國楨迎之雲中焦翰譔竑迎之秣陵皆暫往無何復歸麻城著藏書焚書又爲梅中丞

者著孫子叅同成先是有與中丞搆者幻語又聞當事又遂之至火其居於是馬侍御經綸迎之通州至與馬公讀易每卦千遍一年而九正易因成時欲老盤山會當道疏上指爲妖人逮詔獄尋得其實議發還籍矣曰我年七十六作客平生何歸爲遂以薙髮刀自刭馬公痛哭曰天乎先生妖人哉有官棄官有家棄家有髮棄髮其後一著書老學究其前一廉二千石也乃收葬之葬之通州北門外迎福寺側



## 梅樓八月十五夜記

王瓏

丙辰八月十五夜與二三友人坐馮子蘭飲齋月光東上銀漢如洗萬慮俱滅神氣爽然憶數年來非寂寥無與郎愁病相侵而月亦有晦明風雨之不齊求如此人與月兩勝而不可得也徘徊者久之於是徙居梅樓之左爲之豎野菱呼滿白酒數行有歌明月之什者有因其聲以和者亦有搔首而若問天者時澹烟繚繞竹影在地月色當空清光盈几固與向者蘭飲之况不同矣既而登樓明星寥寥月光千里雁宕龜峰森然可接余方有天際眞人之想



而樓之東忽雙管和鳴鏗鏘上下投余以逸韻余聞之蓋愀然矣主人下洗盞更酌是時萬籟已靜木葉皆香梧桐墜露月色西沉隱几而寐東方欲明余既喜是夕人與月之俱佳自蘭飲至梅樓其地屢遷其境屢勝其情與况亦屢得而無一俗人俗事以介乎其側入乎其胸而其意爲不可忘故記之

周太初集序　　李巍

水激石而成文風穿松而增韻適相感也過時焉而水石風松自若耳人之有身猶石與松然所遭之境殆水若風乎無端而有嘯歌吟咏則石之觸水松之披風其成文而增韻也亦莫知其所以然乎嘗謂人心之靈通乎天地故匠氏運斤而龍樓鳳閣不難計日以成工人操刀片碧而鏤江漢之圖桃核而鐫西湖之景大矣至矣莊測端倪迹而求之其貌樸如其言訥如其神望如而若有遺此無他志一思凝將反覆以求其心之所欲至惟恐其不能至耳



惟詩之道何獨不然古之人攜錦囊而嘔出心血啄夜色而至於斷腸證仙果而詠海天墮鬼趣而吟楓樹乃知性情所結何論死生仙鬼其致一也周君太初負奇氣少讀書善山水尤好吟詩性簡靜顧樂交天下士以是家益貧又閱世久不慣習爲儇薄益忽忽不樂一旦奉太夫人買山去離其故里嗟乎予交周子乃在十年以前恨知周子未深而廼買山以去周子真有心人哉周子居臨滄水門對金臺四時之景無不可愛暇時呼童穎杖山徑水澗窮幽極窅薄暮歸來必得佳句益周子十餘年來境與事遭奇幻百出而周子悠然有會於道能以慷慨磊落之遺發爲宛轉和平之調其功候所至無意求工自然入化是卽水之成文風之增韻有感斯通焉耳周子之詩外人少見知余有嗜痂之癖有作輒出示於余去冬造其新居作三晝夜談未嘗一字及詩月斜霜重猶擁寒爐刺刺不休兩人乃復鼓掌大笑自謂野客談天隨袖其全集許爲評閱作叙今春晤周子先以自叙示余沉鬱頓挫如聞漸離之筑雍門之琴音節感人而其抑然自下則又如匠之運斤工之琢玉有求其心之所必至惟恐其不至者也周子自



此遠矣世之讀其序與詩者卽余亦附名不朽云是序

同知楊王庭傳　　周邦璟

公諱王庭字自邑號中愚中式萬歷之乙酉初任德化未及期而父母之頌嘖嘖也先是江北地窪民苦淹溺公下車漲溢倍前長堤沖潰哀號遍滿惟就斃焉公乃破渲捍修壞堤立固而江澥遂賴以重蘇已剔奬興利邑號治平於是有楊公堤之名楊公祠之建也又時礦使憑陵公持正忤之俾所歷之七十二城禁其欲而不得肆以故疏題下報平調桃源前後兩邑淹滯共一十餘年逮權璫芟除公年既耄雖晉階有勅亦僅同知廣信攝守饒州而已兩



郡四年士民歡頌無何解紱休里不免一室蕭然惟務捐輸廣周恤雖耄耋而志未少懈其或不繼夫人紡績佐之且排解之殷宏及疎遜時有貧戶被豪右債讀者竟妻請爲妾公罄囊代贖其人後生子並成名是不獨保其家且昌其後也公孝思純篤常惓惓先人一日夢老人曰予本光軍困於赤口可爲之計還故園乎公覺測解知爲高祖本輝之宅兆不寧也遂卜地西陽鎮發紅石嘴塞還葬焉未幾又夢老人喜曰安其精誠之感召有如此公太翁諱民試庠生累贈公職公生嘉靖辛亥十二月二十日酉時卒天啟壬戌正月初九日寅時葬大勅嶺楊家院先祀遠陽名宦崇禎甲戌祀邑鄉賢宜人朱先公卒葬明家畈楊家園子一世泰庠生孫四長曾舉人次會歲貢三晉廪生四嵩庠生皆有遠大之望者人以爲善政懿行之報云

## 爲元進士何伯多先生勒墓碑文

李維烈

左邱好言夢後人嗤之爲其誕也東坡喜說鬼蓋明知其誕而樂聞其誕也顧事有似誕而實非誕者豈姑妄言之哉邑城北十里有寺泉石雜錯林木窅邃先君子顏曰一壑菴庚子爲鄉薦士之歲余避囂讀書其中癡僕拾枯以供館炊菴僧亦椎魯無文一日謂余曰君僕樵犯古塚矣法當致祭往時墓門傾圮犯輒病祭則愈吾師修砌其門後降乩自言何某元進士國亡不仕夫婦合葬子孫散失砌門之墓即其墓今日之寺即其故居址也嗟乎毋亦滄



桑物化華屋山邱之感勃鬱於中而姑顯靈以寓其不平耶翌日具脫粟村醪拜奠於墓亦後學尊先進之禮寧肯聽妖妄之說爲趨避計哉寺居山回而可以望村樹城郭長河遠岫惟先生墓道前爲勝此余嘗撚鬚覓句路也祭之晚步墓前崇兒相隨兒祝曰今秋若先生知爻得售非五百年來之奇遇乎先生果靈當示以異俄旋風從墓旁起捲池水有聲泠泠毛骨忽散去依然春釀花香時也余性喜夜讀書鐘落就寢窗外一朱衣人端立曰君何情之篤耶索余文即加黜竄極爲歎賞延之入室固辭出送之渡溪飄飄乎若以雲爲橋者余辭而還歌詩以別有回首秋風渡白雲之句朱衣隔雲叫曰佳哉但白字宜換耳晨鐘已動旭光到牎恍然一夢意者其即先生乎嗚呼僧之言誕耶胡示以風風亦誕耶胡示以夢黃蘆白晚碧草煙消羊公之淚今古同傷安知百歲千秋後雲翻雨覆磷磷之石不轉而頑涓涓之泉不變而濁所謂深窅幽邃之一壑不化而荒烟蔓草而况此碑乎此墓乎脫陳蹟相沿不絶於樵人牧豎之口曰是昔有墓後復有碑而羣叱以爲誕也亦豈謂其不然哉是科余仍不第姑立碑以誌顛末若



夫符驗顯晦之說蓋不足道云

選兵論　　國朝　魯之裕

余嘗從事於四方而見今督撫提鎮之選補兵目者輒竊長太息曰此承平忘戰之所爲也乎夫兵也者儲以備攻守戰陣之用者也非徒以壯督撫提鎮之觀而已也乃茲唯軀榦魁梧面字明晳手足輕颺者是擇其有進而衡其力之弱與強按其藝之優與劣者卽曰精選矣彼烏知夫魁梧者之不便於疾趨明晳者之多出於驕滑輕颺者之工巧於規避乎卽力強而藝優者倉皇之頃往往以驚懼而莫知其所措蓋余之閱於是也久矣然則選之將如何



曰兵貴膽不貴其皮肉也兵貴樸不貴其伶俐也兵貴福不貴其黠㬥也兵貴能勞能苦不貴其言語委婉步趨周折也何也膽壯則無畏乃可以臨敵性樸則守法守法乃可以訓戢相有福則其精神常足可以久用不衰雖有時不幸而置之死地而能轉敗以爲功兵能勞則奉命能苦則無怨言奉命無怨而後可以收臂指之效雖然是猶選以人者也不足以盡選兵之道蓋選兵莫善於選器必明於選器而選兵之道乃盡焉人之生也自二十以至四十者爲壯過此則血氣不能不衰矣就此壯者而論之其中長短大小弱強之不同勢不能齊而一之也故其用器也各有所宜焉得其宜而後用之無不利大約目睛灼而猿臂鶴立者宜弓箭身材短小精悍者宜籐牌滾刀其殺氣蘊結於中而有時勃發於面者宜腰刀手鎗至於排鎗大刀擋木撓鉤之用則必老成有力者任之苟少年健兒筋力未定而使習其藝則未幾而乏矣潰矣長大豐偉者而便習圓徑二尺之牌握短刀跪伏委曲伸縮進退於以出沒於鋒鏑之間其將能耶是故選兵要矣授之器而時以習之尤不可不精而辨之也知必於此乎精以辨之者而



後可與語練兵之道

治河淮策　前名

天下事莫難於治水尤莫難於治今日四瀆之河水而竊以爲難於得其人焉耳得其人則以水治水無難也　國家資河淮以濟運漕運不可一歲不通則河淮不可一歲不治而治漕運先治河治河必先治淮卽所謂以水治水之道也夫河淮古稱二瀆河水東過滎蕩浪蕩渠卽大禹所闢以通淮泗之路者河至是借淮以相爲疏理河淮之合從來舊矣厥後引河而南並借淮水入海之路以轉漕於是乎二瀆相會於清河縣東由雲梯關以入海是雲梯



關者二瀆入海之故道也前人深知夫河性以濁而緩緩則壅塞則潰淮性以清而急急則行行則安故築歸仁堤以捍黃水雎水使不得南射泗州攻高堰又能遏雎水瀏水併入黃河使急流而不壅復築高家堰周家橋翟家壩以束淮使涓滴俱出於清口以還河而歸海其蓄洩也又有方焉淮水大漲則漫壩而南鳳泗得以無水患淮水不漲則阻其南奔而清口之水有見力法至善也自康熙元年盱泗之民於古溝鎮南北及谷家橋盜決小渠者入淮水大半分於高寶諸湖河水亦卽蹑淮而注之河受二水而無所洩是以水之被清水之潭而清口之淮無力刷河河不能自循故道乃由天妃閘竄入運河運道之渠不能容黃河之水此安東所以被決運道所以被衝淮揚所以被沒而二瀆竟以安東爲尾閭矣安東新決之口其闊深不及雲梯之上欲二瀆於此安瀾而歸壑也得乎且夫周橋翟壩者蓋天然之減水壩也其土堅而身厚又低於高堰者二尺水畧大則漫之而過水大至二尺乃與高堰相平若更高於二尺斯漫堰以行是周橋翟壩毫無害於高堰而有助於高堰者也而淮北私鹽利開橋壩以通往來



揮多金造浮言日歸仁之堤不毀周家橋閘不開翟家壩口不決則商賈之南自瓜儀北自河南者咸必假道清江浦不免爲各關稽留豈若取道橋壩之直達爲便且白鹿邸家諸湖之隈原非民田也堤決水乾人得私種河防胥役又設稅周橋之閘每一私開貨船斂餽千金漁者亦奉以數十金奸民勾通淮關淮道暨由陽驛役每月爲之料理名日月錢飾爲開橋保堰之說夫自康熙元年以前遡自明萬歷以後周橋不開高堰曾閘衝決乎況水漫翟壩有二十五里之寬豈區區周橋數尺之閘一開之百遂能

洩之乎乃其借口者又曰漕船回南時值水涸可由此以放行夫漕船自古無經此之事祇緣周橋閘開奸民利之衙胥利之職司於此者尤利之故雖有三害弗之卹也三害者掛衙決漕堤一害也淹没七州縣民二害也淮水分而清口塞清口塞而河道淤三害也借口者則又從而爲之辭曰三閘額稅不足必取償於周橋不思周橋啟而重船放額稅之所以不足事今即於橋置私稅焉無論其蠹課漁商也即以其入者計之亦官三而衆七焉且安見其能足額耶周橋月開翟壩日決淮水分於諸湖湖常盈而



不涸是故不必桃花水發而漕堤日有潰敗之虞淮南七邑日有釜底之憂矣故今日而言治河治淮治漕之道不必別有奇術也但使清口之水仍其清堰仍其堰堤仍其堤壩仍其壩而已矣誠能於徐邳桃清沿河而下諸堤壩無有不固諸小口無有不塞不特黄淮合而清口濬清口濬而雲梯通而淮揚七邑不致以釜底受倒灌之災且堰内民田堰外湖坡無不現爲可畊之地上自虹泗下及田鹽興寶皆一變而成沃壤是以治河淮之功收治漕運之效活七邑之民其爲利於國計民生也不亦鉅哉乃不得其人而終年興無益之功既勞民矣又傷財焉既傷財矣又誤　國焉如是而曰河淮漕運難治也河淮漕運果難治乎哉

救荒議　前名

古云救荒無長策夫豈果無長策哉難於得其人焉耳得其人則未荒而彌之早矣甫荒而備之周矣即審荒而賑之也亦無不沾其實惠者矣然嘗見今之當局者必現在之官與在官之屬始仕之任之而輒不予以禮貌抑又無所勸懲也則人將何所畏愛而府庫之財不竊日出其精神才力以効於勞怨交叢之地哉故予竊謂隨時隨地皆有待用之人固不待於借才異時異地也惟是爲督撫監司者能精擇乎府州縣官之有真才實心者俾之主賑事



則其人必亦能精擇乎分賑之人無拘拘乎佐貳之員也雖學職可也即舉貢監生生員可也齊民而行誼素昭者亦可也如既得其人矣於是乎勉以大義焉待以殊禮焉俾其人鼓舞馳驅而不倦而監司復從而監察之臧有彰否有癉如是而分廠以任其事於救荒也何難雖然未荒之彌也弗早甫荒之備也弗周迫不幸而廹於荒而后有以賑之則審荒之術不可不亟講也蓋凡有司之賑荒者大都以報名之事責諸里胥夫里胥之婪者惟其親知賄賂之是求無論已即有一二畏法之人亦決不能按鄉而悉其荒口之數何也審荒之令一布則告者紛紛載途其眞僞何從而辨欲沿門訊之而千萬飢民是豈計日而可畢籍者議者曰以賑粥爲稽查一術也夫歲惟無大飢也歲而大饑則豈特窮民就食哉即豪家僮僕往往報名而闕支遠鄉富民亦且分丁以走領如是而食者不皆飢飢者或反無食矣賑粥固非術之善者也議者又曰以印票書民口數與按口應給之糧實貼諸兆民之戶而委員以核其僞者畀之一術也是亦暇則可行而荒迫無濟之術也然則荒卒不可審乎哉曰何不可審也是蓋有分民之



法在從來民富者有三曰上曰中曰始貧者亦有三曰薄曰常曰赤始富者勸分不行於其家薄貧者賑濟不施於其宅惟至於上富則使自擇其鄉之薄貧者而貸之銀中富則使自擇其鄉之常貧者而貸之種此非徒欲貸之銀種而已也蓋即於此寓審荒之道焉何也彼上富者以銀貸薄貧必逆計其能償者貸而上富之所不貸其爲常貧可知矣中富者以種貸常貧亦必計其能償者貸而中富之所不貸其爲赤貧可知矣是不必勞吾耳目而民舉爲吾耳目亦不必費吾心思而民心先爲吾盡矣夫然後委

分事者履鄉按戶而等其差以行吾賑也則賑者實而固無有曠時冒給之弊矣議者曰等貧民爲三善已流民將何居曰民而至於流也必其生之無他計者也是則與窮而無告者何異有賑以濟之而已矣尚何待於審之而後有以濟之耶等諸赤貧焉可也



烈婦周氏墓志銘　梁景陽

歲辛卯乾隆之三十六年也時余在京都官吏部郎接家書者屢矣是年秋蔡戚書來啟緘閱之則有爲烈婦周墓志銘之乞且謂余不慣諛墓故於余是乞氏無狀述寄公舉孝烈一呈即爲實錄余往常見紀傳忠孝節烈幾欽仰之贊歎之今於比里姻戚中聞此懿行雖不余乞應樂志之而焉辭也謹按周氏爲同里鄉處士周公邦傑次女周素有家範所字女皆賢淑氏自齠齡時幽閒貞靜締於同里儒士蔡懷遠公長子學栁爲配學栁弟學蘇者方一歲



而父懷遠公卒母吳孺人同里名門女撫兩孤以養以教以成立氏年二十二適於學栁以淑女作賢媛奉姑左右咸當姑意相內政不荒學栁文字業俾得以結納金蘭磋磨成器賢矣哉是婦也不料伉儷四載夫以疾逝氏即以死殉當是時堂上有孀姑氏豈不知戀戀顧念夫弟成人旨甘有託從一之義脯膳爲宜僞許姑以不死暗藏毒以殉夫藉非夙明節義意肯心安而能決絕於崇朝乎孟子曰舍生取義氏眞無愧彼黃鵠歌七年不雙飛若氏之不雙飛纔三日夜臺路殆欲追而比其翼於陽世乎族戚以

孝烈舉邑侯以入祠旌余於斯時若居禮部官當申嗚節
烈專摺請
旌況志其墓之徒以筆墨表彰而爲辭也學柳生乾隆乙
丑十月初六日卒乾隆三十六年辛卯歲五月初三日氏
生乾隆十一年丙寅歲卒乾隆三十六年辛卯歲五月初
六日氏無出立後有待卜是年八月朔一日午時合𦵏於
邱家畈之原實爲吉壤銘曰
節固難烈豈易慷慨從容同一義擬孝忠崇榮賜彤管揚
輝千秋瑞



## 戒溺女文

袁銑

世間有目不忍見耳不忍聞至毒至慘一事曰溺女此風惟都會無之鄉村多有無論士農工商無論貧富不溺女之家百中有數夫殺人者死罪無可逃其所殺之人未必爲至親至戚又未必無可殺之罪也特以殺非其人則必償命況母子血肉相聯初出胎時不見天日使無罪而遭戴盆之冤俗有父要子亡不得不亡之說以爲生之殺之其權在我不知此謂子有大惡送官處死非自殺也嬰兒何罪而可以自殺律載故殺子孫擬徒溺女照例是徒罪



也愚夫愚婦身犯重罪而不知並有明知而故犯者干天之和莫此爲甚推原其故天下豈有不愛女之父母忍於溺女亦必有不得已之情或曰嫁貲不足恐失體面與其後日使人笑不如今日自割肝腸此情不獨窮人有之富人亦然富人嫁女之費常百倍十倍於窮人多女便有破產之累故雖巨富亦溺女或曰衣食不足恐難存活與其長痛不如短痛或曰女有不肖恐敗家風與其多養躭心不如少養自在或曰女壻不好百樣折磨女家若貧一生繫累與其悔之於後不如忍之於前又有連生數女不見

生男婦年已長望子心切以爲無女吃乳易於受胎溺女或可速得子也種種情由下手出於本婦其情之所起不盡起於本婦或因丈夫而起丈夫見生男則喜見生女則當面有不悦之色背後有太息之聲婦窺其意無地自容即不致病亦再不敢養女此丈夫有心之過或丈夫本不欲溺女只懷胎後未曾以己意囑咐於其婦因事外出婦自爲之比歸則深自懊恨加以詈罵已無及矣此丈夫無心之過或因翁姑而起掙家業的人越老越認眞遇耗財之事無不詈罵見孫女太多恐其破家亦從而詈罵此公



姑有心之過其無心之過亦與丈夫略同或因伯叔而起某房女多耗費常要分家以爲口實或因妯娌而起婦女以生男爲命好以生女爲命醜某妯娌女多平時閒談有事口角嘲笑間或有之此皆情之所起述不盡述揆情度理一一解之爲嫁貲故而溺女嫁貲稱家有無裁之以禮何必過奢力果有餘自家骨肉淳財從厚也是至情力果無餘難道必要變產如嫁女要用漿米田者姑且不用只用押箱銀錢要用押箱銀錢者止用綢緞衣要用綢緞衣者止用布疋要用全幅家具者止用房中應需之件算來

富人嫁一女力能百倍於窮人者止用十倍則嫁十女也不吃虧力能十倍於窮人者止用二三倍則嫁五七女也不吃虧富人不開奢華風氣窮人即從減省亦不含羞我不索壻家重聘壻家豈責我以厚奩我做公姑見嫁貲極薄之媳進門格外待以體面則我女必學好樣不强與爺孃作難不明此理窮人學富人嫁女富人學窮人溺女怕失自家體面遂不顧女兒性命要留全力嫁蚤生之女遂下毒手殘後來之女苦樂懸絶以此思之詎不痛心爲衣食故而溺女飢寒起盜心害外人不可也飢寒起殺心害



兒女可乎自家存活難道多了這箇女兒自家少穿一件少吃一口多箇女兒其吃其穿看似受苦天倫至樂自在其中常見窮家小戶乞丐到門千聲叫苦没奈何隨飯隨粥也只得分他一椀半椀况是自家親生萬一必不能養活或與人作抱養女或與人作童養媳也放他一條生路或過荒年並無人肯要即攜女討飯也非醜事到得討飯雖無女也是討的又豈多了這箇女兒且命運亦有轉移窮時捨不得這口飯這件衣萬一富貴有時想起這箇女兒雖錦衣玉食叫他來分穿分吃天地也不應我以此思

之詎不痛心敗家風故而溺女待世外人也不可逆料其不肖安知此女異日必無緹縈之孝必無曹娥之貞亦在教之而已且敗禮之家豈獨女哉夫不能因此不娶妻子不能因此不娶婦父母獨因此殘其女耶以此思之詎不痛心爲壻家故而溺女世豈無老而無子及多子而貧生養死葬全賴女者哉又豈無因女壻貴顯受榮封者哉即所遭不幸亦只教之敬戒以事夫勤儉以持家安於命可矣女未必受辱於夫未必累及於我而先殺於我以此思之詎不痛心爲生子故而溺女仁者生育之根正惟望



兒越要愛女溺女之後又生女奈何又屢屢生女奈何又兒女都不生奈何又現存之女及再生之兒愛若掌珠忽有夭折更奈何且究僻相報曩聞有一胎産一女一男者洗其男而溺其女不久懷胎次年以産難死冥中想有打算即諸禍倖免溺一女換得一兒兒女皆我肉也抱着這塊肉想起死鬼那塊肉詎不痛心至於情之所起種種不一其過統歸於丈夫平日枕邊之教諄諄以溺女爲非使其妻耳熟明於大義又待女不太刻薄妻自樂從何至違拗本房女多於别房一切花費不宜錙銖比較枕邊閒話偶訴伯叔妯娌之不公丈夫從容勸諭無使生嫌何至氣忿即翁姑之命難逆在丈夫以身任之幾諫挽回亦自易易何至殺女以曲從其親殺女以從親不忍也又何忍殺女以傷其親故曰其過統歸於丈夫此外又有不關於丈夫者如溺遺腹之女是也因其無父無依而溺之情亦可憫然試思丈夫已沒見此女如見其夫孤兒不怕無依孤女竟不許活殘滅丈夫遺體新鬼故鬼同哭九泉更覺痛心總而論之溺女保家未必不生敗子多女耗財未必不添福祿溺女省煩未必不減壽算多女受累未必不益



康彊悖此者爲忍爲愚辯此者爲仁爲智或曰情理如此鄙人信之行之可也窮人則勢之所難也周全亦有法乎曰有是在善爲倡導之勸化之耳夫都會所以不溺女者有育嬰堂也育嬰堂豈遂能盡養都會子女哉有此堂以樹之風聲人人知女不可溺亦貧者送入此堂不貧者亦從而抱養育嬰堂所養者少所全者多蓋爲之倡以動其善心也今鄉村雖無育嬰堂之設各鄉紳耆亦似宜善爲之倡或先請官出示曉諭然後輾相傳説先勸其家次勸其族次勸其鄉一面使愚夫愚婦自發慈悲愛惜自家骨

內一面與本族本村畧殷實之家倡爲義舉各捐錢若干或添積祖費或於本村公放公收擇赤貧之家養一女幫錢些微以安其心安知養活之後必無好義之家抱養得去此外若有巨富之家好善樂施捐置義田義宅或付入本族之公祖或付入本村之公局遇本族本村赤貧子女幫錢與穀更可從重其功更大其事亦可永遠遵行巨富之家兼數十百家之産必是祖宗積德子孫才得如此子孫不積德連自家也溺女以爲一鄉之倡這根基便暗暗地壞了子孫若積德捐田數畝數石勸阻人家溺女也只



如氊上抽毫這根基越發培植得厚此皆倡捐以爲勸化之法也此事看似難行其實容易即如施茶修橋處處皆然茶田橋田茶屋橋屋亦多有之方便行人爲大陰騭況救活子女乎放生持齋鄉村亦有畜生尙不忍殺況子女乎親親而後仁民仁民而後愛物將愛惜行人愛惜畜生這良心照樣添設一法愛惜地方兒女豈不容易總之有錢則勸人以錢無錢則勸人以口化得一家不溺女則一族慕之化得一族不溺女則一鄉慕之此鄉如此各鄉聞風而起則一縣一州無溺女矣各州縣聞風而起則一省無溺女矣計一省一年之內不知存活幾百幾千性命天地好生昆蟲草木並育不害人能體天地好生之心和氣致祥其家必有餘慶文詞甚俚意欲嫗婦皆知不揣冒昧刊送同人附刻證據於後願四方明理有大力者逢人開導委曲周全則存活無算或亦救世之一道云

題祿米倉詞　前名

世間多少好事祇爲愛錢做不出世間多少不好事祇爲愛錢做得出見利忘義不可爲官並不可以爲吏倉庾邦賦出入之地關繫匪輕舞弊分肥與盜何異或曰官制人以義者也吏役爲身家計不得已耳試問贓污發覺身家何有卽不然而分爭百出得十亡九枉爲罪魁夫糞穢可洗染指不可洗蠍毒可醫焚身不可醫戒哉書思義二字於廳壁思其非而止之義也忘私急公之道也思其害而止之亦義也公私兩利之道也凡在倉者庶共勗焉



嘉慶己卯九月鐫藏

一曰用功　氣要靜要銳　心要虛要細

一曰知命　當得求人得不求人亦得　當失不求人失求人更失

一曰知恥　不求人得固得失亦得　求人失固失得更失

廣勸捐說　前名

南方水災自乾隆戊申後今歲更甚蓋五月內大雨時行所致也兩湖及三江皆然以天下大勢而論我

國朝漕糧省分盡付洪流湖北大勢而論平陽出財州縣都成澤國某五月在家親覩山水冲壓河堤田畝房屋石橋人畜棺木沙淤浪捲慘不忍述然易長易退尚無久淹之害及六月初來鄂一路舟穿樹杪莫辨江湖浮屍漂棺所在多有禾苗沉沒房屋傾頹有於水中敧斜屋内架木爲臺以棲者有於山麓高處搭蓆爲棚以居者其架木以棲者間遇狂風人隨屋去矣其搭棚以居者晴則上灼下蒸雨則上淋下濕一旬之間以飢餓死以癘疫死者無數此其所目及者也又各處晉省者傳說水災情形大勢相同或有搭棚之處不戒於火災外之災逃命者鮮其被災更重如監利沔陽漢川黃梅等處人多逃散其未散者或糴糠粃麥麩雜以樹皮草葉舂磨而食甚至賣妻鬻子以百文錢易一兒此其所傳聞者也當此時也生不能生死不遑死而迫之以不得不死嗚呼慘已極矣初被災時△各大吏捐廉賑䘏復勸紳商富戶助捐接濟動之以至情

加之以獎勵重則請議敘輕則予匾額此即周禮散利之
法臧文仲勸分之義也兩月以來惟漢陽所屬有漢口重
鎮商賈輻輳氣魄之厚甲於全省故勸捐之彌寫至四五
十萬省城內報富者五百餘家約寫五股之三數近四萬
亦可謂踴躍之至然竊聞議論不一勸者猶未盡捐捐者
猶未必盡如所勸其餘外府勸捐更難蓋重災之地富者
亦貧輕災之地富人米穀多已分散所有銀錢不願捐輸
無災之地幸免水災間被蟲食外來逃荒隨到隨給不能
盈千累萬捐入鄰境此勸捐所以難也然則飢者真無生



路矣且富人之所以能捐而不願捐能多捐而不願多捐
者亦必有說或曰此天意非人之所為也餓殍將誰怨焉
某竊思之天地萬物父母父母之於子欲其生不欲其死
天地之於萬物有好生必無好殺譬如父母有衆子偶怒
一子撻之流血且禁其食而褫其衣外雖盛怒心實惻然
徐而陰伺之衆子之中有私與以衣食者則父母暗暗自
喜以為善體吾志也嗣後鍾愛此子必異於他子以為足
當吾家大事也此非父母真情乎以人心測天心斷無差
謬由今日之災觀之一似天心忍於殺者豈造物真不仁
耶在人必有開罪於天之故而人不知也然開罪於天者
盡罹此災耶罹此災者盡開罪於天耶亦有幸有不幸耳
天道好生天道循環當此天怒不測之時慎勿坐視飢人
之死而漠然也或曰此
朝廷事官長事非吾儕分內事也某竊思之處事論事須
通觀古今時勢古者田盡歸公一夫所受不過百畝除仰
事俯畜常費之外間有徵發而馬牛車輦之數芻茭糗糧
之具又於此出焉故其時上農夫僅食九人一遇偏災勢
不得不請於上而公卿大夫亦各輸積聚以貸蓋因鄉里



無大富人故分多潤寡之事不能聽人之自為也三代以
後海內之田聽民買賣富者田連阡陌貧者家無立錐貧
愈多故富愈盛漢文帝時猶以百金為中人十家之產迨
於今有以一人而兼千家之產者矣有者千金之家即稱
巨富今自萬金至百萬皆有之不聞行均田之法以裁減
之也
國家深仁厚澤至優至渥賦稅之額倍輕於古每遇異災
之災疊下蠲緩之
詔凡厥富民苟深念祖宗以來同享太平無事之福者宜

數十年向日之蓄積皆
君餘也今日之捐輸
君賜也忠愛之良生於感激有不黽勉從公而僅爲一身
一家計者哉且當事者亦非盡責之紳商富戶而不爲籌
畫者也前者既已捐廉近又聞
奏請
勅發帑金五十萬以備賑貲其勤恤民隱之方亦詳且盡
矣無奈地大人衆惠難徧施現在秋糧無收春麥未必能
種計自六月初賑起至明年四月止一年之中飢與之食



寒與之衣以數十萬養一二縣之飢人尚不足也況數大
府乎若不遇此奇災勸捐之事又豈常有乎救災恤患上
下同憂此又分無可辭者也或曰不欲有其名也某竊思
之凡人陰人爲善必曰沽名故爲善者避此嫌疑然爲善
而好名較之爲善而不好名者固不及矣較之不好名而
不爲善與不好名而爲不善者不遠勝耶且所謂好名者
謂其有名而無實也今賑飢實能活人命捐錢實能克己
私是實也非名也縱令起念爲名而以救活人命之事受
官長之匾額膺
朝廷之議叙較之登科及第以文字取榮不更有實際耶
子弟束髮受書父兄師友皆以成名期之不畏人議讀書
爲沽名而使子弟廢學獨爲善而畏人議耶使富者盡以
救活人命而立名助成風俗之美即載之邑乘採之史官
播芳聲於千載可矣何必逃名而不樂輸也或曰不欲捐
其利也某竊思之富人起家多從貧苦勤儉而來富人保
家常以斂藏謹慎爲法若遇事耗財又何能富此非獨俗
情亦理勢之必然也獨是濟非常之變者必行破格之事
綿長久之澤者必施不報之恩百萬之家能捐十萬其餘



九十萬猶然爲富人十萬之家能捐一萬其餘九萬亦不
至爲貧人易曰積善之家必有餘慶書曰作善降之百祥
今也活億萬人之命而我與焉則億萬人之祝我亦與焉
億萬人之祝聲動於鬼神則因富而施安知不因施而益
富又安知不世世生賢子孫益光大門戶耶陸宣公疏云
散其小儲成其大儲捐其小寶固其大寶法家與治國一
也故吾願捐者舍小利而取大利或曰不欲其釀害也某
竊思之善門難開鄉閭梓里義舉恒多世族舊家方詡從
前捐項已有成例今一破格將來有事必以此欵爲詞[illegible]

其難繼且四方聞風飢人蜂湧無厭之求恐其難應此亦情也獨是後患何能預防義舉不宜錯過此等灾百數十年所未有例何能援卽令必援當吾身而援此例是終身爲富人矣當吾後而援此例是子孫爲富人矣長爲富人卽多捐庸何傷不必慮難繼也諺云家有金銀旁有戥秤又云遠竊必有近脚果然錢穀分散無餘近地之人衆口同辭遠方飢人何能强討不必慮難應正恐坐擁多貲道路以目將欲防患其患更深故吾願捐者受小害而遠大害或曰灾患太大難於措理雖捐恐無益也然以一人而



濟衆人則難以衆人而濟衆人則易今飢人一丁之糧大約每日多不過五十文捐百兩者可給二千人捐千兩者可給二萬人捐萬兩者可給二十萬人此二十萬人緩死一日不可謂捐萬兩者無益也且功德無大小賀相國云濟得一人是一人濟得一事是一事極而論之捐數串至數十串必有受益之人昔有赤貧人捐一文錢引動路人各捐數文救活一命者首倡之功也况所捐萬倍於此乎倘人人大爲解囊集腋成裘於大賑不爲無助譬如有一重器正惟難舉故須衆擎若人人束手將誰與舉之否盡心力何必諉爲鉅艱哉或曰首事中有不公不正之人恐衆不服也何謂不公與彼親厚者或上上戶而勸其捐少與彼疎闊者或不及上上戶而勸其捐多故已捐者不服何謂不正或私至首事家告以艱難託其少寫彼明知其詐而故爲徇情或私至首事之家許以酬謝託其少寫彼明知其非而動於貪念故未捐者皆不服人人不服故捐局難成某謂首事之不公其情或猶有可諒者人固有素行謹飭惟性慳於財雖至親密友平日遇事相商有同膠漆一旦有事勸以破財則如水投石必不能入安能强之



多捐又有素不相屬亦無豪俠之名及商以義舉慨然不辭其捐多竟出人意料之外此中形迹難盡怪首事者也至首事之不正其罪尚可逭哉旣已辦公卽不得徇私况因此射利少寫一串卽殺一飢人侵食一串又殺一飢人若侵食百串風聞於外則可捐十萬之地或僅能勸捐一半是一手殺五萬人矣殺人抵命陰律與陽律想必相同不識此人當如何抵償耶此種人地方何爲公舉之卽恐其陰行從横之計不得已而舉之及至勸事時上下其手衆百事何爲容隱之曲從之則亦非獨一人之過也雖然

樂輸者何必藉此爲口實哉此種人不過千中有一而踐肤之事亦屬或然何一首事之不公正者卽爲口實衆首事之公正者卽百勸不從也某以爲不必於捐輸之數計多少當於救人之數計多少且不於銀兩之物計多少當於陰騭之地計多少彼實能捐多而少捐者其救人必不能多僅能少捐而多捐者其救人必不至少譬如耕田籽種多則收穫必多各自布種以培心苗可也或曰保甲與書役因緣爲奸故衆不平也何謂因緣爲奸報戶口時離城近者與保甲有舊者小有使費者雖次貧亦註名於册



或虛報幾名以肥私橐離城遠者與保甲面生者毫無使費者雖極貧亦未必註名於册或註名於册而領賑時又措留官給之票不使得領一或叫號則任意打罵驅之遠走蓋保甲以書役爲腹心故敢於作弊以致飢人怨咨捐者解體此所以不平也夫書役保甲原非殷實平日損人利己伎倆如斯今奈何利已以殺人況所利不過蠅頭所殺難以枚舉此其罪更難逭矣然官法森嚴彼豈不知道路之傳聞豈可盡信在首事者隨時察看果有此弊卽禀於官以去其蠹不宜疎忽使捐項有漏巵而飢人向隅也

且此輩亦有人心獨不聞古有皂隸而成神者乎刑杖在手一片婆心千秋血食公門中好行方便正謂此也使公人皆奉公而畏法而樂輸者不以細人之故廢大義之舉則兩得之矣或曰飢人騷擾亦難受也何謂騷擾被灾中亦有刁民亦有匪徒官長下鄉查灾下廠散賑倚衆爲勢圍轎攔馬訴苦要吃或丈夫退後使婦女出頭喧嚷雜沓幾不知官長之尊又或向紳商富戶圍住門墻索取倉穀幾不知王法之嚴如此將何以處之余曰是飢人之愚也此其中未必無刁民未必無匪徒亦實有飢餓難忍一見



官長如窮則呼天疾痛則呼父母之情一望富家如挺而走險急何能擇之狀然官長王法豈可藐視試思大盜必問重辟彼豈必不出飢寒何以法不能赦今因飢而肆行如此將不死於飢必死於法豈有望人救命而無禮無法之理且使各處客商聞之裝米裝錢之船不敢來此地官長與紳商富戶愈難設法賑濟是飢人自速之死也在飢人宜安分而畏法在富人宜憐其飢餓難忍之情狀則兩得之矣凡此諸說情所必有解之勸之豈故爲不近情之語哉試倣孔子能近取譬之法設身以處易地而觀則飢

人之苦可知矣以我之高樓大厦取而譬諸飢人之木架蓆棚以我之粱肉醇醪取而譬諸飢人之樹皮草葉又以我之家人懽笑與飢人之老幼男婦漂泊無依凍餓疫癘晝夜嗚嗚兩兩對照則飢人苦況如在目前惻隱之心有不火然泉達者乎凡在賑局中人常常如此設想勸者盡善道之方捐者化慳吝之私散賑者無苟且之念是合衆善人開一大方便門使衆飢人起死回生於其中不亦快乎各賑各縣各賑各鄉若有餘力並波及重灾之外縣則全省之地處處皆方便之門於以仰副



上臺之意効

聖朝涓埃之助於天地好生之心庶黙契焉某智慮短淺捐輸力微口面春風自顧羞澁但自被灾以來父母之邦骨肉相聯每一念及食不下咽寢不安枕不揣鄙陋竊效鄒衍吹律暵寒谷有生黍時也凡百君子希共諒之至於隨地異宜相機設法官長主之局中自有老成諳練者非迂愚所能詳也

# 麻城縣志卷三十五

## 藝文第四

### 文牘本邑人詩

明董　樸詩十五首　董　紘詩六首

周思久詩六首　邱齊雲詩四首

李　寵詩二首　李長庚詩一首

鄧楚望詩三首　梅國楨詩三十八首

劉　諧詩一首　周宏禴詩一首

劉　侗詩四首　梅國樓詩四首



梅之煥詩二十一首　梅之熉詩九首

周之翹詩十一首　周之夫詩十八首

周世遴詩八首　邱　坦詩二首

周世建詩六首　曾鴻志詩六首

熊　吉詩五首　陳鴻樸詩五首

周世進詩八首　曹應昌詩二首

魯　晟詩二首　閔秀毛鈺龍詩一首

閔秀董少玉詩一首　閔秀梅　生詩一首

釋子道一詩一首

明

漫興　董樸

已斷塵中憂頻看鏡裏顏心同秋水靜身共暮雲閒謝客仍思客離山更愛山溪亭無一事坐看鳥飛還

憶同年盧伯炯黃門方與義

朝望鍾山雲暮望海門月月缺還復圓雲山沓且自如何彼美人不見已如春秋霜點華髮掛榻生紅塵天地闊如許行看振羈羽春風酒一壺連牀聽夜雨

次韻答何前府



萍跡半天下欣然見堯夫養心已無滓降才疑爾殊胸中有眞易眼底皆河圖我愧同袍者迂疎一腐儒

答客問

多謝長者言言遠意則殊往聖旣已遠後學誰起予所賴六籍存猶可窺皮膚朝夕一展玩心與堯舜俱涉水風濤險登山路崎嶇雖不爲世用夕死意亦舒命妻具美酒與君共躊躇歸去期再來勿以我爲迂

古意

我有一片玉來自崑崙山曾衒大街頭十去咸空還偶得燕山石礎作雙玉環見者爭相售償價靡所慳萬物有眞僞識者古今難嫦娥惟素姿粉黛多妖顏嘆彼蓑笠翁甘老菰蒲間

南陽閘下短歌呈同年盧伯炯

濟甯城中三日雨南陽閘下半篙水五尺輕舠去似飛去到徐州還少止西川故人盧先生三年飄泊居彭城萬事不管只飲酒醉來狂叫陶淵明先生本是江湖量何事清時久閑放詩人從古命多窮青天偶被浮雲障我來不知有酒無攜壺君可沿門沽逼宵莫惜一狂醉星星白髮俱



頭顱

觀白蓮花

一沼白蓮花清姿異凡質如何採蓮人採花不採實

送屯田張僉憲之任福建

同鄉且同官相愛自相親別我雲千里酌君酒數巡黃花香驛路紅樹麗江津屯戍防邊策殷勤輔聖明

易庵

笑傲白雲窩生涯一笠蓑引泉憑竹筧補屋借藤蘿溪畔漁同活林深鳥共歌孤舟閑柳底因得謝風波

奉次竹石主人九日教韻

江南風景好況復是重陽落葉山峯迥天空雁字長詩成人自喜酒熟菊偏香隨處堪爲樂何須問醉鄉

溪南舊莊

原是蒿萊地移家向北棲種松高過屋養鶴熟於鷄對面迎千岫纏身夾兩溪諸孫毓於此誰作鳳凰啼

閑居

投簪歸舊隱家近釣魚彎地僻塵蹤少林深鶴夢閒知心有流水得意是秋山檢點從前事多因可汗顔



題周孝子永思卷

纍纍三尺土耿耿百年心大夢隔生死浮雲變古今愁隨春草長哀逐野猿深朝夕空流淚遺容何處尋

遊陶君洞僧庵

鄉村多俗態景仰翠微間野鳥迎人唱秋花帶雨開披衿尋古刹勒馬數前山竟日同僧話徘徊懶出關

孟木寨逢初度

荒徼停驂處偶逢初度辰雪霜侵短鬢草木競先春萍梗金沙曲松楸楚水濱蠻酋獻牛酒聊以薦吾親

題黃岡問津書院立碑詩　董　紙

聖轍當年立此岑周流應見濟時心山川增價原從昔草木生香直到今坐石倚雲莎草歇硯池涵水墨花侵幾回經過回車處猶爲昭王感慨深

懷文潔太守　李文祥

江天落落久深寒獨卧山堂春色闌太守無妨山鬼笑逐臣宵惜釜魚乾雲霄路遠心徒壯今古才高用卻難謾道漢妃眞似玉也愁人向畫中看

洞庭阻風



北風何意阻南舟湖草青青動客愁天下山川臨此險古人憂樂未深謀波濤傾轉乾坤合烟樹微茫島嶼浮日暮江城重回首壯心眞愧子長游

登岳陽樓次西涯先生韻二首

萬家烟火擁孤城一上高樓百感生檻外雲山鰲足重坐中仙客羽衣輕凌空欲洒思鄉淚見日終含獻曝情往事悠悠東下水夜船燈火枕江聲

其二

飛樓縹緲瞰江城仙境清遊愧此生萬古乾坤雙鳥道百

年身世一毛輕近天敢必驚人語對景空餘育物情漫道
魚龍眞寂寞夜深猶聽管絃聲

過黃河

清秋一騎夕陽過南北悠悠此渡河地擁好山多怪石風
來淺水亦深波十年塵思青燈共千里鄉心白髮多自愧
不才應畎畝車旌終日欲如何

夏讌赤壁　邱齊雲

移尊五月大江亭柳外蟬聲不可聽雷雨驟飜波浪白峯
巒遙入酒杯青狂呼鷗鷺忘爲客醉倚蘼蕪轉畏醒不向



人間論二賦風塵何以慰沈冥

王伯固邀遊赤壁二首

百折城西路臨江赤壁分經時憂積雨一日破層雲柳色
望中盡漁歌醉裏聞磯頭無駭浪還欲攬斜曛

移尊尋往跡鼓棹破江烟感此浮雲事焉知赤壁年渚風
吹水立山月入窗懸一片淒凉色相看劇可憐

寄海剛峯中丞二首　周思久

海上有孤鳳翩翩戲清風所食惟琅玕所棲惟梧桐一鳴
九天震再鳴萬谷空延頸望浩蕩奮翮逼蒼穹四海任橫
絕百鳥安能從何時復來儀聖明此日逢

余本鄙樸士未諳理人方悶悶竊所學赫赫非其長剖竹
守南海自春歷秋霜鉛刀僅一割效狀竟茫茫款段人共
棄巴曲誰爲揚朱紱解奇甸黃冠歸故鄉返我芰荷服感
君金玉章安能班言宓差可比佯狂楚粵路修阻題書無
由將茲焉託郵使答報愧大方（方字兩押意義各別此類漢魏多有之）

遊玲瓏巖

江上逗風濤舍舟理輕策信宿登此巖疑與人間隔洞中
羅萬象竇徑光相射石髓不可啗丹竈烟遠赫惜哉深山



中淪湮此奇迹若非汗漫遊何能窮探索父老提壺漿童
冠侍几席去郡且三載人情無今昔我欲從赤松脫簪謝
朝客嘯傲隨所之籠禽何役役

臨高臺　代楚侗

臨高臺臺高在何許乃在蓬萊之巔閶風之圃金銀宮闕
勢崔嵬丹霞掩映不可覩上有青冥之長天下有魚龍出
沒萬里之海水臺上仙人者誰子方瞳綠髮朱顏玉齒雲
霓爲裳沆瀣爲餌鶴駕麟車紛後先鳳笙龍管流商羽仙
人乘之歷九垓下凌倒景開煙霧俯視五嶽如稊米茫茫

四海曾不足以當揮杯之滴酒羣鳥翔百獸舞又何有乎兢人肉之猰貐咆哮飛跳之彪虎勸仙人且進酒以赤松爲賓王喬爲友朝遊南溟暮歸北斗數聲長嘯天地寬眼前碌碌何足數

荒郊行

秋風蕭颯郊原行荒田蔓艸枯可爇曲突無薪甑生塵公吏索租叫怒嗔鞭撻狼藉施楊衎十家九家哭泣聲勒馬躊躇不忍聽手援天下吾不能日暮嘆息倚柴門

大參弟子教被讒過家以書帛見遺作此酬之



波臣東海談兵壯薇省南河轉餉頻豈謂蹇分京國玦翻令得食故鄉蓴書帙聊供衰病眼帛衣懶換薜蘿身聖朝恩重應憐汝未可栖栖魚水親

題貴藩僉憲李公夜雨對床二首　李寵

薇垣鉅老柏臺雄兩地愁開一笑中濤世勳名堪伯仲暮年歧路訝西東萍蹤乍合渾驚夢鄉事重論暫撫衷下榻對眠仍舊雨未應蕭瑟似蘇公

年來兩鬢各飛蓬暫喜征軺驛路通池草幾回春館夢燭花深坐夜堂紅官聯藩總酬濤望樂動塤箎愜素衷離別男兒亦常事莫因聽雨厭觀風

奉公出塞　李長庚

津門回首意如何報國虛愁肉食多鬢髮尚餘關外雪夢魂長逐海中波殘軀自顧驚生柳初服惟宜學製荷但得普天征戰息靜邀凉月到烟蘿

雨後再登赤壁　鄧楚望

蕭條積雨喜初晴出郭尋芳載酒行欹水桃花明赤壁和烟柳色上高城江山對客孤亭思風月懷人萬古情興劇酣歌歸路晚漁翁罷釣小舟横



過陽邏蓬萊寺江眺

雁聲嘹唳度江洲僧舍蕭然嘆滯留苦思吟邊飛落葉悲風起處見行舟愁心忽悟空王法久客真慚故國秋爲問奔濤何日返欲將心事語東流

齊安雨夜思歸

獻楚傷離過在陳不可留停雲生遠夢聽雨亂鄉愁芳草客中路春風江上樓無端羈旅思白髮對滄洲

送邱謙之守保甯　梅國楨

一夕凉風生吹斷都門柳送君不能別惆悵對尊酒記得

讀書城西邊我正垂髫君少年奇毛健翮俱神俊可以萬里同翩翩豈意風雲隔榆枋我爲斥鷃君鳳皇浮沉遠近隨所向一別千里永相望我來上書不得意君亦遠自潮陽至燕市同爲慷慨歌巴江又攬澄淸轡濃陰滿覆巴江路是君手種甘棠樹父老來看舊使君重聽兒童歌五袴人生事業須及時四十專城亦不遲功名到手好自愛子髮種種何能爲

七夕

去年七夕城西曲對酒聽歌猶未足今年七夕北窗前露冷螢稀黯自憐人生蹤跡未可料莫使尋常廢懽笑有酒欲飮須盡巵有花欲折須盈枝安知牛郎織女年年渡不有參差未遇時梧桐辭條蟋蟀入雕芙蓉爛熳零落秋池昨日看靑鬢今朝漸欲絲即今富貴亦已遲不如燒卻牀上書交結長安游俠兒朝馳駿馬暮擁妖姬妖姬能歌復能舞四面笙簫催羯鼓遲遲鏑作屏但能識面不識名垂鞭忽亂千花明數筋射麞莎草平弓弦拓作餓鴟聲鼻頭火出耳後風生饑食其肉渴飮血此樂能教萬事輕安能終日仡仡守筆研抑塞風流萬古情



白水草堂

我聞唐王之孫爾最賢眼雖未見心凜然讀書直欲破萬卷高論可以傾四筵草堂新開臨白水鴉州曉渚相連延簾幙沈沈散曉霧圖書漠漠飛秋烟酒徒詞客常滿座雕龍炙轂欲談天相如受簡不敢賦王孫祕思如湧泉擔簦便欲從此往其奈傾囊無一錢不然逕買隆中田與爾相期白水邊期白水歌叢桂曳長裾以終歲

匕首篇

趙生俠氣天下奇腰懸匕首光陸離自言無限不平事卻問梅生心憾誰丈夫奔走徧四海瞋目不語君自知且飮美酒啖彘肩解君匕首置我前飛鳥見之不敢度唯聞啾啾鬼母悲秋烟浮大白歃匕首我若負爾有如此酒仰面一擲浮雲空馬上割飛安足數便須南取倭北擊口功成不受印如斗人生當年不快意七尺之軀亦何有方今萬國奉至尊謝曰無勞閉玉門我亦不報讐我亦不報恩栖呑滄海芥納崑崙乾坤有盡此心獨存眼中之人亦已矣匕首唯爾可與論流傳無乃徐夫人我聞爾亦蒼龍精會將慷慨渡易水風雨蕭蕭日夜鳴惜哉於期首督亢圖舞

陽小兒誰與俱荆卿未講擊劍術燕市空然混酒徒何不左手把其袖右手揕其胸死報太子生得祖龍何物負劍能當爾鋒至今斗上精靈氣猶照秦關百二重

贈龍游徐丈 天民

浮雲捲盡燕山霧蟋蟀遶牀聲半苦滄洲蘋白秋色深更將短髮深秋路杖頭尚餘沽酒錢擊筑留君且莫還驪駒一聲聽未了嶺猿霜雁來尊前莫言相會能幾時人生所貴心相知莫言别後幾千里御溝亦接銀河水丈夫肝膽不可測抗手相看自歎息千古萬古還此身扶雲笑指遙



天色

送南子與 有序

余平生不喜開元以後語乃趙山人讀予歌行輒曰李賀李賀盎山人雅好此生故以相從與也予與山人處有年矣安可使人謂山人不知予言者今予識康南兩生實由山人故予於南生行戲倣李賀體送之以信山人繆許然非其所好終不能似也

驕春寶馬猩紅纓垂鞭路入千花明胡姬十歲解人意半捲紅綃彈錦箏春酒千鍾傾琥珀興來裼袒還登席腰間露出雙吳鉤手撚紫鬚蝟毛磔纖腰垂手蹵花茵翻然飛馬獵平津雲裏貫鵰不足喜赤手搏得雙麒麟康趙握手

鳳臺下復有南生知我者移山倒海我不辭捲盡銀河向君寫楊花三月最關人我自燕臺君向秦燕臺當日黄金色細雨年年草自春爲君楚歌復楚舞世上英雄元有主從來不測是風雲欲龍須龍虎須虎相逢已是百年期莫向尊前怨别離斗間若見虹霓氣知是梅生醉舞時

送胡文父歸匡山

春風忽送君離心照尊酒酒闌君去奈春何腸斷都門萬楊柳都門三月柳未青浮雲不動天冥冥問君别我復何適南指匡山開翠屏匡山此去四千里春潮隔斷潯陽城



鳥道斜縣萬樹間猿聲寒落千巖裏千巖萬樹已成秋君但歸兮君莫憂豈有雙眸炯如電如此骨相非公侯飲君酒繫君馬此别幾何莫易捨不信梅生短布袍御是人間有心者短袍踏遍長安道道傍四見生春草燕山酒家非舊徒青眼逢君苦不早莫言身命與時左我能知君君知我天生我輩豈徒然爲龍爲蛇無不可願君守其雌我知其雄毛骨雖異肝膽同丈夫一相許嘘氣成長虹可以紹四海接鴻濛補綴造化天無功君見即相知君歸能不悲遙知夜夜匡山上夢見都門離别時

贈李生

李生身長八尺彊明星化作雙瞳光自言學畫得妙理一旦乘風來帝傍朝回帝在南薰殿中使宣敎衣褐見殿中四面掛秋雲剡溪之藤鵞溪絹李生此時手不停筆端颯颯驅風霆左右錯愕至尊喜從此公侯眼倍青幾向人家見屏障虬鬚禿鬢森相向怒鶻翻鞲決紫雲駭騄出海排銀浪我昔住在三山巔酒酣笑拍洪厓肩只今小憩人間世不記來時路幾千披圖卻在三山裏意態丰神儼相似爲貌橋邊失履人黃石老翁赤松子



秋夜感懷四首

病骨寒先覺愁懷夢易驚山空家萬里月闕夜三更積雪搖燈影回風雜漏聲偶然思往事凄切不勝情

僕本甘吾拙羈身逗歲寒攬衣孤月在欹枕一燈殘白髮生何易青山到亦難貧來惟有劍不肯向人彈

客裏寒威重愁中夜色微雁聲霜共落鶴影月同飛雪壓半開菊風凋初授衣坐看無限意不是爲思歸

永夜愁難寐寒燈首重搔雪痕留破履霜氣戀綈袍混俗無新態開顏有濁醪此身何所用應是愧鉛刀

劉子大惠吳酒

滿貯吳江色開尊手自斟多君明月下慰我朔雲深半醉滅鄉夢停杯見客心依然狂態在不受二毛侵

同李文甫晚步阜城門

落日意有適一杯花下持燕泥思舊壘鶯語上新枝地僻逢人少林深到客遲醉眠俱莫惜青鬢欲絲絲

感懷十首 與康權趙嶶士南師仲

薄俗不可問吾將還舊廬誰知肝膽在但覺鬢毛疏野老徒爭席王門莫曳裾繇來彈鋏意不是嘆無魚



其二

故國花開後天涯柳放初可憐千里客不見八行書莫倚遭龍睡還須混狗屠當年班定遠投筆意何如

其三

久客拂青萍相看眼自明一從然諾後便覺死生輕細雨迷山苑浮雲擁帝京何來二三子差足慰平生

其四

誰信羈栖日還如行路難看花翻作恨對酒強爲歡隣舍無分燭兒童有逐丸何如山徑裏假褰竹皮冠

其五

一望江天色蘼蕪幾度新吟來終憶越裘敝莫干秦短髮愁中世浮踪夢裏身此生難自料 況眼前人

其六

歸去亦不惡關門愁合纔壯心空自賞骨相未應殊歲月淹詞客風塵泥酒徒不知鄽廟上曾有起江湖

其七

長安春色好一度一長嗟翻厭人間世休論夢裏花有身堪借客無地可爲家因憶蒙園吏吾生信有涯



其八

傲骨難諧俗人情已自知久居鄰里熟三逐故交疑搖落悲花片攀留倩柳絲升沈今莫問未及蓋棺時

其九

故國草萋萋王孫路欲迷花從他院發鳥過隔林啼待詔非金馬全神或木鷄老妻能共隱便與覓丹梯

其十

楊花風自急未比客愁多世事看如此吾生將若何別來疑白璧歸去愧青蘿莫是荆高侶相逢得和歌

簡徐文長

燕趙悲歌地千年今有君乾坤遺駿骨湖海自星文不鬻黃金賦還書白練裙小庭松杪月肯與坐宵分

送汪子建南歸攜家入京

霜菊猶堪採遲留君未還驚鴻醒旅夢疲馬怯秋山生事浮沉外羈愁去住間春風將愛子嬉笑入燕關

碧雲寺流泉

峭碧雲俱溼閒亭日自流乍來愁急雨久坐得高秋洗藥過僧院隨花落御溝平生濠濮想對此亦悠悠



歐楨伯過會心堂看所藏諸帖

不信幽棲地能迴長者車晚風疎徑竹細雨出園蔬自是憐同好非關得異書韓山猶有石與語定何如

雨中

故國青山色三年未得歸客愁將急雨並向楚雲飛密柳成疎翠新荷落故衣那能明鏡裏不與壯心違

送李山人還四首

聞說天涯路艱難不易行爾來零落盡何處訪柴荆戍斷荒烟合城孤野燒明去留俱不可相對淚縱橫

自爾來京國于今復幾年客裘何日敝鄉信得誰傳驛路
深秋色歸心急暮烟從今高卧穩況有買山錢
昔憶吾家弟秋風幾索居魂銷南去雁淚盡北來書世業
憑渠在人情似我疎行藏君盡見一爲訪茆廬
燕市同爲客君歸我未歸荒蕪松菊徑憔悴芰荷衣黃葉
愁中盡寒雲馬上飛春風憑寄語先長故山薇
夜飲化之王孫白雲樓
高樓青嶂擁寶鼎異香焚釃酒招黃鶴談詩坐白雲鈎簾
容月上刻燭記宵分父子稱詞伯何人得似君



送袁景從冊封周藩
詞臣銜詔下螭頭擁傳中原愜壯遊兔苑抽毫迎帝子馬
前負弩走諸侯雲連元嶽吟邊遶天隱黃河掌上流芸閣
回看霄漢裏周南雖好莫淹畱
送謝仲鋶還吳
御溝新水照樓臺送爾臨流一舉杯楊柳曉沾衣袂溼桃
花晴傍馬頭開風流江左原推謝市卒吳門舊姓梅爲問
洞庭垂釣處於今幾度長莓苔
秦祕書授王官歸

西風吹雁雁行疎誰信王門可曳裾燕市未須論駿骨秋
江原自足鱸魚逕當黃菊時攜酒家在青山好著書寂寞
釣磯湘水上卻因君去憶吾廬
寄邱謙之
幾經謫宦意如何我亦天涯阻笑歌但有緼袍償酒債絶
勝朱紱照鳴珂夢迴細雨青山遠門掩斜陽白髮多欲向
五湖垂釣去不知何處少風波
送黎惟敬歸嶺南
清朝一疏謝腰章祖帳遙連御苑傍不是青山須有主何



妨白首尚爲郎停車大庾梅應發載酒河橋柳正長莫唱
驪歌添别恨座中騷客已霑裳
秋夜朱秉器李襲美袁景從迺憂白見過得花字
城頭暝色欲棲鴉委巷驚看白鼻騧五夜聚星占太史一
時乘月到貧家庭前露冷疎槐葉座上香清落桂花不是
高情兼吏隱幾人談笑帶烟霞
同徐文長諸子長街一作靈濟宮夜坐得長字
六月燕山生晚涼移一作尊相移一作就漢法一作宮傍烟籠
一作禁樹迷烏鵲雲斂徽一作樓臺起鳳皇孤月似浮搖一作

仙掌動銀河不厭酒人狂朱門深處應相問那得歌聲夢裏長

平甯夏卽事懷魏尚書確庵時余亦請告矣

御甲投戈滿路傍家家門外跪焚香軍門忽下坑降令官市翻爲刼奪場計就平吳王濬老心酬返晉介推藏山中黃石休相笑已乞仙人辟穀方

自靈州回河西口號四首

賀蘭八月雪飛殘滿地氍毹夜不寒依舊歸來秋色裏摩挲長劍對愁看



秋淨黃河瀦不流隔河飛輓盡淹留忽聞健卒催船去明日中丞載酒遊

鴛鴦相並浴菰蒲宿雁將飛也自呼不省鴟梟緣底事只將腐鼠嚇鵷雛

爲欲酬恩不顧身眼看白髮鏡中新不知自把年華悞卻恠年華解悞人

邱謙之園亭

小苑斜連驛道旁酒旗歌吹遶重陽科頭盡日無迎送醉踏飛花溪水長

邱謙之逗雲湖

平楚烟銷片日孤畫船簫鼓出菰蒲君家自有千秋鑑不問君王覓鏡湖

湖中春望　劉諧

峭寒初放草痕齊依約來時路不迷月落曉雲猶繞岫泉飛春雨欲平堤鶯簧帶笑憐新製雁字含嗔擲舊題誰解暗魂消未得年年多在裏湖西

乙酉貶代州壬辰貶澄海俱旅宿高碑店　周宏禴

風塵何處問啣盃南海浮槎更可哀古道垂楊應笑客逐臣何事又重來 詩見朱竹垞明詩綜



賽社祠　劉侗

春社典春衣秋社饜粱肉婦子且莫嘻塲熟麇不熟遼陽方告警農助官家穀遼租十增三官租三增六里胥登門催斛斗量一斛益以雀鼠耗完數恆不足賽社報年豐社神聽我祝但願邊患平强於倉儲蓄神保太息言遼平爾何福粻隨遼餉加不隨遼餉復播州幾月兵至今農敢哭

久遊復至鄂得家信將別黃宗之

出門未暑秋仍滯十度曾登送別舟久客畏聞家有信逢人但道邑無收衣粮不恥因艮友僮僕多言怨漫遊夜夜酒同鄉夢醒舍邊雞與渚邊鷗 同上見朱竹垞明詩綜

慰梅信天

山行頻載酒頗亦念陰晴竹隝石堪拜梅莊松有盟閒心評野史醉語狎儒生得遂忘機否樵人漸不驚

過周子竹莊

長年官道輪蹄側結得林園向此藏歲儉不妨收橡栗客來偶爾著冠裳竹光太邃苔升屋花緒無端蔓過牆門外



況臨沙十里暮應疑月曉疑霜

擬古 梅國楼

萬物各依時而我獨罔托默默如有懷心隨事繹絡衝風水橫波寒影歸餘燏將以望所思芳洲采杜若杜若有淺深所思無厚薄采之遺中流願及伊與洛美人殊未還草木恐零落何以卜佳期邀夢訂高閣

題李長吉傳後

隴西王孫哭秋風牛蛇弔詭花幽濛破囊閃錦香烟滿抽毫一嘔元氣空通眉長爪吟無力古篆班離照顏色緋衣使者何處來君有奇文存不得寶車隱霧咿啞起仙嫒垂珮芳蘭美天上高高且乏才人間那得容詩鬼奧筆深閟不盡露神工故假涸中慗碧落千年自渺茫無人更踏玉樓路

次游侍御韻送楚南遊楚

世界三千說楚豪天風八駿驌驦袍如來大地來初地莖草金身萬丈高

和張完樸老公祖韻爲贈楚南契丈

偶揮班斧斲天工萬古形神指顧中夢裏翩躚驚獨鶴個中消息憶冥鴻乾坤老大璇璣洩日月浮沈紫氣通謾說



龍眠稱國手烟霞物色幾爭雄

從軍行三首 梅之煥

釋褐備侍從擐甲儔行伍雖然貴賤殊臣分無擇取丈夫竭心力隨在報明主明主恐不知臣今苟弓弩雁且去上林臣冤曷敢吐

杖亦聖主恩殺亦聖主恩不殺復不杖遣戍何足論行行當出塞爲主瞭烟墩心惻烏鳶啼腸斷冏圄魂古戍黃雲深有聲不敢吞

書馬紫燕老安能馱且騎荆婦病十年何處買䡴妻二者一莫備必有棒殺威養士三百年一旦賤土泥覆盆日不照長夜黑淒淒

秋思寄巷中故人

寒垣秋草又黃昏定遠何年度玉門頻送飛鴻應有夢不慙怨鶴亦銷魂白沙鋪月橫塘路紅葉搖霜老樹村念是年時攜酒處莫教秋雨繡苔痕

寄贈楊大洪年兄

謫來香案吏忽現宰官身淚出眞何事吾生合有隣祇應



持素服遮莫任緇塵岐路由來逼乾坤今未貧暫從仙尉隱久別草元人一雁雲中隔雙鳧日下親行行承湛露去去及陽春何用羈金馬終須返石隣昔年攜手地遲爾對華茵

鐃歌二首贈楊總戎

嘉谿之捷首功止二十有七生俘者六百右賢王綽木素在焉時爲崇禎己巳二月初三日

天山雪滿見春回柳絲東風漢將臺刁斗不鳴絃管沸胡兒羅拜令公來

是會昨日抗顔行掩面盧都跪馬旁不爲希貪五大捷只圖捉得右賢王

秦川行

蝸角紛紛幾戰場西風殘照古斜陽仇池剩有秦時月一抹青山靜裏長

寄蘇潛夫侍御

晴沙漠漠草茸茸寒食花枝故故紅忽憶十年馳馬處杏花店外綠楊風

飲酒

湖海元龍百尺樓憑凌獨領萬山秋到來間卻雙空眼斜



倚危欄數白鷗

送道一禪師之武夷

水縈羅帶月鋪銀松奏笙簧草疊茵笑向峯頭詢玉女前身可是散花人

春日

兩兩三三兒女家滿頭倒插錫蘭花不知結伴緣何意手挽垂楊唱採茶

秋日山居四首

秋風何時來吹我庭前樹樹樹冷如秋莫放秋歸去
脆葉散丹花澄溪拖白練秋事自古今悲歡各變幻
空山幽獨心秋冷無窮碧忽動桂花枝山風吹月出
山中歸去來酒白荳花紫遠岫碧澄澄影落磁甌裏

齋居二首

藹藹數桐陰密遮山亭瓦桐葉亭下黃桐子瓦上打
修竹搖青玉風定倘琅琅題竹眞淸客毋勞鎸二王

重九遊石城還聚星館

石城遊未愜復此盡萸觴小竹輕陰窄孤桐靜影長何須



風落帽一任露霑裳漸漸低弦月娟娟過女牆

過問津河

每過問津處無愁魂自消門閒蟬語寂路古馬塵囂細雨
昏殘碣輕烟罨斷橋耦耕人咫尺來往慰蕭條

入城　梅之熉

晨興百憂集戚戚還入城敗稻委荒田到處語喧爭萬戶
久絕粒正當粟米征追逋遍村野役雜無定程不聞人咨
嘆但見吏崢嶸老弱不堪策獨驅少壯行少壯復何措舉
目轉伶俜隻身供上法法重命自輕公堂慘秋日未入魂
已驚催科殊殿最甯分歉與贏高樓起北風時吹敲撲聲
敢嗔官長責惟怨父母生國稅亦有限下民亦有情寄語
農家子勿復事躬耕

題吳次尾園林

十畝河邊宅琅玕萬個青林陰穿小徑峯影墮孤亭濯月
石泉冷掀簾花雨馨主人無外事盡日寫黃庭
種樹成嘉遯悠然濠濮間眾山來窈窕一水媚嬋娟歲月
花編譜陰晴酒紀年近冬時更好沙鳥覆蒼煙
老柳遮天綠新桐立地深林光分異色鳥語各殊音踏葉



人孤往看霜客共尋此中眞避世高坐聽浮沈
君素習先隱門開石洞霜瘦藤支老骨嫩篠遍新香苔跡
無人滿松聲獨夜涼輞川時一望宛在水中央

戲效王伯穀體

一曲溪流舊板橋浣紗人隔暮烟遙徒歌零落傷金鈿莫
造相思費玉簫螺黛忽隨山色遠胭脂應付雨痕消小桃
花作經年別誰折章臺柳萬條

再篇在明

萬家烟靜冷朝炊黑氣氤氳暮色低羽檄日馳聲自壯徵

求法外骨難支未知持鉢沿門處空擬穿囊出峽時天地
蕭條時一望北風吹動火雲垂

秋日山中

木末霜高葉漸黃栗林疏影病成行短衣日暮隨麋鹿古
洞雲陰卧虎狼烟起遙知林落聚風吹忽送梵音凉此身
消受秋多少不爲攤書歲一床

奉和張老公祖附楚南達之

持將玉斧補天工雲夢蒼茫烟霧中造士登臺無異駿勞
民集澤有歸鴻如來金粟身應是天姥青蓮夢可通點綴
漫誇閣立本楚風原讓使君雄



喜盛叔燕過訪　周之甦

寂寂閒心鎖綠苔雪消氷解自徘徊愁人正似井中坐好
客忽從天上來纔欲談心無半句未曾把酒定三杯明朝
君向東城去悶倚閒階看野梅

和朱瞻御邀飲陳太素東園韻

避暑同人到草堂解衣盤礴咏滄浪棋聲閒聽石牀落花
蘂微聞水國香馥馥幽蘭飄意氣嚶嚶好鳥弄文章共來
百粤東園客遮莫忘歸趁晚凉

日暮登雨花臺

日下長干暮悤悤一上臺雨花何處是荒草襯莓苔

遊雨花臺松風閣遇雨

踏遍雨花臺松風第一隈脫巾將挂壁山雨又來催

仲冬同郁寰文甫載酒登石磯遇雨

纔到江邊醉石磯怪來山雨點征衣蕭蕭落木寒流細人
在天涯怨未歸

雨中過醉翁故道

萬山環翠影濛濛遙望孤亭憶醉翁正擬登臨尋舊勝霏
霏細雨又斜風



寄王景六

論心把酒十年餘落落晨星各自疎君去祗今湘水上經
年不得一行書

五羊城初度有感

去年此日病中身今歲栖栖瘴海濱三十九年初度日四
千餘里未歸人

甲子訪鄭王大生

不到園林又幾年竹深松老草芊綿就中有箇忘機客醒

卽擁書醉卽眠

贈石心上人

烏道石峻嶒峯孤一定僧簷低千嶂月榻明半龕燈招隱開新徑登山附古藤爲貪瀑布水不畏亂雲層

和三章老師重來山房韻

煩師三度至不審是何緣雲液香飛雨松腴飽泛烟座無塵俗氣人盡竹林賢願得年年到狂歌索醉眠

擬古十章錄五　周之夫

今夕高宴會劇飲良夜殘起坐視庭際寒風搖叢蘭明月



何皎皎蟋蟀鳴牀間念我平時友奮翮青雲嶺蜩鸎决枋榆九萬鵬孤騫地卑詎接天水下難附山一貴復一賤變變甯能宜勗子以管鮑寸心金石堅

狂風吹青萍遙遙天一涯自非形與影歡會能不移與君爲婚姻新荷冒華池意如藕絲長苦心含所宜君欲策高足慷慨辭恩私去去日以遠中間參辰離逝水無還波忘憶西流時所願迴末光葵藿微靡遺

朔風吹長林音響亦何悲思婦當此夕支頤慘不怡鳴蛩聒孤枕素月照空閨羅襦日以緩朱鉛誰爲施君心多凄絕妾容滅清輝同心結猶在良會當終諧青春重自持白首期同歸南山有孤松歲暮仍光輝

秋風夕鳴悲孤鴻起遙林繁霜隕百草歲華苑以沉佳人阻音容貌隔不可親君如西方辰妾如東方參秦馬不邇越越舟豈遊秦搗衣將遠寄中宵急淸砧藉此風飇發飄送空外音音旣入君耳序亦傷君心妾顏今已老珍重千金身

辛酉邊警七章錄二

皇帝元年春臣從西陵至蓬蒿趨聖明淸睟贍圭器河淸



表休徵御極霽陰薇上帝仁愛隆備爲天子媢克生羅周楨庶人良不議敵兵智河勇投轅有疆吏誅坑過長平臨軒發長喟

潒窒憂空深戈矛起閫外一國誰適從吹萬各成籟辨士守若瓶謀亦索其免無論哲與愚咸言憂方大鶴唳甫相聞丈人化狼狽百計爭馳驅先入關者資馬恨不如龍身愧非蟬蛻絕倒有英雄流民圖可繪廣甯祖宗疆春風長蕭藾幸保元衡顱勿談平淮蔡張袁崔何殉視此孰蘭艾

象房草場

十羊眞九牧我輩草爲司拾芥民膏在投芻職守宜車次
宜室烈獸舞漢官儀倘有纖毫力餐方不素而

王肖九之萊州

東方會皂蓋千騎更嚴城日映騂驪色風高鼓角聲雲霞
生海市烽火暗行營尊俎饒韜畧無煩更請纓

黃無疆入燕

弱冠壯遊者風流劇可傳過秦成賈論入洛是機年去咏
西山雪行瞻北斗懸正逢郎署暇新沐主恩偏
里閈軺車發輕裘信遠游家園銀燭夕驛路素秋大地



做平野黃河澌濁流到來仍礪石雄辯總如鄒

春日留滯京邸次袁中郎集中韻

瘦削伶仃似老杉空囊何物侑朝餔許時需次羞冠笏併
日啼飢典袴衫漫見封章愁轉石幾曾胥靡夢商巖世情
時事看如此可令鶩騶受轡啣

舊經畧熊廷弼死西市

再敗難將子玉憐棄街偏代鄧支縣屬鏤何憾繇明主黃
石曾傳負圯偃羊祜本無酖陸事稽康空有愧孫篇莫言
未了英雄願天上雷霆到九邊

施兵道移鎭麻城次若臨姪韻二首之一

如雲戰鷁萬艘飛乍向山城百雉依九道儲胥輸地軸十
行艸檄播天威射生野外鳴金鏑汗血行間盡玉璣怪得
寇萑心膽碎謝元今已到淮淝

淮浦棄官忽承門人王以華遠訪賦此贈別

屐齒何曾出永嘉閒關此日到侯芭康成喜再依融帳安
道能來訪戴樣野性自甘游鹿豕故人不必歎龍蛇幾時
桃李春官信飛報青山隱士衙

乙亥九日垣兒萬庄芙蓉盛開飲花下得花字



重九芙蓉盡著花看花聯騎度溪沙長堤總作芳華靚（一本作觀）
秋水深涵艷影斜金埒豪應嗤武子桃源老更憶仙家
舉杯正待邀明月報道山城起暮笳
對爾芙蕖灼灼花劃然長嘯忽長嗟西山寇盜有如此南
國誅求何太奢病老稱詩無儁韻時危痛飲是生涯悼亡
即擬名山隱滿地干戈未棄家

寄懷段涵素

千秋俠氣魯朱家筆底江淹五色花裘馬中原看負鼎雲
龍計日見籠紗東門草映征衫綠漢殿風飄錦字斜瓢衲

山中君憶否機鋒猶待直蓬麻

春日壺隱亭

誰令循牆小築開泠曹長日獨徘徊當門羅雀稀題鳳野戌無花莫探梅春色漸深猶朔氣胡笳常咽傍烽臺縱誇庾賦江關滿蕭瑟如今亦可哀

送劉同人　周世遴

前日十里外訪君寒雨時堂上花爲茵門外槿爲籬溫然謝揖拜但問寒與饑未飲已自醉十觴猶不辭此意何足道至今縈我思



皮冠竟何物癡人疑許由從來不相知宛若山與邱感此發深省呼牛輒應牛人情有妍醜牛性無恩讎萬一有恩讐豈可從君游

感賦

下里有高士奮身從聖賢學古良有獲逢人殊不妍萬卷未爲博一貧眞可傳端居恥流俗靜念滌腥羶矯國乃緒餘惜無當路權誰食廟堂肉斯人見棄捐我欲依時樣鮮華度少年

送人蜀者

意氣原嘗公子間忽傳裘馬度西關楚天蜀道三千里暮雨朝雲十二山春去路傍花寂寂風來江上水潺潺長征莫說繁華事少婦圭中淚欲潸

秋日訪子雲兼和其臥吟之韻

相思千里買孤舟欲訴尊前萬斛愁公子如今不好士古人何必盡封侯倩充行李風烟色代寫詩情寂歷秋借問聰明誰得似依然無計爲貧謀

述懷

惆悵空餘覺後單星軺依舊向長安月如有恨收殘影雞



自無情送曉寒春思欲從何處訴梅花不似舊時看聰明誰復能相困只學吹簫第一難

梅惠連雨中邀集同社兄弟限韻即席作

共醉吳儂雀嘴茶蕭郎樓上謫仙家雨中月逕雲猶暗花裏春深寒又加玉洞畫梁頻集燕晚山殘樹亂棲鴉招來兄弟陪尊酒費盡風雲供齒牙

鄂城遇蘇州談節父以詩別之

君去誰相念扁舟江上懸姓名湖海內肝膽弟兄前別路幾千里離情第四弦陽關新有曲無酒亦流連

遊春　邱坦

晴日登臨好春風各望家垂楊夾城路客思逐楊花

步雲巖山徑

間賞步易遠野吟聲自高路無人到跡林有鶴遺毛物外趣都別塵中心枉勞沿溪收墮果坐石笑饑猱

初夏寄公裳弟　周世建

自我入深山六度看春花荒茆種作竹亂石疊爲家豈不勞形軀愛此靜無譁泉聲雨後肥深樹凊晝佳耳[illegible]月超曠夢想絕紛拏悠悠道者心所得在烟霞



丈夫志四海出世豈徒然所貴在聞道甯復辭艱難日月如流水逝者何由還浮沉波浪中能免世網牽孔顏有眞樂賢者審其端君看百年後榮達竟誰傳

臘日夜集限韻

當筵莫謾歌山枉伎倆逢人揶鬼魄記得秋風和五噫還逢歲事烹三韭輸他馬上長安花假我卽時一杯酒明朝射虎雁門寒僕僕猶疑勝屠狗

關山

層巒誰復似王氣此中懸聖德非憑險諸峯亦插天嶔迷怪雨驛騎破朝烟不識關山路焉知帝力全

別方仲修

光鋩一劍醉中看三十今知行路難上國風塵殊去住窮交意氣入悲歡愳知閉戶秋光好定憶聯牀暮雨寒與爾相期佳夢在不教花信負長安

贈劉乙卿

將軍姓字重長城其奈臨歧遠送行十載空題和氏璧兩河今見岳家兵可知雞骨支牀恨不及麟烟畫閣名去去更須勤勸勉繁華莫愛鳳凰京



張獻之來鳳閣月下集飲　曾鴻志

涼風薄暮起吹月上城端瘦竹園叢靜疎梧傍檻寒波痕搖鏡動花影接庭寬一曲南池水頻過興不闌

長安春日送魯參軍出塞兼訊梅中丞

二月將軍出帝城春風吹暖角弓醒馬嘶邊艸沙猶白劍指關河月獨明塞外犬羊驚避影營中頗牧善論兵中丞若問長安事倘有書生欲請纓

題畫

遠山渺何許雲疎樹影曙亭中人　不來風頭打船去

茅簷歌　　熊　吉

北有汾陽地列區如屯雲東有猗頓宅樓高堪摘星投轄延賓客連房停娉婷燈火通重院笙歌隔畫屏一朝主人去散逸如漂萍燕泥落空梁流螢度閒庭朱門晝常掩綠窗晴亦暝盛衰固物理推移若轉軿謙盈鬼所伺淵默而雷霆哲人戒盛滿君子畏幽冥茅簷曝旭日感慨長不停荆婦具卯酒霜橘有餘馨陶然酒一覺吾已忘吾形

癸亥十月廿八日太府羅近溪翁徵會水西適屯院王侍御宗徐亦至七學師生六邑有司鄉賢與夫圜而觀者千人講習咏歌極一日之雅時有違言者謂勞民有感而賦一章用壁間李謫仙韻

水西建書院載自鄒東郭上有陽明祠下有金仙閣松風時唱和烟雲日噴薄我來正孟冬石出溪水落寒梅欲孕金冬笋半含籜我愛王夫子九泉那可作幸值近溪翁寄興最寥廓呶呶世情子誠是千人諾

茅亭

亭外平疇水淼茫蘩蘩鼓節競分秧竹莖疎密薰風過送得蒸魚麥飯香



問倘蘭谷生祠

蘭谷生祠何處尋懷恩起廢更誰人芻葵燕麥皆新主惟有東風不世情

茅亭新成用梅篙齋韻

静坐與天遊乾坤眞若浮功名雙敝屣富貴一虛舟三徑淵明宅元龍百尺樓平生湖海氣都付石磯頭

雨中乏薪寄翰無功　　陳儒樸

門外泥深一尺强有人高卧古匡牀階前斵桂曾何惜甑上堆塵故不妨舊劍拍詩非寂寞殘書焚去亦猖狂夜來擁鼻長吟後偷眼濤雲休惜將

丁丑秋為白下遊月夜弔劉同人仍用前韻四首

摧心憂患自深知生死那堪耍寐離草木身浮舟不繫羔羊命薄素餘絲醉吟夜月風波影淒切晨星霜露時龍井岸邊沈白雪人天嘆息路多歧

與君齠齔廿年知踪跡天涯憶別離文士風流淸似月慧心紆折細如絲名根欲斷疑孫性傲骨難馴爲識時空野霾雲甯可遇士衡幽理未云歧

驕蹇人情豈得知獨憐鴻雁影迷離青山[illegible]陣人多幻紅

葉搖風雨欲緜碍眼功名眞脫屣送窮文字可違時昨朝
歌舞嘈嘈語喧寂何途試問歧
寒河飄泊約相知春色秋聲暫合離布褐悲秋江水淚簾
情拭鏡鬢邊緜已看歲月浮生恨況復兵戈極目時唐子
詩瓢終卻顧寸心得失本無歧

留別奎光二首　周世進

匡生崖畔是吾廬歲月惟消雨一鉏偶泛江橈尋楚客卻
隨烟水入深居
匡牀石枕夜生涼幾度山房共曉霜秋色滿江收不盡載
將清夢到潯陽



山居漫興

孤筇深入亂峯斜山路幽香不辨花泉到石厨炊晚粒雲
流茶圃護新芽慣栖野谷能芟竹蹔理荒畦學種瓜自是
山家春好事一簾風月足生涯

送別湖山禪兄白下

無端秋色動離情落木寒驚塞雁聲兩岸烟花朝氣爽數
村魚笛晚江清雖從遯世忘情久未免懷君怨別生間道
江南多戰伐相期何必待春耕

癸卯雙峯除夕

碧流高瀉亂峯前盡日溪橋獨往還幾許青山消白髮又
驚殘臘入新年半林疏影侵寒榻一帶晴巒鎖暮烟卻憶
舊遊深隱處夜來清夢到匡巔

寄月川李兵憲

滇海移家入楚鄉萬山深處結幽莊松栽百尺堪棲鶴竹
種千秋欲引凰世事升沈看石火人情浮薄任冰霜烟霞
獨笑誰知己一枕羲皇午夢長

初入匡廬

曾許名山約登臨此日情有林皆竹圃無地不泉聲仄徑



銜雲入高巖背月行杖藜何代叟款款話平生

寄唐文尹居士

恕我烟霞癖知君物外情山分新樹綠人共遠江清學道
多慚古無心問耦耕閒依芳草坐松下聽流鶯

客止園贈朱稱玲　曹應昌

潛沱不背山止園不矜水河影非園中水氣浸園裏竹樹
以波行艸木若風從白雲懷小亭林燈曳水底滔滔萬里
中主人日于止梅尊坐典型竹嘉展君子凉吹剪生擴聲

聞止音旨北蔓零星言南邦折鐵几野老社耆英青松綺
黃綺聞君寶嬰姹焉用餐菊杞坐隱足消閒耘花心窮理
少年裘馬兒往往恣譏毀潦水落霜冬洶洶安在矣蘭芽
既已長種豆落可耳孤桐壁立秋營營古人耻

金陵春日遊寺

錫杖森嚴虎踞蹲金陵樓閣靜烟橫松圍古塔七層小霧
破寒巖一線明竹木朋陰遮石路山嵐拖雨漲春村老僧
一偈山峯外愁縮雲間鐘磬聲

壽屈鶯容邑侯　魯晟



眞人雲珮映金魚才子修名華嶽儲筍有黃庭消吏牘門
迎紫焉洗爰書龍皇案不循標榜王者師猶擲緒餘直待
封函從辟轂笑伊楨軼伍琳璩

咨三吳聞邑東犁吠悉平歸家喜賦

浣花溪水尚餘姿符剖文翁政匪私鉦鼓東銘橋太尉馬
頭露布傳修期渠殲不屑揮貔貅野牧無心學鷸鷗睡起
長林搔白髮新詩且賦且耘耔

鏡　閨秀　毛鈺龍

樣出秦宮製團圓寶月迴虛空開物象心迹遠塵埃影覆
香羅帕光生碧玉臺繡囊鴛鳥並珍重嫁時裁　明詩綜

憶別　閨秀　董少玉

憶別河橋柳青青送馬蹄妾心與羌笛無日不遶西驛路
花將發離亭柳漫垂凭闌無一事日日數歸期　明詩綜

寄外　閨秀　梅生

落葉滿庭階秋風吹復起遙憶別離人寂寞何堪此　明詩綜

山房散步　釋子　道一

散步長廊下閒吟獨袒肩清香白晝永苦茗碧甌傳宮廣
喧還靜山深俗亦廉棲身宜勝地豁目喜平川碧水丹山



曉金鷄石鼓喧七賢峯下屋三教嶺邊田九曲溪頭水齊
雲山下船有時尋梵藝無事學陶潛山色開圖畫溪聲奏
管絃竹林人六七桃李客三千酒放劉伶量詩歌李白篇
好風動疎樹暖水溢溫泉仁知常逢主溪山宿有緣虎溪
如許社三笑似當年

麻城縣志卷三十六

# 藝文第五

文牘本邑人詩

國朝項始震詩五首　鄒汝魯詩四首

梁中斗詩一首　李中素詩五首

徐家麟詩五首　周　禮詩八首

黃　倫詩三首　梅　垌詩三首

梅　圻詩九首　梅眉錫詩二首

劉　炎詩二首　周際聖詩三首



李廷庸詩一首　梅　鈿詩三十首

李　佐詩四首　李廷對詩一首

劉元猷詩二首　黃素臣詩九首

李維烈詩三首　李　巍詩一首

曾　謹詩六首　萬邦維詩四首

萬　彖詩一首　萬　魏詩一首

胡躍龍詩二首　楊從龍詩三首

程九萬詩一首　鄒宗彥詩一首

楊　炎詩二首　胡　鏜詩六首

胡翔霄詩八首　程德楷詩九首

集唐詩劉淑頤二十四首

應奉詩鄒士璁四首　程德楷九首

送別詩夏　梧一首　擬樂府楊正楷二首

別李嵩生先生　國朝　項始震

五馬端溪事事無居人谷口指爲愚未須邱壑招閒鶴笑說松烟買鏡湖幾地白雲陰覆岸半林黃葉掛成圖并州望有西流水薄暮寒山是故吾

贈滑令王鍾銘

古石城頭落日斜大河米價曉來差一天梅雨風占歲萬樹松聲月到家華子岡頭秋箬老峩嵋頂上白雲賒西村酒熟人傳否國史時推使者車

飲黃相國園有感



隨意青松白石安峨嵋天半起騷壇夕陽曉下歸殘笛秋寺宵來乞片肝牆短有時通鶴夢詩寒誰欲作官看東家少婦西衬老立盡金風十二闌

聞兒輩舟發金陵

百口傳家累無由拔一毛貧多慳棗栗幼不解兵刀隔水朝烟羃前山夜木號鄰舟將次發行矣賴波濤

無題

春夢片片如斷雲東風吹從枕畔分前雲後雲不相及遺前懷後失其羣怨他蝴蝶虛無著飛來自覺衣裳薄惜別池邊芳草生消魂橋上楊花落

賦得太華有古松祝程意侯壽　鄒汝魯

五嶽太華號最雄仙掌劈就玉芙蓉下有如船之藕實上有千年之古松連蜷髮珍珍蛟龍回舞翠蓋員老幹崔嵬凌霄漢新枝蔥蔚如雲烟靈根封殖鳥獸狀服之往往得眞詮我友程子古衣冠年雖期頤顏渥丹問翁豈有鼎竈術笑謂予言大不然樹以根榮其巔山以靜不計年忘機循分樂吾天何事燒丹學偓佺

和歐陽公明妃曲



予聞絕域人遠慕漢宮女一朝得國色親自弄組舞離心不可同積怨淚如雨日落鄉思斷月明邊色苦內雖若死灰外猶强笑語玉扆咫尺長門裏畫工亦是尋常技願一見兮不可得何況千里與萬里曾參三至動見疑區區丹青何可比只從初入宮門日千嫌百妒自此始豈待沙漠埋皓齒且復收汝眼中淚黃雲四塞西風起

東施解

自越有西施而東施之名起嗚呼共恣學士之口久矣美惡何常媸妍無定延年未遇下比巴人卞子三刑祗同燕石古今一轍有與同悲故爲東施解云

苧蘿有女同姓施一居村之東一居村之西西家女兒顔色好萬金身價入吳閶東家女兒年十八十八無媒老會稽終年寂寂柴門裏獨坐空閨淚暗啼流光已逝春將老菱花羞對傷懷抱顔色從來多誤人因郎棄置能自保君不見姑蘇臺上草離離至今猶自怨西施

艮驥伏櫪行

將軍咨牧求艮駿須臾萬匹皆爭進映日嘶風立玉墀圉人太僕環相認一時下乘飾繁華雕鞍玉勒黃金韉相者心粗不識神大宛眞龍受斥擯磊落常追萬里風騰驤雋



發氣如虹幾年羈紲奚官手臨敵安能成大功骨骼蕭條勢如病雄姿伏櫪非情性駑駘得意逞驕嘶誰實長年主馬政吁嗟乎安得伯樂在天下驊騮一試無凡馬

洞中　梁中斗

犖峯欹仄石纍纍深林叢薄草光迷松颷石瀨聲何悲鶻旦夜鳴猿曉嘯虎豹索食孳烏叫長年白晝人不到好山好水無好懷眼看世事情難灰心念舊山獨徘徊燒燈彈劍感成泣拋書不讀起太息長歌不覺日色白洞中有人讀黃庭貽我瑤芝草一莖嗇能服之可長存蚤暮相從不厭數露深徑窄溼雙脚聊與子相將爲樂

登泰山自迴馬嶺至十八盤作　李中素

縱橫愛肩輿緩急特盡巧緣厓轉層磴百折皆樹杪輿前落偃猿輿下過飛鳥不知所歷高漸覺近山小紆回望來路一線落深窈野色逐步開平原淨如掃客行已朝旭此地猶未曉重雲覆前徑屢進驚益杳竊欲擬昌黎敢作衡山禱

漢上送梅十七舅家四弟之荊州

荊南漢北一帆開別酒難禁曉角催岸草低時風欲起江



雲送處雨初來頻年蹤跡驚鴻爪千里緘書托雉媒近日郢中無白雪莫將詞賦擬蘭臺

自郇城入蓬萊別黃二振宗

風起夕陰殘燈光搖夜間那堪千里客復入萬重山秋色行將老孤身殊未還天涯有兄弟且爲慰離顔

登兜率峯是牛首最勝處題別峯禪壁

兜率孤雲角撐空出寶臺人天雙闕外烟水一牕開燈影岫山落鐘聲院院來他年有孤笠定取掛崔嵬

七月一日寓眞州別墅風雨夜至憶董臬齋楊州盧

菽浦陶燕厚吳下

沙村風乍起勢若海波翻四面惟臨水孤身自閉門暗燈
飛電過宿火溼雲屯天入荒林黑江含急雨昏故人猶旅
泊書信隔潮痕成敗慚知已飄零憶舊恩悲來還獨舞愁
至復誰言絲斷空懸劍杯乾久覆樽虛床有蟲響到曉慰
離魂

應古索題趙堯日竹行　徐家麟

趙君邱壑羅胸中五日十日興不窮有時意與此君寄酒
壘修然落蒼翠尺幅埽成千萬竿自言獨得湖州意野趣



蕭蕭觸目橫煙雲闇淡中相縈陂陀确犖曲多致清湍委
折隱有聲溪邊板橋接岸篟若有高人居水涘千畝會聞
說渭川子猷雖好甯逢此我思買山構草堂開軒種竹溪
之旁夏支午枕眠風雨寒聽疎枝戛雪霜風塵荏苒懷長
左幽境無緣能屬我每對琅玕意惘然屠門躑躅頤空朵
髯叟揮毫值百金茲圖況復最幽深悤悤不欲還君去留
掛書齋慰夙心

劉子知庵讀書雪巢葊早秋同諸友訪之此庵四十
年前先父曾攜諸子卒業惟時老僧覺一尚存

石橋東渡卽青山蘭若依稀萬木環梵唄有時驚落葉狂
華無自到禪關林深殘暑如全退路僻遊人費幾灣中有
一編相對者忘言默坐正閒閒
當年先子手遺經講習曾聞寄此庭負笈門生今老大同
時名宿盡飄零蒼松翠柏依然在野水閒雲幾度青日暮
徘徊何限意殘霞片片落滄溟

初夏東山書屋　周禮

松杉換新裳乃在夏之候結屋四無鄰涼風沁石竇樹淨
雨初浴溼雲墮峯右入顧緣茸茸千山萬山秀攤書延古



人茅破不知漏有時發清謠適我艮非謬

赤壁

鄉邦勝慨俯江濆碧檻雕甍坐樂羣今日盡人知兩賦當
年一炬遂三分晴鷗正復依洲樹夜月應知落嶺雲自少
登臨忽到老幾經把酒酹斜曛

仲春登赤壁呈郡伯王元公

層層亭樹倚城邊烽火頻經尚巋然萬頃煙波鷗有夢千
年華表鶴爲仙雪堂依舊存名勝赤壁何須辨謬傳最是
文翁新化起不徒詞賦繼前賢

閲浦江志見吾鄉先儒毛聚峯先生蒞此迄今近二百年政蹟炳若日星記序箴銘遺文俱在因作此詩以識興感兼呈今令毛同書

聚峯先生邑大儒景行異代此分符勤民往蹟成風俗勵世遺文類典謨寶掌屹然同峴首月泉邈矣繼鶯湖寶掌浦邑名山月泉書院先生所建卽今民宰家聲舊召樹重培長附株

客有傳誦梁子雪亭空山明月夜五言近體一首押韻以禁清新聞字分四首和之

空山明月夜獨坐意何禁落葉兼霜重寒蛩向壁生猿聲度斷澗河影入疎林偶此成孤寂誰知抱遠心



空山明月夜萬古一孤清老樹禽初定荒原豹有聲曠懷虛勁敵高步挾長城祇覺詩心細狂瀾詎可爭

空山明月夜廓落似無鄰遠岫疎鐘斷低窗過雀頻衣裳光欲冷鬢髮鑑逾新濁酒尋常事文章自有神

空山明月夜谷口已封雲夢向邯鄲穩齋同繡佛分物情歸默識天籟送遙聞荒僻更饒乏燈花翦半醺

青山雪夜用韋蘇州韻　黃倫

積素清心魂慵爲高臥客撥雲探梅歸屐聲響瘦石虛室白雲寒深山陰易夕鳥道總冥迷或有飛鴻跡

癸卯秋再入青山

風塵千載老朱顏迴首滄桑一瞑間重到荒城尋舊跡空餘秋草對僧閒靈湫水靜龍應睡野徑雲深鶴自還此去市朝如隔世夢魂猶在古青山

九日登五華山

野菊開何暮秋光冷翠微山深烟乍合水靜鱖初肥濁酒聊堪飲危樓只暫依自傷春信杳雁去白雲歸

清明日同蒼上人山行　梅坰

清明晴亦佳眾香雨灌沃結伴屐奇懷雁臺有高足信步



循松林遂遍山委曲草木信春風新光濃可掬尋幽蒼石巔杖屨頗踴促生烟修坂微曖曖平疇絲絡絡壑斷復連青濛一靄屬遠追樵牧蹤躋攀不厭數機事消瀑流禪心淡朝旭既倦更易還快遊思再續古人何忽忽奔競夜秉燭靜對翠屏開嗒然倚翠玉

盲女怨有引

黃休復載宋軍破益部有孫氏盲女年七八歲不知家盡喪亡但怨父母不給食呼曰父耶母耶兄耶嫂耶何

處去不供給我飲食也哀聲旦夕不輟盲女自親屬外不接他人手食悲號叫呼七日而絕余讀而悲之釆其聲爲盲女怨

人目明女生命獨盲令夜不能續日不能行哀哀母兄 一解 兒衣母補兒食母哺母不相存兒將誰乳 二解 父耶母耶兄耶嫂耶轔轔震震車耶鼓耶 三解 母離須臾兒若百年母出終朝食絕兒咽母不還兮兒命黃泉 四解

雨夜追懷曹石霞

微雨不能寐悄然燈影深一燈愁對夜萬事暗關心淡淡



梅花帳青青楓樹林山陽有遺響悽絕到于今

讀書 梅圻

深山藏龍蛇聲音震遠邇懶作微小吟難工雕蟲技古人何所心而爲經與史湮滅幾千年誰能竟其旨眼光所及處精義不相比微茫出紙中探之隱紙裏尼父不可見未獲問其理因愳有約方見彼或於此譬之大海深無非一杯水殘燈月西斜暗香中夜起

遺懷

亭亭松柏姿歷歷浥晨露下有雙女蘿纏綿在高樹青枝摩層雲覆蔭無朝暮霏霧濯幽質芳潤結蒼素誰知中忽遷別有喬林慕紫莖蔓扶疎欣然更遠附女蘿心或移松柏自如故

鮮穠桃李花綽約美人顏素手發幽響一心彈一弦繁音會衆妙清皎動孤烟竭誠奏微技四座皆默然忽爲別鶴操我聽獨可憐如何見捐棄不復承周旋抱琴更誰適請辞君子前

採薇

薄暮採薇搴裳摳衣攜筐忽忽言歸我非不饑 一解



青蔥紫葛匪桑匪麻足履葛根手攀葛花上山畏虎下山逢蛇 二解 胡爲路多崎嶔毒蛇耶猛虎耶相對何用奮爪牙 三解 君不見西溪設網東嶺張罝深山無兎澤無鰕到此勿復咨嗟吁嗟予到此勿復咨嗟 四解

冬寒歌

北風吹霜墜深井轆轤千尺懸素綆美人面鏡菌萏寒一雙黛色滑青影十二樓臺晚烟澀蝸吻號風鴛鴦泣黑雲連塞凝虛光練就銀河捲沙立東軒有客歌白雪歌聲能

使眉冰裂凍寫梅花賦數行瓦雀啣珠敲玉屑

再紀平靖東山歌

陰雲漲山山鬼弄手逐泥丸打金鳳跳梁鼠穴不啣恩千羣萬竅白日凍雨聲西來望賊壘長戟凝光照日紫馬蹄到處劍花寒紅旗未動白旗死奏功俄頃洵神武掃盡天狼仍舊宇銀管歌稱竹帛光箭般飛香滿今古

雪夜舟泊

開帆浪千里飛雪滿蘆花漁火呼相近孤舟繫欲斜寒思茅店酒歸厭野田鷄一夜伊人淚輕航載到家



讀閭古古弔五伯父詩感賦

雄辭悲調寫何哀未讀無窮感已來憔悴徒傷楚國事治安空負洛陽才六宮禾黍時搖落三月楊花幾謝開吟罷不堪迴首憶故園風雨浸餘灰

懷古

一劍鳴風又浪遊蒹葭五月滿汀洲武昌石轉江聲咽樊口烟高霸氣浮文字北來蘇子賦波濤南去仲宣樓生平不倦登臨意懷古情深對暮鷗

憂旱行　袧眉錫

四月不雨至七月低田高畝青光燉觸石無復寸雲生金沙射日河源竭深山大澤龍蛇鄉擊鼓驚龍龍渺茫窟伏不聞雷霆至湫翻空望風雲翔可憐萬里皆焦土枯魚沫盡誰相煦赤氣橫連海色黃皇天深意應難覩昨夜兵符下府城聞開蜀道點夫行鵠面鳩形分固死安能骨葬岷江清

寄四弟子楞

奇跡名山未肯還筆床茗椀伴棲禪鳥鳴隔葉知鵓鴣花氣當窗辨杜鵑半月飽嘗薇蕨味一衾歷遍鼓鐘緣比來



細雨連峯暗贈得甘香石井泉

西湖二首　劉炎

十里平湖柳撲堤巧鶯啼處綠陰齊清歌短棹天梯近長嘯虛亭日影低幾抹輕烟浮遠雉一泓新景弄晴霓山雲濃淡還如璧擬待蘇公醉筆題

湖邊春水沒青葵同客乘槎問虎跑柳帶輕陰移席角鳥啣晴色上松梢數拳文石山中友滿眼晴雲物外交語到幽奇每神往肯教遊屐等閒拋

秋日遊五峯寺　鄒茂林

一片寒山玉露催高秋馬踏五華臺雲移閶闔千峯擁樹隱旌旗百道來直上層霄空世界倏歸方丈坐蓬萊夕陽古道鐘聲亮滿徑丹楓點碧苔

秋夜懷友　周際聖

蕭然長思對山房坐見流星夜未央蘿月當軒篩細影竹風披戶納新凉懷人千里孤燈遠繫我三秋客夢長景物撩人秋漸老酒闌起舞與猶狂

重九前三日憶任鴻臚客信陽

羈旅經年久勞勞不自由閒情消濁酌舊雨買新愁山放



晴初路天開雨後秋由來無限意淮水向東流

寄僧鴻舒

自昔金蘭譜相逢意氣親交從淡處永情以樸爲真惜別常嫌久憐才不厭貧蒹葭秋水闊光景半沈淪

舟行聞鷓鴣　李廷庸

乞食齊門漫學竽片帆東下意躊躇那堪路轉黄陵曲細雨春深聽鷓鴣

團江謠四首　梅鈿

團江風景好前對鴨蛋洲小船如小屋大船如大樓

大船泊洪涯小船拍淺沙大船賣鹽米小船賣魚鰕

渡口水濺濺連陰夾道邊家家種楊柳來往生春烟

道傍種楊柳好作郎馬鞭門前種楊柳好與郎繫船

郭北門

暮出郭北門悲風何蕭蕭遠雁横戍樓殘水鳴斷橋草木既凋謝狐兎亦太驕荒村四五處野火入門燒感此再三歎踟蹰無所聊

暮夜入大安山訪劉四仲夏

眾葉落亦盡樹寒無聲影山行未知遠但覺諸想靜亂烟



生崖半古寺在層嶺寂寂谿流高紆折陂路永攬衣坐石梁苔色照人冷薄暮長松下恍然見餘景

碧巖詩 有序

寺之致也以石巖之致也以寺初無寺無石也有僧荷鋤來插十三年剗土成窰凡山之石盡出又知水之所在逼之使入於眾石間以出於是石可屋屋焉竹可屋屋焉樹與水可屋屋焉可亭亭焉可橋橋焉而皆不之名又不可無名客有來遊者曰碧巖

水者山之氣未周亦曰泉如人脈在身週行於踵顛僧來

瞑目坐有若診切然持鋤忽數起隨手開潺湲至今西峯
下盡是桃花烟
石牆斧劈皴土牆覆以瓦藤蔓復蔽之門在瀑沫下前林
過板橋瀑沫如雪洒坦步每忘歸道書常獨把

贈顛衲

空山有老僧自道寡厭想聽泉六十年兩耳未聞響每傍
折脚鐺睡到日三丈昨夜忽大醉吐酒佛頭上擊火笑不
止遂失所持杖欲說一字無見月鼓雙掌

燕湖法華庵遣僕結綱束繁昌吳使君巢薇去後風



雨竟日夕

繁昌至蕪湖流水一百里非湖復非江岸草沒起止我來
坐扁舟處處清到底榆柳雜相棲野屋參差是舟行綠陰
外人住綠陰裏薄暮逢高衲揖我入煙寺胡爲遣汝出還
索故人米汝飢走風雨我飢卧莫起遠人相爲命而汝亦
人子終宵念汝情默默未能已

贈胡翁

胡翁七十無所聞布簾三尺遮蓬門抱關不屑職何故友
者屠博何紛紛白楊古道荒城口結駟連騎日奔走胡翁

與爾不相値若將浼矣翁何有東家烹狗有庖丁北舍朝
朝酒滿罌夜雨關前飲朱亥秋風墳上哭田横白髮蕭蕭
對北風長歌一起氣如虹世無公子能知士空老侯嬴市
井中

長門短歌

鬼娥夜半倚闌泣露染苔痕溼湘衩野螢零落滿西風吹
亂一簾飛不入古井泉枯土花脆凝碧秋槐落芳砌可憐
頹盡舊宫墻只有長門猶獨閉松陰如山竄瓦鼠短草澌
霜細蛩語小廊人去月荒涼一樹紅葉老秋渚



雙橋篇爲劉生百年賦

雙橋掛處雜峯屼白練倒懸直如髮轟雷走電滄溟開橋
上虬龍半枯骨夜來莫掃橋上雲請君卧弄橋頭月君假
來時切攜酒看予醉舞旋牛斗

舟雨

楚水接荆門瀟瀟行欲昏一逢寒雨急兩岸渡人喧遠樹
藏帆影高天落雁痕相期何處宿烟外蓼花村

角射短歌爲丁三克宗作

昔看長吉黄家洞以酒讀之意寵從幾番敵騎薄孤城霧

捲長天目空送猿臂虬鬚猛少年精微身手隴西傳能摧哮虎荒烟裏慣落雙雕寒日邊廣成飛衛漫相軋齧鏃穿楊技何滑好將斛水學劉錡笑指浮圖說南八高原九月秋草衰飲羽石稜雨過時射牛不中方爲妙貫虱當心無乃奇爰有書生三十餘身長八尺氣萬夫日暮彎弓騎大馬短衣來角長城下

失路一首憶鵠山

平生不得意失路復如何夜雨桃花島秋風瓠子河慨慷生寂寞離別郎蹉跎自笑飢寒迹年來掃更多



雨夜感懷兼憶鹿湖

我家新插柳緜可似江南夢破鐘千杵燈依佛一龕途窮聊復爾詩好亦何堪愁緒洲邊草叢生意正甘

白鴈山房候齋作

黃葉起烟處夕陽看漸微鳥窺碁客坐鹿伴道人歸泉窟清洵米霜盤白剪薇斯悲因口腹一飽亦當機

丁亥九月初二夜宿洪山寺

天涯寥落此登樓血戰關河哭未休蟲叫殘燈荒殿雨鬼行黃葉廢宮秋鐘聽出火聲全變碑讀前朝記尚留總是翠華遺恨處欲從何地問松楸

謝耿九子維鑴篆

投來片碧小璠璵古錦緘囊致有餘腕力艱難開蜀道眼光剝蝕讀周書笑看屋漏痕常在妙悟驚沙句不如卻憶雨窗新得意并刀聲裏綠蕉舒

送横山還龍坪

一番行脚又龍坪相送柴桑葉落晴烟裏起蓬殘月在雪中投寺亂山明詩瓢欲破君何乞酒甕將空我亦行他日匡廬尋舊約先從江口候琴聲



先中丞射圃二首和李子石表弟

時艱解甲憾何窮激烈人曾比魏公投老苦心惟是戰寓兵至意郎於農林泉十里能還賊里井千家久郎戎回首不堪遺壘在寒鴉衰柳日西風

殘陽漠漠草離離華屋山邱事總悲風木君曾傷劍履神祠人見有旌旗孤臣存歿甯天意殊錫幽冥仰聖慈四馬獨來尋一哭不勝清雁冷猿時

豐城舊暗陳元水先生賦贈二首

衡門幾度讀君詩多是秋燈細雨時千里移情同海上十

年攜手忽天涯平生莫問聊城矢往事都空博浪椎獨愛
吳臯城外路向人煙草綠離離
身將隱矣亦焉文姓字人聞漸不聞栗里自成眞處士灞
亭誰識故將軍老依廬阜春來水醉看蘇門雪後雲拂袖
未嫌湖海志短蓬天外盡斜曛

金陵五首　逸其二

炙手熏天氣似虹窮奸濟惡抑何工爛羊爵冗垂貽誚指
鹿機深更撮空元祐黨碑方復起仲山袞職且通融金珠
委馬人間有莫上平津獻相公



愼帥紛紛出鎮頻裹糧坐甲總難馴偏將集矢戕名將空
望拔旗哭老臣血袖化飛箕尾火酒瓢怒擲陣頭塵軍情
緩急都休問正敕殘疆選美人
鐵騎如雲氣尚盈遽捐宗社棄堅城猶聞樞密攜歌舞不
問元戎死戰爭羽檄縱馳誰赴敵銅符雖挽孰言兵到今
徒酒新亭淚付與閒人獨慘情

訪李子石

蕭條黃葉路斜在兩橋間半醉乘殘月騎驢入亂山

宿白臬山寺樓

樓上風來吹客衣亂峯秋落野烟微鐘聲到處月皆照松
影一山僧獨歸

楊朱河

萬樹桃花一水隈石橋茅屋總莓苔居人尙且迷南北何
況漁翁自外來

贈周二省吾　李佐

好友關情切閩圜盡故鄉休憐吾鬢短儘破客愁長高調
吟成雪新磨劍有霜風流逾我輩間稱物情忙

過岐東訪友



燈火明沙渡牛羊過水西亂流千澗落高樹萬峯低客路
偏宜月人家盡向溪計程應不遠細聽度關雞

送夏東注學弟新進士出宰滇南

相逢一笑舊鬚眉羨子才名慰所思艮晤喜尋金谷友好
盟端在布衣時半生書債君今償百尺竿頭我尙遲莫使
音書斷雁足滇南萬里到茅茨

其二

高堂有母慰慈行多謝陽春亦送晴可但簫聲娛膝下何
緣珠玉出承明賢因國薦材多俊貧是家傳官自清此去

君膺民社重可能依舊憶班荆

客三山八月十五夜雨　李廷對

聞道中秋月陰晴萬里同料應今夜雨亦趁故園風獨守殘燈坐宵辭酒盞空何時茅屋裏高枕聽梧桐

溪南卽事　劉元猷

草色河堤曲依依帶落暉乍看朝雨斷間數暮禽飛水絲遥分渚林香暗拂衣山塘絲竹響淸賞莫相違

少年行

夜郎長傍酒旗樓卻貴黄金絡馬頭遊俠只須交國士蘭



陵爭似五陵遊

樂府曲　黄素臣

婉轉誰家女髫齡學採蓮女中嬌自惜含笑不撑船

欸乃歌

焚香祝木蘭造舟記儂語只載行人歸莫載行人去

秋閨古意

秋雁傳青信聞之未見之金微多少客豈盡薄情兒

別朱節侯

夏月知人別中宵努力圓百年聲氣事今夜夢魂邊酒半花陰失詩成燭淚濺莫嗟衡雁阻風雨五更天

聽梵

絕頂一招提孤危與霧齊風鈴飄十里晚磬散千谿石氣吹春遠松痕受月低蕭蕭淸且冷想破萬人迷

答楊對庵饋茶

俗味塡飢腹馳書許一澆必尋淸澗水方別紫芝苗夜雨知人澹春風引客遥翦燈供緩啜色味兩脩脩

夜二首

春色時時換中宵氣益深嫩雲淹石脊閒月守松陰笛取



關河泪花催老大心孫登原不隱辛苦一絃琴

山以空能靜人非拙不栖聽風知樹密看月喜牆低筆墨疲衣食官方參鼓鞞未能從衲子猶幸接招提

喜世鼎南歸因懷赤亭

滿天風雨亂何處一鴻歸夢破分明是心搖尙恐非相時惟稼圃存道莫輕肥安得棠花萼同枝發翠微

宿漁岡不寐與高鑑湖太史　李維烈

薄酒不成醉羈愁轉寂寥還家萬里近爲客五更遥草店鳴山雨秋風激海潮幸聯知己榻相對話終宵

龍口

豈不惜兹别行行路轉賒江聲初警客午夢亦還家山入烟中暮帆經樹杪斜莫言歸未得離思滿天涯

浙右高孟才自海南同歸廣州即於九日招飲

經年汗漫海中遊歸路相逢八月秋一葦乘風眞破浪重陽沽酒更登樓黃花摘向幽人宅白髮生多故國愁行腳茫茫何處住梅關嶺上雨初收

登閲江樓　李　巍

端州城俯閲江樓巒嶂都從面面收天柱插雲雙塔遠洞



門垂乳七星浮豐碑暗認平墻字老樹濃低小閣秋鄉思漫隨春思入登臨那不憶同遊

遊燕子磯　曾　謹

吾鄉舊說龍湖好好山好水春光早桃花千尺碧波洸赤磯斷岸漁臺小近看江南燕子磯崩崖絶壁空天表嵌今萬窟普陀岩岩上飛仙坐碧草大士趺跏踞石巔香花爛漫人爭禱島下乘虛架石梁層層畫閣臨江倒綠樹紅墻鎖畫橋一水彎環回晚棹最高頂上着孤亭登亭四顧千山渺祇園尙有六朝松蒼蒼古柏階除繞石磴斜誇百步高天際樓臺出樹杪雕鏤刻畫石欄空碑懸眞贔屭尤工巧我來九月正清秋金風拂露秋光老蒼樹寒鴉片月孤丹岩紫巘輕烟掃夜來沽酒持螯蟹輕舟直渡如飛鳥故鄉山水意如何對此差慰余懷抱

贈何孝子

君不見庭前白鶴馴徒因純孝感天心又不見梁庠事母嘗目病三年曾不解衣襟嗣後何堪繼芳軌何君至孝差堪擬何君事母如事生長年廬墓心無已我來謁君拜君母墓前爲說阿母苦慘切孤鸞六十年亂離兵火兼外侮晚



歲娛親學老萊親恩未報歲年衰纍纍塚上心頭血歲歲瞻依未肯回我聞此語悲且泣勿謂古今人不及苦孝如君世所難豈但生時能竭力我曾讀詩廢蓼莪慈母早背孝無多使我感君生內熱吾負吾母且奈何

鶴樓懷古

獨上危樓接太清烟波一望水波平高低畫閣依山麓遠近風帆送客程仙棗有亭撐老樹梅花無笛落江城白雲黃鶴今何在斷碣殘碑滿地横

送徐進士升三

名重南州羡石麟桃花浪暖筆生春酒因有興拚狂醉詩
爲無聊强效顰風雪立殘門下士腸肝傾吐故鄉人春明
新捧歸甯詔喜動高堂慰老親

元宵有感

年年此日踏元宵今歲元宵轉寂寥浙市燈花天外遠西
湖月色望中遥故園兒女腸都斷異地師生酒一瓢孤枕
欲眠愁客夢敲殘詩句恨難消

和友人春興

世事無涯生有涯那堪白首問年華一林青翠春前竹萬



架藤梢雨後花書劍共談經世事桑麻閒課野人家乘風
日暮池邊立無數烟嵐隔岸斜

將歸有一力未俱　萬邦維

振翮南鶱偶借棲緣多遂久此招提梵鈴韻切風中遠禱
練聲過月下淒松杪暮還看獨鶴江干信杳苦連雞輕裝
東定渾無事只唱驪歌待阿奚

贈陳太虚

逢君靜夜話滄桑驅我羈情到五羊閒裹抽簪非爲老雲
中捧節莫疑狂十年遊債青山夢盡日療飢白石糧一卷

眞文渾不悟持來只索問稽康

羊城歸舟次佛山時春甫盡苗已滿野因憶故園

春色羊城裏還舟盡綠蕪乍驚農事早久立野情俱不畔
蛙聲滿江干漁火孤鄉圍處處似只少子規呼

奉和趙邑侯戊辰六月十五夜巡城口占原韻時有
東山之警

觸暑保危城楚疆最有聲微風江上至孤月堞邊明念切
君臣義心周婦子情妖氛何敢近只畏使君清

前題　萬象



河陽花滿城列宿播新聲月下絃歌遍風前刁斗明推誠
占遠略奮勇見輿情指日烽烟熄優游　皇路清

前題　萬魏

薰風拂邑城玉露已先聲午夜更催急前山月正明淵懷
澄萬慮冰操絕凡情把酒看雲散廸甯天亦清

喜聞張巡撫平靖東山　胡躍龍

我祖東山賦出征卻憐鋒刃困蒼生大仁自裕安民勇神
武尤嚴妄殺兵護火攀狐穴盡掃村烟護犬戶無驚凱歌
計日班師捷化宇依然沐太平

過逾孝子冲（縣西北二十里） 程九萬

至性貞難沒長傳愛日情地猶稱厥姓人竟失其名孝笋沿崖發慈烏繞樹鳴行行深仰止何似歷山耕

覽石佛山圖寄僧海文 楊從龍

紙上招提筆底山分明巇嶮見幽閒鼎撐石佛千秋峙龕塑金仙一徑彎翠竹竿竿憑眺裏蒼松謖謖夢魂間應知有路緣圖索卻恨桃源問渡難

元暢樓頭望暮春平原烟髮遠山顰千秋俯仰雙溪故歷代風流入詠新何事只傳齊太守誰人會到漢平津我來



欲問休文病療瘦長醫可在秦

歲暮示諸子

味以淡斯承志隨窮益堅炊經餬儉歲煮字餉殘年夢穩青氈足居安白屋仙眼前松柏在毋艷百花妍

山居 鄒宗彥

避喧聊遂俗泉石可容狂走筆烟生字臨池霧裛香鳥聲成意氣山色見文章唯共孤雲往高蹤何處詳

早發陽邏江口 楊炎

縱目下輕舟乾坤一望收山根盤水立江勢入雲流檣探魚龍窟身同羽鶴遊乘風破巨浪沽酒漢江頭

秋夜泛舟江口和韻

乘月泛輕舟江聲靜不流蘆花迷淺渡蜃氣結重樓露冷龍兒泣沙平鬼母遊我懷何所似天際寄浮鷗

送王子戊草歸武昌 胡鏜

幾經睽隔兩相思欻爾遭逢又別離本以雄章聯世譜更因好句覓新知波搖艇艋孤帆遠雁到湘江尺素遲遙憶故人歸去後西山夜雨最淒其

雪霽入青山



霜封峭壁孤雲壓蒼崖倒西風送暮寒昨夜青山老俄聞天新晴日照羊腸道嵐氣冷侵衣清尤淡如掃溼烟冒平林踏破橫溪縞碧澗瀉金波石滑擢瑤草無令俗子隨恐觸梅花惱披氅相因依曠絕凌瑤島

遣興二首

曾是學釣者水深若無魚為問更名叟潛藏仍自如

南山非所履北山不可徙曉猿惡用驚山人尚未起

除夜

風景仍如昨年華更欲新臘方留此夕春且續前因白髮

何須數青衫莫厭貧折梅香送雪千日酒逾神

閒居

滄海寄蜉蝣長歌人倚樓流螢光代謝飛燕影沈浮自分清操在應知傲骨收達觀參泡幻池外有盟鷗

清明日蔡珍一見訪

芳甸雜英滿清明天氣暄鳥啼春日柳煙鎖故人郵碩畫燕蘭室光風輝華門會尋雞黍約早晚共寒溫

兀坐　胡翔霨

兀坐盡春寒夜深更秉燭撲焰笑飛蛾趨熱猶未足古來



懷抱人心灰類槁木徙倚步庭隅閒艸綠階綠蒼蘚覆短垣皓魄照牆屋所貴識天倪詎傷形影獨

勸學篇勗弟

爲學無他奇所貴得主要去膚液乃存窮神始入妙獺祭亦何愚書淫古所誚細大罔棄捐誰闢混沌竅至言本不繁精義入元奧疏越叩朱絃喬皇推典誥胡爲飣餖苦坐令精力耗清虛汩汩來用克規遠到箇中語逼眞庶作子季告

秋草

王孫歸騎遠苔蘚半沈沈陋室青何在池塘夢已深誰開黃菊徑徒望白雲岑歲晚驚遲暮依稀動越吟

秋花

紅紫謝芳春秋來別有神嬾妝眉淡埽慵態笑含顰金谷園非舊桃源路莫尋幽叢三兩朵岑寂漫逡巡

齋心

欹枕犹新睡晨興漫整冠好花爭掩映修竹自檀欒野逕春雲滑空庭暮雨寒寸心齊物我每向靜中觀

幽居



我愛幽居樂身閒事不羈竹搖風雜珮梅引月窺窗石上撫焦尾壚頭倒玉缸箇中誰領取門外水淙淙

山中訪友

楓林初染葉參差獨訪山家叩短籬野竹纔添四五箇菊花恰放兩三枝雲生石磴沾衣溼風射茶鐺遞茗遲清福自消塵世外柴門從此日追隨

喜晴

調風習習逗疎簾青入苔痕草色添繞郭溪流雙鏡碧背山峰擁一鬟尖蜂鬢細上花枝溼蝶板輕敲粉膩雲莫訝

公餘無底事細搜物理課幽潛

嘉慶丙子初夏試播州畢登謫仙樓古風一章詩有石刻在播州

程德楷

仙吏謫合蓬萊居闡鬻馬上時躊躇問訊遽肯騎鯨魚夜
郎何必人情疏遯水好訪竹王閭碙花犵鳥紛相於金雞
赦後回旌旟牂牁巫峽爭卭驢播州城東聳彼徂嵐巖乳
洞淩空虛陡然蜃海現精廬閬風生掖霓裳舒太守肩展
兒童裾日攜琴鶴趁公餘好古比我信芳余烏江白田細
爬梳世人鹵莽懶讀書風流文采振瓊琚我來學步甯趦



趄滄溟碧浪翻芙蕖昔年太守雨隨車會遊雲夢非拘墟
黃鶴樓頭紅日初青蓮來往當蘧蘧

直園即事八首次張文和公　　賜園紀事韻

恩許蓬萊住　　熙朝寵侍臣額懸宸翰舊構賁水衡新
豹直三天近蟬聯四座春此間容退食愧作素餐人
活潑源頭水圜成一帶谿到門萍影合隔浦竹欄低得月
疑翻壁因風欲泊堤小橋閒坐處魚戲葉東西
從來卭壑意何幸憩花灣石歷通幽徑窗排滴翠山留雲
皇傳粉過雨蘚成斑　西爽還堪挹公餘不自閒

高樓丁字樣雲漢恰相望倚檻星垂沼支笻月轉廊馬嘶
依淺渚烏宿借枝芳日近心常捧寅恭勉一堂
怡分村四五仙侶鎮非遙複嶂深藏屋輕烟半隱橋鬧聲
欣識履說舊羨鳴橈偶爾喧車馬林花戶外飄
人物會千古循墻念豈空出遲仍午漏座倘滿春風望古
杯浮白論詩燭翦紅門庭趨步下神往太虛中
陂院供晚眺雲氣溼衣無淵外千株柳階前百尺梧登峯
攀筆壘掬水試盤盂頗占漁樵樂分香稻蟹區
五年占艮止南北一移居師友聯松竹雲淵契鳥魚詩情



輸作畫茶味儘澆書鼓舞風流最教吾懶癖除

集唐詩

國朝

山居　　劉淑頤

獨住三峯下蹉跎歲月餘醉歌田舍酒閒讀古人書值鶴因臨水開畦復剪蔬百年隨分了名利欲何如

張　籍　李季蘭　張子容　白居易
賈　島　耿　湋　王　績　韋應物

寄毛厥孫

一自殘春別逃名石井居病知新事少貧覺故交疏凡客從題鳳家人笑著書思君不可得懷舊幾躊躇



賈　島　皇甫冉　崔　塗　韋　莊
羅　隱　韋應物　李　白　白行簡

堵城道上

舊國迷江樹經過失是非農人耕廢苑蠶妾擣新衣處處聞啼鳥山山桂落暉那堪獨驅馬前路客亭稀

皇甫冉　陳子昂　馬　戴　白居易
孟浩然　王　績　崔　塗　李山甫

過蕨潛山贈周慈瞻

屏居負山郭坎壈無與鄰力學勝今日操心如古人紛紛對寂寞役役常苦辛氣象杳難測誰言空隱淪

柳宗元　儲光羲　馬　戴　李建勳
劉眘虛　杜　甫　韓　愈　孟　郊

過宜中三弟新成書室

一間松葉屋光景賴閒林鑿牖對山月穿池集水禽叢篁堪作伴夏木已成陰自得無端趣開門但苦吟

張　籍　張九齡　殷　遙　張　謂
魚元機　韋應物　李　端　無　可

新秋夕酌澄波草堂

清暑澄潭月新涼滿藥齋病蟬飛不得嘯鶴調難諧樹盡雲垂野池分水夾階獨歌還獨酌何事更關懷

楊　凌　張　籍　賈　島　李　遠
鄭　谷　白居易　錢　起　崔　塗

學圃處初成自喜



新園聊劃穢風月好相過種藥齊幽石通林帶女蘿靜時疑水近高處見山多竟日門長掩香焚篆一窠

白居易　李山甫　盧　綸　杜　甫
許　渾　元　稹　朱慶餘　唐　球

遊龜峯

萬里波濤在目前門開江水與雲連清輝直認中庭月曉霧橫飛入檻烟怪石盡含千古秀異花長占四時天不堪吟罷東回首且共高僧對榻眠

賈　島　李　遠　方　干　郭　夔
羅　鄴　沈傳師　來　鵬　鄭　谷

過如是山候槁木師

白茅爲屋宇編荆地[illegible]門深少送迎名嶽尋遊今已徧寶
書飛譯學初成煙凝[illegible]水龍蛇蟄錫響空山虎豹驚眞趣
澹然居屋外遺入懷抱[illegible]薄浮生

羅隱 白居易 張籍 劉禹錫
盧綸 許渾 劉滄 胡宿

山居述懷寄劉石安

結茅依約畫屏中百丈懸泉舊臥龍用筆能誇鍾太尉注
書曾學鄭司農閒尋古寺消晴日暮倚高樓對雪峯不奈
此時貧且病但來清鏡促愁容

韋莊 王仲舒 李頎 劉禹錫
陸龜蒙 杜牧 皮日休 羅鄴



過曹石霞先生立淚園夜酌

退身高臥楚城幽午夜清歌月滿樓盈篋共開華頂藥圍
爐同憶杜陵秋誰言有策堪經世不擬將心更養愁欲與
明公操杖履熟尋雲水縱閒遊

劉長卿 韋莊 皮日休 伍喬
溫庭筠 白居易 杜牧 曹唐

燕京元日

宮前楊柳寺前花且喜春光動物華殘雪未消雙鳳闕輕
烟散入五侯家遊人飄緲紅衣亂冠蓋爭廻白日斜遙想
滿堂歡笑處永無京信到天涯

王建 皇甫曙 張蠙 韓翃
李遠 胡曾 呂溫 杜牧

遠歸荅鄰翁

柳碧桑黃故國春文章猶入管絃新思鄉每讀登樓賦醉
語惟誇漉酒巾縱使有花兼有月不堪愁草又愁人鄰翁
莫問傷時事榮辱升沈影與身

羅鄴 張鼎 劉滄 盧綸
李商隱 劉長卿 韋莊 元稹

秋柳和劉仲夏

苦竹園南椒塢邊一林黃葉送殘蟬未將梅蕊驚愁眼會
逐東風拂舞筵光薄乍迷京口月彩凝猶帶洞庭烟自嫌



流落西歸疾少別穠華又隔年

寄梅淡客

孫逖 鄭谷 杜甫 李商隱
羅隱 皮日休 杜牧 韋莊

水畔竹林邊同吟六七年撥雲尋古道煑茗汲鄰泉野性
難馴狎沉機懶強牽近來移住處桑柘亦依然

白居易 慕幽 李白 賈島
皇甫冉 元微之 項斯 儲光羲

同梅淡客寓齊安遊城南廢園

日暖風恬南陌頭蒹葭楊柳似汀洲坐牽蕉葉題詩句醉
折花枝當酒籌弱竹萬株頻礙幘好雲無處不遮樓共君

莫話當年事聽取長江日暮流

錢起 許渾 方干 白居易
李端 羅隱 陸龜蒙 高據

春曉寄淡客

天欲明前睡覺時淸陰猶未上階墀谿雲雜雨來茅屋露竹迎風舞釣絲樹影悠悠花悄悄蒲梢健健燕差差年光到處皆堪賞觸得攜觴與賦詩

白居易 羅鄴 錢起 許渾
曹唐 羅隱 張仲素 鄭谷

與梅淡客飲

聊酌論心素貧中會聚難天涯兵火後耆舊幾家殘



白居易 朱慶餘 曹松 劉長卿

九日山居無酒尋梅淡客復不遇

筆陣詩魔兩未降一年年覺惜重陽古來醉樂皆難得縱使登高只斷腸

殷文珪 白居易 淸塞 高適

四時詞

雲母空窗曉烟薄池邊雨過飄帷幕日長風暖柳青青銀綫千條度虛閣捲簾巢燕羨雙飛芳草王孫歸不歸會寄錦書無限意篋香消盡別時衣

溫庭筠 許渾 賈至 韓偓
羅隱 韋莊 劉兼 錢珝

午睡醒來愁未醒煩襟乍觸冰臺冷白蓮池畔送淸香樓角漸移當路影臨風興歎落花頻又喜幽亭蕙草新永日迢迢無一事雙雙鬭雀動階塵

張子干 韓偓 皮日休 白居易
魚元機 杜牧 韋莊 元稹

冰映輕苔猶隱綠夜窗颯颯搖寒竹井邊疏影落高梧鳥啄風箏碎珠玉覺來紅樹背銀屏露溼叢蘭月滿庭扃閉朱門人不到輕羅小扇撲流螢

馬懷素 劉惠 羅隱 元稹
韋莊 孫氏 魚元機 杜牧



城上暮雲凝鼓角狐裘不煖錦衾薄樓寒院冷接平明簷外霜花染羅幕煙生窖竹早歸鴉向鏡輕勻襯臉霞遲日未能消野雪故穿庭樹作飛花

許渾 岑參 李商隱 陸龜蒙
郎士元 韓偓 皇甫冉 韓愈

贈宋牧仲方伯

曾入甘泉侍武皇暫隨紅旆佐藩方長承宮旨歸家少出使星軺滿路光謀畧久參花府盛風流三接令公香共言東閣招賢地肯為詩篇問楚狂以上五章俱見沈確士國朝詩別裁集

李郢 韋莊 王建 錢起
韋渠年 李頎 孫狄 周賀

應奉詩

萬壽無疆詩并啟　鄒士璁

臣聞躬大德者定集純禧具至仁者必登上壽凡皆理所應得抑亦效有固然蒼昊降休瑞氣靄長春之象紫雲迎日歡聲動函夏之謠閶闔於九天香飄華蓋拜冕旒者萬國彩映金莖數蓂莢以增年傾葵衷而向日欽惟我
皇上天縱神姿日躋聖德建其有極斂五福於箕疇治以無爲鼓太和於舜旦經文緯武祥風被而翠靄生春阜物誠民湛露凝而彤光啟曙存神過化經綸廣運以無方昭



德象功美善宏敷而莫罄當茲
聖作物覩之會實叶天時人事之宜齡方及艾而候值桐華序進採蘭而日躔粲次普融和於萬彙宇宙皆榮納蘩秀於百昌山川競美花明御苑先開三千年結實之花樹滿芳郊盡是八百歲爲春之樹方且導河周岳望吳會以三巡因之省方覲民勤夏廷之四載護龍光於帝子日行黃道之祥瞻紫氣於眞人天獻蓬萊之瑞父老扶杖欣看
宸駕言還嶽瀆效靈拱衛鑾輿至止廣皇仁於蔀屋宜民乃以宜人登赤子於春臺壽身即以壽世惟備乃聖乃神之德是以天同久而地同長斯集如幾如式之禎無異日方升而川方至豹尾列而羣工環侍雍雍同賀燕之懽雉影分而
聖主高居隱隱醉仙桃之色三呼嵩嶽靈籌添碧落班中九奏鈞天紫蓋駕紅雲影裏覩茲昇平有象允徵悠久無疆臣慶值昌辰恭逢
聖節入石渠而珥筆殊慚金鑒陳辭俯玉殿以稱觴不數瑤池讌會爰歌既醉頌
天子以萬年載咏維祺祈我



后之黃耇用是趨蹌舞忭敬攄一點丹衷不盡踴躍賡颺竊效三多華祝謹拜手稽首撰排律四十韻以獻

華渚流虹日楓宸介壽年雍容文德懋赫濯武功宣治理超三代恩波沛八埏四時均雨露七政察璣璿琛費殊方貢梯航異域牽煌煌瞻紫氣肅肅拱朱紘嶽瀆高卑奠星雲遠近懸嘉禾分兩穗芝草秀盈阡道合羣生泰勳崇
帝業全照臨齊日月動靜準方圓海宇經綸備
郊壇對越虔紹庭宏纘緒格
廟淨嘉籩紫殿護花翠彤墀瑞竹鮮問安勤上駟視膳敕

中涓恭儉垂型大仁慈啟後綿澤常頒族姓禮徧逮親賢
博厚符坤載高明體健乾
皇衷時翼翼民事盍拳拳慶報蠲田稅仍聞減榷錢好生
恆貸賑宥過許重滴士沐菁莪化人遊浩蕩天中朝多柱
石下邑出廉泉刻玉三巡後受圖五老前雲霞披
御藻典誥著瑤編有作神爲助無窮義盡研守成兼創業
裕後即承先玉燭調元氣洪鈞運化權三春逢令月
萬壽進瓊筵北極祥光繞東皇淑景妍奇葩香馥馥靈鵲
舞蹁躚震旦迎朝旭和風靄曙煙八荒心儼若百物意欣



然棗自安期獻桃因曼倩傳向方陳鳳扆鹵簿爇龍涎仗
簇千行列嵩呼萬歲連日升初炳爍川至任洄沿不羨丹
如棗何須藕似船
天顏真有喜王道本無偏至樂宮中萃太和宇內延小臣
叨盛會華祝愧蟲鐫

聖德柔遠詩

聖德崇千古
皇風扇八區無私同覆載有澤廓邊隅靈鳳來丹穴榮河
貢綠圖廣輪逾亥步歌忭繼康衢既一車書統彌宏久大
模文章開孔孟治道冠唐虞泰岱雲巡聳江淮浪偃湖蠲
租恤郡邑發帑濟煢孤嶺外輸銀甕厨中產楚蒲共球重
譯至干羽兩堦愉山有醴泉溢海惟練影鋪欣看日出入
胥沐露沾濡獨念此荒徼從來拱
帝都歲時修職幣翊戴殫勤劬引領曾瞻柱逡巡類走鳧
充庭羅繭草納廐悉駒駼爾類蒙涵育羣情永作孚併心
思葦轂稽首望鑾輿
帝曰予嘉汝往哉綏厥徒六飛旋命駕八陣列前驅風伯
皮清道雨師淨灑塗觀兵仍耀德廟算仰神謨谷暗干旗



轉營迴萬馬呼雲霞生帳殿貔虎賁氍毹嵩祝紛蒼赤鵷
班綴敏膚恩深歌湛露賚重賦彤旂麟鳳蹌而舞魚龍戲
且娛禮成百物洽樂奏太和敷詰旦陳師旅揚威絕鼓枹
崆峒倚帝甲霜鍜耀王鈇但沛河山澤無嫌爵祿殊遐方
同底定百族慶來蘇返蹕垂裳御盈廷捧冊趨請隆徽
號宜示華裔俱謙抑超三五謳思遍九郛宮闈真肅穆堂
陛喜都俞戒諭凜臣僕箴規及劍盂覲揚輝鉅業奕禩兆
祥符大化今洋溢淳風古蕩盧小臣矢獻頌珥筆愧顓愚

北征鐃歌

皇威遠振肅軍容犀甲霓旌七校從萬里塵清開輦道雨
師過處慶春農
瑞靄浮空護紫宸百靈效順算如神龍堆沙上青青草苜
蓿叢中一樣新
塞外窮廬盡版圖
皇家雨露溥沾濡如何下國甘流毒應與班師紀獻俘
八鸞西出屆延城雷動風驅瀚海清殄滅應知遺育盡難
教厄魯特逃生
禁衛森森列陣門琱戈繡甲映朝暾黄羊並進葡萄酒競



獻無疆萬壽樽
從來耀德不觀兵一旦神謀永宴清露布星馳中外喜猥
居胥築受降城
南巡詩
鑾輅來丹陛朱旗下紫閶龍樓春水闊雉扇曉風揚敷土
思神禹横汾陋武皇搴茭嗤瓠子沈璧見榮光砥柱千秋
固金隄萬里長天威消玉浪廟算轉銀潢河伯能爲助陽
侯自不張决排澌岳牧疏鑿勝虞唐省歲臨郊甸方耕踐
圃場重農勞補助蠲賦祝豐穰瑞麥祟雲粒嘉禾擢穎銋

詔寬周八議法簡漢三章花落圜扉靜蟲懸棘寺荒停驂
詢黄海布惠罷征商竹箭東南秀宮芹吳越香上公羅劍
珮髦士奉圭璋鳳藻輝三極龍文煥七襄十行珍瑰玟一
字寶梯航題處銀鉤勁頌來翡翠裝宸遊多暇豫帝典盛
賡颺
聖母徽音遠天行大孝彰巡方勤定省感俗獻壺漿塞路
留仙蹕吹豳近御牀下臣齊進頌蠡酌海難量
重華宮茶宴恭和
御製元韻三首　程德楷



陽春布德肇祥和錫宴初開迓福多敬仰
宸章歌喜起不須刻玉紀遊河
祥雲麗景滿彤闈萱殿春長慶早暉更喜臘先留積雪豐
年預兆普皇畿
叨承恩寵正頻仍義起賡歌重準繩茗椀浮香欣暢沃瀛
洲今日是同登
重華宮茶宴恭和
御製元韻
淑景開榮宴迎寅洽太和祥暉環北極錫命總南訛積雪

豐斯兆疏川進以科
慈闈歡養至
恩詔惠敷多久種蟠根樹隨來合穎禾閭閻同鼓舞殿閣
起賡歌鳳噦
天章麗鸞翔御掖坡
皇躬駢福應魚藻頌其那

重華宫茶宴恭和
御製元韻
聖德寅承懋偕依



世澤長首春開淑景賡韻誦
奎章綺閣霞同麗梅枝雪共香
慈闈暉壽寓孝治煥天常濟濟圭璋品趨趨左右廂贊襄
知侍近揚覲仰前光即此歌賡地欽昭億禩芳幸邀
宸寵渥瞻頌喜無忘

恭和
御製新正至上書房述志元韻
帝學精醕耐討尋溯源洙泗契淵深披帷尚記酬書味傳
道恭欽證聖心池裹氷寒知欲透窗前草色待相侵幾年
儼直
天恩渥欣誦
奎章勵寸忱

重華宫茶宴恭和
御製元韻
深宫恩渥許賡歌樂奏茶清雨露多端石險麋來北闕銀
罌綵勝續東坡香須添辦衣間惹器盡能成席上羅五載
濡毫
天寵渥卷阿鳳噦景春和



道光六年正月初二日　重華宫茶宴恭和
御製
梅花春意足盆植列疎櫳韻起堂之北泥融日在東培根
天澤渥得氣
聖情通品本羣芳植香看數點籠茶同恩並永羹待鼎徐
烘即此陽和景全歸几席中檻初分蕚綠玉早琢龔紅
帝藻敷瓊苑賡歌協律筒

道光七年正月初二日　重華宫茶宴恭和
御製

元氣流通證宿因芳林到眼是青春纖毫入手三分活好
鳥求聲萬戶頌總荷
皇恩周海甸隨教畫筆見天眞微臣喜捧宸章煥企附卷
阿鳳巘辰

道光八年　重華宮茶宴恭和
御製對雪元韻

幾番臘雪兆豐年
天覞原由
帝德全又見瓊瑤輝曲宴咸知凱唱播郵傳承湛露香



盈碗歌奏陽春玉滿田六頃賡揚慙學陋勉思潔白企前
賢

道光七年四月二十一日　皇長子二十初度謹賦
五言長律一章

受福基原厚
皇家積善慶三天勤肄習六藝入翱翔向記懸弧日回披
作繡章幾年趨講席茲旦忭書堂植體仁之靜修途富且
強諮諏人可鑑歌詠璺生香蘭玉
重闈蔭椿萱萬歲長燕謀時錫訓麟衍佇呈祥忝預明經
列初沾介壽觴讀書兼義氣常此近輝光

送程九谿發福建知縣時在順德

夏　梧

名紙傳來恐未眞異鄉相值轉相親嚴疆自古皆多故循
吏於今尙有人前輩論文徵作用書生報國祇精神好將
帝代汪洋德散作天涯海角春

擬觀風樂府六首之二

驅雀鼠惡挑唆也　楊正楷

麟兮有角原不觸雀何無角穿我屋豕之牙者豶其雄鼠



乃有牙穿我墉傍有黠者挑唆起內險外健計則工可憐
鷸蚌相持苦究竟利乃歸漁翁聽以五刺以三發奸驅惡
爲鷹鸇鷹鸇未若爲鸞鳳反躬謀始思乾乾

植楨幹育英才也

寶玉寶善寶孰得樹木樹人樹奚宜一朝成就干霄勢鄭
棟周楨濕爾爲惡土變根當擇地百年之計須及時棫棘
梧檟不並茂非其種者鋤去之場師養工師求寸朽仍以
連抱收涵濡雨露茅可拔滿城桃李花齊發

# 麻城縣志敘畧

## 大事記第十

春秋書災不書祥所以抑滿盈垂警畏於將來也卽其會盟戰伐興作之屬皆非無故而書後來史家奉爲鼻祖若方志爲書疆域有限政績無多紀事必以詳確爲宜秉筆不存褒貶之見斯史志之所由別也麻城地接楚豫春秋則弦黃僨國叠覯兵戎季漢則吳魏當衝時增重戍至南北朝割據僑析碁趙朝秦干戈俶擾迄無寗歲唐元和中平定淮蔡李道古觀察鄂岳實於麻城扼其南五季淮南



分壤楊徐迭興宴然無匕鬯驚者幾四十年蓋千載一時也厥後宋李皐奏復麻城五關以遏賊而元世祖實由麻城取道渡江明季流寇披猖麻尤數遭蹂躪　國初康熙中三藩背逆川楚煽動鬨麻之交盜弄潢池時于清端公任岐亭同知以忠義激發鄉民董率士紳督練團勇勦撫兼施不數月而小醜剷平殲厥渠魁脅從罔治善良安堵如故其不至於玉石俱焚者公之力也咸豐初粵逆跳梁竊據金陵蔓延數省四年始竄麻境邑人士倡辦團防富民出貲貧民出力或越境以討賊或固圉以保家由是義勇之名大振楚北之大局亦賴以全地當南北要衝連年捻粵交鬨遂爲出入孔道而邑中之團防凡三變始而招募防勦繼而聯團合練既而堅壁清野至同治三年大軍克復江寗六年始奏蕩平十數年來所費既復不貲死事尤多可憫然民間忠奮之氣終不少衰者蓋　國家教養之所積亦是邦風尙之所遺也中興奏績　朝廷討功酬庸加廣學額麻城與有榮焉傳曰國之大事在祀與戎祀典非一縣所宜志故是卷於戎事爲獨詳其餘有合於春秋所宜書者并依年編次至若虞初作志小說斯傳雜家者流齊諧著錄原本舊志之叢談新附終篇之雜記過而存之亦足廣見聞而資談故也已

# 麻城縣志卷三十七

## 大事記一

謹按舊志所記自春秋迄明季爲一卷 國初迄乾隆間爲一卷茲復蒐補數條益以嘉道間事併爲一卷至咸同以來干戈俶擾閭井流離上下同仇克臻耆定事多而有徵時近而可信別爲一卷較前加詳至以年爲綱分紀庶務無事不書年仍前志例也新舊記凡三卷事訖於同治十三年方今

聖主當陽湛恩汪濊遐陬僻壤神化同游樂歲休徵所在皆是後有述者尙其秉筆依類而書之



### 列朝

春秋魯定公四年吳楚戰於柏舉（元和志柏舉卽麻城之龜頭山）

魏明帝太和二年滿寵增西陽戍兵吳揚言欲獵江北孫權擬自出豫州刺史滿寵度其必襲西陽預爲之備權聞之乃還（魏志滿寵傳　麻城三國時魏名西陽屬弋陽郡）

吳赤烏四年陸遜以三萬人守西陵遜以西陵爲重鎭國之藩蔽故留重兵以守之（吳志陸遜傳）

晉永嘉元年西陽蠻寇江夏太守楊珉與諸將議方畧騎督朱伺獨不言珉問將軍何以獨不言伺曰諸人以舌擊賊伺唯以力耳

後趙石虎使其將麻秋築城（麻城之名始此見晉書載記）

宋文帝元嘉二十五年（戊子）置長風縣以豫部蠻民故立此屬西陽郡（宋書州郡志）

二十九年（壬辰）西陽蠻反宋遣沈慶之討之（南史沈慶之傳）

三十年（癸巳）宋復遣武陵王駿統諸軍討西陽蠻平之（同上）

是歲罷西陽郡租布（宋書世祖本紀）

孝武帝大明八年（甲辰）省建寧左郡爲縣初分西陽置建寧左郡至是省爲縣屬西陽郡（宋書州郡志）



順帝昇明二年（戊午）沈攸之反遣其將公孫方平據西陽朝以劉懷珍持節督豫司二州郢州之西陽軍事遣建寧太守張謨游擊將軍裴仲穆帥蠻漢軍萬人出西陽破方平軍數千人收其器甲（齊書劉懷珍傳）

齊和帝中興二年（壬午）梁遣軍主吳子揚率衆取三關魏東豫州刺史田益宗遣光城太守梅興之步騎四千進至陰山關南八十餘里據長風城逆擊子陽斬獲千餘級梁建寧太守黃天錫築城赤亭復遣其將黃公賞屯於

㵾城與長風相持益宗使安蠻太守梅景秀爲之犄角擊破天錫獲其二城魏書田益宗傳

梁武帝天監二年癸未魏長風戍主奇道顯取梁陰山白枲二戍綱目

六月大水漂損居民資業遣使周履量蠲課調梁書本紀

三年甲申豫州刺史馬仙琕永陽戍主陳可等率衆一萬於三關南六十里因山起石名爲竹墩遣輔國將軍濟陰太守蔺沛以精卒二千戍之後於關南四十里麻陽舊栅起城仙琕輕騎東西爲之節度關南之民多懷觀望



魏郢州刺史司馬悅令西關統軍諸靈鳳掩擊敗之盡燔其城樓儲蓄擒蔺沛及其將軍劉靈秀魏書司馬悅傳

普通八年丁未刺史夏侯夔自西陽武昌二郡太守遷司州刺史帥壯武將軍裴元禮直閤將軍任思祖出義陽道攻平靖穆陵陰山三關克之梁書夏侯夔傳

陳宣帝大建五年癸巳西陵太守周炅隨吳明徹北討所向克捷齊遣尚書左丞陸騫以衆二萬出自巴蘄與炅相遇炅留羸弱輜重設疑兵以當之身率精鋭由間道邀其後大敗騫軍虜獲器械馬驢不可勝數進攻巴州克之於是江北諸城並詣渠帥以城降進炅散騎常侍追炅入朝初蕭詧定州刺史田龍升以城降陳以爲鎮遠將軍定州刺史封赤亭王及炅入朝龍升以江北六州七鎮叛入於齊齊遣歷陽王高景安帥師應之於是令炅爲江北道大都督總統衆軍以討龍升龍升使弋陽太守田龍琰帥衆二萬陣於亭川高景安營於穆陵陰山爲其聲援龍升引軍別營山谷炅乃分兵各當其軍身率驍勇先擊龍升龍升大敗龍琰望塵而奔並追斬之高景安遁走盡復江北之地陳書周炅傳



隋高祖開皇八年戊申十月甲子隋大舉伐陳命楊素率水軍東下以伐陳陳南康内史巴仲肅屯兵岐亭正據江峽於北岸綴鐵鎖橫截上流以遏戰船素與大將劉仁恩登陸先攻其栅仲肅軍夜潰素乃徐去其鎖引水軍以上焉隋書高祖本紀參楊素列傳

唐元和十二年甲申李愬征淮蔡鄂岳觀察使李道古引兵出穆陵關通鑑

五代周世宗顯德五年乙酉將軍張勳從征淮南攻黃州擊

敗吳人于麻城 宋史張勳傳

宋太祖開寶七年甲戌九月麻城有芝生于縣廨柱上刺史王明取以獻 宋史五行志

淳熙七年庚子大水 舊志

寧宗嘉定十二年己卯金兵侵麻城五關知黃州孟珙率兵禦之 宋史寧宗本紀

十四年辛巳二月己巳金與定五年其將僕散安貞出息州奪洪門山栅統制黃某圍兵五千保黃土關堅壁不出安貞遣輕兵分為左右軍潛登別以兵三千直逼關門



翼日左右軍會於山巔俯瞰關內守關者望之駭愕不能立中軍急攻奪黃土關遂入梅林關拔麻城縣 金史僕散安貞傳

理宗淳祐六年丙午元萬戶史權引兵攻宋虎頭寨克之

開慶元年己未八月元世祖忽必烈以兵渡淮取大勝關遣張柔由虎頭關分道並進南軍皆遁世祖入大勝關張柔由虎頭關與宋兵遇於沙窩柔子宏彥擊破之遂由麻城渡江進圍鄂州會元憲宗崩乃班師還 元世祖本紀

元世祖至元元年甲子十二月黃州地震 元史五行志

按元史蠲恤五行無專屬麻城之條今姑以係於黃州者錄之略為近切 舊志

二年乙丑七月黃州蝗

三年丙寅七月黃州大水

七年戊辰五月大水

十一年甲戌大旱人相食

十二年乙亥大旱疫

十三年丙子大旱

成宗大德二年戊戌夏大旱 均舊志



秋大水 同上

三年己亥十月黃州旱 元史五行志

七年癸卯正月大水

十年丙午七月民大饑詔以米七萬七千八百石賑糶于黃州等郡縣 元史成宗本紀

十一年丁未大疫

仁宗皇慶元年壬子八月大雨毛

七年戊午六月黃州旱 元史五行志

文宗天歷二年己巳黃州路旱免租賦 元史文宗本紀

三年庚午正月黃州饑元史五行志

順帝至正七年乙亥五月黃州大水

十一年辛卯九月麻城人鄒普勝用袁州僧彭瑩玉以妖術惑衆因相聚爲亂奇羅田人徐壽輝狀貌推之爲主卽僞位建國改元以普勝爲太師分兵四出連陷黃州等各郡縣明史陳友諒傳

十二年壬辰黃州大旱荒人相食元史五行志

十三年癸巳黃州大旱

是年黃州復大疫



十四年甲午大旱

明太祖洪武四年辛亥十月大霧雨雪黑色草木竹柏皆枯

八年乙卯秋七月丁丑免黃州府被災田租明史太祖本紀

按明代蠲賑甚多皆統言湖廣並非麻城一縣其專指黃州者只此一條故採錄之舊志

十年丁巳正月夜雨水黑如墨汁

宣宗宣德元年丙午大旱自正月不雨至六月

二年丁未大雨水

三年戊申六月隕霜殺稼

英宗正統十四年己巳大旱

憲宗成化四年戊子大旱

八年壬辰盜刼縣庫

九年癸巳大水縣前河西徙圮東禪寺破泮池

十一年乙未縣頻火災

十二年丙申縣多火災民遭連歲火患皆荷擔而立

孝宗宏治元年戊申大旱疫

八年乙卯固始董宦盤據山谷僭稱王寇麻城

武宗正德三年戊辰六月六日大水射圃民房衝圮無算



四年己巳三月麻城土賊據仙姑洞大肆焚掠

是年麥旅生

七年壬申三月二十八日流賊火縣署公館及民屋殆盡

五月霸州賊劉六等自河南取道麻城至團風奪舟入江殺都御史馬炳然登陸至漢陽焚漢口爲官軍所敗劉六中流矢赴水死劉七等仍入舟至黃州順流抵鎮江至通州颶風大作棄舟走保狼山爲陸都御史完所殲劉七亦赴水死賊盡平

八年癸酉訛言鬼兵至民間皆撒灰擊銅器以自衛

十一年丙子十二月有熊飛過縣逐至北郊獲之

世宗嘉靖二年癸未有虎至縣西北郊食人甚夥

八月無雲而雨三閱月乃止

三年甲申麻城土賊胡廷鳳岐亭人逃居西山每秋徂春來入縣刼掠屢寇岐亭大爲民患提學副使許宗魯臨縣過諸岐亭撫諭之乃退遂城岐亭立捕盜通判署並鐵壁關巡檢司

是年大疫

十年辛卯蝗自商城來其飛蔽日食稻粟立盡



十三年甲午菜花不實悉成人物禽蟲龍鳳之狀

十四年乙未正月大雷

十五年丙申十二月大雷電

十七年戊戌五月十八日大水平地深丈餘 以上舊

三十年辛丑八月蝗自光山來聲飛如雷所過田禾無遺

二十一年壬寅大風拔木發屋民居多被壓壞

九月初四日霜降午後大雷電

二十三年甲辰積雨十旬正月至於四月麥苗盡壞

夏復大旱晚禾無收

十月恒燠桃李皆花竹笋出麥秀實十二月十六日始霜十七日大雨雹

二十五年丙午四月二十日東北有黑氣如牆西南大雪雹雹形如鵝卵如馬首麥盡壞

二十六年丁未十二月十八日大雷電

二十七年戊申夏白兎兩見初見縣東敦陽灣再見香草園皆獲之以獻于官

二十九年庚戌五月初三日大霾雨土黃霧四塞七日乃止

十一月二十五日大霜及霧凡水流簷溜者悉成串珠俗名霜掛識者謂主兵革又著樹叢如蝟刺行人鬚眉



俱白

三十年辛亥五月十八大熱河魚盡斃馬蹄踏土火出

三十一年壬子四月螽黑質而長食麥花盡

六月二十六日大水

九月中旬有鶴集于五腦山數約萬計飛集紫微神祠其旋如蓋其立若排竟日而散次年復來不爽其期

三十二年癸丑五月初三日大水河見怪物民溺死者以千計鄉界道觀河一市漂棄無遺

三十三年甲寅大旱蝗自正月至于九月諸種不收蝗自東
山入無食自去舊志
是冬大疫自春徂夏
三十五年丙辰十二月初三日大雪深者丈許路斷行人
神宗萬歷十七年己丑大旱疫麥禾兩盡人民受災傷者無
算
三十六年戊申大水侵雉堞城中危急忽龍池岸裂斷水洩
城乃獲全有人見神人立雲中以棒斷岸疑以爲土主
神助云



四十四年丙辰八月飛蝗蔽日
四十六年戊午七月十五日有火星降于白田坂自北而南
著草木皆然　彗星見東方尾長亙天
熹宗天啟元年辛酉冬大雨雪凡三閱月
四年甲子秋大霜晚禾無收
莊烈帝崇禎元年戊辰大水
二年己巳大旱復大饑
庚午辛未間麻城譌言有旨贖僕衆口哄傳縣內大亂
欲爲變者忽于教場中矗樹紅旗書萬人一心下懸倭

刀并叛主榜文知縣蔣煜出示云僕之叛主猶子之逆
父臣之背君必殺毋赦至若聖旨何人敢出諸懷中藏
之袖裏僞造詐傳罪尤加等如不速悛將倡亂之人立
刻處死悔禍安分則概宥不論示懸各門衆遂貼然
七年甲戌流賊往來如織然未嘗攻城止肆野掠殺擄無算
房屋盡毀各鄉依山結砦保聚官兵坐視不援凡賊魁
謂之掌盤子餘以綽號行曰紫微星老回回闖塌天射
塌天老曹操過天星一隻虎隔簾燕掃地王闖王闖將
一斗粟混世王八大王邑紳梅之煥倡率捍衛



八年乙亥春流賊張獻忠由英霍取道麻城入陝會合高迎
祥李自成等知縣劉星耀督衆守城賊不敢近據石堰
覇陂等處燒城外北關次早過城下而去由東南入山
掠傷甚慘夏援勦將官鄧玘至麻城紀律嚴明後爲其
下所殺時論惜之
三月湖廣賊陷麻城斬黃大盜抓天王擁衆八百餘人
村民擒之通志
是冬流賊復至陰山畈守將馬人龍雷應乾游擊馮虎
昂均死之先是春間賊過麻城督師使馬雷二將鎮守

險山畈冬賊復至二將率守兵百餘力禦之援兵不至
衆寡不敵全師盡覆
按馬雷死事并詳忠節傳
九年丙子夏蝗飛蔽日薄于林藪盡成蝗樹
十年丁丑春正月總兵秦翼民逐賊於麻城黃岡開敗之老
回回所部整齊八大王九營潰而爲四一支走羅田一
支走團風鎮一支走蘄水一支走岐亭通志
十三年庚辰二月縣民王心宇家猪產五子皆異狀一白象
一黑象俱長肉鼻一目在面中狀甚獰惡一獅首一猴



首形極怪異觀者如堵未幾合縣僕人叛主千百爲羣
乃古今罕有之變識者以爲此獸妖也
三月大疫死者相望于道慘不可言至九月方止
是年大旱蝗
十四年辛巳巡撫宋一鶴會副總兵王允成劉良佐督師丁
啟睿都督左良玉同駐麻城賊至東義洲左良玉潛師
夜襲之大破賊衆俘馘甚多
是年復大旱蝗時冦疫洊臻米價騰湧民病饑人相食
十六年癸未四月張獻忠竄據麻城教諭蕭頌聖縣丞李體
明死之先是春閒獻賊至麻旋卽東去里民明承祖及
僕輩洪樓先等結里仁直道二會活埋殺所讐以倡亂
各鄉皆鳩衆圍城討亂會衆使湯志至潛山縣地方迎
賊張獻忠於四月初六日入城會衆奉以爲主改縣爲
長順州遂渡江攻陷省城安立僞官獨朱山砦不降時
邑人周文江被陷密約鳳陽總督馬士英內應反正受
武衛甲申乙酉閒文江復於黃蘗山共擁張耆樞旋敗
邑又有五腦山公會知縣陸晉錫拱聽而已僑居朱山
縣內大亂以上舊志

按明史闖賊實未嘗至麻城崇禎三年張獻忠始起
關中號八大王竄出桐廬潛太閒嘗從英霍至麻城
合馬守應等入關十六年獻忠爲左良玉所敗遁入
太湖會良玉撤兵復開道出連陷蘄州蘄水入黃州
麻城人湯志者大姓奴也殺諸生六十人以城降賊
獻忠改麻城爲州由是而西陷漢陽僭據武昌舊志
以獻爲闖茲更正李體明或作體用俟考

# 麻城縣志卷三十八

## 大事記二

### 國朝

世祖章皇帝順治元年甲申

二年乙酉

詔免大兵經過地方正糧一年歸順地方免三分之一

五年戊子故明江西金聲桓據省城風聞江北縣民周承謨等因從北鄉倡亂由東南山綿亘及英霍揭竿山谷間知縣徐鼎請兵討平之



八年辛卯麻城訛言有

旨贖僕如前明時梅錮家僕方繼華等歛金囑蠹借曆宦包占丁糧呈控撫院批行復串黨條列主僕九欵知縣徐鼎爲蠹所誤榜揭三日凡邑中臧獲挾退殆盡遂成大變縣人周損容揭羅總督行牌體察諸生王元凱鄒惺梅錮田奕埏等赴省愬變會審讞明麻城丁糧花由糧從田攤丁隨糧派向無包免將方繼華等七人按律正法餘黨復亂絕家長王士杰一家五命衆逼城下時巡按入境檄巡道提兵靖亂疏人徐鼎去官因頒

國朝律例奴僕有

勑賜陣獲家生價買四項四境主僕遂定

九年壬辰旱斗米銀五錢有

詔免本年租稅三萬七千有零十分之二

十年癸巳東山李有實等復倡亂知縣王濬澂任招安解赴交阮洪標下效用復入荊西山圖功自贖被殺膺卹典又有李集柱熊東泉等之亂皆勦平之

十一年甲午有

詔豁免六七兩年民欠租稅



十四年丁酉旱有

詔發積穀以賑之

十七年庚子有

詔蠲免十二年至十五年民欠租稅

十八年辛丑旱

聖祖仁皇帝康熙元年壬寅有

詔蠲免順治十五年以前未徵租稅

三年甲辰有

詔蠲免二年水災十分之三

四年乙巳有
詔蠲免順治十八年以前各項舊欠租稅
六年丁未蝗害稼
七年戊申五月大水衝圮城墻二十餘丈
十年辛亥大旱有
詔免本年租稅十分之三
十三年甲寅鮑世榮周鐵爪萬野于僧頓徹等作亂據龜峯山黃岡何士榮陳于藻等應之據東山時大兵討叛藩吳逆駐軍荆岳間同知于成龍同把總羅登雲率鄉兵禦之協鎮王宗臣鎮蘄水遣千總李長武把總吳國禮領兵赴援至黃土岡遇賊官兵據險剿營賊雖衆而烏合無律官兵至倉皇出應數千人盡持火鎗一呼齊發後復無繼成龍在山上望見麾官軍同鄉兵蹙之國禮中火鎗戰殁賊目何士榮就縛陳于藻降得賊偽印及劄付各名册按名追捕無遺者東山賊平　府志

按澤州陳相國所撰于公本傳畧公以崇禎己卯副車充貢入　國朝仕羅城令遷合州未幾用卓異遷黃州同知鎮岐亭康熙十三年檄攝武昌事時撫軍張朝珍甚信公會東山之亂朝珍語公曰極知君勞且屈然黃州忽有此變非公莫可辦賊公曰　國恩至重公知遇最深敢以區區去就避患自逸哉但黃



州東連廬皖北接光固據三省形勝控制七十二寨其人剽悍善鬭阻險跳梁難以猝勝若公見委須便宜行事方敢受命朝珍大喜自起酌公曰君肯任事吾無憂矣勦撫一以聽君問需兵幾何公曰風烟震驚徒以兵從賊衆我寡反適資亂以前守蒲圻數人與俱足矣遂嚴裝以行初東山之亂也妖人黃金龍詭言得天書寶劍來往興寧山中煽誘愚民守道徐君惺往解散其黨金龍亡匿黃麻劉君孚家君孚黠猾多智數收召亡命亦數數能禽獲盜賊守長令牧多其能每撫而用之公鎮岐君孚亦嘗居門下憚公威明頗以禮法自戢及後得滇逆偽劄書遂與金龍潛結河南賊渠譚以從周鐵爪江西楊寡婦又連英六商固數邑大盜私立將軍元帥諸名目衆號十萬約以七月起事會麻城人欲因以陷其仇家君孚恐遂以五月望反於曹家河擁衆數千人黃守將王宗臣率所部兵駐興福寺麻城令屈振奇率鄉勇駐自杲約日進攻君孚夜遣七騎斫黃將營鄉勇亦自潰退保麻城賊勢甚張而劉青藜鮑世榮陳恢恢李公茂等諸盜所在蜂起公行次陽邏偵知君孚雖反以衆未合猶豫持兩端遂兼程抵自杲未至賊寨十里止宿榜示士民脅從者許自首免罪勢家誣陷者即日赴訴官吏不得按捕過三日不投訴以從賊論於是投訴者日千計公皆宥之賊勢轉孤君孚及其黨素服公恩信聞公來皆莫有鬭志欲即降恐見誅惟擁衆自固公度君孚倉猝舉事違其始謀及衆未聚或可就撫若緩旬日黨合衆集則難爲圖矣遂命自杲鄉約一人持諭帖往布太守待以不死之意度持帖者已至賊所公則獨騎一黑騾命鄉約一人張蓋一人鳴鑼前導徑趨賊寨未至二里許命鳴鑼前導者行呼太守來救爾山中人且鳴且呼君孚不虞公自來倉皇匿後山令數百賊持鳥鎗弩矢夾道伏兩傍望見公皆燃火控弦擬向公公佯不爲顧鞭騾直前賊亦卒不敢發前至寨門門開公徑入抵賊舍下騾即廳中坐衆賊環列其黠者則相率羅拜公問老奴安在老奴指君孚也公佯恨之以聽衆且詰居麾下衆對以有事暫出少時宜可至公問令歲山中爾

水好否禾稼何若汝良民何敢作賊自取屠戮天時酷熱如此汝等父母妻子皆藏匿何所得無自苦乎皆泣公曰熱甚須少憩令一賊爲脫鞾一賊取水來公滿飲數賊支榻揮扇衆賊四向拱立公熟睡鼾聲如雷賊皆驚移時寤因謾駡君孚老奴何爲久不出豈有客至不設酒脯者君孚初意公必以兵來且懼見紿故深自匿及見公推誠無猜遂出叩頭訴所以激變之故公乃爲開陳利害順逆許以招撫與約日而還至月 盡降其衆數千人黃麻數縣皆解嚴朝珍上其事於 朝還公職再命知武昌事朝珍檄公留麻城公親歷村堡度地形所宜分立區保擇謹厚者爲區長置烟民籍凡有勇力有鳥鎗兵械者籍其人區長統之有警則各以其械來會蹤跡不軌者區長立白誅逐敢容隱及不實與同罪於是凡前與君孚金龍潛結爲賊者皆爲烟民皆樂爲公用秋七月經畫有緒行還武昌當是時金龍留君孚所君孚旣無所用金龍因縱之逃與紙棚河賊鄒君申合公已次岐亭移檄東南區長按籍徵得二千人率門下諸生



數人督兵進討駐望花山君申初謂公已還武昌今忽聞以兵來大驚退保山寨公策賊新反未獲食少利在速戰而我兵驟集攻之未必卽克困之則將自潰分遣一軍守象棋山一軍守大崎山一軍守布袋坳度賊走必經黃岡獨馬鞍山一路不守而陰伏兵嶮峽間君申金龍果以糧絕夜走馬鞍山遇伏盡禽公坐山上受俘金龍縛急欲以妖術遁公手劍叱之術不得施遂斬其首捷至武昌朝珍持露布示寮屬曰人謂我不應用醉漢今定何如公食無兼味獨于酒無量臺司皆聞知嘗與大吏抵掌論事大吏觴公公飲耽數十巨觥露幘揎袖酡顏瞋目而語吏人皆竊笑公酒狂及往東山或以爲言故朝珍云然也疏聞晉級八月調守黃州時荆岳兵事急公外輸供億內靖奸宄郡壤以寧十月江西賊犯湖口旁掠興寧蘄州戒嚴又滇逆寄僞劄湖北復大亂陳鼎業合逃兵掠驛馬反陽邏何士榮反永寧鄉劉啟業反石陂周鐵爪鮑世榮反白水畈各擁衆數千人遙連湖口寧州諸賊約以十月上旬取黃州遂及武昌漢陽高山大湖烽火相望城門皆晝閉墟里寂無人各鎮援兵悉隨大軍進攻湖南黃州吏民才數百人至不能備鬮析議者欲棄黃州退保麻城公曰黃州爲湖北七郡門戶我師屯荆岳者數十萬水陸轉運取道于此且瀕江而城控制阻險前倚興寧廬阜後壓天堂金剛諸寨雖祇一郡實東南關鍵釋此不守則荆岳有狼顧之虞七郡成瓦解之勢所繫非僅一城已也吾誓死不去此然吾坐困以待不若相機進勦猶可僥倖以圖存賊勢雖衆皆取士榮進止若先破士榮餘可不戰而下于是遣門下諸生徵集各區鄉勇又分守山險令逃民不得入合賊別遣黃岡令李經政禽鼎業父子陽邏遂平十一月二日率諸生及吏卒二十二人前進次路口村四日次段家店黃協千總李茂昇把總羅登雲吳之蘭以所部五十人來會各區長讀公檄皆感憤流泣召集鄉勇告以同仇之義前來會者有衆二千人于是立什伍標旗幟號令明整卒如素習部署甫定諜報士榮已據黃土坳公遣登雲偕武舉張尚聖以偏師往偵自率大隊進發



七日尚聖等遇賊前鋒與戰賊小卻公疾馳抵尚聖營衆見公來歡噪請賞公徒手無以應惟摩其耳鼻撫其項臂慰勞獎勸衆感激士氣益增下春鄉勇大集有衆五千人營陷金寨下與賊對壘八日黎明士榮賊數萬人自收馬厓分東西兩路夾攻我師賊皆手揮紅雜色旗照耀山野公匹馬仗劍當營門立見東路賊少命登雲率千人禦之自以大軍其西命尚聖攻右之蘭攻左公衝其中堅戰甫合之蘭中鎗死賊鬬益急鳥鎗雨集礮火著處皆穿左右勸公盍少避公叱之曰今日吾死日也敢言退者斬我軍見之蘭死又被傷者衆少卻而陷金寨後民素爲賊誘見我軍卻鼓掌讙譁皆于袖中出小紅旗相摩麾公見勢益急鞭馬徑前迴顧茂昇曰我死可歸報張公茂昇恐失公曰豈有文官死而武官獨生之理彎弓直前發一矢翦其大旗我軍少進茂昇馬被鎗馬倒茂昇步射殺二人鎗洞衷甲換馬進戰短兵相接復手刃數人而尚聖自右山繞出賊後我軍急擊盡搴其旗賊遂大敗士榮手長矛殿後左臂斷猶力戰陷泥

中遂被禽登雲擊賊東路亦追奔數十里是役也斬馘數千山谷塡溢溪水盡赤獲軍資器械無算檻送士榮撫軍所公見賊名籍立焚之衆心以安乘勝進至呂王城茂昇等欲少息公曰自水石陂諸賊本以士榮爲盟主今士榮既禽諸賊膽落捲甲疾趨將自崩解所謂破竹之勢不可失也若淹留晷刻賊備既深據險致死非計之得矣時諸營才午炊公命盡覆其釜以進據鞍草檄有能禽賊來獻者重賞投誠者待以不死脅從欲歸自者但閉門坐家惟櫌鋤無鳥鎗軍器者即從賊概不追問身無鄉勇印號家藏兵仗即良民亦誅死于是衆賊聞士榮被禽既大悔懼及得檄書又知毀其名籍一時解散畧盡師至白水畈鐵爪世榮等尚有親兵數百人欲保什子寨公已先令人守隘不得上脫身走君孚十一日軍定惠寺遣追盡禽之而石陂等賊亦皆平公駐黃市撫戢軍民東山大定散各路鄉勇歸農勘石黃市旗亭間班師而還自出軍至是僅二十四日以鄉民數千破賊數萬不費公家半菽不煩師旅遠征徒手奮身摧鋒



陷堅不疾而速克奏膚功近世以來未嘗有也

是年旱災有

詔著照分數蠲免

十八年己未旱災奉

詔著照分數蠲免

二十五年丙寅旱災有

詔蠲免租稅之半

二十八年己巳奉

詔蠲免餘項租稅

二十九年庚午旱災有

詔蠲免租稅之半

四十四年乙酉有

詔蠲免四十五年民欠凡地丁銀米舊欠未完者並停輸納

四十五年丙戌有

詔蠲免四十三年以前未完銀米

五十年辛卯

詔蠲免五十一年並以前舊欠凡本年地畝人丁銀並歷



年舊欠俱著免徵

六十一年壬寅八月大水衝城垣百餘丈壞民居無數

世宗憲皇帝雍正元年癸卯積雨無麥苗

二年甲辰四月縣鷄翅遍生人指

四年丙午

詔發帑銀採買穀石凡省倉及府州縣應貯之處加謹收貯

八年庚戌有

詔蠲免湖北九年分租稅四十萬兩

高宗純皇帝乾隆十年乙丑奉
詔蠲免湖北十三年分應徵租稅除漕糧項外其地丁銀
米一概免徵
十五年庚午六月連旬大雨山墜洪石近山居民多被沖壓
二十四年己卯六月二十七日大水高阜盡淹
三十五年庚寅七月縣東北飛蝗入境官民力捕之患遽息
十二月二十日卯時地震
四十年乙未二月十四日雨豆
四十三年戊戌大旱有



詔蠲賑緩徵是年太平仙居二鄉五十三區被災七分田
地塘六千二百六十二頃七十畝五分二釐
詔發帑三萬一千八百七十四兩七錢七分五釐蘄州撥
動縣倉穀一萬一千四百十五石八斗五升賑濟極次
饑民貧生二萬五千七百二十五戶男婦大口八萬八
千九百五十六口小口二萬八千八百五十四口蠲免
民賦地丁錢糧及南糧正耗米石折徵等銀四千一百
三兩七錢九分四釐隨同正項蠲免耗羨銀四百五十
一兩四錢一分七釐應徵蠲剩銀兩緩作二年帶徵

五十年乙巳旱災有
詔賑卹蠲緩是年太平仙居亭川鄉一百二十區被災八
分九分田地塘八千五百二十七頃五十三畝九分
詔發帑一十一萬九百七十九兩八錢二分五釐撥動縣
倉穀六千石賑濟極次饑民貧生三萬九千六百四十
三戶男婦大口一十五萬八千六百七十一口小口七
萬二千八百一十一口蠲免民賦地丁稅租及南糧正
耗米石折徵等銀一萬五千六百六十三兩二錢一分
六釐隨同正耗蠲免耗羨銀一千七百二十二兩九錢



五分四釐應徵蠲剩銀兩緩作三年帶徵
五十一年丙午大旱八月飛蝗彌空半月乃止
五十二年丁未四月初二日飛蝗遍野集地厚一寸許旋卽
自斃
五十四年己酉秋豺虎四出食人附郭鬼神壇牛棚山數食
八鄉村夜無行者歷冬乃止
六十年乙卯大旱民多饑死
嘉慶二年丁巳川省教匪起匪首齊二寡婦至安邑意圖竄
麻時無雨河水陡漲匪遂轉竄咸稱隔河遙見有人長

數丈持梃乘馬往來衆知爲福主顯靈云

七年壬戌大旱沿城街巷無故火起人心驚惶各家置貯水器具

八年癸亥旱饑本城紳士派米賑濟饑民

十二年丁卯九月十二日地震

十八年癸酉大旱斗米千錢

二十年乙亥大水衝壓田地無算

二十四年己卯旱

道光四年甲申旱



七年丁亥七月月望嚴龍起直上雲霄衆目共睹

十一年辛卯大水衝壓田房無算

十二年壬辰大水鄉民之食競爲搶奪知縣李紹元嚴法平之

十四年甲午正月十五墩陽區磨石岡巨石裂成數塊有聲如雷

十五年乙未旱蝗因春麥大熟民無饑色

二十年庚子三月二十六日雨雹

二十一年辛丑大水冬大雪深數尺

二十二年壬寅大水春三月雨雹大如鷄子墩陽一帶麥菜盡傷

二十三年癸卯春大疫其年大有

二十四年甲辰大風雨雹七家廟一帶無麥

二十五年乙巳蝗地震七月夜地震聲如雷自南而北

二十六年丙午水沴春季收挖蝗子秋季蝗仍熾紳耆率衆捕之

二十九年己酉大水省垣更甚改於九月舉行鄉試

三十年庚戌六月雨血游蕩山下雨血盈頃腥不可聞



是年恭奉

文宗顯皇帝登極詔舉行　恩科蠲免積年民欠

謹案康熙十三年東山之亂實由逆黨孫延齡遣人招誘所致時則何士榮來自湖南孫將軍來自廣西周鐵爪來自河南散布僞劄煽惑鄉愚麻人之不逞者遂有鄒君升鮑世榮陳頓澈萬野于李公茂王子之等相繼而起岡羅麻安閒各寨蠢動幸賴于公威福督練義勇勦撫兼施不費公家一錢未旬月而削平禍亂眞奇功也與斯役者地方文武官弁本邑士

紳實不乏人乾隆乙卯志迄無紀述簡略已甚年代
既邈姓氏無傳不幾令忠義之士與草木同腐乎玆
旣錄于清端公傳略覘舊志較詳復據于公全集黃
州書中文移統錄叙功官紳姓氏庶足以信今而傳
後亦可知麻民之同仇敵愾仗義從公蓋自昔而已
然也小戎之詩斯無愧已維時官長則知縣屈公振
奇先練鄉兵守隘繼則安撫脅從人心底定爲力居
多鄰邑則有黃州同知佟世俊黃岡知縣李經政羅
田知縣王光鼎蘄水知縣蔣燦千總李茂昇把總羅
登雲吳之蘭百總涂魁元杜保齊安驛丞李德惟吳
之蘭陣亡詳見忠節傳士紳則有羅田武舉張尙聖
生員蕭二至武生陳萬齡黃安貢生彭喆武生葉芳
蘭蘄水生員何翩然等本邑則候選千總劉先定武
舉曾試李大謀貢生吳晉爵教職鄒世美廩生李中
素梅鉶文武生員劉廣定蕭命福程士極戴宗禮吳
之鄒程鎭邦劉青藜龔相旦鄭丹曹洪仁官純恭陶
之璓何繼曾靖天德等隨機贊畫協力行間而劉君
孚先實從賊見幾反正爲于公前驅頗著功績其餘



各處守隘練長則有夏京汪公極丁奇生田穀伯熊
公飛余公俊夏仲昆張輝吉何升安毛翊長童貴卿
陳益之汪正緒丁期生余君榮高巨卿舒楚玉王克
明王方遠毛鱗長董建蕭士蓁劉啟楨董錫董天祿
蔡作楫蔡得春尹公才鄒益能袁興明何見子劉以
廷周伯卜羅甸臣林斗文余仲信陳玉環施之瑞甘
勝左先等均與有勞爰備書之以存其實云

麻城縣志卷三十九

大事記三

國朝

咸豐元年辛亥春大雪平地深數尺

二月袁家厓山忽中裂聲震如雷縱二尺許橫徑二百餘丈深不可測投以石有聲久自堙塞後同治二年五月復裂如前旋亦堙塞今痕跡猶存

二年壬子十二月粵匪首逆洪秀全等起自廣西由湖南出竄湖北武昌省漢陽府俱陷黃州各屬戒嚴是歲有



詔天下各省在籍大員團練禦賊麻城知縣姚公國振首諭城鄉團練

三年癸丑春正月粵賊自武昌掠船蔽江而下直抵金陵踞爲巢穴分股由河南窺直隸

六月有潰賊千餘由河南轉竄至麻城之宋埠知縣姚國振虎頭司巡檢梁柱涵同城廂附近紳士督勇禦之賊退由羅田英山回竄江南

八月賊上竄黃州知府金雲門死之知縣姚公募豫勇二百餘人爲守禦計至冬卸篆韓公寶昌調署縣事大憲諭姚公督練留守

四年甲寅粵匪踞黃州二月僞頭目李三王等分竄宋埠前令姚公司獄李克愼帶豫勇防勦賊佯退以誘遇伏勇潰姚李二公皆戰歿於中館驛城陷署知縣韓公至北鄉督勇時邑紳李克明鄒逝學等皆從之與賊戰於龍困橋敗績韓公死之練首沈登瀛朱濟南王世友俱陣亡勇盡散賊遂大掠謂之打先鋒既而揚言安民四出搜括富民金帛謂之進貢邑中大擾衆方懲姚韓之敗莫敢攖者夏五月東鄉詹兆朱胡金陵童先桃胡鼎三



夏熉余雅祥夏梧等合謀殺賊約期起事各勦各區踞匪部署甫定時僞目黃和尙館木樨河僞目曹天福館木子店將及師期黃賊偵知是夜遁蘄水詹兆朱童先桃等率勇直撲木子店賊館胡鼎三素勇敢義俠持械當先奪門直入賊驚起拒敵鎗刃叢集鼎三力戰相持久之邱本寬繼以火鎗賊始潰衆隨進曹賊爲亂刃刺死餘匪盡殲此咸豐四年六月二十四日事也而石陂區張正德等亦同時起勇擊賊於佛頭山時縣中數月無官典史洪魯珍黃州協鎮雙崇林俱走東鄉詹兆朱

等約石陂義勇送官復城而各鄉團練亦集城下賊戰敗棄城遁黃州先是邑南萬仞區黃品隆於賊入縣之初首倡聯團保境策至是隆率勁勇邀擊遁賊於中途盡奪其輜重器械賊大創去隆之威名由是起奉上憲檄飭暫署本縣城守營事是時南鄉團練則曾瑞華程燕會魯學錦蔡開坊王大堃羅克寬袁學濬等爲首西鄉團練則馮廷錞周匯川郝凌霄李占魁等爲首北鄉團練則馬弼臣黃親佐余光輔伍鳳樓等爲首俱集資募壯丁爲守禦計時漢軍楊公霈奉



命提督湖廣暫駐光山以圖規復全楚檄委賀桑署麻城縣事傳諭各區設局士氣甚奮冬十月賊由黃岡竄各鄉團勇禦之於沙河臨陣東鄉鄒本寬親燃大鎗擊斃馬賊十餘名遂大敗竄去袁學濬程燕會王大堃等帶勇於沙河立營防守署黃州府許公賡藻來麻督勇規復黃州是歲有

詔免本年租稅

五年乙卯春鄒逑學等於城中設忠義局練勇甘紹元於附城設忠義局練勇俱自籌經費楊制軍檄諭麻羅邑紳督勇出境隨營討賊並致手求於黃品隆稱之曰老英雄獎以義勇青旗並獎詹兆朱等以義勇旗集勇數千隨許知府營進取蘄黃下路先戰於岡邑林沙河失利練首程萬華陣亡繼又戰於蘄州張家塝楊制軍大營潰練首夏煩汪名儒等陣亡東鄉李久椿余雅彬等帶勇別出東路屢克賊於蘄水上巴河楊家祠等處迫楊營退守德安而省垣復陷各勇俱回守本境每區立局聯絡聲援旗鼓相應賊不復至

九月邑人馮廷錞詹兆朱余雅祥蔡駿枸童先桃李久



椿戴廷謨等於宋埠立黃武營招選壯勇五百名以前侍衛洛陽吳德水爲之率朝夕訓練悉本明戚繼光紀效新書陣法經費係鄉紳籌應其勇旋爲許知府所調惟餘百人扎守南鄉沙河復移營於木子店之定慧寺

十一月初四日各處池塘同時水嘯高者激起丈餘邸姓家犬乳羊周姓牛產物狀如麟周身生甲甲孔有白毛其色如錫其聲如鐘鳴數聲死

六年丙辰春西南鄉勇隨官軍會剿賊於三店大獲全勝

二月侍衛吳德水帶所練勇將赴江西督師侍郎曾文

正營余雅祥童先桃戴廷謨等從之取道蔡甸制軍官文照之行營隸臬使固始李孟羣麾下時官軍大集武漢祥等以鄉里未靖仍帶勇辭歸吳亦丁艱回籍

夏大旱自六月不雨至於九月禾麥盡槁斗米千錢八多菜色野有餓莩事聞有

詔緩征本年租稅三分之二

七年丁巳春穀米騰貴白杲富戶羅守禮思禮志禮等買米散賑兼設粥廠貧民皆就之食河南飢民至者數萬八入秋始回籍



秋有蝗自北來稻盡傷

八年戊午春三月初九日黃霧四塞粵酋陳玉成號四眼狗擁大股賊長驅入松子關麻羅近界團練協同堵禦賊勢張甚團勇不能支俱潰散初十日賊踞木樨河十一日復折而西竄縣城知縣汪敦仁聞警攜印至北鄉收集練勇閻家河團紳夏文高禦賊陣亡有將領李曙堂者帶勇五百人與賊戰於伴仙區敗績賊遂踞城守備堅固四出抄掠各處鄉勇陣亡甚多統帶步軍觀察李公續宜率馬軍都統舒保副將鮑超張文煥等共十餘營赴麻圍勦駐劄烏石山等處始至之日張文煥以本部兵轉戰而前追賊逼城下焚其木柵突中伏礮陣亡鮑超初屯望花山自以馬隊數十人至黃土岡相營有賊千餘突至圍之數層鮑力戰殺賊無數而身受重傷正危急間千總胡達橫刀大呼馳救鮑得潰圍出胡遂被害官軍屢挫相持旬月賊燄尚熾既而方伯李公續賓統兵繼至乃周圍築長濠以困賊絕其出入之路賊始懼知縣汪公由白杲至東鄉團紳夏梧詹兆朱余雅祥童先桃甘國楨鄒炳照程午等聯絡二十四區鄉勇



營於石城砦并募豫勇千餘以遏東路南鄉團紳羅克寬王大堃蔡開坊胡潛泉魯學錦董慶舒羅慶雲等聯絡十七區鄉勇數千人營於黃土岡爲官兵聲援鎗礮聲晝夜不絕賊不敢出城一步死傷極多五月初四夜大雷雹乃乘機於黑暗中出北城遁走陷門關竄河南而去汪公調任岐亭同知署縣事爲王公頌三亂甫定補行四屆童試於六月縣考時東南兩鄉募勇之費諸練訴於郡中知府許公素悉麻城團練得力因諭捘起以資防禦十月知縣易光蕙涖任復定四鄉團練之議

九年己未春合邑奉撫軍益陽胡文忠公諭起團練按畝派費設總局於城内而以馮廷鎬詹兆朱王大堃郝凌霄等主之東局則童先桃余雅祥甘國楨李夂椿等南局則胡濬泉吳德潤魯學錦羅克寬等西局則周匯川李思儉林宜之周兆玉等北局則余光輔黄親佐馬鵬臣伍鳳樓等修松子關長嶺關雙廟關大界小界馬鞍山等處碉樓卡房各以附近局紳督修立禮右營練勇五百名以夏梧爲管帶蔡熒光田春魁佐之駐劄兩路口經費由總局勸捐旋以事平費絀營局俱罷



是年春有蝗五月初夜半暴雨及辰蝗盡死民間有番瓜成人形柏子結成猴首者

十年庚申補修儒學殿廡夏五月知縣吳林泣任稟撤各局於城中改立與守局以城紳李克明李廷榮戴廷謨王廷佐等主之奉諭環城修築空心礮臺共二十二座補用府湖南梁公作楫統帶凱字全軍駐守麻城加築城垛每門建鐵閘浚濠數丈沿城密佈鹿角梅花樁守備漸固

六月龍起白臬山先是有樵於山半者當晝忽雲湧樵懼雨趨石洞以避倏見小紅虵尺許從洞外過下前溪飲水身暴長十餘丈少頃沿溪上縮小如前隱入石隙樵驚而瘖遂不能言至是已二載龍自白臬山騰起震雷一聲瘖者乃能言始述其異

秋七月雨雹大如雞子傷禾稼仲冬桃有華

十一年辛酉二月初二日粤逆陳玉成糾同捻匪襲瞎子十餘萬由英霍竄撲松子關成軍門大吉以五營駐守信安卡東鄉夏梧李夂椿南鄉魯學錦等會羅田練首共督勇數千爲之左右翼官軍出關迎敵血戰連日賊



屍積如山猶無退志軍門親自督戰陣斬捻逆龔瞎子等龔爲豫省著名巨憝賊奪氣遂大敗由別道竄蘄水官軍獲首功三千餘級輜重旗幟器械無算此修碉後第一功也事載胡文忠公遺集中 三月賊復由蘄邑落兒嶺竄至麻城防軍梁作楫出隊禦之戰於烏石山副將劉中和先馳賊馬逸不能止繼者莫及群賊蜂湧至望者遙見其奮舞大刀殺賊然莫能援救遂遇害梁與知縣吳林縣丞趙寅東典史金臺及城紳分率軍勇嬰城固守賊不敢逼八月竄至上巴河復爲成軍門所敗乘夜折入

黃麻㘭卞忽北風怒吼揚沙走石空中如萬馬騰沸草木皆兵賊大懼奔退自相踐踏死者不計其數人咸謂紫微侯福主顯靈也九月官軍克復黃州賊由巴河鼠松子長嶺兩關竄六安

同治元年壬戌春

詔開御極恩科麻邑加廣學額二名

六月商城教匪羅五崑以妖術惑衆潛於麻羅交界之區煽引徒黨欲為亂民間洶洶訛言四起黃州府黃公益杰強幹敏決向以諸生襄辦胡文忠公營務積階擢



知府羅田令何某遽通詳府省請大兵平勦時方府試東鄉余雅祥詹兆朱等以送考在郡城黃公召詢備細且籌方畧余雅祥議陳鄉愚無知為匪人煽誘究竟善類多而邪僻少不能為禍遽與大兵既慮激變且擾良善向來督練俱係讀書之士誠得一二人奉檄旋里查辦殲厥渠魁脅從罔治必能消患於未形黃公善其言即檄飭木子店詹兆朱胡鼎三星夜馳歸兆朱子國珍與童先桃等帶勇擒獲羅五崑詹雞婆并其黨十數人縛送縣斬之餘黨解散免究羅田亦擒治為首數人事遂定

二年癸亥春二月十八日捻匪張總愚牛老紅等由小界嶺竄入時參將王允昌以數營自壬戌即駐守麻城副將楊朝林守北界與賊戰於陰山畈衆寡不敵敗退入城賊踵至城下有黑馬賊剽悍異常直衝至城濠王允昌親燃巨礮斃之賊喪膽竄白杲三月復由黃麻㘭取道竄光山四月巡撫嚴公樹森至麻城札委詹兆朱夏梧余雅祥等合辦麻安羅三縣團練因事中輟仍札飭大定局李久椿提勇守松子關卡



三年甲子春雨土汚衣夏大疫

是年曾文正督楚軍圍江甯甚急克在旦夕賊自關中出者僞扶王陳得才僞端王藍成春僞啟王梁成富僞天將馬融和倪矮子糾同捻逆張總愚牛老紅陳大喜等直趨湖北衆數十萬號百萬欲下援江甯為楚軍所扼不得騁遂取道隨棗黃孝至麻城綿亘數百里蹂躪鄉村焚殺甚慘難民逃入深山窮苦萬狀參將向百福以毅桓副右營駐守麻城防備甚固時知縣范琨教諭劉用宣縣丞傅維祜典史金臺同城紳相與協力晝夜

巡守劉教諭以積勞得暴疾卒附城難民俱入城幾無隙地加以大疫向百福設藥局并粥厰所全活甚衆書記萬明儒年少有膽畧時出哨探招降賊目高國保馬融和等七百餘人於城外安劄成軍門大吉副將楊朝林安徽臬司英翰總兵張曜等陸續俱至分途攻勦賊踞白杲閔集一帶連築土壘木柵十餘處六月聞官軍已克江甯賊無所歸氣大沮七月親王僧格林沁率大軍北來先鋒陳提督國瑞驍勇善戰由商城馳至傳殘甫畢拔營遽進賊駭甚衆軍合圍乘之遂大潰下竄蘄



州陳國瑞追躡甚急賊轉竄松子關又大敗之賊乃由土陂冲折經白杲竄黃陂德安而去親王大營至麻城復旋旆尾追直至山東境湖北肅清是冬大憲議捻匪合粵匪餘孽蹤跡飄忽已成流寇申明堅壁清野之法以禦之由是易團營爲砦堡四鄉一體遵辦

四年乙丑春大雪秋旱

是年冬流寇據新洲竄宋埠馬軍都統舒保擊退之

五年丙寅春重修關帝廟廟被兵燬至是守將向百福捐貲重修又於左側立昭忠祠

九月捻匪由光山竄至白杲居民皆入砦自保城中戒嚴向百福同各官紳士五門分勇守禦賊不敢犯由新洲竄河南

六年丁卯春二月流寇集河南爲官軍所逼由白雀園南竄入麻城城中向營駐守各鄉砦堡防禦嚴備賊無所掠食官軍兜勦尾擊賊屢受大創復折而北竄自後不復入麻境此堅壁清野之成效也賊遂竄入山東淮軍爲圍地勦賊之計漸就殲除而全楚從此安堵矣

七年戊辰彙報軍興以來疊次捐輸詳請加廣學額



八年己巳奉部覆議准麻城加廣文武學額各十名并前胡文忠公奏廣三名以後永遠定額二十七名又暫廣一次文武學額十五名

九年庚午補修儒學鐘鼓亭

秋北鄉大疫

十年辛未麻城西南鄉大疫

七月有蛟起於朱家官塘後井中

十一年壬申重修知縣及縣丞典史衙署咸豐甲寅文武衙署均爲賊燬惟麻姑樓獨存至是年知縣濮公文昶諭

邑人王廷佐等勸捐重修

十二年癸酉夏六月十四夜九愚中暴雷雨有蛟起衝圮田地民居漂傷人畜

附記南門外教塲暇雷擊斃工人張啟甫神先降幼童周義順體歷數甫惡跡警衆然後斃之並其居屋轟碎童如夢醒所言絕不省憶

十三年甲戌重修五腦山福主廟

十一月

今上登極大赦

詔開鄉會恩科



陸祐勤曰傳有之國之大事在祀與戎古諸侯祭其宗廟社稷與夫封內之山川此祀事也悉索敝賦上從天子征討不庭下以自固其封域此戎事也今日州縣地方百里大者或數百里與古侯國何以異然其春秋祀事奉行禮部文檄而已而戎事則又文武不相統轄承平既久人不知兵一旦寇患突至非束手待斃則委而去之遠事無論矣嘉慶間川楚教匪蔓延四省十年乃殲至咸豐之初粵逆起自交廣橫行中土而土寇捻匪又所在糾結蹂躪十數行省壞郡縣以數百計守牧令長摧心喪魄奔走而失據使能先事而豫備之臨事而堅持之何至天下洶洶極國家之全力遲之二十年之久而始得中原蕩定乎然州郡罕聞保障之功而草野自効同仇之義麻邑境地褊小介於江淮楚豫之交當南北紛爭則首攖其毒六朝兩宋前事昭然明季流寇之至而即去者則以所窟在秦蜀而所志在梁晉燕趙間非爲守江守淮之策者也至咸同中髮捻交乘而麻城又爲戰場矣其時東南糜爛羣盜如毛雖有官長擇便地以自利遑計何處爲吾土宇何人爲吾子民即或一時憤激有殺賊致果之思而無餉無兵何所藉手乃麻邑四鄉忠義奮臂一呼合邑之人雲合霧集電激霆震或數十里爲一局或數百人爲一團屢復孤城疊斬要逆家自爲戰人自爲守此固



朝廷休養生息涵濡之所致與創深痛鉅憤極思奮之不得不然然環顧全楚數十城中其被寇之久與倡義之早殺賊之多孰有如麻城者乎壯者奮身以捍患富者傾家以濟軍書生亦投筆從行婦穉均舍生

殉義寇雖出入於漢黄之間而兇鋒屢挫旣不敢肆其野掠亦不敢久踞巖城然後賢能之宰援勦之師萬衆一心聲勢聯絡遂斬捻首肅邊境而黄州全郡乃得晏然共享太平矣假令江黄之間有大力者出提而倡之舉麻城久戰之義勇越境攻勦南清江左北靖中原庸不足與湘皖諸公之糾鄉人鞠義旅掃除羣醜光輔中興高爵崇勛震耀乎寰宇者並肩而比烈乎嗚呼麻邑之人何幸而有此忠義之徒藉團練之衆以保此孑遺也麻邑之人何不幸而不逢傑



出之彦率忠義之徒收滅賊之效相與共其功名也是殉有數存乎其間矣然自軍興以來凡邑之敵愾同仇與仗節殉難之士固已屢登於奏檄而見褒於
朝廷至今赫赫若前日事亦偉矣哉邑人猶慮其久而就湮也原志中有兵事團防等篇文繁冗失實故不具錄擇其信而有徵者書於大事記中其在事之尤爲出力者更存姓名於簡末後之人睹已事之禍而爲未事之謀順人情以作士氣杜外患而絶内奸官與民如身之使臂臂之使指無事而衢歌盈路有事而衆志成城則此記也實方來之軌轍而當世之蓍龜非徒爲表章前事而已維時城廂從事者自咸豐初始事團防迄十一年特設與守局轉運軍需臺協助城守則有即選道鄒述學同知甘兆元都司李克明武舉徐上達庠古元貢生鄒纘謨監生熊太臨監提舉李廷棨縣主簿戴廷謨州同范在椅訓導張維城從九王廷佐附貢生李廷槐等爲之首而縣丞鄒開旦軍功熊成耀議叙熊廷曜廷揚彭振芹州同王思功熊天耀從九熊紹洲熊天曉生員熊思善府經



歷熊天奇武生鄒士鑑從九周仍校唐程萬監生楊正元陶錫熊軍功唐玉清武舉白兆科貢生白紹熊員熊文柄監生王慶和庠奉璋軍功張維墊議叙陶儘先補用守備鄒春元千總鮑翼六品銜周炳乾職啟珍生員宋鳴瑞從九熊天錫宋均平周先實何輔臣五品軍功梅錦驍監生蕭瑞年蕭汝弼李映奎張詩望萬承寵甘受和從九陶啟瑞劉能華萬書軒周喬棟梅在馨州同鮑承喬武生高登雲李萬鵬軍功高澤梅中書銜吳祖鴻監生丁達潤蔡駿根州同李

繼唐曾初登等佐之南鄉則增生曾瑞華歲貢羅映奎訓導胡濬泉大挑知縣程燕會增貢曾學錦監生程謹儀州同吳德潤花翎浙江同知傅以軔監生蔡觀國戴其潤從九粱楚甲四川補用知州蔡開坊江西萬安知縣袁學濬五品銜中書王大堃州同夏之澍監生尹楚昌董慶舒州同羅克寬羅慶雲雲南補同州同知蔡寶書監生鄒成瀚從九鮑銛藍翎千總程輔弼監生余天榮等爲之首而監生周瑞林劉錦松羅立義舉人吳玉亭翰林院待詔傅爲琦軍功董



金榜李兆梅監生傅爲豫文生傅學源傅爲愷知縣鮑鳳文軍功羅佑熙姜大典監生傅承鰲文生楊錦臣王鳳儀監生戴玉輝羅立廣蔡道源鄒開鵬從九魯繼斌監生吳光烈王仲登從九胡坤元貢生鄒希藻監生戴楚翹羅華藻粱宗賢朱德增歲貢蕭芬廩生葉煥芸貢生甯廷采分發四川知縣舉人陳巍煥文生婁漢章監生江才秀劉謨思戴光笏王方謨封職王寶善軍功袁學濆鮑玉麟胡正益監生徐光褒封職王煥章儒士文生朱英監生丁達乾朱杏林夏炳南職員戴廷相千總銜武生石文中生員鄒士鍾千總銜葉廷楨監生涂作霖蕭錦春鄭光璜鮑馥堂軍功陳星階余士俊董躍龍等佐之四鄉自咸豐初倡辦鄉團迄九年合團以保境勦賊東鄉則教諭詹兆棨監生胡金陵胡玉璋文生童先桃胡鼎三千總邱本寬舉人夏梧余雅祥縣主薄李久榛文生甘國楨都司鄭家駒監生張正德軍功李忠興武舉田春魁武生方鴻輝國子監學正張文煌文生鄒炳照監生彭開運等爲之首而貢生熊汝楫文生余奎監生



余雅榮余謨定余雅彬文生程午邱陵都司熊占元監生曾占鰲張際會武生汪化鵬監生屈大黃田先潤州同丁朝銘曾紀三文生喻佩玉監生夏喬松廩生詹飛楷監生李汝霖童生毛大申監生胡全信鄭光壽貢生喻鎮五儒士汪名儒文生熊薰胡茂榮貢生蕭方升鄒桂星監生丁朝森鄒步青胡心菊甘夔奎黃文楷歐陽文台軍功童先楊謨世堯曹學純李中敬王大昌李忠燮黃丹林曾大臨鄭傳盥鄭傳倫張正鰲張正本張正順張正緒千總程萬芸從九胡

翹齡五品銜蔡福升軍功蘇德標胡志堂胡志伊監生雷生華等佐之西鄉則衛守備黄品隆監生梅啟懷藍翎同知馮廷錧歲貢周淮川知州銜教諭郝淩霄監生林宜之生員周兆玉劉德馨監生羅啟宇李思儉鄭兆棫李占魁附貢郝兆階從九張子慶都司李楚雄貢生成功炳監生吳亮釆生員陶熙載監生李宗煥等爲之首而監生余獻芝軍功洪森訓導項映藍翎都司唐德潤監生項其昌毛大梁職員唐應璘附貢毛景義廩生王介沂理問傅成理職員周海



珊文生熊兆松張法渠劉猷奎軍功胡大倫監生劉能捷都司王藍田監生郝芳蘭劉世藻王耆香胡秋泉周鳴鐸何維麟軍功胡大品職員郝輝楨理問屈文燮歲貢袁魁監生龔文蔚周茂株林瑞庭武生吳鳳鳴李應魁文生王錦襄蔡楚材監生張之彝喻經綸五品藍翎劉芝松監生周貢南唐簡金秀茂文生鄧玉成董玉珂監生張會元李文箄理問陳錫疇訓導羅香監生彭三捷軍功蕭德瑞貢生袁繪廷職員李先舉人王光柄監生林向元謝家樹徐行業貢生

彭文煌監生周濟利陳大恭余文學胡禎祥童生揚德美武生盛學渥監生陳德耀陳華萬等佐之北鄉則文生張問政監生蔡大坊洪汝弼刑部主事蔡熒光儒士沈登瀛監生朱濟南王世友州同余光輔升用知縣訓導郭時湘文生馬弼臣郭時溥伍鳳樓監生黄親佐嚴培瀛伍鳳章張錫胡孔謨等爲之首而耆民婁善謨監生李玉書潘祥榮張之炯舉人蔡蔾光生員蔡覲光童生邱士舉文生張星藻職員張之俊黄立亭丁萬青監生丁瑞蘭丁紹松董戒三段華



何時霖職員朱煥奎監生黄琮熊名泰文生段暐丁輝蓮監生洪慶昌等佐之爰備書之以昭示於後至鄉團易而爲砦堡堅壁清野底績承平自是而修廢舉墜襄理善後諸務尤著成勞其姓名已分詳於建置碉堡及本事條下不復贅

按宋呂伯恭氏本龍門之書上自獲麟之歲下迄漢武征和之初博採旁搜以年繫事不敢自方魯史遂以大事名篇明王禕踵而續之自漢征和至後周顯德止此大事記之所由昉也古越章進士學誠以著述雄於乾嘉間歷修郡縣志乘尤以體裁爲主具詳所撰文史通義中麻城乾隆舊志知縣黄君書紳帥延章進士纂修有紀傳考畧諸目蓋兼通考通志之體而爲之顧其體則是其文則非轉不如康熙志之

簡而有法蓋志未竣而黃巳去官繼之者或別有所
畀故書成而進士未爲訂正也其書首列 皇王大
事紀歷朝大事紀二卷倣呂氏王氏之例易記爲紀
意義相通顧自有本紀世紀以來所謂紀者專載歷
代帝后之事子長施之西楚霸王後人猶以爲病即
鄭夾漈亦竊於正朔之君而割據者別入於載記大
事爲紀得毋僭乎新志原本蕪累已甚而此篇獨改
紀爲記則誠進士之一失而爲原志之一得矣遂仍
其舊以殿於篇



# 麻城縣志卷四十

## 大事記四

### 雜記

岐亭城北五里許杏花村陳季常祠之後山古松一株高不逾數丈幹闊數圍其大枝四若按方而出幹聳忽偃枝墜乃升修廣均一盤踞石上陰蔭數畝可近而不可犯焉每逢甚霜雪尤爲挺峙今歷數百年杏花空名是松獨在其亦歲寒後彫之僅見者與俗傳爲陳公手種陳公異人也故所植亦異舊志



東坡云龍邱子自洛之蜀載二侍女戎裝駿馬至溪山佳處輒留數日見者以爲異人後十年築室黃岡之北號靜菴居士作臨江仙贈之云細馬遠馱雙侍女青巾玉帶紅靴溪山好處便爲家誰知巴蜀路卻見洛城花回旋落英飛玉蕊人間春日初斜十年不見紫雲車龍邱新洞府鉛鼎養丹砂龍邱子即陳季常也苕溪漁隱叢話

岐亭右橋東坡先生訪陳季常常會於此廣輿記

坡公往岐亭宿團風夢一僧敗面流血若有所訴明日至岐亭以語陳慥季常皆莫曉其故公與慥入山中道左有

廟其神像之側有古塑阿羅漢一軀儀狀甚偉而面目爲人所壞僕尚未覺而惜忽悟曰此豈夢中得乎乃載以歸使僧繼蓮命工完新遂寘之安國院左龍右虎蓋第五尊者也 東坡全集

黄州岐亭有王翊者家富而好善夢於水邊見一人爲人所毆傷幾死見翊而號翊救之得免明日偶至水邊見一鹿爲獵人所得已中幾鎗翊發橐以數千贖之鹿隨翊起居未嘗一步捨翊所居後有茂林果木一日有村婦過林中見一桃熟而絕大獨在木杪乃取而食之翊適見大驚



婦人食已棄其核取而剖之得雄黄一塊如桃仁及見而吞之甚甘美自是斷葷肉齋居素食不復殺生亦可謂異事也 東坡志林

王翊麻城岐亭人得石子如桃黄翊吞之自覺精神有異建桃黄菴號桃黄山人明邑人熊吉爲之贊 舊志

東坡在黄州陳季常慥在岐亭時相往來季常喜談養生自謂吐納有所得後季常因病公以書戲之曰公養生之效有成績今又一病彌月雖使皐陶聽之未易平反公之養生正如小子之圓覺可謂害腳法師鸚鵡禪五通氣毬黄門妾也前輩相與可謂善謔 宋稗類鈔

季常好賓客喜畜聲伎妻柳氏奇妬故東坡詩云龍邱居士亦可憐談空說有夜不眠忽聞河東獅子吼拄杖落手心茫然河東獅子指柳氏蓋用河東女兒身姓柳之語也又東坡與季常札云季常未嘗爲王公屈今乃特欲爲我入州州中士大夫聞之聳然使不肯增重矣不知果能命駕否又云數日前卒然過江游寒谿西山諸勝殆過於所聞獨以座無狂先生爲憾耳狂先生謂季常也 洪容齋隨筆

鄒中丞來學會以食墨答一太守及道卒於淮陰驛受答



者爲搜行橐意欲發其贓私則惟奏議數卷朝服一襲而已乃愧泣設祭焉孫騏刑科給事中以耿介稱歸家常箸草帽跨蹇驢出入惟一老婢如無官者

董樸以行人奉使過華容謁劉忠宣公大夏飯之惟脫粟蔬肴而已樸知忠宣砥礪之益以清節自勉歷官參政所至皆著廉名 查初白人海記

李孟白尚書長庚居官居里未嘗失一言一色宦橐蕭然惟集書於小樓手不釋卷喜作小行草書殊工兼精花鳥繪事博通釋老及占候諸家之言晚自號西有道人

萬歷武解元周宏謨以守備偕沈惟敬宣諭倭目推誠侃論倭爲讋服倭軍師元蘇以詩相贈答有太平花在筆頭發之句遂輸誠欵獻還朝鮮王京返王子陪臣如約倭軍退保釜山待命所餘米芻豆無算還疏倭情甚悉復遣往議封貢至朝鮮仁施縣去釜山僅九十里倭遣島太守來迎偶患病三日不藥卒朝鮮王子哀慘觖望見諸祭章建天朝大將軍周公祠在國

邱坦之太守齊雲子少馳聲藝苑極爲袁玉蟠伯仲所賞他如董思白陶石簣黃平倩顧開雍皆樂與之友游踪遍南北凡湖山名勝交徒同趣昂竹彈絲推花評鳥俱臻佳妙翰墨倣趙文敏米南宮至揮灑少年埸千金立盡有李太白之風後就武得儁官海州參將以歸 按坦之後名坦

彭信古與季弟遵古從伯兄好古學皆嗜讀書而信古獨勇常戲舉大石數十力礦山有物作祟時爲素女粉帳傷人一夕力叱之如山崩詰旦視之乃一白狠斃於巖下

孫一謙爲南京司獄官於獄四甚有恩惠舊例重四米日一升卒爲獄卒盜去又强弱不均多有不得食者四初入獄往往驅之濕穢地一謙一切嚴禁手一秤秤米計飯按籍均給衣被爲浣濯補緝終其官囚無凍餓凌虐死者兵部侍郎王用汲聞其事皆加歎異欲爲之地而一謙已滿三載考轉吏目去矣王世貞贈以詩云青山白馬帝城西祖道無人日欲低猶有苦廬方畝地赭衣能作數行啼蓋紀實也一謙不之官徑歸至鄱陽湖舟中恍然見有請爲謀土地者與之應答妻子駭之不數日卒鍾惺曰官無大小要在克盡其職與民有恩惠耳孫公一獄吏觀其用心可以不朽矣 此上新輯

御史董綖爲行人司使安南途中夢金神捧盒出內貯人頭於鼻內取出雙筯食其二睛仍以筯插入鼻內隨捧牌一面上書青草池邊六六灣又書曾讀輿圖四字寤未解其意至安國王會宴以麵作人首待席除二睛外皆置以毒綖如夢食之得無害徐與綖談及中夏事故卽出一對云黃河岸上三三曲綖應聲曰青草池邊六六灣安王起席拜服曰妙對天使何知小邦土名物產綖曰曾讀輿圖始悟夢兆三三者九曲也六六者三十六灣也 舊志

正德初霸州賊劉六等流刼河南山東直隸等地方辛未四月賊首陽虎由商城至棗林崗遇農夫問道少間失所

在見神人乘烏駒于雲表驚懼遁去神蓋紫微侯張將軍也舊志

歐陽鳳正德十四年己卯鄉試第二爲陝州學正以才學名嘉靖初適有察院入秦各官送至黃河風浪大作祭祀將備命鳳讀文係空紙一幅限天字頭盖字尾鳳卽應聲曰天子命我巡彼朔方道涉斯河行將西往途次無備恭敬是將風浪不作恬靜如常祐我既渡之衆凡過我而渡者咸保其無恙察院謝曰此真霹靂手也後首薦擢四川御史未赴任而没舊志



李沐麻城人始爲縣吏官令出票取堂鼓云務要緊綳密釘輕擊遠聞且晚同聲陰晴一韻令賞之勉令就學後中順天鄉試會建橋於官田畈鄉人名其橋爲李沐官人橋舊志

西陵梅長公慷慨好任事能急人之難不避禍福李孟白與人油油然無町畦崖岸衆寡大小咸敬不敢慢劉三輩刻約自處不妄與交令其縣者倘多不職雖登門不一相見時人目爲西陵三老明鄭仲夔冷賞

梅少司馬克生在寧夏時誘降哱賊許以不死後督撫專命殺之司馬耻其言之不行有負於降而死者卽日告歸終身不談寧夏事同前

麻城一富僧碧璠曾捐百金助村民築寨保衛一方徒無窮欲受戒璠不許徒夜走至杏嵩和尚處稟戒而回碧璠一見大怒裂碎三衣撲破瓦鉢當晩方睡卽見韋馱尊天震怒痛駡云汝是何人敢毁如來法寶耶立欲以寳杵擊之璠叩頭求懺韋尊曰念汝修寨有功姑去一臂以杵輕輕向右臂一點璠狂叫而醒數日内忽右臂暗消止長七八寸手拳如小橘懸肩上至今師徒皆在焉余師姪吼木述甚詳靈隱晦山樵現果隨錄



麻城二孝廉一信佛一慢佛同讀書地藏殿忽一親戚饋狗肉至信者麾令去曰莫兒戲慢者曰大人不見小過信者倉皇避至門外慢者反上佛座欲夾肉戲菩薩纔舉至空中忽一推塌地倒仆立死少頃門外孝廉亦死同入冥府見慢者拷掠箠榜百刑皆受以頸陷枷枷上火起遍體燒爛冥君向信者曰汝信心不應來今汝來者証知彼受苦傳示人世耳勅令回陽遂甦杏嵩支浮和尚反廓門西堂親述同上

麻城龜峰山頂有人跡石唐眞應禪師立化之地足跡印入苔蘚間深四寸許又白艾出龜峰山　廣輿記

麻城九龍山柏子塔唐德宗四年建塔九級覆以鐵鑊鑊旁一柏盤根而生每立秋日午塔無影　許鑽曾東還紀程

麻城東宜州市上有一福主神甚靈其廟向河隔河市人不知迴避排數十屎桶往來人溲溺恰對廟門忽一夜福主運神力挽轉其廟背河向野至今稱反壁廟焉　晦山現果隨錄　按東義誤作東宜

麻城劉同人嘗著南京景物畧未成余宦黃時求其遺稿



不可得或曰爲好事者竊去葉慕廬云王敬哉宗伯撰于奕正傳于生南行將著南京景物畧竟以友夏不果惜哉帝京景物畧奕正畧例述云帝京編成適與劉子薄游白下朝游夕述不揆固陋將續著南京景物畧已屬草矣則此稿當在于氏處　宋牧仲筠廊偶筆

毛鈺麻城人侍御鳳韶之女適劉嫁十一年而夫死忍死事姑居一小樓誓不逾閾父病劇呼之終不肯歸寧也少讀書能詩老而益工年七十九目不見字猶使甥輩讀而聽之其好學如此鄉人以文貞稱之　廣輿記

麻城萬松亭宋令張毅植萬松夾道立亭其中又名萬年松　同前

曹石霞名應昌楚黃才士領已卯解癸未捷南宮父爲雲南州佐卒於官石霞入滇扶櫬抵常德疾作假寓德山古刹及病愈就道德山和尚元直送別曰居士筋斗不遠老僧亦隨後來及石霞病卒雲南柩過德山元直上堂說法次日圓寂先是石霞入滇出順寧府巷遇四齡童子扳與大叫曰曹某係我楚闈首卷門人也石霞挽入寄室中耳語言予爲浙江山陰章格庵投胎此地相候久矣石霞贈



詩云幕中堂上換投胎誰把原封錯用來滿口胡謅雙腳跳至人終是未曾孩是夕童子歸語其父母云我與曹某共結蓮胎去矣遂坐化　徐岳見聞錄

麻城東郊外齋公王君長齋三載忽染惡瘡周身糜爛痛不能忍心生退悔一親友往問疾慰諭曰公持齋人也佛天當默佑汝王曰吾持齋三載反招此惡報齋有何益乎友曰汝意不欲有此齋賣與我得否王曰如何賣友曰算一分一日三年當得銀十兩八錢也王大喜遂書券得銀明日將破齋戒當晚忽見二鬼使來大罵曰汝以薄福十

箇月前命祿已盡以持齋故延捱至今今乃賣去命算反透在汝身矣立勾拘逼行王叩頭流血求緩一夕當退銀誓復長齋急呼親友索券友曰吾昨持券歸便於佛前禱告焚化矣王悔恨立死現果隨錄

楚黃李公孟白歷階至侍郎多厚德爲外官時一人自稱座師子見公詢其履歷待之甚厚其人要求無已未幾眞者至始察前者之僞適其人復來請託公徐曰儌世兄昨至見館署中其人皇遽而遁又黃俗比戶絃誦館課四方者極多一士同姓在汝寧光固間設教稱公爲叔後公以



侍郎致政歸道必由此館主人曰令叔榮歸經此師必迎謁士雖應諾然未嘗謀面平時假托不得不往因懷刺前謁告以故公欣然以猶子禮待之親造其館慰勞主人士自此館益佳學益進遂得發達見聞錄

楚黃麻城趙時雍精岐黃術年五旬無子嘗禱於東嶽帝追歲庚午方舉子墮地即啼不止時雍惡之曰呱呱勿息非有祟憑必爲妖孽吾雖無子行當棄之忽作成人語曰毋棄我我思我妻若子耳舉家駭異問若爲誰曰我即同邑劉太平也隨固安令劉元長爲記室已巳城破沒亂軍中游魂無歸今正月朔遇東嶽出巡旁一僧導余鳴冤帝令司籍者查之云我尚當十八年陽壽誤以賊亂枉死應再生帝復詢有善狀否司籍以余先爲李吉所陽谷台幕賓曾於參語救活高大高二兩命今生當以十七歲庠泮妻曾氏爲曾孝廉孫女帝問司籍應與嗣者對曰有醫趙時雍某年月日曾祈嗣於此亦命查善惡何如曰時雍以溺五女準大惡應受絕嗣報後有一文錢佈施抵百功蓋萬壽寺行僧苦寒僵臥得三文錢買薪一束煨火辟寒可不死是日時雍適有一文錢在囊憐而給之同行者亦以



一文施之賣薪人讓一文以薪一束與之皆時雍倡之也治病獲藥資五分途見一婦屍將所得爲倡斂棺柩之抵十功且居恒治貧人疾不思報以是數善應與之嗣帝因命我爲子幸勿棄但俟我妻子及李吉所來知我言爲不爽耳妻子聞之亟來視與叙生平閨閫細故庭訓瑣事罔有少謬因相對泣曰此眞我夫再生也此眞我父再生也及李吉所來告曰當年在幕勸公勿受某三百金入高大高二罪既不允因於參語易數字高後得出然我以是再生而公以是得大譴奈何是時李吉所見有四子諸孫羅

列不數年相繼淪亡不絕如縷然好事者競抵時雍家聽其子言其子曰我非樟柳神何以終日使人絮絮也自是絕口不言時雍因命之曰默字以弱言云其所妻曾氏者爲辛未相倘未育也曾故望族孝廉昆季咸錚錚有聲時雍一寒士耳其不與締姻明甚迨一時高門求曾女者俱不就癸巳孝廉物故舉家避兵山寨恰與時雍咫尺弱言橫經赴館每過其門曾輒愛之反招時雍締姻好焉又弱言云劉太平先世爲永寧州牧全一女子節當嶽帝審余善惡時是女在階下相視而笑嶽帝隨注此女向曾投生



蓋三生之石已定又不待月老檢書矣其引導訢冤之僧或即一文活命之僧亦未可知嘗讀梓潼救刼經見處分元秀溺女事甚嚴今參以時雍之罰流俗溺女當益知所戒哉默見爲麻邑庠生前與余同容辰沅相聚半載言之甚悉　徐岳見聞錄

趙默事並見宋牧仲鈞廊偶筆靈隱晦山樵現果隨錄稍有異同偶筆云默前世卽時雍同里故人劉泰寧又時雍以狗血噴之遂不復言現果隨錄云麻城西坂劉某隨族叔劉伸至眞定固城縣爲主文曾密救三人命後避難同黃途遇賊被殺云云又以弱言爲鄧孝廉壻又一文活命之僧爲菩薩幻相殊屬附會且云梅惠連有紀事流布今不傳惟此見聞錄所記與邑人周維秬趙秀才三生記脗合且云親與弱言同客辰沅固當以此記爲信

王兆雲揮麈新談曰甲申夏余至姑蘇時吳明卿先生明卿名國倫興國州人爲明七子之一著甔甀洞藁已從弇山園返棹泊金閶門外一見握手甚歡及覩余所撰先大夫行狀又獎詡不容口且曰尊公人品無論其大者卽微處亦不苟如爲武庫散



俸時較前人所散者輒溢其數初得之以爲偶然耳屢試之皆如初卽此一事其人品可知已與余談詩文甚相洽繾綣數旬不忍別去贈余詩云怪爾交遊廣由來著作工論詩原郢上佳麗且江東貰酒歡相藉歸舟悵未同蘭蘅滿湘澤愼勿委秋風餘詩尚多載甔甀洞藁中不具錄　揮麈新談

按王公著作書目甚夥而邑中幾茂隻字無傳豈當時失於采輯歟年來隨處搜訪僅得揮麈新談一種多記明人小詩逸事此條係本人事亟錄出以見一斑

珂雪齋集曰世之名位蓋前定焉梅公爲孝廉時時大冢

宰王公某爲子覓禮經師未得王公夫人夜夢一人謂之曰公子師麻城梅孝廉也其人官爵與堂上主公同頃之郎見孝廉坐堂上長髯而鼻如拳寤以告王公王公明日往謁麻城劉大金吾某曰公邑有梅孝廉否劉公曰有之不佞兒女姻也王公郎託劉金吾延之後王公與公飲夫人竊窺之長髯大鼻依然夢中人也王公後乃語梅公以故公遜謝一日王公對賓客言此事曰梅大將來名位未易涯也少宰王公篆曰孝廉已非壯年郎明年得第至八座亦須近三十年耄矣時恐不得待也次年公郎成進士



爲縣令未滿十年爲大中丞晉少司馬所贈官正與冢宰同夢中之言不其符乎梅公初無子近六十乃生子不穀之報也 楚寶坿記

鄒都憲來學方數歲時偶外出有仇家縛置茂草間復以石掩其口公不能聲也適有縣尉楊公道經其地見草動搜而得之命釋縛試以句云柳線松針燕剪誰作裁縫公遽應云月弓星彈雲旂我爲主帥尉大驚字以女卽公配楊夫人也 據鄒氏家乘

梅公之煥自巡撫甘肅歸里獎掖後進望重於時崇禎末麻城之就童子試者不下三千人而府錄甚狹有周水心等四十五人皆府錄所遺懷刺謁梅因閽者言求見梅故緩步而出佯呵之曰若輩皆博徒豪飲者耳業荒於嬉而乃溷我爲諸子不敢致辭逡巡下階遽止之曰若輩飯乎且少休我爲若輩具一餐須臾出酒脯極腆食畢諸子告退又止之曰若去乎若來云何也我且試若矣因面課而甲乙之曰可售者僅二十人耳周水心其首也遂許其致剡牘於學使者時堵學使濫黃已久試麻城限止隔一日自縣至州且百六十里度事且不濟乃令兩健僕騎而馳



各與一小鉦結束爲驛使狀諸子隨其後夜分抵州急鳴鉦似警報者隨闢門而進學使者已啟轅燃燭見二騎直入投檄驚怖發觀則梅中丞薦童子試者也卽魚貫收之四十五名取十七名周水心果冠一榜 鈕玉樵觚賸

明代邑人捷春秋闈者多以麟經顯外省有不遠千里來麻就益者巴縣劉尚書春兄弟均學於麻城以春秋起家彰彰矣又有吳雲浙江縉雲人父晉民任麻城縣丞雲受麻城春秋登進士有名於時張大用四川人祖瑞歷任麻城縣丞大用隨任受學於邑人王大賓歸捷進士

劉成穆重慶人父知麻城縣隨任受春秋於陳僉歸中鄉魁又江西安福縣相傳得麻城麟經訣法李惠時逃其事日國朝人稱山陽禮記麻城春秋言冠海內人文也成化間有鮑先生名時者變衣冠姓名遊麻聞一僧舍有傳春秋者投身於僧爲司爨每先生講經時輒提茶一壺徧送諸生因得竊聞之數月而畢衆悉歸先生尙留以鮑司爨久入其寢處密覘之見其几上置有春秋文訝曰此必盜傳經者也鮑適至張皇失措先生曰幸吾一人在若諸生在館子無歸路矣尙有口訣傳爾可速去無遲鮑還安福



傳其學門下士有以春秋中解元會魁而官至祭酒者厥後又傳於彭文恪公爲狀元宰相云 新增

明諸生歐陽旭之者重交游樂施與常遊學光汝間遇異人授以易數築書室忘寒暑外生死形骸骨立洞造精微凡王公大人以下脩謁惟恐不及欲授以官堅志不就年六十四無疾而終 此條輯證並詳耆舊傳隱逸

書稱山氣多壽而壽婦尤多蓋坤元純静之所致也若文人貴仕則老壽殊不易致人壽金鑑載明麻城梅吉夫婦均百歲吉官太守有文名當世稱爲人瑞云 新增

于清端爲黃州府歧亭郡丞有湯卷者以慣盜投誠充捕役其隱眞盜害良善特甚公初見其人輒賜之酒肉慰勞之曰本府深知汝能汝誠爲我洗心戢盜卽是好人吾當破格優賞如是者再一日見賜之酒詢伊大盜幾何小竊幾何卷格格言不盡吐因復賜酒竟大醉出時昏矣公乃改裝尾其後見卷得意甚從其伴大飲店中歡甚乃出橐中紙摺歷指其名謂同伴曰某人是會養爺娘的好生看成蓋謂其慣盜向伊納供奉者也又指其名曰此人是爺娘靠不得的蓋謂盜之無能者也公從隙中窺聽之甚悉



明日召卷盛賜酒殽獎譽之卷益歡暢無忌復大醉隨詢伊生平卷大放意悉吐伊昔作盜時斃某人命今爲捕役誣平人某得財又自伊强奸人妻女事公謂之曰吾聞汝有一手摺可見否卷堅執不出公搜得之邑中大盜小竊悉無遺卷仍不悛謀殺姦淫益甚公曰若汝行事汝亦未可再立於世矣不如速歸卷曰下役從此隨老爺復何所歸公笑曰勸爾歸黃壤耳卷曰死是其分幸與母訣不許隨取篋中銀壹兩付卷寄母卽押令卷出聽其自盡公自得湯卷手摺悉得盜竊姓名居址一日有事出郊墩謂其

人曰此地有大盜某某小竊某某共十八人但守法不犯且姑置之犯即死矣聽者駭其神明而諸盜遠逃屏跡矣公平居每曰人命關天此何等事而敢鹵莽自非察訪極的贓證極確若宛殺一人便應一命償彼故每處訪察不確多微行乘蹇作田夫旅客裝躬至田野村落聽輿人訪樵牧故疑情盡得而奉察訪者亦不敢欺一日裝日者入村館少坐聽其塾師訓諸童蒙少頃主人送點心至館師邀俱食明日喚其師來云吾昨承汝敬愛第汝教諸童蒙多不通理汝心未通安可誤人汝應速退其師泣曰小人



貧窮已甚此館既散則無以卒歲公曰汝欲卒歲奈何誤人子弟乎取篋中二金給之仍與五杖其細微採訪皆如此每捕獲一盜細訊若非近犯發覺者痛加審責但取伊通族鄉保保結即釋如是三日畢竟無保結者方從重處諭保結者曰此即明係眞盜汝能保其改過自新再不犯者即舊案不問若一有犯則連坐之罪汝必無所辭又覩其保結者果係老成敦厚之人方准一日捕獲一慣盜正審責間十餘輩以保狀進公曰我觀汝十餘人者無一敦厚長年率皆輕浮獧猾汝即盜也安能保盜即各與三十杖并此十餘人者取的保後釋過三日并無一名保此盜者亦并無一名保彼十餘輩者公乃重處此慣盜諭餘十數人曰汝情形吾已覷破矣既無人保汝汝十數人者即存此保狀當互結有一犯者悉當連坐由是羣黨相顧膽落

一日遣呼一盜至其盜懼甚公曰汝毋懼吾知汝已改行故呼汝獎賞之汝輩爲盜而官不知此官之闇也汝輩改行而官不知者亦官之闇也今特呼賞汝藉汝傳諭若黨一改行官即知之賞之則不改行者官亦必知之誅之也因賜酒食放歸



東鄉某擒一偷兒至公訊之曰汝竊也吾夙知之且幸斂手未犯何捕爲且汝地某某非巨盜乎豈汝竊盜比然未新犯吾亦姑置之若一切搜陳案則吾夾袋中不勝誅矣今赦汝歸當遍諭若輩此竊得釋歸遍傳而羣魅大畏其志人知擒一而民畏不知縱一而民愈畏人知誅一而民畏不知賞一而民愈畏新洲大盜喻姓者累年劫掠聞一偷稍得經費夜往劫剖其腳腨而鐵筋挺之公乘蹇躬訪得其實隨往編保甲此盜聞風先遁公點名至喻曰何無

此人又黠名至某曰何無此人限鄉保卽刻拘至驗姓者已喪魄矣一訊卽服命取保結不得立斃之

辛亥壬子饑公退食半茹糠粃痛自裁損乃得餘俸多少隨施橐中懸罄無已惟以出入所乘一騾鬻之市得十餘兩一日而盡蓋赤手空庭躊躇無計乃集岐鎭中多士素封温言巧譬勸其出資賑濟衆喻公志多少不同悉無違拒公旣廣行勸施而窮簷下里愚懦之民不克至前者公間有閒躬至其門訪其果係窮孤稚寡閱實其口數裁處多寡周給退食忍饑履穿踵決不惜也或有不宜與者一



粒無濫一日有婦人領賑穀詢之云有兩子長二十歲少者十六各至皆丁壯也公曰有如此壯子不能養母又獨令領賑乎杖其子各二十卒勿與

公有同社友當爲子衿時社中十餘人獨此友家稍腴社中貧寠者此友資給之此友家遂落同社中有出仕者皆於此友厚報之公感此友惠特厚忽來岐相訪公見之故交相得懽甚此友欲關說片言卒不得公止傾囊約得數金相贈以至署中饔飧絶粒夫以如是之交如是之贈而關說不得則他可知矣某宦有家僕拔人田豆反毆其人訴諸公其僕偕其主人來公曰拔豆雖小然大不法殆始於此痛責其僕其家叔伯兄弟皆仕宦與公交厚不顧也事畢則稱詩評酒如故

安邑人鄒彬然夫婦黑夜爲人所殺劫去財物其僕二長兒僞傷報縣累及左右隣家十數人被刑繫獄究不得實據彬然陰魂扣其兄守質之門曰汝拖累無辜我的寃讐只待于青天到便得明白及公自郡城還岐審理彬然一案令其兄守質將彬然所居房舍詳畫一圖歷指問明某房某房係何人居住並細訊是夜被殺情形始末隨傳安



邑陳與史至衙內曰汝少待殺彬然者卽至陳尙不敢信公乃用祕計差役取彬然家僮三長兒至監收一大空屋中扭鎖柱下監押人役夜深各歸別室就寢至三更時分屋隅飛沙走石唧唧有聲索命三長不禁股慄作荷荷聲須臾電光閃爍光影之下彬然夫婦披髮血面如被殺時模樣嗚嗚槼槼哭駡負恩賊奴把命還我三長慌叫道弒主者係我哥二長與隣人某某等我不過秉火旁立與我無干比時監押人役齊至一一盤詰明白帶三長還本家挐獲二長並弒主刀棒與所捲家財兼挐同謀夥逆者回

話先時數日府門幽晦旋頭風環遶不絕及至是日早堂審理定案後日明風靜萬聲頌祝卽日牌行該縣釋放無辜拖累十數人我公神明折獄類此頗多特因鬼冤故錄之安邑百姓所以有鬼有冤枉也來伸之謠

公自合羅牧合以及岐鎮稟無長物公長郎來省意謂往官羅合地皆初闢黃岐雖蕞爾或較前稍善及一見公拮据僅湊路費以歸瀕行時署中止存一腌鴨割半飯之時人有半鴨于公之謠先是公每晨市豆腐二觔供署中之用故謠云于公豆腐量太狹長公臨歸飯半鴨半鴨于公



過夜錢五蘆酒價何處拈蓋公酒量頗寬每夜以半壺爲率楚俗値價五蘆云過相知友引坐臥內牀頭一敝簏棹底數酒罌率多空家僮報米鹽罄略無經營意從容譚笑無減也今年無秋署中益屢空其家人悉食粥其粥更異甚以少俸買稻舂米復炒糠釜中令微焦重磨取粉每粥以少許黍米煮垂熟入糠粉及蕎麥麵黃豆粉和之客至亦出此粥勸令如此食冀得稍存餘蓄以濟饑者客雖不堪多勉强餐之有膏粱子不能嚥公謂之曰貧苦士之常富貴人之幸汝便不堪食此吾他日過汝家若未設此粥吾罰汝賑饑鎭東有曾晟者聞公高風而慕之趨行七十里欲嘗此粥公懽然見之曰新客且一飯再設則粥矣晟明日東歸以不得嘗異味爲怏怏時又有糠粥于公之謠

謠曰要得清廉分數足難學于公喫糠粥

公待己甚嚴而待人則恕處己則儉而濟衆偏奢每聽斷時遇民有必不能償者則傾囊代償盡其俸薪亦無吝惜頃歲大祲饑饉無告公首倡賑饑之教雖上臺有勸賑之檄邑大父臺有糶賑之行公先已零星舉行矣如周某者以世家子弟忽値奇荒八月中已大窘婦子啼饑轉食宋



埠宋埠人士斂資周給又未卽去宋埠鄉保恐一旦殍壑不便投稟於府公詢其所以卽出俸糶稻二石與之俾返所居又鄰邑有主人饑窘勒僕贖身者得其大半而僕力已竭不能畢償其主告諸府公審得其情因諭之曰此贖身非僕本意主窮急勒之耳今索找足亦是本等奈此僕一錢無有欲返之則主又無資退與遂代僕出數金給主人足其數訟息而主僕兩生獨公割俸不堪耳頃見府門日有襤褸數老人請賑者公皆隨數周之不倦或曰此某人所薦引者公亦不復問其躬赴各村鎭勸賑事具前錄

中
公每巡城見諸生館中三更後尚有燈火聞有誦讀聲者或即適其館或次日召入衙中怡然加禮欽愛不已云讀書人須當如是諸生莫敢不遜志斂學
公任黃州府時中丞張公贈聯何處尋求包老此間便是閻羅

以上從奸錄楚黃郡士民同編載于清端全集政書中多屬麻城事特全錄之以表治行

府志載康熙壬子年于清端公爲黃州同知岐亭野人獲鹿乖麑獻之其高如馬角而斑公命作脯于項間剝得銀



圜重一十七兩鐫天寶二年華清宮七字角下堅澈如瓊蓋所謂鹿玉也公以作帶環佩之黃岡陳大章有詩咏其事見文徵
有朱伯銘者以貲雄元明間世傳明太祖伐陳友諒時朱捐糧數萬石以助軍明祖義之有金書鐵劵之賜至今猶爲北鄉富室邑中有義舉須集貲者必及其家所居四圍高嶺溪繞其前林壑幽秀蓋數百年於茲矣其左山出五色石亦朱姓業不肯開鑿得者甚稀
朱家山後高觀山之旁忽來一虎純白色其形如飛不食人不見窟穴往來山嶺間人遇之虎游跳自若衆以爲神樂其不擾戒毋驚逐越數年即雞犬亦無被噬者後忽飛去不知所之
李家塥李市臣家畜驢一頭市臣卒驢哀鳴水草不入口者累日市臣妻慰曰汝有幼主人在可備馳驅不取草料飼之驢奔至堂前觸棺死
雍正八年高峯區黃文奇運憂見達官抱紅旗數百竿插人頜上奇亦在插內究莫解何故越兩月有虎食人默憶正在插旗人數奇大恐築土樓三丈餘居其中虎繞樓吼不絕者累月後虎患平奇猶樓居誦經懺悔勸人行善事



年七十餘終
大悲菴側響水壋通浮橋河有石洞深數丈濶丈餘洞口甚圓相傳有龍自洞昇水相激聲聞數里
破棺窊古塚也昔河南某太守女卒任所扶櫬歸經此遇烈風雨不能行暫厝此越數日來扛雷雨復作遂厝窊中棺曝露弗朽荆棘縱橫土人不忍棺見投以石積成石塚云
梅花港昔有一姓梅女于歸日輿經梅花港石橋輿稍停有頃至夫門啟輿無人兩姓驚異根尋原路至港口尸浮

水面矣以後屢靈驗於乾隆十四年春旱禱雨又顯靈助雨士人因之塑像崇祀玉皇閣有人題其楹云清心如照水傲節若梅花

儒童鮑柱字玉堂監生鮑汝渠之子也生於乾隆甲午年方生之旦夢金仙至其室驚而生柱幼聰穎清心寡慾委曲以娛親寄讀蕭寺寒暑無間兼通釋典一旦參破璃光遂成頓悟所作詩古文集頗有禪機年十七冬十二月館歸有異僧云童子盍早歸也詰之不見越數日寢疾而沒其父思之不已爲請決於乩仙仙云此安國寺僧惠音轉



一劫也至今蕭寺猶聞其誦讀之聲云

明萬歷壬辰年麻城民李承周之女許劉氏子矣爲狐所祟凡數載莫能制劉氏爲擇期迎女狐語其家曰君家女是男子何嫁爲觀之形體皆變男矣武生毛自龍聞於邑令文公遣至時男子與二三人來不知爲誰尙從容談笑入儀門始曰田二哥今日不辭矣及庭公令視其私遂不能變公怒置獄中狐猶能隱形出入女後歧適山中民狐復襲其所適夫女歸狐始不來見寄園寄所寄

康熙間太史曾璉爲諸生時館近墩檀社側夏月避暑山洞必經社前一夕社神降夢於館東曰吾姓李字月庵上帝嘉吾生前孝行命永爲墩檀社神館師曾某貴人也日夕過此吾不安宜樹屏以蔽之逾年曾果捷南宮入詞館感神靈應題至孝格天額懸於社至今猶存而避暑設講之洞遂名先生洞

雍正間麻城生員楊同範名維模族人有妹與涂姓締婚童養於涂者爲姑所虐逃歸族人匿之複室親鄰無一人知者反詰女蹤於涂互訟不已遂興大獄同範固楊姓戶長初不與其事族衆有以不庇族詈之者遂誤列名牒前



官吏偏察有捕魚李某偶話此案爲族人牽入獄斃踰年族人妻產難有媪踵門自陳能治比至燭忽滅窘急適有所需妹自複壁出翦助之媪者李固枝指所生子亦枝指媪乃漁者母即出率健兒破壁取女赴官族人狡脫範聞耗僵絶復甦卒以列名故繫囹圄八年卒有獄中詩草範爲族人所欺負寃極矣江南袁枚書麻城獄僅據一時訟牘附會之詞誣族人室爲範室妻爲範妻誣捕魚者爲仵作李榮範課徒在外而曰手十金納媪䄂李媪破壁取女而曰邑令陳鼎毀壁至今同範受欺一時復含寃千古文

人下筆不可不愼

嘉慶間邑某署門丁陳姓在鄂渚與某妓昵妓謀脫籍約定以金二百付陳囑爲贖身陳得金背女去女遂自縊越七年某日陳於署前仆地作女言索命緣陳背女女即訴於江夏城隍神許女匿麻邑稅書尾箧中來麻覓陳報寃藏王氏宅數年矣未得便刱至時附王姓小鬟體言狀王時化錢帛濟之女甚德王其索陳命也王爲講解乃許緩期七日聽陳少理已事如期陳死

某氏婦事姑最孝家極貧所進粥膳皆以勤苦得之嘗謀諸夫曰姑年衰老設一旦不獲供菽水安所得棺於是銖積旬月力得錢三千以易棺久之姑無恙婦染病不治知姑憐愛已恐以棺予之病革泣語夫曰我不能生事姑若死以敝席裹尸足矣萬勿以姑棺殮也夫泣諾之婦死其姑大痛曰割我孝婦何惜棺爲强以棺予子不能止甫入殮婦屍僵難入棺羣强抑之棺輒缺二指許葬之中野厚瘞以土夜分雷雨大作翌日村人過其塋側見土開棺出婦自缺隙中望見人呼曰某急活我其人疑爲鬼駭而奔村中聞此異咸往視之復如前乃啟棺扶出婦絶無恙咸



驚且喜曰某孝婦生矣旋拜見姑姑破涕爲笑曰非兒純孝動天安得死且復生如是耶

汪某妻林氏方未適汪時其父嫌汪貧愛人金百將以女爲之妾汪不知適來賀歲唾罵逐去女佯問曰誰氏客不禮貌之而若是怒曰誓無此窮壻汝已非汪家人矣問何故父具告之女故作喜狀因隣嫗私約汪面曰妾父不仁將若何汪愚無以應曰若爾妾有死而已汪痛甚仍無策女乃教元宵先約數十人藏某剎乘已遊而搜去從之知父必來强奪僞曰妾不慣此破屋可借鄰居遂於鄰而婚焉是夕果率百人至搜其家不得碎屋而去自後相奪無已因匿得免道光戊申春汪渡汝陰河舟覆汪與衆皆溺里人得汪傘來告林林僵死移時人於下流數里見尸援之即汪也負至家汪蘇林亦蘇

同治丁卯月形塘熊生某昏迷僵卧於牀不飲食便溺者越兩月至次年二月杪氣將絶矣妻子哭甚哀忽甦問子女索飲食甚急頃之歷述冥閒事緣非臘自姻家弔歸偶爲衆鬼所嬲爭論方窘見二叟叱退衆鬼蓋先世某祖暨某伯考也二叟見鬼擾不已乃敎某隨入功過分局爲膳

功過册時　武聖　武穆後先查善惡由分局糾過某得親見其神儀又見地府刀山劍樹律法森嚴述之甚詳閻中表甘某歿爲益州城隍馳往晉謁叙契濶如生平將别贈答各有詩態自著有還陽錄

德義堡煙墩山係古驛道相傳有毛連者販猪過此猪忽化爲黑石連即脫身仙去後人鑿石見血駭而止至今形跡宛然屢有靈爽土人立廟祀之

咸豐四年獨露庵有桃樹枯死倒地已經年半僧因抄上有杈砦作南瓜棚年餘復生二枝開花結實今十餘年猶



然暢茂

木龍行雨在篤實區天台山廟中龕供龍王神像龕桂彫有木龍傳聞每大雨鱗甲盡濕雲氣環繞雷風震吼僧懼以鐵釘其首遂不驗

金城區丁德態字鶴山性沉靜好善遵行功過格錄蕉窻十則刊行勸世年六十二歲無病而終其家議延僧懺度次子光泰夜夢鶴山與語曰我不是愚夫在九泉中受累我不是凡夫在九幽間受罪近居太乙有何不遂敲鐃吹笛與我何益天明見所備齋食俱覆於地遂寢其議

南庄下分有古東嶽廟名塌騾石廟中原塑馬二一赤一白相傳國初每秋有馬夜食田稻近廟耕者夜邏遇馬逐之馬躍至石上忽不見其人大驚明晨觀石上有馬蹄印與馬膝跪跡甚深後見廟中赤馬前足新折一膝因以塌騾石名其廟　采訪新增

乾隆中木子店山間有羣耕於隴者當午少憩坐大石上見石上又小石偶掀之有小蛇走出蜿蜒盤旋農捉之不得遽以所餘茶潑之物得水轉瞬間身暴長數丈農俱驚避頃刻晝晦雷雨大作一龍冲天而去近石田地幾成湖



沼遂相傳爲捉龍冲田至今名其地爲龍潭　采訪新增

光緒丙子歲妖人放紙兵暗剪人髮自江南來麻城其時廣傳治符爲䉂䉶籲籱䉏䉏䉏䉏等字攷康熙字典竹部有䉏字注載大事記明嘉靖三十六年妖人馬祖剪楮爲兵以駭衆各戶多懸䉏䉏䉏䉏四字厭之字出道藏蓋即此類嘗閱諸雜說尊鄉贅筆載明時江南有狐怪潛匿人家驚小兒衆皆火鳴鑼逐之有擒得者乃縛莀糊紙爲之蓋妖人所作𠜎庵瑣語載順治間民間傳有妖人叫攝生魂白日呼人姓名即隨之去賣與邊地一時蠢

常之人至以筆代日旋獲剪紙放妖之人極刑處之又記明成化隆慶萬歷間俱有是變尤奇者則述異記載康熙時滇黔全省延至楚鄖襄間有妖人抹臉怪術與人交臂過忽然仆地就視則面目已失僅存後枕顱骨被抹傷者數千人其人能變化幻形或云卽苗蠻猺鬼逢閏年輒出此與剪髮者皆爲宇宙至怪之事光天化日隱伏陰霾究之邪不勝正旋卽無事或且謂散布救治諸符及種種奇字皆行怪之人所爲能發能收特以淆惑衆心乘機煽禍一切妖異非果能害人葢障眼法之屬也又乾隆志載康



熙間麻城田氏家雞生卵外有朱書楷字十數行裹膜如一爲乾坤水火太乙陰陽等字似道家言而拉雜不可解其雞遍體成五色毛飛去不知所之此異康熙志旣不載亦未見於他記載夫雞卵何有朱書更何能着許多字計乾隆修志之目正自邪教蠢動之初此必教匪造作以駭聽聞較之紙人尤爲妄誕特删之以杜邪說

## 志餘

志餘者乾隆舊志之餘也說詳重訂凡例中

### 文廟

大成殿

至聖先師孔子正位南向

每月朔望知縣以下官詣廟行香歲春秋仲月上丁日致祭雍正三年奉

旨郡縣丁祭牲用太牢乾隆三年奉

部頒定祭品每歲春秋仲月上丁日知縣入廟省牲屆期子時率僚屬師生致祭三跪九叩首禮終三獻樂六佾燔燎瘞望如制學官佐職分獻



先師正位陳設

帛一白色　爵三白磁　登一太羹　鉶二和羹　簠二黍稷　簋二稻粱

籩十　形鹽　鹿脯　藁魚　白餅　黑餅　榛　棗　菱　芡　栗

豆十　筍菹　芹菹　韭菹　菁菹　豚白　脾肝　魚醢　兔醢　鹿醢　醓醢

牛一　羊一

豕一　酒尊一

### 祭文 乾隆年頒

維年月日某官某等敢昭告於

至聖先師孔子曰維　師德隆千聖道冠百王揭日月以常行自生民所未有屬文教昌明之會正禮和樂節之時辟雍鐘鼓咸格薦馨香泮水膠庠益致嚴於

俎豆茲屆仲 祇率彝章敬遵上丁聿將祀典以復聖顏子宗聖曾子述聖子思子亞聖孟子配尚饗

## 樂器

麾金鐘玉磬鼓搏拊琴瑟排簫笙篴篪塤柷敔節羽籥干戚

## 樂章 乾隆年頒

大哉孔子先覺先知與天地參萬世之師祥徵麟紱韻答金絲日月既揭乾坤清夷 予懷明德玉振金聲生民未有展也大成俎豆千古春秋上丁清酒既載其香始升 式禮莫愆升堂再獻響協鼖鏞誠孚罍甗肅肅雍雍譽髦斯彥禮陶樂淑相觀而善 自古在昔先民有作皮弁祭菜於論思樂惟天牖民惟聖時若彝倫攸敘至今木鐸 先師有言祭則受福四海黌宮疇敢不肅禮成告徹毋疏毋瀆樂所自生中原有菽 鳧繹峩峩洙泗洋洋景行行止流澤無疆聿昭祀事祀事孔明化我烝民育我膠庠



四配

復聖顏子

宗聖曾子

述聖子思子

亞聖孟子

十二哲

先賢閔子損　先賢冉子雍

先賢端木子賜　先賢仲子由

先賢卜子商　先賢有子若 東哲

先賢冉子耕　先賢宰子予

先賢冉子求　先賢言子偃

先賢顓孫子師　先賢朱子熹 西哲

四配位

帛一 爵三 鉶二 簠二 簋二

籩八 豆八 羊一 豕一 酒尊一

十二哲位

帛一 爵各三 鉶各一 簠各一 簋各一

籩各四 豆各四 羊一 豕一 酒尊一



崇聖祠

肇聖王木金父公 位中南向

裕聖王祈父公 位左南向

詒聖王防叔公 位右南向

昌聖王伯夏公 位左南向

啟聖王叔梁公 位右南向

崇聖祠配位

先賢孔氏孟皮

先賢顏氏無繇

先賢孔氏鯉　東配
先賢曾氏晳
先賢孟孫氏激　西配
先儒周氏輔成
先儒程氏珦
先儒蔡氏元定　東祀
先儒張氏迪
先儒朱氏松　西祀

每歲春秋仲月正祭日先祭五王無樂舞餘儀具有



差

五王位

帛一　爵三　鉶一　簠二　簋二
籩八　豆八　羊一　豕一　酒尊一

配祀位

帛一　銅爵三　簠一　簋一
籩四　豆四　豕首一　豕肉一

從祀位

帛一　銅爵各一　簠一　簋一

籩四　豆四　豕首一　豕肉一

祭文

維年月日某官某等敢昭告於
五王之神曰惟　王奕葉鍾祥光開聖緒盛德之後積久彌昌凡聲教所覃敷率循源而溯本宜肅明禋之典用申守土之忱茲届仲　聿修祀典以先賢孔氏先賢顏氏先賢曾氏先賢孔氏先賢孟孫氏先儒周氏先儒程氏先儒蔡氏先儒張氏先儒朱氏配祀尚饗

同治二年禮部頒發祀典位次四配十二哲同上

東廡先賢

先賢公孫僑　咸豐七年從祀原西廡同治二年改移東廡
先賢林放　原西廡同治二年改移東廡



先賢原憲
先賢南宮适
先賢商瞿
先賢漆雕開
先賢司馬耕
先賢梁鱣
先賢冉孺
先賢伯虔
先賢冉季

先賢漆雕徒父
先賢漆雕哆
先賢公西赤
先賢任不齊
先賢公良孺
先賢公肩定
先賢鄡單
先賢罕父黑
先賢榮旂



先賢左人郢
先賢鄭國
先賢原亢
先賢廉潔
先賢叔仲會
先賢公西輿如
先賢邽巽
先賢陳亢
先賢琴張

先賢步叔乘
先賢秦非
先賢顏噲
先賢顏何
先賢縣亶
先賢牧皮原西廡同治二年改移東廡
先賢樂正克
先賢萬章
先賢周敦頤



先賢程顥
先賢邵雍

西廡先賢

先賢蘧瑗原東廡同治二年改移西廡
先賢澹臺滅明原東廡同治二年改移西廡
先賢宓不齊
先賢公冶長
先賢公晳哀
先賢高柴

先賢樊須
先賢商澤
先賢巫馬施
先賢顏辛
先賢曹卹
先賢公孫龍
先賢秦商
先賢顏高
先賢壤駟赤



先賢石作蜀
先賢公夏首
先賢后處
先賢奚容蒧
先賢顏祖
先賢句井疆
先賢秦祖
先賢縣成
先賢公祖句茲

先賢燕伋
先賢樂欬
先賢狄黑
先賢孔忠
先賢公西蒧
先賢顏之僕
先賢施之常
先賢申棖
先賢左邱明



先賢秦冉
先賢公明儀　咸豐二年從祀原東廡同治二年改移西廡
先賢公都子
先賢公孫丑
先賢張載
先賢程頤

東廡先儒

先儒公羊高
先儒伏勝

先儒毛亨同治二年從祀

先儒孔安國原西廡同治二年改移東廡

先儒后蒼

先儒鄭康成原西廡同治二年改移東廡

先儒范甯原西廡同治二年改移東廡

先儒陸贄

先儒范仲淹

先儒歐陽修

先儒司馬光原西廡同治二年改移東廡



先儒謝良佐道光二十九年從祀

先儒羅從彥

先儒李綱咸豐元年從祀原西廡同治二年改移東廡

先儒張栻原西廡同治二年改移東廡

先儒陸九淵原西廡同治二年改移東廡

先儒陳淳

先儒真德秀原西廡同治二年改移東廡

先儒何基原西廡同治二年改移東廡

先儒文天祥道光二十三年從祀原西廡同治二年改移東廡

先儒趙復

先儒金履祥原西廡同治二年改移東廡

先儒陳澔原西廡同治二年改移東廡

先儒方孝孺同治二年從祀

先儒薛瑄原西廡同治二年改移東廡

先儒胡居仁

先儒羅欽順

先儒呂柟同治二年從祀

先儒劉宗周原西廡同治二年改移東廡



先儒孫奇逢原西廡同治二年改移東廡

先儒張履祥同治十年從祀

先儒陸隴其原西廡同治二年改移東廡

先西廡先儒

先儒穀梁赤

先儒高堂生

先儒董仲舒原東廡同治二年改移西廡

先儒毛萇

先儒杜子春原東廡同治二年改移西廡

先儒諸葛亮原東廡同治二年改移西廡
先儒王通原東廡同治二年改移西廡
先儒韓愈
先儒胡瑗
先儒韓琦咸豐二年從祀原東廡同治二年改移西廡
先儒楊時原東廡同治二年改移西廡
先儒尹焞
先儒胡安國
先儒李侗原東廡同治二年改移西廡

先儒呂祖謙原東廡同治二年改移西廡
先儒袁燮同治七年從祀　謹案此位原圖所無七年奉文增入
先儒黃榦
先儒蔡沈原東廡同治二年改移西廡
先儒魏了翁原東廡同治二年改移西廡
先儒王柏原東廡同治二年改移西廡
先儒陸秀夫咸豐九年從祀
先儒許衡
先儒吳澄原東廡同治二年改移西廡

先儒許謙原東廡同治二年改移西廡
先儒曹端咸豐十年從祀原東廡同治二年改移西廡
先儒陳獻章
先儒蔡清
先儒王守仁原東廡同治二年改移西廡
先儒呂坤
先儒黃道周原東廡同治二年改移西廡
先儒湯斌原東廡同治二年改移西廡
先儒陸世儀光緒二年奉文從祀西廡

兩廡東西各三壇
帛一白色　爵各四銅　簠各一　簋各一　籩各四
形鹽　鹿脯　棗　栗　豆各四菁菹　芹菹　鹿醢　兔醢　豕三　酒尊一
光緒五年儒學會同官紳籌欵新置樂器開載於後
銅籩十套每套上下二件　銅鉶八套
銅樽一元　銅簋十套
銅登一套　銅勺壹柄共六件係在省置備
銅大香爐一座　銅中香爐六座
銅竹節香爐十四元　銅大檀香爐一座

銅中檀香爐六座　銅爵杯十八件
銅盥洗盆一元（共七件係本城銅匠製造）　錫盤八十元
籩四十套（每套二件）　豆四十套
玻璃大風燈五對　玻璃風燈中十四對
旌二幅　旌二串
祝一座（上下二層）　敔一座（上下二層）
龍頭竿四枝　祝捶一柄
敔刷一件（以上係在省置備）　旌座一對
旌座一對　供棹五張



祝版一座　牛俎一架
猪羊俎十四架　雉羽十四枝（內儒學捐二枝）
籥十四枝　正殿金紅羽毛神帳一床
紅羽毛帳四床　兩廡紅羽毛帳十四床
襤衫三十件　紅羽毛祝版一套
紅羽毛酒幂　盥洗布一幅
洋紅彩紬二幅（每幅長五丈）　紅布包棹圍一床
紅羽毛棹圍一床（此係八年添置）　藍布包袱二件
藍布大拜墊六方　藍布小拜墊十六方

木箱四口　大櫃一乘
竹箱五口　排燈八座
木箱三口　鉄鎖肆幅
以上新置工價均牒報有案
原存器具
錫香爐六座（每座均有燭臺四元）　錫爵杯十五件（二件）
紅繡花棹圍一幅　木桶一元
辦祭公項
知縣及儒學兩齋暨紳士共捐祭費北錢三百串文又前



修理並置備器具支銷項下提存錢一百串先後牒送縣即發交殷實鋪戶生息為兩祭辦公之用按月一分生息每祭由值年紳士憑摺支取登帳報銷
文廟儀注
每月朔望知縣以下官詣廟行香歲春秋仲月上丁日祭學宮分列正獻分獻官生員執事者並樂舞姓名送縣張榜先期各官齋詣所省牲視滌器屆期五鼓齊集知縣正獻分獻陪祭各官入兩旁門序立贊引官導承祭官至盥洗處盥手畢引至臺階下立與儀唱樂舞生就位執事

官各司其事分獻官陪祭官各就位贊引官贊就位承祭官就拜位立分獻官隨後立典儀唱迎神唱舉迎神樂奏咸平之章樂作贊引官贊跪叩興承祭官陪祭官分獻官俱行三跪九叩頭禮興樂止典儀唱奠帛行初獻禮唱舉初獻樂奏甯平之章樂作贊引官贊陞壇導承祭官由東階上進殿左門贊引官贊詣

至聖先師孔子位前承祭官至案前立贊引官贊跪叩興承祭官行一跪一叩頭禮贊引官贊奠帛捧帛官以帛跪進承祭官接帛供舉立獻畢贊引官贊獻爵執爵官以爵跪進承祭官接爵拱舉立獻畢行一跪一叩頭禮興贊引官贊詣讀祝位承祭官詣讀祝位立讀祝官至祝案前一跪三叩頭捧祝版立於案左樂止贊引官贊跪承祭官讀祝官分獻官陪祭各官俱跪贊引官贊讀祝讀畢捧祝至

正位前案上跪安帛匣內三叩頭退樂作贊引官贊叩興承祭官及各官行三叩頭禮興贊引官贊詣

復聖顏子位前承祭官就案前立贊引官贊跪叩興承祭官一跪一叩頭興贊引官贊奠帛捧帛官跪進於案左承祭官接帛拱舉立獻案上贊引官贊獻爵執爵官跪進於



案左承祭官接爵拱舉立獻案上行一跪一叩頭禮興贊詣

宗聖曾子位前如前儀贊詣

述聖子思子位前如前儀贊詣

亞聖孟子位前如前儀其十哲兩廡分獻官俱照前儀行禮畢贊引官贊復位承祭官分獻官仍詣

至聖先師位前立樂止典儀唱行亞獻禮唱舉亞獻樂奏安平之章樂作贊引官贊陞壇獻爵於左如初獻儀贊引官贊復位承祭官分獻官各復位立樂止典儀唱行三獻禮唱舉三獻樂奏景平之章樂作贊引官贊陞壇獻爵於右如亞獻儀贊引官贊復位承祭官分獻官各復位立樂止典儀唱飲福受胙贊引官贊詣受福胙位承祭官至殿內立捧酒胙官二員捧至

正位案前捧舉至飲福胙位右傍跪接福胙官二員在左傍跪贊引官贊跪承祭官跪贊飲福酒承祭官受爵拱舉授接爵官贊受福胙承祭官受胙拱舉授接胙官贊引官贊叩興承祭官三叩頭興贊復位承祭官復位立次行謝福胙禮贊引官贊跪叩興承祭官分獻官及陪祭各官俱

行三跪九叩頭禮興典儀唱徹饌唱舉徹饌樂奏咸平之章樂作徹訖樂止典儀唱送神唱舉送神樂奏咸平之章樂作贊引官贊跪叩興承祭官分獻官及陪祀各官皆行三跪九叩頭禮興樂止典儀唱捧祝帛饌各詣燎位捧祝官捧帛官至各位前一跪三叩頭捧起祝文在前帛次之捧饌官跪不叩頭捧起在後俱送至燎位承祭官退至西傍立候祝帛饌過仍復位立典儀唱望燎唱舉望燎樂與送神同樂作贊引官贊詣望燎位導承祭官至燎位立祝帛焚訖樂止贊引官贊禮畢退



崇聖祠則即日知縣率屬先祭正殿行三獻禮三跪九叩頭

武廟

每歲春秋仲月　及五月十三日致祭

春秋二祭祭品

帛一白色　牛一　豕一　羊一　籩十　豆十

五月十三日祭品後殿不用牛餘同

後殿雍正三年追封三代公爵

光昭公正中南向

裕昌公東一室南向

成忠公西一室南向

春秋二祭祭品

帛各一白色　豕各一　羊各一　籩豆各八

先農耕耤田

每歲仲春亥日巳時祭

先農壇午時行耕耤禮祭日承祭官率各官請

神位供於壇上衣朝衣行禮祭畢送　神入祠

祭品



帛一白色　羊一　豕一　鉶一　籩四

豆四　簠二　簋二

社稷壇

每歲春秋仲月上戊日祭社主居左稷主居右

祭品

帛一黑色　豕一　羊一　鉶一　籩四

豆四　簠二　簋二

常雩祭在初夏

祭品與先農同

風雲雷雨　山川　城隍之神共一壇

每歲春秋仲月合祭風雲雷雨居中（帛四）山川居左（帛二）城隍居右（帛一白色）（俱）

祭品與社稷同

厲壇

每歲清明日七月望十月朔請城隍之神出主其祭榜無祀鬼神分祀之羊三豕三飯米三石香燭紙酒隨用

祭時有告　城隍文

軍牙六纛霜降日武官致祭



帛一　豕一　羊一

慶賀儀注

聖誕元旦長至千秋節國家祥瑞先期知縣率屬習儀

關帝廟畢衆官跪請

龍亭供奉縣堂上右列儀仗日鼓吹三次印官不升堂視事至日三鼓衆官赴縣治慶賀如制文武官具朝服分東西班敘丹墀下班定行初事禮三跪九叩畢班首官進詣香案前致祠祝贊畢復位又行九叩禮然後三呼九叩而退衆官跪送龍亭仍奉

關帝廟內

蒞任儀注

先日致齋於城隍廟凌晨祭城隍遂詣本治具公服謝

恩祭門祀竈易服受謁與僚屬乃署公移次日謁

文廟

救護儀注

日食豫行所屬前期布香案于縣治露臺金鼓列儀門樂列臺下拜位列露臺上下俱嚮日至期陰陽官報日初虧文武官俱朝素贊唱拜禮皆跪執事奉鼓詣班首官擊鼓



三衆鼓齊鳴及拜圓贊唱拜禮畢月食亦如前儀

迎春儀注

印官穿朝服坐轎出東門行至春厰同各官飲春酒畢禮生引至芒神前贊就位揖禮畢芒神同春牛前行印官隨後坐轎進東陞門行至衙門大門內禮生引至芒神前贊就位揖安神禮畢同各官在大堂飲春酒畢進署次日鞭春印官穿朝服禮生引至芒神前贊行二跪六叩首禮畢禮生讚引主祭官行三獻禮詣酒尊所執事者酌酒詣芒神神位前跪初獻爵亞獻爵終獻爵叩首興平身詣讀祝

位跪衆官皆跪讀祝畢叩首興平身復位又行二跪六叩首禮畢鞭春禮生引至牛前讚就位揖鞭春圍牛轉三遍畢揖鞭春畢回署

鞭春儀注

每歲立春前一日印官具朝服率僚屬出迎薰門祭芒神春午行五揖四拜禮迎于東郊教軍塲演戲劇回供縣大門内東側越明日按立春時刻祭拜禮如前隨各執綵鞭擊土牛三匝僚屬如之

南北壇儀注



正獻官於祭前一日省牲用蟒袍補服行三跪九叩禮於祭之日黎明用朝服頂帽盥洗就位瘗毛血迎

神行三跪九叩禮畢詣

神位前行三獻禮畢詣祝位前跪讀祝文畢至飲福受胙位飲福受胙三叩首復位送

神仍行三跪九叩禮是時即更衣用蟒袍服祭

馬王土主二廟行兩跪六叩禮畢

奠官祠行一跪三叩禮

雩壇儀注

印官朝服頂帽行三跪九叩禮詣

神位前行三獻禮讀祝文三叩首復位送

神仍行三跪九叩禮是時即更衣用蟒袍補服平頂至東門致祭城門行兩跪六叩禮詣

神位前上香獻爵獻帛讀文畢送

神仍行兩跪六叩禮

先農壇儀注

祭日各官衣朝衣禮生引承祭官至拜位通贊唱執事者各司其事陪祭官各就位承祭官就位通贊唱瘗毛血禮生引詣盥洗所贊盥洗淨巾引詣香案前贊迎神行二跪



六叩頭禮興行初獻禮引詣

神位前跪奠帛獻爵叩頭興詣讀祝位跪衆官皆跪宣祝文畢叩頭興引唱復位通贊唱行亞獻禮引詣

神位前跪獻爵叩頭興復位通贊唱行三獻禮如亞獻儀通贊唱飲福受胙引唱詣飲福受胙位跪飲福酒受福胙跪叩頭興謝胙一跪三叩頭興復位通贊唱徹饌送神行二跪六叩頭禮興通贊唱司祝者捧祝司帛者捧帛各詣燎所引唱詣望燎位焚畢揖復位通贊唱禮畢各官更蟒

衣詣耤田行耕耤禮

耕耤儀注

一官捧青箱一官播種各官俱用右手扶犂左手執鞭各
行九推禮農夫終畝耕畢各回官廳更朝衣望
闕恭行三跪九叩頭禮仍將遵行耕耤日期具奏（省城總督巡撫秉耒知縣執青箱知府播種府城知府秉耒佐貳執青箱知縣播種州縣則正印官秉耒佐貳執青箱播種專城衛所亦用正印官秉耒如無屬員即選舉耆老執青箱播種）

關帝廟儀注

祭日贊引官引承祭官進左傍門至盥洗所贊盥洗盥洗



畢引至殿內行禮處立典儀唱執事者各司其事贊引官
贊就引承祭官就位立典儀唱迎神司香官捧香盒就香
爐左邊立贊引官引承祭官就香爐前立司香官跪贊引
官贊上香承祭官立將炷香接舉插爐內又上塊香三次
畢贊引官贊復位承祭官復位立贊引官贊跪叩興承祭
官行三跪九叩頭禮典儀唱奠帛爵行初獻禮捧帛爵官
將帛爵捧進
神位前奠帛官跪獻畢行三叩頭禮退執爵官立獻畢退
讀祝官詣安祝文桌前行一跪三叩頭禮捧起祝文立贊
引官贊跪承祭官讀祝官俱跪贊讀祝文畢捧至
神位前跪安盛帛盒內畢行三叩頭禮退贊引官贊叩興
承祭官行三叩頭禮立典儀唱行亞獻禮執爵官照初獻
禮獻畢退典儀唱行三獻禮執爵官自案右邊照亞獻禮
獻畢退典儀唱徹饌唱送神贊引官贊跪叩興承祭官行
三跪九叩頭禮立典儀唱捧祝帛饌各詣燎位捧祝帛香
饌官各至
神位前俱跪捧祝帛官行三叩頭禮香饌官不叩頭將祝
帛香饌依序捧送承祭官退至西傍立候捧祝帛各官過



畢復位立贊引官贊詣望燎位承祭官至燎爐前焚訖揖
贊引官贊禮畢退

厲壇小祭儀注

印官於祭前一日用牒文啟
城隍主祭行兩跪六叩禮於祭日用蟒袍補服恭迎
城隍至厲壇省牲行兩跪六叩禮待疱洗畢致祭行兩跪
六叩禮詣
神位前上香獻爵獻帛讀文畢復位仍行兩跪六叩禮送
神至廟一揖而退

送學儀注

印官升公座各童在大堂行四拜禮畢各童披花紅畢又謝印官四拜禮畢鼓樂乘騎迎各童先行印官隨後坐轎送

文廟率領各童在

大成殿行謁廟禮三跪九叩首禮畢行至明倫堂儒學官在東印官在西行送學禮四拜畢儒學官轉西印官轉東又行四拜禮四拜畢印官領各童與儒學行謁見禮四拜畢各童謝印官又行四拜禮印官西向答揖畢印官同儒



學在明倫堂飲公宴酒畢回署

鄉飲儀注

明洪武五年令中書省詳定條式十六年禮部定到鄉飲酒圖式儀注令府州縣里社一體舉行

國朝因之每歲正月十五日十月初一日於儒學舉行前一日執事者於儒學之講堂依圖陳設坐次司正率執事習禮至日黎明執事者宰牲具饌主席及僚屬司正先詣學遣人速賓僎以下比至執事者先報曰賓至主公服率僚屬出迎於庠門之外揖入主居東賓居西三揖三讓而後升堂東西相向立贊兩拜賓坐執事者又報曰僎至主席又率僚屬出迎揖讓升堂拜坐如前儀賓僎介至既就位執事者唱司正揚觶執事者引司正向西階升詣堂中北向立執事者唱賓僎以下皆立唱揖司正揖賓僎以下皆揖執事者以觶酌酒授司正司正舉酒陳詞讀畢執事者唱司正飲酒飲畢以觶授執事執事者唱揖司正揖賓僎以下皆揖司正復位賓僎以下皆坐唱讀律令執事者舉律令案於堂之中贊禮引讀律令者詣案前北面立唱賓僎以下皆立行揖禮如前讀畢復位執事者唱供饌案



執事者舉饌案至賓前次僎次介次主三賓以下各以次舉訖執事者唱獻賓主起席北面立執事斟酒以授主主受爵詣賓前置於席稍退贊兩拜賓答拜訖執事者又斟酒以授主主受爵詣僎前置於席交拜如前儀畢主退復位執事者唱賓酬酒賓起僎從執事者斟酒授賓賓受爵詣主前置於席稍退贊兩拜賓僎主交拜訖各就位坐執事者分左右立介及三賓衆賓以下以次斟酒於席訖執事者唱飲酒或三行或五行供湯又唱斟酒飲酒供饌每一獻歌詩一節（鹿鳴　南山）七獻七章畢執事者唱徹饌徹畢主

賓以下皆起席降主賓至月臺下望

闕謝

恩主賓排班班齊行三跪九叩首禮畢退班復登排班僎

主僚屬居東賓介三賓衆仍居西贊兩拜畢唱送賓以次

下堂分東西行仍三揖出庠門而退介東西行仍三揖

麻城縣志　卷末　志餘　終